Barbara Stelzl-Marx
Stalins Soldaten in Österreich

Kriegsfolgen-Forschung

Wissenschaftliche Veröffentlichungen des Ludwig Boltzmann-Instituts
für Kriegsfolgen-Forschung, Graz – Wien – Klagenfurt

Herausgegeben von Stefan Karner

Band 6

Barbara Stelzl-Marx

Stalins Soldaten in Österreich

Die Innensicht der sowjetischen Besatzung 1945–1955

2012
Böhlau Verlag Wien · Oldenbourg Verlag München

Veröffentlicht mit Unterstützung
des Fonds zur Förderung der wissenschaftlichen Forschung
Austrian Science Fund (FWF): D 426-G15

Die Forschung wurde gefördert von
APART (Austrian Programm for Advanced Research and Technology) der Österreichischen Akademie der Wissenschaften
Bundesministerium für Wissenschaft und Forschung, Wien

sowie von
Stadt Graz
Steiermärkische Landesregierung
Zukunftsfonds der Republik Österreich

durchgeführt am
Ludwig Boltzmann-Institut für Kriegsfolgen-Forschung,
Graz - Wien - Klagenfurt, Cluster Geschichte

Die Arbeit wurde mit dem Josef Krainer-Würdigungspreis 2012 für Zeitgeschichte ausgezeichnet

Bibliografische Information der Deutschen Nationalbibliothek:
Die Deutsche Nationalbibliothek verzeichnet diese Publikation in der Deutschen Nationalbibliografie; detaillierte bibliografische Daten sind im Internet über http://dnb.d-nb.de abrufbar.

ISBN 978-3-205-78700-6 (Böhlau)
ISBN 978-3-486-70592-8 (Oldenbourg)
Umschlagabbildung: Eine sowjetische Verkehrspolizistin umringt von Rotarmisten in der Umgebung Wiens im Frühjahr 1945. (Quelle: AdBIK, Foto: Grünanger)

www.boehlau-verlag.com
Gedruckt auf umweltfreundlichem, chlor- und säurefrei gebleichtem Papier
Druck: Balto print

Inhaltsverzeichnis

III. Der sowjetische Besatzungsapparat: Struktur und Funktion

B. DIE MIKROEBENE: SOWJETISCHE LEBENSWELT IN ÖSTERREICH

I. Ideologie, Disziplin, Strafverfolgung

II. Vergewaltigungen, Beziehungen, Kinder

II. Medium der Besatzung

III. Formen der Erinnerung

ANHANG

Einleitung

Im Jänner 1946 klagte der in Österreich stationierte sowjetische Leutnant Michail M. Žil'cov, die Sowjetunion würde Europa niemals „ein- und überholen". In Österreich gebe es in jedem Haus Strom, während die Dörfer in seiner Heimat vermutlich nie elektrifiziert werden würden. Desillusioniert konstatierte der 27-Jährige, in Österreich „gibt es Lüster, luxuriöse Häuser, Kleidung, während meine Familie Hunger leidet und nichts anzuziehen hat". Žil'covs „Lobpreisungen der kapitalistischen Ordnung" blieben nicht ungestraft: Er wurde seiner militärischen Funktion enthoben und aus der kommunistischen Partei ausgeschlossen. Die zuständige Politabteilung klärte seine Kameraden über die „Gefährlichkeit der Aussagen Žil'covs" auf. Seine Zweifel an der „Überlegenheit des sowjetischen Systems" wertete man als Folge „seines mangelhaften politischen Wissens und seiner ideologischen Zurückgebliebenheit".[1]

Als sowjetische Truppen am 29. März 1945 bei Klostermarienberg erstmals österreichisches Territorium betraten,[2] tauchten sie in eine feindliche, weitestgehend unbekannte und nur schwer verständliche Welt ein, welche die östlichen „Befreier vom faschistischen Joch" durchaus nicht mit offenen Armen begrüßte. Der Eroberung Wiens am 13. April 1945 durch die 2. und 3. Ukrainische Front unter Marschall Rodion Malinovskij bzw. Marschall Fedor Tolbuchin gingen harte Kämpfe voraus, und auch der übrige Vormarsch forderte gerade unter den Rotarmisten[3] einen besonders hohen Blutzoll.

Angesichts dieser ersten Begegnungen mit der österreichischen Bevölkerung kamen nun vielfach jene stereotypen Feindbilder zum Tragen, welche die sowjetische Propaganda gemeinsam mit den Kriegserfahrungen im Unterbewusstsein der Rotarmisten verankert hatte. Die verbreitete Angst,

1 RGVA, F. 38650, op. 1, d. 1222, S. 63f., Bericht des Leiters der NKVD-Truppen zum Schutz des Hinterlandes der CGV, Generalmajor Kuznecov, und des Leiters der Politabteilung der Truppen, Oberst Šukin, an den stv. Leiter der Hauptverwaltung der Inneren Truppen des NKVD, Sladkevič, über antisowjetische Aussagen eines NKVD-Leutnants, 30.1.1946. Siehe dazu im Detail das Kapitel B.I.1 „Erziehung, Disziplinierung, Kontrolle" in diesem Band.

2 Manfried Rauchensteiner, Der Krieg in Österreich '45. Wien 1995, S. 126.

3 Der Begriff „krasnoarmeec" („Rotarmist") wurde in der sowjetischen Literatur vielfach ausschließlich für die einfachen Soldaten der Roten Arbeiter- und Bauern-Armee (RKKA) benutzt. Im Folgenden wird „Rotarmist" verallgemeinernd für alle Angehörigen der sowjetischen Streitkräfte verwendet. Vgl. dazu auch: Elke Scherstjanoi, Einleitung. Sowjetische Feldpostbriefe vom Ende des Großen Vaterländischen Krieges als Quelle für historische Forschung, in: Elke Scherstjanoi (Hg.), Rotarmisten schreiben aus Deutschland. Briefe von der Front (1945) und historische Analysen. Texte und Materialien zur Zeitgeschichte. Bd. 14. München 2004, S. 3–22, hier: S. 3.

in Österreich vergiftet oder absichtlich mit einer Geschlechtskrankheit infiziert zu werden, ist nur eine Ausformung davon. Aber auch Rachegefühle für die während des Krieges begangenen Gräueltaten kamen nicht nur in Deutschland, sondern ebenso in Österreich zum Vorschein. Auf der anderen Seite wurden die durch Stalins Propagandamaschinerie geprägten Vorstellungen des „kapitalistischen" Westens erstmals mit der Realität konfrontiert. Schmerzlich mussten viele erfahren, dass der Lebensstandard im Land des besiegten Feindes weit über jenem in der Heimat lag.

Dem für die Rote Armee ruhm- und siegreichen Ende des Zweiten Weltkrieges folgte die zehnjährige Besatzung Österreichs, die Hunderttausende sowjetische Soldaten und Offiziere, ihre Frauen und Kinder sowie ziviles Besatzungspersonal für mehrere Monate, manchmal sogar Jahre an Österreich binden sollte. Durch ihre flächendeckende Präsenz – im Zuge des Kriegsendes kamen etwa 400.000 Rotarmisten nach Österreich,[4] 1955 waren noch rund 40.000 Armeeangehörige mit 7600 Angehörigen von Offizieren in Österreich stationiert[5] – gehörten sie vor allem in der ersten Nachkriegszeit zum Alltag in der sowjetischen Besatzungszone. Verglichen mit den quantitativ deutlich kleineren amerikanischen, französischen und britischen Besatzungstruppen stellten daher die sowjetischen Besatzungssoldaten in Ostösterreich „die Fremden" schlechthin dar.

Durch ihren Dienst, die anfängliche Unterbringung in Privatquartieren, Liebesbeziehungen, aber auch durch Freizeitaktivitäten kamen die vorwiegend jungen Russen und Ukrainer, Weißrussen und Balten, Kasachen, Usbeken und Kaukasier in unmittelbare Berührung mit der österreichischen Bevölkerung, Kultur, Lebensweise, Sprache. Sie tauchten in eine fremde, oft als bedrohlich empfundene, gleichzeitig aber faszinierende Welt mit den unterschiedlichsten Versuchungen ein.

Die Armeeführung bemühte sich – oftmals vergeblich –, die Disziplin durch einen streng reglementierten Tagesablauf und eine „sinnvolle" Freizeitgestaltung zu stärken. So zeigte etwa die „Österreichische Zeitung", das Sprachrohr der sowjetischen Besatzungsmacht in Österreich, mit mehreren Artikeln wie „Die Rote Armee im Frieden" sowjetische Militärangehörige bei

4 Manfried Rauchensteiner, Nachkriegsösterreich 1945, in: Österreichische Militärische Zeitschrift. 1972/6, S. 407–421, hier: S. 420.

5 CAMO, F. 275, op. 140920s, d. 7, S. 145–156, Bericht des Oberkommandos der CGV an den Chef des Generalstabes, Sokolovskij, und den Chef des Hauptstabes der Landstreitkräfte, Malandin, über den Abzug der sowjetischen Truppen aus Österreich, 24.9.1955. Abgedruckt in: Stefan Karner – Barbara Stelzl-Marx – Alexander Tschubarjan (Hg.), Die Rote Armee in Österreich. Sowjetische Besatzung 1945–1955. Dokumente. Krasnaja Armija v Avstrii. Sovetskaja okkupacija 1945–1955. Dokumenty. Graz – Wien – München 2005, Dok. Nr. 188.

einem Besuch des Wiener Zoos, auf „Wildentenjagd in der Freizeit", beim Schachspielen zur „geistigen Entspannung" oder im Leseraum in einer sowjetischen Kaserne.[6] Öffentlich zelebriert und propagandistisch verwertet wurden weiters die zahllosen Kranzniederlegungen und Ehrenformationen an den Gräbern österreichischer Komponisten, die nicht nur die Hochachtung gegenüber der österreichischen Musik und Kultur unterstreichen, sondern auch die unter den Österreichern weitverbreiteten Vorurteile gegenüber der „sowjetischen Barbarei" entkräften sollten.[7]

Während die österreichische Sichtweise von Besatzung und Besatzern sowie der österreichische Alltag in der sowjetischen Besatzungszone gut aufgearbeitet sind, stehen Forschungen zu den individuellen Erlebnissen, Eindrücken und Verarbeitungsformen der Besatzungsangehörigen selbst bisher weitestgehend aus. Die tägliche Arbeit, das Alltagsleben in den Kasernen oder die Freizeitgestaltung sind gleichfalls nur am Rande und aus österreichischer Perspektive bearbeitet worden. Auch im Rahmen der in jüngster Zeit durchgeführten österreichisch-russischen Forschungsprojekte zu verschiedenen Aspekten der Besatzung Österreichs ist gerade die Mikrogeschichte fast völlig außer Acht gelassen worden. Die mentale Disposition sowjetischer Militärangehöriger, ihre Erfahrung und die Wahrnehmung des Fremden sind ebenso wenig bekannt wie das Bild, das sie von Österreich hatten, eventuell revidierten und in ihre Heimat transportierten. Zudem blieben die laufende politisch-moralische Schulung, die diversen Formen der Disziplinierung sowie die Vergeltung von Straftaten innerhalb der Armee - nicht zuletzt aufgrund fehlender Dokumente - in der bisherigen Forschung ausgeklammert. Die Erfahrungen weiblicher sowjetischer Angehöriger der Streitkräfte[8] oder der Offiziersfamilien sowie die retrospektive Aufarbeitung und Erinnerung an die Besatzungszeit in Österreich aus sowjetischer Sicht waren ebenfalls kein Thema.

Hierbei stellt sich die Frage, inwieweit die Zeit in Österreich einen Kulturschock bewirkte und mit welchen Mitteln gegen die Gefahr „politisch-ideologischer Diversion" vorgegangen wurde. Bedeutete es eventuell einen Nachteil für die weitere Karriere, im „Westen" gelebt zu haben? Wie gestaltete sich

6 Die Rote Armee im Frieden, in: Österreichische Zeitung, 23.2.1946, S. 12.

7 Erich Klein (Hg.), Die Russen in Wien. Die Befreiung Österreichs. Wien 1945. Augenzeugenberichte und über 400 unpublizierte Fotos aus Russland. Wien 1995, S. 173-176; Barbara Stelzl-Marx, Die Macht der Bilder: Sowjetische Plakate in Österreich 1945-1955, in: Ingrid Bauer - Helga Embacher - Ernst Hanisch - Albert Lichtblau - Gerald Sprengnagel (Hg.), Kunst. Kommunikation. Macht. Sechster Österreichischer Zeitgeschichtetag 2003. Unter Mitarbeit von Peter Gutschner und Karoline Bankosegger. Innsbruck - Wien - München - Bozen 2004, S. 63-72, hier: S. 69f.

8 Einen wichtigen Einblick in das Thema liefert: Peter Jahn (Hg.), Mascha + Nina + Katjuscha. Frauen in der Roten Armee 1941-1945. Maša + Nina + Katjuša. Zenščiny-voennoslužaščie. Mit einem Beitrag von Swetlana Alexijewitsch. Leipzig 2002.

der Alltag sowjetischer Besatzungsangehöriger in Österreich? Wie versuchte die Armeeführung, die mangelnde Disziplin in den Truppen in den Griff zu bekommen? Welche Strafen standen auf Vergewaltigungen, Plünderungen, Desertion oder andere Vergehen? Welche Konsequenzen zogen Liebesbeziehungen mit „westlichen" Frauen nach sich? Was bedeutete es, als „Russenkind" in Österreich aufzuwachsen?

In diesem Zusammenhang ist von Interesse, wie die Wahrnehmungen und Erfahrungen retrospektiv erinnert wurden. Spielten Medien wie Armeezeitungen und Filme eine Rolle? Welche Topoi und Tabus finden sich in Oral-History-Interviews und sogenannten Ego-Dokumenten wie Tagebüchern? Kommt die selbst auferlegte Zensur von Veteranenverbänden dabei zum Tragen? Und wie änderte sich die institutionalisierte Erinnerung im Laufe der Jahrzehnte?

Nach wie vor unklar sind bislang auch viele Aspekte der Makroebene des sowjetischen Besatzungsapparates, der die Klammer für den Einsatz in Österreich bildete. Wie war die Tätigkeit der Besatzungssoldaten organisiert? Welche Aufgaben oblagen den Kommandanturen und wie wurden sie realisiert? Wie effizient setzte der Sowjetische Teil der Alliierten Kommission (SČSK) für Österreich seine Aufgaben in die Tat um? Wie gestaltete sich das Verhältnis zu den Inneren Truppen des Volkskommissariats für innere Angelegenheiten (NKVD), denen bis 1946 unter anderem die Kontrolle über die in Österreich stationierten Soldaten oblag? Wie waren der sowjetische Geheimdienst und das Wirtschaftsimperium personell verwoben? Wie reagierte die sowjetische Besatzungsmacht auf das Feindbild Marshallplan?

***

Das sind einige der Fragen, denen die vorliegende Arbeit nachgehen möchte. Der erste Teil widmet sich der Makroebene „Kriegsende und Besatzungsapparat", die den Rahmen für die Erfahrungen sowjetischer Militärangehöriger in Österreich bildet. In diesem Zusammenhang werden etwa der Wandel des Feindbildes in der Propaganda für die Rote Armee, die schließlich verratene Kooperation zwischen den Sowjets und der militärischen Widerstandsgruppe um Major Carl Szokoll, der militärische Vormarsch der Roten Armee in Ostösterreich und die Bildung der provisorischen Regierung unter Karl Renner beleuchtet.

Bezüglich des Besatzungsapparates werden nicht nur seine Struktur und Funktion dargestellt, sondern auch organisatorische und vor allem personelle Probleme. So hatten die Militärkommandanten ebenso wie die Geheimdiensttruppen mit disziplinären Problemen in den eigenen Reihen zu kämpfen und mussten selbst ermahnt werden, den „Versuchungen des Lebens" zu widerstehen. Innerhalb des Sowjetischen Teils der Alliierten Kommission bestand neben einem anfänglich akuten Personalmangel eine Schwierigkeit darin, qualifizierte Mitarbeiter zu bekommen. Mehrere gravierende Umstrukturierungen, gegenseitige Bespitzelungen, ein partiell bewusst herbeigeführter Parallelismus und unklare Kompetenzen spiegeln die Konkurrenzkämpfe in der Moskauer Zentrale wider.

Ausgehend von dieser Makrogeschichte wird im zweiten Teil erstmals die sowjetische Lebenswelt in Österreich - gleichsam aus einer Perspektive von unten bzw. von innen - analysiert. Vor dem Hintergrund der politischen Tragweite von Straftaten, die sowjetische Militärangehörige verübten, werden die gezielte politisch-moralische Schulung und der Einsatz von kommunistischen Parteiorganisationen zur Steigerung der Disziplin dargestellt. Ein eigenes Kapitel widmet sich „amoralischen Erscheinungen" und Delikten wie Plünderungen, Vergewaltigungen, Trunksucht, Desertion, Selbstmord, Spionage, Vaterlandsverrat und Mord, aber auch Straftaten zum Nachteil von Rotarmisten. Dokumente von sowjetischen Militär- und Geheimdienstorganen erlauben einen Einblick in die teilweise rigorose Bestrafung und die interne Einschätzung derartiger Vergehen.

Ein besonders sensibles Thema ist jenes der sexuellen Kontakte zwischen Besatzungsangehörigen und österreichischen Frauen. Die sogenannte Schattenseite umfasst Vergewaltigungen, Abtreibungen, Geschlechtskrankheiten, Prostitution und Verhaftungen wegen des Vorwurfs der Spionage oder - im Falle der Infizierung von Armeeangehörigen mit einer venerischen Krankheit - sogar der Sabotage. Aber auch die zahlreichen Liebesbeziehungen standen unter keinem guten Stern: Die Frauen wurden häufig von der Gesellschaft und der eigenen Familie stigmatisiert. Und Moskau wertete Liaisons mit Österreicherinnen als „Verrottung der politischen Vorsicht", weswegen Eheschließungen oder dauerhafte Beziehungen unterbunden wurden. Bis heute befinden sich viele der „Besatzungskinder" auf der Suche nach ihren Vätern.

Das nächste Kapitel widmet sich dem sowjetischen Alltag in Österreich. Hierbei wird der Frage nachgegangen, wie der Tagesablauf, die Unterbringung, Verpflegung und Bekleidung reglementiert waren, unter welchen Voraussetzungen Offiziere ihre Familien nach Österreich holen konnten und wie Offizierskinder die Besatzungszeit erlebten. Freizeitaktivitäten wie Jagd, Sport oder kulturelle Veranstaltungen und das Zelebrieren einschlägiger Riten und Feste kommen ebenfalls zur Sprache. Einen besonderen Stellenwert in diesem Zusammenhang hatten Bestattungen und das Totengedenken inne, was sich im „steinernen Gedächtnis" von Friedhöfen und Gedenksteinen bis heute widerspiegelt.

Auf Formen von Wahrnehmung und Erinnerung konzentriert sich der dritte Teil. Dabei steht einleitend die Frage im Vordergrund, welche Bilder von der Besatzung in Österreich in Form von Fotografien und Dokumentarfilmen produziert wurden und welche Sujets diese transportierten. So sind die Kranzniederlegungen am Grabmal von Johann Strauß, einem der wichtigsten Bestandteile der sowjetischen Ikonografie von der Befreiung Österreichs, vor allem auf den in der Sowjetunion außerordentlich populären amerikanischen Spielfilm „The Great Waltz" zurückzuführen.

Erstmals wird auch die Armeezeitung der Zentralen Gruppe der Streitkräfte analysiert, deren symptomatischer Titel „Za čest' Rodiny" („Für die Ehre der Heimat") auf das von den Rotarmisten erwünschte Verhalten verweist. Zu den Aufgaben dieser Tageszeitung gehörte es, die sowjetischen Armeeangehörigen eindringlich vor dem „feindlichen" Einfluss im Ausland zu warnen, sie über wichtige Ereignisse in ihrem Umfeld zu informieren und sie politisch zu schulen. Die Auswahl und Darstellung bzw. Tabuisierung einzelner Themen ist dabei ebenso relevant wie die Frage, welche Deutungsmuster des Fremden und des Eigenen sich herauskristallisierten.

Abschließend wird der Fokus auf die retrospektive Auf- bzw. Verarbeitung der Besatzungserfahrung aus sowjetischer Sicht, den Umgang in der (post-)sowjetischen Gesellschaft mit diesem Thema sowie auf die öffentliche wie private Erinnerung gelegt. Dabei werden Rituale und Inszenierungen zu Jahrestagen wie etwa dem „Tag des Sieges" ebenso untersucht wie Orte der Erinnerung. Bei der Analyse von Oral-History-Interviews mit ehemals sowjetischen Zeitzeuginnen und Zeitzeugen wird der Frage nachgegangen, welche Themen in der mündlichen Erinnerung eher tabuisiert, welche auf der anderen Seite wiederum betont und welche retrospektiven, mythologisierten Bilder von der Zeit in Österreich tradiert werden.

Kriegsende und Besatzungszeit in Österreich hinterließen außerdem ihre Spuren in der sowjetischen Literatur, die ihrerseits als Medium des kollektiven Gedächtnisses wirkt. Durch die neue Erfahrung mit dem Westen boten sich erweiterte Möglichkeiten literarischen Schaffens. Der persönliche Kontakt mit der einheimischen Bevölkerung bedingte, dass die Deutschen bzw. Österreicher nicht „en masse", sondern als Individuen wahrgenommen wurden. Als Beispiele dienen die 1945 entstandenen privaten Aufzeichnungen des berühmten sowjetischen Lyrikers Boris Sluckij „Über die anderen und über mich" und die für die Öffentlichkeit gedachten Erinnerungen des ehemaligen Politoffiziers Grigorij Savenok „Wiener Treffen". Vor allem Letztere sind ein Spiegelbild der Feindbilder des Kalten Krieges.

* * *

Die sowjetische Besatzung Österreichs 1945–1955 stellte bis vor wenigen Jahren eines der bedeutendsten Forschungsdesiderate der österreichischen Zeitgeschichtsforschung dar.[9] Während die westalliierten Zonen Österreichs bereits Gegenstand zahlreicher wissenschaftlicher Untersuchungen waren und sind, hinkte die Erforschung der sowjetischen Besatzung drastisch hinterher. Der Grund dafür lag in erster Linie in einem jahrzehntelangen, starken Ungleichgewicht der Quellensituation.[10] Durch den Zugang zu „neuen" Quellen in russischen Archiven konnten sich mehrere Forschungsprojekte den österreichisch-sowjetischen Beziehungen auf außenpolitischer Ebene, Fragen des sowjetischen Einflusses auf die österreichische Politik sowie den Plänen zu Österreich oder dem Alltag in der sowjetischen Besatzungszone aus österreichischer Perspektive widmen. Die Lebenswelt der sowjetischen Besatzungssoldaten selbst, die Verarbeitung in Ego-Dokumenten und die orale wie schriftliche Erinnerung, sprich die retrospektive Deutung, waren bisher von diesen Untersuchungen weitestgehend ausgenommen.

Als Resultat eines mehrjährigen, bilateralen Forschungsprojektes[11] erschien im Frühling 2005 eine zweibändige Publikation mit dem Titel „Die Rote Armee in Österreich. Sowjetische Besatzung 1945–1955", worin erstmals auf breiter Basis von Dokumenten aus russischen und österreichischen Archiven die zehnjährige sowjetische Besatzung Österreichs umfassend aufbereitet wird.[12] Im Laufe des „Gedankenjahres 2005" kamen zudem eine Monografie zur politischen Arbeit der sowjetischen Besatzung in Österreich – wobei ein Schwerpunkt auf die Zeit vom Kriegsende bis einschließlich 1949 gelegt

9 Siehe dazu auch: Günter Bischof, Eine historiographische Einführung: Die Ära des Kalten Krieges und Österreich, in: Erwin A. Schmidl (Hg.), Österreich im frühen Kalten Krieg 1945–1958. Spione, Partisanen, Kriegspläne. Wien – Köln – Weimar 2000, S. 19–53; Wolfgang Mueller, Die sowjetische Besatzungsmacht in Österreich 1945–1955. Forschungsstand, Quellenlage und Fragestellungen, in: Zeitgeschichte. 2001/2, S. 114–129.

10 Vgl. dazu Günter Bischof – Josef Leidenfrost (Hg.), Die bevormundete Nation. Österreich und die Alliierten 1945–1949. Innsbrucker Forschungen zur Zeitgeschichte. Bd. 4. Innsbruck 1988. Bezeichnenderweise fehlt in diesem Band, der die Forschungen zur österreichischen Besatzungszeit Ende der 1980er Jahren zusammenfasst, ein Kapitel über sowjetische Archivalien zur Nachkriegszeit. Zu einem aktuelleren Forschungsüberblick vgl. Günter Bischof – Hans Jürgen Schröder, „Nation Building" in vergleichender Perspektive: Die USA als Besatzungsmacht in Österreich und Westdeutschland 1945–1955, in: Michael Gehler – Ingrid Böhler (Hg.), Verschiedene europäische Wege im Vergleich. Österreich und die Bundesrepublik Deutschland 1945/49 bis zur Gegenwart. Innsbruck 2007, S. 155–176.

11 Das bilaterale Forschungsprojekt „Die Rote Armee in Österreich 1945–1955" wurde von Juli 2002 bis Dezember 2005 vom Österreichischen Bundesministerium für Bildung, Wissenschaft und Kultur, Wien, gefördert. Projektleitung: Stefan Karner; Projektkoordination: Barbara Stelzl-Marx.

12 Karner – Stelzl-Marx, Die Rote Armee in Österreich; Karner – Stelzl-Marx – Tschubarjan, Die Rote Armee in Österreich.

wird –,[13] eine Quellenedition zur sowjetischen Politik in Österreich[14] sowie ein Sammelband mit mehreren Beiträgen zur Sowjetunion und dem österreichischen Staatsvertrag heraus.[15]

Von besonderem Interesse für die vorliegende Arbeit ist die sowjetische bzw. russische Historiografie zur Besatzung Österreichs, spiegelt sie doch die offizielle Sichtweise und Wertung aus außenpolitischer bzw. militärhistorischer Perspektive wider. Vor dem Hintergrund des Kalten Krieges vertraten ihre Verfasser größtenteils einen prononciert „antiwestlichen" Standpunkt, wobei bis 1991 - und zum Teil darüber hinaus - jegliche Kritik an der UdSSR unterblieb.

Die früheste Arbeit zur Sowjetbesatzung in Österreich erschien 1958, drei Jahre nach der Unterzeichnung des österreichischen Staatsvertrages.[16] Das Hauptaugenmerk dieser von Aleksandr Efremov verfassten Monografie liegt - der offiziellen sowjetischen Propagandadoktrin folgend - auf der Rolle der Sowjetunion als Befreierin Österreichs vom Nationalsozialismus und ihrem Kampf gegen die „Unterjochung Österreichs" durch die Wirtschaftshilfe der USA - den Marshallplan. Bereits einleitend wird klar auf die USA als Gegenspieler im Kalten Krieg verwiesen. Als wichtigste Ziele und Aufgaben, welche die Sowjetunion als Besatzungsmacht in Österreich verfolgte, nennt der Autor Demilitarisierung, Entnazifizierung und Demokratisierung.

Eine ähnliche Position vertritt Viktor Beleckij in seiner Publikation von 1962, worin der Verfasser zudem die Entwicklung der „freundschaftlichen Beziehung" zwischen den beiden Ländern bis ins Jahr 1960 verfolgt.[17] Neben der Definierung der „Loslösung Österreichs von Deutschland" als vierte Hauptaufgabe der UdSSR stehen hierbei der „Kampf der Sowjetunion für den Abschluss des Staatsvertrages und die Wiederherstellung eines unabhängigen, demokratischen Österreich" im Mittelpunkt des Interesses.

Nur drei Jahre später kam eine weitere Publikation zur „Sowjetunion im Kampf für die Unabhängigkeit Österreichs" heraus, wobei ebenfalls die genannten vier Hauptaufgaben thematisiert und der Marshallplan kritisiert werden.[18] Ein Schwerpunkt liegt hier außerdem auf dem „Anschluss" 1938

13 Wolfgang Mueller, Die sowjetische Besatzung in Österreich 1945–1955 und ihre politische Mission. Wien - Köln - Weimar 2005.

14 Wolfgang Mueller - Arnold Suppan - Norman M. Naimark - Gennadij Bordjugov (Hg.), Sowjetische Politik in Österreich 1945–1955. Dokumente aus russischen Archiven. Sovetskaja politika v Avstrii 1945–1955 gg. Dokumenty iz Rossijskich archivov. Wien 2005.

15 Arnold Suppan - Gerald Stourzh - Wolfgang Mueller (Hg.), Der österreichische Staatsvertrag. Internationale Strategie, rechtliche Relevanz, nationale Identität. Wien 2005.

16 A. Efremov, Sovetsko-avstrijskie otnošenija posle vtoroj mirovoj vojny. Moskau 1958.

17 V. N. Beleckij, Sovetskij Sojuz i Avstrija. Bor'ba Sovetskogo Sojuza za vozroždenie nezavisimoj demokratičeskoj Avstrii i ustanovlenie s nej družestvennych otnošenij (1938–1960 gg.). Moskau 1962.

18 I. K. Kobljakov - V. N. Želanov - G. G. Kuranov - D. N. Močalin, SSSR v bor'be za nezavisimosť Avstrii. Moskau 1965.

und der NS-Zeit, wodurch der Anteil der Sowjetunion bei der Befreiung Österreichs und der Geburt der Zweiten Republik 1945 bis hin zum Abschluss des Staatsvertrages noch stärker hervortritt. Vor dem zeitgenössisch relevanten Hintergrund einer möglichen EWG-Assoziierung Österreichs, wogegen sich Moskau offen aussprach, werden abschließend die Einhaltung des Staatsvertrages und die Wahrung der Neutralität eingemahnt.

Einen ähnlichen Weg schlugen auch die Monografie von Stanislav Vorošilov über die „Geburt der Zweiten Republik in Österreich"[19] von 1968, G. Ardajevs „Die Sowjetunion und die Unabhängigkeit Österreichs"[20] aus dem Jahre 1975 und Ivan Žirjakovs 1991 erschienene Monografie[21] ein. Ihnen gemein ist der Versuch, die Politik der UdSSR historiografisch zu rechtfertigen.

Neben diesen Untersuchungen entstanden mehrere Dokumentensammlungen mit einem gleichfalls außenpolitischen Schwerpunkt. Eine erste Sammlung zentraler Dokumente zu Österreich wurde bereits 1953 von der 3. Europäischen Abteilung des Ministeriums für auswärtige Angelegenheiten (MID) der UdSSR zusammengestellt,[22] 1955 folgte der zweite Teil.[23] Beide Bände waren allerdings nicht für die Öffentlichkeit, sondern als interne Handbücher für den Dienstgebrauch der Mitarbeiter des MID in Moskau und des Sowjetischen Teils der Alliierten Kommission in Österreich vorgesehen.

Anlässlich des 35. Jahrestages der „Befreiung Wiens und Ostösterreichs vom deutschen Faschismus und anlässlich des 25. Jahrestages der Unterzeichnung des Staatsvertrages über die Wiederherstellung eines unabhängigen und demokratischen Österreich" stellten die Historisch-diplomatische Verwaltung und die 3. Europäische Abteilung des MID der UdSSR eine Dokumentenedition mit Materialien zu „UdSSR - Österreich 1938–1979" zusammen, dessen offiziellen Charakter unter anderem das Vorwort von Außenminister Andrej Gromyko unterstrich.[24] Im Globus-Verlag erschien im selben Jahr eine deutsche Fassung des Werks.[25] Ausgehend von der Erklärung des

19 S. I. Vorošilov, Roždenie vtoroj respubliki v Avstrii. Leningrad 1968.

20 G. Ardajev, Die Sowjetunion und die Unabhängigkeit Österreichs. Wien 1975.

21 Ivan G. Žirjakov, Sovetskij Sojuz - Avstrija: Na puti k sozdaniju obščeevropejskogo doma. Moskau 1991.

22 Ministerstvo inostrannych del SSSR (Hg.), Sbornik osnovnych dokumentov SSSR, SŠA, Anglii i Francii ob Avstrii. Bd. 1. Moskau 1953.

23 Ministerstvo inostrannych del SSSR (Hg.), Sbornik osnovnych dokumentov SSSR, SŠA, Anglii i Francii ob Avstrii. Bd. 2. Moskau 1955.

24 Ministerstvo inostrannych del SSSR (Hg.), SSSR - Avstrija 1938–1979 gg. Dokumenty i materialy. Predislovie člena Politbjuro CK KPSS, ministra inostrannych del SSSR A. A. Gromyko. Moskau 1980.

25 Ministerium für auswärtige Angelegenheiten der UdSSR (Hg.), UdSSR - Österreich 1938–1979. Dokumente und Materialien. Mit einem Vorwort von A. A. Gromyko, Mitglied des Politbüros des ZK der KPdSU und Minister für Auswärtige Angelegenheiten der UdSSR. Moskau 1980.

Volkskommissars für auswärtige Angelegenheiten der UdSSR, Maksim Litvinov, vom 17. März 1938 und der Moskauer Deklaration umfasste die Edition in erster Linie Dokumente zu sowjetischen Hilfeleistungen an Österreich 1945, zur Bildung der provisorischen Regierung unter Karl Renner und zum Abschluss des österreichischen Staatsvertrages. Die Dokumente von 1956 bis 1979 sind sowjetisch-österreichischen Kommuniqués bzw. Ansprachen hoher Regierungsmitglieder beider Länder entnommen.

Eine Edition militärhistorischer Dokumente zu Österreich 1945 erschien erstmals im Jahr 2000 als Teil der vom Moskauer Institut für Militärgeschichte herausgegebenen Reihe zum „Großen Vaterländischen Krieg".[26] Die vorwiegend aus dem Archiv des Verteidigungsministeriums der Russischen Föderation (CAMO) und des Archivs für Außenpolitik der Russischen Förderation (AVP RF) stammenden Dokumente behandeln etwa den militärischen Vormarsch der Roten Armee in Österreich, die Bildung der provisorischen Regierung, Hilfslieferungen an die Bevölkerung Wiens und die Unterstützung des Wiederaufbaus der Wiener Oper, aber auch den „politisch-moralischen" Zustand der sowjetischen Truppen in Österreich.

Während bis zum Zerfall der Sowjetunion keine nennenswerten militärhistorischen Studien zur sowjetischen Besatzung Österreichs publiziert worden waren, entstanden gerade in diesem Sektor zahlreiche Memoiren, auf die im Rahmen dieser Arbeit ausführlich eingegangen wird.[27] An dieser Stelle sei lediglich auf einige der herausragendsten Erinnerungen verwiesen: Die Tätigkeit der sowjetischen Stadtkommandantur in Wien beschreibt der ehemalige Stellvertreter des Kommandeurs für politische Angelegenheiten, Grigorij Savenok, in seinen 1961 im Verlag des Verteidigungsministeriums der UdSSR erschienenen Memoiren „Wiener Treffen".[28] Im selben Verlag kamen 1974 die Erinnerungen von Sergej Štemenko, von 1943 bis 1946 Chef der operativen Abteilung des Generalstabes und seit 1968 Chef des Stabes der Streitkräfte des Warschauer Paktes, „Im Generalstab" heraus, die sich unter anderem der Schlacht um Wien und der Suche nach Karl Renner widmen.[29]

Auch mehrere hochrangige Militärs, die in Österreich höchste Posten bekleidet hatten, publizierten – zum Teil knappe – Schilderungen ihres Ein-

26 Institut Voennoj Istorii Oborony Rossijskoj Federacii et al. (Hg.), Krasnaja Armija v stranach Central'noj Evropy i na Balkanach. Dokumenty i materialy 1944–1945. Russkij Archiv: Velikaja Otečestvennaja Vojna. Bd. 14 (3–2). Moskau 2000.

27 Siehe dazu im Detail das Kapitel C.III.3 „Schriftliche Zeugnisse" in diesem Band.

28 Grigorij M. Savenok, Venskie vstreči. Moskau 1961. Siehe dazu im Detail das Kapitel C.III.3.2 „Savenoks ‚Wiener Treffen'" in diesem Band.

29 S. M. Štemenko, General'nyj štab v gody vojny. Bd. 2. Moskau 1974; Sergej M. Schtemenko, Im Generalstab. Berlin-Ost 1969; Sergej M. Schtemenko, Im Generalstab. Bd. 2. Berlin 1970/1975.

satzes in Österreich, darunter der erste sowjetische Militärkommissar in Österreich, Marschall Ivan Konev,[30] sein Stellvertreter, Generaloberst Aleksej Želtov,[31] oder etwa der erste sowjetische Nachkriegs-Stadtkommandant Wiens, Generalmajor Aleksej Blagodatov.[32]

In den USA erfolgte die Aufarbeitung der sowjetischen Besatzung Österreichs erwartungsgemäß unter umgekehrten Vorzeichen und aus einer „westlichen" Perspektive heraus. So bezichtigten die frühen Untersuchungen die Sowjetunion eines aggressiven Expansionismus und eines der sowjetischen Außenpolitik inhärenten Revolutionsexports. Besonders deutlich tritt dieser antikommunistische Standpunkt in der 1961 veröffentlichten Dissertation von William Lloyd Stearman hervor,[33] etwas ausgewogener in der 1963 eingereichten Doktorarbeit von William B. Bader.[34] 2002 erfolgte eine Neuauflage der deutschen Fassung von Baders Studie unter explizitem, aber keineswegs gerechtfertigtem Verweis auf die Sicht des „neutralen [!] amerikanischen Betrachters".[35]

Diese Schwarz-Weiß-Malerei wurde ab dem Jahr 1977 von mehreren „revisionistischen" Arbeiten kritisch hinterfragt, die zugleich die ersten nennenswerten österreichischen Beiträge zur Erforschung der sowjetischen Österreichpolitik darstellten. Den Anfang machte Wilfried Aichinger mit seiner Beurteilung der sowjetischen Ziele gegenüber Österreich von 1943 bis zu den Novemberwahlen 1945.[36] Ihm folgte Otto Klambauer mit seiner Arbeit über die USIA-Betriebe, dem ersten Werk zur sowjetischen Wirtschaftspolitik in Österreich.[37] Oliver Rathkolb setzte sich mit seiner Dissertation über die US-Propaganda in Österreich im frühen Kalten Krieg auch mit den Zielen der sowjetischen Besatzungspropaganda und deren Umsetzung auseinander.[38]

---

30 Ivan S. Konev, Sorok pjaty. Moskau 1966.

31 Aleksej S. Želtov, Političeskaja rabota v Venskoj natupatel'noj operacii, in: Voenno-istoričeskij žurnal. 1996/2, S. 17–28; A. S. Želtov, 3-j Ukrainskij – na Balkanach, in: Institut Voennoj Istorii Ministerstva Oborony SSSR (Hg.), Velikij osvoboditel'nyj pochod. Moskau 1970, S. 115–150.

32 A. Blagodatow, Die ersten Friedenstage in Wien, in: Sowjetunion heute. 1975/9, S. 25–27.

33 William Lloyd Stearman, The Soviet Union and the Occupation of Austria: An Analysis of the Soviet Policy in Austria, 1945–1955. Bonn – Wien – Zürich 1961; William Lloyd Stearman, Die Sowjetunion und Österreich 1945–1955. Ein Beispiel für die Sowjetpolitik gegenüber dem Westen. Bonn – Wien – Zürich 1962.

34 William Banks Bader, A Communist Failure. Occupied Austria 1945–1955. Phil. Diss. Princeton 1963; William Banks Bader, Austria between East and West 1945–1955. Stanford 1966.

35 William B. Bader, Österreich im Spannungsfeld zwischen Ost und West 1945 bis 1955. Wien 2002.

36 Wilfried Aichinger, Sowjetische Österreichpolitik 1943–1945. Phil. Diss. Wien 1977; Wilfried Aichinger, Sowjetische Österreichpolitik 1943–1945. Materialien zur Zeitgeschichte. Bd. 1. Wien 1977.

37 Otto Klambauer, Die USIA-Betriebe. Phil. Diss. Wien 1978.

38 Oliver Rathkolb, Politische Propaganda der amerikanischen Besatzungsmacht in Österreich 1945–1950. Ein Beitrag zur Geschichte des Kalten Krieges in Presse-, Kultur- und Rundfunkpolitik. Phil. Diss. Wien 1981.

Gerade auf dem Sektor der sowjetischen Österreichpolitik wurden in jüngster Zeit durch den Zugang zu „neuen" Primärquellen in russischen Archiven bedeutende Erkenntnisse gewonnen. Zu den Publikationen zählen insbesondere die im Rahmen des Forschungsprojektes „Die Rote Armee in Österreich" vorgelegten Arbeiten von Stefan Karner,[39] Aleksej Filitov,[40] Ludmilla Lobova,[41] Ol'ga Pavlenko,[42] Michail Prozumenščikov[43] und Peter Ruggenthaler[44] sowie die Studien der Österreichischen Akademie der Wissenschaften zur politischen Mission der sowjetischen Besatzungsmacht und zum österreichischen Staatsvertrag.[45]

Im Zusammenhang mit dem Staatsvertrag steht das Opus magnum von Gerald Stourzh an erster Stelle, das als fünfte, durchgesehene Auflage mit einem bibliografischen Vorwort zuletzt 2005 erschien.[46] Rolf Steiniger publizierte gleichfalls 2005 eine Monografie über den Staatsvertrag „im Schatten von deutscher Frage und Kaltem Krieg".[47] Zu Österreichs Außenpolitik und dem Weg vom Marshall-Plan zur europäischen Integration legte Michael Gehler mehrere umfangreiche Arbeiten vor.[48]

---

39 Stefan Karner – Peter Ruggenthaler, Unter sowjetischer Kontrolle. Zur Regierungsbildung in Österreich 1945, in: Stefan Karner – Barbara Stelzl-Marx (Hg.), Die Rote Armee in Österreich. Sowjetische Besatzung 1945–1955. Beiträge. Graz – Wien – München 2005, S. 105–148.

40 Aleksej Filitov, Sowjetische Planungen zur Wiedererrichtung Österreichs 1941–1945, in: Stefan Karner – Barbara Stelzl-Marx (Hg.), Die Rote Armee in Österreich. Sowjetische Besatzung 1945–1955. Beiträge. Graz – Wien – München 2005, S. 27–39.

41 Ludmilla Lobova, Österreich und die UdSSR. Die bilateralen Beziehungen vor dem Hintergrund der Anfangsphase des Kalten Krieges, in: Stefan Karner – Barbara Stelzl-Marx (Hg.), Die Rote Armee in Österreich. Sowjetische Besatzung 1945–1955. Beiträge. Graz – Wien – München 2005, S. 603–632.

42 Ol'ga Pavlenko, Österreich im Kraftfeld der sowjetischen Diplomatie 1945, in: Stefan Karner – Barbara Stelzl-Marx (Hg.), Die Rote Armee in Österreich. Sowjetische Besatzung 1945–1955. Beiträge. Graz – Wien – München 2005, S. 565–602.

43 Michail Prozumenščikov, Nach Stalins Tod. Sowjetische Österreich-Politik 1956–1955, in: Stefan Karner – Barbara Stelzl-Marx (Hg.), Die Rote Armee in Österreich. Sowjetische Besatzung 1945–1955. Beiträge. Graz – Wien – München 2005, S. 729–754.

44 Peter Ruggenthaler, Warum Österreich nicht sowjetisiert werden sollte, in: Stefan Karner – Barbara Stelzl-Marx (Hg.), Die Rote Armee in Österreich. Sowjetische Besatzung 1945–1955. Beiträge. Graz – Wien – München 2005, S. 61–90; Peter Ruggenthaler, Warum Österreich nicht sowjetisiert wurde. Sowjetische Österreich-Politik 1945–1953/55, in: Stefan Karner – Barbara Stelzl-Marx (Hg.), Die Rote Armee in Österreich. Sowjetische Besatzung 1945–1955. Beiträge. Graz – Wien – München 2005, S. 649–728.

45 Mueller, Die sowjetische Besatzung in Österreich; Mueller et al., Sowjetische Politik in Österreich; Suppan et al., Der österreichische Staatsvertrag.

46 Gerald Stourzh, Um Einheit und Freiheit. Staatsvertrag, Neutralität und das Ende der Ost-West-Besetzung Österreichs 1945–1955. Studien zu Politik und Verwaltung. Bd. 62. 5., durchgesehene Aufl. 2005 mit einem bibliographischen Nachwort. Wien – Köln – Graz 2005.

47 Rolf Steininger, Der Staatsvertrag. Österreich im Schatten von deutscher Frage und Kaltem Krieg 1938–1955. Innsbruck – Wien – Bozen 2005.

48 Vgl. etwa Michael Gehler, Vom Marshall-Plan zur EU. Österreich und die europäische Integration

Zum militärischen Kriegsende in Österreich und der alliierten Besatzungsorganisation sind zunächst die Arbeiten von Manfried Rauchensteiner zu nennen,[49] wobei in die 2005 unter dem Titel „Stalinplatz 4"[50] herausgebrachte Neubearbeitung des Standardwerkes „Der Sonderfall"[51] gleichfalls neu erschlossene sowjetische Dokumente Eingang fanden. Einen fundierten Einblick in Teile des sowjetischen Besatzungsapparates bieten die Arbeiten von Valerij Vartanov[52] zu Aufgaben der Militärkommandanturen sowie jene von Nikita Petrov[53] und Natal'ja Eliseeva[54] zu den Inneren Truppen des NKVD. Erste Studien liegen nun auch auf der Basis sowjetischer Dokumente über die Tätigkeit sowjetischer Geheimdienste in Österreich[55] und zur Organisation des Sowjetischen Teils der Alliierten Kommission in Österreich (SČSK)[56] vor, wobei eine umfassende Analyse der Tätigkeit der Alliierten Kommission im Gesamten sowie der SČSK im Speziellen noch aussteht.

Ferner sind einige Teilgebiete der sowjetischen Besatzungsgeschichte ins Zentrum der Aufmerksamkeit gerückt: die Frage der Verschleppungen öster-

---

von 1945 bis zur Gegenwart. Innsbruck – Wien – Bozen 2006; Michael Gehler, Österreichs Weg in die Europäische Union. Innsbruck – Bozen – Wien 2009; Michael Gehler, Österreichs Außenpolitik der Zweiten Republik. Von der alliierten Besatzung bis zum Europa des 21. Jahrhunderts. 2 Bde. Innsbruck – Wien – Bozen 2005.

49 Rauchensteiner, Der Krieg in Österreich; Manfried Rauchensteiner, Die Wiener Interalliierte Kommandantur 1945–1955, in: Jahrbuch des Vereins für Geschichte der Stadt Wien. Bd. 34. 1978, S. 390–422; Manfried Rauchensteiner, Die Alliierte Kommission für Österreich 1945–1955, in: Stephan Verosta (Hg.), 25 Jahre Staatsvertrag. Symposium, veranstaltet von der Österreichischen Akademie der Wissenschaften und der Akademie der Wissenschaften der UdSSR in der Zeit vom 12.–19. April 1980 in Moskau. Wien 1981, S. 51–63.

50 Manfried Rauchensteiner, Stalinplatz 4. Österreich unter alliierter Besatzung. Wien 2005.

51 Manfried Rauchensteiner, Der Sonderfall. Die Besatzungszeit in Österreich 1945 bis 1955. Neuaufl. Graz – Wien – Köln 1995.

52 Valerij Vartanov, Die Aufgaben der Militärkommandanturen in der sowjetischen Besatzungszone Österreichs 1945–1955, in: Stefan Karner – Barbara Stelzl-Marx (Hg.), Die Rote Armee in Österreich. Sowjetische Besatzung 1945–1955. Beiträge. Graz – Wien – München 2005, S. 163–178.

53 Nikita Petrov, Die Inneren Truppen des NKVD/MVD im System der sowjetischen Repressionsorgane in Österreich 1945–1946, in: Stefan Karner – Barbara Stelzl-Marx (Hg.), Die Rote Armee in Österreich. Sowjetische Besatzung 1945–1955. Beiträge. Graz – Wien – München 2005, S. 219–242.

54 Natal'ja Eliseeva, Zum Schutz des Hinterlandes der Roten Armee. Der Einsatz der NKVD-Truppen in Österreich von April bis Juli 1945, in: Stefan Karner – Barbara Stelzl-Marx (Hg.), Die Rote Armee in Österreich. Sowjetische Besatzung 1945–1955. Beiträge. Graz – Wien – München 2005, S. 91–104.

55 Vasilij Christoforov, Sowjetische Geheimdienste in Österreich. Zu den Beständen des Zentralarchivs des FSB, in: Stefan Karner – Barbara Stelzl-Marx (Hg.), Die Rote Armee in Österreich. Sowjetische Besatzung 1945–1955. Beiträge. Graz – Wien – München 2005, S. 149–162.

56 Harald Knoll – Barbara Stelzl-Marx, Der Sowjetische Teil der Alliierten Kommission für Österreich. Struktur und Organisation, in: Stefan Karner – Barbara Stelzl-Marx (Hg.), Die Rote Armee in Österreich. Sowjetische Besatzung 1945–1955. Beiträge. Graz – Wien – München 2005, S. 179–218; Mueller, Die sowjetische Besatzung in Österreich, S. 53–70; Wolfgang Wagner, Die Besatzungszeit aus sowjetischer Sicht. Die Errichtung der sowjetischen Besatzungsmacht in Österreich von 1945 bis 1946 im Spiegel ihrer Lageberichte. Phil. DA. Wien 1998.

reichischer Zivilisten[57] und der Entnazifizierung in der sowjetischen Zone,[58] die (Zwangs-)Repatriierungen sowjetischer Staatsbürger aus Österreich,[59] der sowjetische Wirtschaftsapparat in Österreich,[60] Aspekte der „Gender studies" unter besonderer Berücksichtigung der Vergewaltigungsproblematik[61] und des nach wie vor tabuisierten Bereiches der Besatzungskinder.[62] Weiters widmeten sich einige Studien der sowjetischen Propaganda in Österreich,[63] darunter etwa einige Hochschularbeiten zum Österreichbild in der sowjetischen Presse und Literatur.[64]

---

57 Vgl. dazu unter anderem: Stefan Karner (Hg.), Geheime Akten des KGB. „Margarita Ottilinger". Graz 1992; Harald Knoll – Barbara Stelzl-Marx, Sowjetische Strafjustiz in Österreich. Verhaftungen und Verurteilungen 1945–1955, in: Stefan Karner – Barbara Stelzl-Marx (Hg.), Die Rote Armee in Österreich. Sowjetische Besatzung 1945–1955. Beiträge. Graz – Wien – München 2005, S. 275–322; Ol'ga Lavinskaja, Zum Tode verurteilt. Gnadengesuche österreichischer Zivilisten an den Obersten Sowjet der UdSSR, in: Stefan Karner – Barbara Stelzl-Marx (Hg.), Die Rote Armee in Österreich. Sowjetische Besatzung 1945–1955. Beiträge. Graz – Wien – München 2005, S. 323–338.

58 Klaus-Dieter Mulley, Zur Administration der Entnazifizierung in Niederösterreich, in: Wolfgang Schuster – Wolfgang Weber (Hg.), Entnazifizierung im regionalen Vergleich. Linz 2004, S. 267–302; Barbara Stelzl-Marx, Entnazifizierung in Österreich: Die Rolle der sowjetischen Besatzungsmacht, in: Wolfgang Schuster – Wolfgang Weber (Hg.), Entnazifizierung im regionalen Vergleich. Linz 2004, S. 431–454. Zur Entnazifizierung in Österreich generell siehe: Dieter Stiefel, Entnazifizierung in Österreich. Wien – München – Zürich 1981; Wolfgang Weber (Hg.), Entnazifizierung im regionalen Vergleich. Linz 2004.

59 Stefan Karner – Peter Ruggenthaler, (Zwangs-)Repatriierungen sowjetischer Staatsbürger aus Österreich in die UdSSR, in: Stefan Karner – Barbara Stelzl-Marx (Hg.), Die Rote Armee in Österreich. Sowjetische Besatzung 1945–1955. Beiträge. Graz – Wien – München 2005, S. 243–274; Nikita Petrov – Peter Ruggenthaler – Barbara Stezl-Marx, Repatriierung oder Verbleib in Österreich? Entscheidung nach Kriegsende, in: Stefan Karner, Peter Ruggenthaler et. al., Zwangsarbeit in der Land und Forstwirtschaft auf dem Gebiet Österreichs 1939 bis 1945. Veröffentlichungen der Österreichischen Historikerkommission. Bd. 26/2. Wien – München 2004, S. 455–478.

60 Hans Seidel, Österreichs Wirtschaft und Wirtschaftspolitik nach dem Zweiten Weltkrieg. Wien 2005; Walter M. Iber, Die Sowjetische Mineralölverwaltung in Österreich. Zur Vorgeschichte der OMV 1945–1955. Innsbruck – Wien – Bozen 2011.

61 Siehe hierzu in erster Linie die Arbeiten von Ela Hornung und Irene Bandhauer-Schöffmann, etwa: Irene Bandhauer-Schöffmann – Ela Hornung, Der Topos des sowjetischen Soldaten in lebensgeschichtlichen Interviews mit Frauen, in: Dokumentationsarchiv des österreichischen Widerstandes (Hg.), Jahrbuch 1995. Wien 1995, S. 28–44.

62 Zu den „Besatzungskindern" in der sowjetischen Zone siehe insbesondere: Barbara Stelzl-Marx, Freier und Befreier, Zum Beziehungsgeflecht zwischen sowjetischen Besatzungssoldaten und österreichischen Frauen, in: Stefan Karner – Barbara Stelzl-Marx (Hg.), Die Rote Armee in Österreich. Sowjetische Besatzung 1945–1955. Beiträge. Graz – Wien – München 2005, S. 421–448.

63 Siehe dazu u.a. einige der Beiträge in: Karin Moser (Hg.), Besetzte Bilder. Film, Kultur und Propaganda in Österreich 1945–1955. Wien 2005.

64 Evelina Merhaut-Gurjewitsch, Die Innen- und Außenpolitik Österreichs in der sowjetischen Presse 1954–1961. Phil. DA. Wien 1995; Wolfgang Mueller, Österreichische Zeitung und Russische Stunde. Die Informationspolitik der sowjetischen Besatzungsmacht in Österreich 1945–1955. Phil. DA. Wien 1998; Monika Reitinger, Österreich in den Augen der Sowjetliteratur nach 1945. Phil. Diss. Wien 1970; Ruth-Elena Stifter, Das politische Österreichbild in der sowjetischen Berichterstattung über Österreich vom Beginn der Zweiten Republik bis zum Verfall der UdSSR (1945–1991) anhand

Generell nehmen die zahlreichen Arbeiten zur Lokal- und Alltagsgeschichte besonders breiten Raum ein. Sie beruhten lange Zeit beinahe ausschließlich auf österreichischen Quellen und ließen die sowjetische Perzeption unberücksichtigt. 2005 erschienen in diesem Bereich etwa von Gudula Walterskirchen „Bomben, Hamstern, Überleben",[65] der von Stefan Eminger und Ernst Langthaler herausgegebene Sammelband „Sowjets. Schwarzmarkt. Staatsvertrag"[66] mit einschlägigen Stichwörtern zu Niederösterreich sowie Studien zu den sowjetisch besetzten Bundesländern.[67] Ein großes Forschungsdefizit besteht nach wie vor im Bereich der sowjetischen Perzeptions- und Mentalitätsgeschichte. Eine Ausnahme bildet die von Erich Klein bereits 1995 veröffentlichte Dokumentation sowjetischer Fotos und Augenzeugenberichte über die Befreiung Österreichs 1945, die primär eine Edition von Primärquellen darstellt.[68] Eine erste Untersuchung von Oral-History-Interviews mit ehemaligen sowjetischen Besatzungssoldaten und ihren Familienmitgliedern führten Aleksandr Bezborodov und Ol'ga Pavlenko durch.[69]

* * *

Die in den vergangenen Jahren herausgebrachten Publikationen versetzten der österreichischen Historiografie durch die erheblich angestiegene Zahl verfüg-

---

ausgewählter sowjetischer Printmedien: Pravda, Izvestija, Trud und Literaturnaja Gazeta. Eine inhaltsanalytische Untersuchung. Phil. DA. Wien 1998.

65 Gudula Walterskirchen, Bomben. Hamstern. Überleben. Österreich 1945. Mit einem Nachwort von Ludwig Steiner. Wien 2005.

66 Stefan Eminger - Ernst Langthaler (Hg.), Sowjets. Schwarzmarkt. Staatsvertrag. Stichwörter zu Niederösterreich 1945–1955. St. Pölten - Wien - Linz 2005.

67 Wolfram Dornik, Besatzungsalltag in Wien. Die Differenziertheit von Erlebniswelten: Vergewaltigungen - Plünderungen - Erbsen - Straußwalzer, in: Stefan Karner - Barbara Stelzl-Marx (Hg.), Die Rote Armee in Österreich. Sowjetische Besatzung 1945–1955. Beiträge. Graz - Wien - München 2005, S. 449–468; Gerald Hafner, Das Mühlviertel unter sowjetischer Besatzung, in: Stefan Karner - Barbara Stelzl-Marx (Hg.), Die Rote Armee in Österreich. Sowjetische Besatzung 1945–1955. Beiträge. Graz - Wien - München 2005, S. 503–522; Klaus-Dieter Mulley, Die Rote Armee in Niederösterreich 1945–1947. Ein ambivalentes Geschichtsbild, in: Stefan Karner - Barbara Stelzl-Marx (Hg.), Die Rote Armee in Österreich. Sowjetische Besatzung 1945–1955. Beiträge. Graz - Wien - München 2005, S. 469–486; Edith Petschnigg, Die „sowjetische" Steiermark 1945. Aspekte einer Wendezeit, in: Stefan Karner - Barbara Stelzl-Marx (Hg.), Die Rote Armee in Österreich. Sowjetische Besatzung 1945–1955. Beiträge. Graz - Wien - München 2005, S. 523–564; Sonja Wagner, „Der Sowjetstern auf dem Schlossberg". Besatzungserfahrungen im Burgenland, in: Stefan Karner - Barbara Stelzl-Marx (Hg.), Die Rote Armee in Österreich. Sowjetische Besatzung 1945–1955. Beiträge. Graz - Wien - München 2005, S. 487–502.

68 Klein, Die Russen in Wien.

69 Aleksandr Bezborodov - Ol'ga Pavlenko, Erinnerungen an Österreich. Oral-History-Interviews mit ehemaligen sowjetischen Besatzungssoldaten, in: Stefan Karner - Barbara Stelzl-Marx (Hg.), Die Rote Armee in Österreich. Sowjetische Besatzung 1945–1955. Beiträge. Graz - Wien - München 2005, S. 391–406.

barer Quellen aus ehemals sowjetischen Archiven einen beachtlichen Impuls. Gerade auf dem Gebiet der sowjetischen Absichten in Österreich und deren Umsetzung, aber auch der Besatzungsorganisation konnten neue Einsichten gewonnen werden. Lücken blieben primär im Bereich der Mikrogeschichte sowie der sowjetischen Perzeption und Rezeption der Besatzung in Österreich. Diese sollen im Rahmen der vorliegenden Arbeit möglichst geschlossen werden.

Als Quellen standen hierfür vor allem Dokumente aus mehreren russischen Staatsarchiven und den Archiven des Verteidigungsministeriums, des Föderalen Sicherheitsdienstes sowie des Ministeriums für auswärtige Angelegenheiten und Oral-History-Interviews mit mehr als 60 – vorwiegend aus der ehemaligen Sowjetunion stammenden – Zeitzeuginnen und Zeitzeugen zur Verfügung. Zudem konnten sowjetische Dokumentarfilme über die Befreiung und Besatzung Österreichs, Fotografien, Memoiren, die Armeezeitung der Zentralen Gruppe der Streitkräfte und einige Ego-Dokumente wie Briefe und Tagebuchaufzeichnungen herangezogen werden. Die Suche nach Letzteren gestaltete sich schwieriger als gedacht, da sich diese – so sie über die Jahrzehnte hinweg aufbewahrt wurden – vorwiegend in Privatbesitz befinden.

Die Auswertung der Unterlagen stößt auf mehrere Probleme: Zunächst besteht – gerade im Fall des Verteidigungsministeriums – ein nur selektiver Archivzugang, weswegen vielen Fragestellungen nur unzureichend nachgegangen werden kann. Abgesehen davon wurden nicht alle relevanten Ereignisse schriftlich dokumentiert; insbesondere im militärischen Bereich erfolgten Befehle vielfach mündlich. Auch ausgearbeitete informativ-analytische Materialien wurden zwar von den zuständigen Führungsgremien geprüft, doch gingen sie bei ihren Entscheidungen vielfach von eigenen Überlegungen aus.[70] Quellenkritik ist zudem insofern angebracht, als die Verfasser von Berichten – etwa im geheimdienstlichen Bereich – selbst unter Druck standen und Vorfälle mitunter so schilderten, wie sie dem marxistisch-leninistischen Idealbild entsprachen. Befehle bzw. Berichte der Politabteilungen und die Realität klafften nicht selten weit auseinander. Doch sickerten im sowjetischen System der gegenseitigen Überwachung und Denunziation über verschiedene Wege entsprechende Informationen durch. Für die Analyse der Innensicht der sowjetischen Besatzung in Österreich stellen derartige Dokumente einen „Glücksgriff" dar.

* * *

70 Leonid Gibianskij, Osteuropa: Sicherheitszone der UdSSR, sowjetisiertes Protektorat des Kreml oder Sozialismus „ohne Diktatur des Proletariats"? Zu den Diskussionen über Stalins Osteuropa-Politik am Ende des Zweiten Weltkrieges und am Anfang des Kalten Krieges, in: Nikolaus Lobkowicz – Leonik Luks – Alexej Rybakov (Hg.), Forum für osteuropäische Ideen- und Zeitgeschichte. 2004/2. Köln 2004, S. 113–138, hier: S. 122f.

Für das Zustandekommen dieser Arbeit gilt es, mehrfach Dank zu sagen: Zunächst der Österreichischen Akademie der Wissenschaften (ÖAW) Wien für die Förderung meines Forschungsvorhabens mit einem dreijährigen Stipendium im Rahmen von APART (Austrian Programme for Advanced Research and Technology), dem Zukunftsfonds der Republik Österreich, der Steiermärkischen Landesregierung und der Stadt Graz, die Teile der Recherchen im Rahmen des Projektes „Stalins letzte Opfer"[71] unterstützten, sowie der Ludwig Boltzmann Gesellschaft (LBG) Wien.

Besonderer Dank gebührt zudem dem Bundesministerium für Bildung, Wissenschaft und Kultur (BMBWK) bzw. für Wissenschaft und Forschung (BMWF), das die Durchführung des Forschungsprojektes „Die Rote Armee in Österreich"[72] am Ludwig Boltzmann-Institut für Kriegsfolgen-Forschung (BIK), Graz - Wien - Klagenfurt, und den Abschluss der Arbeiten zu diesem Buch förderte. Zentrale in- und ausländische Quellenbestände, die für dieses internationale Projekt reproduziert wurden, bilden für die vorliegende Arbeit eine wichtige Grundlage. Besonders herzlich möchte ich mich in diesem Zusammenhang bei Herrn Prof. Dr. Stefan Karner, Leiter des BIK und stellvertretender Leiter des Instituts für Wirtschafts-, Sozial- und Unternehmensgeschichte der Karl-Franzens-Universität Graz, für die große Unterstützung meines mehrjährigen Vorhabens bedanken.

Die vorliegende Arbeit beruht auf der 2010 an der Universität Graz approbierten Habilitationsschrift „Die Innensicht der sowjetischen Besatzung"[73], die im März 2012 mit dem Josef Krainer-Würdigungspreis ausgezeichnet wurde. In diesem Zusammenhang danke ich allen, die mich durch das Habilitationsverfahren selbst begleiteten, allen voran Herrn Prof. Dr. Gerhard Botz, Universität Wien, Herrn Prof. Stefan Karner, Herrn Dekan Prof. Gernot Kocher, Herrn Dekan Prof. Helmut Konrad, Universität Graz, und Herrn Prof. Dr. Mark Kramer, Harvard University.

Der Böhlau Verlag Wien - Oldenbourg Verlag München übernahm den Band in sein Verlagsprogramm, wofür ich Herrn Dr. Peter Rauch und Frau Dr. Ursula Huber verbunden bin. Frau Mag. Bettina Waringer übernahm in bewährter Weise den Satz und die Betreuung der Produktion. Dem Austrian Science Fund (FWF) danke ich herzlich für die Förderung der Publikationskosten.

71 Stefan Karner - Barbara Stelzl-Marx (Hg.), Stalins letzte Opfer. Verschleppte und erschossene Österreicher in Moskau 1950–1953. Unter Mitarbeit von Daniela Almer, Dieter Bacher und Harald Knoll. Wien - München 2009.

72 Stefan Karner - Barbara Stelzl-Marx (Hg.), Die Rote Armee in Österreich. Sowjetische Besatzung 1945–1955. Beiträge. Graz - Wien - München 2005; Karner - Stelzl-Marx - Tschubarjan, Die Rote Armee in Österreich.

73 Barbara Stelzl-Marx, Die Innensicht der sowjetischen Besatzung in Österreich 1945–1955. Erfahrung, Wahrnehmung, Erinnerung. Habilitationsschrift. Graz 2009.

Für die Hilfestellung bei meinen Recherchen in Moskau, die Bereitstellung von Unterlagen und wertvolle Ratschläge danke ich insbesondere Herrn Akademiemitglied Prof. Dr. Aleksandr Čubarjan, Herrn Prof. Dr. Viktor Iščenko und Herrn Prof. Dr. Aleksej Filitov von der Russischen Akademie der Wissenschaften (RAN), Herrn Prof. Dr. Aleksandr Bezborodov und Frau Doz. Dr. Ol'ga Pavlenko von der Russischen Staatlichen Geisteswissenschaftlichen Universität (RGGU), Herrn Doz. Dr. Nikita Petrov, Memorial Moskau, weiters Herrn Botschafter Dr. Franz Cede, Herrn Botschafter Dr. Martin Vukovich, Frau Botschafterin Dr. Margot Klestil-Löffler sowie Frau Attaché Mag. Sieglinde Presslinger von der Österreichischen Botschaft Moskau (ÖBM).

Dank gebührt den Leiterinnen und Leitern sowie Mitarbeiterinnen und Mitarbeitern von in- und ausländischen Archiven und Forschungsstätten, ohne deren Hilfe eine umfassende Bearbeitung des Themas nicht möglich gewesen wäre: dem Österreichischen Staatsarchiv in Wien (ÖStA) sowie den Landesarchiven in Graz (StLA), Eisenstadt (BLA), Linz (OÖLA), St. Pölten (NÖLA) und Wien (WStLA) sowie der Wiener Stadt- und Landesbibliothek (WStLB), die bereits während des Forschungsprojektes „Die Rote Armee in Österreich" wertvolle Unterlagen zur Verfügung stellten.

Für die gute Zusammenarbeit und die Gewährung des Zutrittes zu hochinteressanten Dokumenten in den russischen Archiven sei insbesondere Herrn Botschafter Dir. Dr. Aleksandr Čurilin bzw. Herrn Botschafter Dir. Dr. Konstantin Provalov vom Archiv für Außenpolitik der Russischen Föderation (AVP RF), Herrn Dir. Dr. Vasilij Christoforov vom Zentralarchiv des Föderalen Sicherheitsdienstes (CA FSB RF), Herrn Dir. Dr. Sergej Mironenko und Frau Dr. Ol'ga Lavinskaja vom Russischen Staatsarchiv Moskau (GARF), Frau Dir. Dr. Natal'ja Tomilina, dem stellvertretenden Direktor, Herrn Dr. Michail Prozumenščikov, sowie Frau Dr. Irina Kazarina vom Russischen Staatsarchiv für Zeitgeschichte (RGANI), Herrn Dir. Dr. Kirill Anderson, Frau Mag. Elena Kirillova und Frau Mag. Marina Astachova vom Russischen Staatsarchiv für sozial-politische Geschichte (RGASPI), Herrn Dir. Dr. Vladimir Kuzelenkov und dem stellvertretenden Direktor, Herrn Dr. Vladimir Korotaev, vom Russischen Staatlichen Militärarchiv (RGVA) vielmals gedankt.

Herr Prof. Dr. Valerij Vartanov und Herr Dr. Boris Voroncov halfen freundlicherweise bei den Recherchen im Zentralarchiv des Verteidigungsministeriums der Russischen Föderation (CAMO) in Podol'sk. Herr Doz. Dr. Bogdan Musial führte gemeinsam mit Herrn Dr. Andrej Zamojskij die Filmrecherchen im Russischen Staatsarchiv für Film- und Fotodokumente (RGAKFD) in Krasnogorsk durch und Frau Dr. Karina Dmitrova ermöglichte die Reproduktion relevanter Ausgaben der Armeezeitung „Za čest' Rodiny" in der Russischen Staatsbibliothek (RGB) in Moskau. Außerdem gewährten mir das Zentralmuseum der Streitkräfte (CMVS) und das Archiv des Zentralmuseums des Großen Vaterländischen Krieges (ACMVOV) in Moskau Zutritt zu ihren Beständen. Ferner danke ich allen Bibliotheken, Archiven und Privatpersonen, die mir Abbildungen für die Illustration dieses Buches zur Verfügung stellten.

Neben den Archivdokumenten stellten unter anderem Unterlagen aus Privatsammlungen und Oral-History-Interviews mit mehr als 60 Zeitzeuginnen und Zeitzeugen aus Österreich, vor allem aber auch aus der ehemaligen Sowjetunion eine wichtige Grundlage für die Bearbeitung des Themas dar. In diesem Zusammenhang danke ich allen, die uns ihre persönlichen Erinnerungen an die Besatzungszeit mitteilten. Herr Prof. Dr. Aleksandr Bezborodov und Frau Doz. Dr. Ol'ga Pavlenko von der RGGU führten mit ihrem Team viele der Interviews in Russland durch. Für die Transkriptionen der von mir auf Deutsch bzw. Russisch aufgezeichneten Interviews sorgten vor allem Frau Mag. Miriam Dornik, Graz, und Frau Mag. Elena Wiedek, Innsbruck. Frau Mag. Elena Rogatkina, Moskau, begleitete einige der Suchaufrufe österreichischer „Besatzungskinder" in der russischen Fernsehsendung „Ždi menja".

Für sorgfältiges Korrekturlesen bin ich Herrn Ernst Schmölzer, Allerheiligen bei Wildon, und Frau Mag. Marlene Zeintlinger, Graz, sehr verbunden.

Meinen Kolleginnen und Kollegen am BIK, insbesondere Mag. Dieter Bacher, Dr. Wolfram Dornik, Mag. Martin Florian, Mag. Elena Fritzer, Dr. Walter M. Iber, Mag. Harald Knoll, Mag. Philipp Lesiak, Sigrid Lazar, Dr. Peter Ruggenthaler, Ing. Peter Sixl sowie Mag. Arno Wonisch danke ich für zahlreiche Hilfestellungen und wertvolle Hinweise.

Besonders herzlich danke ich meiner Familie, allen voran meinem Mann Michael, die mich stets ermutigt und unterstützt hat.

Barbara Stelzl-Marx
Graz, im März 2012

A. Die Makroebene: Kriegsende und Besatzungsapparat

I. VORGESCHICHTE: SOWJETISCHE ÖSTERREICHPLANUNG

1. Vom „Anschluss“ bis zur Moskauer Deklaration

Mit dem „Anschluss“ Österreichs an das Deutsche Reich im März 1938 verschwand das Land für insgesamt acht Jahre von der politischen Landkarte Europas.[1] Österreich wurde, wie Karl Renner 1945 rückblickend meinte, „enthauptet“ und „zerstückelt“.[2] Während der Einmarsch deutscher Truppen in Österreich am 12. März 1938 von beinahe allen Staaten stillschweigend hingenommen wurde, erhob lediglich Mexiko im Völkerbund einigermaßen rasch Protest.[3] Auch die Sowjetunion beobachtete die Vorgänge in Österreich mit Besorgnis. Am 17. März 1938 verurteilte der Volkskommissar für auswärtige Angelegenheiten, Maksim Litvinov, vor der Völkerbundversammlung „die militärische Invasion Österreichs“ durch Deutschland als „Gewaltakt“, welcher „Österreich seiner politischen, wirtschaftlichen und kulturellen Unabhängigkeit beraubt“[4] habe. Bei seiner Kritik stand allerdings keineswegs das Faktum der Auslöschung Österreichs an sich im Vordergrund, vielmehr sprach aus Litvinovs Rede die Angst vor einem zu mächtigen Deutschland und den damit verbundenen wirtschaftlichen sowie strategischen Konsequenzen.[5] Am folgenden Tag trat die sowjetische Regierung mit der Forderung nach Kollektivmaßnahmen gegen das Deutsche Reich an die USA, Frankreich und Großbritannien heran, war mit dieser Initiative aber nicht erfolgreich. Litvinov hatte nochmals - vergeblich - am 21. September 1938 die Gelegenheit, das „Verschwinden Österreichs“ und die Teilnahmslosigkeit der übrigen Staaten vor dem Völkerbund zu beklagen und vor der Gefahr eines neuen Krieges zu warnen.[6] Die Unterordnung Österreichs unter die Beziehungen zu Deutschland sollte die sowjetische Haltung für längere

---

1 Gerhard Botz, Die Eingliederung Österreichs in das Deutsche Reich. Planung und Verwirklichung des politisch-administrativen Anschlusses (1938–1940). Wien 1988; Dokumentationsarchiv des österreichischen Widerstandes (Hg.), „Anschluss“ 1938. Eine Dokumentation. Wien 1988.

2 Karl Renner, Drei Monate Aufbauarbeit der Provisorischen Staatsregierung der Republik Österreich. Wien 1945, S. 3.

3 Rauchensteiner, Der Sonderfall, S. 15.

4 Izvestija, 18.3.1938. Abgedruckt in: MID, Sbornik osnovnych dokumentov, Bd. 1, S. 5–7. Deutscher Text abgedruckt in: Stephan Verosta (Hg.), Die internationale Stellung Österreichs 1938 bis 1947. Eine Sammlung von Erklärungen und Verträgen aus den Jahren 1938 bis 1947. Wien 1947, S. 27–29.

5 Aichinger, Sowjetische Österreichpolitik, S. 14.

6 Izvestija, 22.9.1938. Abgedruckt in: MID, Sbornik osnovnych dokumentov, Bd. 1, S. 8. Deutscher Text abgedruckt in: Verosta, Die internationale Stellung Österreichs, S. 41.

Zeit dominieren. Als Österreich nach dem Münchner Abkommen nicht mehr im Zentrum des Interesses stand und sich die Sowjetunion an Deutschland annäherte, nahm auch die Anzahl sowjetischer Stellungnahmen zur österreichischen Frage immer mehr ab. Der als deutschfeindlich bekannte Litvinov wurde schließlich am 4. Mai 1939 „auf eigenen Wunsch" hin seines Amtes enthoben und als Botschafter in die USA entsandt. Sein Nachfolger, Vjačeslav Molotov, schien zur Exekution dieser neuen Linie in der sowjetischen Außenpolitik besser geeignet. Spätestens die Unterzeichnung des Hitler-Stalin-Paktes am 23. August 1939 machte deutlich, dass sich das anfängliche Engagement der Sowjetunion für ein unabhängiges Österreich relativiert hatte.[7]

Mit den militärischen Erfolgen der Deutschen Wehrmacht begann Moskau zusehends die Bedrohung durch Hitler zu erkennen und den Kurs in der Außenpolitik gegenüber Deutschland zu überdenken. Österreich spielte zu diesem Zeitpunkt eine untergeordnete Rolle.[8] Der deutsche Angriff auf die Sowjetunion am 22. Juni 1941 führte schließlich dazu, dass die sowjetische Führung nachweislich und offiziell ihre Haltung zum Nachkriegsstatus Österreichs definierte.[9] In einem am 21. November 1941 an den sowjetischen Botschafter in London, Ivan Majskij, gerichteten Telegramm erläuterte Volkskommissar Molotov die diesbezügliche Position Stalins.[10] Dieser sei der Meinung, so Molotov, „dass Österreich als unabhängiger Staat von Deutschland abgetrennt" und Deutschland selbst „in eine Reihe mehr oder minder selbstständiger Staaten zerschlagen werden müsse", um dadurch „eine künftige Garantie für Frieden und Ruhe der europäischen Staaten zu schaffen".[11]

Bei einem Treffen in Moskau am 16. Dezember 1941 bekräftigte Stalin

7 Aichinger, Sowjetische Österreichpolitik, S. 17–20.

8 Siehe dazu und zum Folgenden Ruggenthaler, Warum Österreich nicht sowjetisiert werden sollte, S. 73.

9 Filitov, Sowjetische Planungen zur Wiedererrichtung Österreichs, S. 28.

10 Molotov reagierte in dem Schreiben auf eine von Majskij weitergeleitete Anfrage englischer Kommunisten bezüglich der Rede Stalins vom 6. November 1941, worin sich Stalin auf das „Sammeln der deutschen Länder" bezogen hatte: „Solange sich die Hitlerleute mit dem Sammeln der deutschen Länder und mit der Wiedervereinigung des Rheinlands, Österreichs u. Ä. beschäftigten, konnte man sie mit gewisser Begründung als Nationalisten bezeichnen." Ministerstvo inostrannych del SSSR (Hg.), Vnešnjaja politika Sovetskogo Sojuza v period Otečestvennoj vojny. Dokumenty i materialy. Bd. 1. Moskau 1946, S. 43. Vgl. dazu: Vojtech Mastny, Russia's Road to the Cold War. Diplomacy, Warfare, and the Politics of Communism, 1941–1945. New York 1979, S. 52; Filitov, Sowjetische Planungen zur Wiedererrichtung Österreichs, S. 27; A. M. Filitov, Österreich, die Deutsche Frage und die sowjetische Diplomatie (40–50er Jahre des 20. Jhs.), in: 200 Jahre Russisches Außenministerium. Mitteilungen des Österreichischen Staatsarchivs. 2003/50, S. 123–132, hier: S. 123.

11 AVP RF, F. 059, op. 1, p. 357, d. 2412, S. 21–24, Telegramm von V. Molotov an I. Majskij, 21.11.1941. Abgedruckt in: Jochen P. Laufer – Georgij P. Kynin (Hg.), Die UdSSR und die deutsche Frage 1941–1948. Dokumente aus dem Archiv für Außenpolitik der Russischen Föderation. Bd. 1: 22. Juni 1941 bis 8. Mai 1945. Berlin 2004, S. 12.

gegenüber dem britischen Außenminister Anthony Eden offiziell, dass Österreich als unabhängiger Staat wiederhergestellt werden sollte, womit er eine Vorreiterrolle einnahm. Es sei „absolut notwendig", so Stalin in diesem Zusammenhang, „Deutschland zu schwächen".[12] Wenngleich Stalin primär die Intention einer nachhaltigen Schwächung Deutschlands - nicht zuletzt durch die Abtrennung Österreichs - verfolgte, zog sich doch seit dieser Phase des Zweiten Weltkrieges das erklärte Ziel einer Wiederherstellung des österreichischen Staates wie ein roter Faden durch die Österreichplanungen der obersten sowjetischen Führung. Eden, der gegenüber den meisten Vorstellungen der sowjetischen Führung über die Zukunft Europas bei den Gesprächen in Moskau im Dezember 1941 eine ausweichende Position einnahm, ging bezüglich der österreichischen Frage mit Stalin konform: „Die britische Regierung tritt unter allen Umständen für die Unabhängigkeit Österreichs ein."[13]

Allerdings vertraten die Westmächte bis zur vom 19. bis zum 30. Oktober 1943 abgehaltenen Moskauer Konferenz der Außenminister Großbritanniens, der UdSSR und der USA unterschiedliche Positionen zum künftigen Status Österreichs. Besonders verbreitet waren Pläne zu einer Vereinigung Österreichs mit Ungarn und der Tschechoslowakei bzw. mit den südlichen Bundesländern Deutschlands in Form mehrerer angedachter „Föderationen". Das Projekt einer Donaukonföderation war ein Plan Winston Churchills, den die britische Diplomatie einige Zeit bevorzugte. Dadurch sollte der sowjetische Einfluss in Mitteleuropa, den Churchill bereits während des Krieges befürchtete, eingedämmt werden. Als Argument für die diversen Föderationen wurde die „Lebensunfähigkeit" Österreichs als selbstständiger Staat ins Treffen geführt.[14]

Am 29. September 1943 übermittelte der britische Botschafter in Moskau, Sir Archibald Clark Kerr, Volkskommissar Molotov ein im Frühjahr 1943 verfasstes Memorandum über „Die Zukunft Österreichs". Dessen Autor, der Berufsdiplomat Geoffrey W. Harrison, untersuchte darin vier mögliche „Lösungen" der österreichischen Frage und gab aufgrund seines Fazits folgende Empfeh-

12 AVP RF, F. 048, op. 48, p. 431, d. 10, S. 34–50, Aufzeichnung der Unterredungen bei den Begegnungen von Stalin und Molotov mit Eden vom 16. bis 20. Dezember 1941. Abgedruckt in: Laufer - Kynin, Die UdSSR und die deutsche Frage, Bd. 1, S. 19–30, hier: S. 21.

13 Filitov, Sowjetische Planungen zur Wiedererrichtung Österreichs, S. 27; Stefan Karner - Peter Ruggenthaler, Stalin, Tito und die Österreich-Frage. Zur Österreichpolitik des Kreml im Kontext der sowjetischen Jugoslawienpolitik 1945 bis 1949, in: Jahrbuch für Historische Kommunismusforschung 2008, S. 81–105.

14 Aleksej Filitov, Die sowjetischen Planungen zu Österreich 1941–1945, in: Stefan Karner - Gottfried Stangler (Hg.), „Österreich ist frei!" Der Österreichische Staatsvertrag 1955. Beitragsband zur Ausstellung auf Schloss Schallaburg 2005. Unter Mitarbeit von Peter Fritz und Walter M. Iber. Horn - Wien 2005, S. 5–8, hier: S. 5; Rauchensteiner, Der Sonderfall, S. 15f.

lung: die Wiederherstellung eines unabhängigen österreichischen Staates und anschließend Österreichs Beitritt zu einer mittel- oder südosteuropäischen Konföderation.[15] Molotov, der die Ablehnung der sowjetischen Seite zur Idee einer Konföderation bereits im Juni 1943 zum Ausdruck gebracht hatte, ging nicht näher darauf ein, sondern teilte Kerr am 16. Oktober 1943 lediglich mit, die Sowjetregierung habe den Wunsch der britischen Regierung zur Kenntnis genommen, „diese Frage auf der bevorstehenden Konferenz zu besprechen".[16]

Im Vorfeld der Moskauer Außenministerkonferenz der „großen Troika" intensivierten sich auch die internen sowjetischen Überlegungen zu Österreich. Zuständig waren folgende drei in der zweiten Jahreshälfte 1943 per Beschluss des Politbüros des Zentralkomitees der Allunionspartei, VKP(b), gegründete Kommissionen:

- die „Kommission für die Fragen der Friedensverträge und der Nachkriegsordnung" beim NKID der UdSSR unter dem Vorsitz von Maksim Litvinov, dem stellvertretenden Volkskommissar für auswärtige Angelegenheiten und langjährigen Vorgänger Molotovs als Volkskommissar für auswärtige Angelegenheiten, eingesetzt auf Beschluss des Politbüros des ZK der VKP(b) vom 4. September 1943;[17]
- die „Kommission zu Fragen des Waffenstillstandes" unter dem Vorsitz von Kliment Vorošilov, dem stellvertretenden Volkskommissar für auswärtige Angelegenheiten und nachmals, von 1949 bis 1953, sowjetischen Außenminister, gleichfalls eingesetzt auf Beschluss des Politbüros des ZK der VKP(b) vom 4. September 1943;[18]
- die „Kommission zur Wiedergutmachung der der Sowjetunion durch Hitlerdeutschland und seine Verbündeten zugefügten Schäden" unter dem Vorsitz von Ivan Majskij, gleichfalls stellvertretender Volkskommissar für auswärtige Angelegenheiten und von 1932 bis 1943 sowjetischer Botschafter in London, eingesetzt auf Beschluss des Politbüros des ZK der VKP(b) vom 22. November 1943.[19]

---

15 Gerald Stourzh, Um Einheit und Freiheit. Staatsvertrag, Neutralität und das Ende der Ost-West-Besetzung Österreichs 1945–1955. Studien zu Politik und Verwaltung. Bd. 62. 5., durchgesehene Aufl. 2005 mit einem bibliographischen Nachwort. Wien - Köln - Graz 2005, S. 11f., 17f.

16 Sovetskij Sojuz na meždanarodnych konferencijach perioda Velikoj Otečestvennoj vojny 1941–1945. Bd. 1. Moskovskaja konferencija ministrov inostrannych del SSSR, SŠA i Velikobritanii (19–30 oktjabrja 1943 g.). Sbornik dokumentov. Moskau 1978, S. 382; Vladimir V. Sokolov, Sowjetische Österreichpolitik 1943/45, in: Manfried Rauchensteiner - Wolfgang Etschmann (Hg.), Österreich 1945. Ein Ende und viele Anfänge. Graz - Wien - Köln 1997, S. 73–88, hier: S. 77.

17 Laufer - Kynin, Die UdSSR und die deutsche Frage, Bd. 1, S. 618.

18 Ebd.

19 Ebd.

Damit wurde im Außenkommissariat eine Planungsebene geschaffen, die zwar Pläne ausarbeitete, an den laufenden Arbeiten des Kommissariats jedoch nicht beteiligt war und ohne Klärung ihrer Rechte und Pflichten von den Entscheidungen Stalins abhängig blieb. Umgekehrt erhielten die Mitarbeiter der auch für Österreich zuständigen 3. Europäischen Abteilung über den Verlauf der Arbeit dieser Kommissionen nur unvollständige Informationen.[20] Im Endeffekt wurden wesentliche Vorentscheidungen zur sowjetischen Nachkriegspolitik jenseits dieser Planungen auf anderer Ebene getroffen.[21]

Die „Litvinov-Kommission“ legte Anfang Oktober 1943 ein Papier „Zur Frage des zukünftigen Staatsaufbaus“ Österreichs vor, worin gemahnt wurde, „auf der Hut zu sein“, denn es sei sicher, „dass die Föderation mit einem solchen Kern leicht gegen unsere Interessen benutzt werden könnte. Eine solche Föderation wird ständig die Tschechoslowakei bedrohen, da die Mehrheit der Mitglieder dieser Föderation (Ungarn, Österreich) territoriale Ansprüche auf sie erhebt.“ Der Vorzug sei daher, hieß es weiters, „dem Entwurf der Wiederherstellung eines selbstständigen und unabhängigen Österreich zu geben“.[22]

Österreich rangierte bei der Planung der Moskauer Konferenz lediglich als Klammerausdruck in einem von Briten und Amerikanern vorgeschlagenen Tagesordnungspunkt über die „Behandlung Deutschlands und anderer Feindstaaten in Europa“. Zur Vorbereitung dieses Tagesordnungspunktes richtete Litvinov am 9. Oktober ein Memorandum an Molotov, das einen eigenen Abschnitt über Österreich enthielt. Litvinov ging davon aus, dass Eden „dem österreichischen Problem und der von ihm entwickelten Variante einer Vereinigung Österreichs mit Ungarn offenbar besondere Aufmerksamkeit schenken“ werde; allerdings würde sich aus dem von Kerr vorgelegten Memorandum keineswegs die Notwendigkeit einer „derartigen Verbindung“ ergeben. Zudem analysierte und bestätigte Litvinov die wirtschaftliche Lebensfähigkeit Österreichs, die ja von den Gegnern eines unabhängigen Staates Österreich angezweifelt und als Hauptargument ins Treffen geführt wurde. Immerhin habe Österreich, so Litvinov, 20 Jahre lang „ob recht oder schlecht“ eigenständig existiert, und seine Bevölkerung habe „wohl kaum unter schlechteren Bedingungen gelebt als etwa die Bevölkerung der Nachbarn Österreichs auf dem Balkan“.[23]

---

20 Siehe dazu auch das Kapitel A.III.2.1 „Die 3. Europäische Abteilung“ in diesem Band.

21 Alexej Filitow, Stalins Deutschlandplanung und -politik während und nach dem Zweiten Weltkrieg, in: Boris Meissner – Alfred Eisfeld (Hg.), 50 Jahre sowjetische und russische Deutschlandpolitik sowie ihre Auswirkungen auf das gegenseitige Verhältnis. Berlin 1999, S. 43–54, hier: S. 45; Laufer – Kynin, Die UdSSR und die deutsche Frage, Bd. 1, S. XL–L.

22 AVP RF, F. 0512, op. 4, p. 12, d. 2, S. 5–7. Zit. nach: Sokolov, Sowjetische Österreichpolitik, S. 76.

23 AVP RF, F. 0512, op. 4, p. 18, d. 121, S. 1–8, Aufzeichnungen von Litvinov zur „Behandlung

Auf der Moskauer Außenministerkonferenz setzte sich die sowjetische Ablehnung der Konföderationspläne, unterstützt durch die Skepsis des amerikanischen State Department, schließlich durch: Der britische Erstentwurf einer Deklaration für Österreich wurde auf Wunsch des stellvertretenden Volkskommissars für auswärtige Angelegenheiten, Andrej Vyšinskij, so abgeändert, dass nichts mehr von einer „Föderationen"-verdächtigen Formel zu lesen war. Zudem präzisierte Vyšinskij die „Verantwortlichkeitsklausel", indem er „Österreich" anstelle des „österreichischen Volkes" setzte. Dadurch verschob sich die Verantwortung der Bevölkerung auf die völkerrechtlich-juristische Ebene der Verantwortlichkeit des Staates.

Karl Renner sollte in seiner Unabhängigkeitserklärung vom 27. April 1945 wörtlich auf die ersten beiden Absätze der Moskauer Erklärung vom „ersten freien Land, das der hitlerschen Aggression zum Opfer gefallen ist", und auf die Tatsache eingehen, dass die Alliierten den „Anschluss" als „null und nichtig" betrachteten. Diese von Renner in der ersten Stunde der Zweiten Republik in die Welt gesetzte, auf die Moskauer Deklaration aufbauende „Opferdoktrin" sollte die gesamte Geschichtspolitik der Zweiten Republik bis hin zur „Waldheim-Affäre" 1986 dominieren.[24] Aber auch in den ersten Aufrufen des Militärrates der 3. Ukrainischen Front an die Bevölkerung Österreichs[25] und an die Truppen der Roten Armee[26] wurde unter Bezugnahme auf die Moskauer Deklaration auf die Rolle Österreichs als „erstes Opfer Hitlers" hingewiesen, wobei jedoch im Aufruf von Marschall Fedor Tolbuchin „An die Bevölkerung Österreichs"[27] vom 19. April 1945 ein expliziter Hinweis auf

Deutschlands und anderer Feindstaaten in Europa", 9.10.1943. Abgedruckt in: Laufer – Kynin, Die UdSSR und die deutsche Frage, Bd. 1, S. 194–214, hier: S. 211f. Vgl. dazu auch: Filitov, Sowjetische Planungen zur Wiedererrichtung Österreichs, S. 30; Stourzh, Um Einheit und Freiheit, S. 18f.

24 Die Moskauer Deklaration von 1943 ist in den vergangenen Jahren Gegenstand kontroverser Interpretationen geworden. Vgl. dazu u. a.: Stourzh, Um Einheit und Freiheit, S. 23–27; Günter Bischof, Die Moskauer Erklärung vom 1. November 1943: „Magna Charta" der Zweiten Republik, in: Stefan Karner – Gottfried Stangler (Hg.), „Österreich ist frei!" Der Österreichische Staatsvertrag 1955. Beitragsband zur Ausstellung auf Schloss Schallaburg 2005. Unter Mitarbeit von Peter Fritz und Walter M. Iber. Horn – Wien 2005, S. 22–26, hier: S. 24f.; Günter Bischof, Allied Plans and Policies for the Occupation of Austria, 1938–1955, in: Rolf Steininger – Günter Bischof – Michael Gehler (Hg.), Austria in the Twentieth Century. New Brunswick – London 2002, S. 162–189, hier: S. 169; Michael Gehler – Wolfgang Chwatal, Die Moskauer Deklaration über Österreich 1943, in: Geschichte und Gegenwart 1987/3, S. 212–237.

25 Bekanntmachung des Militärrates der 2. Ukrainischen Front an die Bevölkerung Österreichs [nicht nach dem 6.4.1945]. Abgedruckt in: Karner – Stelzl-Marx – Tschubarjan, Die Rote Armee in Österreich, Dok. Nr. 15. Siehe dazu auch das Kapitel A.II.1.4 „,Jedmöglichste Hilfe': Aufrufe an die Bevölkerung" in diesem Band.

26 Aufruf des Militärrates an die Truppen der 3. Ukrainischen Front, 4.4.1945. Abgedruckt in: Karner – Stelzl-Marx – Tschubarjan, Die Rote Armee in Österreich, Dok. Nr. 9. Siehe dazu auch das Kapitel A.II.1.3 „Befehle an die Truppen der 2. und 3. Ukrainischen Front" in diesem Band.

27 Aufruf des Oberbefehlshabers der 3. Ukrainischen Front, Fedor Tolbuchin, „An die Bevölkerung

die Verantwortung Österreichs „für seine Teilnahme am Krieg an der Seite Hitlerdeutschlands“ im Vordergrund stand.[28]

Mit der Moskauer Deklaration vom 1. November 1943 legten die Alliierten die Wiederherstellung der Unabhängigkeit Österreichs endgültig als eines ihrer Kriegsziele fest. In welchen Grenzen dieses Österreich wiedererstehen sollte, blieb jedoch - vorerst noch - unausgesprochen.

Österreichs“, 19.4.1945. Abgedruckt in: Karner - Stelzl-Marx - Tschubarjan, Die Rote Armee in Österreich, Dok. Nr. 16.

28 Ebd.

2. Verhandlungen zu den Besatzungszonen

Ebenso bedeutend wie die Moskauer Erklärung über Österreich war ein zweiter Beschluss der Moskauer Außenministerkonferenz: die Einsetzung der Europäischen Beratenden Kommission (EAC) mit Sitz im Lancaster House im Zentrum Londons. Die wichtigste Aufgabe dieses Diplomatengremiums bestand in der Ausarbeitung von Regelungen, die für die Zeit nach dem erwarteten Zusammenbruch des Hitler-Regimes erforderlich waren. Sowohl für Deutschland als auch für Österreich, das ja als unabhängiger Staat wiederhergestellt werden sollte, mussten in erster Linie die Art und Weise der Besetzung durch die Alliierten, d. h. Abkommen über Besatzungszonen und über die Funktionsweise gemeinsamer Verwaltungs- und Kontrollaufgaben, ausgearbeitet werden.[29]

Von den Anfang 1944 einsetzenden, aber erst im Juli 1945 abgeschlossenen Arbeiten der EAC über Österreich[30] ist hier vor allem auf die Entstehung der Zoneneinteilung und die diesbezüglichen sowjetischen Positionen einzugehen. Letztere wurden auf Grundlage der Empfehlungen der „Vorošilov-Kommission" ausgearbeitet.[31] Zum sowjetischen Vertreter in der EAC ernannte Molotov noch im November 1943 den sowjetischen Botschafter in London, Fedor Gusev. Zu ihrer ersten informellen Sitzung trat die Kommission am 15. Dezember 1943 zusammen, die erste offizielle Sitzung fand am 14. Jänner 1944 statt.[32]

Die Briten, die ebenso wie die Sowjetunion eine gewichtige Rolle in der Nachkriegsgeschichte Europas spielen und sich zunehmend Einflusssphären sichern wollten, schlugen am 15. Jänner 1944, bereits am zweiten Sitzungstag der EAC, eine alleinige Besetzung Österreichs durch die US-Armee vor, um selbst mit amerikanischer Rückendeckung in Ungarn, Jugoslawien, Rumänien und eventuell auch in Bulgarien auftreten zu können. Österreich sollte dabei, gemeinsam mit Süddeutschland, den Vereinigten Staaten zufallen, während die Briten den Nordwesten Deutschlands und die Sowjetunion den

29 Hans-Günter Kowalski, Die European Advisory Commission als Instrument alliierter Deutschland-Planungen 1943–1945, in: VfZG. 1971/19, S. 261–293. Die erste vorbereitende, informelle Sitzung fand am 15. Dezember 1943 statt, die letzte am 31. August 1945. Außer mit Deutschland beschäftigte sich die Kommission nur mit Österreich und Bulgarien. Vgl. dazu und zu den Protokollen der Sitzungen selbst: Europäische Beratende Kommission 15. Dezember 1943 bis 31. August 1945. Bearbeitet von Herbert Elzer. Dokumente zur Deutschlandpolitik. I. Reihe/Bd. 5. München 2003, S. XIII.

30 Zur alliierten Diskussion um die Zoneneinteilung und das Besatzungsregime in Österreich vgl. insbesondere Rauchensteiner, Der Sonderfall, S. 20–45, 103–107.

31 Filitov, Sowjetische Planungen zur Wiedererrichtung Österreichs, S. 30f.

32 Laufer – Kynin, Die UdSSR und die deutsche Frage, Bd. 1, S. LXVII.

Osten sowie Nordosten Deutschlands als Besatzungszonen erhalten sollten. Gegen diesen Plan trat Franklin D. Roosevelt auf, der für einen Zonentausch zwischen den USA und Großbritannien plädierte.[33]

Den britischen Vorschlag lehnten aber sowohl die amerikanische als auch die sowjetische Seite ab. Die USA, weil das War Department zu diesem Zeitpunkt noch überhaupt keine Besatzungsaufgaben in Österreich übernehmen wollte, die UdSSR, weil sie wusste, dass sie ein echtes Mitspracherecht in Österreich nur dann besitzen würde, wenn sie auch in Form von Besatzungstruppen präsent wäre.[34]

Parallel dazu arbeitete die Vorošilov-Kommission intensiv an der sowjetischen Position in dieser Frage. Sie legte einen ersten, auf den 4. Februar 1944 datierten Entwurf über die Kapitulationsbedingungen für Deutschland vor, der keine sowjetische Beteiligung an der militärischen Besetzung Österreichs vorsah. Die Demarkationslinie sollte „zwischen den Streitkräften der UdSSR einerseits und den Streitkräften des Vereinigten Königreiches und der USA andererseits" entlang der „westlichen, südwestlichen und südlichen Grenze der Tschechoslowakei bis Bratislava, dann von dieser Stadt aus stromabwärts der Donau bis Silistra und weiter nach Osten entlang der rumänisch-bulgarischen Grenze bis zur Schwarzmeerküste" verlaufen.[35] Eine derartige Demarkationslinie hätte eine militärische Präsenz der UdSSR nicht nur in Österreich, sondern auch im Westteil Ungarns ausgeschlossen.[36]

In einer zweiten Entwurfsvariante vom 8. Februar 1944 erfolgte erstmals die Nennung des Begriffes „Besatzungszonen", deren Grenzen jedoch nur bis zum Schnittpunkt der bayrischen und tschechoslowakischen Grenze definiert wurden. Die Frage der Besatzungszonen in Österreich blieb weiterhin offen.[37]

In der dritten von der Kommission erarbeiteten Entwurfsvariante der „Kapitulationsbedingungen für Deutschland", die Molotov am 12. Februar 1944 Stalin übermittelte, kam erstmals Österreich selbst zur Sprache, das „gemeinsam von den Truppen der UdSSR, des Vereinigten Königreiches und der USA besetzt" werden sollte.[38] Molotov bezeichnete den britischen Entwurf

33 Aichinger, Sowjetische Österreichpolitik, S. 64f.; Europäische Beratende Kommission, S. XVIII.

34 Manfried Rauchensteiner, Der Krieg in Österreich '45. Wien 1995, S. 15f.

35 AVP RF, F. 06, op. 6, p. 62, d. 836, S. 90–95, Entwurf der Kapitulationsbedingungen für Deutschland, 4.2.1944. Abgedruckt in: Laufer – Kynin, Die UdSSR und die deutsche Frage, Bd. 1, S. 311–316, hier: S. 314.

36 Filitov, Sowjetische Planungen zur Wiedererrichtung Österreichs, S. 31.

37 AVP RF, F. 06, op. 6, p. 62, d. 836, S. 84–89, Entwurf der Kapitulationsbedingungen für Deutschland, 8.2.1944. Abgedruckt in: Laufer – Kynin, Die UdSSR und die deutsche Frage, Bd. 1, S. 316–321, hier: S. 314; Filitov, Sowjetische Planungen zur Wiedererrichtung Österreichs, S. 31.

38 AVP RF, F. 06, op. 6, p. 62, d. 836, S. 13–19, Entwurf der Kapitulationsbedingungen für Deutschland, 12.2.1944. Abgedruckt in: Laufer – Kynin, Die UdSSR und die deutsche Frage, Bd. 1, S. 322–327, hier: S. 326; Filitov, Sowjetische Planungen zur Wiedererrichtung Österreichs, S. 31.

vom 15. Jänner 1944 in seinem Begleitschreiben als „inakzeptabel". Österreich solle zu einer „gemeinsamen Zone" werden.[39] Stalin erklärte sich mit dieser Variante einverstanden.[40]

Am selben Tag verfasste Molotov ein Telegramm an Botschafter Fedor Gusev in London, worin er die sowjetischen „Erwägungen" hinsichtlich der „Begründung und Verteidigung unseres Waffenstillstandsentwurfs" erläuterte. Besonders wies er darauf hin, dass jede Zone nur von Truppen derjenigen der drei Mächte zu besetzen wäre, „der die jeweilige Zone zugeordnet ist". Die Briten hingegen würden auch die Truppenpräsenz anderer Alliierter in jeder Zone erlauben. Eine Ausnahme von dieser Regel wären lediglich „die Berlinzone und Österreich [...], die jeweils in gemeinsame Besatzungsgebiete der Alliierten zu verwandeln sind".[41]

Der erste Teil dieser Darlegung erscheint durchaus nachvollziehbar: Die von britischer Seite vorgeschlagene Variante einer „gemischten Besatzung" in allen Zonen barg die Gefahr einer unkontrollierbaren Kontaktaufnahme zwischen sowjetischen und „westlichen" Besatzungssoldaten. Dies hätte möglicherweise den Weg zu dem geebnet, was im sowjetischen Jargon als „ideologische Diversion" charakterisiert wurde. Wie sich später herausstellen sollte, brachte der Kontakt zwischen sowjetischen und westlichen Besatzungsangehörigen sowie den Mitarbeitern der Alliierten Kommission tatsächlich das Risiko eines „Kulturschocks" mit sich.[42] Hingegen ist schwerer zu verstehen, weswegen Berlin und ganz Österreich eine Ausnahme von dieser Regel bilden sollten. In beiden Fällen wurde bald das Prinzip der territorialen Abgrenzung zwischen den einzelnen Besatzungskontingenten ins Spiel gebracht.[43]

Botschafter Fedor Gusev brachte am 18. Februar 1944, während der britische Plan in den Londoner Beratungen immer noch zur Diskussion stand, den sowjetischen Vorschlag der Kapitulationsbedingungen in der EAC ein, welcher einerseits die Trennung des österreichischen Zonenabkommens von einem deutschen verlangte, andererseits eine Drei-Mächte-Kontrolle für Österreich vorsah.[44] Die britische Seite, welche die USA für einen Verbleib in

39 AVP RF, F. 06, op. 6, p. 62, d. 836, S. 13, Schreiben Molotovs an Stalin, 12.2.1944. Abgedruckt in: Laufer – Kynin, Die UdSSR und die deutsche Frage, Bd. 1, S. 322.

40 Ebd.

41 AVP RF, F. 06, op. 6, p. 62, d. 836, S. 20–23, Telegramm Molotovs an Gusev, 12.2.1944. Abgedruckt in: Laufer – Kynin, Die UdSSR und die deutsche Frage, Bd. 1, S. 329–331, hier: S. 330.

42 Siehe dazu auch das Kapitel B.I. „Ideologie, Disziplin, Strafverfolgung" in diesem Band.

43 Filitov, Sowjetische Pläne zur Wiedererrichtung Österreichs, S. 32.

44 Aichinger, Sowjetische Österreichpolitik, S. 65f.; John Mair, Austria, in: John Mair – Michael Balfour (Hg.), Four Power Control in Germany and Austria, 1945–1946. Survey of International Affairs 1939–1946. London 1956, S. 269–378, hier: S. 284.

Europa nach dem Krieg gewinnen wollte, nahm den sowjetischen Vorschlag positiv auf, und Viscount Samuel Hood, ein Mitglied der britischen EAC-Delegation, bezeichnete ihn in einem Memorandum im Foreign Office vom 18. April 1944 als „the best we can hope for".[45] Einwände kamen hingegen von der amerikanischen Seite, die davor zurückschreckte, Truppen in Mitteleuropa für Besatzungsaufgaben zu binden, die man im Fernen Osten dringender zu benötigen schien.[46]

Die weiteren sowjetischen Planungen zu den Besatzungszonen in Deutschland und Österreich gingen zügig voran. Am 25. März 1944 begann die Vorošilov-Kommission mit der Ausarbeitung eines Protokolls über die Besetzung Deutschlands, worin auch die Aufteilung Österreichs in drei Besatzungszonen festgelegt wurde.[47] Der fertige Entwurf lag am 17. April 1944 vor. Demnach sollte die sowjetische Zone das Gebiet östlich der Linie Retz - Horn - Krems, entlang des rechten Donauufers nach Tulln, weiter über Hainfeld - Mürzsteg - Turnau - Bruck - Leoben bis zur Südgrenze Österreichs umfassen; die - deutlich benachteiligte - britische Zone reichte westlich dieser Linie bis zur Linie Passau - Enns - Eisenerz - Leoben; die amerikanische Zone bestand aus Oberösterreich südlich der Donau, den Bezirken Liezen und Murau, Kärnten westlich der Lavant sowie ganz Salzburg, Tirol und Vorarlberg. Der Personenverkehr zwischen den Zonen wurde mit der Vorlage gesonderter Ausweispapiere reglementiert.[48]

Am folgenden Tag diskutierte die Kommission unter Vorsitz des stellvertretenden Volkskommissars für auswärtige Angelegenheiten, Ivan Majskij, diesen Vorschlag. Majskij betonte dabei, die Zonengrenzen müssten hauptsächlich anhand der Verwaltungsgrenzen zwischen den einzelnen Bundesländern oder Gemeinden gezogen werden. Die administrative Gliederung Österreichs war offensichtlich bis dahin nicht beachtet worden, denn für die folgende Sitzung wurde eine Karte Österreichs „unter Angabe der Provinzen" verlangt. Ein weiterer „praktischer" Einwand betraf die Verteilung der Industriestandorte und der Bevölkerung, wobei alle drei Zonen etwa die gleiche Einwohnerzahl aufweisen sollten. Außerdem hob Majskij hervor, die gesamte Aufteilung der Besatzungszonen in Österreich sei so vorzunehmen, „dass die sowjetische Zone möglichst sowohl an Jugoslawien als auch an die Tschechoslowakei grenze". Admiral Ivan Isakov wies - insbesondere im Hin-

45 Zit. nach: Aichinger, Sowjetische Österreichpolitik, S. 66.

46 Ebd.

47 Mueller, Die sowjetische Besatzung in Österreich, S. 28.

48 AVP RF, F. 0511, op. 1, p. 2, d. 6, S. 197–200, Protokoll zur Besetzung Deutschlands, 17.4.1944. Abgedruckt in: Laufer - Kynin, Die UdSSR und die deutsche Frage, Bd. 1, S. 375–377, hier: S. 377; vgl. Filitov, Die sowjetischen Planungen zu Österreich, S. 6.

blick auf die Versorgung der Besatzungstruppen nach Kriegsende – auf die Notwendigkeit hin, sowohl per Bahn als auch über Donauschifffahrtswege in die sowjetische Zone gelangen zu können.[49]

Bei der Sitzung am 30. April 1944 kehrte die Vorošilov-Kommission – offensichtlich mithilfe einer entsprechenden Karte – zur Zonenaufteilung zurück und ordnete nun das Burgenland, die Hälfte Niederösterreichs und der Steiermark der sowjetischen Zone, die andere Hälfte Niederösterreichs, der Steiermark sowie die Hälfte Kärntens der britischen und Oberösterreich, Salzburg, Tirol und die zweite Hälfte Kärntens der amerikanischen Zone zu, wodurch die starke Benachteiligung der britischen Zone aufgehoben wurde. Die Bevölkerungszahl lag somit in jeder der drei Zonen – unter Ausklammerung Wiens mit rund 1,9 Millionen Einwohnern – bei etwa 1,5 Millionen Personen. Der Ostteil Wiens bis zum Donaukanal war als sowjetische Besatzungszone, der gesamte restliche Teil der Stadt als anglo-amerikanische Zone vorgesehen.[50] Wenig später erteilte das Volkskommissariat für auswärtige Angelegenheiten Gusev eine Direktive darüber, dass für die sowjetische Seite „die Frage der Zonen, inklusive einer Besetzung Österreichs durch die drei alliierten Armeen, von wesentlicher Bedeutung" sei.[51]

Die somit bereits relativ konkreten sowjetischen Planungen blieben jedoch vorerst noch unveröffentlicht. Bei den Beratungen der EAC ab Mitte April stand die deutsche Frage im Mittelpunkt des Interesses, während Großbritannien gleichzeitig bemüht war, die amerikanische Zustimmung zu einer Drei-Mächte-Besetzung Österreichs zu erhalten. Allerdings band die ablehnende Haltung des State Departments in der Frage einer amerikanischen Beteiligung an der Besetzung Österreichs Botschafter John Gilbert Winant die Hände, was die Verhandlungen mit der sowjetischen und britischen Seite blockierte. Winant reiste daher Ende Mai in die USA, wo es ihm gelang, Präsident Roosevelt in einer persönlichen Unterredung am 26. Mai 1944 vom Prinzip einer Drei-Mächte-Kontrolle für Österreich zu überzeugen. Nach London zurückgekehrt, gab Winant dies am 31. Mai in der EAC bekannt.[52] Am 12. Juni 1944 präsentierten die

49 AVP RF, F. 06, op. 6, p. 15, d. 150, S. 75–78, Aus dem Tagebuch der Vorošilov-Kommission, 18.4.1944. Abgedruckt in: Laufer – Kynin, Die UdSSR und die deutsche Frage, Bd. 1, S. 378–380, hier: S. 380.

50 AVP RF, F. 06, op. 6, p. 15, d. 150, S. 99–104, Aus dem Tagebuch der Vorošilov-Kommission, 30.4.1944. Abgedruckt in: Laufer – Kynin, Die UdSSR und die deutsche Frage, Bd. 1, S. 381–385, hier: S. 385.

51 AVP RF, F. 07, op. 10, p. 13, d. 159, S. 77–84, Bericht der 2. Europäischen Abteilung des Volkskommissariates für auswärtige Angelegenheiten der UdSSR über den Verlauf der Erörterung von Fragen zur Besetzung Österreichs in der EAC, 17.9.1944. Abgedruckt in: Karner – Stelzl-Marx – Tschubarjan, Die Rote Armee in Österreich, Dok. Nr. 4.

52 Aichinger, Sowjetische Österreich-Politik, S. 67.

amerikanische und die britische Delegation in der EAC Dokumente, die jeweils die Besetzung Österreichs durch alle drei Alliierten vorsahen.[53]

Am selben Tag übermittelte Vorošilov Stalin das Ergebnis der sowjetischen Planungsarbeit zu Deutschland und Österreich. Bezüglich Österreich verwies Vorošilov nochmals darauf, die Bevölkerungszahl sowie die Verteilung der Industrieanlagen und nicht das Flächenkriterium wären der von seiner Kommission ausgearbeiteten Zonenabgrenzung zugrunde gelegt worden, und er betonte die sich daraus ergebenden Vorteile für die sowjetische Seite: „Ein großer Teil der Industriebetriebe befindet sich in der sowjetischen Zone (deren Bevölkerung ein Drittel der Gesamtbevölkerung Österreichs umfasst); außerdem ist die sowjetische Zone durch direkte Eisenbahnverbindungen mit Jugoslawien, der Tschechoslowakei und Ungarn verbunden."[54] Gusev ließ den sowjetischen Vorschlag zum Zonenplan - ein Entwurf des Protokolls, worin das Prinzip der gemeinsamen Besatzung Österreichs in den Grenzen vom 31. Dezember 1937 durch sowjetische, amerikanische und britische Truppen ohne Nennung der Zonengrenzen verankert wurde - am 29. Juni 1944 in der EAC zirkulieren.[55]

Einen Vorstoß zur Beschleunigung der Arbeit in der EAC unternahm die britische Delegation am 19. August 1944. Deren Vertreter in der Europäischen Beratenden Kommission, Sir William Strang, ließ seinerseits ein britisches Memorandum über den Kontrollmechanismus für Österreich zirkulieren. Zwei Tage später unterbreitete Strang den britischen Plan zur Teilung Österreichs in Besatzungszonen. Auf Grundlage der „Gaugrenzen" sollten Ober- und Niederdonau zur sowjetischen Zone, die übrigen Gebiete zur britischen Zone gehören. Für Wien, ebenfalls in den Grenzen des „Gaus" (also beträchtlich größer als vor 1938), sah er eine gemeinsame Besetzung durch alle drei Alliierten vor. Zur sowjetischen Zone sollte folglich sogar ein größeres Gebiet gehören, als es sich die sowjetische Seite selbst vorgestellt hatte, da sich die USA anfangs nicht an der Besatzung Österreichs beteiligen und bloß „symbolische Kontingente" entsenden wollten.[56]

53 Mueller, Die sowjetische Besatzung in Österreich, S. 29.

54 AVP RF, F. 06, op. 6, p. 15, d. 150, S. 442, Vorošilov an Stalin, 12.6.1944. Abgedruckt in: Laufer - Kynin, Die UdSSR und die deutsche Frage, Bd. 1, S. 406f., hier: S. 407.

55 Filitov, Sowjetische Pläne zur Wiedererrichtung Österreichs, S. 34; Beleckij, Sovetskij Sojuz i Avstrija, S. 104. Roščin gibt hingegen den 1. Juli 1944 als Datum an. Vgl. A. A. Roščin, Poslevoennoe uregulirovanie v Evrope. Moskau 1984, S. 86. Gemäß AVP RF, F. 0425, op. 1, p. 7, d. 41, S. 1, Entwurf des Protokolls der Vereinbarung über die Besetzung Österreichs, 29.6.1944, ist der 1. Juli 1944 jedoch auszuschließen. Ursache für die Verwechslung könnte die am 1. Juli 1944 von Strang verschickte Zusammenfassung sein. Vgl. Europäische Beratende Kommission, S. 1280. Herrn Univ.-Prof. Dr. Aleksej Filitov, Moskau, sei für diesen Hinweis herzlich gedankt.

56 Rauchensteiner, Der Sonderfall, S. 29; Aichinger, Sowjetische Österreichpolitik, S. 70, 403. Vgl. dazu

Am 22. November 1944 übermittelte Gusev erstmals einen sowjetischen Entwurf, der eine genaue Zoneneinteilung enthielt, an Strang, Winant und den amerikanischen Delegierten Eion Pelly Donaldson. Abweichend von den bisherigen internen Planungen der Vorošilov-Kommission war demnach die sowjetische Zone in Niederösterreich Richtung Westen vergrößert und die Landbrücke zwischen der Westzone und Wien eliminiert worden. Außerdem sollten Oberösterreich, Salzburg, Tirol und Vorarlberg den USA zufallen, während die Briten die westlichen Hälften Niederösterreichs und der Steiermark sowie Kärnten besetzen sollten. Auffällig ist hierbei die „Schrägteilung" Niederösterreichs und der Steiermark, deren östliche Teile als sowjetische Zone vorgesehen waren. Wien wäre in den alten Stadtgrenzen solcherart dreigeteilt worden, dass der nordöstliche Teil, aber auch die Innere Stadt und der 3. Bezirk zur sowjetischen Zone gezählt hätten. Das übrige Wien sollte an die beiden westlichen Alliierten übertragen werden.[57]

Dieser Vorschlag, der eine massive Beteiligung der Amerikaner einschloss, ist insofern bemerkenswert, als weder der amerikanische Generalstab noch Präsident Roosevelt Interesse an der Besetzung Österreichs gezeigt hatten, mit Ausnahme eines symbolischen Kontingents in Wien. Monatelang hatte ein britisch-amerikanischer Streit um die Besatzungszonen in Deutschland die Beratungen der EAC dominiert, der auch die Überlegungen zu Österreich beeinflusste: Derjenige, der Bayern besetzte, sollte auch Österreich westlich der sowjetischen Zone besetzen. Nun forcierte jedoch die sowjetische Delegation bei der EAC eine gleichwertige Teilnahme der USA an der Besetzung Österreichs.[58]

In den folgenden Wochen setzten die sowjetische und britische Seite die amerikanische EAC-Delegation stark unter Druck, einer eigenen Besatzungszone in Österreich zuzustimmen. Der amerikanische Delegierte, der unter den geradezu grotesken Koordinationsschwierigkeiten der zivilen und militärischen Führungsspitze in Washington zu leiden hatte, wandte sich selbst

auch die Eintragungen zum 22. August 1944 in: AVP RF, F. 7, op. 10, d. 159, S. 77–84. Aichinger bestätigt darin indirekt Filitovs Hinweis auf Roščins „knappe Anmerkungen", denen zufolge der von der britischen Seite eingebrachte Vorschlag für die sowjetische Zone sogar ein größeres Gebiet umfasste als von sowjetischer Seite vorgesehen. Vgl. Filitov, Sowjetische Planungen zur Wiedererrichtung Österreichs, S. 34.

57 AVP RF, F. 0425, op. 1, p. 7, d. 41, S. 6f., Entwurf des Protokolls über die Besatzungszonen in Österreich und die Verwaltung der Stadt Wien, 22.11.1944. Vgl. United States Department of State (Hg.), Foreign Relations of the United States. Diplomatic Papers. 1944, Vol. I General. Washington, D. C. 1966, S. 471f., Winant an Dunn, 27.11.1944; Mueller, Die sowjetische Besatzung in Österreich, S. 32; Aichinger, Sowjetische Österreichpolitik, S. 403; Rauchensteiner, Der Sonderfall, S. 33, u. a. nennen als Datum des sowjetischen Entwurfs den 13. November 1944.

58 Rauchensteiner, Der Sonderfall, S. 33; Stourzh, Um Einheit und Freiheit, S. 29.

Ende November 1944 mit einem Appell an Präsident Roosevelt, die USA mögen sich an einer Besetzung Österreichs beteiligen. Als Argument führte Donaldson vor allem die negativen Erfahrungen mit der sowjetischen Politik in Rumänien und Bulgarien ins Treffen, wo mit nomineller westlicher Beteiligung Alliierte Kontrollkommissionen gegründet worden waren, deren westliche Mitglieder allerdings nicht zuletzt wegen der ausschließlich sowjetischen Besetzung dieser Länder machtlos waren.[59] Am 9. Dezember stimmten Roosevelt und Außenminister Edward R. Stettinius schließlich der Errichtung einer amerikanischen Besatzungszone in Österreich zu, die an das als amerikanische Zone vorgesehene Bayern anschließen sollte.[60]

Die britische Antwort auf den sowjetischen Zonenentwurf vom November 1944 ließ zunächst auf sich warten. Am 20. Jänner 1945 waren sich die britischen Stabschefs darüber einig, den Sowjets anstelle der geplanten Teilung quer durch Niederösterreich und die Steiermark den Vorschlag zu unterbreiten, die britische Zone solle aus Kärnten und der ganzen Steiermark bestehen.[61]

Am 30. Jänner 1945 ließen die Briten in der Europäischen Beratenden Kommission einen neuen Zonenplan zirkulieren, der erstmals eine französische Beteiligung an der Besetzung Österreichs beinhaltete und der zur Grundlage des endgültigen Zonenabkommens werden sollte.[62] Die Franzosen waren im November 1944 auf Betreiben der Briten in die EAC aufgenommen worden und hatten im Jänner 1945 neben einer Zone in Deutschland auch eine Zone in Österreich gefordert. Der nun ausgearbeitete Vorschlag der Briten - Förderer der Stellung Frankreichs in Europa - sah folgende vierfache Besetzung Österreichs vor: Die Sowjetunion sollte das Gebiet Niederösterreichs - ohne Wien - und den Nordteil des Burgenlandes erhalten; die Steiermark, Kärnten, Osttirol und der südliche Teil des Burgenlandes sollten zur britischen Zone gehören; Oberösterreich und Salzburg wurden der amerikanischen Zone zugerechnet; und Tirol und Vorarlberg sollten unter französische Besatzung kommen.[63] Diesem Plan stimmten die Sowjets unter anderem deswegen nicht zu, da sie - im Gegensatz zu den Briten - von den alten österreichischen Bundesländer- und nicht von den „Gaugrenzen" mit der überdimensionierten Größe des „Reichsgaues Wien" ausgingen.[64]

59 Stourzh, Um Einheit und Freiheit, S. 29f., Aichinger, Sowjetische Österreichpolitik, S. 82; Mueller, Die sowjetische Besatzung Österreichs, S. 32.

60 Stourzh, Um Einheit und Freiheit, S. 29f.; Fritz Fellner, Die außenpolitische und völkerrechtliche Situation Österreichs 1938: Österreichs Wiederherstellung als Kriegsziel der Alliierten, in: Erika Weinzierl - Kurt Skalnik (Hg.), Österreich: Die Zweite Republik. Bd. 1. Graz 1972, S. 53–90, hier: S. 79f.

61 Rauchensteiner, Um Einheit und Freiheit, S. 39.

62 Aichinger, Sowjetische Österreichpolitik, S. 85.

63 Ebd.; Stourzh, Um Einheit und Freiheit, S. 30.

64 Rauchensteiner, Der Krieg, S. 19.

Noch ehe es zu einer detaillierten Diskussion über die Einteilung der Besatzungszonen kam, reiste Gusev nach Moskau und nahm anschließend an der Konferenz von Jalta teil, weswegen sich die Arbeit in der EAC bis zu seiner Rückkehr Ende Februar 1945 verzögerte. Doch auch nach Gusevs Rückkehr standen die Österreichplanungen angesichts der ungleich wichtigeren Frage der Zukunft Deutschlands im Hintergrund.[65]

Die sowjetische Stellungnahme zum britischen Vorschlag vom 30. Jänner ließ so lange auf sich warten, dass der Eindruck entstand, die Sowjetunion wolle den militärischen Vorsprung der Roten Armee dazu nützen, um bei der Bildung der Besatzungsverwaltung und der Wiedererrichtung der politischen Strukturen vollendete Tatsachen zu schaffen.[66] Erst am 29. März 1945, an dem Tag, als die Rote Armee als erste der alliierten Besatzungsmächte österreichisches Territorium betrat, schlossen die vier Diplomaten der 2. und 3. Europäischen Abteilung des NKID, Andrej Smirnov, Konstantin Novikov, Aleksej Roščin und Semen Bazarov, die Arbeit an einem Memorandum ab, das sie am folgenden Tag dem stellvertretenden Volkskommissar für auswärtige Angelegenheiten, Andrej Vyšinskij, übermittelten.[67] Darin schlugen sie vor, dem britischen Entwurf über die Aufteilung Österreichs in vier Besatzungszonen unter der Bedingung zuzustimmen, „dass der Sowjetunion in Österreich nicht die nördliche Zone einschließlich Oberösterreichs, sondern die südliche Zone, die zur Gänze die Steiermark und Kärnten zu umfassen hat, zugesprochen" werde. Stalin hatte – zögernd, aber doch – das von Churchill auf der Konferenz von Jalta im Februar 1945 verfochtene Vorhaben, Frankreich an einer Besetzung Deutschlands und Österreichs zu beteiligen, akzeptiert.[68] Das Revolutionäre dieses Gutachtens lag allerdings darin, dass die Sowjetunion nun nicht mehr die ihr bisher stets zugedachte nordöstliche Zone erhalten sollte, sondern die von den Briten beanspruchte südliche Zone. Begründet wurde dies mit „Erwägungen politischer Natur", ob sich Großbritannien oder eben die Sowjetunion durch die Truppenpräsenz an der österreichischen Grenze zu Jugoslawien und Italien einen größeren Einfluss auf dem Balkan sichern würde. Ersteres wäre „wohl kaum von Vorteil".[69]

65 Aichinger, Sowjetische Österreichpolitik, S. 85.

66 Mueller, Die sowjetische Besatzung in Österreich, S. 34.

67 Filitov, Die sowjetischen Planungen zu Österreich, S. 7f.

68 Ministerium für auswärtige Angelegenheiten der UdSSR (Hg.), Die Sowjetunion auf internationalen Konferenzen während des Großen Vaterländischen Krieges 1941–1945. 6 Bde. Moskau 1986–1988, Bd. 4, S. 61–64; Mueller, Die sowjetische Besatzung in Österreich, S. 33.

69 AVP RF, F. 07, op. 10, p. 13, d. 159, S. 1–3, Bericht des Leiters der 3. Europäischen Abteilung des NKID, A. Smirnov, an den stv. Volkskommissar für auswärtige Angelegenheiten, A. Vyšinskij, über die Vorteile einer sowjetischen Besatzung der Steiermark und Kärntens, 29.3.1945. Abgedruckt in: Institut Voennoj Istorii, Krasnaja Armija v stranach Central'noj Evropy, S. 605–607. Auf Deutsch abgedruckt in: Karner – Pickl, Die Rote Armee in der Steiermark, Dok. Nr. 3.

Die ökonomischen Argumente basierten auf einer Landkarte Österreichs, auf der die wichtigsten Industriestandorte verzeichnet waren und welche die Hauptverwaltung für Aufklärung der Roten Armee kurze Zeit zuvor dem Volkskommissariat für auswärtige Angelegenheiten übermittelt hatte. Aus dieser ging hervor, „dass die wichtigsten Werke der Luftfahrt-, Eisen- und Stahlindustrie wie auch die Kraftwerke in den Bezirken ‚Groß-Wiens' (wird vierfach besetzt werden), in Linz, das am linken Donauufer liegt und (auch unter Bedingung einer Annahme unserer ersten Abänderung des Entwurfes von Strang) zur amerikanischen Besatzungszone gehören wird, und in der Steiermark (Graz, Kapfenberg u. a.) angesiedelt sind". Gemäß dem britischen Entwurf stellte sich die britische Zone Österreichs „einschließlich der Steiermark und Kärntens als das in wirtschaftlicher Hinsicht reichste" Gebiet dar. Vyšinskij leitete das Memorandum zwar an Molotov weiter, allerdings gelang es zu diesem Zeitpunkt nicht mehr, dadurch eine derart grundlegende Haltungsänderung herbeizuführen. Die Westalliierten hätten einer solch bedeutenden Änderung nicht zugestimmt.[70]

Der britische Plan vom 30. Jänner 1945 bildete die Grundlage der endgültigen Zonenregelung - mit drei Ausnahmen:[71] Gusev unterbreitete der EAC am 4. April 1945 einen sowjetischen Abänderungsvorschlag, demzufolge die Sowjetunion erstens das Mühlviertel, also den nördlich der Donau gelegenen Teil Oberösterreichs, sowie zweitens den in der NS-Zeit zur Steiermark geschlagenen Teil des Burgenlandes für sich beanspruchte, dafür aber den Anspruch auf die Steiermark aufgab. Dadurch fielen die Südgrenze der Tschechoslowakei und die gesamte Westgrenze Ungarns unter sowjetische Kontrolle. Drittens wurde für Wien eine nicht näher definierte Aufteilung in vier Zonen auf Basis der Grenzen vom 31. Dezember 1937 vorgeschlagen. Dafür akzeptierte die sowjetische Seite sowohl das Grundschema der Zonenverteilung als auch die französische Beteiligung an der Besatzung. Im Gegenzug erklärten die Briten inoffiziell ihre Bereitschaft, das Südburgenland an die Sowjets abzutreten. Und schließlich stimmten die US-Vertreter am 15. April 1945 ebenfalls inoffiziell der Abtretung des Mühlviertels zu.[72]

70 AVP RF, F. 07, op. 10, p. 13, d. 159, S. 1–3, Smirnov an Vyšinskij. Vgl. Filitov, Die sowjetischen Planungen zu Österreich, S. 8; Oliver Rathkolb, Historische Fragmente und die „unendliche Geschichte" von den sowjetischen Absichten in Österreich 1945, in: Alfred Ableitinger - Siegfried Beer - Eduard G. Staudinger (Hg.), Österreich unter alliierter Besatzung 1945–1955. Wien 1998, S. 137–158, hier: S. 148f.

71 Siegfried Beer, Die anglo-amerikanischen Planungen zu Österreich 1939–1945, in: Stefan Karner - Gottfried Stangler (Hg.), „Österreich ist frei!" Der Österreichische Staatsvertrag 1955. Beitragsband zur Ausstellung auf Schloss Schallaburg 2005. Unter Mitarbeit von Peter Fritz und Walter M. Iber. Horn - Wien 2005.

72 Aichinger, Sowjetische Österreichpolitik, S. 102f.

2.1 Verhandlungen um Wien

Es waren jedoch die Verhandlungen um Wien, die den Abschluss der alliierten Vereinbarungen über Österreich - im Gegensatz zu Deutschland[73] - weit über das Ende der Kriegshandlungen hinaus bis Anfang Juli 1945 verzögerten. Die monatelangen Debatten galten der Frage, ob die Hauptstadt - eine Enklave im sowjetisch zu besetzenden Niederösterreich - in den engeren Grenzen von 1937, was dem sowjetischen Standpunkt entsprach, oder den weiteren Grenzen des „Reichsgaues", wie es die Westmächte wünschten, in alliierte Sektoren aufzuteilen sei. Groß-Wien bedeutete nicht nur ein Plus an Besatzungsgebiet für die Westmächte, sondern insbesondere die Möglichkeit, Flugplätze innerhalb der eigenen Sektoren zu verwenden bzw. anzulegen.

Die Frage des Zutritts der Westmächte zu Wien verkomplizierte noch das Problem: Die sowjetische Seite hatte bereits am 13. April 1945, dem Tag der „Einnahme Wiens" durch die Rote Armee, westliche Delegationen zu einem Lokalaugenschein eingeladen, diese wenig später aber mit der Begründung wieder ausgeladen, das Zonenabkommen müsse zuerst unterzeichnet werden. Die Westmächte wiederum argumentierten, das Abkommen erst nach einem Lokalaugenschein in der Hauptstadt abschließen zu können.[74]

Wenig vertrauensbildend war zudem das sowjetische Vorpreschen bei der Bildung der provisorischen Regierung unter Karl Renner. In der EAC war die prinzipielle Vereinbarung getroffen worden, zunächst die Besatzungstruppen die gesamte Gewalt in Österreich übernehmen zu lassen und erst danach mit dem Aufbau der Verwaltung Österreichs „von unten", d. h. durch die Errichtung lokaler Verwaltungsbehörden, zu beginnen. Nun erteilten jedoch die Sowjets in einem Alleingang am 19. April 1945 Renner den „Auftrag" zur Regierungsbildung, ohne die Westmächte auch nur im Geringsten darüber informiert zu haben. Erst als die Verhandlungen zur Bildung der provisorischen Regierung praktisch abgeschlossen waren, wurde dem stellvertretenden Volkskommissar Vyšinskij am 25. April der Entwurf einer diesbezüglichen Note an die Westmächte vorgelegt, die dieser handschriftlich auf den Vortag rückdatierte und am 26. April den Geschäftsträgern der USA und Großbritanniens in Moskau überbringen ließ. Zwar waren mit der Mittei-

73 Bereits am 12. September 1944 hatte die Europäische Beratende Kommission das „Zonenabkommen" für Deutschland und am 14. November 1944 die „Vereinbarung über den Kontrollapparat in Deutschland" unterzeichnet. Vgl. dazu insbesondere: Gunther Mai, Der Alliierte Kontrollrat in Deutschland 1945–1948. Alliierte Einheit - deutsche Teilung? München 1995, S. 27; Jan Foitzik, Sowjetische Militäradministration in Deutschland (SMAD) 1945–1949. Struktur und Funktion. Quellen und Darstellungen zur Zeitgeschichte. Bd. 44. Berlin 1999, S. 435–439.

74 Mueller, Die sowjetische Besatzung im Mühlviertel, S. 36. Siehe dazu auch das Kapitel B.I.1.1.1 „Kontakte zu Einheimischen und Westalliierten im Schatten des Kalten Krieges" in diesem Band.

Abb. 1: Zwei Rotarmisten bewachen das Wiener Rathaus nach dem 13. April 1945, dem Tag der „Einnahme Wiens". (Quelle: CMVS, Foto: Chaldej)

lung, Renner in seinem Vorhaben „möglicherweise" nicht behindern zu wollen, zumindest offiziell keine vollendeten Tatsachen geschaffen worden, doch enthielten die Noten freilich auch keine Aufforderungen zur Meinungsäußerung oder gar zu interalliierten Beratungen. Trotz der vorsichtigen sowjetischen Formulierung schlug die Nachricht in London und Washington wie ein Blitz aus heiterem Himmel ein.[75]

Renner, der die Regierungsliste am 25. April der Öffentlichkeit hätte vorstellen wollen, musste somit bis zum 27. April warten, ehe die provisorische Regierung zusammentreten und die Unabhängigkeitserklärung proklamieren konnte. Am folgenden Tag verfasste Renner einen Aufruf an die Westmächte, die Regierung anzuerkennen. Die Notifikation Renners und die britische Ablehnung kreuzten sich jedoch: Am 28. April protestierte die britische

75 Vgl. zur Regierungsbildung im Detail: Karner - Ruggenthaler, Unter sowjetischer Kontrolle, S. 110–132; Reinhard Bollmus, Staatliche Einigung trotz Zonentrennung. Zur Politik des Staatskanzlers Karl Renner gegenüber den Besatzungsmächten in Österreich im Jahre 1945, in: Ulrich Engelhardt - Volker Sellin - Horst Stuke (Hg.), Soziale Bewegung und politische Verfassung. Beiträge zur Geschichte der modernen Welt. Stuttgart 1976, S. 677–712, hier: S. 694; Rauchensteiner, Der Sonderfall, S. 72.

Regierung in einer Botschaft an Moskau aufs Schärfste gegen das sowjetische Vorgehen. Vor der Einsetzung einer Regierung müsse ganz Österreich befreit und eine viergliedrige alliierte Kommission in Wien installiert sein. Zum Zeitpunkt, als dies geschrieben wurde, wusste die britische Seite nicht, dass sich die Regierung Renner bereits konstituiert hatte.[76] Die Westmächte befürchteten, die Sowjets hätten - wie bereits zuvor in Bulgarien, Polen, Rumänien und Ungarn - durch ihren Alleingang bei der Regierungsbildung nun auch in Österreich eine Marionettenregierung Stalins installiert. Als Indiz dafür wurde etwa gesehen, dass die Kontrolle der Staatspolizei in den Händen der Kommunisten lag. Die Autorität dieses für die Sowjets „gesamtösterreichischen" Ansprechpartners erstreckte sich somit vorerst nur auf den sowjetisch besetzten Teil Österreichs.[77]

Schließlich dauerte es noch bis zum Sommer, bis sich die Alliierten auf die Sektorenaufteilung in Wien einigten. Der Durchbruch bahnte sich an, als Stalin am 18. Mai auf ein am Vortag neuerlich gestelltes dringendes Verlangen der Amerikaner und Briten nach Entsendung einer westalliierten Mission nach Wien zustimmend antwortete. Nach der am 13. Juni 1945 beendeten Mission der westalliierten Militärs wurden die Verhandlungen in der Europäischen Beratenden Kommission neuerlich aufgenommen. Schließlich setzten die Sowjets ihren Plan durch, die Grenzen Wiens vom 31. Dezember 1937 als maßgeblich zu erklären. Sie überließen den Amerikanern die Benützung des Flughafens Tulln und den Briten und Franzosen den gleichfalls in der sowjetischen Zone gelegenen Flugplatz Schwechat.[78]

Dafür verzichteten die Sowjets auf ihren Wunsch, den ersten Wiener Gemeindebezirk - die Machtzentrale der Republik mit den meisten Regierungsämtern und dem Sitz des Bundespräsidenten - ihrem Sektor einzuverleiben. Von einem britischen Vorschlag ausgehend, wurde die Innere Stadt von Wien zum internationalen Sektor erklärt, dessen Verwaltung im Turnus (ab Jänner 1946 im Monatsrhythmus) übernommen wurde. Die Schaffung des internationalen Sektors erwies sich im folgenden Jahrzehnt als positiv, da sie eine unilaterale Kontrolle der Verwaltungs- und Wirtschaftszentren a priori ausschloss. Dieser Sektor bedeutete nicht nur eine Klammer für die Funktionsfähigkeit der alliierten Verwaltung in Wien, sondern gewährte der österreichischen Regierung auch einen größeren Freiraum gegenüber jeder Besatzungsmacht. Einem möglichen Auseinanderbrechen Wiens in einen

76 Rauchensteiner, Der Sonderfall, S. 72f.

77 Karner - Ruggenthaler, Unter sowjetischer Kontrolle, S. 131f.; Ernst Hanisch, Der lange Schatten des Staates. Österreichische Gesellschaftsgeschichte im 20. Jahrhundert. Wien 1994, S. 403. Siehe dazu auch das Kapitel A.II.3.4 „Aufbau der Provisorischen Regierung" in diesem Band.

78 Rauchensteiner, Der Sonderfall, S. 105f.

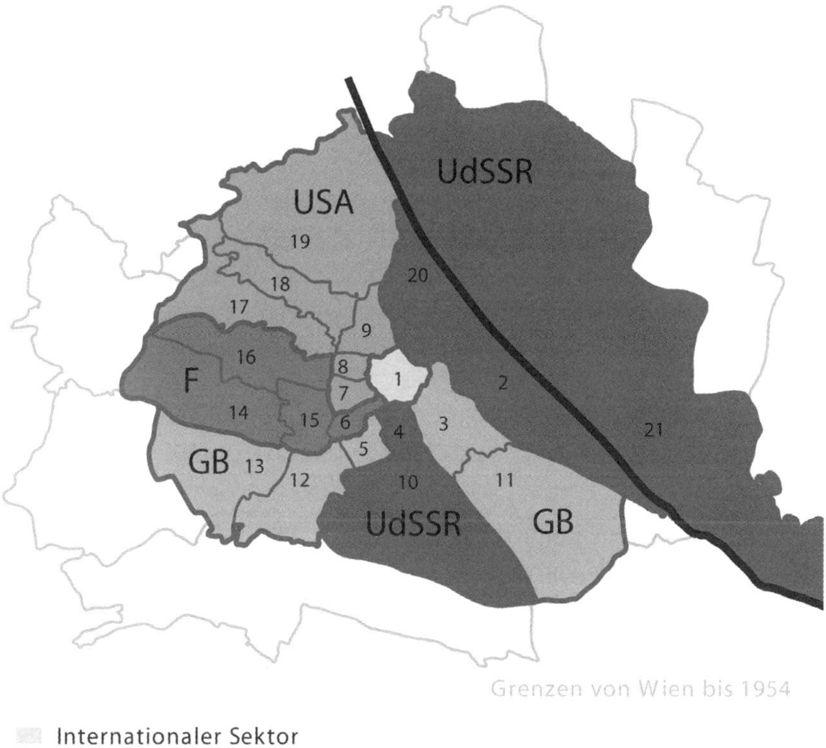

Abb. 2: Die Sektorenaufteilung Wiens. Die Innere Stadt wurde zum internationalen Sektor erklärt und von den vier Besatzungsmächten gemeinsam verwaltet. (Quelle: AdBIK, Grafik: Semlitsch)

westlichen und einen östlichen Teil, wie es das Schicksal Berlins werden sollte, wurde somit entgegengewirkt; nicht zuletzt deshalb, weil der sowjetische und der britische Sektor in zwei unzusammenhängenden Teilen lagen.[79]

2.2 Zonenabkommen

Mit der Klärung der letzten offenen Fragen wurde am 9. Juli 1945, mehr als drei Monate nach dem Einmarsch der alliierten Truppen in Österreich und etwa zwei Monate nach Kriegsende, das „Abkommen betreffend die Sektorengrenzen und die Verwaltung der Stadt Wien", kurz „Zonenabkommen", unterzeichnet.[80] Nur fünf Tage zuvor, am 4. Juli 1945, hatte die EAC das „Abkom-

79 Stourzh, Um Einheit und Freiheit, S. 31.

80 Abkommen, betreffend die Sektorengrenzen und die Verwaltung der Stadt Wien, 9.7.1945. Abgedruckt in: Verosta, Die internationale Stellung Österreichs, S. 71–74; Karner - Stelzl-Marx - Tschubarjan, Die Rote Armee in Österreich, Dok. Nr. 66.

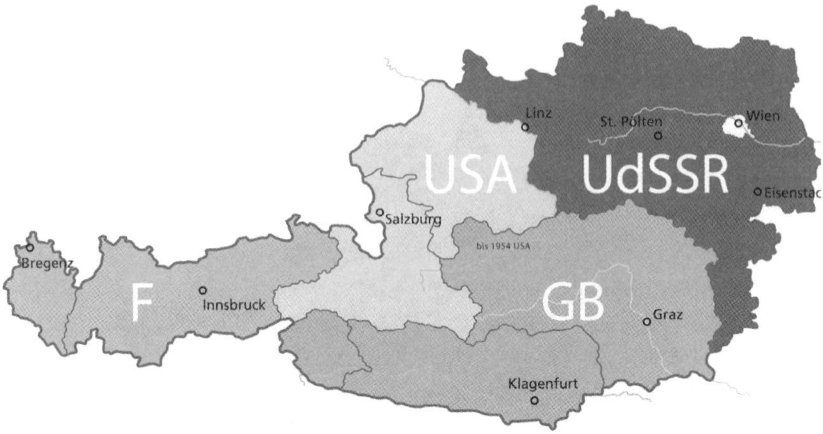

Abb. 3: Die vier Besatzungszonen Österreichs. (Quelle: AdBIK, Grafik: Semlitsch)

men über die Alliierte Kontrolle in Österreich" („Erstes Kontrollabkommen") abgeschlossen, das die Verwaltung Österreichs durch die Alliierten festlegte.[81]

Gemäß dem Zonenabkommen umfasste die sowjetische Zone in Wien den Bereich nordöstlich des Donaukanals und der Donau, also die Bezirke Leopoldstadt, Brigittenau und Floridsdorf (einschließlich des heutigen 22. Bezirks), sowie getrennt davon die Bezirke Wieden und Favoriten; den Briten wurden Hietzing, Meidling, Margareten und getrennt davon die Bezirke Landstraße und Simmering zugesprochen; die Bezirke Mariahilf, Penzing, Fünfhaus sowie Ottakring gehörten zur französischen und Neubau, Josefstadt, Alsergrund, Hernals, Währing sowie Döbling zur amerikanischen Zone.[82] Nachdem bereits Vorhuten der drei westlichen Streitkräfte eingetroffen waren, begann die vierfache Besetzung Wiens in den vereinbarten Zonen offiziell mit dem 1. September 1945.[83] Wie bereits im Frühjahr 1945 ausverhandelt, erhielten die Franzosen Vorarlberg und Tirol; die britische Zone umfasste Kärnten, die Steiermark und Osttirol; zur amerikanischen Zone zählten Salzburg und Oberösterreich (ohne das Mühlviertel); und zur sowjetischen Zone gehörten das Burgenland, Niederösterreich (ohne Wien) sowie das Mühlviertel.[84] Im Juli und August 1945 fand daraufhin der „Zonentausch"

81 Abkommen über die Alliierte Kontrolle in Österreich, 4.7.1945. Abgedruckt in: Verosta, Die internationale Stellung Österreichs, S. 66–71; Karner - Stelzl-Marx - Tschubarjan, Die Rote Armee in Österreich, Dok. Nr. 65.

82 Karl Fischer, Die Vier im Jeep. Katalog zur Kleinausstellung des Wiener Stadt- und Landesarchivs „Die Vier im Jeep". Wiener Geschichtsblätter. Beiheft 1985/1. Wien 1985, S. 5.

83 Rauchensteiner, Die Wiener Interalliierte Kommandantur; Fischer, Die Vier im Jeep, S. 5.

84 Stourzh, Um Einheit und Freiheit, S. 30.

statt: Die Franzosen übernahmen Tirol von den Amerikanern, die Briten den großen Teil der Steiermark von den Sowjets, den Tito-Partisanen (im Süden) sowie den Amerikanern (im Nordwesten) und die Sowjets den Rest des Mühlviertels, wo bislang US-Truppen ihren Dienst versehen hatten.[85]

Bis zum endgültigen Abschluss beider Abkommen hatte es ungewöhnlich lange gedauert, wobei das lange Verhandeln auch Vorteile mit sich brachte - hatten sich doch die ersten schweren Mängel der Abkommen über Deutschland - insbesondere in der Berlin-Frage - bemerkbar gemacht. Diese berücksichtigend, trug gerade die letzte Verhandlungsrunde der EAC dazu bei, präzisere Formulierungen für das österreichische Zonenabkommen zu finden. Wie im Folgenden gezeigt wird, hatte das Kontrollabkommen ungleich weniger Gespräche erfordert als das Zonenabkommen. Jedoch wohnte dem Kontrollabkommen die wesentlich größere Dynamik inne.

85 Aichinger, Sowjetische Österreichpolitik, S. 299.

3. Die Alliierte Kommission: Planungen und Aufgaben

Parallel zu den Verhandlungen über die Zoneneinteilung widmete sich die Europäische Beratende Kommission der Konzeption eines alliierten Kontrollapparates für Österreich. Am 21. August 1944 ließ der britische Delegierte Strang den Entwurf eines Kontrollabkommens für Österreich zirkulieren,[86] der sich stark an das am 15. Jänner 1944 vorgelegte Memorandum „Alliierter Kontrollapparat in Deutschland während der Besatzungsphase" anlehnte und auf frühere (im italienischen Kontext entwickelte) Überlegungen vom Juli 1943 zurückgriff. Ausgangspunkt und Grundlage der britischen Vorschläge für die Besatzungsverwaltung in Deutschland und Europa war Dwight D. Eisenhowers Dreiphasenmodell: militärische Rumpf-Kontrollkommission, voll ausgebildete Kontrollkommission sowie zivile Hohe Kommission.[87]

Von sowjetischer Seite lagen zunächst keine eigenen Planungen zu Österreich vor. Die internen Überlegungen der Vorošilov-Kommission über den Kontrollmechanismus in Deutschland vom Frühjahr 1944 hatten vorgesehen, dass im ersten Zeitabschnitt jedem der Oberbefehlshaber die oberste Gewalt in der entsprechenden Besatzungszone zustehen sollte.[88] Wie Vorošilov noch im Juni 1944 gegenüber Stalin betont hatte, hätte die Bildung eines interalliierten, über den Oberbefehlshabern stehenden Organs von vornherein impliziert, dass „die UdSSR dort in der Minderheit [wäre], was sich - verständlicherweise - in der praktischen Arbeit [...] schädlich auswirken" würde. Für die Behandlung von Fragen, die alle drei Zonen gemeinsam betrafen, sollten zunächst lediglich folgende Institutionen ins Leben gerufen werden: die „Beratung der Oberbefehlshaber", ein Koordinierungsausschuss mit Vertretern dieser Oberbefehlshaber sowie zwei interalliierte Kommissionen für Reparationsleistungen und für Angelegenheiten der Kriegsgefangenen und Internierten der Vereinten Nationen.[89] Erst wenn sich die Lage in Deutschland „etwas beruhigt" hätte, würde „möglicherweise Bedarf" entstehen, die

86 Mueller, Die sowjetische Besatzung in Österreich, S. 30.

87 Mai, Der Alliierte Kontrollrat in Deutschland, S. 18f.

88 AVP RF, F. 0511, op. 1, p. 2, d. 6, S. 83–85, Bericht der Vorošilov-Kommission zum Kontrollmechanismus in Deutschland, 16.3.1944. Abgedruckt in: Laufer - Kynin, Die UdSSR und die deutsche Frage, Bd. 1, S. 371–373, hier: S. 372; AVP RF, F. 06, op. 6, p. 15, d. 150, S. 452–455, Vorošilov an Molotov, 12.5.1944. Abgedruckt in: Laufer - Kynin, Die UdSSR und die deutsche Frage, Bd. 1, S. 395–398; AVP RF, F. 06, op. 6, p. 15, d. 150, S. 456–459, Entwurf zum Kontrollmechanismus für Deutschland, 12.5.1944. Abgedruckt in: Laufer - Kynin, Die UdSSR und die deutsche Frage, Bd. 1, S. 398–401.

89 AVP RF, F. 06, op. 6, p. 15, d. 150, S. 460f., Vorošilov an Stalin, 12.6.1944. Abgedruckt in: Laufer - Kynin, Die UdSSR und die deutsche Frage, Bd. 1, S. 408f.

Machtbefugnisse schrittweise von den Oberbefehlshabern an eine interalliierte Kontrollkommission übergehen zu lassen.[90]

Die Frage, welche alliierten Organe die Kontrolle und Verwaltung in einem zweiten Zeitraum wahrnehmen würden, sollte Gegenstand einer gesonderten Vereinbarung zwischen den drei Regierungen sein.[91] Ein am 25. August 1944 von Molotov an Gusev nach London übermitteltes Memorandum sah die Bildung eines Kontrollrates aus den drei Oberbefehlshabern vor, um ein koordiniertes Behandeln jener Fragen zu gewährleisten, die für ganz Deutschland von Bedeutung waren.[92]

Im September 1944 gelang es, durch Angleichung der Entwürfe die endgültige Organisationsstruktur festzulegen. Maßgeblich zum schließlich gefundenen Kompromiss beigetragen hatten die USA, die zwischen dem konföderativen sowjetischen Modell (zonale Selbstverwaltung mit zentraler alliierter Politikkoordination) und dem zentralistischen britischen Modell (alliierte Kontrolle einer deutschen zonenübergreifenden Verwaltung) den Mittelweg wiesen: einerseits eine zentrale alliierte Politikentscheidung und andererseits eine zentral koordinierte, aber zonal exekutierte deutsch-alliierte Politikausübung. Am 14. November 1944 wurde die „Vereinbarung über den Kontrollapparat in Deutschland" von den drei EAC-Delegationen unterzeichnet und zusammen mit dem Zonenabkommen bis zur Konferenz von Jalta von den Regierungen gebilligt.[93]

Hinsichtlich der Festlegung des Kontrollsystems für Österreich erzielte man hingegen im Herbst 1944 keine Fortschritte. Außenminister Eden regte im Zuge seines Moskau-Besuches im Oktober 1944 an, das Personal der drei Alliierten zur Bildung von Kerngruppen der Kontrollapparate in Deutschland und Österreich zusammenzustellen.[94] Die Briten hatten bereits im Mai 1944 den Stab der künftigen Militärverwaltung für Österreich, die „Allied Commission in Austria (British Element)", vorbereitet. Zugleich hatte die Gruppe im alliierten Mittelmeerkommando in Italien, die später Besatzungsaufgaben in Österreich übernehmen sollte, ein umfassendes „Basic Handbook, Austria" gedruckt, worin auf rund 400 Seiten „alles Wissenswerte"

90 AVP RF, F. 0425, op. 1, p. 5, d. 28, S. 66–71, Entwurf zum Kontrollmechanismus in Deutschland, 8.7.1944. Abgedruckt in: Laufer - Kynin, Die UdSSR und die deutsche Frage, Bd. 1, S. 412–416.

91 AVP RF, F. 07, op. 5, p. 37, d. 24, S. 35–39, Vyšinskij an Molotov, 6.8.1944. Abgedruckt in: Laufer - Kynin, Die UdSSR und die deutsche Frage, Bd. 1, S. 438–440.

92 AVP RF, F. 0425, op. 1, p. 4, d. 20, S. 43–45, Zur Frage des Kontrollmechanismus der Alliierten in Deutschland, 25.8.1945. Abgedruckt in: Laufer - Kynin, Die UdSSR und die deutsche Frage, Bd. 1, S. 451–453.

93 Mai, Der alliierte Kontrollrat, S. 26f.

94 United States Department of State (Hg.), Foreign Relations of the United States. 1944, Vol. I, S. 369–371, Gallman an Stettinius, 26.10.1944; Mueller, Die sowjetische Besatzung in Österreich, S. 31.

über Österreich enthalten war.[95] In ihrer am 26. Oktober 1944 in London überreichten Antwort an die britische Regierung betonte die sowjetische Seite zwar die Notwendigkeit, unverzüglich mit der Ausbildung von Personal für den Kontrollmechanismus in Deutschland zu beginnen; in der „Frage Österreichs" nahm sie jedoch ausschließlich auf die Dringlichkeit der Konzipierung des Zonenabkommens für Österreich Bezug.[96]

Die Forderung nach sowjetischem Besatzungspersonal in Österreich war längst auch intern gestellt worden. In seinem Schreiben vom 5. Juli 1944 an den stellvertretenden Volkskommissar für auswärtige Angelegenheiten, Vladimir Dekanozov, hatte der Leiter der 3. Europäischen Abteilung des NKID, Andrej Smirnov, auf die Notwendigkeit verwiesen, im NKID eine „bestimmte Personalreserve" zu schaffen, „die nach entsprechender Ausbildung zu einem passenden Zeitpunkt zur Gruppe der Militäradministration bei dem Kommandeur der Streitkräfte der Roten Armee in den besetzten Gebieten Deutschlands, Österreichs und Ungarns abgeordnet werden könnte".[97] Einige der namentlich angeführten Mitarbeiter sollten später tatsächlich leitende Positionen im sowjetischen Besatzungsapparat in Österreich übernehmen.

Am 24. Jänner 1945 legten die Briten, nachdem sie erfolglos den von sowjetischer Seite versprochenen Vorschlag urgiert hatten, den Entwurf eines Kontrollabkommens für Österreich vor, der eine modifizierte Fassung des im November des Vorjahres unterzeichneten entsprechenden Vertrages über Deutschland darstellte. Den Kern des Kontrollabkommens sollte die Einsetzung einer Alliierten Kommission für Österreich bilden. Ihre Kompetenzen, ihre Gliederung und Funktionsweise waren jedoch noch Gegenstand weiterer Verhandlungen. Botschafter Gusev kritisierte bereits bei der nächsten Sitzung am 29. Jänner insbesondere das Fehlen einer eigenen Reparationsabteilung im vorgeschlagenen Kontrollapparat. Er lehnte den britischen Einwand, die Reparationsfrage könnte doch auch von der geplanten Wirtschaftsabteilung bearbeitet werden, als nicht zielführend ab. Dies war der Beginn jener langwierigen Diskussion, ob und in welcher Form Österreich Reparationen leisten müsse.[98] In der Diskussion über den britischen Entwurf kam zudem die Einsetzung einer österreichischen Regierung zur Sprache. Botschafter René Massigli, der französische Vertreter bei der EAC, schlug vor, die alliierte Kontrolle nur bis zur Anerkennung einer frei gewählten Regierung durch

95 Rauchensteiner, Der Sonderfall, S. 31, 36f.

96 AVP RF, F. 06, op. 6, p. 26, d. 281, S. 19–21, Sowjetisches Memorandum, 25.10.1944. Abgedruckt in: Laufer – Kynin, Die UdSSR und die deutsche Frage, Bd. 1, S. 493f.

97 AVP RF, F. 082, op. 28, p. 177, d. 1, S. 24–27, Andrej Smirnov an Vladimir Dekanozov, 5.7.1944. Abgedruckt in: Laufer – Kynin, Die UdSSR und die deutsche Frage, Bd. 1, S. 409–412, hier: S. 409f.

98 Rauchensteiner, Der Sonderfall, S. 39f.

alle vier Alliierten aufrechtzuerhalten, was eine zeitlich genaue Begrenzung der Besatzung Österreichs bedeutet hätte. Diese präzise Formulierung sollte jedoch keinen Eingang in das endgültige Kontrollabkommen finden.[99]

Analog zum Zonenabkommen begann nun auch die letzte Phase der Verhandlungen über den Kontrollmechanismus. In der Zwischenzeit hatten die Truppen der 3. Ukrainischen Front am 29. März 1945 die österreichische Grenze überschritten. Die sowjetische Delegation ließ am 4. April 1945 sowohl geringfügige Korrekturen zum Kontrollabkommen als auch ihre Reaktion auf den britischen Zonenvorschlag zirkulieren.[100] Wenig später befreite die Rote Armee Wien und Teile Ostösterreichs. Wie vorab erwähnt, hatten die Westalliierten die Schnelligkeit unterschätzt, mit der im April 1945 unter aktiver Mithilfe der sowjetischen Besatzungsmacht die provisorische österreichische Staatsregierung unter Karl Renner zustande gekommen war. Während in London noch die Verhandlungen liefen, gelang es der provisorischen Staatsregierung erstaunlich rasch, sowohl die österreichische Staatsverwaltung wieder in Gang zu bringen als auch ein beachtliches Programm an Gesetzgebungen zu realisieren. Der alliierte Kontrollapparat war zu dieser Zeit immer noch nicht fixiert.

Anfang Juni formulierte der stellvertretende sowjetische Politberater für Österreich, Michail Koptelov,[101] mehrere Vorschläge für das Kommissariat für auswärtige Angelegenheiten, welche sich aus seinen Beobachtungen vor Ort ergeben haben dürften. Sie sollten der „Verbesserung der wirtschaftlichen und politischen Verhältnisse in Österreich" und somit einer „Erhöhung der Effizienz unserer Arbeit" dienen.[102] Neben der zu erzielenden Einigung mit den Alliierten über die Anerkennung der gebildeten provisorischen Regierung betonte er die Notwendigkeit, die durch die Zonen bedingte innere Isolation zu beseitigen. „Die Besatzungszonen", so Koptelov weiter, „dürfen bloß Zonen zur Dislozierung von Truppenverbänden der Alliierten sein, nicht jedoch Einflusssphären."[103] Im Zusammenhang mit dem Kontrollmechanismus lehnte er die Bildung einer sperrigen und umständlichen Kontroll-

99 Ebd., S. 40.

100 AVP RF, F. 066, op. 25, p. 119, d. 11, S. 12f., Korrekturen der sowjetischen Delegation zum Kontrollabkommen, 1.2.1945; United States Department of State (Hg.), Foreign Relations of the United States. Diplomatic Papers. 1945 Vol. III. European Advisory Commission - Austria - Germany. Washington, D. C. 1968, S. 42f., Winant an Stettinius, 4.4.1945; Mueller, Die sowjetische Besatzung Österreichs, S. 35.

101 Siehe dazu auch das Kapitel A.III.2.2 „Der Politische Berater für Österreich" in diesem Band.

102 AVP RF, F. 066, op. 25, p. 118a, d. 2, S. 3f., Vorschläge von Michail Koptelov zur österreichischen Frage [nicht nach dem 3.6.1945]. Abgedruckt in: Karner - Stelzl-Marx - Tschubarjan, Die Rote Armee in Österreich, Dok. Nr. 62.

103 Ruggenthaler, Warum Österreich nicht sowjetisiert wurde, S. 653.

kommission zugunsten der Einsetzung eines Alliierten Rates, bestehend aus „gleichberechtigten Vertretern der vier Mächte, mit Sitz in Wien", ab. Diesem sollte die „Ausübung der Kontrollfunktion über die Durchführung der koordinierten und gefassten Beschlüsse [übertragen werden], deren Umsetzung der provisorischen Regierung zu obliegen hat". Besondere Bedeutung maß der politische Vertreter außerdem der Abteilung für Reparationen und Ablieferungen bei, welche den Umfang der von Österreich zu erhaltenden Reparationen vor Ort zu bestimmen hatte.[104]

3.1 Erstes Kontrollabkommen

Einen Monat später, am 4. Juli 1945, erfolgte schließlich die Unterzeichnung des Abkommens über die Alliierte Kontrolle in Österreich (später als sogenanntes „Erstes Kontrollabkommen" bekannt).[105] Großbritannien bestätigte das Abkommen am 12. Juli, Frankreich am 16. Juli, die UdSSR am 21. Juli und die USA am 24. Juli 1945.[106] Es sah die Errichtung eines alliierten Kontrollsystems in Form der Alliierten Kommission - im Gegensatz zu Deutschland, Finnland, Ungarn, Rumänien und Bulgarien nicht „Alliierte Kontrollkommission" - vor, „das in Österreich bis zur Errichtung einer frei gewählten, von den vier Mächten anerkannten österreichischen Regierung funktionieren" werde. Gemäß Artikel 8 bestanden die Hauptaufgaben der Alliierten Kommission darin,

- die Trennung Österreichs von Deutschland zu verwirklichen,
- so rasch wie möglich eine österreichische Zentralverwaltung zu errichten,
- die Errichtung einer frei gewählten österreichischen Regierung vorzubereiten und
- bis dahin die Verwaltung Österreichs in hinreichender Weise sicherzustellen.[107]

---

104 AVP RF, F. 066, op. 25, p. 118a, d. 2, S. 3f., Vorschläge von Michail Koptelov zur österreichischen Frage [nicht nach dem 3.6.1945]. Abgedruckt in: Karner - Stelzl-Marx - Tschubarjan, Die Rote Armee in Österreich, Dok. Nr. 62.

105 Vgl. dazu: Manfried Rauchensteiner, Die Alliierte Kommission für Österreich 1945–1955, in: Stephan Verosta (Hg.), 25 Jahre Staatsvertrag. Symposium, veranstaltet von der Österreichischen Akademie der Wissenschaften und der Akademie der Wissenschaften der UdSSR in der Zeit vom 12.-19. April 1980 in Moskau. Wien 1981, S. 51–63.

106 Beleckij, Sovetskij Sojuz i Avstrija, S. 110.

107 Abkommen über die Alliierte Kontrolle in Österreich, 4.7.1945. Abgedruckt in: Verosta, Die internationale Stellung Österreichs, S. 66–71; Karner - Stelzl-Marx - Tschubarjan, Die Rote Armee in Österreich, Dok. Nr. 65.

An der Spitze der Alliierten Kommission stand der Alliierte Rat, bestehend aus den vier je von einer Besatzungsmacht ernannten Militär- bzw. Hochkommissaren (Artikel 2),[108] die zugleich die Oberbefehlshaber der jeweiligen Besatzungstruppen waren. Marschall Ivan Konev wurde als Militärkommissar für die sowjetische Zone, General Mark W. Clark für die amerikanische, Generalleutnant Richard L. McCreery für die britische und General Marie-Emile Béthouart für die französische Zone ernannt.[109] Der Alliierte Rat, der mindestens alle zehn Tage zusammentrat,[110] nur einstimmige Beschlüsse fassen konnte und dessen Vorsitz monatlich wechselte, übte „für die Fragen, die Österreich in seiner Gesamtheit betreffen" (Artikel 5), die oberste politische Gewalt in Österreich aus.

Dem Alliierten Rat direkt unterstellt war das ebenfalls viergeteilte Exekutiv-Komitee (Artikel 3), das aus je einem Vertreter jedes der vier Kommissare bestand. Sie nahmen, wenn notwendig, an den Sitzungen des Alliierten Rates teil. Abgesehen von Sondersitzungen nach Vereinbarung tagte dieses Komitee alle ersten und dritten Freitage des Monats. Das Exekutiv-Komitee gewährleistete die Durchführung der Beschlüsse des Alliierten Rates und koordinierte die Tätigkeit der Abteilungen der Alliierten Kommission (Artikel 6).[111]

Eigene, aus Offizieren und Fachbeamten bestehende Abteilungen kümmerten sich um einzelne Sachgebiete wie Inneres, Wirtschaft, Finanzen, Militär, politische Angelegenheiten, Kriegsgefangene und DPs, Rechtsfragen, zudem wurde auf sowjetischen Wunsch hin die Abteilung für Reparationen (Artikel 4) eingerichtet. Die Westmächte hatten schlussendlich der Einrichtung Letzterer zugestimmt, obgleich sie damit kein Präjudiz für die tatsächliche Einhebung von Reparationen schaffen wollten.[112] Die Aufgabe der Abteilungen der Alliierten Kommission bestand darin, für den Alliierten Rat und das Exekutiv-Komitee Gutachten zu erstellen sowie die Beschlüsse des Alliierten Rates umzusetzen (Artikel 7).

---

108 Zunächst Militärkommissare, ab 28. Juni 1946 Hochkommissare. Vgl. dazu: Rauchensteiner, Der Sonderfall, S. 117.

109 Ein Überblick über die alliierten Militär- und Hochkommissare in Österreich, ihre Stellvertreter und die Stadtkommandanten von Wien 1945–1955 findet sich in: Rauchensteiner, Der Sonderfall, S. 351f. Siehe dazu auch Tabelle 3 im Anhang dieses Bandes.

110 Nach der ersten offiziellen Sitzung am 11. September 1945 tagte der Alliierte Rat in der Folge zumindest an jedem 10., 20. und 30. des Monats. Ab dem 25. April 1946 tagte der Alliierte Rat alle 2. und 4. Freitage eines Monats. Vgl. Rauchensteiner, Der Sonderfall, S. 117.

111 Abkommen über die Alliierte Kontrolle in Österreich, 4.7.1945. Abgedruckt in: Verosta, Die internationale Stellung Österreichs, S. 66–71; Karner - Stelzl-Marx - Tschubarjan, Die Rote Armee in Österreich, Dok. Nr. 65.

112 Stourzh, Um Einheit und Freiheit, S. 32.

Die Innenstadt Wiens verwaltete die Interalliierte Kommandantur als Teil des für ganz Österreich vorgesehenen alliierten Kontrollsystems (Artikel 11). Bestehend aus vier von den jeweiligen Bevollmächtigten ernannten Kommandanten war es ihre Aufgabe, die Verwaltung der Stadt Wien gemeinsam zu leiten. Auch hier übernahm jeder der Kommandanten in seiner Eigenschaft als Hauptkommandant turnusmäßig den Vorsitz. Der allgemeinen Leitung des Alliierten Rates unterstellt, erhielt die „Kommandatura" ihre Weisungen auf dem Weg über das Exekutivkomitee. Die Wiener Interalliierte Kommandantur war im Justizpalast untergebracht und übersiedelte erst 1953 in das Hauptgebäude der Alliierten Kommission auf dem Stalinplatz, vormals Schwarzenbergplatz.[113]

Weltweit einmalig war die Interalliierte Militärpatrouille, die, aus je einem Vertreter der Alliierten bestehend, den ersten Wiener Gemeindebezirk und die vier Besatzungszonen Wiens kontrollierte. Insgesamt versahen täglich zehn Streifenfahrzeuge den Dienst, wobei jeder der vier Zonen ein Wagen zugewiesen war, ein weiterer den ersten Bezirk kontrollierte und fünf in Bereitschaft standen. Neben der Unterstützung der Wiener Polizei bestand ihre Hauptaufgabe darin, bei Bedarf gegen Angehörige der Besatzungsmächte einzuschreiten, wozu die Wiener Polizei nicht berechtigt war. Da die amerikanische Besatzungsmacht die Fahrzeuge bereitstellte, wurden sie auch in deren Quartier in der Stiftskaserne untergebracht. Obwohl lediglich in den ersten Monaten der Besatzung ein Jeep und bereits seit 1946 ein Dodge-Militärgeländewagen und ab März 1953 eine Chevrolet-Limousine zum Einsatz kamen, entstand der bis heute tradierte Topos der „Vier im Jeep". Eher unbekannt sind hingegen die sowjetischen GAZ Pobeda, die ab 1951 als Fahrzeuge der Internationalen Militärpatrouille eingesetzt wurden. Zusätzlich zu dieser Interalliierten Militärpatrouille verfügte jede der vier Mächte in ihrem Bereich über eine eigene Militärpolizei, die jedoch nur in der jeweiligen Zone tätig sein durfte.[114]

Das mit diesem Abkommen vom 4. Juli 1945 vereinbarte alliierte Kontrollsystem sollte nur bis zur Errichtung einer von allen vier Mächten anerkannten österreichischen Regierung wirksam sein, wobei die bereits seit Ende April existierende provisorische Regierung im Ersten Kontrollabkommen keine Erwähnung fand. Die Alliierten behielten sich allerdings vor, zu einem späteren Zeitpunkt ein neues Abkommen abzuschließen, das „die Art und den Umfang der Weisungen und Ratschläge" festsetzen würde, „welche die Alliierten Österreich nach der Errichtung einer frei gewählten und von den

113 Rauchensteiner, Die Wiener Interalliierte Kommandantur, S. 396.

114 Ebd., S. 417f.; Fischer, Die Vier im Jeep, S. 3; Dornik, Besatzungsalltag in Wien, S. 452.

Abb. 4: Die „Vier im Jeep": das Symbol für alliierte Besatzung und Kontrolle in Österreich. (Quelle: Foto Votava, Wien)

vier Mächten anerkannten österreichischen Regierung geben müssen" (Artikel 14).

Als der Alliierte Rat erstmals am 11. September 1945 im sowjetischen Hauptquartier[115] zusammentrat und die Verwaltung („die höchste Gewalt") des österreichischen Staatsgebietes übernahm, erwähnte er in seiner Proklamation an das österreichische Volk die provisorische Staatsregierung mit keinem Wort.[116] Erst die von Renner einberufene gesamtösterreichische Länderkonferenz vom 24. bis 26. September 1945 ebnete den Weg zur Verständigung: Einerseits erfolgte eine Erweiterung der Regierung durch Mitglieder aus den westlichen Bundesländern, andererseits wurden gesamtösterreichische Wahlen auf den 25. November 1945 anberaumt.[117]

---

115 Die ersten Sitzungen des Alliierten Rates fanden in den jeweiligen Hauptquartieren der Alliierten in Wien statt: Hotel Imperial - sowjetisches; Nationalbank - amerikanisches; Schönbrunn - britisches Hauptquartier. Mit Ausnahme der Wiener Interalliierten Kommission übersiedelten die Gremien der Alliierten Kommission daraufhin in das Haus der Industrie, Schwarzenbergplatz 43 (ab April 1946 in „Stalinplatz" umbenannt). Die Wiener Interalliierte Kommission war im Justizpalast untergebracht und übersiedelte erst 1953 in das Hauptgebäude der Alliierten Kommission auf dem Stalinplatz 4. Vgl. Rauchensteiner, Stalinplatz 4, S. 282.

116 Stourzh, Um Einheit und Freiheit, S. 33.

117 NÖ Institut für Landeskunde - Kulturabteilung des Amtes der NÖ Landesregierung (Hg.), Die Länderkonferenzen 1945. Dokumente und Materialien. Mit Beiträgen von Ernst Bezemek, Leopold Kammerhofer, Klaus-Dieter Muelly, Josef Prinz, Wolfgang Weber. Wien 1995; Josef Leidenfrost, Preventing a Rupture? U.S. Occupational Authorities and Austria's long and winding road to the first post-war nation-wide elections on 25 November 1945, in: Zeitgeschichte. 2003/1, S. 19–36.

3.2 Zweites Kontrollabkommen

Mit der Anerkennung der Regierung begann eine acht Monate dauernde „Periode der totalen Kontrolle": Nach der Phase einer relativen Autonomie der provisorischen Regierung und vor der Begrenzung der Eingriffskompetenz des Alliierten Rates im Zweiten Kontrollabkommen vom 28. Juni 1946 lag eine Phase der schrankenlosen Kompetenz der Alliierten unter dem Ersten Kontrollabkommen, bürokratischer Schwerfälligkeit der eben erst voll angelaufenen alliierten Kontrollmaschinerie und der Ausweitung der Regierungszuständigkeit auf ganz Österreich.[118]

Auf Initiative der Briten wurden die Vorarbeiten für ein neues Kontrollabkommen aufgenommen, das die Kompetenzen der österreichischen Regierung zwar beträchtlich erweiterte, aber keineswegs die Souveränität Österreichs wiederherstellte. Als Resultat des „Abkommens zwischen den Regierungen Großbritanniens, der USA, der UdSSR und Frankreichs über den Kontrollapparat in Österreich vom 28. Juni 1946" (kurz: „Zweites Kontrollabkommen")[119] wurden den Besatzungsbehörden zahlreiche Kompetenzen entzogen und neue Arbeitsmethoden vorgeschrieben. Dies hatte nicht nur eine Verkleinerung der Militärregierung zur Folge, sondern auch das Zugeständnis an die österreichische Seite, Gesetze - mit Ausnahme von Verfassungsgesetzen - zu verabschieden bzw. einfache legislative Maßnahmen zu setzen. Fortan traten diese automatisch in Kraft, sofern der Alliierte Rat nicht binnen 31 Tagen nach Einlangen bei der Alliierten Kommission eigens einstimmig Einspruch erhob.[120] Der österreichischen Regierung wurde zudem gestattet, „diplomatische und konsularische Beziehungen mit den Regierungen der Vereinten Nationen aufzunehmen". Besonders ausschlaggebend für die erweiterte Souveränität Österreichs war aber auch die Aufhebung der Beschränkungen im Zonenverkehr, wenngleich die alliierte Kontrolle - vorerst - bestehen blieb.

118 Stourzh, Um Einheit und Freiheit, S. 33f.; Gerald Stourzh, Die Regierung Renner, die Anfänge der Regierung Figl und die Alliierte Kommission für Österreich, September 1945 bis April 1946, in: Archiv für österreichische Geschichte. Bd. 125. 1996, S. 321–342, hier: S. 322.

119 Abkommen zwischen den Regierungen Großbritanniens, der USA, der UdSSR und Frankreichs über den Kontrollapparat in Österreich, 28.6.1946. Abgedruckt in: Eva-Marie Csáky, Der Weg zu Freiheit und Neutralität. Dokumentation zur österreichischen Außenpolitik 1945–1955. Schriftenreihe der Österreichischen Gesellschaft für Außenpolitik und internationale Beziehungen. Bd. 10. Wien 1980, S. 83–87; Karner - Stelzl-Marx - Tschubarjan, Die Rote Armee in Österreich, Dok. Nr. 72. Vgl. dazu auch: Alfred Ableitinger, Großbritannien und das Zweite Kontrollabkommen. Genese und Gehalt des britischen Regierungsentwurfes vom 4. Februar 1946, in: Alfred Ableitinger - Siegfried Beer - Eduard G. Staudinger (Hg.), Österreich unter alliierter Besatzung 1945–1955. Wien 1998, S. 71–109.

120 Stourzh, Um Einheit und Freiheit, S. 50.

Der Text des neuen Kontrollabkommens enthielt zwei Punkte, die vor allem den sowjetischen Interessen entgegenkamen: Erstens wurde jedem der vier Alliierten die Freiheit eingeräumt, bilaterale Abkommen mit Österreich ohne Genehmigungsverfahren im Alliierten Rat abschließen zu können. Zweitens erlaubte das Zweite Kontrollabkommen jeder der vier Mächte, die Frage des „Deutschen Eigentums" selbstständig zu handhaben. Der auf den 27. Juni 1946, d. h. einen Tag vor der Unterzeichnung des Zweiten Kontrollabkommens, rückdatierte „Befehl Nr. 17" führte zur Einsetzung sowjetischer Verwalter und zur Übernahme der Finanzkontrolle durch Institutionen der sowjetischen Besatzungsmacht - und zu einer der schwersten Krisen der Besatzungszeit in Österreich. Mit dem „Befehl Nr. 17" wurden alle in der sowjetischen Zone gelegenen Einrichtungen, die nach sowjetischer Definition als „Deutsches Eigentum" zu betrachten waren, direkt unter sowjetische Verwaltung gestellt.[121]

Im Juni 1946 ahnte niemand, dass dieses Abkommen mehr als neun Jahre in Kraft bleiben würde. Es war sogar vorgesehen, innerhalb von sechs Monaten gemeinsame Beratungen zu seiner Abänderung aufzunehmen, was allerdings niemals geschah. Das Zweite Kontrollabkommen sollte als Grundlage des alliierten Besatzungsregimes in Österreich bis zum 27. Juli 1955, dem Tag des Inkrafttretens des Staatsvertrages und der Auflösung der Alliierten Kommission, dienen.

121 Ebd., S. 50, 95. Vgl. Wolfgang Mueller, Anstelle des Staatsvertrages: Die UdSSR und das Zweite Kontrollabkommen 1946, in: Manfried Rauchensteiner - Robert Kriechbaumer (Hg.), Die Gunst des Augenblicks. Neuere Forschungen zu Staatsvertrag und Neutralität. Wien - Köln - Weimar 2005, S. 291-320. Siehe dazu auch das Kapitel A.III.6.3 „Sowjetisches Wirtschaftsimperium: SMV, DDSG, USIA" in diesem Band.

II. KRIEGSENDE IN ÖSTERREICH

Als sowjetische Truppen am 29. März 1945 als erste der alliierten Besatzungsmächte österreichisches Territorium betraten, tauchten sie in eine feindliche Welt ein, die die „Befreier vom faschistischen Joch" durchaus nicht mit offenen Armen begrüßte. Angesichts der ersten Begegnungen mit den sowjetischen Soldaten kamen nun vielfach jene stereotypen Feindbilder zum Tragen, welche die NS-Propaganda im Unterbewusstsein der Bevölkerung verankert hatte und die ihrerseits auf bereits vor Kriegsbeginn vorhandenen latent antislawischen Vorurteilen fußten: die Sowjetunion als „Hort des Bösen", „behaust" vom „slawischen Untermenschen" und infiziert vom „jüdischen Bolschewismus".[1] Hinzu kam die berechtigte Angst, die Rote Armee würde Rache für die von deutschen Einheiten begangenen Verbrechen in der Sowjetunion üben.[2] Berichte von Übergriffen verbreiteten sich – auch dank der NS-Propaganda – wie ein Lauffeuer und eilten den vorrückenden sowjetischen Soldaten voraus. Doch auch die Rote Armee stand unter dem Einfluss der jahrelangen Feindpropaganda, die sich pauschal gegen die „Faschisten" gerichtet hatte. Erst sukzessive erfolgte eine Differenzierung zwischen „Österreichern" und „Deutschen".

1. Der Wandel des Feindbildes: sowjetische Propaganda

Die sowjetische Sicht Österreichs war mindestens ebenso ambivalent wie die Vorstellungen vieler Österreicher von ihren Befreiern, die man eigentlich nicht im Land haben wollte. Die Wurzeln dafür lagen unter anderem bereits im „ambivalenten Anschluss"[3] Österreichs im März 1938: Einerseits stellte die

---

1 Hans-Erich Volkmann (Hg.), Das Russlandbild im Dritten Reich. Köln – Weimar – Wien 1994; Peter Jahn, „Russenfurcht" und Antibolschewismus: Zur Entstehung und Wirkung von Feindbildern, in: Peter Jahn – Reinhard Rürup (Hg.), Erobern und Vernichten. Der Krieg gegen die Sowjetunion 1941–1945. Essays. Berlin 1991, S. 47–64; Omer Bartov, Brutalität und Mentalität: Zum Verhalten deutscher Soldaten an der „Ostfront", in: Peter Jahn – Reinhard Rürup (Hg.), Erobern und Vernichten. Der Krieg gegen die Sowjetunion 1941–1945. Essays. Berlin 1991, S. 183–199.

2 Gabriele Mörth, Schrei nach innen. Vergewaltigung und das Leben danach. Wien 1994; Hamburger Institut für Sozialforschung (Hg.), Vernichtungskrieg. Verbrechen der Wehrmacht 1941 bis 1944. Ausstellungskatalog. Hamburg 2002; Hans Heer – Klaus Naumann (Hg.), Vernichtungskrieg. Verbrechen der Wehrmacht 1941–1944. Hamburg 1995; Christian Hartmann – Johannes Hürter – Ulrike Jureit, Verbrechen der Wehrmacht. Bilanz einer Debatte. München 2005; Helke Sander – Barbara Johr (Hg.), BeFreier und Befreite. Krieg, Vergewaltigung, Kinder. Frankfurt am Main 2005.

3 Gerhard Botz, Der ambivalente Anschluss, in: Zeitgeschichte 3/1978, S. 91–109.

Annexion Österreichs einen Akt von Staatsterror und militärischer Okkupation dar. Andererseits hatte ein großer Teil der Bevölkerung den „Anschluss“ lange herbeigesehnt. Viele Österreicher nahmen verantwortungsvolle Positionen im NS-Regime ein und wurden selbst zu Tätern. Die Moskauer Deklaration vom 1. November 1943 spiegelt diese zweideutige Position Österreichs wider: Zwar wurde Österreich darin als erstes Opfer der „hitlerschen Aggression“ bezeichnet, doch es beinhaltet auch den expliziten Hinweis der Alliierten, dass Österreich „für seine Teilnahme am Kriege an der Seite Hitlerdeutschlands“ Verantwortung trage und dass es an seinem Beitrag zur Befreiung gemessen werden würde. Diese Ambivalenz kam bei der Befreiung Österreichs zum Tragen. Die Soldaten der Roten Armee waren jahrelang darauf gedrillt worden, den Kampf gegen „Hitlerdeutschland“ mit voller Härte zu führen. Dies schloss natürlich auch Österreich als Teil des „Dritten Reiches“ ein. Auf der anderen Seite verlangte die militärische Führung nun von ihnen, klar zwischen der Bevölkerung Österreichs und den „deutschen Besatzern“ zu unterscheiden, dabei Erstere zu verschonen, aber „erbarmungslos mit den deutschen Unterjochern“ abzurechnen.

1.1 „Tod den deutschen Okkupanten!“: Entwicklung des Feindbildes

Stalin schwor bereits in seiner legendären Radioansprache vom 3. Juli 1941 die „Sowjetbürger“ darauf ein, den „Krieg gegen das faschistische Deutschland […] nicht als gewöhnlichen Krieg“ zu betrachten. Es sei der Krieg des ganzen sowjetischen Volkes gegen die „deutschen faschistischen Truppen“.[4] Seine Rede enthielt aber auch eine zweite Kriegserklärung – neben dem Faschismus sagte Stalin jenen den Kampf an, die die sowjetischen Verteidigungsbemühungen behinderten:[5] Jegliche „Deserteure, Panikmacher, Verbreiter von Gerüchten“ müssten bekämpft sowie „Spione, Diversanten, feindliche Fallschirmspringer vernichtet“ werden.[6]

Für Millionen verstörter, erschrockener und fassungsloser Menschen markierte diese erste Rede Stalins nach dem deutschen Überfall auf die Sow-

---

4 Der Text von Stalins Radioansprache vom 3. Juli 1941 findet sich unter anderem in: I. Stalin, O Velikoj otečestvennoj vojne Sovetskogo Sojuza. 5. Aufl. Moskau 1950, S. 9–17. Vgl. Alexander Werth, Russland im Krieg 1941–1945. Mit 21 Karten. München o. J., S. 134–137. Diese Rede Stalins wurde nach Kriegsende unter anderem auch für die politische Arbeit unter der österreichischen Bevölkerung herangezogen. Vgl. RGASPI, F. 17, op. 128, d. 304, Bericht über die Tätigkeit der Propagandaabteilung der SČSK im Juli 1947, 18.8.1947.

5 Richard Overy, Russlands Krieg 1941–1945. Aus dem Englischen von Hainer Kober. Hamburg 2003, S. 135.

6 Stalin, O Velikoj otečestvennoj vojne, S. 15.

jetunion am 22. Juni 1941 den Beginn eines patriotischen Kampfes.[7] Fortan trugen die Soldatenzeitungen der Roten Armee und die sowjetischen Tageszeitungen den Aufruf „Tod den deutschen Okkupanten!" anstelle der Losung „Proletarier aller Länder, vereinigt euch!".[8] Die bisherige Devise der „proletarischen Brüderlichkeit" mit den Deutschen ersetzte somit die Maxime „Töte den Deutschen".[9] In den zentralen Zeitungen wurden eigene Rubriken eingeführt, die zur Rache an den „deutsch-faschistischen Okkupanten" aufriefen. Der Krieg selbst wurde in Anlehnung an den Krieg gegen Napoleon 1812 als „Der Große Vaterländische Krieg" („Velikaja otečestvennaja vojna") bezeichnet. „Für die Heimat, für die Ehre, für die Freiheit", zog der Volkskommissar für Äußeres und stellvertretende Vorsitzende der sowjetischen Regierung, Vjačeslav M. Molotov, in der ersten offiziellen Ansprache an die Bevölkerung am 22. Juni 1941 die Parallele zu den Ereignissen von 1812. Der Führung war klar, dass sie umgehend sämtliche Kräfte mobilisieren musste.[10]

Das Bild des Feindes unterlag im Verlauf der militärischen Handlungen mehreren Veränderungen und Konkretisierungen. Inhalte und Attribute des Feindbildes in der sowjetischen Propaganda[11] hingen von der jeweiligen Phase des Krieges und deren Aufgabenstellung ab. Generell dient das im Kriegszustand propagierte Feindbild dazu, die eigene Front zu einen, die nationale Identität zu stärken sowie aggressives Verhalten gegenüber dem Feind zu legitimieren.[12] Sowohl die Propaganda „von oben" als auch die individuellen

7 Catherine Merridale, Iwans Krieg. Die Rote Armee 1939 bis 1945. Aus dem Englischen von Hans Günter Holl. Frankfurt am Main 2006, S. 115.

8 Ju. A. Poljakov, Istoki narodnogo podviga, in: V. A. Zolotarev - G. N. Sevosťjanov (Hg.), Narod i vojna. Velikaja otečestvennaja vojna 1941–1945. Bd. 4. Moskau 1999, S. 9–25, hier: S. 16f.

9 Michail Semirjaga, Die Rote Armee in Deutschland im Jahre 1945, in: Peter Jahn - Reinhard Rürup (Hg.), Erobern und Vernichten. Der Krieg gegen die Sowjetunion 1941–1945. Essays. Berlin 1991, S. 200–210, hier: S. 202.

10 E. S. Senjavskaja, Protivniki Rossii v vojnach XX veka. Ėvoljucija „obraza vraga" v soznanii armii i obščestva. Serija „Čelovek i vojna". Moskau 2006, S. 80.

11 Die kommunistische Theorie unterscheidet zwischen Agitation und Propaganda: Die Agitation soll die großen Massen etwa über „Kampagnen" zu direkten, speziellen Aktionen aufrufen. Sie ist für die Führung der breiten Massen gedacht. Die Propaganda hingegen wendet sich an einen kleineren, politisch aktiven Kreis und soll systematisch alle Elemente der kommunistischen Weltanschauung erläutern. Propaganda zielte demnach auf die Ausbildung der kommunistischen Kader und der Sowjetintelligenz ab. Propagandisten erklären dieser Definition nach „viele Ideen einer [Person] oder wenigen Personen"; Agitatoren werben für eine oder wenige Ideen, aber vor einer Volksmasse. Diese strikte Unterscheidung weicht vom allgemeinen Sprachgebrauch im Westen ab, wo unter dem Begriff „Propaganda" alle Mittel der politischen Werbung ohne eine Differenzierung zwischen Propaganda und Agitation subsumiert werden. Vgl. Bruno Kalnins, Agitprop. Die Propaganda in der Sowjetunion. Wien 1966, S. 17–19. Zum Feindbild in der sowjetischen Propaganda vgl. A. V. Fateev, Obraz vraga v sovetskoj propagande 1945–1954 gg. Moskau 1999.

12 Tiina Lintunen, Images of Woman Enemies, in: Imagology and Cross-Cultural Encounters in History. Studia Historica Septenrionalia 56. Rovaniemi 2008, S. 249–258, hier: S. 249.

Erfahrungen „von unten" führten dazu, dass das Feindbild des „Deutschen" zunehmend mit jenem des „Faschisten" und dieses wiederum mit dem Bild der „Bestie" gleichgesetzt wurde. Diese Verflechtung war so intensiv, dass sich das Bild des Feindes als „faschistisches Scheusal" und als „Raubtier" im sowjetisch-russischen Nationalbewusstsein für lange Zeit zu jener Folie entwickelte, durch die nicht nur die Wehrmacht, sondern die deutsche Nation insgesamt betrachtet wurde. Bis heute findet der Begriff „Faschist" Verwendung, wenn über die Deutschen während des Zweiten Weltkrieges gesprochen wird. Die diametral entgegengesetzten Gefühle der Liebe zum Vaterland auf der einen und des Hasses gegenüber dem Feind auf der anderen Seite prägten die sowjetischen Soldaten während des gesamten „Großen Vaterländischen Krieges". Die Parteiführung verwendete diese Einstellung gezielt als taktischen und strategischen Faktor, um zusätzliche Kräfte in Armee und Bevölkerung zu mobilisieren.[13]

1.1.1 Organisation der Propaganda

Die Leitung der ideologischen und propagandistischen Arbeit lag dabei in den Händen des Zentralkomitees der Kommunistischen Partei, des ZK der VKP(b). Es setzte alle Mittel ein, um auf die Bevölkerung und vor allem die Truppen einzuwirken - mündliche Agitation, gedruckte Propaganda, Literatur, Film, Kunst. Die besten sowjetischen Schriftsteller und Künstler kamen in den unterschiedlichen Bereichen der Agitation und Propaganda zum Einsatz. Insgesamt berichteten mehr als 1000 Schriftsteller und Künstler von der Front, mindestens 400 verloren dabei ihr Leben. Ihre Arbeit beaufsichtigte eine neue Behörde, das „Sovinformbjuro" (deutsch: Sovinformbüro), die am 24. Juni 1941 auf Beschluss des Politbüros des ZK und des Rates der Volkskommissare der UdSSR ins Leben gerufen wurde. Dieses Sowjetische Informationsbüro (SIB) überwachte unter der Leitung von Aleksandr S. Ščerbakov die gesamte Propaganda und Information - von der „Pravda" bis zu den Handzetteln für die Frontsoldaten. Im Detail bestanden seine Aufgaben in:

- der Leitung der Information über internationale und nationale Ereignisse in Presse und Rundfunk;
- der Organisation der Gegenpropaganda gegen deutsche und andere feindliche Agitation;
- der Darstellung von Kriegshandlungen und der Publikation von Berichten auf der Basis von Materialien des Hauptkommandos.[14]

13 E. S. Senjavskaja, Psichologija vojny v XX veke. Istoričeskij opyt Rossii. Moskau 1999, S. 276f.; Poljakov, Istoki narodnogo podviga, S. 17f.

14 RGASPI, F. 17, op. 125, d. 384, S. 1–17, Bericht über die Arbeit des Sovinformbüros, [nach Juni 1946].

Neben der Information nach innen stellte das Sovinformbüro dem Ausland „wahre" Materialien über den „Vaterländischen Krieg des sowjetischen Volkes" bereit. Es übermittelte „vielen Ländern" Artikel, Fotografien und Bücher und stellte den Kontakt zu ausländischen Informationsagenturen, Journalen und Zeitungen her, wodurch die internationalen Beziehungen der Sowjetunion gestärkt werden sollten. Bald nach Kriegsbeginn entstand eine eigene „Abteilung für die Koordination der Propaganda" mit den Alliierten beim SIB.[15]

Ebenfalls Ende Juni 1941 richtete man das Büro für militärpolitische Propaganda unter Volkskommissar Lev S. Mechlis ein, das für die Propaganda unter den feindlichen Truppen verantwortlich war.[16] Ščerbakov leitete zudem die Politische Hauptverwaltung der Roten Arbeiter- und Bauern-Armee (GlavPURKKA), die für die politische Schulung und kulturelle Bildungsarbeit der Truppen zuständig war. Die Politische Hauptverwaltung gehörte einerseits zum Volkskommissariat für Verteidigung, bildete aber andererseits die Militärabteilung des Zentralkomitees der VKP(b) und war damit zugleich der Parteileitung unterstellt.[17]

Innerhalb der GlavPURKKA war die 7. Abteilung unter Regimentskommissar Michail I. Burcev für die Propaganda und Gegenpropaganda unter den deutschen Soldaten an der Front und in den Kriegsgefangenenlagern zuständig. Sie setzte deutsche Kommunisten an den Frontabschnitten ein, die über Broschüren und Lautsprecherwagen die Wehrmachtssoldaten zum Überlaufen aufriefen.[18] Das Hauptquartier der bald nach dem Überfall auf die

---

Vgl. Merridale, Iwans Krieg, S. 128f.; Poljakov, Istoki narodnogo podviga, S. 21. Zu den veränderten drei Hauptaufgaben des Sovinformbüros nach Kriegsende siehe: RGASPI, F. 17, op. 125, d. 594, S. 137–145, hier: S. 138, Bericht von Ponomarev an Suslov über die Lage des Sovinformbüros, 2.6.1948.

15 Die Bedeutung des Sovinformbüros nahm nach Kriegsende rasch ab, es reagierte nicht entsprechend auf die „Aktivierung der antisowjetischen Tätigkeit und Propaganda seitens der USA und Großbritanniens" im beginnenden Kalten Krieg. Selbst 1946 existierte noch die erwähnte „Abteilung für die Koordination der Propaganda", was als Ausdruck der politischen und organisatorischen Unfähigkeit gewertet wurde. Vgl. RGASPI, F. 17, op. 125, d. 384, S. 1–17, Bericht über die Arbeit des Sovinformbüros [nach Juni 1946]. Die mangelnde Qualität vieler Artikel wurde auch auf die schlechte fachliche und politische Ausbildung des Mitarbeiterstabes zurückgeführt. Vgl. RGASPI, F. 17, op. 125, d. 384, S. 74–79, Bericht von Sidorov und Korotkevič an Suslov über die Arbeit der Zentraleuropäischen Abteilung des Sovinformbüros, 9.7.1946.

16 Tatjana Gorjajewa, „Wenn morgen Krieg ist …" Zum Feindbild in der sowjetischen Propaganda 1941–1945, in: Karl Eimermacher – Astrid Volpert (Hg.), Verführungen der Gewalt. Russen und Deutsche im Ersten und Zweiten Weltkrieg. Unter Mitarbeit von Gennadij Bordjugow. West-Östliche Spiegelungen. Neue Folge. Bd. 1. München 2005, S. 427–468, hier: S. 442.

17 Kalnins, Agitprop, S. 62. Siehe dazu das Kapitel A.III.1.2 „Die Politische Hauptverwaltung der Roten Armee" in diesem Band.

18 Norman N. Naimark, Die Russen in Deutschland. Die sowjetische Besatzungszone 1945 bis 1949. Berlin 1997, S. 26f.

Sowjetunion eingerichteten 7. Abteilung lag im Moskauer Marx-Engels-Institut. Nach dessen Zerbombung zog sie in das neu erbaute Theater der Roten Armee. In den ersten chaotischen Kriegswochen befasste sie sich hauptsächlich mit der Auswertung feindlicher Radiosendungen, abgefangener Dokumente und Briefe sowie mit den Ergebnissen von Kriegsgefangenenverhören. Mithilfe politischer Emigranten versuchte eine „Deutsche Unterabteilung", möglichst gute Kenntnisse über das feindliche Deutschland zu erlangen.[19]

Entsprechend einer Verordnung des Präsidiums des Obersten Sowjets der UdSSR begann mit 16. Juli 1941 eine Umgestaltung der politischen Propagandaorgane. Zugleich wurde in der Armee - in allen Regimentern, Divisionen, Stäben, militärischen Bildungseinrichtungen und Behörden - die Dienststellung des Kriegskommissars etabliert. Politische Leiter („Politruki") übernahmen in den Kompanien, Batterien und Schwadronen die ideologische Betreuung. Die Kommissare und „Politruki" erhielten den Auftrag, „die Truppe auf den Kampf gegen die Feinde unserer Heimat einzuschwören".[20]

Am 19. Juli 1941 rief ein Befehl zur Massenrekrutierung politischer Offiziere dazu auf, die vielen, die seit dem Beginn des Unternehmens „Barbarossa" ihr Leben verloren hatten, zu ersetzen. Man gedachte, den Krieg in den Köpfen der Soldaten und mit den Hoffnungen ihrer Angehörigen zu führen - und zu gewinnen.[21] Kommissare und „Politruki" - bzw. ab Oktober 1942 „stellvertretende Kommandeure für politische Angelegenheiten" („Zampolit") - waren für die politische Schulung, Parteipropaganda, kulturelle Erziehung, geistige und selbst materielle Betreuung und nicht zuletzt auch für die Kampfmoral der Truppe verantwortlich.[22] Die politische Arbeit diente gezielt dazu, die Soldaten auf „einen entschlossenen Angriff auf den Feind" und „leidenschaftlichen Einsatz für den Sieg" vorzubereiten und einzuschwören.[23] Zeitschriften wie „Propagandist Krasnoj Armii" als das Organ der GlavPURKKA gewannen zunehmend an Bedeutung und wurden für die politische Arbeit unter den Soldaten genutzt.[24]

19 Hans Heinrich Düsel, Die sowjetische Flugblattpropaganda gegen Deutschland im Zweiten Weltkrieg. Frontflugblätter. Leipzig 1998, S. 7f.

20 Aleksandr V. Perepelicyn - Natalja P. Timofeeva, Das Deutschen-Bild in der sowjetischen Militärpropaganda während des Großen Vaterländischen Krieges, in: Elke Scherstjanoi (Hg.), Rotarmisten schreiben aus Deutschland. Briefe von der Front (1945) und historische Analysen. Texte und Materialien zur Zeitgeschichte. Bd. 14. München 2004, S. 267–286, hier: S. 269.

21 Merridale, Iwans Krieg, S. 127.

22 Mit dem Dekret des Präsidiums des Obersten Sowjets vom 9. Oktober 1942 wurde die Position der Kommissare und politischen Offiziere durch jene der stellvertretenden Kommandeure für politische Angelegenheiten ersetzt. Vgl. Kalnins, Agitprop, S. 61. Siehe dazu auch das Kapitel B.I.1.3.3 „Politoffiziere" in diesem Band.

23 Staršij politruk Ivanov, Političeskaja podgotovka ataki, in: Boevoe znamja, 21.4.1942, S. 2.

24 Perepelicyn - Timofeeva, Das Deutschen-Bild in der sowjetischen Militärpropaganda, S. 269.

Die Propagandamaschinerie lief vor dem Hintergrund der gewaltigen Verluste der ersten Kriegswochen und der chaotischen Verhältnisse an der Front und im Hinterland an. Von Anfang an kam der Ideologie eine herausragende Funktion zu, da sich mit Deutschland und der Sowjetunion zwei totalitäre Regime gegensätzlicher politischer Pole gegenüberstanden. Der in der proletarischen Klassenideologie erzogene sowjetische Soldat sah zunächst auch den Feind durch dieses Prisma. Doch mit jedem weiteren Schritt der Wehrmacht innerhalb des sowjetischen Territoriums verflüchtigte sich die klassenideologische Illusion, dass sich die deutschen Arbeiter und Bauern als „Klassenbrüder" erweisen würden. In den Analysen des deutschen Vormarsches verschwand der klassenkämpferische Akzent. Auch die verbale Unterteilung in „Deutsche", „Faschisten" und „Feinde" verschwamm sukzessive. Rasch setzte sich das Bild vom „Faschisten-Feind" durch, das zunehmend national eingefärbt war.[25] Es sei „natürlich eine Lüge", dass die „deutschen Faschisten Sozialisten wären, die die Interessen der Arbeiter und Bauern gegen die Plutokraten verteidigen würden", sollte Stalin in seinem Befehl anlässlich des 1. Mai 1942 betonen.[26]

Erst in seiner Rede anlässlich des 24. Jahrestages der Oktoberrevolution am 6. November 1941 rang sich Stalin das öffentliche Eingeständnis ab, dass die „hitlersche Horde" durchaus geschlossen kämpfte. Er appellierte damit an das historische Bewusstsein der Bevölkerung, das den Hinweis auf die zwei Jahrhunderte währende tatarisch-mongolische Schreckensherrschaft richtig zu interpretieren wusste. Dies war der Beginn einer neuen Propaganda im Krieg gegen Deutschland, die auf dem Prinzip basierte: „Aug um Aug, Zahn um Zahn." Mit der Direktive der GlavPURKKA „Über die Beseitigung von Unzulänglichkeiten in der mündlichen Propaganda und Agitation" vom Dezember 1941 wurde der erste ernsthafte Schritt getan, die Effizienz der eigenen Propaganda zu steigern. Die beiden Begriffe „Faschist" und „Deutscher" verschmolzen im Alltagsbewusstsein.[27]

1.1.2 Patriotische Liebe und Hass auf den Feind: Grundthemen

Zwei Grundthemen prägten fortan die sowjetische Literatur und Propaganda: Das eine war die patriotische Liebe zum Vaterland, die durch Verweise

25 Elena S. Senjavskaja, Deutschland und die Deutschen in den Augen sowjetischer Soldaten und Offiziere des Großen Vaterländischen Krieges, in: Elke Scherstjanoi (Hg.), Rotarmisten schreiben aus Deutschland. Briefe von der Front (1945) und historische Analysen. Texte und Materialien zur Zeitgeschichte. Bd. 14. München 2004, S. 247–266, hier: S. 250–252.

26 I. Stalin, Prikaz Narodonogo Komissara Oborony Nr. 130, 1.5.1942, in: Boevoe znamja, 3.5.1942, S. 1f.

27 Perepelicyn – Timofeeva, Das Deutschen-Bild in der sowjetischen Militärpropaganda, S. 270f.

auf die heroischen Kapitel in der russischen Geschichte gestärkt wurde. Die Geschichtstradition wurde wiederbelebt, der „Suvorovorden" und der „Kutuzovorden" eingeführt.[28] Begriffe wie „Vaterland", „Heimat", „Kamerad", die bis dahin ausschließlich im bolschewistischen Sinn gebraucht worden waren, erhielten nun einen neuen Inhalt. Sie sollten zur Solidarisierung des gesamten Volkes bei der Verteidigung von „Mutter Heimat" gegen ihre Unterdrücker führen.

Das andere Thema war der Hass auf den Feind, der ohne alle menschlichen Züge, ohne Gewissen und Ehre dargestellt wurde. Dem gezielt geschürten Hass fiel die Funktion zu, die sowjetischen Völker durch eine gemeinsame Idee zusammenzuschweißen und die Truppen zu mobilisieren. Fast jeder sowjetische Soldat hatte eine persönliche Rechnung mit den deutschen Besatzern zu begleichen, viele waren selbst Augenzeugen von deutschen Gräueltaten geworden. Hass war das dominierende Gefühl sowohl an der Front als auch im sowjetischen Hinterland und entwickelte sich zur wichtigsten Voraussetzung für den Erhalt der Kampffähigkeit der Truppen.[29] Dabei galt die Zahl der getöteten Feinde als Maß des Hasses und damit zugleich als Maß der Liebe zur Heimat.[30] Die Armeezeitungen enthielten eigene Rubriken unter der Überschrift „Wie viele Faschisten hast du getötet?". Sie informierten über die eigens ausgerufenen „Wettbewerbe der Vernichtung der Faschisten", worin besonders „erfolgreiche" Soldaten als Vorbilder namentliche Erwähnung fanden. Die von ihnen getöteten „Faschisten" und „Fritzen" fungierten als anonyme Zahlen, die wie bei Sportwettbewerben den jeweiligen „Spielstand" wiedergaben: „Aufklärer Loskutov: 5 [getötete ‚Faschisten'].“[31]

Als Ergebnis des propagandistischen Informationsprozesses entwickelte sich ein verallgemeinertes, kollektiv geschaffenes Feindbild.[32] Die offizielle Propaganda basierte dabei auf der kategorischen Entgegensetzung: „das Eigene – das Fremde". Parallel dazu entstand ein subjektives, individuelles Feindbild als Ergebnis einer konkreten Erfahrung des Einzelnen im Krieg.

---

28 Gorjajewa, „Wenn morgen Krieg ist …", S. 444.

29 Senjavskaja, Deutschland und die Deutschen, S. 255.

30 Tischler, Die Vereinfachung des Genossen Ėrenburg, S. 329.

31 Vgl. etwa: Skol'ko fašistov ty ubil? Predmajskoe boevoe sorevnovanie, in: Boevoe znamja, 1.5.1942, S. 1; Sol'ko fašistov ty ubil? Pervaja vstreča. Kulikov: 1, in: Boevoe znajmja, 19.4.1942, S. 1; Skol'ko fašistov ty ubil? Metkij ogon kon'šakovcev. Orudijnyj rasčet Kon'šakova: 50, in: Boevoe znamja, 17.4.1942, S. 1; Skol'ko fašistov ty ubil? Krušite smertnym boem nasil'nikov-zverej za dikie razboi, za gore materej! Ranulov: 4, in: Boevoe znamja, 26.4.1942, S. 1; Skol'ko fašistov ty ubil? Razvedčiki istrebljaut vraga. Razvedčiki Loskutova: 5, in: Boevoe znamja, 3.5.1942, S. 2.

32 Zur Konstruktion von Feindbildern im Sozialismus vgl. Silke Satjukow – Rainer Gries, Feindbilder des Sozialismus. Eine theoretische Einführung, in: Silke Satjukow – Rainer Gries (Hg.), Unsere Feinde. Konstruktionen des Anderen im Sozialismus. Leipzig 2004, S. 13–74.

Abb. 5: Während des Krieges stellten Briefe meist den einzigen Kontakt zur Heimat dar. (Quelle: AdBIK, Sammlung 4. Gardearmee)

Der Gegner wurde – von beiden Seiten – mit den widrigen Eigenschaften des Aggressors ausgestattet, die Hass und Verachtung hervorrufen, dabei aber Gefühle wie Mitleid und Angst ausschließen sollten. Letztendlich sollte diese Einstellung das Töten anderer Menschen mit allen Mitteln rechtfertigen.[33]

Noch befand sich die Sowjetunion in weiten Teilen auf dem Rückzug, noch war ein Wendepunkt, wie es die Schlacht von Stalingrad auch in moralischer Hinsicht war, nirgends zu spüren. Fälle von Selbstverstümmelungen, um dem Militärdienst zu entgehen, nahmen zu.[34] Für einen ersten Anflug von Zuversicht sorgte der erfolgreiche Ausgang des Gegenangriffs bei Moskau Ende 1941, als sich Soldaten wie Zivilisten davon überzeugen konnten, dass der deutsche Feind nicht unschlagbar war.[35] Im Mai 1942 konnte Stalin bereits auf Erfolge der Roten Armee verweisen: „All dies zeigt, dass die Rote Armee organisierter und stärker wurde, dass ihre Offizierskader in den Kämpfen gestählt und ihre Generäle erfahrener und scharfsichtiger wurden." Positiv hob Stalin auch die Veränderungen im Mannschaftsstamm der Roten Armee her-

33 Gorjajewa, „Wenn morgen Krieg ist ...", S. 427.

34 Ende 1941 sah sich die Staatsanwaltschaft der UdSSR sogar genötigt, Männer im Einberufungsalter, die mit Körperverletzungen in Spitäler eingeliefert wurden, systematisch auf Selbstverstümmelung zu untersuchen und gegebenenfalls zu bestrafen. Vgl. RGASPI, F. 82, op. 2, d. 889, S. 167, Schreiben von Safonov an Molotov über das vermehrte Auftreten von Selbstverstümmelungen von Männern im Einberufungsalter, 30.12.1941.

35 Senjavskaja, Deutschland und die Deutschen, S. 252.

vor: Während es in den ersten Monaten des „Großen Vaterländischen Krieges“ noch Gutmütigkeit und Leichtsinn gegenüber dem Feind gegeben habe, seien die Soldaten nun durch die Gräueltaten, Plünderungen und Gewalttaten der „deutsch-faschistischen Okkupanten“ an der Zivilbevölkerung und den sowjetischen Kriegsgefangenen von dieser Krankheit geheilt. Sie hätten gelernt, die „deutsch-faschistischen Okkupanten“ abgrundtief zu hassen, und dabei verstanden, „dass man den Feind nicht besiegen kann, ohne ihn aus ganzer Seele hassen gelernt zu haben“.[36]

Der Hass war häufig auch mit Spott – etwa in Form des „Winter-Fritz“, einer Persiflage auf die für den russischen Winter mangelhaft ausgerüsteten Wehrmachtssoldaten – verbunden. Der berühmte sowjetische Propagandist Il'ja Ėrenburg schrieb über das „russische Klima“ Ende Dezember 1941: „An diesem Klima sterben jeden Tag Tausende Deutsche mit der liebenswürdigen Unterstützung russischer Kugeln und russischer Minen.“[37] Gerade die Satire spielte eine besondere Rolle bei der Entwicklung des Feindbildes. Sie war das wirkungsvollste Mittel, um den Menschen die Angst vor dem heranrückenden Feind zu nehmen. Satirische und humoristische Erzählungen von der Front, Verse, Scherze, Anekdoten, Sprichwörter oder Fabeln erhöhten den Kampfgeist ebenso wie die Satirerubriken der Frontzeitungen und Plakate.[38]

Die Devise lautete: „Alles für die Front, alles für den Sieg!“ Als offizieller Schlachtruf galt: „Für das Vaterland, für Stalin!“, auch wenn sich Veteranen der Wehrmacht vor allem an das Furcht einflößende „Hurra!“ erinnern.[39] Im Bewusstsein der sowjetischen Bevölkerung reduzierte sich das Feindbild auf das Bild des Deutschen, des Faschisten, des Okkupanten, wodurch die Regierung ihr Hauptziel erreichte: die Mobilisierung großer menschlicher Ressourcen in kürzester Zeit – Menschen, die bereit sind, zu leiden und sich zu opfern.[40] Zum 1. Mai 1942 gab das ZK der VKP(b) insgesamt 46 Losungen aus, die jeden Einzelnen, aber auch die „Proletarier aller Länder“ aufriefen, einen persönlichen Beitrag im Kampf gegen den Feind zu leisten, etwa: „1. Proletarier aller Länder, vereinigt euch im Kampf gegen die deutsch-faschistischen Okkupanten!“ oder: „12. Lasst uns an den deutsch-faschistischen Schuften für die Plünderung und Verwüstung unserer Städte und Dörfer, für die Gewalt an Frauen und Kindern Rache üben! Blut um Blut! Tod um Tod!“ Auch an die

36 I. Stalin, Prikaz Narodonogo Komissara Oborony Nr. 130, 1.5.1942.

37 Il'ja Ėrenburg, Vojna. (Ijun' 1941 – aprel' 1942). Moskau 1942, S. 140. Herrn Univ.-Prof. Dr. Stefan Karner, Graz, danke ich herzlich für die Bereitstellung der Originalausgabe dieses Bandes.

38 Gorjajewa, „Wenn morgen Krieg ist …“, S. 443.

39 Werth, Russland im Krieg, S. 295f.; Poljakov, Istoki narodnogo podviga, S. 22; Merridale, Iwans Krieg, S. 127f., 155.

40 Gorjajewa, „Wenn morgen Krieg ist …“, S. 435f.

einzelnen Berufsgruppen richteten sich die Aufrufe: „33. Sowjetische Metallarbeiter! [Produziert] mehr Metall für Panzer, Flugzeuge, Geschütze, Maschinengewehre, Granaten! Auf zu neuen Siegen, Genossen Metallarbeiter!" Die abschließenden drei Losungen riefen unter den drei Grundpfeilern Heimat, Partei und Lenin - Stalin zum Sieg über die „deutschen Okkupanten" auf.[41]

1.1.3 *Dämonisierung der „faschistischen Bestie"*

Abb. 6: Mit Plakaten wie „Tod dem faschistischen Scheusal" sollte der Hass auf den deutschen Feind geschürt und der Kampfeswille unter den Rotarmisten gesteigert werden. Aleksej Kokorekins Plakat erschien 1941 mit einer Auflage von 150.000 Exemplaren. (Quelle: BGMIVOV)

Als Höhepunkt der Hasspropaganda gilt das Jahr 1942. Im Sommer steigerte sich der Hass auf fast krankhafte Weise zu rasender Wut. Er wurde zu einer psychologischen Waffe in den Händen der Roten Armee. Durch die geänderten militärischen Absichten der Roten Armee gewann die Propaganda nun offensiven Charakter. Die Agitatoren hatten „den Hass gegenüber dem Feind unablässig zu schüren", nunmehr ohne Erklärungen, dass das deutsche Volk damit nicht gemeint sei. In der Triade „Deutscher - Faschist - Feind" verschob sich der Akzent auf „Deutscher - Feind - Tier". Das „grausame Tier" bzw. die „Bestie" musste getötet werden:[42] Plakate mit Schlachtrufen wie: „Tod dem faschistischen Scheusal!" („Smerť fašistskoj gadine!") oder: „Wir werden das faschistische Scheusal zermalmen" („Razdavim fašistskuju gadinu") setzten dabei das Symbol einer sich windenden Schlange ein, die entweder selbst die Form eines Hakenkreuzes bildete oder dieses am Kopf abgebildet hatte. Rotarmisten und/oder sowjetische Panzer töteten die „gadina" („Scheusal" bzw. „Natter").[43]

41 Lozungi k 1 maja 1942 goda, in: Boevoe znamja, 28.4.1942, S. 1.

42 Perepelicyn - Timofeeva, Das Deutschen-Bild in der sowjetischen Militärpropaganda, S. 274–276.

43 Vgl. G. V. Pavlovskaja (Hg.), Plakaty 1941 goda. Katalog kollekcii Belorusskogo gosudardstvennogo muzeja istorii Velikoj Otečestvennoj vojny. Minsk 1998, o. S. [S. 17f.].

Andere Plakate porträtierten das „faschistische Untier" („fašistskoe čudovišče") als Krake,[44] wobei das russische Wort „čudovišče" neben „Untier" und „Scheusal" auch „Ungeheuer" und „Unmensch" bedeutet. Die satirische Darstellung von Hitler als geiferndem Kettenhund mit blutigen Pfoten symbolisiert, dass der Anführer der „gemeinen Meute" im Osten schwer verwundet wurde („Tjažko ranen na Vostoke - Glavnyj cerber podloj svory"). Die Dämonisierung des Feindes als Mittel zur Stärkung des Widerstandswillens wandelte sich im Verlauf des Krieges zu siegessicherem Spott.[45] Doch hielt sich das Bild der „Bestie" bis ins Frühjahr 1945, als sie „in ihrem Bau" - Berlin - „ausgeräuchert" wurde.

Gleichzeitig betonte allerdings Stalin in seiner Rede zum Tag der Roten Armee am 23. Februar 1942, dass die Rote Armee keinen Rassenhass gegen andere Völker hege. Auch in seiner Rede zum 25. Jahrestag der Oktoberrevolution am 6. November 1942 hob der Kremlchef den Unterschied zwischen der „Hitlerclique" und dem deutschen Volk hervor. Die Sowjetunion habe nicht die Aufgabe, Deutschland zu vernichten, sondern die „deutsch-faschistischen Eindringlinge".[46] Im Gegensatz zur NS-Propaganda gab es seitens der offiziellen sowjetischen Kriegspropaganda nie einen rassistischen Aufruf zur Vernichtung des gegnerischen Volkes.

Im Sommer 1942 veröffentlichten die „Pravda" und danach die Armeezeitung „Krasnaja Zvezda" Michail A. Šolochovs Artikel „Die Wissenschaft vom Hass", der unter dem Eindruck des Berichts eines aus deutscher Kriegsgefangenschaft entflohenen Soldaten geschrieben worden war.[47] Ihm folgten zahlreiche Gedichte und Artikel, die den Hass gegen die Deutschen propagierten. Das berühmte Gedicht des sowjetischen „Soldatendichters" Aleksej A. Surkov „Ich hasse", das am 12. August 1942 in der Armeezeitung „Krasnaja Zvezda" erschien, schloss mit den Worten: „Und mit diesen meinen Händen - möchte ich jeden von ihnen erwürgen."[48] Besonders bekannt war das Gedicht „Töte ihn!" des mehrfachen Stalinpreisträgers Konstantin M. Simonov, das in der „Pravda" veröffentlicht wurde. Simonov verschränkte darin emotionalen Patriotismus mit dem Hassmotiv und dem Aufruf zur Vergeltung, das sich zum zentralen Thema in Agitation und Propaganda entwickelt hatte:

44 Siehe dazu das entsprechende Plakat in: ebd., [S. 24].

45 Hans-Jörg Czech - Nikola Doll (Hg.), Kunst und Propaganda im Streit der Nationen 1930–1945. Berlin 2007, S. 240.

46 Carola Tischler, Die Vereinfachungen des Genossen Ėrenburg. Eine Endkriegs- und eine Nachkriegskontroverse, in: Elke Scherstjanoi (Hg.), Rotarmisten schreiben aus Deutschland. Briefe von der Front (1945) und historische Analysen. Texte und Materialien zur Zeitgeschichte. Bd. 14. München 2004, S. 326–339, hier: S. 329.

47 Gorjajewa, „Wenn morgen Krieg ist ...", S. 438.

48 Zit. nach: Werth, Russland im Krieg, S. 296.

„Wenn du nicht auf alles verzichten willst,
was du dein Vaterland nennst –
dann töte einen Deutschen,
töte ihn immer, wann
du ihn auch siehst."[49]

1.1.4 Il'ja Ėrenburg

In dieselbe Kerbe schlug Il'ja G. Ėrenburg,[50] der wie kaum ein anderer den Nerv der Zeit traf. In den vier Kriegsjahren verfasste er rund 1500 Artikel für Front- und Armeezeitungen, für ausländische Nachrichtenagenturen und Zeitungen[51] sowie für Rundfunksender. Als Frontberichterstatter bereiste er die Kriegsschauplätze, traf sich mit Soldaten und Kriegsgefangenen, hielt Vorträge und sammelte Material über deutsche Verbrechen. Die gesamte Armee las Ėrenburg. Die Tonlage seiner Artikel entsprach der allgemeinen sowjetischen Kriegspropaganda, deren Ziel darin bestand, auch bei einfachen Menschen Kampfbereitschaft und Hass gegen den Feind hervorzurufen. Seine Schriften, die stellvertretend für die gesamte sowjetische Propaganda gesehen werden können, stärkten die Moral an der Front und im Hinterland.

In seinem Flugblatt „Töte!" vom 24. Juli 1942, als der Rückzug der Roten Armee im Nordkaukasus in vollem Gange war und die deutschen Truppen nach Stalingrad vorstießen, schrieb Ėrenburg: „Die Deutschen sind keine Menschen. Von jetzt an ist das Wort ‚Deutscher' für uns der schlimmste Fluch. Von jetzt an lässt das Wort ‚Deutscher' das Gewehr losgehen. Wir werden nicht reden. Wir werden uns nicht entrüsten. Wir werden töten. Wenn du nicht einen Deutschen am Tag getötet hast, war der Tag verloren."[52] Und weiter: „Wenn du nicht den Deutschen tötest, tötet der Deutsche dich. [...] Wenn du den Deutschen leben lässt, erhängt der Deutsche den russischen Mann und schändet die russische Frau. Wenn du einen Deutschen getötet hast, bring den nächsten um – es gibt nichts Lustigeres als deutsche Leichen. Zähle nicht die Tage. Zähle nicht die Wersten. Zähle nur eines: die von dir getöteten Deutschen. Töte den Deutschen! – das bittet die alte Mutter. Töte den Deutschen! – das bittet dich das Kind. Töte den Deutschen! – das schreit die

---

49 Zit. nach: ebd., S. 299.

50 In der deutschsprachigen Literatur wird meist die Schreibweise „Ilja Ehrenburg" verwendet, was nicht der wissenschaftlichen Transliteration entspricht.

51 Die für das Ausland geschriebenen Artikel erschienen erst Mitte der 1980er Jahre in der Sowjetunion. Siehe: Tischler, Die Vereinfachung des Genossen Ėrenburg, S. 328.

52 Zit. nach: Peter Jahn (Hg.), Ilja Ehrenburg und die Deutschen. Museum Berlin-Karlshorst. Berlin 1997, S. 70. Vgl. Werth, Russland im Krieg, S. 294f.

heimatliche Erde. Versäume es nicht. Töte!“[53] Mit einer ähnlichen Botschaft schloss sein Pamphlet „Über den Hass“ vom 5. Mai 1942: „Russland wird leben, die Faschisten werden nicht leben!“[54]

Bis heute trifft Ėrenburg der Vorwurf, auch zur Rache an der Zivilbevölkerung aufgerufen und dabei die Vergewaltigung deutscher Frauen dezidiert als geeignetes Mittel angeführt zu haben. Als scheinbarer Beweis gilt der Ausschnitt eines Flugblattes: „Es gibt nichts, was an den Deutschen unschuldig ist, die Lebenden nicht und die Toten nicht! Folgt der Weisung des Genossen Stalin und zerstampft für immer das faschistische Tier in seiner Höhle. Brecht mit Gewalt den Rassehochmut der germanischen Frauen! Nehmt sie als rechtmäßige Beute!“[55] Ėrenburg, und mit ihm andere Propagandisten, haben die Autorenschaft dieser Zeilen jedoch stets bestritten. Für eine bewusste Fälschung spricht auch der Umstand, dass das Original bisher nicht auffindbar war.[56]

Ėrenburg selbst bezog bereits im November 1944 zu diesem Vorwurf Stellung und erwiderte: „Uns zieht nicht Gretchen an, sondern jene Fritzen, die unseren Frauen Kränkungen zugefügt haben, und wir sagen geradeheraus, dass diese Deutschen keine Gnade zu erwarten haben. Was die deutschen Frauen betrifft, so erwecken sie bei uns nur ein Gefühl: Ekel.“[57] Ein ähnliches Bild hatte er bereits zwei Jahre zuvor in seinem Text „Gretchen“ entworfen: „Frau – das ist ein großes Wort. In ihm liegen: Zärtlichkeit und Stolz, die Reinheit des Mädchens, die Selbstlosigkeit der Freundin, die Heldentat der Mutter. Kann man diese ekelerregenden Weibchen Frauen nennen? Ist Frau Schmidt mit ihren 160 Paketen eine Frau? Nein, sie ist ein Luder. Das ist die Strafe der Geschichte: Im von der Armee der Henker, der Armee der Diebe geschaffenen Deutschland gibt es die erhöhte, edle Frau nicht mehr, die auf den Freund wartet, der für die Freiheit kämpft.“[58]

Das vermeintlich von Ėrenburg verfasste Flugblatt fügt sich mit seiner Aussage zudem kaum in die generelle sowjetische Propagandalinie. Auch die folgende Äußerung des Stalinpreisträgers spricht gegen seine Autorenschaft: „Der sowjetische Soldat wird keine Frau belästigen. Der sowjetische Soldat wird keine Frau misshandeln, noch wird er irgendeine intime Beziehung mit

53 Il'ja Ėrenburg, Vojna. (Aprel' 1942 g. – mart 1943 g.). Moskau 1943, S. 22f. Herrn Univ.-Prof. Dr. Stefan Karner, Graz, danke ich herzlich für die Bereitstellung der Originalausgabe dieses Bandes.

54 Ėrenburg, Vojna. (Ijun' 1941 – aprel' 1942), S. 185.

55 Zit. nach: Anna Kientopf, Das friedensfeindliche Trauma. Die Rote Armee in Deutschland 1945. Lindhorst 1984, S. 118f.

56 Tischler, Die Vereinfachung des Genossen Ėrenburg, S. 333.

57 Progulki po Friclandija, in: Krasnaja Zvezda, 25.11.1944. Zit. nach: ebd.

58 Ėrenburg, Vojna (Aprel' 1942 – mart 1943), S. 54. Der Text „Gretchen“ stammt vom 13. November 1942.

ihr unterhalten. Er ist über sie erhaben. Er verachtet sie dafür, dass sie die Frau eines Schlächters ist, und dafür, dass sie hinterhältige Freunde hat. Der sowjetische Soldat wird an der deutschen Frau schweigend vorbeigehen."[59] Welch große Bedeutung dieser Aussage beigemessen wurde, zeigt auch der Umstand, dass das Zitat als Extraflugblatt abgedruckt und in der Roten Armee verteilt wurde.

Ėrenburgs Texte waren außerordentlich massenwirksam formuliert. Mit ihrer suggestiven Kraft eigneten sie sich für die sowjetische Propaganda ebenso wie für die deutsche Gegenpropaganda. Noch in den letzten Kriegstagen erschienen deutsche Kampfblätter, die mit Ėrenburgs Zitaten zum „Endkampf" mobilisieren sollten.[60] So blieb auch für große Teile der deutschen und österreichischen Öffentlichkeit die Vorstellung von Ėrenburg als Deutschenhasser und fanatischem Agitator bestehen, der durch seine Propaganda wesentlich zu den Exzessen zu Kriegsende beigetragen habe. Dieses Bild schließt teilweise an das nationalsozialistische Propagandabild des „vaterlandslosen Asphaltliteraten" und „Stalinschen Hausjuden", wie Hitler ihn bezeichnete, an. Besonders ab 1950 berief man sich immer wieder auf das Flugblatt, in dem Ėrenburg angeblich zu Vergewaltigungen aufgerufen habe.[61]

1.1.5 Wendepunkt Stalingrad

Für beide Seiten war die Schlacht um Stalingrad im Winter 1942/1943 der Wendepunkt. Als die Rote Armee Anfang 1943 zur Offensive überging, wurde dies als Stunde der beginnenden Abrechnung empfunden. Während des Vormarsches konnten sich die Truppen ihr eigenes Bild von den schrecklichen Folgen der deutschen Besatzung in diesen Gebieten machen.[62] Dies bestärkte sie in ihrem Vorhaben, die „deutsch-faschistischen Besatzer" zu vernichten.[63] „Rachemeetings" und „Rechnungen für die Rache" gehörten zum Frontalltag: Jede Kompanie legte ein Heft an, in das alle Soldaten eintrugen, welches Unglück ihnen persönlich durch den Feind widerfahren war. In den Politabteilungen wurden Fotos deutscher Verbrechen gesammelt und in Wandvitrinen ausgestellt. Jeder Soldat sollte zudem sein persönliches „Ra-

59 Zit. nach: Tischler, Die Vereinfachung des Genossen Ėrenburg, S. 333.

60 Ilko-Sascha Kowalczuk – Stefan Wolle, Roter Stern über Deutschland. Sowjetische Truppen in der DDR. Berlin 2001, S. 31–34; Peter Jahn, Ilja Ehrenburg und die Deutschen, in: Peter Jahn (Hg.), Ilja Ehrenburg und die Deutschen. Museum Berlin-Karlshorst. Berlin 1997, S. 7–8.

61 Jahn, Ilja Ehrenburg und die Deutschen, S. 7.

62 Perepelicyn – Timofeeva, Das Deutschen-Bild in der sowjetischen Militärpropaganda, S. 277.

63 Semirjaga, Die Rote Armee in Deutschland, S. 203.

chekonto" eröffnen und darin den aktuellen Stand der getöteten Deutschen vermerken.[64]

Dies war ganz im Sinne der Politoffiziere, welche die Truppen auf den jeweiligen militärischen Angriff vorzubereiten hatten. Sie konnten dann zufrieden sein, wenn die Befehle – wie etwa bei der 9. Garde-Armee der 3. Ukrainischen Front in Ungarn – den „Eifer [hervorriefen,] die Hitlerarmee ganz und endgültig zu vernichten".[65] In der Schlacht um Budapest gerieten Flugblätter in Umlauf, welche die Rotarmisten zur Zerschlagung der „deutschen Banditen" aufforderten. Im Wesentlichen waren dies dieselben Truppen, die nur ein bis zwei Monate später nach Österreich kamen.[66]

Vor dem Überschreiten der österreichischen Grenze wurden die sowjetischen Einheiten zu besonderer Vorsicht und Kampfesbereitschaft aufgerufen. Schließlich, so ein Befehl von Ende Dezember 1944, befinde sich die Rote Armee auf feindlichem Territorium. Sie habe dabei zu berücksichtigen, dass die „Loyalität" der Bevölkerung in Österreich (wörtlich „Österreich-Deutschland") „noch seltener" anzutreffen sein würde als in Ungarn.[67] Im Vordergrund stand die militärische Niederschlagung des Gegners. „Überprüfe, hast du alles für den Sturm auf Wien vorbereitet?", mahnte ein Flugblatt, das die Soldaten Anfang April 1945 untereinander weiterreichten.[68] In einem anderen Aufruf schärfte der Militärrat der 3. Ukrainischen Front den Truppen ein: „Die Heimat erwartet von uns den Sieg, und wir werden ihn erringen. Tod den faschistischen Banditen!"[69]

Lieder waren für die Moral ebenso wichtig wie Gedichte. Die Soldaten sangen beim Marschieren, bei Feiern und Paraden, ganz leise auch in Lazaretten. Die erhaltenen Lieder sind melancholisch, viele gehen auf die patriotischen Balladen von 1812 zurück.[70] Beim Vormarsch nach Österreich entstand ein Lied über die Donau, vor deren „Tiefe und Weite" sich die Rotarmisten „nicht fürchteten". Ganz im Gegenteil: „Wir verliebten uns in die Donau, erwiesen ihr die Ehre", hieß es in der letzten Strophe. Und weiter: „In ihr ertränkten wir die Faschisten, und die Donau fließt."[71]

64 Perepelicyn – Timofeeva, Das Deutschen-Bild in der sowjetischen Militärpropaganda, S. 280f; Senjavskaja, Deutschland und die Deutschen in den Augen sowjetischer Soldaten, S. 256.

65 CAMO, F. 350, op. 166931, d. 2, S. 104. Zit. nach: Želtov, Političeskaja rabota, S. 23.

66 Aichinger, Sowjetische Österreichpolitik, S. 236. Zum sowjetischen Vormarsch in Ungarn vgl. unter anderem: Krisztián Ungváry, Die Schlacht um Budapest 1944/45. Stalingrad an der Donau. 4. Aufl. München 1999.

67 RGVA, F. 32910, op. 1, d. 37, S. 13, Befehl an die Truppen des NKVD zum Schutz des Hinterlandes der 3. Ukrainischen Front, 31.12.1944.

68 N. Z. Kadyrov, Ot Minska do Veny. Boevoj put' 4-j gvardejskoj strelkovoj apostolovsko-venskoj krasnoznamennoj divizii. Moskau 1985, S. 163.

69 Želtov, Političeskaja rabota, S. 21.

70 Merridale, Iwans Krieg, S. 218–221.

71 Pesni Velikoj Otečestvennoj vojny. Daleko il' nedalečko, in: Za čest' Rodiny, 30.6.1946, S. 5.

Bis Anfang April 1945 gab die sowjetische Propaganda einschlägige Rache- und Hassparolen aus, die sich gegen den „faschistischen Feind" im Allgemeinen richteten, ohne zwischen Deutschland und Österreich oder Soldaten und Zivilisten zu unterscheiden. Rache am Feind „in seiner eigenen Höhle" war die vorrangige Parole.[72] Ganz in diesem Sinne wurde auch die 4. Garde-Armee am Vorabend der „Schlacht um Wien" auf ihren militärischen Einsatz eingeschworen. Die Einnahme Wiens stilisierte der Militärrat dabei als „bedeutenden Schritt zum letzten Unterschlupf der faschistischen Bestie", eine Metapher für Berlin, die auf Stalins Rede vom 1. Mai 1944 zurückging.[73] Die Blicke des „sowjetischen Volks, die Blicke der gesamten demokratischen Welt" wären, so der Aufruf, „auf die sowjetischen Kämpfer" gerichtet. Sie sollten „mit voller Kraft" und „entschlossen" gegen den „Feind" vorgehen und auf den Straßen Wiens den „Widerstand des Gegners" vernichten.

Auch an die einzelnen Waffengattungen richteten sich eigene Appelle. Die Granatwerferschützen sollten „mit einer Lawine ihrer todbringenden Minen" Menschen töten und Material des Gegners in Schutt und Asche legen. Von einer Rücksichtnahme auf die Zivilbevölkerung oder die historische Bausubstanz der Hauptstadt war hierbei keine Rede. Im Gegenteil, Wien galt als Station zum „nahen und endgültigen Sieg", die so rasch und effektiv wie möglich militärisch einzunehmen war. Denn, so wurde den Soldaten in Erinnerung gerufen, „viele Tausend sowjetische Menschen" würden sich noch in „faschistischer Sklaverei befinden" und auf „ihre Befreier" warten.[74]

Dieser häufig geäußerte Anspruch auf die Rolle der Roten Armee als Befreierin,[75] diesmal für Zehntausende von sowjetischen Kriegsgefangenen und Zwangsarbeitern, zeigt die Doppelmoral der Moskauer Führung, die die Sowjetbürger in deutscher Hand von Anfang an in Stich gelassen und unter den kollektiven Verdacht des Vaterlandverrats gestellt hatte. Deren Leiden setzten die „Politruks" aber gezielt ein, um den Einsatz der Soldaten in dieser letzten Phase des Krieges zu steigern. „Für die Qualen, für die Wunden wer-

72 Senjavskaja, Deutschland und die Deutschen, S. 258.

73 Stalin betonte in dieser Rede: „Heute ähnelt die Wehrmacht einem verwundeten Raubtier, das über die Grenze kriechen muss, um im eigenen Bau, Deutschland, seine Wunden zu lecken. Doch so eine Bestie bleibt immer gefährlich. Wenn wir die Gefahr der Versklavung endgültig von uns und unseren Alliierten abwenden wollen, müssen wir sie verfolgen und ihr im eigenen Bau den tödlichen Schlag versetzen." Zit. nach: Merridale, Iwans Krieg, S. 309.

74 ACMVOV, VCH–199/78-89g, OF–17595, Aufruf des Militärrates der 4. Garde-Armee, 3.4.1945. Auf diesen Aufruf verweisen auch: V. M. Latyšev – F. N. Čarupa, Pjataja gvardejskaja zvenigorodskaja. Boevoj put' 5-j gvardejskoj ordenov Suvorova i Krasnogo Znameni vozdušnodesantnoj divizii. Pod redakciej M. I. Borisova, general-majora, professora Akademii Genštaba, Predsedatelja Soveta veteranov 5 gv. VDD. Moskau 1991, S. 235.

75 Merridale, Iwans Krieg, S. 335.

de ich mich an den Deutschen rächen", schwor ein Rotarmist bei der Befreiung der Internierten eines deutschen Kriegsgefangenenlagers auf einem der Plakate von Viktor B. Koreckij.[76]

1.2 „Man kann nicht zwei Hasen gleichzeitig fangen": Propaganda zu Kriegsende

Parallel zu dieser Kampfrhetorik setzte während der letzten Kriegsphase eine Akzentverschiebung in der sowjetischen Propaganda ein. Bis zu diesem Zeitpunkt waren die Rotarmisten nur mit deutschen Soldaten, nicht mit der Zivilbevölkerung in Kontakt gekommen. 1944/1945 stellte sich die Situation anders dar. Im Oktober 1944 betraten erstmals Truppen der 3. Weißrussischen Front in Ostpreußen deutschen Boden und ließen sich vom Gefühl der Rache hinreißen. Zudem hatten sie die im Feindesland vorgefundene „westliche" Zivilisation und der Wohlstand der Bevölkerung in eine tiefe Sinnkrise gestürzt. Ihre eigene Heimat lag in Trümmern und hatte sich nach Jahrzehnten nur mühselig aus der „Finsternis" einer Agrargesellschaft befreit, während das verhasste Feindesland selbst nach einem verheerenden Krieg im zivilisatorischen Glanz erstrahlte. Der Gedanke, dass die Deutschen, deren Lebensstandard so hoch war, in ihr Land eingefallen waren und es verwüstet hatten, machte viele wütend. Als Folge verweigerten ganze Einheiten den Vormarschbefehl. Die Offiziere waren nicht in der Lage, das massenhafte Marodieren unter Kontrolle zu bringen.[77]

Partei- und Armeeführung erkannten, dass weder die Bevölkerung „abgeschlachtet" noch die Phase nach Kriegsende und die damit verbundenen administrativen und politischen Maßnahmen vergessen werden durften. Sie ließen die Maßnahmen zur Wiederherstellung der Disziplin und der Kampfbereitschaft der Truppe verschärfen. General Nikolaj E. Berzarin,[78] dessen 5. Stoßarmee im Februar 1945 an der Oder stand, sagte in diesem Zusammenhang zu seinem Stab: „Man kann nicht zwei Hasen gleichzeitig fangen – rä-

76 Barbara Stelzl-Marx, Der Krieg der Bilder: Plakate der sowjetischen Regierungsverwaltung 1944–1945, in: Harald Knoll – Peter Ruggenthaler – Barbara Stelzl-Marx (Hg.), Konflikte und Kriege im 20. Jahrhundert. Aspekte ihrer Folgen. Veröffentlichungen des Ludwig Boltzmann-Instituts für Kriegsfolgen-Forschung. Sonder-Bd. 3. Graz – Wien – Klagenfurt 2002, S. 317–334, hier: S. 325–327.

77 Peter Gosztony, Die Rote Armee. Geschichte und Aufbau der sowjetischen Streitkräfte seit 1917. Wien – München – Zürich – New York 1980, S. 272; Silke Satjukow, Der Mythos der „Befreiung" zwischen Propaganda und Alltag. Bestattungsusancen der Sowjetischen Streitkräfte auf dem Territorium der DDR, in: Horch und Guck. 2006/4, S. 25–29, hier: S. 26; Antony Beevor, Berlin 1945. Das Ende. Aus dem Englischen übertragen von Frank Wolf. München 2002, S. 47.

78 Nikolaj Berzarin (1904–1945) war der erste Stadtkommandant Berlins. Vgl. Peter Jahn (Hg.), Bersarin Nikolaj Generaloberst Stadtkommandant (Berlin). Berlin 1999.

chen und kämpfen. In diesem Falle löst sich die Armee auf."[79] Diese neuartigen Überlegungen waren unter anderem von der Notwendigkeit diktiert, in den Augen der westlichen Alliierten zivilisiert und würdig auszusehen, was für eine Beteiligung an der Gestaltung der europäischen Nachkriegsordnung unumgänglich schien. Nach der Konferenz von Jalta im Februar 1945, auf der die Aufteilung Deutschlands in Einflusssphären festgelegt wurde, standen neue ideelle und agitatorische Überlegungen im Vordergrund. Angesichts dieser veränderten Lage musste die gesamte Propagandamaschinerie umgerüstet und ein neuer Schwerpunkt sowohl auf die Disziplin der Truppen als auch auf das Ideal des Internationalismus gelegt werden.[80] Gegenüber der deutschen Bevölkerung sollte die Rote Armee nun ebenfalls die sowjetische Kultur mit ihren Errungenschaften propagieren und zugleich auf die deutschen Verbrechen in der Sowjetunion hinweisen.[81]

In der politischen Schulung der sowjetischen Soldaten stand zwar nach wie vor die Niederwerfung des militärischen Gegners im Vordergrund, doch wurde nun in vielen Befehlen eine klare Unterscheidung zwischen den „deutschen Faschisten" auf der einen und dem „deutschen Volk" auf der anderen Seite verlangt. Nicht nur in der Agitation, auch in der Praxis war fortan genau zu differenzieren.[82] Die Akzente verschoben sich erneut zugunsten einer klassenkämpferischen Rhetorik. In der Propaganda waren das „humanistische Prinzip" und die Tradition des Internationalismus zu berücksichtigen. Den Politoffizieren fiel dabei die schwierige Aufgabe zu, den Truppen die richtige Kombination aus „Hass gegenüber dem Feind" und „internationalen brüderlichen Gefühlen gegenüber der befreiten proletarischen Bevölkerung" zu vermitteln, wie der Politoffizier der 3. Ukrainischen Front, Aleksej S. Željtov, betonte.[83]

Nachdem der Roten Armee nun auch deutsche Zivilisten gegenüberstanden, galt der Aufruf zur Vergeltung „Aug um Aug, Zahn um Zahn" als nicht mehr zielführend, zumal der Führung die Kontrolle über die Truppen entglitt. Die Soldatenzeitung „Krasnaja Zvezda" schlug in einem Leitartikel am 9. Februar 1945 Alarm. Vor allem die völlig unnötigen Verheerungen durch die Rote Armee in den von ihr besetzten Teilen Deutschlands sollten aufhören: „Auge um Auge, Zahn um Zahn ist ein alter Spruch. Aber man muss ihn

79 Zit. nach: Gosztony, Die Rote Armee, S. 272.

80 Poljakov, Istoki narodnogo podviga, S. 18; Senjavskaja, Deutschland und die Deutschen, S. 258; Perepelicyn – Timofeeva, Das Deutschen-Bild in der sowjetischen Militärpropaganda, S. 282f.

81 RGASPI, F. 82, d. 2, op. 1162, S. 98–104, hier: S. 100, Bericht von Dimitrov und Panjuškin an Molotov und Malenkov über die Propaganda in Deutschland, 27.2.1945.

82 Gorjajewa, „Wenn morgen Krieg ist ...", S. 456.

83 Želtov, Političeskaja rabota, S. 20.

nicht wörtlich nehmen. Wenn die Deutschen marodierten und unsere Frauen schändeten, heißt das nicht, dass wir dasselbe tun müssen. Das war niemals so und wird niemals so sein. Unsere Soldaten werden es nicht zulassen, dass so etwas geschieht, nicht aus Mitleid mit dem Feind, sondern aus dem Gefühl für ihre persönliche Würde. Sie wissen, dass jeder Bruch der militärischen Disziplin nur die siegreiche Rote Armee schwächt. [...] Unsere Rache ist nicht blind. Unser Zorn nicht unvernünftig. [...] In einem Anfall blinder Wut ist man fähig, eine Fabrik im eroberten Feindgebiet zu zerstören - eine Fabrik, die für uns wertvoll sein kann. Eine solche Haltung spielt nur dem Feind in die Hände."[84]

1.2.1 *„Genosse Ėrenburg vereinfacht"*

Der offizielle Schlusspunkt unter die Neuorientierung der sowjetischen Propagandapolitik wurde am 14. April 1945 gesetzt: An diesem Tag publizierte Georgij F. Aleksandrov, Chef der Propagandaabteilung des ZK der VKP(b), einen scharfen Artikel in der „Pravda" unter dem Titel „Genosse Ėrenburg vereinfacht". Der Propagandachef schrieb darin: „Genosse Ėrenburg versichert dem Leser, dass alle Deutschen gleich seien und dass alle in gleichem Maße für die Verbrechen der Hitlerclique zur Verantwortung gezogen werden sollen." Doch, so Aleksandrov weiter, „es ist nicht schwer zu zeigen, dass die Überzeugung von Genossen Ėrenburg nicht den Tatsachen entspricht. Nun konnte sich jeder überzeugen, und das wurde besonders durch die Erfahrungen der letzten Monate deutlich, dass unterschiedliche Deutsche unterschiedlich kämpfen und sich unterschiedlich verhalten." Dann zitierte der Autor ausdrücklich Stalins Befehl vom 23. Februar 1942: „Es wäre lächerlich, Hitlers Clique mit dem deutschen Volk, dem deutschen Staat gleichsetzen zu wollen. Die geschichtliche Erfahrung zeigt, dass die Hitlers kommen und gehen; das deutsche Volk, der deutsche Staat bleiben bestehen."[85]

Mit dem Artikel maßregelte Aleksandrov offiziell Ėrenburg - und mit ihm alle, die in ähnlicher Weise Texte geschrieben hatten. Entgegen den bisherigen Vorgaben sprach sich der Propagandachef nun für ein differenziertes Verhältnis zu den Deutschen aus. Auf diese Weise konnte Stalin gegenüber den Westalliierten und der deutschen Öffentlichkeit signalisieren, dass die Sowjetunion weiterhin an einer gemeinsamen Nachkriegsbehandlung Deutschlands festhalten und eine Unterscheidung zwischen Nationalsozia-

84 Zit. nach: Werth, Russland im Krieg, S. 646.

85 G. Aleksandrov, Tovarišč Ėrenburg uproščaet, in: Pravda, 14.4.1945, S. 2; Kowalczuk - Wolle, Roter Stern über Deutschland, S. 34f.; Semirjaga, Die Rote Armee in Deutschland, S. 204f.

listen und deren Gegnern treffen werde.[86] Dieser in direktem Auftrag Stalins unternommene Winkelzug sollte der veränderten politischen Lage propagandistisch Rechnung tragen.[87]

Gegenüber den eigenen Soldaten markierte der Artikel den abschließenden Wendepunkt in der Propaganda und im offiziellen Feindbild. So wie 1942 die Verbreitung der Hasspropaganda überlebensnotwendig gewesen war, musste nun eine zumindest neutrale Einstellung gegenüber deutschen Zivilisten forciert werden. Die militärische Führung hatte rasch die negativen Auswirkungen von Übergriffen ihrer Soldaten auf die Zivilbevölkerung erkannt. Nun galt es, unter dem Mannschaftsstamm „amoralische Entgleisungen wie Alkoholmissbrauch, Randale, schlechtes Verhalten gegenüber der ortsansässigen Bevölkerung usw. abzustellen und die sowjetische Militärdisziplin sowie das Maß an Organisation und Ordnung in den Einheiten zu heben".[88] Direkt nach der Kapitulation erhielten sämtliche Einheitskommandanten der NKVD-Truppen den Auftrag, die Soldaten dementsprechend zu instruieren und dabei Aleksandrovs Artikel über die Irrtümer ihres einstigen Idols Il'ja Ėrenburg als Grundlage heranzuziehen.[89] Die Stavka verlangte eine „bessere Behandlung" der Deutschen, warnte aber gleichzeitig vor Familiarität und geschmälerter Wachsamkeit: eine Gratwanderung, die in vielen Fällen nicht gelang.[90] Am 11. Juni 1945 erging der Befehl, die Worte „Tod den deutschen Okkupanten!" aus dem Impressum der militärischen Zeitungen und Zeitschriften zu streichen und durch die Losung „Für unsere sowjetische Heimat!" zu ersetzen.[91]

1.3 Befehle an die Truppen der 2. und 3. Ukrainischen Front

Als die Front Ende März 1945 immer näher an Österreich heranrückte, arbeitete das Volkskommissariat für auswärtige Angelegenheiten (NKID) erste Maßnahmen aus, „die mit dem Vormarsch der Roten Armee auf das Gebiet

86 Tischler, Die Vereinfachung des Genossen Ėrenburg, S. 333–337; Werth, Russland im Krieg, S. 646f.

87 Joachim Hoffmann, Stalins Vernichtungskrieg 1941–1945. München 1995, S. 137.

88 RGVA, F. 32903, op. 1, d. 345, S. 87, Anordnungen an alle Einheitskommandanten im Zusammenhang mit der Kapitulation des Deutschen Reiches, 14.5.1945. Abgedruckt in: Karner – Pickl, Die Rote Armee in der Steiermark, Dok. Nr. 48.

89 Ebd.

90 CAMO, F. 236, op. 2712, d. 390, S. 350f., Direktive der Stavka Nr. 11072 an die Oberbefehlshaber der 1. Weißrussischen und 1. Ukrainischen Front über die Änderung des Verhaltens gegenüber deutschen Kriegsgefangenen und der Zivilbevölkerung, 20.4.1945. Abgedruckt in: Institut Voennoj Istorii Ministerstva Oborony Rossijskoj Federacii et al. (Hg.), Bitva za Berlin. Krasnaja Armija v poveržennoj Germanii. Russkij archiv: Velikaja Otečestvennaja Vojna. Bd. 15 (4–5). Moskau 1995, S. 220.

91 Merridale, Iwans Krieg, S. 381.

Österreichs" zusammenhingen. Die vordringlichsten Aufgaben der Roten Armee als Besatzungsmacht mussten umgehend geregelt werden, was natürlich auch den Umgang mit der Zivilbevölkerung einschloss. Dabei erachtete die zuständige 3. Europäische Abteilung des NKID die Herausgabe einer speziellen Verordnung durch das Staatliche Verteidigungskomitee (GKO) „als unbedingt notwendig". Diese sollte das Verhalten der sowjetischen Truppen in Österreich, die Aufgaben der Kommandos der 2. und 3. Ukrainischen Front, den Aufbau einer Zivilverwaltung und die Ernennung von Bürgermeistern regeln sowie die Veröffentlichung eines Aufrufs an das österreichische Volk veranlassen. Weiters waren „Maßnahmen zur maximalen Nutzung der lokalen Industrie- und Nahrungsmittelressourcen Österreichs" zu definieren und die Truppen aufzufordern, die Österreicher nicht mit den deutschen Okkupanten zu verwechseln.[92] Für die Soldaten kamen diese neuen Verhaltensregeln größtenteils unerwartet, weshalb sie – wie auch in Deutschland – vielfach auf Ablehnung stießen.[93]

1.3.1 Unterschied zwischen Österreichern und deutschen Besatzern

Am 2. April 1945, vier Tage, nachdem sowjetische Soldaten erstmals österreichisches Territorium betreten hatten, erließ die Stavka des Oberkommandos die entsprechende Direktive an die Oberbefehlshaber der Truppen der 2. und 3. Ukrainischen Front. Demnach hatten die Marschälle Rodion Ja. Malinovskij und Fedor I. Tolbuchin ihrerseits Aufrufe an die österreichische Bevölkerung zu richten, in denen die grundsätzlichen Aufgaben und Ziele der sowjetischen Politik in Österreich erläutert werden sollten: Befreiung vom „faschistischen Joch", Wiederherstellung der Unabhängigkeit und eines normalen politischen Lebens sowie Kampf der Roten Armee „gegen die deutschen Besatzer und nicht gegen die Bevölkerung Österreichs". Außerdem hatten die Oberbefehlshaber das Verhalten ihrer Truppen zu regeln und dabei die Weisung zu erteilen, „die Bevölkerung Österreichs nicht zu beleidigen, sich korrekt zu verhalten und die Österreicher nicht mit den deutschen Besatzern zu verwechseln". Die Wortwahl der ersten Aufrufe an die Bevölkerung und die sowjetischen Truppen in Österreich geht direkt auf Stalin zurück.[94]

92 AVP RF, F. 66, op. 23, p. 24, d. 8, S. 20f., Bericht der 3. Europäischen Abteilung des NKID „Über Maßnahmen im Zusammenhang mit dem Vormarsch der Roten Armee auf das Gebiet Österreichs" [spätestens am 2.4.1945]. Abgedruckt in: Karner – Stelzl-Marx – Tschubarjan, Die Rote Armee in Österreich, Dok. Nr. 6. Vgl. Wagner, Die Besatzungszeit aus sowjetischer Sicht, S. 42–44; Knoll – Stelzl-Marx, Der Sowjetische Teil der Alliierten Kommission für Österreich, S. 185f.

93 Senjavskaja, Psichologija vojny, S. 271.

94 CAMO, F. 148a, op. 3763, d. 212, S. 11f., Direktive der Stavka Nr. 11055 an die Oberbefehlshaber der

Abb. 7: Am 29. März 1945 betraten die ersten sowjetischen Truppen bei Klostermarienberg im Burgenland österreichischen Boden. Die russische Aufschrift „Avstrija" („Österreich") verweist auf die Inszenierung dieses berühmten Fotos von Evgenij Chaldej. (Quelle: CMVS, Foto: Chaldej)

Zwei Tage später, am 4. April 1945, richteten die Militärräte entsprechende Befehle an die Truppen der 2. und 3. Ukrainischen Front, die zur Schonung der österreichischen Bevölkerung aufriefen. Unter Verweis auf die Moskauer Konferenz erinnerten sie die Soldaten zunächst daran, dass Österreich das erste Land gewesen sei, „das von Hitlertruppen bereits 1938 besetzt und in der Folge von den Nationalsozialisten in ein Bollwerk ihres Raubritterstaates verwandelt wurde". Das Ziel des militärischen Vormarsches der Roten Armee liege dabei „nicht in der Besetzung österreichischen Staatsgebietes [...], sondern ausschließlich in der Zerschlagung der feindlichen NS-Truppen und in der Befreiung Österreichs von deutscher Abhängigkeit". Die Militärräte betonten dezidiert, dass die Rote Armee bei der Befreiung Österreichs „ge-

2. und 3. Ukrainischen Front über den Aufruf an die Bevölkerung Österreichs, 2.4.1945. Abgedruckt unter anderem in: Karner - Stelzl-Marx - Tschubarjan, Die Rote Armee in Österreich, Dok. Nr. 8; Mit zum Teil abweichender Übersetzung in: Sowjetunion heute. 9/1975, Beilage o. S.; Rauchensteiner, Der Krieg in Österreich, S. 491; Original abgedruckt in: Institut Voennoj Istorii Ministerstva Oborony Rossijskoj Federacii et al. (Hg.), Stavka VGK: Dokumenty i materialy 1944–1945. Russkij Archiv: Velikaja Otečestvennaja Vojna. Bd. 16 (5-4). Moskau 1999, S. 221–222. Vgl. Aichinger, Sowjetische Österreichpolitik, S. 112; Knoll - Stelzl-Marx, Der Sowjetische Teil der Alliierten Kommission, S. 185–187.

gen die deutschen Besatzer und nicht gegen die Bevölkerung Österreichs" kämpfe.[95]

Auch die „verleumderische" NS-Propaganda kam dabei offen zur Sprache: Die Nationalsozialisten hätten „alle möglichen Lügengeschichten" über die Rote Armee verbreitet und die Bevölkerung Österreichs durch „erfundene Hirngespinste über Verwüstungen, Gräuel- und Untaten" verängstigt, welche beim Eintreffen der Roten Armee Platz greifen würden. Geradezu beschwörend richteten sich die Befehle an die „Genossen Rotarmisten, Unteroffiziere, Offiziere und Generäle": „Ihr wisst, dass dies eine Lüge ist! Die Rote Armee macht einen Unterschied zwischen Österreichern und deutschen Besatzern!" [96]

Die Argumentation ist dabei äußerst bemerkenswert: Nicht die Gräueltaten selbst wurden in Abrede gestellt, vielmehr wurde betont, die Rote Armee könne – oder müsse – zwischen Österreichern und Deutschen unterscheiden. Während sie „erbarmungslos mit den deutschen Unterjochern abrechnet", sei dabei das „friedliche österreichische Volk" zu verschonen. Was bei den „deutschen Besatzern" – zumindest vorerst – eventuell als Kriegsakt tolerierbar war, wurde nun gegenüber Österreichern klar untersagt.[97]

In diesem Zusammenhang erschien auch ein Hinweis auf die Disziplin der Soldaten als notwendig, ohne dass dabei die Ausschreitungen explizit zur Sprache kamen: „Seid stolze Träger des ruhmreichen Namens der Roten Armee. Die ganze Welt soll nicht nur die alles besiegende Stärke der Roten Armee sehen, sondern auch den hohen Grad an Disziplin und Kultur ihrer Soldaten. Möge euer Benehmen überall Achtung gegenüber der Roten Armee – der Befreierin – und gegenüber eurem machtvollen Vaterland hervorrufen."[98] Allerdings bestand zwischen Theorie und Praxis der Befreiung Österreichs durch die Rote Armee nicht selten eine erhebliche Diskrepanz.

---

95 Aufruf des Militärrates an die Truppen der 3. Ukrainischen Front, 4.4.1945. Abgedruckt in: Karner – Stelzl-Marx – Tschubarjan, Die Rote Armee in Österreich, Dok. Nr. 9. Original abgedruckt in: I. N. Zemskov et al. (Hg.), SSSR – Avstrija 1938 – 1979gg. Dokumenty i materialy. Moskau 1980, S. 16f. Der Militärrat der 2. Ukrainischen Front richtete sich ebenfalls am 4. April 1945 mit einem analogen Befehl an die Truppen der 2. Ukrainischen Front. Vgl. Institut Voennoj Istorii, Krasnaja Armija v stranach Central'noj Evropy, S. 617.

96 Ebd.

97 Am 20. April 1945 erließ die Stavka des Oberkommandos den Befehl Nr. 11072 an die Oberkommandierenden der 1. und 2. Weißrussischen und 1. Ukrainischen Front, worin von den Truppen eine bessere Behandlung der deutschen Bevölkerung und der Kriegsgefangenen gefordert wurde. Die grausame Behandlung der Deutschen habe zu Angst und Widerstand geführt. Vgl. CAMO, F. 148a, op. 3763, d. 212, S. 13. Abgedruckt in: Institut Voennoj Istorii, Stavka VGK, S. 229.

98 Tagesbefehl des Militärrates an die Truppen der 3. Ukrainischen Front, 4.4.1945. Abgedruckt in: Karner – Stelzl-Marx – Tschubarjan, Die Rote Armee in Österreich, Dok. Nr. 9.

Die Militärführung war sich offenbar bewusst, wie leicht die Forderung, die Truppen sollten zwischen „Österreichern" und „Deutschen" unterscheiden, sich Ersteren gegenüber korrekt verhalten, mit Letzteren aber unbarmherzig abrechnen, scheitern konnte. Dies lag nicht nur an der Schwierigkeit der Differenzierung zwischen Personen mit derselben Sprache, sondern auch an der in der Sowjetunion gebräuchlichen Gleichsetzung von „Deutschen" mit „faschistischen Feinden". So beschrieb etwa der Frontkorrespondent der „Pravda", Leonid Pervomajskij, Mitte April 1945, dass die „Deutschen" (gemeint waren die Truppen) in Wien weniger Widerstand leisteten als in Budapest, während die „Österreicher" (gemeint war die Bevölkerung) die Rote Armee freudig erwarteten.[99]

Doch wer galt nun als „Österreicher" und wer als „Deutscher" auf österreichischem Territorium? Und wer war ein „deutscher Faschist" bzw. ein „Helferhelfer aus den Reihen der österreichischen Faschisten"?[100] Erschwerend kam die mangelnde Disziplin der Truppen hinzu, die jahrelang auf Rache eingeschworen worden waren. Schon beim Einmarsch in Rumänien und Ungarn war es zu Ausschreitungen seitens der sowjetischen Soldaten, aber auch zu Übergriffen auf sie gekommen.[101] Beim sowjetischen Einmarsch in Deutschland waren die disziplinären Probleme besonders groß gewesen, bei jenem in Österreich verhielt es sich ähnlich – die Unterschiede waren nur gradueller, nicht prinzipieller Natur.[102]

Wenig überraschend musste nach Kriegsende mit dem Mannschaftsstamm laufend „Aufklärungsarbeit zu Fragen des Verhaltens gegenüber der örtlichen Bevölkerung auf dem Gebiet Österreichs" durchgeführt werden.[103] Der damalige Leutnant Vladimir Vajnrib erinnert sich an die Propaganda vom Frühjahr 1945, die verlangte, „dass wir nicht Eroberer sind, sondern Befreier.

99 Leonid Pervomajskij, Osvoboždennaja Vena, in: Pravda, 14.4.1945.

100 Diese Diktion findet sich in: B. Pilizyn, Österreich auf dem Weg der unabhängigen Entwicklung, in: Sowjetunion heute. 10/1975, S. 9, 14, hier: S. 9.

101 So berichtete der Militärstaatsanwalt der 2. Ukrainischen Front, dass es im Zeitraum von September bis November 1944 zu „feindlichen Aktionen" seitens der rumänischen Bevölkerung und Soldaten gegenüber sowjetischen Soldaten gekommen sei. Beispielsweise wurde am 18. September ein sowjetischer Soldat von vier Einheimischen überfallen und getötet. Als seine Leiche am nächsten Tag gefunden wurde, waren die Augen ausgestochen und die Nase sowie Wangen abgeschnitten. Der Köper wies zahlreiche Hautabschürfungen auf. Vgl. RGASPI, F. 82, op. 2, d. 890, S. 41, Schreiben von Gorešnin an Molotov bezüglich der Übergriffe auf Soldaten der Roten Armee in Rumänien, 4.12.1944.

102 Aichinger, Sowjetische Österreichpolitik, S. 237.

103 CAMO, F. 821, op. 1, d. 140, S. 254, Befehl des Kommandanten der 20. Garde-Schützendivision über Maßnahmen zur Einrichtung und Verbesserung des Garnisonsdienstes, 12.5.1945. Abgedruckt in: Karner – Pickl, Die Rote Armee in der Steiermark, Dok. Nr. 43. Siehe dazu auch das Kapitel B.I.1.3 „Politisch-moralische Schulung" in diesem Band.

Wir sind nicht Eroberer, sondern Befreier. In allen Befehlen, in allen Aufrufen, in allen Divisionszeitungen hieß es, dass man sich den Einwohnern gegenüber loyal verhalten muss, dass man in ihnen nicht den Feind sieht. Wir kamen, um sie vom deutsch-faschistischen Joch zu befreien, weil die Deutschen ja Österreich erobert, sich Österreich einverleibt hatten, deswegen war das alles so. Und sogar als wir in Rumänien waren, in Ungarn waren, hieß es immer nur: ‚Töte den Deutschen, sonst tötet er dich.' Die Deutschen, die deutsch-faschistische Partei sahen wir als Feinde."[104]

Zwar gab es entsprechende Befehle für die Truppen und Kommandanturen,[105] doch wurden diese „nicht immer so befolgt, wie es die Politik gegenüber der österreichischen Bevölkerung verlangte", beschrieb der Politberater des sowjetischen Hochkommissars in Österreich, Evgenij D. Kiselev, die Übergriffe diskret.[106] Auch aus den Köpfen und Herzen hoher Politoffiziere ließ sich der Hass nicht sofort eliminieren: „Die Worte des Großen Stalin zum Sieg über den verhassten Feind riefen bei den Soldaten, Unteroffizieren und Offizieren ausnehmende Freude hervor und wurden mit begeisterten ‚Hurra'-Rufen quittiert", betonte der Leiter der Politabteilung des 6. Garde-Schützenkorps.[107]

Das sowjetische Kommando wandte sich mit einschlägigen Anordnungen und Aufrufen aber nicht nur an die eigenen Truppen, sondern auch an die österreichische Bevölkerung. Diese wurde vor Kriegsende aufgefordert, der Roten Armee „jedmöglichste Hilfe" zu erweisen.

1.4 „Jedmöglichste Hilfe": Aufrufe an die Bevölkerung

Unmittelbar bevor die Rote Armee österreichischen Boden betrat, erhielt der stellvertretende Volkskommissar für auswärtige Angelegenheiten, Vladimir G. Dekanozov, einen ausführlichen Bericht über die westalliierte und sowje-

---

104 OHI, Vladimir Vajnrib. Durchgeführt von Ol'ga Pavlenko. Moskau 25.11.2002.

105 Beispielsweise war der Militärrat der 3. Ukrainischen Front verpflichtet, bis Mitte Mai 1945 „wirkungsvolle Maßnahmen für ein endgültiges Abstellen von Fällen von der örtlichen Bevölkerung zugefügten Beleidigungen zu ergreifen". Vgl. CAMO, F. 243, op. 2945, d. 18, S. 44–45, Befehl Nr. 0021 von Tolbuchin, Želtov und Ivanov an die Truppen der 3. Ukrainischen Front über die Hilfe an die provisorische österreichische Regierung bezüglich der Frühjahrsaussaat, 6.5.1945. Abgedruckt in: Karner – Stelzl-Marx – Tschubarjan, Die Rote Armee in Österreich, Dok. Nr. 34.

106 AVP RF, F. 06, op. 7, d. 322, S. 19, Schreiben von Kiselev an Dekanozov über die politische Stimmung in Österreich, 17.8.1945.

107 CAMO, F. 821, op. 1, d. 467, S. 195–199, Politbericht des Leiters des 6. Garde-Schützenkorps, Garde-Oberst Gruzdov, an den Leiter der Politabteilung der 57. Armee, Generalmajor Cinev, über den politisch-moralischen Zustand des Mannschaftsstandes, dessen Lebensbedingungen und die parteipolitische Arbeit, 21.5.1945. Abgedruckt in: Karner – Pickl, Die Rote Armee in der Steiermark, Dok. Nr. 66.

tische Propaganda in Österreich. Die Sowjets setzten demnach zwei Kanäle ein: einerseits Radioausstrahlungen über das Allunions-Radiokomitee der UdSSR, andererseits von der PURKKA verteilte Flugblätter. Dabei gab das Sowjetische Propagandabüro die Richtung vor und erteilte seinen Propagandaorganen im Ausland entsprechende Direktiven.[108]

Gemäß den vorliegenden Richtlinien bildete die Moskauer Deklaration die Grundlage für die sowjetische Propaganda in Österreich. Auf ihrer Basis wurde die Bevölkerung aufgerufen, ihren Anteil an der Rettung des Landes zu leisten. Ein großes Anliegen der sowjetischen Seite bestand darin, „den Österreichern bewusst zu machen, dass die Hitlerleute [...] Österreich zu einem Kriegsschauplatz gemacht hatten". Außerdem sollte die Propaganda die Eigenständigkeit Österreichs nach dem Motto betonen: „Die Österreicher haben keine gemeinsamen Interessen mit den Deutschen. Die Hitlerleute sind die Feinde des österreichischen Volkes, sie sind für die Einbeziehung Österreichs in den Krieg verantwortlich."[109]

Ein weiteres Ziel des Propagandabüros bestand darin, die Rolle der Roten Armee bei der Befreiung des österreichischen Volkes zu betonen und zugleich der Bevölkerung zu verdeutlichen, dass sie dazu selbst ihren Beitrag leisten müsse. Konkret bedeutete dies: alle notwendigen Vorbereitungen zu treffen, um im entscheidenden Moment die Rote Armee zu unterstützen. Listen von „Verrätern, österreichischen Gestapo- und SS-Mitgliedern" galten in diesem Zusammenhang als besonders „hilfreich". Den österreichischen Wehrmachtsangehörigen empfahl man, zu desertieren oder zur Roten Armee überzulaufen. Generell zielte die Propaganda darauf ab, Sabotageakte und Widerstand gegen das NS-Regime zu provozieren.[110]

Konkret kamen diese Vorgaben folgendermaßen zur Umsetzung: Die Radiosendungen, die fünfmal täglich mit einer Gesamtdauer von knapp anderthalb Stunden liefen, übertrugen Befehle Stalins, Informationen über den Kriegsverlauf oder Namenslisten österreichischer Kriegsgefangener. Einen „beträchtlichen Platz" nahmen zudem die Aufrufe österreichischer Exilkommunisten oder Kriegsgefangener ein. Sie appellierten, wie etwa in der Sendung am 14. Februar 1945 „Am Weg nach Wien", die Zerstörung Wiens zu verhindern und sich Evakuierungen zu entziehen.[111]

108 AVP RF, F. 06, op. 7, p. 32, d. 326, S. 14–21, Bericht von Smirnov und Chošev an Dekanozov über die sowjetische und westalliierte Propaganda für Österreich, [März 1945].

109 Ebd.

110 Ebd.

111 Zur Rolle österreichischer Exilkommunisten und Kriegsgefangener bei der Propaganda 1943–1945 vgl. insbesondere: Lebedeva, Österreichische Kommunisten im Moskauer Exil; Jörg Morré, Umerziehung in der sowjetischen Kriegsgefangenschaft. Deutsche und Österreicher in der „Antifa", in:

Parallel dazu gab die Politverwaltung der 3. Ukrainischen Front Flugblätter heraus, die sie hinter der Front abwerfen ließ. Diese enthielten gleichfalls Aufrufe an die österreichischen Soldaten, sich in Gefangenschaft zu begeben oder zur Roten Armee überzulaufen. Die Bevölkerung forderte man dazu auf, den Kampf gegen das NS-Regime zu verstärken. Ein Beispiel dafür ist das Flugblatt „Österreichische Soldaten, Hitler ist Euer Feind!", worin es hieß: „Soldaten aus Österreich! Warum kämpft Ihr gegen die Rote Armee, gegen den russischen Arbeiter- und Bauernstaat? Hitler ist Euer Feind, nicht die Sowjetunion. Er hat Euer friedliches Land überfallen. Er hat aus Österreich alle Lebensmittel, alle Waren und Vorräte weggeschleppt. Und was hat er Euch dafür gebracht? Den Krieg, die Kartenwirtschaft und die preußischen Kommissare."[112]

Trotz dieser regen Aktivitäten fand Smirnov auch mehrere Mängel und lieferte in seinem internen NKID-Bericht zugleich Vorschläge zu deren Beseitigung: Zunächst konstatierte Smirnov, dass die generelle Ausrichtung der sowjetischen und der westalliierten Propaganda stark differierte. Während die Sowjets die Österreicher zum offenen Kampf gegen das NS-Regime aufriefen, unterstützten die Westalliierten versteckte Widerstandshandlungen. Weiters suggerierte die sowjetische Propaganda, die Sowjetunion und die Rote Armee würden Österreich die Unabhängigkeit bringen. Im Gegensatz dazu ließen die Westalliierten verbreiten, dass ausschließlich Großbritannien und die USA die Zukunft Österreichs verteidigen würden. Im Vergleich zur Propaganda der Westalliierten erschien die sowjetische Propaganda in Smirnovs Augen zu wenig konkret und differenziert. Er kritisierte, dass etwa das Allunions-Radiokomitee keine Sendungen für die Bewohner einzelner Städte oder Bundesländer vorbereiten und auch nicht auf die unterschiedlichen Bevölkerungsschichten eingehen würde. Zudem würden Informationen über die Lage in Österreich fehlen, weswegen es nicht auf aktuelle Ereignisse reagieren könne. Daher, so sein Vorschlag, müssten „rechtzeitig Anweisungen zur Behandlung wichtiger aktueller Fragen" gegeben und die Materialien sowohl auf die innere Situation des Landes als auch auf die einzelnen Schichten sowie Gebiete abgestimmt werden. Dekanozov vermerkte dazu am 28. März 1945: „Einverstanden, aber man muss den Vorschlag konkretisieren (wer was zu tun hat)."[113]

Günter Bischof – Stefan Karner – Barbara Stelzl-Marx (Hg.), Kriegsgefangene des Zweiten Weltkrieges. Gefangennahme – Lagerleben – Rückkehr. Wien – München 2005, S. 152–166.

112 Faksimile abgedruckt in: Lev Belousov – Aleksandr Vatlin, Propusk v raj. Sverchoružie poslednej mirovoj. Duėl propagandistov na Vostočnom fronte. Moskau 2007, S. 228.

113 AVP RF, F. 06, op. 7, p. 32, d. 326, S. 14–21, Bericht von Smirnov und Chošev an Dekanozov über die sowjetische und westalliierte Propaganda für Österreich, [März 1945].

1.4.1 *„An die Bevölkerung Österreichs" und „Bürger von Wien"*

Wenig später arbeitete die 3. Europäische Abteilung des NKID die genannten „Maßnahmen im Zusammenhang mit dem Vormarsch der Roten Armee auf das Gebiet Österreichs" aus und verlangte darin dezidiert die „Herausgabe eines Aufrufs an das österreichische Volk".[114] Anfang April 1945 richteten die Oberbefehlshaber der 2. und 3. Ukrainischen Front ihre Proklamationen „An die Bevölkerung Österreichs" und an die „Bürger von Wien". Diese Aufrufe wurden gemeinsam mit der „Erklärung der Sowjetregierung über Österreich" vom 9. April 1945 in Form von Plakaten und Anschlägen im eroberten Gebiet bzw. als Flugblatt hinter den deutschen Linien verbreitet.[115] Die Auflage der wichtigsten fünf Flugblätter betrug insgesamt etwa 150.000 Exemplare.[116] Zusätzlich ließ die Rote Armee die Texte über Lautsprecher verlesen.[117]

Der Aufruf „An die Bevölkerung Österreichs" sowie die „Erklärung der Sowjetregierung" erschienen außerdem in der erstmals am 15. April 1945 von der Politverwaltung der 3. Ukrainischen Front für die österreichische Bevölkerung herausgebrachten „Österreichischen Zeitung",[118] die auf Initiative der Politischen Hauptverwaltung der Roten Armee und einer daraus resultierenden Verordnung des Sekretariats der VKP(b) vom 5. April ins Leben gerufen wurde.[119] Ihre Erstauflage belief sich auf 25.000 Exemplare.[120]

Die im NKID-Bericht dargelegten Grundzüge der sowjetischen Propaganda in Österreich kamen in diesen ersten Aufrufen klar zum Vorschein: So hob der Militärrat der 3. Ukrainischen Front die Zerschlagung der „deutsch-fa-

114 AVP RF, F. 66, op. 23, p. 24, d. 8, S. 20f., Bericht der 3. Europäischen Abteilung des NKID „Über Maßnahmen im Zusammenhang mit dem Vormarsch der Roten Armee auf das Gebiet Österreichs", spätestens am 2.4.1945. Abgedruckt in: Karner - Stelzl-Marx - Tschubarjan, Die Rote Armee in Österreich, Dok. Nr. 6.

115 Aichinger, Sowjetische Österreichpolitik, S. 112.

116 Es erschienen 20 Flugblätter für die österreichische Bevölkerung mit einer Auflage von insgesamt 300.000 Exemplaren. Vgl. CAMO, F. 275, op. 356369s, d. 2, S. 256–268, hier: S. 257, Bericht von V. Smirnov über die Arbeit unter der österreichischen Bevölkerung im Zeitraum vom 1. April bis 1. August 1945, [August 1945].

117 CAMO, F. 243, op. 2914, d. 119, S. 165, 184–195, 200, Bericht der Politverwaltung der 3. Ukrainischen Front an Ščerbakov über die Arbeit der Politorgane und den politisch-moralischen Zustand der Truppen, nach dem 13.4.1945. Abgedruckt in: Institut Voennoj Istorii, Krasnaja Armija v stranach Central'noj Evropy, S. 647–653.

118 Erklärung der Sowjetregierung über Österreich, in: Österreichische Zeitung, 15.4.1945, S. 1; F. Tolbuchin, An die Bevölkerung Österreichs, in: Österreichische Zeitung, 15.4.1945, S. 1; vgl. Mueller, Die sowjetische Besatzung, S. 96.

119 RGASPI, F. 17, op. 116, d. 209, S. 81, Beschluss Nr. 209 (390) des Sekretariats des ZK der VKP(b) „Über die Herausgabe der ‚Österreichischen Zeitung'", 5.4.1945.

120 Ende April 1945 wurde die Auflage dieser ersten Nachkriegszeitung in Österreich auf 50.000 und einen Monat später auf 150.000 Exemplare erhöht. Vgl. Mueller, Die sowjetische Besatzung, S. 96f.

schistischen Truppen" und die Befreiung Österreichs aus „deutscher Abhängigkeit" als Ziel des sowjetischen Einmarsches hervor. Gemäß der Moskauer Deklaration solle ein „wiederhergestelltes und unabhängiges Österreich" entstehen. Zugleich verwies er aber auch auf die Verantwortung Österreichs „für seine Teilnahme am Krieg an der Seite Hitlerdeutschlands". Für eine endgültige Regelung würde außerdem „sein eigener Einsatz zur Befreiung unbedingt in Betracht gezogen" werden. Vor allem zielte der Aufruf auf eine baldige Normalisierung der Verhältnisse und einen aktiven Beitrag der Österreicher. Sie sollten die Rote Armee bestmöglich dabei unterstützen, „die hitlerischen Truppen zu zerschlagen und zu vernichten": „Erweist den Truppen der Roten Armee, die auf österreichischem Boden kämpfen, jedmöglichste Hilfe!" Denn nichts, so der Aufruf weiter, würde „Hitlerdeutschland [...] vor der völligen Vernichtung retten".[121] Die sowjetische Seite war mit den Reaktionen der österreichischen Bevölkerung auf „Tolbuchins Aufruf" zufrieden: Die Flugblätter erweckten nicht nur großes Interesse, sondern stießen zudem auf „völlige Zustimmung", so der Leiter der Politabteilung der 9. Garde-Armee.[122] Auch nach Kriegsende fand der Aufruf – etwa über Rundfunkstationen – Verbreitung.[123]

Der Aufruf des Militärrates der 2. Ukrainischen Front nahm gleichfalls Bezug auf die NS-Propaganda über die Rote Armee: „Die faschistischen Invasoren schrecken Sie mit dem Einmarsch der Roten Armee, doch Sie brauchen keine Angst zu haben. Die Rote Armee kämpft gegen die deutschen Okkupanten und nicht gegen die Einwohner Österreichs." Schließlich bekenne

121 Aufruf des Militärrates der 3. Ukrainischen Front „An die Bevölkerung Österreichs", spätestens am 3.4.1945. Abgedruckt in: Karner – Stelzl-Marx – Tschubarjan, Die Rote Armee in Österreich, Dok. Nr. 16; Faksimile in: Aichinger, Sowjetische Österreichpolitik, S. 413f. Auf Russisch in: CAMO, F. 32, op. 11306, d. 668, S. 118–120. Abgedruckt in: Institut Voennoj Istorii, Krasnaja Armija v stranach Central'noj Evropy, S. 622f.

122 CAMO, F. 243, op. 2914, d. 132, S. 29–33, Bericht des Leiters der Politabteilung der 9. Garde-Armee, Molin, an die Politverwaltung der 3. Ukrainischen Front, 3.4.1945. Abgedruckt in: Institut Voennoj Istorii, Krasnaja Armija v stranach Central'noj Evropy, S. 611–614.

123 CAMO, F. 243, op. 2914, d. 268, S. 53–54, Bericht über die Lage in Bruck an der Mur und Graz, 14.5.1945. Abgedruckt in: Karner – Pickl, Die Rote Armee in der Steiermark, Dok. Nr. 50. Auch die „Erklärung der Sowjetregierung über Österreich", Dokumente zur Bildung der provisorischen Regierung Österreichs und Stalins Aufruf anlässlich des „Tages des Sieges" wurden über örtliche Sendeanlagen und Rundfunkstationen ausgestrahlt. Vgl. CAMO, F. 243, op. 2914, d. 100, S. 123–128, Bericht des Leiters der Politverwaltung der 3. Ukrainischen Front, Generalleutnant Anošin, über die politische Lage und die Arbeit unter der Bevölkerung in Graz, Leoben und Mürzsteg und die Einstellung der Österreicher gegenüber der provisorischen österreichischen Regierung, 17.5.1945. Abgedruckt in: Karner – Pickl, Die Rote Armee in der Steiermark, Dok. Nr. 59; CAMO, F. 243, op. 2914, d. 100, S. 158–161; Bericht des Leiters der Politverwaltung der 3. Ukrainischen Front, Generalleutnant Anošin, über die politische Lage in Graz und die Arbeit unter der österreichischen Bevölkerung im Zeitraum 29.5.1945–3.6.1945, [Juni 1945]. Abgedruckt in: Karner – Pickl, Die Rote Armee in der Steiermark, Dok. Nr. 89.

sich die Rote Armee zur Moskauer Deklaration, weswegen die Bevölkerung nicht an die „deutsche faschistische Lüge, die Rote Armee würde das österreichische Volk verfolgen", glauben dürfe. Zum Abschluss mahnte der Aufruf, Ruhe und Ordnung zu bewahren sowie der Roten Armee „tatkräftig" zu helfen.[124]

Zu diesem Zeitpunkt verbreiteten die Sowjets zudem ein eigens an österreichische Offiziere und Soldaten gerichtetes Flugblatt, das dazu aufforderte, entweder zu den Truppen der Roten Armee überzulaufen oder im Hinterland gegen die deutschen Truppen zu kämpfen. Vorläufer war Tolbuchins Aufruf „Österreicher!" vom 5. April, der die „Österreicher in der Wehrmacht" gezielt zu Massendesertionen aufgerufen hatte. Dieser dezidierte Aufruf zum offenen Widerstand ist auch vor dem Hintergrund des für den 6. April 1945 geplanten militärischen Aufstandes unter Major Carl Szokoll zu sehen, dessen Unterstützung die Rote Armee zugesichert hatte.[125]

Zwischen 3. und 6. April 1945[126] trug Tolbuchin in einem an die „Bürger von Wien" gerichteten Aufruf der militärischen Entwicklung Rechnung. Die Auflage dieses Flugblattes war mit 200.000 Exemplaren besonders hoch.[127] Den schon bekannten Verweisen auf die Moskauer Deklaration und die „Befreiungsmission" der Roten Armee folgte die Aufforderung, die Wiener Bevölkerung solle die Stadt nicht verlassen, „um ihre geschichtlichen Denkmäler der Kunst und Kultur" zu erhalten. Desgleichen wurde die Bevölkerung angehalten, „den Kampf gegen die Deutschen zu organisieren, um Wien vor der Zerstörung durch die Nazipreußen zu bewahren", und Plünderungen zu verhindern. Dabei fällt auf, dass die Sowjets auch hier das „aktive Eingreifen

124 Aufruf des Militärrates der 2. Ukrainischen Front „An die Bevölkerung Österreichs", nicht nach dem 6.4.1945. Abgedruckt in: Karner - Stelzl-Marx - Tschubarjan, Die Rote Armee in Österreich, Dok. Nr. 15. Original abgedruckt in: Zemskov, SSSR - Avstrija, S. 17–19. Mit abweichender Übersetzung in: Sowjetunion heute. 9/1975, Beilage, o. S.

125 Aichinger, Sowjetische Österreichpolitik, S. 114f. Siehe dazu ausführlich das Kapitel A.II.2 „Carl Szokoll und die Sowjets: Militärischer Widerstand in Wien" in diesem Band.

126 Eine exakte Terminisierung dieses Aufrufes ist nicht möglich. Als Datierung finden sich sowohl der 6. April 1945 (vgl. Institut Voennoj Istorii, Krasnaja Armija v stranach Central'noj Evropy, S. 621) als auch der 5. April (vgl. Želtov, Političeskaja rabota, S. 26) und der 3. April (vgl. Sowjetunion heute. 9/1975, Beilage, o. S.). Blagodatov betonte, dass sich Tolbuchin vor dem Sturmangriff auf Wien, der am 5. April früh begann, mit dem Aufruf an die Bevölkerung der Stadt gewandt habe. Vgl. Blagodatow, Die ersten Friedenstage in Wien, S. 25. Vgl. Aichinger, Sowjetische Österreichpolitik, S. 113. Auch die Politverwaltung der 3. Ukrainischen Front verweist darauf, dass sich Tolbuchin am 5. April an die Bürger von Wien wandte. Vgl. CAMO, F. 243, op. 2914, d. 119, S. 165, 184–195, 200, Bericht der Politverwaltung der 3. Ukrainischen Front an Ščerbakov über die Arbeit der Politorgane und den politisch-moralischen Zustand der Truppen, nach dem 13.4.1945. Abgedruckt in: Institut Voennoj Istorii, Krasnaja Armija v stranach Central'noj Evropy, S. 647–653.

127 CAMO, F. 275, op. 356369s, d. 2, S. 256–268, hier: S. 257, Bericht von V. Smirnov über die Arbeit unter der österreichischen Bevölkerung im Zeitraum vom 1. April bis 1. August 1945 [August 1945].

aller Wiener" forderten und die Bevölkerung zum aktiven Widerstand animierten.[128]

Der Erfolg dieses Aufrufes wurde in der sowjetischen Literatur wiederholt überschätzt bzw. fehlinterpretiert: Ein noch im April 1945 verfasster Bericht an den Generalstab der Roten Armee betonte etwa, dass die Wiener „in Reaktion auf den Aufruf von Marschall Tolbuchin einen Aufstand gegen die Deutschen" vorbereitet hätten, der „nur durch den Verrat einiger weniger Personen verhindert" worden wäre.[129] In ähnlicher Weise strich auch ein 1975 publizierter Artikel die wichtige Rolle der sowjetischen Propaganda hervor: „Die Wiener leisteten dem Appell [Tolbuchins an die Bevölkerung Wiens] Folge. Die Widerstandsbewegung aktivierte sich. Patrioten konnten dem sowjetischen Kommando den Plan zur Verteidigung der Stadt übermitteln."[130] De facto dürfte dieser konkrete Aufruf in Reaktion auf den längst geplanten Aufstand Szokolls entstanden sein, dem die Sowjets bereits am 3. April in Hochwolkersdorf ihre Zustimmung erteilt hatten. Der militärische Widerstand war bereits aktiv geworden.[131]

1.4.2 „Erklärung der Sowjetregierung über Österreich"

Die „Erklärung der Sowjetregierung über Österreich" vom 9. April 1945 legte laut Aleksej S. Željtov, dem Politoffizier der 3. Ukrainischen Front und späteren stellvertretenden Militärkommissar in Österreich, „die politische Linie der Sowjetunion in Bezug auf Österreich" dar.[132] Želtovs Einschätzung ist insofern bemerkenswert, als er als zentrale Persönlichkeit in der sowjetischen Österreichpolitik wohl am besten über die Ziele und Methoden dieser Politik informiert war.[133] Die Erläuterung ihres Inhalts stehe, so Želtov, im Zentrum der politischen Arbeit unter der österreichischen Bevölkerung.[134] Die Erklärung wurde ursprünglich von Radio Moskau gesendet und anschließend auf Flugblättern und in der ersten Nummer der „Österreichischen Zeitung" publiziert.

128 Aufruf des Oberbefehlshabers der 3. Ukrainischen Front „Bürger von Wien!" [spätestens am 6.4.1945]. Abgedruckt in: Aichinger, Sowjetische Österreichpolitik, S. 411f.

129 CAMO, F. 243, op. 2900, d. 2058a, S. 83–99, Schilderung der Kämpfe der 3. Ukrainischen Front während des „Kampfes um Wien", nach dem 15.4.1945. Abgedruckt in: Karner – Stelzl-Marx – Tschubarjan, Die Rote Armee in Österreich, Dok. Nr. 7.

130 A. Smirnow, Wien im Frühling 1945, in: Sowjetunion heute. 7/1975, S. 20.

131 Siehe dazu ausführlich das Kapitel A.II.2 „Carl Szokoll und die Sowjets: Militärischer Widerstand in Wien" in diesem Band.

132 Želtov, Političeskaja rabota, S. 27.

133 Rauchensteiner, Der Sonderfall, S. 71.

134 Želtov, Političeskaja rabota, S. 27.

Die „Sowjetregierung“ betonte auch hier den Befreiungscharakter der Roten Armee und ihre feste Verankerung in der Moskauer Deklaration. Nach der Beseitigung des Regimes der „deutsch-faschistischen Okkupanten“ werde die Sowjetunion die „Wiederherstellung demokratischer Zustände und Einrichtungen in Österreich“ unterstützen, ohne jedoch die Gesellschaftsordnung zu ändern oder „sich irgendeinen Teil des österreichischen Territoriums anzueignen“. Die Erklärung ließ keinen Zweifel daran, dass letztlich der Wiederaufbau der Demokratie Aufgabe des österreichischen Volkes selbst sein müsse: Die Rote Armee habe lediglich den Befehl erhalten, „der Bevölkerung Österreichs in diesem Werk beizustehen“.[135]

Nach dem Ende der Kampfhandlungen nahm die Arbeit unter der Bevölkerung eine etwas andere Form an, so der Leiter der Politabteilung der 4. Garde-Armee: „Fortan besteht unsere Aufgabe darin, der örtlichen Bevölkerung die Wahrheit über die Rote Armee und die Sowjetunion zu erzählen, unsere Errungenschaften im Bereich von Industrie, Wissenschaft und Kunst sowie im Bereich der Volksbildung und die Kultur der Völker der Sowjetunion zu zeigen. Schließlich stellen wir uns die Aufgabe, über die großen Siege des sowjetischen Volkes im Vaterländischen Krieg zu berichten.“ Mehrere Flugblätter zu Themen wie „Die Rote Armee - die stärkste Armee der Welt“ mit einer Auflage von jeweils 25.000 Exemplaren wurden gedruckt, beinahe 1700 Lautsprechereinsätze organisiert und 546 Versammlungen der Bevölkerung in der sowjetischen Zone abgehalten.[136] Dabei ging man im sowjetischen Weltbild von der Überlegenheit der sowjetischen Kultur gegenüber bürgerlichen Kulturen aus. Die Größe der sowjetischen Kultur habe sich ihren Verfechtern zufolge auch durch den Sieg über die Deutschen im „Großen Vaterländischen Krieg“ manifestiert.[137] Die Vertreter dieser Kultur in Deutschland und Österreich, die Offiziere und Mannschaftssoldaten der Roten Armee, sollten als Vorbilder dieser Überlegenheit dienen - ein Vorhaben, das in vielen Fällen fehlschlug.

135 Erklärung der Sowjetregierung über Österreich, in: Österreichische Zeitung, 15.4.1945, S. 1; Aichinger, Sowjetische Österreichpolitik, S. 115f. In der sowjetischen Literatur wird die Bedeutung dieser Erklärung besonders hervorgehoben. Vgl. etwa: Andrej Stepanow, Die Moskauer Österreich-Erklärung. Zum 25. Jahrestag der Außenministerkonferenz der UdSSR, der USA und Großbritanniens 1943, in: Sowjetunion heute. 20/1968, S. 6; P. S. Gračev (Hg.), Voennaja ėnciklopedia v vos'mi tomach. Bd. 2 Vavilonija - Gjujs. Moskau 1994, S. 65.

136 CAMO, F. 275, op. 356369s, d. 2, S. 256–268, hier: S. 257, Bericht von V. Smirnov über die Arbeit unter der österreichischen Bevölkerung im Zeitraum vom 1. April bis 1. August 1945 [August 1945].

137 Naimark, Die Russen in Deutschland, S. 501f.

2. Carl Szokoll und die Sowjets: militärischer Widerstand in Wien

Die militärische Widerstandsgruppe im Wehrkreiskommando XVII in Wien um Major Carl Szokoll[138] hatte den Juli 1944 überstanden[139] und war nach dem misslungenen Attentat Claus Schenk Graf von Stauffenbergs auf Hitler unerkannt geblieben. Um keinen Verdacht auf sich zu lenken, hatte die Gruppe 1944/1945 jegliche Aktivitäten unterlassen. Mit dem Heranrücken der Roten Armee im Frühjahr 1945 war jedoch eine neue Situation entstanden und die Gruppe fasste den Plan, Wien bei der bevorstehenden Schlacht vor einer totalen Zerstörung zu bewahren oder sogar eine kampflose Übergabe der Stadt zu erreichen.

Szokoll ging davon aus, dass dies nur dann gelingen könnte, wenn die Sowjets über die Verteilung der Deutschen Wehrmacht in Wien informiert wären und aktive Unterstützung seitens der Widerstandsbewegung erhielten. Im Auftrag Szokolls sollte Oberfeldwebel Ferdinand Käs Kontakt mit den Sowjets aufnehmen, ihnen ein konkretes Angebot zur Zusammenarbeit unterbreiten und um eine Schonung von Wien bitten. Die Operation erhielt den Tarnnamen „Radetzky".[140]

---

138 Carl Szokoll, geboren am 15. Oktober 1915 in Wien; Besuch der Theresianischen Militärakademie; Übernahme mit Ausmusterung als Leutnant in die Deutsche Wehrmacht, Einsatz im Polenfeldzug und ab März 1940 im Westfeldzug in Frankreich; im Juli 1941 nach einem Lazarettaufenthalt Versetzung nach Wien in das Stellvertretende Generalkommando XVII; ab Jänner 1943 Chef der Organisationsabteilung des stellvertretenden Generalkommandos XVII; Beteiligung an der „Operation Walküre" als Vertrauter von Oberst Graf Stauffenberg in Wien. Nach Misslingen des Attentates auf Hitler am 20. Juli 1944 blieb Carl Szokoll unerkannt. Beförderung zum Major; Planung und Leitung der „Operation Radetzky"; Verhaftung und Verhöre durch den sowjetischen Geheimdienst; ab 1948 Filmproduzent, unter anderem von „Die letzte Brücke" und „Der letzte Akt" sowie Mitautor mehrerer Filmdrehbücher von „Der Bockerer". Verstorben am 25.8.2004 in Wien im 89. Lebensjahr. Vgl. CA FSB RF, K-109717, t. 4, S. 20–27, auf Deutsch S. 28–30, Autobiografie von Carl Szokoll o. D. [nach 2.6.1945]; Carl Szokoll, Die Rettung Wiens 1945. Mein Leben, mein Anteil an der Verschwörung gegen Hitler und an der Befreiung Österreichs. Wien 2001, Klappentext. Das folgende Kapitel wurde publiziert in: Barbara Stelzl-Marx, Carl Szokoll und die Sowjets: Militärischer Widerstand in Wien 1945, in: Stefan Karner - Karl Duffek (Hg.), Widerstand in Österreich 1938–1945. Die Beiträge der Parlaments-Enquete 2005. Wien 2007, S. 167–194; B. Štel'cl'-Marks, Karl Sokoll v avstrijskom antifašistskom soprotivlenii, in: Novaja i novejščaja istorija 1/2009, S. 200–220.

139 B. L. Chavkin, Antigitlerovskoe Soprotivlenie v vermachte. Rossija i Germanija. Moskau 2007, S. 184f.

140 Rauchensteiner, Der Krieg in Österreich, S. 147.

2.1 Vorbereitung und Durchführung der „Operation Radetzky"

Ferdinand Käs wurde den Sowjets bereits im Vorfeld angekündigt: Zwei Vertreter des politischen Organs der österreichischen Widerstandsbewegung O5,[141] des „provisorischen Österreichischen Nationalkomitees" (POEN),[142] Ernst Lemberger und Fritz Molden, sprachen im Jänner und im März 1945 bei sowjetischen Repräsentanten in Paris vor. Die sowjetische Seite zeigte sich interessiert, aber nicht sonderlich zuvorkommend. Insbesondere kritisierte sie, dass eine Kontaktaufnahme mit den Westmächten bereits viel früher erfolgt sei.[143] Stalin wurde wenig später über die Unterredung Lembergers mit Generalmajor Ivan A. Susloparov, dem Leiter der sowjetischen Militärmission beim Alliierten Hauptquartier (SHAEF) in Paris, persönlich unterrichtet. Dabei kam der Verdacht zur Sprache, es handle sich bei der POEN um eine Schöpfung des amerikanischen und britischen Geheimdienstes.[144]

141 1944 fasste Hans Becker zahlreiche Widerstandsgruppen in Österreich in einem einzigen Block zusammen, der als „O5" bekannt wurde. Die O5 verstand sich als „Zusammenfassung der im provisorischen österreichischen Nationalkomitee POEN vertretenen österreichischen Widerstandsgruppen" aller Parteirichtungen. Sie stellte sich die Aufgabe, zum Sturz der nationalsozialistischen Herrschaft und zum Wiederaufbau Österreichs auf demokratischer Basis beizutragen. Der Tarnname ergab sich aus „Oe", der Abkürzung für „Österreich", wobei anstelle von „e" als fünfter Buchstabe des Alphabets die Zahl „5" gesetzt wurde. Ende 1944 nahm die O5 Kontakt mit den westlichen Alliierten in Frankreich auf, nachdem erste Fühlungsnahmen mindestens ein Jahr zuvor stattgefunden hatten. Vgl. Luža, Der Widerstand in Österreich, S. 187–192; Aichinger, Sowjetische Österreichpolitik, S. 160–162; Oliver Rathkolb, Raoul Bumballa, ein politischer Nonkonformist 1945. Fallstudie zur Funktion der O5 im Widerstand und in der Parteienrestauration, in: Rudolf G. Ardelt - Wolfgang J. A. Huber - Anton Staudinger (Hg.), Unterdrückung und Emanzipation. Festschrift für Erika Weinzierl. Zum 60. Geburtstag. Wien - Salzburg 1985, S. 295–317.

142 Das im Dezember 1944 gegründete POEN wurde von seinen Mitgliedern als Kern einer zukünftigen provisorischen österreichischen Regierung betrachtet. Im Jänner 1945 informierte Allen Welsh Dulles, der Beauftragte des OSS in der amerikanischen Nachrichtenzentrale in Bern, Fritz Molden offiziell, dass die USA nunmehr das POEN und die O5 de facto als ihre österreichischen Partner anerkennen wollten. Molden wurde daraufhin zum Verbindungsoffizier des österreichischen Widerstandes im Rang eines Oberstleutnants der US-Armee im alliierten Hauptquartier in Caserta ernannt. Vgl. Luža, Der Widerstand in Österreich, S. 241–243.

143 Fritz Molden, Fepolinski & Waschlapski. Auf dem berstenden Stern. Wien - München - Zürich 1976, S. 352–354; Aichinger, Sowjetische Österreichpolitik, S. 160; Rauchensteiner, Der Sonderfall, S. 66; Fritz Molden, Podiumsdiskussion „Widerstand in Österreich 1938–1945", in: Stefan Karner - Karl Duffek (Hg.), Widerstand in Österreich 1938–1945. Die Beiträge der Parlaments-Enquete 2005. Graz - Wien 2007, S. 265–270.

144 RGASPI, F. 495, op. 74, d. 25, S. 7f., G. M. Dimitrov an Stalin, 6.4.1945. Derselbe Bericht findet sich in: RGASPI, F. 17, op. 128, d. 716, S. 37f., G. M. Dimitrov an Stalin, 6.4.1945. Abgedruckt in: Wolfgang Mueller et al., Sowjetische Politik in Österreich, Dok. Nr. 6; Vgl. Stefan Karner - Peter Ruggenthaler, Stalin und Österreich. Sowjetische Österreich-Politik 1938 bis 1953, in: Jahrbuch für Historische Kommunismusforschung 2005. Berlin 2005, S. 102–141, hier: S. 141.

Einer Zusammenarbeit mit der O5 – vor allem im militärischen Bereich – stimmte Susloparov, der Molden am 27. März 1945 empfing, jedoch zu.[145] Sie vereinbarten, Szokolls Vertrauensmann Ferdinand Käs als bevollmächtigten Vertreter des österreichischen Widerstandes O5 über die Frontlinie hinweg zu Marschall Fedor Tolbuchin zu entsenden, und sprachen dafür einen eigenen Code ab.[146]

Den Wunsch des POEN, in Moskau eine Repräsentanz einzurichten, lehnte Susloparov jedoch ab. Eine bürgerliche, von den Westmächten gestützte Regierung, wie sie die beiden Repräsentanten der Widerstandsbewegung anstrebten, lief den sowjetischen Interessen ebenso zuwider wie die Pläne Bruno Kreiskys im schwedischen Exil und jene anderer Interessengruppen. Stalin warf daher Ende März 1945 in der Stavka die Frage auf, wer in Österreich die Zentralverwaltung aufbauen solle und was aus Karl Renner geworden sei. Zu dieser Zeit lagen die Informationen aus Paris über die O5 bereits vor. Sie waren offenbar nicht von der Art, dass Moskau die O5 als das gesuchte regierungsähnliche Organ betrachten konnte. Im Gegenteil, sie dürften Stalins Misstrauen gegenüber der O5 und den Plänen der Briten eher noch verstärkt und sogar einen zusätzlichen Impuls für das einseitige sowjetische Vorpreschen in der Österreichfrage gegeben haben. Der Kremlchef schien zu befürchten, dass die Westalliierten das POEN, das sich nicht unter seiner Kontrolle befand, als provisorische Regierung anerkennen könnten. Stalin erteilte daher der 2. und 3. Ukrainischen Front den Befehl, nach Renner zu suchen. Nicht gerade förderlich war außerdem die ablehnende Haltung der österreichischen Kommunisten im Moskauer Exil gegenüber der O5, deren Existenz sie glatt negierten.[147]

2.1.1 Kontaktaufnahme mit der Roten Armee

Am 2. April 1945 erreichten Käs und sein Fahrer Johann Reif auf abenteuerliche Weise die sowjetische Frontlinie, woraufhin sie gegen 22 Uhr[148] nach

145 Molden, Fepolinski & Waschlapski, S. 352–354; Aichinger, Sowjetische Österreichpolitik, S. 160; Rauchensteiner, Der Sonderfall, S. 66.

146 Molden, Fepolinski & Waschlapski, S. 354f.; Luža, Der Widerstand in Österreich, S. 245.

147 Aichinger, Sowjetische Österreichpolitik, S. 160f.; Karner – Ruggenthaler, Unter sowjetischer Kontrolle; Rauchensteiner, Der Sonderfall, S. 66f.; Natal'ja Lebedeva, Österreichische Kommunisten im Moskauer Exil. Die Komintern, die Abteilung für internationale Information des ZK der VKP(b) und Österreich 1943–1945, in: Stefan Karner – Barbara Stelzl-Marx (Hg.), Die Rote Armee in Österreich. Sowjetische Besatzung 1945–1955. Beiträge. Graz – Wien – München 2005, S. 39–60; Mueller, Die sowjetische Besatzung in Österreich, S. 82f.

148 Szokoll, Die Rettung Wiens, S. 314. Gemäß dem Bericht des Oberkommandierenden der 9. Garde-Armee trafen Käs und Reif am 3. April 1945 im Stab der 9. Garde-Armee ein. Da Käs und Reif laut

Abb. 8: Sowjetische Funker in Wien im April 1945. (Quelle: RGAKFD, Foto: Chaldej)

Hochwolkersdorf in der Buckligen Welt zum Stab der 9. Garde-Armee der 3. Ukrainischen Front unter General Vasilij V. Glagolev gebracht wurden.[149] Käs informierte General Glagolev nicht nur über den geplanten militärischen Aufstand von bewaffneten Teilen der Wiener Bevölkerung und ausgesuchten Wehrmachtseinheiten,[150] sondern übergab auch Lagepläne von Wien sowie „wertvolle"[151] Unterlagen über die Aufstellung der deutschen Truppenverbände. Weiters unterbreitete er Szokolls Vorschlag, die sowjetischen Truppen von Westen her in die Stadt hineinzuführen und nicht von Süden, wo es die deutsche Verteidigung erwartete.[152] Der Umfassungsgriff im Westen Wiens entsprach - unabhängig von den Angaben der österreichischen Widerstandsbewegung - den Plänen der Sowjets.[153] Käs ersuchte auch, die schweren alliierten Luftangriffe auf Wien einzustellen, die Wasserversorgung der Stadt nicht zu unterbrechen, die österreichischen Kriegsgefangenen besonders milde zu behandeln oder, wenn möglich, überhaupt freizulassen.[154]

Szokoll am 2. April gegen 22 Uhr im Stab ankamen, dürfte im sowjetischen Bericht der Unterschied zur Moskauer Zeit (plus zwei Stunden) zum Tragen gekommen sein. CAMO, F. 243, op. 2912, d. 146, S. 118–120, Bericht des Oberkommandierenden der 9. Garde-Armee, Glagolev, an den Chef des Generalstabes der Roten Armee über den in Wien vorbereiteten Aufstand, 5.4.1945. Abgedruckt in: Karner - Stelzl-Marx - Tschubarjan, Die Rote Armee in Österreich, Dok. Nr. 14.

149 Zum zeitlichen Verlauf siehe auch Tabelle 1 im Anhang dieses Bandes.

150 CAMO, F. 243, op. 2912, d. 146, S. 118–120, Glagolev über den in Wien vorbereiteten Aufstand.

151 V. N. Želanov, Vzaimodejstvie sil avstrijskogo dviženija soprotivlenija s vojskami Krasnoj Armii v bojach za osvoboždenie Avstrii (aprel' 1945g.), in: A. M. Samsonov et al. (Hg.), Dviženie soprotivlenija v Evrope. Vtoraja mirovaja vojna. Materialy naučnoj konferencii posvjašennoj 20-j godovščine pobedy nad fašistskoj Germaniej v trech knigach. Bd. 3. Moskau 1966, S. 117–121, hier: S. 118.

152 Rauchensteiner, Der Krieg in Österreich, S. 147; Hugo Portisch, Am Anfang war das Ende. Österreich II. Die Geschichte Österreichs vom 2. Weltkrieg bis zum Staatsvertrag. Bd. 1. München 1993, S. 116–118.

153 Rauchensteiner, Der Krieg in Österreich, S. 148.

154 Luža, Der Widerstand in Österreich, S. 264.

Die Sowjets stimmten einem Zusammenwirken beim geplanten Aufstand zu - und das zu einer Zeit, als sich Moskau bereits längst für Karl Renner entschieden hatte. Sie verlangten von Szokoll eine bewaffnete Erhebung, in deren Verlauf die Schlüsselstellen in Wien von der Widerstandsbewegung besetzt werden sollten.[155] Eine Einbindung der O5 forderte das sowjetische Oberkommando dabei nicht. Die Widerstandsorganisation O5 dürfte nicht einmal zur Sprache gekommen sein.[156]

Glagolevs Stab vereinbarte mit den Widerstandskämpfern eine Funkverbindung „zwecks Erhalt von Angaben über die Bereitschaft zum Aufstand" und eigene Erkennungsmerkmale: Der Aufstand hatte zu beginnen, wenn drei Flugzeuge über Wien flogen, am Tag Kurven zogen und eine Serie roter Leuchtkugeln abfeuerten bzw. in der Nacht an Fallschirmen befestigte Leuchtraketen abwarfen und rote Leuchtkugeln abfeuerten. Als Antwort, dass man das sowjetische Signal empfangen hätte und der Aufstand beginnen würde, sollte Szokoll grüne Raketen abfeuern. Als Erkennungssignal wurde sowohl für Militärangehörige als auch für Zivilisten das mündliche Losungswort „Moskau" festgelegt. Zivilisten sollten um den linken Arm ein weißes Band tragen, Militärangehörige, die auf sowjetische Truppen stießen, hatten mit einer Hand ihre Waffe hochzuhalten und mit der anderen Hand ein weißes Tuch. Von den Aufständischen eingenommene Gebäude und Stellungen waren mit weißen Flaggen zu kennzeichnen.[157]

Mit diesen Informationen ausgestattet, traten die beiden Parlamentäre - zunächst als Rotarmisten verkleidet - in den späten Abendstunden des 3. April die Rückfahrt nach Wien an. Die Unterhandlungen hatten bis in die Morgenstunden des 3. April gedauert, waren am späten Vormittag wieder aufgenommen, am Nachmittag weitergeführt und am Abend abgeschlossen worden. Gegen Mitternacht gelangten Käs und Reif nach Sooß zu jenem Stab,

155 CAMO, F. 243, op. 2912, d. 146, S. 118–120, Glagolev über den in Wien vorbereiteten Aufstand. Angeblich hatte Szokoll den Sowjets zunächst nur vorgeschlagen, sie auf Schleichwegen nach Wien führen zu lassen, was den Möglichkeiten der Widerstandsgruppe entsprochen hätte. Vgl. Rauchensteiner, Der Krieg in Österreich, S. 165. Auf der anderen Seite hielt Glagolev in seinem Bericht fest, die „Parlamentäre haben berichtet, dass in Wien ein Aufstand gegen die Deutschen vorbereitet wird".

156 Ebd. Rathkolbs These, die Sowjets hätten eine Mitwirkung der O5 nicht verlangt, kann nunmehr durch die vorliegenden sowjetischen Dokumente verifiziert werden. Vgl. Rathkolb, Raoul Bumballa, S. 301. Aufschlussreich ist in diesem Zusammenhang auch das Verhörprotokoll von Carl Szokoll, wonach er auf die Frage der „Smerš", ob er Bumballa mit dem Befehl des sowjetischen Oberkommandos bekannt gemacht hätte, dies lediglich bestätigte. Hätte es von sowjetischer Seite den Auftrag zur Einbindung der O5 gegeben, hätte es Szokoll an dieser Stelle wohl erwähnen müssen. CA FSB RF, K-109717, t. 3, S. 1–6, Verhörprotokoll von Carl Szokoll, 24.4.1945. Abgedruckt in: Karner - Duffek, Widerstand in Österreich, S. 201–204.

157 CAMO, F. 243, op. 2912, d. 146, S. 118–120, Glagolev über den in Wien vorbereiteten Aufstand.

der sie am 2. April nach Hochwolkersdorf weitergeleitet hatte.[158] Jener Generalleutnant, dem Käs am 2. April seine Mission dargelegt hatte, trug ihm angeblich auf Befehl des sowjetischen Hauptquartiers auf, in Wien über die Kontaktaufnahme Renners mit dem sowjetischen Oberkommando zu berichten: „Dr. Karl Renner, der ehemalige erste Staatskanzler der Österreichischen Republik, befindet sich am Weg in das sowjetische Hauptquartier in Hochwolkersdorf", führte Szokoll in seinen Erinnerungen an.[159] Am 4. April trafen Käs und Reif in Wien ein, wo sie noch am Vormittag Szokoll über die getroffenen Vereinbarungen unterrichteten.[160]

2.1.2 *„Operation Radetzky"*

Abb. 9: Major Carl Szokoll (1915–2004) leitete die militärische Widerstandsgruppe im Wehrkreiskommando XVII in Wien, die im Frühjahr 1945 im Rahmen der „Operation Radetzky" Kontakt mit der Roten Armee aufnahm. (Quelle: DÖW)

Als am 5. April tatsächlich, wie in Hochwolkersdorf vereinbart, drei sowjetische Flugzeuge über Wien kreisten und rote Leuchtkugeln abschossen, rief Szokoll die „Operation Radetzky" aus. Zeitgleich kamen sowjetische Flugblätter in Umlauf, worin sowohl die Wiener Bevölkerung als auch österreichische Wehrmachtsangehörige zum aktiven Kampf gegen die Wehrmacht aufgefordert wurden.[161] Der Aufstand sollte am 5. April um 24 Uhr beginnen.

Im Detail sah der mit der Roten Armee vereinbarte Plan folgende Schritte vor: Sobald die sowjetischen Truppen die Stadtgrenze erreicht hätten, sollten die Kampfgruppen des Widerstandes gemeinsam mit „österreichischen" Wehrmachtseinheiten die Brücken über die Donau und über den Donaukanal einnehmen und ihre Sprengung verhindern, die öffentlichen Gebäude besetzen, das Kommunikationswesen in ihre Gewalt bringen und Waffenlager in Besitz nehmen. Österreichische Soldaten sollten außerdem alles daransetzen,

158 Szokoll, Die Rettung Wiens, S. 314f.

159 Szokoll, Die Rettung Wiens, S. 315f. Vgl. Ferdinand Käs, Wien im Schicksalsjahr 1945. Wien 1965, S. 14.

160 Szokoll, Die Rettung Wiens, S. 322f.

161 Aichinger, Sowjetische Österreichpolitik, S. 113f.; Želtov, Političeskaja rabota. Siehe dazu auch das Kapitel A.II.1.4.1 „‚An die Bevölkerung Österreichs' und ‚Bürger von Wien'" in diesem Band.

die deutschen Offiziere zu überwältigen.[162] Für den neu ernannten Festungskommandanten, General der Infanterie Rudolf von Bünau, hatten die Widerstandskämpfer einen fingierten „Befehl zur Einstellung der Kampfhandlungen in Wien" vorbereitet, den dieser unterschreiben sollte.[163] Wien sollte am 6. April um 12.30 Uhr den Sowjets übergeben werden.[164] Als Antwort auf die roten Leuchtkugeln feuerte die Widerstandsgruppe grüne Leuchtkugeln ab. Phase 1 von „Radetzky" hatte begonnen.[165]

2.1.3 Einbindung der O5

Mehrfach finden sich in der sowjetischen Sekundärliteratur und in zeitgenössischen Dokumenten[166] Hinweise darauf, mit welcher Unterstützung Szokoll beim Aufstand zu rechnen gehabt hätte, wobei die Angaben aus heutiger Sicht kaum noch verifizierbar sind: Demnach ging die Gruppe um Szokoll davon aus, dass sich zwei Reserve-Infanterie-Bataillone (hierbei dürfte es sich um die Landesschützen-Bataillone I/17 und 866 handeln), eine Artilleriebatterie, Infanteriekräfte des Kroatischen Ersatz- und Ausbildungsregiments in Stockerau sowie 1900 „österreichische" Soldaten und 20.000 Wiener, davon 6000 bewaffnet, beteiligen würden.[167]

Mit der O5 stand Szokoll - zumindest indirekt - seit 1944 in Kontakt: Sein Vertrauter, Oberleutnant Wolfgang Igler, traf sich etwa im September 1944 in der Wohnung von Alfons Stillfried mit Fritz Molden, um die Ausweitung der Geheimorganisation auf Wehrmachtseinheiten zu besprechen. Gemeinsam mit den Adjutanten Szokolls, Oberleutnant Otto Scholik, Oberleutnant Rudolf Raschke und Hauptmann Alfred Huth, bildete Wolfgang Igler eine kleine Verbindungsgruppe zur O5.[168] Ende März 1945 gab Szokoll seinen Plan

---

162 CAMO, F. 243, op. 2912, d. 146, S. 118–120, Glagolev über den in Wien vorbereiteten Aufstand.

163 Fritz Molden, Die Feuer in der Nacht. Opfer und Sinn des österreichischen Widerstandes 1938–1945. Wien - München 1988, S. 172–174; Portisch, Am Anfang war das Ende, S. 118–122.

164 Želanov, Vzaimodejstvie sil avstrijskogo dviženija soprotivlenija, S. 118; Szokoll, Die Rettung Wiens, S. 339.

165 Szokoll, Die Rettung Wiens, S. 329f.

166 CAMO, F. 243, op. 2900, d. 2058a, S. 83–99, Schilderung der Kämpfe der 3. Ukrainischen Front während des „Kampfes um Wien", nach dem 15.4.1945. Abgedruckt in: Karner - Stelzl-Marx - Tschubarjan, Die Rote Armee in Österreich, Dok. Nr. 7. Hierbei ist von zwei Reservebataillons, einer Artilleriebatterie, 1200 österreichischen Soldaten aus verschiedenen Einheiten und ungefähr 20.000 Wienern die Rede, die sich am Aufstand beteiligen wollten.

167 Želanov, Vzaimodejstvie sil avstrijskogo dviženija soprotivlenija, S. 118; Štemenko, General'nyj štab v gody vojny, S. 360; Kobljakov et al., SSSR v bor'be za nezavisimost', S. 77f. Rauchensteiner konstatierte sicherlich zu Recht, dass besonders die Nennung von 20.000 Wienern eine nicht mehr kontrollierbare Schätzung darstellt: Vgl. Rauchensteiner, Der Krieg in Österreich, S. 165, 415.

168 Luža, Der Widerstand in Österreich, S. 260f.; Molden, Fepolinski & Waschlapski, S. 285f.

den Führungskreisen der O5 und den Leitern der paramilitärischen Formationen bekannt und beschloss, diesen auszuführen, sobald mit dem sowjetischen Oberkommando Verbindung aufgenommen worden wäre.[169]

Dies deckt sich auch mit einem Politbericht der 9. Garde-Armee vom 3. April 1945, wonach Szokoll zu diesem Zeitpunkt bereits in Verbindung mit der O5 gestanden sei. Raoul Bumballa,[170] der Leiter der O5, berichtete darin wörtlich: „Abgesehen von der Propagierung unserer Ideen unter der Bevölkerung stellten wir die Verbindungen mit den Teilen der Wehrmacht her, wo sich Österreicher befanden - Patrioten ihrer unterjochten Heimat. Dafür wurde der Kontakt mit einem Österreicher, Major Szokoll, hergestellt, der in der Wehrmacht diente."[171]

Die nun zugänglichen sowjetischen KGB-Akten[172] legen den Schluss nahe, dass Szokoll selbst erst Anfang April 1945 direkte Verbindung zur Führungsriege der O5 aufnahm. So beschrieb Gustav Fraser von der O5 Anfang Mai 1945 gegenüber dem sowjetischen Stadtkommandanten Aleksej V. Blagodatov die Kontaktaufnahme Szokolls mit der O5 folgendermaßen: „Da erschien eines Tages in meiner Wohnung Baron Nikolaus Maasburg, der mir als Verwandter des mir bekannten Grafen Thun-Hohenstein ebenfalls bekannt war. Er erklärte mir Folgendes: Er sei ein Vertrauensmann des Major Sokol [sic!], Generalstabschef des Kampfkommandanten von Wien. Major Sokol [sic!] habe Verbindung mit dem Hauptquartier des Marschalls Tolbuchin aufgenommen und von ihm die Zusicherung erhalten, dass die Wasserversorgung Wiens nicht zerstört, die Stadt weitestgehend geschont werden würde, wenn es der Widerstandsbewegung gelänge, die Brücken über die Donau intakt zu halten und die Stadt möglichst kampflos der Roten Armee zu übergeben. Der Marschall verlange ausdrücklich die Mitwirkung der Organisation O5

169 Luža, Der Widerstand in Österreich, S. 263; Otto Molden, Der Ruf des Gewissens. Der österreichische Freiheitskampf 1938–1945. Wien 1958, S. 222f.

170 Raoul Bumballa wurde am 10. September 1895 in Troppau geboren. Das Doktorat, das er seit Anfang 1921 nachweislich führte, hatte er jedoch nie erworben. Vgl. Rathkolb, Raoul Bumballa, S. 296. In sowjetischen Quellen findet sich mitunter der Doppelname „Bumballa-Burenau" bzw. lediglich „Burenau".

171 CAMO, F. 243, op. 2914, d. 132, S. 29–33, Bericht des Leiters der Politabteilung der 9. Garde-Armee, Molin, an die Politverwaltung der 3. Ukrainischen Front, 3.4.1945. Abgedruckt in: Institut Voennoj Istorii, Krasnaja Armija v stranach Central'noj Evropy, S. 611–614.

172 Herrn Dir. Dr. Vasilij Christoforov, Moskau, sei für die Zurverfügungstellung von Dokumenten über Carl Szokoll aus dem CA FSB herzlich gedankt. Vgl. Vasilij Christoforov, Zu den Dokumenten über die österreichische Widerstandsbewegung aus dem Zentralarchiv des Föderalen Sicherheitsdienstes der Russischen Föderation, in: Stefan Karner - Karl Duffek (Hg.), Widerstand in Österreich 1938–1945. Die Beiträge der Parlaments-Enquete 2005. Graz - Wien 2007, S. 195–200. Eine Auswahl der Dokumente findet sich in: Dokumente aus dem KGB-Dossier zu Carl Szokoll. Ausgewählt von Vasilij Christoforov, in: Stefan Karner - Karl Duffek (Hg.), Widerstand in Österreich 1938–1945. Die Beiträge der Parlaments-Enquete 2005. Graz - Wien 2007, S. 201–212.

bei diesem Werk und der Major Sokol [sic!] suche nun die Verbindung mit der O5 zu einer engen Zusammenarbeit aufzunehmen. Ich stellte sofort die Verbindung zu unserem, inzwischen gebildeten Siebenerausschuss [...] her und wir begannen sofort, Hand in Hand mit Major Sokol [sic!] zu arbeiten."[173]

Wie zuvor erwähnt, kann die angeblich von Marschall Tolbuchin - den Käs und Reif ja gar nicht trafen - geforderte Mitwirkung der O5 durch die nun zugänglichen sowjetischen Dokumente nicht bestätigt werden.[174] Nicht auszuschließen ist jedoch, dass Szokoll selbst gegenüber den Vertretern der O5 auf diese Forderung Tolbuchins verwies, um die O5 leichter von einer Zusammenarbeit überzeugen zu können.

Szokoll suchte gemäß seiner späteren Aussage gegenüber dem sowjetischen Geheimdienst erstmals am 5. April den persönlichen Kontakt mit der O5, da sich seine Organisation nicht in der Lage sah, den Befehl des sowjetischen Oberkommandos „aus eigenen Kräften" zu erfüllen. Bumballa soll daraufhin die Beteiligung von 5000 gut bewaffneten Soldaten und Offizieren zugesagt haben.[175]

2.2 Verrat und Niederschlagung

In der Nacht zum 6. April kamen die Anführer des militärischen Widerstandes im Wehrkreiskommando XVII zusammen, besprachen die letzten Einzelheiten und beschlossen, am Freitag, dem 6. April, loszuschlagen. Um Mitternacht verteilten sich die Anführer des geplanten Aufstandes, um an ihre Gruppen letzte Befehle auszugeben.[176] Szokoll selbst ging zunächst in die Frankgasse 4, wo er den Vorsitzenden der O5, Bumballa, angeblich erstmals persönlich traf. Er informierte Bumballa und andere führende Persönlichkeiten der zivilen O5 über die mit den Sowjets getroffenen Abmachungen und den Zeitplan. Sie vereinbarten demnach, dass sich die O5 mit 5000 bewaffneten Soldaten und Offizieren am Unternehmen „Radetzky" beteiligen würde.[177] Die militärische Alleinverantwortung wollte Szokoll nicht aus der Hand

173 CA FSB RF, K-109717, t. 3, S. 65f., Memorandum von Gustav Fraser an Aleksej Blagodatov betreffend seine „Tätigkeit für die Befreiung Wiens vom Naziterror". Während in sowjetischen Dokumenten und bei Rathkolb „Georg" als Vorname Frasers angegeben wird, findet sich in der deutschsprachigen Literatur üblicherweise „Gustav".

174 CAMO, F. 243, op. 2912, d. 146, S. 118–120, Glagolev über den in Wien vorbereiteten Aufstand. Bericht des Oberkommandierenden der 9. Garde-Armee an den Chef des Generalstabes der Roten Armee über den in Wien vorbereiteten Aufstand, 5.4.1945.

175 CA FSB RF, K-109717, t. 3, S. 1–6, Verhörprotokoll von Carl Szokoll, 24.4.1945.

176 Luža, Der Widerstand in Österreich, S. 265; Portisch, Am Anfang war das Ende, S. 120.

177 CA FSB RF, K-109717, t. 3, S. 1–6, Verhörprotokoll von Carl Szokoll, 24.4.1945. Vgl. Molden, Die Feuer in der Nacht, S. 174. In seinen Erinnerungen lässt Szokoll dieses Treffen mit Bumballa aus,

geben.[178] Anschließend suchte er das geheime Versteck der verbündeten kommunistischen Widerstandsgruppe auf, um auch sie für die „Operation Radetzky" zu gewinnen. Szokoll erachtete es, wie er selbst betonte, als wichtig, dass neben der O5 und anderen Widerstandsgruppen vor allem auch österreichische Kommunisten beim Empfang der Sowjets im Palais Auersperg anwesend waren. Die O5 stellte in Szokolls Augen keine überparteiliche Repräsentanz des österreichischen Widerstandes dar, weil sie „nur mit den Engländern und den Amerikanern in Verbindung stand".[179] Die zunehmend ablehnende Haltung Moskaus gegenüber der O5 schätzte er dabei sicher richtig ein, zumal die kommunistische Vertretung innerhalb der O5 unbedeutend war bzw. von den österreichischen Exilkommunisten misstrauisch beäugt wurde.[180] Der Sekretär der Kommunisten mit dem Nom de Guerre „Fritz" stimmte einer Teilnahme an „Radetzky" zu.[181]

Danach wollte Szokoll dem Wehrkreiskommando XVII einen Besuch abstatten, wurde aber beim Radetzky-Denkmal von Ferdinand Käs aufgehalten:[182] Major Karl Biedermann, Kommandant der Heeresstreife Groß-Wien, war im Verlauf des 5. April als Angehöriger der österreichischen Widerstandsbewegung denunziert und auf Befehl des Kampfkommandanten von Wien verhaftet worden. Noch in den frühen Morgenstunden des 6. April gab Biedermann während der Verhöre die „Operation Radetzky" preis, wodurch die Wehrmacht genaue Kenntnis über die Akteure und ihre Pläne gewann.[183] Leutnant Heinz Scheichelbauer, ein Vertrauensmann im Festungsstab Wien Ic, hatte den Stab Szokolls laufend über die Untersuchungen und schließlich das Auffliegen des Aufstandsplans informiert.[184] Daraufhin war ein Kommando, bestehend aus Oberleutnant Rudolf Raschke und Leutnant Alfred Huth, als Meldekopf im Stab zurückgelassen worden, während sich

während er jenes mit den Kommunisten ausführlich beschreibt. Vgl. Szokoll, Die Rettung Wiens, S. 330–335. Hingegen verweist Luža darauf, dass Szokoll Bumballa und andere führende Persönlichkeiten der O5 zu sich bat. Das Treffen mit den Kommunisten bleibt hier unerwähnt. Vgl. Luža, Der Widerstand in Österreich, S. 265.

178 Rathkolb, Raoul Bumballa, S. 301. Rathkolb verweist dabei auf die Unstimmigkeiten zwischen der O5 und der Gruppe um Szokoll, die eventuell auf Positionskonflikte um den Einfluss nach der Befreiung zurückzuführen sind.

179 Szokoll, Die Rettung Wiens, S. 330.

180 Aichinger, Sowjetische Österreichpolitik, S. 161; Mueller, Die sowjetische Besatzung, S. 83.

181 Szokoll, Die Rettung Wiens, S. 334f. In seinen Erinnerungen nennt Szokoll „Zirkusgasse 2" als Adresse für die Unterredung mit der kommunistischen Untergrundbewegung, während er ihm Verhör durch die „Smerš" die „Komödiengasse 3–18" angibt. CA FSB RF, K-109717, t. 3, S. 4, Verhörprotokoll von Carl Szokoll, 24.4.1945.

182 CA FSB RF, K-109717, t. 3, S. 4, Verhörprotokoll von Carl Szokoll, 24.4.1945.

183 Rauchensteiner, Der Krieg in Österreich, S. 164; Portisch, Am Anfang war das Ende, S. 120f.

184 CA FSB RF, K-109717, t. 4, S. 90, auf Deutsch S. 91, Bericht über die Tätigkeit von Heinz Scheichelbauer, 5.6.1945.

die meisten übrigen Mitglieder der Widerstandsbewegung versteckt hatten. Huth und Raschke hatten noch alle gewarnt, die sie erreichen konnten, bevor auch sie verhaftet wurden.[185]

Szokoll und Käs flohen gemeinsam mit Reif per Auto vor der SS. Szokoll erteilte Käs angeblich den Auftrag, den Aufstand von ihrem Ausweichquartier im Palais Auersperg[186] nötigenfalls nur mit den zivilen Gruppen weiterzuführen, vor allem die Sprengladungen an den Brücken zu entschärfen und ihre Soldaten zu verstecken.[187] Am Morgen des 6. April begann die Rote Armee ihren Sturm auf Wien.[188] Eine Handvoll Männer der O5 führte gemeinsam mit einigen Freiwilligen die Sowjets durch die westlichen Randgebiete Wiens, um ihnen durch ihre Ortskenntnis bei der Umgehung von Artilleriestellungen und Panzersperren zu helfen.[189] Szokolls Kraftfahrer Reif soll erneut die Frontlinie überschritten und das sowjetische Oberkommando vom Scheitern des Aufstandes informiert haben, damit die Truppen nicht in eine Falle gerieten.[190]

Laut Verhörprotokoll der sowjetischen Spionageabwehr „Smerš" vom 24. April 1945 fuhr Szokoll in der Nacht auf den 7. April 1945 gemeinsam mit Unteroffizier Heinz Netsch nach Hütteldorf zu dessen Bekannten. Von dort aus wollte er zu den sowjetischen Truppen überlaufen, was aber nicht gelang. Über Netsch nahm er wieder Verbindung mit der O5 auf. Einen Tag später fuhr er nach Wien in die Wohnung von Clotilde[191] Hrdlicka, Kommunistin

---

185 Rauchensteiner, Der Krieg in Österreich, S. 164; Portisch, Am Anfang war das Ende, S. 120f. Unter anderem wurde auch Erna Jansen, eine Mitarbeiterin Szokolls im Wehrkreiskommando XVII, von der SS am 5. April 1945 verhaftet. Sie kam am 8. April 1945 wieder frei. Vgl. CA FSB RF, K-109717, t. 4, S. 120f., auf Deutsch S.122, Ansuchen von Erna Jansen an das Polizeipräsidium Wien bezüglich ihrer Aufenthaltsbewilligung, 28.8.1945.

186 Prinzessin Agathe Croy stellte das Palais Auersperg der O5 seit 7. April 1945 zur Verfügung. Vgl. Rathkolb, Raoul Bumballa, S. 303.

187 Szokoll, Die Rettung Wiens, S. 338f.

188 Štemenko, General'nyj štab v gody vojny, S. 361; Beleckij, Sovetskij Sojuz i Avstrija, S. 63.

189 Luža, Der Widerstand in Österreich, S. 266.

190 Želanov, Vzaimodejstvie sil avstrijskogo dviženija soprotivlenija, S. 119; Molden, Die Feuer in der Nacht, S. 177f.; Luža, Der Widerstand in Österreich, S. 266.

191 Laut Fraser trug Hrdlicka den Vornamen „Clotilde". Vgl. CA FSB RF, K-109717, t. 3, S. 57–61, auf Deutsch S. 62–67, Memorandum von Gustav Fraser an Aleksej Blagodatov betreffend seine „Tätigkeit für die Befreiung Wiens vom Naziterror". Diesen Namen („Chlodhilde") verwendet auch Rathkolb. Vgl. Rathkolb, Raoul Bumballa, S. 300. In sowjetischen Dokumenten findet sich der Vorname „Justina", wobei dies in der deutschen Übersetzung auf „Hermine" korrigiert wurde. Vgl. RGASPI, F. 17, op. 128, d. 35, S. 13–17, Bericht des stv. Leiters der 7. Verwaltung der GlavPURKKA, B. G. Sapožnikov, an den Leiter der Abteilung für Internationale Information des ZK VKP(b), G. M. Dimitrov, über die österreichische Widerstandsbewegung O5, 28.4.1945. Abgedruckt in: Karner – Stelzl-Marx – Tschubarjan, Die Rote Armee in Österreich, Dok. Nr. 27. Rauchensteiner verwendet lediglich die Form „Frau Hrdlicka". Vgl. Rauchensteiner, Der Sonderfall, S. 68f. Bei Ernst Fischer hingegen trägt sie den Vornamen „Mathilde". Vgl. Ernst Fischer, Das Ende einer Illusion. Erinnerungen 1945–1955. Wien 1973, S. 45, 49, 398.

Abb. 10: Major Karl Biedermann wurde gemeinsam mit Hauptmann Alfred Huth und Oberleutnant Rudolf Raschke von einem Standgericht zum Tod verurteilt und am 8. April 1945 in Wien-Floridsdorf öffentlich gehenkt. (Quelle: DÖW)

und Mitglied in der O5, wo er bis zur Befreiung des Bezirks am 10. April blieb. Er meldete sich sofort im Stab eines der sowjetischen Truppenteile, wo ihn ein Generaloberst empfing und ihn in Zusammenarbeit mit der KPÖ und der O5 mit der Organisierung der Wiener Polizei betraute.[192]

Unerwähnt und somit nicht verifizierbar bleibt dabei Szokolls angebliche Kontaktaufnahme mit dem Hauptquartier der 9. Garde-Armee in Mauerbach, der in seiner Autobiografie hingegen breiter Raum gegeben wird. Demnach soll Szokoll um den 9. April[193] die Hauptkampflinie überschritten und General Glagolev den streng gehüteten Plan[194] des Festungskommandos für die Verteidigung der Inneren Stadt und des Donaukanals übergeben haben.[195]

192 CA FSB RF, K-109717, t. 3, S. 5, Verhörprotokoll von Carl Szokoll, 24.4.1945.

193 Laut Luža drang Szokoll am 9. April um etwa 4 Uhr mit einigen Vertrauten durch die Hauptkampflinie, um dem Oberkommando der 3. Ukrainischen Front den Plan für die deutsche Verteidigungsstrategie, in dessen Besitz Leutnant Scheichelbauer angeblich am 8. April gekommen war, zu übergeben. Vgl. Luža, Der Widerstand in Österreich, S. 266. In Szokoll, Die Rettung Wiens, findet sich keine genaue Zeitangabe, während Szokoll in seinem Tätigkeitsbericht den 10. April als Datum angibt. Vgl. Luža, Der Widerstand in Österreich, S. 275.

194 Szokoll beschreibt, dass er einen Stadtplan von Wien mit den blauen Verteidigungslinien der „Festung" von Scheichelbauer erhielt. Vgl. Szokoll, Die Rettung Wiens, S. 346. Dies stimmt mit Heinz Scheichelbauers Beschreibung überein, er habe Stärkemeldungen der Garnison Wien sowie Karten- und Lagemeldungen mit Bomben- und Artilleriezielen in Wien „an die Führung der Widerstandsbewegung zur Weiterleitung an das russische Oberkommando" übergeben. Vgl. CA FSB RF, K-109717, t. 4, S. 91, Bericht über die Tätigkeit von Heinz Scheichelbauer, 5.6.1945.

195 Szokoll, Die Rettung Wiens, S. 348–351.

Major Karl Biedermann, Oberleutnant Rudolf Raschke und Leutnant Alfred Huth, die zu Szokolls Stab gehörten, wurden nach ihrer Verhaftung vor ein Standgericht gestellt und im Schnellverfahren zum Tod verurteilt. Wegen der beginnenden Kampfhandlungen brachte man sie über die Donau nach Floridsdorf, wo sie zunächst in einem Schulgebäude eingesperrt wurden. Am 8. April wurden sie schließlich von einem Sonderkommando der SS am Floridsdorfer Spitz auf Laternenmasten öffentlich gehenkt. „Ich habe mit den Bolschewiken paktiert", stand auf Pappkartonschildern, die man ihnen umgehängt hatte.[196]

2.3 Wirkung und sowjetische Einschätzung

Es ist beinahe müßig, über die Realisierungschancen der „Operation Radetzky" zu urteilen, weil sie eben nicht wie geplant verwirklicht werden konnte. Doch übte die Tätigkeit der militärischen Widerstandsbewegung – ungeachtet dessen, dass der Aufstandsplan entdeckt wurde – zweifellos eine nachhaltige Wirkung gerade auf diese Phase des Kampfes aus. So weckte allein der Umstand, dass mit Major Szokoll eine Schlüsselfigur der Widerstandsbewegung eine führende Stelle im Stab des Kampfkommandanten einnehmen hatte können, das besondere Misstrauen der SS. Sie war fortan davon überzeugt, die gesamte Gruppe um den Kampfkommandanten sei von der Widerstandsbewegung unterwandert und somit nicht mehr zuverlässig. Auch wusste man nicht mehr, welche Truppen des Verteidigungsbereiches mit der Widerstandsbewegung sympathisierten und welche noch eingesetzt werden konnten. Diese Unsicherheit blieb nicht ohne Folgen.[197]

Laut Szokoll konnten seine Pläne für den Aufstand in Wien zumindest ansatzweise – etwa durch Lotsendienste für die sowjetischen Truppen[198] – in die

196 Rauchensteiner, Der Krieg in Österreich, S. 165f.; Portisch, Am Anfang war das Ende, S. 120f.; Szokoll, Die Rettung Wiens, S. 336–339. Anlässlich der Übergabe des Parlaments am 29. April 1945 wurden an den Gräbern der in Floridsdorf hingerichteten Widerstandskämpfer sowjetische Ehrenposten aufgestellt. Vgl. Bruno Sokoll, Floridsdorf: Erinnerungen aus 1945, in: Wiener Geschichtsblätter. 30/1975, S. 94–97, hier: S. 97; Mueller, Die sowjetische Besatzung, S. 105. Am 8. April 1950 wurde am Floridsdorfer Spitz ein Gedenkstein für die drei Mitglieder des militärischen Widerstandes enthüllt, der 1962 aus verkehrstechnischen Gründen abgetragen werden musste. 1964 wurde eine Gedenktafel beim Haupteingang des Städtischen Amtshauses Am Spitz 1 enthüllt. Vgl. Dokumentationsarchiv des österreichischen Widerstandes (Hg.), Gedenken und Mahnen in Wien 1934–1945. Gedenkstätten zu Widerstand und Verfolgung, Exil, Befreiung. Eine Dokumentation. Wien 1998, S. 418. Nach Rudolf Raschke, Alfred Huth und Ferdinand Käs sind heute drei benachbarte Straßen in der Nähe des Floridsdorfer Spitz benannt. Im 14. Wiener Gemeindebezirk wurde nach Biedermann, Huth und Raschke eine Kaserne benannt.

197 Rauchensteiner, Der Krieg in Österreich, S. 164.

198 Meldegänger der O5, unter ihnen Mitja Gutov, führten sowjetische Einheiten über die Hütteldorfer Straße und die Triester Straße ins Zentrum Wiens. Vgl. Rathkolb, Raoul Bumballa, S. 301.

Tat umgesetzt werden.[199] Damit setzte er einen Kontrapunkt zum Bild des Jubels auf dem Wiener Heldenplatz 1938.[200] Wien wurde im Zusammenwirken mit der Roten Armee nicht zuletzt durch die „Operation Radetzky" in nur acht Tagen und - im Vergleich zu Budapest oder Berlin - ohne allzu große Zerstörungen befreit.[201] Während eines der Verhöre durch den sowjetischen Geheimdienst bezeichnete Szokoll außerdem die Rettung der Reichsbrücke und einer Brücke über den Donaukanal als jene Hilfestellung, die seine militärische Widerstandsgruppe der Roten Armee geleistet hatte.[202] Diese Leistungen beanspruchte - ganz abgesehen von der Roten Armee[203] - auch die O5 für sich,[204] was wiederum als Ausdruck des schwelenden Konkurrenzkampfes zwischen den einzelnen österreichischen Widerstandsgruppen zu werten ist.

Dass die Deutsche Wehrmacht einen erheblichen Teil ihrer an sich geringen Streitkräfte umgruppieren musste, weil der Hauptstoß des sowjetischen Angriffs aus dem Westen gekommen war, gab Szokolls Plänen recht. Wie schon erwähnt, hatten allerdings die Sowjets nicht erst seit der Kontaktaufnahme mit der österreichischen Widerstandsgruppe selbst diese Vorgehensweise verfolgt.[205]

2.3.1 Moskauer Skepsis

Dabei stellt sich die Frage, wieweit der Versuch einer Zusammenarbeit der österreichischen Widerstandsbewegung mit den Sowjets das Vorgehen der drei unmittelbar auf Wien angesetzten sowjetischen Armeen beeinflusste und wie die Widerstandsgruppe um Major Szokoll von der sowjetischen Seite gesehen wurde. Möglicherweise wurde das sowjetische militärische Vorgehen

199 Rauchensteiner, Der Krieg in Österreich, S. 148, 164f.; Molden, Die Feuer in der Nacht, S. 175f.

200 Waltraud Schreiber, Bestandsaufnahme zum Film „Der letzte Kronzeuge Stauffenbergs. Carl Szokoll und die Zivilcourage", in: Barbara Dmytrasz - Friedrich Öhl (Hg.), Carl Szokoll (1915–2004). Materialien für den Unterrichtseinsatz eines Zeitzeugenportraits. Wien 2005, S. 40–48, hier: S. 47.

201 Szokoll, Die Rettung Wiens, Klappentext. Darauf, dass durch das Zusammenwirken der Roten Armee mit der militärischen Widerstandsgruppe unter Szokoll größere Zerstörungen Wiens vermieden wurden, verweist auch: CA FSB RF, K-109717, t. 4, S. 107–109, auf Deutsch S. 110f., Bericht über die Tätigkeit der Kommunistischen Partei Österreichs, o. D. [1945].

202 CA FSB RF, K-109717, t. 1, S. 31–41, Verhörprotokoll von Carl Szokoll, 17.9.1945. Abgedruckt in: Karner - Duffek, Widerstand in Österreich, S. 209–211.

203 Vgl. dazu etwa die dramatische Schilderung der Rettung der Reichsbrücke durch Einheiten der Roten Armee in: Kadyrov, Ot Minska do Veny, S. 167–171; Boris Dubrowin, Zum 30. Jahrestag der Befreiung Österreichs, in: Sowjetunion heute. 8/1975, S. 5–8, hier: S. 8. Der österreichische Widerstand findet in diesem Zusammenhang keinerlei Erwähnung.

204 CA FSB RF, K-109717, t. 3, S. 69–71, Memorandum von Gustav Fraser über die Tätigkeit der O5, o. D. [nach dem 15.4.1945].

205 Molden, Die Feuer in der Nacht, S. 175f.; Rauchensteiner, Der Krieg in Österreich, S. 148–150.

am 4. und 5. April etwas gedrosselt, um bei Schonung der eigenen Kräfte das Ergebnis des vereinbarten Aufstandes abzuwarten. Daher dürfte wohl auch der für den 5. April angesetzte Generalangriff etwas schwächer als ursprünglich geplant ausgefallen sein.[206]

Der sowjetische Diplomat Nikolaj Lun'kov erinnert sich, dass Marschall Tolbuchin die Tätigkeit Szokolls besonders hoch geschätzt haben soll: In einem Gespräch mit Lun'kov betonte Tolbuchin, ohne die Verdienste der Widerstandsgruppe hätten beim Kampf um Wien mehr als 70.000 Menschen ihr Leben verloren. Außerdem hätten die übergebenen Pläne und Karten dem sowjetischen Oberkommando ermöglicht, Wien ohne große Verluste von Südwesten, Osten und Nordosten einzukreisen. Für die operative Tätigkeit der Roten Armee wäre zudem besonders hilfreich gewesen, dass die Widerstandsgruppe die Verbindung des Hauptpostamtes abgeschnitten und dadurch die Wehrmacht dieses Kommunikationsmittels beraubt hätte. Lun'kov lobte weiters, wie ausgezeichnet sich das groß angelegte sowjetisch-österreichische Zusammenwirken bei der Beseitigung der „Hitlerleute" in und um Wien entwickelt hätte.[207]

Oberst Georgij I. Piterskij, der Leiter der für politische Arbeit unter der einheimischen Bevölkerung zuständigen 7. Abteilung der Politverwaltung der 3. Ukrainischen Front, rapportierte Mitte April 1945 nach Moskau: Es sei den Anführern der Widerstandsbewegung einen Tag vor dem Einmarsch der sowjetischen Truppen in Wien gelungen, die Leitungen der Wiener Telefonzentrale zu kappen und „auf diese Weise der gesamten administrativ-militärischen Maschinerie ihre Telefonverbindung zu nehmen. Daraufhin wurde der zentrale Radiosender außer Betrieb gesetzt."[208]

Wie unten noch ausführlicher behandelt wird, wurde jedoch von sowjetischer Seite sowohl in Primärquellen als auch in der Sekundärliteratur der Vorwurf geäußert, die „bourgeoise" O5 habe keinen praktischen Kampf geleistet.[209] Im Gegenteil, sie habe, so ein Geheimbericht an den stellvertretenden Minister für Staatssicherheit, „in erster Linie die Funktion einer Agentur britischer und amerikanischer Geheimdienstorgane erfüllt, nach deren Vor-

206 Rauchensteiner, Der Krieg in Österreich, S. 165.

207 N. M. Lun'kov, Vena – kakoj ona byla v sorok pjatom (glazami očevidca), in: Diplomatičeskaja akaemija MID Rossii – Sovet veteranov MID Rossii (Hg.), Diplomaty vsmoninajut. Mir glazami veteranov diplomatičeskoj služby. Moskau 1997, S. 78–91, hier: S. 80.

208 AVP RF, F. 06, op. 7, p. 26, d. 321, S. 16–18, Bericht von Piterskij über das Gespräch mit Vertretern des Zentralkomitees der „Österreichischen Widerstandsbewegung", 10.4.1945. Abgedruckt in: Institut Voennoj Istorii, Krasnaja Armija v stranach Central'noj Evropy, S. 624–626.

209 M. A. Poltavskij, Ob osobennosti dviženija soprotivlenija v Avstrii, in: Novaja i novejšaja istorija, 1965-2, S. 109–116, hier: S. 115. Vgl. Aichinger, Sowjetische Österreichpolitik, S. 174.

gaben sie ihre Tätigkeit geplant hatte".[210] Außerdem habe eines ihrer Hauptziele darin bestanden, mit Mitgliedern aus den eigenen Reihen eine provisorische österreichische Staatsregierung aufzubauen.[211]

Analog dazu zweifelte ein Mitglied der Stavka, General Sergej M. Štemenko, in seinen Memoiren die Existenz eines schlagkräftigen österreichischen Widerstandes generell an: Die sowjetische Seite habe sowohl das Scheitern des Wiener Aufstandes vom 6. April als auch die Beteiligung von Allen Dulles, einem Mitarbeiter des amerikanischen Geheimdienstes, an der Gründung der Widerstandsbewegung O5 äußerst kritisch gesehen. Für das Scheitern des Aufstandes seien in seinen Augen die Leiter der O5 verantwortlich gewesen, „die Ziele verfolgten, die mit den Interessen der Widerstandskämpfer bei weitem nicht übereinstimmten". Nach der Befreiung Wiens sei es daher notwendig gewesen, die Gründe für das Scheitern des „antifaschistischen Aufstandes" und die Tätigkeit der O5 zu untersuchen.[212]

Eine ganze Reihe prominenter Mitglieder der O5 und der bis zuletzt unabhängig gebliebenen Gruppe des militärischen Widerstandes wurde ab Mitte April von den Sowjets verhaftet und stundenlangen Verhören unterzogen,[213] darunter auch Carl Szokoll. Die Vorfälle hatten Moskaus Skepsis geweckt.

2.3.2 Politische Neuorientierung

Unmittelbar nach dem Ende der Kämpfe in den inneren Bezirken Wiens fanden sich im Palais Auersperg Vertreter der O5 ein, die durch den im November 1944 unter der Leitung von Hans Becker gegründeten „Siebenerausschuss" repräsentiert wurde. Seit Beckers Verhaftung am 28. Februar 1945 stand Raoul Bumballa an dessen Spitze. Mitglieder waren von sozialdemokratischer Seite Eduard Seitz und Gustav Fraser, der sich mitunter auch als Kommunist deklarierte,[214] und von christlichsozialer Seite Viktor Müllner und Franz Sobek. Letzterer, ein direkter Vertrauensmann Leopold Figls,

210 CA FSB RF, F. 4, op. 4, d. 1441a, S. 94–104, Bericht des Leiters der Inspektion der SČSK, Bogdanov, an den stv. Minister für Staatssicherheit, N. N. Selivanovskij, über die Tätigkeit der Widerstandsbewegung in Österreich, 14.11.1946.

211 Vorošilov, Roždenie vtoroj respubliki v Avstrii, S. 40f.

212 Štemenko, General'nyj štab v gody vojny, S. 360–366. Vgl. zu diesem Diskurs auch: Pavlenko, Österreich im Kraftfeld der sowjetischen Diplomatie, S. 584; Rauchensteiner, Der Sonderfall, S. 68.

213 Rauchensteiner, Der Sonderfall, S. 68f.

214 CA FSB RF, K-109717, t. 3, S. 69–71, auf Deutsch S. 72–74, Memorandum von Gustav Fraser über die Tätigkeit der O5, o. D. [nach dem 15.4.1945]. Ernst Fischer bezeichnete Fraser als Sozialisten, aber nicht als Kommunisten. Vgl. Fischer, Das Ende einer Illusion. Erinnerungen 1945–1955. Wien 1973, S. 48.

war nach der Verhaftung Beckers in den Ausschuss nachgerückt. Schließlich gehörten dem „Siebenerausschuss" noch ein Vertreter des liberalen Bürgertums, nämlich Emil Oswald, sowie von kommunistischer Seite Clotilde Hrdlicka an, deren Mann als Kommunist im KZ umgekommen war.[215] Nach der Niederschlagung des militärischen Aufstandes versteckte sich Szokoll zwei Tage in Hrdlickas Wohnung in der Lange Gasse 8.[216]

Die Mitglieder des „Siebenerausschusses" glaubten autorisiert zu sein, eine Verwaltung zu installieren. Sie berieten über die Besetzung des Bürgermeisterpostens von Wien und stellten ein Militärkomitee auf, das die Funktionen eines Verteidigungsministeriums ausüben sollte. Innerhalb kürzester Zeit sollten sie jedoch auf Ablehnung sowohl vonseiten der Sowjets als auch vonseiten der sich gerade bildenden österreichischen Parteien stoßen.[217] Dennoch fungierte das Hauptquartier der O5 im Palais Auersperg in den ersten Tagen nach der Befreiung als das politische Kommunikationszentrum Wiens.[218] Ab dem 9. April trat hier der „Siebenerausschuss" jeden Morgen zusammen.[219]

Wie bereits erwähnt, hatte am 3. April eine erste Kontaktaufnahme zwischen der O5 und den Sowjets in Wien stattgefunden, worüber Politoberst Georgij I. Piterskij von der 3. Ukrainischen Front informiert worden war.[220] Eine Woche später, am 10. April, führte Piterskij ein längeres Gespräch mit Bumballa und Oswald, die anscheinend in Piterskijs Auftrag gesucht worden waren.[221] Piterskij interessierte sich dabei besonders für das Zentralkomitee der österreichischen Widerstandsbewegung, ihre Mitglieder und ihre Tätigkeit während des sowjetischen Vormarsches auf Wien. Zur Sprache kamen

---

215 Luža, Der Widerstand in Österreich, S. 191; Rauchensteiner, Der Sonderfall, S. 68f.; Rathkolb, Raoul Bumballa, S. 300. Der Siebenerausschuss hatte nach der Auflösung des POEN durch die Verhaftung führender Aktivisten Ende Februar/Anfang März 1945 die Leitung des zivilen Sektors übernommen. Vgl. Luža, Der Widerstand in Österreich, S. 245–247.

216 CA FSB RF, K-109717, t. 3, S. 5, Verhörprotokoll von Carl Szokoll, 24.4.1945.

217 Rauchensteiner, Der Sonderfall, S. 68f.

218 Rathkolb, Raoul Bumballa, S. 302.

219 Luža, Der Widerstand in Österreich, S. 267.

220 CAMO, F. 243, op. 2914, d. 132, S. 29–33, Bericht des Leiters der Politabteilung der 9. Garde-Armee, Molin, an die Politverwaltung der 3. Ukrainischen Front, 3.4.1945; Mueller, Die sowjetische Besatzung in Österreich, S. 83.

221 Der Bericht wurde mit den Worten eingeleitet: „Am 10. April 1945 wurden die Mitglieder des Zentralkomitees der österreichischen Widerstandsbewegung, Raul Dumbalo Burenau [sic!], Vorsitzender des Komitees, Österreicher, Doktor der Justiz, 49 Jahre, Teilnehmer des Krieges von 1914–1918, damals Offizier der österreichisch-ungarischen Armee, Flieger, sechsmal verwundet, und Emil Oswald, Österreicher, 48 Jahre, ehemaliger Offizier der österreichisch-ungarischen Armee im Krieg 1914–1918, einer der Leiter des Komitees zum Schutz der Urheberrechte in Österreich, ausfindig gemacht." AVP RF, F. 06, op. 7, p. 26, d. 321, S. 16, Bericht von Piterskij über das Gespräch mit Vertretern des Zentralkomitees der „österreichischen Widerstandsbewegung", 10.4.1945.

nicht nur die militärische Gruppe unter Szokoll, sondern vor allem auch die vom Zentralkomitee geplante Ermordung von SS-Oberstgruppenführer Sepp Dietrich, dem Oberbefehlshaber der deutschen 6. SS-Panzerarmee.[222]

Nur wenig später sprach Bumballa bei Dmitrij T. Šepilov, einem Mitglied des Militärrates der 4. Garde-Armee der 3. Ukrainischen Front, vor und teilte ihm die genaue Zusammensetzung des Führungsausschusses der O5 mit. Weder Šepilov noch Generaloberst Aleksej S. Želtov, Politoffizier und Mitglied des Militärrates des 3. Ukrainischen Front, dürften jedoch über Bumballa oder Szokoll unterrichtet gewesen sein. Jedenfalls berichtete Želtov dem stellvertretenden Volkskommissar für Äußeres, Vladimir G. Dekanozov: „Es erschien Dr. jur. Raoul Burnau [sic!], er stellte sich als Vorsitzender des Widerstandskomitees Österreichs vor und erklärte, dass ihn viele kennen. Alter – 49 Jahre, parteilos, von 1938 bis 1942 in Haft. Burnau [sic!] erklärte, dass das Widerstandszentrum aus sieben Personen bestand: zwei Sozialdemokraten, zwei Katholiken [gemeint: Christlichsoziale], ein Kommunist, ein General und ein Parteiloser. Burnau [sic!] bot seine Dienste bei der Organisation der Polizei zum Schutz von Wien, zur Wiedererrichtung der Wasserleitungen, zur Wiederherstellung des Transports und der Unternehmen an. Er erklärte, dass er viele zu dieser Arbeit heranziehen könnte, weil er viele Leute kennt. Burnau [sic!] erklärte auch, dass er den Eisenbahnverkehr auf den von den Deutschen besetzten Gebieten Österreichs zum Stoppen bringen kann, er erklärte, dass er Major Szokoll kennt, dass Letztgenannter angeblich [sic!] der letzte Anführer der militärischen Sektion war, Soldaten vereinigte und viel für die Widerstandsbewegung tat."[223]

Abschließend lieferte Želtov eine positive Charakterisierung von Bumballa: „Obwohl die politische Person Burnau [sic!] unklar bleibt, ist er nach Meinung des Mitglieds des Militärrates der 4. Garde-Armee, Oberst Šepilov, der sich mit ihm traf, ein solider, kultureller und gebildeter Mensch, der Vertrauen einflößt."[224] Für Želtov dürfte diese Angelegenheit allerdings nicht vordringlich gewesen sein, da sein mit 13. April 1945 datierter Bericht erst

222 AVP RF, F. 06, op. 7, p. 26, d. 321, S. 16–18, Bericht von Piterskij über das Gespräch mit Vertretern des Zentralkomitees der „österreichischen Widerstandsbewegung", 10.4.1945. Hinweise auf die geplante Ermordung Dietrichs finden sich auch in: RGASPI, F. 17, op. 128, d. 35, S. 13–17, Bericht des stv. Leiters der 7. Verwaltung der GlavPURKKA, B. G. Sapožnikov, an den Leiter der Abteilung für Internationale Information des ZK VKP(b), G. M. Dimitrov, über die österreichische Widerstandsbewegung O5, 28.4.1945. Dietrich wurde nach Kriegsende von den Amerikanern zu lebenslänglicher Haft verurteilt, aus der er schließlich 1959 entlassen wurde. Vgl. Rauchensteiner, Der Krieg in Österreich, S. 396.

223 AVP RF, F. (0)66, op. 25, p. 118a, d. 8, S. 1, Bericht von Želtov an Dekanozov über Bumballa, 13.4.1945. Vgl. Mueller, Die sowjetische Besatzung in Österreich, S. 83.

224 Ebd.

am 19. April 1945 im sowjetischen Volkskommissariat für Äußeres einlangte. Er dürfte bis dahin auch keine einschlägigen Befehle bezüglich der Widerstandsbewegung erhalten haben. Diese Verzögerung hing aber eventuell auch damit zusammen, dass Dekanozov als Politischer Berater für Österreich im NKID zu diesem Zeitpunkt gerade nach Österreich gereist war.[225]

Nachdem sich die Lage in Wien einigermaßen normalisiert hatte, trat auch Carl Szokoll selbst wieder auf den Plan: Er wandte sich bereits am 10. April an den sowjetischen Stab in der Lange Gasse im 8. Wiener Gemeindebezirk und soll von einem sowjetischen Generaloberst beauftragt worden sein, mit Unterstützung der KPÖ und der O5 die Polizei in Wien zu organisieren.[226] Als Chef der weitgehend unbewaffneten Hilfspolizei amtierte Szokoll vom Palais Auersperg aus mit ein paar Hundert Widerstandskämpfern, die mit rot-weiß-roten Armbinden als solche erkennbar waren. Am 12. April soll er eine Petition an Blagodatov gerichtet haben, worin er zum einen um den Schutz der Zivilbevölkerung vor „Plünderungen und Vergewaltigungen allein herumziehender russischer Soldaten" ersuchte und zum anderen die Beschlagnahmung sämtlicher Vorräte und Kraftfahrzeuge durch die Rote Armee kritisierte, wodurch „sämtliche Versorgungseinrichtungen lahmgelegt werden und sie [die Stadt Wien] in kürzester Zeit einer Hungersnot entgegengehen" würde.[227]

Ebenfalls am 12. April präsentierte Szokoll Offizieren der Roten Armee seine Vorstellungen über „eine erste, aus Widerstandskämpfern der O5 und der KP zusammengesetzte zivile Vertretung". Die sowjetische Seite delegierte zwei Verbindungsoffiziere der Roten Armee ins Palais Auersperg ab, die jedoch eher der Kontrolle als der Unterstützung der O5 gedient haben dürften.[228]

Bald sollte sich zeigen, dass weder die sowjetischen Verantwortlichen noch die um Einfluss ringenden neuen politischen Parteien an der Existenz der O5 interessiert waren: Den ersten diesbezüglichen Schritt setzte die KP, deren führende Vertreter, Johann Koplenig und Ernst Fischer, am 12. April aus dem Moskauer Exil nach Wien zurückgekehrt waren. Noch in der Nacht

225 Die Reise von Dekanozov nach Österreich ist durch die Memoiren Ernst Fischers belegt, der bei seiner Rückkehr aus Moskau im selben Flugzeug saß wie Dekanozov. Vgl. Fischer, Das Ende einer Illusion, S. 19; Wagner, Die Besatzungszeit aus sowjetischer Sicht, S. 42.

226 CA FSB RF, K-109717, t. 3, S. 5, Verhörprotokoll von Carl Szokoll, 24.4.1945. Laut Verhörprotokoll konnte Szokoll diese Aufgabe jedoch nicht „zur Gänze erfüllen", da ihn das sowjetische Kommando wenig später, nämlich am 15. April, verhaften ließ.

227 Szokoll, Die Rettung Wiens, S. 379. Vgl. Fritz Molden, Besetzer, Toren, Biedermänner. Ein Bericht aus Österreich 1945–1962. Wien – München – Zürich – New York 1980, S. 72f.

228 Aichinger, Sowjetische Österreichpolitik, S. 162; Wagner, Die Besatzungszeit aus sowjetischer Sicht, S. 65.

vom 12. auf den 13. April suchten sie das Palais Auersperg auf, um mit der Widerstandsbewegung in Kontakt zu treten, gewannen dort aber einen denkbar schlechten Eindruck von den „Schwätzern von O5". Fischer notierte in sein Notizbuch, es handle sich bei diesen um eine „Bande von Gaunern, Schwindlern und naiven Leuten", die er und Koplenig bald „kaltstellen" wollten.[229] Selbst die innerhalb der O5-Führung aktiven Kommunisten stießen bei der Moskauer KPÖ-Führung auf Misstrauen, mit dem sie gegenüber der Sowjetbesatzung nicht hintanhielten.[230]

Am folgenden Tag, dem 13. April, ließ Blagodatov Fischer in die sowjetische Stadtkommandantur zu einer Unterredung mit Bumballa, Fraser und Oswald über die Wiener Stadtverwaltung rufen.[231] Laut seiner Memoiren wurde zugleich auch Szokoll zu Blagodatov geladen, der den „Helden von Wien" als Ersten in sein Zimmer geführt haben soll, während Fischer und Bumballa angeblich im Vorzimmer warten mussten. Über den Inhalt dieser Unterredung geben die Szokoll-Memoiren keinen Aufschluss.[232]

Zum Wiener Bürgermeister schlugen die Exponenten der O5 Generalleutnant Blagodatov den ehemaligen sozialdemokratischen Stadtrat Anton Weber vor, der jedoch ablehnte.[233] Den Kommunisten Rudolf Prikryl, den ein sowjetischer Major am 11. April im Einvernehmen mit der O5 und kommunistischen Widerstandskämpfern zum provisorischen Bürgermeister ernannt hatte, sahen sie als Vizebürgermeister vor. Die O5 konnte sich mit ihrem Vorschlag gegenüber den etablierten Parteifunktionären allerdings nicht durchsetzen: Prikryl trat in den Hintergrund, weil er Fischer unbekannt war. Fischer bezweifelte zudem die Eignung Webers zum Bürgermeister und schlug an seiner Stelle General a. D. Theodor Körner vor, ohne allerdings „den Sozialdemokraten vorzugreifen".[234] Auch ein weiterer Vorschlag der O5, nämlich Eduard Seitz für die Sozialdemokraten und Viktor Müllner für die Christlichsozialen als Stadträte einzusetzen, wurde nicht angenommen.[235]

Mit der negativen Einstellung der kommunistischen Führungsgruppe und der entsprechenden Haltung der sowjetischen Repräsentanten fiel jede Notwendigkeit für die SPÖ und die ÖVP weg, die Widerstandsbewegung

229 Aichinger, Sowjetische Österreichpolitik, S. 162f.; Rauchensteiner, Der Sonderfall, S. 68f.; Portisch, Am Anfang war das Ende, S. 206f.

230 RGASPI, F. 17, op. 128, d. 35, S. 13–17, Bericht des stv. Leiters der 7. Verwaltung der GlavPURKKA, B. G. Sapožnikov, an den Leiter der Abteilung für Internationale Information des ZK VKP(b), G. M. Dimitrov, über die Österreichische Widerstandsbewegung O5, 28.4.1945.

231 Fischer, Das Ende einer Illusion, S. 45–47.

232 Szokoll, Die Rettung Wiens, S. 374f.

233 Anton Weber, Erinnerungen an die Apriltage 1945, in: Wiener Geschichtsblätter. 30/1975, S. 70–73.

234 Fischer, Das Ende einer Illusion, S. 46; Aichinger, Sowjetische Österreichpolitik, S. 165–167.

235 Rathkolb, Raoul Bumballa, S. 302.

bei der Regierungsbildung zu berücksichtigen. Sie sprachen der O5 a priori ihre politische Vertretungsbefugnis ab, ohne ihren tatsächlichen Beitrag zur Befreiung und zum ideologischen Widerstand, den sie unter Einsatz ihres Lebens geleistet hatten, entsprechend anzuerkennen. Vor allem zeigten die Parteien kein Interesse, die Widerstandsbewegung in der von ihr beabsichtigten Rolle einer politischen Dachorganisation der drei demokratischen Parteien zu bestätigen. ÖVP und SPÖ gaben eine Erklärung ab, wonach ihre Parteien selbstständige Organisationen und nicht dazu bereit seien, in eine Dachorganisation einzutreten. Adolf Schärf versicherte zudem, die Sozialisten würden ihre angeblichen Vertreter in der O5 entweder gar nicht anerkennen oder schnellstens aus der Organisation zurückziehen. Damit waren in allen drei Parteien die Würfel gefallen. Die Widerstandsbewegung hatte ihren politischen Einfluss verspielt, sodass am 16. April der Wiener Stadtsenat bereits ohne die Mitwirkung der O5 gebildet wurde.[236] Die Angelobung erfolgte am 18. April durch Blagodatov.[237]

Der „Siebenerausschuss" der O5 versuchte noch zu retten, was zu retten war - jedoch ohne Erfolg. Fraser hob etwa in einem Memorandum über die Tätigkeit der O5 hervor, ihre Aufgabe bestünde u. a. in der Bewachung öffentlicher Gebäude, in der Verhaftung „gefährlicher Nationalsozialisten in Wien und den befreiten Gebieten" und - was eher überraschen mag - in der Zusammenarbeit mit dem NKVD. Ein normales friedliches Leben sollte dank ihrer Unterstützung in Österreich wieder möglich sein. Die Entwicklung des politischen Lebens hingegen müsste „zur Gänze den Parteien übergeben" werden.[238] Doch auch die Beteuerung, dass sich die O5 aus dem politischen Leben zurückziehen würde, trug nicht zur Stärkung ihrer Position bei.

Parallel dazu trat die skeptische sowjetische Haltung gegenüber der österreichischen Widerstandsbewegung sukzessive zum Vorschein. Neben der negativen Einstellung der österreichischen politischen Parteien trugen die engen Kontakte der Widerstandsbewegung zum westlichen Ausland zur sow-

236 Aichinger, Sowjetische Österreichpolitik, S. 166–169; Rauchensteiner, Der Sonderfall, S. 69f.; Rathkolb, Raoul Bumballa, S. 302f. Auch in einem als „besonders wichtig" eingestuften Chiffretelegramm an Stalin vom 15. April 1945 fand die Widerstandsbewegung keine Erwähnung. Darin wurde auf die Dringlichkeit, eine Entscheidung bezüglich der Ernennung eines Bürgermeisters von Wien und der Bildung einer provisorischen Regierung verwiesen, wobei unter anderem Karl Renner für den Posten des Bürgermeisters Erwähnung fand. Vgl. CAMO, F. 48, op. 3411, d. 196, S. 315–319, Chiffretelegramm von Tolbuchin, Željtov und Smirnov an Stalin über Kandidaten für das Amt des Bürgermeisters Wiens und für die provisorische österreichische Regierung, 15.4.1945. Abgedruckt in: Karner - Stelzl-Marx - Tschubarjan, Die Rote Armee in Österreich, Dok. Nr. 20.

237 WStLB, B1800455, Flugblättersammlung, Befehl Nr. 3 des Militärkommandanten von Wien, Blagodatov, 18.4.1945.

238 CA FSB RF, K-109717, t. 3, S. 69–71, Memorandum von Gustav Fraser über die Tätigkeit der O5, o. D. [nach dem 15.4.1945].

jetischen Ablehnung bei. Ein wichtiger Schritt zur endgültigen Entmachtung erfolgte am 21. April 1945. An diesem Tag untersagte der sowjetische Stadtkommandant Blagodatov mit seinem Befehl Nr. 4 die Existenz und Tätigkeit nicht registrierter öffentlicher und vor allem politischer Organisationen.[239] Damit schuf er die Grundlage für die Auflösung der O5. Begründet wurde dieser Schritt mit der Notwendigkeit, gegen verschiedene Organisationen einschreiten zu müssen, die versuchten, ohne „registriert zu sein, eine politische und öffentliche Tätigkeit zu entfalten".[240]

Zu diesem Zeitpunkt hatten die Sowjets zentrale Mitglieder des Widerstandes bereits verhaftet und verhört. Sie konnten sich dank der Aussagen während der Verhöre, unterschiedlicher Informationen, die unter anderem österreichische Kommunisten bereitstellten, und dank der Angaben von Bumballa und anderen Komiteemitgliedern ein genaues Bild der einzelnen Agierenden machen. Ende April fällte der stellvertretende Leiter der Politischen Hauptverwaltung, B. G. Sapožnikov, ein vernichtendes Urteil über die österreichische Widerstandsbewegung O5, das sich sinngemäß auch in der sowjetischen Sekundärliteratur wiederfand.[241] Schlüsselpassagen wurden sogar wörtlich in einen nur wenige Tage später verfassten Bericht an den Leiter der Propagandaabteilung des ZK der VKP(b), Georgij F. Aleksandrov, übernommen.[242]

Drei gewichtige Punkte sprachen dabei aus sowjetischer Sicht gegen die O5:[243] Einer der Kritikpunkte lag in der bereits erwähnten Westorientierung der O5, was in sowjetischen Augen alles andere als eine Empfehlung war. Sapožnikov charakterisierte die Widerstandsbewegung als Handlanger der Briten und implizierte darüber hinaus die Verbindung zum britischen oder amerikanischen Geheimdienst – ein Vorwurf, der sich konstant halten

239 WStLB, B1800455, Flugblättersammlung, Befehl Nr. 4 des Ortskommandanten der Stadt Wien, 21.4.1945. Faksimile abgedruckt in: Aichinger, Sowjetische Österreichpolitik, S. 424.

240 Aichinger, Sowjetische Österreichpolitik, S. 169f., 174.

241 In der sowjetischen Sekundärliteratur wurden die der O5 nachgesagten Kontakte zum amerikanischen Geheimdienst besonders negativ gesehen. Kritisiert wurde weiters, dass sich die Aktivitäten der „bourgeoisen O5" auf die „Kritik des NS-Regimes, den Austausch von Meinungen und Vorbereitungen zur Machtübernahme nach der Befreiung" Österreichs reduziert hätten und dass die O5 weder vom NS-Regime verfolgt worden wäre noch Verluste zu beklagen gehabt hätte. Dies wäre „äußerst aussagekräftig". Vgl. Kobljakov et al., SSSR v bor'be za nezavisimost', S. 78.

242 RGASPI, F. 17, op. 125, d. 320, S. 141–143, Bericht von I. V. Šikin an G. F. Aleksandrov über die österreichische Widerstandsbewegung O5, 5.5.1945. Abgedruckt in: Mueller et al., Sowjetische Politik in Österreich, Dok. Nr. 12.

243 RGASPI, F. 17, op. 128, d. 35, S. 13–17, Bericht des stv. Leiters der 7. Verwaltung der GlavPURKKA, B. G. Sapožnikov, an den Leiter der Abteilung für Internationale Information des ZK VKP(b), G. M. Dimitrov, über die österreichische Widerstandsbewegung O5, 28.4.1945.

sollte:[244] „Das politische Programm und auch die praktische Tätigkeit des Komitees der österreichischen Widerstandsbewegung ‚O5' lassen auf einen überaus engen und intensiven Kontakt dieser Bewegung mit einem ausländischen Staat schließen."[245] Einen ähnlichen Verdacht hatte Georgi M. Dimitrov bereits am 6. April 1945 in einem Schreiben an Stalin artikuliert.[246]

Zweitens kam die sowjetische Ablehnung des sozialdemokratischen Exils in London zum Tragen, mit der die Widerstandsbewegung offensichtlich in engem Kontakt gestanden war: „Es ist bemerkenswert, dass das Programm der Bewegung ‚O5' in seinen wesentlichen Punkten mit dem Programm des Londoner Büros der österreichischen Sozialisten übereinstimmt." In diesem Programm werde Deutschland in derselben Art und Weise wie die anderen Nachbarn erwähnt, und man erkläre sich sogar zu einer Donaukonföderation bereit, betonte Sapožnikov.[247] Vergleichbare Vorwürfe gegenüber der „antisowjetischen" und „großdeutschen" Einstellung des „London Bureau of Austrian Socialists" hatten auch Dimitrov, Radio Moskau, der sowjetische Sender „Freies Österreich" und die „Pravda" erhoben.[248]

Besonders negativ wurde schließlich bewertet, dass „die führenden Köpfe der Bewegung" nicht nur die Absicht hatten, „verschiedene Segmente des politischen und wirtschaftlichen Lebens Österreichs unter ihre Kontrolle zu bringen", sondern dass sie darüber hinaus „auch mit allen Mitteln einen vorläufig illegalen Kampf um die Macht im Staate und zur Bildung einer österreichischen Regierung aus den Reihen ihrer Anhänger" aufgenommen hatten.[249] Eine Förderung der Widerstandsbewegung hätte daher einen Pres-

244 CA FSB RF, F. 135, op. 1, d. 37, S. 100–106, Bericht des Leiters der Verwaltung für Gegenspionage des MGB der Zentralen Gruppe der Streitkräfte, Belkin, 12.3.1948. Hierbei wird etwa die angebliche Verbindung von Otto Molden zum amerikanischen Geheimdienst CIC-430 angeführt. Ziel des Geheimdienstes sei, so der Bericht, mithilfe von Österreichern „Diversion und Sabotage in USIA-Betrieben sowie Terror gegen sowjetische Militärangehörige und Mitglieder der KPÖ" zu organisieren.

245 RGASPI, F. 17, op. 128, d. 35, S. 13–17, Bericht des stv. Leiters der 7. Verwaltung der GlavPURKKA, B. G. Sapožnikov, an den Leiter der Abteilung für Internationale Information des ZK VKP(b), G. M. Dimitrov, über die Österreichische Widerstandsbewegung O5, 28.4.1945.

246 RGASPI, F. 17, op. 128, d. 716, S. 37f., Schreiben von G. M. Dimitrov an Stalin, 6.4.1945. Abgedruckt in: Mueller et al., Sowjetische Politik in Österreich, Dok. Nr. 6. Vgl. Karner – Ruggenthaler, Stalin und Österreich, S. 105; Mueller, Die sowjetische Besatzung, S. 83f.

247 RGASPI, F. 17, op. 128, d. 35, S. 13–17, Bericht des stv. Leiters der 7. Verwaltung der GlavPURKKA, B. G. Sapožnikov, an den Leiter der Abteilung für Internationale Information des ZK VKP(b), G. M. Dimitrov, über die Österreichische Widerstandsbewegung O5, 28.4.1945.

248 Mueller, Die sowjetische Besatzung, S. 83f.; Aichinger, Sowjetische Österreichpolitik, S. 108–110.

249 RGASPI, F. 17, op. 128, d. 35, S. 13–17, Bericht des stv. Leiters der 7. Verwaltung der GlavPURKKA, B. G. Sapožnikov, an den Leiter der Abteilung für Internationale Information des ZK VKP(b), G. M. Dimitrov, über die österreichische Widerstandsbewegung O5, 28.4.1945. Vgl. Wagner, Die Besatzungszeit aus sowjetischer Sicht, S. 65f., der jedoch zu Unrecht die im Bericht vom 28. April 1945 geübte Kritik als Auslöser für das Verbot der O5 am 21. April 1945 anführt.

tige- und eventuell sogar Machtverlust für Karl Renner bedeutet, was zu diesem Zeitpunkt keineswegs im sowjetischen Interesse lag.[250] Auch rückblickend wurde der O5 in einem internen Bericht an das Ministerium für Staatssicherheit vorgeworfen, sie hätte eine eigene Regierung bilden wollen, was jedoch das sowjetische Kommando durch Verweigerung der Unterstützung verhindern hätte können. Darüber hinaus hätte insbesondere Bumballa versucht, die Widerstandsbewegung für die Interessen der ÖVP zu instrumentalisieren.[251]

2.4 Szokolls Verhaftung und Verhöre

Bereits in den ersten Tagen nach der Befreiung Wiens verhafteten die Sowjets Mitglieder der Widerstandsbewegung, die von der sowjetischen Spionageabwehr „Smerš" bezüglich ihrer Tätigkeit und der Organisation der O5 verhört wurden.[252] Unter ihnen befanden sich auch die KP-Angehörigen der O5, Clotilde Hrdlicka und Mitja Gutov, während Raoul Bumballa, der letztlich auch als Unterstaatssekretär für Inneres als einziges Mitglied der Widerstandsbewegung in die provisorische Staatsregierung Renner aufgenommen wurde, selbst unangetastet blieb.[253]

Zu Szokolls Verhaftung durch die Sowjets lagen bisher eher vage und teilweise sogar widersprüchliche Angaben vor. Durch die vorliegenden Dokumente aus dem Archiv des FSB (vormals KGB) lassen sich nun erstmals der Zeitpunkt von Szokolls Festnahme, seine Flucht aus dem Lager sowie seine neuerliche Verhaftung im Herbst 1945 rekonstruieren. Darüber hinaus erlauben die Verhörprotokolle und die von der sowjetischen Spionageabwehr eingeholten Informationen Einblicke in die sowjetische Einschätzung der österreichischen Widerstandsbewegung.

Carl Szokoll wurde am 15. April 1945 festgenommen und von Mitarbeitern der „Smerš" noch am selben Tag in Wien und später in Baden bei Wien

250 Aichinger, Sowjetische Österreichpolitik, S. 173f. Es überrascht daher auch kaum, dass das Zentralarchiv des ehemaligen KGB Unterlagen über die provisorische Staatsregierung Renner im selben Akt wie Dokumente zum österreichischen Widerstand aufbewahrt. Vgl. CA FSB RF, K-109717, t. 4, S. 47–48, auf Deutsch S. 49, Bericht über die Tätigkeit der provisorischen Staatsregierung Renner, [1945].

251 CA FSB RF, F. 4, op. 4, d. 1441a, S. 94–104, Bericht des Leiters der Inspektion der SČSK, Bogdanov, an den stv. Minister für Staatssicherheit, N. N. Selivanovskij, über die Tätigkeit der Widerstandsbewegung in Österreich, 14.11.1946.

252 Aichinger, Sowjetische Österreichpolitik, S. 170f.

253 Rathkolb, Raoul Bumballa, S. 304–306; CA FSB RF, K-109717, t. 4, S. 31, auf Deutsch S. 32, Aufstellung über die Parteizugehörigkeit der Mitglieder der provisorischen Regierung, [1945]. Bumballa verließ am 2. November 1945, vor den ersten Nationalratswahlen, die ÖVP, behielt aber auf Drängen Renners weiterhin seine Funktion in der Regierung. Vgl. Rathkolb, Raoul Bumballa, S. 307.

verhört. Die sowjetische Spionageabwehr interessierte sich in dieser Phase insbesondere für die Tätigkeit und die Mitglieder der O5 sowie für Szokolls Verhalten nach dem Scheitern des Aufstandes.[254] Als Hintergrundinformation wurden außerdem von Österreichern verfasste Berichte über die Widerstandsgruppen[255] oder den geplanten militärischen Aufstand eingeholt.[256] Neben Hinweisen auf das Naheverhältnis mancher Widerstandskämpfer zum amerikanischen Geheimdienst betonte etwa einer der Verfasser, die österreichischen Kommunisten könnten „nicht für Szokoll garantieren".[257]

Szokoll wurde schließlich in ein Lager für Kriegsgefangene nach Kaiserebersdorf verbracht. Seine Schwiegermutter wandte sich bald mit der Bitte um Hilfe an Staatssekretär Ernst Fischer: Szokoll, „der an der exponiertesten Stelle als militärischer Inspirator und Leiter der österreichischen Widerstandsbewegung sein Leben aufs Spiel gesetzt" habe, werde seit nunmehr fünf Wochen festgehalten, wodurch seiner Frau und dem vier Monate alten Kind ihr „Ernährer und Fürsorger" fehlten. „Bei weiterer Andauer dieses entsetzlichen Zustandes [wären sie] voraussichtlich dem Schlimmsten preisgegeben."[258] Dies ist bezeichnend für die schlechten materiellen Verhältnisse, in denen Widerstandskämpfer bzw. deren Witwen in der ersten Nachkriegszeit leben mussten.[259]

2.4.1 Flucht aus Kaiserebersdorf

Am 2. Juni 1945 konnte Szokoll gemeinsam mit seinem ehemaligen Sekretär Heinz Netsch, den die Sowjets ebenfalls im April festgenommen hatten, fliehen. Er lebte daraufhin zunächst illegal in Wien,[260] aus Angst, die Sowjets wür-

254 CA FSB RF, K-109717, t. 3, S. 1–5, Verhörprotokoll von Carl Szokoll, 24.4.1945.

255 CA FSB RF, K-109717, t. 4, S. 34–37, auf Deutsch S. 38–40, Bericht über die Tätigkeit der österreichischen Widerstandsgruppen, 15.4.1945; CA FSB RF, K-109717, t. 4, S. 64–71, auf Deutsch S. 72–75, Bericht über die Tätigkeit des aus dem Freikorps Helmut Wenger hervorgegangenen „Österreichischen Kampfbundes", 17.5.1945.

256 CA FSB RF, K-109717, t. 3, S. 42–44, auf Deutsch S. 46–49, Bericht über die Vorbereitung und die Niederschlagung des Aufstandes in Wien, 24.4.1945.

257 Ebd., S. 44.

258 CA FSB RF, K-109717, t. 4, S. 94, auf Deutsch S. 93, Schreiben der Schwiegermutter von Carl Szokoll an Ernst Fischer, 18.5.1945.

259 Brigitte Bailer-Galanda, Podiumsdiskussion „Widerstand in Österreich 1938–1945", in: Stefan Karner - Karl Duffek (Hg.), Widerstand in Österreich 1938–1945. Die Beiträge der Parlaments-Enquete 2005. Graz - Wien 2007, S. 261–264.

260 CA FSB RF, K-109717, t. 1, S. 48f., Beschluss der UKR „Smerš" der Südlichen Gruppe der Streitkräfte über die Einstellung der Untersuchung und Befreiung von Carl Szokoll aus der Haft, 17.10.1945. Abgedruckt in: Karner - Duffek, Widerstand in Österreich, S. 212; CA FSB RF, K-109717, t. 1, S. 23–26, Verhörprotokoll von Carl Szokoll, 13.9.1945. Abgedruckt in: Karner - Duffek, Widerstand in Österreich, S. 207f. Vgl. Szokoll, Die Rettung Wiens, S. 380–384.

den ihn suchen und zurück ins Lager schicken. Am 21. Juni 1945 heiratete er Christl Kukula, die Mutter seines im Jänner 1945 geborenen Sohnes Richard, in der Wiener Votivkirche.[261] Mitte Juli 1945 erhielt Szokoll über Kurt Bolen - ein ehemaliger Vertrauensmann seiner Widerstandsorganisation und Mitarbeiter der Wiener Polizei - einen Meldezettel, der auf „Kurt Stenzel" ausgestellt war.[262]

Während der Sommermonate holte der sowjetische Geheimdienst weitere Informationen über Szokoll ein, darunter etwa einen Auszug aus dem Geburtsregister,[263] seinen Meldezettel für die Wohnung im 19. Wiener Gemeindebezirk[264] oder Szokolls Schreiben an Renner mit der Bitte, ihn nicht weiter von der österreichischen Staatspolizei suchen zu lassen. Schließlich würde er, so Szokoll, nichts gegen den österreichischen Staat und die österreichische Regierung unternehmen. Seine Verhaftung durch die Sowjets erklärte Szokoll in diesem Brief damit, dass der Kommandeur einer „russischen Partisaneneinheit" allein für die Befreiung Wiens die Lorbeeren ernten wollte, weswegen er, obwohl ihm nichts „nachgewiesen" werden konnte, in ein sowjetisches Lager eingewiesen worden wäre.[265] Auch seinen Verdacht, ein „Partisanenkommandeur" namens „Mitja" habe den Auftrag zu seiner Festnahme gegeben, äußerte Szokoll gegenüber der „Smerš". Es erscheint als wahrscheinlich, dass er damit Mitja Gutov, ein kommunistisches Mitglied der O5, meinte.[266] Den genannten Brief schickte Szokoll angeblich jedoch nicht ab, da ihm zwischenzeitlich Polizeivizepräsident Othmar Strobl[267] die Einstellung der polizeilichen Verfolgung zugesichert hatte.[268]

Ein weiterer an Renner adressierter Brief Szokolls geriet dem sowjetischen Geheimdienst in die Hände. Darin verwies Szokoll auf sein wichtigstes Ziel:

261 Irina Simone Wanker, „Weder bin ich ein Heiliger noch ein Prophet - ein Verräter, haben manche gesagt, andere ein Held ...". Gedenkschrift für Carl Szokoll 1915–2004. Wien 2005, S. 19.

262 CA FSB RF, K-109717, t. 1, S. 23, Verhörprotokoll von Carl Szokoll, 13.9.1945.

263 CA FSB RF, K-109717, t. 4, S. 33, Auszug aus dem Geburtsregister über Carl Szokoll, 21.6.1945.

264 CA FSB RF, K-109717, t. 4, S. 117, Meldezettel von Carl Szokoll, 18.8.1945.

265 CA FSB RF, K-109717, t. 4, S. 99f., auf Deutsch S. 101, Schreiben von Carl Szokoll an Karl Renner, 30.7.1945.

266 CA FSB RF, K-109717, t. 1, S. 6–14, Verhörprotokoll von Carl Szokoll, 11.9.1945. Abgedruckt in: Karner - Duffek, Widerstand in Österreich, S. 205–207.

267 Szokoll bezeichnete Strobl während des Verhörs als Polizeipräsidenten. Er war jedoch ein „kommunistisch geschulter" Polizeivizepräsident, der dem Polizeipräsidenten Ignaz Pamer über Antrag der sowjetischen Besatzungsmacht beigestellt wurde. Vgl. Ulrike Wetz, Geschichte der Wiener Polizeidirektion vom Jahre 1945 bis zum Jahre 1955 mit Berücksichtigung der Zeit vor 1945. Phil. Diss. Wien 1970, S. 203.

268 CA FSB RF, K-109717, t. 1, S. 25f., Verhörprotokoll von Carl Szokoll, 13.9.1945. Die Staatspolizei hatte elf ehemalige O5-Anhänger (aber nicht Bumballa) der Staatsanwaltschaft gemeldet und ihre Anklage wegen Hochverrats verlangt. Auslöser dafür dürfte unter anderem an der provisorischen Regierung Renner geübte Kritik gewesen sein. Die Untersuchung gegen Szokoll wurde ohne Gerichtsverfahren eingestellt. Vgl. Rathkolb, Raoul Bumballa, S. 305.

seine militärische Widerstandsbewegung legalisieren zu lassen, damit die Mitglieder die „verdiente Anerkennung" für ihre Arbeit bekommen würden.[269]

Szokoll selbst versuchte in dieser Zeit herauszufinden, wer ihn beim sowjetischen Kommando im April 1945 verraten und dadurch zu seiner Verhaftung beigetragen hatte. Zu diesem Zweck traf er sich zunächst Ende Juli mit Raoul Bumballa. Dieser riet ihm, die sowjetische Zone zu verlassen und sich mit den Briten in Verbindung zu setzen. Bumballa selbst, so berichtete Szokoll, stünde in Kontakt mit den Briten.[270] Szokoll lehnte diesen Vorschlag ab, da er „nichts Schlechtes gegen die Russen" getan habe. Bei ihrer zweiten Unterredung Anfang August 1945 wollte Szokoll, dass Bumballa die Westalliierten nach ihrer Ankunft in Wien über seine Rolle als Widerstandskämpfer informierte. Diesen Wunsch lehnte Bumballa mit der Begründung ab, er wisse nicht, ob die O5 überhaupt anerkannt werde. Außerdem habe er – was Szokoll bezweifelte – keine Verbindung mehr zu den Briten, weswegen Szokoll zu dem Schluss kam, Bumballa würde ihm nicht vertrauen. Abgesehen von einem kurzen Gespräch während des Begräbnisses von Leutnant Walter Bart am 28. August[271] fand offensichtlich kein weiteres Treffen mehr statt.[272]

Szokoll wusste zu diesem Zeitpunkt noch nicht, dass ihm Bumballa vorwarf, durch sein plötzliches Verschwinden nach dem Verrat des Aufstandes noch mögliche punktuelle Rettungsmaßnahmen – so für die Kaibrücken – verhindert zu haben.[273] In seinen Memoiren reagierte er verärgert auf diese Information und betonte, er habe nie mit dem „Siebenerausschuss" zu tun gehabt und die jungen Kampfgruppenkommandanten hätten sich freiwillig unter sein direktes Kommando gestellt. „Bumballa", kritisierte Szokoll, „war nur einer der vielen, die für sich in Anspruch nahmen, Wien gerettet zu haben."[274]

269 CA FSB RF, K-109717, t. 4, S. 102f., auf Deutsch S. 104, Schreiben von Carl Szokoll an Karl Renner, 22.8.1945.

270 CA FSB RF, K-109717, t. 1, S. 6–14, Verhörprotokoll von Carl Szokoll, 11.9.1945. Bumballa wurde mehrfach verdächtigt, für einen ausländischen Geheimdienst zu arbeiten. Laut den Erinnerungen von Ernst Fischer habe Renner bei einer Sitzung der provisorischen Staatsregierung Bumballa als Spion für den britischen Geheimdienst des Saales verwiesen. Vgl. Fischer, Das Ende einer Illusion, S. 79; Rathkolb, Raoul Bumballa, S. 309.

271 Walter Bart war am 6. April 1945 ums Leben gekommen. Nachdem sein Leichnam erst im August gefunden worden war, fand am 28. August 1945 seine feierliche Beisetzung auf dem Friedhof Hietzing statt. CA FSB RF, K-109717, t. 4, S. 95, auf Deutsch S. 97, Einladung der ehemaligen Leitung der O5 zum Begräbnis von Walter Bart.

272 CA FSB RF, K-109717, t. 1, S. 6–14, Verhörprotokoll von Carl Szokoll, 11.9.1945.

273 Rathkolb, Raoul Bumballa, S. 301.

274 Szokoll, Die Rettung Wiens, S. 375.

2.4.2 Kontakte zum französischen Geheimdienst

Im Spätsommer 1945 stand Szokoll in Kontakt mit dem französischen Geheimdienst und stellte diesem Informationen über österreichische Nationalsozialisten zur Verfügung. Zunächst traf er sich mehrmals mit einem französischen Leutnant namens Frondvillie, der ihn mit Hauptmann Pelisee, einem Redakteur der französischen Militärzeitung, bekannt machte. Dieser schlug ihm vor, ein Buch über den österreichischen Widerstand zu verfassen und befragte ihn über einzelne Nationalsozialisten und die politische Situation in Tirol. Szokoll versprach, die gewünschten Informationen in Erfahrung zu bringen. Über Pelisee lernte Szokoll in der Wohnung von Heinz Netsch den französischen Hauptmann Malter kennen. Malter bot Szokoll Anfang September an, er könne ihm helfen, nach Tirol zu gelangen, da er als Mitarbeiter des französischen Geheimdienstes bei Bedarf die notwendigen Dokumente bereitstellen könnte.[275]

2.4.3. Zweite Verhaftung durch die „Smerš" und Freispruch

Am 5. September ließ die „Smerš" Carl Szokoll neuerlich verhaften.[276] Einen der Mitarbeiter, Hauptmann Tarasenko,[277] kannte Szokoll von der vorhergegangenen Untersuchung bereits namentlich.[278] Die Verhöre, die teilweise erst nach Mitternacht stattfanden, führte Generalmajor Rozanov, Assistent des Leiters der Hauptverwaltung für Spionageabwehr (GUKR) der „Smerš", mithilfe von Dolmetscherinnen. In dieser Phase interessierte sich die sowjetische Spionageabwehr insbesondere für Szokolls Flucht aus dem Kriegsgefangenenlager, die Unterredungen mit Raoul Bumballa während der Sommermonate,[279] den erwähnten Brief an Renner (der, was Szokoll nicht gewusst haben dürfte, dem Geheimdienst auf Deutsch und in russischer Über-

275 CA FSB RF, K-109717, t. 1, S. 31–41, Verhörprotokoll von Carl Szokoll, 17.9.1945.

276 CA FSB RF, K-109717, t. 1, S. 1, Beschluss der UKR „Smerš" der Südlichen Gruppe der Streitkräfte über die Einweisung von Carl Szokoll in ein Speziallager, 5.9.1945. Abgedruckt in: Karner - Duffek, Widerstand in Österreich, S. 204.

277 Hauptmann (auf Russisch „Kapitan") Tarasenko war Leiter der 3. Gruppe der 4. Abteilung der Verwaltung für Gegenspionage der „Smerš" der 3. Ukrainischen Front bzw. der Südlichen Gruppe der Streitkräfte. Vgl. CA FSB RF, K-109717, t. 3, S. 6, Verhörprotokoll von Carl Szokoll, 24.4.1945; CA FSB RF, K-109717, t. 1, S. 49, Beschluss der UKR „Smerš" der Südlichen Gruppe der Streitkräfte über die Einstellung der Untersuchung und Befreiung von Carl Szokoll aus der Haft, 17.10.1945.

278 „Eine Woche später war ich wieder verhaftet. Mein Vernehmungsoffizier, derselbe Kapitan Taraschenko [sic!] umarmte mich, und dann ging es wieder los wie in der ‚Fledermaus'. Schnürsenkel. Hosenträger, Gürtel usw." Zit. nach: Szokoll, Die Rettung Wiens, S. 386.

279 CA FSB RF, K-109717, t. 1, S. 6–14, Verhörprotokoll von Carl Szokoll, 11.9.1945; CA FSB RF, K-109717, t. 1, S. 23–26, Verhörprotokoll von Carl Szokoll, 13.9.1945.

setzung vorlag)[280] sowie seine Kontakte zum französischen Geheimdienst.[281] Per Dekret der Verwaltung für Spionageabwehr (UKR) der „Smerš" vom 17. Oktober 1945 wurde schließlich die Untersuchung gegen Szokoll eingestellt und seine Befreiung aus sowjetischer Haft veranlasst. Als Begründung für diesen Schritt wurde angegeben: Im Zuge der Untersuchung habe sich gezeigt, dass Szokoll der Leiter des militärischen Widerstandes gewesen und nach seiner Flucht von einem Mitarbeiter des französischen Geheimdienstes aufgesucht worden wäre, dass ihm aber „keine feindliche Tätigkeit gegen die Sowjetunion" nachgewiesen werden konnte.[282]

Szokoll wurde daraufhin der österreichischen Justiz übergeben und von dieser dem Wiener Landesgericht zur Voruntersuchung überstellt, da er angeblich im Einvernehmen mit den westlichen Alliierten die provisorische Regierung hätte stürzen wollen. Sechs Monate später wurde die Voruntersuchung eingestellt und Szokoll kam endgültig frei.[283]

Die Zwickmühle, in die er geraten war, beschrieb Szokoll folgendermaßen: „Den Verdacht der Russen, dass ich ein amerikanischer Spion sei, was sie ja schon in Purkersdorf geäußert hatten, konnte ich nicht voll entkräften. Die Amerikaner wieder waren überzeugt, dass ich während meines ersten Verschwindens nicht in russischer Haft, sondern in Moskau gewesen und dort zum ‚Politruk' ausgebildet worden wäre, und die Österreicher … Es dauerte sechs Monate, bis ich endlich entlassen und die Voruntersuchung eingestellt wurde. Endlich war ich frei. Frei – Haftentschädigung jedoch wurde mir nicht gewährt."[284] Den Kontakt zum französischen Geheimdienst ließ Szokoll hier jedoch unerwähnt.

2.5 Mangelnde Anerkennung

Die militärische Widerstandsbewegung unter Carl Szokoll hatte sich im Sinne der Moskauer Deklaration von 1943 zum Ziel gesetzt, einen Beitrag zur Befreiung Österreichs zu leisten. Entgegen aller Tradition militärischen Gehorsams mussten sie ihren Fahneneid brechen und sich auch über den Grundsatz hinwegsetzen, der Soldat habe sich nicht mit Politik zu befassen. Ihr Ziel bestand – unter Einsatz ihres Lebens – in der Rettung Wiens und in der Wie-

280 CA FSB RF, K-109717, t. 1, S. 23f., Verhörprotokoll von Carl Szokoll, 13.9.1945; CA FSB RF, K-109717, t. 4, S. 99–101, Schreiben von Carl Szokoll an Karl Renner, 30.7.1945.

281 CA FSB RF, K-109717, t. 1, S. 31–41, Verhörprotokoll von Carl Szokoll, 17.9.1945.

282 CA FSB RF, K-109717, t. 1, S. 48f., Beschluss der UKR „Smerš" der Südlichen Gruppe der Streitkräfte über die Einstellung der Untersuchung und Befreiung von Carl Szokoll aus der Haft, 17.10.1945.

283 Szokoll, Die Rettung Wiens, S. 386.

284 Ebd.

dererrichtung eines unabhängigen Österreich. Szokoll tat sein Möglichstes, um den Sowjets zutreffende Informationen zukommen zu lassen.

Carl Szokoll war aber auch einer jener Widerstandskämpfer, die sich nach Kriegsende in Österreich ausgegrenzt und um eine Anerkennung ihrer Tätigkeit im Widerstand gebracht fühlten. Der wohl prominenteste Mann des militärischen Widerstandes wurde in der Zweiten Republik zu einer umstrittenen Persönlichkeit, mit dem viele nichts zu tun haben wollten. Für sie war Szokoll ein Offizier, der seinen Soldateneid gebrochen und bei einem fragwürdigen Unternehmen mit der Roten Armee zusammengearbeitet hatte.

Zur Geringschätzung der überlebenden Widerstandskämpfer in Österreich gesellte sich die Skepsis der sowjetischen Besatzungsmacht, die noch im April 1945 Szokoll und Mitglieder der O5 verhaften ließ. Die „Smerš" konnte Szokoll zwar keine Schuld für das Scheitern des Aufstandes und vor allem keine „antisowjetische Tätigkeit" nachweisen. Zum Vorschein kamen allerdings seine Kontakte zum französischen Geheimdienst und die Kooperation führender O5-Mitglieder mit dem britischen und amerikanischen Geheimdienst, was aus sowjetischer Sicht nicht gerade eine Empfehlung darstellte. Im März 1968 nahm Szokoll aber an der Eröffnung der Ausstellung „Österreichische Widerstandsbewegung" teil und hielt dort auch einen Vortrag über die Zusammenarbeit „der Widerstandsgruppen mit den sowjetischen Truppen".[285]

Jahrzehntelang fehlte die wirtschaftliche, gesellschaftliche und politische Anerkennung des österreichischen Widerstandes, der die außenpolitisch motivierte Hervorhebung gegenüberstand. So waren die Verdienste des Widerstandes - wie sich bei den Bemühungen um den Staatsvertrag herausstellte - im Hinblick auf den in der Moskauer Deklaration geforderten eigenen Beitrag Österreichs zu seiner Befreiung von eminent politischem Wert. Das offizielle Österreich hob sie gegenüber den Alliierten (mehr als gegenüber der österreichischen Gesellschaft) hervor, um die Mitverantwortungsklausel in der Präambel des Staatsvertrages zu streichen. So sah sich der österreichische Widerstand bis und vor allem 1955 zu einem Instrument österreichischer Außenpolitik reduziert. In das kollektive Alltagsbewusstsein ist jedoch die Erinnerung an die Frauen und Männer des Widerstandes bis heute nicht wirklich eingedrungen.[286]

Szokoll wurde 1995 mit dem Ehrenring der Stadt Wien ausgezeichnet und 2003 zum „Bürger der Stadt Wien" ernannt. Nach seinem Tod 2004 wurde

285 Moskauer Ausstellung: „Österreichische Widerstandsbewegung", in: Sowjetunion heute. 8/1968, S. 6.

286 Anton Pelinka, Der österreichische Widerstand im Widerspruch der verschiedenen Narrative, in: Dokumentationsarchiv des österreichischen Widerstandes (Hg.), Jahrbuch 2007. Schwerpunkt: Namentliche Erfassung von NS-Opfern. Wien 2007, S. 13–25, hier: S. 14, 22.

er in einem Ehrengrab der Stadt Wien beigesetzt. Am 25. August 2005, seinem ersten Todestag, wurden der Innenhof des Verteidigungsministeriums in Wien in „Carl-Szokoll-Hof" umbenannt, eine Szokoll-Gedenktafel in der Aula des Wirtschafts-, Landwirtschafts- und Sozialministeriums am Stubenring installiert, wo während des Zweiten Weltkrieges das Wehrkreiskommando XVII einquartiert gewesen war, sowie eine „Gewissensskulptur" enthüllt. Das Bundesministerium für Wirtschaft und Arbeit widmete ihm eine eigene Publikation, deren Titel auf die ambivalente Rolle von Carl Szokoll hinweist: „Weder bin ich ein Heiliger noch ein Prophet - ein Verräter, haben manche gesagt, andere ein Held …"[287]

287 Wanker, „Weder bin ich ein Heiliger noch ein Prophet".

3. Militärischer Vormarsch und Regierungsbildung

Am 16. März 1945 begann von Ungarn aus die „Wiener Angriffsoperation" der 3. Ukrainischen Front unter Marschall Fedor I. Tolbuchin und eines Teils der 2. Ukrainischen Front unter Marschall Rodion Ja. Malinovskij. Noch am 6. März hatte die Deutsche Wehrmacht eine letzte Gegenoffensive am Plattensee gestartet, die aufgrund der sowjetischen Übermacht gescheitert war. Am Gründonnerstag, dem 29. März 1945, überschritten schließlich um 11.05 Uhr Einheiten der 6. Garde-Panzerarmee der 3. Ukrainischen Front den „Südostwall" bei Klostermarienberg nördlich des Geschriebensteins und drangen auf burgenländisches Gebiet vor.[288] Österreich wurde bis zur totalen Niederlage des Deutschen Reiches zum Kampfgebiet.

Die von der NS-Propaganda aufgebauschte „Reichsschutzstellung" (oder „Südostwall") – eine Verteidigungslinie, die laut Planung von Bratislava über den Neusiedler See, den Geschriebenstein, Radkersburg, Marburg und Laibach bis an die Adria reichen sollte – stellte an den meisten Abschnitten nicht viel mehr als eine improvisierte letzte Auffanglinie und jedenfalls kein besonderes Hindernis für die rasch vordringenden sowjetischen Einheiten dar. Von Oktober 1944 bis März 1945 waren beim Bau des „Südostwalls" Zehntausende Zwangsarbeiter – vor allem ungarische Juden – und Tausende Arbeiter des Reichsarbeitsdienstes (RAD) im Einsatz gestanden. Teilweise hatten dieselben „Schanzer", nachdem die Front über sie hinweggerollt war, abermals an den Schutzstellungen zu bauen, diesmal jedoch unter sowjetischem Kommando und gegen die Deutsche Wehrmacht.[289]

3.1 Die „Wiener Angriffsoperation"

Das Hauptziel der auf österreichischem Boden agierenden Roten Armee bestand in der „Einnahme" Wiens, der sechsten von der Roten Armee befreiten europäischen Hauptstadt.[290] Obwohl natürlich die rasche Eroberung Berlins eindeutig im Vordergrund stand – das „Untier" Hitler müsse „in seiner eigenen Höhle" vernichtet werden –, sah Stalin in Wien keineswegs nur ein drittrangiges Ziel seiner Streitkräfte. Am 6. August 1944 hatte man eigens die

288 Rauchensteiner, Der Krieg in Österreich, S. 126, 241; Gosztony, Planung, Stellenwert und Ablauf der „Wiener Angriffsoperation", S. 137. Laut Beleckij überschritten sowjetische Einheiten bereits „in der Nacht vom 28. auf den 29. März die ungarisch-österreichische Grenze". Vgl. Beleckij, Sovetskij Sojuz i Avstrija, S. 61.

289 Karner, Die Steiermark im Dritten Reich, S. 400f.

290 Pilizyn, Österreich auf dem Weg der unabhängigen Entwicklung, S. 9.

4. Ukrainische Front unter Generaloberst Ivan J. Petrov ins Leben gerufen, die über die Karpaten und Budapest nördlich der Donau nach Westen vorstoßen sollte. Nachdem jedoch die 2. Ukrainische Front unter Marschall Malinovskij im Oktober nach Budapest - in den Augen der Stavka ein „Vorort von Wien" - vorgerückt war, hatte Stalin ihr die Einnahme Wiens übertragen.[291]

Bis März 1945 ging man davon aus, dass die 2. Ukrainische Front, von Bratislava kommend, Wien vom Nordufer der Donau aus einnehmen würde.[292] Erst nach der deutschen Plattensee-Offensive stellte die Stavka am 9. März den Truppen der 2. und 3. Ukrainischen Front neue Aufgaben. Demnach sollte nun Tolbuchins Armee den Hauptschlag gegen Wien führen.[293] Dadurch verlagerte die Rote Armee ihr Schwergewicht auf den Raum südlich der Donau.[294] Am 16. März, dem „Tag X" der „Wiener Angriffsoperation", wurde die materiell und personell aufgestockte 6. Garde-Panzerarmee der 3. Ukrainischen Front unterstellt.[295] Die Stärke beider Fronten betrug 639.000 Mann, 12.190 Granatwerfer und 1318 Panzer.[296]

Am 1. April erging von der Stavka des Oberkommandos der Befehl an die 3. Ukrainische Front, mit dem rechten Flügel (4. und 9. Garde-Armee und der 6. Garde-Panzerarmee) Wien einzunehmen und bis spätestens 12. bzw. 15. April in den Abschnitt Tulln, St. Pölten, Lilienfeld vorzurücken. Kräfte der 26., 27. und der 57. Armee sowie der 1. Bulgarischen Armee hatten bis spätestens 12. April Gloggnitz, Bruck, Graz und Marburg zu erobern sowie feste Stellungen im Gebiet der Flüsse Mürz, Mur und Drau zu beziehen.[297] Einheiten der 2. Ukrainischen Front ordnete die Stavka an, die 3. Ukrainische Front bei der Einnahme Wiens zu unterstützen.[298] Dabei rückte die 46. Armee

291 Gosztony, Planung, Stellenwert und Ablauf der „Wiener Angriffsoperation", S. 132–137; Werth, Russland im Krieg, S. 638.

292 Rauchensteiner, Der Krieg in Österreich, S. 107; Beleckij, Sovetskij Sojuz i Avstrija, S. 60.

293 Vgl. die entsprechenden Direktiven der Stavka Nr. 11027 und 11044 vom 17.2.1945 bzw. 23.3.1945 an die Oberkommandierenden der 2. und 3. Ukrainischen Front. Abgedruckt in: Institut Voennoj Istorii, Stavka VGK, S. 202f., 213f. Vgl. Gosztony, Planung, Stellenwert und Ablauf der „Wiener Angriffsoperation", S. 137.

294 Rauchensteiner, Der Krieg in Österreich, S. 107.

295 Gosztony, Planung, Stellenwert und Ablauf der „Wiener Angriffsoperation", S. 135.

296 Gračev (Hg.), Voennaja ėnciklopedia. Bd. 2, S. 64.

297 CAMO, F. 148a, op. 3763, d. 213, S. 70, Direktive der Stavka Nr. 11052 an den Oberbefehlshaber der 3. Ukrainischen Front über den Vormarsch zur Einnahme Wiens, 1.4.1945. Abgedruckt in: Institut Voennoj Istorii, Stavka VGK, S. 220. Auf Deutsch abgedruckt in: Rauchensteiner, Der Krieg in Österreich, S. 490f. Vgl. CAMO, F. 243, op. 2900, d. 2058a, S. 83–99, Schilderung der Kämpfe der 3. Ukrainischen Front während des „Kampfes um Wien", nach dem 15.4.1945. Abgedruckt in: Karner - Stelzl-Marx - Tschubarjan, Die Rote Armee in Österreich, Dok. Nr. 7. Vgl. Želtov, Političeskaja rabota, S. 26.

298 CAMO, F. 148a, op. 3763, d. 213, S. 69, Direktive der Stavka Nr. 11051 an den Oberbefehlshaber der 2. Ukrainischen Front über den Vormarsch auf Bratislava und Wien, 1.4.1945. Abgedruckt in: Institut Voennoj Istorii, Stavka VGK, S. 219f. Auf Deutsch abgedruckt in: Rauchensteiner, Der Krieg in Österreich, S. 490.

Abb. 11: Soldaten der 3. Ukrainischen Front am Areal der Wiener Hofburg. Die „Schlacht um Wien" dauerte vom 6. bis zum 13. April 1945. (Quelle: CMVS)

der 2. Ukrainischen Front nach Korneuburg vor, wodurch sie den deutschen Truppen den Rückzugsweg in den Norden von Wien abschnitt.[299]

Nach der Eroberung Wiener Neustadts marschierten die 6. Garde-Panzerarmee und der Großteil der 9. Garde-Armee über den Wienerwald Richtung Klosterneuburg, wodurch sie den Westen Wiens abdeckten, während die 4. Garde-Armee von Süden kommend gegen Wien vorrückte. Die Einheiten der 2. Ukrainischen Front überquerten, unterstützt durch die sowjetische Donauflottille, mittlerweile die Donau östlich von Wien, um die Stadt auch nördlich zu umfassen.[300]

Nachdem die sowjetischen Einheiten am 5. April ihre Stellungen im Wesentlichen bezogen hatten, begann am Morgen des 6. April der Sturm auf Wien mit einem Angriff von Südosten durch Einheiten der 4. Garde-Armee, von Süden und Südwesten durch die 6. Garde-Panzerarmee, das 18. Panzerkorps und Teile der 9. Garde-Armee (3. Ukrainische Front). Der 6. Garde-Panzerarmee, deren Ziel in der Isolierung Wiens im Westen bestand, wurde das XVIII. Panzerkorps der 27. Armee zugeteilt, das bis dahin am linken Flügel der 3. Ukrainischen Front gekämpft und ins Raabtal bis nach Feldbach vor-

299 Želtov, Političeskaja rabota, S. 26.

300 Rauchensteiner, Der Krieg in Österreich, S. 146.

gedrungen war. Von Osten näherte sich die 46. Armee (2. Ukrainische Front) der Stadt.[301] Gleichzeitig mit den militärischen Operationen handelten die Armeeführer im Auftrag Stalins auch politisch: In Aufrufen an die Bevölkerung Österreichs und Wiens sowie in der „Erklärung der Sowjetregierung über Österreich" vom 9. April wurden einerseits die Ziele der Sowjetunion gegenüber Österreich dargelegt, andererseits die Bürger zur aktiven Unterstützung der Roten Armee aufgefordert.[302]

3.1.1 Der 13. April 1945

Der Umfassungsaktion sowjetischer Truppen konnten die in Wien stationierten deutschen Verteidiger - ein buntes Konglomerat von Einheiten, vor allem der 6. SS-Panzerarmee, mit Resten schlecht ausgerüsteter Verbände des Volkssturms, der Hitlerjugend und Ersatzabteilungen - letztlich keine adäquaten Reserven entgegensetzen. Trotz Hitlers Befehl, die Stadt unbedingt zu halten, zogen sich die Truppen der Wehrmacht und der SS relativ rasch in das Gebiet nördlich des Donaukanals und schließlich nördlich der Donau zurück. Am 9. April fiel die Gürtellinie, die Kämpfe um die inneren Bezirke zogen sich jedoch bis zum 13. April hin. Als an diesem Tag die deutschen Truppen die letzten Brückenköpfe am Südende der Reichsbrücke und der Floridsdorfer Brücke aufgeben mussten, war die Schlacht um Wien beendet. Zwar hatte die Rote Armee die deutschen Truppen nicht einschließen können, doch verzeichnete sie als besonderen Erfolg, dass sie mit der Reichsbrücke die erste - und einzige - Donaubrücke in Österreich unversehrt erobert hatte.[303] Fjodor I. Minin, der gemeinsam mit drei anderen Rotarmisten die Sprengkabel zerschnitten und den Sprengstoff ins Wasser geworfen hatte, be-

301 Ebd., S. 150; Beleckij, Sovetskij Sojuz i Avstrija, S. 63; Štemenko, General'nyj štab v gody vojny, S. 361f. Gerhard Artl gibt den 5. April als jenen Tag an, an dem im Süden Wiens der sowjetische Hauptangriff auf das eigentliche Stadtgebiet begann. Mit der Morgendämmerung des 6. April erfolgte demnach der zweite sowjetische Generalangriff. Vgl. Gerhard Artl, Militärische Aspekte des Kriegsendes in Niederösterreich und in Südmähren, in: Ernst Bezemek - Willibald Rosner (Hg.), Niederösterreich 1945 - Südmähren 1945. Die Vorträge des vierzehnten Symposions des Niederösterreichischen Instituts für Landeskunde zugleich Verbindendes und Trennendes an der Grenze V. Hollabrunn, 4.–7. Juli 1994. Studien und Forschungen aus dem Niederösterreichischen Institut für Landeskunde. Wien 1996, S. 49–78, hier: S. 62f. Gemäß der sowjetischen Literatur begann der Angriff am 5. April um 8 Uhr früh südlich und östlich der Stadt. Der unmittelbare Sturm begann am 6. April. Vgl. etwa: Dubrowin, Der 30. Jahrestag der Befreiung Österreichs, S. 5f.

302 Siehe dazu auch das Kapitel A.II.1.4 „‚Jedmöglichste Hilfe': Aufrufe an die Bevölkerung" in diesem Band.

303 Rauchensteiner, Der Krieg in Österreich, S. 150; Aichinger, Sowjetische Österreichpolitik, S. 111. Vgl. zu den Kämpfen in Wien auch: CAMO, F. 243, op. 2900, d. 2058a, S. 83–99, Schilderung der Kämpfe der 3. Ukrainischen Front während des „Kampfes um Wien", nach dem 15.4.1945. Abgedruckt in: Karner - Stelzl-Marx - Tschubarjan, Die Rote Armee in Österreich, Dok. Nr. 7.

Abb. 12: Das Plakat „Kämpfer der Roten Armee auf den Straßen Wiens am 13. April 1945" von F. Aladžalova erschien zum 1. Jahrestag der „Einnahme Wiens". (Quelle: CMVS)

kam dafür den Titel „Held der Sowjetunion" verliehen.[304] In Moskau ließ Stalin die Einnahme Wiens am 13. April um 21 Uhr mit dem Salut von 24 Salven aus 324 Geschützen und einem großen Feuerwerk feiern.[305] Allein 270.000[306] sowjetische Soldaten erhielten den Orden „Za vzjatie Veny" („Für die Einnahme Wiens"[307]), dessen Verleihung das Präsidium des Obersten Sowjets

304 Sowjetunion heute. 9/1975, Beilage, o. S.

305 Wien befreit!, in: Österreichische Zeitung, 15.4.1945, S. 2; Latyšev – Čarpupa, Pjataja gvardejskaja zvenigorodskaja, S. 214. Zum Teil ist auch von 20 bzw. 21 Salven die Rede. Siehe: V. A. Bruncev (Hg.), Ot Stalingrada do Veny (Ot volžskich stepej do avstrijskich al'p). Boevoj put' 4-j Gvardejskoj (24-j) Armii. Moskau 2005, S. 273; Portisch, Am Anfang war das Ende, S. 160.

306 V. N. Šunkov, Krasnaja armija. Harvest 2003, S. 339. Am Kampf um Wien waren 70.000–90.000 Rotarmisten beteiligt. Siehe: Peter Gosztony, Planung, Stellenwert und Ablauf der „Wiener Angriffsoperation" der Roten Armee 1945, in: Manfried Rauchensteiner – Wolfgang Etschmann (Hg.), Österreich 1945. Ein Ende und viele Anfänge. Forschungen zur Militärgeschichte 4. Graz – Wien – Köln 1997, S. 131–143, hier: S. 143.

307 Der Orden, der für die Teilnahme an der Schlacht um Wien verliehen wurde, trug nicht den Terminus „Für die Befreiung", wie das bei Belgrad, Warschau und Prag der Fall war, sondern die Bezeichnung „Für die Einnahme", was für Städte des Deutschen Reiches, allen voran Berlin, vorgesehen war. Erich Klein führt dies auf den militärischen Aspekt der Eroberung Wiens zurück. Siehe: Klein, Die Russen in Wien, S. 16. Wolfgang Wagner spricht hier von einer seltsamen Inkonsequenz, da Österreich seit der Moskauer Deklaration als zu befreiendes Land bezeichnet, Wien allerdings durch die Bezeichnung des Ordens „Für die Einnahme" als Stadt des Deutschen Reiches eingestuft

am 9. Juni 1945 anordnete.[308] Jene 50 Einheiten und Verbände, die sich im Kampf um Wien ausgezeichnet hatten, erhielten den Ehrentitel „Venskij" („Wiener").[309]

Die offizielle sowjetische Bilanz der „Wiener Angriffsoperation" fiel folgendermaßen aus: 19.000 tote und 47.000 gefangene Offiziere und Soldaten deutscher Einheiten (insbesondere des II. SS-Panzerkorps sowie der 2. und 3. SS-Panzerdivision), 18.000 gefallene sowjetische Soldaten. Insgesamt beziffert die sowjetische Geschichtsschreibung die Verluste der Roten Armee, die man bei Kämpfen auf österreichischem Gebiet hinnehmen musste, mit 26.000 Mann.[310] In neueren Untersuchungen ist von nicht weniger als 167.940 Verlusten der Roten Armee die Rede, die sie während der 26-tägigen Großoffensive vom 16. März bis zum 15. April zu beklagen hatte, davon 38.661 Gefallene. Die Gesamtstärke der 2. und 3. Ukrainischen Front inklusive der Donauflottille wird dabei mit 644.700 Personen angegeben, jene der 1. Bulgarischen Armee mit 100.900 Soldaten.[311]

Durch die Einnahme Wiens und durch die bis dahin erzielten militärischen Fortschritte im Burgenland und in Niederösterreich befanden sich bereits fast alle die Sowjetunion interessierenden Teile Österreichs in der Hand der Roten Armee. Gerade Wien stellte ein sicheres Ass im Ärmel dar, das zum gegebenen Zeitpunkt ausgespielt werden konnte. Auf der anderen Seite näherten sich US-Truppen der tschechoslowakischen Grenze und damit der sowjetischen Interessensphäre. Die Sowjetunion verfolgte jedoch die Politik, Länder,

---

wurde. Siehe: Wagner, Die Besatzungszeit, S. 30. Allerdings verweist Wagner dabei fälschlicherweise darauf, dass auch bei Budapest der Orden „Für die Befreiung" verliehen worden sei, während diese Auszeichnung – analog zu Wien – den Terminus „Für die Einnahme" trägt. Siehe: Šunkov, Krasnaja armija, S. 339.

308 Šunkov, Krasnaja armija, S. 341; Institut Voennoj Istorii Ministerstva Oborony Rossijskoj Federacii, Velikaja Otečestvennaja Vojna 1941–1945 gg. (Sbornik voenno-istoričeskich kart). Bd. 3. Moskau 2006, S. 135.

309 Gračev, Voennaja ènciklopedia, S. 65; Portisch, Am Anfang war das Ende, S. 156.

310 Beleckij, Sovetskij Sojuz i Avstrija, S. 64; Štemenko, General'nyj štab v gody vojny, S. 370. Rauchensteiner stellt fest, dass die Angaben von sowjetischer Seite offenbar viel zu hoch gegriffen waren, vor allem da die Verluste in Ostösterreich durch ihre Höhe in keinerlei Verhältnis zu jenen im Westen standen. Wie hoch die tatsächliche Zahl der Gefallenen und Verwundeten der auf österreichischem Boden kämpfenden Armeen war, lässt sich daher allerdings nicht annähernd feststellen. Vgl. Rauchensteiner, Der Krieg in Österreich, S. 393. Zu den insgesamt 216 Kriegsgräberanlagen mit sowjetischen Toten in Österreich vgl. Peter Sixl, Sowjetische Kriegsgräber in Österreich. Sovetskie mogily Vtoroj mirovoj vojny v Avstrii. Veröffentlichungen des Ludwig Boltzmann-Instituts für Kriegsfolgen-Forschung. Sonder-Bd. 6. Graz – Wien – Klagenfurt 2005. Zu den Namen vgl. zudem Peter Sixl (Hg.), Sowjetische Tote des Zweiten Weltkrieges in Österreich. Namens- und Grablagenverzeichnis. Ein Gedenkbuch. Unter Mitarbeit von Veronika Bacher und Grigorij Sidko. Veröffentlichungen des Ludwig Boltzmann-Instituts für Kriegsfolgen-Forschung, Sonder-Bd. 11. Graz – Wien 2010.

311 Gosztony, Planung, Stellenwert und Ablauf der „Wiener Angriffsoperation", S. 142.

die sie in ihren Nachkriegseinflussbereich einbezog, auch selbst militärisch zu besetzen. Das Hauptziel hieß jetzt nicht mehr Österreich, sondern Tschechoslowakei. Aus diesen Faktoren ergab sich die Forderung nach einer neuen Festlegung der Aufgaben der 2. und 3. Ukrainischen Front, was durch den Befehl der Stavka des Oberkommandos am 13. April erfolgte. Sichtbarster Ausdruck für die neue Schwerpunktsetzung war die Rückgabe der 6. Garde-Panzerarmee, die nach dem Beginn der sowjetischen Gegenoffensive am Plattensee der 3. Ukrainischen Front zugeführt worden war, an die 2. Ukrainische Front.[312] Die Stoßrichtung der 2. Ukrainischen Front, deren Hauptziel fortan in der Befreiung der Tschechoslowakei lag, wurde nach Norden umgelenkt, nachdem das östliche Weinviertel mit den wertvollen Ölfeldern von Zistersdorf[313] erobert worden war.[314]

Der rechte Flügel der 3. Ukrainischen Front setzte südlich der Donau seinen Vormarsch nach Westen fort und nahm am 15. April St. Pölten ein. Entlang des Flusses Traisen kam die sowjetische Offensive vorerst zum Stillstand.[315] Die sowjetische Front, die vom Waldviertel bis in die Oststeiermark verlief, blieb somit vom 15. April bis zum 8. Mai stehen.[316]

3.2 Sowjetischer Vormarsch in der Steiermark

Über Ostern 1945 waren sowjetische Einheiten der 26., 27. und 57. Armee der 3. Ukrainischen Front zügig in die Oststeiermark bis nach Kirchberg a. d. Raab vorgestoßen, wo der Vormarsch der Roten Armee nur 30 Kilometer vor Graz am Ostermontag, dem 2. April 1945, vorläufig zum Stillstand gekommen war.[317] Die „Reichsschutzstellung" des Raabtales war hier, wie in vielen anderen Abschnitten auch, weitgehend unbesetzt geblieben und hatte den sowjetischen Vormarsch nicht aufhalten können.[318] Nun hatten laut Befehl

312 CAMO, F. 132, op. 2642, d. 39, S. 82, Befehl der Stavka an die Oberkommandierenden der 2. und 3. Ukrainischen Front über das weitere Vorgehen in Österreich, 13.4.1945. Abgedruckt in: Institut Voennoj Istorii, Krasnaja Armija v stranach Central'noj Evropy, S. 627f. Auf Deutsch abgedruckt in: Rauchensteiner, Der Krieg in Österreich, S. 492. Vgl. Rauchensteiner, Der Krieg in Österreich, S. 206.

313 RGASPI, F. 17, op. 121, d. 395, S. 1–3, Bericht über die Erdölindustrie in Österreich, 5.4.1945; am 13.4.1945 von Lavrentij Berija an Georgij Malenkov übermittelt.

314 Rauchensteiner, Der Krieg in Österreich, S. 206f.

315 Institut Voennoj Istorii, Krasnaja Armija v stranach Central'noj Evropy, S. 635f.

316 Portisch, Am Anfang war das Ende, S. 335.

317 Stefan Karner, Die Steiermark im Dritten Reich 1938–1945. 3., durchgesehene Aufl. Graz 1994, S. 404–416; Petschnigg, Die „sowjetische" Steiermark, S. 524.

318 Felix Schneider, Der Krieg in Österreich, Wettlauf der Armeen und Kriegsende, in: Stefan Karner – Gottfried Stangler (Hg.), „Österreich ist frei!" Der Österreichische Staatsvertrag 1955. Beitragsband zur Ausstellung auf Schloss Schallaburg 2005. Unter Mitarbeit von Peter Fritz und Walter M. Iber. Horn – Wien 2005, S. 39–44, hier: S. 40.

der Stavka vom 13. April das Zentrum und der linke Flügel der 3. Ukrainischen Front zur Sicherung der Hauptkampflinie in der Steiermark überzugehen, mit Ausnahme des Raumes Fischbach, der „unverzüglich zu besetzen" war.[319]

Weshalb die Stavka des Oberkommandos gerade Fischbach als militärisches Operationsziel weiterhin verfolgte, während sie der 3. Ukrainischen Front generell den Übergang zur Verteidigung und zum Festhalten an den erreichten Linien befahl, lässt sich nicht mit Sicherheit klären. Auf jeden Fall zog die Rote Armee keinen nachhaltigen militärischen Nutzen aus ihrem Vorstoß in diesen Raum. Mitte April 1945 stellte eine deutsche Gegenoffensive die vorherigen militärischen Verhältnisse wieder her. Die Front verlief bei Kriegsende erneut weitestgehend entlang der burgenländisch-steirischen Grenze.[320]

Zu Kriegsende standen die sowjetischen Truppen auf der Höhe Semmering - Fürstenfeld - Feldbach und Radkersburg. Als am 9. Mai um 1 Uhr nachts alle Truppenbewegungen der Deutschen Wehrmacht aufhörten, waren die Briten als zukünftige Besatzer noch weit von steirischen Kerngebieten entfernt. Erst innerhalb weniger Tage nach der Kapitulation der Deutschen Wehrmacht erfolgte die militärische Besetzung des Großteils der Steiermark. Die Sowjets rückten dabei nach der Kapitulation in der Steiermark überall so weit vor, bis sie auf Briten oder Amerikaner stießen.[321]

In der Nacht vom 8. auf den 9. Mai rückten Einheiten der 57. Armee der 3. Ukrainischen Front in Graz ein. Graz wurde widerstandslos der Roten Armee übergeben und kam als letzte österreichische Landeshauptstadt unter alliierte Besatzung.[322] Sehr zum Bedauern bzw. zum Schrecken der Bevölkerung, die auf amerikanische oder britische Truppen gehofft hatte, wurde Graz somit zunächst sowjetisch besetzt.[323] Am 9. Mai rückte die 57. Armee auf die Linie

319 CAMO, F. 132, op. 2642, d. 39, S. 82, Befehl der Stavka an die Oberkommandierenden der 2. und 3. Ukrainischen Front über das weitere Vorgehen in Österreich, 13.4.1945. Abgedruckt in: Institut Voennoj Istorii, Krasnaja Armija v stranach Central'noj Evropy, S. 627f. Auf Deutsch abgedruckt in: Rauchensteiner, Der Krieg in Österreich, S. 492. Vgl. Rauchensteiner, Der Krieg in Österreich, S. 206.

320 Petschnigg, Die Rote Armee in der Steiermark, S. 525; Felix Schneider, Kriegsende, in: Historische Landeskommission für Steiermark (Hg.), Vom Bundesland zur europäischen Region. Die Steiermark von 1945 bis heute. Geschichte der Steiermark. Bd. 10. Graz 2004, S. 9–30, hier: S. 23f.; Othmar Tuider, Die Kämpfe im Vorgelände der Fischbacher Alpen 1945. Militärhistorische Schriftenreihe, H. 17. 3. Aufl. Wien 1984; Eliseeva, Zum Schutz des Hinterlandes der Roten Armee, S. 94–96.

321 Stefan Karner, Die Steiermark im 20. Jahrhundert. Politik - Wirtschaft - Gesellschaft - Kultur. Graz - Wien - Köln 2000, S. 306.

322 CAMO, F. 243, op. 2914, d. 268, S. 12–14, Merkulov über die Sitzung der provisorischen Regierung am 10. Mai 1945, 11.5.1945; Gračev, Voennaja ėnciklopedia, S. 112; Petschnigg, Die „sowjetische" Steiermark, S. 533.

323 CAMO, F. 413, op. 10389, d. 46, S. 276–281, Bericht des Leiters der Politabteilung der 57. Armee, Ge-

Graz-Eggenberg - Kalsdorf - Wildon - Leibnitz - Ehrenhausen vor, wo sie im Süden auf die 1. Bulgarische Armee stieß. Nördlich von der 57. Armee operierte die 27. Armee, die am 9. Mai unter anderem Birkfeld, Weiz, Kleinsemmering und Gratwein einnahm[324] und am 10. Mai ans Ostufer der Mur auf die Linie Graz - Bruck vorrückte.[325]

In der Zeit vom 8. bis zum 11. Mai besetzten sowjetische Einheiten der 3. Ukrainischen Front die Steiermark bis zur Enns im Raum Schladming, zogen sich jedoch wieder etwas zurück. Sie drangen ferner in den Raum Köflach, Voitsberg und Zeltweg vor, ehe sie in Judenburg auf britische Truppen stießen. In Köflach inszenierten britische Vorauskommandos und Geheimdienstleute am 9. Mai ein Treffen mit den ersten sowjetischen Einheiten. Erst am 15. Mai kamen die Briten mit ihren Einheiten in den Raum Köflach.[326]

Verbände der 1. Bulgarischen Armee, die im Rahmen der 3. Ukrainischen Front kämpften, besetzten den Raum von Radkersburg über Wildon bis zur Koralpe, wo sie sich mit jugoslawischen Partisanenverbänden mischten. Dabei kam es auch zu Mehrfachbesetzungen, wie etwa in Leibnitz: Hier stellten Sowjets, Bulgaren und Jugoslawen abwechselnd den Ortskommandanten.[327] Judenburg wurde als eine zwischen Sowjets und Briten geteilte Stadt zum steirischen „Sonderfall". Traurige Berühmtheit erlangte Judenburg aufgrund der Auslieferung von rund 40.000 Kosaken durch die Briten an die Sowjets zu Pfingsten 1945.[328]

Die Steiermark war von Mai bis Juli 1945 fünffach besetzt: Truppen der US-amerikanischen 3. Armee waren von Oberösterreich und Salzburg aus bis zur Enns,[329] die Briten aus Kärnten ins obere Murtal und bis Köflach vorgestoßen. Die südlichen steirischen Bezirke besetzten Verbände der 1. Bulgarischen Armee und Tito-Partisanen, ohne dass man die Demarkationslinien zur Roten Armee im Detail gezogen hätte. Der Großteil der Steiermark war aber - vorerst - unter sowjetischer Kontrolle.[330]

neralmajor Georgij K. Cinev, über Graz, 12.5.1945. Abgedruckt in: Karner - Pickl, Die Rote Armee in der Steiermark, Dok. Nr. 42.

324 CAMO, F. 243, op. 2900, d. 1905, S. 76–78, Bericht des Oberkommandierenden der 3. Ukrainischen Front an die Stavka über den militärischen Vormarsch, 9.5.1945. Abgedruckt in: Institut Voennoj Istorii, Krasnaja Armija v stranach Central'noj Evropy, S. 658f.

325 CAMO, F. 243, op. 2900, d. 2034, S. 85–92, Bericht über die Kampfhandlungen der 3. Ukrainischen Front am 10.5.1945.

326 Karner, Die Steiermark im 20. Jahrhundert, S. 306; Petschnigg, Die Rote Armee in der Steiermark, S. 530.

327 Rauchensteiner, Der Sonderfall, S. 84f.; Petschnigg, Die Rote Armee in der Steiermark, S. 530.

328 Karner - Ruggenthaler, (Zwangs-)Repatriierungen sowjetischer Staatsbürger, S. 248–255.

329 Rauchensteiner, Der Sonderfall, S. 84.

330 Karner, Die Steiermark im Dritten Reich, S. 426f.

3.3 Befreiung Österreichs durch die Westalliierten

Zu einem Zeitpunkt, als Stalin bereits die Einnahme von Wien feiern ließ und gleichzeitig veranlasste, den ehemaligen Staatskanzler Dr. Karl Renner mit der Führung einer provisorischen Staatsregierung zu betrauen, zu einem Zeitpunkt, als sich die Vertreter aller politischen Lager in den von den Sowjets befreiten Gebieten Österreichs zu (re)organisieren begannen, hatte noch immer kein westalliierter Soldat österreichischen Boden betreten. Erst gegen Ende April 1945 näherten sich französische und US-amerikanische Truppen der Grenze Österreichs.

Den US-Amerikanern sollte dabei die Aufgabe zufallen, von Nordwesten her nach Österreich vorzustoßen. Am 26. April konnten Teile der 11. US-Panzerdivision im Raum Schwarzenberg erstmals kurz auf österreichisches Territorium vorfühlen. Während die 3. US-Armee unter General George S. Patton nach Linz vorrückte, operierte südwestlich von ihr die 7. US-Armee unter Generalleutnant Alexander M. Patch. Diese spaltete sich nach der Entscheidung General Dwight D. Eisenhowers, mit Schwerpunkt nach Süden durch Bayern gegen die vermeintliche Alpenfestung vorzugehen, in zwei Flügel: Der linke Flügel stieß in das Salzkammergut vor, während der rechte Flügel Richtung Brenner vorrückte. Vom 29. April bis zum 2. Mai betrat die US-Armee auf breiter Front ehemaliges österreichisches Staatsgebiet.[331]

Gleichzeitig überschritt am 29. April 1945 die französische 5. Panzerdivision der 1. Französischen Armee im Westen Österreichs die Grenze zu Vorarlberg, das sie gemeinsam mit der 2. marokkanischen Infanteriedivision und der 4. marokkanischen Gebirgsdivision bis zum 5. Mai ohne große Gegenwehr besetzen konnte. Am 6. Mai erreichte die 2. marokkanische Infanteriedivision, die auf Skiern das Flexengebirge und den Arlberg überquerte, St. Anton am Arlberg in Tirol. Am Abend des 5. Mai hatten bereits – zur Enttäuschung der Franzosen – amerikanische Truppen Landeck erreicht.[332] Die Rote Armee verharrte zu dieser Zeit immer noch im Stellungskrieg.

Teile der 7. US-Armee besetzten innerhalb von nur vier Tagen ganz Tirol, wobei die Reste der deutschen Heeresgruppe G kaum noch Widerstand leisteten. Österreichische Widerstandskämpfer befreiten am 2. Mai Innsbruck und übergaben die rot-weiß-rot beflaggte Stadt am 3. Mai den US-Amerikanern, denen die Bevölkerung zujubelte.[333] Auch Salzburg nahm die 7. US-Armee am 4. Mai praktisch kampflos ein. Am 3. Mai waren Einheiten der

331 Rauchensteiner, Der Krieg in Österreich, S. 333f.; Schneider, Der Krieg in Österreich, S. 43.

332 Rauchensteiner, Der Krieg in Österreich, S. 310, 327f.

333 Ebd., S. 330; Schneider, Der Krieg in Österreich, S. 43; Rauchensteiner, Der Sonderfall, S. 92f.

Abb. 13: General George S. Patton und General-Oberst Nikanor Zachvataev defilieren vor US-Truppen in Österreich nach Kriegsende. (Quelle: ACMVOV)

französischen 2. Panzerdivision in Hallein eingerückt, wodurch französische Truppen zumindest ins Bundesland Salzburg um einige Stunden früher eingedrungen waren als die US-Amerikaner. Allerdings gehörte diese französische Panzerdivision zur 7. US-Armee.[334]

Der amerikanische Vormarsch in Oberösterreich war – vor allem nördlich der Donau – von teils schweren Gefechten geprägt. Am 5. Mai rückten Einheiten der 3. US-Armee jedoch kampflos in Linz ein, am nächsten Tag praktisch in ganz Oberösterreich bis zur grob fixierten Demarkationslinie im Osten Oberösterreichs. Nördlich der Donau hatten die US-Amerikaner nicht nur einige Kämpfe zu bestehen, sie erhielten auch die Aufgabe, das Konzentrationslager Mauthausen zu befreien. Am 5. Mai erreichte im Zuge des allgemeinen Vormarsches im Mühlviertel eine amerikanische Panzerpatrouille das Lager, zog aber auftragsgemäß einige Stunden später wieder ab. Mauthausen wurde am 7. Mai gewissermaßen offiziell, in Wirklichkeit aber zumindest zum dritten Mal befreit.[335]

334 Rauchensteiner, Der Krieg in Österreich, S. 338.

335 Ebd., S. 352–354. Zum KZ Mauthausen siehe insbesondere: Hans Maršálek, Die Geschichte des Konzentrationslagers Mauthausen. 3. Aufl. Wien – Linz 1995.

3.3.1 Treffen mit der Roten Armee

Nachdem amerikanische Truppen zwischen 1. und 7. Mai beinahe ganz Oberösterreich besetzt hatten, kamen sowjetische Truppen erst nach Kriegsende nach Oberösterreich. Laut Befehl der Stavka des Oberkommandos hatte die 9. Garde-Armee bis spätestens Mitternacht des 7. Mai das linke Ufer der Donau zu überqueren und sich im Gebiet Korneuburg, Floridsdorf zu sammeln, wo sie der 2. Ukrainischen Front unterstellt wurde. Ihre Hauptstoßrichtung war fortan Pilsen in der Tschechoslowakei.[336]

Einheiten der 9. Garde-Armee besetzten am 12. Mai 1945 Freistadt im östlichen Mühlviertel, das die Sowjetunion als ihre Besatzungszone beanspruchte. Das Gros der sowjetischen Truppen besetzte ab 14. Mai das Gebiet ostwärts der Demarkationslinie Freistadt - Mauthausen.[337] Freistadt wurde zunächst von US-Amerikanern und Sowjets gemeinsam besetzt. Am 23. Mai verließen die Amerikaner die Stadt und zogen sich hinter die Demarkationslinie zurück. Erst zwischen 27. Juli und 3. August 1945 zogen sich die Amerikaner endgültig aus dem Mühlviertel, das sowjetische Truppen schließlich zwischen 1. und 8. August zur Gänze besetzten, zurück.[338]

Südlich der Donau rückte - vom Gebiet St. Pölten kommend - die 4. Garde-Armee Richtung Oberösterreich vor. Am 8. Mai zu Mittag traf eine Vorausabteilung der 65. US-Division, die den Auftrag hatte, Kontakt mit den Sowjets herzustellen, in Amstetten ein, wo ihr die Bevölkerung einen herzlichen Empfang bereitete. Kurz darauf griffen jedoch sieben sowjetische Tiefflieger den Hauptplatz von Amstetten an, wodurch es unter der Zivilbevölkerung und den amerikanischen Soldaten zu großen Verlusten kam. Die Vorausabteilung zog sich daraufhin nach Westen zurück. Das Treffen zwischen US-Amerikanern und Sowjets kam schließlich am Abend des 8. Mai zustande: In Strengberg trafen die Vorhuten des 261. Regiments der 65. US-Division und jene der 7. Garde-Luftlandedivision der 4. Garde-Armee aufeinander. Die Generäle Stanley E. Reinhart und Daniil A. Dryčkin gaben sich feierlich die Hände.[339] Am selben Tag nahmen Einheiten der 3. Ukrainischen

336 CAMO, F. 148a, op. 3763, d. 213, S. 111f., Befehl der Stavka Nr. 11081 an die Oberbefehlshaber der 2. und 3. Ukrainischen Front über die Unterstellung der 9. Garde-Armee, 5.5.1945. Abgedruckt in: Institut Voennoj Istorii, Stavka VGK, S. 234.

337 Harry Slapnicka, Oberösterreich – zweigeteiltes Land. 1945–1955. Beiträge zur Zeitgeschichte Oberösterreichs. Bd. 11. Linz 1986, S. 36; Rauchensteiner, Der Krieg in Österreich, S. 352.

338 Slapnicka, Oberösterreich – zweigeteiltes Land, S. 36, 48f.; Edmund Merl, Besatzungszeit im Mühlviertel. Anhand der Entwicklung im politischen Bezirk Freistadt. 2. Aufl. Linz 1980.

339 Rauchensteiner, Der Krieg in Österreich, S. 381f.; Bericht des Oberkommandos der 3. Ukrainischen Front an die Stavka der Oberkommandos über den Vormarsch in Österreich, 8.5.1945. Abgedruckt in: Institut Voennoj Istorii, Krasnaja Armija v stranach Central'noj Evropy, S. 657f.

Abb. 14 : Treffen von sowjetischen und amerikanischen Armeeangehörigen im Bezirk Linz am 9. Mai 1945. (Quelle: RGAKFD, Foto: Lander)

Front Mautern, Melk, Amstetten, Scheibbs, Lilienfeld, Mürzzuschlag, Graz, Gleisdorf und mehr als 1500 weitere Ortschaften ein.[340]

Die sowjetischen Truppen besetzten acht oberösterreichische Gemeinden ostwärts der Enns und südlich der Donau, die erst im August 1945 unter amerikanische Besatzung kamen. Auch Steyr-Münichholz, das 1938 von Niederösterreich zum damaligen „Oberdonau" gekommen war und nun bei Oberösterreich blieb, sollten die sowjetischen Truppen räumen. Lediglich das Gebiet um Maria Neustift blieb unter sowjetischer Kontrolle, während sonst die Besatzungszone an die Landesgrenzen angepasst wurde.[341]

Mit dem Land Salzburg und dem Großteil Oberösterreichs bis zur Demarkationslinie hatten die USA ihre Positionen bezogen. Tirol, das ebenfalls weitestgehend die US-Armee befreit hatte, überließen die Amerikaner bereits am 7. Juli 1945 den Franzosen.[342] Darüber hinaus besetzten die Amerikaner vorerst noch einen kleinen Teil der Steiermark, nämlich ab 5. Mai das 1938 „Oberdonau" zugeschlagene Ausseer Land.[343] Die 80. US-Infanteriedivision

340 Bericht des Oberkommandos der 3. Ukrainischen Front an die Stavka der Oberkommandos über den Vormarsch in Österreich, 8.5.1945. Abgedruckt in: Institut Voennoj Istorii, Krasnaja Armija v stranach Central'noj Evropy, S. 657f.

341 Slapnicka, Oberösterreich – zweigeteiltes Land, S. 35f.

342 Rauchensteiner, Der Sonderfall, S. 110.

343 Nach langem „Tauziehen" kam das Ausseer Land mit 1. Juli 1948 zurück in die Verwaltung des

drang aber auch über den Pyhrnpass bis in den Raum Liezen in der Steiermark vor,[344] wo sie am 9. Mai auf die über Bruck a. d. Mur, Leoben und die Eisenerzer Alpen vorrückende 26. Armee der 3. Ukrainischen Front stieß. Auf der Ennsbrücke in Liezen erfolgte am Abend des 9. Mai ein Treffen zwischen US-amerikanischen und sowjetischen Generälen.[345]

Von Süden her stieß die britische 8. Armee - als letzte der Alliierten - nach Österreich vor. Der britische Vormarsch war in Italien immer wieder von deutschen Einheiten behindert worden, die sich in Oberitalien nicht an die am 2. Mai erfolgte Teilkapitulation der Heeresgruppe C gebunden gefühlt hatten. Nach einem regelrechten Wettlauf mit Einheiten der Tito-Partisanen traf die 8. Armee am 8. Mai 1945 praktisch zeitgleich in Klagenfurt ein. Die Jugoslawen zogen sich erst nach britischer Gewaltandrohung und gleichzeitiger Order Stalins wieder aus Kärnten zurück.[346]

Etwa zur selben Zeit setzten auch die in der Oststeiermark im Stellungskrieg ausharrenden sowjetischen Truppen ihren Vormarsch Richtung Koralpe und über Graz Richtung Voitsberg und Köflach in der Weststeiermark fort. Am Abend des 9. Mai 1945 traf in Voitsberg eine vorgeschobene Einheit der 57. Armee auf eine vorgeschobene Einheit der britischen 8. Armee, wobei es zu einem Handschlag zwischen den Generälen kam.[347] Das anschließende Treffen zwischen den Soldaten und Offizieren der beiden Armeen verlief in „warmer und freundschaftlicher Atmosphäre".[348] Am 10. Mai 1945, um 17 Uhr, kam es im Osten von Voitsberg zu einem feierlichen Treffen mit dem Kommando des 5. Korps der 8. britischen Armee. Dabei wurde die Einrich-

---

Landes Steiermark und somit unter britische Besatzung. Vgl. Slapnicka, Oberösterreich - zweigeteiltes Land, S. 74–84.

344 Slapnicka, Oberösterreich - zweigeteiltes Land, S. 35.

345 Karner, Die Steiermark im 20. Jahrhundert, S. 306; Johannes Feichtinger, Chronik 1945–1955. Ereignisse in der Steiermark, in Österreich und in der Welt, in: Siegfried Beer (Hg.), Die „britische" Steiermark 1945–1955. Unter wissenschaftlicher Mitarbeit von Felix Schneider und Johannes Feichtinger. Forschungen zur geschichtlichen Landeskunde der Steiermark. Bd. 38. Graz 1995, S. 691–733, hier: S. 694. Zum Vormarsch der 26. Armee am 9. Mai 1945 vgl. CAMO, F. 243, op. 2900, d. 1905, S. 76–78, Bericht des Oberkommandierenden der 3. Ukrainischen Front an die Stavka über den militärischen Vormarsch, 9.5.1945. Abgedruckt in: Institut Voennoj Istorii, Krasnaja Armija v stranach Central'noj Evropy, S. 658f.

346 Alex Ward, Die Rolle der britischen Streitkräfte bei der Besetzung Südösterreichs im Jahr 1945, in: Manfried Rauchensteiner - Wolfgang Etschmann (Hg.), Österreich 1945. Ein Ende und viele Anfänge. Forschungen zur Militärgeschichte 4. Graz - Wien - Köln 1997, S. 157–184; Rauchensteiner, Der Krieg in Österreich, S. 361; Schneider gibt hingegen an, dass die britischen und jugoslawischen Truppen bereits am 7. Mai in Klagenfurt eintrafen. Vgl. Schneider, Der Krieg in Österreich, S. 43.

347 CAMO, F. 84, op. 1, d. 2, S. 57, Bericht über das Zusammentreffen von Einheiten der Roten Armee mit britischen Truppen im Bezirk Voitsberg, 9.5.1945. Herrn Prof. Dr. Igor' Reformackij, Moskau, sei für die Bereitstellung dieses Dokuments herzlich gedankt.

348 CAMO, F. 1237, op. 1, d. 13137, o. S., Politbericht über das Zusammentreffen von Einheiten der Roten Armee mit britischen Truppen im Bezirk Voitsberg, 12.5.1945.

tung einer zwei Kilometer breiten „neutralen Zone" zwischen den sowjetischen und den britischen Truppen in die Wege geleitet.[349]

Im Raum Köflach traf die 57. Armee der 3. Ukrainischen Front schließlich auf britische Einheiten und richtete eine provisorische Demarkationslinie ein. Nordwestlich davon traf in Judenburg ein Teil der 26. Armee der 3. Ukrainischen Front auf die britische Armee, wodurch Judenburg bis zum 24. Juli 1945 entlang der Mur eine zweigeteilte Stadt blieb. Die Briten besetzten somit Kärnten und Osttirol sowie Teile des Lungaus und der Steiermark. Die gesamte Steiermark (noch ohne das Ausseer Land) übernahmen die Briten formell am 24. Juli 1945 als Besatzungszone.[350] Die sowjetische Besatzung der Steiermark war jedoch erst am 31. Juli 1945 mit dem Abzug der letzten Rotarmisten aus Mürzzuschlag endgültig vorbei.[351]

Nach diesem „Wettlauf der Armeen"[352] war Österreich nun im Mai 1945 militärisch sechsfach besetzt. Den weitaus größten Gebietsanteil hatten die Sowjets inne, wobei ihre Truppen auch eindeutig am stärksten in Österreich vertreten waren: 400.000 Mann der 2. und 3. Ukrainischen Front hatten im Zeitraum von Ende März bis Mitte Mai 1945 Ostösterreich eingenommen. Sie machten die „totale Besetzung" augenfällig.[353] Wenngleich die Sowjets die meisten Faustpfänder in den Händen hielten, merkten sie doch bald, dass dies auch seine Schattenseiten hatte - insbesondere als es um die Teilung Wiens in Sektoren ging, gleichzeitig aber auch um die Verpflegung der hungernden Bevölkerung. In dieser Phase liefen jedoch nicht nur die Verhandlungen um die Besatzungszonen, Thema war auch die Anerkennung der provisorischen Regierung Karl Renner.[354]

349 CAMO, F. 413, op. 10839, d. 45, S. 282–284, Politbericht des Leiters der Politischen Abteilung der 57. Armee, Georgij K. Cinev, an den Leiter der Politischen Verwaltung der 3. Ukrainischen Front über ein Zusammentreffen mit britischen Truppen, 13.5.1945. Abgedruckt in: Karner - Stelzl-Marx - Tschubarjan, Die Rote Armee in Österreich, Dok. Nr. 38.

350 Schneider, Der Krieg in Österreich, S. 43; Karner, Die Steiermark im 20. Jahrhundert, S. 325. Zur britischen Verwaltung der Steiermark vgl. Siegfried Beer (Hg.), Die „britische" Steiermark 1945–1955. Unter wissenschaftlicher Mitarbeit von Felix Schneider und Johannes Feichtinger. Forschungen zur geschichtlichen Landeskunde der Steiermark. Bd. 38. Graz 1995.

351 Felix Schneider, Britische Besatzungs- und Sicherheitspolitik, in: Historische Landeskommission für Steiermark (Hg.), Vom Bundesland zur europäischen Region. Die Steiermark von 1945 bis heute. Geschichte der Steiermark. Bd. 10. Graz 2004, S. 59–98, hier: S. 60; Petschnigg, Die „sowjetische" Steiermark, S. 552f.

352 Portisch, Am Anfang war das Ende, S. 333.

353 Rauchensteiner, Der Sonderfall, S. 81. Der Autor nennt diese Zahl allerdings auch als Gesamtstärke der 3. Ukrainischen Front. Siehe: Rauchensteiner, Der Krieg in Österreich, S. 107. Die Gesamtstärke der 2. und 3. Ukrainischen Front inklusive Donauflottille lag laut Gosztony bei insgesamt 644.700 Mann. Vgl. Gosztony, Planung, Stellenwert und Ablauf der „Wiener Angriffsoperation", S. 143.

354 Slapnicka, Oberösterreich - zweigeteiltes Land, S. 35.

3.4 Aufbau der provisorischen Regierung

Zu einer Zeit, als die Westalliierten noch nicht einmal österreichisches Territorium betreten hatten, gab Stalin den Auftrag, eine provisorische Staatsregierung unter Karl Renner zu bilden.[355] Der Kremlchef agierte dabei eigenmächtig - ohne Rücksprache mit den Westalliierten, obwohl man sich in der EAC prinzipiell darauf geeinigt hatte, dass zunächst die Besatzungstruppen die gesamte Gewalt in Österreich übernehmen sollten und erst danach der Aufbau der Verwaltung in Österreich „von unten", d. h. durch die Errichtung lokaler Verwaltungsbehörden, zu erfolgen hätte.[356] Anfang April 1945 wollte nun Stalin, der während des Krieges im Gegensatz zu den Briten noch keine konkreten Ideen zur personellen Zusammensetzung einer österreichischen Regierung ausgearbeitet hatte, umgehend eine zentrale Zivilverwaltung errichten. Wie bereits erwähnt, gestand der sowjetische Regierungschef weder den österreichischen Kommunisten noch den Widerstandskämpfern die zentrale Rolle bei der Regierungsbildung zu.[357] Dies widersprach aber keineswegs dem wesentlichsten Ziel der sowjetischen Führung zu dieser Zeit, nämlich der Schaffung einer Sicherheitszone („Cordon sanitaire") und der Stärkung der kommunistischen Bewegung in den von der Roten Armee besetzten Ländern.[358]

3.4.1. Grünes Licht für Karl Renner

Zum Zug kam Karl Renner, der am 3. April 1945 im Stab der 103. Garde-Schützendivision der 9. Garde-Armee „erschien".[359] Stalin, der bereits eini-

---

355 Aichinger, Sowjetische Österreichpolitik, S. 122–131; Karner - Ruggenthaler, Unter sowjetischer Kontrolle, S. 106–125; Rauchensteiner, Stalinplatz 4, S. 16–20; Mueller, Die sowjetische Besatzung in Österreich, S. 75–82; Savenok, Venskie vstreči, S. 51f.; Wagner, Die Besatzungszeit aus sowjetischer Sicht, S. 53–61; Barbara Stelzl-Marx, Österreichische „Wiedervereinigung". Kontinuität und Wandel, in: Manfried Rauchensteiner - Robert Kriechbaumer (Hg.), Die Gunst des Augenblicks. Neue Forschungen zu Staatsvertrag und Neutralität. Wien - Köln - Weimar 2005, S. 187–222, hier: S. 198–203. Die offizielle sowjetische Version lautete, dass die Sowjetregierung die provisorische Regierung in Österreich nicht gebildet, sondern lediglich die Österreicher selbst „nicht gehindert" habe, die Regierung zu bilden. Vgl. Sokolov, Sowjetische Österreichpolitik, S. 83f.

356 Jochen Laufer, Die UdSSR und die Zoneneinteilung Deutschlands (1943/44), in: ZfG. 1995/43, S. 309–331.

357 Siehe dazu und zum Folgenden Karner - Ruggenthaler, Unter sowjetischer Kontrolle, S. 116–118; Rauchensteiner, Der Sonderfall, S. 68–70; Štemenko, General´nyj štab v gody vojny. Bd. 2. S. 359f., 363f.

358 Karner - Ruggenthaler, Unter sowjetischer Kontrolle, S. 118.

359 Am 3. April 1945 sprach Renner beim Politoffizier der 103. Garde-Schützen-Division der 9. Garde-Armee in Gloggnitz vor. Renner wurde daraufhin aufgefordert, in das Truppenkommando des Stabes der 103. Garde-Schützendivision nach Köttlach mitzukommen. Vgl. Aichinger, Sowjetische

ge Tage zuvor bei einer Besprechung des staatlichen Verteidigungskomitees über Renner „laut nachgedacht" haben soll,[360] erfuhr am 4. April von Renners Erscheinen und handelte unverzüglich:[361] Binnen Minuten ordnete er dem Militärrat der 3. Ukrainischen Front an, Renner Vertrauen zu erweisen und ihm mitzuteilen, dass ihm das Kommando der sowjetischen Streitkräfte bei der „Wiederherstellung der demokratischen Ordnung in Österreich Unterstützung" gewähren werde. Weiters sollte Renner davon in Kenntnis gesetzt werden, „dass die sowjetischen Streitkräfte die Grenzen Österreichs nicht zur Besetzung seines Staatsgebietes überschritten haben, sondern um die NS-Besatzer aus Österreich zu vertreiben".[362] Die Wortwahl ist hier dieselbe wie in den oben angeführten ersten Aufrufen an die Bevölkerung Österreichs und an die Truppen der 2. und 3. Ukrainischen Front.[363]

Daraufhin nahmen die Ereignisse ihren Lauf: Renner wurde ins Hauptquartier der 9. Garde-Armee nach Hochwolkersdorf gebracht, wo nur wenig früher Szokolls Vertrauensmänner Käs und Reif bei General Glagolev vorgesprochen hatten.[364] Hier machte Želtov am 5. April Renner mit den in

---

Österreichpolitik, S. 122; Karner - Ruggenthaler, Unter sowjetischer Kontrolle, S. 112f.; Rauchensteiner, Nachkriegsösterreich 1945, S. 408; Karl Renner, Denkschrift über die Geschichte der Unabhängigkeitserklärung Österreichs und die Einsetzung der provisorischen Regierung der Republik. Wien 1945, S. 3.

360 Laut den Erinnerungen des Mitglieds der Stavka, General Sergej M. Štemenko, soll Stalin gefragt haben: „Wo ist denn eigentlich jener Sozialdemokrat Karl Renner, der ein Schüler von Karl Kautsky war?" Die Mitglieder des Generalstabes wussten keine Antwort und erteilten, so Štemenko weiter, telefonisch an die 3. Ukrainische Front die Weisung, in Erfahrung zu bringen, was aus Renner geworden sei und wo er sich aufhielte. Schtemenko, Im Generalstab. Bd. 2, S. 403; Sergej M. Schtemenko, Die Befreiung Wiens, in: Neue Zeit 21/1972, S. 18–21, hier: S. 19; Štemenko, General'nyj štab v gody vojny. Bd. 2, S. 356. Ob diese von der Geschichtsschreibung oftmals wiederholte „Renner-Episode" den Tatsachen entspricht, ist umstritten. Zum aktuellen Diskurs vgl. Karner - Ruggenthaler, Unter sowjetischer Kontrolle, S. 114; Mueller, Die sowjetische Besatzung in Österreich, S. 76.

361 CAMO, F. 243, op. 2912, d. 146, S. 309f., Telegramm von Fedor Tolbuchin und Aleksej Želtov an Stalin über das Treffen des Kommandos der 9. Garde-Armee mit Renner, 4.4.1945. Abgedruckt in: Karner - Stelzl-Marx - Tschubarjan, Die Rote Armee in Österreich, Dok. Nr. 12. Vgl. Karner - Ruggenthaler, Unter sowjetischer Kontrolle, S. 112–115; Mueller, Die sowjetische Besatzung in Österreich, S. 77.

362 CAMO, F. 243, op. 2912, d. 146, S. 269, Telegramm der Stavka des Oberkommandos an Tolbuchin über den Vertrauenserweis gegenüber Renner, 4.4.1945. Abgedruckt in: Karner - Stelzl-Marx - Tschubarjan, Die Rote Armee in Österreich, Dok. Nr. 13. Vgl. Aichinger, Sowjetische Österreichpolitik, S. 125; Karner - Ruggenthaler, Unter sowjetischer Kontrolle, S. 115f.; Mueller, Die sowjetische Besatzung in Österreich, S. 77; Oliver Rathkolb, Besatzungspolitik und Besatzungserleben in Ostösterreich vom April bis August 1945, in: Manfried Rauchensteiner - Wolfgang Etschmann (Hg.), Österreich 1945. Ein Ende und viele Anfänge. Forschungen zur Militärgeschichte 4. Graz - Wien - Köln 1997, S. 185–206, hier: S. 189; Štemenko, General'nyj štab v gody vojny. Bd. 2, S. 356–358.

363 Siehe dazu auch das Kapitel A.II.1.4 „‚Jedmöglichste Hilfe': Aufrufe an die Bevölkerung" in diesem Band.

364 Siehe dazu auch das Kapitel A.II.2.1.1 „Kontaktaufnahme mit der Roten Armee" in diesem Band; Karner - Ruggenthaler, Unter sowjetischer Kontrolle, S. 120.

Stalins Telegramm enthaltenen Richtlinien bekannt.[365] Zurück in Gloggnitz, entwarf Renner mehrere Aufrufe an die österreichische Bevölkerung, die Oberst Piterskij prüfte und nach Moskau weiterleitete.[366] Von Schloss Eichbüchl bei Wiener Neustadt aus verfasste Renner seinen mit 15. April datierten, berühmt gewordenen Brief an „seine Exzellenz Marschall Stalin", worin er der Roten Armee und deren „ruhmbedeckten Obersten Befehlshaber [...] aufrichtigst und ergebenst" dankte. Damit versuchte er offensichtlich, die von ihm erwarteten sowjetischen Absichten auszuloten bzw. diesen zu entsprechen.[367] Im Generalstab löste der Brief ein Schmunzeln aus: „Es war nicht leicht, in den begeisterten Auslassungen Renners über die Befreiungsmission der Roten Armee Aufrichtigkeit von eigennütziger Schmeichelei zu trennen", erinnert sich Štemenko.[368]

Am 17. April traf das entscheidende Telegramm aus Moskau ein. Tolbuchin erhielt darin „grünes Licht", Renner mit der Bildung einer provisorischen Regierung zu beauftragen.[369] Zwei Tage später, am 19. April, wurde Renner, den die 4. Garde-Armee erst in Gloggnitz ausfindig machen musste,[370] zu Marschall Tolbuchin nach Wien gebracht. An dem Gespräch nahmen von sowjetischer Seite außerdem Generaloberst Želtov, der sowjetische Stadtkommandant Generalleutnant Blagodatov, Oberst Piterskij und der kommissarische Politberater Michail E. Koptelov teil. Unmittelbar davor hat-

365 Ebd.

366 Mueller, Die sowjetische Besatzung in Österreich, S. 79; Aichinger, Sowjetische Österreichpolitik, S. 125; Siegfried Nasko, April 1945: Renners Ambitionen trafen sich mit Stalins Absichten, in: Österreich in Geschichte und Literatur. 1983/6, S. 336–346, hier: S. 340.

367 AVP RF, F. 066, op. 25, p. 119, d. 10, S. 2–4, Schreiben Renners an Stalin, 15.4.1945. Abgedruckt in: Karner – Stelzl-Marx – Tschubarjan, Die Rote Armee in Österreich, Dok. Nr. 19. Der Originalbrief wurde bereits mehrfach publiziert, unter anderem in: David J. Dallin, Stalin, Renner und Tito. Österreich zwischen drohender Sowjetisierung und den jugoslawischen Gebietsansprüchen im Frühjahr 1945, in: Europa-Archiv. 1958/13–17, S. 11030–11033. Vgl. Aichinger, Sowjetische Österreichpolitik, S. 125; Karner – Ruggenthaler, Unter sowjetischer Kontrolle, S. 121f.

368 Schtemenko, Im Generalstab, S. 414. Vgl. Karner – Ruggenthaler, Unter sowjetischer Kontrolle, S. 121f.

369 CAMO, F. 148, op. 3763, d. 213, S. 84, Chiffretelegramm Nr. 11070, Semenov an Tolbuchin über die provisorische Regierung und den Wiener Bürgermeister, 17.4.1945. Abgedruckt in: Karner – Stelzl-Marx – Tschubarjan, Die Rote Armee in Österreich, S. 24. Vgl. Karner – Ruggenthaler, Unter sowjetischer Kontrolle, S. 125; Mueller, Die sowjetische Besatzung in Österreich, S. 80.

370 Renner hatte Schloss Eichbüchl anscheinend ohne Wissen der Roten Armee verlassen, weswegen Tolbuchin zunächst nichts über seinen aktuellen Aufenthaltsort wusste und ihn suchen ließ. Eine diesbezügliche Nachfrage bei den NKVD-Truppen, die seit dem 15. April mehrere Personen zu Renners Bewachung abgestellt hatten, hätte für Tolbuchin wohl eine Blamage bedeutet. Vgl. Karner – Ruggenthaler, Unter sowjetischer Kontrolle, S. 121–125; RGVA, F. 38756, op. 1, d. 6, S. 201, Bericht des Kommandanten des 336. Grenzregiments der Truppen des NKVD zum Schutz des Hinterlandes der 3. Ukrainischen Front über die Bewachung der provisorischen Regierung Österreichs, 5.5.1945. Abgedruckt in: Karner – Stelzl-Marx – Tschubarjan, Die Rote Armee in Österreich, Dok. Nr. 33.

te Tolbuchin mit dem Sekretär der KPÖ, Johann Koplenig, gesprochen und von ihm das Einverständnis eingeholt, Renner an die Spitze der Regierung zu stellen. Renner erklärte sich mit der Bildung einer provisorischen Regierung unter Einbeziehung aller demokratischen Parteien bereit, und sagte zu, bis zum 23. April eine Kabinettsliste vorzulegen.[371]

Bereits am 24. April hatte Renner die provisorische Regierung gebildet und plante, sie am folgenden Tag der Öffentlichkeit vorzustellen. Nun trat der NKID auf den Plan, der auf das Dringendste die Westmächte über die geplante Regierungsbildung in Kenntnis setzen wollte. Am 20. April hatte der Leiter der für Österreich zuständigen 3. Europäischen Abteilung des NKID, Andrej A. Smirnov, ein internes Papier ausgearbeitet und dem stellvertretenden Volkskommissar für Äußeres, Vladimir G. Dekanozov, vorgelegt. Es wäre „nicht zielführend", betonte Smirnov darin, „die Frage der Bildung einer österreichischen Regierung ohne vorherige Benachrichtigung der Alliierten und ohne Konsultationen mit ihnen zu entscheiden, da dies unnötigen Verdacht im Zusammenhang mit unserer Politik in Österreich hervorrufen könnte".[372]

Dem stellvertretenden Volkskommissar für Äußeres, Andrej Ja. Vyšinskij, wurde der Entwurf eines Schreibens an die Westmächte am 25. April vorgelegt, das dieser handschriftlich auf den 24. vordatierte und den Botschaftern der USA und Großbritanniens in Moskau überbringen ließ. Darin betonte er, dass sich Karl Renner beim Einmarsch der Roten Armee nach Österreich selbst an das sowjetische Kommando gewandt und seine Hilfe beim Wiederaufbau eines unabhängigen österreichischen Staates angeboten hätte. Die sowjetische Regierung halte „es für möglich, Karl Renner und andere politisch Tätigen Österreichs in ihrer Arbeit zur Bildung einer provisorischen Regierung nicht zu behindern".[373]

371 AVP RF, F. 066, op. 25, p. 118a, d. 7, S. 1–5, Mitteilung von Koptelov an Dekanozov über das Gespräch mit Renner betreffend die Bildung der provisorischen österreichischen Regierung, 19.4.1945. Abgedruckt in: Karner – Stelzl-Marx – Tschubarjan, Die Rote Armee in Österreich, Dok. Nr. 21. Vgl. Karner – Ruggenthaler, Unter sowjetischer Kontrolle, S. 125–128; Sokolov, Sowjetische Österreichpolitik, S. 81; Mueller, Die sowjetische Besatzung in Österreich, S. 88–90; Wagner, Die Besatzungszeit aus sowjetischer Sicht, S. 58. Wagner stellte das Datum des Treffens richtig, das mehrfach irrtümlicherweise auf den 20. und 21. April anberaumt wurde. Siehe etwa: Rauchensteiner, Der Sonderfall, S. 67, 366; Aichinger, Sowjetische Österreichpolitik, S. 126.

372 AVP RF, F. 066, op. 25, p. 118a, d. 7, S. 6, Smirnov und Lavrov an Dekanozov, 20.4.1945. Vgl. Wagner, Die Besatzungszeit aus sowjetischer Sicht, S. 62; Karner – Ruggenthaler, Unter sowjetischer Kontrolle, S. 128.

373 AVP RF, F. 066, op. 25, p. 118a, d. 7, S. 17f., Vyšinskij an Kennan, 24.4.1945. Abgedruckt in: Ministerstvo innostranych del, Sbornik osnovnych dokumentov. Bd. 1, S. 27f. Vgl. Karner – Ruggenthaler, Unter sowjetischer Kontrolle, S. 128–131; Rauchensteiner, Stalinplatz 4, S. 25f.; Wagner, Die Besatzungszeit aus sowjetischer Sicht, S. 63; Aichinger, Sowjetische Österreichpolitik, S. 132; Sokolov, Sowjetische Österreichpolitik, S. 82.

Trotz der vorsichtigen Formulierung waren Washington und London alarmiert. Die Briten teilten mit, sie benötigten Zeit, um den Vorschlag zu prüfen.[374] Was sie nicht wussten, war, dass Renner zu diesem Zeitpunkt längst eine provisorische Regierung gebildet hatte, die am 27. April, dem Tag der Verabschiedung der Unabhängigkeitserklärung,[375] im Wiener Rathaus zu ihrer konstituierenden Sitzung zusammentrat. Am späteren Nachmittag lud Marschall Tolbuchin die Regierungsmitglieder zu einem Empfang, der in „freundschaftlicher Atmosphäre" verlief.[376] Tolbuchin erklärte, dass die Rote Armee die provisorische Regierung unterstütze, was allerdings keine völkerrechtliche Anerkennung durch die Sowjetunion bedeutete.[377] Bereits nördlich der Donau, wo sich der Befehlsbereich der 2. Ukrainischen Front unter Marschall Malinovskij befand, endete vorerst Renners „Macht".[378] Noch im Juni 1945 beklagte sich Renner bei Tolbuchin, dass die provisorische Regierung in dem von Malinovskijs Truppen besetzten Gebiet nicht anerkannt werde. Sie habe nicht einmal Kontakt mit diesen Militärorganen.[379]

Am 28. April versandte Renner eine sogenannte Notifikation an die Regierungen der UdSSR, USA und Großbritanniens (nicht aber Frankreichs) mit der Bitte um Anerkennung der provisorischen Regierung.[380] Den Text hatte der sowjetische Volkskommissar für Äußeres, Vjačeslav M. Molotov, persönlich redigiert.[381] Damit kreuzte sich Renners Notifikation mit der Note der britischen Botschaft in Moskau vom 27. April, die dem NKID am folgenden Tag vorlag und in der um Aufschiebung der Anerkennung jeglicher provisorischen Regierung in Österreich ersucht wurde.[382] Auch die Amerikaner lehnten die sowjetischen Intentionen bezüglich der österreichischen Regierung

374 AVP RF, F. 066, op. 25, p. 118a, d. 7, S. 39, Roberts an Vyšinskij, 27.4.1945; Karner - Ruggenthaler, Unter sowjetischer Kontrolle, S. 131.

375 Unabhängigkeitserklärung der provisorischen österreichischen Staatsregierung, 27.4.1945. Abgedruckt in: Csáky, Der Weg zu Freiheit und Neutralität, S. 36f. Vgl. Rauchensteiner, Stalinplatz 4, S. 24f.

376 CAMO, F. 243, op. 2912, d. 146, S. 192–194, Tolbuchin und Željtov an Stalin über den Empfang der provisorischen Regierung, 28.4.1945. Abgedruckt in: Institut Voennoj Istorii, Krasnaja Armija v stranach Central'noj Evropy, S. 644f.

377 Mueller, Die sowjetische Besatzung in Österreich, S. 92.

378 Rauchensteiner, Stalinplatz 4, S. 25–27.

379 AVP RF, F. 012, op. 6, p. 92, d. 391, Koptelov an Dekanozov über das Gespräch Renners mit Tolbuchin am 6.6.1945. Am Gespräch nahmen ferner Želtov, Politberater Koptelov und Morozov teil.

380 Note Renners an die sowjetische Regierung, 28.4.1945. Abgedruckt in: Ministerstvo innostranych del, Sbornik osnovnych dokumentov. Bd. 1, S. 26. Vgl. Rauchensteiner, Stalinplatz 4, S. 26.

381 Karner - Ruggenthaler, Unter sowjetischer Kontrolle, S. 131.

382 AVP RF, F. 066, op. 25, p. 118a, d. 7, S. 39, Roberts an Vyšinskij, 27.4.1945. Vgl. Wagner, Die Besatzungszeit aus sowjetischer Sicht, S. 64; Karner - Ruggenthaler, Unter sowjetischer Kontrolle, S. 131. Die Note stellte jedoch keinen „schärfsten Protest" dar. Vgl. Rauchensteiner, Stalinplatz 4, S. 26.

Abb. 15: Die provisorische Regierung unter Karl Renner trat am 27. April 1945, dem Tag der Verabschiedung der Unabhängigkeitserklärung, im Wiener Rathaus zu ihrer konstituierenden Sitzung zusammen und proklamierte die „Wiederherstellung der Republik Österreich". Am 29. April erfolgte die Konstituierung der Regierung im Parlament, wo sie der sowjetische Stadtkommandant Aleksej Blagodatov empfing. (Quelle: CMVS)

ab.[383] Die feierliche Konstituierung der provisorischen Regierung erfolgte am 29. April im Parlament, wo sie der sowjetische Stadtkommandant Blagodatov empfing. Am selben Tag verlautbarte Radio Moskau die Existenz der provisorischen Regierung unter Karl Renner und stellte somit die Westalliierten vor vollendete Tatsachen.[384]

Wenig überraschend lehnten die westlichen Alliierten die provisorische österreichische Regierung zunächst ab. Schließlich befürchteten sie, dass die Sowjets - wie bereits zuvor in Bulgarien, Polen, Rumänien und Ungarn - durch ihren Alleingang bei der Regierungsbildung nun auch in Österreich eine Marionettenregierung Stalins installiert hätten.[385] Allein die Fotos, die Staatskanzler Renner am 29. April Seite an Seite mit hohen sowjetischen Militärs vor dem Wiener Parlament zeigten, trugen nicht unbedingt dazu bei, das Misstrauen unter den Westmächten zu zerstreuen.[386]

383 Aichinger, Sowjetische Österreichpolitik, S. 134.

384 Ebd., S. 134–138.

385 Sokolov, Sowjetische Österreichpolitik, S. 83; Aichinger, Sowjetische Österreichpolitik, S. 133–135.

386 Diese bekannte Aufnahme findet sich in zahlreichen Publikationen und auf Buchumschlägen. Vgl. dazu etwa das Umschlagfoto „Die Geburtsstunde der Republik Österreich. Staatskanzler Karl Ren-

Die Autorität dieses für die Sowjets „gesamtösterreichischen" Ansprechpartners erstreckte sich somit vorerst nur auf den sowjetisch besetzten Teil Österreichs. Selbst drei Monate nach ihrer Einsetzung wusste die Zentralregierung in Wien kaum über die Lage in den westlichen Besatzungszonen Bescheid und hatte dort auch keinen Einfluss. Der „schlaue Staatskanzler",[387] der gegenüber den Sowjets energisch seine Anliegen vorbrachte und keine Marionette aus sich machen ließ, kämpfte um die Anerkennung im Westen. Diese erfolgte schließlich am 20. Oktober 1945.

3.4.2 Anerkennung der provisorischen Regierung und Novemberwahlen

Im Vorfeld musste noch Überzeugungsarbeit geleistet werden. Auf der Potsdamer Konferenz vom 17. Juli bis zum 2. August 1945 wurde der Vorschlag der Sowjetregierung betreffend eine Erweiterung der Kompetenz der provisorischen österreichischen Regierung auf ganz Österreich erörtert. Winston Churchill legte dabei den britischen und amerikanischen Standpunkt gegenüber Stalin dar: Sie wären erst bereit, „diese Frage nach dem Einzug der britischen und amerikanischen Truppen in Wien zu erörtern".[388]

Nachdem die Westalliierten Anfang September die Kontrolle in ihren Sektoren von Wien übernommen hatten, traten die vier Militärkommissare der Besatzungsmächte am 11. September zu einer Sitzung zusammen und errichteten den Alliierten Rat als höchstes Organ des alliierten Kontrollsystems in Österreich.[389] In der Proklamation an das österreichische Volk wiesen sie darauf hin, dass die Wiedererrichtung eines freien, unabhängigen und demokratischen Staates Österreich in den Händen der österreichischen Bevölkerung selbst liege.[390] Für die Sowjets musste dies jedoch sogar einem Rückschritt seit Potsdam gleichkommen, da die provisorische Regierung nun nicht einmal mehr Erwähnung fand.[391] Ein wichtiger Schritt von österreichischer Seite war die vom 24. bis zum 26. September 1945 in Wien durchgeführte

ner verkündet am 27. April 1945 die Unabhängigkeit Österreichs" der Publikation: Die Wiedergeburt Österreichs. Die dramatischen Tage vom Kriegsende bis zum Anfang der Republik. Wien - Köln - Weimar 1995.

387 Hanisch, Der lange Schatten des Staates, S. 403.

388 Zit. nach: Sokolov, Sowjetische Österreichpolitik, S. 84. Vgl. Aichinger, Sowjetische Österreichpolitik, S. 285.

389 Aichinger, Sowjetische Österreichpolitik, S. 306, 315.

390 Proklamation des Alliierten Rates an das österreichische Volk, 11.9.1945. Abgedruckt in: Verosta, Die internationale Stellung Österreichs, S. 95f.

391 Aichinger, Sowjetische Österreichpolitik, S. 317.

Erste Länderkonferenz und die dabei von den Bundesländern in der Form einer Empfehlung an den Alliierten Rat gefassten Beschlüsse.[392] Bedeutsam war die faktische Errichtung eines Außenamtes unter dem Unterstaatssekretär und späteren ÖVP-Minister Dr. Karl Gruber aus Tirol, wodurch ein „Westler“ in die Regierung kam. Außerdem wurde Dr. Josef Sommer, ebenfalls der ÖVP angehörend, als neuer Unterstaatssekretär ins Staatsamt für Inneres, dem mit Franz Honner seit April 1945 ein KPÖ-Mitglied vorstand, zur Vorbereitung und Durchführung der Nationalrats- und Landtagswahlen berufen.[393] Renner betonte die Notwendigkeit, die Einheit des Landes zu erhalten und noch vor Jahresende, nämlich am 25. November, Wahlen abzuhalten.[394]

Nicht nur die Österreicher, auch die Alliierten hatten an die Länderkonferenz gewisse Hoffnungen geknüpft. Die Briten dürften geahnt haben, dass kein Sturz der Regierung auf der Länderkonferenz zu erwarten war, weswegen sie sich mit einer größtmöglichen Änderung der Zusammensetzung begnügen wollten. Außenminister Ernest Bevin betonte dabei, es handle sich bei dieser Regierungsumbildung um eine Regierungsneubildung, eine Regierung Renner II. Nur unter diesem Gesichtspunkt könne man nun über die Anerkennung der Regierung zu sprechen beginnen.[395]

Zur britischen Reaktion bemerkte der sowjetische Politberater Koptelov: „Es ist offensichtlich, dass sie [die Briten] sich zumindest damit etwas trösten und sich das Leben versüßen wollen.“ Er hob das politische Geschick Renners hervor, das zum Einlenken der Briten beigetragen hätte: „Die Konferenz entwickelte sich in die von uns gewünschte Richtung. Die Regierung Renner wurde auf der Konferenz anerkannt. Als man auf der Konferenz Einigung über eine Vergrößerung der Regierung erzielte [...], griff Renner zu einem kleinen Trick: Vor allen Konferenzteilnehmern verlas er die Zusammensetzung der gesamten Regierung mit den neuen Mitgliedern. Die Briten haben das aufgegriffen und schrieben von einer völligen Reorganisation und Neubildung der Regierung.“[396]

---

392 Klaus-Dieter Mulley, Staatsgründung 1945. Bemerkungen zur personellen und föderalen Rekonstruktion der Republik Österreich im Jahre 1945, in: Die Länderkonferenzen 1945. Dokumente und Materialien. Mit Beiträgen von Ernst Bezemek, Leopold Kammerhofer, Klaus-Dieter Mulley, Josef Prinz, Wolfgang Weber. Wien 1995, S. 11–32, hier: S. 31.

393 Rauchensteiner, Der Sonderfall, S. 125; Eisterer, Österreich unter alliierter Besatzung, S. 157f.

394 Hans Rauscher, 1945: Die Wiedergeburt Österreichs. Die dramatischen Tage vom Kriegsende bis zum Anfang der Republik. Wien – Köln – Weimar 1995, S. 155.

395 Rauchensteiner, Der Sonderfall, S. 124f.

396 AVP RF, F. 066, op. 25, p.118a, d. 2, S. 49f., Koptelov an Smirnov über die Ergebnisse der Ersten Länderkonferenz in Wien, 27.9.1945. Abgedruckt in: Karner – Stelzl-Marx – Tschubarjan, Die Rote Armee in Österreich, Dok. Nr. 50. Vgl. Karner – Ruggenthaler, Unter sowjetischer Kontrolle, S. 142f.

Abb. 16: Zwei Wienerinnen vor Plakaten der Nationalrats- und Landtagswahlen vom 25. November 1945. Die KPÖ erhielt mit 5,4 Prozent der Stimmen ein denkbar schlechtes Ergebnis. (Quelle: AdBIK, Foto: Zajcev)

Zu diesem Zeitpunkt war das Vertrauen der sowjetischen Besatzungsmacht gegenüber Renner bereits gesunken, wenngleich die Sowjets an Renner als „ihrem" Mann allein schon aus Prestigegründen festhielten und durchaus – noch – seine Fähigkeiten zu schätzen wussten.[397] Während der Länderkonferenz erklärte der sowjetische politische Bevollmächtigte Evgenij D. Kiselev seinem britischen Kollegen, dass er sich für Österreich einen stärkeren Mann vorstellen könnte, doch wäre Renner „offenbar der einzige mit dem nötigen Prestige".[398]

397 Erste negative Einschätzungen von Renner durch die sowjetische Besatzungsmacht finden sich bereits im Mai 1945. Rasch kristallisierte sich heraus, dass Renner keineswegs eine „Marionette Stalins" war, sondern dass er sich bietende Gelegenheiten zu nutzen verstand – durchaus auch zu seinem eigenen Vorteil. Ab Herbst 1947 wurde Renner offen in der sowjetischen Presse kritisiert. Vgl. Karner – Ruggenthaler, Unter sowjetischer Kontrolle, S. 140–143.

398 Rauchensteiner, Der Sonderfall, S. 125.

Aufgrund der Ergebnisse der Länderkonferenz einigten sich die alliierten Oberbefehlshaber am 1. Oktober 1945, ihren Regierungen die Ausdehnung der Befugnisse der provisorischen Regierung auf ganz Österreich vorzuschlagen.[399] Die Zustimmung erfolgte bald, und am 20. Oktober wurde Renner erstmals vom Alliierten Rat empfangen. General Richard L. McCreery, der turnusmäßig den Vorsitz führte, übergab Renner ein Memorandum, das die formelle Zustimmung zur Ausdehnung der Kompetenz seiner Regierung auf das gesamte Bundesgebiet enthielt.[400] In diesem Zusammenhang beauftragte die sowjetische Regierung Marschall Konev, Staatskanzler Renner über ihren Beschluss, diplomatische Beziehungen zur provisorischen Regierung aufzunehmen sowie diplomatische Vertreter auszutauschen, zu informieren.[401]

Allerdings kam bald die Zeit, in der sich die Sowjets ihrerseits „etwas trösten" lassen mussten: Der Ausgang der Nationalrats- und Landtagswahlen am 25. November 1945, der ersten freien Nationalratswahlen seit 1930, übertraf die schlimmsten Befürchtungen sowjetischer Diplomaten. Zwar hatte Nikolaj M. Lun'kov von der 3. Europäischen Abteilung im NKID im Vorfeld der Wahlen berichtet, dass man mit weniger als 20 Prozent der Stimmen für die KPÖ rechnen müsse,[402] doch lag das tatsächliche Ergebnis der KPÖ mit nur 5,4 Prozent sogar noch weit darunter. Die Mandatsverteilung im Nationalrat lautete: ÖVP 85, SPÖ 76 und KPÖ vier. In den Ländern stellte die ÖVP sieben von neun Landeshauptleuten, Wien und Kärnten blieben sozialistische Hochburgen. Die KPÖ versank praktisch in die Bedeutungslosigkeit.[403] Für die sowjetische Führung war dies insofern besonders schmerzlich, als sie ursprünglich gehofft hatte, durch Basisarbeit und wirtschaftliche Unterstützung den Kommunisten auf demokratischem Weg zu einem Wahlerfolg zu verhelfen.

---

399 Bollmus, Staatliche Einheit, S. 711; Rauchensteiner, Der Sonderfall, S. 126.

400 Rauchensteiner, Der Sonderfall, S. 126; Herbert Friedlmeier - Gerda Mraz, Österreich 1945–1955. Fotos aus dem Archiv des „Wiener Kurier". Wien 1994, S. 15; RGASPI, F. 558, op. 11, d. 97, S. 80–85, Telegramm an Stalin über die Ausdehnung der Befugnisse der provisorischen Regierung, 19.10.1945.

401 Konev an Renner über die Aufnahme diplomatischer Beziehungen, 20.10.1945. Abgedruckt in: Ministerstvo innostranych del, Sbornik osnovnych dokumentov. Bd. 1, S. 41. Vgl. Sokolov, Sowjetische Österreichpolitik, S. 85.

402 AVP RF, F. 066, op. 25, p. 118a, d. 2, S. 61–62, Lun'kov an Dekanozov über das Gespräch mit Kiselev zum Wahlkampf, 24.11.1945. Abgedruckt in: Karner - Stelzl-Marx - Tschubarjan, Die Rote Armee in Österreich, Dok. Nr. 57. Vgl. Rathkolb, Historische Fragmente, S. 152; Oliver Rathkolb, Sonderfall Österreich? Ein peripherer Kleinstaat in der sowjetischen Nachkriegszeit 1945–1947, in: Stefan Creuzberger - Manfred Görtemaker (Hg.), Gleichschaltung unter Stalin? Die Entwicklung der Parteien im östlichen Europa 1944–1949. Paderborn - Wien - München - Zürich 2002, S. 353–373, hier: S. 368.

403 Rauchensteiner, Der Sonderfall, S. 134.

Am Ende stand folgendes Ergebnis: Leopold Figl wurde am 20. Dezember 1945 Bundeskanzler einer aus allen drei im Parlament vertretenen Parteien gebildeten Konzentrationsregierung, die de jure am 7. Jänner 1946 anerkannt wurde und zu der auswärtige Mächte auch bald diplomatische Beziehungen aufnahmen. Staatskanzler Karl Renner wählte die Bundesversammlung zum Bundespräsidenten.[404]

404 Bollmus, Staatliche Einheit, S. 680. Zu Figl siehe unter anderem: Ernst Trost, Figl von Österreich. Wien - München - Zürich 1972.

III. DER SOWJETISCHE BESATZUNGSAPPARAT: STRUKTUR UND FUNKTION

Im Frühjahr 1945 überschwemmte eine Flut von „Sowjetmenschen" Österreich. Sie waren in den unterschiedlichen Einrichtungen des sowjetischen Besatzungsapparates erfasst: Militärangehörige, Diplomaten, Geheimdienstler, Journalisten, Dolmetscher, Erdölspezialisten und - wenn der Rang stimmte - deren Familienmitglieder. Sie alle hatten bestimmte Funktionen zu erfüllen und waren einer streng hierarchischen Struktur untergeordnet. Sowjetische Bürger außerhalb dieses Systems galten als unerwünscht und mussten - wie etwa die befreiten „Ostarbeiter" und Kriegsgefangenen - schnellstens in die Heimat zurückkehren.

Für viele stellte der Einsatz in Österreich die beinahe einzigartige Möglichkeit dar, über den Tellerrand des sowjetischen Imperiums hinauszusehen und ein westliches Land kennenzulernen. Wenig überraschend überwachte man ihre Arbeit von Moskau aus mit Argusaugen und ließ sie laufend politisch schulen. Der vergleichsweise große Luxus in diesem „kapitalistischen" Land sollte nicht den Glauben an den Kommunismus ins Wanken bringen. Ihre wichtigste Aufgabe bestand darin, der Sowjetunion zu dienen: durch die Verwaltung des befreiten Österreich, die Beschaffung von Informationen für Moskau oder den Abtransport von Beutegütern. Jeder Einzelne stellte ein Rädchen im sowjetischen Besatzungsapparat in Österreich dar, der den zentralen sowjetischen Verwaltungsorganen - und in letzter Instanz Stalin - unterstellt war.

1. Im Zentrum der Macht

Im totalitären Einparteienstaat der Sowjetunion lag die endgültige Entscheidungsgewalt bei der Kommunistischen Allunionspartei VKP(b) bzw. der KPdSU[1] und innerhalb der Partei bei ihrem Ersten Sekretär, Iosif V. Stalin. Bis Anfang der 1950er Jahre beschloss das Politbüro alle geheimen und politischen Angelegenheiten der Staatsführung, d. h. Außenpolitik, Staatssicherheit und Verteidigung.[2]

1 Die VKP(b) wurde auf dem XIX. Parteitag Ende 1952 in „Kommunistische Partei der Sowjetunion" (KPSS, auf Deutsch: KPdSU) umbenannt.

2 Vojtech Mastny, The Cold War and Soviet Insecurity: The Stalin Years. New York - Oxford 1998, S. 173; Jurij N. Žukov, Bor'ba za vlast' v rukovodstve SSSR v 1945–1952 godach, in: Voprosy Istorii 1/1995, S. 23–39, hier: S. 36; Mueller, Die sowjetische Besatzung in Österreich, S. 13.

Auch mit Österreich befasste sich das ZK der VKP(b) bzw. der KPdSU während der zehnjährigen Besatzungszeit – und darüber hinaus. In der Zeit von 1945 bis 1952 entstanden mindestens 42 „Besondere“ und 90 „Gewöhnliche“ Politbürobeschlüsse, die zentrale Fragen der sowjetisch-österreichischen Beziehungen regelten: angefangen von den Besatzungskosten und der Ernennung von Hochkommissaren und Politberatern über Direktiven zu den Staatsvertragsverhandlungen und der Entsendung diverser Delegationen nach Österreich bis hin zum Erholungsurlaub österreichischer KP-Funktionäre in der UdSSR. Von 1953 bis 1955 stand Österreich wenigstens 17-mal auf der Tagesordnung des Präsidiums des ZK der KPdSU, das entsprechende Beschlüsse – etwa über die Einstellung der Tätigkeiten des Alliierten Rates oder den Abzug der sowjetischen Truppen aus Österreich – fasste.

Parallel dazu erließ der Rat der Volkskommissare (ab 1946: Ministerrat), d. h. die sowjetische Regierung, ab April 1945 rund 20 Beschlüsse und Anordnungen, die sich auf wirtschaftliche Fragen der Besatzung ebenso bezogen wie unter anderem auf die Struktur des sowjetischen Besatzungsapparates in Österreich.[3]

1.1 Von der Komintern zur Außenpolitischen Kommission

Im internationalen Bereich koordinierte die VKP(b) die Tätigkeit der anderen kommunistischen Parteien zunächst über die „Kommunistische Internationale“ (Komintern) in Moskau. Oberster Ansprechpartner war – auch für die österreichischen Exilkommunisten – Georgi M. Dimitrov, der spätere bulgarische Ministerpräsident. Am 15. Mai 1943, nur ein paar Monate nach Stalingrad, erfolgte die Auflösung der Komintern.[4] Gegenüber Großbritannien und den USA signalisierte diese „Geste des guten Willens“, dass die Sowjetunion nicht vorhatte, die kommunistischen Parteien der verschiedenen Staaten nach Kriegsende zu steuern.[5]

Als Nachfolgerin der Komintern übernahm die „Abteilung für internationale Information“ (OMI), die Ende Dezember 1945 per Politbürobeschluss in „Abteilung für Außenpolitik“ des ZK der VKP(b) umbenannt wurde, ihre

3 Eine Auflistung der Beschlüsse und Anordnungen des Rates der Volkskommissare bzw. des Ministerrates, der Politbürobeschlüsse des ZK der VKP(b) und der Beschlüsse des Präsidiums des ZK der KPdSU findet sich im Anhang des Beitrages: Peter Ruggenthaler, Warum Österreich nicht sowjetisiert wurde, S. 711–725. Für die Eruierung der Beschlüsse im Rahmen des Projektes „Die Rote Armee in Österreich“ sei zudem Frau Mag. Marina Astachova, Frau Mag. Elena Kirillova, Herrn Dr. Nikita Petrov und Herrn Dr. Michail Prozumenščikov, alle Moskau, herzlich gedankt.

4 Werth, Russland im Krieg, S. 403.

5 Ebd., S. 431, 453f.

Agenden.[6] Auf den früheren Komintern-Generalsekretär Dimitrov folgte als Leiter Michail A. Suslov, einer der Chefideologen des Stalinismus, seit 1941 Mitglied und ab 1947 bis zu seinem Tod 1982 Sekretär des ZK der VKP(b). Außerdem fungierte Suslov von 1947 bis 1948 als Leiter der „Abteilung Agitation und Propaganda" des ZK der VKP(b).[7] Mit April 1946 erhielt die Abteilung für Außenpolitik die Aufgabe, „die Auslandspropaganda und die Überprüfung der Kader für Außenbeziehungen zu verbessern, die von der UdSSR ins Ausland gehende Propaganda entschieden zu verbessern, die Auslandstätigkeit der sowjetischen Antifaschistischen Komitees, der gewerkschaftlichen und anderer Organisationen zu aktivieren und die Verbindung mit den ausländischen kommunistischen Parteien zu verbessern".[8]

Zur „Beseitigung der Mängel in diesen Arbeitsgebieten" ließ sie die im Ausland beschäftigten sowjetischen Mitarbeiter systematisch überprüfen und lud diese nach ihrer Rückkehr zu Gesprächen vor. Mit dem Recht eines „Parteikontrolleurs" mischte sich die Abteilung in die Arbeit der Propagandaabteilung des „Sowjetischen Teils der Alliierten Kommission" in Österreich (SČSK) ebenso ein wie unter anderem in jene des Sovinformbüros, der Nachrichtenagentur TASS, der „Allunionsgesellschaft für kulturelle Verbindungen mit dem Ausland" (VOKS) oder der Vereinigung „Das internationale Buch". Die Leiter dieser Einrichtungen mussten auf den Sitzungen der Abteilung für Außenpolitik regelmäßig Rechenschaft über ihre Tätigkeit im Ausland ablegen. All dies verstärkte nicht nur den psychologischen Druck, sondern ermutigte Bespitzelung und Denunziation von Personen, die außerhalb der Grenzen der UdSSR arbeiteten oder tätig gewesen waren.[9]

Durch die Analyse und Weiterleitung der erhaltenen Informationen „nach oben" beeinflusste Suslovs Abteilung bis zu einem gewissen Grad Beschlüsse zu internationalen Fragen, die die Stalin'sche Führung fasste. Nach Kriegsende zeichnete sich das Geltungsbedürfnis der Abteilung zunehmend ab. 1946 wurde die Abteilung „in einer Reihe mit dem Ministerium für auswärti-

---

6 Mark Kramer, The Role of the CPSU International Department in Soviet Foreign Relations and National Security Policy, in: Soviet Studies 42/1990, S. 429–446; Leonid Ja. Gibianskij, Kak voznik Kominform: Po novym archivnym materialam, in: Novaja i novejšaja istorija 4/1993, S. 131–152, hier: S. 136; Grant M. Adibekov, Das Kominform und Stalins Neuordnung Europas. Zeitgeschichte – Kommunismus – Stalinismus. Materialien und Forschungen. Bd. 1. Frankfurt am Main u. a. 2002, S. 44; Mueller, Die sowjetische Besatzung in Österreich, S. 13.

7 Jan Foitzik, Einleitung, in: Grant M. Adibekov, Das Kominform und Stalins Neuordnung Europas. Zeitgeschichte – Kommunismus – Stalinismus. Materialien und Forschungen. Bd. 1. Frankfurt am Main u. a. 2002, S. 11–28, hier: S. 15, 25; Wagner, Die Besatzungszeit aus sowjetischer Sicht, S. 68f.

8 Zit. nach: Adibekov, Das Kominform und Stalins Neuordnung Europas, S. 44.

9 Ebd. Ein Beispiel eines solchen Berichtes, den der Chef der Propagandaabteilung der SČSK der Abteilung für Außenpolitik vorzulegen hatte, findet sich in: RGASPI, F. 17, op. 128, d. 117, S. 2–117, Bericht von Pasečnik an Suslov über die Lage in Österreich, 6.8.1946.

ge Angelegenheiten", 1948 gar „über dem Ministerium für auswärtige Angelegenheiten" stehend bezeichnet. Allerdings konnte Suslov sich nicht gegen die gängige Praxis durchsetzen, dass ein kleiner Kreis von Politbüromitgliedern Entscheidungen zu außenpolitischen Fragen traf und dabei seine Abteilung für Außenpolitik überging.[10]

Im September 1947 erfolgte die Gründung des „Informationsbüros der kommunistischen Parteien", kurz „Kominform" oder auch „Informbüro" genannt. Andrej A. Ždanov, einer der wichtigsten Stalin'schen Chefideologen und von 1934 bis zu seinem Tod 1948 Sekretär des ZK der VKP(b), betonte dabei in seiner Rede zur internationalen Lage die Stalin'sche Konzeption der Weltenteilung in zwei sich gegenseitig bekämpfende „Lager". Der Kalte Krieg war in eine neue Phase getreten. Die Aufgabe der Kominform bestand in erster Linie darin, den reibungslosen Aufbau eines „Sozialismus nach sowjetischem Muster" in den osteuropäischen Ländern zu sichern und diese ideologisch möglichst eng an die Sowjetunion zu binden. Trotz der Befürchtungen im Westen, das Kominform wäre eine neue Komintern, übernahm das Kominform nicht die Funktionen der „Internationalen Abteilung des ZK der VKP(b)".[11]

Auf der Basis einer Resolution des Politbüros vom 10. Juli 1948 ließ Stalin vor dem Hintergrund der Truman-Doktrin und des Marshallplans die Abteilung für Außenpolitik des ZK der VKP(b) bis Ende des Jahres reorganisieren und in „Internationale Abteilung des ZK der VKP(b)" umbenennen. Diese bestand bis zum 29. April 1949.[12] Neben der Kaderauswahl für die Arbeit im Ausland standen vor allem die Organisation der Verbindungen zu den kommunistischen Parteien und die Kontrolle der internationalen Aktivitäten der unterschiedlichen sowjetischen Organisationen im Vordergrund. Insgesamt 23 Unterabteilungen entstanden, die unter anderem für diplomatische Organe, Archivmaterialien über ausländische Kader sowie für Deutschland und Österreich zuständig waren.[13]

Überraschend fasste das Politbüro in seiner Sitzung am 12. März 1949 den Beschluss, die „Außenpolitische Kommission des ZK der VKP(b)" zu schaffen, den Apparat der Internationalen Abteilung an sie zu übergeben und ihn aus dem Apparat des Sekretariates des ZK herauszulösen. Vjačeslav M. Molotov, der nur eine Woche zuvor aus seiner Funktion als Außenminister ausgeschieden war, betraute das Politbüro mit der Überwachung der Arbeit der

10 Adibekov, Das Kominform und Stalins Neuordnung Europas, S. 43, 46.
11 Ebd., S. 46f.; Foitzik, Einleitung, S. 11.
12 Naimark, Die Russen in Deutschland, S. 606.
13 Adibekov, Das Kominform und Stalins Neuordnung Europas, S. 47f.

Außenpolitischen Kommission. Stalin wollte damit den Schlag gegen seinen „alten Freund" etwas „abmildern", rechnete aber in Wirklichkeit auf seine eigene Weise mit Molotov ab. Als Vorsitzender fungierte bis 1953 Vagan G. Grigor'jan, als erster Stellvertreter Boris Nikolaevič Ponomarev, der seine Funktion als Leiter des Sovinformbüros beendete, und als stellvertretender Vorsitzender Andrej A. Smirnov, der als Leiter der Dritten Europäischen Abteilung des MID zurücktrat.[14]

Am 27. Oktober 1952, nach dem XIX. Parteitag, wurde die Außenpolitische Kommission in „Kommission des ZK der KPdSU für Verbindungen mit ausländischen kommunistischen Parteien" umbenannt, die nach Stalins Tod im März 1953 neuerlich als Abteilung des ZK für die Verbindungen zu ausländischen kommunistischen Parteien reorganisiert wurde.[15]

1.2 Die Politische Hauptverwaltung der Roten Armee

Für die außenpolitische Planung - auch in Bezug auf Österreich - war im ZK weiters die „Politische Hauptverwaltung der Roten Arbeiter- und Bauern-Armee" (GlavPURKKA, nach 1946: GlavPU) zuständig. Diese war zwar offiziell dem Volkskommissariat (ab 1946: Ministerium) für Streitkräfte unterstellt, operierte aber weitgehend als Arm des ZK der VKP(b).[16] Wie eng diese Verbindung war, zeigt allein die Tatsache, dass ihr Leiter Aleksandr S. Ščerbakov zugleich ZK-Sekretär war und seit Juni 1941 das Sowjetische Informationsbüro leitete. Durch diese Konstruktion war die gesamte politische Arbeit in der Armee wiederum der Partei unterstellt, was den politischen Einfluss der Armee selbst drosselte.[17] Zugleich zeigt dies aber auch, wie sehr es sich bei der Roten Armee um eine politische Armee handelte.[18]

Generaloberst Ščerbakov und sein Stellvertreter sowie Nachfolger[19] Iosif V. Šikin erhielten regelmäßig Berichte über den „politisch-moralischen Zustand" der Truppen und die generelle Lage im besetzten Österreich. Diese Informationen stellten unter anderem die Politverwaltungen der 2. und 3. Ukrainischen Front bereit.[20] Die GlavPURKKA wiederum hielt das ZK der

14 Ebd., S. 49–51.

15 Ebd., S. 51f.

16 Naimark, Die Russen in Deutschland, S. 30.

17 Kalnins, Agitprop, S. 61f.; Wagner, Die Besatzungszeit aus sowjetischer Sicht, S. 76. Siehe dazu auch das Kapitel A.II.1.1.1 „Organisation der Propaganda" in diesem Band.

18 Siehe dazu auch das Kapitel B.I.1.3 „Politisch-moralische Schulung" in diesem Band.

19 RGASPI, F. 17, op. 121, d. 395, S. 56–58, Šikin an Malenkov über „faschistische Elemente" in Österreich, der Tschechoslowakei und Ungarn, 17.10.1945.

20 Vgl. etwa: CAMO, F. 32, op. 11289, d. 815, S. 123–128, Bericht der Politverwaltung der 3. Ukrainischen Front an Ščerbakov über die Lage in Floridsdorf, 21.4.1945. Abgedruckt in: Institut Voennoj

VKP(b) auf dem Laufenden.[21] Innerhalb der GlavPURKKA war die 7. Abteilung unter Michail I. Burcev für die Propaganda und politische Strategie in den besetzten Ländern, somit auch in Österreich, zuständig. Ihr unterstanden die in Österreich mit dem Wiederaufbau der Verwaltung beauftragten Politoffiziere der 3. Ukrainischen Front, Oberst Georgij I. Piterskij und Generaloberst Aleksej S. Želtov. Zum Teil leiteten diese ihre Berichte direkt an den NKID und die für Österreich zuständige 3. Europäische Abteilung weiter.[22] Die Hauptberichtstätigkeit der 7. Abteilung richtete sich jedoch insbesondere an die unterschiedlichen Instanzen der Abteilung Internationale Beziehungen des ZK der VKP(b) unter der Leitung von Dimitrov und Panjuškin, später unter Ždanov und Suslov. Im Herbst 1947 erfolgte die Auflösung der 7. Abteilung, deren Agenden an die neu benannte Verwaltung für Information - zuvor Propagandaverwaltung - übergingen.[23]

Istorii, Krasnaja Armija v stranach Central'noj Evropy, S. 640-643; CAMO, F. 243, op. 2914, d. 119, S. 165, 184-195, 200, Bericht der Politverwaltung der 3. Ukrainischen Front an Ščerbakov über die Arbeit der Politorgane und den politisch-moralischen Zustand der Truppen, nach dem 13.4.1945. Abgedruckt in: Institut Voennoj Istorii, Krasnaja Armija v stranach Central'noj Evropy, S. 647-653.

21 Vgl. etwa: RGASPI, F. 17, op. 121, d. 395, S. 4-7, Šikin an Malenkov über die Lage in den sowjetisch besetzten Gebieten Österreichs und die Stimmung unter der Bevölkerung, 14.4.1945.

22 Wagner, Die Besatzungszeit aus sowjetischer Sicht, S. 76f.

23 Naimark, Die Russen in Deutschland, S. 30f.

2. Die diplomatische Ebene

Den zentralen Kommunikator zwischen sowjetischer Regierung und der Sowjetbesatzung in Österreich bildete das Volkskommissariat bzw. Ministerium für auswärtige Angelegenheiten (NKID/MID) und dabei im Besonderen die für Deutschland und Österreich zuständige 3. Europäische Abteilung. Wie im Folgenden gezeigt wird, lag die Verantwortung bei mehreren Spitzendiplomaten, von denen einige zu den einflussreichsten Funktionären der Stalinzeit zählten. Zum Vorschein kommt hierbei auch die teilweise vorhandene Verquickung mit dem sowjetischen Geheimdienst. Gegenseitige Überwachung und Machtspiele gehörten zum Alltag.

2.1 Die 3. Europäische Abteilung

Als Koordinationsstelle fungierte die 3. Europäische Abteilung des NKID/MID, die für Deutschland und Österreich zuständig war. Von 1943 bis 1949 stand mit Andrej A. Smirnov (1905–1982) ein erfahrener Kaderdiplomat und führender Deutschlandexperte an ihrer Spitze, der bis 1949 sowie erneut von 1968 bis 1973 das Amt des stellvertretenden Außenministers ausübte. Der 1905 geborene Jurist war von 1937 bis 1941 Presseattaché bzw. Botschaftsrat in Berlin, von 1941 bis 1943 Botschafter in Teheran, übernahm 1943 die Leitung der 3. Europäischen Abteilung des NKID, fungierte 1945 als Politischer Berater bei der 1. Weißrussischen Front, war 1956 Botschafter in Österreich und anschließend bis 1966 in der BRD.[24] Die Mehrheit seiner Mitarbeiter während des Krieges stellten junge Beamte im Alter von durchschnittlich 30 Jahren dar, die den militärisch-diplomatischen Zweig der höheren Parteischule besucht hatten. Bei Kritik wegen nicht zeitgerechter Erledigung von Aufgaben pflegte er häufig zu antworten: „Was kann ich denn schon machen? Ich habe hier einen Kindergarten um mich!“[25] 1949 wechselte er in die Funktion des stellvertretenden Vorsitzenden in die Außenpolitische Kommission des ZK der VKP(b).

„Kuratoren“ der 3. Europäischen Abteilung waren der erste stellvertretende Volkskommissar für auswärtige Angelegenheiten, Andrej Ja. Vyšinskij (1883–1954), und Vladimir G. Dekanozov (1898–1953), ein enger Verbündeter des NKVD-Chefs Lavrentij P. Berija und von 1939 bis 1947 stellvertretender Volkskommissar bzw. Minister für auswärtige Angelegenheiten. Der 1898 geborene Dekanozov war einer der einflussreichsten Funktionäre der Sta-

24 Foitzik, Sowjetische Militäradministration in Deutschland, S. 477.

25 Pavlenko, Österreich im Kraftfeld der sowjetischen Diplomatie, S. 572.

linepoche. Seine Karriere begann beim NKVD, wo er 1938 stellvertretender Leiter der Hauptverwaltung für Staatssicherheit und bis Mai 1939 Leiter der Auslandsabteilung war. 1940 bis Juni 1941 war er sowjetischer Botschafter in Deutschland. Er gehörte nicht nur zu jenem erlauchten Kreis von Beratern, die regelmäßig im Politbüro berichten mussten, sondern bespitzelte im Auftrag Berijas auch Molotov. Nach Kriegsende in Ungnade gefallen, entließ ihn das MID 1947. Danach war er kurzfristig stellvertretender Leiter der „Hauptverwaltung des sowjetischen Eigentums im Ausland“ (GUSIMZ). Nach Stalins Tod verurteilte ihn das Oberste Gericht der UdSSR Ende 1953 mit Berija zum Tod durch Erschießen.[26] Zum Sowjetischen Teil der Alliierten Kommission bestand eine direkte Verbindung, weswegen häufig Mitarbeiter in beiden Institutionen gleichzeitig tätig waren.[27]

2.2 Der Politische Berater für Österreich

Eine Schlüsselposition bei der Ausarbeitung der politisch-diplomatischen Strategie kam dabei dem „Politischen Berater“ zu, welcher der ranghöchste Vertreter des Volkskommissariats bzw. Ministeriums für auswärtige Angelegenheiten im Besatzungsapparat Österreichs war.[28] Ursprünglich beabsichtigte die 3. Europäische Abteilung, „ihren“ Mann in Österreich mit möglichst großer Macht ausstatten zu lassen: Der Politberater sollte demnach dem Militärkommissar nicht unterstellt, sondern de facto mit der politischen Gesamtleitung der Besatzungspolitik betraut werden.[29] Allerdings konnte sich der NKID mit diesem Vorhaben nicht durchsetzen. Gemäß der am 4. Juli 1945 bestätigten „Verordnung über den Sowjetischen Teil der Alliierten Kommission für Österreich“ war die Position des Politischen Beraters ausdrücklich „beim sowjetischen Militärkommissar“ angesiedelt. Demnach fiel dem Politberater nicht nur die Aufgabe zu, Vorschläge und Schlussfolgerungen „zu allen Fragen politischen Charakters, darunter zu allen außenpolitischen Fragen, beim sowjetischen Militärkommissar“ auszuarbeiten, sondern auch „in

26 Harald Knoll – Peter Ruggenthaler, Biographische Skizzen zur sowjetischen Besatzungszone in Österreich 1945–1955. Eine Auswahl, in: Stefan Karner – Barbara Stelzl-Marx – Alexander Tschubarjan (Hg.), Die Rote Armee in Österreich. Sowjetische Besatzung 1945–1955. Krasnaja Armija v Avstrii. Sovetskaja okkupacija 1945–1955. Dokumenty. Graz – Wien – München 2005, S. 898–939, hier: S. 907; Vladislav Zubok – Constantine Pleshakov, Inside the Kremlin's Cold War. From Stalin to Khrushchev. Cambridge – London 1996, S. 146.

27 Pavlenko, Österreich im Kraftfeld der sowjetischen Diplomatie, S. 573.

28 Ein Überblick über die Politischen Berater für Österreich und ihre Stellvertreter findet sich in Tabelle 2 im Anhang dieses Bandes.

29 Aleksej M. Filitov, V kommissijach Narkomindela …, in: O. Rževčevskij et al. (Hg.), Vtoraja mirovaja vojna: Aktual'nye problemy. Moskau 1995, S. 54–71, hier: S. 56f.

Abstimmung mit dem Militärkommissar" Informationen an die sowjetische Regierung über die Lage in Österreich vorzulegen.[30] Der erste Politberater, Dekanozov, wies seinen Nachfolger Evgenij D. Kiselev eigens darauf hin, dass er den Anweisungen Marschall Konevs zu folgen habe.[31]

Der Einfluss des jeweiligen Politberaters als zwischenbehördliche Instanz ist dennoch nicht zu unterschätzen: Zwar war er als Organ der SČSK dem Militär- (ab Oktober 1946: Hoch-)Kommissar unterstellt, doch unterstand er in seiner Funktion als politischer Vertreter der UdSSR in Österreich lediglich dem Volkskommissariat bzw. Ministerium für auswärtige Angelegenheiten.[32] Ihm kam dabei die Rolle eines „Puffers" zwischen Diplomaten, Armeeangehörigen und Organen des NKVD zu. Außerdem stellte der Politische Berater gemeinsam mit seinem Stellvertreter gerade in der ersten Nachkriegszeit die direkte Verbindung zwischen den sowjetischen Organen und den österreichischen Verwaltungsstrukturen dar. Seine analytischen Berichte und Vorschläge zur politischen Vorgehensweise bildeten eine wichtige Grundlage für die Entscheidungsprozesse Moskaus, wobei viel von seinem fachlichen Geschick und seinen persönlichen Qualitäten abhing. Gleichzeitig kam ihm eine geheime Kontrollfunktion zu: NKID/MID und NKVD/MVD erhielten vom Politberater laufend Informationen über die Tätigkeit der Militär- bzw. Hochkommissare in Österreich. Zu jedem einzelnen Mitarbeiter der SČSK in Österreich führte der NKVD/MVD ein regelmäßig ergänztes Geheimdossier.[33]

Als Politberater und dessen Stellvertreter installierte man von Anfang an höchstrangige Politiker: für Deutschland Andrej Ja. Vyšinskij und für Österreich Vladimir G. Dekanozov, beide stellvertretende Volkskommissare für auswärtige Angelegenheiten.[34] Dekanozov, den der NKID im Februar 1945 zum Koordinator der Österreichpolitik ernannt hatte, wurde per Politbürobeschluss vom 7. April 1945 als „Politischer Berater für Österreich beim Kom-

30 AP RF, F. 3, op. 64, d. 10, S. 18–20, Instruktion über die Tätigkeit der Alliierten Kommission für Österreich, 4.7.1945. Der Text der Instruktion ist erstmals abgedruckt in: Knoll - Stelzl-Marx, Der Sowjetische Teil der Alliierten Kommission, S. 194–196. Die Instruktion wurde per Beschluss des Rates der Volkskommissare bestätigt. Vgl. AVP RF, F. 066, op. 25, p. 119, d. 15, S. 51–55, Beschluss Nr. 1553-355s des Rates der Volkskommissare, Über die Bildung des Sowjetischen Teils der Alliierten Kommission für Österreich, 4.7.1945. Abgedruckt in: Karner - Stelzl-Marx - Tschubarjan, Die Rote Armee in Österreich, Dok. Nr. 63.

31 AVP RF, F. 06, op. 7, p. 26, d. 321, S. 36, Dekanozov an Kiselev, 15.7.1945; Mueller, Die sowjetische Besatzung in Österreich, S. 56.

32 Mueller, Die sowjetische Besatzung in Österreich, S. 56.

33 Pavlenko, Österreich im Kraftfeld der sowjetischen Diplomatie, S. 573f.

34 Wolfgang Mueller, Sowjetbesatzung, Nationale Front und der „friedliche Übergang zum Sozialismus": Fragmente sowjetischer Österreich-Planung 1945–1955, in: 200 Jahre Russisches Außenministerium. MÖStA. 2003/50, S. 133–156, hier: S. 143f.

mandanten der 3. Ukrainischen Front" eingesetzt. Gleichzeitig erfolgte die Ernennung von Andrej A. Smirnov zu dessen Stellvertreter.[35]

Zur Unterstützung des Politberaters entsandte man per Ministerratsverordnung vom 7. April 1945 eine 15 Personen umfassende „politische Gruppe" nach Österreich, die unter anderem den Gesandten Michail E. Koptelov und drei weitere Referenten aus der 3. Europäischen Abteilung, vier Mitarbeiter aus Dekanozovs Sekretariat und vier zuvor in Ungarn eingesetzte Angestellte des „Volkskommissariats für Staatssicherheit" (NKGB) umfasste.[36] Die Bezahlung der „Gruppe Dekanozovs" erfolgte in österreichischen Schillingen.[37] Die für Österreichfragen zuständige und eigens bei Tolbuchin eingerichtete Politgruppe hatte „die Durchführung der Organisation und der Kontrolle bei der Errichtung der Zivilverwaltung und der Wirtschaft zu übernehmen". Weiters bestand ihre Aufgabe darin, Maßnahmen zu treffen, „die durch die Besetzung und bei der Wiedererrichtung eines unabhängigen österreichischen Staates erforderlich werden" würden.[38] Die Mehrheit der Politgruppe, darunter Dekanozov und Smirnov selbst, verließ Österreich noch im Laufe des Aprils 1945. Koptelov übernahm kommissarisch die Funktion des Politberaters.[39] Mitte Mai befanden sich lediglich fünf Mitglieder der Politgruppe in Österreich, die im Vorfeld der Gründung der SČSK jedoch aus 34 Personen bestehen sollte. Gerade im Bereich der Medienzensur und der Kontrolle über die politischen Parteien fehlte es an kompetenten Mitarbeitern.[40]

Anfang Juni 1945 ernannte der Ministerrat Evgenij D. Kiselev (1908–1963) zum Politischen Berater[41] und Michail E. Koptelov zu dessen Stellvertreter. Die Bestellung Kiselevs zum Politberater in Wien segnete das Politbüro erst

35 RGASPI, F. 17. op. 3, d. 1052, S. 24, Politbürobeschluss des ZK der VKP(b) P 45 (108), Über die Bestellung Dekanozovs zum Politberater Tolbuchins und Smirnovs zu dessen Stellvertreter, 7.4.1945. Vgl. Wagner, Die Besatzungszeit aus sowjetischer Sicht, S. 71f.; Mueller, Sowjetbesatzung; Knoll – Stelzl-Marx, Der Sowjetische Teil der Alliierten Kommission, S. 185.

36 Mueller, Sowjetbesatzung, S. 144.

37 GARF, F. 5446, op. 1, d. 248, S. 151, Verordnung des Rates der Volkskommissare der UdSSR Nr. 690, Über die materielle Absicherung der Gruppe von nach Österreich reisenden NKID-Mitarbeitern, gezeichnet V. Molotov und Ja. Čadaev, 7.4.1945.

38 AVP RF, F. 66, op. 23, p. 24, d. 8, S. 20f., Bericht der 3. Europäischen Abteilung des NKID über Maßnahmen im Zusammenhang mit dem Vormarsch der Roten Armee auf das Gebiet Österreichs [spätestens am 2.4.1945]. Abgedruckt in: Karner – Stelzl-Marx – Tschubarjan, Die Rote Armee in Österreich, Dok. Nr. 6. Siehe dazu auch das Kapitel A.II.1.3 „Befehle an die Truppen der 2. und 3. Ukrainischen Front" in diesem Band.

39 AVP RF, F. 66, op. 23, p. 24, d. 8, S. 50, Schreiben von Koptelov an Lavrov, 11.5.1945. Vgl. Mueller, Sowjetbesatzung, S. 150.

40 AVP RF, F. 66, op. 23, p. 24, d. 8, S. 53, Schreiben von Lavrov und Lun'kov an Dekanozov über die Gruppe des Politberaters, 17.5.1945.

41 GARF, F. 5446, op. 1, d. 254, S. 20a, Verordnung des Rates der Volkskommissare 1296-298s, 5.6.1945; Mueller, Sowjetbesatzung, S. 150.

am 20. Jänner 1946 ab.[42] Kiselev, der 1938 in den diplomatischen Dienst getreten war, genoss das Vertrauen Vyšinskijs:[43] Er übte von 1943 bis 1945 das Amt des Generalkonsuls in New York aus – ein Posten, den sowjetische Diplomaten nur erhielten, wenn sie das besondere Wohlwollen führender politischer Entscheidungsträger genossen. Von April bis Mai 1945 fungierte er als Politberater der 2. Weißrussischen Front unter Marschall Konstantin K. Rokossovskij in Stettin, bevor er im Rang eines Gesandten nach Wien kam. Als Politberater in Österreich erhielt er in heiklen Fragen „bindende Weisungen" von Vyšinskij.[44] Im Rahmen seiner Tätigkeit bei der SČSK tauschte sich Kiselev von Anfang an mit dem Leiter der 3. Europäischen Abteilung Smirnov aus. Smirnov ließ Kiselev etwa das Protokoll der 1. Sitzung des alliierten Kontrollrates in Deutschland übermitteln, damit sich dieser mit der „Arbeitspraxis des alliierten Kontrollmechanismus in Deutschland" vertraut machen konnte. Umgekehrt erbat Vyšinskij die Übersendung „analoger Unterlagen" aus Österreich, da diese für die 3. Europäische Abteilung „nützlich" wären.[45]

Neben Kiselevs Funktion als Politberater in der Alliierten Kommission erfolgte 1946 seine zusätzliche Ernennung zum politischen Vertreter der UdSSR bei der österreichischen Regierung. Allein diese Doppelfunktion verweist auf sein hohes Ansehen im Moskauer Zentrum. Nach seiner dreijährigen Funktion als Politberater berief ihn das Außenministerium von 1948 bis 1949, als die sowjetisch-jugoslawischen Beziehungen eine Zuspitzung erfuhren, zum Leiter der Abteilung für die Balkanländer im MID. Die „Säuberungen" in den Reihen des Außenministeriums 1952 und 1955 bis 1956 überstand Kiselev unbeschadet: Von 1949 bis 1954 war er Botschafter in Budapest und ab 1955 Botschafter in mehreren arabischen Ländern. Als Krönung seiner Karriere übte er von 1962 bis zu seinem Tod 1963 das Amt des stellvertretenden UNO-Ge-

42 RGASPI, F. 17, op. 3, d. 1056, S. 3, Politbürobeschluss des ZK der VKP(b) P 49 (2), Über die Bestellung Kiselevs zum Politberater in Wien, 20.1.1946.

43 Vyšinkskij schlug Kiselev Ende April dem ZK der KPdSU als Politberater für Österreich vor, vermerkte aber zugleich in einer Randbemerkung an Ivan M. Lavrov, dem Assistenten des Leiters der 3. Europäischen Abteilung: „Einstweilen schlage ich vor, Genossen Kiselev nicht nach Österreich zu entsenden." AVP RF, F. 066, op. 25, p. 118, d. 2, S. 1, Schreiben Vyšinskijs an Malenkov über die Bestellung Kiselevs zum Politberater in Österreich und Koptelovs zu dessen Stellvertreter [April 1945].

44 Der Mitarbeiter der 3. Europäischen Abteilung des NKID, E. Egoškin, teilte beispielsweise Smirnov mit, Kiselev habe im Zusammenhang mit den politischen Parteien Österreichs von Vyšinskij bindende Weisungen erhalten. Vgl. AVP RF, F. 066, op. 25, p. 118a, d. 2, S. 68f., Mitteilung von Egoškin an Smirnov über ein Gespräch mit Kiselev betreffend die Regierungserklärung der Regierung Figl, 22.12.1945. Abgedruckt in: Karner – Stelzl-Marx – Tschubarjan, Die Rote Armee in Österreich, Dok. Nr. 139.

45 AVP RF, F. 066, op. 25, p. 118a, d. 2, S. 18, Schreiben von Smirnov an Kiselev zur Übersendung von Sitzungsprotokollen der Alliierten Kommissionen in Österreich und Deutschland, [9.8.1945].

neralsekretärs aus.[46] Auch sein Stellvertreter und Nachfolger Michail E. Koptelov (1904–1952) war Karrierediplomat mit einem hochrangigen Mentor: Er genoss das besondere Vertrauen des Leiters der 3. Europäischen Abteilung, Smirnov, wovon auch der beinahe familiäre Ton mancher Schreiben zeugt. Beispielsweise schloss Koptelov seinen handschriftlichen Brief an Smirnov vom 24. Dezember 1945 mit den Worten: „Ohne etwas Konkretes sind – alle Gespräche sind nur leeres Geschwätz. Nun, bleiben Sie gesund! Es drückt Ihnen kräftig die Hand. Dein M. Koptelov."[47] Sie hatten zunächst gemeinsam in der politischen Vertretung der UdSSR in Deutschland gearbeitet, wo Koptelov 1941 den Auftrag bekommen hatte, als Generalkonsul nach Wien zu gehen. Während des Krieges hatte Koptelov diese Funktion auch im Iran ausgeübt, wobei sich wiederum seine Wege mit jenen Smirnovs an der sowjetischen Botschaft gekreuzt hatten.[48] Anfang April 1945 traf er im Rang eines Gesandten in Wien ein und übernahm kommissarisch das Amt des Politberaters beim Kommandierenden der 3. Ukrainischen Front. Koptelov galt als ausgesprochener Österreichkenner. Im April 1945 wickelte er persönlich die organisatorischen Angelegenheiten bei der Bildung der provisorischen Regierung ab und repräsentierte beim ersten Treffen Renners mit Tolbuchin am 19. April 1945 den NKID.[49]

Mitte Mai 1945 schlugen Mitarbeiter der 3. Europäischen Abteilung Koptelov als Politischen Berater des sowjetischen Kommissars im geplanten Alliierten Rat vor, doch Vyšinskij favorisierte offensichtlich seinen „Zögling" Kiselev für diese Position. Koptelov sollte – statt des ebenfalls jungen Diplomaten Nikolaj M. Lun'kov[50] – die Rolle des stellvertretenden Politberaters zufallen.[51] Ende Mai 1948 löste Koptelov schließlich Kiselev als Politischen

46 Pavlenko, Österreich im Kraftfeld der sowjetischen Diplomatie, S. 573f.; Knoll – Ruggenthaler, Biographische Skizzen, S. 919; Mueller, Die sowjetische Besatzung in Österreich, S. 56f.

47 AVP RF, F. 066, op. 25, p. 118a, d. 2, S. 71f., Schreiben von Koptelov an Smirnov über einen Entwurf eines Zusatzabkommens über den Kontrollmechanismus in Österreich und die politische Lage im Land, 24.12.1945. Abgedruckt in: Karner – Stelzl-Marx – Tschubarjan, Die Rote Armee in Österreich, Dok. Nr. 71.

48 Pavlenko, Österreich im Kraftfeld der sowjetischen Diplomatie, S. 574.

49 AVP RF, F. 06, op. 7, p. 26, d. 325, S. 10, Dekanozov an Molotov, 6.4.1945. Vgl. Wagner, Die Besatzungszeit aus sowjetischer Sicht, S. 58; Mueller, Die sowjetische Besatzung in Österreich, S. 56f.

50 Lun'kov wurde Ende Juli 1945 aus Österreich ins NKID abberufen. Koptelov schlug daraufhin für den Posten des ersten Assistenten des Politberaters Aleksej I. Serov aus der 3. Europäischen Abteilung des NKID vor. Vgl. AVP RF, F. 066, op. 25, p. 118a, d. 2, S. 14, Schreiben von Koptelov an Dekanozov bezüglich der Nachbesetzung des Postens von Lun'kov durch Serov, 25.7.1945.

51 AVP RF, F. 066, op. 25, p. 119, d. 15, S. 19f., Schreiben von Lavrov und Poljakov an Vyšinskij und Dekanozov zum Entwurf einer Verordnung des Rates der Volkskommissare über die Bildung der SČSK mit beiliegendem Verordnungsentwurf, 11.5.1945. Abgedruckt in: Karner – Stelzl-Marx – Tschubarjan, Die Rote Armee in Österreich, Dok. Nr. 60. Siehe dazu auch das Kapitel A.III.5.1 „‚Keine Zeit zu verlieren!' Im Vorfeld der SČSK" in diesem Band.

Berater ab. Herbe Kritik traf ihn jedoch im Herbst 1951 im Zuge der Überprüfung und anschließenden Umstrukturierung der SČSK. Noch vor Jahresende ließ ihn das Politbüro wegen seiner nicht zufriedenstellenden Arbeit als Politberater nach Moskau versetzen,[52] wo ihn allerdings das MID zum stellvertretenden Leiter der 3. Europäischen Abteilung machte. In Österreich übernahm Sergej M. Kudrjavcev seinen Posten,[53] der offensichtlich als „qualifizierter" für das Amt des Politberaters in Österreich galt.[54] Koptelov starb 1952 mit 48 Jahren.

Kudrjavcev (1915–1998) war nach dieser Ämterrochade von November 1951 bis Juli 1955 Politberater, wobei ihm ab Mitte 1953 zugleich die Funktion des stellvertretenden Hochkommissars zufiel. Er war nach seiner Tätigkeit als TASS-Korrespondent in Berlin 1941 in den diplomatischen Dienst getreten und hatte 1946 als Gehilfe des Politberaters der „Sowjetischen Militäradministration in Deutschland" (SMAD) fungiert. Nach seiner Tätigkeit in Österreich übte er für zwei weitere Jahre das Amt des Gesandten in Bonn aus und kehrte danach als Leiter der 3. Europäischen Abteilung nach Moskau zurück.[55] Nach mehreren Botschafterposten war Kudrjavcev von 1971 bis 1972 Vertreter bei der UNESCO.[56]

Doch nicht nur die diplomatische Schiene war für Österreich hochkarätig besetzt. Wien stellte gerade auch bei den Militärs ein wichtiges Betätigungsfeld dar, wo Meriten zu verdienen waren. Der Einsatz zu Kriegsende sowie in der Besatzungszeit konnte als Kaderschmiede dienen; er konnte sich mitunter aber auch als Sackgasse herausstellen. Im kollektiven Gedächtnis der österreichischen Bevölkerung ist die Rote Armee allerdings auf jeden Fall ungleich stärker verankert, trat doch die diplomatische Ebene für die Einheimischen nicht wahrnehmbar in Erscheinung.

52 RGASPI, F. 17, op. 162, d. 47, S. 11–13, Politbürobeschluss des ZK der VKP(b) P 84 (215)-op, Über Maßnahmen zur Verbesserung der Arbeit des Sowjetischen Teils der Alliierten Kommission für Österreich, 1.11.1951. Abgedruckt in: Karner – Stelzl-Marx – Tschubarjan, Die Rote Armee in Österreich, Dok. Nr. 77. Vgl. Knoll – Stelzl-Marx, Der Sowjetische Teil der Alliierten Kommission, S. 201–203; Ruggenthaler, Warum Österreich nicht sowjetisiert wurde, S. 694f. Siehe dazu auch das Kapitel A.III.5.4 „‚Eine Reihe ernsthafter Mängel': Überprüfung 1951" in diesem Band.

53 Mueller, Die sowjetische Besatzung in Österreich, S. 57.

54 RGASPI, F. 82, op. 2, d. 1117, S. 44–55, hier: S. 54f., Bericht von A. Smirnov und S. Šatilov an V. Grigor'jan über die Arbeit des Sowjetischen Teils der Alliierten Kommission für Österreich und Maßnahmen zur Stärkung des sowjetischen Einflusses in Österreich, 17.10.1951. In diesem Bericht hieß es wörtlich: „Für die Stärkung der Führung des Sowjetischen Teils des Alliierten Rates für Österreich wäre es sinnvoll, einen qualifizierteren Hochkommissar und Politischen Berater zu ernennen." Zit. nach: Knoll – Stelzl-Marx, Der Sowjetische Teil der Alliierten Kommission, S. 201.

55 Mueller, Die sowjetische Besatzung Österreichs, S. 57.

56 Knoll – Ruggenthaler, Biographische Skizzen, S. 923.

3. Die militärische Ebene: Armee und Kommandanturen

Die Rote Armee war jene sowjetische Institution, die nicht nur zahlenmäßig am stärksten in Österreich vertreten war, sondern mit der die österreichische Bevölkerung auch als Erstes und am unmittelbarsten in Berührung kam. Gerade zu Kriegsende und in der frühen Besatzungszeit waren die sowjetischen Soldaten in Ostösterreich beinahe omnipräsent. Alle folgenden Institutionen – mit Ausnahme der geheimdienstlichen – trafen auf Situationen und Strukturen, die bereits vom Militär geschaffen worden waren. Die Rotarmisten prägten am nachhaltigsten das Bild von „den Russen" in Österreich.

In Österreich agierten zu Kriegsende die 2. und 3. Ukrainische Front unter den Marschällen Rodion Ja. Malinovskij und Fedor I. Tolbuchin. Die Bezeichnung dieser höchsten Gruppierung in der Roten Armee bezog sich jedoch nicht auf die ethnische Zusammensetzung oder territoriale Herkunft der Truppen. Sie ergab sich vielmehr aus dem jeweiligen Einsatzort, an dem sich die Front während der Umstrukturierung der Roten Armee 1943 aufgehalten hatte.[57] Gegen Deutschland und seine Verbündeten kämpften die 1. bis 3. Baltische Front, die 1. bis 3. Weißrussische Front sowie die 1. bis 4. Ukrainische Front.[58] Marschall Georgij K. Žukov, Oberbefehlshaber der 1. Weißrussischen Front und späterer Verteidigungsminister, fiel dabei die besondere Ehre zu, Berlin einzunehmen und die Kapitulationsurkunde zu unterschreiben.[59]

Im Frühjahr 1945 befanden sich 400.000 Rotarmisten in der sowjetisch besetzten Zone Österreichs.[60] Diese Truppenstärke sank bis Herbst 1945 um etwa die Hälfte auf 180.000 bis 200.000 Mann und bis Jahresbeginn 1946 auf rund 150.000 Personen.[61] Im Herbst 1945 waren schätzungsweise rund 75.000 britische, 70.000 US-amerikanische und 40.000 französische Soldaten in Westösterreich und Wien stationiert.[62] Die Franzosen reduzierten ihre Kontingen-

57 Die 2. Ukrainische Front hatte bis zum 3. Oktober 1943 die Bezeichnung „Stepnoj front" („Steppenfront"), die 3. Ukrainische Front bis zum 20. Oktober 1943 die Bezeichnung „Jugo-Zapadnij front" („Südwestfront") getragen. Vgl. Ot Volžskich stepej do Avstrijskich Al'p. Boevjoj put' 4-j gvardejskoi armii. Moskau 1971, S. 41; Wagner, Die Besatzungszeit aus sowjetischer Sicht, S. 73.

58 Wagner, Die Besatzungszeit aus sowjetischer Sicht, S. 73.

59 Naimark, Die Russen in Deutschland, S. 19f.

60 Rauchensteiner, Der Sonderfall, S. 81. Der Autor nennt diese Zahl allerdings auch als Gesamtstärke der 3. Ukrainischen Front. Siehe: Rauchensteiner, Der Krieg in Österreich, S. 107. Die Gesamtstärke der 2. und 3. Ukrainischen Front inklusive Donauflottille lag bei 644.700 Mann. Vgl. Gosztony, Planung, Stellenwert und Ablauf der „Wiener Angriffsoperation", S. 143. Siehe dazu auch das Kapitel A.II.3.3.1 „Treffen mit der Roten Armee" in diesem Band.

61 Rauchensteiner, Nachkriegsösterreich, S. 153, 420.

62 Franz Severin Berger, Christiane Holler, Trümmerfrauen. Alltag zwischen Hamstern und Hoffen. Wien 1994, S. 174.

te bis Dezember 1945 auf 25.000 Mann, die US-Amerikaner bis Jahresbeginn 1946 auf etwas mehr als 41.000 Mann.[63]

Trotz der Reduktionen war das zahlenmäßige Verhältnis zwischen Besatzungstruppen und Einheimischen in sämtlichen Zonen Österreichs ungünstiger als in jedem anderen Land, in dem nach Kriegsende Besatzungssoldaten stationiert waren. Dabei kamen auf einen sowjetischen Soldaten 15 Österreicher (in Deutschland betrug das Verhältnis 1 zu 28), in der amerikanischen Zone kamen auf einen US-Soldaten 79 Österreicher und in der britischen Zone war das Verhältnis 1 zu 83. Pro Kopf hatte Österreich die höchsten Besatzungskosten zu zahlen.

Die sowjetischen Besatzungstruppen blieben die einzige echte militärische Größe im österreichischen Raum. Dabei stand die Abschirmung Ungarns und der Tschechoslowakei im Vordergrund. Als Begründung für die Stationierung von Truppen in diesen Ländern galt die Sicherung der sowjetischen Nachschubwege.[64] Selbst 1955 befanden sich noch mehr als 50.000 sowjetische Armeeangehörige und Bedienstete sowie Mitglieder von Offiziersfamilien in Österreich.[65]

Von Ende Mai bis Mitte Juni 1945 erfolgte eine tief greifende Umstrukturierung der in Ost- und Mitteleuropa stationierten Roten Armee. Im Zuge dieser Heeresreform wurden die Fronten aufgelöst und große Truppenkontingente zum Wiederaufbau der zerstörten sowjetischen Wirtschaft bzw. zum Einsatz im bevorstehenden Krieg gegen Japan abgezogen. So befehligte Malinovskij ab Juli 1945 die Truppen der Transbaikalfront („Zabajkal'skij Front") gegen Japan.[66] Das Gros der 3. Ukrainischen Front, die ab 15. Juni 1945 den Namen „Südliche Gruppe der Streitkräfte" („Južnaja gruppa vojsk") trug, kam unter Tolbuchins Oberbefehl nach Rumänien und Bulgarien.[67]

63 Rauchensteiner, Der Sonderfall, S. 140, 152f.

64 Ebd., S. 153.

65 Im Detail handelte es sich um 39.512 Armeeangehörige, 7590 Offiziersfamilien sowie 2383 Arbeiter und Bedienstete, die im Herbst 1955 aus Österreich abgezogen wurden. Vgl. CAMO, F. 275, op. 140920s, d. 7, S. 145–156, Bericht des Oberkommandos der CGV an den Chef des Generalstabes, Sokolovskij, und den Chef des Hauptstabes der Landstreitkräfte, Malandin, über den Abzug der sowjetischen Truppen aus Österreich, 24.9.1955. Abgedruckt in: Karner – Stelzl-Marx – Tschubarjan, Die Rote Armee in Österreich, Dok. Nr. 188; Knoll – Stelzl-Marx, Der Sowjetische Teil der Alliierten Kommission, S. 216. Siehe dazu auch das Kapitel A.III.3.4 „Abschied von Österreich: Truppenabzug und Auflösung der Kommandanturen" in diesem Band.

66 Voennaja ènciklopedija. Bd. 4. Moskau 1999, S. 540.

67 CAMO, F. 148a, op. 3763, d. 213, S. 139–141, Direktive der Stavka Nr. 11098 an den Oberbefehlshaber der 3. Ukrainischen Front über die Umbenennung der Front in „Südliche Gruppe der Streitkräfte", 29.5.1945. Abgedruckt in: Institut Voennoj Istorii, Stavka VGK, S. 242f. Tolbuchin war bis Jänner 1947 Oberbefehlshaber der Südlichen Gruppe der Streitkräfte in Rumänien und Bulgarien. Vgl. Voennaja ènciklopedija. Bd. 8. Moskau 1999, S. 91.

Abb. 17: Die 3. Ukrainische Front unter Marschall Fedor Ivanovič Tolbuchin (1894–1949) befreite Wien am 13. April 1945. (Quelle: AdBIK, Sammlung 4. Gardearmee)

Tolbuchins Platz in Wien nahm Žukovs Erzrivale Marschall Ivan S. Konev, seit Mai 1944 Oberbefehlshaber der 1. Ukrainischen Front und „Befreier von Prag", ein. Die 1. Ukrainische Front hatte Bautzen, Dresden und - gemeinsam mit Žukovs Truppen - Berlin erobert und war am 25. April bei Torgau an der Elbe auf US-Truppen gestoßen.[68] Sie wurde nun per Befehl der Stavka vom 29. Mai 1945 in „Zentrale Gruppe der Streitkräfte" („Central'naja gruppa vojsk", kurz: CGV)[69] umbenannt und von Deutschland nach Österreich, Ungarn und in die Tschechoslowakei verlegt. Die in Österreich verbliebenen Einheiten der 2. und 3. Ukrainischen Front, darunter Teile der 4., 7. und 9. Garde-Armee, gingen in der CGV auf. Ab 10. Juni 1945 hatte der Stab der Zentralen Gruppe der Streitkräfte in Baden bei Wien zu liegen.[70]

3.1 Die Spitze der Befehlspyramide: Oberbefehlshaber und Militärrat

An der Spitze der Befehlspyramide stand der Oberbefehlshaber der jeweiligen Front bzw. der Zentralen Gruppe der Streitkräfte, dem bis zur Kapitulation Deutschlands die „gesamte Macht in Österreich" oblag.[71] Mit der Gründung des Alliierten Rates im September 1945 übernahm der jeweilige Oberbefehlshaber bis Juni 1953 zugleich die Funktion des sowjetischen Mili-

68 Naimark, Die Russen in Deutschland, S. 20.

69 In frühen Dokumenten findet sich auch die Bezeichnung „Central'naja gruppa sovetskich vojsk", kurz: CGSV (Zentrale Gruppe der Sowjetischen Streitkräfte).

70 CAMO, F. 148a, op. 3763, d. 213, S. 129–132, Direktive der Stavka Nr. 11096 an den Oberbefehlshaber der 1. Ukrainischen Front über die Umbenennung der Front in „Zentrale Gruppe der Streitkräfte", 29.5.1945. Abgedruckt in: Institut Voennoj Istorii, Stavka VGK, S. 240f. Auf Deutsch abgedruckt in: Karner - Stelzl-Marx - Tschubarjan, Die Rote Armee in Österreich, Dok. Nr. 61.

71 AVP RF, F. 66, op. 23, p. 24, d. 8, S. 20f., Bericht der 3. Europäischen Abteilung des NKID „Über Maßnahmen im Zusammenhang mit dem Vormarsch der Roten Armee auf das Gebiet Österreichs" [spätestens am 2.4.1945]. Abgedruckt in: Karner - Stelzl-Marx - Tschubarjan, Die Rote Armee in Österreich, Dok. Nr. 6.

tärkommissars bzw. ab dem 28. Juni 1946 jene des Hochkommissars.[72] Er war an die Weisungen der Stavka des Oberkommandos in der Person von Stalin und Aleksej I. Antonov, dem Chef des Generalstabes der Roten Armee und späteren Chef des Stabes der Warschauer-Pakt-Truppen, gebunden.[73]

Marschall Ivan S. Konev, der erste sowjetische Militärkommissar in Österreich, hatte diese Doppelfunktion bis zu seiner Ernennung zum Oberkommandierenden der sowjetischen Landstreitkräfte und stellvertretenden Minister der Streitkräfte der UdSSR im April 1946 inne.[74] Anschließend übernahm Generaloberst Vladimir V. Kurasov für insgesamt drei Jahre die Funktion als Oberbefehlshaber der CGV in Baden und als sowjetischer Militär- bzw. Hochkommissar in Österreich. Kurasov galt als erfahrener Heerführer, der unmittelbar nach Kriegsende als erster Stabschef der Sowjetischen Militäradministration in Deutschland und danach als stellvertretender Oberbefehlshaber der Zentralen Gruppe der Streitkräfte eingesetzt gewesen war. Im Anschluss an seinen Posten in Österreich wurde Kurasov - nach einem kurzen Zwischenspiel als Chef des militärischen Geheimdienstes GRU - Chef der Generalstabsakademie bzw. stellvertretender Chef des Generalstabes.[75]

Auf Kurasov folgte von 1949 bis 1953 Generalleutnant Vladimir P. Sviridov, ebenfalls ein erfahrener Kommandeur an verschiedenen Fronten. Von Juli 1945 bis Jänner 1948 hatte er als stellvertretender Vorsitzender der Alliierten Kontrollkommission in Ungarn gedient, ehe er im April 1949 die Funktion des Oberbefehlshabers der CGV sowie des sowjetischen Hochkommissars in Österreich übernahm.[76] Während seiner Tätigkeit als Hochkommissar standen ihm insgesamt drei Stellvertreter zur Seite: zunächst Generaloberst Želtov, ab Sommer 1950 für rund ein Jahr Generalmajor Georgij K. Cinev und schließlich bis zum Ende seiner Amtszeit im Juni 1953 Generalmajor Viktor M. Kraskevič. Cinev hatte ab 1941 als Polit-Kommissar, stellvertretender Leiter der Politverwaltung der Kalininfront und schließlich als Leiter der Politverwaltung der 57. Armee der 3. Ukrainischen Front große Erfahrung bei der politischen Arbeit unter den Soldaten gesammelt, ehe er ab Oktober 1945 beim Sowjetischen Teil der Alliierten Kommission in Österreich tätig war. Nach seinem Posten als stellvertretender Hochkommissar setzte er seine Karriere ab 1953 bei den Organen für Staatssicherheit - etwa als Leiter der 2. bzw.

72 Rauchensteiner, Der Sonderfall, S. 117.

73 Siehe dazu auch Tabelle 3 im Anhang dieses Bandes.

74 Voennaja ėnciklopedija. Bd. 4, S. 146.

75 Foitzik, Sowjetische Militäradministration in Deutschland, S. 135, 138; Voennaja ėnciklopedija. Bd. 4, S. 351. Foitzik führt dabei Kurasovs Funktion in Österreich als „stellvertretender Chef der Besatzungstruppen" ohne Hinweis auf seine Funktion als Oberbefehlshaber und Hochkommissar an.

76 Voennaja ėnciklopedija. Bd. 7. Moskau 2003, S. 397.

3. Abteilung des KGB, ab 1970 als stellvertretender Chef des KGB und ab 1982 als erster stellvertretender Chef des KGB – fort.[77]

Im Juli 1953 wurde Sviridov vom Gesandten Ivan I. Il'ičev als Hochkommissar abgelöst. Erstmals wurde die Funktion des CGV-Oberbefehlshabers von jener des sowjetischen Hochkommissars in Österreich abgekoppelt, wobei die neue Kompetenzverteilung per Ministerratsbeschluss geregelt wurde.[78] Il'ičev war erst 1948 in den diplomatischen Dienst getreten, zunächst als stellvertretender Leiter der 3. Europäischen Abteilung im MID, dann von 1949 bis 1952 als erster stellvertretender Politberater in Deutschland. Von 1942 bis 1948 hatte Il'ičev an der Spitze der Militäraufklärung GRU beim Generalstab der Roten Armee gestanden, mit dem Ziel, die „Feindaufklärung" nach zahlreichen Rückschlägen zu verbessern. Il'ičev blieb nach seiner Funktion als letzter sowjetischer Hochkommissar noch bis 1956 als sowjetischer Botschafter in Österreich. Ab 1957 leitete er die 3. Europäische Abteilung im Außenministerium der UdSSR.[79]

Die Funktion des Oberbefehlshabers der CGV übernahm im Sommer 1953 Armeestabschef Generaloberst Sergej S. Birjuzov, der ab April 1943 den Stab der Südlichen bzw. ab Oktober 1943 jenen der 4. Ukrainischen Front geleitet hatte. Als Stabschef der 3. Ukrainischen Front hatte er ab Mai 1944 unter anderem das Zusammenwirken mit der 2. Ukrainischen Front erfolgreich organisiert, ehe er im Oktober 1944 das Kommando der 37. Armee und die Leitung des Militärrates der Bulgarischen Armee übernommen hatte. Nach Kriegsende hatte er die Funktion des stellvertretenden Oberbefehlshabers der Südlichen Gruppe der Streitkräfte und des stellvertretenden Hochkommissars der Alliierten Kontrollkommission in Bulgarien ausgeübt, von 1947 bis 1953 jene des Oberbefehlshabers des Primor'je-Militärbezirkes. Auf seine Tätigkeit in Österreich folgten Posten als stellvertretender Verteidigungsminister und als Chef des Generalstabes.[80]

Letzter Oberbefehlshaber der CGV war Generaloberst Aleksej S. Žadov, ab 1946 und nach seinem Dienst in Österreich erneut von 1956 bis 1964 stellvertretender Oberkommandierender der Landstreitkräfte. Ab September 1964 war der „Held der Sowjetunion" als erster stellvertretender Inspektor

77 Voennaja ėnciklopedija. Bd. 8, S. 370.

78 AP RF, F. 3, op. 64, d. 10, S. 103–105, Ministerratsbeschluss Nr. 1420–571ss, Über die Aufteilung der Funktionen des Oberkommandierenden der sowjetischen Besatzungstruppen in Österreich und der Funktionen des Hochkommissars in Österreich, 6.6.1953. Vgl. Knoll – Stelzl-Marx, Der Sowjetische Teil der Alliierten Kommission, S. 210.

79 Knoll – Ruggenthaler, Biographische Skizzen, S. 917; Foitzik, Sowjetische Militäradministration in Deutschland, S. 138f. Siehe dazu auch das Kapitel A.III.2.1 „Die 3. Europäische Abteilung" in diesem Band.

80 Voennaja ėnciklopedija. Bd. 1. Moskau 1997, S. 467f.

des Verteidigungsministeriums der UdSSR tätig.[81] Dem Oberbefehlshaber war als wichtigste militärpolitische Führungsinstanz der Militärrat („voennyj sovet")[82] beigestellt, der mit allen militärischen, administrativen, wirtschaftlichen und politischen Vollmachten zur Verwaltung der „befreiten Gebiete" ausgestattet war. Dem Militärrat gehörten der jeweilige Oberbefehlshaber und zwei weitere, von der GlavPURKKA ausgewählte Mitglieder an. Als „kollektives" Leitungsorgan beschnitt es die Machtfülle des Oberbefehlshabers. Seit Mai 1944, als das Politbüro des ZK der VKP(b) mit den Mitgliedern der Militärräte aller Fronten die politische Marschrichtung im Zusammenhang mit der „Befreiungsmission" der Roten Armee festgelegt hatte, durften sich die Militärräte auch direkt an das ZK der VKP(b) wenden.[83]

Zu Kriegsende gehörten zum Militärrat der 2. Ukrainischen Front Marschall Rodion Ja. Malinovskij in seiner Funktion als Oberbefehlshaber dieser Front und Generalleutnant A. Tevčenkov. Zum Militärrat der 3. Ukrainischen Front zählten neben Tolbuchin die Politoffiziere Generaloberst Aleksej S. Želtov und Generalleutnant V. Lajok. Želtov war bereits seit 1943 Mitglied des Militärrates der 3. Ukrainischen Front. Ihm fiel die Aufgabe zu, noch während der Kampfhandlungen den Aufbau einer Zivilverwaltung in Österreich zu organisieren und zu kontrollieren.[84] In dieser Rolle und später als stellvertretender Militär- bzw. Hochkommissar wurde er für fünf Jahre „die zentrale Persönlichkeit in der sowjetischen Österreichpolitik".[85] Anlässlich seines Abschieds von Österreich am 14. Juli 1950 sah sich Hochkommissar Koptelov veranlasst, einen Empfang „für einen engen Kreis seiner Kollegen bei der gemeinsamen [interalliierten] Arbeit" zu geben.[86] Von 1953 bis 1958 leitete Želtov die Zentrale Politische Hauptverwaltung GlavPU im sowjetischen Verteidigungsministerium, ab 1959 die Militärpolitische Akademie.[87]

81 Knoll - Stelzl-Marx, Der Sowjetische Teil der Alliierten Kommission, S. 191.

82 „Voennyj" hat im Russischen sowohl die Bedeutung „Militär-" als auch „Kriegs-", weswegen in der deutschsprachigen Literatur auch häufig die Bezeichnung „Kriegsrat" zu finden ist.

83 Foitzik, Sowjetische Militäradministration in Deutschland, S. 114–117; K. Krainjukov - Ja. Kuznecov, Dejatel'nost' voennych sovetov v operacijach Sovetskoj Armii za rubežom, in: Voennyistoričeskij žurnal. 4/1972, S. 31–39, hier: S. 33.

84 AVP RF, F. 66, op. 23, p. 24, d. 8, S. 20f., Bericht der 3. Europäischen Abteilung des NKID „Über Maßnahmen im Zusammenhang mit dem Vormarsch der Roten Armee auf das Gebiet Österreichs", spätestens am 2.4.1945. Abgedruckt in: Karner - Stelzl-Marx - Tschubarjan, Die Rote Armee in Österreich, Dok. Nr. 6; Wagner, Die Besatzungszeit aus sowjetischer Sicht, S. 44.

85 Rauchensteiner, Der Sonderfall, S. 71.

86 AVP RF, F. 66, op. 29, p. 49, d. 14, S. 10, Schreiben von M. Gribanov an V. Zorin anlässlich der Abreise Želtovs aus Österreich, 12.7.1950.

87 Knoll - Ruggenthaler, Biographische Skizzen, S. 937; Voennaja ėnciklopedija. Bd. 3. Moskau 1995, S. 173f.

Abb. 18: Eine der zu Kriegsende zerstörten Donaubrücken in Wien, die 1946 mithilfe der Roten Armee wiedererrichtet wurde. (Quelle: RGAKFD)

Die ersten Aufrufe an die österreichische Bevölkerung stammten von den Militärräten der beiden Fronten.[88] Der Militärrat der 3. Ukrainischen Front fasste unter anderem auch die Beschlüsse über sowjetische Hilfeleistungen an die österreichische Bevölkerung[89] und die Unterstützung für die provisorische Regierung Österreichs.[90] Nach der Heeresreform im Juni 1945 und der Gründung der CGV gehörten dem Militärrat Marschall Konev, Generaloberst Željov sowie die beiden Generalleutnants Krajnjukov und Kal'čenko an. Sie erteilten etwa den Befehl, die Verpflegung jener österreichischen Facharbeiter zu gewährleisten, die bei der Wiedererrichtung von Donaubrücken einge-

88 Siehe dazu auch das Kapitel A.II.1.4 „‚Jedmöglichste Hilfe': Aufrufe an die Bevölkerung" in diesem Band.

89 CAMO, F. 243, op. 2973, d. 59, S. 75, Beschluss Nr. 0424 des Militärrates der 3. Ukrainischen Front, Über die Lebensmittelversorgung der Bevölkerung Wiens, 21.4.1945. Abgedruckt in: Karner – Stelzl-Marx, Tschubarjan, Die Rote Armee in Österreich, Dok. Nr. 22. Original abgedruckt in: Ministerstvo inostrannych del SSSR (Hg.), SSSR – Avstrija 1938–1979, S. 22. Siehe dazu auch das Kapitel A.III.3.4 „Aufbau der provisorischen Regierung" in diesem Band.

90 CAMO, F. 243, op. 2973, d. 59, S. 84f., Beschluss Nr. 0427 des Militärrates der 3. Ukrainischen Front, Über die Unterstützung für die provisorische österreichische Regierung, 5.5.1945. Abgedruckt in: Karner – Stelzl-Marx – Tschubarjan, Die Rote Armee in Österreich, Dok. Nr. 32. Original abgedruckt in: Ministerstvo inostrannych del SSSR (Hg.), SSSR – Avstrija 1938–1979, S. 24–26.

setzt waren,[91] und ernannten die Militärkommandanten.[92] Für aktive Agitation und Propaganda unter der Bevölkerung waren bei Kriegsende die Politverwaltungen der 2. und 3. Ukrainischen Front bzw. der Zentralen Gruppe der Streitkräfte verantwortlich. Fachlich unterstanden sie der Politischen Hauptverwaltung der Armee, GlavPURKKA.[93] Bei den Kommandanturen wurde dafür die Position des „stellvertretenden Kommandeurs für politische Angelegenheiten" („Zampolit") besetzt, der neben der Propaganda unter der Bevölkerung und der Wahrung des Kontakts zu den Einheimischen auch für die Parteiarbeit in der Kommandantur zuständig war. Ihm waren wiederum die Angehörigen der 7. Abteilung der GlavPURKKA unterstellt.[94]

3.2 Die Militärkommandanturen: Aufgaben und Pflichten

Innerhalb kürzester Zeit nach Überschreiten der österreichischen Grenze ließen Tolbuchin und Malinovskij gemäß der Direktive Nr. 11055[95] der Stavka vom 2. April 1945 in allen größeren sowjetisch besetzten Ortschaften provisorische Militärkommandanturen errichten.[96] Als erste Aufgabe der Militärkommandanten hatte die Stavka die Einsetzung provisorischer österreichischer Bürgermeister festgelegt.

Detaillierter regelte zunächst der „Befehl Nr. 1" mit der Bezeichnung „Über die Einrichtung von Militärkommandanturen und die Aufrechterhaltung der Ordnung auf dem ihm anvertrauten Gebiet" den Aufgabenbereich des jewei-

91 CAMO, F. 275, op. 888478s, d. 1, S. 317, Beschluss Nr. 035 des Militärrates der CGV über die Sicherstellung der Verpflegung für Personen, die zum Bau von Donaubrücken verpflichtet werden. Abgedruckt in: Karner - Stelzl-Marx - Tschubarjan, Die Rote Armee in Österreich, Dok. Nr. 47.

92 CAMO, F. 275, op. 45235os, d. 2, S. 184–189, Weisung der CGV an die Militärkommandanten auf dem von sowjetischen Truppen besetzten Gebiet Österreichs und Ungarns, 15.9.1945. Abgedruckt in: Karner - Stelzl-Marx - Tschubarjan, Die Rote Armee in Österreich, Dok. Nr. 69.

93 Mueller, Die sowjetische Besatzung in Österreich, S. 48f.

94 Foitzik, Sowjetische Militäradministration in Deutschland, S. 83f. Siehe dazu auch das Kapitel A.II.1.1.1 „Organisation der Propaganda" in diesem Band.

95 CAMO, F. 148a, op. 3763, d. 212, S. 11f., Direktive der Stavka Nr. 11055 an die Oberbefehlshaber der 2. und 3. Ukrainischen Front über den Aufruf an die Bevölkerung Österreichs, 2.4.1945. Abgedruckt in: Karner - Stelzl-Marx - Tschubarjan, Die Rote Armee in Österreich, Dok. Nr. 8.

96 Barbara Stelzl-Marx, Die sowjetische Besatzung Österreichs 1945–1955. Zur militärischen Struktur und Verwaltung, in: Stefan Karner - Gottfried Stangler (Hg.), „Österreich ist frei!" Der Österreichische Staatsvertrag 1955. Beitragsband zur Ausstellung auf Schloss Schallaburg 2005. Unter Mitarbeit von Peter Fritz und Walter M. Iber. Horn - Wien 2005, S. 65–72, hier: S. 67. Zur analogen Vorgehensweise im sowjetisch besetzten Teil Deutschlands vgl. V. V. Zacharov, Voennye komendatury SVAG v Sovetskoj zone okkupacii Germanii. 1945–1949 gg., in: V. V. Zacharov (Hg.), Dejatel'nost' sovetskich voennych komendatur po likvidacii posledstvij vojny i organizacii mirnoj žizni v Sovetskoj zone okkupacii Germanii. 1945–1949 gg: Sbornik dokumentov. Moskau 2005, S. 17–66, hier: S. 17.

ligen Ortskommandanten.[97] Der Befehl war in allen „Städten, Bezirken, Ortschaften, Marktflecken und Dörfern" gleichlautend, weswegen der jeweilige Kommandant nur mehr das Datum, die Bezeichnung der Ortschaft „seiner" Kommandantur und seine Unterschrift in der Vorlage ergänzen musste. Die Bevölkerung erfuhr somit, dass sich „alle Gewalt" in der Person des Ortskommandanten konzentrierte, dessen Anordnungen als Gesetze zu respektieren waren. Zuwiderhandeln würde als „eine gegen die Rote Armee gerichtete Handlung" angesehen und nach dem „Kriegsrecht" bestraft werden. Das öffentliche Auftreten der Besatzungsmacht gestaltete sich unmissverständlich. Ferner regelte der Befehl Nr. 1 die Konfiskation von Waffen, die Auflösung der NSDAP, die Aufhebung aller NS-Gesetze, die Registrierung sämtlicher „Reichsdeutscher" über 16 Jahre und die Gewährleistung der Arbeit öffentlicher und privater Einrichtungen. Zivile Aufgaben fielen in die Kompetenz des vom Kommandanten provisorisch ernannten Bürgermeisters.[98]

Mit dem „Befehl Nr. 2" „Zwecks Aufrechterhaltung der öffentlichen Ordnung im Weichbilde der Stadt" sprach der Ortskommandant das Verbot aus, Informationen über die Rote Armee, ihre Truppenzahl, Truppenbewegung und ähnliche Wehrgeheimnisse weiterzugeben, illegal Waffen aufzubewahren, Rotarmisten, den „Feind" oder Zivilpersonen ohne Erlaubnis zu beherbergen, gegen die Rote Armee gerichtete Flugblätter zu verbreiten und verbrecherische Handlungen gegen die Rote Armee zu unterstützen.[99] Damit definierte der Befehl Nr. 2 indirekt die häufigsten Delikte, deretwegen in den folgenden zehn Jahren sowjetische Gerichte mehr als 1000 österreichische Zivilisten zu meist hohen Haftstrafen in der UdSSR verurteilten: Spionage, illegaler Waffenbesitz, antisowjetische Tätigkeit, Diversion.[100]

Die Umsetzung dieser Befehle erfolgte umgehend: Bereits Mitte April gab es in allen größeren Orten sowjetische Militärkommandanturen, die provisorische Bürgermeister einsetzten, mit der politischen Arbeit unter der Bevölkerung begannen und sich um die Erfassung von Zwangsarbeitern und Kriegsgefangenen kümmerten.[101]

97 WStLB, B1800455, Flugblättersammlung, Befehl Nr. 1 des Ortskommandanten, April 1945. Abgedruckt in: Karner – Stelzl-Marx – Tschubarjan, Die Rote Armee in Österreich, Dok. Nr. 10. Faksimile abgedruckt in: Aichinger, Sowjetische Österreichpolitik, S. 420.

98 Ebd.; Mueller, Die sowjetische Besatzung in Österreich, S. 52.

99 WStLB, B1800455, Flugblättersammlung, Befehl Nr. 2 des Ortskommandanten, April 1945. Abgedruckt in: Karner – Stelzl-Marx – Tschubarjan, Die Rote Armee in Österreich, Dok. Nr. 11. Faksimile abgedruckt in: Aichinger, Sowjetische Österreichpolitik, S. 421.

100 Zur sowjetischen Verurteilungspraxis in Österreich vgl. Knoll – Stelzl-Marx, Sowjetische Strafjustiz in Österreich. Siehe dazu auch das Kapitel B.I.2 „‚Amoralische Erscheinungen', Straftaten und ihre Verfolgung" in diesem Band.

101 RGASPI, F. 17, op. 121, d. 395, S. 4–7, Šikin an Malenkov über die Lage in den sowjetisch besetzten Gebieten Österreichs und die Stimmung unter der Bevölkerung, 14.4.1945.

3.2.1 *„Versuchungen des Lebens"*

Erst am 20. April 1945 erließen Tolbuchin und Želtov eine „Provisorische Verordnung über die Militärkommandanturen auf dem von der 3. Ukrainischen Front eingenommenen Gebiet Österreichs", worin sie unter Bezugnahme auf die Befehle Nr. 1 und 2 deren Rechte und Pflichten festlegten.[102] Im Gegensatz zur „Verordnung über die Militärkommandanturen auf dem Gebiet Ungarns" wurde hier ausdrücklich betont, dass die Kommandanten in Österreich keine sowjetische Ordnung einführen würden.[103]

Neben der Erfassung der politischen und wirtschaftlichen Lage in Österreich waren die Kommandanturen unter anderem für die Rückführung von Repatrianten, die Erfassung der Bevölkerung, die Einführung von Passierscheinen, aber auch für die Kontrolle der Angehörigen der Roten Armee in ihrem Einzugsbereich zuständig. In jeder Kommandantur war ein Gefängnis für inhaftierte Rotarmisten einzurichten, die man als Spione, Deserteure, Marodeure und „ähnliche verbrecherische Elemente" ausgeforscht hatte. An den Kommandanten persönlich richtete sich abschließend der Appell: „Er muss den Versuchungen des Lebens widerstehen, wachsam und stets aufmerksam sein, sich in gebührender Weise benehmen sowie allzeit daran denken, dass er ein Repräsentant der Roten Armee der Großen Sowjetunion ist."[104] Die NKVD-Truppen wiederum kontrollierten, ob sich die Kommandanten selbst nicht an Beutegut bereicherten.[105]

102 CAMO, F. 243, op. 2922, d. 49, S. 168–177, Provisorische Verordnung über die Militärkommandanturen auf dem von der 3. Ukrainischen Front eingenommenen Gebiet Österreichs, 20.4.1945. Abgedruckt in: Karner – Stelzl-Marx – Tschubarjan, Die Rote Armee in Österreich, Dok. Nr. 59. Mit abweichender Übersetzung in: Wagner, Die Besatzungszeit aus sowjetischer Sicht, S. 139–146. Vgl. dazu auch: Knoll – Stelzl-Marx, Der Sowjetische Teil der Alliierten Kommission, S. 210f.

103 Dieser Passus fehlte in der Verordnung über die Militärkommandanturen in Ungarn. Vgl. RGVA, F. 32948, op. 1, d. 21, S. 56f., Verordnung über die Militärkommandanturen auf dem Gebiet Ungarns, vor dem 25.1.1945; RGVA, F. 32948, op. 1, d. 21, S. 58f., Beschluss Nr. 4 des Militärrates der 2. Ukrainischen Front, Über die Bestätigung der „Verordnung über die Militärkommandanturen auf dem Gebiet Ungarns", 25.1.1945. Der größte Unterschied zu Österreich bestand jedoch darin, dass die sowjetischen Militärkommandanten in Ungarn nicht dem Militärrat der Front, sondern dem Chef der NKVD-Truppen zum Schutz des Fronthinterlandes der 2. Ukrainischen Front unterstellt waren. Die Militärkommandanten hatten jedoch ihre Berichte an den Militärrat der Front zu richten.

104 CAMO, F. 243, op. 2922, d. 49, S. 168–177, Provisorische Verordnung über die Militärkommandanturen auf dem von der 3. Ukrainischen Front eingenommenen Gebiet Österreichs, 20.4.1945. Abgedruckt in: Karner – Stelzl-Marx – Tschubarjan, Die Rote Armee in Österreich, Dok. Nr. 59.

105 RGVA, F. 32914, op. 1, d. 8, S. 192–194, Befehl des Stabes der NKVD-Truppen für die Bewachung der 3. Ukrainischen Front, 17.4.1945.

Abb. 19: Generalleutnant Aleksej Blagodatov war vom 13. April bis zum 15. Oktober 1945 sowjetischer Stadtkommandant von Wien. (Quelle: CMVS)

Die am 15. September 1945 von Marschall Konev bestätigte und mit einer Auflage von 2200 Exemplaren gedruckte „Weisung der CGV an die Militärkommandanten"[106] ging nun besonders detailliert auf die sowjetischen Armeeangehörigen ein. Offensichtlich hatte sich in der Zwischenzeit herauskristallisiert, wo die wunden Punkte der Armee während ihres Österreicheinsatzes lagen. Besonderes Augenmerk wurde nun auf folgende Bereiche gelegt: Einhaltung der Disziplin, Tragen der vorgeschriebenen militärischen Uniform, nötigenfalls mehrstündige Exerzierausbildung, Unterbindung von Marodieren und illegaler Beschlagnahme österreichischen Eigentums, Ahndung des Verkaufs von erbeutetem Eigentum, womit Schwarzmarktgeschäfte gemeint waren, Verbot des Besuchs von Volksfesten, Nachtlokalen, Cafés und – gültig für den Mannschafts- und Unteroffiziersstand – von Gaststätten mit Alkoholausschank, Verhaftung von Armeeangehörigen, die in „nicht nüchternem Zustand" auf öffentlichen Plätzen angetroffen wurden, sowie das Verbot an lokale Behörden, einzelne Armeeangehörige ohne Erlaubnis des Militärkommandanten über Nacht zu beherbergen.[107]

Aus gegebenem Anlass wurde auch die Anordnung erlassen, Armeeangehörige dürften weder Kirchen in Beschlag nehmen und die Ausübung „re-

106 CAMO, F. 275, op. 45235os, d. 2, S. 184–189, Weisung der CGV an die Militärkommandanten auf dem von sowjetischen Truppen besetzten Gebiet Österreichs und Ungarns, 15.9.1945. Abgedruckt in: Karner – Stelzl-Marx – Tschubarjan, Die Rote Armee in Österreich, Dok. Nr. 69. Vgl. dazu auch: Vartanov, Die Aufgaben der Militärkommandanten, S. 163–166; Knoll – Stelzl-Marx, Der Sowjetische Teil der Alliierten Kommission, S. 211.

107 CAMO, F. 275, op. 45235os, d. 2, S. 184–189, Weisung der CGV an die Militärkommandanten auf dem von sowjetischen Truppen besetzten Gebiet Österreichs und Ungarns, 15.9.1945. Abgedruckt in: Karner – Stelzl-Marx – Tschubarjan, Die Rote Armee in Österreich, Dok. Nr. 69.

ligiöser Bräuche" behindern noch ihre Fahrzeuge auf Friedhöfen abstellen. Außerdem hatten die Kommandanten bei allen Truppenverlegungen entlang der Verkehrswege Beobachtungsdienste aufzustellen, die durch Armeeangehörige „verursachte Regelwidrigkeiten" mithilfe der Konvoileiter beseitigen sollten. Die weiteren Pflichten des Militärkommandanten bezogen sich 1. auf die lokalen Behörden, 2. auf die Wirtschaft, 3. auf Repatrianten und 4. auf besondere Aufgaben wie die Registrierung von Nationalsozialisten.[108]

Diese Weisung behielt ihre Gültigkeit bis zum 16. Juni 1954, als die Umstrukturierung des sowjetischen Besatzungsapparates 1951/1952 eine Neudefinierung der „wesentlichen Pflichten der Militärkommandanten der sowjetischen Zone Österreichs" erforderlich machte.[109] Die zwischenzeitlich erfolgte Gewaltentrennung in einen militärischen Oberbefehlshaber und einen zivilen Hochkommissar kam dadurch zum Ausdruck, dass nun Generaloberst Aleksej S. Žadov als Oberkommandierender der CGV gemeinsam mit dem Gesandten Ivan I. Il'ičev in seiner Funktion als Hochkommissar die „Instruktion betreffend die wesentlichen Pflichten der Militärkommandanten in der sowjetischen Zone Österreichs" bestätigte. Fortan unterstanden die Militärkommandanturen in jenen Bereichen, die ihre Kontrollfunktion über österreichische Sicherheitsorgane und das Verhältnis zur Bevölkerung betrafen, dem sowjetischen Hochkommissar. In „allen [übrigen] Bereichen ihrer Tätigkeit" waren sie dem Oberkommandierenden der CGV unterstellt.[110]

Ihre Aufgaben und Pflichten bestanden nun 1. in der Aufrechterhaltung von Disziplin und Ordnung an den Orten der Stationierung sowjetischer Truppen, 2. in der Kontrolle der Tätigkeit der örtlichen Behörden (Polizei, Gendarmerie, Gerichte und Staatsanwaltschaft) und 3. in der Meldung über antisowjetische Kundgebungen, Diversion gegen sowjetische Truppen und Organisationen, terroristische Aktionen gegen sowjetische Staatsbürger, nationalsozialistische und militaristische Aktivitäten sowie sämtliche Fälle, die Sofortmaßnahmen erforderten.[111]

Der Schwerpunkt der Tätigkeit hatte sich somit von der Beseitigung der Kriegsfolgen und der Etablierung österreichischer Verwaltungsstrukturen hin zur Kontrollausübung verschoben. Dabei war die Disziplin der eigenen

108 Ebd.

109 Knoll – Stelzl-Marx, Der Sowjetische Teil der Alliierten Kommission, S. 199–211; Mueller, Die sowjetische Besatzung in Österreich, S. 60f.

110 CAMO, F. 275, op. 140935ss, d. 1, S. 182–190, Instruktion betreffend die wesentlichen Pflichten der Militärkommandanten in der sowjetischen Zone Österreichs [16.6.1954]. Abgedruckt in: Karner – Stelzl-Marx – Tschubarjan, Die Rote Armee in Österreich, Dok. Nr. 81; Knoll – Stelzl-Marx, Der Sowjetische Teil der Alliierten Kommission, S. 211; Vartanov, Die Aufgaben der Militärkommandanturen, S. 166f.

111 Ebd.

Armeeangehörigen nach wie vor nicht zufriedenstellend. Im April 1955 wurden die Aufgaben der Militärkommandanturen weiter eingeschränkt. Von den 31 noch vorhandenen Kommandanturen wurden neun in jenen Städten geschlossen, wo keine sowjetischen Einheiten mehr stationiert waren.[112] Die Kontrolle der sowjetischen Kommandanturen von österreichischen Behörden erlosch am 20. Mai 1955.[113]

3.3 Struktur der Militärkommandanturen

Die ab Anfang April 1945 in allen größeren sowjetisch besetzten Ortschaften errichteten provisorischen Militärkommandanturen[114] wurden im Zuge der Umstrukturierung der Roten Armee im Sommer 1945 teilweise wieder aufgelöst bzw. sukzessive durch reguläre ersetzt. Oberbefehlshaber Marschall Konev ließ per Befehl vom 20. August 1945 zunächst in Niederösterreich und im Burgenland je eine Landeskommandantur einrichten,[115] denen die Bezirkskommandanturen im jeweiligen Bundesland – und diesen wiederum die Stadtkommandanturen – unterstellt waren. Die Landeskommandanturen ihrerseits waren über die Abteilung zur Leitung der Militärkommandanturen (ORVK) dem Militärrat der CGV unterstellt.[116] Zum 31. Dezember 1945 existierten 51 Bezirks- und drei Landeskommandanturen für Niederösterreich, das Burgenland und das Mühlviertel, die Wiener Stadtkommandantur sowie elf sowjetische Stadtbezirkskommandanturen in Wien. Bis zum Eintreffen der Westalliierten hatte es in Wien insgesamt 26 sowjetische Stadtbezirkskommandanturen gegeben.[117]

112 RGANI, F. 3, op. 8, d. 231, S. 65–67, Beschluss Nr. P117/44 des Präsidiums des ZK der KPdSU, Über eine Einschränkung der Kontrolle sowjetischer Besatzungsorgane über österreichische Behörden, 26.4.1955; RGANI, F. 3, op. 8, d. 231, S. 68f., Begleitbrief von V. Molotov an das Präsidium und das Sekretariat des ZK der KPdSU zur Übersendung des Entwurfs für den Beschluss des Präsidiums des ZK der KPdSU, Über eine Einschränkung der Kontrolle sowjetischer Besatzungsorgane über österreichische Behörden, 24.4.1955.

113 Manfried Rauchensteiner, Die Zwei: Die Große Koalition in Österreich 1945–1966. Wien 1987, S. 284; Mueller, Die sowjetische Besatzung in Österreich, S. 52.

114 CAMO, F. 148a, op. 3763, d. 212, S. 11f., Direktive der Stavka Nr. 11055 an die Oberbefehlshaber der 2. und 3. Ukrainischen Front über den Aufruf an die Bevölkerung Österreichs, 2.4.1945. Abgedruckt in: Karner – Stelzl-Marx – Tschubarjan, Die Rote Armee in Österreich, Dok. Nr. 8. Die Umsetzung der Direktive bestätigte ein Bericht des stv. Leiters der GlavPURKKA, Iosif V. Šikin, an das ZK der VKP(b). Vgl. RGASPI, F. 17, op. 121, d. 395, S. 4–7, Šikin an Malenkov über die Lage in den sowjetisch besetzten Gebieten Österreichs und die Stimmung unter der Bevölkerung, 14.4.1945.

115 Vartanov, Die Aufgaben der Militärkommandanturen, S. 168f.

116 CAMO, F. 275, op. 45235os, d. 2, S. 184–189, Weisung der CGV an die Militärkommandanten auf dem von sowjetischen Truppen besetzten Gebiet Österreichs und Ungarns, 15.9.1945. Abgedruckt in: Karner – Stelzl-Marx – Tschubarjan, Die Rote Armee in Österreich, Dok. Nr. 69. Vgl. Mueller, Die sowjetische Besatzung Österreichs, S. 50.

117 RGASPI, F. 17, op. 128, d. 117, S. 2–117, hier: S. 92f. Bericht von Pasečnik an Suslov über die Lage in Österreich, 6.8.1946. Vgl. Knoll – Stelzl-Marx, Der Sowjetische Teil der Alliierten Kommission, S. 207.

Abb. 20: Der sowjetische Stadtkommandant von Wien, Generalleutnant Aleksej Blagodatov, im Gespräch mit österreichischen Journalisten und Einheimischen vor der Stadtkommandantur im Palais Epstein. (Quelle: CMVS, Foto: Lander)

Die „oblastnye" oder „gubernskie komendatury" (wörtlich: „Gebietskommandanturen") wurden von österreichischer Seite generell als „Landeskommandanturen" bezeichnet, da sie im Wesentlichen für ein Bundesland zuständig waren. Die „uezdnye komendatury" (wörtlich: „Kreiskommandanturen") waren für je einen Landbezirk zuständig, weswegen sie die österreichische Seite als „Bezirkskommandanturen" bezeichnete. Gleichfalls als „Bezirkskommandanturen" wurden die „rayonnye komendatury" (wörtlich: „Gebietskommandanturen") übersetzt. Ihnen unterstellt waren die als „Stadtkommandanturen" übersetzten „gorodskie komendatury". Auch gab es Kommandanturen, die sowohl für eine Stadt als auch für deren Umgebung zuständig waren („komendatura goroda i okruga").[118] Die Österreicher unterschieden zusätzlich zwischen „Bezirkskommandanturen" in Bezirkshauptstädten und „Ortskommandanturen" in sonstigen Orten, während die russische Seite die Kommandanturen auf dem Land als „uezdnye komendatury" („Landkreiskommandanturen") bezeichnete.

Bis zum Einmarsch der Westmächte in ihre Sektoren im August 1945 gab es in Wien 26 sowjetische Kommandanturen. Bis April 1948 reduzierte sich die Zahl der Bezirkskommandanturen im Burgenland von sieben auf drei, in Niederösterreich von 53 auf 22 und im Mühlviertel von fünf auf drei.

118 Ein Beispiel dafür ist die als Faksimile abgedruckte Tafel der Militärkommandantur Feldbach und Umgebung in: Rudolf Grasmug, 8 Jahrhunderte Feldbach. 100 Jahre Stadt. Feldbach 1984, S. 337.

Bis April 1948 reduzierte sich die Zahl von 65 auf 28 Bezirkskommandanturen, während jene der drei Landeskommandanturen unverändert blieb. Als Folge dieser umfangreichen Reduktion der Kommandanturen, ihrer Aufgabenänderung und der Auflösung sämtlicher Militärkommandanturen in Ungarn wurde Anfang April 1948 ein Vorschlag zur Reorganisation der Militärkommandanturen ausgearbeitet. Dieser sah unter anderem vor, die Abteilung zur Leitung der Militärkommandanturen, ORVK, aufzulösen und die drei Landeskommandanturen zu einer Zonenkommandantur zusammenzulegen. Die Militärkommandanten sollten direkt dem Kommandierenden der CGV und in operativer Hinsicht dem Assistenten des Hochkommissars der SČSK unterstellt werden.[119]

Bis zur Umsetzung dieses Vorschlags sollte es allerdings beinahe vier Jahre dauern. Noch im September 1951 gab es im Burgenland und in Niederösterreich je eine Landeskommandantur. In diesen beiden Bundesländern sowie im Mühlviertel waren außerdem Bevollmächtigte des Hochkommissars gemeinsam mit Übersetzern und Inspektoren eingesetzt, die jedoch, so die interne Kritik an das Politbüro des ZK der VKP(b), weder ihre Aufgaben kennen würden noch in der Lage wären, die notwendige Kontrolle über die österreichischen Organe auszuüben.[120]

Darüber hinaus existierten 28 Kommandanturen in den Bezirken und größeren Städten. Bei jeder der Kommandanturen waren junge sowjetische Offiziere gemeinsam mit österreichischen Helfern als Instruktoren für die politische Arbeit unter der einheimischen Bevölkerung abgestellt. Doch auch die Ausstattung und Gebäude vieler Kommandanturen befanden sich zu diesem Zeitpunkt in einem schlechten Zustand. Selbst die Kommandanten legten laut dem Bericht keinen Wert auf ihr Äußeres. „All dies", so die an Stalin weitergeleitete Conclusio, würde „die Autorität und den Einfluss unserer Militärkräfte in Österreich und insbesondere jener Personen untergraben, die die örtlichen Kräfte kontrollierten und die politische Arbeit unter der österreichischen Bevölkerung durchführten."[121] Mit vergleichbaren Problemen waren die Sowjets während der gesamten Besatzungszeit konfrontiert.[122]

119 RGASPI, F. 17, op. 127, d. 1720, S. 82f., Vorschläge zur Reorganisation der Militärkommandanturen in Österreich [5.4.1948]. Abgedruckt in: Karner – Stelzl-Marx – Tschubarjan, Die Rote Armee in Österreich, Dok. Nr. 75.

120 RGASPI, F. 82, op. 2, d. 1117, S. 44–55, hier: S. 47, Bericht von A. Smirnov und S. Šatilov an V. Grigor'jan „Über die Arbeit des Sowjetischen Teils der Alliierten Kommission für Österreich und Maßnahmen zur Stärkung des sowjetischen Einflusses in Österreich", 17.10.1951.

121 Ebd.

122 Siehe dazu auch das Kapitel B.I.1.2.1 „Die politische Tragweite von Vergehen" in diesem Band.

3.3.1 Reformen 1952

Die Auflösung der ORVK und der drei Landeskommandanturen erfolgte schließlich Anfang Februar 1952 im Rahmen einer tief greifenden Reform des sowjetischen Besatzungsapparates in Österreich.[123] Dabei wurden die 28[124] Bezirkskommandanturen direkt dem sowjetischen Hochkommissar unterstellt.[125] In Wien existierten zu dieser Zeit die Stadtkommandantur im Palais Epstein sowie sieben Stadtbezirkskommandanturen. Diese wurden nun ebenfalls gemäß der neuen „Verordnung über den Sowjetischen Teil der Alliierten Kommission in Österreich", die der Ministerrat per Beschluss Nr. 986–317ss am 20. Februar 1952 angenommen hatte, der SČSK untergeordnet.[126]

Am 1. März 1952 ließ das sowjetische Kriegsministerium zwölf von 16 Kommandanten durch „starke und verlässliche Arbeiter" austauschen,[127] was man im Dezember 1952 bei 18 von insgesamt 37 sowjetischen Militärkommandanten wiederholte. Während die Kommandanturen in operativer Hinsicht nunmehr der SČSK unterstanden, lag die militärische und politische Vorbereitung des Militärpersonals weiterhin beim Stab der Zentralen Gruppe der Streitkräfte. Zur besseren Koordinierung der Tätigkeit der SČSK und jener der CGV verlegte man die Abteilung des Stabes der CGV vom sowjetischen Hauptquartier in Baden in das Gebäude der SČSK nach Wien.[128]

---

123 Siehe dazu auch das Kapitel B.III.5.6 „‚Liquidierung des Parallelismus': Reform 1952" in diesem Band.

124 Der Entwurf für die neue Verordnung sah folgende 31 Bezirkskommandanturen vor: Amstetten, Baden, Bruck a. d. Leitha, Gänserndorf, Gmünd, Hollabrunn, Horn, Korneuburg, Krems, Lilienfeld, Melk, Mistelbach, Neunkirchen, Scheibbs, St. Pölten, Tulln, Pöggstall, Waidhofen a. d. Thaya, Wiener Neustadt, Zwettl (alle Niederösterreich); Güssing, Jennersdorf, Mattersburg, Neusiedl, Oberpullendorf, Oberwart (alle Burgenland); Freistadt, Perg, Rohrbach, Urfahr (alle Oberösterreich). Siehe: GARF, F. R-5446, op. 86, d. 708, S. 42–50, hier: S. 44, Verordnung über den Sowjetischen Teil der Alliierten Kommission in Österreich, Beilage zur Verordnung des Ministerrates der UdSSR „Über die Lage und die Funktionen des Sowjetischen Teils der Alliierten Kommission in Österreich" [Entwurf] [Februar 1952]. Vgl. Mueller, Die sowjetische Besatzung in Österreich, S. 61.

125 RGASPI, F. 82, op. 2, d. 1117, S. 66–75, Beschluss Nr. 986-317ss des Ministerrates der UdSSR, Über die Struktur und die Funktionen des Sowjetischen Teils der Alliierten Kommission in Österreich und Verordnung über den Sowjetischen Teil der Alliierten Kommission in Österreich (Beilage Nr. 1) [20.2.1952]. Abgedruckt in: Karner – Stelzl-Marx – Tschubarjan, Die Rote Armee in Österreich, Dok. Nr. 78.

126 GARF, F. R-5446, op. 86, d. 708, S. 1f., Vergleichstabelle der bestehenden und geplanten Stellen der Kommandanturen der SČSK, Beilage zur Verordnung des Ministerrates der UdSSR „Über die Lage und die Funktionen des Sowjetischen Teils der Alliierten Kommission in Österreich" [Entwurf] [Februar 1952]. Vgl. Mueller, Die sowjetische Besatzung in Österreich, S. 50.

127 RGASPI, F. 82, op. 2, d. 1117, S. 111–115, Informeller Bericht von V. Grigor'jan an Stalin über die Umsetzung des Beschlusses des Politbüros des ZK der VKP(b) vom 1. November 1951 „Über Maßnahmen zur Verbesserung der Arbeit der SČSK", 28.3.1952. Abgedruckt in: Karner – Stelzl-Marx – Tschubarjan, Die Rote Armee in Österreich, Dok. Nr. 79.

128 RGANI, F. 5, op. 28, d. 70, S. 1–56, hier: S. 7, Bericht von V. Sviridov und S. Kudrjavcev an A. Smir-

An der Spitze jeder Bezirkskommandantur stand der Kommandant, der mithilfe seines Stellvertreters für die politische Arbeit unter der Bevölkerung zuständig war.[129] Vorgesehen war auch mindestens ein Dolmetscher pro Kommandantur, doch war gerade dieser Posten häufig nicht besetzt.[130]

Eine Sonderstellung fiel der Wiener Stadtkommandantur[131] zu, die - wie auch die Budapester Stadtkommandantur - direkt dem Militärrat der CGV unterstellt war.[132] Bereits Mitte März 1945 ernannten Tolbuchin und Želtov Generalmajor Nikolaj G. Travnikov zum ersten (provisorischen) Stadtkommandanten Wiens. Travnikov, der zwischenzeitlich aus Angehörigen der 4. Garde-Armee einen Mitarbeiterstab zusammengestellt hatte, trat sein Amt offiziell am 5. April mit dem Beginn der Eroberung Wiens an. Ihm folgte per 12. April 1945 Generalleutnant Aleksej V. Blagodatov, der dieses Amt parallel zu seiner Funktion als Garnisonskommandant von Wien bis zum 15. Oktober 1945 ausübte.[133] Die Stadtkommandantur befand sich anfangs im Hotel Imperial,[134] wo bis 1955 der Sitz des sowjetischen Militär- bzw. Hochkommissars war, übersiedelte jedoch noch im April 1945 ins Gebäude des Palais Epstein, dem ehemaligen Sitz des Wiener Stadtschulrates und der Bauabteilung der NS-Reichsstatthalterei.[135]

---

nov „Über die Umsetzung des Beschlusses des Ministerrates vom 1. November 1951 über die Verbesserung der Arbeit des Sowjetischen Teils der Alliierten Kommission in Österreich", 21.3.1953. Abgedruckt in: Mueller et al., Sowjetische Politik in Österreich, Dok. Nr. 84, S. 52–56. Erstmals publiziert in: Karner - Stelzl-Marx - Tschubarjan, Die Rote Armee in Österreich, Dok. Nr. 80.

129 CAMO, F. 275, op. 45235os, d. 2, S. 184–189, Weisung der CGV an die Militärkommandanten auf dem von sowjetischen Truppen besetzten Gebiet Österreichs und Ungarns, 15.9.1945. Abgedruckt in: Karner - Stelzl-Marx - Tschubarjan, Die Rote Armee in Österreich, Dok. Nr. 69; Merl, Besatzungszeit im Mühlviertel, S. 82f.

130 Nur eine von drei Bezirkskommandanturen im Mühlviertel hatte 1954 einen Dolmetscher, was sich negativ auf die Arbeit der Militärkommandanten auswirkte. Vgl. RGANI, F. 5, op, 28, d. 222, S. 21–77, hier: S. 74, Bericht des Bevollmächtigten des Hochkommissars für Oberösterreich, Kovalev [Februar 1955.] Auch der Militärkommandant von Güssing beklagte sich, dass seine Tätigkeit ohne den Dolmetscher erschwert werde. Vgl. CAMO, F. Berndorf, op. 345200s, d. 4, S. 6–10, Monatsbericht des Militärkommandanten von Güssing, Čirkov, an den Landeskommandanten über die Tätigkeit der Militärkommandantur, 25.2.1949.

131 Die Wiener Stadtkommandantur wurde in sowjetischen Dokumenten auch als „Central'naja Komendatura Sovetskoj zony g. Vena" („Zentralkommandantur der sowjetischen Zone Wiens") bezeichnet. In zeitgenössischen österreichischen Quellen findet sich unter anderem die Bezeichnung „sowjetische Zentralkommandantur".

132 CAMO, F. 275, op. 45235os, d. 2, S. 184–189, Weisung der CGV an die Militärkommandanten auf dem von sowjetischen Truppen besetzten Gebiet Österreichs und Ungarns, 15.9.1945. Abgedruckt in: Karner - Stelzl-Marx - Tschubarjan, Die Rote Armee in Österreich, Dok. Nr. 69. Siehe dazu auch Tabelle 4 im Anhang dieses Bandes.

133 Savenok, Venskie vstreči, S. 34–37; Blagodatow, Die ersten Friedenstage in Wien, S. 25; Wagner, Die Besatzungszeit aus sowjetischer Sicht, S. 44f.; Vartanov, Die Aufgaben der Militärkommandanturen, S. 168; Mueller, Die sowjetische Besatzung in Österreich, S. 51.

134 Savenok, Venskie vstreči, S. 35.

135 Nach der Ära als sowjetische Stadtkommandantur und einem Intermezzo als Dependance der Aka-

Abb. 21: Die sowjetische Stadtkommandantur von Wien befand sich ab April 1945 im Palais Epstein am Ring. Hier wurde auch ein Teil jener Österreicherinnen und Österreicher festgehalten, die nach ihrer Verurteilung in die Sowjetunion verschleppt wurden. (Quelle: Foto Votava, Wien)

Nach dem Einmarsch der Westmächte in ihre Sektoren im August 1945 reduzierte sich die Kompetenz der sowjetischen Stadtkommandanten einerseits auf Fragen betreffend die sowjetisch besetzten Bezirke Wiens. Dabei waren die Stadtbezirkskommandanten aber nicht dem Stadtkommandanten unterstellt. Andererseits stand der sowjetische Stadtkommandant - gemeinsam mit den drei westalliierten Stadtkommandanten - an der Spitze der Wiener Interalliierten Kommandantur mit Sitz im Justizpalast. In dieser Funktion oblag ihm turnusmäßig alle vier Monate die Hoheit über den ersten Bezirk. Neben Aufgaben für den Alliierten Rat bzw. das Exekutivkomitee musste die „Komendatura", wie die Interalliierte Kommandantur auch hieß, insbesondere die Verwaltung Wiens kontrollieren und in jenen Angelegenheiten handeln, die Wien als Ganzes betrafen. Als Exekutivorgan stand ihr die „Interalliierte Militärpatrouille", besser bekannt als die „Vier im Jeep", zur Verfügung.[136]

demie für Musik und darstellende Kunst diente das Palais Epstein neuerlich als Sitz des Stadtschulrates für Wien, bis es schließlich für parlamentarische Zwecke gewidmet wurde. Vgl. Geschichte des Palais Epstein, in: http://www.palaisepstein.at/PALAIS_EPSTEIN/GE/show.psp, 5.6.2009, 13.40 Uhr.

136 Rauchensteiner, Die Wiener Interalliierte Kommandantur, S. 398–401, 408, 418. Blagodatov hatte vom 28. Juli bis zum 20. September 1945 als erster Stadtkommandant den Vorsitz in der Wiener

3.4 Abschied von Österreich: Truppenabzug und Auflösung der Kommandanturen

Durch den am 15. Mai 1955 unterzeichneten österreichischen Staatsvertrag wurde das Zweite Kontrollabkommen vom 28. Juni 1946 außer Kraft gesetzt. Die Streitkräfte der Alliierten sowie die Mitglieder der Alliierten Kommission für Österreich mussten folglich „innerhalb von neunzig Tagen, angefangen vom Inkrafttreten des vorliegenden Vertrages, soweit irgend möglich, spätestens bis zum 31. Dezember 1955, aus Österreich zurückgezogen" werden. Mit der Hinterlegung der französischen Ratifizierungsurkunde in Moskau am 27. Juli 1955 trat der Staatsvertrag in Kraft, wodurch alle Befugnisse des Alliierten Rates in Österreich erloschen und die für den Truppenabzug vorgesehene 90-Tage-Frist zu laufen begann.[137]

40.000 Armeeangehörige,[138] 7600 Offiziersfamilien[139] und 2400 Arbeiter sowie Bedienstete des sowjetischen Besatzungsapparates verließen binnen kurzer Zeit mitsamt dem Militärgerät Österreich. Der Abzug begann am 4. August und wurde mit 19. September 1955 „in vollem Umfang" abgeschlossen. Die von den Truppen genutzten Siedlungen, Dienst- und Wohngebäude sowie Grundstücke wurden, wie die sowjetische Seite betonte, „sorgfältig adaptiert" an die lokalen österreichischen Behörden übergeben.[140] Allein die Wohnfläche, die an Privatpersonen und öffentliche Organisationen zurückgegeben wurde, betrug rund 290.000 Quadratmeter.[141] Zugleich hatte die Sow-

---

Interalliierten Kommandantur über. Ihm folgte der US-Stadtkommandant, am 19. Oktober der britische und am 15. November 1945 der französische Stadtkommandant. Ab Jänner 1946 erfolgte der von einer feierlichen Zeremonie mit Wachablöse begleitete Wechsel im Vorsitz der Stadtkommandantur immer am Ersten eines jeden Monats.

137 Stourzh, Um Einheit und Freiheit, S. 546, 707f.; Hugo Portisch, Der lange Weg zur Freiheit. Österreich II. Die Geschichte Österreichs vom 2. Weltkrieg bis zum Staatsvertrag. Bd. 4. München 1993, S. 401f.

138 Seit 1949 war die Truppenstärke kaum reduziert worden. Zu diesem Zeitpunkt umfassten die sowjetischen Besatzungstruppen rund 36.000 Mann, zudem 7000 Mann in der Luftwaffe mit 250 Bombern und 120 Jagdflugzeugen sowie 1500 Mann in der sowjetischen Donauflottille. Zum Stand 1949 vgl. Rauchensteiner, Der Sonderfall, S. 254.

139 Insgesamt handelte es sich um 12.070 Familienmitglieder von Militärangehörigen. Vgl. RGANI, F. 3, op. 8, d. 278, S. 116–122, hier: S. 122, Plan von Malinin über die Verlegung der sowjetischen Truppen aus Österreich in die UdSSR, 29.7.1955. Siehe dazu auch das Kapitel B.III.1.3.1 „Offiziersgattinnen" in diesem Band.

140 CAMO, F. 275, op. 140920s, d. 7, S. 145–156, Bericht des Oberkommandos der CGV an den Chef des Generalstabes, Sokolovskij, und den Chef des Hauptstabes der Landstreitkräfte, Malandin, über den Abzug der sowjetischen Truppen aus Österreich, 24.9.1955. Abgedruckt in: Karner - Stelzl-Marx - Tschubarjan, Die Rote Armee in Österreich, Dok. Nr. 188; Knoll - Stelzl-Marx, Der Sowjetische Teil der Alliierten Kommission, S. 213. Vgl. Barbara Stelzl-Marx, Der letzte sowjetische Besatzungssoldat. Gastkommentar in: Die Presse, 19.9.2005, S. 30.

141 CAMO, F. 275, op. 140920s, d. 7, S. 177, Verzeichnis von Dzabachidze und Kurbatov über die Anzahl der an Österreich übergebenen Gebäude und Grundstücke, [September 1955].

Abb. 22: Außenminister Leopold Figl präsentiert am 15. Mai 1955 den österreichischen Staatsvertrag der jubelnden Bevölkerung. (Quelle: Votava, Wien)

jetische Armee neben militärischen auch zahlreiche wirtschaftliche Probleme zu lösen, etwa die Wiederschiffbarmachung der Donau oder die Übergabe von beschlagnahmter Bahninfrastruktur an Österreich.[142]

Parallel zum Truppenabzug stellten die sowjetischen Militärkommandanturen sukzessive ihre Tätigkeit ein. Das Oberkommando der Zentralen Gruppe der Streitkräfte ließ für die Auflösung einzelner Kommandanturen eigene Kommissionen einsetzen.[143] Jene Kommandanturen, die vorerst noch weiter bestanden, übten allerdings keine „Kontrollfunktion" mehr aus, sondern befassten sich primär mit Angelegenheiten, die Besatzungssoldaten direkt betrafen.[144]

Mit dem Truppenabzug betraute das Präsidium des ZK der KPdSU das Verteidigungsministerium unter Marschall Georgij K. Žukov. Der „Befreier Berlins" und nunmehrige Verteidigungsminister hatte diesbezügliche Vor-

142 Irina Kazarina, Die Sowjetische Armee in Österreich 1953–1955 im Spiegel von Dokumenten des ZK der KPdSU, in: Stefan Karner - Barbara Stelzl-Marx (Hg.), Die Rote Armee in Österreich. Sowjetische Besatzung 1945–1955. Beiträge. Graz - Wien - München 2007, S. 755–772, hier: S. 770f.

143 CAMO, F. 275, op. 512507s, d. 1, S. 34f., Befehl Nr. 016 des Chefs der Abteilung für die Leitung der Militärkommandanturen der CGV, Alekseev, über die Einsetzung von Kommissionen zur Auflösung städtischer Militärkommandanturen, 11.5.1955. Abgedruckt in: Karner - Stelzl-Marx - Tschubarjan, Die Rote Armee in Österreich, Dok. Nr. 82; Knoll - Stelzl-Marx, Der Sowjetische Teil der Alliierten Kommission, S. 213f.

144 ÖStA/AdR, GÖS, Sicherheitsdirektion Niederösterreich, Monatsbericht Mai 1955.

Abb. 23: Am 4. August 1955 begann der Abzug der sowjetischen Truppen aus Österreich. Auf mehreren Bahnhöfen, wie hier in St. Pölten am 23. August, wurden Abschiedsfeiern inszeniert. (Quelle: CMVS)

schläge auszuarbeiten und dem ZK der KPdSU vorzulegen.[145] Am 30. Juli 1955 nahm das Präsidium des ZK der KPdSU den von Žukov präsentierten Befehlsentwurf zum Abzug der sowjetischen Truppen an und ließ ihn am folgenden Tag als Befehl Nr. 125 in den beiden großen Zeitungen „Izvestija" und „Pravda" veröffentlichen. Žukov befahl darin, „sämtliche in Österreich stationierten Truppen bis 1. Oktober 1955 auf das Gebiet der Sowjetunion zu verlegen" und „aus den Reihen der Armee eine entsprechende Zahl an Militärdienstleistenden zu entlassen".[146]

Das von der Sowjetunion angepeilte Datum des Abschlusses des Truppenabzuges lag somit mehrere Wochen vor der fixierten 90-Tage-Frist, die am 25. Oktober 1955 endete. Neben dem - obligaten - Verweis auf die „Zerschlagung der feindlichen Truppen sowie der Befreiung Österreichs vom faschistischen Joch" betonte der Verteidigungsminister den großen Einsatz der Sowjetischen Armee, so etwa bei der Hochwasserkatastrophe 1954. Die Ver-

145 RGANI, F. 3, op. 10, d. 149, S. 2, Beschluss Nr. 126 des Präsidiums des ZK der KPdSU, Über die Ausarbeitung von Vorschlägen zum Abzug der Truppen durch das Verteidigungsministerium, 8.6.1955. Abgedruckt in: Karner - Stelzl-Marx - Tschubarjan, Die Rote Armee in Österreich, Dok. Nr. 183.

146 RGANI, F. 3, op. 10, d. 162, S. 16, Beschluss des Präsidiums des ZK der KPdSU, Über die Bestätigung des Befehlsentwurfs über den Abzug der sowjetischen Truppen aus Österreich, 30.7.1955. Abgedruckt in: Karner - Stelzl-Marx - Tschubarjan, Die Rote Armee in Österreich, Dok. Nr. 185.

ringerung der Truppenkontingente, so Žukov, diene „als neuerliches Beispiel für die friedliebende Politik der UdSSR". Abschließend dankte er dem Mannschaftsstand „für die vorbildliche Erfüllung seiner militärischen Pflicht".[147]

Am 8. August 1955 nahm das ZK zudem den Beschlussentwurf des Ministerrates der UdSSR an. Dieser verpflichtete die zuständigen Ministerien für Kommunikationswege und Seestreitkräfte, die Verlegung der Truppen und des militärischen Gerätes aus Österreich bis 1. Oktober 1955 zu gewährleisten.[148]

Bereits im Vorfeld des Truppenabzuges verstärkte die Politverwaltung der CGV ihre politisch-erzieherische Arbeit und ergriff diverse Maßnahmen „zur Festigung der militärischen Disziplin des Mannschaftsstandes". Als Grundlage dienten die in der Direktive des Verteidigungsministeriums vom 28. April 1955 festgesetzten Regelungen zur Unterbindung von Übergriffen sowie zur Instruierung der Soldaten „über die Notwendigkeit eines korrekten Verhältnisses zur österreichischen Bevölkerung". Nicht nur die Soldaten selbst, sondern auch die in Österreich stationierten Familienmitglieder hatten politische Schulungen zu ihrer „Erziehung im Sinne einer strengen Einhaltung der Verhaltensnormen gegenüber der österreichischen Bevölkerung" zu durchlaufen, um die „Ehre und Würde sowjetischer Staatsbürger" nicht - weiter - in Verruf zu bringen. Offensichtlich befürchtete das Verteidigungsministerium, der bevorstehende Abzug aus Österreich würde ein neuerliches Ansteigen des „amoralischen Verhaltens" nach sich ziehen.[149]

Tatsächlich ließ die Disziplin der sowjetischen Truppen mit der Unterzeichnung des Staatsvertrages nach. Als Reaktion darauf ließ die CGV ab Juni 1955 die „undiszipliniertesten Armeeangehörigen" jeder einzelnen Einheit vorzeitig in die Sowjetunion verbringen, weil „deren weiterer Aufenthalt in Österreich unter den veränderten Bedingungen unzulässig" gewesen wäre. Diese Maßnahme betraf bis Anfang September 650 Soldaten und Unteroffiziere sowie 49 Offiziere. Außerdem verurteilten sowjetische Militärtribunale in der Zeit von Mai bis Juli 1955 insgesamt 70 Armeeangehörige wegen Diebstahls, Ausschreitungen, Schlägereien oder Ungehorsams - beinahe doppelt so viele wie im vorangegangenen Quartal.[150]

---

147 Ebd.

148 RGANI, F. 3, op. 10, d. 165, S. 5, 102, Beschluss des Präsidiums des ZK der KPdSU, den Beschlussentwurf des Ministerrates zum Abzug der sowjetischen Truppen aus Österreich zu bestätigen, 8.8.1955. Abgedruckt in: Karner - Stelzl-Marx - Tschubarjan, Die Rote Armee in Österreich, Dok. Nr. 186.

149 CAMO, F. 275, op. 140920s, d. 7, S. 2-6, Bericht der Politverwaltung der CGV über die Umsetzung des Befehls vom 31. Juli 1955 zum Abzug der sowjetischen Truppen aus Österreich [nach dem 19.9.1955]. Abgedruckt in: Karner - Stelzl-Marx - Tschubarjan, Die Rote Armee in Österreich, Dok. Nr. 187.

150 Ebd.

Am 4. August 1955 begann der Abzug der sowjetischen Truppen aus Österreich. Ein Großteil der Kader des Stabes und der Politischen Verwaltung befasste sich direkt in den Einheiten mit seiner Vorbereitung und Durchführung. Schließlich handelte es sich dabei um ein gewaltiges logistisches Unterfangen, das in kürzester Zeit zu absolvieren war.[151] Gleichzeitig bemühte sich die Politverwaltung der Zentralen Gruppe der Streitkräfte, durch „weitgehende Tätigkeiten" ein „freundschaftliches Verhältnis mit der örtlichen Bevölkerung" herzustellen, etwa durch Konzerte des Orchesters der CGV, Filmvorführungen über die Sowjetunion und Kranzniederlegungen an den Gräbern gefallener Rotarmisten.[152] Auch auf den Bahnhöfen wurden Abschiedsfeiern inszeniert, Ansprachen gehalten, letzte Fotos von Besatzungssoldaten mit einheimischen Kindern geschossen und den abziehenden Offizieren und Soldaten Blumen überreicht.[153]

Bereits am 19. September, eineinhalb Wochen vor der im genannten Befehl Nr. 125 des Verteidigungsministeriums gesetzten Frist, verließ der letzte sowjetische Soldat Österreich. Der Truppenabzug war somit erfolgreich abgeschlossen.[154] Noch am selben Tag teilte Botschafter Ivan I. Il'ičev Bundeskanzler Julius Raab mit, dass die Räumung Österreichs von sowjetischen Truppen beendet sei.[155] Auf die „provokative Falschmeldung" der deutschen Presseagentur DPA, die am 21. September 1955 in mehreren österreichischen Zeitungen erschien und wonach sich immer noch sowjetische Truppen in Österreich befinden und nun in die DDR verlegt werden würden, reagierte das Präsidium des ZK der KPdSU empfindlich: In seiner Sitzung vom 24. September beauftragte es die Presseagentur TASS, diese Lüge zu dementieren.[156]

Parallel dazu erfolgte die Auflösung der Zentralen Gruppe der Streitkräfte, zu der die Leitung der CGV, die 95. Garde-Schützendivision, die 13. mechani-

151 Das hohe Tempo des Truppenabzugs aus Österreich führte teilweise zu Schwierigkeiten bei der Bereitstellung von Kasernen, Unterkünften für Offiziere und ihre Familien oder Maschinenparks. Vgl. Evgenij Malašenko, V sovetskich vojskach v Avstrii. Manuskript. Moskau 2003, S. 11f.; OHI, Evgenij Malašenko. Durchgeführt von Barbara Stelzl-Marx. Moskau 20.10.2003.

152 CAMO, F. 275, op. 140920s, d. 7, S. 2–6, Bericht der Politverwaltung der CGV über die Umsetzung des Befehls vom 31. Juli 1955 zum Abzug der sowjetischen Truppen aus Österreich, nach dem 19.9.1955. Abgedruckt in: Karner – Stelzl-Marx – Tschubarjan, Die Rote Armee in Österreich, Dok. Nr. 187.

153 Vgl. dazu die Fotodokumentation der Politverwaltung der CGV in: CMVS, Vyvod Sovetskich vojsk iz Avstrii. Avgust – sentjabr' 1955 goda. Fotodokumenty.

154 CAMO, F. 275, op. 140920s, d. 7, S. 2–6, Bericht der Politverwaltung der CGV über die Umsetzung des Befehls vom 31. Juli 1955 zum Abzug der sowjetischen Truppen aus Österreich.

155 Stourzh, Um Einheit und Freiheit, S. 549.

156 RGANI, F. 3, op. 10, d. 180, S. 2, Beschluss Nr. 153/III des Präsidiums des ZK der KPdSU, Über die Dementierung der Meldung der DPA über die Verlegung sowjetischer Truppen aus Österreich in die DDR durch die TASS, 24.9.1955.

sierte Gardedivision, die 23. Fliegerabwehrdivision, die 59. Luftarmee, die 10. und 112. Garde- sowie 330. Jagdfliegerdivision, das 375. selbstständige Luftaufklärungsregiment, die 62., 69. und 307. selbstständige Fliegerabwehrdivision nebst Sicherungs- und Versorgungseinheiten gehörten. Hinzu kamen vier Kompanien des 3. Regiments der KGB-Verbindungseinheiten mit rund 1100 Mann.[157]

Der Offiziersstand der Feldverwaltung der CGV wurde vorwiegend in Militärbezirke der UdSSR verlegt, der Unteroffiziers- und Mannschaftsstand nach Transkarpatien abkommandiert und die Arbeiter und Bediensteten der Sowjetischen Armee an ihre Wohnorte verbracht. Sämtliche im Archiv des Stabes der CGV verwahrten geheimen Dokumente bis zum Jahr 1954 wurden in das Zentralarchiv des Verteidigungsministeriums überführt. Siegel und Stempel der Verwaltungen bzw. Abteilungen oder Dokumente, die keiner Verwahrung in einem Archiv unterlagen, mussten vernichtet werden. Außerdem waren die von den Versorgungsabteilungen und Abteilungen der CGV erstellten Abrechnungen an die Zentralverwaltung des Verteidigungsministeriums zu senden. Die Verwaltung der Zentralen Gruppe der Streitkräfte galt per 25. September 1955 als aufgelöst.[158]

157 RGANI, F. 3, op. 8, d. 278, S. 116–122, Plan von Malinin über die Verlegung der sowjetischen Truppen aus Österreich in die UdSSR, 29.7.1955.

158 CAMO, F. 25, op. 657741s, d. 2, S. 1f., Bescheid des stv. Oberbefehlshabers der CGV, Bojkov, über die Auflösung der CGV, 25.9.1955. Abgedruckt in: Karner - Stelzl-Marx - Tschubarjan, Die Rote Armee in Österreich, Dok. Nr. 189. Vgl. Knoll - Stelzl-Marx, Der Sowjetische Teil der Alliierten Kommission, S. 216f.

4. Die Schattenebene: Geheimdienst und NKVD-Truppen

Das am Schnittpunkt zwischen Ost und West gelegene, viergeteilte Österreich sollte ab April 1945 Operationsgebiet der sowjetischen Aufklärungsdienste und Spionageorganisationen werden. Hier prallten die Interessen der USA und der UdSSR aufeinander, hier kam es zu einer Projektion des Konfliktes zweier Weltanschauungen und zweier unterschiedlicher Systeme.[159] Direkte und indirekte Informationsbeschaffung über Entwicklungen und Ereignisse der jeweils anderen Besatzungszone gewann rasch an strategischer und auch politischer Bedeutung.[160] Völlig unproportional zur Größe und Bedeutung des Landes wurde Österreich zu einem „internationalen Tummelplatz von Agenten, Informanten, Provokateuren und Spionen" der Geheim- und Nachrichtendienste der Protagonisten des Kalten Krieges, aber auch von Diensten der Nachbarländer.[161] Mitarbeiter des sowjetischen Besatzungsapparates rief man zu besonderer Aufmerksamkeit und Vorsicht auf, da sie sich schließlich auf dem Gebiet eines „kapitalistischen" Landes befänden.[162] Österreicher, die sich tatsächlich oder vermeintlich von westlichen Geheimdiensten wie der amerikanischen militärischen Spionageabwehr CIC für Spionageaktivitäten anwerben hatten lassen, erhielten drakonische Strafen bis hin zum Tod durch Erschießen.[163] Führende sowjetische Repräsentanten in Österreich – wie etwa Hochkommissar Il'ičev – hatten zuvor beim militärischen Geheimdienst GRU des Generalstabes gedient oder sollten – wie der ehemalige sowjetische Militärkommissar in Österreich Vladimir Kurasov – ihre Karriere dort fortsetzen.[164]

---

159 Pavlenko, Österreich im Kraftfeld der sowjetischen Diplomatie, S. 575. Vgl. dazu allgemein: Harald Irnberger, Nelkenstrauß ruft Praterstern. Am Beispiel Österreich: Funktion und Arbeitsweise geheimer Nachrichtendienste in einem neutralen Staat. Wien 1983.

160 Siegfried Beer, Wien in der frühen Besatzungszeit. Erkundungen des US-Geheimdienstes OSS/SSU im Jahre 1945. Eine exemplarische Dokumentation, in: Ferdinand Opll – Karl Fischer (Hg.), Studien zur Wiener Geschichte. Jahrbuch des Vereins für Geschichte der Stadt Wien. Bd. 51. Wien 1995, S. 35–92, hier: S. 39.

161 Siegfried Beer, Nachrichten- und Geheimdienste in Österreich, 1945–1955, in: Stefan Karner – Gottfried Stangler (Hg.), „Österreich ist frei!" Der Österreichische Staatsvertrag 1955. Beitragsband zur Ausstellung auf Schloss Schallaburg 2005. Unter Mitarbeit von Peter Fritz und Walter M. Iber. Horn – Wien 2005, S. 221–226, hier: S. 221.

162 Vgl. dazu etwa: RGVA, F. 32903, op. 1, d. 48, S. 86–88, Befehl des provisorischen Leiters der NKVD-Truppen zum Schutz des Hinterlandes der Südlichen Gruppe der Streitkräfte, Oberst Semenenko, an alle Kommandeure der NKVD-Truppen zum Schutz des Hinterlandes der Südlichen Gruppe der Streitkräfte über die Handhabung geheimer Dokumente, 18.8.1945.

163 Siehe dazu auch das Kapitel B.I.2.2 „Verurteilt zum Tod durch Erschießen" in diesem Band.

164 Siehe dazu auch das Kapitel A.III.3.1 „Die Spitze der Befehlspyramide: Oberbefehlshaber und Militärrat" in diesem Band.

„Razvedka", das russische Wort für Spionage, bezieht sich sowohl auf die Sammlung von Nachrichten als auch auf die Organisation zur Durchführung dieser Aufgabe und das „Ausspähen". Im sowjetischen System befassten sich das Verteidigungsministerium (NKO/MO), das Ministerium für Staatssicherheit (NKGB/MGB) bzw. ab 1954 das Komitee für Staatssicherheit (KGB) und das Ministerium für innere Angelegenheiten (NKVD/MVD) mit der geheimdienstlichen Tätigkeit. Dabei war die militärische Spionage von der Hauptverwaltung für Spionage (GRU) des Generalstabes der Roten Armee bzw. der Sowjetischen Armee organisiert und stand unter dessen Leitung.[165]

Moskau spannte ab April 1945 ein geheimdienstliches Netz über österreichischen Boden, in dem insgesamt vier sowjetische Geheimdienste agierten: der als 4. Abteilung des Generalstabes organisierte militärische Geheimdienst GRU; die Spionageabwehr „Smerš" (wörtlich: „Tod den Spionen") beim Volkskommissariat für Verteidigung (NKO/MO); weiters die Einheiten des Volkskommissariats für Inneres (NKVD/MVD) mit den Grenztruppen zur Sicherung des Fronthinterlandes und schließlich die politische Geheimpolizei des Volkskommissariats für Staatssicherheit (NKGB/MGB).[166]

Der NKGB/MGB verfügte über eine eigene Geheimdienstabteilung bei der zentralen sowjetischen Verwaltungsbehörde in Österreich, der SČSK, welche wiederum eng mit der Verwaltung für Spionageabwehr (UKR) „Smerš" beim Armeestab in Baden kooperierte. Gleichzeitig tauschten die 3. Hauptverwaltung des NKGB/MGB und die Geheimdienstabteilung des Sowjetischen Teils der Alliierten Kommission Informationen aus und hielten Moskau auf dem Laufenden. Die im Folgenden ausführlicher beschriebenen Grenztruppen des NKVD/MVD waren nicht nur für „Säuberungsaktionen" im sowjetisch besetzten Gebiet zuständig, sondern bespitzelten auch die eigenen Militärangehörigen. Gegen unerlaubte Grenz- oder Zonenübertritte mussten sie ebenso einschreiten wie gegen antisowjetische Aktionen. Bei der Sicherstellung der Kommunikation und der Verhinderung von „Diversionsakten" wurden sie von operativen Spezialgruppen der militärischen Spionageabwehr „Smerš" unterstützt. Diese wiederum holte „nach Möglichkeit" Informationen über Aktionen der Westmächte ein und leitete sie nach Moskau weiter.[167] Gemäß der Tradition der sowjetischen Nachrichtentätigkeit

165 Raymond L. Garthoff, Die sowjetischen Spionageorganisationen, in: B. H. Lidell Hart (Hg.), Die Rote Armee. Gießen o. J., S. 280–289, hier: S. 281. Zum Apparat des NKVD bzw. MGB in Deutschland vgl. N. Petrov – Ja. Foitcik (Hg.), Apparat NKVD-MGB v Germanii 1945–1953. Rossija XX vek. Dokumenty. Moskau 2009.

166 Beer, Nachrichten- und Geheimdienste in Österreich, S. 224; Vadim J. Birstein, SMERSH. Stalin's Secret Weapon. Soviet Military Counterintelligence in WWII. London 2011, S. 362f.

167 Christoforov, Sowjetische Geheimdienste in Österreich, S. 158.

Abb. 24: Übergang von der sowjetischen in die amerikanische Zone auf der Ennsbrücke bei Enns. Bei den Kontrollen wurden mehrere Österreicherinnen und Österreicher verhaftet, darunter Margarethe Ottillinger. (Quelle: Sammlung Karner, Bestand Charlampiev)

entstand somit in vielen Bereichen ein Parallelismus, die Tätigkeit der einzelnen Netze überlappte und duplizierte sich und die ausgedehnte Doppelarbeit führte nicht selten zu Misstrauen unter den rivalisierenden Organen.[168]

Dabei entwickelten sich die Organe der militärischen Spionageabwehr in der Ostzone Österreichs zum Hauptinstrument der sowjetischen Repressionspolitik. Sie unterstanden der Hauptverwaltung für Spionageabwehr (GUKR) „Smerš"[169] des Volkskommissariats für Verteidigung (NKO) und waren direkt Stalin in seiner Funktion als Volkskommissar für Verteidigung unterstellt. Die Verwaltung für Spionageabwehr (UKR) „Smerš" verfügte über eigene Truppen bei den Fronten und Gruppen der Streitkräfte, die Abteilungen für Spionageabwehr (OKR) bei den Armeen, Korps und Divisionen. Während der Besatzungszeit richtete die UKR „Smerš" laufend Sondermitteilungen an die GUKR „Smerš", die sich unter anderem auf die „politische Stimmung" in Wien und anderen Städten bezogen. Auch die GUKR „Smerš" des NKO beobachtete die innenpolitische Lage in Österreich und stellte entsprechende Berichte zusammen. Allerdings blieb es nicht bloß bei

168 Garthoff, Die sowjetischen Spionageorganisationen, S. 286.

169 Die GUKR „Smerš" war per Beschluss des Rates der Volkskommissare der UdSSR vom 19. April 1943 Nr. 415-138ss „Über die Reorganisation der Verwaltung der Sonderabteilungen des NKVD der UdSSR in die Hauptverwaltung für Spionageabwehr des Volkskommissariats für Verteidigung ‚Smerš'" beim Volkskommissariat für Verteidigung ins Leben gerufen worden. Vgl. Christoforov, Zu den Dokumenten über die österreichische Widerstandsbewegung, S. 199.

Beobachtungen: Die Organe der „Smerš" nahmen Verhaftungen und Verhöre in der Operationszone der sowjetischen Truppen vor – so auch in Österreich.[170] Der stellvertretende Leiter der GUKR „Smerš" des NKO, Generalmajor N. Rozanov, verhörte etwa den österreichischen Widerstandskämpfer Carl Szokoll mehrmals persönlich.[171]

Darüber hinaus überwachten die Abwehroffiziere in den Streitkräften auch die politische Haltung und Tätigkeit der sowjetischen Armeeangehörigen und griffen bei antisowjetischen Aussagen ein.[172] Gerade zu Kriegsende musste sich die Gegenspionage vermehrt mit Desertionen, Übergriffen, Unfällen, Fällen von Trunkenheit und Selbstmordversuchen unter den eigenen Soldaten auseinandersetzen.[173] Hinzu kamen „Anwerbungsversuche seitens der Geheimdienste der Alliierten unter Einsatz einheimischer Frauen". Die unterschiedlichen „Rückfälle", so eine aktuelle Publikation über die „Smerš", hingen mit dem „moralisch-psychologischen Zustand einiger Offiziere und Soldaten zusammen, die nach den schwierigen Zeiten des Krieges nun die Atmosphäre eines relativ friedlichen Lebens" erfuhren. Auf die „negativen Erscheinungen in der Armee" reagierte man durch „Überzeugungsarbeit und Zwang", aber auch mittels einer Reorganisation der Kader. Gerade Letzteres erschwerte die Tätigkeit der militärischen Gegenspionage.[174]

Hinweise auf Vaterlandsverräter und gegnerische Spione übermittelten unter anderem die sowjetischen Militärkommandanten: Diese waren verpflichtet, „verbrecherische Elemente" den nächstgelegenen Einheiten der Gegenspionage „Smerš" und der Militärstaatsanwaltschaft zu übergeben.[175] Zur „erfolgreicheren Erfüllung ihrer Aufgaben" kooperierten die NKVD-Truppen in Österreich mit der Abteilung für Gegenspionage „Smerš", den sowjetischen Militärkommandanturen, Einheiten der Roten Armee und örtlichen Behörden.[176]

170 Petrov, Die Inneren Truppen des NKVD/MVD, S. 219; Christoforov, Zu den Dokumenten über die österreichische Widerstandsbewegung, S. 199.

171 Siehe dazu auch das Kapitel A.II.2.4 „Szokolls Verhaftung und Verhöre" in diesem Band.

172 Petrov, Die Inneren Truppen des NKVD/MVD, S. 219; Christoforov, Zu den Dokumenten über die österreichische Widerstandsbewegung, S. 199.

173 Siehe dazu auch das Kapitel B.I.2 „‚Amoralische Erscheinungen', Straftaten und ihre Verfolgung" in diesem Band.

174 V. S. Christoforov et al., SMERŠ. Istoričeskie očerki i archivnye dokumenty. Moskau 2003, S. 97.

175 CAMO, F. 243, op. 2922, d. 49, S. 168–177, Provisorische Verordnung über die Militärkommandanturen auf dem von der 3. Ukrainischen Front eingenommenen Gebiet Österreichs, 20.4.1945. Abgedruckt in: Karner – Stelzl-Marx – Tschubarjan, Die Rote Armee in Österreich, Dok. Nr. 59. Mit abweichender Übersetzung in: Wagner, Die Besatzungszeit aus sowjetischer Sicht, S. 139–146.

176 RGVA, F. 32905, op. 1, d. 166, S. 154–165, hier: S. 160, Tätigkeitsbericht von Zimin-Kovalev über die Tätigkeit der NKVD-Truppen zum Schutz des Hinterlandes der CGV im Jänner und Februar 1946, 10.3.1946.

4.1 Die Inneren Truppen des NKVD/MVD

Der NKVD verfügte über „operative Gruppen", deren Einsatzgebiet im Fronthinterland der vorrückenden Roten Armee lag. Vor dem Überfall auf die Sowjetunion im Juni 1941 hatten diese NKVD-Grenztruppen den Grenzschutz der UdSSR innegehabt. Mit Kriegsbeginn wurden die zum Schutz der Westgrenzen abgestellten Grenztruppen dem Armeekommando und in operativer Hinsicht den Militärräten der Fronttruppen der Roten Armee „zum Schutz des Hinterlandes" unterstellt. Am 29. September 1941 erfolgte die Umwandlung der Grenztruppen in Grenzregimenter und der Verwaltungen der Grenzbezirke in die „Verwaltungen der Truppen des NKVD der UdSSR zum Schutz des Hinterlandes der Roten Armee".[177]

Am 28. April 1942 erteilte der NKVD den Befehl, die Verantwortung für die Organisation und den Schutz des Fronthinterlandes der Hauptverwaltung der Inneren Truppen des NKVD der UdSSR zu übertragen. Zum Verband der NKVD-Truppen zählten neben der Hauptverwaltung elf Verwaltungen, eine Sondergrenzbrigade, 37 Grenzregimenter, sechs Grenztruppen, fünf Sondergrenzkommandanturen, drei Sondergrenzbataillone und 23 Unterabteilungen „zur Gewährung der Kampfkraft". Ihre Gesamtstärke lag bei knapp 66.000 Mann.[178]

Gleichfalls am 28. April 1942 legten der stellvertretende Volkskommissar für Verteidigung, Boris M. Šapošnikov, und der stellvertretende Volkskommissar für innere Angelegenheiten, Arkadij Apollonov, die Aufgaben der NKVD-Truppen per Verordnung fest. Grundsätzlich waren die „eigens bereitgestellten Truppen des NKVD der UdSSR" gemeinsam mit Truppenteilen des NKO für den „Schutz des Hinterlandes der Fronten" zuständig, der organisatorisch in der Verantwortung der jeweiligen Militärräte lag. Als eine Art Frontpolizei ergriffen die NKVD-Truppen in den rückwärtigen Armeegebieten Deserteure und Marodeure aus den Reihen der Roten Armee, verhafteten Personen, die unter dem Verdacht auf „antisowjetische Tätigkeit" standen, und überprüften bei Bedarf Dokumente von Personen, die sich auf dem vom NKVD kontrollierten Gebiet aufhielten. Dabei waren sie verpflichtet, „entschlossen und konsequent vorzugehen, bis zum Waffeneinsatz". Im Detail fielen den NKVD-Truppen zunächst folgende vier Aufgabenbereiche zu:

1. „Kampf gegen Diversanten, Spione und Banditenelemente im Hinterland der Front;
2. Kampf gegen Deserteure und Marodeure;

177 Eliseeva, Zum Schutz des Hinterlandes der Roten Armee, S. 91.
178 Ebd.

3. Zerschlagung kleiner feindlicher Einheiten und Gruppen, die ins Hinterland eindrangen oder dort operieren (MP-Schützen, Fallschirmspringer, Signalgeber u. Ä.);
4. in besonderen Fällen (auf Beschluss des Militärrates der Front) Bewachung der Kommunikation in bestimmten Abschnitten."[179]

Ihre Hauptaufgabe bestand darin, jede organisierte Tätigkeit, die sich tatsächlich oder vermeintlich gegen die Interessen der sowjetischen Regierung und der Partei richtete, zu unterbinden. Besondere Aufmerksamkeit widmeten ihre eigenen Nachrichtennetze organisiertem Widerstand oder Aufruhr gegen das Sowjetregime.[180] Der Chef der NKVD-Truppen zum Schutz des Fronthinterlandes unterstand zwar dem Leiter der Hauptverwaltung der Inneren Truppen des NKVD, war jedoch in operativer Hinsicht zugleich dem Militärrat der jeweiligen Front unterstellt. Auch in anderen Bereichen war die Armee zuständig: So erfolgten Truppenverlegungen des NKVD zu einer anderen Front auf Beschluss des Generalstabes der Roten Armee, wobei der NKVD lediglich den Befehl für die Durchführung erteilen konnte. Die Armee hatte zudem die Versorgung der NKVD-Truppen „mit jeglicher Verpflegung (auch mit Waffen)" zu gewährleisten. Hingegen fielen sämtliche Fragen betreffend die Organisationsstruktur, das Kaderpersonal und die Auffüllung des Mannschaftsstandes ausschließlich in den Verantwortungsbereich des NKVD der UdSSR.[181]

Die Tiefe des Fronthinterlandes, d. h. den Aktionsradius der NKVD-Truppen, definierte zunächst der Generalstab der Roten Armee gemeinsam mit dem NKVD. Doch bereits am 27. Juli 1942 bestimmten der Chef des Generalstabes, Aleksandr Vasilevskij, und der stellvertretende Volkskommissar Apollonov, dass fortan die Militärräte der Fronten gemeinsam mit den Leitern der Verwaltungen der NKVD-Truppen die Tiefe des von den NKVD-Truppen geschützten Fronthinterlandes festzulegen hätten.[182]

Ab Anfang 1945 erweiterte sich der Aufgabenkomplex der NKVD-Truppen zum Schutz des Fronthinterlandes: Abgesehen von Verhaftun-

179 RGVA, F. 32905, op. 1, d. 163, S. 169f., Verordnung über die NKVD-Truppen zum Schutz des Hinterlandes der Roten Armee, 28.4.1942. Vgl. Petrov, Die Inneren Truppen des NKVD/MVD in Österreich, S. 225; Eliseeva, Zum Schutz des Hinterlandes der Roten Armee, S. 92. Die Verordnung ist zudem unvollständig archiviert unter: RGVA, F. 32900, op. 1, d. 226, S. 313. Abgedruckt in: Karner – Pickl, Die Rote Armee in der Steiermark, Dok. Nr. 1.

180 Garthoff, Die sowjetischen Spionageorganisationen, S. 288.

181 RGVA, F. 32905, op. 1, d. 163, S. 169f., Verordnung über die NKVD-Truppen zum Schutz des Hinterlandes der Roten Armee, 28.4.1942.

182 RGVA, F. 32905, op. 1, d. 163, S. 171, Überarbeitung der Verordnung über die NKVD-Truppen zum Schutz des Hinterlandes der Roten Armee, 27.6.1942. Vgl. Petrov, Die Inneren Truppen des NKVD/MVD in Österreich, S. 226.

gen „feindlicher Elemente" waren sie nun auch für die Absiedlungen der Bevölkerung aus den Frontgebieten,[183] für Zwangsmobilisierungen für den Arbeitseinsatz in der Sowjetunion und die Bewachung von „Smerš"-Untersuchungsgefängnissen zuständig. Außerdem übertrug man den NKVD-Truppen der 2. Ukrainischen Front die Leitung der Militärkommandanturen in Ungarn.[184]

Entsprechend der „durch das Betreten von Territorien anderer Staaten geänderten operativen Lage" setzten die Aufklärungsabteilungen der NKVD-Truppen ab Jänner 1945 verstärkt auf Spionagemaßnahmen. Sie benötigten Informationen aus der örtlichen Bevölkerung, um zielgerichtete und personenbezogene Verhaftungen vornehmen zu können. Ihre grundlegende Aufgabe in der Spionagetätigkeit lag „in der Fahndung nach dem verbrecherischen Element". Dazu bauten sie ein Agentennetz auf und kooperierten mit dem Geheimdienst sowohl bei der Rekrutierung von Agenten unter den Einheimischen als auch bei der Suche nach „Verbrechern". Die angeworbenen Agenten hatten genauen Kriterien zu entsprechen, um gewährleisten zu können, dass sie die gewünschten Informationen lieferten und nicht frühzeitig enttarnt wurden. Zur Zielgruppe zählten unter anderem Mitarbeiter „feindlicher Spionageabwehrorgane", die über gute Verbindungen verfügten, zugleich jedoch daran interessiert waren, „ihre Schuld für ihre Zusammenarbeit mit den deutschen Nationalsozialisten zu tilgen", betonte der Chef der NKVD-Truppen zum Schutz des Hinterlandes der 3. Ukrainischen Front, Generalmajor Ivan Ivanovič Pavlov.[185]

183 RGVA, F. 32903, op. 1, d. 47, S. 218–220, Befehl des Chefs der NKVD-Truppen zum Schutz des Hinterlandes der 3. Ukrainischen Front, Generalmajor Pavlov, an den Kommandanten des 91. Grenzregiments, Oberstleutnant Umanec, über die Absiedelung der Bevölkerung aus dem Frontbereich, 27.4.1945. Abgedruckt in: Karner – Pickl, Die Rote Armee in der Steiermark, Dok. Nr. 23; RGVA, F. 32923, op. 1, d. 93, S. 224–226, Befehl des Chefs der NKVD-Truppen zum Schutz des Hinterlandes der 3. Ukrainischen Front, Generalmajor Ivan Pavlov, an den Kommandanten des 17. Grenzregiments, Oberst Pavlov, über die Absiedelung der Bevölkerung aus dem Frontbereich, 27.4.1945. Abgedruckt in: Karner – Pickl, Die Rote Armee in der Steiermark, Dok. Nr. 24. Einheimische, die versuchten, in den abgesiedelten Bereich zurückzukehren, wurden von den NKVD-Truppen festgenommen. Vgl. RGVA, F. 32902, op. 1, d. 104, S. 175, Operative Meldung des Kommandanten des 17. Grenzregiments, Oberst Pavlov, 27.4.1945. Abgedruckt in: Karner – Pickl, Die Rote Armee in der Steiermark, Dok. Nr. 25.

184 RGVA, F. 32948, op. 1, d. 21, S. 56f., Verordnung über die Militärkommandanturen auf dem Gebiet Ungarns [vor dem 25.1.1945]; Petrov, Die Inneren Truppen des NKVD/MVD in Österreich, S. 226. Siehe dazu auch das Kapitel A.III.3.3 „Struktur der Militärkommandanturen" in diesem Band.

185 RGVA, F. 32900, op. 1, d. 219, S. 66–77, Thesen aus dem Vortrag des Chefs der NKVD-Truppen zum Schutz des Hinterlandes der 3. Ukrainischen Front, Generalmajor Ivan Pavlov, auf einer Versammlung mit Regiments- und Einheitskommandanten [März 1945]. Abgedruckt in: Karner – Pickl, Die Rote Armee in der Steiermark, Dok. Nr. 4. Vgl. Petrov, Die Inneren Truppen des NKVD/MVD in Österreich, S. 230.

Gleichzeitig kämpfte man gegen „Verletzungen der revolutionären Gesetzlichkeit" und „moralische Verkommenheit" in den eigenen Reihen. Zu diesem schwerwiegenden Problem kam hinzu, dass die vom kommunistischen Normensystem geprägten Mitarbeiter primär an der Erreichung von Zahlenvorgaben interessiert waren, ohne auf die tatsächliche Qualität ihrer Ermittlungsarbeit zu achten. Diese Praxis, forderte Pavlov, sei „vollkommen abzustellen". Ohne Disziplin, Kontrolle, strengste Einhaltung der „revolutionären Gesetzlichkeit", Zielgerichtetheit sämtlicher Aufklärungsoffiziere und „erzieherische Arbeit" wären die bevorstehenden Aufgaben nicht zu lösen.[186] Offensichtlich mangelte es dem Aufklärungspersonal auch an der nötigen Eigeninitiative. Dieses solle nicht immer auf Anweisungen „von oben" warten, wurde gemahnt.[187]

4.2 Zusammensetzung und Dislozierung

In Österreich operierten ab Ende März 1945 im Zuge der „Wiener Operation" die Truppen der 2. und 3. Ukrainischen Front unter den Marschällen Rodion Ja. Malinovskij und Fedor I. Tolbuchin.[188] Zum Schutz des Hinterlandes waren mehrere NKVD-Grenzregimenter abgestellt, die offizielle Gebäude und Personen bewachten, „Säuberungsaktionen" und Verhaftungen vornahmen und unter anderem auch militärisch eingesetzt wurden. Sie gehörten den NKVD-Truppen zum Schutz des Hinterlandes der 3. Ukrainischen Front an, deren Verwaltung vom 18. November 1942 bis 29. Oktober 1945 Generalmajor Ivan I. Pavlov leitete,[189] sowie den NKVD-Truppen zum Schutz des Hinterlandes der 2. Ukrainischen Front unter Generalmajor Iof Sergeevič Kuznecov.[190]

Am 1. Juli 1945 gehörten den Truppen des NKVD zum Schutz des Hinterlandes der 3. Ukrainischen Front folgende Einheiten an: die Verwaltung mit Sitz in Wien-Mauer, die Grenzregimenter Nr. 17 („Izmail'skij Krasnoz-

186 Ebd.

187 RGVA, F. 32900, op. 1, d. 219, S. 82–84, Thesen aus dem Vortrag des Chefs der NKVD-Truppen zum Schutz des Hinterlandes der 3. Ukrainischen Front, Generalmajor Ivan Pavlov, über die Aufklärungsarbeit, 5.3.1945.

188 Siehe dazu und zum Folgenden auch Tabelle 5 im Anhang dieses Bandes.

189 Pavlov war zunächst Leiter der Verwaltung der NKVD-Truppen zum Schutz des Hinterlandes der 3. Ukrainischen Front, später der Südlichen Gruppe der Streitkräfte. Vgl. Petrov, Die Inneren Truppen des NKVD/MVD, S. 221.

190 Zur Entwicklung der NKVD-Truppen zum Schutz des Hinterlandes der 2. Ukrainischen Front vgl. RGVA, F. 32905, op. 1, d. 396, S. 63–66, Bericht des stv. Leiters der NKVD-Truppen zum Schutz des Hinterlandes der Truppen der CGV, Oberst Sacharov, über die Tätigkeit der Wirtschaftsapparate der NKVD-Truppen zum Schutz des Hinterlandes der Steppenfront und 2. Ukrainischen Front während des Krieges, 30.9.1945.

namennyj" mit Sitz in Bruck), Nr. 25 („Nižnednestronskij Krasnoznamennyj" mit Sitz in Feldbach), Nr. 91 („Belgradskij Krasnoznamennyj" mit Sitz in Kőszeg), Nr. 134 („Ruščuchskij ordena Bogdana Chmel'nickogo" mit Sitz in Bruck) und Nr. 336 („Budapeštskij ordena Alekskandra Nevskogo" mit Sitz in Wien), die 109. Manövergruppe („Otdel'naja ordena Kutuzova i Aleksandra Nevskogo" mit Sitz in Wien-Mauer) sowie die 111. Sonderverbindungskompanie der Truppenverwaltung. Außerdem zählten die Abteilung für Gegenspionage des NKVD „Smerš", ein Militärtribunal, eine Militärstaatsanwaltschaft, eine Poststation und ein Gesangsensemble bei der Politabteilung, alle in Wien-Mauer gelegen, dazu.[191] Für die Bewachung Wiens war ab Mai bzw. Juni 1945[192] das 40. Schützenregiment der 66. Schützendivision gemeinsam mit dem 336. Grenzregiment abgestellt.[193]

Ende April hatte sich der Gefechtsstand des 17. Grenzregiments in Domanjševci, des 25. Grenzregiments in Nagykanizsa, des 91. Grenzregiments in Kőszeg, des 134. Grenzregiments in Wiener Neustadt und des 336. Grenzregiments in Wien befunden.[194] Bis Juni 1945 hatten alle fünf Grenzregimenter ihren Stab nach Österreich verlegt. Sie waren in zwei Linien angelegt, einer äußeren entlang der Demarkationslinie und einer inneren entlang der Grenze des Hinterlandes. Dabei konzentrierte sich das 17. Grenzregiment mit seinem Kommandoposten in Graz auf den Abschnitt um Graz und Gleisdorf. Das 25. Grenzregiment mit Schwerpunkt Südoststeiermark hatte seinen Gefechtsstand in Wildon. Das 91. Grenzregiment mit Gefechtsstand in Leoben kontrollierte das Gebiet von Szombathely über Rechnitz bis ins obere Mur- und Mürztal. Das 134. Grenzregiment, dessen Aktionsradius vom ungarischen Kapuvár über Wiener Neustadt bis nach Mariazell und Altenmarkt reichte, hatte seinen Gefechtsstand in Waidhofen an der Ybbs. Das 336.

191 RGVA, F. 32900, op. 1, d. 314, S. 16f., Übersicht des Leiters des Stabes der NKVD-Truppen zum Schutz des Hinterlandes der 3. Ukrainischen Front, Oberst Semenenko, über die Dislozierung der Truppen, 1.7.1945.

192 Das 40. Grenzregiment befand sich am 9. Mai 1945 noch in Rumänien. Erst einen Monat später traf es in Wien ein. Insgesamt war es von Jänner bis Mai 1945 fünfmal verlegt worden, was sich negativ auf die Arbeit mit dem Mannschaftsstamm auswirkte. Vgl. RGVA, F. 38756, op. 1, d. 62, S. 195–202, Bericht des Kommandeurs des 40. Schützenregiments, Oberstleutnant Chorošev, über den politisch-moralischen Zustand, die Disziplin und die parteipolitische Arbeit im Regiment im 2. Quartal 1945, 26.6.1945.

193 RGVA, F. 38756, op. 1, d. 7, S. 4, Anordnung des stv. Leiters der NKVD-Truppen zum Schutz des Hinterlandes der 3. Ukrainischen Front, Oberst Semenenko, über die Bewachung Wiens, 30.5.1945. Semenenko bezog sich dabei auf Berijas Befehl Nr. 220 vom 4. Mai 1945. Allerdings traf das 40. Schützenregiment erst am 11. Juni 1945 in Wien ein. Vgl. Petrov, Die Inneren Truppen des NKVD/MVD, S. 222.

194 RGVA, F. 32910, op. 1, d. 37, S. 174–176, Befehl des Chefs der NKVD-Truppen zum Schutz des Hinterlandes der 3. Ukrainischen Front, Generalmajor Pavlov, über den Dienst der Truppen, 25.4.1945. Abgedruckt in: Karner – Pickl, Die Rote Armee in der Steiermark, Dok. Nr. 20.

Grenzregiment war weiterhin für die „Säuberung" von Wien und Umgebung verantwortlich. Nördlich der Donau grenzte das 10. Grenzregiment zum Schutz des Hinterlandes der 2. Ukrainischen Front an.[195]

Zum Verband der Truppen zum Schutz des Hinterlandes der 2. Ukrainischen Front gehörten Ende Juni 1945 die Grenzregimenter Nr. 10 („Rumynskij ordena Bogdana Chmel'nickogo"), Nr. 24 („Prutskij ordena Bogdana Chmel'nickij"), Nr. 37 („Jasskij"), Nr. 128 („Jasskij ordena Aleksandra Nevskogo") Nr. 335[196] sowie die 61. Schützendivision des NKVD, die aus den Schützenregimentern Nr. 381, 382, 383 und dem 235. Sonderschützenbataillon bestand. Mitte Mai übertraf die Gesamtstärke der Truppen zum Schutz des Hinterlandes der 2. Ukrainischen Front mit rund 12.400 Mann jene der Truppen zum Schutz des Hinterlandes der 3. Ukrainischen Front mit etwa 7500 Mann beinahe um das Doppelte.[197]

Gemäß dem Befehl Nr. 00805 des Volkskommissars für innere Angelegenheiten, Marschall Lavrentij P. Berija, vom 9. Juli 1945 und als Folge der Auflösung der Fronten der Roten Armee wurde die Verwaltung der NKVD-Truppen zum Schutz des Hinterlandes der 2. Ukrainischen Front in „Verwaltung der NKVD-Truppen zum Schutz des Hinterlandes der Zentralen Gruppe der Streitkräfte" umbenannt; deren Einsatzgebiet erstreckte sich auf Österreich, Ungarn und die Tschechoslowakei. Sie umfasste fortan die Grenzregimenter Nr. 10, 24, 37, 128, 335 und 336.[198] Letzteres hatte zu den NKVD-Truppen zum Schutz des Hinterlandes der 3. Ukrainischen Front gehört und war am 7. Juli 1945 in den Verband der NKVD-Truppen zum Schutz des Hinterlandes der CGV eingegliedert worden.[199] Auch das 40. Schützenregiment der 66. Schützendivision der Inneren Truppen des NKVD blieb in Wien stationiert.[200]

---

195 RGVA, F. 32900, op. 1, d. 212, S. 32–37, Bericht des Chefs der NKVD-Truppen zum Schutz des Hinterlandes der 3. Ukrainischen Front, Generalmajor Pavlov, über den Dienst der Truppen [Juni 1945]. Abgedruckt in: Karner – Pickl, Die Rote Armee in der Steiermark, Dok. Nr. 96. Vgl. dazu auch: Siegfried Beer, Das sowjetische „Intermezzo". Die „Russenzeit" in der Steiermark. 8. Mai bis 23. Juli 1945, in: Historische Landeskommission für Steiermark (Hg.), Vom Bundesland zur europäischen Region. Die Steiermark von 1945 bis heute. Geschichte der Steiermark. Bd. 10. Graz 2004, S. 35–58, hier: S. 43.

196 Das 335. Grenzregiment trug keine zusätzliche Bezeichnung.

197 Petrov, Die Inneren Truppen des NKVD/MVD, S. 221f.

198 RGVA, F. 32905, op. 1, d. 413, S. 2, Befehl Nr. 00131 des Leiters der NKVD-Truppen zum Schutz des Hinterlandes der CGV, Kuznecov, an die NKVD-Truppen zum Schutz des Hinterlandes der CGV über die Umbenennung der Verwaltung der NKVD-Truppen zum Schutz des Hinterlandes der 2. Ukrainischen Front, 17.7.1945. Im Juni 1945 hatte Berija versucht, den Zuständigkeitsbereich des Bevollmächtigten des NKVD für die in Deutschland stationierte 1. Ukrainische Front auf jene der CGV auszuweiten. Stalin lehnte dies jedoch ab, woraufhin die Truppen zum Schutz des Hinterlandes der CGV primär aus den ehemaligen Truppen zum Schutz des Hinterlandes der 2. Ukrainischen Front rekrutiert wurden. Vgl. Petrov, Die Inneren Truppen des NKVD/MVD, S. 220.

199 Ebd.

200 RGVA, F. 38756, op. 1, d. 8, S. 80–85, Operativer Bericht des Kommandeurs des 40. Schützenregi-

Leiter der nunmehrigen Verwaltung der NKVD-Truppen zum Schutz des Hinterlandes der CGV blieb bis 14. Mai 1946 Generalmajor I. S. Kuznecov, dem seit 20. Juni 1943 die NKVD-Truppen zum Schutz des Hinterlandes der 2. Ukrainischen Front (vormals der „Steppenfront") unterstanden. Ihm folgte bis zum 28. Oktober 1946 Oberst Michail I. Zimin-Kovalev, der zuvor Leiter des Stabes der NKVD-Truppen zum Schutz des Hinterlandes der CGV gewesen war.

Die Verwaltung der NKVD-Truppen zum Schutz des Hinterlandes der 3. Ukrainischen Front mit dem 17., 25. und 91. Grenzregiment wurde ebenfalls per NKVD-Befehl Nr. 00805 mit 25. Juli 1945 in „Verwaltung der NKVD-Truppen zum Schutz des Hinterlandes der Südlichen Gruppe der Streitkräfte" umbenannt und nach Rumänien und Bulgarien verlegt. Im Zuge dessen hatten sich das 17. Grenzregiment[201] am 28. Juli 1945 an seinem neuen Dislozierungsort Varna in Bulgarien, das 25. Grenzregiment[202] am 30. Juli 1945 in Cernavodă in Rumänien und das 91. Grenzregiment[203] am 26. Juli in Craiova in Rumänien einzufinden. Das 134. Grenzregiment musste sich zunächst per 16. Juli 1945 in Kőszeg konzentrieren. Die 109. Sondermanövergruppe wurde im Laufe des Juli gemeinsam mit ihrer Truppenverwaltung nach Rumänien verlegt. Der Gefechtsstand des Chefs der NKVD-Truppen zum Schutz des Hinterlandes der 3. Ukrainischen Front bzw. der Südlichen Gruppe der Streitkräfte, Generalmajor Pavlov, sollte sich laut Plan bis zum 20. Juli 1945 in Mauer und ab 1. August in Constanța in Rumänien befinden.[204] Laut Befehl vom 10. Oktober 1945 erfolgte die Auflösung der NKVD-Truppen zum

ments, Oberstleutnant Chorošev, an den Leiter des Stabes der 66. Schützendivision, Oberst Zarubin, über die Tätigkeit des Regiments vom 1. bis 15.8.1945, [August 1945].

201 Zur Verlegung des 17. Grenzregiments vgl. RGVA, F. 32902, op. 1, d. 104, S. 272f., Bericht des stv. Stabschefs des 17. Grenzregiments, Hauptmann Alabušev, an den Chef der NKVD-Truppen zum Schutz des Hinterlandes der 3. Ukrainischen Front, Generalmajor Pavlov, über den Dienst des Regiments im Juli 1945, 30.7.1945. Abgedruckt in: Karner – Pickl, Die Rote Armee in der Steiermark, Dok. Nr. 126.

202 Zur Verlegung des 25. Grenzregiments vgl. RGVA, F. 32910, op. 1, d. 42, S. 272–276, Bericht des stv. Kommandanten des 25. Grenzregiments, Oberstleutnant Černyšev, über den Dienst des Regiments im Juli 1945 [August 1945]. Abgedruckt in: Karner – Pickl, Die Rote Armee in der Steiermark, Dok. Nr. 127.

203 Zur Verlegung des 91. Grenzregiments vgl. RGVA, F. 32903, op. 1, d. 52, S. 195–202, Bericht des Kommandanten des 91. Grenzregiments, Oberstleutnant Umanec, an den Chef der Truppen zum Schutz des Hinterlandes der 3. Ukrainischen Front, Generalmajor Pavlov, über den Dienst des Regiments im Juli 1945, 2.8.1945. Abgedruckt in: Karner – Pickl, Die Rote Armee in der Steiermark, Dok. Nr. 128.

204 RGVA, F. 32903, op. 1, d. 50, S. 51f., Befehl des Chefs der NKVD-Truppen zum Schutz des Hinterlandes der 3. Ukrainischen Front, Generalmajor Pavlov, über die Verlegung der Grenzregimenter nach Rumänien und Bulgarien, 14.7.1945. Abgedruckt in: Karner – Pickl, Die Rote Armee in der Steiermark, Dok. Nr. 109.

Schutz des Hinterlandes der Südlichen Gruppe der Streitkräfte am 29. Oktober 1945.[205]

Die Zusammensetzung der NKVD-Truppen zum Schutz des Hinterlandes der CGV blieb ein Vierteljahr unverändert: Am 1. Oktober 1945 gehörten die sechs Grenzregimenter Nr. 10, 24, 37, 128, 335 und 336 sowie die Verwaltung dazu. Anfang Oktober erteilte jedoch der Chef der Hauptverwaltung der NKVD-Truppen zum Schutz des Hinterlandes der Roten Armee, Generalmajor Kuznecov, den Befehl, die Grenzregimenter Nr. 128, 335 und 336 in die Sowjetunion zu verlegen. Zugleich ließ Kuznecov mehr als 1000 Mann in den Grenzregimentern Nr. 10, 24 und 37 demobilisieren und durch jüngere Kader ersetzen. Dabei wechselten 300 Personen vom 128. zum 24. Grenzregiment, rund 400 vom 335. zum 10. Grenzregiment sowie mehr als 420 vom 336. zum 37. Grenzregiment. Die Politabteilungen und zuständigen Kommandeure wies er an, das Aufkommen von „Demobilisierungslaunen" unbedingt zu unterbinden.[206]

Als Folge der Auflösung des 40. Schützenregiments übernahm das 24. Grenzregiment mit 19. Oktober 1945 die Bewachung verschiedener Objekte in Wien, darunter des Sowjetischen Teils der Alliierten Kommission.[207] Das 40. Schützenregiment hatte bis dahin außerdem die provisorische österreichische Regierung bewacht und diverse „čekistische Operationen" durchgeführt.[208]

205 RGVA, F. 40900, op. 1, d. 124, S. 378, NKVD-Befehl Nr. 001187 über die Auflösung der Verwaltung der NKVD-Truppen zum Schutz des Hinterlandes der Südlichen Gruppe der sowjetischen Streitkräfte, 10.10.1945; RGASPI, F. 17, op. 127, d. 788, S. 103, Bericht des stv. Volkskommissars für innere Angelegenheiten, Obručnikov, an das ZK der VKP(b) über die Veränderungen in den NKVD-Truppen, 17.7.1945; Petrov, Die Inneren Truppen des NKVD/MVD, S. 221. Zur Verlegung des 17. Grenzregiments nach Varna in Bulgarien um den 28. Juli 1945 vgl. RGVA, F. 32902, op. 1, d. 102, S. 57, Befehl des Chefs der NKVD-Truppen zum Schutz des Hinterlandes der 3. Ukrainischen Front, Generalmajor Pavlov, über die Verlegung des 17. Grenzregiments aus der Steiermark nach Bulgarien, 13.7.1945. Abgedruckt in: Karner – Pickl, Die Rote Armee in der Steiermark, Dok. Nr. 107. Das 134. Grenzregiment wurde mit 26. Juli 1945 zum Schutz des Hinterlandes der ehemaligen 4. Ukrainischen Front abgestellt. Vgl. Eliseeva, Zum Schutz des Hinterlandes der Roten Armee, S. 103.

206 RGVA, F. 38650, op. 1, d. 1222, S. 18–20, Bericht des Leiters der NKVD-Truppen zum Schutz des Hinterlandes der CGV, Kuznecov, und des Leiters der Politabteilung der Truppen, Šukin, über die Demobilisierung von Grenzregimentern, 19.2.1946.

207 RGVA, F. 32905, op. 1, d. 161, S. 75–81, Schreiben des Kommandeurs des 24. Grenzregiments, Kapustin, und des Leiters des Regimentsstabes, Galeev, an Kuznecov über die Bewachung der SČSK mit beiliegender Tabelle über die Postenverteilung, 20.10.1945. Vgl. Korotaev, Vojska NKVD v Avstrii, S. 148. Die Bewachung des Sowjetischen Teils der Alliierten Kommission durch die Inneren Truppen des NKVD war seit Anfang Juli 1945 durch einen Beschluss des Rates der Volkskommissare vorgesehen. Vgl. AVP RF, F. 066, op. 25, p. 119, d. 15, S. 51–55, Beschluss Nr. 1553-355s des Rates der Volkskommissare, Über die Bildung des Sowjetischen Teils der Alliierten Kommission für Österreich, 4.7.1945. Abgedruckt in: Karner – Stelzl-Marx – Tschubarjan, Die Rote Armee in Österreich, Dok. Nr. 63.

208 RGVA, F. 38756, op. 1, d. 63, S. 113–128, hier: S. 113, Bericht des Kommandeurs des 40. Schützenregiments, Oberstleutnant Chorošev, über den politisch-moralischen Zustand, die Disziplin und die parteipolitische Arbeit im Regiment im 3. Quartal 1945, 23.9.1945.

Anfang November 1945 überwachte das 10. Grenzregiment mit Stab in Waidhofen die Städte Zwettl, Gmünd und Groß-Siegharts, das 24. Grenzregiment mit Stab in Mauer war für Gumpoldskirchen und Wien zuständig, das 37. Grenzregiment mit Stab in Floridsdorf kontrollierte Objekte in Oberpullendorf und Katzelsdorf bei Wiener Neustadt. Für die „Aufrechterhaltung der Ordnung" in Wien waren somit das 24. und 37. Grenzregiment verantwortlich. Das in der Tschechoslowakei stationierte 335. Grenzregiment befand sich auf Anweisung von Volkskommissar Lavrentij Berija in Auflösung. Ein Teil der Angehörigen dieses Regiments war bereits in andere Einheiten verlegt worden. Die übrigen etwa 500 Mann hatten Baukompanien für den Einsatz in der Sowjetunion gebildet und warteten noch auf ihren Abtransport.[209] Für die Bewachung der österreichisch-tschechoslowakischen Grenzen waren das 10. und 37. Grenzregiment verantwortlich, die sogar Schier erhielten – für den Fall, dass es im bevorstehenden Winter zu starken Schneefällen kam.[210] Sie mussten auch für Ordnung entlang der Eisenbahnlinien sorgen und „Banditentum sowie Marodieren" bekämpfen.[211]

Per Befehl vom 29. Dezember 1945 kam das 383. Schützenregiment in den Verband der NKVD-Truppen zum Schutz des Hinterlandes der CGV. Es bewachte mit Stab in Budapest die Sowjetische Kontrollkommission sowie Objekte der CGV in Ungarn.[212]

Mit 31. Jänner 1946 umfassten die NKVD-Truppen zum Schutz des Hinterlandes der CGV vier Grenzregimenter: das 10. Grenzregiment mit Stab in Waidhofen, das die österreichisch-tschechoslowakische Grenze bewachte und in Zwettl, Mauer, Groß-Siegharts, Gmünd, Weitra und Litschau stationiert war, das 24. Grenzregiment, dessen Stab weiterhin in Mauer lag und das in erster Linie für den Bereich Gumpoldskirchen und Baden sowie für sowjetische Einrichtungen in Wien zuständig war, und das 37. Grenzregiment mit Stab im 21. Wiener Gemeindebezirk, das die österreichisch-tschechoslowakische Grenze, das Gebiet Oberpullendorf und mehrere Wiener Bezirke kontrollierte. Dem neu hinzugekommenen 383. Schützenregiment oblag die

209 RGVA, F. 32905, op. 1, d. 161, S. 64, Bericht des Leiters der NKVD-Truppen zum Schutz des Hinterlandes der CGV, Generalmajor Kuznecov, an den Leiter des Stabes der CGV, Generaloberst Malandin, über die Dislozierung der Truppen des NKVD, 10.11.1945.

210 RGVA, F. 32906, op. 1, d. 29, S. 35–37, Befehl des Chefs der NKVD-Truppen zum Schutz des Hinterlandes der CGV, Kuznecov, an den Kommandeur des 37. Grenzregiments über Maßnahmen für die Wintersaison 1945–1946, 4.12.1945.

211 RGVA, F. 32905, op. 1, d. 161, S. 66–68, Bericht des Leiters der NKVD-Truppen zum Schutz des Hinterlandes der CGV, Kuznecov, an den stv. Leiter der Hauptverwaltung der Inneren Truppen des NKVD, Generalleutnant Sladkevič, über die Dislozierung und Aufgaben der Inneren Truppen, 24.12.1945. Der Bericht findet sich auch unter: RGVA, F. 38650, op. 1, d. 192, S. 22–24.

212 Petrov, Die Inneren Truppen des NKVD/MVD, S. 223.

Bewachung sowjetischer Einrichtungen in Ungarn. Die Gesamtstärke aller Regimenter ohne die Verwaltung betrug 5342 Mann.[213]

Am 1. März 1946 betrug das Kontingent der vier NKVD-Regimenter zum Schutz des Hinterlandes der CGV beinahe unverändert 5300 Mann. Hinzu kam die Verwaltung mit 642 Personen, wodurch sich die Gesamtstärke auf 5942 Personen belief.[214] Bis Anfang Mai 1946 gab es kaum Änderungen in der Dislozierung und Zusammensetzung der - nunmehrigen - MVD-Truppen zum Schutz des Hinterlandes der CGV. Die Gesamtstärke betrug zu diesem Zeitpunkt insgesamt 5464 Personen.[215]

Im Laufe des Mai 1946 erhielten das 10. und das 37. Grenzregiment den Befehl über ihre Verlegung in die Sowjetunion. Zum 1. Juni befanden sich beide auf dem Weg nach L'viv/Lemberg. Dem neuen Chef der MVD-Truppen zum Schutz des Hinterlandes der CGV, Oberst Zimin-Kovalev, unterstanden somit nur mehr das 24. Grenzregiment und das in Ungarn stationierte 383. Schützenregiment mit jeweils rund 1230 Personen.[216] Das 24. Grenzregiment bewachte weiterhin die Grenze zwischen Österreich und der Tschechoslowakei, den Sowjetischen Teil der Alliierten Kommission und den 4. Wiener Gemeindebezirk.[217] Dabei waren unter anderem die im 4. Bezirk und auf dem Südbahnhof durchgeführten Schwarzmarktgeschäfte systematisch zu kontrollieren.[218] Außerdem begleiteten zwei Sicherungswachen je einen Konvoi mit aus „Staatsverbrechern“[219] bestehenden „Spezialkontingenten“ etwa aus

213 RGVA, F. 38650, op. 1, d. 301, S. 26–28, Bericht des Leiters des Stabes der NKVD-Truppen zum Schutz des Hinterlandes der CGV, Zimin-Kovalev, über die Dislozierung und Gesamtstärke der Truppen per 31.1.1946, 7.2.1946.

214 RGVA, F. 38650, op. 1, d. 301, S. 30–33, Bericht des provisorischen Leiters des Stabes der NKVD-Truppen zum Schutz des Hinterlandes der CGV, Oberstleutnant Povarov, über die Dislozierung und Gesamtstärke der Truppen per 1.3.1946, 7.3.1946.

215 RGVA, F. 38650, op. 1, d. 301, S. 52–54, Bericht des Leiters des Stabes der MVD-Truppen zum Schutz des Hinterlandes der CGV, Zimin-Kovalev, über die Dislozierung und Gesamtstärke der Truppen per 1.5.1946, 10.5.1946. Im April hatte die Gesamtstärke 5902 Personen betragen. Vgl. RGVA, F. 38650, op. 1, d. 301, S. 35–38, Bericht des Leiters des Stabes der MVD-Truppen zum Schutz des Hinterlandes der CGV, Zimin-Kovalev, über die Dislozierung und Gesamtstärke der Truppen per 1.4.1946, 8.4.1946.

216 RGVA, F. 38650, op. 1, d. 301, S. 57–59, Bericht des provisorischen Leiters des Stabes der NKVD-Truppen zum Schutz des Hinterlandes der CGV, Oberstleutnant Povarov, über die Dislozierung und Gesamtstärke der Truppen per 1.6.1946, 8.6.1946.

217 RGVA, F. 38650, op. 1, d. 301, S. 60, Bericht des provisorischen Leiters der operativen Abteilung der MVD-Truppen zum Schutz des Hinterlandes der CGV, Oberst Iossel', über die Aufgaben der Regimenter, 17.5.1946.

218 RGVA, F. 32916, op. 1, d. 10, S. 104, Befehl Nr. 008 des Leiters des 24. Grenzregiments, Oberst Kapustin, zur Sicherstellung der Ordnung in Wien, 3.7.1946.

219 RGVA, F. 38650, op. 1, d. 301, S. 52–54, Bericht des Leiters des Stabes der MVD-Truppen zum Schutz des Hinterlandes der CGV, Zimin-Kovalev, über die Dislozierung und Gesamtstärke der Truppen per 1.5.1946, 10.5.1946.

dem Lager Nr. 306 in Kaisersteinbruch nach Leninabad in Zentralasien und Szeged.[220]

Bis Ende September 1946 änderte sich nichts Grundlegendes an der Zusammensetzung der Inneren Truppen. Das 383. Schützenregiment bewachte weiterhin die Sowjetische Kontrollkommission in Ungarn. Dem 24. Grenzregiment oblag die Überwachung der österreichisch-tschechoslowakischen Grenze und der Stadt Wien. Die Gesamtstärke der Truppen und der Verwaltung lag nun bei weniger als 2800 Mann.[221]

Am 27. September 1946 erteilte jedoch die Hauptverwaltung der Inneren Truppen des MVD der UdSSR den Befehl, die Verwaltung der MVD-Truppen zum Schutz des Hinterlandes der CGV und das 383. Regiment nach Mukačevo in die Westukraine zu verlegen und dort aufzulösen. Dieser Befehl Nr. 30918 betraf außerdem die 111. Sondermanövergruppe, die 109. Sonderverbindungskompanie und die Schule des Unteroffiziersstandes.[222] Die Bewachung der Objekte der SČSK in Österreich, der Alliierten Kontrollkommission in Ungarn sowie der Datscha von Marschall Kliment Vorošilov in Budapest und die Kontrolle der österreichisch-tschechoslowakischen Grenze übernahmen ab 3. Oktober 1946 Einheiten des sowjetischen Ministeriums der Streitkräfte.[223]

Parallel dazu wurde die 1945 bei der Verwaltung der NKVD-Truppen zum Schutz des Hinterlandes der CGV installierte „Abteilung für Filtration zu repatriierender Sowjetbürger“ der Verwaltung für Gegenspionage der CGV übergeben. Diese Abteilung „F“, zu der 19 Absolventen der Akademie des Ministeriums für Staatssicherheit gehörten, sollte auf Wunsch von Innenminister Sergej N. Kruglov „bis zum Abschluss der Repatriierung sowjetischer Bürger aus Österreich“ bei der Zentralen Gruppe der Streitkräfte tätig sein.[224]

---

220 RGVA, F. 38650, op. 1, d. 301, S. 60, Bericht des provisorischen Leiters der operativen Abteilung der MVD-Truppen zum Schutz des Hinterlandes der CGV, Oberst Iossel', über die Aufgaben der Regimenter, 17.5.1946; RGVA, F. 38650, op. 1, d. 301, S. 47, Schreiben des stv. Innenministers, Generaloberst V. V. Černyšov, an den Leiter der Hauptverwaltung der Inneren Truppen des MVD, Generalleutnant Burmak, über den Abtransport des Spezialkontingents aus Kaisersteinbruch, 6.5.1946.

221 RGVA, F. 38650, op. 1, d. 301, S. 84f., Bericht des provisorischen Leiters des Stabes der MVD-Truppen zum Schutz des Hinterlandes der CGV, Oberstleutnant Povarov, über die Dislozierung und Gesamtstärke der Truppen per 1.9.1946, 6.9.1946. Vgl. Petrov, Die Inneren Truppen des NKVD/MVD, S. 224; RGVA, F. 38650, op. 1, d. 301, S. 93f., Bericht des provisorischen Leiters des Stabes der MVD-Truppen zum Schutz des Hinterlandes der CGV, Oberstleutnant Povarov, über die Dislozierung und Gesamtstärke der Truppen per 1.10.1946, 9.10.1946.

222 Petrov, Die Inneren Truppen des NKVD/MVD, S. 224.

223 Ebd., RGVA, F. 38650, op. 1, d. 301, S. 95f., Verzeichnis des provisorischen Leiters des Stabes der MVD-Truppen zum Schutz des Hinterlandes der CGV, Povarov, über die Wachabteilungen der MVD-Truppen per 1.10.1945, 9.10.1945.

224 RGVA, F. 38650, op. 1, d. 301, S. 97, Schreiben des Leiters der Inneren Truppen des MVD, Generalleutnant Burmak, an Innenminister Generaloberst S. Kruglov, über den Vorschlag der Übergabe der

Laut genanntem Befehl Nr. 30918 und gemäß dem Befehl Nr. 0089 des Leiters der MVD-Truppen zum Schutz des Hinterlandes der CGV, Michail Zimin-Kovalev, vom 28. September 1946 war auch das gesamte 24. Grenzregiment aus der Zentralen Gruppe der Streitkräfte herauszulösen und der 5. Schützendivision der Inneren Truppen des MVD zu übergeben. Die Verlegung von Wien nach Stende in Lettland erfolgte ab 22. Oktober 1946 in sechs Transportzügen. Der Stab des Regiments, die Politabteilung, die Abteilungen für medizinische Versorgung, Finanzen, Verpflegung und Musik verließen mitsamt dem Personal, Eigentum und ihren Dokumenten mit dem vorletzten Transportzug am 28. Oktober Wien-Liesing. Ihnen hatte am folgenden Tag von Gumpoldskirchen aus das 1. Schützenbataillon mit dem gesamten Personalstand, den Pferden, Diensthunden, Fahrzeugen, dem Kaserneninventar und mit anderen „materiellen Wertgegenständen" unter Begleitung eines Arztes und eines Veterinärs zu folgen.[225]

Charakteristischerweise mussten die Leiter der einzelnen Transportzüge unter anderem dafür Sorge tragen, dass der Mannschaftsstand nicht nur Militärgeheimnisse wahren, sondern auch die „Ehre und Würde von Soldaten der Sowjetischen Streitkräfte sowohl auf ausländischem Territorium als auch auf einheimischer Erde" hochhalten würde.[226] Von den Verantwortlichen für parteipolitische Arbeit verlangte Zimin-Kovalev darüber hinaus, dass sie die Soldaten vor dem Hintergrund der Rückkehr in die Sowjetunion zu „grenzenloser Liebe und Treue gegenüber der sozialistischen Heimat, dem gesamten Volk und der bolschewistischen Partei" erziehen mögen.[227] Mit ihrem Abtransport verließ der letzte Soldat der Inneren Truppen des MVD Österreich. Die für den Schutz des Hinterlandes der CGV zuständigen MVD-Truppen waren somit aufgelöst.

Filtrationsabteilung der MVD-Truppen an die Abteilung für Gegenspionage der CGV, 26.10.1946; RGVA, F. 38650, op. 1, d. 301, S. 98, Schreiben von Innenminister Generaloberst S. Kruglov an den Minister für Staatssicherheit, Generaloberst V. Abakumov, mit der Bitte um Genehmigung des Vorschlags der Übergabe der Filtrationsabteilung der MVD-Truppen an die Abteilung für Gegenspionage der CGV, 31.10.1946. Vgl. dazu auch: Petrov, Die Inneren Truppen des NKVD/MVD, S. 224f.

225 RGVA, F. 32916, op. 1, d. 10, S. 119–121, Befehl Nr. 0014 des Leiters des 24. Grenzregiments, Oberst Kapustin, über die Verlegung des Regiments, 19.10.1946.

226 Ebd.

227 RGVA, F. 38650, op. 1, d. 1222, S. 193–199, Bericht des Leiters der MVD-Truppen zum Schutz des Hinterlandes der CGV, Zimin-Kovalev, und des Leiters der Politabteilung der MVD-Truppen zum Schutz des Hinterlandes der CGV, Šukin, über den politisch-moralischen Zustand und die militärische Disziplin unter den MVD-Truppen im 3. Quartal 1946, 10.10.1946.

4.3 „Die Säuberung von verbrecherischen Elementen“: Aufgaben 1945

Im Zuge der Kampfhandlungen, die sich ab Ende März 1945 auf österreichisches Territorium verlagerten, kamen die NKVD-Truppen auch militärisch zum Einsatz. Ihre Aufgaben umfassten unter anderem die „Liquidierung bewaffneter Gruppen des Feindes“, die Einnahme größerer Orte und Städte gemeinsam mit der Roten Armee und Spezialaufträge des Militärrates der 3. Ukrainischen Front.[228] Beispielsweise erhielt eine Einheit des 336. Grenzregiments am 7. April 1945 einen Spezialauftrag im Gebiet Himberg, den sie aus Sicht des NKVD „erfolgreich“ absolvierte: 29 „Feinde“ kamen dabei ums Leben, drei gerieten in Gefangenschaft. Zwei Pistolen, drei Maschinengewehre und 29 Gewehre wurden erbeutet. Die Einheit selbst hatte - abgesehen von einem Pferd - keine Verluste zu beklagen. Dafür zeichnete sich der für die Parteiarbeit zuständige Oberleutnant Karpenko besonders dadurch aus, dass er persönlich sechs „Deutsche“ erschossen hatte.[229] In der Zeit vom 1. bis 8. April 1945 nahm das 336. Grenzregiment mehr als 10.500 Wehrmachtsangehörige gefangen. Bis Juni 1945 gerieten beinahe 132.000 „feindliche Soldaten und Offiziere“ - zumindest vorübergehend - in die Hände des NKVD, davon allein 21.000 in Wien.[230]

Einer der Sonderkampfaufträge, die der Militärrat der 3. Ukrainischen Front erteilte, betraf den Einsatz des 91. Grenzregiments im Raum Fischbach zwischen 12. und 24. April 1945.[231] Während der elftägigen Angriffs- und Verteidigungskämpfe kamen laut NKVD-Statistik 1430 gegnerische Soldaten und Offiziere ums Leben. Das 91. Grenzregiment verlor 41 Offiziere und Soldaten, 163 wurden verwundet und fünf als vermisst gemeldet. Zufrieden zog Kommandant Umanec die Schlussfolgerung, der durchgeführte Kampfein-

228 RGVA, F. 32900, op. 1, d. 214, S. 80–92, Bericht des Chefs der NKVD-Truppen zum Schutz des Hinterlandes der 3. Ukrainischen Front, Generalmajor Ivan Pavlov, über die Kampfeinsätze und die Tätigkeit der NKVD-Truppen im Zeitraum April–Mai 1945 [Juni 1945]. Abgedruckt in: Karner - Pickl, Die Rote Armee in der Steiermark, Dok. Nr. 84.

229 RGVA, F. 32900, op. 1, d. 213, S. 188–191, Bericht über den militärischen Einsatz vom 7.4.1945 des 336. Grenzregiments des NKVD, 27.4.1945.

230 V. I. Korotaev, Vojska NKVD v Avstrii 1945–1946 gg., in: V. K. Bylinin et al. (Hg.), Trudy Obščestva izučenija istorii otečestvennych specslužb. Bd. 1. Moskau 2006, S. 141–167, hier: S. 141, 146.

231 Zu den Kämpfen in Fischbach vgl. unter anderem: RGVA, F. 32903, op. 1, d. 50, S. 33, Gefechtsmeldung Nr. 1 des Kommandanten des 91. Grenzregiments, Oberstleutnant Umanec, über die Kampfhandlungen im Raum Fischbach, 15.4.1945. Abgedruckt in: Karner - Pickl, Die Rote Armee in der Steiermark, Dok. Nr. 10; RGVA, F. 32903, op. 1, d. 50, S. 35, Gefechtsmeldung Nr. 2 des Kommandanten des 91. Grenzregiments, Oberstleutnant Umanec, über die Kampfhandlungen im Raum Fischbach, 15.4.1945. Abgedruckt in: Karner - Pickl, Die Rote Armee in der Steiermark, Dok. Nr. 11; RGVA, F. 32903, op. 1, d. 50, S. 36, Gefechtsmeldung Nr. 4 des Kommandanten des 91. Grenzregiments, Oberstleutnant Umanec, über die Kampfhandlungen im Raum Fischbach, 17.4.1945. Abgedruckt in: Karner - Pickl, Die Rote Armee in der Steiermark, Dok. Nr. 14.

satz habe sich für den gesamten Mannschaftsstand „als wahre Gefechtsschule" erwiesen. Erstmals seit 1941 habe das gesamte Regiment an „schwierigen, verschiedenartigen und lehrreichen Kämpfen" teilgenommen, die sich „als Überprüfung der organisatorischen und taktischen Fähigkeiten der Stäbe und Offiziere, als Überprüfung der Kampfkraft des Mannschafts- und Unteroffiziersstandes, der moralischen Festigkeit und der physischen Belastbarkeit des gesamten Mannschaftsstandes erwiesen" hätten. Das Regiment nehme „aus der durchgeführten Operation" ein „hohes Maß an Kampferfahrung zur Erfüllung neuer Kampfaufträge" mit, lautete sein Fazit.[232]

Mit dem Überschreiten der Grenze verlagerte sich ein Tätigkeitsschwerpunkt auf die Bewachung zentraler österreichischer Einrichtungen und Personen. Bereits am 12. April 1945 erhielt das 1. Schützenbataillon des 336. Grenzregiments den Befehl, das Rathaus, die sowjetische Botschaft, das Belvedere und die wichtigsten Hotels in Wien unter Bewachung zu nehmen. Zur Erhaltung dieser Gebäude waren „alle Maßnahmen" zu ergreifen.[233] Karl Renner hatte bereits seit dem 15. April einen Personenschutz.[234] Auf die Bewachung der einzelnen Ministerien, der Staatskanzlei am Ballhausplatz und des ZK der KPÖ durch NKVD-Truppen ging rund einen Monat später ein weiterer Plan detaillierter ein. Karl Renner bekam einen zehnköpfigen Personenschutz beigestellt, mehreren Ministern und Politikern - darunter Johann Koplenig - stellte man je zwei Leibwächter „zur Verhinderung eines Anschlages" zur Seite. Insgesamt waren 104 Angehörige des 1. Schützenbataillons des 336. Grenzregiments für diesen Einsatz abgestellt.[235] Sie hatten unter anderem dafür Sorge zu tragen, dass keine Rotarmisten „ohne Grund" die Regierungsgebäude betraten. Die Bewachung erfolgte sowohl in der Nacht als

232 RGVA, F. 32900, op. 1, d. 214, S. 2–19, Bericht des Kommandanten des 91. Grenzregiments der NKVD-Truppen, Oberstleutnant Umanec, über die Kampfhandlungen des Regiments im Raum Fischbach - Mönichwald, [nach dem 24.4.1945]. Abgedruckt in: Karner - Pickl, Die Rote Armee in der Steiermark, Dok. Nr. 19. Vgl. dazu insbesondere: Eliseeva, Zum Schutz des Hinterlandes der Roten Armee, S. 94–96.

233 RGVA, F. 32914, op. 1, d. 10, S. 228, Verordnung des provisorischen Kommandanten des 336. Grenzregiments der NKVD-Truppen zum Schutz des Hinterlandes der 3. Ukrainischen Front, Oberst Martynov, über die Bewachung der wichtigsten Objekte in Wien, 12.4.1945. Abgedruckt in: Karner - Stelzl-Marx - Tschubarjan, Die Rote Armee in Österreich, Dok. Nr. 17.

234 RGVA, F. 38756, op. 1, d. 6, S. 201, Bericht des Kommandanten des 336. Grenzregiments der Truppen des NKVD zum Schutz des Hinterlandes der 3. Ukrainischen Front über die Bewachung der provisorischen Regierung Österreichs, 5.5.1945. Abgedruckt in: Karner - Stelzl-Marx - Tschubarjan, Die Rote Armee in Österreich, Dok. Nr. 33. Vgl. dazu auch: Korotaev, Vojska NKVD v Avstrii, S. 146.

235 RGVA, F. 32900, op. 1, d. 212, S. 18f., Plan zur Bewachung von Regierungseinrichtungen der provisorischen österreichischen Regierung und zum Personenschutz einzelner Politiker [nicht nach dem 13.5.1945]. Abgedruckt in: Karner - Stelzl-Marx - Tschubarjan, Die Rote Armee in Österreich, Dok. Nr. 29.

auch während der Amtsstunden (von 10 bis 16 Uhr Moskauer Zeit) sowie am Abend, wenn „einzelne Personen“ arbeiteten. Eine andere bewaffnete Wache gab es zu diesem Zeitpunkt nicht.[236] Generell galt auch für die NKVD-Truppen Tolbuchins Befehl, der provisorischen österreichischen Regierung „größtmögliche Unterstützung“ zu erweisen.[237]

Nach dem „erfolgreichen Vormarsch“ der 3. Ukrainischen Front nach Österreich konkretisierte Generalmajor Pavlov am 3. Mai 1945 neuerlich die Aufgaben der zuständigen NKVD-Truppen. Diese umfassten nun in erster Linie die Beschlagnahmung von Waffen und Munition bei der örtlichen Bevölkerung sowie die Ausforschung und Verhaftung des „verbrecherischen Elements“, wozu neben vermeintlichen Spionen, Diversanten, Terroristen und Vaterlandsverrätern auch Wehrmachtsangehörige zählten. Bei Widerstand seien diese „zu vernichten“, hieß es lapidar. Kriegsgefangene „des Feindes“ waren an die zuständigen Armee- und Frontsammelstellen zu übergeben, sowjetische und ausländische DPs an Sammelstellen oder Kommandanturen.[238] Allein das 17. Grenzregiment übergab bis 14. Mai 1945 rund 11.300 Kriegsgefangene an Sammelpunkte.[239] Das 91. Grenzregiment nahm zwischen 11. Mai und 13. Juli 1945 rund 40 Personen vornehmlich im Bereich des Mur- und Mürztals fest, von denen sowjetische Gerichte 18 zu langjährigen Haftstrafen in der Sowjetunion verurteilten.[240] Dabei kamen eigene

---

236 RGVA, F. 32900, op. 1, d. 212, S. 20, Informationen zur Bewachung von Regierungseinrichtungen und einzelner Politiker der provisorischen österreichischen Regierung in Wien [nicht nach dem 13.5.1945].

237 RGVA, F. 32914, op. 1, d. 10, S. 391f., Direktive Nr. 5/00319 des stv. Leiters der NKVD-Truppen zum Schutz des Hinterlandes der 3. Ukrainischen Front, Oberst Semenenko, an die Kommandanten der Truppenteile des NKVD über die Aufgaben der Truppen im Zusammenhang mit der Bildung der provisorischen österreichischen Regierung, 12.5.1945. Abgedruckt in: Karner – Stelzl-Marx – Tschubarjan, Die Rote Armee in Österreich, Dok. Nr. 37. Das Dokument findet sich auch unter: RGVA, 32900, op. 1, d. 227, S. 250f.

238 RGVA, F. 32914, op. 1, d. 13, S. 119–121, Bericht des Kommandanten des 336. Grenzregiments der NKVD-Truppen, Oberstleutnant Martynov, an den Chef der NKVD-Truppen zum Schutz des Hinterlandes der CGV über die Kampf- und Operativtätigkeit des 336. Grenzregiments im August 1945, 31.8.1945. Abgedruckt in: Karner – Stelzl-Marx – Tschubarjan, Die Rote Armee in Österreich, Dok. Nr. 68.

239 CAMO, F. 821, op. 1, d. 190, S. 343, Bericht des Kommandanten des 6. Garde-Schützenkorps, Garde-Generalleutnant Drejer, an den Kommandanten der 57. Armee, Generaloberst Šarochin, über die Übergabe von Kriegsgefangenen, 17.5.1945. Abgedruckt in: Karner – Pickl, Die Rote Armee in der Steiermark, Dok. Nr. 60.

240 Vgl. Stefan Karner, „Ich bekam zehn Jahre Zwangsarbeit“. Zu den Verschleppungen aus der Steiermark durch sowjetische Organe im Jahr 1945, in: Siegfried Beer (Hg.), Die „britische Steiermark“. Unter wissenschaftlicher Mitarbeit von Felix Schneider und Johannes Feichtinger. Forschungen zur geschichtlichen Landeskunde der Steiermark. Bd. 38. Graz 1995, S. 249–259. Zu den Verhaftungen und Verurteilungen österreichischer Zivilisten durch sowjetische Organe vgl. Knoll – Stelzl-Marx, Sowjetische Strafjustiz.

Spionagegruppen unter der Leitung von NKVD-Offizieren zum Einsatz, die gezielte Suchaktionen nach „verbrecherischen Elementen“ durchführten.[241]

In der Steiermark konzentrierten sich die NKVD-Truppen unter anderem auf die Festnahme von Angehörigen der „Werwolf“-Organisation, die von Mitte April bis Anfang Mai 1945 in Admont eine „Aufklärungs- und Diversionsschule“ zur Durchführung von „Diversions- und Terrorarbeit“ absolviert hatten. Ihre Arbeit sollte sich, so ein NKVD-Bericht, „besonders aktiv gegen für die Tätigkeit der Einheiten der Roten Armee existenzielle Objekte, wie etwa Eisenbahntransporte, Nachrichtenzentralen, Straßen, Autogaragen, Flughäfen, Industriesabotage usw.“ richten.[242] Besonders gefürchtet waren „Terrorakte gegen Angehörige der Roten Armee“ und die allgemein „zersetzende Tätigkeit“ dieser „Agenten, Diversanten und Terroristen“,[243] die aus sowjetischer Sicht selbst noch im Juli 1945 aktiv gewesen sein sollen.[244] Insbesondere das 17. und 91. Grenzregiment nahmen die als „Diversanten oder Terroristen“ bezeichneten Personen fest, teilweise auf gezielte Hinweise aus der Bevölkerung hin. Mindestens 85 der steirischen „Werwölfe“ wurden verurteilt.[245]

4.3.1 Kampf gegen Probleme in den eigenen Reihen

Neben diesen feindlichen Aktivitäten von außen hatte sich Pavlov den diversen Problemen mit sowjetischen Armeeangehörigen und „Vaterlandsverrätern“ zu widmen: So käme es „noch immer vor, dass sich Angehörige der Roten Armee illegal im Fronthinterland aufhalten und sich dabei der Trunksucht hingeben, Erpressung und Bettelei betreiben“ würden. „Vaterlandsverräter“ würden sich Zivilkleider beschaffen und vorgeben, „von den

241 RGVA, F. 32900, op. 1, d. 245, S. 105–108, Bericht des Kommandanten des 336. Grenzregiments, Oberstleutnant Martynov, an den Chef der NKVD-Truppen zum Schutz des Hinterlandes der 3. Ukrainischen Front, Generalmajor Pavlov, über die operative Lage und Tätigkeit des Regiments, 4.6.1945. Abgedruckt in: Karner - Stelzl-Marx - Tschubarjan, Die Rote Armee in Österreich, Dok. Nr. 83.

242 RGVA, F. 32902, op. 1, d. 104, S. 259f., Erklärung des Stabes des 17. Grenzregiments der NKVD-Truppen zur operativ-geheimdienstlichen Tätigkeit des Regiments im Juni 1945, Juli 1945. Abgedruckt in: Karner - Pickl, Die Rote Armee in der Steiermark, Dok. Nr. 100.

243 RGVA, F. 32900, op. 1, d. 211, S. 169–172, Arbeitsplan für die Verwaltung der NKVD-Truppen zum Schutz des Hinterlandes der 3. Ukrainischen Front für Juli 1945, bestätigt vom stv. Leiter der NKVD-Truppen zum Schutz des Hinterlandes der 3. Ukrainischen Front, Oberst Semenenko, 3.7.1945. Abgedruckt in: Karner - Pickl, Die Rote Armee in der Steiermark, Dok. Nr. 103.

244 RGVA, F. 32902, op. 1, d. 104, S. 272f., Bericht des stv. Stabschefs des 17. Grenzregiments, Hauptmann Alabušev, an den Chef der NKVD-Truppen zum Schutz des Hinterlandes der 3. Ukrainischen Front, Generalmajor Pavlov, über den Dienst des Regiments im Juli 1945, 30.7.1945. Abgedruckt in: Pickl - Karner, Die sowjetische Steiermark, Dok. Nr. 126.

245 Knoll - Stelzl-Marx, Sowjetische Strafjustiz in Österreich, S. 300.

Deutschen verschleppte Staatsbürger der UdSSR zu sein". Deserteure der Roten Armee wie Armeeangehörige, die sich illegal im Hinterland aufhielten, müssten daher ausgeforscht und festgenommen werden.[246] Von einer unbegründeten Verhaftung von Rotarmisten, die sich auf Anordnung ihrer Kommandeure und nicht als Deserteure im Fronthinterland aufgehalten hatten, war nun im Gegensatz zum März 1945 keine Rede mehr.[247]

Dies sollte sich auch in den nächsten Monaten nicht ändern. Der Kampf gegen Desertion aus Einheiten der Roten Armee, gegen „Fälle von Übergriffen, Plünderungen und Gewalt seitens einzelner Angehöriger der Roten Armee" blieb eine der Hauptaufgaben der NKVD-Regimenter in Österreich. Dabei war man sich durchaus bewusst, dass die Übergriffe den „Unmut der örtlichen Bevölkerung gegenüber der Roten Armee"[248] hervorriefen und die Rote Armee „in Verruf bringen" würden.[249] Besondere Aufmerksamkeit widmete man dem „Kampf gegen Plünderer und Sexualstraftäter", als dem NKVD zu Ohren kam, dass „deutsche Agenten" den Briten, Amerikanern und der österreichischen Bevölkerung gezielt Informationen über Übergriffe der Roten Armee zuspielen würden. Vor diesem Hintergrund, so ein NKVD-Bericht, würden diese Vergehen eine „besonders ernst zu nehmende Bedeutung" erhalten.[250]

Neben dem „politisch-moralischen Zustand" in den eigenen Reihen und innerhalb der Armee beobachteten die NKVD-Truppen laufend die Lage in Österreich unter politischen, wirtschaftlichen und gesellschaftlichen Ge-

246 RGVA, F. 32900, op. 1, d. 216, S. 44–49, Operationsplan zur Säuberung des Hinterlandes der 3. Ukrainischen Front, 3.5.1945. Auszugsweise abgedruckt in: Karner – Stelzl-Marx – Tschubarjan, Die Rote Armee in Österreich, Dok. Nr. 31; zur Gänze in: Karner – Pickl, Die Rote Armee in der Steiermark, Dok. Nr. 30. Der von Pavlov und dem Chef des Stabes der NKVD-Truppen zum Schutz des Hinterlandes der 3. Ukrainischen Front, Oberst Semenenko, verfasste Operationsplan wurde am 3. Mai 1945 von Tolbuchin und Želtov bestätigt.

247 RGVA, F. 32900, op. 1, d. 219, S. 82–84, Thesen aus dem Vortrag des Chefs der NKVD-Truppen zum Schutz des Hinterlandes der 3. Ukrainischen Front, Generalmajor Ivan Pavlov, über die Aufklärungsarbeit, 5.3.1945.

248 RGVA, F. 32914, op. 1, d. 13, S. 119–121, Bericht des Kommandanten des 336. Grenzregiments der NKVD-Truppen, Oberstleutnant Martynov, an den Chef der NKVD-Truppen zum Schutz des Hinterlandes der CGV über die Kampf- und Operativtätigkeit des 336. Grenzregiments im August 1945, 31.8.1945. Abgedruckt in: Karner – Stelzl-Marx – Tschubarjan, Die Rote Armee in Österreich, Dok. Nr. 68.

249 CAMO, F. 821, op. 1, d. 140, S. 251, Befehl des Kommandanten der 61. Garde-Schützendivision, Garde-Generalmajor Sergeev, über die Ernennung von Garnisonskommandanten im Raum Voitsberg und die Ahndung von Übergriffen gegen die Bevölkerung, 11.5.1945. Abgedruckt in: Karner – Pickl, Die Rote Armee in der Steiermark, Dok. Nr. 40.

250 RGVA, F. 32905, op. 1, d. 163, S. 30–93, hier: S. 70, Bericht des stv. Leiters der NKVD-Truppen zum Schutz des Hinterlandes der CGV für Aufklärung, Oberst Michajlenko, „Über die politisch-wirtschaftliche Lage, die administrative Teilung und den Grad der Verunreinigung mit verbrecherischen Elementen Österreichs" [Jänner 1946].

sichtspunkten. Als Grundlage dienten eigens verfasste Berichte über die jüngere Geschichte des Landes und die aktuelle Entwicklung. Analog zur Roten Armee lag die Verantwortlichkeit für diesen Bereich bei den Politabteilungen der einzelnen Regimenter, die der Politabteilung der NKVD-Truppen der zuständigen Armee unterstellt waren. Notwendige Informationen erhielten diese unter anderem von den für die Parteiarbeit zuständigen Instruktoren innerhalb der Regimenter.[251] Aber auch die Aufklärungsabteilung der Verwaltung der NKVD-Truppen arbeitete entsprechende Berichte aus.[252]

Ein detaillierter Maßnahmenkatalog regelte, über welche besonderen Vorkommnisse die Verwaltung der NKVD-Truppen unverzüglich über Funk, Telegraf oder den „Militärischen Teil" (v. č.) in Kenntnis zu setzen war: die Festnahme bedeutender Personen, die Konfrontation mit „Terroristen", die Aushebung geheimer Waffendepots, Hinweise auf Streiks, Sabotageakte und Anschläge oder die Verteilung antisowjetischer Flugblätter. In Bezug auf die Truppen selbst zählten Auseinandersetzungen mit Angehörigen der westalliierten Armeen und der Roten Armee, Ausbrüche von Festgenommenen ebenso wie größere Verluste dazu.[253] Hinsichtlich der Wahrung von militärischen Geheimnissen und des Umgangs mit geheimen Dokumenten war der Mannschaftsstamm angehalten, besonders vorsichtig und aufmerksam zu sein. Schließlich befänden sich die Truppen „auf dem Territorium eines kapitalistischen Staates".[254]

251 Vgl. etwa: RGVA, F. 32903, op. 1, d. 51, S. 22–26, Bericht des Kommandeurs des 91. Grenzregiments, Oberstleutnant Umanec, an den Leiter der NKVD-Truppen zum Schutz des Hinterlandes der 3. Ukrainischen Front, Generalmajor Pavlov, über die politische und wirtschaftliche Lage in Österreich, 26.4.1945. Abgedruckt in: Karner – Pickl, Die Rote Armee in der Steiermark, Dok. Nr. 21; RGVA, F. 32900, op. 1, d. 458, S. 132, Bericht des Leiters der Politabteilung des 17. Grenzregiments der NKVD-Truppen, Major Rožkov, an den Leiter der Politabteilung der NKVD-Truppen zum Schutz des Hinterlandes der 3. Ukrainischen Front, Oberst Nanejšvili, über die politische und wirtschaftliche Lage in Jennersdorf, 1.5.1945. Abgedruckt in: Karner – Stelzl-Marx – Tschubarjan, Die Rote Armee in Österreich, Dok. Nr. 30; RGVA, F. 32900, op. 1, d. 458, S. 134–141, Bericht des Instruktors der Organisations-Parteiarbeit des 336. Grenzregiments der NKVD-Truppen, Oberleutnant Senin, über die politische Lage in Österreich [spätestens am 15.5.1945]; RGVA, F. 32900, op. 1, d. 458, S. 142f., Bericht des Leiters der Politabteilung des 134. Grenzregiments der NKVD-Truppen, Major Kaliničenko, über die politisch-wirtschaftliche Lage in Wiener Neustadt und Umgebung [Mai 1945].

252 Vgl. etwa: RGVA, F. 32905, op. 1, d. 163, S. 30–93, Bericht des stv. Leiters der NKVD-Truppen zum Schutz des Hinterlandes der CGV für Aufklärung, Oberst Michajlenko, „Über die politisch-wirtschaftliche Lage, die administrative Teilung und den Grad der Verunreinigung mit verbrecherischen Elementen Österreichs" [Jänner 1946].

253 RGVA, F. 32905, op. 1, d. 127, S. 30f., Liste von Vorkommnissen, die der Verwaltung der NKVD-Truppen zum Schutz des Hinterlandes der CGV zu berichten waren [Oktober 1945].

254 RGVA, F. 32903, op. 1, d. 48, S. 86–88, Befehl des provisorischen Leiters der NKVD-Truppen zum Schutz des Hinterlandes der Südlichen Gruppe der Streitkräfte, Oberst Semenenko, an alle Kommandeure der NKVD-Truppen zum Schutz des Hinterlandes der Südlichen Gruppe der Streitkräfte über die Handhabung geheimer Dokumente, 18.8.1945.

4.3.2 *Kontrolle der westalliierten Militärmission in Wien*

Mit Ende Mai 1945 übernahmen die NKVD-Truppen zwei Sonderaufgaben: Die eine stand im Zusammenhang mit dem bevorstehenden Wienbesuch der westlichen Besatzungsmächte, dem ersten gravierenden interalliierten Problemfall in und um Österreich. Stalin hatte nämlich erst zehn Tage nach der Kapitulation sein Einverständnis gegeben, dass westalliierte Militärmissionen zur Erkundung nach Wien kommen durften. Danach sollte es noch bis zum 3. Juni dauern, ehe die sogenannte „Vienna-Mission" der drei Westalliierten beginnen konnte.[255] Die sowjetische Seite beobachtete die Militärmissionen mit Argusaugen: Stadtkommandant Blagodatov richtete Generalmajor Pavlov die persönliche Anordnung von Marschall Tolbuchin aus, die Delegation dürfe weder Wien verlassen noch an Orte fahren, „wo sie nichts verloren" hätte.[256] Wenig später stellte der Stabsleiter der NKVD-Truppen, Oberst Semenenko, jedoch fest, dass sich die Mitglieder der Mission „ohne jegliche Kontrolle und Einschränkung" in und um Wien bewegten. Das 40. und 336. Grenzregiment hätten daher sämtliche Ausfahrtsstraßen aus Wien zu sperren und die Chauffeure der Mission darüber in Kenntnis zu setzen.[257]

Völlig unbegründet war Tolbuchins Vorsicht keineswegs: Unter den Teilnehmern der Erkundungsmission befand sich, als Chefdolmetscher des US-Delegationsleiters getarnt, der designierte Kommandant von OSS-Austria, der Österreichabteilung des US-amerikanischen Kriegsgeheimdienstes Office of Strategic Studies. Sein Missionsbericht stellte die erste eigenständige geheimdienstliche Analyse der Amerikaner über das Nachkriegswien dar. Bis zum ab Mitte August erfolgten Einzug der Westalliierten konnten sich die OSS-Agenten in Wien etablieren und Kontakte zu Informationsträgern knüpfen.[258] Ein NKVD-Bericht von Anfang Juli 1945 bemerkte dazu: „Es gibt undichte Stellen, an denen Mitarbeiter der britischen und US-amerikanischen Aufklärungsorgane sowie verbrecherische Elemente in das von der Roten Armee besetzte Gebiet und dabei vor allem nach Wien einsickern."[259]

255 Beer, Wien in der frühen Besatzungszeit, S. 41.

256 RGVA, F. 32900, op. 1, d. 212, S. 23, Schreiben des sowjetischen Stadtkommandanten von Wien, Generalleutnant Blagodatov, an den Chef der NKVD-Truppen zum Schutz des Hinterlandes der 3. Ukrainischen Front, Generalmajor Pavlov, bezüglich der Bewachung Wiens während des Besuchs der westlichen Delegation, 2.6.1945.

257 RGVA, F. 38756, op. 1, d. 6, S. 100, Information des Leiters des Stabes der NKVD-Truppen zum Schutz des Hinterlandes der 3. Ukrainischen Front, Oberst Semenenko, an die Kommandeure des 40. und 336. Grenzregiments über die Sperrung aller Ausfahrtsstraßen aus Wien, 6.6.1945.

258 Beer, Wien in der frühen Besatzungszeit, S. 41f.

259 RGVA, F. 32900, op. 1, d. 211, S. 169–172, Arbeitsplan für die Verwaltung der NKVD-Truppen zum Schutz des Hinterlandes der 3. Ukrainischen Front für Juli 1945, bestätigt vom stv. Leiter

4.3.3. *Zwangsrepatriierung von Kosaken*

Die zweite Aktion betraf die Auslieferung von mehr als 40.000 Kosaken und Kaukasiern (von sowjetischer Seite durchwegs als Vlasov- und Domanov-Angehörige bezeichnet) durch die britische Besatzungsmacht zu Pfingsten 1945 in Judenburg. Ihre Zwangsrepatriierung führte sie ins sowjetische Straflager oder direkt in den Tod. Noch während des Transports nach Judenburg und auf der dortigen Murbrücke war es zu Selbstmorden gekommen, um dem Schicksal der Auslieferung an die UdSSR zu entgehen.[260] An ihrer Übernahme und ihrem Abtransport über Lager in Bruck an der Mur, Graz und Feldbach beteiligten sich sämtliche in der Steiermark stationierten Grenzregimenter, aber auch die GUKR „Smerš" des Volkskommissariats für Verteidigung der UdSSR.[261]

Die Sowjets bereiteten sich umfassend auf die Auslieferung dieser „Vaterlandsverräter" vor. Am 24. Mai 1945 ordnete der Leiter der NKVD-Truppen zum Schutz des Hinterlandes der 3. Ukrainischen Front, Generalmajor Pavlov, an, zwei Schützenbataillone des 25. Grenzregiments im südsteirischen Mureck in ihrer Gesamtstärke zusammenzuziehen. Den zuständigen Kommandanten erteilte er den Befehl, „kriegsgefangene ‚Vlasov-Leute'" ab dem 28. Mai von den Briten zu übernehmen und abzutransportieren. Zur „Durchführung der Operation" erfolgten Beratungen des Offizierskorps sowie Partei- und Komsomolzenkonferenzen. Schulungen mit Titeln wie „Die Vlasov-Leute - Verräter der Heimat" oder „Mit Ehre werden wir den vom Kommando erteilten Auftrag erfüllen" sollten etwaige Skrupel unter den Soldaten zerstreuen und sie auf den Einsatz vorbereiten.[262]

---

der NKVD-Truppen zum Schutz des Hinterlandes der 3. Ukrainischen Front, Oberst Semenenko, 3.7.1945. Abgedruckt in: Karner - Pickl, Die Rote Armee in der Steiermark, Dok. Nr. 103.

260 Zur Thematik vgl. insbesondere: Nikolaj Tolstoy, Die Verratenen von Jalta. Die Schuld der Alliierten vor der Geschichte. München 1981, S. 207f., 312–316; Heinrich Detleff v. Kalben - Constantin Wagner, Die Geschichte des XV. Kosaken-Kavalleriekorps. Faßberg 1990; Joachim Hoffmann, Die Geschichte der Wlassow-Armee. Freiburg 1986. Zur Übergabe und Repatriierung der Kosaken und Vlasov-Truppen vgl. Karner, Die Steiermark im 20. Jahrhundert, S. 323–325; Karner, Die Steiermark im Dritten Reich, S. 426; Stefan Karner, Zur Auslieferung der Kosaken an die Sowjets 1945 in Judenburg, in: Johann Andritsch (Hg.), Judenburg 1945 in Augenzeugenberichten. Judenburg 1994, S. 243–259; Stefan Karner, Im Archipel GUPVI. Kriegsgefangenschaft und Internierung in der Sowjetunion. Kriegsfolgen-Forschung. Bd. 1. Wien - München 1995, S. 20–24; Karner - Ruggenthaler, (Zwangs-)Repatriierung sowjetischer Staatsbürger, S. 248–255; Beer, Das sowjetische „Intermezzo", S. 47–49; Eliseeva, Zum Schutz des Hinterlandes der Roten Armee, S. 98, 103; Petrov, Die Inneren Truppen des NKVD/MVD, S. 232; Anthony Cowgill, The Repatriations from Austria in 1945. Cowgill Inquiry. The Documentary Evidence Reproduced in Full from British, American, German and Yugoslav Sources. London 1990.

261 Christoforov, SMERŠ, S. 98.

262 RGVA, F. 32910, op. 1, d. 42, S. 263–266, Bericht des stv. Kommandanten des 25. Grenzregiments,

Abb. 25: Ab dem 28. Mai 1945 lieferten die Briten Kosaken- und Vlasov-Truppen an die Sowjets auf der Murbrücke in Judenburg aus. (Quelle: AdBIK, Sammlung Kozinec)

Seitens der Roten Armee war die 57. Armee unter dem „Helden der Sowjetunion", Generaloberst Širokin, für die Übernahme des „15. Vlasov-Kosakenkorps" in Judenburg zuständig. Auch die Bewachung der nächsten Anlaufstellen in Graz, Feldbach und Bruck an der Mur fiel in ihren Aufgabenbereich, wohingegen das 17., 25. und 134. NKVD-Grenzregiment für die Bewachung während der Transporte vorgesehen waren.[263]

Zur Vermeidung von Fluchtversuchen wurden Maßnahmen zur Bewachung und Verteidigung des Judenburger Lagers getroffen, in dem die Kosaken zunächst direkt nach ihrer Übergabe unterzubringen waren. Der NKVD rechnete mit „plötzlichen Angriffen von Banden" und bereitete sich gemeinsam mit der Roten Armee entsprechend darauf vor. Er ließ das Lager mit

Oberstleutnant Černyšev, an den Chef der NKVD-Truppen zum Schutz des Hinterlandes der 3. Ukrainischen Front, Generalmajor Ivan Pavlov, über die Übernahme von Kosaken und Angehörigen der Vlasov-Armee in Judenburg, 15.6.1945. Abgedruckt in: Karner - Stelzl-Marx - Tschubarjan, Die Rote Armee in Österreich, Dok. Nr. 43. Der Bericht beruht auf: RGVA, F. 32910, op. 1, d. 42, S. 257–259, Bericht des Kommandanten des 2. Schützenbataillons des 25. Grenzregiments, Hauptmann Prjamov, an den stv. Kommandanten des 25. Grenzregiments, Oberstleutnant Černyšev, über die Übernahme von Kosaken und Angehörigen der Vlasov-Armee in Judenburg, 9.6.1945. Abgedruckt in: Karner - Pickl, Die Rote Armee in der Steiermark, Dok. Nr. 94.

263 RGVA, F. 32902, op. 1, d. 103, S. 384f., Anordnung des Kommandanten der 57. Armee, Generaloberst Šarochin, bezüglich der bevorstehenden Übergabe des 15. Kosakenkorps mit beiliegendem Aufteilungsplan auf Lager in der Steiermark, 29.5.1945. Abgedruckt in: Karner - Pickl, Die Rote Armee in der Steiermark, Dok. Nr. 79.

Stacheldraht umzäunen und elektrische Beleuchtung sowohl im Inneren als auch außerhalb des Zauns anbringen.[264]

Am 28. Mai 1945 begann schließlich die Übergabe der Kosaken und „Vlasov-Angehörigen" durch die 8. Britische Armee. Gemäß der NKVD-Statistik wurden bis zum 7. Juni insgesamt 42.913 Personen ins Lager übernommen, darunter rund 3000 Frauen und 1500 Kinder. 59 Personen, davon 52 „Heimatverräter" und sieben „Agenten der deutschen Spionage" forschte die Aufklärungs- und Fahndungsgruppe des 25. Grenzregiments als „verbrecherische Elemente" aus und liquidierte sie. Mehrere begingen noch nach der Auslieferung Selbstmord oder kamen - wie etwa der Ordonnanzoffizier General Helmuth von Pannwitz - bei Fluchtversuchen ums Leben. Das 5. Garde-Kavalleriekorps der 3. Ukrainischen Front übernahm rund 5800 der insgesamt 7000 Pferde mit Geschirr und Wagen. Die übrigen 1200 Pferde gingen in den Bestand des 134. NKVD-Grenzregiments über.[265]

Tolbuchin erstattete am 30. Mai 1945 der Stavka Bericht über die in Judenburg erfolgte Übergabe des 15. Kosaken-Kavalleriekorps unter General Helmuth von Pannwitz, das formell zu Kriegsende bereits General Andrej A. Vlasovs „Komitee zur Befreiung der Völker Russlands" (KONR) unterstand.[266] Demnach befanden sich unter den mehr als 2500 Gefangenen insgesamt 16 Generäle, darunter Generalmajor Timofej Domanov, Ataman des Kosakenkorps, sowie der Donkosaken-Ataman Petr Krasnov oder der legendäre Kosake Andrej Škuro. Sie kamen mit zwei Eisenbahntransporten zunächst in ein Lager nach Graz[267] und anschließend über Baden und Wien nach Moskau, wo sie wegen Hochverrats angeklagt wurden. Jene Männer, die führende Positionen eingenommen hatten, wurden 1947 in Moskau erhängt.[268]

264 RGVA, F. 32910, op. 1, d. 42, S. 263–266, Bericht des stv. Kommandanten des 25. Grenzregiments, Oberstleutnant Černyšev, und des Chefs des Stabes, Major Logvinov, an den Chef der NKVD-Truppen zum Schutz des Hinterlandes der 3. Ukrainischen Front, Generalmajor Ivan Pavlov, über die Übernahme von Kosaken und Angehörigen der Vlasov-Armee in Judenburg, 15.6.1945. Abgedruckt in: Karner - Stelzl-Marx - Tschubarjan, Die Rote Armee in Österreich, Dok. Nr. 43; Karner - Pickl, Die Rote Armee in der Steiermark, Dok. Nr. 95.

265 Ebd.; Pavel Polian, Deportiert nach Hause. Sowjetische Kriegsgefangene im „Dritten Reich" und ihre Repatriierung. Kriegsfolgen-Forschung. Bd. 2. München - Wien 2001, S. 107.

266 Tolstoy, Die Verratenen von Jalta, S. 391f.

267 CAMO, F. 243, op. 2900, d. 1905, S. 211f., Bericht von Marschall Fedor Tolbuchin an die Stavka über den Austausch von Zivilisten und die Übernahme der Kosaken, 30.5.1945. Abgedruckt in: Institut Voennoj Istorii, Krasnaja Armija v stranach Central'noj Evropy, S. 666f.; Karner - Pickl, Die Rote Armee in der Steiermark, Dok. Nr. 81. Vgl. dazu: Karner - Ruggenthaler, (Zwangs-)Repatriierungen sowjetischer Staatsbürger, S. 250; Eliseeva, Zum Schutz des Hinterlandes der Roten Armee, S. 102.

268 Karner - Ruggenthaler, (Zwangs-)Repatriierung sowjetischer Staatsbürger, S. 249.

Abb. 26: Der Donkosaken-Ataman Petr Krasnov (Mitte) nach seiner Übergabe an die Sowjets in Judenburg. Er wurde später in Moskau zum Tod verurteilt und hingerichtet. (Quelle: AdBIK, Sammlung Kozinec)

Die Ausgelieferten blieben nur kurze Zeit in Judenburg.[269] Per Bahn kamen sie zunächst in das Lager Nr. 304 nach Graz-Liebenau,[270] nach Bruck an der Mur oder in das Lager Nr. 80 nach Feldbach, das unter anderem unter der Aufsicht des 25. Grenzregiments stand.[271] Das Lager Nr. 80 überwachte ab

269 Am 3. Juni 1945 befanden sich von den insgesamt 27.242 Personen, die bis dahin ausgeliefert worden waren, nur mehr 6183 Personen im Lager Judenburg. Die übrigen 21.059 waren bereits an andere Aufnahmelager überstellt worden. Bei der genannten Gesamtzahl unterschied der NKVD zwischen Angehörigen von Vlasov (19.076 Personen) und jenen von Domanov (8166 Personen). Vgl. RGVA, F. 32900, op. 192, d. 220, S. 192, Sondermitteilung des Leiters der NKVD-Truppen zum Schutz des Hinterlandes der 3. Ukrainischen Front, Generalmajor Pavlov, an den Militärrat der 3. Ukrainischen Front über die Auslieferung von Vlasov-Angehörigen und Kosaken in Judenburg, 9.6.1945. Abgedruckt in: Karner – Pickl, Die Rote Armee in der Steiermark, Dok. Nr. 90.

270 Zum Lager Liebenau vgl. Barbara Stelzl, Lager in Graz: Zur Unterbringung ausländischer Zivilarbeiter, Kriegsgefangener und KL-Häftlinge 1938–1945, in: Stefan Karner (Hg.), Graz in der NS-Zeit 1938–1945. Graz 1998, S. 353–369, hier: S. 357f.; Petrov – Ruggenthaler – Stelzl-Marx, Repatriierung oder Verbleib in Österreich?, S. 464. Insgesamt wurden zwischen 9. Juni und 8. Juli 1945 mehr als 16.800 Personen über das Lager Nr. 304 in die Sowjetunion transportiert. Vgl. Petrov, Die Inneren Truppen des NKVD/MVD, S. 232.

271 Am 3. Juni 1945 erhielt der Chef des Stabes des 25. Grenzregiments den Befehl, unverzüglich ein Bataillon aus Marburg zur Bewachung des Lagers Nr. 80 „nach Feldbach" zu verlegen. Vgl. RGVA, F. 32910, op. 1, d. 37, S. 241, Befehl des stv. Chefs der NKVD-Truppen zum Schutz des Hinterlandes der 3. Ukrainischen Front, Oberst Nanejšvili, an den Chef des Stabes des 25. Grenzregiments, Major Logvinov, zur Bewachung des Lagers in Feldbach. Abgedruckt in: Karner – Pickl, Die Rote Armee in der Steiermark, Dok. Nr. 87. Hierbei handelte es sich um ein Lager auf dem Areal des Schlossgebäudes von Hainfeld mit etwa 20.000 Personen. Vgl. Grasmug, 8 Jahrhunderte Feldbach, S. 335.

Anfang Juni außerdem ein Bataillon des 10. Grenzregiments, das zwar zum Schutz des Hinterlandes der 2. Ukrainischen Front diente, nun aber teilweise in den Wirkungsbereich der 3. Ukrainischen Front übersiedelt war.[272] Auch in diesen Lagern verübten mehrere „Heimatverräter", wie man sie in den internen NKVD-Berichten nannte, Selbstmord. So erhenkten sich etwa am 5. Juni zwei „Vlasov-Männer" im Lager Nr. 304 in Liebenau.[273] Plünderungen waren zwar verboten, doch eigneten sich einige Angehörige der Grenzregimenter während der Eskortierung der „Vlasov-Leute" Rasierapparate, Uhren, Stiefel oder Banknoten an.[274]

Für den Abtransport der „großen Zahl" an Angehörigen der Vlasov-Armee und der Kosaken hatten die Kommandanten des 25., 91. und 134. Grenzregiments spätestens am 5. Juni jeweils drei bzw. fünf Konvois abzustellen.[275] Auch Geleitzüge des 17. Grenzregiments kamen bei der Eskortierung zum Einsatz.[276] Allein das 25. Grenzregiment begleitete in der Zeit vom 10. bis zum 30. Juni 1945 sechs Transportzüge mit 10.500 Personen nach Focşani in Rumänien. Sie kamen anschließend in die sowjetischen Lager Nr. 595 in Prokop'ev und Nr. 314 in Kemerovo.[277] Insgesamt eskortierte das 25. Grenzregiment bis zum 13. Juli 14 Transportzüge mit 23.194 „Vlasov-Leuten" von Feldbach nach Focşani. Im Sinne einer „zuverlässigen Bewachung" während der Transporte organisierte die Politabteilung Unterrichtseinheiten zu den Themen „‚Vlasov-Leute' – Verräter der Heimat" und „Über die Eskortierung der kriegsgefangenen ‚Vlasov-Leute' mit Transportzügen und zu Fuß".[278] Abgesehen von eini-

272 RGVA, F. 32905, op. 1, d. 161, S. 17, Bericht des Kommandanten des 10. Grenzregiments der NKVD-Truppen, Oberstleutnant Volkov, an den Leiter der NKVD-Truppen zum Schutz des Hinterlandes der 2. Ukrainischen Front, Generalmajor N. G. Kuznecov, über die Bewachung des Lagers Nr. 80 in Feldbach, 11.6.1945. Abgedruckt in: Karner – Stelzl-Marx – Tschubarjan, Die Rote Armee in Österreich, Dok. Nr. 42.

273 RGVA, F. 32902, op. 1, d. 104, S. 246, Operative Tagesmeldung Nr. 00153 des Kommandanten des 17. Grenzregiments, Oberst Pavlov, und des stv. Stabschefs, Hauptmann Alabušev, 6.6.1945. Abgedruckt in: Karner – Pickl, Die Rote Armee in der Steiermark, Dok. Nr. 93.

274 RGVA, F. 32893, op. 1, d. 86, S. 215f., Befehl des stv. Kommandanten der operativen Gruppe der NKVD-Truppen zum Schutz des Hinterlandes der 3. Ukrainischen Front, Oberstleutnant Sokolov, über die Ahndung von Plünderungen unter Angehörigen der „Vlasov-Armee", 4.6.1945. Abgedruckt in: Karner – Pickl, Die Rote Armee in der Steiermark, Dok. Nr. 91.

275 RGVA, F. 32903, op. 1, d. 50, S. 49, Gefechtsanordnung Nr. 0026 des Chefs der NKVD-Truppen zum Schutz des Hinterlandes der 3. Ukrainischen Front, Generalmajor Ivan Pavlov, über die Eskortierung von Angehörigen der Vlasov-Armee, 2.6.1945. Abgedruckt in: Karner – Pickl, Die Rote Armee in der Steiermark, Dok. Nr. 86.

276 Eliseeva, Zum Schutz des Hinterlandes der Roten Armee, S. 103.

277 RGVA, F. 32900, op. 1, d. 217, S. 131, Erläuterung des stv. Kommandanten des 25. Grenzregiments, Oberstleutnant Černyšev, über die Tätigkeit des Regiments im Juni 1945 [nach dem 30.6.1945]. Abgedruckt in: Karner – Pickl, Die Rote Armee in der Steiermark, Dok. Nr. 99. Zum Lager Kemerovo vgl. Karner, Zur Auslieferung der Kosaken an die Sowjets, S. 248–251.

278 RGVA, F. 32910, op. 1, d. 42, S. 267–269, Bericht des stv. Kommandanten des 25. Grenzregiments,

gen „negativen Vorkommnissen", so ein Resümee über diesen Spezialeinsatz, hätten die Truppen „die Übernahme der Kriegsgefangenen exakt und schnell durchgeführt".[279] Auch später festgenommene „Vlasov-Angehörige" wurden bei ihrem Abtransport in die Sowjetunion von Inneren Truppen begleitet,[280] wodurch diese mitunter - zum Missfallen ihrer Vorgesetzten - mehr als dreimonatige Dienstreisen unternahmen.[281]

4.4 Razzien, Verhaftungen und weitere Aufgaben 1946

Neben der Eskortierung von Gefangenenkontingenten bestand eine der zentralsten Funktionen der Inneren Truppen in groß angelegten Razzien und Durchkämmungen bestimmter Gebiete.[282] Diese meist mehrtägigen Einsätze dienten der „Säuberung des Fronthinterlandes von verbrecherischen Elementen". Den Auftrag dazu erteilte der sowjetische Militär- bzw. Hochkommissar, wobei „sämtliche Truppen der Roten Armee" gemeinsam mit den NKVD/MVD-Einheiten zum Einsatz kamen.[283] Auch die österreichische Polizei kooperierte.[284] In den sowjetisch besetzten Bezirken Wiens inklusive der Inneren Stadt wurden etwa Kaffeehäuser, Theater, Kinos, Kabaretts, Bahnhöfe, Märkte und einzelne Häuser, „die Verdacht erregten", untersucht.[285]

Oberstleutnant Černyšev, über die Eskortierung von Angehörigen der Vlasov-Armee aus Feldbach nach Rumänien vom 11.6.1945–13.7.1945, 14.7.1945. Abgedruckt in: Karner - Pickl, Die Rote Armee in der Steiermark, Dok. Nr. 108. Vgl. dazu auch: RGVA, F. 32910, op. 1, d. 42, S. 272–276, Bericht des stv. Kommandanten des 25. Grenzregiments, Oberstleutnant Černyšev, über den Dienst des Regiments im Juli 1945 [August 1945]. Abgedruckt in: Karner - Pickl, Die Rote Armee in der Steiermark, Dok. Nr. 127.

279 RGVA, F. 32910, op. 1, d. 42, S. 263–266, Bericht des stv. Kommandanten des 25. Grenzregiments, Oberstleutnant Černyšev, und des Chefs des Stabes, Major Logvinov, an den Chef der NKVD-Truppen zum Schutz des Hinterlandes der 3. Ukrainischen Front, Generalmajor Ivan Pavlov, über die Übernahme von Kosaken und Angehörigen der Vlasov-Armee in Judenburg, 15.6.1945. Abgedruckt in: Karner - Stelzl-Marx - Tschubarjan, Die Rote Armee in Österreich, Dok. Nr. 43; Karner - Pickl, Die Rote Armee in der Steiermark, Dok. Nr. 95.

280 RGVA, F. 38650, op. 1, d. 301, S. 73, Operativer Bericht des Leiters der operativen Abteilung GUVV MVD UdSSR, Oberst Karpov, an den Leiter der operativen Abteilung der Verwaltung der Begleittruppen des MVD UdSSR, Oberst Vanjukov, über die Eskortierung von Vlasov-Angehörigen, 24.7.1946.

281 RGVA, F. 38650, op. 1, d. 301, S. 18, Schreiben des provisorischen Leiters der NKVD-Truppen zum Schutz des Hinterlandes der CGV, Oberst Michajlenko, an den stv. Leiter der Inneren Truppen des NKVD, Generalmajor Skorodumov, über die Begleitung eines Konvois mit Vlasov-Angehörigen, 1.3.1946.

282 Petrov, Die Inneren Truppen des NKVD/MVD, S. 228f.

283 RGVA, F. 38650, op. 1, d. 301, S. 78, Bericht des Leiters der MVD-Truppen zum Schutz des Hinterlandes der CGV, Zimin-Kovalev, über die Durchführung einer Razzia vom 24. bis zum 29. Juli 1946, 17.7.1946.

284 RGVA, F. 38650, op. 1, d. 301, S. 79, Bericht des Leiters der MVD-Truppen zum Schutz des Hinterlandes der CGV, Zimin-Kovalev, über den Beginn der Razzia, 24.7.1946.

285 RGVA, F. 38650, op. 1, d. 166, S. 212–216, Bericht des Kommandeurs des 24. Grenzregiments, Oberst

Üblicherweise gerieten den Inneren Truppen größere Kontingente an Rotarmisten in die Fänge, die festgenommen und teilweise der „Smerš" übergeben wurden. Beispielsweise verhaftete das 24. Grenzregiment im Zuge einer „Säuberung" Ende Juni 1946 innerhalb von nur 24 Stunden 845 Rotarmisten (darunter 759 wegen unrichtig ausgefüllter oder fehlender Dokumente, 59 wegen Verstößen gegen die Bekleidungsregeln, zwölf Deserteure, elf Personen, die gegen die allgemeine Ordnung verstoßen hatten, sowie vier wegen Diebstahls) und 32 Zivilisten (darunter 23 „verdächtige Elemente", fünf DPs, die sich der Repatriierung in die UdSSR entzogen hatten, zwei Schmuggler und zwei „Vaterlandsverräter").[286]

Aber auch bei Kuraufenthalten hochrangiger sowjetischer Militärs kamen die Grenzregimenter zum Einsatz. So wurden Ende Juli 1946 zwei Offiziere sowie 18 Soldaten und Sergeanten des 24. Grenzregiments zur Bewachung von Marschall Vasilevskij im Kurbad Karlsbad abgestellt. Den Auftrag dazu hatte Hochkommissar Kurasov erteilt.[287]

Anfang 1946 sahen sich die NKVD-Truppen zum Schutz des Hinterlandes der CGV laut ihrem Stabsleiter Oberst Michail I. Zimin-Kovalev mit folgenden drei Problemen konfrontiert: mit einem „harten Kampf" zwischen den österreichischen Parteien, mit der Untergrundtätigkeit „faschistischer Elemente" und mit „Banditentum". Daraus ergaben sich folgende Aufgaben:

1. „Auffinden und Verhaften von deutschen Agenten, Diversanten, Terroristen;
2. Auffinden von Soldaten und Offizieren des Gegners, die sich im Einsatzbereich der Truppen aufhalten;
3. Auffinden und Festnahme von Gestapo-Mitarbeitern, Leitern und Aktivisten nationalsozialistischer Organisationen, Vaterlandsverrätern und anderen verbrecherischen Elementen;
4. Ausforschen und Festnahme von Deserteuren der Roten Armee und der alliierten Armeen sowie Kampf gegen verbrecherische Tätigkeit von Angehörigen der Roten Armee;
5. Sammeln von Personen, die der Repatriierung in die UdSSR unterliegen und nicht in die Heimat zurückkehren wollen;

Kapustin, an den Leiter der MVD-Truppen zum Schutz des Hinterlandes der CGV, Zimin-Kovalev, über die Resultate der in Wien vom 24. bis 29.7.1946 durchgeführten Razzia, 31.7.1946.

286 RGVA, F. 38650, op. 1, d. 301, S. 80, Bericht des Leiters der MVD-Truppen zum Schutz des Hinterlandes der CGV, Zimin-Kovalev, über die am 25. und 26. Juli 1946 durchgeführte Razzia, 30.7.1946.

287 RGVA, F. 38650, op. 1, d. 301, S. 80, Bericht des Leiters der MVD-Truppen zum Schutz des Hinterlandes der CGV, Zimin-Kovalev, über die Bewachung von Marschall Vasilevskij in Karlsbad, 30.7.1946.

6. Auffinden und Beschlagnahmen von Waffen, die die örtliche Bevölkerung versteckt;
7. Herstellen von Ordnung im Hinterland der Zentralen Gruppe der Streitkräfte, insbesondere in Wien und Baden;
8. Bewachen der österreichisch-tschechoslowakischen Grenze, der Alliierten Kommission für Österreich, der Botschaft der UdSSR in Wien, der Alliierten Kontrollkommission für Ungarn sowie des Stabes der CGV."[288]

Im Zentrum ihrer Tätigkeit stand nach wie vor die Festnahme „feindlicher Elemente" sowohl unter sowjetischen Soldaten als auch unter der österreichischen Bevölkerung. Von insgesamt mehr als 8700 festgenommenen Personen waren im Untersuchungszeitraum 94 „Banditen" und 66 „Diebe sowie Gewalttäter" in die Fänge des NKVD geraten. Abgesehen von Deserteuren der Roten Armee unterlagen zudem alliierte „Deserteure" einer Verhaftung. Allein im Jänner 1946 nahmen die NKVD-Truppen neben 129 sowjetischen Deserteuren 52 westliche Besatzungssoldaten fest, die angeblich entweder die Zonengrenze illegal überschritten oder gegen die Besatzungsordnung verstoßen hatten. Gegenüber dem Aufgabenkatalog vom Mai 1945 fällt in Hinblick auf die Repatriierung sowjetischer DPs auf, dass die NKVD-Truppen nun ausdrücklich Heimkehrunwillige auszuforschen und festzunehmen hatten. Schließlich lautete die Politik des Kremls, dass jeder Sowjetbürger „bis zum Letzten" in die UdSSR zurückkehren musste. Dem illegalen Waffenbesitz – einer der häufigsten Verurteilungsgründe nach Kriegsende – galt es offensichtlich weiterhin den Kampf anzusagen.[289]

Hinsichtlich der Bewachungspflichten der vier Regimenter, die zu diesem Zeitpunkt dem Verband der NKVD-Truppen zum Schutz des Hinterlandes der CGV angehörten, hatte sich gleichfalls nichts Grundlegendes geändert. Anfang Jänner 1946 bewachte das 10. Grenzregiment gemeinsam mit dem 37. Grenzregiment die österreichisch-tschechoslowakische Grenze. Das 24. Grenzregiment war für die Bewachung der Alliierten Kommission, der sowjetischen Botschaft in Wien sowie des Stabes der CGV ebenso zuständig wie für die Aufrechterhaltung von Ordnung in Wien und Baden. Das gesamte 383. Schützenregiment mit Stab in Budapest bewachte neben

288 RGVA, F. 32905, op. 1, d. 166, S. 154–165, Tätigkeitsbericht von Zimin-Kovalev über die Tätigkeit der NKVD-Truppen zum Schutz des Hinterlandes der CGV im Jänner und Februar 1946, 10.3.1946.

289 RGVA, F. 32905, op. 1, d. 127, S. 45, Bericht von Zimin-Kovalev über die Zahl der bei der Bewachung bedeutender Objekte und der österreichisch-tschechoslowakischen Grenze eingesetzten NKVD-Truppen, 6.1.1946.

Abb. 27: Sowjetische Besatzungsangehörige bei der Überprüfung von Dokumenten eines Österreichers in Wien 1945. (Quelle: CMVS)

Marschall Kliment E. Vorošilov die Sowjetische Kontrollkommission in Ungarn.[290]

Mit der Verlegung der letzten beiden Grenzregimenter in die Sowjetunion und der Auflösung der Verwaltung der Inneren Truppen des MVD zum Schutz des Hinterlandes der CGV übernahmen ab Anfang Oktober 1946 Einheiten des sowjetischen Verteidigungsministeriums ihre Aufgaben. Gerade Probleme der Desertion, Disziplinlosigkeit oder Spionage spielten weiterhin eine dominante Rolle.

290 Ebd.

5. Die Verwaltungsebene: Der Sowjetische Teil der Alliierten Kommission

Bereits während des Zweiten Weltkrieges verhandelten die Alliierten über eine gemeinsame Verwaltung Österreichs.[291] Bezeichnenderweise hinkte jedoch die Einigung in diesem administrativen Bereich den militärischen Ereignissen nach.[292] So bestand nach der militärischen Einnahme bzw. Befreiung Österreichs die erste und wichtigste Aufgabe der Besatzungsmächte darin, Ruhe und Ordnung in ihrem Sinne zu erwirken. Diese Aufgabe fiel selbst nach Kriegsende zunächst beinahe ausschließlich dem Militär zu, das sich als erster Vertreter der jeweiligen Besatzungsmacht im Land festsetzte. Seine logistischen Möglichkeiten waren in der vom Krieg gezeichneten Frühphase einer Besatzung von großer Bedeutung, und zwar für Besatzer und Besetzte gleichermaßen. Die sowjetischen Oberbefehlshaber richteten die ersten Aufrufe an die Bevölkerung Österreichs, die rasch eingesetzten Militärkommandanten erteilten verbindliche Befehle über „Maßnahmen zur Aufrechterhaltung der Ordnung". Ohne weitgehende Vorbereitungen fielen den Militärs administrative Aufgaben zu, die von der Sicherstellung der Ernährung der hungernden Bevölkerung über die Einsetzung österreichischer Bürgermeister bis hin zur Etablierung der provisorischen Regierung unter Karl Renner reichten. Ad-hoc-Maßnahmen waren in vielen Fällen notwendig.[293] Bis zur Etablierung einer eigenen Verwaltungsebene sollte es noch mehrere Monate dauern.

5.1 „Keine Zeit zu verlieren!" Im Vorfeld der SČSK

Hinter den Kulissen plante im Frühjahr 1945 eine Arbeitsgruppe der 3. Europäischen Abteilung im Volkskommissariat für auswärtige Angelegenheiten die Struktur, personelle Zusammensetzung und die konkreten Aufgaben des sowjetischen Teils einer gemeinsamen alliierten Kommission, über die zeitgleich in der Londoner EAC verhandelt wurde. Unter Wahrung „strenger Geheimhaltung" wirkte sie direkt mit der Politischen Verwaltung der 3. Uk-

---

291 Siehe dazu auch das Kapitel A.I.2 „Verhandlungen zu den Besatzungszonen" in diesem Band.

292 Siehe zu diesem Charakteristikum von Besatzung: Günther Kronenbitter – Markus Pöhlmann – Dierk Walter, Einleitung, in: Günther Kronenbitter – Markus Pöhlmann – Dierk Walter (Hg.), Besatzung. Funktion und Gestalt militärischer Fremdherrschaft von der Antike bis zum 20. Jahrhundert. Krieg in der Geschichte. Bd. 28. Paderborn – München – Wien – Zürich 2006, S. 11–22, hier: S. 15f.

293 Siehe dazu auch das Kapitel A.III.3.2 „Die Militärkommandanturen: Aufgaben und Pflichten" in diesem Band.

rainischen Front unter Tolbuchin und dem zuständigen Volkskommissariat für Verteidigung zusammen. Als eine der „Maßnahmen im Zusammenhang mit dem Vormarsch der Roten Armee auf das Gebiet Österreichs" konstatierte die 3. Europäische Abteilung Ende März/Anfang April 1945: „Was die gemischte Kontrolle in Wien betrifft, so kann eine solche auch nach der Kapitulation, keinesfalls jedoch vor der vollständigen Befreiung Österreichs eingesetzt werden."[294]

Noch vor der Kapitulation legte das aus Marschall Fedor Tolbuchin, dem Mitglied des Militärrates der 3. Ukrainischen Front, Generalleutnant Aleksej Želtov, und dem Kommissarischen Politberater Michail Koptelov bestehende „Triumvirat" am 21. April 1945 dem stellvertretenden Volkskommissar für auswärtige Angelegenheiten, Vladimir Dekanozov, einen Entwurf für den Sowjetischen Teil der Alliierten Kommission vor. Ihren Plänen nach sollte die Gründung der SČSK noch im April erfolgen.[295] Gegenüber vorherigen Konzepten[296] enthielt der präsentierte „Kontrollmechanismus" zwei zusätzliche, „äußerst notwendige" Abteilungen - eine Sanitätsabteilung und eine Verbindungsabteilung für Post, Telefon, Telegraf und Radio.[297] Die vorgeschlagenen Zahlen für den Personalstand - 489 Militärs und 90 Zivilangestellte, insgesamt 579 Personen - stellten vorerst „bloß einen Schätzwert dar, weil Erfahrungen vergleichbarer Art fehlen" würden. Etwas umständlich erläuterten Tolbuchin, Želtov und Koptelov daher: „In weiterer Folge gilt es, die Möglichkeit im Auge zu behalten, die Erlaubnis zu besitzen, den Personalstand

294 AVP RF, F. 66, op. 23, p. 24, d. 8, S. 20f., Bericht der 3. Europäischen Abteilung des NKID „Über Maßnahmen im Zusammenhang mit dem Vormarsch der Roten Armee auf das Gebiet Österreichs" [spätestens am 2.4.1945]. Abgedruckt in: Karner - Stelzl-Marx - Tschubarjan, Die Rote Armee in Österreich, Dok. Nr. 6.

295 Diese Konzepte enthielten teilweise noch die Bezeichnung „Sovetskaja čast' Sojuzničeskoj komissii v Avstrii" (Sowjetischer Teil der Alliierten Kommission in Österreich), die nach der Umstrukturierung 1952 aufgegriffen wurde.

296 Die ursprüngliche Variante dürfte auf Dekanozov und den Leiter der 3. Europäischen Abteilung des NKID, Andrej A. Smirnov, zurückgehen. Die mehrfachen Überarbeitungen wurden anschließend zwischen dem NKID und der aus Tolbuchin, Koptelov und Želtov bestehenden Arbeitsgruppe ausgetauscht. Siehe: AVP RF, F. 066, op. 25, p. 119, d. 15, S. 21, Begleitschreiben von Lavrov und Poljakov an Dekanozov zur Übersendung des Entwurfes der Verordnung des Rates der Volkskommissare über die Bildung der SČSK, 19.5.1945. Auf Smirnov (und den Diplomaten und Geheimdienstfunktionär Vladimir S. Semenov) gehen auch die Planungsentwürfe zur Struktur der SMAD zurück. Vgl. Foitzik, Sowjetische Militäradministration in Deutschland, S. 43.

297 AVP RF, F. 066, op. 25, p. 119, d. 15, S. 1, Begleitbrief von Tolbuchin, Želtov und Koptelov an Dekanozov zur Übersendung des Entwurfes der Verordnung des Rates der Volkskommissare über die Bildung der SČSK und den Personalstand der SČSK, 21.4.1945; AVP RF, F. 066, op. 25, p. 119, d. 15, S. 2–6, Entwurf der Verordnung des Rates der Volkskommissare über die Bildung der SČSK, [21.4.1945]. Vgl. dazu und zum Folgenden Knoll - Stelzl-Marx, Der Sowjetische Teil der Alliierten Kommission, S. 187; Mueller, Die sowjetische Besatzung in Österreich, S. 53–70; Ruggenthaler, Warum Österreich nicht sowjetisiert wurde, S. 658, 666f.

entsprechend den entstehenden Anforderungen vergrößern oder verkleinern zu können."[298]

Am 25. April 1945 erhielten die stellvertretenden Volkskommissare für auswärtige Angelegenheiten Vyšinskij und Dekanozov einen neuerlichen Vorschlag für die Verordnung des Rates der Volkskommissare über die Bildung der SČSK, diesmal von Evgenij D. Kiselev und Ivan M. Lavrov, dem Adjutanten der 3. Europäischen Abteilung und späteren Leiter der militärischen Abteilung der SČSK. Kiselev und Lavrov hatten Tolbuchins Konzept als Grundlage herangezogen und dabei die Änderungswünsche von Dekanozov und Andrej A. Smirnov, dem Leiter der 3. Europäischen Abteilung, berücksichtigt.[299]

Die Entwürfe fanden jedoch keine volle Zustimmung. Am 11. Mai legten Lavrov und der erste Referent der 3. Europäischen Abteilung, G. Poljakov, eine überarbeitete Version vor. Auf Anweisung Vyšinskijs und Dekanozovs hatten Tolbuchin, Želtov und Koptelov den geplanten Personalstand von ursprünglich 579 Mitarbeitern auf 325 Personen verkleinert.[300] Als Militärkommissar sah dieser Entwurf Tolbuchin vor, als Politberater Koptelov, wobei Dekanozov handschriftlich anstelle von Koptelov am Rand des Dokuments „Šepilov? […] Vielleicht Kiselev?" vermerkte. Koptelov sah er hingegen statt Lun'kov als stellvertretenden Politberater vor. Dekanozov notierte noch am selben Tag: „Genosse Lavrov! Holen Sie bei Genossen Vyšinskij so schnell wie möglich eine Erkundigung bezüglich des Themas ein, anderenfalls verlieren wir Zeit!"[301]

Die personelle Zusammensetzung war offensichtlich nicht nur besonders heikel, sondern entwickelte sich auch zu einem machtpolitischen Kräftemessen. Lavrov holte im Auftrag Dekanozovs entsprechende Meinungen beim Leiter der Gegenspionage „Smerš", Viktor S. Abakumov, ein.[302] Dekanozov selbst ersuchte den stellvertretenden Volkskommissar für Verteidigung, Nikolaj A. Bulganin, und den Leiter der Kaderhauptverwaltung des NKO, Filipp I. Golikov, um ihre Stellungnahme bezüglich des stellvertretenden sow-

298 AVP RF, F. 066, op. 25, p. 119, d. 15, S. 7–17, Entwurf des Personalstandes der SČSK, [21.4.1945].

299 AVP RF, F. 066, op. 25, p. 119, d. 15, S. 18, Begleitbrief von Kiselev und Lavrov an Vyšinskij und Dekanozov zur Übersendung des Entwurfes der Verordnung des Rates der Volkskommissare über die Bildung der SČSK, 25.4.1945.

300 Zu den Verkleinerungen des Personalstandes im Detail vgl. AVP RF, F. 066, op. 25, p. 119, d. 15, S. 45–51, Telegramm von Tolbuchin und Želtov an Vyšinskij bezüglich der Verkleinerung des Personalstandes, 6.5.1945.

301 AVP RF, F. 066, op. 25, p. 119, d. 15, S. 19f., Schreiben von Lavrov und Poljakov an Vyšinskij und Dekanozov zum Entwurf einer Verordnung des Rates der Volkskommissare über die Bildung der SČSK mit beiliegendem Verordnungsentwurf, 11.5.1945. Abgedruckt in: Karner – Stelzl-Marx – Tschubarjan, Die Rote Armee in Österreich, Dok. Nr. 60.

302 AVP RF, F. 066, op. 25, p. 119, d. 15, S. 22, Begleitbrief von Lavrov an Abakumov zur Übersendung des Entwurfes über den Personalstand der SČSK, 21.5.1945.

jetischen Hochkommissars in Österreich. Schließlich lag die Entscheidung für die Besetzung dieser Funktionen beim Volkskommissariat für Verteidigung. Als potenzielle Kandidaten führte er sowohl Generaloberst Želtov als auch Generalleutnant Stepan I. Morozov an, den Tolbuchin „für die Aufrechterhaltung des Kontaktes zur provisorischen österreichischen Regierung vorgesehen" hatte.[303] Golikov hingegen empfahl Morozov für den Posten des Stabschefs der SČSK.[304]

Vyšinskij erteilte am 26. Mai Lavrov handschriftlich folgenden Befehl: „Diese Dinge müssen in Gang gebracht werden; [das Ausarbeiten] aller Dokumente - außer denen des Führungspersonals - muss unverzüglich vorangetrieben werden, wenn es uns nicht gelingt, die Frage über das Führungspersonal anzuschneiden."[305] Lavrov antwortete ihm noch am selben Tag, der stellvertretende Volkskommissar für Verteidigung Bulganin und Golikov seien in dieser Frage bereits kontaktiert worden. Denn ohne die Klärung der personellen Zusammensetzung der SČSK könne man nicht Molotov die Verordnung zur Bestätigung vorlegen.[306]

Am 5. Juni unterbreitete Lavrov schließlich Molotov die entsprechenden Entwürfe. Zur Absicherung führte er an, Vyšinskij und Dekanozov hätten sämtliche Unterlagen durchgesehen. Für die Zusammensetzung der Kommission auf militärischer Linie wären Tolbuchin und Bulganin, auf der Linie des NKID (Politberater und dessen Stellvertreter) Vyšinskij verantwortlich.[307] Dabei sah der Entwurf des SNK-Beschlusses „Über die Bildung des Sowjetischen Teils der Alliierten Kommission für Österreich" immer noch Tolbuchin als Militärkommissar und Generalmajor Dmitrij T. Šepilov als dessen Stellvertreter, aber bereits Morozov als Stabschef, Kiselev als Politberater und Koptelov als stellvertretenden Politberater vor.[308]

303 AVP RF, F. 066, op. 25, p. 119, d. 15, S. 26, Schreiben von Dekanozov an Bulganin bezüglich des Personalstandes der SČSK, 22.5.1945; AVP RF, F. 066, op. 25, p. 119, d. 15, S. 28, Schreiben von Dekanozov an Golikov bezüglich des Personalstandes der SČSK, 22.5.1945.

304 AVP RF, F. 066, op. 25, p. 119, d. 15, S. 25, Schreiben von Golikov an Dekanozov bezüglich des Postens von Morozov, 24.5.1945. Vgl. Knoll - Stelzl-Marx, Der Sowjetische Teil der Alliierten Kommission, S. 188f.

305 AVP RF, F. 066, op. 25, p. 119, d. 15, S. 19f., Schreiben von Lavrov und Poljakov an Vyšinskij und Dekanozov zum Entwurf einer Verordnung des Rates der Volkskommissare über die Bildung der SČSK mit beiliegendem Verordnungsentwurf, 11.5.1945. Abgedruckt in: Karner - Stelzl-Marx - Tschubarjan, Die Rote Armee in Österreich, Dok. Nr. 60.

306 AVP RF, F. 066, op. 25, p. 119, d. 15, S. 23, Schreiben von Lavrov an Vyšinskij bezüglich des Entwurfes der Verordnung über die SČSK, 26.5.1945.

307 AVP RF, F. 066, op. 25, p. 119, d. 15, S. 30, Begleitschreiben von Lavrov an Molotov zur Übersendung des Entwurfes der Verordnung über die SČSK, 5.6.1945.

308 AVP RF, F. 066, op. 25, p. 119, d. 15, S. 33–37, Entwurf der Verordnung des Rates der Volkskommissare über die SČSK, [Juni 1945].

Mitte Juni drängte Vyšinskij den stellvertretenden Volkskommissar für Verteidigung Bulganin, er möge seine Meinung bezüglich der vorgeschlagenen Kandidaten kundtun. Neben dem Militärkommissar müsse nun endlich eine Entscheidung bezüglich des stellvertretenden Militärkommissars, des stellvertretenden Mitglieds des Exekutivkomitees und des Stabschefs fallen. Schließlich sei dem Rat der Volkskommissare der Beschlussentwurf vorzulegen, außerdem stünde der Abzug der Truppen der 3. Ukrainischen Front unmittelbar bevor.[309]

Als eine Woche später Bulganin noch immer keine entsprechende Entscheidung getroffen hatte, ersuchte Kiselev am 23. Juni Vyšinskij, er möge Bulganin zur „Beschleunigung" persönlich anrufen. Zwar standen nun, wie er aus den militärischen Kreisen gehört hatte, als Hochkommissar Marschall Konev und als Stabsleiter Generalleutnant Morozov fest, doch war die Besetzung des Postens des stellvertretenden Hochkommissars nach wie vor offen. Kiselev empfahl für diesen Posten Želtov, der „mit der politischen Lage in Österreich gut vertraut" sei. Bulganin und Konev hätten seine Kandidatur besprochen, ohne dabei allerdings zu einer Entscheidung gekommen zu sein. Eine Unterstützung Želtovs durch Vyšinskij, so Kiselev abschließend, würde „die Frage nicht nur verkürzen, sondern auch entscheiden".[310]

Wie aus diesem Schreiben ersichtlich ist, übte der NKID im militärpolitischen Bereich einen nicht unwesentlichen Einfluss aus, wenngleich Želtov – im Gegensatz zu Kiselev – als Politoffizier und potenzieller stellvertretender Militärkommissar dem NKO unterstand. Offensichtlich hatte Kiselevs Intervention Erfolg: Bulganin bestätigte Želtov in der Position des Stellvertreters des Militärkommissars, Mitglieds des Exekutivkomitees der Alliierten Kommission für Österreich sowie Mitglieds des Militärrates der CGV. Er sollte diese zentrale Funktion bis Juli 1950 ausüben. Somit war die letzte offene personelle Frage geklärt. Kiselev selbst, der das Vertrauen Vyšinskijs genoss, konnte seine Position festigen. Er blieb bis 1948 Politischer Berater des sowjetischen Hochkommissars und wurde außerdem 1946 zum politischen Vertreter der UdSSR bei der österreichischen Regierung ernannt. Diese Doppelfunktion zeugt davon, dass ihn das MID als den am besten geeigneten Politiker und Diplomaten erachtete. Obwohl sich Kiselev persönlich für Želtov eingesetzt hatte, sollte es in den folgenden Jahren zu administrativen Intrigen und zu persönlichen Animositäten zwischen den beiden kommen. Die Ursa-

309 AVP RF, F. 066, op. 25, p. 119, d. 15, S. 38, Schreiben von Vyšinskij an Bulganin bezüglich des Führungskaders der SČSK, 15.6.1945.

310 AVP RF, F. 066, op. 25, p. 119, d. 15, S. 41, Schreiben von Kiselev an Vyšinskij über die Frage der militärischen Führung der SČSK, 23.6.1945. Vgl. Knoll – Stelzl-Marx, Der Sowjetische Teil der Alliierten Kommission, S. 189; Wagner, Die Besatzungszeit aus sowjetischer Sicht, S. 72f.

che dafür lag in der teilweisen Überschneidung ihrer Kompetenzen und der daraus resultierenden Konkurrenzsituation.[311] Koptelov dürfte dabei seinen Vorgesetzten Kiselev Rückendeckung gegenüber Želtov gegeben haben.

Von einer derartigen Intrige zeugt etwa auch das Schreiben von Nikolaj M. Lun'kov an Vyšinskij vom 5. Oktober 1945. Darin berichtet der Diplomat, Koptelov habe ihm mitgeteilt, Oberst Georgij I. Piterskij verbreite inoffiziell Gerüchte, dass „Generaloberst Želtov während seines Aufenthaltes in Moskau die Frage nach der Schaffung einer neuen Planstelle beim Sowjetischen Teil der Alliierten Kommission für Österreich - eines Bevollmächtigten des Sowjetischen Militärkommissars für die Verbindung zur provisorischen Regierung Österreichs - stellen wird". Für die Funktion sei „angeblich" Oberst Piterskij vorgesehen. „Laut den Worten von Genossen Koptelov", so Lun'kov weiter, „möchte Želtov mit der Umsetzung dieser Maßnahme Genossen Kiselev von einer direkten Verbindung mit der Regierung Renner abschneiden." Besonders aufschlussreich ist die Bemerkung am Ende des Schreibens, mit der Lun'kov den Wunsch nach Diskretion weitergab: „Genosse Koptelov bat, Genossen Želtov nicht über seine Mitteilung in Kenntnis zu setzen." Der Rivale aus dem NKO sollte sich in Sicherheit wiegen und nichts von den Informationen hinter seinem Rücken erfahren.[312]

5.2 Der 4. Juli 1945: Bildung und Struktur der SČSK

Nach dieser mehrmonatigen intensiven Planungsphase beschloss der Rat der Volkskommissare der UdSSR am 4. Juli die Verordnung 1553-355s, wonach bis zum 15. Juli der „Sowjetische Teil der Alliierten Kommission für Österreich" zu bilden war.[313] Am selben Tag unterzeichneten die Vertreter der Vier Mächte in der EAC das „Abkommen über die Alliierte Kontrolle in Österreich" (bekannt als „Erstes Kontrollabkommen"). Dieses sah die Errichtung einer Alliierten Kommission, an deren Spitze der aus den vier Militärkommissaren gebildete Alliierte Rat stehen sollte, eines Exekutivkomitees und der Abteilungen der Alliierten Kommission vor.[314]

311 Pavlenko, Österreich im Kraftfeld der sowjetischen Diplomatie, S. 574f.; Knoll - Stelzl-Marx, Der Sowjetische Teil der Alliierten Kommission, S. 189.

312 AVP RF, F. 066, op. 25, p. 118a, d. 2, S. 53, Schreiben von Lun'kov an Vyšinskij über die Mitteilung von Koptelov bezüglich der von Želtov geplanten Schaffung einer neuen Planstelle bei der SČSK, 5.10.1945.

313 AVP RF, F. 066, op. 25, p. 119, d. 15, S. 51-55, Beschluss Nr. 1553-355s des Rates der Volkskommissare, Über die Bildung des Sowjetischen Teils der Alliierten Kommission für Österreich, 4.7.1945. Abgedruckt in: Karner - Stelzl-Marx - Tschubarjan, Die Rote Armee in Österreich, Dok. Nr. 63.

314 Text abgedruckt in: Verosta, Die internationale Stellung Österreichs, S. 66-71; Karner - Stelzl-Marx - Tschubarjan, Die Rote Armee in Österreich, Dok. Nr. 65. Siehe dazu auch das Kapitel A.III.5.7 „‚Verwaltung und Kontrolle': Funktionen" in diesem Band.

Die Gründungsverordnung des sowjetischen Apparates orientierte sich neben den Verordnungen für die Kontrollkommissionen in Ungarn und Rumänien[315] sowohl am einen Monat zuvor verabschiedeten Gründungsdekret der Sowjetischen Militäradministration in Deutschland[316] als auch an den im Falle Deutschlands verworfenen Planungen für einen „Sowjetischen Teil der Zentralen Kontrollkommission". Diese hatten offensichtlich als Vorlage für die Bezeichnung der SČSK gedient. Im Gegensatz zu Deutschland bestand jedoch in Österreich aufgrund der bereits gebildeten provisorischen Regierung keine Notwendigkeit für eine sowjetische Militäradministration.[317]

Dem Sowjetischen Teil[318] der Alliierten Kommission kam primär die Funktion „zur Gewährung der Verwaltung der Besatzungszone und zur Kontrolle über die Tätigkeit der österreichischen Behörden" zu. Dieser „Kontrollapparat" umfasste 343 Planstellen (davon 284 Armeeangehörige und 59 Zivilbedienstete) und gliederte sich in 17 Einheiten: das Kommando unter der Leitung des Militärkommissars, den Stab des Vertreters im Exekutivkomitee der Alliierten Kommission, „die bevollmächtigten Vertreter des Militärkommissars in der sowjetischen Besatzungszone" sowie die im Ersten Kontrollabkommen vorgesehenen zwölf Abteilungen für Politik, Militär, Luftstreitkräfte, Seestreitkräfte, Wirtschaft, Inneres, Finanzwesen, Rechtsfragen, Reparationen und Ablieferungen, Arbeitskräfte, Kriegsgefangene und Versetzte Personen, Transport, weiters die Tolbuchin vorgeschlagene Nachrichten- sowie Sanitätsabteilung.[319] Dabei war die Struktur der Fachabteilungen durch das Kontrollabkommen vorgegeben: Für praktisch jede Abteilung

315 Die Verordnungen für die Kontrollkommissionen in Ungarn und Rumänien hatten der 3. Europäischen Abteilung laut NKID-Mitarbeitern als Vorlage für die Ausarbeitung der Verordnung für den Sowjetischen Teil der Alliierten Kommission in Österreich gedient. Vgl. AVP RF, F. 066, op. 25, p. 119, d. 15, S. 21, Begleitschreiben von Lavrov und Poljakov an Dekanozov zur Übersendung des Entwurfes der Verordnung des Rates der Volkskommissare über die Bildung der SČSK, 19.5.1945.

316 CAMO, F. 233, op. 2380, d. 44, S. 124–129, Verordnung des Rates der Volkskommissare Nr. 1326-301ss über die Bildung der Sowjetischen Militäradministration in Deutschland, 6.6.1945. Abgedruckt in: Institut Voennoj Istorii, Bitva za Berlin, S. 408–411.

317 Foitzik, Sowjetische Militäradministration in Deutschland, S. 43; Filitov, V kommissijach Narkomindela, S. 67f.; Mueller, Die sowjetische Besatzung in Österreich, S. 54.

318 Die sich im Deutschen eingebürgerte Bezeichnung „Element" geht auf die offizielle englische Bezeichnung „Allied Commission for Austria, British Element" zurück.

319 AVP RF, F. 066, op. 25, p. 119, d. 15, S. 51–55, Beschluss Nr. 1553-355s des Rates der Volkskommissare, Über die Bildung des Sowjetischen Teils der Alliierten Kommission für Österreich, 4.7.1945. Abgedruckt in: Karner – Stelzl-Marx – Tschubarjan, Die Rote Armee in Österreich, Dok. Nr. 63. Siehe dazu auch: AVP RF, F. 066, op. 25, p. 119, d. 15, S. 56f., Aufbau des Personalstandes des Sowjetischen Teils der Alliierten Kommission für Österreich, Beilage Nr. 1 zum Beschluss Nr. 1553-355s des Rates der Volkskommissare, Über die Bildung des Sowjetischen Teils der Alliierten Kommission für Österreich, 4.7.1945.

der Alliierten Kommission[320] bestand ein Pendant innerhalb der SČSK.[321] Die Leiter der einzelnen SČSK-Abteilungen wurden in den Sitzungen des Sekretariates des ZK der VKP(b) am 13. bzw. 20. Juli 1945 ernannt.[322]

Das Kommando setzte sich 1945 aus acht offiziell rein militärischen Planstellen zusammen: dem Militärkommissar (Konev), seinem Stellvertreter (Želtov), der zugleich Mitglied des Exekutivkomitees und des Militärrates der CGV war, dem Politischen Berater (Kiselev), einem Assistenten des Militärkommissars, zugleich Stellvertreter des Vertreters des Militärkommissars im Exekutivkomitee, drei Adjutanten und einem Übersetzer.

Auch der Stab selbst umfasste acht militärische Posten: den Stabschef (Morozov), gleichfalls Stellvertreter des Vertreters des Militärkommissars im Exekutivkomitee, den Stellvertreter des Stabschefs, einen Adjutanten, drei Verbindungsoffiziere für Kontakte mit ausländischen Vertretern und zwei Übersetzer. Mit der zugeordneten Stabskanzlei und den einzelnen Abteilungen hatte der Stab insgesamt 157 Stellen (davon 39 zivile) und damit bei Weitem den größten Personalstand. Dazu zählten unter anderem ein Meteorologe, ein „Fachmann für Großraumwetterlagen", zwei Schuster, ein Schneider, ein Friseur, Krankenschwestern, Köche, 40 Chauffeure und mehrere Funker.

Von den Abteilungen war jene für Politik mit 41 Posten (34 militärische und sieben zivile) die größte: Allein ihre Führungsriege bestand aus zwei stellvertretenden Politischen Beratern (einer von ihnen - Koptelov - war Abteilungsleiter), drei Chefassistenten und vier Assistenten.[323]

---

320 Zur Struktur der Alliierten Kommission für Österreich vgl. Rauchensteiner, Der Sonderfall, S. 117.

321 Das Erste Kontrollabkommen sah für die Alliierte Kommission je eine eigene Abteilung für „Reparationen" und für „Übergaben und Wiedergutmachungen" vor, während für die SČSK nur eine Abteilung „für Reparationen und Ablieferungen" geplant war. Auf der anderen Seite gab es in der Alliierten Kommission kein Pendant zu den Abteilungen für Nachrichten und Sanitätswesen. Letztere bestand neben dem Abteilungsleiter und Schriftführer aus vier Ärzten, die Inspektoren für Epidemiologie, therapeutische Belange, Venerologie und Pharmazie waren.

322 RGASPI, F. 17, op. 116, d. 220, S. 79, Beschluss Nr. 220 (397) des Sekretariates des ZK der VKP(b), Über die Mitarbeiter des Sowjetischen Teils der Alliierten Kommission für Österreich, 13.7.1945; RGASPI, F. 17, op. 116, d. 222, S. 7, Beschluss Nr. 222 (27) des Sekretariates des ZK der VKP(b), Über die Mitarbeiter des Sowjetischen Teils der Alliierten Kommission für Österreich, 20.7.1945.

323 AVP RF, F. 066, op. 25, p. 119, d. 15, S. 58–66, Personalstand des Sowjetischen Teils der Alliierten Kommission für Österreich, Beilage Nr. 2 zum Beschluss Nr. 1553-355s des Rates der Volkskommissare, Über die Bildung des Sowjetischen Teils der Alliierten Kommission für Österreich, 4.7.1945. Damit hatte sich der Personalstand der Politischen Abteilung gegenüber dem Vorschlag vom 19. Juni 1945 nur unwesentlich um einen Posten verringert. Siehe: AVP RF, F. 066, op. 25, p. 119, d. 15, S. 40, Entwurf des Überblicks von Silin und Kiselev über den Personalstand der Politischen Abteilung der SČSK, 19.6.1945.

5.2.1 „Die Wahrheit über die Sowjetunion": Gründung und Aufgaben der Propagandaabteilung

Am 13. Oktober 1945 wurde per Beschluss Nr. 2616–710s des Rates der Volkskommissare im Rahmen der SČSK, aber außerhalb der Alliierten Kommission, eine eigene Abteilung für Propaganda geschaffen.[324] Damit ging die politische Arbeit unter der österreichischen Bevölkerung von den Politorganen der Roten Armee offiziell auf die SČSK und innerhalb der SČSK auf die Propagandaabteilung über.[325] Erneut war die SČSK dem Vorbild der SMAD gefolgt: Nur eine Woche zuvor, am 5. Oktober 1945, war die Verwaltung für Propaganda und Zensur der Sowjetischen Militäradministration in Deutschland ins Leben gerufen worden.[326] Für Österreich wäre die Gründung der Propagandaabteilung „unter den schwierigen politischen Bedingungen" die richtige Entscheidung gewesen, berichtete Ende Juni 1946 Generaloberst Iosif V. Šikin, Leiter der Politischen Hauptverwaltung der Roten Armee, dem Sekretär des ZK der VKP(b), Andrej A. Ždanov.[327] Die grundlegenden Auf-

---

324 Entwurf in: AVP RF, F. 06, op. 7, p. 26, d. 321, S. 41f., Beschluss Nr. 2616-710s des Rates der Volkskommissare der UdSSR, Über die Bildung einer Propagandaabteilung in der SČSK für Österreich, [13.10.1945]. Abgedruckt in: Karner - Stelzl-Marx - Tschubarjan, Die Rote Armee in Österreich, Dok. Nr. 70. Datum der Bestätigung und Nummer der Verordnung ersichtlich aus: AP RF, F. 3, op. 64, d. 10, S. 22f.; RGASPI, F. 17, op. 128, d. 299, S. 1–64, hier: S. 1f., Bericht von Dubrovickij über die Arbeit der Propagandaabteilung der SČSK 1946 und im 1. Quartal 1947 [September 1947]. Vgl. dazu und zum Folgenden Knoll - Stelzl-Marx, Der Sowjetische Teil der Alliierten Kommission, S. 193f.; Wolfgang Mueller, „Die Kanonen schießen nicht ... Aber der Kampf geht weiter". Die Propaganda der sowjetischen Besatzungsmacht in Österreich im Kalten Krieg, in: Stefan Karner - Barbara Stelzl-Marx (Hg.), Die Rote Armee in Österreich. Sowjetische Besatzung 1945–1955. Beiträge. Graz - Wien - München 2005, S. 339–362, hier: S. 341f.; Wagner, Die Besatzungszeit aus sowjetischer Sicht, S. 81–83; Mueller, Die sowjetische Besatzung in Österreich, S. 67.

325 Der Chef der 7. Abteilung der GlavPURRKA, Michail I. Burcev, charakterisierte die Zuständigkeit der politischen Arbeit in Österreich folgendermaßen: „In der ersten Zeit nach dem Einmarsch der sowjetischen Truppen nach Österreich führten die Politorgane der Sowjetischen Armee die politische Arbeit unter der örtlichen Bevölkerung durch. [...] Dann wurde jedoch durch den Beschluss des Ministerrates der UdSSR vom 13. Oktober 1945 die politische Arbeit unter der österreichischen Bevölkerung dem Sowjetischen Teil der Alliierten Kommission für Österreich, insbesondere der eigens dafür gegründeten Propagandaabteilung, übertragen." Zit. nach: RGASPI, F. 17, op. 118, d. 455, S. 236f., Schreiben von Burcev an Il'ičev über die Notwendigkeit der Unterstellung der „Österreichischen Zeitung" unter die SČSK, 16.6.1949.

326 Foitzik, Sowjetische Militäradministration in Deutschland, S. 101f.; Bernd Bonwetsch - Gennadij Bordjugov - Norman Naimark (Hg.), Upravlenie propagandy (informacii) SVAG i S. I. Tjul'panov 1945–1949. Moskau 1994, S. 10. Zur Tätigkeit der Verwaltung für Propaganda und Zensur der SMAD vgl. Bernd Bonwetsch - Gennadij Bordjugov - Norman Naimark (Hg.), Sowjetische Politik in der SBZ 1945–1949. Dokumente zur Tätigkeit der Propagandaverwaltung (Informationsverwaltung) der SMAD unter Sergej Tjul'panov. Bonn 1998.

327 RGASPI, F. 17, op. 117, d. 617, S. 222–224, Schreiben von Šikin an Ždanov über die Propagandaabteilung bei der SČSK, 25.6.1946.

gaben der Propagandaabteilung bestanden einerseits in der „Organisation und Durchführung der Propaganda unter der österreichischen Bevölkerung durch Presse, Radio und andere Mittel mithilfe von Österreichern aus den antifaschistischen demokratischen Parteien und Organisationen" und andererseits in der „Durchführung der Kontrolle und Zensur über die österreichische Presse, den österreichischen Rundfunk und die Verlage".[328]

Als erster Leiter fungierte Oberstleutnant M. B. Pasečnik, als sein Stellvertreter Oberstleutnant Andrej I. Merkulov. Anfang August 1946 wurde Pasečnik vom Chef der 7. Abteilung der Politverwaltung, Oberstleutnant (später Oberst) Lev A. Dubrovickij, abgelöst, dem 1949 Oberstleutnant Kuranov mit seinem Stellvertreter Gurkin folgte.[329]

Die Propagandaabteilung bestand aus einem „Allgemeinen Teil" und folgenden Unterabteilungen:
- für Propaganda;
- für Presse und Zensur;
- für die Arbeit unter den „antifaschistischen demokratischen Organisationen, Parteien und Gewerkschaften" (d. h. die KPÖ und deren Vorfeldorganisationen);
- für Information;
- für kulturelle Aktivitäten in den sowjetischen Betrieben USIA und SMV.[330]

Weiters waren der Propagandaabteilung unterstellt:
- die bei den Kommandanturen der wichtigsten industriellen und städtischen Zentren eingesetzten Propagandainstruktoren;
- die zwei Unterabteilungen für Propaganda – einerseits in Nieder- und Oberösterreich, andererseits im Burgenland (den Landeskommandanturen angeschlossen);
- das Österreichbüro der sowjetischen Nachrichtenagentur TASS in Wien;
- die Österreichvertretung der staatlichen sowjetischen Filmverleihgesellschaft „Sojuzintorgkino" (später „Soveksportfil'm", auf Deutsch „Sovexportfilm");

328 AVP RF, F. 06, op. 7, p. 26, d. 321, S. 41f., Beschluss Nr. 2616-710s des Rates der Volkskommissare der UdSSR, Über die Bildung einer Propagandaabteilung in der SČSK für Österreich, [13.10.1945]. Abgedruckt in: Karner – Stelzl-Marx – Tschubarjan, Die Rote Armee in Österreich, Dok. Nr. 70. Vgl. dazu und zum Folgenden insbesondere: Mueller, „Die Kanonen schießen nicht", S. 342–344.

329 Mueller, „Die Kanonen schießen nicht", S. 342.

330 GARF, F. 5283, op. 22, d. 62, S. 60f., Entwurf eines Beschlusses des ZK der VKP(b), Über Maßnahmen zur Verstärkung der sowjetischen Propaganda in Österreich [August 1947]. Abgedruckt in: Karner – Stelzl-Marx – Tschubarjan, Die Rote Armee in Österreich, Dok. Nr. 103.

- die Schulgruppe der Politabteilung des Sowjetischen Teils der Alliierten Kommission (zuständig für Schul-, Hochschul- und Bildungsfragen);[331]
- die Redaktion des sowjetischen Besatzungsorgans „Österreichische Zeitung",[332] die ab August 1950 ausschließlich von der SČSK herausgegeben wurde;
- der Österreich-Bevollmächtigte der sowjetischen „Allunionsgesellschaft für Kulturelle Beziehungen mit dem Ausland" (VOKS);[333]
- der Österreich-Bevollmächtigte der Handelsgesellschaft „Internationales Buch" („Meždunarodnaja kniga");
- die Leitung der in der zweiten Jahreshälfte 1946 als „Deutsches Eigentum" beschlagnahmten Studios „Wien-Film" auf dem Rosenhügel; [334]
- die „stellvertretenden Militärkommandanten für den politischen Bereich" der Kreiskommandanturen (disziplinär der Politverwaltung der CGV unterstellt);[335]
- die von 1950 bis 1953 gegründeten sechs Sowjetischen Informationszentren.[336]

---

331 AVP RF, F. 06, op. 7, p. 26, d. 321, S. 41f., Beschluss Nr. 2616-710s des Rates der Volkskommissare der UdSSR, Über die Bildung einer Propagandaabteilung in der SČSK für Österreich, [13.10.1945]. Abgedruckt in: Karner - Stelzl-Marx - Tschubarjan, Die Rote Armee in Österreich, Dok. Nr. 70.

332 Mit der Gründung der Propagandaabteilung am 13. Oktober 1945 unterstand die „Österreichische Zeitung" in operativer und inhaltlicher Hinsicht der SČSK, in organisatorischer und administrativer Hinsicht jedoch weiterhin der Politverwaltung der CGV. Vgl. RGASPI, F. 17, op. 118, d. 455, S. 236f., Schreiben von Burcev an Il'ičev über die Notwendigkeit der Unterstellung der „Österreichischen Zeitung" unter die SČSK, 16.6.1949. Siehe dazu auch das Kapitel A.II.1.4 „‚Jedmöglichste Hilfe': Aufrufe an die Bevölkerung" in diesem Band.

333 Die am 5. April 1925 gegründete VOKS stand im August 1945 mit 52 Ländern im „kulturellen Kontakt" und kooperierte mit insgesamt 3001 Abteilungen ausländischer Gesellschaften. Von 1941 bis 1948 war V. S. Kemenov Vorsitzender des Vorstandes, dem bis 1955 A. I. Denisov folgte. Den Vorsitz hatte E. O. Lerner 1933–1956 inne. Die VOKS wurde am 5. September 1957 per Ministerratsbeschluss aufgelöst. Vgl. RGASPI, F. 17, op. 125, d. 371, S. 138–144, hier: S. 138, Bericht von Kemenov an Molotov und Malenkov über die Arbeit der Allunionsgesellschaft für kulturelle Beziehungen mit dem Ausland, 15.8.1945.

334 RGASPI, F. 17, op. 128, d. 299, S. 1–64, hier: S. 30, Bericht von Dubrovickij über die Arbeit der Propagandaabteilung der SČSK 1946 und im 1. Quartal 1947 [September 1947]. Vgl. dazu: Eva Binder, Die Rosenhügelproduktionen, in: Karin Moser (Hg.), Besetzte Bilder. Film, Kultur und Propaganda in Österreich 1945–1955. Wien 2005, S. 475–494; Martin Prucha, Agfacolor und Kalter Krieg. Die Geschichte der Wien-Film am Rosenhügel 1946–1955, in: Ruth Beckermann - Christa Blümlinger (Hg.), Ohne Untertitel, Fragmente einer Geschichte des österreichischen Kinos. Wien 1996, S. 53–79; Oliver Rathkolb, Die „Wien-Film"-Produktion am Rosenhügel. Österreichische Filmproduktion und Kalter Krieg, in: Hans-Heinz Fabris - Kurt Luger (Hg.), Medienkultur in Österreich. Film, Fotografie, Fernsehen und Video in der 2. Republik. Wien 1988, S. 117–132.

335 Mueller, „Die Kanonen schießen nicht", S. 343.

336 Die sowjetischen Informationszentren bestanden in Wien, Eisenstadt, St. Pölten, Stadlau, Wiener Neustadt und Urfahr. Sie organisierten Vorträge, Kurse, Ausstellungen und unter anderem Film- und Theatervorführungen für die Bevölkerung. Vgl. Wolfgang Mueller, „Leuchtturm des Sozialismus" oder „Zentrum der Freundschaft": Das Sowjetische Informationszentrum im Wiener „Porr-Haus" 1950–1955, in: Wiener Geschichtsblätter. 2000/4, S. 261–285.

Trotz dieser Struktur blieb im Bereich der sowjetischen Propaganda für Österreich eine Doppel- bzw. Mehrgleisigkeit bestehen, die zu Parallelismen und Konkurrenz führte. Dies hing auch damit zusammen, dass in Moskau gleich mehrere Stellen (TASS, VOKS, das Sovinformbüro und die 7. Verwaltung der GlavPURKKA) entsprechende Materialien vorbereiteten und verschickten. Die Koordination zwischen diesen Institutionen war nicht die beste.[337]

Das übergeordnete Ziel der sowjetischen Propaganda in Österreich bestand in der Stärkung des sowjetischen Einflusses in Österreich und der „freundschaftlichen Beziehungen zwischen dem österreichischen Volk und den Völkern der Sowjetunion". Dabei ging man von den „unbestreitbaren Vorzügen" des sozialistischen Systems, der staatlich-gesellschaftlichen Ordnung in der Sowjetunion und der sozialistischen Realität aus.[338] Konkrete Beispiele „der Erfolge des Sozialismus" und der „Überlegenheit des sozialistischen Gesellschafts- und Staatsaufbaus gegenüber dem kapitalistischen" sollten die „Wahrheit über die Sowjetunion" propagieren.[339] Die gewünschte Eindämmung des Einflusses der Westmächte in Österreich war eng damit verknüpft.[340] Mithilfe der Propaganda sollte außerdem die „endgültige Loslösung Österreichs von Deutschland" erreicht werden, die mit einer „Ausmerzung" der Reste der NS-Ideologie im gesellschaftlich-politischen, kulturellen und ideologischen Leben sowie einer Umerziehung im „demokratischen" Sinn einherging.[341]

Inhaltlich stand die „Popularisierung der Erfolge der Sowjetunion bei der Wiedererrichtung und Entwicklung der Volkswirtschaft" ebenso im Vordergrund wie die „Darstellung der Bedeutung der UdSSR als führende und wichtige Kraft im Kampf der progressiven Menschheit um Frieden, Demokratie, Freiheit und Unabhängigkeit der Völker". Außerdem sollte die Propaganda in Österreich die „wirtschaftlichen Erfolge der volksdemokratischen Länder", die Einheit der Arbeiterklasse und die sowjetischen Positionen ge-

337 RGASPI, F. 17, op. 125, d. 384, S. 74–79, hier: S. 78, Bericht von Sidorov und Korotkevič an Suslov über die Arbeit der Zentraleuropäischen Abteilung des Sovinformbüros, 9.7.1946.

338 RGASPI, F. 17, op. 132, d. 5, S. 188–195, Stellungnahme von Kurasov zur sowjetischen Propaganda in Österreich, 11.5.1948. Abgedruckt in: Karner - Stelzl-Marx - Tschubarjan, Die Rote Armee in Österreich, Dok. Nr. 105.

339 RGASPI, F. 17, op. 132, d. 5, S. 211–221, hier: S. 213, Anordnungen von Kurasov bezüglich der Propagandaarbeit unter der österreichischen Bevölkerung [15.–22.5.1948].

340 RGASPI, F. 17, op. 128, d. 116, S. 131, Schreiben von Šikin an Ždanov über die Resultate der Überprüfung der Propagandaabteilung der SČSK, 25.9.1946.

341 RGASPI, F. 17, op. 128, d. 117, S. 2–117, hier: S. 69, Bericht von Pasečnik an Suslov über die Lage in Österreich, 6.8.1946.

genüber Österreich verbreiten.[342] Die Abteilung setzte für die politische Propaganda unter der österreichischen Bevölkerung vorwiegend folgende Mittel ein:[343]

- „Gedruckte Propaganda" - die Herausgabe der „Österreichischen Zeitung" als „Organ der Roten Armee für die österreichische Bevölkerung" und von Journalen, weiters die Verbreitung sowjetischer Literatur und Informationen;
- „Radiopropaganda" - die Gestaltung des Radioprogramms „Russische Stunde",[344] die von der Wiener Radioverkehrs-AG (RAVAG) ausgestrahlt wurde;[345]
- „mündliche Propaganda" - die Organisation von Vorträgen durch österreichische „Demokraten", wobei dieser Bereich in den sowjetisch besetzten Bundesländern sukzessive der „Gesellschaft zur Pflege der kulturellen und wirtschaftlichen Beziehungen zur Sowjetunion (Österreichisch-Sowjetische Gesellschaft, ÖSG) überantwortet wurde;
- „Anschauungspropaganda" - die Organisation von Ausstellungen, Gestaltung von Fotovitrinen und die Herausgabe von Plakaten sowie des Fotojournals „Die Sowjetunion im Bild";
- Theater bzw. die Propaganda der sowjetischen Kultur - Unterstützung des Theaters „Scala"[346] in Wien und des Theaters in Urfahr; darüber hinaus die

342 RGASPI, F. 17, op. 132, d. 5, S. 37–53, Plan von Dubrovickij für die Arbeit der Propagandaabteilung der SČSK im 3. Quartal 1948, 2.7.1948.

343 Zur Differenzierung der einzelnen Propagandabereiche mit der entsprechenden Aufgabenverteilung vgl. ebd.

344 1948 strahlte die „RAVAG" im Auftrag der sowjetischen Besatzungsmacht das Programm „Russische Stunde" und andere Sendungen im Umfang von lediglich zwei bis zweieinhalb Stunden pro Tag aus. Vgl. RGASPI, F. 17, op. 132, d. 94, S. 42–58, hier: S. 42, Bericht von Dubrovickij und Marek über die Radiopropaganda in Österreich [August 1948]. Želtov beklagte in diesem Zusammenhang, dass die Reichweite des Senders und der Anteil der sowjetischen Programme an der gesamten Sendezeit dieses österreichischen Regierungssenders sehr gering waren. Vgl. RGASPI, F. 17, op. 132, d. 94, S. 39–41, Schreiben von Želtov an Šepilov über die Radiopropaganda in Österreich, 3.8.1948.

345 Aichinger, Sowjetische Österreichpolitik, S. 261–263; Ernst Glaser, Die „Russische Stunde" in Radio Wien 1945–1955, in: Wiener Geschichtsblätter. 46/1991, S. 1–12.

346 Das 1931 in das „Scala"-Kino umfunktionierte Gebäude in der Favoritenstraße 8 im 4. Bezirk wurde von der sowjetischen Besatzungsmacht als „Deutsches Eigentum" beschlagnahmt und 1948 den Sozietären des „Neuen Theaters in der Scala" übergeben. Am 16. September 1948 erfolgte die Eröffnung des Hauses mit Nestroys „Höllenangst". Nach der letzten Vorstellung am 30. Juni 1956 stand das Gebäude bis 1959 leer und wurde schließlich abgerissen. Vgl. Kurt Palm, „Als Künstler getarnte Agenten", in: Die Presse, Spectrum, 24.6.2006, S. 5. Am 17. März 1951 beschloss das Politbüro, dieses „einzige progressive Theater in Wien" mit 1,2 Millionen Schilling zu unterstützen und dadurch vor der Schließung zu bewahren. Denn es beschäftigte, so das Politbüro, schließlich 80 „progressive" Schauspieler und Mitarbeiter, vermittelte dem österreichischen Volk die sowjetische Kultur, hatte rund 8000 „progressive" Abonnenten und führte vor allem sowjetische Theaterstücke auf. Vgl. RGASPI, F. 82, op. 2, d. 1120, S. 109–111, Schreiben von Grigor'jan an Stalin bezüglich der

Einladung sowjetischer Künstler zu Gastspielen nach Österreich; Förderung des „sowjetischen Repertoires" auf Wiener Bühnen über die ÖSG;[347]
- „Kinopropaganda" - die Organisation der Vorführung ausgewählter sowjetischer Kinofilme;
- Zensur - die Zensur von Büchern, Zeitungen, Theaterstücken, Konzertprogrammen, Kinofilmen, Varietéprogrammen und die Überprüfung von Verlagen in der sowjetischen Zone;[348]
- „Demokratisierung von Schulen" - die Organisation von Vorträgen und Ausstellungen in Schulen; die Ausarbeitung neuer Lehrpläne und Schulbücher, die Vorbereitung der Lehrer und die Einführung von Russisch als Unterrichtsfach;[349]
- „Arbeit mit demokratischen Organisationen und Parteien" - die konkrete Unterstützung der KPÖ und der ÖSG;
- „Arbeit in den sowjetischen Betrieben" - die Organisation von Vorträgen, Diskussionen, die Herausgabe von Wandzeitungen, die Verbreitung der „Österreichischen Zeitung";
- „Arbeit der Abteilungen für Niederösterreich und Burgenland" - Unterstützung und Überprüfung der Arbeit der Propagandainstruktoren; Verbreitung der „Österreichischen Zeitung", des Journals „Die Weltillustrierte" u. Ä.;
- Analyse der eigenen Arbeitserfahrung sowie der „anglo-amerikanischen und österreichischen reaktionären Propaganda" - Durchführung von Gegenpropaganda; Maßnahmen zur Verbesserung der Arbeit;
- „Neujahrstannen für österreichische Kinder" - Aufstellung der Tannen und Organisation von Veranstaltungen im Zeitraum von 20. bis 30. Dezember.[350]

Unterstützung des Theaters „Scala" mit beiliegendem Entwurf des Politbürobeschlusses, 10.3.1951. Vgl. dazu auch: Wilhelm Pellert, Roter Vorhang, rotes Tuch. Das Neue Theater in der Scala 1948–1956. Wien 1979; Carmen Renate Köper, Ein unheiliges Experiment: Das Neue Theater in der Scala 1948–1956. Wien 1995.

347 RGASPI, F. 17, op. 125, d. 513, S. 271, Bulletin „Opyt raboty" Nr. 1 (40) der 7. Verwaltung der GlavPU, 1947.

348 Für die Beibehaltung der Zensur in Österreich sprach sich insbesondere der Chef des MGB, Viktor S. Abakumov, aus: Dank der Zensur erhalte die Abteilung für Gegenspionage des MGB bei der CGV wertvolle Informationen über Untergrundorganisationen, Vaterlandsverräter, Kriegsverbrecher und die Tätigkeit westlicher Geheimdienste. Vgl. RGASPI, F. 82, op. 2, d. 1120, Schreiben von Abakumov an Molotov über die Zensur in Österreich, 26.3.1949.

349 RGASPI, F. 17, op. 128, d. 299, S. 1–64, hier: S. 14, Bericht von Dubrovickij über die Arbeit der Propagandaabteilung der SČSK 1946 und im 1. Quartal 1947, [September 1947].

350 Dieser Punkt wurde etwa im Jahresbericht der Propagandaabteilung für 1949 eigens angeführt und als besonders positiv für die „weitere Stärkung der Autorität der Direktoren in den sowjetischen Betrieben und der Militärkommandanturen" charakterisiert. Im Dezember 1949 hatten insgesamt 49.000 Kinder die entsprechenden Veranstaltungen besucht und Geschenke erhalten. Vgl. RGASPI,

Abb. 28: Im Oktober 1945 ging die politische Arbeit unter der österreichischen Bevölkerung von den Politorganen der Roten Armee offiziell auf die Propagandaabteilung der SČSK über. Auch Neujahrstannen und Geschenke für österreichische Kinder fielen in diesen Bereich. (Quelle: AdBIK, Bestand Böröcz)

Schon bald zeigten sich jedoch Schwierigkeiten bei der Realisierung der genannten Ziele. Kurasov führte den mäßigen Erfolg auf die geringeren personellen Ressourcen und finanziellen Mittel zurück, über welche die sowjetische im Vergleich zur „feindlichen" Propaganda verfügte. Damit sprach er in erster Linie die Propaganda der „USA, Englands, Frankreichs, der österreichischen Regierung, von SPÖ und ÖVP sowie der katholischen Kirche" an. Indirekt gestand der Hochkommissar aber auch inhaltliche Mängel ein: Die Westmächte wären dahin gehend im Vorteil, „dass ihr Gesellschafts- und Staatsmodell, ihre Ideologie und ihre Sprache der österreichischen Bevölkerung bekannt und vertraut sind, während wir [die Sowjetunion] ein vollkommen neues Gesellschafts- und Staatsmodell repräsentieren und zur Bevölkerung in einer für sie neuen politischen Sprache sprechen".[351]

Laufende Überprüfungen und neue Konzepte waren von Anfang an die Folge. So informierte Vyšinskij im August 1947 ZK-Sekretär Ždanov, es sei „im Zusammenhang mit der [nach den Novemberwahlen 1945] geänderten Lage in Österreich und der verstärkten reaktionären, gegen die UdSSR ge-

F. 17, op. 137, d. 108, S. 6–77, hier: S. 71, Bericht von Gurkin über die Arbeit der Propagandaabteilung der SČSK 1949, 13.3.1950.

351 RGASPI, F. 17, op. 132, d. 5, S. 59–114, hier: S. 65, Bericht von Dubrovickij über die Propaganda unter der österreichischen Bevölkerung und Maßnahmen zu ihrer Ausweitung, 17.5.1948.

richteten Propaganda [...] unbedingt notwendig, entschlossene Maßnahmen zu einer Verstärkung unserer Propaganda unter der österreichischen Bevölkerung zu ergreifen". Bereits „zum gegenwärtigen Zeitpunkt" müsse man, führte Vyšinskij weiter aus, „neue Formen unserer propagandistischen Tätigkeit in diesem Land vorbereiten, welche die Durchführung einer effizienten sowjetischen Propaganda unter der österreichischen Bevölkerung auch nach dem Abzug unserer Besatzungstruppen aus Österreich gewährleisten könnten". Konkret bezog sich der stellvertretende Außenminister auf Kurasovs Vorschläge an Molotov: regelmäßige Abhaltung sowjetischer Ausstellungen, Anlieferung sowjetischer Literatur, Reisen von Vertretern der sowjetischen Wissenschaft, Kunst und Literatur nach Österreich, Verstärkung der TASS-Aktivitäten in Wien und der kulturellen Aktivitäten in den sowjetischen Betrieben, Eröffnung eines Hauses der Sowjetischen Kultur in Wien und Ähnliches mehr.[352]

Wenige Monate später[353] reiste eine aus hochkarätigen Funktionären des ZK und der Politverwaltung der Streitkräfte bestehende Delegation nach Österreich, um die Propagandaabteilung zu überprüfen.[354] Neben sämtlichen Abteilungen und deren Leistungen unterlagen auch die Kader der sowjetischen Propagandaorgane und „der Zustand ihrer parteipolitischen Arbeit" der Kontrolle.[355] Die Ergebnisse waren alles andere als zufriedenstellend.[356] Bei den Nachbesprechungen kam die Konkurrenz zwischen dem Politberater Želtov und der Politabteilung der SČSK unter Dubrovickij einmal mehr zum Vorschein.[357]

352 GARF, F. 5283, op. 22, d. 62, S. 59, Entwurf eines Schreibens von Vyšinskij an Ždanov über die sowjetische Propaganda in Österreich [August 1947]. Abgedruckt in: Karner - Stelzl-Marx - Tschubarjan, Die Rote Armee in Österreich, Dok. Nr. 103.

353 Die Überprüfung dauerte vom 2. Februar bis 6. März 1948. Vgl. RGASPI, F. 17, op. 132, d. 5, S. 32–36, hier: S. 32, Schreiben von Želtov an Šepilov über die Arbeit der Propagandaabteilung der SČSK, 20.7.1948.

354 RGASPI, F. 17, op. 116, d. 337, S. 97–98, Beschluss Nr. 337 (512) des Sekretariates des ZK der VKP(b), Über die Überprüfung der Propagandaabteilung der SČSK, 23.1.1948.

355 Als Leiter der Kommission fungierte M. A. Charlamov, Abteilungsleiter in der Verwaltung für Propaganda und Agitation des ZK der VKP(b). Vgl. RGASPI, F. 17, op. 125, d. 594, S. 43f., Plan für die Überprüfung der Propagandaabteilung der SČSK, 25.1.1948.

356 RGASPI, F. 17, op. 132, d. 5, S. 2–9, Bericht von Charlamov u. a. an Suslov über den Zustand der sowjetischen Propaganda in Österreich [März 1948].

357 Želtov attackierte Dubrovickij offen während einer dreitägigen Sitzung zur Propagandaproblematik in Österreich. Er kritisierte Dubrovickijs Mangel an Kritik und Selbstkritik, seine Fehleinschätzungen der Lage und seinen (fehlgeschlagenen) Versuch, den Erfolg der Propagandaabteilung darzustellen. Vgl. RGASPI, F. 17, op. 132, d. 5, S. 196–210, Rede von Želtov zur sowjetischen Propaganda in Österreich, 27.5.1949.

5.3 Kadermangel und -mängel

Im Herbst 1945 zeigte sich bereits, dass das Personal für die Tätigkeit der SČSK keineswegs ausreichte. Der Leiter der Abteilung für Arbeitskräfte, Aleksandr M. Pigin, beklagte sich drei Wochen nach der ersten Vollsitzung des Alliierten Rates beim Sekretär des ZK der VKP(b), Georgij Malenkov, dass die gesamte SČSK nur über einen Englischdolmetscher verfüge, obwohl kaum einer der Mitarbeiter Deutsch-, Englisch- oder Französischkenntnisse besäße. Seine Abteilung bestehe insgesamt aus sieben Personen, während bei den Briten 38 und bei den Amerikanern „noch mehr" Mitarbeiter tätig seien. Diese wüssten daher besser, „nicht nur was in ihrer Zone vor sich geht, sondern auch in unserer", und stellten „massenweise Fragen". In den übrigen Abteilungen sehe es ähnlich schlecht aus. Abschließend bat Pigin, zumindest die Hälfte des Personals zugesprochen zu bekommen, das die Amerikaner oder Briten hätten, nicht weil er „ein leichtes Leben" haben oder „weniger arbeiten" wolle, sondern weil die Sowjets durch den Personalmangel „viel zu verlieren" hätten.[358]

Želtov und Kiselev bestätigten das Problem: „Die Praxis der Arbeit der SČSK zeigte, dass der genehmigte Personalstand vollkommen unzureichend ist." Sie legten für sämtliche Abteilungen, den Stab und den sowjetischen Teil des Interalliierten Sekretariates einen genauen Plan zusätzlich benötigter Stellen vor, der sich auf über 150 Personen belief.[359] Ende des Jahres wandte sich auch der Volkskommissar für Staatssicherheit, Vsevol'od Merkulov, mit einem ähnlichen Anliegen an Malenkov: Die im Juli 1945 bestätigten neun Mitarbeiter der Abteilung für innere Angelegenheiten der SČSK würden „weder ihrer Zahl noch ihrer Funktion nach" dem Arbeitsumfang der Abteilung entsprechen. Merkulov forderte fünf zusätzliche Posten.[360] Das ZK schenkte ihm Gehör: Im Frühling 1946 stockte man sowohl den Personalstand der Rechtsabteilung[361] als auch jenen der Innenabteilung zur Verstärkung der Kontrolle von Polizei und Innenministerium in Österreich um jeweils fünf Mitarbeiter auf.[362]

358 AVP RF, F. 066, op. 25, p. 119, d. 15, S. 77f., Schreiben von Pigin an Malenkov über den Personalmangel in der SČSK, 2.10.1945.

359 AVP RF, F. 066, op. 25, p. 119, d. 15, S. 80, Schreiben von Želtov und Kiselev bezüglich der Erhöhung des Personalstandes der SČSK, [5.10.1945]; AVP RF, F. 066, op. 25, p. 119, d. 15, S. 81–86, Auflistung der zusätzlich benötigten Posten für die SČSK, [5.10.1945].

360 GARF, F. 5446, op. 48a, d. 171, S. 6, Schreiben von Merkulov an Malenkov bezüglich der Erhöhung des Personalstandes der Innenabteilung der SČSK, 31.12.1945.

361 GARF, F. 5446, op. 48a, d. 3311, S. 4, Verfügung Nr. 2745-rs des Rates der Volkskommissare der UdSSR, Über die Erweiterung der Rechtsabteilung der SČSK um fünf Posten, 2.3.1945.

362 Mueller, Die sowjetische Besatzung in Österreich, S. 59.

Im Jänner 1946 wurde außerdem auf Anregung Konevs und Želtovs bei der Wirtschaftsabteilung ein Büro zur „Eruierung und Untersuchung der Errungenschaften der deutschen Technik" mit acht Posten eingerichtet. Die „große Bedeutung der Materialien", die Želtovs Gruppe „im Bereich der neuen deutschen Technik" ausfindig gemacht hatte, legitimierte diese neuerliche Erweiterung der SČSK.[363]

Insgesamt stellte die SČSK eine mehrheitlich militärische Bürokratie dar, deren Personalstand zunächst relativ stabil blieb. Bei der Gründung im Juli 1945 bestand der Apparat aus 343 Planstellen (davon 284 Armeeangehörige und 59 Zivilbedienstete),[364] im Februar 1952 umfasste er 339 Personen (273 Militärangehörige und 66 Zivilisten). Das Kommando bestand aus acht, der Stab aus sechs und der Apparat des Politberaters aus 30 - ausschließlich zivilen - Posten. Von 28 Organisationseinheiten war die Abteilung für Propaganda Anfang 1952 bei Weitem die größte: Gemeinsam mit der 34 Posten umfassenden Redaktion der „Österreichischen Zeitung" beschäftigte sie 115 Personen, davon nur acht zivile. Damit war sie mehr als doppelt so groß wie die nächstkleinere Wirtschaftsabteilung mit 40 Mitarbeitern.[365] Darüber hinaus zog die Propagandaabteilung „österreichische Demokraten" zur Propagandaarbeit unter der österreichischen Bevölkerung heran: Anfang 1949 waren 4081 österreichische Mitarbeiter im Rahmen der Propagandaabteilung der SČSK tätig, davon 1521 ständig und 2560 temporär. Die meisten (923 ständige und 2064 temporäre) gehörten zur Abteilung für die Arbeit mit sowjetischen Betrieben, das sich in die Zentralen Kulturreferate der USIA und SMV untergliederte.[366]

Erst im Zuge der Reorganisation des Besatzungsapparates Anfang 1952 wurde der Personalstand der SČSK einerseits verkleinert, andererseits stieg er durch die Unterstellung der Militärkommandanturen auf insgesamt 858 Planstellen an.[367] Mit der Ernennung eines zivilen Hochkommissars im

363 GARF, F. 5446, op. 48a, d. 143, S. 1, Carev und Romanov an Malenkov über die Erweiterung der Wirtschaftsabteilung der SČSK um acht Posten, 14.1.1946. Molotov erteilte seine Zustimmung am 23.1.1946.

364 AVP RF, F. 066, op. 25, p. 119, d. 15, S. 51–55, Beschluss Nr. 1553-355s des Rates der Volkskommissare, Über die Bildung des Sowjetischen Teils der Alliierten Kommission für Österreich, 4.7.1945. Abgedruckt in: Karner - Stelzl-Marx - Tschubarjan, Die Rote Armee in Österreich, Dok. Nr. 63.

365 Zum Stand 1952 siehe: GARF, F. R-5446, op. 86, d. 708, S. 3f., Vergleichstabelle der bestehenden und geplanten Stellen der SČSK, Beilage zur Verordnung des Ministerrates der UdSSR „Über die Lage und die Funktionen des Sowjetischen Teils der Alliierten Kommission in Österreich" [Entwurf], [Februar 1952].

366 RGASPI, F. 17, op. 128, d. 507, Schema der Heranziehung „Österreichischer Demokraten" zur Propagandaarbeit unter der österreichischen Bevölkerung, 25.2.1949.

367 RGASPI, F. 82, op. 2, d. 1117, S. 66–75, Beschluss Nr. 986-317ss des Ministerrates der UdSSR, Über die Struktur und die Funktionen des Sowjetischen Teils der Alliierten Kommission in Österreich und Verordnung über den Sowjetischen Teil der Alliierten Kommission in Österreich (Beilage Nr.

Frühsommer 1953 wurde die SČSK erneut reorganisiert und in „Apparat des Hochkommissars der UdSSR in Österreich" umbenannt.[368] Ihren Personalstand ließ das ZK nach der Ausgliederung der Militärkommandanturen ab August 1953 vorwiegend im Bereich der Aufklärungsabteilung vergrößern.[369]

Für die Entsendung des Personals der SČSK nach Österreich waren die entsprechenden Volkskommissariate (ab 1946: Ministerien) und Zentralbehörden zuständig. So stellte die Tätigkeit innerhalb dieser vorwiegend militärischen Struktur für neue Mitarbeiter, die aus dem zivilen Bereich kamen, mitunter eine gewisse Umstellung dar.[370] Schließlich ernannten 1945 das NKO und das Volkskommissariat für die Seestreitkräfte (NKVMF) lediglich das Personal für den Stab, die militärische Abteilung (einschließlich jener für die Luft- und Seestreitkräfte) und den Bevollmächtigten des Vertreters des Militärkommissars in der sowjetischen Zone. Das NKO war außerdem gemeinsam mit dem Volkskommissariat für Finanzen (NKF) für die Finanzabteilung und gemeinsam mit dem Volkskommissariat für Außenhandel für die Wirtschaftsabteilung zuständig. Die Ernennung des Personalstandes der Politischen Abteilung oblag hingegen dem NKID unter Dekanozov und dem Volkskommissariat für Volksaufklärung (NKP). Dekanozov ernannte außerdem gemeinsam mit dem Volkskommissariat für Justiz das Personal der Rechtsabteilung. Das Volkskommissariat für Staatssicherheit unter Merkulov (NKGB) beschickte die Abteilung für innere Angelegenheiten. Die Komplettierung des Apparates mit Übersetzern lag bei der Politischen Verwaltung der Roten Armee unter Šikin, der Hauptverwaltung für Spionage GRU unter Il'ičev und der Verwaltung für Angelegenheiten von Kriegsgefangenen des NKVD. Der NKVD unter Berija hatte außerdem Innere Truppen zum Schutz von Objekten, Personal und Aktionen der SČSK abzustellen.[371]

1) [20.2.1952]. Abgedruckt in: Karner – Stelzl-Marx – Tschubarjan, Die Rote Armee in Österreich, Dok. Nr. 78; Mueller, Die sowjetische Besatzung in Österreich, S. 59.

368 AP RF, F. 3, op. 64, d. 10, S. 106–113, Beschluss Nr. 1607–634ss des Ministerrates der UdSSR, Über die Struktur und den Personalstand des Apparates des Hochkommissars der UdSSR in Österreich, 27.6.1953.

369 AP RF, F. 3, op. 64, d. 10, S. 114, Beschluss Nr. 20/66 des Präsidiums des ZK der KPdSU, Über die Vergrößerung des Personalstandes des Apparates des Hochkommissars, v. a. der Organe der sowjetischen Aufklärung, 26.8.1953.

370 Der erste Leiter der Abteilung für Arbeitskräfte der SČSK, A. Pigin, schickte seinem Schreiben an das ZK der VKP(b) als Erklärung voraus: „Da ich ein Zivilist und noch nicht zur Gänze mit den militärischen Gepflogenheiten vertraut bin, wende ich mich direkt an Sie mit folgenden Fragen." AVP RF, F. 066, op. 25, p. 119, d. 15, S. 77f., Schreiben von Pigin an Malenkov über den Personalmangel in der SČSK, 2.10.1945.

371 AVP RF, F. 066, op. 25, p. 119, d. 15, S. 51–55, Beschluss Nr. 1553-355s des Rates der Volkskommissare, Über die Bildung des Sowjetischen Teils der Alliierten Kommission für Österreich, 4.7.1945. Abgedruckt in: Karner – Stelzl-Marx – Tschubarjan, Die Rote Armee in Österreich, Dok. Nr. 63. Siehe dazu auch das Kapitel A.III.4.3 „‚Die Säuberung von verbrecherischen Elementen': Aufgaben 1945" in diesem Band.

5.3.1 „Direkt von der Schulbank"

Ähnlich wie bei der SMAD bestand auch in der SČSK eines der größten Probleme darin, sich einen Stab qualifizierter, engagierter und politisch zuverlässiger Fachleute zu halten. Zusätzlich zu den regulären Versetzungen wurden Mitarbeiter ihrer Posten enthoben und zurück in die Sowjetunion geschickt, weil sie als politisch oder moralisch kompromittiert galten.[372] Der Kadermangel machte sich bei der politischen Arbeit besonders bemerkbar. Man benötigte Politmitarbeiter mit Deutschkenntnissen, um die Vakanzen nachzubesetzen und „einige Mitarbeiter durch qualifiziertere" auszutauschen.[373]

Zum Personalmangel (am 1. Jänner 1950 waren von 52 Posten in der Propagandaabteilung 18 vakant) kam hinzu, dass es den Neuzugängen häufig an Deutschkenntnissen und am persönlichen Format fehlte: Ein Teil der Mitarbeiter war „direkt von der Schulbank" zur Armee eingezogen worden, einige hatten während des Krieges als Instruktoren der Divisions-Politabteilungen für die Arbeit unter den feindlichen Truppen gedient und verfügten beim anschließenden Einsatz in der SČSK über „keinerlei Erfahrung in der parteipolitischen Arbeit".[374]

In den kommenden Jahren besserte sich die Situation kaum. Jene 22 Unteroffiziere, die die Kaderabteilung der Politischen Verwaltung der Streitkräfte nach Österreich entsandt hatte und die ab Dezember 1949 einen Ausbildungskurs für Politmitarbeiter absolvierten, entsprachen wegen ihrer Jugendlichkeit keineswegs den Anforderungen: Die frisch ernannten Sergeanten hatten erst vor ihrer Entsendung nach Österreich die Militärpolitische Akademie abgeschlossen. In den Augen ihres Vorgesetzten hatten sie eine schlechte Allgemeinbildung, waren politisch mangelhaft vorbereitet und wiesen weder Lebenserfahrung noch Erfahrung in der politischen Arbeit auf. Viele von ihnen würden, so seine Einschätzung, selbst nach Absolvierung des Kurses nicht in der Lage sein, als Propagandainstruktoren die nötige Leistung zu erbringen.[375]

372 Naimark, Die Russen in Deutschland, S. 41–44.

373 RGASPI, F. 17, op. 132, d. 5, S. 32–36, Schreiben von Želtov an Šepilov über die Arbeit der Propagandaabteilung der SČSK, 20.7.1948.

374 RGASPI, F. 17, op. 128, d. 299, S. 1–64, hier: S. 58, Bericht von Dubrovickij über die Arbeit der Propagandaabteilung der SČSK 1946 und im 1. Quartal 1947, [September 1947]. Gemäß dem stv. Leiter der 7. Verwaltung der Politischen Hauptverwaltung der Roten Armee, B. G. Sapožnikov, wurde die Politabteilung aus Mitarbeitern der 7. Abteilung der Politverwaltungen der 2. und 3. Ukrainischen Fronten formiert. Vgl. RGASPI, F. 17, op. 132, d. 5, S. 239f., Bericht von Sapožnikov über die Komplettierung der Propagandaabteilung mit Politmitarbeitern, 23.8.1945.

375 RGASPI, F. 17, op. 137, d. 108, S. 6–77, hier: S. 73, Bericht von Gurkin über die Arbeit der Propagandaabteilung der SČSK 1949, 13.3.1950.

5.4 „Eine Reihe ernsthafter Mängel": Überprüfung 1951

Im Herbst 1951 begann der Auftakt zu einer grundlegenden Reform der SČSK und des Kommandanturapparates in Österreich.[376] Konzepte zur Umstrukturierung der Kommandanturen waren bereits im Frühjahr 1948 ausgearbeitet, aber nicht verwirklicht worden.[377] Nun traten jedoch gravierende Mängel in der Arbeit der sowjetischen Stellen in Österreich, Kompetenzunklarheiten und Probleme in der Kaderbesetzung so offensichtlich zutage, dass sich das Politbüro zum Eingreifen veranlasst sah.[378]

Den Stein ins Rollen brachte Vagan G. Grigor'jan, Vorsitzender der Außenpolitischen Kommission des ZK der VKP(b). Am 11. August 1951 unterrichtete er den stellvertretenden Ministerratsvorsitzenden Vjačeslav M. Molotov, ihm lägen Informationen über den „nicht zufriedenstellenden Zustand der sowjetischen Propaganda unter der österreichischen Bevölkerung" vor. Die Propaganda sei zu wenig zielorientiert und operativ und hätte außerdem einen defensiven Charakter. Folglich würden die „rechten Sozialisten" ihren Einfluss in der sowjetischen Zone „und sogar in den USIA-Betrieben" festigen.[379] Im Vorfeld hatten unter anderem der stellvertretende Hochkommissar Cinev und der Politische Berater Koptelov in ihrem Jahresbericht einmal mehr auf die besonders schwierigen politischen Umstände in Österreich 1950 hingewiesen. Als eine ihrer zentralen Aufgaben für die weitere Arbeit hatten sie eine intensivere und aktivere Propagierung der „Wahrheit über die Sowjetunion" angekündigt. Damit hatten sie Grigor'jans Aufmerksamkeit geweckt. Als einzigen von insgesamt neun Punkten hatte er diesen doppelt angestrichen.[380]

Gegenüber Molotov begründete Grigor'jan die ihm bekannten Missstände mit dem eklatanten Personalmangel bei der SČSK und der passiven Arbeits-

376 Vgl. dazu und zum Folgenden Knoll - Stelzl-Marx, Der Sowjetische Teil der Alliierten Kommission, S. 199–207; Mueller, Die sowjetische Besatzung in Österreich, S. 60–62; Ruggenthaler, Warum Österreich nicht sowjetisiert wurde, S. 689–698.

377 RGASPI, F. 17, op. 127, d. 1720, S. 82f., Vorschläge zur Reorganisation der Militärkommandanturen in Österreich [5.4.1948]. Abgedruckt in: Karner - Stelzl-Marx - Tschubarjan, Die Rote Armee in Österreich, Dok. Nr. 75. Siehe dazu auch das Kapitel A.III.3.3 „Struktur der Militärkommandanturen" in diesem Band.

378 Schon sehr früh waren Mängel in der Arbeit der SČSK und der Militärkommandanturen kritisiert worden. Vgl. etwa: AVP RF, F. 66, op. 26, p. 32, d. 29, S. 25–30, Zusammenfassung des Endberichts der SČSK für das Jahr 1947 durch Barulin an Smirnov [April 1948]. Abgedruckt in: Karner - Stelzl-Marx - Tschubarjan, Die Rote Armee in Österreich, Dok. Nr. 73.

379 RGASPI, F. 82, op. 2, d. 1117, S. 29–31, Bericht von Grigor'jan an Molotov über den Zustand der sowjetischen Propaganda in Österreich, 11.8.1951. Vgl. Ruggenthaler, Warum Österreich nicht sowjetisiert wurde, S. 689f.

380 RGASPI, F. 17, op. 137, d. 351, S. 2–135, hier: S. 2, 135, Bericht von G. Cinev und M. Koptelov über die Arbeit des Sowjetischen Teils der Alliierten Kommission für Österreich 1950, 18.5.1951. Der Bericht wurde am 21. Mai 1951 an Grigor'jan übermittelt.

weise ihrer Mitarbeiter. Manche würden sich schon mehr als fünf Jahre in Österreich befinden, hätten sich „an die österreichischen Verhältnisse gewöhnt" und würden sich „manchmal taktlos in die Arbeit der österreichischen demokratischen [d. h. kommunistischen] Organisationen einmischen". Die übrigen SČSK-Abteilungen würden sich ebenso wenig wie die Kommandanturen mit Propagandafragen auseinandersetzen. Grigor'jan empfahl die Entsendung einer ZK-Kommission, die Vorschläge zu einer „Stärkung der sowjetischen Propaganda in Österreich" ausarbeiten sollte.[381]

Molotov beauftragte daraufhin Andrej A. Smirnov, zu diesem Zeitpunkt Stellvertreter der Außenpolitischen Kommission des ZK der VKP(b), Vorschläge „zur Stärkung des sowjetischen Einflusses in Österreich" auszuarbeiten. Auch Smirnov wies auf die Missstände im sowjetischen Besatzungsapparat in Österreich hin, die er auf qualitative wie quantitative Kadermängel zurückführte. So fehlten etwa in der Propagandaabteilung mehr als 40 Mitarbeiter. Generell sei die Qualifikation des Personals zu gering. Besorgniserregend sei auch, so Smirnov, die Situation in den USIA-Betrieben, die in letzter Zeit weder größere Reparaturen noch Investitionen gemacht hätten. Er unterstütze Grigor'jans Vorschlag, eine Untersuchung vor Ort durchzuführen.[382]

Wenige Tage später, am 12. September 1951, legte Smirnov seinen Bericht „Über die Lage in der sowjetischen Besatzungszone Österreichs" vor. Erneut betonte er darin, dass „feindliche Elemente" unter der Bevölkerung antisowjetische Propaganda betreiben, feindliche Maßnahmen gegen „demokratische Organisationen" organisieren, Streiks provozieren und außerdem versuchen würden, den USIA-Betrieben materiellen Schaden zuzufügen. All diese Missstände führte Smirnov auf die „mangelnde Aufmerksamkeit in der Zone seitens der sowjetischen Organe und den unzureichenden Einsatz der zur Verfügung stehenden politischen und wirtschaftlichen Hebel zur Stärkung unseres [des sowjetischen] Einflusses in Österreich" zurück. Man müsse sich vor Ort ein Bild von der Lage machen, konkrete Vorschläge ausarbeiten und diese anschließend „an die Instanz" - sprich: an Stalin - senden.[383] Grigor'jan legte dem Politbüro des ZK der VKP(b) einen entsprechenden Beschlussentwurf vor.[384]

381 RGASPI, F. 82, op. 2, d. 1117, S. 29–31, Bericht von Grigor'jan an Molotov über den Zustand der sowjetischen Propaganda in Österreich, 11.8.1951.

382 RGASPI, F. 82, op. 2, d. 1117, S. 33f., Bericht von A. Smirnov an V. Molotov über die Verstärkung des sowjetischen Einflusses in Österreich, 7.9.1951. Grigor'jan sandte den Bericht noch am selben Tag an Molotov. Siehe dazu auch das Kapitel A.III.6.6 „Der Riese wankt" in diesem Band.

383 RGASPI, F. 82, op. 2, d. 1117, S. 37f., Bericht von A. Smirnov an V. Molotov über die Lage in der sowjetischen Besatzungszone Österreichs, 12.9.1951. Grigor'jan sandte den Bericht am 13. September 1951 an Molotov.

384 RGASPI, F. 82, op. 2, d. 1117, S. 40f., V. Grigor'jan an das Politbüro des ZK der VKP(b) über die Lage

Am 15. September 1951 beschloss das Politbüro des ZK der VKP(b), Andrej Smirnov und S. S. Šatilov, den stellvertretenden Leiter der Politverwaltung im Kriegsministerium der UdSSR, nach Wien zu entsenden. Ihre zweiwöchige Mission bestand in der Überprüfung der Arbeit der SČSK und in der Ausarbeitung konkreter Verbesserungsvorschläge zur „Stärkung des sowjetischen Einflusses".[385]

Einen Monat später, am 17. Oktober 1951, legten Smirnov und Šatilov ihren zwölfseitigen Bericht dem Politbüro vor, das diesen umgehend an Stalin und seinen engsten Kreis weiterleitete.[386] Ausführlich wiesen die beiden Delegationsmitglieder auf gravierende Mängel in der Tätigkeit der SČSK und der Kommandanturen hin. Die SČSK habe ihre Arbeit in der sowjetischen Besatzungszone grob vernachlässigt und sich vor allem auf die Alliierte Kommission konzentriert, weswegen die „Demokratisierung" in Ostösterreich nicht gelungen sei. Bei den Wahlen habe die KPÖ nur fünf Prozent der Stimmen erhalten. „Selbst in den sowjetischen Betrieben", so die Kritik, sei „der Einfluss der Kommunistischen Partei und der von ihr geleiteten demokratischen Organisationen gering, und die entscheidenden Positionen (administrative wie gewerkschaftliche) befinden sich in den Händen der Sozialisten und der Volkspartei". Außerdem habe die SČSK Propaganda und Agitation unter der österreichischen Bevölkerung grob vernachlässigt und würde nicht einmal führende KPÖ-Mitglieder kennen. Prinzipiell seien die Beziehungen zwischen der Leitung der SČSK und der KPÖ nicht besonders gut, so ein weiterer Kritikpunkt. Ähnlich katastrophal sei es um die sowjetischen Betriebe in Österreich bestellt, die auch aus wirtschaftlicher Sicht einen Schwachpunkt darstellten. Die Kommandantur-Mitarbeiter wiederum würden weder ihre Aufgaben kennen noch seien sie mit ihrer Qualifikation und den vorhandenen materiellen Möglichkeiten in der Lage, eine wirksame Kontrolle über die örtlichen Organe auszuüben. Unter den gegebenen Umständen arbeite „der gesamte Apparat der Kommandanturen und der Bevollmächtigten in den

in der sowjetischen Besatzungszone Österreichs, 14.9.1951. Die Wortwahl dieses Schreibens war weitgehend ident mit jener in Smirnovs Bericht. Der von Grigor'jan vorgelegte Entwurf des Politbürobeschlusses sah jedoch Sergej M. Kudrjavcev statt M. Gribanov, dem Leiter der 3. Europäischen Abteilung des MID, und zusätzlich Andrej Smirnov als Delegationsleiter vor. Siehe RGASPI, F. 82, op. 2, d. 1117, S. 42, Entwurf des Politbürobeschlusses, Über die Entsendung einer Delegation nach Österreich [14.9.1951].

385 RGASPI, F. 17, op. 3, d. 1090, S. 96, Politbürobeschluss des ZK der VKP(b) P 83 (509), Über die Entsendung einer Kommission zur Überprüfung der SČSK nach Wien, 15.9.1951. Vgl. dazu und zum Folgenden insbesondere Knoll – Stelzl-Marx, Der Sowjetische Teil der Alliierten Kommission, S. 199; Ruggenthaler, Warum Österreich nicht sowjetisiert wurde, S. 689.

386 RGASPI, F. 82, op. 2, d. 1117, S. 43, Begleitbrief von V. Grigor'jan an das Politbüro zum Bericht „Über die Arbeit des Sowjetischen Teils der Alliierten Kommission und Maßnahmen zur Stärkung des sowjetischen Einflusses in Österreich", 17.10.1951.

Bundesländern [...] unnütz oder erfüllt einzelne Aufgaben, die mit irgendeinem außergewöhnlichen Ereignis in der Zone zusammenhängen, und erstellt nutzlose Berichte".[387]

Smirnov und Šatilov unterbreiteten im Anschluss an diesen Rundumschlag einen 14-teiligen Maßnahmenkatalog „zur Verbesserung der Arbeit des Sowjetischen Teils der Alliierten Kommission für Österreich und der richtigen Einsetzung der vorhandenen politischen und wirtschaftlichen Hebel zur Stärkung des sowjetischen Einflusses in Österreich". Darin schlugen sie eine seit ihrer Gründung 1945 erstmalige Umstrukturierung der SČSK und einen Austausch der Führungsspitze vor. Wenig schmeichelhaft für Hochkommissar Sviridov und Politberater Koptelov hieß es: „Für die Stärkung der Führung des Sowjetischen Teils der Alliierten Kommission für Österreich wäre es zielführend, einen höher qualifizierten Hochkommissar und Politischen Berater einzusetzen." In den Kommandanturen sollten gleichfalls „besser qualifizierte Kader" zum Einsatz kommen, während die „Fähigen die Kontrolle über die Tätigkeit der örtlichen Behörden" auszuüben hätten. Als konkrete Hilfsmaßnahme schlugen sie vor, der SČSK-Führung mehrere Autos sowjetischer Bauart zur Verfügung zu stellen.[388]

Das Politbüro erteilte daraufhin am 20. Oktober 1951 den Auftrag, den ZK-Bericht innerhalb von fünf Tagen zu analysieren und entsprechende Vorschläge zu unterbreiten.[389] Am 1. November fasste es den Beschluss „Über Maßnahmen zur Verbesserung der Arbeit der Alliierten Kommission für Österreich". Diese Anweisungen, die dem ZK-Bericht in allen Punkten beinahe wörtlich entnommen waren, brachten die seit 1945 weitreichendsten personellen und strukturellen Änderungen sowjetischer Organe in Österreich mit sich. Einleitend hieß es: „Die von der Kommission des ZK der VKP(b) vor Ort durchgeführte Überprüfung der Arbeit des Sowjetischen Teils der Alliierten Kommission in Österreich brachte eine Reihe ernsthafter Mängel in dieser Arbeit [...] zum Vorschein." Dabei kamen auch die übergeordneten Stellen nicht ungeschoren davon: „Das ZK der VKP(b) meint, dass sich die genannten Mängel in der Arbeit des Sowjetischen Teils der Alliierten Kommission in Österreich in einem wesentlichen Maße dadurch erklären lassen, dass seitens

387 RGASPI, F. 82, op. 2, d. 1117, S. 44–55, Bericht von A. Smirnov und S. Šatilov an V. Grigor'jan „Über die Arbeit des Sowjetischen Teils der Alliierten Kommission für Österreich und Maßnahmen zur Stärkung des sowjetischen Einflusses in Österreich", 17.10.1951.

388 Ebd. Der Hochkommissar sollte einen „Zis" erhalten, drei „Zim" sollten für die Stellvertreter des Hochkommissars und den Wiener Stadtkommandanten und fünf „Pobeda" für die Bevollmächtigten des Hochkommissars in den Bundesländern und den zentralen Apparat der Kommission bereitgestellt werden.

389 RGASPI, F. 17, op. 3, d. 1091, S. 23, Politbürobeschluss des ZK der VKP(b) P 84 (99), Über die Arbeit der SČSK und Maßnahmen zur Festigung des sowjetischen Einflusses in Österreich, 20.10.1951.

des MID der UdSSR der Arbeit des Sowjetischen Teils der Alliierten Kommission nicht genügend Aufmerksamkeit beigemessen wurde. Das Kriegsministerium befasste sich nicht ausreichend mit der Auswahl der Kader für die sowjetischen Militärkommandanturen in Österreich. Die Hauptverwaltung des sowjetischen Eigentums im Ausland nahm die Leitung und Kontrolle über die Tätigkeit der sowjetischen Betriebe in Österreich schlecht wahr."[390]

Das Politbüro erteilte Außenminister Andrej J. Vyšinskij und Kriegsminister Aleksandr M. Vasilevskij den Auftrag, binnen zweier Monate Vorschläge für eine neue Struktur der SČSK unter Berücksichtigung der seit 1945 veränderten Arbeitsbedingungen vorzulegen und die sowjetischen Militärkommandanturen durch besser qualifizierte Kader zu verstärken. Bei der Wahl der neuen Mitarbeiter sei darauf zu achten, dass diese nicht nur „die nötige Ordnung in den sowjetischen Militärgarnisonen gewährleisten", sondern auch die notwendige politische Arbeit unter der Bevölkerung ausüben könnten. Zur „Stärkung der politischen Führung" der SČSK ließ das Politbüro den bisherigen Politberater Michail E. Koptelov abberufen und durch Sergej M. Kudrjavcev ersetzen. Koptelov kehrte „zur weiteren Verfügung" des MID nach Moskau zurück, wo er zum Leiter der 3. Europäischen Abteilung avancierte. Hochkommissar Sviridov blieb trotz der Kritik an seiner Arbeit - vorerst - unangetastet.[391]

5.5 „Liquidierung des Parallelismus": Reform 1952

Am 20. Februar 1952[392] verfügte der Ministerrat mittels Beschluss Nr. 986-317ss die Reorganisation des sowjetischen Besatzungsapparates und bestätigte die neue „Verordnung über den Sowjetischen Teil der Alliierten Kommissi-

390 RGASPI, F. 17, op. 162, d. 47, S. 11–13, Politbürobeschluss des ZK der VKP(b) P 84 (215)-op, Über Maßnahmen zur Verbesserung der Arbeit des Sowjetischen Teils der Alliierten Kommission für Österreich, 1.11.1951. Abgedruckt in: Karner - Stelzl-Marx - Tschubarjan, Die Rote Armee in Österreich, Dok. Nr. 77. Vgl. dazu und zum Folgenden Knoll - Stelzl-Marx, Der Sowjetische Teil der Alliierten Kommission, S. 201–203; Mueller, Die sowjetische Besatzung in Österreich, S. 60f.; Ruggenthaler, Warum Österreich nicht sowjetisiert wurde, S. 694f. Siehe dazu auch das Kapitel A.III.2.2 „Der Politische Berater für Österreich" in diesem Band.

391 Ebd.

392 Am 16. Jänner 1952 hatten A. Gromyko und A. Vasilevksij dem Büro des Präsidiums des Ministerrates einen Entwurf vorgelegt. Vgl. GARF, F. 5446, op. 86a, d. 708, S. 56–54, Begleitbrief von Gromyko und Vasilevskij an das Büro des Präsidiums des Ministerrates zur Übersendung der Beschlussentwürfe, 16.1.1952. Zu den beigelegten Entwürfen vgl. GARF, F. 5446, op. 86a, d. 708, S. 1–50, 57f. Am 3. Februar 1952 hatten Vyšinskij und Vasilevskij einen entsprechenden Entwurf Molotov vorgelegt. Vgl. RGASPI, F. 82, op. 2, d. 117, S. 62, Begleitbrief von A. Vyšinskij und A. Vasilevskij an V. Molotov zur Übersendung der Beschlussentwürfe, 3.2.1952.

on in [sic!][393] Österreich".[394] Die seit 4. Juli 1945 gültige „alte" Verordnung trat somit außer Kraft.[395] Die radikalste Änderung auf institutioneller Ebene betraf die Militärkommandanturen:[396] Die bestehenden 28 Bezirkskommandanturen wurden direkt der SČSK unterstellt, weswegen die Abteilung zur Verwaltung der Militärkommandanturen bei der CGV aufgelöst werden konnte.[397] Zum Sowjetischen Teil der Alliierten Kommission kamen außerdem die Wiener Stadtkommandantur und die sieben sowjetischen Kommandanturen in den Wiener Gemeindebezirken hinzu. Die verbliebenen zwei Landeskommandanturen für Niederösterreich und das Burgenland mit je elf Planstellen wurden abgeschafft. Ihre Funktionen und ein Teil der Posten wurden den drei Apparaten des somit aufgewerteten Bevollmächtigten des Hochkommissars in den entsprechenden Bundesländern zugeteilt.[398] Ebenfalls aufgelöst wurden die Politabteilung der Kommandanturen der Zentralen Gruppe der Streitkräfte und die insgesamt 15 Posten der Propagandainstruktoren in den Kommandanturen, die der CGV unterstellt gewesen waren.[399]

393 Bis dahin hatte die offizielle Bezeichnung gelautet: „Sovetskaja čast' sojuzničeskoj kommissii po Avstrii" (Sowjetischer Teil der Alliierten Kommission für Österreich).

394 RGASPI, F. 82, op. 2, d. 1117, S. 66–75, Beschluss Nr. 986-317ss des Ministerrates der UdSSR, Über die Struktur und die Funktionen des Sowjetischen Teils der Alliierten Kommission in Österreich und Verordnung über den Sowjetischen Teil der Alliierten Kommission in Österreich (Beilage Nr. 1) [20.2.1952]. Abgedruckt in: Karner - Stelzl-Marx - Tschubarjan, Die Rote Armee in Österreich, Dok. Nr. 78. Vgl. Knoll - Stelzl-Marx, Der Sowjetische Teil der Alliierten Kommission, S. 203; Ruggenthaler, Warum Österreich nicht sowjetisiert wurde, S. 695; Mueller, Sowjetbesatzung, S. 152; Mueller, Die sowjetische Besatzung in Österreich, S. 60f.

395 AVP RF, F. 066, op. 25, p. 119, d. 15, S. 51–55, Beschluss Nr. 1553-355s des Rates der Volkskommissare der UdSSR, Über die Bildung des Sowjetischen Teils der Alliierten Kommission für Österreich, 4.7.1945. Abgedruckt in: Karner - Stelzl-Marx - Tschubarjan, Die Rote Armee in Österreich, Dok. Nr. 63.

396 Siehe dazu auch das Kapitel A.III.3.3 „Struktur der Militärkommandanturen" in diesem Band.

397 Die 28 Bezirkskommandanturen wurden nicht, wie Anfang Februar geplant, durch 31 „neue" ersetzt. Zum Entwurf siehe: GARF, F. R-5446, op. 86, d. 708, S. 1–2, Vergleichstabelle der bestehenden und geplanten Stellen der Kommandanturen der SČSK, Beilage zur Verordnung des Ministerrates der UdSSR „Über die Lage und die Funktionen des Sowjetischen Teils der Alliierten Kommission in Österreich" [Entwurf] [Februar 1952]. Vgl. Mueller, Die sowjetische Besatzung in Österreich, S. 61.

398 Der Personalstand des Bevollmächtigten des Hochkommissars für Niederösterreich wurde von drei auf zehn Mitarbeiter, für das Burgenland von zwei auf sieben und für das Mühlviertel von zwei auf fünf Mitarbeiter erweitert. Vgl. RGANI, F. 5, op. 28, d. 70, S. 1–56, hier: S. 7, Bericht von V. Sviridov und S. Kudrjavcev an A. Smirnov „Über die Umsetzung des Beschlusses des Ministerrates vom 1. November 1951 über die Verbesserung der Arbeit des Sowjetischen Teils der Alliierten Kommission in Österreich", 21.3.1953. Abgedruckt in: Mueller et al., Sowjetische Politik in Österreich, Dok. Nr. 84.

399 AVP RF, F. 066, op. 25, p. 119, d. 15, S. 51–55, Beschluss Nr. 1553-355s des Rates der Volkskommissare der UdSSR, Über die Bildung des Sowjetischen Teils der Alliierten Kommission für Österreich, 4.7.1945. Abgedruckt in: Karner - Stelzl-Marx - Tschubarjan, Die Rote Armee in Österreich, Dok. Nr. 63; GARF, F. R-5446, op. 86, d. 708, S. 3f., Vergleichstabelle der bestehenden und geplanten Stellen der SČSK, Beilage zur Verordnung des Ministerrates der UdSSR „Über die Lage und die Funktionen des Sowjetischen Teils der Alliierten Kommission in Österreich" [Entwurf] [Februar 1952].

Durch die Umstrukturierung sollte der Personalstand der SČSK zwar verkleinert werden, doch betrug er wegen der Eingliederung der Bezirkskommandanturen in den Sowjetischen Teil der Alliierten Kommission 858 Planstellen.[400] Insgesamt gehörten nun 23 Abteilungen zur SČSK,[401] deren innere Reorganisation gleichfalls zur „Liquidierung des Parallelismus [der Arbeit ihrer Abteilungen] und Verbesserung ihrer Arbeit" erfolgte.[402]

Am 28. März 1952 legte Vagan G. Grigor'jan, der im August 1951 den Anstoß zur Überprüfung der SČSK gegeben hatte, Stalin seinen durchwegs positiven Bericht über die Umsetzung der getroffenen Maßnahmen vor. Die SČSK sei umstrukturiert und mit neuen Mitarbeitern versehen worden, das Außenministerium schenke der Arbeit der SČSK nun größere Aufmerksamkeit und das Kriegsministerium habe von 16 Kommandanten zwölf und dazu drei stellvertretende Kommandanten ausgetauscht. Die Lage in den USIA-Betrieben habe sich verbessert und mit der KPÖ bestehe nun ein engerer Kontakt. Zur Stärkung der Position der KPÖ habe beigetragen, dass ihr bereits im Jänner die Leitung der Kulturreferate in sämtlichen Betrieben übertragen worden sei. In der Geheimdienstabteilung der SČSK sei eine spezielle Arbeitsgruppe für Gegenpropaganda gegründet worden und „verleumderische Propaganda gegen die Sowjetunion" könne nun zeitgerecht aufgedeckt werden.[403]

Vgl. Mueller, Die sowjetische Besatzung in Österreich, S. 61; Knoll – Stelzl-Marx, Der Sowjetische Teil der Alliierten Kommission, S. 203–207.

400 Im Entwurf der Beilage zum Beschluss des Ministerrates von Anfang Februar 1952 war noch vorgesehen gewesen, den Personalstand auf 1019 Mitarbeiter (383 Mitarbeiter SČSK und 636 Mitarbeiter der eingegliederten Kommandanturen) anzuheben. Vgl. GARF, F. R-5446, op. 86, d. 708, S. 1f., Vergleichstabelle der bestehenden und geplanten Stellen der Kommandanturen der SČSK, Beilage zur Verordnung des Ministerrates der UdSSR „Über die Lage und die Funktionen des Sowjetischen Teils der Alliierten Kommission in Österreich" [Entwurf] [Februar 1952]; GARF, F. R-5446, op. 86, d. 708, S. 3f., Vergleichstabelle der bestehenden und geplanten Stellen der SČSK, Beilage zur Verordnung des Ministerrates der UdSSR „Über die Lage und die Funktionen des Sowjetischen Teils der Alliierten Kommission in Österreich" [Entwurf] [Februar 1952]; Mueller, Die sowjetische Besatzung in Österreich, S. 61. Die endgültige Fassung sah hingegen eine Reduktion der Planstellen vor. Vgl. RGASPI, F. 82, op. 2, d. 1117, S. 66–75, Beschluss Nr. 986-317ss des Ministerrates der UdSSR, Über die Struktur und die Funktionen des Sowjetischen Teils der Alliierten Kommission in Österreich und Verordnung über den Sowjetischen Teil der Alliierten Kommission in Österreich (Beilage Nr. 1) [20.2.1952]. Abgedruckt in: Karner – Stelzl-Marx – Tschubarjan, Die Rote Armee in Österreich, Dok. Nr. 78.

401 RGASPI, F. 82, op. 2, d. 1117, S. 66–75, hier: S. 73f., Beschluss Nr. 986-317ss des Ministerrates der UdSSR, Über die Struktur und die Funktionen des Sowjetischen Teils der Alliierten Kommission in Österreich und Verordnung über den Sowjetischen Teil der Alliierten Kommission in Österreich (Beilage Nr. 1) [20.2.1952]. Abgedruckt in: Karner – Stelzl-Marx – Tschubarjan, Die Rote Armee in Österreich, Dok. Nr. 78; Knoll – Stelzl-Marx, Der Sowjetische Teil der Alliierten Kommission, S. 205.

402 RGASPI, F. 82, op. 2, d. 1117, S. 63–65, Schreiben von A. Vyšinskij und A. Vasilevskij an das Büro des Präsidiums des Ministerrates der UdSSR bezüglich der Umstrukturierung der SČSK [Entwurf], 3.2.1952.

403 RGASPI, F. 82, op. 2, d. 1117, S. 111–115, Informeller Bericht von V. Grigor'jan an Stalin über die

Problematisch sah Grigor'jan allerdings unter anderem, dass die SČSK nur „zögerlich einen Kampf gegen Diversanten und Nachrichtendienste österreichischer und ausländischer Spionageorgane, die in der sowjetischen Zone und besonders in sowjetischen Betrieben aktiv" seien, führte. Außerdem sei die Bestellung eines Bevollmächtigten der Hauptverwaltung sowjetischen Eigentums im Ausland (GUSIMZ) noch nicht erfolgt. Völlig unzufriedenstellend sei auch die Arbeit der Allunionsgesellschaft für kulturelle Beziehungen mit dem Ausland (VOKS). Abschließend hielt der Vorsitzende der Außenpolitischen Kommission fest, dass die Führung der SČSK zurzeit „Maßnahmen zur Vermeidung von Fehlern bei der Umsetzung des Beschlusses des ZK der VKP(b)" treffe. Alle Abteilungen hätten den Auftrag erhalten, „konkrete Arbeitspläne unter Berücksichtigung der sich verändernden politischen Lage in Österreich auszuarbeiten".[404]

In ihrem Tätigkeitsbericht für 1952 zogen Hochkommissar Sviridov und Politberater Kudrjavcev ein positives Resümee. Sowohl die SČSK als auch die politische Vertretung hätten ihre Arbeit gemäß dem Beschluss „der Instanz" vom 1. November 1951 durchgeführt. Dabei hätten sie sich für die wirtschaftlichen und politischen Interessen der UdSSR in Österreich „aktiv eingesetzt", Maßnahmen zur „Demokratisierung der Zone" ergriffen und dabei den „demokratischen Parteien und Organisationen bei der Verfestigung ihres Einflusses unter der österreichischen Bevölkerung" geholfen.[405]

Ähnlich lautete auch ihr Bericht „Über die Umsetzung des Beschlusses des Ministerrates vom 1. November 1951 über die Verbesserung der Arbeit des Sowjetischen Teils der Alliierten Kommission in Österreich".[406] In der Zwischenzeit seien nach einer Überprüfung durch eine Sonderkommission des Kriegsministeriums 18 von 37 sowjetischen Kommandanten in den Bundesländern und in Wien ersetzt worden. Der Generalstab habe per 15. Dezember 1952 die neue personelle Zusammensetzung der Kommandanturen bestätigt.

Umsetzung des Beschlusses des Politbüros des ZK der VKP(b) vom 1. November 1951 „Über Maßnahmen zur Verbesserung der Arbeit der SČSK", 28.3.1952. Abgedruckt in: Karner - Stelzl-Marx - Tschubarjan, Die Rote Armee in Österreich, Dok. Nr. 79. Vgl. Knoll - Stelzl-Marx, Der Sowjetische Teil der Alliierten Kommission, S. 207f.; Ruggenthaler, Warum Österreich nicht sowjetisiert wurde, S. 695.

404 Ebd.

405 RGASPI, F. 17, op. 137, d. 918, S. 74–201, hier: S. 77, Bericht von V. Sviridov und S. Kudrjavcev an A. Smirnov „Über die Arbeit des Sowjetischen Teils der Alliierten Kommission und den politischen Vertreter der UdSSR in Österreich für 1952", 28.2.1953.

406 Der Titel dieses Berichtes vermischte den Politbürobeschluss des ZK der VKP(b) „Über Maßnahmen zur Verbesserung der Arbeit des Sowjetischen Teils der Alliierten Kommission für Österreich" vom 1. November 1951 und dessen Realisierung in der per Ministerratsbeschluss der UdSSR erlassenen „Verordnung über den Sowjetischen Teil der Alliierten Kommission in Österreich" vom 20. Februar 1952.

Hinsichtlich der Arbeit mit den österreichischen Behörden und der Bevölkerung unterstanden die Kommandanturen nun operativ der SČSK, während die militärische und politische Betreuung der Mitarbeiter beim Stab der CGV verblieben waren. Die zuständige Abteilung des Stabes sei von Baden nach Wien in das Gebäude der SČSK übersiedelt und dem Assistenten des Hochkommissars für die Zone unterstellt worden, was die Koordination der Tätigkeiten der SČSK und jene der CGV „bedeutend erleichtern" würde.[407]

Als „wichtigste Aufgabe" der SČSK sahen Sviridov und Kudrjavcev die Unterstützung - und Kontrolle - der Kommandanturen „bei der Umstrukturierung ihrer Arbeit und der Neuorientierung auf die Arbeit unter der örtlichen Bevölkerung" an. Auf monatlichen Versammlungen würden sowohl die Kommandanten über ihre Arbeit vor Ort berichten als auch leitende SČSK-Vertreter über die politische Lage in Österreich, aktuelle Aufgaben der Kommandanten und Arbeitsmethoden referieren. Dies stelle „eine der effektivsten Formen der Kontrolle über die Arbeit der Kommandanturen" dar. Zu diesem Zweck suchten außerdem „qualifizierte Mitarbeiter der SČSK" systematisch die einzelnen Kommandanturen und sowjetischen Betriebe auf. Sie halfen den Kommandanten, „ihre Fehler und Mängel in der Arbeit zu beseitigen". Generalmajor Kraskevič veranstaltete in seiner Funktion als stellvertretender Hochkommissar wöchentliche Besprechungen, an denen die Militärkommandanten, Vertreter der SČSK und Leiter von USIA-Betrieben teilnahmen. Kontrolle und Erfahrungsaustausch standen auch hierbei im Vordergrund. Insgesamt zeigten sich die Verfasser mit den Erfolgen dieser „Perestrojka" zufrieden,[408] was allerdings nicht über ein gewisses Maß an Schönfärberei hinwegtäuschen soll. Abschließend legten Siviridov und Kudjravcev einen umfangreichen Katalog an Vorschlägen vor, die bis hin zur Schließung „unrentabler und einseitig produzierender USIA-Betriebe" reichten. Gerade diese Vorschläge illustrieren anschaulich die zwei Wochen nach Stalins Tod bestehenden Probleme des sowjetischen Besatzungsapparates in Österreich.[409]

407 RGANI, F. 5, op. 28, d. 70, S. 1–56, hier: S. 6–9, Bericht von V. Sviridov und S. Kudrjavcev an A. Smirnov „Über die Umsetzung des Beschlusses des Ministerrates vom 1. November 1951 über die Verbesserung der Arbeit des Sowjetischen Teils der Alliierten Kommission in Österreich", 21.3.1953. Abgedruckt in: Mueller et al., Sowjetische Politik in Österreich, Dok. Nr. 84. Vgl. Knoll - Stelzl-Marx, Der Sowjetische Teil der Alliierten Kommission, S. 208f.; Ruggenthaler, Warum Österreich nicht sowjetisiert wurde, S. 696.

408 Ebd.

409 RGANI, F. 5, op. 28, d. 70, S. 1–56, hier: S. 52–56, Bericht von V. Sviridov und S. Kudrjavcev an A. Smirnov „Über die Umsetzung des Beschlusses des Ministerrates vom 1. November 1951 über die Verbesserung der Arbeit des Sowjetischen Teils der Alliierten Kommission in Österreich", 21.3.1953. Dieser Teil des Berichts ist erstmals publiziert in: Karner – Stelzl-Marx – Tschubarjan, Die Rote Armee in Österreich, Dok. Nr. 80.

5.6 Der Apparat des Hochkommissars 1953–1955

Bald nach Stalins Tod veranlasste Ministerpräsident Georgij M. Malenkov mehrere - in Österreich lang ersehnte - Erleichterungen des Besatzungsregimes, die gezielt zur Verbesserung der österreichisch-sowjetischen Beziehungen beitragen sollten: Am 8. Juni 1953 gaben die Sowjets die Aufhebung der Kontrolle entlang der sowjetischen Zonengrenze bekannt (die Westmächte hatten ihre gegenseitige Zonenkontrolle bereits 1947 eingestellt), tags darauf schlugen sie vor, die diplomatischen Vertretungen in Moskau und Wien in den Rang von Botschaften zu erheben,[410] ab 1. August übernahm die Sowjetunion ihre Besatzungskosten,[411] und Hochkommissar Il'ičev stimmte am 14. August 1953 einem Antrag der westlichen Hochkommissare zu, die Post-, Telegrafen- und Rundfunkzensur aufzuheben.[412] Außerdem kam Moskau im Mai 1953 dem Wunsch der österreichischen Regierung nach, ihr die Aktiva des Wasserkraftwerkes und ehemaligen „Deutschen Eigentums" Ybbs-Persenbeug zu verkaufen.[413] Der entsprechende Vertrag zwischen der USIA und dem Bundesministerium für Verkehr und verstaatlichte Betriebe Österreichs wurde am 17. Juli 1953 abgeschlossen.[414]

Diese Erleichterungen des Besatzungsregimes erfolgten im Rahmen jener Maßnahmen, die die sowjetische Regierung im Frühling und Sommer 1953 zur „Entspannung der internationalen Lage" traf.[415] Zufrieden stellte man fest, dass die sowjetischen Maßnahmen zur „Normalisierung der sowjetisch-österreichischen Beziehungen" bei der Bevölkerung „wohlwollend" aufgenommen worden seien und zugleich eine „bemerkbare Beunruhigung unter den Westmächten" hervorgerufen hätten.[416]

410 Rauchensteiner, Der Sonderfall, S. 316.

411 Die Briten und Franzosen verzichteten hingegen auch weiterhin nicht auf ihre Anteile an den Besatzungskosten. Vgl. Rauchensteiner, Der Sonderfall, S. 316.

412 RGANI, F. 3, op. 8, d. 43, S. 4–6, Beschluss des Präsidiums des ZK der KPdSU, Über Weisungen an Il'ičev bezüglich Besatzungserleichterungen, 10.8.1953. Trotz der Aufhebung der Kontrolle der österreichischen Bevölkerung und von Gütertransporten an der Demarkationslinie blieb das Recht der Besatzungsbehörden in Kraft, militärische Transporte an der Zonengrenze zu kontrollieren. Vgl. Rauchensteiner, Der Sonderfall, S. 317.

413 Prozumenščikov, Nach Stalins Tod, S. 744. Noch ein Jahr zuvor hatte die sowjetische Seite eine Übergabe des Wasserkraftwerkes an die österreichische Regierung abgelehnt. Vgl. RGASPI, F. 82, op. 2, d. 1117, S. 116–118, Schreiben von Vyšinskij und Sergeev an Molotov bezüglich des Wasserkraftwerkes Ybbs-Persenbeug [29.3.1952].

414 Hubert Steiner, Die USIA-Betriebe. Ihre Gründung, Organisation und Rückgabe in die österreichische Hoheitsverwaltung, in: Mitteilungen des Österreichischen Staatsarchivs 43 (1993), S. 206–220.

415 AVP RF, F. 06, op. 14, p. 10, d. 119, S. 5–20, hier: S. 4, Bericht von V. Semenov an V. Molotov über die sowjetisch-österreichischen Beziehungen 1950–1954, [29.1.1955].

416 AVP RF, F. 066, op. 34, p. 177, d. 20, S. 2–14, Bericht von A. Timošenko über „Die Reaktion der Westmächte auf die sowjetischen Maßnahmen zur Normalisierung der Beziehungen mit Österreich", Juni–September 1953, [Oktober 1953].

Abb. 29: Kontrolle im Zug an der Zonengrenze am Semmering. Erst am 8. Juni 1953 gaben die Sowjets die Aufhebung der Kontrolle entlang der sowjetischen Zonengrenze bekannt. (Quelle: Sammlung Karner, Foto: Amsüss)

Während dieser „Russischen Wochen"[417] unterzog man den sowjetischen Besatzungsapparat im Frühsommer 1953 einer neuerlichen Reform. Im Zentrum stand dabei die Ernennung des Gesandten Ivan I. Il'ičev zum ersten zivilen Hochkommissar und Botschafter der UdSSR in Österreich per 26. Juni 1953. Die Westmächte hatten ihrerseits schon 1950 zivile Hochkommissare entsandt.[418] Die Trennung der Ämter des sowjetischen Hochkommissars und des Oberbefehlshabers der Zentralen Gruppe der Streitkräfte erfolgte per Ministerratsbeschluss.[419] Die Funktion des Oberbefehlshabers der CGV übernahm zunächst Generaloberst Sergej S. Birjuzov, dem ab 1954 Generaloberst Aleksej S. Žadov folgte.[420]

Die Ernennung eines zivilen Hochkommissars brachte eine weitgehende Umstellung der militärischen auf eine zivile Bürokratie mit sich. Dabei wurde

417 Rauchensteiner, Der Sonderfall, S. 316.

418 Ebd., S. 315–317.

419 AP RF, F. 3, op. 64, d. 10, S. 103–105, Ministerratsbeschluss Nr. 1420-571ss, Über die Aufteilung der Funktionen des Oberkommandierenden der sowjetischen Besatzungstruppen in Österreich und der Funktionen des Hochkommissars in Österreich, 6.6.1953. Vgl. dazu und zum Folgenden Knoll - Stelzl-Marx, Der Sowjetische Teil der Alliierten Kommission, S. 210f.; Mueller, Die sowjetische Besatzung in Österreich, S. 61f.

420 Siehe dazu auch Tabelle 3 im Anhang dieses Bandes.

Abb. 30: Die letzte Wachablöse zwischen sowjetischen und US-Truppen am Heldenplatz in Wien am 30. April 1955. Über dem Eingang ins „Haus der Offiziere der Sowjetischen Armee" in der Hofburg ist der große Sowjetstern mit den Porträts von Stalin und Lenin zu sehen. (Quelle: ÖNB/ Bildarchiv, Wien)

die SČSK durch Auflösung und Zusammenlegung ihrer Abteilungen reorganisiert und in „Apparat des Hochkommissars der UdSSR in Österreich" (AVK) umbenannt.[421] Ihren Personalstand ließ das ZK ab August 1953 insbesondere im Bereich der Aufklärungsabteilung vergrößern.[422] Die Militärkommandanturen der CGV wurden in der Folge erneut dem Oberbefehlshaber der CGV in „allen Bereichen ihrer Tätigkeit" mit einer Ausnahme unterstellt: In Fragen „der Ausübung der Kontrolle über die Tätigkeit der österreichischen Sicherheitsorgane und Gerichte sowie betreffend das Verhältnis zur lokalen Bevölkerung" unterstanden sie weiterhin dem Hochkommissar.[423] Die

421 AP RF, F. 3, op. 64, d. 10, S. 106–113, Ministerratsbeschluss Nr. 1607–634ss, Über die Struktur und den Personalstand des Apparates des Hochkommissars der UdSSR in Österreich, 27.6.1953.

422 AP RF, F. 3, op. 64, d. 10, S. 114, Beschluss Nr. 20/66 des Präsidiums des ZK der KPdSU, Über die Vergrößerung des Personalstandes des Apparates des Hochkommissars, v. a. der Organe der sowjetischen Aufklärung, 26.8.1953.

423 CAMO, F. 275, op. 140935ss, d. 1, S. 182–190, Instruktion betreffend die wesentlichen Pflichten der Militärkommandanten in der sowjetischen Zone Österreichs [16.6.1954]. Abgedruckt in: Karner –

inzwischen in „Informationsabteilung" umbenannte Propagandaabteilung der SČSK wurde beim AVK in die „Abteilung für innenpolitische Fragen" eingegliedert.[424]

Mit der Ernennung des zivilen Hochkommissars und der Bildung des weitgehend zivilen AVK folgte die Struktur des sowjetischen Besatzungsapparates in Österreich wiederum jener in Deutschland: Bereits 1949 war zwar die Umstellung von der Militäradministration (SMAD) auf die überwiegend zivile Kontrollkommission (SKK) erfolgt, doch erst am 28. Mai 1953, rund einen Monat vor dem entsprechenden Wechsel in Österreich, hatte der zivile Hohe Kommissar, Botschafter Vladimir S. Semenov, den militärischen Vorsitzenden der SKK, Marschall Vasilij I. Čujkov, abgelöst.[425]

Der ehemalige leitende Mitarbeiter der Militäraufklärung Il'ičev blieb der erste und zugleich letzte zivile sowjetische Hochkommissar in Österreich. Ab Mitte Juli 1955 fasste das Präsidium des ZK die entsprechenden Beschlüsse über die Auflösung der Alliierten Kommission[426] und des Alliierten Rates.[427] Einen Tag vor der Abschlusssitzung der Alliierten Kommission genehmigte das ZK-Präsidium den Wortlaut der Erklärung, die Botschafter Il'ičev auf der Sitzung zu verlesen hatte.[428] Am 27. Juli, dem Tag der Hinterlegung der noch ausständigen Ratifikationsurkunde des Staatsvertrages in Moskau, hielt der Alliierte Rat seine letzte Sitzung ab und beschloss die Auflösung der Alliierten Kommission für Österreich. Die Fahnen der Alliierten wurden vom Gebäude des Alliierten Rates auf dem Wiener Schwarzenbergplatz (offiziell noch „Stalinplatz") eingeholt. Österreich war souverän.[429]

Zwei Monate später, genau neun Tage nachdem am 19. September 1955 der letzte sowjetische Besatzungssoldat Österreich verlassen hatte, ließ das ZK-Präsidium den Apparat des Hochkommissars auflösen und zugleich den

---

Stelzl-Marx - Tschubarjan, Die Rote Armee in Österreich, Dok. Nr. 81. Siehe dazu auch das Kapitel A.III.3.2 „Die Militärkommandanturen: Aufgaben und Pflichten" in diesem Band.

424 Mueller, „Die Kanonen schießen nicht", S. 344.

425 Elke Scherstjanoi (Hg.), Das SKK-Statut: Zur Geschichte der Sowjetischen Kontrollkommission in Deutschland 1949 bis 1953. München 1998, S. 16; Mueller, Die sowjetische Besatzung in Österreich, S. 62.

426 AP RF, F. 3, op. 64, d. 10, S. 120–123, Beschluss Nr. 133/VI des Präsidiums des ZK der KPdSU, Über die Einstellung der Tätigkeit der Alliierten Kommission für Österreich, 18.7.1955. Vgl. dazu und zum Folgenden: Knoll - Stelzl-Marx, Der Sowjetische Teil der Alliierten Kommission, S. 213f.

427 AP RF, F. 3, op. 64, d. 10, S. 129–131, Beschluss Nr. 134/X des Präsidiums des ZK der KPdSU, Über die Einstellung der Tätigkeit des Alliierten Rates in Österreich, 21.7.1955.

428 AP RF, F. 3, op. 64, d. 10, S. 132–134, Beschluss Nr. 136/14 des Präsidiums des ZK der KPdSU, Über die Erklärung von Il'ičev auf der Abschlusssitzung des Alliierten Rates, 26.7.1955. Den entsprechenden Vorschlag hatte das MID am 25.3.1955 dem ZK der KPdSU unterbreitet. Vgl. AVP RF, F. 06, op. 14, p. 10, d. 119, S. 2, Schreiben an Molotov bezüglich der Erklärung von Il'ičev, 25.7.1955.

429 Stourzh, Um Einheit und Freiheit, S. 544f.

Personalstand der sowjetischen Botschaft in Wien bestätigen.[430] Der Beschluss darüber erschien am 1. Oktober 1955 in der „Pravda".[431] Il'ičev blieb noch bis 1956 sowjetischer Botschafter in Wien.

5.7 „Verwaltung und Kontrolle": Funktionen

Die Regierungsverordnung über den Sowjetischen Teil der Alliierten Kommission vom 4. Juli 1945 definierte als grundlegende Aufgabe „die Gewährleistung der Verwaltung der sowjetischen Besatzungszone Österreichs und die Durchführung der Kontrolle über die Tätigkeit der österreichischen Behörden während der gesamten Dauer der Besetzung Österreichs durch alliierte Truppen". Dabei war das Kommando der SČSK mit der Vertretung der sowjetischen Regierung im Alliierten Rat, der Verwaltung der Zone und der Kontrolle über die Arbeit der Fachabteilungen betraut: Der Militärkommissar (oder sein Stellvertreter) hatte an den Sitzungen des Alliierten Rates teilzunehmen und in abwechselnder Reihenfolge mit den übrigen drei Militärkommissaren den Vorsitz zu übernehmen. Der stellvertretende Militärkommissar war verpflichtet, als Mitglied des Exekutivkomitees der Alliierten Kommission die Direktiven des Militärkommissars auszuführen. Gemeinsam oblag ihnen die Leitung der einzelnen Abteilungen der SČSK. Zu allen politischen Fragen musste der Politische Berater Vorschläge ausarbeiten und die sowjetische Regierung in Abstimmung mit dem Militärkommissar über die Lage in Österreich informieren. „Zur Verwirklichung der Kontrollkommission vor Ort" verfügte der Militärkommissar über „seine Bevollmächtigten in den Provinzen, Bezirken, Häfen und wichtigen Betrieben der sowjetischen Zone".[432]

Davon ausgehend lieferte die gleichzeitig verabschiedete „Instruktion über die Tätigkeit der SČSK" einen konkreten Aufgabenkatalog. An oberster Stelle stand der Beitrag zur „Wiederherstellung eines selbstständigen, unabhängigen und demokratischen Österreichs entsprechend der Erklärung der sowjetischen Regierung über Österreich vom 9. April 1945".

Dies ging einher mit der Liquidierung sämtlicher Folgen des „Anschlusses" und der NS-Zeit. In diesem Zusammenhang hatte die SČSK einerseits

430 RGANI, F. 3, op. 10, d. 182, S. 79, Beschluss Nr. 155/22 des Präsidiums des ZK der KPdSU, Über die Auflösung des Apparates des Hochkommissars der UdSSR in Österreich und die Bestätigung des Personalstandes der Botschaft der UdSSR in Wien, 28.9.1955.

431 RGANI, F. 3, op. 10, d. 183, S. 3, Beschluss Nr. 156/X des Präsidiums des ZK der KPdSU, Über die Veröffentlichung der Nachricht über die Auflösung des Amtes der Hochkommissars der UdSSR in Österreich in der Presse, 30.9.1955.

432 AP RF, F. 3, op. 64, d. 10, S. 90f., Verordnung über den Sowjetischen Teil der Alliierten Kommission für Österreich, 4.7.1945.

Abb. 31: Für die Repatriierung sowjetischer DPs waren sowohl die SČSK als auch die Militärkommandanturen zuständig. (Quelle: GARF)

für die „Abschaffung der NS-Gesetze“ durch die österreichischen Behörden und die Ahndung von Kriegsverbrechen Sorge zu tragen, andererseits über die Exekutierung der Gesetze über die Auflösung aller NS-Organisationen zu wachen. Prinzipiell unterlagen alle österreichischen Gesetze und Vorschriften sowie deren Umsetzung der Kontrolle durch das sowjetische Besatzungsorgan. Neben Informationen über Kriegsverbrecher war die SČSK außerdem dazu verpflichtet, über sämtliche in der sowjetischen Zone inhaftierten Personen Informationen einzuholen.

Ein weiterer Aufgabenkomplex bezog sich auf die Repatriierung sowjetischer Kriegsgefangener und „Ostarbeiter“, die Restitution „aller von den Deutschen aus der Sowjetunion nach Österreich weggebrachten Wertgegenstände, Materialien, Fabrikanlagen“, die Registrierung des gesamten in der sowjetischen Zone befindlichen militärischen Vermögens Deutschlands und die Übergabe der Besatzungsschillinge.

Die übrigen der insgesamt 16 Aufgaben betrafen die Kontrolle von Industrie- und Verkehrsbetrieben, Nachrichteneinrichtungen, Flughäfen, Kraftwerken sowie des Schiffsverkehrs auf der Donau. Dabei musste auch eine Ordnung für den Luftfracht- und Kurierpostverkehr der Westmächte durch den Luftraum der sowjetischen Zone festgesetzt und deren Einhaltung „streng überwacht" werden. Presse, Kinofilme, Radiosendungen und Theateraufführungen waren der Militärzensur zu unterstellen.[433]

Wie die Instruktion zeigt, überschnitten sich die Aufgaben der SČSK mit jenen der Militärkommandanturen in mindestens drei Kernbereichen: in Bezug auf die Wirtschaft, auf die Repatriierung sowjetischer Zwangsarbeiter und hinsichtlich der lokalen Behörden. Dabei oblagen den Militärkommandanturen tendenziell eher praktische Aufgaben (etwa der Transport von DPs in Sammelpunkte), während die SČSK vorwiegend mit der Kontrolle dieser Bereiche (etwa Festsetzung der Fristen für die Repatriierung und Registrierung sowjetischer DPs) betraut war. Darüber hinaus konkurrierten die „besonderen Pflichten eines Militärkommandanten"[434] gerade im politischen Bereich mit den Aufgaben der SČSK: So hatten die Kommandanten gemäß den Weisungen der Politverwaltung der CGV „ständig politische Arbeit unter der örtlichen Bevölkerung" zu betreiben. Die SČSK verfügte jedoch parallel dazu über die Politische Abteilung unter der Gesamtleitung des Politischen Beraters und ab 13. Oktober 1945 über eine eigene Propagandaabteilung, der gleichfalls die Propaganda unter der österreichischen Bevölkerung oblag.[435] Kompetenzstreitigkeiten zwischen den militärischen und diplomatischen Strukturen waren somit vorprogrammiert.

Als das Politbüro des ZK der VKP(b) im Herbst 1951 die SČSK einer eingehenden Prüfung unterzog, kamen, wie bereits erwähnt, zahlreiche gravierende Mängel - vor allem im Bereich der politischen Arbeit in Österreich - zum Vorschein. Konkrete Verbesserungsvorschläge zur „Stärkung des sowjetischen Einflusses" wurden ausgearbeitet, das Politbüro fasste am 1. November 1951 den Beschluss „Über Maßnahmen zur Verbesserung der Arbeit der Alliierten Kommission für Österreich".[436] Dies führte schließlich zu einer neuen „Verordnung über den Sowjetischen Teil der Alliierten Kommission in Österreich", die per Ministerratsbeschluss am 20. Februar 1952 in Kraft trat.[437]

433 AP RF, F. 3, op. 64, d. 10, S. 18–20, Instruktion über die Tätigkeit der Alliierten Kommission für Österreich, 4.7.1945.

434 CAMO, F. 275, op. 45235os, d. 2, S. 184–189, Weisung der CGV an die Militärkommandanten auf dem von sowjetischen Truppen besetzten Gebiet Österreichs und Ungarns, 15.9.1945. Abgedruckt in: Karner - Stelzl-Marx - Tschubarjan, Die Rote Armee in Österreich, Dok. Nr. 69.

435 AVP RF, F. 06, op. 7, p. 26, d. 321, S. 41f., Beschluss Nr. 2616-710s des Rates der Volkskommissare der UdSSR, Über die Bildung einer Propagandaabteilung in der SČSK für Österreich, [13.10.1945]. Abgedruckt in: Karner - Stelzl-Marx - Tschubarjan, Die Rote Armee in Österreich, Dok. Nr. 70. Datum der Bestätigung und Nummer der Verordnung ersichtlich aus: AP RF, F. 3, op. 64, d. 10, S. 22f.; RGASPI, F. 17, op. 118, d. 455, S. 236f., Schreiben von Burcev an Il'ičev über die Notwendigkeit der Unterstellung der „Österreichischen Zeitung" der SČSK, 16.6.1949.

436 Siehe dazu auch das Kapitel A.III.5.4 „‚Eine Reihe ernsthafter Mängel': Überprüfung 1951" in diesem Band.

437 Siehe dazu auch das Kapitel A.III.5.6 „‚Liquidierung des Parallelismus': Reform 1952" in diesem Band.

Laut Präambel übte die SČSK fortan ihre Tätigkeit auf Basis des Zweiten Kontrollabkommens vom 28. Juni 1946 und „gemäß vorliegender Verordnung“ aus. Ihre vordringlichste Aufgabe lag in der „Ausübung der Kontrolle der Tätigkeit der österreichischen Regierung, der Landesregierungen und der örtlichen Behörden betreffend die Umsetzung der Viermächtebeschlüsse zu Demokratisierung, Entnazifizierung und Entmilitarisierung Österreichs, ohne dabei Verletzungen der verfassungsmäßigen Rechte der österreichischen Behörden zuzulassen.“ Der zweite Artikel verpflichtete sie zur „Organisation der politischen Arbeit und Propaganda über die Sowjetunion und die Länder der Volksdemokratie durch Presse, Radio, Kino und andere Mittel“. Auch der dritte Punkt bezog sich auf den politischen Bereich. Demnach hatte die SČSK die „demokratischen Organisationen Österreichs bei der Festigung ihres Einflusses in der sowjetischen Zone, in sowjetischen Betrieben und bei der Aufwertung ihrer Rolle im gesellschaftlich-politischen Leben“ zu unterstützen.

Der folgende Punkt zeugt von einer weiten Auslegung der aus dem Zweiten Kontrollabkommen resultierenden Rechte: Dieser Passus räumte der SČSK die Möglichkeit ein, die Anwendung von „antidemokratischen und den Viermächtebeschlüssen widersprechenden Gesetzen der österreichischen Regierung“ in ihrer Zone nicht zuzulassen und „die demokratischen Organisationen sowie demokratisch gesinnte Personen vor einer Verfolgung durch österreichische Behörden zu schützen“.[438] Dabei handelte es sich um eine konstruierte Rechtsgrundlage, um die bereits seit Langem geübte Einmischung der sowjetischen Seite in die österreichische Innenpolitik und die Rechtsprechung zugunsten österreichischer Kommunisten zu legitimieren.[439]

Die weiteren Artikel konkretisierten einerseits die Triade „Demokratisierung – Entnazifizierung – Entmilitarisierung“, andererseits bezogen sie sich auf die Repatriierung noch verbliebener Sowjetbürger aus „dem gesamten Staatsgebiet Österreichs“ und die sowjetischen Wirtschaftsbetriebe in Österreich. Neben einer Kontrolle der Produktion dieser Betriebe und der materiellen Lebensumstände der dort Angestellten kam der SČSK die Aufgabe zu, „alle wirtschaftlichen Möglichkeiten zur Festigung des sowjetischen Einflusses in Österreich zu nutzen“.

Im Gegensatz zu 1945 bezog sich die neue Verordnung im Detail auf die Arbeit in den „Vierergremien der Alliierten Kommission“. Die SČSK erhielt

438 RGASPI, F. 82, op. 2, d. 1117, S. 66–75, Beschluss Nr. 986-317ss des Ministerrates der UdSSR, Über die Struktur und die Funktionen des Sowjetischen Teils der Alliierten Kommission in Österreich und Verordnung über den Sowjetischen Teil der Alliierten Kommission in Österreich (Beilage Nr. 1) [20.2.1952]. Abgedruckt in: Karner – Stelzl-Marx – Tschubarjan, Die Rote Armee in Österreich, Dok. Nr. 78.

439 Mueller, Die sowjetische Besatzung in Österreich, S. 69.

dabei den Auftrag, „rechtzeitig jene Maßnahmen, die von den Westmächten und der österreichischen Regierung durchgeführt werden und auf eine Remilitarisierung Österreichs sowie ein Wiederaufleben militärischer und nationalsozialistischer Organisationen abzielen, zu entlarven". Gerade dieser Passus spiegelt die Verschlechterung der sowjetischen Beziehungen zu den Westmächten, allen voran den USA, im fortschreitenden Kalten Krieg wider, aber auch zur österreichischen Regierung seit den Novemberwahlen 1945. Bereits für 1947 war seitens der sowjetischen Besatzungsmacht in ihrem Jahresbericht konstatiert worden, dass „die Arbeit in der Alliierten Kommission von den Amerikanern mithilfe anderer Partner im Grunde genommen sabotiert und ihr sowjetischer Teil ignoriert" werden würde und dass die österreichische Regierung zu einer „folgsamen Marionette in den Händen der US-Amerikaner" geworden wäre. Auch die ironische Verwendung von Anführungszeichen für den Begriff „Alliierte" („sojuzniki") ist als Ausdruck für die Verhärtung der Fronten zu sehen.[440]

Erstmals wurden nun auch ausführlich die Rechte der SČSK definiert, wobei grundsätzlich vom Zweiten Kontrollabkommen und von „weiteren Viermächtebeschlüssen über Österreich" auszugehen war. Konkret bezog sich dies jedoch auf die „erforderliche Unterstützung", die „den demokratischen Organisationen in Fragen der demokratischen Entwicklung" seitens der SČSK zukommen sollte. Das sowjetische „Demokratieverständnis" beschränkte sich dabei ausschließlich auf kommunistische, UdSSR-freundliche Einrichtungen. Diese „progressiven österreichischen Bürger und Organisationen" waren außerdem gemeinsam mit der SČSK für die Einrichtung eines Informationsnetzes „für die Verbreitung von Informationen über die Sowjetunion" zuständig. Erneut wurde auf das Recht des Sowjetischen Teils hingewiesen, die Gültigkeit österreichischer Gesetze, Beschlüsse und Verordnungen, die im Widerspruch zu Befehlen des Hochkommissars oder etwa des Alliierten Rates standen, in ihrer Zone aufzuheben. Darüber hinaus konnte der Hochkommissar in Fragen, die aus den ihm „eingeräumten Rechten erwachsen" würden, den österreichischen Behörden Befehle erteilen. Bei letzteren Punkten musste jedoch die „Erlaubnis des Zentrums" eingeholt werden.

Die 1952 erfolgte Umstrukturierung und Neudefinierung der SČSK brachte einen Machtzuwachs des Außenministeriums mit sich. Durch die Unterstellung der Kommandanturen unter den Sowjetischen Teil und die Neudefinierung seiner Aufgaben lag die Verantwortung für die politische Tätigkeit

440 AVP RF, F. 66, op. 26, p. 32, d. 29, S. 25–30, Zusammenfassung des Endberichts der SČSK für das Jahr 1947 durch Barulin an Smirnov [April 1948]. Abgedruckt in: Karner – Stelzl-Marx – Tschubarjan, Die Rote Armee in Österreich, Dok. Nr. 73.

der Sowjetunion in Österreich fortan ausschließlich bei der SČSK. Diese wiederum hatte die gesamte politische Tätigkeit unter der Führung des sowjetischen Außenministeriums zu verrichten.[441] Selbst nach der Wiederausgliederung der Militärkommandanturen 1954 verblieb die politische Arbeit unter der österreichischen Bevölkerung in der Verantwortung des Apparates des mittlerweile zivilen sowjetischen Hochkommissars.[442] Einen wunden Punkt bildete dabei das sowjetische Wirtschaftsimperium in Österreich, das in zunehmendem Maße schweren Turbulenzen ausgesetzt war. Die wirtschaftlichen Möglichkeiten konnten daher, anders als gefordert, sicherlich nicht „zur Festigung des sowjetischen Einflusses in Österreich" genutzt werden.

441 RGASPI, F. 82, op. 2, d. 1117, S. 66–75, Beschluss Nr. 986-317ss des Ministerrates der UdSSR, Über die Struktur und die Funktionen des Sowjetischen Teils der Alliierten Kommission in Österreich und Verordnung über den Sowjetischen Teil der Alliierten Kommission in Österreich (Beilage Nr. 1) [20.2.1952]. Abgedruckt in: Karner – Stelzl-Marx – Tschubarjan, Die Rote Armee in Österreich, Dok. Nr. 78.

442 CAMO, F. 275, op. 140935ss, d. 1, S. 182–190, Instruktion betreffend die wesentlichen Pflichten der Militärkommandanten in der sowjetischen Zone Österreichs [16.6.1954]. Abgedruckt in: Karner – Stelzl-Marx – Tschubarjan, Die Rote Armee in Österreich, Dok. Nr. 81.

6. Das Wirtschaftsimperium

In wirtschaftlicher Hinsicht verfolgten die Sowjets auch in Österreich das Ziel, eine Wiedergutmachung für ihre gewaltigen, während des Krieges erlittenen Verluste an Industriepotenzial und Material sowie „Kompensationen" zu erhalten.[443] So wurde während der Besatzungszeit der materielle Reichtum der Ostzone außer Landes gebracht: durch „privates" Plündern, durch den Abtransport industrieller und gewerblicher Anlagen mithilfe eigener Demontagekolonnen oder durch die Beschlagnahmung ganzer Betriebe als „Deutsches Eigentum". Dabei standen nationale Reparationsinteressen und die Wiedererrichtung der sowjetischen Wirtschaft im Vordergrund, nicht jedoch eine gezielte Destabilisierung des befreiten Landes.[444] Außerdem hatte der Kreml bereits eine mögliche bewaffnete Auseinandersetzung mit dem Westen im Kalkül und wollte daher umso mehr wirtschaftlich wieder konkurrenzfähig gegenüber dem potenziellen westlichen Feind im Kalten Krieg werden. Allerdings wog diese Exploitationspolitik besonders schwer, entzogen doch gerade die Demontagen der österreichischen Wirtschaft ihre Existenzgrundlage. West- und Ostzone drifteten wirtschaftlich und gesellschaftlich auseinander.[445]

Bei der sowjetischen Wirtschaftspolitik in Österreich kann man drei sich teilweise überschneidende Phasen unterscheiden:[446] Die erste setzte mit April 1945 ein und dauerte bis zum Frühsommer 1946. In dieser Militärphase dominierte die „Kriegsbeute und Trophäenaktion", gekennzeichnet durch Plünderungen, Demontagen und die Notwendigkeit der Versorgung der Besatzungstruppen, aber auch durch die Gewährung sowjetischer Lebensmittelhilfen. Die verbreitete Praxis, die Demontagen zwar rasch durchzuführen,

---

443 Zu den Reparationen und der wirtschaftlichen Umgestaltung in der sowjetischen Besatzungszone Deutschlands vgl. Naimark, Die Russen in Deutschland, S. 181–258.

444 Rathkolb, Sonderfall Österreich?, S. 361–364.

445 Roman Sandgruber, Das wirtschaftliche Umfeld des Staatsvertrages, in: Manfried Rauchensteiner - Robert Kriechbaumer (Hg.), Die Gunst des Augenblicks. Neuere Forschungen zu Staatsvertrag und Neutralität. Wien - Köln - Weimar 2005, S. 359–378, hier: S. 364f.; Stelzl-Marx, Die „Wiedervereinigung" Österreichs, S. 215; Wilfried Aichinger, Die Sowjetunion und Österreich 1945–1949, in: Günter Bischof - Josef Leidenfrost (Hg.), Die bevormundete Nation. Österreich und die Alliierten 1945–1949. Innsbrucker Forschungen zur Zeitgeschichte. Bd. 4. Innsbruck 1988, S. 275–292, hier: S. 277–279.

446 Dieter Stiefel geht hingegen von nur zwei Phasen aus, ohne die Etappe der im Staatsvertrag 1955 festgelegten Ablöse eigens zu berücksichtigen. Da Österreich jedoch bis 1964 „Reparationen" an die Sowjetunion zahlte, erscheint eine dreigliedrige Unterteilung als sinnvoll. Vgl. Dieter Stiefel, Coca-Cola kam nicht über die Enns: Die ökonomische Benachteiligung der sowjetischen Besatzungszone, in: Günter Bischof - Dieter Stiefel (Hg.), „80 Dollar". 50 Jahre ERP-Fonds und Marshall-Plan in Österreich 1948–1998. Wien - Frankfurt am Main 1999, S. 111–132, hier: S. 116.

die demontierten Güter jedoch wochenlang nicht abzutransportieren und dadurch irreparable Schäden zu riskieren, trug noch zusätzlich zur Verbitterung der österreichischen Bevölkerung bei.[447]

In der zweiten Phase verschob sich der Akzent vom Beutedenken auf die Ausnützung der laufenden Produktion. Parallel zu den Demontageaktionen begann die sowjetische Besatzungsmacht mit der Errichtung eines exterritorialen Wirtschaftskörpers. Als Rechtsgrundlage dienten das – allerdings in Österreich offiziell nie anerkannte – Potsdamer Abkommen vom August 1945 und der auf den 27. Juni 1946, dem Tag vor der Verabschiedung des Zweiten Kontrollabkommens, rückdatierte Befehl Nr. 17 von Hochkommissar Vladimir Kurasov. Folgende Säulen bildeten schließlich das sowjetische Wirtschaftsimperium in Österreich:[448]

- Die Sowjetische Mineralölverwaltung (SMV), die im Oktober 1945 nach dem Scheitern der Verhandlungen über eine sowjetisch-österreichische Erdölverwaltung („SANAPHTA") gegründet wurde. Den Vertrieb ihrer Produkte übernahm die OROP, später ÖROP („Österreichisch-russische Ölprodukte" bzw. „AG für Erdölprodukte österreichischer und russischer Provenienz"), die allerdings eine Aktiengesellschaft österreichischen Rechts war. Die Erdölfelder der SMV lagen ausschließlich in Niederösterreich.[449]
- Die Verwaltung des Sowjetischen Vermögens in Österreich („Upravlenie Sovetskim Imuščestvom v Avstrii, kurz „USIA", ursprünglich „USIVA").[450] Sie übernahm die Verwaltung sämtlicher in der sowjetischen Zone gelegenen Einrichtungen, die nach sowjetischer Definition als „Deutsches Eigentum"[451] zu betrachten waren.[452] Die österreichische Regierung

447 Aichinger, Die Sowjetunion und Österreich, S. 277f.

448 Otto Klambauer, Ein Überblick über Entwicklung und Organisation des USIA-Konzernes, in: Helmuth Feigl – Andreas Kusternig (Hg.), Die USIA-Betriebe in Niederösterreich. Geschichte, Organisation, Dokumentation. Studien und Forschungen aus dem Niederösterreichischen Institut für Landeskunde. Bd. 5. Wien 1983, S. 1–79, hier: S. 4–27.

449 Am BIK wurde 2006–2007 unter der Leitung von Stefan Karner eine wissenschaftliche Studie zur Geschichte der SMV durchgeführt. Vgl. dazu Iber, Die Sowjetische Mineralölverwaltung in Österreich; Walter Martin Iber, Die Sowjetische Mineralölverwaltung (SMV) in Österreich 1945–1955. Sowjetische Besatzungswirtschaft und der Kampf ums Öl als Vorgeschichte der OMV. Phil. Diss. Graz 2008; Walter M. Iber, Erdöl statt Reparationen. Die sowjetische Mineralölverwaltung in Österreich 1945–1955, in: Vierteljahrshefte für Zeitgeschichte. 2009/4, S. 571–605.

450 Analoge Organisationen gab es auch in der Tschechoslowakei, in Ungarn, Ostdeutschland, Finnland, Bulgarien und in Rumänien. Vgl. Stiefel, Coca-Cola kam nicht über die Enns, S. 119.

451 Das Wort „Deutsch" wird in diesem Zusammenhang großgeschrieben, um hervorzuheben, dass es sich um jenes Vermögen handelte, das die Alliierten auf der Basis des Potsdamer Abkommens beanspruchten, und nicht um deutsche Vermögenswerte schlechthin. Vgl. Seidel, Österreichs Wirtschaft und Wirtschaftspolitik, S. 346.

452 Zur Definition des „Deutschen Eigentums" vgl. Brunner, Das Deutsche Eigentum, S. 3–6.

hatte fortan keinerlei Einfluss auf die beschlagnahmten Betriebe. Nach sowjetischen Angaben umfasste die USIA 1953 allein 436 Betriebe, davon 231 aus dem Bereich der Industrie. Außerdem unterstanden ihr mehr als 3100 Wohnhäuser, Schulen, Spitäler, Kasernen, Kirchen und andere Wirtschafts- und Wohngebäude.[453] Einen Teil der USIA bildete schließlich auch die Sowjetische Donau-Dampfschifffahrtsgesellschaft (DDSG), die als Verwaltungsfirma für das am 2. Februar 1946 beschlagnahmte Vermögen in der sowjetischen Besatzungszone ins Leben gerufen worden war.[454]

In die dritte Phase fielen die Verhandlungen um die schließlich im „Moskauer Memorandum" vom 15. April 1955 vereinbarte Ablösesumme für den sowjetischen Wirtschaftskomplex und die Lieferungen an die Sowjetunion in den folgenden Jahren. Österreich zahlte dafür einen (zu) hohen Preis: Nicht nur war der USIA-Komplex letztendlich überbezahlt,[455] auch die vereinbarten Erdöl-Ablöselieferungen lagen weit über dem tatsächlichen Wert der SMV-Betriebe von 1955.[456] Zu Beginn der Besatzungszeit sahen sich die Sowjets aber vor allem auch mit dem Problem einer drohenden Hungerkatastrophe konfrontiert, zu deren Behebung umgehend Maßnahmen ergriffen werden mussten.

6.1 „Erbsenspende": Lebensmittelhilfen 1945

Zu Kriegsende herrschten gerade in den ländlichen Gebieten der sowjetischen Besatzungszone chaotische Bedingungen. Befreite Zwangsarbeiter und Kriegsgefangene überfielen immer wieder Bauernhöfe und verlangten nach Essbarem. Die Felder waren wegen der schweren Frühjahrskämpfe häufig nicht bestellt oder durch die Kampfhandlungen schwer in Mitleidenschaft gezogen worden. Lokale Kommandanten versorgten ihre Truppen durch Beschlagnahme eines Teils der Produktion oder dadurch, dass sich die Soldaten in der Landwirtschaft selbst bedienen durften. Ganze Kleinstädte wurden

453 RGANI, F. 5, op. 28, d. 224, S. 70–78, hier: S. 70, Bericht des Leiters der Abteilung für innenpolitische Fragen des Apparates des Hochkommissars, A. G. Kolobov, über die politische Arbeit in den USIA- und SMV-Betrieben [spätestens am 9.6.1954]. Abgedruckt in: Karner – Stelzl-Marx – Tschubarjan, Die Rote Armee in Österreich, Dok. Nr. 113.

454 Waltraud Brunner, Das Deutsche Eigentum und das Ringen um den Österreichischen Staatsvertrag. Phil. Diss. Wien 1976, S. 139.

455 Seidel, Österreichs Wirtschaft, S. 477f.

456 Iber, Die Sowjetische Mineralölverwaltung, S. 218f.; Walter M. Iber, Die versteckten Reparationen. Zur wirtschaftlichen Ausbeutung Österreichs durch die Sowjetunion 1945–1955/63, in: Wolfram Dornik -Johannes Gießauf – Walter M. Iber (Hg.), Krieg und Wirtschaft. Von der Antike bis ins 21. Jahrhundert. Innsbruck – Wien – Bozen 2010, S. 555–574, hier: S. 567.

Abb. 32: Lebensmittelhilfe der sowjetischen Regierung an die Bevölkerung Wiens im Mai 1945. (Quelle: BGAKFFD)

„regelrecht ausgeraubt", bis das übergeordnete Kommando die Aktionen stoppte. Beschlagnahmungen von Vieh waren an der Tagesordnung und die Futterreserven waren aufgebraucht.[457]

Angesichts der katastrophalen Versorgungslage in Ostösterreich wandte sich Karl Renner am 15. April 1945 an den „sehr geehrten Genossen Stalin", den er um Hilfe bat. Denn es drohten „Hungersnot und Seuchen", außerdem gebe es „in unseren steinigen Alpen [...] schon jetzt zu wenig Ackerland".[458] Marschall Tolbuchin teilte Renner am 27. April mit, „dass sich das Kommando angesichts der schwierigen Lage in Österreich und insbesondere in Wien entschlossen habe, am 1. Mai an die Bevölkerung Wiens 7000 Tonnen Brot, 1000 Tonnen Erbsen und andere Lebensmittel zu verteilen".[459] Der entspre-

457 AVP RF, F. 06, op. 7, p. 26, d. 322, S. 20–26, Bericht von Kiselev und dem Stellvertreter des politischen Beraters, Spičkin, über die politische Stimmungslage in der sowjetischen Besatzungszone in Wien, 15.8.1945. Abgedruckt in: Karner - Stelzl-Marx - Tschubarjan, Die Rote Armee in Österreich, Dok. Nr. 67. Vgl. Barbara Stelzl-Marx, Erbsen für Wien. Zur sowjetischen Lebensmittelhilfe 1945, in: Stefan Karner - Gottfried Stangler (Hg.), „Österreich ist frei!" Der Österreichische Staatsvertrag 1955. Beitragsband zur Ausstellung auf Schloss Schallaburg 2005. Unter Mitarbeit von Peter Fritz und Walter M. Iber. Horn - Wien 2005, S. 54–57, hier: S. 57.

458 Zit. nach: Csáky, Der Weg zu Freiheit und Neutralität, S. 33.

459 AVP RF, F. 066, op. 25, p. 118a, d. 7, S. 41, Koptelov an den NKID über ein Treffen Tolbuchins mit den Mitgliedern der provisorischen österreichischen Regierung, 28.4.1945. Abgedruckt in: Stefan Karner - Barbara Stelzl-Marx - Alexander Tschubarjan, Die Rote Armee in Österreich. Dok. Nr. 26. Vgl. Stelzl-Marx, Erbsen für Wien.

chende Beschluss war vom Militärrat der 3. Ukrainischen Front bereits am 21. April gefasst worden, doch hatte man mit der Zusage offensichtlich bis zur Bildung der provisorischen Regierung warten wollen.[460]

Nur auf den ersten Blick widerspricht diese „Erbsen-" bzw. Mai-Spende den generellen sowjetischen Wirtschaftszielen in Österreich. Auf den zweiten Blick zeigt sich, dass dieses „Geschenk der Roten Armee zum 1. Mai" größtenteils aus den Beutebeständen der Roten Armee kam und indirekt der Etablierung der provisorischen Regierung dienen sollte.[461] Am 5. Mai 1945 beschloss der Militärrat der 3. Ukrainischen Front gezielte Hilfsmaßnahmen für die provisorische Regierung.[462]

Die folgenden Lebensmittelhilfen stellten keine Spende mehr dar, sondern wurden auf Kredit gewährt: Das Staatliche Verteidigungskomitee GOKO ordnete die Überlassung von „Armeereserven" an Wien für drei Monate, beginnend mit Juni 1945, an.[463] Dabei waren präzise Ausgaberichtlinien - nach Arbeitseinsatz und physischer Bewertung der Arbeit - einzuhalten.[464] Allein bis zum 15. Juni 1945 stellten die 2. und 3. Ukrainische Front mehr als 46.000 Tonnen Getreide und 4000 Tonnen Fleisch bereit.[465] Anfang Februar 1946 teilte der sowjetische Stadtkommandant Nikita Lebedenko mit, die Lebensmittellieferungen würden mit März enden. Die österreichische Seite möge daher „bitte [...] rechtzeitig Maßnahmen zur selbstständigen Organisation der Lebensmittelversorgung" ergreifen.[466]

Obwohl die sowjetischen Lebensmittellieferungen die ersten wesentlichen Hilfen des Auslandes für Österreich waren, konnte die sowjetische Propa-

460 CAMO, F. 243, op. 2973, d. 59, S. 75, Beschluss Nr. 0424 des Militärrates der 3. Ukrainischen Front, Über die Lebensmittelversorgung der Bevölkerung Wiens, 21.4.1945. Abgedruckt in: Karner - Stelzl-Marx - Tschubarjan, Die Rote Armee in Österreich, Dok. Nr. 22. Original abgedruckt in: Ministerstvo inostrannych del SSSR (Hg.), SSSR - Avstrija 1938-1979, S. 22.

461 AVP RF, F. 66, op. 23, p. 24, S. 11, Bericht von M. Chošev an A. Smirnov über die Lebensmittelversorgung in Wien, 29.1.1946.

462 CAMO, F. 243, op. 2973, d. 59, S. 84f., Beschluss Nr. 0427 des Militärrates der 3. Ukrainischen Front, Über die Unterstützung für die provisorische österreichische Regierung, 5.5.1945. Abgedruckt in: Karner - Stelzl-Marx, Tschubarjan, Die Rote Armee in Österreich, Dok. Nr. 32. Original abgedruckt in: Ministerstvo inostrannych del SSSR (Hg.), SSSR - Avstrija 1938-1979, S. 24-26.

463 RGASPI, F. 644, op. 1, d. 418, S. 193f., Anordnung der GOKO Nr. 8719-s über die Lebensmittelhilfe an die Wiener Bevölkerung, 23.5.1945.

464 CAMO, F. 243, op. 2963, d. 136, S. 830-832, Anordnung Nr. 028 des Militärrates der 3. Ukrainischen Front über die Lebensmittelhilfe an die Wiener Bevölkerung, 23.5.1945.

465 CAMO, F. 67, op. 12001, d. 702, S. 40, Bericht von Dobyčin über die Durchführung des GOKO-Befehls vom 23.5.1945 über die Lebensmittelhilfe für Österreich, 27.7.1945. Abgedruckt in: Karner - Stelzl-Marx - Tschubarjan, Die Rote Armee in Österreich, Dok. Nr. 45. Vgl. Stelzl-Marx, Erbsen für Wien, S. 56.

466 WStLA, Magistratsdirektion, A1: Allgemeine Registratur, MD - 406/46, Verlautbarung von Lebedenko über die Einstellung der sowjetischen Lebensmittellieferungen an Wien, 4.2.1946. Abgedruckt in: Karner - Stelzl-Marx - Tschubarjan, Die Rote Armee in Österreich, Dok. Nr. 120.

ganda daraus letztlich kein politisches Kapital schlagen. Lediglich die kommunistische „Volksstimme" berichtete gebührend über die „große Hilfe, die die Rote Armee der Bevölkerung Österreichs gewähre", kritisierte die Propagandaabteilung der SČSK im November 1945.[467] Selbst die Millionenspende für den Wiederaufbau der Wiener Staatsoper verbesserte die antisowjetische und antikommunistische Stimmung nicht.[468] Für die mangelnde Anerkennung seitens der Bevölkerung waren aber nicht die legendären Würmer in den „russischen Erbsen" verantwortlich, sondern vor allem die Übergriffe und Plünderungen durch sowjetische Soldaten zu Kriegsende.[469]

6.2 Beutezüge, Demontagen, Konfiszierungen

Gerade in den ersten Wochen und Monaten nach Betreten österreichischen Territoriums begaben sich Offiziere und Soldaten der alliierten Besatzungstruppen auf private Beutezüge. Amerikanische GIs etwa sammelten „Trophäen" und „Souvenirs" bei Wehrmachtssoldaten, aber auch in der Zivilbevölkerung. Beliebt waren NS-Insignien, deutsche Waffen, Schmuck, Alkohol oder auch Kunstschätze. In der anarchischen Zeit zu Kriegsende nahmen viele die Trennlinie zwischen „trophy taking" und Diebstahl bzw. Kriegsbeute nicht so genau.[470]

Bei den sowjetischen Soldaten war die Uhrenliebe sprichwörtlich, doch auch Kleidung, Schmuck, Einrichtungsgegenstände und Kunstwerke wechselten den Besitzer. In den Wohnungen von Veteranen finden sich bis heute zahlreiche „Erinnerungsstücke" aus Österreich. Vor allem die Möglichkeit, Pakete in die Sowjetunion zu senden, interpretierten nicht wenige als indirekte Aufforderung zum Plündern. Mit dem militärischen Rang stieg auch das Ausmaß der Beutezüge: Der Befreier Berlins, Marschall Žukov, ließ in der Heimat mehrere Wohnungen mit Möbeln und dekorativen Gegenständen aus Deutschland ausstatten.[471]

467 CAMO, F. 275, op. 353764, S. 281–285, hier: S. 281, Informationsbulletin Nr. 1 der Propagandaabteilung der SČSK, 12.11.1945.

468 Die sowjetische Regierung ließ für den Wiederaufbau der Staatsoper zwei Millionen Schilling bzw. eine Million Rubel übergeben. Außerdem stellte die Beuteverwaltung der CGV Hunderte Millionen Baumaterialien aus ihrem Beutebestand bereit. Vgl. CAMO, F. 275, op. 426039, d. 4, S. 13f., Befehl des Oberkommandierenden der CGV, Konev, über materielle Hilfe für die provisorische Regierung zum Wiederaufbau der Wiener Oper, 8.10.1945. Vgl. Karner – Ruggenthaler, Unter sowjetischer Kontrolle, S. 144.

469 Zum Topos der „wurmigen Erbsen" vgl. Dornik, Besatzungsalltag in Wien, S. 464f.

470 Günter Bischof, Die Amerikaner als Besatzungsmacht in Österreich, 1945–1955, in: Manfried Rauchensteiner – Robert Kriechbaumer (Hg.), Die Gunst des Augenblicks. Neuere Forschungen zu Staatsvertrag und Neutralität. Wien – Köln – Weimar 2005, S. 75–112, hier: S. 100f.

471 Naimark, Die Russen in Deutschland, S. 221.

Abb. 33: Abtransport von deutschen Panzern, die von der Roten Armee zu Kriegsende in Österreich erbeutet wurden. (Quelle: RGAKFD, Foto: Bernštein)

Die KPÖ wurde wegen ihrer engen Verbindung zur sowjetischen Besatzungsmacht für die Plünderungen mitverantwortlich gemacht. „Wenn du noch eine Armbanduhr hast und willst, dass sie gestohlen wird, kannst du für die Kommunisten stimmen", hieß es etwa auf einem der Flugblätter, die in den letzten Tagen vor der Nationalratswahl im November 1945 in Wien kursierten.[472]

Selbstverständlich waren sich die Sowjets der negativen Folgen dieser illegalen Aktivitäten bewusst, konnten diese jedoch nur unwesentlich eindämmen. „All dies untergräbt die Würde und Ehre der sich im Ausland aufhaltenden Sowjetbürger, schadet der Autorität des Sowjetischen Staates und der Sowjetischen Armee", meldete der TASS-Korrespondent G. N. Moločkovskij indigniert nach Moskau. In der Rolle des „Siegers" sprachen Armeeangehörige „einem leichten Lebensstil, der Bereicherung sowie einer Befriedigung der niederen Instinkte" zu. Die Schuld an diesen disziplinären Vergehen lag seiner Einschätzung nach bei einer schlechten Kontrolle durch die Kommandanturen, deren Personal selbst korrumpiert war, organisatorischen Schwächen des Besatzungsapparates und bei der mangelhaften politisch-erzieherischen Arbeit. Die Versuchungen des „kapitalistischen Westens" ließen so manchen

472 CA FSB, F. 135, op. 1, d. 1, S. 307–310, hier: S. 308, Bericht des Assistenten des Leiters der GUKR NKO „Smerš", N. Rozanov, an den Leiter der GUKR „Smerš", V. Abakumov, über die Nationalratswahlen in Österreich, 26.10.1945.

Armeeangehörigen einem „parasitären Lebensstil", finanziert durch „dunkle Machenschaften", frönen.[473]

Von den ersten Tagen der Besatzung an konfiszierten die Sowjets Lebensmittel, Fahrzeuge, Waffen, Gebäude und alles, was das materielle Leben Österreichs bieten konnte. Allein für die Versorgung der Truppen müssten „Beutegüter und örtliche Möglichkeiten" in großem Maßstab genützt werden, hieß es lapidar in einem NKVD-Bericht.[474]

Abgesehen von Kraftfahrzeugen wurden auch Wohnungen, Häuser und ganze Palais beschlagnahmt. In Wien dienten etwa das Hotel Imperial als Hauptquartier des Militär- bzw. Hochkommissars und das gleichfalls am Ring gelegene Palais Epstein als sowjetische Stadtkommandantur.[475] Für das Hauptquartier der Roten bzw. Sowjetischen Armee wurden in Baden ganze Stadtteile durch dunkelgrün gestrichene Planken mit gemauerten Pfeilern für zehn Jahre aus der Stadt herausgelöst: Das durch eine Planke abgetrennte Kurhaus samt Trinkhalle (heute Spielkasino) diente als Offiziersmesse. Der Kaiser-Franz-Ring war vom Theaterkiosk bis Ecke Spiegel- bzw. Welzergasse beschlagnahmt. Außerdem war der gesamte Häuserblock vom Rollettmuseum bis zum „Nicoladoni-Haus" in der Schimmergasse abgegrenzt und wurde von einem Wachturm aus kontrolliert. Dieses Areal diente dem NKVD/MVD als Hauptquartier.[476] Im Keller des genannten Hauses befand sich jenes Gefängnis, in dem der sowjetische Geheimdienst verhaftete österreichische Zivilisten oder auch sowjetische Militärangehörige festhielt. Für viele stellte dieser exterritoriale sowjetische Mikrokosmos auf österreichischem Territorium die letzte Etappe vor ihrem Abtransport in die Lager und Gefängnisse der UdSSR dar.[477]

Neben den zur Gänze beschlagnahmten Stadtteilen konfiszierte die sowjetische Besatzungsmacht noch einzelne öffentliche und private Badener Gebäude, darunter zahlreiche Villen, das Schloss Braiten als Sitz der Ortskomman-

473 RGASPI, F. 17, op. 128, d. 117, S. 199–201, Bericht von G. N. Moločkovskij an die Abteilung für Propaganda und Agitation des ZK der VKP(b) über die Disziplin der sowjetischen Truppen in Österreich [spätestens am 11.12.1946]. Abgedruckt in: Karner – Stelzl-Marx – Tschubarjan, Die Rote Armee in Österreich, Dok. Nr. 127.

474 RGVA, F. 32905, op. 1, d. 396, S. 63–66, Bericht des stv. Leiters der NKVD-Truppen zum Schutz des Hinterlandes der Truppen der CGV, Oberst Sacharov, über die Tätigkeit der Wirtschaftsapparate der NKVD-Truppen zum Schutz des Hinterlandes der Steppenfront und 2. Ukrainischen Front während des Krieges, 30.9.1945.

475 Siehe dazu auch das Kapitel A.III.3.3.1 „Reformen 1952" in diesem Band.

476 Rudolf Maurer, Befreiung? – Befreiung! Baden 1945–1955. Katalogblätter des Rollettmuseums Baden, Nr. 55. Baden 2005, S. 73–82.

477 Barbara Stelzl-Marx, Verschleppt und erschossen. Eine Einführung, in: Stefan Karner – Barbara Stelzl-Marx (Hg.), Stalins letzte Opfer. Verschleppte und erschossene Österreicher in Moskau 1950–1953. Unter Mitarbeit von Daniela Almer, Dieter Bacher und Harald Knoll. Wien – München 2009, S. 21–78, hier: S. 39.

Abb. 34: Der Sportplatz in der Dammgasse in Baden wurde von der Roten Armee beschlagnahmt und als Einrichtung des „Hauses der Offiziere" von den Besatzungssoldaten genützt. (Quelle: Stadtarchiv Baden)

dantur und mehrere Hotels. Auch standen Teile des Doblhoffparks sowie der Sportplatz in der Dammgasse, das Strandbad und die Schwimmschule (heute Römertherme) ausschließlich der Besatzungsmacht zur Verfügung.[478]

Für die Unterbringung größerer Garnisonen konfiszierte die Armee häufig Kasernen und - insbesondere in der ersten Zeit - geräumte Lagerareale. Beispielsweise diente das von der Roten Armee am 9. Mai 1945 befreite Kriegsgefangenenlager Stalag XVII B Krems-Gneixendorf den Besatzungssoldaten vorübergehend als Quartier.[479]

Als massives Eindringen in die Privatsphäre empfand die Bevölkerung die Einquartierungen von Besatzungsangehörigen in ihrem persönlichen Wohnraum. Anfang September 1946 gab die Sicherheitsdirektion für das Burgenland dazu folgenden Lagebericht: „Böses Blut erzeugen die gewaltsamen Einquartierungen, wobei weder der Beruf des Wohnungsinhabers noch die Zahl der Familienangehörigen Berücksichtigung finden. Durch Einquartierungen von Familienangehörigen der Militärpersonen werden die Bewohner der einzelnen Räume zusammengedrängt und ihre Einrichtungsgegenstände dadurch gefährdet, dass Möbelstücke bei der Räumung der Wohnung durch

478 Maurer, Befreiung? - Befreiung!, S. 74.

479 Barbara Stelzl-Marx, Zwischen Fiktion und Zeitzeugenschaft. Amerikanische und sowjetische Kriegsgefangene im Stalag XVII B Krems-Gneixendorf. Tübingen 2000, S. 103.

die einquartiert Gewesenen verschleppt werden."[480] Häufig mussten innerhalb kürzester Zeit einzelne Zimmer oder ganze Wohnungen geräumt und den Besatzungssoldaten bzw. ihren Angehörigen zur Verfügung gestellt werden. Die Wienerin Pauline Wind beschrieb dies in ihrem Haushaltsbuch von 1945 folgendermaßen: „Am 9. April um halb zwei früh drangen die Russen in Wien in unser Haus ein. Wir haben vom 6. April 1945 an wie alle Hausbewohner in unserem Keller gewohnt und genächtigt. Am 13. April 1945 fiel die Stadt Wien und wurde von Russen besetzt. Ab 14. April bekamen wir in unsere Wohnung 1 Moskauerin Frau Rosa und 1 Leutnant Frau Olga einquartiert bis 17. Juni 1945. Ab 30. Juni 1945 bis 28. Juli 1945 [war] ein russischer Major, Bacharchimov, von der Presse einquartiert."[481]

Konnten Mobiliar und Einrichtungsgegenstände nicht rechtzeitig in Sicherheit gebracht werden, wurden sie in vielen Fällen beschädigt, zerstört oder abtransportiert. Erzählungen von den „kulturlosen Russen" kursierten, die auf Biedermeiermöbel Schießübungen machten oder wertvolles Meißner Porzellan als Einweggeschirr verwendeten. Hausbesitzer nahmen daher manchmal freiwillig Flüchtlinge oder durch Bombenangriffe obdachlos gewordene Verwandte auf, um ihr Haus zu „füllen" und dadurch sowjetische Zwangseinquartierungen zu verhindern.[482]

Neben den illegalen privaten Plünderungen und den Konfiszierungen verfolgten die Sowjets eine staatlich verordnete Beutepolitik. Dies betraf auch Kulturschätze, die gezielt ausgeforscht und in die Sowjetunion verbracht wurden. Beispielsweise transportierte die Rote Armee im April 1945 mindestens sechs Lastwagenladungen mit Kunstgegenständen, Möbeln und Büchern aus dem Eisenstädter Schloss der Familie Esterházy im Burgenland ab. Ein Teil der seltenen Bücher befindet sich heute in Moskauer Bibliotheken. Auch nach der ersten Beutewelle zu Kriegsende waren die sowjetischen Beutegut-Brigaden aktiv: Im August 1946 inspizierte etwa einer der höchsten sowjetischen Restitutionsbeamten, Stepan Ledovskič, das Schloss Thürntal in der Nähe von Grafenegg, das während der NS-Zeit enteignete jüdische Sammlungen beherbergt hatte. Im Mai 1947 ließ Ledovskič 39 Gemälde – angeblich „Deutsches Eigentum" – in die Sowjetunion abtransportieren. Ihr weiteres Schicksal ist ungeklärt. Denkbar ist, dass ein Teil der Gemälde unterwegs verloren ging, beschädigt oder völlig zerstört wurde. Doch fiel die

480 ÖStA/AdR, Abt. 2, Generaldirektion für Sicherheit, Monatsberichte, Sicherheitsdirektion für das Burgenland, 2.9.1946, S. 3. Zit. nach: Stelzl-Marx, Freier und Befreier, S. 423f.

481 Sammlung Stelzl-Marx, Haushaltsbuch Pauline Wind.

482 Karin Pöpperl, Das Russlandbild in Weitra heute. Unter Berücksichtigung der Besatzungszeit 1945–1955 und der Propaganda der Kriegs- und Nachkriegszeit. Phil. DA. Wien 2003, S. 10; Maurer, Befreiung? – Befreiung!, S. 73.

Beschlagnahmung von Kulturschätzen in Österreich im Vergleich zur sowjetischen Besatzungszone Deutschlands noch gering aus. Hier kam Österreich seine in der Moskauer Deklaration definierte Rolle als „erstes Opfer der hitlerschen Aggression" zugute.[483]

Im großen Maßstab erfolgten allerdings auch in Ostösterreich die Demontagen wirtschaftlicher Anlagen. Bereits im Februar 1945 hatte Stalin den Entschluss gefasst, „Kriegstrophäen" in den zu besetzenden Gebieten zu beschlagnahmen und für den Wiederaufbau der zerstörten sowjetischen Wirtschaft einzusetzen. Bei den einzelnen Fronten installierte man eigene Kommissionen, die die Anlagen erkundeten und deren Demontage und Abtransport betreuten. Eine ganze Reihe sowjetischer Ministerien schickte für die technische Leitung der Demontagen Ingenieure und leitende Angestellte nach Österreich.[484]

Für die praktische Abwicklung war die Hauptverwaltung für Beutegut („trofejnoe upravlenie") der Roten Armee unter ihrem Leiter Fedor I. Vachitov zuständig, welche die benötigten Arbeitskräfte und Transportmittel bereitzustellen hatte. Häufig mussten österreichische Arbeiter beim Abbau ihrer eigenen Arbeitsstätte mitwirken. Die Befehle für die Demontagen erteilte das sowjetische Staatliche Verteidigungskomitee GOKO.[485] Am 19. April 1945, nur wenige Tage nach der Einnahme Wiens, unterzeichnete Stalin die ersten diesbezüglichen Beschlüsse. Insgesamt zeichnete Stalin 90 Beschlüsse über Demontagen österreichischer Betriebe ab, die letzten am 3. August 1945. Sie betrafen in erster Linie hochwertige Ausrüstungen und Anlagen, wie spanabhebende Werkzeugmaschinen, Hochöfen, Motoren, Messinstrumente, Telefonapparate, Motoren, Walzstrecken u. Ä.[486]

483 Patricia Kennedy Grimsted, Vom „Fliegenden Merkur" zu den Büchern der Sammlung Esterházy. Kulturelle Restitution an die UdSSR durch die westlichen Besatzungsmächte in Österreich und sowjetisches Beutegut österreichischer Herkunft, in: Stefan Karner - Barbara Stelzl-Marx (Hg.), Die Rote Armee in Österreich. Sowjetische Besatzung 1945–1955. Beiträge. Graz - Wien - München 2005, S. 363–387.

484 Stefan Karner, Zu den Anfängen der sowjetischen Besatzung in Österreich 1945/46, in: Manfried Rauchensteiner - Robert Kriechbaumer (Hg.), Die Gunst des Augenblicks. Neuere Forschungen zu Staatsvertrag und Neutralität. Wien - Köln - Weimar 2005, S. 139–186, hier: S. 175f. Zu den sowjetischen Demontagen vgl. auch Stefan Karner - Peter Ruggenthaler - Barbara Stelzl-Marx, Die sowjetische Besatzung in der Steiermark 1945. Zur Einleitung, in: Stefan Karner - Othmar Pickl (Hg.), Die Rote Armee in der Steiermark. Sowjetische Besatzung 1945. Graz 2008, S. 9–42, hier: S. 34–36; Stefan Karner, Zu den sowjetischen Demontagen 1945/46. Ein erster Aufriss auf russischer Quellenbasis, in: Michael Pammer - Herta Neiß - Michael John (Hg.), Erfahrung der Moderne. Festschrift für Roman Sandgruber zum 60. Geburtstag. Stuttgart 2007, S. 301–312.

485 Vgl. dazu die entsprechenden GOKO-Befehle, etwa: RGASPI, F. 644, op. 1, d. 443, S. 194f., GOKO-Befehl Nr. 9578ss über Demontagen bei Steyr-Daimler-Puch in Graz, 28.7.1945.

486 Bogdan Musial, Stalins Beutezug. Die Plünderung Deutschlands und der Aufstieg der Sowjetunion zur Weltmacht. Berlin 2010, S. 312f.

Teilweise jedoch – wie etwa in der Steiermark – dürften die Beschlüsse erst im Nachhinein unterzeichnet worden sein. So erging am 28. Juli 1945 der von Stalin gezeichnete GOKO-Befehl an das Volkskommissariat für Munition, „die Anlagen der Werkshallen für die Herstellung von Führungs-Geschützhülsen aus Eisenpulver der Firma ‚Vogel und Noot, Pengg-Bührlen' in Mitterdorf mit einem Bestand von 120 Maschinensätzen, darunter: 50 Mühlen, 45 Hydraulikpressen mit einer Kapazität von 60 bis 300 Tonnen, 42 Elektroöfen, 20 Werkbänke zur Metallverarbeitung, die technische Dokumentation und die Ausstattung des Werkslaboratoriums" zu demontieren und in die Ostukraine zu verbringen.[487] Zum Zeitpunkt des Befehls befand sich die Steiermark jedoch bereits unter britischer Besatzung. Die Demontagen im Eisenwerk waren schon zuvor (vor dem 24. Juli) erfolgt.[488]

Nach sowjetischen Angaben ließ Stalin in Österreich insgesamt 220 Betriebe (über 31.000 Waggonladungen) vollständig bzw. teilweise abmontieren. Bis zum Frühjahr 1946, als die Demontagen in Österreich abgeschlossen waren, wurden 71.500 Ausrüstungseinheiten wie Elektromotoren, Schmiedeeinrichtungen und Walzstraßen sowie beinahe 7.200 Waggons an beschlagnahmten Materialien wie Schwarzmetallen und Papier ausgeführt. Dies entsprach zwar nur einem Bruchteil dessen, was etwa in Polen oder Deutschland demontiert wurde, war jedoch immerhin weit mehr als der Umfang sowjetischer Demontagen in Ungarn und der Tschechoslowakei.[489]

Der Gesamtwert der 1945 durch die sowjetische Besatzungsmacht demontierten Anlagen wird auf mehr als 300 Millionen Dollar geschätzt,[490] wobei interne sowjetische Angaben weit darunter lagen.[491] Doch erwies sich der Nutzen für die Sowjetwirtschaft als geringer als erwartet: Durch zum Teil unsachgemäße Handhabung entstand mitunter schwerer Sachschaden. Die De-

487 RGASPI, F. 644, op. 1, d. 444, S. 1f., GOKO-Befehl Nr. 958ss über Demontagen in Mitterdorf, Knittelfeld und Graz, 28.7.1945. Abgedruckt in: Karner – Pickl, Die Rote Armee in der Steiermark, Dok. Nr. 123. Zu den Demontagen in der Steiermark vgl. Stefan Karner, Sowjetische Demontagen in der Steiermark 1945, in: Historische Landeskommission für Steiermark – Historischer Verein für Steiermark (Hg.), Rutengänge. Studien zur geschichtlichen Landeskunde. Festgabe für Walter Brunner zum 70. Geburtstag. Graz 2010, S. 656–674.

488 Hierbei handelte es sich um das Eisenwerk Breitenfeld, das im Jahr 1942 durch die Firmen Joh. Pengg und Vogel & Noot AG gegründet worden war. Die vier Geschäftsführer waren: Dipl.-Ing. Hans v. Pengg, Dipl.-Ing. Hermann Bührlen, Dr. Hugo v. Noot und Dr. Dipl.-Ing. Josef Ritter. Johann Pengg war zwar mit Dorothea Bührlen verheiratet und deren Bruder Hermann Bührlen mit Johann Penggs Schwester Margarethe, doch gab es zu dieser Zeit nicht den im Dokument verwendeten Doppelnamen „Pengg-Bührlen". Vgl. Vinzenz Pengg-Bührlen, Freundliche Auskunft an Barbara Stelzl-Marx. Wien 12.8.2006. Zu den Demontagen in Breitenfeld vgl. Karner, Die Steiermark im 20. Jahrhundert, S. 322.

489 Musial, Stalins Beutezug, S. 313, 337.

490 Seidel, Österreichs Wirtschaft, S. 470.

491 Musial, Stalins Beutezug, S. 313f.

montagen nahmen ab, als die Sowjets zur systematischen Beschlagnahmung des „Deutschen Eigentums" übergingen.[492] Zu diesem Zeitpunkt hatte die Rote Armee jedoch bereits Tausende Waggons mit Maschinen und Vorräten als „Beutegut" aus dem von ihr besetzten Teil Österreichs abtransportiert - auch aus jenen Gebieten, die sie wenig später aufgrund des Zonenabkommens räumen musste.[493]

6.3 Sowjetisches Wirtschaftsimperium: SMV, DDSG, USIA

Auf der Konferenz von Potsdam vom 17. Juli bis zum 2. August 1945 zur Festlegung einer Nachkriegsordnung trafen die USA, Großbritannien und die UdSSR die folgenschwere Entscheidung, dass Deutschland für die Schäden des Zweiten Weltkrieges Kriegsentschädigung zu leisten hatte - wozu auch das deutsche Auslandsvermögen als Reparationen beansprucht wurde. Die Sowjetunion verzichtete auf „Deutsches Eigentum" in den westlichen Besatzungszonen Deutschlands. Im Gegenzug verzichteten die USA und Großbritannien auf die deutschen Vermögenswerte in der Ostzone Deutschlands sowie auf das „Deutsche Eigentum" in der sowjetischen Besatzungszone Österreichs, in Bulgarien, Finnland, Ungarn und Rumänien.[494] Doch war Österreich durch seine engen wirtschaftlichen Verflechtungen mit Deutschland seit dem Ersten Weltkrieg und seit dem „Anschluss" 1938 durch diese Regelung besonders betroffen, obwohl für Österreich selbst definitiv keine Reparationszahlungen vorgesehen waren.[495]

Mit dem Potsdamer Abkommen änderte die Sowjetunion allmählich ihre Wirtschaftsstrategie: Statt Anlagen zu demontieren ging sie nun dazu über, die laufende Produktion jener Firmen in Ostösterreich zu nutzen, die sie als „Deutsches Eigentum" und in der Folge als nunmehr sowjetisches Eigentum ansah. Insofern bestand formal kein Widerspruch zur Aussage, Österreich habe keine Reparationen zu leisten. Zunächst schlug Moskau Ende August 1945 Österreich vor, eine gemeinsame sowjetisch-österreichische Erdölgesellschaft mit dem Namen SANAPHTA zu gründen - ähnlich wie in Rumänien und später in Ungarn. Die provisorische Staatsregierung lehnte allerdings im

492 Otto Klambauer, Staat im Staate: Sowjetisches Vermögen in Österreich 1945–1955, in: Stefan Karner - Gottfried Stangler (Hg.), „Österreich ist frei!" Der Österreichische Staatsvertrag 1955. Beitragsband zur Ausstellung auf Schloss Schallaburg 2005. Unter Mitarbeit von Peter Fritz und Walter M. Iber. Horn - Wien 2005, S. 182–187, hier: S. 182.

493 Aus sowjetischer Sicht stellte Beutegut keine Reparation dar. Der Unterschied bestand jedoch lediglich darin, dass die Besatzungsmacht auf Beutegüter bereits vor den Potsdamer Reparationsbeschlüssen zugegriffen hatte. Vgl. Seidel, Österreichs Wirtschaft und Wirtschaftspolitik, S. 392f.

494 Ebd., S. 343.

495 Klambauer, Staat im Staate, S. 182.

September, wohl nach Intervention seitens der USA, ab. Damit begann ein langwieriger „Kampf ums Öl".[496]

Anfang Oktober übernahmen die Sowjets – ohne Konsens mit dem Alliierten Rat und der österreichischen Bundesregierung – formell die Erdölfelder, Raffinerien und Verteilungsorganisationen in der Ostzone. Dazu gründeten sie die Sowjetische Mineralölverwaltung SMV (den Vorläufer der Österreichischen Mineralölverwaltung ÖMV bzw. OMV) und die Handelsaktiengesellschaft für Erdölprodukte österreichischer und russischer Provenienz, OROP, für den Vertrieb der Erdölprodukte.[497] Sie waren zu dem Schluss gekommen, „dass zwei Drittel des geförderten Erdöls auf Firmenanteile entfallen, die Deutschen gehören" würden.[498] Dass schon früh Interesse am österreichischen Öl bestanden hatte, zeigt etwa ein Bericht über die Erdölindustrie in Österreich, den Innenkommissar Lavrentij Berija am 13. April 1945 an das ZK der VKP(b) weitergeleitet hatte.[499]

Bereits Mitte Dezember 1945 drängte Militärkommissar Konev den stellvertretenden Vorsitzenden des Rates der Volkskommissare, Vjačeslav Molotov, endlich das „Deutsche Eigentum" in der sowjetischen Besatzungszone Österreichs erfassen und verwalten zu lassen. Einleitend erklärte Konev dazu: „Auf dem Gebiet Österreichs befindet sich eine erhebliche Menge an ‚Deutschem Eigentum', das gemäß den Beschlüssen der Berliner Konferenz in den Besitz der UdSSR überzugehen hat." Zwar wäre „ein Teil der Betriebe demontiert", doch würden weder die Arbeiten „zu einer vollständigen Feststellung und Erfassung des Eigentums" durchgeführt noch „eine Kontrolle über das Deutsche Eigentum, das sich in Österreich befindet", ausgeübt werden, so Konev weiter. Er legte einen Befehlsentwurf „über die Erfassung des Eigentums und die Herstellung einer Kontrolle darüber" bei, dessen Herausgabe „genau zur richtigen Zeit" erfolgen würde. Außerdem schlug der Militärkommissar vor, die Verwaltung für Beutegut der CGV in eine Verwaltung für Angelegenheiten des „Deutschen Eigentums" in Österreich umzuwandeln und diese der SČSK zu unterstellen. Molotov beauftragte daraufhin den Leiter der 3. Europäischen Abteilung im NKID, Andrej Smirnov, einen mit dem NKO und dem NKVD akkordierten Vorschlag auszuarbeiten.[500]

496 Seidel, Österreichs Wirtschaft und Wirtschaftspolitik, S. 398, 401.

497 Ebd., S. 401.

498 AVP RF, F. 66, op. 23, p. 24, d. 8, S. 151–161, Bericht von Alekseev an Kiselev über die Lage der Erdölbetriebe im Wiener Becken, 26.11.1945.

499 RGASPI, F. 17, op. 121, d. 395, S. 1, Begleitbrief Berijas an Malenkov zur Übersendung eines Berichtes über die Erdölindustrie in Österreich, 13.4.1945; RGASPI, F. 17, op. 121, d. 395, S. 2f., Bericht von N. Titkov über die Erdölindustrie in Österreich, 5.4.1945.

500 AVP RF, F. 06, op. 7, p. 26, d. 322, S. 100f., Schreiben von Konev an Molotov über die Feststellung und Erfassung des Deutschen Eigentums in der sowjetischen Besatzungszone Österreichs,

Am 2. Februar 1946 übernahmen die Sowjets formell das in ihrer Zone gelegene Vermögen der DDSG als ehemaliges „Deutsches Eigentum". Auch hier gründeten sie eine Verwaltungsfirma: die Sowjet-DDSG. Bei der DDSG hatte die sowjetische Besatzungsmacht ebenso eine gemischtstaatliche Organisation angestrebt, war jedoch gleichfalls am Widerstand Österreichs gescheitert.[501]

Danach ging es Schlag auf Schlag. Im Februar/März 1946 wurde ein mit März datierter Entwurf eines Ministerratsbeschlusses über die Verwaltung des ehemals „Deutschen Eigentums" ausgearbeitet. Konev sollte demnach verpflichtet werden, das „Eigentumsrecht der Sowjetunion per Befehl rechtsgültig zu machen" und bis 1. Mai einen Produktionsplan der sowjetischen Betriebe in Österreich vorzulegen. Auf der Basis von Betrieben mit teilweiser Beteiligung österreichischen Kapitals sollten bilaterale sowjetisch-österreichische Gesellschaften eingerichtet werden. Der beigelegte Befehlsentwurf im Namen Konevs sah unter anderem eine Meldepflicht ehemals „Deutschen Eigentums" binnen zehn Tagen vor. Bei Unterlassung der Meldung, Vernichtung oder Beschädigung des Eigentums oder bei Behinderung der Umsetzung dieses Befehls drohten Gerichtsprozesse.[502] Molotov, dem man den Entwurf vorlegte, brachte am rechten oberen Rand des Dokumentes handschriftlich ein Kreuz an. Damit signalisierte er seinem Stellvertreter Vyšinskij einen Präzisierungsbedarf in dieser wichtigen Angelegenheit.[503]

Parallel dazu beschlagnahmten die Sowjets ab Februar 1946 in zunehmendem Maße Betriebe, die später im USIA-Konzern aufgingen. Denn die österreichische Seite lehnte – wie zuvor beim Erdöl und der DDSG – bilaterale Gesellschaften für das gesamte „Deutsche Eigentum" ab.[504]

6.3.1 Befehl Nr. 17

Am 5. Juli 1946 schockierte eine lakonische Meldung der sowjetischen Nachrichtenagentur TASS die österreichische Öffentlichkeit. Hinter dem Titel

14.12.1945. Abgedruckt in: Karner – Stelzl-Marx – Tschubarjan, Die Rote Armee in Österreich, Dok. Nr. 89.

501 Klambauer, Staat im Staate, S. 183.

502 AVP RF, F. 06, op. 8, p. 22, d. 312, S. 4–8, Entwurf eines Beschlusses des Ministerrates der UdSSR, Über den Übergang Deutschen Eigentums in das Vermögen der UdSSR mit beiliegendem Befehlsentwurf Konevs über die Durchführung der Erfassung des Deutschen Eigentums [März 1946]. Abgedruckt in: Karner – Stelzl-Marx – Tschubarjan, Die Rote Armee in Österreich, Dok. Nr. 93.

503 Ruggenthaler, Warum Österreich nicht sowjetisiert wurde, S. 664.

504 Otto Klambauer, Die USIA-Betriebe in Niederösterreich. Geschichte, Organisation, Dokumentation. Studien und Forschungen aus dem Niederösterreichischen Institut für Landeskunde. Bd. 5. Wien 1983, S. 17f.

Abb. 35: Der sowjetische Militärkommissar Generaloberst Vladimir Kurasov unterzeichnete laut TASS am 27. Juni 1946, dem Tag vor dem Zweiten Kontrollabkommen, den folgenreichen Befehl Nr. 17. Demnach ging das „Deutsche Eigentum" in das Eigentum der Sowjetunion über. (Quelle: Votava, Wien)

„Übergang des reichsdeutschen Vermögens an die Sowjetunion" verbarg sich der Befehl Nr. 17, einer der folgenreichsten Befehle der sowjetischen Besatzungsmacht in Österreich. Laut TASS hatte ihn Militärkommissar Kurasov am 27. Juni 1946, also am Tag vor dem Zweiten Kontrollabkommen, unterzeichnet.[505] Mit dieser einseitigen Verfügung stellte die sowjetische Besatzungsmacht Österreich vor vollendete Tatsachen: Die im „östlichen Österreich befindlichen deutschen Vermögenswerte" seien bereits „als deutsche Reparationsleistungen in das Eigentum der Union der Sozialistischen Sowjetrepubliken übergegangen". Die Leitung des genannten Eigentums oblag demnach der „Verwaltung für Sowjeteigentum im östlichen Österreich". Verheimlichung von „Deutschem Eigentum" wurde unter Strafe gestellt.[506]

So korrekt die Formulierung klang, so hatte der Befehl doch einen enormen Schönheitsfehler: Es gab keinen Hinweis darauf, was die Sowjets unter dem Begriff „Deutsches Eigentum" konkret verstanden.[507] De facto anerkannten sie keinerlei unrechtmäßige Veränderungen während der NS-Zeit, erzwungene Besitzwechsel und „Arisierungen". Dank dieser engen Interpretation dürften rund 20 Prozent der USIA-Betriebe „arisierte" Vermögenswerte gewesen sein.[508]

Der Befehl Nr. 17 und die Übernahme des gesamten „Deutschen Eigentums" der sowjetischen Zone hatten für Nachkriegsösterreich zwei besonders weit reichende Folgen: Am 26. Juli 1946 beschloss die österreichische Bundesregierung das Erste Verstaatlichungsgesetz. Damit zwang sie die sowjeti-

505 Ebd., S. 18f. Vgl. dazu und zum Folgenden auch Ruggenthaler, Warum Österreich nicht sowjetisiert wurde, S. 663–665; Mueller, Die sowjetische Besatzung in Österreich, S. 151f.

506 OÖLA, BH Perg, Schachtel 160, Befehl Nr. 17 des Oberbefehlshabers der sowjetischen Besatzungstruppen in Österreich, Kurasov, über den Übergang des Deutschen Eigentums in den Besitz der UdSSR, 27.6.1946. Abgedruckt in: Karner – Stelzl-Marx – Tschubarjan, Die Rote Armee in Österreich, Dok. Nr. 97.

507 Klambauer, Die USIA-Betriebe in Niederösterreich, S. 22.

508 Klambauer, Staat im Staate, S. 184.

sche Besatzungsmacht und die KPÖ, entgegen ihrer Ideologie gegen die Verstaatlichung aufzutreten. Erst nach Abschluss des Staatsvertrages gaben die Sowjets betroffene Betriebe zur Verstaatlichung frei. Außerdem übergaben die drei Westalliierten in ihren Zonen das „Deutsche Eigentum" der Republik Österreich in Treuhandverwaltung. Am 8. April 1949 kündigten sie in London an, auf das „Deutsche Eigentum" nach Abschluss des Staatsvertrages verzichten zu wollen.[509]

Bis 1955 umfasste die USIA insgesamt 263 Betriebe, die zu acht spartenspezifischen Aktiengesellschaften zusammengefasst waren. Dazu gehörten die Abteilungen AG „Farbe", „Fördermaschinen", „Kabel", „Martinstahl", „Textil", „Zement", die Verwaltung für Forst- und Landwirtschaft sowie das Filmstudio „Wien-Film".[510] Außerdem unterstanden der Verwaltung des sowjetischen Eigentums in Österreich mehr als 3000 Wohnhäuser, Schulen, Krankenhäuser, Kasernen, Schlösser, Kirchen und andere Wirtschafts- und Wohngebäude.[511] 1951 war der Gewinn der USIA-Betriebe mit über 1,4 Millionen Schilling am höchsten. Danach nahm er sukzessive ab, bis er im August 1955 nur mehr 316.000 Schilling betrug. Gleichzeitig blieb die Zahl der bei der USIA beschäftigten Arbeiter relativ konstant: 1947 waren hier über 46.000 Personen beschäftigt, 1952 war der Höchststand mit 52.800 Mitarbeitern erreicht. Bis 1955 sank ihre Zahl auf 45.800 Personen. Wenig überraschend war der Anteil der KPÖ-Mitglieder mit 19.000 besonders hoch, weswegen „die sowjetischen Betriebe eine wichtige Stütze für die Tätigkeit der demokratischen [kommunistischen] Kräfte Österreichs" darstellten, so Moskaus Einschätzung.[512]

6.3.2 USIA-Geschäfte

Im Sommer 1950 begann darüber hinaus die aus österreichischer Sicht schlagartige Errichtung einer Kette von Verkaufsstellen der USIA. Bis Ende des Jah-

509 Ebd.

510 RGANI, F. 5, op. 28, d. 331, S. 329–333, hier: S. 329, Bericht von A. Kurmazenko über die USIA-Betriebe, 25.11.1955. Abgedruckt in: Karner - Stelzl-Marx - Tschubarjan, Die Rote Armee in Österreich, Dok. Nr. 116. Der Bericht mit einer beigelegten detaillierten Liste über die USIA-Betriebe wurde noch am selben Tag an das ZK der KPdSU gesandt. Vgl. RGANI, F. 5, op. 28, d. 331, S. 328, Begleitbrief von P. Šmakov an I. Vinogradov zur Übersendung des Berichts über die USIA-Betriebe in Österreich, 25.11.1955.

511 RGANI, F. 5. op. 28, d. 224, S. 70–78, hier: S. 70, Bericht des Leiters der Abteilung für innenpolitische Fragen des Apparates des Hochkommissars, A. G. Kolobov, über die politische Arbeit in den USIA- und SMV-Betrieben [spätestens am 9.6.1954]. Abgedruckt in: Karner - Stelzl-Marx - Tschubarjan, Die Rote Armee in Österreich, Dok. Nr. 113.

512 RGANI, F. 5, op. 28, d. 331, S. 329–333, Bericht von A. Kurmazenko über die USIA-Betriebe, 25.11.1955. Abgedruckt in: Karner - Stelzl-Marx - Tschubarjan, Die Rote Armee in Österreich, Dok. Nr. 116.

res entstanden 52 Filialen, 1951 stieg ihre Zahl auf 78,[513] bis Ende 1952 auf 114,[514] und 1955 waren es insgesamt bereits 126 Geschäfte. Außerdem gehörte die Zentrale Handelsniederlassung zu dieser USIA-Abteilung für Einzelhandel.[515] Grundlage für ihre Gründung war der Beschluss Nr. 3420–1435 des Ministerrates der UdSSR vom 13. August 1950.[516] Über die Einzelhandelskette beabsichtigten die Sowjets, sowohl den Handel der sowjetischen Betriebe in Österreich anzukurbeln als auch der Kapitalknappheit in den USIA-Betrieben gegenzusteuern. Dank „spezieller Genehmigungen" der SČSK konnten sie zollfrei Waren aus volksdemokratischen Ländern importieren und diese gemeinsam mit einem bedeutenden Teil der – zudem „schwer absetzbaren"[517] – Produktion der USIA-Betriebe verkaufen. Letzteres bedeutete allein 1952 einen Umsatz von 500 Millionen Schilling.[518] Im Jahr davor hatten die USIA-Läden einen Umsatz von 228 Millionen Schilling erwirtschaftet, was einen Gewinn von 16 Millionen Schilling oder 1,5 Prozent des Umsatzes der USIA gebracht hatte.[519]

Da der außerhalb österreichischen Gewerberechts stehende Detailhandel die einheimischen Steuer- und Zollbestimmungen größtenteils negierte,[520] unterboten sie in mehreren Branchen empfindlich die Preise österreichischer Geschäfte. Vor allem bei Spirituosen, Tabakwaren, Bettwäsche und auch bei verschiedenen Lebensmitteln spürte der österreichische Handel die Konkurrenz. Es entwickelte sich ein erbittert geführter Propagandakrieg. Während die kommunistische Presse die Ladenkette als „Marshallhilfe des kleinen Mannes" bewarb, diffamierten die übrigen Medien einen entsprechenden

513 Klambauer, Staat im Staate, S. 319.

514 RGASPI, F. 17, op. 164, d. 212, S. 119–124, hier: S. 119, Bericht von A. Pavel'ev an G. Malenkov über die Lage in der USIA, 10.2.1953; RGASPI, F. 17, op. 164, d. 212, S. 125–150, hier: S. 125, Informationen von P. Kulakov über die Lage in der USIA als Beilage des Berichts des MGK, 7.2.1953.

515 RGANI, F. 5, op. 28, d. 331, S. 329–333, hier: S. 329, Bericht von A. Kurmazenko über die USIA-Betriebe, 25.11.1955. Abgedruckt in: Karner – Stelzl-Marx – Tschubarjan, Die Rote Armee in Österreich, Dok. Nr. 116.

516 RGASPI, F. 17, op. 164, d. 208, Beschluss Nr. 3420-1435 des Rates der Volkskommissare der UdSSR, Über die Errichtung einer Einzelhandelskette bei der USIA, 13.8.1950.

517 RGASPI, F. 82, op. 2, d. 117, S. 120f., hier: S. 120, Bericht an Molotov über die USIA-Betriebe in Österreich, 11.4.1952.

518 RGASPI, F. 17, op. 164, d. 212, S. 208–210, hier: S. 208, Bericht von Ja. Malik und V. Sergeev an G. Malenkov über österreichische Repressionen gegenüber USIA-Geschäften, 19.2.1953.

519 RGASPI, F. 82, op. 2, d. 117, S. 120f., hier: S. 120, Bericht an Molotov über die USIA-Betriebe in Österreich, 11.4.1952.

520 Sowohl die USIA-Betriebe als auch die SMV beanspruchten „exterritoriale" Rechte. Sie zahlten an Österreich weder Ertrags- noch indirekte Steuern, wohl aber Lohnsteuer und Sozialversicherungsabgaben. Dabei betrieben die USIA-Läden eine besonders auffällige Form der Steuervermeidung, was den Staatshaushalt belastete und die Konkurrenzfähigkeit verzerrte. Vgl. Seidel, Österreichs Wirtschaft, S. 471.

Einkauf als „Verstoß gegen die guten Sitten", weil man dadurch der österreichischen Wirtschaft schade.[521] Sowjetische Stellen beobachteten beunruhigt, wie 1954 einige Österreicher, die in USIA-Läden eingekauft hatten, auf der Basis eines Erlasses des österreichischen Finanzministeriums bestraft wurden.[522]

6.3.3 Unklare Kompetenzen: Abhängigkeiten von Moskau

Das sowjetische Wirtschaftsimperium in Österreich unterstand - wie auch ihre Pendants in den osteuropäischen Staaten - der Verwaltung des sowjetischen Eigentums im Ausland, GUSIMZ, mit Sitz in der Bol'šaja Pirogovskaja 9-a in Moskau. Ab 1947 leitete sie zunächst Vsevol'od Nikolaevič Merkulov,[523] ehemaliger Minister für Staatssicherheit. Damit übte - neben der Partei - der sowjetische Geheimdienstapparat einen maßgeblichen Einfluss auch auf die GUSIMZ und die jeweiligen Einrichtungen im Ausland aus. So oblag etwa die Leitung der Sowjetischen Aktiengesellschaften (SAG) bei der SMAD dem Sicherheitsexperten und Berija-Mann Bogdan S. Kobulov.[524]

Doch war die GUSIMZ bei Weitem nicht die einzige Stelle, von der das sowjetische Wirtschaftsimperium in Österreich abhing. Bis zu elf Ministerien und Zentralstellen beteiligten sich an der Führung des Wirtschaftsimperiums: die Ministerien für Erdölindustrie, Schifffahrt, Film, Äußeres, Staatssicherheit, Transport, Land- und Forstwirtschaft und insbesondere für Außenhandel sowie die GOS-Bank.[525] Selbstverständlich waren diese wiederum vom Zentralkomitee der Partei abhängig, das über eigene Kanäle interne Informationen erhielt.

Neben den verschiedenen Stellen in Moskau zeigte sich auch die SČSK und dabei im Speziellen die ihr unterstellte Wirtschaftsabteilung gegenüber den sowjetischen Wirtschaftsorganisationen in Österreich zuständig. So be-

521 Rauchensteiner, Der Sonderfall, S. 242. Rauchensteiner gibt hier allerdings die Gründung der USIA-Läden im Sommer 1948 an. Brunner spricht hingegen davon, dass die Sowjets - „neben dem üblichen Schwarzmarkt in Österreich" - ab 1949 in den organisierten Einzelhandel einstiegen. Vgl. Brunner, Das Deutsche Eigentum, S. 153.

522 RGANI, F. 5, op. 28, d. 222, S. 78–123, hier: S. 81, Bericht über die Arbeit des Bevollmächtigten des sowjetischen Hochkommissars in Niederösterreich 1954, 21.1.1955.

523 Vgl. etwa: RGASPI, F. 82, op. 2, d. 486, S. 1, Schreiben von Merkulov an Molotov über einen Brand bei der SMV, 12.6.1947.

524 Generaloberst Vsevol'od Nikolaevič Merkulov (1895–1953), ab 1938 Stellvertreter Berijas als Chef des NKVD, ab 1941 NKGB, 1941–1943 erster stellvertretender NKVD-Chef, 1943–1946 Volkskommissar (bzw. ab März 1946: Minister) für Staatssicherheit (NKGB bzw. MGB), ab 1947 Chef der GUSIMZ, 1950–1953 Minister für Staatskontrolle, 1953 hingerichtet. Vgl. Foitzik, Sowjetische Militäradministration in Deutschland, S. 239, 241.

525 Klambauer, Die USIA-Betriebe in Niederösterreich, S. 29f.

reitete die Wirtschaftsabteilung regelmäßig umfangreiche Tätigkeitsberichte vor, die der Stab der SČSK – nach der Bestätigung durch den Leiter des Stabes – dem ZK der VKP(b) bzw. der KPdSU übermittelte. Kontrolle und Unterstützung lagen gleichermaßen in den Händen der SČSK.[526]

Gleichzeitig bestanden enge Verbindungen zur Abteilung für Reparationen und Restitutionen der SČSK. Diese wiederum war gemeinsam mit den Militärkommandanturen und einzelnen USIA-Abteilungen für die Suche nach „Deutschem Eigentum" sowie für die „Kontrolle über die Erfüllung des Befehls Nr. 17" in der sowjetischen Besatzungszone zuständig. Sie dokumentierte zudem genau ehemaliges Wehrmachtseigentum wie Kasernen, Offiziersunterkünfte oder Militärflughäfen, die sowohl die USIA als auch die Zentrale Gruppe der Streitkräfte nutzten.[527]

Unklare Kompetenzen waren die – zumindest teilweise beabsichtigte – Folge. Die charakteristische Zweideutigkeit im sowjetischen Plansystem und folglich in den Kompetenzen erleichterte die Kontrolle von oben und gab den Kompetenzträgern eine gewisse Unsicherheit.[528] Beispielsweise beschwerte sich die SMV-Leitung beim Sekretär der ZK der KPdSU, Georgij Malenkov, die für Erdöl zuständige Verwaltung der GUSIMZ würde die ihr von der SMV gestellten Fragen „unzufriedenstellend" lösen. Außerdem hätten zwei führende Vertreter der GUSIMZ, die sich 1952 „für lange Zeit" in Wien aufgehalten hätten, der SMV „keinerlei praktische Hilfe" erwiesen. Sie hätten sogar vorgeschlagen, Öl nach Westdeutschland zu verkaufen. Malenkov verpflichtete daraufhin die GUSIMZ unter Vladimir Sergeev und das Handelsministerium unter Sergej A. Borisov, die notwendigen Maßnahmen in „operativer Weise" zu ergreifen.[529]

Wenig später gab auch der sowjetische Direktor der zu 50 Prozent beschlagnahmten Erdöl-Produktions-Gesellschaft (EPG), Aleksandr Petrovič Kozlov, in seiner Funktion als KPdSU-Mitglied Nikita S. Chruščev Informationen über die beiden GUSIMZ-Vertreter S. N. Jatrov und G. T. Ovnatanov weiter, die „die Bedingungen der Arbeit sowjetischer Betriebe in einem kapi-

526 Vgl. etwa: RGASPI, F. 17, op. 137, d. 918, S. 203–243, Bericht des Leiters der Wirtschaftsabteilung der SČSK, V. Smirnov, über die Tätigkeit der wirtschaftlichen Betriebe in Österreich 1952, die Kontrolle der Wirtschaftsabteilung über ihre Tätigkeit und die Unterstützung an diese Organisationen, 28.2.1953; RGASPI, F. 17, op. 137, d. 918, S. 203–243, Begleitbrief des stv. Leiters der Stabes der SČSK, S. Maslov, an Grigor'jan zur Übersendung des Tätigkeitsberichts der sowjetischen Wirtschaftsorganisationen in Österreich 1952, 2.3.1953.

527 RGASPI, F. 17, op. 128, d. 504, S. 2–33, hier: S. 18–21, Bericht von Borisov über die Arbeit der Abteilung für Reparationen und Restitutionen der SČSK 1948, 4.3.1949.

528 Klambauer, Die USIA-Betriebe in Niederösterreich, S. 31.

529 RGANI, F. 3, op. 8, d. 10, S. 14–20, hier: S. 17, Beschluss des ZK der KPdSU, Über Maßnahmen bezüglich der SMV [27.1.1953].

talistischen Land" nur unaufmerksam untersucht hätten. Daraus hätten sich jedoch ungünstige Reformen ergeben, verriet Direktor Kozlov weiter.[530] Die aus Österreich gelieferten Informationen bzw. Beschwerden ermöglichten somit wiederum der Parteispitze, Ministerien und Organisationen wie die GUSIMZ sowie deren Exponenten zu kontrollieren.

Wie sich bald zeigen sollte, waren neben der verzweigten Befehlshierarchie vor allem auch Kaderprobleme und die kommunistische planwirtschaftliche Struktur für zunehmende Unannehmlichkeiten in den sowjetischen Betrieben in Österreich verantwortlich. Zwar habe beispielsweise die USIA 1952 ihren Jahresplan „bei allen wichtigen Kennziffern" übererfüllt, doch, so die interne Kritik, würden diese Durchschnittsnormen „nicht die wahre Lage der USIA-Betriebe offenbaren, die äußerst besorgniserregend" sei.[531] Verschlechtert wurde die Situation zudem durch den Marshallplan, in dem die Sowjets von Anfang an einen mächtigen Feind von außen sahen. Heftige Propagandaschlachten waren die Folge.

6.4 Feindbild Marshallplan

Neben zahlreichen internen Problemen im Wirtschaftssektor hatte die sowjetische Besatzungsmacht aber vor allem auch gegen einen mächtigen „Feind" von außen zu kämpfen - das auch als „Marshallplan" bezeichnete European Recovery Program (ERP). Das Aufeinanderprallen zweier vollkommen konträrer ideologischer Systeme in Österreich manifestierte sich besonders augenscheinlich in diesem Bereich. Da die Sowjetunion und in weiterer Folge auch die KPÖ den Marshallplan klar ablehnten, die österreichische Bundesregierung diesen jedoch ebenso klar befürwortete, schien ein jahrelanger Konflikt um das Europäische Wiederaufbauprogramm unausweichlich.[532]

Die Sowjets erachteten es als „zielführend", bei den Sitzungen des Alliierten Rates wiederholt gegen den Marshallplan zu protestieren, um sich gegen

530 RGANI, F. 5, op. 30, d. 34, S. 20–22, Bericht von A. P. Kozlov an Chruščev über Probleme bei der SMV, 21.4.1953.

531 RGASPI, F. 17, op. 137, d. 918, S. 75–201, hier: S. 182, Bericht über die Arbeit der SČSK und des Politberaters der UdSSR in Österreich 1952, 28.2.1953. Diesen Bericht übersandten Sviridov und Kudrjavcev am 28.2.1953 an das ZK der KPdSU (Smirnov).

532 Wilfried Mähr, Der Marshall-Plan in Österreich. Graz 1989, S. 106–115; Günter Bischof - Martin Kofler, Austria's Postwar Occupation, the Marshall Plan, and Secret Rearmament as „Westernizing Agents" 1945–1968, in: Günter Bischof - Anton Pelinka (Hg.), The Americanization/Westernization of Austria. Contemporary Austrian Studies Bd. 12. New Brunswick - London 2004, S. 199–225, hier: S. 201f. Zur Propagierung des Marshallplans vgl. Günter Bischof - Dieter Stiefel (Hg.), Images of the Marshall Plan in Europe. Films, Photographs, Exhibits, Posters. Hannes Richter, Digital Editor. Innsbruck - Wien - Bozen 2009.

die „skrupellose Einmischung der Amerikaner in die Angelegenheiten Österreichs" zu wehren und um die „knechtenden Bedingungen der Bezahlung Österreichs für die ‚Marshallplanlieferungen' zu entlarven".[533] Eines ihrer Hauptargumente lautete, dass die Marshallplanhilfe nicht der Wiederherstellung einer selbstständigen österreichischen Wirtschaft, sondern zur „Umwandlung der westlichen Zonen Österreichs in eine amerikanische militärstrategische Basis" diene, was zu einer „versteckten Militarisierung" des Landes führe. „Zahlreiche Fakten" würden zeigen, wie durch dieses Abkommen die österreichische Wirtschaft „unter die Kontrolle amerikanischer Monopole" kommen, Österreich in einen „einträglichen Absatzmarkt von abgelagerten Waren von schlechter Qualität" verwandelt würde sowie „strategische Rohstoffe zu niedrigen Preisen für die USA" ausgebeutet werden würden.[534]

Als nachteilige Folge der „Marshallisierung der österreichischen Wirtschaft" („maršallizacija avstrijskoj ėkonomiki") sah die sowjetische Seite weiters die sukzessive Zunahme des Exports nach Westeuropa, insbesondere nach Westdeutschland. 34 Prozent der exportierten Rohstoffe und Energie gingen in Länder des „kapitalistischen Westens", während nur neun Prozent in Volksdemokratien ausgeführt wurden. Dies hätte, so die Einschätzung der Wirtschaftsabteilung der SČSK Anfang 1954, „äußerst negative Auswirkungen auf die Verarbeitungsindustrie Österreichs, die stark vom Export abhing".[535]

Mit großem Interesse verfolgten und analysierten die Sowjets entsprechende österreichische Presseberichte. Bezüglich eines Kommentars in der „Gewerkschaftlichen Rundschau" vom April 1953, der die amerikanische Hilfe als Geschenk lobte, das Österreich nicht bezahlen müsse, merkte ein führender Wirtschaftsexperte der SČSK an: „Solch eine Feststellung zeugt von einem unobjektiven Zugang zur Frage und von einem Wunsch, sich bei den USA einzuschmeicheln, da nämlich absichtlich jene wichtige Frage verschwiegen wird, die mit der Verwendung der aus dem Verkauf amerikanischer Waren erhaltenen Mittel in Verbindung steht."[536]

533 AVP RF, F. 066, op. 31, p. 149, d. 29, S. 3, Begleitschreiben von M. Gribanov an A. Vyšinskij zur Übersendung eines Textentwurfes über die sowjetische Ablehnung des Marshallplans für die Sitzung des Alliierten Rates, 12.3.1950.

534 AVP RF, F. 066, op. 31, p. 149, d. 29, S. 4–6, Textentwurf über die sowjetische Ablehnung des Marshallplans für die Sitzung des Alliierten Rates, [12.3.1950].

535 RGANI, F. 5, op. 28, d. 221, S. 2–20, Bericht von A. Michailov über die Wirtschaftspolitik der USA in Österreich und ihr Einfluss auf die österreichische Wirtschaft, 16.1.1954. Der Bericht wurde im Auftrag des sowjetischen Hochkommissars an das ZK der KPdSU übermittelt. Vgl. RGANI, F. 5, op. 28, d. 221, S. 1, Begleitschreiben von Kraskevič zur Übersendung des Berichts über die amerikanische Wirtschaftspolitik in Österreich, 16.1.1954.

536 Ebd.

Abb. 36: Die Sowjetunion und in weiterer Folge auch die KPÖ lehnten den Marshallplan klar ab, was zu einem heftigen Propagandakrieg führte. (Quelle: WStLB, Plakatsammlung)

Auch Äußerungen österreichischer Politiker wurden entsprechend interpretiert. Zur Aussage von Verkehrsminister Karl Waldbrunner, nichts wäre in Österreich ohne die Marshallplanhilfe gegangen, hieß es in diesem internen Bericht an das ZK der KPdSU: „Das ist ein wertvolles Eingeständnis. Es zeigt, dass die USA nur die hitlerschen Pläne umsetzen, den Wirtschaftsapparat Österreichs auf die Erfüllung der militärischen Bedürfnisse des imperialistischen Deutschland umzustellen." Die beinahe schon fanatische Ablehnung des westlichen Wirtschaftssystems, gepaart mit dem zur Schau gestellten festen Glauben an den Kommunismus, illustriert die Schlussfolgerung des Berichts: „Der negative Einfluss der Wirtschaftspolitik der USA auf die Entwicklung der österreichischen Wirtschaft stellt eine der Ursachen für die Weckung antiamerikanischer Gefühle in der nationalen Bourgeoisie dar."[537]

Als Sprachrohr der kommunistischen Propaganda dienten hauptsächlich die „Österreichische Volksstimme", das Zentralorgan der KPÖ, und das sowjetische Besatzungsorgan „Österreichische Zeitung". Für die in Österreich stationierten sowjetischen Leser startete die Zeitung der Zentralen Gruppe der Streitkräfte „Za čest' Rodiny" eine entsprechende Kampagne.[538] Im Unterschied zu den früheren Hilfsprogrammen des Westens schaltete sich die KPÖ aktiv in die Anti-ERP-Propaganda ein und brachte dabei – in Absprache mit den Sowjets – folgende Argumente ins Spiel:

1. Verlust der Souveränität Österreichs;
2. einseitige Westbindung Österreichs mit dem Ziel einer politischen und militärischen Einbeziehung;
3. das „bezahlte Geschenk";
4. Einfuhr amerikanischer Aus- und Überschussgüter schlechter Qualität, die Österreich vielfach selbst produzieren könnte;

537 Ebd.

538 Siehe dazu auch das Kapitel C.II.1.4 „Kampagne gegen Kapitalismus und Marshallplan" in diesem Band.

5. Rückgang der Fertigungsproduktion, Degradierung zum Rohstofflieferanten an die Westmächte;
6. überhöhte Preise von ERP-Importen, die billiger aus dem osteuropäischen Raum bezogen werden könnten;
7. Unmöglichkeit der Anhebung der Rationen für Normalverbraucher als unmittelbare Folge der teuren Nahrungsmittelimporte aus Übersee;
8. ungenügende Dollarzuteilung als Unzulänglichkeit der Hilfe.[539]

Ebenso intensiv, wie die unterschiedlichen Propagandaorgane gegen den Marshallplan wetterten, hoben sie die Errungenschaften des sowjetischen Wirtschaftsimperiums und die großen Vorteile für die hier arbeitenden Menschen hervor. In internen Berichten mussten die sowjetischen Stellen jedoch selbst eingestehen, dass vieles im Argen lag und dies die „Effizienz der von demokratischen [kommunistischen] Organisationen durchgeführten Maßnahmen" verwässerte. So bildete der schlechte Zustand zahlreicher der USIA gehörender Immobilien „den Grund für ständige Anschuldigungen, die von reaktionären Elementen an die Adresse der USIA und der KPÖ vorgebracht werden".[540] Nach außen hin war von dieser – berechtigten – Kritik nichts zu hören. Umso empfindlicher reagierte die sowjetische Besatzungsmacht, wenn Angriffe auf ihr Wirtschaftssystem erfolgten. Gegenschläge auf das Feindbild des Marshallplans als Symbol des kapitalistischen Imperialismus waren somit vorprogrammiert.

Trotz des sowjetischen Protests wurde Österreich das einzige Empfängerland von Marshallplanhilfe, das teilweise unter sowjetischer Besatzung stand.[541] Zwar flossen 81 Prozent der ERP-Mittel in die Westzone, doch sollten durch die Einbeziehung von Wien, Niederösterreich und dem Burgenland sowohl ein allzu großes Auseinanderdriften von West- und Ostösterreich in wirtschaftlicher Hinsicht als auch eine soziale Spaltung des Landes verhindert werden.[542] Allerdings trug nicht zuletzt der Marshallplan zur re-

539 Mähr, Der Marshall-Plan in Österreich, S. 108–110.

540 RGANI, F. 5, op. 28, d. 224, S. 70–78, hier: S. 75f., Bericht des Leiters der Abteilung für innenpolitische Fragen des Apparates des Hochkommissars, A. G. Kolobov, über die politische Arbeit in den USIA- und SMV-Betrieben [spätestens am 9.6.1954]. Abgedruckt in: Karner – Stelzl-Marx – Tschubarjan, Die Rote Armee in Österreich, Dok. Nr. 113.

541 Ferdinand Lacina, Der Marshall-Plan – Ein Beitrag zur Übergangswirtschaft Österreichs, in: Günter Bischof – Dieter Stiefel (Hg.), „80 Dollar". 50 Jahre ERP-Fonds und Marshall-Plan in Österreich 1948–1998, S. 17–20, hier: S. 17f.

542 Klaus Eisterer, Österreich unter alliierter Besatzung 1945–1955, in: Rolf Steininger – Michael Gehler (Hg.), Österreich im 20. Jahrhundert. Ein Studienbuch in zwei Bänden. Vom Weltkrieg bis zur Gegenwart. Bd. 2. Wien – Köln – Weimar 1997, S. 147–216, hier: S. 162; Andrea Komlosy, The Marshall Plan and the Making of the „Iron Curtain" in Austria, in: Günter Bischof – Anton Pelinka – Dieter Stiefel (Hg.), The Marshall Plan in Austria. Contemporary Austrian Studies. Bd. 8. New Brunswick – New Jersey 2000, S. 98–137, hier: S. 119f.

gionalen Schwerpunktverschiebung nach Westen bei.[543] Die wirtschaftliche Wiedervereinigung von Ost- und Westösterreich sollte daher nach der Unterzeichnung des Staatsvertrages noch Jahre dauern.[544]

6.5 Kaderprobleme und „feindliche" Kräfte

In sämtlichen Bereichen des sowjetischen Besatzungsapparates in Österreich traten beim sowjetischen Personal Probleme auf - so auch bei den Wirtschaftsbetrieben. Diese ergaben sich in erster Linie aus dem Einsatz sowjetischer Spezialisten in einem westlichen - „kapitalistischen" - Umfeld mit all seinen Versuchungen, dem direkten Kontakt mit österreichischen Mitarbeitern, bei denen vielfach „feindliche Einstellungen" vermutet wurden, und mangelnden Qualifikationen.[545]

Die sowjetischen Stellen griffen allerdings durchaus auch selbst zu „kapitalistischen" Mitteln, um die Produktivität in ihren Betrieben zu steigern. In einem Entwurf für einen Ministerratsbeschluss, den der neue GUSIMZ-Chef Sergeev im September 1951 Stalin unterbreitete, sah man vor, österreichischen SMV-Mitarbeitern Prämien „für langjährige Dienste und tadellose Arbeit" auszuzahlen. Dies sollte die Fluktuation der Arbeitskräfte eindämmen und die Mitarbeiter stärker an ihre Betriebe binden. Zugleich sollte die GUSIMZ die Möglichkeit erhalten, zusätzliche Gehälter auszuzahlen, „um höher qualifizierte sowjetische Spezialisten" bei der SMV einsetzen zu können. Auch eine Ausschüttung von sechs Millionen Schilling für die Restaurierung von Wohnungen sowjetischer SMV-Mitarbeiter und ihrer Büroräumlichkeiten wurde angedacht.[546]

Der Verdacht, „feindliche" Kräfte würden den sowjetischen Wirtschaftsapparat in Österreich gezielt unterwandern, nahm mit fortschreitender Besatzungszeit sukzessive zu. Bei Unfällen vermuteten die Sowjets häufig Sabotageakte von österreichischer Seite. Als etwa am 5. Juni 1947 in der Pumpstation Nr. 2 der SMV ein Feuer ausbrach, das 200 Tonnen Erdöl vernichtete, wurde umgehend der Verdacht auf Brandstiftung „zum Ziele der

543 Stiefel, Coca-Cola kam nicht über die Enns, S. 123; Sandgruber, Das wirtschaftliche Umfeld des Staatsvertrages, S. 365.

544 Stelzl-Marx, Die Wiedervereinigung Österreichs, S. 214f.

545 Siehe dazu auch das Kapitel B.I.1.1.3 „Karriereknick Österreich" in diesem Band.

546 RGASPI, F. 82, op. 2, d. 486, S. 148–152, hier: S. 151f., Entwurf eines Ministerratsbeschlusses, Über Maßnahmen zur weiteren Entwicklung der sowjetischen Erdölbetriebe in Österreich [spätestens am 14.9.1951]. Eine Kopie des Begleitschreibens an Stalin und des Entwurfs übersandte Sergeev auch an Molotov. Vgl. RGASPI, F. 82, op. 2, d. 486, S. 144, Begleitschreiben von Sergeev an Molotov zur Übermittlung eines Schreibens an Stalin und des Entwurfs eines Ministerratsbeschlusses über Maßnahmen zur weiteren Entwicklung der sowjetischen Erdölbetriebe in Österreich, 14.9.1951.

Diversion" geäußert. Der aus den Geheimdienststrukturen stammende GUSIMZ-Chef Merkulov berichtete Molotov in diesem Zusammenhang: „Acht Österreicher, die am Erdölfeld arbeiteten, wurden verhaftet. Es werden Untersuchungen durchgeführt."[547]

Strengstens geahndet wurde auch angebliche Spionage in den sowjetischen Betrieben Österreichs.[548] Langjährige Haftstrafen und in einigen Fällen sogar Hinrichtungen waren die Folge.[549] Tatsächlich flossen Informationen an westliche Nachrichtendienste, doch betrafen sie größtenteils Bereiche, die allgemein zugänglich waren. Viele der sogenannten „Agenten" waren sich über die möglichen Folgen ihrer Aktivitäten nicht im Klaren. So führte der zum Tode verurteilte Michael Maczejka in seinem Gnadengesuch an das Präsidium des Obersten Sowjets hinsichtlich seiner „Spionagetätigkeit" an: „Diese Fragen und auch meine Antworten [bezüglich eines USIA-Geschäftes in Baden] erschienen mir völlig harmlos, nachdem alle diese Dinge öffentlich gesehen wurden und auch bekannt waren."[550]

Als besonders gefährlich erwiesen sich mitunter Liebesbeziehungen zwischen Österreicherinnen und sowjetischen Mitarbeitern in den Wirtschaftsbetrieben. Diese Frauen traf der Vorwurf, ihre persönlichen Kontakte im Auftrag westlicher Nachrichtendienste zu nutzen, um geheime Informationen in Erfahrung zu bringen. Moskau schätzte dabei die Österreicherinnen als hohen Risikofaktor ein. Hier wirkten traditionelle stalinistische Denkmodelle und Feindbilder.[551]

Vor diesem Hintergrund waren Liebesbeziehungen zwischen sowjetischem Personal und österreichischen Frauen äußerst ungern gesehen. Doch auch beim alltäglichen Kontakt mussten bestimmte Formen gewahrt werden. Anfang 1952 gab die GUSIMZ neue Richtlinien heraus, in welcher Form Treffen zwischen sowjetischen und österreichischen Arbeitern zu erfolgen hätten. Größtenteils, so Sergeev, würden diese Kontakte „in Übereinstimmung mit der aktuellen Instruktion" erfolgen. Allerdings hätten einige sowjetische Generaldirektoren ihre Kontakte mit KPÖ-Mitgliedern nicht protokollarisch

547 RGASPI, F. 82, op. 2, d. 486, S. 1, Schreiben von Merkulov an Molotov über einen Brand bei der SMV, 12.6.1947.

548 Knoll – Stelzl-Marx, Sowjetische Strafjustiz in Österreich, S. 292–300.

549 Stelzl-Marx, Verschleppt und erschossen, S. 39f.; Walter M. Iber, Wirtschaftsspionage für den Westen. Erdölarbeiter im Spannungsfeld des Kalten Krieges, in: Stefan Karner – Barbara Stelzl-Marx (Hg.), Stalins letzte Opfer. Verschleppte und erschossene Österreicher in Moskau 1950–1953. Unter Mitarbeit von Daniela Almer, Dieter Bacher und Harald Knoll. Wien – München 2009, S. 169–188.

550 GARF, F. 7523, op. 76, d. 15, S. 157f., hier: S. 158, Gnadengesuch von Michael Maczejka an das Präsidium des Obersten Sowjets der UdSSR, 19.1.1951.

551 Siehe dazu auch das Kapitel B.II.1.4 „Die Honigfalle: Spionage, Sabotage und Verhaftung" in diesem Band.

festgehalten. Gleichzeitig würde die USIA die sowjetischen Betriebe in Österreich von „reaktionären Elementen" säubern – „vorsichtig und schrittweise, um keine unerwünschten Schwierigkeiten und Konflikte hervorzurufen". Demnach wurden 1952 von den „reaktionär eingestellten" österreichischen Mitarbeitern insgesamt 213 entlassen.[552]

Ein weiteres Problem stellte die geringe Arbeitsdisziplin unter den sowjetischen Arbeitern dar. Dies äußerte sich etwa darin, dass Vorgaben der GUSIMZ nicht rechtzeitig in die Tat umgesetzt wurden. Außerdem gingen manche freizügig mit ihren Pflichten um, kritisierte Sergeev. So fehlten in den meisten Abteilungen der USIA Unterlagen über die Anwesenheit der sowjetischen Mitarbeiter während der Dienstzeit. Diese hätten jedoch „eine besondere Bedeutung unter den Arbeitsbedingungen im Ausland". Folglich entfernten sich manche Personen ohne Erlaubnis von ihrer Arbeit. Die Generaldirektoren verbrachten nicht nur wenig Zeit in ihren Betrieben, sondern hielten auch nur einen losen Kontakt mit den „örtlichen demokratischen gesellschaftlichen Organisationen", sprich mit der KPÖ. Insgesamt würde sich die USIA nur langsam umorganisieren und die nötige Kontrolle ausüben, übte ihr Chef Sergeev Selbstkritik.[553]

Das Ministerium für Staatskontrolle (MGK) kritisierte hingegen beinahe zeitgleich, die USIA habe die ausländischen Mitarbeiter in leitender Position nur unzureichend überprüft. Mindestens 59 der Österreicher in dieser Kategorie hätten sich früher in „faschistischen Organisationen" befunden und wären nun „gegenüber der Sowjetunion und der KPÖ feindlich eingestellt".[554] Zu ihnen zählte das MGK ehemalige NS-Sonderführer, Parteimitglieder und sogar Mitarbeiter des amerikanischen Nachrichtendienstes CIC. Einige wären „Reaktionäre und Saboteure". Parallel dazu hätten sowjetische USIA-Mitarbeiter gegen die Regeln bei Treffen mit Ausländern verstoßen.[555]

Das Personal wurde daher eigens geschult, um Staatsgeheimnisse zu bewahren und mit vertraulichen Dokumenten richtig umzugehen. Dies umfasste auch eine kritische Analyse ihrer Kontrolle über die Wirtschaft in der sowjetischen Besatzungszone. Zur „Spezialvorbereitung" der Mitarbeiter gehörten zudem Besuche von Vorträgen über die „amerikanische ‚Hilfe' an

552 RGASPI, F. 17, op. 164, d. 212, S. 153–157, hier: S. 156f., Bericht von V. Sergeev an G. Malenkov über die wirtschaftlichen Betriebe in Österreich, 17.2.1953.

553 RGASPI, F. 17, op. 164, d. 212, S. 172–207, hier: S. 206, Bericht von V. Sergeev über die Erfüllung der Ministerratsbeschlüsse über die USIA [spätestens am 17.2.1953].

554 RGASPI, F. 17, op. 164, d. 212, S. 119–124, hier: S. 124, Bericht von A. Pavel'ev an G. Malenkov über die Lage in der USIA, 10.2.1953.

555 RGASPI, F. 17, op. 164, d. 212, S. 125–150, hier: S. 149f., Informationen von P. Kulakov über die Lage in der USIA als Beilage des Berichts des MGK, 7.2.1953.

Österreich", wobei die gezielt gesetzten Anführungszeichen die vehemente Ablehnung des Marshallplans von sowjetischer Seite unterstrichen.[556]

Wie bereits erwähnt, fühlte sich der Direktor eines SMV-Erdölfeldes, Aleksandr Kozlov, im April 1953 bemüßigt, Chruščev auf personelle und strukturelle Schwierigkeiten bei der SMV hinzuweisen. Nach einer Reorganisation der Sowjetischen Erdölverwaltung in Österreich wäre der Büroapparat beachtlich vergrößert worden, während sich die Arbeitsbedingungen vor Ort sogar noch verschlechtert hätten. Auch er wies auf eine zunehmende Unterwanderung der Betriebe mit „antisowjetischen Personen" hin. Neben dem sowjetischen Mitarbeiterstab wurde nämlich, so Kozlov, „der Apparat der örtlichen (österreichischen) Arbeiter maßgeblich vergrößert, und für irgendwelche feindlich eingestellten Menschen ergab sich die große Chance, im Apparat der Sowjetischen Erdölverwaltung Arbeit zu finden". Er zog folgendes Fazit: „Solch eine Maßnahme stärkt nicht die Wachsamkeit unter den Bedingungen einer kapitalistischen Umgebung, sondern schwächt sie."[557]

Bemerkenswert ist Kozlovs versteckter Hinweis auf die systemimmanente Obrigkeitshörigkeit seiner Kollegen. Sie erlaubten sich keinerlei Kritik, obwohl die aktuelle Entwicklung in Österreich „auf keinste Weise den Beschlüssen der XIX. Parteisitzung entsprechen" würde. „Viele Genossen, die diese Meinung teilen, können sich nicht entschließen, diese Frage zu stellen, weil die Reorganisation [der SMV] durch die entsprechenden Beschlüsse der Regierung bestätigt wurde." Er hingegen sah es „als seine Pflicht", Chruščev um die notwendigen Anweisungen hinsichtlich einer Neubeurteilung der Struktur der SMV gemäß den jüngsten Regierungsbeschlüssen über wirtschaftliche Einsparungen, engere Kooperationen zwischen der Verwaltung und den Betrieben und schließlich über „die Stärkung der Wachsamkeit" zu ersuchen. Konkret schlug Kozlov für den gesamten sowjetischen Wirtschaftskomplex in Österreich einen strafferen, mit den nötigen Kompetenzen ausgestatteten Verwaltungsapparat und die Liquidierung der zwischengeschalteten, unnötigen Zweigverwaltungen vor. Die Umstrukturierung wäre wegen der „schweren finanziellen Lage" und der drohenden Stilllegung der SMV-Betriebe dringend notwendig, welche nicht nur „wirtschaftlichen, sondern auch politischen Schaden [für] unsere Heimat" bedeuten würde.[558] Generell war zu diesem Zeitpunkt schon längst zu bemerken, dass beim sowjetischen Wirtschaftsimperium in Österreich vieles im Argen lag. Der Riese wankte.

556 RGANI, F. 5, op. 28, d. 70, S. 90–121, hier: S. 121, Bericht des Leiters der Wirtschaftsabteilung der SČSK, V. Smirnov, über die Arbeit der Wirtschaftsabteilung der SČSK im 1. Quartal 1953, 14.4.1953.

557 RGANI, F. 5, op. 30, d. 34, S. 20–22, Bericht von A. P. Kozlov an Chruščev über Probleme bei der SMV, 21.4.1953.

558 Ebd.

6.6 Der Riese wankt

Die zunehmenden finanziellen und wirtschaftlichen Schwierigkeiten erschütterten den gesamten sowjetischen Wirtschaftskomplex in Österreich und beunruhigten Moskau. Man versuchte, die kapitalknappen USIA-Betriebe umzustrukturieren. 1948 verlautbarte der Leiter der Wirtschaftsabteilung der SČSK, Georgij Andreevič Kulagin, der Engpass sei überwunden. Davon konnte jedoch keine Rede sein.[559] Am 7. Dezember 1951 erließ der Ministerrat den Beschluss Nr. 4988-2159ss „Über ernsthafte Mängel und grobe Verfehlungen in der Tätigkeit sowjetischer Betriebe und Einrichtungen in Österreich", dem am 26. Juli 1952 eine weitere Anordnung folgte.[560] Prüfungen durch das Ministerium für Staatskontrolle der UdSSR ergaben, dass zwar die USIA-Betriebe 1952 die vorgegebenen Produktions- und Finanzpläne sogar übererfüllt hatten, sie sich aber trotzdem in einer äußerst schwierigen Finanzlage befanden. Von den 436 USIA-Betrieben waren 332 in Betrieb, 69 vermietet und die restlichen 35 stillgelegt. Größtenteils handelte es sich um technisch veraltete Kleinbetriebe mit weniger als 100 Mitarbeitern. Liquiditätsprobleme erschwerten die Lohnauszahlungen und die Deckung diverser Rechnungen. Außerdem hatten sich große Schulden gegenüber den österreichischen Krankenkassen angesammelt. Dies wiederum lieferte den Anlass für die „reaktionäre Presse", eine „verleumderische Kampagne gegen die sowjetischen Betriebe in Österreich" zu führen.

Folgende Gründe machte das MGK für diese unerfreuliche Situation verantwortlich: zu große Warenvorräte, die die Betriebe ohne Berücksichtigung der Nachfrage auf den Markt warfen, mangelnde Konkurrenzfähigkeit der Produkte aufgrund hoher Selbstkosten und niedriger Qualität, wachsende Verschuldung bei den Abnehmern und schwacher Handel.[561]

Die GUSIMZ hingegen sah die Ursache primär in einer zunehmenden generellen Wirtschaftskrise in Österreich, die den Verkauf von Waren erschwere. Darüber hinaus verschlimmere die seitens der österreichischen Regierung und „reaktionären Presse systematisch durchgeführte Diskriminierung" diese Schwierigkeiten noch zusätzlich, so ihre Einschätzung. Die sowjetische Verwaltung würde jedoch „Maßnahmen zur Liquidierung der ernsten Män-

---

559 Rauchensteiner, Der Sonderfall, S. 242.

560 RGASPI, F. 17, op. 164, d. 212, S. 153–157, hier: S. 153, Bericht von V. Sergeev an G. Malenkov über die wirtschaftlichen Betriebe in Österreich, 17.2.1953.

561 RGASPI, F. 17, op. 164, d. 212, S. 119–124, hier: S. 119, Bericht von A. Pavel'ev an G. Malenkov über die Lage in der USIA, 10.2.1953; RGASPI, F. 17, op. 164, d. 212, S. 125–150, hier: S. 125, Informationen von P. Kulakov über die Lage in der USIA als Beilage des Berichts des MGK, 7.2.1953.

Abb. 37: USIA-Betrieb in Niederösterreich 1953. (Quelle: AdBIK, Sammlung Thalhammer)

gel in der Arbeit der sowjetischen Betriebe in Österreich" ergreifen.[562] Sergeev brachte als Rechtfertigung die negativen Auswirkungen des Marshallplans auf die sowjetischen Betriebe sowie destruktive Maßnahmen seitens der österreichischen Regierung ins Spiel. Auch die vorab erwähnte laxe Einstellung sowjetischer Mitarbeiter dürfte eine Rolle gespielt haben.[563]

Schwierigkeiten bereitete außerdem die bereits erwähnte Kampagne vonseiten Österreichs gegen die USIA-Läden. So wurden Österreicher überwacht, die in diesen Geschäften einkaufen wollten. Firmen und Geschäfte mit Kontakten zur USIA erhielten Strafen. Außerdem würde die „reaktionäre" Presse laufend USIA-feindliche Berichte publizieren.[564] Erst nach Interventionen durch Hochkommissar Sviridov bei Bundeskanzler Figl hätten direkte „Repressionen" aufgehört, doch die Medien würden immer noch gegen die Geschäfte Stimmung machen. Angesichts der bevorstehenden Wahlen erachteten der neue Hochkommissar Krakevič und Politberater Kudrjavcev weitere Schritte von sowjetischer Seite als nicht zweckmäßig, da dies „für die österreichischen Regierungskreise einen Grund für die Auslösung eines Pres-

562 RGASPI, F. 17, op. 164, d. 212, S. 153–157, Bericht von V. Sergeev an G. Malenkov über die wirtschaftlichen Betriebe in Österreich, 17.2.1953.

563 RGASPI, F. 17, op. 164, d. 212, S. 172–207, hier: S. 183, 206, Bericht von V. Sergeev über die Erfüllung der Ministerratsbeschlüsse über die USIA [spätestens am 17.2.1953].

564 RGASPI, F. 17, op. 164, d. 212, S. 208–210, Bericht von Ja. Malik und V. Sergeev an G. Malenkov über österreichische Repressionen gegenüber USIA-Geschäften, 19.2.1953.

selärms über die Notwendigkeit eines Boykotts der USIA" darstellen könnte.[565]

Trotz der befohlenen Maßnahmen besserte sich die Lage im gesamten sowjetischen Wirtschaftskomplex bis ins Frühjahr 1953 nur unwesentlich. Lapidar leitete die Wirtschaftsabteilung der SČSK ihren entsprechenden Bericht ein: „Die Arbeit der sowjetischen Wirtschaftsorganisationen in Österreich - die Verwaltung für Sowjetisches Vermögen (USIA), die Sowjetische Erdölverwaltung (SMV), die Österreichisch-Russische Ölproduktion (OROP), die Donau-Dampfschifffahrtsgesellschaft (DDSG), die Transportfirma ‚Južvneštrans' und das Filmstudio ‚Wienfilm' fand unter denselben Bedingungen statt wie auch im Vorjahr - Auftragsmängel, Absatzschwierigkeiten der fertigen Produkte, ernste Finanzprobleme."[566] Im ersten Quartal 1953 hätten weder die SMV noch die OROP oder die USIA ihre Produktionspläne erfüllt, wobei Letztere besonders unzufriedenstellend agiert habe. In seinem Bereich habe das Filmstudio „Wien-Film" noch am erfolgreichsten gearbeitet - etwa durch die Fertigstellung des Films „Schubert". Doch auch hier drohte ein Personalabbau, da kein einziges Drehbuch fertiggestellt war, obwohl Moskau „alle Libretti bestätigt" habe. Lediglich die DDSG mit ihren Unterabteilungen habe ihre Ziele in diesem Zeitraum erreicht.[567]

Nach Stalins Tod richtete sich Wien mit der Bitte an Moskau, den Kauf der sowjetischen Unternehmen noch vor Abschluss des Staatsvertrages zu verhandeln und die Bezahlung nicht in frei konvertierbaren Valuten, sondern durch Warenlieferungen erbringen zu dürfen. Der Entwurf des Staatsvertrages sah für die österreichische Seite den Kauf der USIA-Betriebe mit einem Betrag in der Höhe von 150 Millionen US-Dollar vor. Als Folge der neuen politischen Tendenzen in der ersten Hälfte 1953 begegnete Moskau diesem Wunsch zunächst mit Verständnis. Allerdings revidierte das Präsidium des Ministerrates der UdSSR den Plan für die Aufnahme von Verhandlungen mit der österreichischen Regierung drei Wochen später in seiner Sitzung am 22. Mai 1953.[568] Ein Verkauf der sowjetischen Unternehmen

565 RGASPI, F. 17, op. 164, d. 212, S. 211, Schreiben an G. Malenkov über die österreichische Kampagne gegen USIA-Geschäfte [20.2.1953].

566 RGANI, F. 5, op. 28, d. 70, S. 58–88, Bericht von V. Smirnov über die Tätigkeit der sowjetischen Wirtschaftsorganisationen im 1. Quartal 1953, die Kontrolle der Wirtschaftsabteilung der SČSK über ihre Arbeit und die diesen Organisationen erwiesene Hilfe im 1. Quartal 1953, 25.4.1953. Der Bericht wurde vom Chef des Stabes der SČSK an das ZK der KPdSU weitergeleitet. Vgl. RGANI, F. 5, op. 28, d. 70, S. 57, Begleitbrief von S. Maslov an A. Smirnov zur Übersendung des Tätigkeitsberichts der sowjetischen Wirtschaftsorgane im 1. Quartal 1953, 6.5.1953.

567 Ebd.

568 RGANI, F. 3, op. 8, d. 110, S. 98–101, A. Mikojan an das ZK der KPdSU über die Möglichkeit eines Verkaufes der USIA-Betriebe in Österreich, 17.5.1954. Zu den diesbezüglichen Staatsvertragsverhandlungen vgl. auch: Brunner, Das Deutsche Eigentum, S. 76–131.

erschien als nicht mehr zweckmäßig, wobei keineswegs nur politische, sondern insbesondere auch wirtschaftliche Überlegungen eine Rolle spielten. Denn ein Verkauf der sowjetischen Unternehmen in ihrer angespannten wirtschaftlichen Lage hätte als Eingeständnis der sowjetischen Unfähigkeit, die Unternehmen rentabel zu führen, bewertet werden können. Gerade vor dem Hintergrund der Erfolge der österreichischen und westlichen Firmen vermittelte die ineffektive wirtschaftliche Führung der sowjetischen Betriebe in Österreich ein anschaulicheres Bild von den „Vorzügen" der sozialistischen Wirtschaft als alle politischen Losungen. Mit der anhaltenden wirtschaftlichen Krise war offensichtlich auch ein politischer Schaden entstanden.[569]

Folglich fasste der Ministerrat der UdSSR am 9. Juni 1953 den Beschluss, den Zustand und die Tätigkeit der USIA-Betriebe zu verbessern. In den nächsten eineinhalb Jahren floss eine höhere Kapitalanlage in die USIA als in den vorangegangen siebeneinhalb Jahren zusammen (38 Millionen Rubel von Juni 1953 bis Ende 1954 gegenüber 34 Millionen Rubel von 1946 bis Juni 1953). Damit sollten bis Jahresende 17 Betriebe zu vorbildlichen Unternehmen umgestaltet werden. Gleiches war für 28 Betriebe bis Ende 1956 geplant, um innerhalb von drei Jahren insgesamt 45 führende Betriebe in einen „mustergültigen Zustand" zu bringen. 32 kleine Betriebe wurden geschlossen. Neben diesen strukturellen Maßnahmen plante Moskau, die Lebens- und Arbeitsbedingungen der Arbeiter zu verbessern.[570]

Wenn man bedenkt, dass sich insgesamt 144 dieser Unternehmen in Österreich befanden, hätte sich die gesamte Umstrukturierung auf eine Dauer von zwei Fünfjahresplänen erstreckt. Doch herrschte in der Frage der Umstrukturierung in der sowjetischen Führung unerwartete Einigkeit: Die „Orthodoxen" nahmen an, die sowjetische Militärpräsenz in Österreich wäre noch von langer Dauer, weswegen für eine Reform des sowjetischen Wirtschaftskomplexes noch genügend Zeit bleibe. So sollte sogar das MID mit 1. September 1954 eine Schule mit zehn Unterrichtsjahren für Kinder sowjetischer Mitarbeiter im Apparat des Hochkommissars und in den wirtschaftlichen Einrichtungen in Österreich einrichten lassen.[571] Die „Gemäßigten" hofften hingegen, vor Unterzeichnung des Staatsvertrages zumindest einige Betriebe rentabel zu machen, um die sowjetische Wirtschaftsführung in einem besseren Licht

569 Prozumenščikov, Nach Stalins Tod, S. 738f.

570 RGANI, F. 3, op. 8, d. 110, S. 71f., A. Mikojan u. a. an das ZK der KPdSU über Verbesserungen der USIA-Betriebe, 17.5.1954.

571 RGANI, F. 3, op. 8, d. 110, S. 73–76, hier: S. 75, Entwurf des Ministerratsbeschlusses, Über die Tätigkeit der USIA-Betriebe in Österreich [Mai 1954].

erscheinen zu lassen.[572] Zur Kompensation der schlechten Auftragslage verpflichtete sich die Sowjetunion, bis 1954 Waren von USIA-Betrieben im Wert von 216 Millionen Rubel zu importieren. Dies sollte auch eine andernfalls drohende Kündigungswelle verhindern.[573]

Ein Teil der wirtschaftlichen Probleme entstand aus den ideologischen Maximen der Sowjetunion. So fand die Losung, wonach das Proletariat westlicher Länder der einzige Verbündete der sozialistischen Staaten auf dem Weg in eine „verheißungsvolle kommunistische Zukunft" sei, auch in der Lohnpolitik der USIA ihren Niederschlag.[574] Von Anfang an stellte die Steigerung der Löhne in den sowjetischen Betrieben in Österreich ein Ziel dar. Aleksandr Pigin, Leiter der Verwaltung für Arbeitskräfte in der SČSK, kritisierte im April 1947, dass sich das Lohnniveau nur durch „Groschen" von jenem in österreichischen Betrieben unterscheide und dass ein qualifizierter Arbeiter nur unwesentlich mehr verdiene als ein Hilfsarbeiter. Außerdem würde das Prämiensystem für gute Arbeit ausschließlich vom leitenden österreichischen Ingenieur ohne Mitsprache durch den sowjetischen Direktor erfolgen. Er verlangte, genaue Tarife je nach Tätigkeit und Qualifikation ausarbeiten zu lassen, um das Lohnsystem „bedeutend zu regeln".[575]

Gemäß streng geheimen Statistiken übertraf schließlich das Lohnniveau der einfachen Arbeiter und Hilfskräfte in den USIA-Betrieben jenes in österreichischen Unternehmen um sieben bis 13 Prozent. Hingegen lag der Lohn der bei der USIA Angestellten sieben bis sogar 17 Prozent unter jenem in österreichischen Betrieben. Ein leitender Angestellter verdiente im Juli 1953 bei der USIA 3454 Schilling monatlich, während dieselbe Position in einem nichtsowjetischen Betrieb mit 4195 Schilling dotiert war. Insgesamt verdienten die Arbeiter bei der USIA im Schnitt um neun Prozent mehr, die Angestellten hingegen um 5,2 Prozent weniger als ihre Pendants in österreichischen Betrieben.[576]

Offensichtlich erkannte der Ministerrat in diesem kommunistisch geprägten Lohnniveau eine der Ursachen für die zunehmenden Schwierigkeiten der USIA-Betriebe. Gemäß der genannten Bestimmung vom 9. Juni 1953 wurden

572 Prozumenščikov, Nach Stalins Tod, S. 740.

573 RGANI, F. 3, op. 8, d. 110, S. 71f., A. Mikojan u. a. an das ZK der KPdSU über Verbesserungen der USIA-Betriebe, 17.5.1954. Zu dieser Zeit betrug der Kurs der staatlichen Gosbank der UdSSR: 100 Schilling = 15,39 Rubel. Vgl. RGANI, F. 3, op. 8, d. 110, S. 81–95, hier: S. 81, Bericht von I. Kabanov über den Zustand der USIA-Betriebe in Österreich und Maßnahmen zur Verbesserung ihrer Tätigkeit, 11.5.1954.

574 Prozumenščikov, Nach Stalins Tod, S. 739f.

575 RGASPI, F. 17, op. 127, d. 1494, S. 176–191, hier: S. 182, Bericht von A. Pigin über die Tätigkeit der Abteilung der Verwaltung für Soziales der SČSK im April 1947, [Mai 1947].

576 Siehe dazu auch Tabelle 6 im Anhang dieses Bandes.

daher die Löhne aller Facharbeiter und jene von über 1000 Angestellten angehoben, was Mehrkosten von 10,2 Millionen Schilling (1,6 Millionen Rubel) verursachte.[577]

Zur Verbesserung der Lage in den USIA-Betrieben ließ Moskau in der Zeit von Juni 1953 bis Mai 1954 beinahe ein Drittel der sowjetischen Mitarbeiter vor Ort, insbesondere jene in leitenden Positionen, austauschen: Zu den 168 neu besetzten Posten gehörten der Leiter der USIA und seine beiden Stellvertreter, 40 Generaldirektoren und leitende Ingenieure von Betrieben. 79 von ihnen hatten zuvor in der DDR gearbeitet und sich anscheinend bewährt. Insgesamt waren 468 Positionen mit sowjetischen Mitarbeitern besetzt, 65 vakant und 53 sollten noch „aus verschiedenen Gründen" ersetzt werden.[578]

Trotz einiger Änderungen wurde der Ministerratsbeschluss vom 9. Juni 1953 nur schleppend in die Tat umgesetzt, weswegen das Außenhandelsministerium (MVT) unter Ivan G. Kabanov im April 1954 verpflichtet wurde, innerhalb von zwei Wochen dem Ministerrat einen entsprechenden Bericht vorzulegen.[579]

6.7 Die Vergoldung des Wirtschaftsimperiums: Ablöse 1955

Parallel zu einer Reihe von Vorschlägen, welche Maßnahmen den unzufriedenstellenden Zustand der USIA verbessern sollten, unterbreitete der Erste Stellvertreter des Ministerratsvorsitzenden der UdSSR, Anastas Mikojan, am 17. Mai 1954 dem ZK eine Notiz mit genau gegenteiligen Überlegungen.[580] Er empfahl, unverzüglich mit der österreichischen Regierung in Verhandlungen über einen Verkauf der USIA-Betriebe zu den Bedingungen des Artikels 35 des Staatsvertragsentwurfes zu treten. Denn der Abschluss des Staatsvertrages würde sich „aller Wahrscheinlichkeit nach eine lange Zeit hinziehen", lautete seine Einschätzung. Im Falle eines Verkaufs der USIA - nicht jedoch der SMV und der DDSG - würde die UdSSR von Österreich im Laufe von sechs Jahren „garantiert" Waren im Wert von insgesamt 600 Millionen Rubel (150 Millionen Dollar) erhalten. Diese Ablöse stand bereits seit 1949 fest und sollte schlussendlich 1955 nicht mehr diskutiert werden.[581]

577 RGANI, F. 3, op. 8, d. 110, S. 81–97, hier: S. 83–84, Bericht von I. Kabanov über den Zustand der USIA-Betriebe in Österreich und Maßnahmen zur Verbesserung ihrer Tätigkeit, 11.5.1954.

578 Ebd., S. 95.

579 RGANI, F. 3, op. 8, d. 128, S. 167–168, Bericht an das ZK der KPdSU über die Lage in der USIA, 14.4.1954.

580 Prozumenščikov, Nach Stalins Tod, S. 742f.

581 RGANI, F. 3, op. 8, d. 110, S. 98–101, A. Mikojan an das ZK der KPdSU über die Möglichkeit eines Verkaufes der USIA-Betriebe in Österreich, 17.5.1954.

Mikojan begründete diesen durchaus unerwarteten Vorschlag sowohl mit politischen als auch mit ökonomischen Erwägungen. In Bezug auf Erstere wies er darauf hin, dass ein Verkauf der antisowjetischen Kampagne entgegenwirken würde, die in den vergangenen Jahren österreichische Regierungskreise gerade im Zusammenhang mit der USIA unterstützt hätten und die die öffentliche Meinung gegen die UdSSR lenken sollte. Er brachte etwa die berechtigte interne Kritik an, die USIA-Läden würden keine Steuern an Österreich abliefern, obwohl es „keinerlei Grund" dazu gebe. Schließlich würde die USIA diese Geschäfte ins Leben rufen und betreiben, wodurch sie kein „Deutsches Eigentum" darstellten. Allein 1953 hätten die nicht abgeführten Steuern rund fünf Millionen Rubel betragen.[582]

Die wirtschaftliche Zweckmäßigkeit einer solchen Entscheidung begründete Mikojan damit, dass sich bei einer Fortsetzung der bestehenden Tendenzen (steigende Kapitaleinlagen mit gleichzeitiger Zunahme der Absatzschwierigkeiten) der Gewinn aus den USIA-Betrieben auf ein Minimum reduzieren würde oder diese sogar nur noch Verluste bringen würden. Für 1954 rechnete er mit einem Gewinn von nur mehr 76 Millionen Rubel (davon 55 Millionen aus nicht gezahlten Steuern) und für 1955 mit maximal 60 Millionen Rubel Gewinn. Hingegen würde die Sowjetunion im Falle eines Verkaufs jährlich 100 Millionen Rubel erhalten. Die Vorteile lagen seiner Meinung nach auf der Hand.[583]

Abschließend brachte er - sicherlich richtigerweise - ein weiteres Argument ins Spiel, das für den Verkauf vor Abschluss des Staatsvertrages sprach: Solange die sowjetischen Truppen und der Besatzungsapparat vor Ort wären, könnte die Auszahlung der vereinbarten Summe leichter kontrolliert werden. Nach Abzug der Truppen wäre es jedoch denkbar, dass Österreich diese Zahlungen sabotieren könnte.[584]

Allerdings fand Mikojans Initiative in der höchsten Führungsebene - vorerst - keine Unterstützung. Sein vorgelegter Verordnungsentwurf[585] für einen Beschluss des ZK der KPdSU wurde dahin gehend gekürzt, dass statt des Ver-

582 Ebd.

583 Ebd. Siehe dazu auch Tabelle 7 im Anhang dieses Bandes.

584 RGANI, F. 3, op. 8, d. 110, S. 98–101, hier: S. 101, A. Mikojan an das ZK der KPdSU über die Möglichkeit eines Verkaufes der USIA-Betriebe in Österreich, 17.5.1954.

585 RGANI, F. 3, op. 8, d. 110, S. 103, Entwurf einer Anordnung des ZK der KPdSU an den sowjetischen Hochkommissar in Österreich über den Verkauf der USIA-Betriebe [17.5.1954]. Demnach sollte der Hochkommissar gegenüber der österreichischen Regierung die Zustimmung über den Verkauf der USIA für 150 Millionen Dollar in sechs Jahren zum Ausdruck bringen. Wenig später wurde eine neue Variante vorgelegt. RGANI, F. 3, op. 8, d. 113, S. 1, Entwurf einer Anordnung des ZK der KPdSU über die sowjetischen Betriebe in Österreich, [24.5.1954]. Hierin war bereits in einem zweiten Punkt von einer Verbesserung der Arbeit der USIA-Betriebe für das Jahr 1954 die Rede.

kaufs nur mehr Maßnahmen zur Verbesserung der USIA beschlossen wurden. Die Begutachtung seines Vorschlags über den Verkauf der sowjetischen Betriebe in Österreich war „um einen Monat zu verschieben" – eine für jeden, der in kremlinterne Uneinigkeiten eingeweiht war, verständliche Formulierung.[586]

Im Juli 1954 erklärte sich Moskau auf Bitte der österreichischen Regierung hin einverstanden, die in der sowjetischen Besatzungszone gelegenen Objekte der nicht fertiggestellten Autobahn Wien–Salzburg als ehemaliges „Deutsches Eigentum" für 150 Millionen Dollar zu verkaufen.[587] Die Bedingungen waren gleich wie beim Verkauf des Wasserkraftwerkes Ybbs-Persenbeug im Mai 1953.[588] Für die Abwicklung der Vertragsunterzeichnung war von sowjetischer Seite die USIA zuständig. Man trennte sich leichten Herzens von jenem Vermögen, das weder von der USIA bewirtschaftet wurde noch Gewinne einspielte.[589]

Die schwierige Lage im Kreml und die Vorstöße der österreichischen Seite nötigten die sowjetische Führung im Sommer 1954 mehrfach, sich mit dem möglichen Verkauf der USIA auseinanderzusetzen.[590] Neben laufenden Finanz- und Absatzproblemen ersuchte jedoch die KPÖ, keine Kündigungen in den USIA-Betrieben vorzunehmen, um die Arbeiter nicht noch mehr zu verunsichern. Das ZK der KPdSU versuchte die in Panik geratenen österreichischen „Freunde" durch die Mitteilung zu beschwichtigen, dass bis zum Abschluss des Staatsvertrages keine sowjetischen Betriebe in Österreich verkauft werden würden.[591]

Anfang Jänner 1955 bekräftigte das ZK der KPdSU seine Position, wonach man „zurzeit keine Verhandlungen mit der österreichischen Regierung über die Übergabe der USIA-Betriebe an Österreich" führen würde. Gleichzeitig erhielt der sowjetische Hochkommissar den Auftrag, die führenden KPÖ-Funktionäre zu einer besseren Organisation ihrer Arbeit in den Betrieben zu motivieren. Diese sei „vollkommen unzureichend".[592] Zeitlich fiel die Erörte-

586 Prozumenščikov, Nach Stalins Tod, S. 743.

587 RGANI, F. 3, op. 10, d. 86, S. 44, Beschluss Nr. 70 des Präsidiums des ZK der KPdSU, Über den Verkauf des ehemaligen Deutschen Eigentums der Autobahn Wien–Salzburg an die österreichische Regierung, 1.7.1954.

588 Brunner, Das Deutsche Eigentum, S. 147–149.

589 RGANI, F. 3, op. 8, d. 121, S. 114f., Bericht von I. Kabanov, V. Zorin und V. Garbuzov an das ZK der KPdSU über den Verkauf des ehemaligen Deutschen Eigentums der Autobahn Wien–Salzburg, 16.6.1954. Vgl. Prozumenščikov, Nach Stalins Tod, S. 744.

590 RGANI, F. 3, op, 8, d. 128, S. 162, Auszug aus dem Beschluss Nr. 75 der Sitzung des Präsidiums des ZK der KPdSU vom 30.7.1954, Über den Verkauf der USIA, 2.8.1954.

591 RGANI, F. 3, op. 8, d. 128, S. 167f., Bericht an das ZK der KPdSU über die Lage in der USIA, 14.4.1954.

592 RGANI, F. 3, op. 10, d. 123, S. 8, Beschluss Nr. 103/XXIX des Präsidiums des ZK der KPdSU über die sowjetischen Betriebe in Österreich, 19.1.1955.

rung dieser Frage mit jener Plenarversammlung des ZK der KPdSU zusammen, auf welcher Georgij Malenkov nicht nur harsch kritisiert, sondern auch seines Postens als Regierungschef enthoben wurde. Dieses neuerliche Aufflammen der Machtkämpfe innerhalb der poststalinistischen Führungselite hatte indirekt auch auf Österreich Auswirkungen. Einerseits wurde Nikita S. Chruščevs Position maßgeblich gestärkt, der bei der Lösung des österreichischen Problems durchaus zu Kompromissen bereit war. Andererseits löste der „Befreier Berlins" Georgij Žukov nun Nikolaj Bulganin als Verteidigungsminister ab, der seinerseits neuer Vorsitzender des Ministerrates wurde. Diese Rochade war für Chruščev insofern nicht unwesentlich, als nicht abzusehen war, wie die Armeekreise auf einen möglichen Abzug der Truppen aus Österreich reagieren würden.[593]

Nur drei Monate später fiel die endgültige Entscheidung über den Verkauf nicht nur der USIA, sondern auch der SMV und der DDSG, was noch ein Jahr zuvor nicht zur Debatte gestanden war. Mit dem Moskauer Memorandum vom 15. April 1955 wurde nach den Verhandlungen der österreichischen Regierungsdelegation unter Bundeskanzler Julius Raab schließlich der Weg zur Unterzeichnung des österreichischen Staatsvertrages und somit zur Lösung des wirtschaftlichen Fragenkomplexes geebnet. Im Einzelnen wurde vereinbart:

- Warenlieferungen im Wert von 150 Millionen Dollar, verteilt auf sechs Jahre, als Ablöse für die USIA-Betriebe;
- Barablöse der DDSG durch eine Einmalzahlung von zwei Millionen Dollar;
- Lieferung von zehn Millionen Tonnen Erdöl, verteilt auf zehn Jahre, als Ablöse für die Erdölwirtschaft (später auf sechs Millionen Tonnen reduziert).[594]

Hinsichtlich der österreichischen Schulden aus den oben erwähnten sowjetischen Lebensmittellieferungen 1945/1946 (die sogenannten „Erbsenschulden") einigte man sich auf einen gegenseitigen Forderungsverzicht: Österreich verzichtete seinerseits auf die Begleichung noch ausständiger ziviler Besatzungskosten.[595]

593 Prozumenščikov, Nach Stalins Tod, S. 745.

594 Stourzh, Um Einheit und Freiheit, S. 439f.; Seidel, Österreichs Wirtschaft, S. 463; Peter Fritz, „Was lange währt, wird endlich gut!" Der Abschluss des Österreichischen Staatsvertrags 1955, in: Stefan Karner - Gottfried Stangler (Hg.), „Österreich ist frei!" Der Österreichische Staatsvertrag 1955. Beitragsband zur Ausstellung auf Schloss Schallaburg 2005. Unter Mitarbeit von Peter Fritz und Walter M. Iber. Horn - Wien 2005, S. 303–309, hier: S. 305.

595 Seidel, Österreichs Wirtschaft, S. 464.

Letztlich hatte das elementare ökonomische Kalkül in Moskau Oberhand behalten. Bei der SMV hatte sich längst dasselbe Dilemma abgezeichnet wie bei der USIA: Die Erdölanlagen waren technisch dermaßen veraltet, dass man über mehrere Jahre hohe Summen in die Modernisierung und Entwicklung der Unternehmen investieren hätte müssen - ohne die Garantie, dass sie „im Konkurrenzkampf mit den kapitalistischen Firmen" nicht trotzdem bankrott gehen würden.[596] Außerdem wären alle Unternehmen nach der Unterzeichnung des Staatsvertrages zur Abführung der entsprechenden Steuern an Österreich verpflichtet gewesen. Nach Berechnungen sowjetischer Experten hätte die Sowjetunion im Falle eines Verbleibs der SMV unter sowjetischer Verwaltung jährlich nur 170.000 Tonnen Erdöl aus Österreich importieren können. Somit stellte die fixierte Lieferung von einer Million Tonnen jährlich allein unter diesem Gesichtspunkt ein gutes Geschäft für Moskau dar.[597]

Darüber hinaus müssen der so oft zitierte Verhandlungserfolg der österreichischen Regierungsdelegation in Moskau bzw. der Erfolg von Bundeskanzler Raab bei den Nachverhandlungen in Villach relativiert werden. Im Vorfeld der Moskauer Verhandlungen hatte der sowjetische Außenhandelsminister Ivan G. Kabanov intern Erdölablöselieferungen von 4,1 Millionen Tonnen im Zeitraum von sechs Jahren errechnet. Diese Kalkulation schloss neben der OROP bereits die Ablöse für die DDSG ein.[598] In seinen Anweisungen zu den Verhandlungen mit den Österreichern in Moskau hatte das Politbüro festgehalten, man müsse „über die Festsetzung der Kompensation im Ausmaß von ungefähr 690.000 Tonnen pro Jahr für die Dauer von sechs Jahren" verhandeln.[599] De facto schraubte die sowjetische Delegation während der Gespräche ihre Forderungen in die Höhe, wodurch sich ein beträchtlicher Verhandlungsspielraum ergab. Sogar die letztendlich vereinbarten sechs Millionen Tonnen übertrafen die von Kabanov ursprünglich errechnete Ablöse um beinahe zwei Millionen Tonnen, ganz abgesehen von der zusätzlichen

596 RGANI, F. 3, op. 8, d. 121, S. 106–108, Bericht von A. Mikojan, I. Kabanov und P. Nikitin an das ZK der KPdSU über die SMV in Österreich, 18.6.1954.

597 Prozumenščikov, Nach Stalins Tod, S. 752.

598 RGANI, F. 3, op. 8, d. 223, S. 107f., hier: S. 108, Bericht von I. Kabanov und Juchin zur Frage der Übergabe der SMV, der DDSG und der OROP an Österreich. Aus den Beilagen zur Sitzung des Politbüros, 8.4.1955. Vgl. dazu und zum Folgenden: Iber, Die Sowjetische Mineralölverwaltung, S. 193–200.

599 RGANI, F. 3, op. 10, d. 136, S. 36–41, hier: S. 38, Text der Anordnung für die Verhandlungen mit der Regierung Österreichs, 8.4.1955. Vgl. dazu RGANI, F. 3, op. 10, d. 136, S. 9, Beschluss Nr. 115/XXVIII des Präsidiums des ZK der KPdSU, Entwurf einer Anordnung zu den Verhandlungen mit der Regierung Österreichs, 8.4.1955.

Ablösesumme für die DDSG.[600] Der gesamte Wirtschaftskomplex war überbezahlt.

Obwohl Moskau unverhohlen die Interessen seiner österreichischen kommunistischen „Freunde" den eigenen nachreichte, vergaß es nicht ganz auf sie. Die österreichische Regierung musste sich zu einer Erklärung verpflichten, wonach diese „keine Unterdrückung und Diskriminierung österreichischer Bürger im Zusammenhang mit deren Beschäftigung in sowjetischen Institutionen und Unternehmen in Österreich bis zum Inkrafttreten des Staatsvertrages" zulassen würde.[601] Letztlich rangierte aber bei der Lösung der österreichischen Frage die geopolitische und ökonomische Komponente vor der ideologischen.[602]

600 Stourzh, Um Einheit und Freiheit, S. 663f.; Iber, Die Sowjetische Mineralölverwaltung, S. 200f. Die durch das Erdöl- und Warenabkommen festgelegten Ablöselieferungen stellten für Österreich eine zunehmende Belastung dar. Wegen Lieferrückständen sah sich die österreichische Regierung bald gezwungen, die Sowjetunion um Liefererleichterungen zu ersuchen.

601 Auch nach Abschluss des Staatsvertrages überwachte die sowjetische Botschaft in Wien, ob ehemalige österreichische Mitarbeiter des sowjetischen Wirtschaftsimperiums benachteiligt werden würden. Im April 1956 wurde von einzelnen Verstößen berichtet, die insbesondere einer Schwächung der KPÖ dienen sollten. Vgl. AVP RF, F. 066, op. 39, d. 216, S. 26–33, hier: S. 29, Bericht von Gorinovič über die Einhaltung des Staatsvertrages und des Moskauer Memorandums vom 15.4.1955 durch die österreichische Regierung, 24.2.1956.

602 Prozumenščikov, Nach Stalins Tod, S. 752.

B. Die Mikroebene: Sowjetische Lebenswelt in Österreich

I. IDEOLOGIE, DISZIPLIN, STRAFVERFOLGUNG

Sowjetmenschen außerhalb der Grenzen der UdSSR konfrontierten den Sowjetkommunismus mit einem grundsätzlichen Problem: Ihre unmittelbaren Erfahrungen mit dem Kapitalismus bargen die Gefahr „politisch-ideologischer Diversion" in sich. Schließlich zielten die „Imperialisten", so die kommunistische Sicht, darauf ab, ihre „bürgerliche Ideologie" in die sozialistischen Länder einzuschleusen, dort „fremde und feindliche Lebens- und Verhaltensweisen" zu verbreiten und so die Grundlagen der Gesellschaft zu unterminieren und die sozialistische Ordnung „sturmreif" zu machen.

Kontakte zum Westen waren bei der sowjetischen Führung aber auch aus einem weiteren Grund unerwünscht. Man befürchtete insgeheim, beim Vergleich der unterschiedlichen Systeme auf der Lebensebene unvorteilhaft abzuschneiden. Konnte dank gesteuerter Information und Propaganda die Illusion der höchsten Gesellschaftsordnung im Inland aufrechterhalten werden, so war dies außerhalb des direkten Einflussbereiches nicht mehr möglich. Im Gegenteil: Hier drohte der „homo sovieticus", ein Opfer der „psychologischen Kriegsführung des Imperialismus gegen den Sozialismus" zu werden. Hetze, Fälschung, Rufmord, Terror, Einschüchterung, Diversion, Spionage, Sabotage und Korruption galten dabei als Methoden der „parasitären Ordnung des Kapitalismus".[1] Sowjetische Personen, die während des Zweiten Weltkrieges unter deutsche Besatzung oder in Kriegsgefangenschaft geraten oder zur Zwangsarbeit ins „Dritte Reich" verschleppt worden waren, beobachtete man daher mehr als argwöhnisch. Der – meist unfreiwillige – Kontakt mit dem Feind hatte sie zu Bürgern zweiter Klasse gemacht. „Filtration" durch den Geheimdienst und Repressionen bis zum Zerfall der UdSSR waren die Folge.

Durch den „Großen Vaterländischen Krieg" blickte jedoch noch eine weitere Kategorie von Sowjetmenschen über den kommunistischen Tellerrand hinaus: die Soldaten. Die Tatsache, dass sich ab 1944 durch den Vormarsch der Roten Armee Hunderttausende sowjetische Militärangehörige außerhalb des Territoriums der UdSSR befanden und mit westlicher Kultur und Ideologie in Kontakt kamen, beunruhigte den Kreml. Bereits vor Kriegsende wurde deshalb die erzieherische Arbeit unter den Militärangehörigen seitens des umfangreichen politischen Apparates der Streitkräfte, einer sowjetischen Besonderheit, verstärkt. Im Vordergrund standen die Erziehung der Soldaten

1 Waltraud Böhm et al. (Hg.), Kleines politisches Wörterbuch. 3., überarbeitete Aufl. Berlin 1978, S. 360f., 732f.

zu „hoher politischer Wachsamkeit", die Steigerung der militärischen Disziplin, die Stärkung des „politisch-moralischen Zustandes" sowie die Optimierung der Kenntnisse der Offiziere über ihre Mannschaftssoldaten.

Mit dem Ende der Kampfhandlungen gewannen aus Sicht der Politabteilungen diese Bereiche noch an Bedeutung. Schließlich ergaben sich durch den dauerhaften Aufenthalt der Truppen an ihren Stationierungsorten für einzelne Militärangehörige „günstige Bedingungen", mit der einheimischen Bevölkerung, aber auch mit westlichen Besatzungsangehörigen in privaten Kontakt zu treten. Dies, so die Befürchtung von sowjetischer Seite, „konnte zweifelsohne dazu führen, dass einzelne Soldaten unter feindlichen Einfluss gerieten". Daher ergriffen Kommandos und Politabteilungen „eine ganze Reihe von Maßnahmen", die das Verhalten der Militärangehörigen reglementieren und außerdienstliche Berührungspunkte von Soldaten, Unteroffizieren und Offizieren mit der örtlichen Bevölkerung minimieren sollten. Dazu gehörte etwa die Kasernierung der Truppen.[2] Ein Kulturschock, ausgelöst durch die unmittelbare Konfrontation mit dem Kapitalismus, war trotzdem häufig nicht zu verhindern.

2 RGVA, F. 32906, op. 1, d. 152, S. 75–87, Bericht des Leiters der Politabteilung des 37. NKVD-Grenzregiments, Major Smirnov, an den Leiter der Politabteilung der NKVD-Truppen zum Schutz des Hinterlandes der CGV, Oberst Šukin, über den politisch-moralischen Zustand der Truppen 1945, 25.8.1945.

1. Erziehung, Disziplinierung, Kontrolle

Im Jänner 1946 klagte der in Österreich stationierte Michail M. Žil'cov, ein Leutnant des NKVD, in einem Offizierskasino, die Sowjetunion würde Europa niemals „ein- und überholen". In Österreich gebe es in jedem Haus Strom, während die sowjetischen Dörfer vermutlich nie elektrifiziert werden würden. Desillusioniert konstatierte der aus bäuerlichem Milieu stammende 27-Jährige: „Hier [in Österreich] gibt es Lüster, luxuriöse Häuser, Kleidung, während meine Familie Hunger leidet und nichts anzuziehen hat." Auch mit seiner Verpflegung zeigte er sich unzufrieden: „Sieger, und in der Kantine essen wir Zwieback. Aber Rumänien und Österreich füttern wir mit Brot."[3]

Žil'covs „Lobpreisungen der kapitalistischen Ordnung"[4] blieben nicht ungestraft. Die Politabteilung der NKVD-Truppen der Zentralen Gruppe der Streitkräfte wertete seinen Zweifel an der „Überlegenheit des sowjetischen Systems" als Folge „seines mangelhaften politischen Wissens und seiner ideologischen Zurückgebliebenheit".[5] Sie veranlasste umgehend eine „parteiliche Untersuchung" durch die Abteilung für Gegenspionage „Smerš" und ließ ihn seiner militärischen Funktion entheben. Die Parteikommission bei der Politabteilung des Regiments schloss den Besatzungssoldaten aus der VKP(b) aus. Zugleich wurden die Offiziere in seinem Bataillon über die „Gefährlichkeit der Aussagen Žil'covs" und die Gründe, die ihn „vom Weg abkommen hatten lassen", aufgeklärt.[6]

Der geschilderte Vorfall verdeutlicht drei Charakteristika der sowjetischen Lebenswelt in Österreich, auf die im Folgenden näher eingegangen werden soll: Erstens stellte die unmittelbare Konfrontation mit dem Kapitalismus zumindest für einen Teil der sowjetischen Besatzungsangehörigen einen tief gehenden „Kulturschock" dar. Schmerzlich mussten sie erfahren, dass der

3 RGVA, F. 38650, op. 1, d. 1222, S. 63f., Bericht des Leiters der NKVD-Truppen zum Schutz des Hinterlandes der CGV, Generalmajor Kuznecov, und des Leiters der Politabteilung der Truppen, Oberst Šukin, an den stv. Leiter der Hauptverwaltung der Inneren Truppen des NKVD, Sladkevič, über antisowjetische Aussagen eines NKVD-Leutnants, 30.1.1946. Auszüge des folgenden Kapitels fanden Eingang in: Barbara Stelzl-Marx, Ideologie, Kontrolle, Repression. Als sowjetischer Besatzungssoldat im Westen, in: Ulrich Mählert et al. (Hg.), Jahrbuch für Historische Kommunismusforschung 2010. Berlin 2010, S. 179–192.

4 Ebd.

5 Ebd.

6 Ebd.; RGVA, F. 38650, op. 1, d. 1222, S. 110–127, hier: S. 113f., Bericht des Leiters der NKVD-Truppen zum Schutz des Hinterlandes der CGV, Generalmajor Kuznecov, und des Leiters der Politabteilung der Truppen, Oberst Šukin, an den stv. Leiter der Hauptverwaltung der Inneren Truppen des NKVD, Generalmajor Skorodumov, über den politisch-moralischen Zustand und die Disziplin in den MVD-Truppen zum Schutz des Hinterlandes der CGV im 1. Quartal 1946, 9.4.1946.

Lebensstandard im Land des ehemaligen „Feindes“ weit über jenem in der sowjetischen Heimat lag. Das wesentlich wohlhabendere und geordnetere Leben in Österreich unterschied sich drastisch von der den Soldaten bekannten sowjetischen Realität, aber auch von dem Bild, das ihnen Stalins Propagandamaschinerie eingehämmert hatte. Diese Diskrepanz zwischen dem Lebensniveau in Europa und in der Heimat empfanden die „Sieger“ vielfach als persönliche Niederlage, die zugleich Zweifel am kommunistischen System per se weckte. Zu diesem „moralisch-psychologischen Trauma“[7] gesellte sich im Falle von Žil'cov noch Unzufriedenheit darüber hinzu, dass sich das Leben in der sowjetischen Besatzungsarmee im Vergleich zur Umgebung eher karg gestaltete.

Zweitens wertete die sowjetische Führung jegliche Zweifel, Regelverstöße und selbst eigentlich „nur“ strafrechtlich relevante Vergehen als politisch motiviert. Dabei machte man nicht die tatsächlichen wirtschaftlichen Probleme der sowjetischen Nachkriegswirtschaft für etwaige Zweifel am System verantwortlich, sondern die angebliche ideologische und politische Wankelmütigkeit des Betroffenen. Die Überlegenheit des Kommunismus durfte – gerade vor dem Hintergrund des beginnenden Kalten Krieges – nicht infrage gestellt werden.

Drittens versuchte die sowjetische Führung alles in ihrer Macht Stehende, um derartige Überlegungen zu unterbinden. Erlag jemand den Versuchungen des Westens, führte dies – wie bei Žil'cov – zu Repressalien; die unter Stalin systemimmanente Praxis gegenseitiger Bespitzelung und Denunziation kam auch in Österreich zur Anwendung. Žil'cov – selbst seit 1939 Mitglied der NKVD-Truppen – wurde offensichtlich von mindestens einem seiner Geheimdienstkollegen bei seinen Vorgesetzten angezeigt. Er hatte nämlich seine „negativen Äußerungen“ keineswegs öffentlich, sondern im Rahmen eines informellen Mittagessens im Offizierskasino getätigt. Dort hatte er sich mit einem Komsomolorganisator namens Smirnov „unter Anwesenheit anderer Offiziere“ unterhalten. Mit dem Vorfall befasste sich daraufhin die Spitze der NKVD-Truppen in Österreich, die nicht nur Moskau darüber informierte, sondern weitere Überprüfungen durch die „Smerš“ in die Wege leitete.[8]

Der Fall demonstriert auch die zunehmend starke Rolle der Kommunistischen Partei unter den Truppen. Man leitete umgehend eine Untersuchung seitens der Partei ein und beschloss Žil'covs Ausschluss aus der VKP(b). Die

---

7 Konstantin Simonow, Aus der Sicht meiner Generation. Berlin 1990, S. 104.

8 RGVA, F. 38650, op. 1, d. 1222, S. 63f., Bericht des Leiters der NKVD-Truppen zum Schutz des Hinterlandes der CGV, Generalmajor Kuznecov, und des Leiters der Politabteilung der Truppen, Oberst Šukin, an den stv. Leiter der Hauptverwaltung der Inneren Truppen des NKVD, Sladkevič, über antisowjetische Aussagen eines NKVD-Leutnants, 30.1.1946.

„antisowjetische Äußerung" des Offiziers galt als schweres parteiwidriges Verhalten und als Handlung, die eines wahren Kommunisten unwürdig war.[9]

Gerade in der ersten Besatzungszeit kämpften Partei- und Armeeführung allerdings mit weniger abstrakten Problemen, nämlich mit der Disziplinlosigkeit der Truppen. Generell ist die Disziplinierung einer Armee während der Kampfhandlungen ein schwieriges Unterfangen; die Disziplinierung der Truppen in Wartestellung ist jedoch noch eine weitaus größere Herausforderung. Langeweile und Heimweh beherrschen das Tagesgeschehen ebenso wie die Unzufriedenheit über die Lebensbedingungen am Ort der Stationierung. Da Verstöße gegen Befehle nicht im selben Maß als lebensbedrohlich empfunden werden wie während des Krieges, gestaltet sich die Aufrechterhaltung der Disziplin schwieriger. Die Situation der sowjetischen Besatzungsarmee in Österreich war daher grundsätzlich mit der Lage von Besatzungstruppen in anderen Konflikten oder „friedlichen Stationierungen" vergleichbar.[10]

Allerdings hatten die Propaganda und die Erfahrungen der Kriegsjahre die Rotarmisten tiefer geprägt als anderslautende Befehle in den letzten Kriegstagen.[11] Die assoziative Verbindung „Faschist - Deutscher - Bestie" war allein schon auf einer emotionalen Ebene kaum zu entflechten und musste nun im Bewusstsein der Soldaten erneut voneinander getrennt werden.[12] Sowohl in Deutschland als auch in Österreich sollte sich die Regelung der Beziehung zur Zivilbevölkerung wesentlich schwieriger und widersprüchlicher gestalten als die rein militärische Aufgabe - und zwar auf psychologischer Ebene ebenso wie auf politischer. Vor allem die unerwartete Forderung, den gehassten „Feind" nun als „Menschen" anzusehen und dementsprechend zu behandeln, stellte eine kaum bewältigbare Umstellung dar.

Vielen Soldaten fiel es schwer, sich nun plötzlich vom jahrelangen Sinnen auf Rache zu verabschieden. Sie hatten Hunderte Kilometer zurückgelegt, das eigene verwüstete Land gesehen und ermordete Familienmitglieder, Bekannte und getötete Kameraden zu beklagen. Auch die Verschleppungen Hunderttausender junger Landsleute zur Zwangsarbeit sowie die grausame Behandlung sowjetischer Kriegsgefangener im „Dritten Reich" waren ihnen nicht entgangen. Die Vorfreude auf die Rache an den verhassten „Faschis-

9 Ebd.

10 Vgl. dazu Sabine Lee, Kinder amerikanischer Soldaten in Europa: ein Vergleich der Situation britischer und deutscher Kinder. Manuskript. Birmingham 2009, S. 3.

11 Siehe dazu auch das Kapitel A.II.1 „Der Wandel des Feindbildes: sowjetische Propaganda" in diesem Band.

12 Senjavskaja, Psichologija vojny, S. 278.

ten" hatte sich zu einer der dominantesten Stimmungen in den Truppen entwickelt, zumal dies die Kriegspropaganda jahrelang gefördert hatte. Zudem hatte der eindringlich eingepeitschte Verhaltenskodex zwangsläufig die Persönlichkeit der Soldaten deformiert. Ihr „politisch-moralischer Zustand" war unter dem Einfluss des Feindbildes zur Zügellosigkeit einer Soldateska verkommen, wurde aber von den politischen Organen im besten Fall als „erziehungsbedürftig" eingestuft.

Mit Gewaltakten gegenüber der Zivilbevölkerung des „Feindes" nahmen die Soldaten nun oft bewusst Rache für erlittene Gewalt und Erniedrigung, aber auch für den Verlust einer ganzen Lebensperspektive. Selbstjustiz widersprach zwar der offiziellen sowjetischen Politik, wurde aber häufig geübt. Es bedurfte gezielter Einflussnahme und Bestrafung, um den Durst nach Rache zu „kanalisieren". Trotz der Korrektur in der Propaganda waren Exzesse insbesondere in der ersten Zeit an der Tagesordnung. Doch konnten die Befehle der Truppenführung die elementare Zerstörungswut, das Verlangen nach Beute und die Brutalisierung des Krieges nicht aufhalten. Die Truppen entglitten zusehends jeder Kontrolle.[13] Mit Kriegsende machte sich außerdem unter einzelnen Militärangehörigen eine Müdigkeit breit, Krankheiten traten ebenso auf wie „Urlaubslaunen", Unsicherheit griff um sich, und zugleich nahmen Wachsamkeit, Kontrolle und Strenge ab. Mit einem Wort, die Disziplin lag im Argen.[14]

Dies stellte die militärische Führung vor ein akutes Dilemma. Österreich galt als befreites Land, und unmittelbare Racheakte gegen die Bevölkerung waren ausdrücklich verboten. Der Aufruf des Militärrates an die Truppen der 3. Ukrainischen Front vom 4. April 1945 betonte, die Rote Armee habe nach der Befreiung Österreichs zwar gegen die „deutschen Okkupanten", nicht aber gegen die Bevölkerung Österreichs zu kämpfen. Sowohl die Österreicher als auch ihr Hab und Gut waren daher zu achten.[15] Marschall Ivan Konev, der Anfang Juli 1945 das Kommando über die sowjetische Besatzungszone

13 Semirjaga, Die Rote Armee in Deutschland, S. 204f.; Poljakov, Istoki narodnogo podviga, S. 18; Senjavskaja, Deutschland und die Deutschen, S. 259–263; Gorjajewa, „Wenn morgen Krieg ist ...", S. 457.

14 RGVA, F. 32914, op. 1, d. 132, S. 329–339, hier: S. 334, Bericht des Kommandeurs des 336. NKVD-Grenzregiments, Oberstleutnant Martynov, und des Leiters der Politabteilung, Major Čurkin, über den militärischen Einsatz, den politisch-moralischen Zustand und die militärische Disziplin der Truppen von November 1944 bis August 1945, 23.8.1945.

15 Aufruf des Militärrates an die Truppen der 3. Ukrainischen Front, 4.4.1945. Abgedruckt in: Karner – Stelzl-Marx – Tschubarjan, Die Rote Armee in Österreich, Dok. Nr. 9. Original abgedruckt in: Zemskov, SSSR – Avstrija, S. 16f. Der Militärrat der 2. Ukrainischen Front richtete sich gleichfalls am 4. April 1945 mit einem analogen Befehl an die Truppen der 2. Ukrainischen Front. Vgl. dazu: Institut Voennoj Istorii, Krasnaja Armija v stranach Central'noj Evropy, S. 617.

in Österreich übernommen hatte, versicherte Staatskanzler Karl Renner bei einem wenige Tage später stattfindenden Gespräch, dass die Sowjets „weit von einer Rachepolitik entfernt" seien und „zu jedem einzelnen Fall (Gewalt, Beschlagnahme) [...] entschlossene Maßnahmen zu dessen Unterbindung ergriffen" hätten.[16]

Trotz dieser Vorgaben wussten Vertreter der sowjetischen Besatzungsmacht selbst nur allzu gut, dass zwar Befehle vorhanden waren, „doch werden diese nicht immer so umgesetzt, wie es die Politik gegenüber der österreichischen Bevölkerung erfordern würde".[17] Der politische Berater der SČSK, Evgenij Kiselev, berichtete in diesem Zusammenhang zuversichtlich dem Stellvertreter des Volkskommissars für auswärtige Angelegenheiten, Vladimir Dekanozov, Mitte August 1945: „Ich bin der Meinung, dass die nun beschlossenen und umzusetzenden Maßnahmen - Verstärkung der politischen Arbeit bei den Truppen, Abhaltung einer Reihe von Beratungen mit den Einheitskommandanten und Befehlshabern - zu einer wesentlichen Besserung der Lage beitragen werden."[18]

Das Verhalten, das Armeeangehörige an den Tag legten, entsprach teilweise keineswegs dem offiziellen Bild des „ruhmreichen Befreiers". Es stand in einem krassen Gegensatz zum Motto „Für die Ehre der Heimat" („Za čest' Rodiny"), wie die für die Zentrale Gruppe der Streitkräfte publizierte Armeezeitung hieß. Auf den diversen Ebenen mussten dringend Maßnahmen ergriffen werden. Eine der vordringlichen Aufgaben bestand darin, die diversen Verlockungen des Kapitalismus in den Griff zu bekommen.

1.1 Kapitalismus und Kulturschock

Bereits Anfang Juli 1945 beobachtete die Politische Abteilung der 3. Ukrainischen Front, dass „einzelne moralisch instabile Soldaten" nach ihrer Demobilisierung dauerhaft in Österreich und Ungarn verbleiben wollten. Sie lobten nicht nur „die Ordnung und Lebensbedingungen in den kapitalistischen Ländern Europas" und verleumdeten die Sowjetunion, sondern einige sowjetische Offiziere hatten auch Verhältnisse mit österreichischen Frauen.

16 CAMO, F. 275, op. 353761, d. 1, S. 856–866, Unterredung des Oberbefehlshabers der CGV, Konev, mit Staatskanzler Renner über die Lage in Österreich, 9.7.1945. Abgedruckt in: Karner - Stelzl-Marx - Tschubarjan, Die Rote Armee in Österreich, Dok. Nr. 44.

17 AVP RF, F. 06, op. 7, p. 26, d. 322, S. 19, Schreiben des Politberaters der Alliierten Kommission für Österreich, Kiselev, an den stv. Volkskommissar für auswärtige Angelegenheiten der UdSSR, Dekanozov, bezüglich des einen Berichts über die politische Stimmung in Wien und der sowjetischen Besatzungszone, 17.9.1945. Abgedruckt in: Karner - Stelzl-Marx - Tschubarjan, Die Rote Armee in Österreich, Dok. Nr. 67.

18 Ebd.

Dies schätzte die Politische Abteilung als „politisch folgenschwer“ und verwerflich ein.[19] Die offizielle Warnung, sich nicht von den scheinbaren Reichtümern des Westens beeindrucken zu lassen, schlugen die Sowjetsoldaten in den Wind. Stattdessen waren Offiziere ebenso wie Mannschaftssoldaten darauf versessen, „die seltsame, köstliche Welt der bürgerlichen Dekadenz“ zu erforschen.[20] Plünderungen waren eine der Folgen.

Wie der eingangs erwähnte Fall des NKVD-Offiziers Michail Žil'cov illustriert, registrierten die Politabteilungen Kritik am kommunistischen System genau. Sie fassten derartige Bekundungen unter der Rubrik „negative politische“ bzw. „politisch gefährliche Äußerungen“ zusammen, wobei sie diese als ebenso verdammenswert einstuften wie Desertion oder „amoralische Erscheinungen“. Meist sahen sie die Vorfälle als Resultat der „politischen und allgemeinen Zurückgebliebenheit“ des „Schuldigen“. So galt es als Verbrechen, „Leben und Ordnung der kapitalistischen Länder“ zu „preisen“. Die Strafen bestanden primär in Parteiausschlüssen und Degradierungen, wodurch sie zwei zentrale Bereiche des Auslandseinsatzes betrafen.[21]

Als etwa ein in Österreich stationierter Sergeant namens Parachin am 10. Jänner 1946 bei einer politischen Schulung betonte, das Recht auf kostenlose medizinische Versorgung stehe nur in der sowjetischen Verfassung und würde in Wirklichkeit nicht umgesetzt werden, führte der Chef der zuständigen Politabteilung persönlich eine Untersuchung durch. Die übrigen Unteroffiziere unterrichtete man über die „Gefährlichkeit“ der Aussage. Und wenig später verurteilte eines der Militärtribunale Parachin - angeblich wegen der Beteiligung an einem Diebstahl - zu zwei Jahren Disziplinarbataillon. Sein Fall galt ebenso wie jener von Žil'cov als Beispiel für die „politische Zurückgebliebenheit“ der Betroffenen und für die Schwäche der politisch-erzieherischen Arbeit im „kapitalistischen Umfeld“, dessen „Hohlheit“ und „Nicht-Lebensfähigkeit“ entlarvt werden sollten.[22]

19 RGVA, F. 32902, op. 1, d. 11, S. 158f., Direktive Nr. 00811 des Leiters der Politischen Abteilung der NKVD-Truppen zum Schutz des Hinterlandes der 3. Ukrainischen Front, Oberst Nanejšvili, über eine Verbesserung der erzieherischen Arbeit innerhalb des Mannschaftsstammes, 4.7.1945. Abgedruckt in: Karner - Stelzl-Marx - Tschubarjan, Die Rote Armee in Österreich, Dok. Nr. 64.

20 Naimark, Die Russen in Deutschland, S. 91.

21 Vgl. dazu: RGVA, F. 38650, op. 1, d. 1222, S. 193–199, hier: S. 194, Bericht des Leiters der MVD-Truppen zum Schutz des Hinterlandes der CGV, Zimin-Kovalev, und des Leiters der Politabteilung der MVD-Truppen zum Schutz des Hinterlandes der CGV, Oberst Šukin, über den politisch-moralischen Zustand und die militärische Disziplin unter den MVD-Truppen im 3. Quartal 1946, 10.10.1946.

22 RGVA, F. 38650, op. 1, d. 1222, S. 110–127, hier: S. 114, Bericht des Leiters der NKVD-Truppen zum Schutz des Hinterlandes der CGV, Generalmajor Kuznecov, und des Leiters der Politabteilung der Truppen, Oberst Šukin, an den stv. Leiter der Hauptverwaltung der Inneren Truppen des NKVD, Generalmajor Skorodumov, über den politisch-moralischen Zustand und die Disziplin in den MVD-Truppen zum Schutz des Hinterlandes der CGV im 1. Quartal 1946, 9.4.1946.

1.1.1 Kontakte zu Einheimischen und Westalliierten im Schatten des Kalten Krieges

Mindestens ebenso bedrohlich schätzte man jedoch den unmittelbaren Kontakt zu den Alliierten ein, der sich vor allem durch die gemeinsame Besetzung Wiens ergab. Bald nach Kriegsende fielen Schatten des neuen Konfliktes auch auf die in Österreich stationierten Truppen. Zwar arbeiteten die USA, Großbritannien, Frankreich und die UdSSR vorerst noch zusammen und halfen einander beim Nachschub oder bei der dringlichen Repatriierung von DPs. Doch unter der Oberfläche kriselte es bereits. Das Verhältnis zwischen den Besatzungsmächten verschob sich zunehmend von anfänglicher Kooperation - etwa in Fragen der Rückführung ehemaliger Kriegsgefangener - in Richtung Konfrontation. Denn das direkte Aufeinanderprallen zweier Welten und zweier Systeme bedeutete in den Augen Moskaus in erster Linie eine Herausforderung - sowohl hinsichtlich der ideologischen Überzeugung der einzelnen Sowjetbürger als auch bezüglich der Wahrung von Militär- und Staatsgeheimnissen.

Bereits Anfang Juni 1945, als die sogenannte „Vienna-Mission" der drei Westalliierten begann, beobachteten die Sowjets die Militärmissionen argwöhnisch: Stadtkommandant Blagodatov richtete NKVD-Generalmajor Pavlov die persönliche Anordnung Tolbuchins aus, die Delegation dürfe weder Wien verlassen noch irgendwohin fahren, „wo sie nichts verloren hätte".[23] Wenig später hatte sich das Misstrauen noch verstärkt. Über die „Haltung der Alliierten zur Roten Armee" im August 1945 wusste die Spionageabwehr „Smerš" etwa zu berichten, dass die Amerikaner Informationen über Verhaftungen österreichischer Zivilisten durch die Sowjets sammelten. Der Geheimbericht unterstellte ihnen, diese Angaben „bei den bevorstehenden Verhandlungen der Regierungen der Alliierten gegen die Russen verwenden" zu wollen. Auch die Briten seien an kompromittierenden Auskünften über die Rote Armee - etwa über Vergewaltigungen, Plünderungen und andere Übergriffe - interessiert, gab die „Smerš" weiter zu Protokoll.[24]

Umgekehrt zeigte sich die sowjetische Seite über Verfehlungen der Westalliierten geradezu erfreut und verbreitete diese ihrerseits in einschlägigen

23 RGVA, F. 32900, op. 1, d. 212, S. 23, Schreiben des sowjetischen Stadtkommandanten von Wien, Generalleutnant Blagodatov, an den Chef der NKVD-Truppen zum Schutz des Hinterlandes der 3. Ukrainischen Front, Generalmajor Pavlov, bezüglich der Bewachung Wiens während des Besuchs der westlichen Delegation, 2.6.1945. Siehe dazu auch das Kapitel A.III.4 „Die Schattenebene: Geheimdienst und NKVD-Truppen" in diesem Band.

24 AVP RF, F. 066, op. 25, p. 118a, d. 5, S. 11–16, Bericht von Generalmajor Rozanov über das Verhalten der Alliierten in Wien, 8.9.1945; AVP RF, F. 066, op. 25, p. 118, d. 5, S. 10, Begleitschreiben von Koptelov an Smirnov zur Übersendung des Berichts der „Smerš" über das Verhalten der Alliierten in Wien [nach dem 8.9.1945].

Medien. Hierbei kamen auch rassistische Tendenzen zum Tragen. Denn Gewalttaten von dunkelhäutigen US-Besatzungssoldaten und „Truppen aus den Kolonien" wurden besonders betont.[25] „In Salzburg", hieß es etwa, „wo sich besonders viele Neger-Einheiten [sic!] aufhalten, ist die Bevölkerung mit dem Verhalten dieser Truppen unzufrieden."[26] In ähnlicher Weise merkte ein Mitarbeiter der GlavPURKKA über seine Tournee durch die amerikanische Besatzungszone an: „Es gibt Fälle von Vergewaltigungen von Frauen, insbesondere seitens der Neger [sic!]."[27]

Den eigenen Soldaten führte man die Disziplinlosigkeit der „Imperialisten" als abschreckendes Beispiel vor Augen: „In den Armeen der kapitalistischen Länder kann weder von Ehre noch von Würde die Rede sein. [...] Wohin auch immer die Armeen der Imperialisten gingen, überall traten sie als Eroberer und Diebe, als Folterknechte und Unterdrücker der Völker, als Feind ihrer Freiheit auf." Und weiter: „Von ihren Regierungen und Kommandos aufgestachelt, trinken amerikanische, britische und französische Soldaten sowie Offiziere, sie beleidigen die einheimische Bevölkerung, bringen vollkommen unschuldige Menschen um, randalieren in der Öffentlichkeit."[28] Meldungen dieser Art sollten den eigenen Besatzungsangehörigen suggerieren, von derartigem Fehlverhalten selbst Abstand zu nehmen und stets auf der Hut zu sein.

Offensichtlich sorgte man sich nicht nur um die Wahrung von Geheimnissen, sondern auch um die Zuverlässigkeit der Mitarbeiter in puncto Ideologie. Als besonders große Gefahr galt die Anwerbung sowjetischer Mitarbeiter durch westliche Nachrichtendienste. Beispielsweise wurden Ende Juli 1946 drei Offiziere auf Verdacht ihres Vorgesetzten hin zur Überprüfung nach Moskau geschickt, wo sich anscheinend zeigte, dass alle drei vom britischen Spionagedienst angeworben worden waren.[29]

---

25 CAMO, F. 413, op. 10839, d. 46, S. 1–8, hier: S. 7f., Bericht des Leiters der Politabteilung der 57. Armee, Generalmajor Cinev, an den Leiter der Politabteilung der 3. Ukrainischen Front, Anošin, über die Lage in Graz, 5.6.1945. Abgedruckt in: Karner – Pickl, Die Rote Armee in der Steiermark, Dok. Nr. 26.

26 CAMO, F. 243, op. 2914, d. 100, S. 123–128, hier: S. 124, Bericht des Leiters der Politverwaltung der 3. Ukrainischen Front, Generalleutnant Anošin, über die politische Lage und die Arbeit unter der Bevölkerung in Graz, Leoben und Mürzsteg und die Einstellung der Österreicher gegenüber der provisorischen österreichischen Regierung, 17.5.1945. Abgedruckt in: Karner – Pickl, Die Rote Armee in der Steiermark, Dok. Nr. 59.

27 RGASPI, F. 17, op. 128, d. 35, S. 62f., Bericht der 7. Abteilung der Politverwaltung der CGV über die Lage in der amerikanischen Besatzungszone Österreichs [spätestens am 30.8.1945]; RGASPI, F. 17, op. 128, d. 35, S. 61, Begleitschreiben von M. Burcev zur Übermittlung des Berichts der 7. Abteilung der Politverwaltung der CGV über die Lage in der amerikanischen Besatzungszone Österreichs an G. Dimitrov, 30.8.1945.

28 Materialy k političeskim zanjatijam. Za rubežom rodnoj strany vysoko deržat' čest' i dostojnstvo sovetskogo voina i byt' osobenno bditel'nym, in: Za čest' Rodiny, 1.6.1955, S. 5.

29 RGVA, F. 32916, op. 1, d. 11, S. 149, Bericht des Leiters des Stabes des 2. Schützenbataillons des

In dieselbe Kerbe schlug auch die Armeezeitung der Zentralen Gruppe der Streitkräfte mit dem programmatischen Titel „Za čest' Rodiny" („Für die Ehre der Heimat"), die noch Mitte 1955 einschärfte: „Die sowjetischen Soldaten dürfen niemals vergessen, dass auf dem Territorium ausländischer Staaten und besonders in Österreich Feinde der Sowjetunion tätig sind - Spione, übrig gebliebene Nationalsozialisten [wörtlich: Hitleristen], Agenten amerikanischer, englischer und anderer Nachrichtendienste. Die feindliche Aufklärung ist an den Stationierungsorten unserer Truppen am aktivsten; sie versucht, unsere Leute in einen Sumpf moralischer Verkommenheit zu ziehen. Jeder Soldat muss an die Raffiniertheit und Arglist der ausländischen Spionagedienste denken und muss stets auf der Hut sein."[30]

Die eingemahnte Vorsicht betraf insbesondere auch die Aufbewahrung geheimer Dokumente. Mitte Dezember 1945 wurde ein eigener Befehl über die Wahrung des militärischen Geheimnisses erlassen, worin es einleitend hieß: „Die Lage, in der sich unsere Truppen befinden, erfordert eine maximale Steigerung der Vorsicht: Die kläglichen Reste des Feindes haben ihren versteckten Widerstand noch nicht aufgegeben, sie versuchen, jeden unserer Fehler, unsere Fahrlässigkeit und das Nachlassen der Vorsicht für Diversion und Spionage gegen die Rote Armee zu verwenden. Deswegen muss gerade jetzt, unter den Umständen der Dislozierung unserer Armee auf ausländischem Territorium, die Wahrung des Militärgeheimnisses und die Steigerung der Vorsicht für jeden Militärangehörigen zum unumstößlichen Gesetz werden."[31]

1.1.2 Das Aufeinanderprallen zweier Welten: Arbeit in der SČSK

Besonders eng war der Kontakt bei der gemeinsamen Arbeit im Alliierten Rat. Daher wies die Leitung der SČSK ihre Mitarbeiter streng an, „im Verhältnis zu den Alliierten äußerste Wachsamkeit und Vorsicht walten zu lassen und nicht den Versuchen der Alliierten, mit unseren Leuten besonders ‚freundschaftliche', über rein dienstliche Notwendigkeiten hinausgehende Beziehungen einzugehen, zu erliegen".[32] Anfangs sahen sich die SČSK-

24. NKVD-Grenzregiments, Hauptmann Lykin, an den Leiter des Stabes des 24. NKVD-Grenzregiments über besondere Vorfälle, 31.7.1946.

30 Materialy k političeskim zanjatijam, in: Za čest' Rodiny.

31 AM 4. GA, Bestand 4. Garde-Armee, Dok. Nr. 21, Befehl Nr. 0188/0192 des Leiters des Stabes der 4. Garde-Armee, Garde-Generalmajor Fomin, über die Wahrung des Militärgeheimnisses, 14.12.1945.

32 AVP RF, F. (0)66, op. 25, p. 118a, d. 2, S. 83f., Schreiben von Kiselev an Molotov über das Interalliierte Sekretariat und die Mahnung der SČSK-Mitarbeiter zu besonderer Vorsicht, 31.12.1945. Vgl. dazu: Knoll – Stelzl-Marx, Der Sowjetische Teil der Alliierten Kommission, S. 197f.

Mitarbeiter in ihrem Arbeitsalltag jedoch vor allem noch mit verschiedenen organisatorischen und praktischen Schwierigkeiten konfrontiert. Aleksandr M. Pigin, Leiter der Abteilung für Arbeitskräfte, brachte die Problematik zu Beginn seiner Tätigkeit im Herbst 1945 auf den Punkt: „Als wir aus Moskau wegfuhren, wussten wir, die wir zur Arbeit im Sowjetischen Teil der Alliierten Kommission für Österreich entsandt wurden, nur sehr wenig darüber, was wir in unserer praktischen Arbeit machen würden. Es war lediglich bekannt, dass wir unsere Arbeit den Interessen unserer Heimat unterzuordnen und den Willen unserer Sowjetischen Regierung und unseres Volkes auszuführen hätten. Auf diese Art hatten wir vieles nicht vorhersehen können. Nachdem wir nun 1,5 Monate gearbeitet haben, wurde uns unsere praktische Arbeit bis zu einem gewissen Grad klar, aber wir sind auch mit gewissen Schwierigkeiten konfrontiert."[33]

Die „Interessen der Heimat" standen auch im Vordergrund der Moskauer Führung, für die der Einsatz der sowjetischen Repräsentanten in Österreich zugleich ein prinzipielles, ideologisches Problem darstellte: Die Tätigkeit in der Alliierten Kommission brachte einen permanenten, intensiven Kontakt mit Österreichern, aber vor allem auch mit den Westalliierten mit sich. Dabei barg das direkte Aufeinanderprallen zweier Welten in den Augen Moskaus besondere Gefahren in sich – sowohl für die ideologische Überzeugung der einzelnen Personen selbst als auch für die Wahrung sowjetischer Militär- und Staatsgeheimnisse. Eigene Kurse wurden angeboten, um die Mitarbeiter der SČSK „marxistisch-leninistisch" vorzubereiten.[34]

Wie bereits erwähnt, wies die Leitung der SČSK schon im Jahr 1945 all ihre Mitarbeiter an, „im Verhältnis zu den Alliierten äußerste Wachsamkeit und Vorsicht walten zu lassen". Politberater Evgenij D. Kiselev berichtete in diesem Zusammenhang Ende Dezember 1945 dem Volkskommissar für auswärtige Angelegenheiten, Vjačeslav M. Molotov: „Diese Weisungen wurden nach Erhalt eines per Telegramm übermittelten Befehls des Chefs des Generalstabes der Roten Armee, Genossen Antonov, neuerlich bekräftigt, wobei Antonov zu Wachsamkeit im Zusammenhang mit der verstärkten Aktivität der ausländischen Aufklärung aufrief, die nach der Herstellung möglichst enger Kontakte mit sich im Ausland befindlichen Sowjetbürgern strebe." Kiselev kündigte an, „zusätzliche Maßnahmen zur strengen Befolgung der

33 AVP RF, F. 066, op. 25, p. 119, d. 15, S. 77f., Schreiben von Pigin an Malenkov über den Personalmangel in der SČSK, 2.10.1945. Vgl. Knoll – Stelzl-Marx, Der Sowjetische Teil der Alliierten Kommission, S. 196.

34 RGASPI, F. 17, op. 127, d. 776, S. 129–134, hier: S. 132, Bericht des Leiters des Stabes der SČSK, Garde-Generalleutnant Morozov, und des Leiters der Kaderabteilung, Major Golovač, über den Zustand der Kader in der SČSK [nach dem 20.11.1945].

erteilten Weisungen" ergreifen zu wollen. Die „überaus positive Einschätzung" der Agentur Reuters, betreffend Arbeit und insbesondere Atmosphäre im Interalliierten Sekretariat, wies der Politberater als „übertrieben" zurück.[35] Kiselev wollte anscheinend etwaige Vorwürfe bezüglich einer in den Augen Moskaus zu freundschaftlichen Verbindung zwischen den sowjetischen und westlichen Mitgliedern entkräften.[36]

Den Kontakt zu Österreichern regelte unter anderem die reformierte Verordnung über die SČSK vom 20. Februar 1952. Demnach war es SČSK-Mitarbeitern gestattet, „mit Erlaubnis ihnen vorgesetzter leitender Angehöriger des Sowjetischen Teils, mit Vertretern österreichischer Behörden und Organisationen entsprechend deren Funktion in dienstlichen Kontakt" zu treten. Dabei waren sie verpflichtet, die „dienstlichen Gespräche" in Form von Gesprächsnotizen festzuhalten und ihren Vorgesetzten in Berichtsform zu übermitteln.[37]

Besonderes Augenmerk richtete das ZK der VKP(b) auf die Mitglieder und Kandidaten der VKP(b), die bei der SČSK, den Kontrollkommissionen in Bulgarien, Ungarn, Rumänien und Finnland sowie beim Alliierten Rat für Japan arbeiteten. Sie sollten sich in jeweils einer Grundorganisation der Partei zusammenschließen. Als deren Aufgabe legte das Sekretariat der ZK der VKP(b) in seiner Sitzung vom 13. Juni 1946 die „politisch-erzieherische Arbeit unter den Mitarbeitern" und die „Steigerung des marxistisch-leninistischen Niveaus der Kommunisten" fest. Außerdem hatten die Grundorganisationenden Leiter der jeweiligen (Kontroll-)Kommission dabei zu unterstützen, die „Staats- und Arbeitsdisziplin unter den Mitarbeitern" zu erhalten.[38]

In eine ähnliche Kerbe wie Kiselev schlug das Politbüro des ZK der VKP(b), das sich des Themas mit einem „besonderen" Beschluss Anfang 1951

35 AVP RF, F. (0)66, op. 25, p. 118a, d. 2, S. 83f., Schreiben von Kiselev an Molotov über das Interalliierte Sekretariat und die Mahnung der SČSK-Mitarbeiter zu besonderer Vorsicht, 31.12.1945. Vgl. dazu: Knoll - Stelzl-Marx, Der Sowjetische Teil der Alliierten Kommission, S. 197f.

36 Lun'kov berichtete in diesem Zusammenhang Smirnov: „Genosse Koptelov bestritt nicht [sic!], dass die Arbeit des Alliierten Sekretariates in einem Klima der Freundschaft und des gegenseitigen Verstehens abläuft, er merkte jedoch an, dass Reuters dies alles zu sehr übertreibe." Siehe: AVPRF, F. 066, op. 25, p. 118a, d. 2, S. 81f., Schreiben von Lun'kov an Smirnov über die Arbeit des Alliierten Sekretariates, 30.12.1945.

37 RGASPI, F. 82, op. 2, d. 1117, S. 66–75, Beschluss des Ministerrates der UdSSR Nr. 986-317ss „Über die Struktur und die Funktionen des Sowjetischen Teils der Alliierten Kommission in Österreich" und „Verordnung über den Sowjetischen Teil der Alliierten Kommission in Österreich" (Beilage Nr. 1) [20.2.1952]. Abgedruckt in: Karner - Stelzl-Marx - Tschubarjan, Die Rote Armee in Österreich, Dok. Nr. 78.

38 RGASPI, F. 17, op. 116, d. 264, S. 93f., Beschluss Nr. 264 (492) des Sekretariates des ZK der VKP(b) über die Parteiorganisationen bei den Kontrollkommissionen in Bulgarien, Ungarn, Rumänien, Finnland, bei der SČSK und beim Alliierten Rat für Japan, 13.6.1946.

annahm. Im Vordergrund stand dabei die Tätigkeit der Kommunistischen Parteiorganisationen, deren „politisch-erzieherische Arbeit unter den Kommunisten und parteilosen sowjetischen Bürgern“ in Österreich verbessert und stärker koordiniert werden sollte. Das ZK der VKP(b) ordnete dazu an, bei der SČSK ein Parteikomitee einzurichten und ihm die einzelnen Parteiorganisationen sowohl der SČSK als auch des Apparates des Politberaters, der USIA und der Handelsvertretungen zu unterstellen.

Eine der zentralen Aufgaben der Parteiorganisationen hatte in der „Stärkung der politischen Wachsamkeit und in der Einhaltung strengster Konspiration unter den Bedingungen der Arbeit im Ausland“ zu liegen. Weiters mussten sie den Leitern sowjetischer Einrichtungen in Österreich bei der „Stärkung der Staats- und Arbeitsdisziplin unter den Mitarbeitern“ behilflich sein. Als dritte Aufgabe legte das Politbüro fest, „das Niveau der marxistisch-leninistischen Ausbildung der Kommunisten [zu heben] und die bolschewistische Erziehung der sowjetischen Bürger im Geist des Patriotismus und der grenzenlosen Ergebenheit für die sozialistische Heimat“ zu gewährleisten. Vergehen von Kommunisten, die eine „strenge parteiliche Bestrafung“ nach sich zogen, durften nicht in Österreich behandelt werden, sondern unterlagen der Weiterleitung an das ZK der VKP(b). Abschließend erfolgte ein neuerlicher Verweis auf die „Besonderheiten der Arbeiten der Parteiorganisationen im Ausland“. Unter diesen Voraussetzungen war der Sekretär des Parteikomitees dazu verpflichtet, den sowjetischen Hochkommissar in Österreich laufend über die Tätigkeit der Parteiorganisationen zu informieren und diese mit ihm abzustimmen.[39]

Nach der Reform des sowjetischen Besatzungsapparates in Österreich 1951–1952, die auch einen weitreichenden Kaderaustausch auf allen Ebenen mit sich brachte, legte man besonderen Wert auf die ideologische Einstellung der Mitarbeiter. Sie erhielten fortan verstärkt marxistisch-leninistische Schulungen, Kurse in deutscher Sprache und Unterweisung zur Stärkung der Arbeits- als auch Militärdisziplin. Die Führung der SČSK legte besonderen Wert auf die politische Vorbereitung und „weitere Festigung der Kader“ sowie ihre Unterweisung über die politische Lage in Österreich. Zufrieden betonte der sowjetische Hochkommissar in Österreich, Generalleutnant Vladimir P. Sviridov, Ende Februar 1953, dass nunmehr beinahe 94 Prozent der SČSK-Mitarbeiter der Partei- und Komsomolschicht entstammten. Dieser Umstand würde maßgeblich zur Erhöhung „nicht nur der fachlichen Qualifikation,

39 RGASPI, F. 17, op. 162, d. 45, S. 122f., Politbürobeschluss des ZK der VKP(b) Nr. P 80 (173)-op über die Gründung eines Parteikomitees der Parteiorganisationen sowjetischer Einrichtungen in Österreich, 3.2.1951.

sondern der gesamten Bildungsarbeit beitragen, insbesondere der marxistisch-leninistischen Ausbildung". Sviridov betonte dabei die wichtige Rolle der Parteiorganisationen, die sich neben der Organisation der einschlägigen Bildungsarbeit unter dem gesamten Mitarbeiterstab besonders auch für die Ausbildung der Propagandakader einsetzten.[40]

1.1.3 Karriereknick Österreich

Die generelle Skepsis gegenüber dem Westen hatte auch direkte Auswirkungen auf die weitere Karriere jener sowjetischen Staatsangehörigen, die dort gearbeitet und gelebt hatten. Manche Spezialisten, die aufgrund der langen Dauer ihres Auslandseinsatzes, mangelnder fachlicher Kompetenz oder aus anderen Gründen in die Sowjetunion zurückkehrten, waren an ihrem früheren Arbeitsplatz unerwünscht. So beschwerte sich Oberst Merkulov, der Leiter der GUSIMZ, im Juni 1949 direkt bei Stalin, dass die zuständigen Ministerien und Behörden sich weigerten, sowohl neue Spezialisten für die Arbeit im Ausland bereitzustellen als auch in einigen Fällen jene Mitarbeiter, die einen Auslandseinsatz bereits hinter sich hatten, wieder zu beschäftigen. Dies, „obwohl sie die notwendigen Qualifikationen und genügend Arbeitserfahrung aufwiesen". Daraus ergaben sich einerseits ein Arbeitskräftemangel bei den diversen Einrichtungen der GUSIMZ und andererseits Schwierigkeiten, eine Beschäftigung der Spezialisten mit absolviertem Auslandseinsatz zu finden.[41]

Merkulov legte daraufhin einen Entwurf für einen Ministerratsbeschluss vor, der die zuständigen Ministerien verpflichten sollte, sowohl die geeigneten Spezialisten der GUSIMZ zur Verfügung zu stellen als auch die heimgekehrten Arbeiter in ihren früheren Positionen zu beschäftigen.[42] Molotov nahm sich persönlich dieser delikaten Angelegenheit an.[43]

Auch die KPdSU war um das Wohl ihrer Mitglieder besorgt, die sich „unter den besonderen Umständen im Ausland" befanden. Schließlich arbeiteten allein Anfang 1947 rund 830 sowjetische Spezialisten in Deutschland und 840 in Österreich. Für die Organisation und Durchführung der „parteipolitischen

40 RGASPI, F. 17, op. 137, d. 918, S. 74–201, hier: S. 192f., Bericht von V. Sivridov und S. Kudrjavcev an A. Smirnov „Über die Arbeit des Sowjetischen Teils der Alliierten Kommission und der politischen Vertreter der UdSSR in Österreich für 1952", 28.2.1953.

41 RGASPI, F. 17, op. 2, d. 474, S. 32, Merkulov an Stalin über die Probleme, sowjetische Spezialisten nach einem Auslandseinsatz an ihrem früheren Arbeitsplatz zu beschäftigen, 11.6.1949.

42 RGASPI, F. 17, op. 2, d. 474, S. 33, Entwurf eines Ministerratsbeschlusses über die Kader im System der GUSIMZ beim Ministerrat der UdSSR [spätestens am 11.6.1949].

43 Vgl. den Vermerk am Kopf des Dokuments vom 13. Juni 1949 in: RGASPI, F. 17, op. 2, d. 474, S. 32, Merkulov an Stalin über die Probleme, sowjetische Spezialisten nach einem Auslandseinsatz an ihrem früheren Arbeitsplatz zu beschäftigen, 11.6.1949.

Arbeit unter sowjetischen Spezialisten" in Österreich sah der Abteilungsleiter der Kaderverwaltung des ZK der VKP(b) etwa vor, Parteikomitees bei der USIA einzurichten. Üblicherweise würden sich alle Kommunisten, die bei sowjetischen Betrieben im Ausland arbeiteten, in „konspirativen Grundorganisationen der Partei bei den Botschaften und Missionen der UdSSR" zusammenschließen. Die Parteibücher und Ausweise der Kandidaten der Partei würden dabei in der Abteilung der Kaderverwaltung des ZK der VKP(b) liegen. Ein ähnliches Prozedere wurde auch für Österreich vorgeschlagen, wobei das Parteikomitee bei der USIA direkt der Kaderverwaltung des ZK unterstellt werden sollte. Auf jeden Fall waren die Mitglieder zu verpflichten, „strengste Konspiration bei der Arbeit" walten zu lassen.[44]

Doch nicht nur die gemeinsame Arbeit in der Alliierten Kommission oder im sowjetischen Wirtschaftsapparat in Österreich, auch die Stationierung sowjetischer Truppen in einem Land, in dem sich Einheiten der westalliierten Armeen befanden, machte einen forcierten Einsatz seitens des Kommandos, der Politabteilungen, Parteiorganisationen und des Allunionsverbandes der Lenin'schen kommunistischen Jugend der Sowjetunion „Komsomol" („Vsesojuznyj Leninskij Kommunističeskij Sojuz Molodeži", kurz: VLKSM) erforderlich. Diese hätten für „strenge militärische Disziplin und einen hohen politisch-moralischen Zustand" der Soldaten ebenso Sorge zu tragen wie für „die Gewährleistung, dass das in Österreich eingesetzte Personal die Ereignisse richtig verstünde". Außerdem waren sie dafür verantwortlich, dass sich keine „negativen Stimmungen unter einzelnen Militärangehörigen" ausbreiten konnten. Unter Letzterem verstanden die Politabteilungen antikommunistische und prowestliche Tendenzen.[45] Der Alltag der Besatzungssoldaten war somit von Überwachung, Überprüfung und Denunziation geprägt.

1.2 Überwachung, Überprüfung, Denunziation

„Die Ehre und Würde des sowjetischen Kämpfers besteht nicht nur darin, dass er ein Bürger des weltweit ersten sozialistischen Staates ist, sondern auch darin, dass er ein Soldat der Sowjetischen Armee, der mächtigsten, kul-

44 RGASPI, F. 17, op. 117, d. 700, S. 111f., Stv. Abteilungsleiter der Kaderverwaltung des ZK VKP(b), Strunnikov, an den ZK-Sekretär Kuznecov über die Parteiarbeit unter sowjetischen Spezialisten im Ausland, 24.1.1947.

45 RGVA, F. 32906, op. 1, d. 156, S. 13–28, hier: S. 14, Bericht des Kommandeurs des 37. Grenzregiments, Oberst Jaroslavskij, und des Leiters der Politabteilung, Major Sudakov, an den Leiter der NKVD-Truppen zum Schutz des Hinterlandes der CGV, Generalmajor Kuznecov, über den politisch-moralischen Zustand und die militärische Disziplin im 37. Grenzregiment im 1. Quartal 1946, 31.3.1946.

tiviertesten, edelsten Armee der Welt, der Armee der Befreiung ist. Die Welt kannte noch keine Armee wie unsere Sowjetische Armee."[46] Diesem hohen, in „Za čest' Rodiny" propagierten Anspruch wurden jedoch die in Österreich stationierten sowjetischen Besatzungstruppen, an die diese Worte gerichtet waren, häufig nicht gerecht. Nicht nur österreichische, sondern auch sowjetische zeitgenössische Dokumente sprechen von „zahlreichen Fällen von Undiszipliniertheit und Rechtsübertretungen seitens sowjetischer Soldaten", wobei als Grundübel schlechte Kontrolle der Kommandanturen über ihre Mannschaften, Missstände im Mannschaftsstamm der Kommandanturen selbst sowie organisatorische Schwächen des militärisch-juridischen und administrativen Apparates galten. Eine wesentliche Rolle spielte dabei „die mangelhaft durchgeführte politisch-erzieherische Arbeit".[47]

1.2.1 Die politische Tragweite von Vergehen

Allein aus politisch-ideologischer Sicht war Disziplinlosigkeit sowjetischer Armeeangehöriger - besonders im Ausland - schwer tolerierbar: „Wer gegen die militärische Disziplin verstößt, der verübt das schwerste Verbrechen an der Heimat, am Volk", ermahnte man die Soldaten.[48] Der „homo sovieticus" sollte dem Image der UdSSR im Westen nicht schaden. Diszipliniertheit galt als „sittliche Qualität der sozialistischen Persönlichkeit", die erst den „hohen Grad von Bewusstsein und Organisiertheit" ermöglichte, „der für den allmählichen Übergang zum Kommunismus notwendig" war.[49] Selten kamen derartige Überlegungen so explizit zum Ausdruck wie in der folgenden Passage aus der CGV-Zeitung: „Jedes, sogar ein auf den ersten Blick noch so unbedeutendes Vergehen, das ein sowjetischer Militärangehöriger unter den Bedingungen des Einsatzes unserer Truppen im Ausland begeht, erlangt politischen Charakter, schadet den Staatsinteressen der Sowjetunion, bringt unsere Armee, das Land in den Augen der einheimischen Bevölkerung in Misskredit und spielt somit dem Feind in die Hände."[50] Die Disziplin hatte sich in allem zu äußern: darin, wie der einzelne Soldat die Befehle seiner Vorgesetzten erfüllte, wie er salutierte, wie er gekleidet war und wie er sich verhielt.[51]

---

46 Materialy k političeskim zanjatijam, in: Za čest' Rodiny.

47 RGASPI, F. 17, op. 128, d. 117, S. 199–201, hier: S. 199, Bericht von G. N. Moločkovskij an die Abteilung für Propaganda und Agitation des ZK der VKP(b) über die Disziplin der sowjetischen Truppen in Österreich [spätestens am 11.12.1946]. Abgedruckt in: Karner - Stelzl-Marx - Tschubarjan, Die Rote Armee in Österreich, Dok. Nr. 127.

48 Materialy k političeskim zanjatijam, in: Za čest' Rodiny.

49 Böhm et al., Kleines politisches Wörterbuch, S. 184.

50 Materialy k političeskim zanjatijam, in: Za čest' Rodiny.

51 Ebd.

Konnte ein Vergehen nachgewiesen werden, führte dies - gerade auch vor dem politischen Hintergrund - zu harten Strafen wie Gefängnishaft, der Einweisung in ein Arbeitsbesserungslager des GULAG oder sogar zum Tod. Dabei kam die politische Dimension besonders dann zum Tragen, wenn ein Verbrechen durch „antisowjetische Sensationsmeldungen“[52] die Aufmerksamkeit der Öffentlichkeit auf sich gezogen hatte. Ein Beispiel dafür ist die am 3. November 1946 im Wiener Prater verübte Vergewaltigung zweier Österreicherinnen, bei der eine der Frauen getötet, die andere schwer verletzt wurde. In mehreren Artikeln widmete sich unter anderem die „Arbeiter-Zeitung“ dem Verbrechen, „das an Bestialität viele andere in den Schatten stellt und alle öffentliche Unsicherheit im grellsten Licht zeigt“.[53] Wenig später informierte der TASS-Korrespondent G. N. Moločkovskij die Abteilung für Propaganda und Agitation des ZK der VKP(b) nicht nur über mehrere „Fälle von disziplinlosem Verhalten“ sowjetischer Soldaten, sondern auch über „unangebrachte Milde“ bei deren Ahndung: „Ein schlechtes Licht auf unsere Truppen wirft auch die Tatsache, dass von den fünf verurteilten Tätern, die eine aufsehenerregende Vergewaltigung mit Mord im Prater verübt hatten, erst einer erschossen wurde. Hier liegt eine klare Unterqualifizierung der politischen Tragweite dieser Tat vor.“[54]

Die Armeeführung kannte ihre Soldaten und wusste um die Problematik verschiedenster Verstöße bereits aus der Kriegszeit. Noch vor Überschreiten der österreichischen Grenze erging auf Weisung des Chefs der NKVD-Truppen zum Schutz des Hinterlandes der 2. Ukrainischen Front der Befehl, sämtliche Fälle „von ungesetzlichen Taten von Angehörigen der Roten Armee gegenüber der örtlichen Bevölkerung (Raub, Vergewaltigung von Frauen usw.)“ zu ahnden. Die „Schuldigen [sind] festzunehmen, ein Akt anzulegen und ein Verhörprotokoll aufzusetzen, die gemeinsam mit den Materialien der Vorerhebung entweder an die eigene Einheit oder an die ‚Smerš‘ zu senden sind“, hieß es in diesem NKVD-Befehl vom 8. März 1945.[55]

---

52 RGASPI, F. 17, op. 128, d. 117, S. 199–201, hier: S. 201, Bericht von G. N. Moločkovskij an die Abteilung für Propaganda und Agitation des ZK der VKP(b) über die Disziplin der sowjetischen Truppen in Österreich [spätestens am 11.12.1946]. Abgedruckt in: Karner - Stelzl-Marx - Tschubarjan, Die Rote Armee in Österreich, Dok. Nr. 127.

53 Das Verbrechen im Prater. Wir fordern Aufklärung!, in: Arbeiter-Zeitung, 7.11.1946, S. 3. Vgl. dazu weiters: Die Praterverbrecher zum Tod verurteilt. Vom sowjetischen Militärgericht, in: Arbeiter-Zeitung, 30.11.1946, S. 1.

54 RGASPI, F. 17, op. 128, d. 117, S. 199–201, Bericht von G. N. Moločkovskij an die Abteilung für Propaganda und Agitation des ZK der VKP(b) über die Disziplin der sowjetischen Truppen in Österreich [spätestens am 11.12.1946]. Abgedruckt in: Karner - Stelzl-Marx - Tschubarjan, Die Rote Armee in Österreich, Dok. Nr. 127.

55 RGVA, F. 32917, op. 1, d. 7, S. 96, Befehl Nr. 0511 des Kommandanten des 335. NKVD-Grenzregiments, Oberstleutnant Zacharčuk, und des provisorischen Stabschefs des Regiments, Hauptmann

Wie ernst die Lage war, verdeutlicht ein weiterer, nur wenige Tage später erlassener Befehl. Demnach hatten die Vorgesetzten die volle Verantwortung für „sämtliche Fälle von Sabotage und Rowdytums" in ihren Einheiten zu tragen. Zugleich mussten sie Sorge tragen, dass die „erzieherische Arbeit" forciert werden würde.[56] Anfang April 1945 schworen die Militärräte der 2. und 3. Ukrainischen Front die Soldaten auf ein anständiges Verhalten gegenüber den Österreichern ein und verlangten eine ständige Gratwanderung zwischen Rache und Schonung: „Während ihr erbarmungslos mit den deutschen Unterjochern abrechnet – verschont dabei das friedliche österreichische Volk. Achtet die Lebensweise, die Familie, das Eigentum. Die ganze Welt soll nicht nur die alles besiegende Stärke der Roten Armee sehen, sondern auch den hohen Grad an Disziplin und Kultur der Soldaten."[57]

1.2.2 Überprüfung der Kader

Ein Versuch, „den politisch-moralischen Zustand und die militärische Disziplin" in den eigenen Reihen zu verbessern, bestand in der Überwachung und Überprüfung der Kader, was vor allem in den Aufgabenbereich des NKVD und der „Smerš" fiel. Doch auch die Partei- und Komsomolorganisationen kamen zum Einsatz. „Feindliche" und „politisch zweifelhafte" Personen waren zu „isolieren".[58] Die Mitarbeiter der Politabteilung, die Offiziere sowie die Partei- und Komsomolorgane wurden eigens darin unterwiesen, wie sie ihrerseits den Personalstand zu überprüfen und politisch zu schulen hatten. Dafür legten die Kommandeure der Unterabteilungen Hefte mit Aufzeichnungen über die jeweilige soziale Herkunft ihrer Untergebenen an. Besonders interessierte man sich für Parteimitglieder und für jene Personen, die auf von

---

Kudrjavcev, über die Ahndung von Vergehen von Angehörigen der Roten Armee, 8.3.1945. Abgedruckt in: Karner – Stelzl-Marx – Tschubarjan, Die Rote Armee in Österreich, Dok. Nr. 117. Der Befehl bezog sich auf die Weisung des Chefs der NKVD-Truppen zum Schutz des Hinterlandes der 2. Ukrainischen Front.

56 RGVA, F. 32917, op. 1, d. 7, S. 116, Befehl Nr. 0550 des Kommandanten des 335. NKVD-Grenzregiments, Oberstleutnant Zacharčuk, und des provisorischen Stabschefs des Regiments, Hauptmann Kudrjavcev, über die Ahndung von Diversion und Sabotage, 12.3.1945.

57 Aufruf des Militärrates an die Truppen der 3. Ukrainischen Front, 4.4.1945. Abgedruckt in: Karner – Stelzl-Marx – Tschubarjan, Die Rote Armee in Österreich, Dok. Nr. 9. Original abgedruckt in: I. N. Zemskov et al. (Hg.), SSSR – Avstrija 1938–1979gg. Dokumenty i materialy. Moskau 1980, S. 16f. Der Militärrat der 2. Ukrainischen Front richtete sich gleichfalls am 4. April 1945 mit einem analogen Befehl an die Truppen der 2. Ukrainischen Front. Vgl. dazu: Institut Voennoj Istorii, Krasnaja Armija v stranach Central'noj Evropy, S. 617.

58 RGVA, F. 32905, op. 1, d. 291, S. 41, Bericht des Kommandeurs des 24. NKVD-Grenzregiments, Oberstleutnant Kapustin, und des Leiters der Politabteilung, Major Gordeev, an den Chef der NKVD-Truppen zum Schutz des Hinterlandes der 2. Ukrainischen Front, Generalmajor Kuznecov, über die Überprüfung des Personalstandes, 1.3.1945.

Abb. 38: Angehörige der Politischen Hauptverwaltung, GPU, in Wien 1945. Diese Staatspolizei gehörte zum Innenministerium der UdSSR und war eine Vorläuferin des KGB. (Quelle: AdBIK, Foto: Grünanger)

Deutschen besetztem Territorium gelebt hatten. Um die Überprüfung bei Disziplinarverstößen zu forcieren, wurden Einzelgespräche geführt. Außerdem erhielt das gesamte Personal Informationen zu Themen wie „Der persönliche Kontakt zu ausländischen Bürgern stellt ein Verbrechen an der Heimat dar".[59] Die Parteimitglieder forderte man zu „hoher revolutionärer Wachsamkeit" auf. Sie galten als die „Augen und Ohren des Kommandos".[60]

Ehemalige Kriegsgefangene, Personen, die unter deutscher Besatzung gelebt hatten, und „andere fragwürdige Elemente" sollten aus den Einheiten ausgeschlossen werden. So wies der Leiter der Geheimdienstabteilung des

59 RGVA, F. 32905, op. 1, d. 291, S. 33–35, Bericht des Leiters des 335. NKVD-Grenzregiments, Oberstleutnant Zacharčuk, und des Leiters der Politabteilung des Regiments, Vasil'ev, an den Leiter der NKVD-Truppen zum Schutz des Hinterlandes der 2. Ukrainischen Front, Generalmajor Kuznecov, über die Überprüfung des Personalstandes, 20.4.1945.

60 RGVA, F. 32905, op. 1, d. 291, S. 39, Bericht des Leiters des 37. NKVD-Grenzregiments, Jaroslavskij, und des Leiters der Politabteilung des Regiments, Smirnov, an den Leiter der NKVD-Truppen zum Schutz des Hinterlandes der 2. Ukrainischen Front, Generalmajor Kuznecov, über die Überprüfung des Personalstandes, 19.4.1945. Die Verwendung von diesem Terminus ist insofern besonders interessant, als in der sowjetischen Propaganda Spione als die „Augen und Ohren der Armee" galten. Vgl. etwa das Plakat „Razvedčiki – glaza i uši Armii. Okno TASS Nr. 761". Faksimile in: Viktor Alekseevič Maslennikov, Okna TASS 1941–1945. Moskau 2007, S. 79.

Stabes der 31. Garde-Schützendivision im Oktober 1945 darauf hin, dass die Abteilung aus den „besten Soldaten, Unteroffizieren und Offizieren" bestand, die sich im „Großen Vaterländischen Krieg als tapfere, mannhafte und entschlossene Kämpfer und Offiziere" erwiesen hätten. „Allerdings", so führte er weiter aus, „sind bis zu 50 Prozent von ihnen ehemalige Kriegsgefangene und Repatriierte."[61]

Die Mitarbeiter der NKVD-Politabteilung überprüften zugleich, wie genau wiederum die zuständigen Offiziere über ihre Untergebenen Bescheid wussten, und holten über die Organe der Partei und des NKVD an den Wohnorten des Personalstandes Informationen ein. Beispielsweise brachte die Politabteilung des 128. NKVD-Grenzregiments über eines der Bezirkskomitees der VKP(b) in Erfahrung, dass ein in Österreich stationierter Sergeant Choral'skij während der deutschen Besatzung der Ukraine aus der Roten Armee desertiert, in seinen Heimatort geflohen und später vom NKVD verhaftet worden war. Diese Auskünfte leitete die Politabteilung an den Bevollmächtigten der „Smerš" im zuständigen Regiment weiter.[62] Offiziere, die sich bei der Kontrolle ihrer Männer nicht kooperativ zeigten, waren ihrerseits streng zur Verantwortung zu ziehen.[63]

Als Folge einer derartigen Überprüfung entließ das Kommando des 335. NKVD-Grenzregiments bis April 1945 insgesamt 136 Angehörige: davon 40 wegen Krankheit, 48 aus „sozialen Erwägungen" und die übrigen 48 wegen der „Unmöglichkeit, sie in den Truppen einzusetzen", da sie als undiszipliniert, moralisch labil und schwer erziehbar galten.[64] Von 16 „fragwürdigen" Personen, die wegen verschiedener Vergehen aus dem 24. Grenzregiment entlassen wurden, hatten sich vier in deutscher Kriegsgefangenschaft befunden.[65] Bei ihnen kam der aus sowjetischer Sicht schwerwiegende Makel des

61 CAMO, F. 894, op. 1, d. 88, S. 307–318, hier: S. 318, Bericht des Leiters der Spionageabteilung des Stabes der 31. Garde-Schützendivision, Garde-Oberstleutnant Varlamov, über die militärische und politische Vorbereitung im 3. Quartal 1945, 2.10.1945.

62 RGVA, F. 32905, op. 1, d. 291, S. 37f., Bericht des Leiters der Politabteilung des 128. NKVD-Grenzregiments, Generalmajor Kuznecov, an den Leiter der Politabteilung der NKVD-Truppen zum Schutz des Hinterlandes der 2. Ukrainischen Front, Oberst Šukin, über die Überprüfung des Personalstandes, 19.4.1945.

63 RGVA, F. 32905, op. 1, d. 291, S. 29f., Befehl des Leiters der Politabteilung der NKVD-Truppen zum Schutz des Hinterlandes der Roten Armee, Generalmajor Parev, über die Überprüfung des Personalstandes, 28.1.1945.

64 RGVA, F. 32905, op. 1, d. 291, S. 33–35, hier: S. 34, Bericht des Leiters des 335. NKVD-Grenzregiments, Oberstleutnant Zacharčuk, und des Leiters der Politabteilung des Regiments, Vasil'ev, an den Leiter der NKVD-Truppen zum Schutz des Hinterlandes der 2. Ukrainischen Front, Generalmajor Kuznecov, über die Überprüfung des Personalstandes, 20.4.1945.

65 RGVA, F. 32905, op. 1, d. 291, S. 40, Bericht des Leiters der Politabteilung des 24. NKVD-Grenzregiments, Dempelev, an den Leiter der Politabteilung der NKVD-Truppen zum Schutz des Hinterlandes der 2. Ukrainischen Front, Oberst Šukin, über die Überprüfung des Personalstandes, 18.4.1945.

Vaterlandsverrats in ihrer Biografie hinzu. Welcher Stellenwert der Überprüfung der Kader zukam, zeigt der Fall des 383. NKVD-Grenzregiments. Hier war ein besonders starker Anstieg militärischer Vergehen zu beobachten: von 129 Fällen im 2. Quartal auf 150 Fälle im 3. Quartal 1946. Einen der Hauptgründe dafür sah die Politabteilung der Truppen in der „hohen Durchsetzung des Regiments mit verbrecherischen und politisch-moralisch unzuverlässigen Elementen". Dies erklärte man folgendermaßen: „Zum Zeitpunkt der Aufstellung des Regiments traten sehr viele vorbestrafte Soldaten, Unteroffiziere und Offiziere in den Dienst, die nicht überprüft worden waren und die aufgrund ihrer fachlichen und moralischen Qualitäten nicht vertrauenswürdig gewesen wären."[66] Ein Teil der Offiziere, so ein weiterer Vorwurf, würde sich nur ungern der Erziehung und parteipolitischen Schulung der Soldaten widmen.[67]

Besonders intensiv durchleuchtete man Parteimitglieder. Ihnen kam nicht nur eine Vorbildwirkung zu, sie hafteten bis zu einem gewissen Grad auch für Vergehen in ihrem Umfeld. Ein Beispiel für eine derartige Parteiüberprüfung ist der Fall von Aleksandr Kozlov, seit November 1943 Mitglied der VKP(b). Dabei zeigte sich folgendes Bild des aus dem Arbeitermilieu stammenden NKVD-Offiziers: „Der Partei Lenins-Stalins und dem Sozialistischen Vaterland ergeben, moralisch standhaft, ideologisch beherrscht. Persönlich diszipliniert. Nimmt an der Partei-Massenarbeit teil. Erfüllt die Parteiaufgaben gewissenhaft und gut. Politisch entwickelt. Arbeitet ausreichend an sich."[68] Weitere – offensichtlich zufriedenstellende – Eigenschaften Kozlovs lauteten: „In der Lebensweise bescheiden, mit den Genossen umgänglich, verfügt über Autorität in der Parteiorganisation, hat keine Parteistrafen." Allerdings stellte der zuständige Parteigruppenorganisator auch ein Manko fest: „Genosse Kozlov beteiligte sich als Kommunist unzureichend an der Erziehung des Personals, weswegen es in der Unterabteilung eine beachtliche Zahl amoralischer Vorfälle, insbesondere Trunkenheit, gibt." Einmal mehr führte man Disziplinarvergehen auf mangelnde ideologische und politisch-moralische Schulung zurück. Die Schuld traf dabei auch Kozlov. Als Kommunist, so die Schlussfolgerung, hätte er sich stärker in die Erziehung einbringen müssen.[69]

66 RGVA, F. 38650, op. 1, d. 1222, S. 193–199, hier: S. 197, Bericht des Leiters der MVD-Truppen zum Schutz des Hinterlandes der CGV, Zimin-Kovalev, und des Leiters der Politabteilung der MVD-Truppen zum Schutz des Hinterlandes der CGV, Oberst Šukin, über den politisch-moralischen Zustand und die militärische Disziplin unter den MVD-Truppen im 3. Quartal 1946, 10.10.1946.

67 Ebd.

68 RGVA, F. 32903, op. 1, d. 352, S. 13f., Protokoll der Sitzung des Parteibüros des 91. NKVD-Grenzregiments vom 8.5.1945 [frühestens am 8.5.1945].

69 Ebd.

Entsprechende Charakterisierungen wurden auch über das Personal der SČSK angelegt. Neben dem Namen, der Parteizugehörigkeit, Ausbildung und Tätigkeit von 1941 bis 1948 umfassten derartige Listen zudem eine Einschätzung der Haltung der betroffenen Personen gegenüber ihrem Dienst und der Politik. Zu Hauptmann Boris Patyk, einem Referenten der Informationsabteilung, hieß es etwa: „Mit der übertragenen Arbeit kommt er gut zurecht. Konnte eine systematische Vortragstätigkeit über die UdSSR bei Jugendorganisationen durchführen. Im Kontakt mit der Bevölkerung taktisch. Kooperiert aktiv mit der Zeitung ‚Za čest' Rodiny', der Partei und Heimat ergeben. [...] Im Leben bescheiden. Entspricht der übertragenen Aufgabe."[70] Wiederholt findet sich auch leise Kritik an einzelnen Mitarbeitern, so etwa am Übersetzer und Referenten Leutnant Aleksej Ivanov: „Zu seinen Schwächen gehört eine gewisse Überschätzung seiner Fähigkeiten, was bei der Arbeit und dem richtigen Verständnis der übertragenen Aufgaben stört."[71]

Innerhalb der Armee wurden zudem sogenannte Ehrengerichte („tovariščeskij sud") forciert, welche die Mitarbeiter der Politabteilung zur Stärkung der militärischen Disziplin einsetzten.[72] Unter den Offizieren, Sergeanten bzw. Mannschaftssoldaten erfreuten sich diese, wenig überraschend, allerdings nur geringer Beliebtheit.[73] Auch öffentliche Kritik und Selbstkritik, etwa im Rahmen von regimentsweiten Offiziersversammlungen, kamen zur Anwendung. Beispielsweise kritisierten zwölf Personen mehrere Offiziere wegen ihrer Beziehungen zu österreichischen Frauen und Trunksucht. Dies, so die allgemeine Stimmung bei der Versammlung, „bringt die Ehre des sowjetischen Offiziers in Misskredit". Wie am Ende derartiger Darstellungen üblich, erfolgte auch hier als „positiver Abschluss" ein Bericht über die ergriffenen Maßnahmen, welche die Disziplin stärken sowie die Qualität des Dienstes, die Wachsamkeit, das ideologische Niveau, die Kultur und das Taktgefühl der Offiziere steigern sollten.[74] Ob sich das Verhalten der betrof-

70 RGASPI, F. 17, op. 127, d. 1720, S. 85–106, hier: S. 93, Bericht des Leiters der Kaderabteilung der SČSK, Major Golovač, über die Mitarbeiter der Informationsabteilung der SČSK, [April 1948].

71 Ebd., S. 90.

72 RGVA, F. 32906, op. 1, d. 156, S. 13–28, hier: S. 28, Bericht des Kommandeurs des 37. Grenzregiments, Oberst Jaroslavskij, und des Leiters der Politabteilung, Major Sudakov, an den Leiter der NKVD-Truppen zum Schutz des Hinterlandes der CGV, Generalmajor Kuznecov, über den politisch-moralischen Zustand und die militärische Disziplin im 37. Grenzregiment im 1. Quartal 1946, 31.3.1946.

73 RGVA, F. 38650, op. 1, d. 63, S. 113–128, hier: S. 121, Bericht des Kommandeurs des 40. Schützenregiments, Oberstleutnant Chorošev, und des stv. Leiters der Politabteilung, Hauptmann Čuchin, an den Leiter der Politabteilung der 66. NKVD-Schützendivision, Oberst Tamrasov, über den politisch-moralischen Zustand, die militärische Disziplin und parteipolitische Arbeit im 3. Quartal 1945, 23.9.1945.

74 RGVA, F. 32902, op. 1, d. 28, S. 245–263, hier: S. 250, Bericht des Kommandeurs des 17. NKVD-

fenen Offiziere tatsächlich durch diese öffentliche Bloßstellung verbesserte, bleibt offen.

1.3 Politisch-moralische Schulung

Die Rote (bzw. ab 1946: Sowjetische) Armee war eine politische Armee. Von Anfang an wurde sie als Hauptwaffe im revolutionären Kampf der bolschewistischen Partei eingesetzt. Dabei verlangte die Kommunistische Partei, dass die Loyalität zu ihr sogar noch vor der Treue zur Heimat kam. Unterstützung erfuhr sie durch die politische Verwaltung der Armee, welche die Militärangehörigen zu überzeugten Kommunisten erziehen sollte. Sie ließ die im Ausland eingesetzten Sowjetbürger permanent politisch schulen. In keinem anderen Land der Welt wurde dieser politisch-erzieherischen Arbeit eine derart große Bedeutung beigemessen wie in der Sowjetunion. Mit ihrer Hilfe sollten folgende Ziele erreicht werden: Hebung von Moral und Disziplin; Erziehung zur Tapferkeit im Kampf durch die Orientierung an Kriegshelden; systematische Erzeugung von Hass gegenüber dem (möglichen) Feind; Erzeugung von „grenzenloser Liebe und Hingabe zur sozialistischen Heimat und zur Partei Lenins-Stalins"; Wachsamkeit gegenüber Spionen sowie kulturelle und sportliche Betätigung zur Hebung von Moral und Unterstützung der Kampfausbildung.[75] Noch 1955 verlangte das ZK der KPdSU von Verteidigungsminister Žukov, dafür zu sorgen, dass die „aufklärerische politisch-erzieherische Arbeit unter den Angehörigen der sowjetischen Truppen" forciert werde, um „die sowjetisch-österreichischen Beziehungen zu verbessern".[76]

Ein hoher Stellenwert kam der erzieherischen Arbeit unter den Truppen in Form von Gesprächen, Meetings, politischen Schulungen, Politinformationen und Vorträgen zu. Das Mantra der Politabteilungen, dass dadurch „amoralische Erscheinungen" und Straftaten stark abnehmen würden, trug jedoch

Grenzregiments, Oberst Pavlov, und des Leiters der Politabteilung, Major Rožkov, an den Chef der NKVD-Truppen zum Schutz des Hinterlandes der 3. Ukrainischen Front, Generalmajor Pavlov, über den Dienst, die parteipolitische Arbeit, den politisch-moralischen Zustand und die Disziplin im Regiment von April bis Juli 1945, 31.7.1945.

75 J. M. Mackintosh, Die politische Verwaltung, in: B. H. Lidell Hart (Hg.), Die Rote Armee. Gießen o. J., S. 242–247; Kalnins, Agitprop, S. 61; RGVA, F. 32902, op. 1, d. 28, S. 245–263, hier: S. 249, Bericht des Kommandeurs des 17. NKVD-Grenzregiments, Oberst Pavlov, und des Leiters der Politabteilung, Major Rožkov, an den Chef der NKVD-Truppen zum Schutz des Hinterlandes der 3. Ukrainischen Front, Generalmajor Pavlov, über den Dienst, die parteipolitische Arbeit, den politisch-moralischen Zustand und die Disziplin im Regiment von April bis Juli 1945, 31.7.1945.

76 RGANI, F. 3, op. 8, d. 231, S. 65–67, hier: S. 67, Beschluss Nr. P117/44 des Präsidiums des ZK der KPdSU über eine Einschränkung der Kontrolle sowjetischer Besatzungsorgane über österreichische Behörden, 26.4.1955.

Abb. 39: Die sowjetischen Militärangehörigen sollten gerade während ihres Auslandseinsatzes zu überzeugten Kommunisten erzogen werden. Fertigstellung eines Stalinporträts für die Kommandantur Wien-Floridsdorf im August 1945. (Quelle: AdBIK, Foto: Grünanger)

trotz aller Selbstkritik Zeichen einer autosuggestiven Realitätsverweigerung. Beispielsweise sollen im Zug von Leutnant Chalaimov keine gröberen Verstöße vorgekommen sein. Dies führte die Politabteilung darauf zurück, dass der „vorbildliche" Leutnant die ihm unterstellten Rotarmisten aktiv geschult hatte. Er selbst hätte bereits „alle Kapitel des Kurzen Lehrgangs der Geschichte der VKP(b)" gelesen und würde laufend die Werke Lenins und Stalins konsultieren.

Die Politische Abteilung der Truppen sowie die Kommunistische Partei- und Jugendbewegung Komsomol erhielten die schwierige Aufgabe, Disziplin und politische Einstellung der Soldaten zu optimieren. Dabei setzte man folgende Schwerpunkte: Erziehung des Mannschaftsstandes zu „grenzenloser Liebe und Hingabe zum Heimatland"; Erläuterung der „Erfolge unseres sozialistischen Staates, der Gründe, die uns den Sieg über Hitler-Deutschland sicherten, und der Vorteile unseres sowjetischen Gesellschaftssystems gegenüber dem kapitalistischen"; Warnung vor den Frauen „des Feindes", die über intime Verhältnisse Militär- und Staatsgeheimnisse auskundschaften wollten, sowie Hinweise auf die Fortsetzung „der subversiven Tätigkeit der deutschen Nationalsozialisten". Man erarbeitete mit den Soldaten sowohl

Feindbilder (etwa jene des „Faschismus" und „Imperialismus") als auch idealisierte Selbst- bzw. Vorbilder.[77] Denn die Gefahren, die sich durch den Einsatz der Truppen außerhalb des sowjetischen Territoriums in einem feindlichen, „kapitalistischen" Umfeld ergaben, erforderten besondere „Wachsamkeit". Über Vorträge und Versammlungen sollten die betroffenen Armeeangehörigen darauf hingewiesen werden.

1.3.1 Vorträge und Versammlungen

Eine der Hauptmethoden der sowjetischen Politoffiziere war der politische Unterricht. Die Wahl der Themen, die „am besten ausgebildete Genossen" dem Mannschaftsstamm über Vorträge und Gespräche näherbringen sollten, verweist unter anderem auf zwei der größten Probleme, die der Kulturschock in Österreich mit sich brachte: Zweifel am kommunistischen System und, daraus resultierend, der Wunsch, im Westen zu bleiben. Die Titel der entsprechenden Schulungen lauteten bezeichnenderweise: „Vorteile des sowjetischen Wirtschaftssystems gegenüber dem kapitalistischen"; „Quellen von Kraft und Macht unserer Heimat"; „Vaterlandsverrat ist das schwerste Verbrechen" oder „Wie das sowjetische Gesetz Vaterlandsverrat bestraft".[78] Generell sollten die Kenntnis des Marxismus-Leninismus vertieft sowie Zweck und Ziel der Besetzung Österreichs vermittelt werden. Dazu sollte insbesondere auch das Studium von Stalins Schriften über den Zweiten Weltkrieg sowie den Sieg über Deutschland und Japan oder seines Befehls anlässlich des 1. Mai 1945 beitragen.[79]

Nach Kriegsende widmeten sich die Rotarmisten in eigenen Versammlungen Themen wie „Der sowjetische Mensch im Ausland". Für die NKVD-Angehörigen wurde dieses Thema noch konkretisiert: „Die Rolle des Soldaten bei der Steigerung der bolschewistischen Wachsamkeit jenseits der Grenzen unserer Heimat",[80] „Außerhalb der Heimat muss man besonders achtsam

77 Gosztony, Die Rote Armee, S. 409f.

78 RGVA, F. 32902, op. 1, d. 11, S. 158f., Direktive Nr. 00811 des Leiters der Politischen Abteilung der NKVD-Truppen zum Schutz des Hinterlandes der 3. Ukrainischen Front, Nanejšvili, über eine Verbesserung der erzieherischen Arbeit innerhalb des Mannschaftsstammes, 4.7.1945. Abgedruckt in: Karner - Stelzl-Marx - Tschubarjan, Die Rote Armee in Österreich, Dok. Nr. 64.

79 RGVA, F. 38650, op. 1, d. 63, S. 113–128, hier: S. 113, Bericht des Kommandeurs des 40. Schützenregiments, Oberstleutnant Chorošev, und des stv. Leiters der Politabteilung, Hauptmann Čuchin, an den Leiter der Politabteilung der 66. NKVD-Schützendivision, Oberst Tamrasov, über den politisch-moralischen Zustand, die militärische Disziplin und parteipolitische Arbeit im 3. Quartal 1945, 23.9.1945.

80 RGVA, F. 32906, op. 1, d. 156, S. 13–28, hier: S. 28, Bericht des Kommandeurs des 37. Grenzregiments, Oberst Jaroslavskij, und des Leiters der Politabteilung, Major Sudakov, an den Leiter der NKVD-Truppen zum Schutz des Hinterlandes der CGV, Generalmajor Kuznecov, über den poli-

Abb. 40: Sowjetische Besatzungssoldaten bei einer politischen Schulung in Wien 1945. (Quelle: ACMVOV, Foto: Lander)

sein" und „Die Ehre und Würde des sowjetischen Soldaten sind hochzuhalten" - so lauteten drei der Schulungsschwerpunkte. Abgesehen von Vorträgen über die „moralische Haltung" sowjetischer Offiziere und ihre Pflicht, die „revolutionäre Achtsamkeit" zu steigern, führte die Politabteilung auch Diskussionsrunden durch. Als Grundlage dienten Artikel wie jener von Georgij F. Aleksandrov, „Genosse Ėrenburg vereinfacht", worin der Chef der ZK-Propagandaabteilung eine differenzierte Behandlung des „deutschen Volkes" forderte.[81]

Nicht nur „politische Wachsamkeit", sondern auch Zuverlässigkeit im Dienst wurde verlangt. So hieß es in einem Artikel der Armeezeitung der CGV Ende Oktober 1946: „Bei der Erfüllung ihrer Dienstpflichten müssen unsere Soldaten, Unteroffiziere und Offiziere stets daran denken, dass sie sich im Ausland befinden, dass hier reaktionäre Elemente versuchen, jeden un-

tisch-moralischen Zustand und die militärische Disziplin im 37. Grenzregiment im 1. Quartal 1946, 31.3.1946.

81 RGVA, F. 32914, op. 1, d. 132, S. 218–264, hier: S. 226–228, Bericht des Kommandeurs des 336. NKVD-Grenzregiments, Martynov, und des Leiters der Politabteilung des Regiments, Čurkin, an den Leiter der Politabteilung der NKVD-Truppen zum Schutz des Hinterlandes der 3. Ukrainischen Front, Nanejšvili, über den Dienst, die parteipolitische Arbeit, den politisch-moralischen Zustand und die Disziplin des Regiments im 2. Quartal 1945 [Juni 1945].

serer Fehler auszunutzen sowie unsere militärische Stärke, unsere Autorität zu torpedieren. Die Feinde des sowjetischen Volkes schlafen nicht. Soldat! Sei wachsam, übe deinen Wachdienst vorbildlich und ehrenhaft aus!"[82] Den Wachposten an der Zonengrenze wurde etwa angeordnet, selbstdiszipliniert und höflich zu sein und sich weder auf Privatgespräche noch auf Streitereien einzulassen.[83]

Neben der Steigerung der „politischen Wachsamkeit" bildeten Schulungen über die „Liquidierung amoralischer Erscheinungen" - etwa Trunksucht - einen weiteren Schwerpunkt. Politoffiziere und Offiziere erhielten in diesem Zusammenhang Informationen über Maßnahmen zur Bekämpfung dieser Vorfälle oder über die Verbesserung der erzieherischen Arbeit. Mit den Mannschaftssoldaten erörterten sie Themen wie „Lenin und Stalin über die Bedeutung der sowjetisch-militärischen Disziplin",[84] „Eine starke militärische Disziplin ist die Gewähr für die militärische Stärke der Einheit" oder „Was es heißt, ein disziplinierter Soldat zu sein".[85]

Besonders regelungsbedürftig war das Verhältnis der Roten Armee zur österreichischen Bevölkerung, das eine ständige Gratwanderung darstellte. Weder sollten die Kontakte zu intim werden, noch durften die sowjetischen Besatzungssoldaten die einheimische Bevölkerung „beleidigen". Stalin persönlich erließ die entsprechenden Weisungen, die die Tätigkeit der Politoffiziere der CGV regelten. Für die Besatzungssoldaten führte man daraufhin „Politinformationen" über Themen wie „Die Beziehungen der Militärangehörigen mit der örtlichen Bevölkerung" durch. Allgemeinere Vorträge der 7. Abteilung der GlavPU befassten sich mit verschiedenen Aspekten der österreichischen Innenpolitik.[86]

Der damalige Korrespondent der Militärzeitung „Krasnyj vojn", Leutnant Igor' Reformackij, erinnert sich in diesem Zusammenhang, wie den Armeeangehörigen permanent der Unterschied zwischen „Österreichern" und „Deutschen" sowie das entsprechende Verhalten vermittelt wurden: „Unse-

82 Bditel'no nesti karaul'nuju službu, in: Za čest' Rodiny, 25.10.1946, S. 1.

83 RGASPI, F. 17, op. 127, d. 1494, S. 53–56, hier: S. 53, Anordnung des stv. Leiters des Stabes der CGV, Generalmajor Dubinin, an den Leiter des Kontrollpostens am Zonenübergang [1947].

84 RGVA, F. 32914, op. 1, d. 10, S. 306f., Bericht des Leiters der Politabteilung des 336. NKVD-Regiments, Hauptmann Čurkin, über militärische Verbrechen und amoralische Erscheinungen im Regiment im 1. Quartal 1945 [nach dem 1.4.1945].

85 RGVA, F. 32906, op. 1, d. 152, S. 75–87, hier: S. 80, Bericht des Leiters der Politabteilung des 37. NKVD-Grenzregiments, Major Smirnov, an den Leiter der Politabteilung der NKVD-Truppen zum Schutz des Hinterlandes der CGV, Oberst Šukin, über den politisch-moralischen Zustand der Truppen 1945, 25.8.1945.

86 CAMO, F. 275, op. 353763s, d. 1, S. 45–52, Bericht über die Arbeit unter der Bevölkerung Österreichs im Oktober 1945, 21.9.1945.

Abb. 41: Igor' Reformackij (rechts) mit Major Necepljaev beim Verfassen von Artikeln für die Militärzeitung „Krasnyj vojn" im Dezember 1945. (Quelle: AdBIK, Sammlung Reformackij)

re Soldaten verstanden manchmal schlecht, wer sind Österreicher, wer sind Deutsche. Die ganze Zeit wurde erklärt, dass Österreich - Österreich ist und Deutschland - Deutschland mit den Faschisten, Nazis, Hitleristen. Während hier Österreicher waren, die 1938 von Hitler unterjocht worden waren."[87]

Bereits mit Kriegsende begann man, Offiziere mit Stalins Standardwerk „Geschichte der Kommunistischen Partei der Sowjetunion (Bolschewiki)", bekannt als der „Kurze Lehrgang", vertraut zu machen. Ob diese Lektüre tatsächlich etwas zur Moral der Truppen beitragen konnte, bleibt offen, doch die Offiziere waren auf diese Weise wenigstens beschäftigt. Von der Langwierigkeit dieses Pflichtstudiums zeugt der folgende Bericht: „Die Behandlung des ersten Kapitels des ‚Kurzen Lehrgangs' wurde [im Mai 1945] zur Gänze abgeschlossen; im Juni gingen die Offiziere zum Studium des zweiten Kapitels über."[88] Bei anschließenden Kolloquien stellte sich heraus, wer sich eingehender mit dieser „marxistisch-leninistischen Lehre" auseinandergesetzt hatte und wer nicht. „Schwache Kenntnisse haben Oberleutnant Sergienko, Hauptmann Šitichin und andere", lautete das Ergebnis einer Überprüfung.[89]

Man kann davon ausgehen, dass die Soldaten aller Rangklassen die obligatorische politische Unterweisung nicht besonders mochten oder sie sogar ablehnten. Oft bestand die Schulung aus einer trockenen Wiederholung von allgemein bekannten Fakten und dem eintönigen Vorlesen von Zitaten.

87 OHI, Igor' Reformackij. Durchgeführt von Ol'ga Pavlenko. Moskau 11.11.2002.

88 RGVA, F. 32902, op. 1, d. 28, S. 245–263, hier: S. 249, Bericht des Kommandeurs des 17. NKVD-Grenzregiments, Oberst Pavlov, und des Leiters der Politabteilung, Major Rožkov, an den Chef der NKVD-Truppen zum Schutz des Hinterlandes der 3. Ukrainischen Front, Generalmajor Pavlov, über den Dienst, die parteipolitische Arbeit, den politisch-moralischen Zustand und die Disziplin im Regiment von April bis Juli 1945, 31.7.1945.

89 RGVA, F. 32906, op. 1, d. 152, S. 75–87, hier: S. 85, Bericht des Leiters der Politabteilung des 37. NKVD-Grenzregiments, Major Smirnov, an den Leiter der Politabteilung der NKVD-Truppen zum Schutz des Hinterlandes der CGV, Oberst Šukin, über den politisch-moralischen Zustand der Truppen 1945, 25.8.1945.

Selbst Marschall Rodion Malinovskij, der ehemalige Oberbefehlshaber der 2. Ukrainischen Front, forderte in einer Rede 1964 die „Eliminierung des Bürokratismus und Dogmatismus sowie der Buchstabengelehrtheit aus der Agitationsarbeit".[90]

Der mangelnde Enthusiasmus der Teilnehmer kommt in den Politberichten freilich kaum explizit zum Ausdruck. Doch allein der Appell, die Politoffiziere möchten sich bemühen, „den Unterricht in allen Disziplinen für Soldaten und Sergeanten interessant zu machen", spricht für sich.[91] Allerdings mussten – trotz Langeweile oder Ärger darüber – die Unterweisungen der Politoffiziere als wesentlicher Bestandteil der Ausbildung zumindest erduldet werden. Die Popularität der Politoffiziere wurde jedoch auch dadurch beeinträchtigt, dass die politische Arbeit den Armeeangehörigen einen bedeutenden Teil ihrer Freizeit wegnahm bzw. bewusst in deren Gestaltung eingriff.

1.3.2 Kultur- und Freizeitangebot

Ein Maßnahmenbündel zur Aufrechterhaltung von Moral und Disziplin stellte eine sinnvolle Freizeitgestaltung dar. Sowjetische Filme wurden aus Moskau geliefert und in eigenen Kinos gezeigt. Opernensembles, Balletttruppen und Rotarmisten-Orchester aus der Sowjetunion besuchten die Besatzungszone und gaben Vorstellungen für ein gemischtes österreichisch-sowjetisches Publikum. Zeitungen und Literatur wurden gleichfalls zur Bekämpfung der Langeweile zur Verfügung gestellt.[92] Freie Tage sollten möglichst ausgefüllt sein.

Geradezu stolz berichtete die Politabteilung eines der NKVD-Grenzregimenter, dass von April bis August 1945 insgesamt 36 Filme gezeigt und fünf Konzerte organisiert worden seien. Die „besten Leute der Einheit" hätten außerdem unter Anleitung Fotovitrinen gestaltet sowie Briefe und Fotos in die Sowjetunion geschickt.[93] Der Kommunist Sannikov, Initiator der „Anschauungsagitation" in einem der „Leninzimmer", hatte selbst eine Fotomontage zum Thema „Die starke Militärdisziplin – der Schlüssel zum Sieg" gestaltet.[94]

---

90 Kalnins, Agitprop, S. 58, 70f.

91 RGVA, F. 32902, op. 1, d. 101, S. 57f., hier: S. 58, Bericht des Bevollmächtigten des Leiters der NKVD-Truppen zum Schutz des Hinterlandes der Südlichen Gruppe der Streitkräfte, Oberst Semenenko, und des stv. Stabschefs, Oberstleutnant Počuev, an die NKVD-Einheiten über Desertion und unerlaubtes Entfernen von der Truppe, 30.8.1945.

92 Zur vergleichbaren Situation in der SBZ vgl. Naimark, Die Russen in Deutschland, S. 52–54.

93 RGVA, F. 32914, op. 1, d. 132, S. 329–339, hier: S. 335, Bericht des Kommandeurs des 336. NKVD-Grenzregiments, Oberstleutnant Martynov, und des Leiters der Politabteilung, Major Čurkin, über den militärischen Einsatz, den politisch-moralischen Zustand und die militärische Disziplin der Truppen von November 1944 bis August 1945, 23.8.1945.

94 RGVA, F. 32906, op. 1, d. 152, S. 75–87, hier: S. 84, Bericht des Leiters der Politabteilung des 37.

Abb. 42: Die Mitglieder des Gesangs- und Tanzensembles der Zentralen Gruppe der Streitkräfte trainierten auch in ihrer Freizeit. Strandbad gegenüber dem beschlagnahmten Hotel Esplanade in Baden bei Wien, 1952. (Quelle: AdBIK, Sammlung Arcinovič)

Aber auch sonst sollten die Armeeangehörigen „maximal" mit Dienst und Unterricht überhäuft werden, um ihnen möglichst wenig Freiraum zu lassen.[95]

Besonderen Wert legte man außerdem auf Massensport (besonders Schießsport), Wettkämpfe und Brettspiele wie Schach und Dame. Fußball, Volleyball, „Knüttelspiele" („gorodki") und andere Disziplinen wurden von den Politabteilungen gezielt gefördert, um die Militärangehörigen von „schädlicher Freizeitbeschäftigung" abzuhalten.[96] In Graz brachten Rotarmisten etwa einen „verwahrlosten Park" in Ordnung, indem sie einen Sportplatz mit Fußballfeld, Laufbahnen und verschiedenen Turngeräten anlegten. Zufrieden erklärte der Leiter der Politabteilung: „Der Park und der Sportplatz

NKVD-Grenzregiments, Major Smirnov, an den Leiter der Politabteilung der NKVD-Truppen zum Schutz des Hinterlandes der CGV, Oberst Šukin, über den politisch-moralischen Zustand der Truppen 1945, 25.8.1945.

95 RGVA, F. 32902, op. 1, d. 101, S. 57f., Bericht des Bevollmächtigten des Leiters der NKVD-Truppen zum Schutz des Hinterlandes der Südlichen Gruppe der Streitkräfte, Oberst Semenenko, und des stv. Stabschefs, Oberst-Leutnant Počuev, an die NKVD-Einheiten über Desertion und unerlaubtes Entfernen von der Truppe, 30.8.1945.

96 RGVA, F. 38650, op. 1, d. 1222, S. 110–127, hier: S. 125f., Bericht des Leiters der NKVD-Truppen zum Schutz des Hinterlandes der CGV, Generalmajor Kuznecov, und des Leiters der Politabteilung der Truppen, Oberst Šukin, an den stv. Leiter der Hauptverwaltung der Inneren Truppen des NKVD, Generalmajor Skorodumov, über den politisch-moralischen Zustand und die Disziplin in den MVD-Truppen zum Schutz des Hinterlandes der CGV im 1. Quartal 1946, 9.4.1946.

erweisen sich für die Soldaten, Unteroffiziere und Offiziere als idealer Ort zur Freizeitgestaltung."[97]

Öffentlich zelebriert und propagandistisch verwertet wurden etwa die zahllosen Kranzniederlegungen und Ehrenformationen an den Gräbern österreichischer Komponisten, die nicht nur die Hochachtung gegenüber der österreichischen Musik und Kultur unterstreichen, sondern auch Vorurteile gegenüber der „sowjetischen Barbarei" entkräften sollten.[98] Trotz dieser Maßnahmen wurden Armeeangehörige de facto allzu oft sich selbst überlassen. Die politischen Schulungen und kulturellen Angebote griffen häufig nicht, weswegen gerade unter den Mannschaftssoldaten und Unteroffizieren disziplinäre Probleme auftraten.[99]

Wie so oft klafften aber auch in diesem Bereich die Befehle bzw. Berichte der Politabteilungen und die Realität auseinander. Im sowjetischen System der gegenseitigen Überwachung und Denunziation sickerten über verschiedene Wege entsprechende Informationen durch. So beschwerte sich die Politabteilung des 17. NKVD-Grenzregiments über „ernste Mängel in der Literatur über die politische Weltlage, die Partei sowie bei Hilfsmaterialien zum Studium des ‚Kurzen Lehrgangs der Geschichte der VKP(b)'". Bereits seit einem Monat habe das Regiment weder Partei- noch Militärzeitungen und auch keine Kinofilme erhalten. Seit geraumer Zeit träfen keine Briefe mehr ein. Diese Probleme seien dringend zu lösen, so das Resümee.[100]

Teilweise drangen derartige Fragen bis in höchste politische Kreise in Moskau vor. So erhielt etwa ZK-Sekretär Georgij Malenkov einen internen Bericht von N. Michailov, dem Sekretär der Kommunistischen Jugendorganisation der UdSSR (ZK VLKSM), über die politische Arbeit in den Truppen in Österreich: Vor Kurzem sei der zweifache Held der Sowjetunion D. Glinka

97 CAMO, F. 821, op. 1, d. 467, S. 195–199, Politbericht des Leiters des 6. Garde-Schützenkorps, Garde-Oberst Gruzdov, an den Leiter der Politabteilung der 57. Armee, Generalmajor Cinev, über den politisch-moralischen Zustand des Mannschaftsstandes, dessen Lebensbedingungen und die parteipolitische Arbeit, 21.5.1945. Abgedruckt in: Karner – Pickl, Die Rote Armee in der Steiermark, Dok. Nr. 66.

98 Klein, Die Russen in Wien, S. 173–176.

99 RGVA, F. 38650, op. 1, d. 1222, S. 25–41, hier: S. 33, Bericht des Leiters der NKVD-Truppen zum Schutz des Hinterlandes der CGV, Generalmajor Kuznecov, und des Leiters der Politabteilung, Oberst Šukin, an den stv. Leiter der Inneren Truppen des NKVD, Generalleutnant Sladkevič, über den politisch-moralischen Zustand und die militärische Disziplin in den NKVD-Truppen im 4. Quartal 1945, 10.1.1946.

100 RGVA, F. 32902, op. 1, d. 28, S. 245–263, hier: S. 262, Bericht des Kommandeurs des 17. NKVD-Grenzregiments, Oberst Pavlov, und des Leiters der Politabteilung, Major Rožkov, an den Chef der NKVD-Truppen zum Schutz des Hinterlandes der 3. Ukrainischen Front, Generalmajor Pavlov, über den Dienst, die parteipolitische Arbeit, den politisch-moralischen Zustand und die Disziplin im Regiment von April bis Juli 1945, 31.7.1945.

nach Moskau zurückgekehrt. Im Gespräch habe er „einige Fakten" geäußert, die er, Michailov, nun unbedingt Malenkov unterbreiten müsse. Demnach erhielt das gesamte Regiment Glinkas lediglich sechs Zeitungen, noch dazu mit einer Verspätung von zwei bis drei Wochen. Als einziges Journal stellte man innerhalb mehrerer Monate nur zwei Ausgaben von „Sputnik agitatora" zur Verfügung. Ähnlich schlecht war es um Bücher bestellt. Filme wurden maximal zweimal pro Monat gezeigt, wobei es sich hierbei um „äußerst alte, meist ausländische" handelte. Sowjetische Filme neueren Datums drangen überhaupt nicht zu den Männern vor.[101]

Glinkas Schlussfolgerung lautete, „dass sich die Mängel in der politischen Arbeit, die spärliche und verspätete Information über die Ereignisse in der Heimat, äußerst negativ auf den moralischen Zustand der Soldaten auswirken. Es gibt viele Vorfälle von Trunksucht, Beziehungen mit Frauen. Einige Offiziere sind verlottert, schauen nicht auf sich, ziehen an, was ihnen unterkommt." Darüber hinaus verwendeten sie den Treibstoff nicht, wie vorgesehen, für Übungsflüge, sondern für Ausfahrten mit Pkws. In den Dokumenten hingegen vermerkten die Piloten „einige Minuten fiktiver Flüge", um so den Verbrauch von Kerosin zu rechtfertigen. All dies führte dazu, dass die Piloten nicht die vorgesehenen monatlichen Übungsflüge absolvierten, während die Flugzeugmotoren aufgrund der gefälschten Daten früher ausgetauscht wurden als eigentlich notwendig. Michailov schloss seine Berichterstattung mit den Worten: „Als ich darüber Genossen Pupyšev berichtete, antwortete dieser, dass all diese Signale stimmen und die Lage der politischen Arbeit in den Einheiten der Roten Armee, die im Ausland stationiert sind, vieles zu wünschen übrig lässt. Ich erachte es als notwendig, Sie darüber in Kenntnis zu setzen."[102]

Bereits am folgenden Tag befasste sich das Sekretariat des ZK der VKP(b) mit der Angelegenheit. Georgij F. Aleksandrov, Chef der Propagandaabteilung des ZK der VKP(b), Michailov und andere führende Funktionäre erhielten den Auftrag, innerhalb einer Woche „praktische Maßnahmen zur Verbesserung der politischen und kulturellen Arbeit unter den im Ausland stationierten Soldaten der Roten Armee" auszuarbeiten und dem ZK vorzulegen.[103] Wieweit entsprechende Anordnungen tatsächlich in die Tat umgesetzt wurden, ist nicht überliefert.

101 RGASPI, F. 17, op. 117, d. 543, S. 113f., Schreiben von N. Michailov an G. Malenkov über die mangelhafte politische Arbeit in der Roten Armee in Österreich, 24.8.1945.

102 Ebd.

103 RGASPI, F. 17, op. 116, d. 228, S. 12, Beschluss Nr. 228 (9) des Sekretariates des ZK der VKP(b), Über die Mitteilungen von Michailov bezüglich der Information des zweifachen Helden der Sowjetunion Glinka über Mängel in der Politarbeit in einigen der im Ausland stationierten Einheiten der Roten Armee, 25.8.1945.

1.3.3 Politoffiziere

Die politischen Offiziere waren die Hauptträger der Agitation und Propaganda unter den Truppen. Ihre Position war aus dem einstigen politischen Kommissarwesen hervorgegangen, das seit 1918 in der Roten Armee existiert hatte. Nach mehrfachen Änderungen war am 9. Oktober 1942 per Dekret des Präsidiums des Obersten Sowjets die Struktur der politischen Organe der Armee festgelegt worden, die auch nach Kriegsende gültig sein sollte. Anstelle der Kommissare und politischen Leiter („Politruki“) gab es nun die sogenannten „Stellvertreter des Kommandeurs für politische Angelegenheiten“ („Zampoliti“). Der „Zampolit“ zeichnete als zweitwichtigster Mann im Regiment für die Organisation und den Erfolg der gesamten politischen Schulung und Parteipropaganda verantwortlich. Das Spektrum reichte von der politischen, kulturellen und militärischen Erziehung über die Sicherung der Kampfmoral bis hin zur Lösung militärischer Aufgaben. Auch für die geistige und materielle Betreuung der Truppe waren die Politoffiziere zuständig.

Für das System der gegenseitigen Überwachung und Kontrolle war es bezeichnend, dass sich der weit gefasste Aufgabenbereich eines „Zampolit“ vielfach mit jenem des Kommandeurs überschnitt. Obwohl die „Zampoliti“ formell nur dessen Stellvertreter waren, führten sie ihre politische Arbeit selbstständig und nach den Weisungen ihrer eigenen politischen Vorgesetzten aus. Außerdem bildeten sie ein separates Korps, das die Masse der Offiziere politisch beeinflussen konnte. Wenig überraschend führte diese Art der Bevormundung zu Konflikten mit den militärischen Kommandeuren, die stets an einer Verminderung der Macht der Politoffiziere interessiert waren. Die mehrfache Änderung der Stellung und der Rechte der Politoffiziere in der Sowjetischen Armee ist unter anderem darauf zurückzuführen.[104]

Die wichtigste Aufgabe der politischen Arbeit innerhalb der sowjetischen Streitkräfte war die ideologische und theoretische Schulung der Offizierskader. Denn von ihrer marxistisch-leninistischen Bildung und politischen Aktivität hing die gesamte Erziehungsarbeit der Soldaten und Unteroffiziere ab. In der Regel oblag die politische Schulung der Offiziere höheren „Zampoliti“. Sie wurden selbst periodisch in besonderen Seminaren für ihre Tätigkeit instruiert. Die politische Schulung der Offiziere erfolgte in den Offiziersmessen („Dom oficerov“), die nach zaristischem Vorbild mit Vortrags- und Kinosälen, Klubräumen, Lesezimmern, Bibliotheken, Sporträumen und Restaurants ausgestattet waren.[105]

---

104 Satjukow, Besatzer, S. 134; Kalnins, Agitprop, S. 61.

105 Kalnins, Agitprop, S. 67. Siehe dazu das Kapitel B.III.2.4.1 „Das ‚Haus der Offiziere'“ in diesem Band.

Abb. 43: Die Politoffiziere waren für die politische und kulturelle Schulung der Truppe zuständig. Hauptmann V. Klurman bei der „Politinformation" in Wien 1945. (Quelle: ACMVOV, Foto: Lander)

Dem „Zampolit" fiel nicht nur die undankbare Aufgabe zu, die Mannschaften im Zaum zu halten, sondern er wurde gegebenenfalls auch selbst für deren Vergehen zur Verantwortung gezogen. So wies man die einzelnen Politkommandeure und deren Stellvertreter wiederholt darauf hin, dass sie persönlich für „gesetzwidriges Verhalten und Ausschreitungen ihrer Untergebenen gegenüber der einheimischen Bevölkerung" hafteten und dafür auch zur Verantwortung gezogen werden würden.[106] Besonders explizit thematisierte ein NKVD-Bericht vom Juni 1945 ihre Rolle: „Jeder Fall von unwürdigem Verhalten eines Armeeangehörigen ist streng zu bestrafen." Und weiter: „Zu bestrafen ist nicht nur der unmittelbare Täter, sondern auch jene Person, die ihn erzieht."[107]

Als beispielsweise zwei Soldaten an einer Alkoholvergiftung starben, wurde der zuständige und bei den Männern wegen seines lebendigen Vortragsstils beliebte Politoffizier degradiert und für mehrere Monate in eine Strafein-

106 CAMO, F. 275, op. 353763s, d. 1, S. 45–52, Bericht über die Arbeit unter der Bevölkerung Österreichs im Oktober 1945, 21.9.1945.

107 RGVA, F. 38756, op. 1, d. 6, S. 140–143, hier: S. 143, Bericht des Kommandeurs der 66. NKVD-Schützendivision, Generalmajor Bulyga, und des stv. Stabsleiters, Hauptmann Levinenko, an den Kommandeur des 40. NKVD-Grenzregiments über Vergehen von Angehörigen der Roten Armee und der NKVD-Truppen in Rumänien, 16.6.1945.

heit versetzt.[108] Diese Regelung lässt freilich die Berichterstattung mancher der Politoffiziere über die Disziplin und den politisch-moralischen Zustand in ihrem Zuständigkeitsbereich in einem besonderen Licht erscheinen. Denn eine schlechte Moral unter den Soldaten fiel auch auf die politischen Offiziere selbst zurück, da sie diese offenbar nicht überzeugend genug geschult hatten. Ein offensichtliches Versagen in diesem Bereich konnte zu einem Karriereeinbruch führen. Allein deshalb sind auch ihre Berichte mit Vorsicht zu genießen.

Wenig überraschend ortete man bereits kurz nach Kriegsende beträchtliche Mängel in den vorgelegten Berichten: „Die durch das Vordringen der Truppen in außersowjetisches Territorium veränderte Lage, der Einfluss dieses Umstandes auf den politisch-moralischen Zustand und die Kampfkraft der Einheiten fanden insgesamt nicht den notwendigen Niederschlag in den Meldungen und Quartalsberichten",[109] lautete die sperrige Kritik. Häufig würden heikle Fragen tabuisiert oder schlichtweg vertuscht, kritische Analysen der Fehler und Lücken in der politischen Arbeit unterlassen sowie konkrete Maßnahmen zur Beseitigung der Mängel verschwiegen werden. Einige der Politabteilungen hätten ihre Vorgesetzten „schlecht und nicht operativ" über neue Vorfälle im Leben der Soldaten informiert. Besonders schwerwiegend war der Vorwurf, die Politoffiziere würden ihrerseits vielfach nur sehr spät von negativen Vorfällen erfahren, da sie mit den Soldaten und vor allem auch mit den Kommunisten und Komsomolzen unter ihnen einen zu geringen Kontakt pflegten. Außerdem würden sie nicht schnell und „politisch scharf" genug darauf reagieren.[110]

Man erinnerte die Leiter der Politabteilungen daran, bei „außerordentlichen Vorfällen" die entsprechenden Berichte gemäß den Vorgaben des NKO-Befehls Nr. 203 vom 13. Oktober 1944 zu gestalten. Dabei mussten folgende Punkte behandelt werden: „a) der Charakter des Vorfalls, b) seine Umstände, c) die Gründe, d) die Folgen, e) die Schuldigen, f) die ergriffenen Maßnahmen".[111]

Der Verdacht liegt auf der Hand, dass die Politoffiziere – wenn möglich – überhaupt keine Kenntnis von Vergehen erlangten oder diese selbst zum Teil vertuschten. Letztlich traf ein gewisser Teil der Schuld der Vergehen an-

108 Jurij El'tekov, Freundliche Auskunft an Barbara Stelzl-Marx. Grambach 17.5.2008.

109 RGVA, F. 32914, op. 1, d. 132, S. 193–195, Befehl des Leiters der NKVD-Truppen zum Schutz des Hinterlandes der 3. Ukrainischen Front, Generalmajor Pavlov, und des Leiters der Politabteilung, Oberst Nanejšvili, über die parteipolitische Information, 25.5.1945.

110 Ebd.

111 RGVA, F. 32905, op. 1, d. 291, S. 166f., Anordnung des Leiters der Politverwaltung der CGV, Generalleutnant Galadžev, an die NKVD-Truppen zum Schutz des Hinterlandes der CGV, über die Berichterstattung bei außerordentlichen Vorfällen, 19.9.1945.

derer immer auch sie. Gleiches traf auch auf die Kommandeure und deren Stellvertreter in den einzelnen Einheiten zu: Bei „außergewöhnlichen Vorfällen" in ihrem Zuständigkeitsbereich wurden sie ebenfalls zur Verantwortung gezogen, was bis zur Übergabe an das Gericht von Militärtribunalen reichen konnte.[112] Eine Berichterstattung, die womöglich ein schlechtes Licht auf ihre Führungsrolle warf, lag sicherlich nicht in ihrem Interesse.

Auch für die Leiter und Mitarbeiter des umfangreichen Politapparates der Armee sowie der Truppen des NKVD/MVD fanden regelmäßig Schulungen statt. Schließlich lag es in ihrer Hand, die Einheiten entsprechend zu unterrichten. So versammelten sich etwa im September 1945 auf Befehl des Mitglieds des Militärrates der CGV, Generalleutnant Krajnjukov, und des Leiters der Politverwaltung der CGV, Generalmajor Jašečkin, alle Leiter von Politorganen in der sowjetischen Besatzungszone. Bei dem in Baden organisierten Treffen diskutierte man Mängel und Verbesserungschancen der Erziehung des Offiziersstandes der Zentralen Gruppe der Streitkräfte.[113] Doch die Politoffiziere gingen selbst nicht immer mit bestem Beispiel voran. Just einen Politoffizier der NKVD-Truppen, einen gewissen Hauptmann Mel'ničuk, überführte man gleich mehrerer Formen „amoralischer Erscheinungen": Trunksucht, Randalieren und Kontakt zu Prostituierten. Er wurde seines Amtes enthoben und aus der Armee entlassen.[114] Ähnliche Probleme kamen auch bei Partei- und Komsomolorganisationen zum Vorschein.

1.4 Partei und Komsomol

„Der politisch-moralische Zustand des Regiments ist gesund. Die militärische Disziplin ist zufriedenstellend. Das Regiment ist in der Lage, die ihm gestellten Aufgaben zu erfüllen."[115] Mit dieser stereotypen Zusammenfassung endeten die meisten Berichte der Politoffiziere an ihre Vorgesetzten. Besondere Aufmerk-

112 RGVA, F. 32916, op. 1, d. 11, S. 90f., Bericht des Kommandeurs des 24. MVD-Grenzregiments, Oberst Kapustin, und des Leiters des Stabes, Major Galeev, an alle Bataillonskommandeure über außergewöhnliche Vorfälle und Verluste außerhalb des Gefechts im 1. Quartal 1946, 18.4.1946.

113 RGVA, F. 32905, op. 1, d. 291, S. 156, Befehl des Leiters der Organisationsabteilung der Politverwaltung der CGV, Oberst Surikov, an die Leiter der Politabteilungen der NKVD-Truppen zum Schutz des Hinterlandes der CGV, 4.9.1945.

114 RGVA, F. 38650, op. 1, d. 1222, S. 173–178, hier: S. 174, Bericht des Leiters der MVD-Truppen zum Schutz des Hinterlandes der CGV, Oberst Zimin-Kovalev, und des stv. Leiters der Politabteilung, Oberstleutnant Gončarev, über den politisch-moralischen Zustand der Truppen, 26.7.1946.

115 RGVA, F. 38650, op. 1, d. 63, S. 113–128, hier: S. 128, Bericht des Kommandeurs des 40. Schützenregiments, Oberstleutnant Chorošev, und des stv. Leiters der Politabteilung, Hauptmann Čuchin, an den Leiter der Politabteilung der 66. NKVD-Schützendivision, Oberst Tamrasov, über den politisch-moralischen Zustand, die militärische Disziplin und parteipolitische Arbeit im 3. Quartal 1945, 23.9.1945.

samkeit widmete man dem Verhalten von Partei- und Komsomolmitgliedern. Diese sollten - zumindest theoretisch - den übrigen Armeeangehörigen als leuchtende Vorbilder dienen. So unterschied man bei der Analyse des politisch-moralischen Zustandes sowie der Disziplin der Truppen nicht nur nach militärischem Rang (Offiziere - Unteroffiziere - Mannschaftsdienstgrade), sondern auch nach Parteizugehörigkeit (Kommunisten - Komsomolzen - Parteilose).

Das Ergebnis war jedoch häufig ernüchternd: Zwar lagen „amoralische Erscheinungen" und militärische Vergehen bei den Mannschaften weit über jenen der Unteroffiziere und vor allem der Offiziere, doch unterschieden sich Kommunisten und Komsomolzen nur unwesentlich von Parteilosen: Etwa die Hälfte der registrierten „amoralischen Erscheinungen" im 2. Quartal 1945 hatten Partei- und Komsomolmitglieder begangen; bei militärischen Verfehlungen war die Lage lediglich geringfügig besser. Unbeirrt informierte man jedoch den Chef der Politabteilung: „Ungeachtet der Mängel führten die Partei- und Komsomolorganisationen eine große Arbeit hinsichtlich der Stärkung des politisch-moralischen Zustandes und der Disziplin unter dem Personalstand, den Kommunisten und Komsomolzen durch."[116]

Betrachtet man die zahlenmäßige Verteilung auf militärische Ränge und Parteizugehörigkeit, fällt jedoch Folgendes auf: Anfang April 1946 bestanden rund 13 Prozent des gesamten, aus 1246 Mann bestehenden 37. NKVD-Grenzregiments aus Offizieren, 24 Prozent aus Unteroffizieren und 63 Prozent aus Mannschaftssoldaten. Insgesamt 25 Prozent waren Kommunisten, 33 Prozent Komsomolzen und 42 Prozent Parteilose. Dabei war der Anteil an Kommunisten unter den Offizieren mit 78 Prozent besonders hoch; die Komsomolzen und Parteilosen hielten sich mit jeweils etwa 11 Prozent die Waage.[117] Wenn man die charakteristische Zusammensetzung dieses Regiments auf die vorab erwähnte prozentuelle Verteilung der Vergehen umlegt, wird deutlich, dass die höhere Rate an Vergehen unter den Soldaten mit ihrer höheren Gesamtzahl prinzipiell korrespondiert. Auch entsprach der Anteil an Partei- und Komsomolmitgliedern in etwa der Verteilung von „amoralischen Erscheinungen". Dies legt die Schlussfolgerung nahe, dass sich die diversen Verstöße relativ ausgeglichen auf alle Ränge verteilten und dass auch die Par-

116 RGVA, F. 32914, op. 1, d. 132, S. 218–264, hier: S. 246–249, Bericht des Kommandeurs des 336. NKVD-Grenzregiments, Martynov, und des Leiters der Politabteilung des Regiments, Čurkin, an den Leiter der Politabteilung der NKVD-Truppen zum Schutz des Hinterlandes der 3. Ukrainischen Front, Nanejšvili, über den Dienst, die parteipolitische Arbeit, den politisch-moralischen Zustand und die Disziplin des Regiments im 2. Quartal 1945 [Juni 1945].

117 RGVA, F. 32906, op. 1, d. 156, S. 29, Überblick des Leiters der Politabteilung des 37. NKVD-Grenzregiments, Major Sudakov, über die zahlenmäßige Zusammensetzung des Regiments per 1. April 1946, 31.3.1946.

teizugehörigkeit in diesem Zusammenhang de facto keine wesentliche Rolle spielte.[118] In manchen NKVD-Einheiten waren sogar die Offiziersränge überproportional stark an Vergehen beteiligt.[119]

1.4.1 *Ausschlüsse und Verwarnungen*

Die Verfehlungen unter den Kommunisten erklärte man unter anderem dadurch, dass einige Partei- und Komsomolorganisationen während des Krieges „irgendwelche Personen" aus dem Regiment aufgenommen hätten.[120] Ein weiterer Grund liege - so die interne Selbstkritik - in der mangelnden Vorsicht der Betroffenen im Ausland: Die Kommunisten und Komsomolzen hätten vergessen, „dass sie sich auf dem Territorium der Feinde befinden, wo hohe čekistische Aufmerksamkeit herrschen muss".[121] Mehrere Parteimitglieder in führender Position verstießen außerdem selbst gegen die Militärdisziplin. Dies ermöglichte ihren Untergebenen, ihrerseits undiszipliniertes Verhalten an den Tag zu legen.[122] Die „härtesten Maßnahmen", die Parteiorganisationen bei Vergehen ergriffen, bestanden in Verwarnungen bzw. in den folgenschweren Parteiausschlüssen.[123]

Generell führten „parteiwidriges Verhalten, mangelnder Diensteifer und weitere, für einen Kommunisten schmähliche Handlungen" zu parteilichen Maßregelungen. Zuständig war dafür die jeweilige Parteikommission der Po-

118 Diese These wird etwa durch die Analyse in folgendem Bericht untermauert: RGVA, F. 32906, op. 1, d. 156, S. 13–28, hier: S. 16f., Bericht des Kommandeurs des 37. Grenzregiments, Oberst Jaroslavskij, und des Leiters der Politabteilung, Major Sudakov, an den Leiter der NKVD-Truppen zum Schutz des Hinterlandes der CGV, Generalmajor Kuznecov, über den politisch-moralischen Zustand und die militärische Disziplin im 37. Grenzregiment im 1. Quartal 1946, 31.3.1946.

119 RGVA, F. 38650, op. 1, d. 1222, S. 173–178, hier: S. 174, Bericht des Leiters der MVD-Truppen zum Schutz des Hinterlandes der CGV, Oberst Zimin-Kovalev, und des stv. Leiters der Politabteilung, Oberstleutnant Gončarev, über den politisch-moralischen Zustand der Truppen, 26.7.1946.

120 RGVA, F. 32914, op. 1, d. 132, S. 218–264, hier: S. 246–249, Bericht des Kommandeurs des 336. NKVD-Grenzregiments, Martynov, und des Leiters der Politabteilung des Regiments, Čurkin, an den Leiter der Politabteilung der NKVD-Truppen zum Schutz des Hinterlandes der 3. Ukrainischen Front, Nanejšvili, über den Dienst, die parteipolitische Arbeit, den politisch-moralischen Zustand und die Disziplin des Regiments im 2. Quartal 1945 [Juni 1945].

121 RGVA, F. 32907, op. 1, d. 351, S. 38–41, hier: S. 40, Protokoll der Parteiversammlung des 10. NKVD-Grenzregiments über die Aufgaben der Kommunisten im Kampf gegen amoralische Erscheinungen, 24.8.1945.

122 Ebd.

123 RGVA, F. 32914, op. 1, d. 132, S. 218–264, hier: S. 246–249, Bericht des Kommandeurs des 336. NKVD-Grenzregiments, Martynov, und des Leiters der Politabteilung des Regiments, Čurkin, an den Leiter der Politabteilung der NKVD-Truppen zum Schutz des Hinterlandes der 3. Ukrainischen Front, Nanejšvili, über den Dienst, die parteipolitische Arbeit, den politisch-moralischen Zustand und die Disziplin des Regiments im 2. Quartal 1945 [Juni 1945].

Abb. 44: Sowjetische Besatzungsangehörige beim illegalen Glücksspiel im Burgenland 1945. (Quelle: AdBIK, Foto: Zajcev)

litabteilung der Truppe.[124] Dem Kandidaten der Partei Trofimov erteilte man etwa einen „strengen Verweis" inklusive einer Eintragung in die Kontrollkarte des Parteibüros. Man attestierte ihm „mangelnden Arbeitseifer" und warf ihm „Anstiftung zur Unruhe im Kollektiv" vor.[125] Gegenüber Hauptmann Vorob'ev, einem Mitglied der VKP(b), sprach die Parteikommission des 17. Grenzregiments einen „strengen Verweis" aus, da er „mehrfach intime Kontakte mit Frauen aus Jugoslawien und Ungarn geschlossen und häufig getrunken" habe.[126] Dasselbe Prozedere wurde bei einem anderen Kommunisten wegen „Trunkenheit und Kontakten zu politisch zweifelhaften Frauen" angewandt.[127] Die „Schuldigen" mussten versprechen, sich zu

124 RGVA, F. 38650, op. 1, d. 1222, S. 193–199, hier: S. 198, Bericht des Leiters der MVD-Truppen zum Schutz des Hinterlandes der CGV, Zimin-Kovalev, und des Leiters der Politabteilung der MVD-Truppen zum Schutz des Hinterlandes der CGV, Oberst Šukin, über den politisch-moralischen Zustand und die militärische Disziplin unter den MVD-Truppen im 3. Quartal 1946, 10.10.1946.

125 RGVA, F. 38756, op. 1, d. 63, S. 113–128, hier: S. 123, Bericht des Kommandeurs des 40. Schützenregiments, Oberstleutnant Chorošev, über den politisch-moralischen Zustand, die Disziplin und die parteipolitische Arbeit im Regiment im 3. Quartal 1945, 23.9.1945.

126 RGVA, F. 32902, op. 1, d. 28, S. 245–263, hier: S. 251, Bericht des Kommandeurs des 17. NKVD-Grenzregiments, Oberst Pavlov, und des Leiters der Politabteilung, Major Rožkov, an den Chef der NKVD-Truppen zum Schutz des Hinterlandes der 3. Ukrainischen Front, Generalmajor Pavlov, über den Dienst, die parteipolitische Arbeit, den politisch-moralischen Zustand und die Disziplin im Regiment von April bis Juli 1945, 31.7.1945.

127 Ebd.

bessern und ihre Vergehen nicht zu wiederholen.[128] Als noch „parteiwidriger" galt offensichtlich das Auftreten einer Geschlechtskrankheit. Das Parteibüro des 40. NKVD-Schützenregiments schloss unter anderem einen Offizier namens Cyganko im Sommer 1945 aus der VKP(b) aus, wobei die Gründe lauteten: „mangelnder Arbeitseifer, systematische Trunksucht und moralische, geschlechtliche Haltlosigkeit, die bei ihm zu einer Geschlechtskrankheit geführt hatte". Als problematisch galt das Verhalten Cygankos und weiterer Kommunisten vor allem deswegen, weil es andere Männer zu Undiszipliniertheit und Verantwortungslosigkeit verführt habe. Cyganko etwa habe „mehrfach die Kommunisten Kovtunov, Medvedev sowie seinen Praktikanten Korobel'nikov zu Trinkgelagen hinzugezogen, wofür sie folglich alle Strafen erhielten". Kritik ernteten dafür auch die Parteiorganisationen und das Parteiaktiv, die mit den Offizieren nur wenig individuelle Arbeit durchgeführt und nicht rechtzeitig die „gefährliche, auf Trinkgelagen und anderen Ausschweifungen begründete Verbrüderung unter einzelnen Offizieren" zerschlagen hätten.[129]

Analog dazu gaben Vorfälle wie „systematische Trunksucht", unerlaubtes Entfernen von der Truppe und allgemeine Undiszipliniertheit auch unter Komsomolzen den Anlass für Zurechtweisungen. So wurde etwa dem VLKSM-Mitglied Koržubaev ein „strenger Verweis" erteilt, da er „Kontakt zu einer unbekannten Frau unterhielt und in der Folge an einer Geschlechtskrankheit erkrankte".[130] Zudem konnte etwa das Verlieren des Abzeichens der VLKSM bzw. des Komsomoldokuments in Kombination mit mangelndem Engagement in der Organisation oder Auseinandersetzungen zum Ausschluss führen.[131] Als ein Komsomolze seinen Mitgliedsausweis „wegen persönlicher Undiszipliniertheit und Verantwortungslosigkeit" verloren hatte, zog dies den Ausschluss aus dem Komsomol nach sich. Bereits einige Zeit zuvor hatte er eine strenge Zurechtweisung wegen der Plünderung kirchlichen Eigentums erhalten. Über den jüngsten Vorfall wurden alle Komsomolzen

128 RGVA, F. 32907, op. 1, d. 351, S. 38–41, hier: S. 38, Protokoll der Parteiversammlung des 10. NKVD-Grenzregiments über die Aufgaben der Kommunisten im Kampf gegen amoralische Erscheinungen, 24.8.1945.

129 RGVA, F. 38756, op. 1, d. 63, S. 113–128, hier: S. 123, Bericht des Kommandeurs des 40. Schützenregiments, Oberstleutnant Chorošev, über den politisch-moralischen Zustand, die Disziplin und die parteipolitische Arbeit im Regiment im 3. Quartal 1945, 23.9.1945.

130 Ebd., S. 126.

131 RGVA, F. 32914, op. 1, d. 132, S. 360–381, hier: S. 378f., Bericht des Leiters des 336. NKVD-Grenzregiments, Oberstleutnant Martynov, und des Leiters der Politabteilung, Major Čurkin, an den Leiter der Politabteilung der NKVD-Truppen zum Schutz des Hinterlandes der CGV, Oberst Šukin, über den Dienst, die parteipolitische Arbeit, den politisch-moralischen Zustand und die Disziplin des Regiments im 3. Quartal 1945 [Oktober 1945].

seines Regiments informiert. Man wies sie darauf hin, auf das Komsomolbuch „wie auf den eigenen Augapfel" achtzugeben.[132] Selbstbewusst, aber sicherlich etwas realitätsfern vermerkte man: „Kein einziger Fall von Verstößen gegen die sowjetische militärische Disziplin seitens Komsomolzen geht ohne Reaktion der Komsomolorganisationen durch."[133]

1.4.2 Tätigkeit der Parteiorganisationen

Eine bzw. die zentrale Aufgabe der Parteiorganisationen bestand in der gebetsmühlenartig wiederholten „Stärkung der militärischen Disziplin und des politisch-moralischen Zustandes" der Armeeangehörigen. Sie mussten ihren Mitgliedern vor Augen führen, wie sehr ihnen eine Vorbildwirkung zukam. In ihrer Rolle als Kommunisten und Komsomolzen hatten sie hinsichtlich des Militärdienstes, der politischen Ausrichtung und natürlich der Disziplin einwandfrei zu agieren.[134]

Ähnliche Prämissen galten auch für die Mitarbeiter der SČSK. Gemäß dem Sekretariat des ZK der VKP(b) galt als „Hauptaufgabe dieser Grundorganisationen der Partei die Durchführung der politisch-erzieherischen Arbeit unter den Mitarbeitern, die Steigerung des marxistisch-leninistischen Niveaus der Kommunisten und die Unterstützung des Vorsitzenden der SKK [Sowjetische Kontrollkommission in Deutschland], des Vorsitzenden des Sowjetischen Teils der Alliierten Kommission in Österreich und an des Alliierten Rats für Japan bei der Einführung der Staats- und Arbeitsdisziplin unter den Mitarbeitern".[135] Allerdings erachtete man es „unter den besonderen Bedingungen im Ausland" als nicht „zielführend", diese Parteiorganisationen mit der Aufnahme neuer Mitglieder in die Partei zu betrauen. Auch sollten die Parteibücher und ähnliche Dokumente nicht bei den Mitgliedern selbst auf-

132 RGVA, F. 38756, op. 1, d. 62, S. 195–202, hier: S. 201, Bericht des Kommandeurs des 40. NKVD-Schützenregiments, Oberstleutnant Choroščev, und des Zampolit, Hauptmann Mironov, an den Leiter der Politabteilung der 66. NKVD-Schützendivision, Oberst Tamrasov, über den politisch-moralischen Zustand, die militärische Disziplin und die parteipolitische Arbeit im 2. Quartal 1945, 26.6.1945.

133 RGVA, F. 38756, op. 1, d. 63, S. 113–128, hier: S. 126, Bericht des Kommandeurs des 40. Schützenregiments, Oberstleutnant Chorošev, über den politisch-moralischen Zustand, die Disziplin und die parteipolitische Arbeit im Regiment im 3. Quartal 1945, 23.9.1945.

134 RGVA, F. 32906, op. 1, d. 152, S. 75–87, hier: S. 83, Bericht des Leiters der Politabteilung des 37. NKVD-Grenzregiments, Major Smirnov, an den Leiter der Politabteilung der NKVD-Truppen zum Schutz des Hinterlandes der CGV, Oberst Šukin, über den politisch-moralischen Zustand der Truppen 1945, 25.8.1945.

135 RGASPI, F. 17, op. 116, d. 264, S. 93f., Beschluss Nr. 264 (492) des Sekretariates des ZK der VKP(b), Über die Parteiorganisationen bei den Kontrollkommissionen in Bulgarien, Ungarn, Rumänien, Finnland, bei der SČSK und beim Alliierten Rat für Japan, 13.6.1946.

bewahrt werden, da „viele von ihnen in Privatquartieren wohnen oder sich auf der Durchreise befinden".[136]

Einzelne Parteibüros wiesen in ihren Versammlungen auf die notwendige Mustergültigkeit und sogar „avantgardistische Rolle" von Kommunisten im Militäreinsatz hin.[137] Schließlich gab man auch ihnen die Schuld für das Fehlverhalten unter ihren Mitgliedern. So hieß es in einem der Berichte: „Unter den Kommunisten gibt es eine sehr große Zahl jener Personen, die sich unwürdig benehmen, indem sie sich in den Augen der Soldaten kompromittieren. Aber der Kampf gegen sie wird in der letzten Zeit nur unzureichend geführt. Von 34 Kommunisten, die im letzten Quartal Vergehen begangen hatten, wurden nur sieben zur parteilichen Verantwortung gezogen."[138]

Als Indikatoren für politisch-moralische Stabilität dienten nicht etwa eine gute Stimmung oder das Wohlbefinden des Einzelnen, sondern die Zahl der Aufnahmeanträge in die Kommunistische Partei, die Unterordnung unter kollektive Normen und die möglichst geringe Zahl an Verstößen. Diese Vorstellungen waren den Männern keineswegs fremd. Als Kinder ihrer Zeit und ihrer Kultur hatten sie sich die Ideale der Partei weitgehend zu eigen gemacht, auch wenn sie insgeheim darüber spöttelten. Auf Parteiversammlungen widmeten sie sich etwa Fragen, wie sie den Kommandanten bei der Stärkung der moralischen Haltung unterstützen konnten. Doch half der Parteigeist nicht weiter, wenn die allgemeine Kontrolle lasch und die Versuchung groß war. Resigniert stellte man fest, dass diese und andere Formen der erzieherischen Arbeit einfach nicht wirkten.[139]

Neben der Gewährleistung der Vorbildwirkung verfolgten die Partei- und Komsomolorganisationen offiziell noch ein weiteres Hauptziel: die Erziehung des in Österreich stationierten Personals zu „hoher revolutionärer

136 RGASPI, F. 17, op. 117, d. 610, S. 194f., Schreiben an G. Malenkov über die Parteiorganisationen bei den Kontrollkommissionen in Bulgarien, Ungarn, Rumänien, Finnland, bei der SČSK und beim Alliierten Rat für Japan [4.9.1945].

137 RGVA, F. 32906, op. 1, d. 152, S. 75–87, hier: S. 84, Bericht des Leiters der Politabteilung des 37. NKVD-Grenzregiments, Major Smirnov, an den Leiter der Politabteilung der NKVD-Truppen zum Schutz des Hinterlandes der CGV, Oberst Šukin, über den politisch-moralischen Zustand der Truppen 1945, 25.8.1945.

138 RGVA, F. 38650, op. 1, d. 1222, S. 110–127, hier: S. 123, Bericht des Leiters der NKVD-Truppen zum Schutz des Hinterlandes der CGV, Generalmajor Kuznecov, und des Leiters der Politabteilung der Truppen, Oberst Šukin, an den stv. Leiter der Hauptverwaltung der Inneren Truppen des NKVD, Generalmajor Skorodumov, über den politisch-moralischen Zustand und die Disziplin in den MVD-Truppen zum Schutz des Hinterlandes der CGV im 1. Quartal 1946, 9.4.1946.

139 RGVA, F. 38650, op. 1, d. 63, S. 113–128, hier: S. 123, Bericht des Kommandeurs des 40. Schützenregiments, Oberstleutnant Chorošev, und des stv. Leiters der Politabteilung, Hauptmann Čuchin, an den Leiter der Politabteilung der 66. NKVD-Schützendivision, Oberst Tamrasov, über den politisch-moralischen Zustand, die militärische Disziplin und parteipolitische Arbeit im 3. Quartal 1945, 23.9.1945.

Wachsamkeit". Auf Versammlungen der Grundorganisationen der Partei diskutierte man daher Fragen wie „Die Aufgaben der Kommunisten in der Propaganda und die Erfüllung des Befehls Nr. 20 von Genossen Stalin", weiters „Die Aufgaben der Parteiorganisationen im Zusammenhang mit der Rede von Genossen Stalin an das Volk vom 9. Mai 1945" oder „Die Aufgaben der Kommunisten im Zusammenhang mit der Dislozierung des Bataillons in Wien". Zur Steigerung von Disziplin und Wachsamkeit sollten Gespräche über Themen wie „Immer und überall wachsam sein" oder „Disziplin und Organisiertheit - der Schlüssel zu einer erfolgreichen Erfüllung der dienstlich-militärischen Aufgaben" dienen. Natürlich durften auch Vorträge über die Vorzüge der Sowjetunion „als mächtiges Bollwerk von Freiheit und Frieden der Völker" nicht fehlen.[140]

Wenig überraschend klafften auch in diesem Bereich Theorie und Praxis häufig weit auseinander. So erntete der Leiter der Politabteilung des 25. NKVD-Grenzregiments Kritik, dass „einzelne Kommunisten und sogar Mitarbeiter der Politabteilung des Regiments Stalins Ansprache an das Volk und seinen Befehl Nr. 369 vom 9. Mai 1945" unzureichend studiert hätten. Als Konsequenz hätten die Regimentsmitglieder falsche Vorstellungen über den „totalen Sieg über Hitler-Deutschland" entwickelt. Man müsse ihnen klarmachen, dass die Sowjetunion nicht nur einen „militärischen, sondern auch einen moralisch-politischen Sieg" errungen habe. Einmal mehr stand die Ideologie im Vordergrund.[141]

1.4.3 Kommunistische Jugenderziehung

Der Komsomol sollte ebenfalls einen wichtigen Beitrag bei der Hebung der Moral seiner Mitglieder, Kandidaten, aber auch der übrigen Militärangehörigen leisten. Als Nachwuchsorganisation der VKP(b) bestand sein generelles Ziel in der Erziehung der sowjetischen Jugend nach den Idealen des Kommunismus. Er veranstaltete Versammlungen, um die „Wachsamkeit" im Ausland zu schärfen und das „ideologisch-politische Niveau" zu heben. In Gesprächsrunden wurden die Vorzüge der sowjetischen Heimat und das

140 RGVA, F. 32906, op. 1, d. 152, S. 75–87, hier: S. 83f., Bericht des Leiters der Politabteilung des 37. NKVD-Grenzregiments, Major Smirnov, an den Leiter der Politabteilung der NKVD-Truppen zum Schutz des Hinterlandes der CGV, Oberst Šukin, über den politisch-moralischen Zustand der Truppen 1945, 25.8.1945.

141 RGVA, F. 32902, op. 1, d. 11, S. 152f., Anordnung des Leiters der Politabteilung der NKVD-Truppen zum Schutz des Hinterlandes der 3. Ukrainischen Front, Oberst Nanejšvili, an den Leiter der Politabteilung des 25. NKVD-Grenzregiments, Major Mišin, über die politische Schulung im Regiment, 28.6.1945.

Idealbild des „Soldaten-Komsomolzen" erörtert. Laut Statut hatte jedes Mitglied eine mustergültige Auffassung von der Arbeit an den Tag zu legen, Militär- und Staatsgeheimnisse durch den Nachweis politischer Wachsamkeit streng zu wahren, sein politisches Wissen ständig zu erweitern und sich für die Verwirklichung der Partei- und Komsomolbeschlüsse einzusetzen. Weitere Aufgaben bestanden darin, das Kommando bei der politisch-moralischen Erziehung der Armeeangehörigen zu unterstützen, das „moralische Vorbild des jungen sowjetischen Menschen" zu prägen und die Komsomoljahreshauptversammlung abzuhalten.[142]

Gerade für diesen Personenkreis war eine sinnvolle Gestaltung der Freizeit - zumal außerhalb der Sowjetunion - wichtig. Schließlich handelte es sich bei den Komsomolzen um junge Menschen im Alter von 15 bis 28 Jahren, wobei nur die Funktionäre der Gruppe, sogenannte Aktivisten, deutlich älter waren. Daher förderten die Komsomolorganisationen unter anderem künstlerische Betätigungen ihrer Mitglieder: „Točkilkin, Kuznecov, Konovalova, Fadeeva und andere sind aktive und führende Mitglieder [der Komsomollaienkunstgruppe], wofür ihnen das Kommando seine Dankbarkeit ausdrückte." Hierbei handelt es sich zudem um einen der äußerst seltenen Fälle, in denen weibliche, in Österreich stationierte NKVD-Mitglieder namentlich berücksichtigt werden. In den zahlreichen eingesehenen NKVD-Berichten über die mangelnde Moral der Truppen u. Ä. fanden sowjetische Frauen bezeichnenderweise keine Erwähnung.[143]

An den Feiertagen veranstalteten die Komsomolorganisationen Fußball- oder Volleyballturniere, Weit- und Stabhochsprungwettbewerbe, Wettrennen, Geländeläufe und Wettkämpfe in anderen Massensportarten.[144] Beim Fußball traten nicht nur die Kommandos der Roten Armee und der NKVD-Truppen gegeneinander an, sondern es spielten auch sowjetische gegen österreichische Klubs. Darüber hinaus initiierten die Komsomolorganisationen Schach- und Damemeisterschaften, Lesezirkel und Vorführungen von Kinofilmen wie „Stalingrad", „Die Schauspielerin" („Aktrisa") oder „Sieben Mutige" („Semero smelych"). Sie gestalteten „Leninzimmer", Fotovitrinen und Flugblätter. Außerdem versorgten sie ihre Mitglieder mit sowjetischen

142 Kalnins, Agitprop, S. 55; RGVA, F. 38756, op. 1, d. 63, S. 113–128, hier: S. 123f., Bericht des Kommandeurs des 40. Schützenregiments, Oberstleutnant Chorošev, über den politisch-moralischen Zustand, die Disziplin und die parteipolitische Arbeit im Regiment im 3. Quartal 1945, 23.9.1945.

143 RGVA, F. 38650, op. 1, d. 63, S. 113–128, hier: S. 126, Bericht des Kommandeurs des 40. Schützenregiments, Oberstleutnant Chorošev, und des stv. Leiters der Politabteilung, Hauptmann Čuchin, an den Leiter der Politabteilung der 66. NKVD-Schützendivision, Oberst Tamrasov, über den politisch-moralischen Zustand, die militärische Disziplin und parteipolitische Arbeit im 3. Quartal 1945, 23.9.1945.

144 Ebd.

Zeitschriften wie „Helden und Marschälle der Sowjetunion", „Der Sowjetmensch im Ausland" oder „Unsere Heimat" und „Dreifacher Ordensträger-Komsomol".[145]

„Als Resultat der durchgeführten Arbeit", lautete die Schlussfolgerung, „ging die Zahl an Rechtsverstößen unter den Komsomolzen bedeutend zurück. Während im zweiten Quartal [1945] 38 Vergehen, darunter zehn amoralische Erscheinungen, aufgetreten waren, so gab es im dritten Quartal 32 Delikte, davon fünf amoralische Erscheinungen." Ganz zufrieden war man mit diesem Resultat allerdings nicht. Denn trotz der „Erziehung der Komsomolzen und der übrigen Jugend kommt es noch zu Verstößen gegen die militärische Disziplin".[146] Dies galt umso mehr als Misserfolg der Komsomolarbeit, als sich gerade die Komsomolzen durch Aktivität, Diszipliniertheit und Gehorsam gegenüber der Partei auszeichnen sollten. Doch offensichtlich war es gerade im Ausland schwer, ein Musterkomsomolze mit Vorbildwirkung zu werden. Denn durch das Leben „im Westen" bemerkten die „Sowjetmenschen" den Widerspruch zwischen den Verheißungen der marxistisch-leninistischen Theorie und der Praxis der kommunistischen Diktatur besonders deutlich.[147]

Bei all diesen Aktivitäten stand keineswegs das Wohlergehen des Einzelnen im Vordergrund. Vielmehr galt es, durch politische Arbeit, aber auch durch gegenseitige Bespitzelung und Denunziation eine möglichst hohe militärische Disziplin sowie einen „gesunden politisch-moralischen Zustand" zu erreichen, was allerdings häufig nicht gelang. So galt auch die strafrechtliche Verfolgung „amoralischer Erscheinungen" und diverser Vergehen als Versuch, nicht gänzlich die Kontrolle über die im Ausland stationierten sowjetischen Militärangehörigen zu verlieren. Vielfach stellten die getroffenen Maßnahmen aber nur einen Tropfen auf den heißen Stein dar.

145 RGVA, F. 32914, op. 1, d. 132, S. 360–381, hier: S. 377f., Bericht des Leiters des 336. NKVD-Grenzregiments, Oberstleutnant Martynov, und des Leiters der Politabteilung, Major Čurkin, an den Leiter der Politabteilung der NKVD-Truppen zum Schutz des Hinterlandes der CGV, Oberst Šukin, über den Dienst, die parteipolitische Arbeit, den politisch-moralischen Zustand und die Disziplin des Regiments im 3. Quartal 1945 [Oktober 1945].

146 Ebd.

147 Kalnins, Agitprop, S. 58.

2. „Amoralische Erscheinungen", Straftaten und ihre Verfolgung

Der Kreml war sich bewusst, wie sehr „negative Aktionen (Raubzüge, Vergewaltigungen von Frauen u. a.) seitens moralisch zersetzter Angehöriger der Roten Armee" den „Kampf um Einfluss auf die Masse der [österreichischen] Bevölkerung" erschwerten.[148] Er sah Straftaten sowjetischer Armeeangehöriger im Ausland zu Recht in einem politischen Kontext.[149] Nicht nur das Ansehen der Armee, sondern die Autorität der Sowjetunion standen auf dem Spiel. Politische Schulung, interne Kontrolle und eine möglichst effektive Bestrafung „moralisch zersetzter" Militärangehöriger sollten die Disziplin steigern und verhindern, dass noch größerer Schaden entstand. Nach den Erfahrungen des Krieges und dem relativen Freiraum, den die Besatzungssoldaten in Österreich verspürten, war dies kein leichtes Unterfangen.

2.1. Militärische Spionageabwehr und Militärtribunal des Truppenteils 28990

Die Kontrolle, Überwachung und Bestrafung von sowjetischen Besatzungsangehörigen, aber auch von österreichischen und ausländischen Personen lagen vorwiegend in der Zuständigkeit der „Schattenebene".[150] Die Organe der militärischen Spionageabwehr – allen voran ihre Hauptverwaltung (GUKR) „Smerš" – bildeten das Hauptinstrument der sowjetischen Strafpolitik in der Ostzone Österreichs. Die GUKR „Smerš" verfügte in sämtlichen militärischen Verbänden über Unterabteilungen: die Verwaltungen für Spionageabwehr (UKR) „Smerš" bei den Fronten und Heeresgruppen sowie die Abteilungen für Spionageabwehr (OKR) bei Armeen, Korps und Divisionen. Nach der am 10. Juni 1945 erfolgten Formierung der Zentralen Gruppe der Streitkräfte mit Sitz in Baden wurde in ihrem Bestand eine Verwaltung für Spionageabwehr „Smerš" CGV eingerichtet. Ab Mai 1946, als die UKR „Smerš" vom Volkskommissariat für Verteidigung (NKO) in die Zuständigkeit des Ministeriums

---

148 RGVA, F. 38650, op. 1, d. 1222, S. 25–41, hier: S. 29, Bericht des Leiters der NKVD-Truppen zum Schutz des Hinterlandes der CGV, Generalmajor Kuznecov, und des Leiters der Politabteilung, Oberst Šukin, an den stv. Leiter der Inneren Truppen des NKVD, Generalleutnant Sladkevič, über den politisch-moralischen Zustand und die militärische Disziplin in den NKVD-Truppen im 4. Quartal 1945, 10.1.1946.

149 Siehe dazu auch das Kapitel B.I.1.2.1 „Die politische Tragweite von Vergehen" in diesem Band.

150 Siehe dazu auch das Kapitel A.III.4 „Die Schattenebene: Geheimdienst und NKVD-Truppen" in diesem Band.

für Staatssicherheit (MGB) überging, trug sie die Bezeichnung UKR MGB CGV bzw. „Truppenteil 32750". Im Jahr 1946 umfasste die Verwaltung für Spionageabwehr in Österreich folgende vier Abteilungen mit jeweils unterschiedlichen Funktionen:

- die 1. Abteilung UKR MGB CGV (operative Tätigkeit für Stab und Verwaltungen der CGV);
- die 2. Abteilung UKR MGB CGV (Spionageabwehrtätigkeit beim Gegner zur Aufdeckung von Infiltrationskanälen und dessen Agenten in Einheiten und Einrichtungen der Roten Armee, Fahndung nach Agenten ausländischer Spionagedienste, Arbeit unter Kriegsgefangenen von operativem Interesse, Überprüfung von Militärangehörigen der Roten Armee, die in Gefangenschaft waren);
- die 3. Abteilung UKR MGB CGV (Führung der unterstellten Organe der Spionageabwehr, Kampf gegen Spionage-, Diversions- und Terroraktivitäten ausländischer Spionagedienste, gegen antisowjetische Elemente, Verrat, Vaterlandsverrat, Desertionen und Selbstschädigung) und
- die 4. Abteilung UKR MGB CGV (Untersuchungsabteilung).[151]

Die Verwaltung für Spionageabwehr der CGV nahm in der sowjetischen Besatzungszone Verhaftungen vor, führte die Voruntersuchungen bis zur Erstellung der Anklageschrift durch und übergab dann die abgeschlossenen Verfahren dem Militärtribunal der CGV in Baden. Dieses lief intern unter den Bezeichnung „Militärtribunal des Truppenteils 28990" oder „voennyj tribunal voennoj časti 28990" (VT v./č. 28990).[152]

Während der oft monatelangen Verfahren befanden sich die Angeklagten im Inneren Gefängnis der Verwaltung für Spionageabwehr MGB CGV im sogenannten „Nicoladoni-Haus", Schimmergasse 17, nahe der Straßenbahnlinie Baden - Bad Vöslau. Der gesamte Häuserblock war mit einer Planke umgeben und wurde von einem Wachturm aus bewacht. Auch die Hauskeller der umliegenden Villen dienten gelegentlich als Gefängnis. Österreichische Zeitzeugen erinnern sich, dass die blut- und uringetränkten Böden nach dem Abzug der Truppen ab Oktober 1955 völlig zu erneuern waren. „Von Baden führt kein Weg ins Freie", lautete die inoffizielle Devise. Doch auch in jeder Kommandantur gab es Arrestzellen, die oft zur ersten Etappe jahrelanger Haft werden sollten.[153]

151 Nikita Petrov, Die militärische Spionageabwehr in Österreich und die Todesstrafe. Struktur, Funktionen, Praxis, in: Stefan Karner – Barbara Stelzl-Marx (Hg.), Stalins letzte Opfer. Verschleppte und erschossene Österreicher in Moskau 1950–1953. Unter Mitarbeit von Daniela Almer, Dieter Bacher und Harald Knoll. Wien – München 2009, S. 79–97, hier: S. 93f.

152 Zum genauen Prozedere vgl. Stelzl-Marx, Verschleppt und erschossen, S. 52–55.

153 Stelzl-Marx, Verschleppt und erschossen, S. 39; Maurer, Befreit? – Befreit!, S. 81f.

Abb. 45: Das Innere Gefängnis der Verwaltung für Spionageabwehr MGB CGV befand sich im sogenannten „Nicoladoni-Haus" in Baden bei Wien. Hier wurden die Angeklagten oft monatelang festgehalten und verhört. (Quelle: Stadtarchiv Baden)

Als juridische Grundlage für die Urteile dienten die einzelnen Artikel des Strafgesetzbuches der Russischen Sozialistischen Föderativen Sowjetrepublik (RSFSR) und mehrere Ukaze des Präsidiums des Obersten Sowjets der UdSSR. Sämtliche Urteile ergingen im Namen der Sowjetunion. Neben „Heimatverrat" (Artikel 58-1a und 58-1b) zog das Militärtribunal insbesondere Artikel wie 58-2 „Teilnahme am bewaffneten Kampf gegen die Sowjetmacht", 58-8 „Verübung von Terrorakten gegen Vertreter der Sowjetmacht", 58-9 „Diversion", 58-10 „antisowjetische Agitation und Propaganda", 58-11 „Verübung ‚konterrevolutionärer' Verbrechen durch eine Gruppe von Personen", 58-14 „konterrevolutionäre Sabotage einschließlich Entweichens der Verurteilten aus der Bewachung", 136-2 „vorsätzlicher, von Militärangehörigen begangener Mord", 182-1 „Feuerwaffenbesitz", 193-2 „Nichterfüllung eines in Dienstpflicht erteilten Befehles" und schließlich auch Artikel 2 des Ukaz des Präsidiums des Obersten Sowjets der UdSSR vom 4. Juni 1947 „Über die strafrechtliche Verantwortung für das Entwenden staatlichen und öffentlichen Eigentums" sowie „Über die verstärkte Bewachung von persönlichem Eigentum von Staatsbürgern" heran. Der gegenüber Österreichern besonders häufig angewandte Artikel 58-6 („Spionage") kam bei sowjetischen Besatzungsangehörigen insofern weniger zur Anwendung, als die dem Artikel 58-1 zugrunde liegende Definition von „Vaterlandsverrat" unter anderem auch Spionage und die „Preisgabe einer geheimen militärischen oder staatlichen Information" umfasste.[154]

154 Ol'ga Lavinskaja, Das Militärtribunal der Zentralen Gruppe der Sowjetischen Streitkräfte und die

In die Kompetenz des Militärtribunals der CGV fiel in erster Linie die Verhandlung schwerer Straffälle wie Vaterlandsverrat, Spionage und Verbrechen, die höhere Offiziere begangen hatten. Die verhängten Strafen waren oft drakonisch: 25 Jahre Erziehungsarbeitslager (ITL) des GULAG oder, wie im Folgenden gezeigt wird, als Höchststrafe „Tod durch Erschießen". Dabei lag das prozessuale Hauptaugenmerk nicht auf einer gerechten Verhandlung, sondern auf einer möglichst effektiven Bestrafung des Angeklagten. Vergehen von Militärangehörigen im Rang eines Generals und höher kamen ausschließlich vor das Militärkollegium des Obersten Gerichts der UdSSR in Moskau.

Kleinere Straftaten verhandelten außerdem die Militärtribunale erster Instanz, die dem Stab der jeweiligen Armee zugeordnet waren.[155] Im Gegensatz zum Militärtribunal der CGV durften sie keine Todesstrafe verhängen.

Sowjetische Gerichte und Militärtribunale verurteilten aber auch nachweislich rund 1000 Österreicherinnen und Österreicher zu unterschiedlich langen Lager- und Haftstrafen in der UdSSR bzw. mehr als 150 zum Tod. Die verfolgten Straftaten standen in einem mehr oder weniger direkten Zusammenhang mit der Sowjetunion. Dies betraf Vergehen während der Besatzungszeit wie antisowjetische Spionage, unerlaubter Waffenbesitz oder die Beteiligung an Unfällen, bei denen sowjetische Armeeangehörige zu Schaden gekommen waren. Dazu zählte auch die Abgabe von Alkohol an Rotarmisten, wenn diese durch dessen Konsum Schaden erlitten hatten. Außerdem ahndete die sowjetische Gerichtsbarkeit Verbrechen, die Österreicher tatsächlich oder scheinbar während des Krieges begangen und die sich gegen die Sowjetunion oder deren Bürger gerichtet hatten. Dazu zählten die Misshandlung sowjetischer Kriegsgefangener und Zwangsarbeiter, Kriegs- und NS-Gewaltverbrechen wie die Erschießungen von Juden in Galizien oder die Zugehörigkeit zur „Werwolforganisation". Die Tötung abgeschossener amerikanischer Flieger durch österreichische Zivilisten zu Kriegsende stellte somit keinen Verurteilungsgrund dar, da es sich bei den Opfern nicht um US-amerikanische Staatsbürger handelte.[156]

Verurteilung von Personen nicht-österreichischer Staatsangehörigkeit, in: Stefan Karner – Barbara Stelzl-Marx (Hg.), Stalins letzte Opfer. Verschleppte und erschossene Österreicher in Moskau 1950–1953. Unter Mitarbeit von Daniela Almer, Dieter Bacher und Harald Knoll. Wien – München 2009, S. 205–224, hier: S. 206; Vasilij Christoforov, Kalter Krieg und sowjetische Spionageabwehr in Österreich. Todesurteile im Spiegel von Archivdokumenten, in: Stefan Karner – Barbara Stelzl-Marx (Hg.), Stalins letzte Opfer. Verschleppte und erschossene Österreicher in Moskau 1950–1953. Unter Mitarbeit von Daniela Almer, Dieter Bacher und Harald Knoll. Wien – München 2009, S. 141–156, hier: S. 146.

155 Zu den sowjetischen Strafermittlungsorganen erster und zweiter Instanz in Deutschland vgl. Silke Satjukow, Besatzer. „Die Russen" in Deutschland 1945–1994. Göttingen 2008, S. 280–283.

156 Knoll – Stelzl-Marx, Sowjetische Strafjustiz in Österreich, S. 284f.

Das Badener Militärtribunal verurteilte ab 1950 etwa zehnmal so viele Österreicher und Ausländer zum Tod durch Erschießen wie sowjetische Bürger. Ihnen lastete man größtenteils „antisowjetische Spionage" an, nur in einigen Fällen kamen Kriegsverbrechen zum Tragen.[157] Ihre Angehörigen sowohl in Österreich als auch in Deutschland ließ man bewusst im Unklaren über das weitere Schicksal nach der Verhaftung.[158] Bei den Besatzungssoldaten hingegen bildeten die diversen Auslegungen von „Vaterlandsverrat" den entsprechenden Urteilsgrund. Wie im Folgenden gezeigt wird, zählte die Kriegsbeteiligung an der Seite der Wehrmacht ebenso dazu wie Mord und Desertion. Einigen der Armeeangehörigen war es gelungen, mit einer falschen Identität in die Besatzungstruppen der CGV zu gelangen und ihre aus sowjetischer Sicht wenig ruhmreiche Biografie zu verschleiern. In diesen Fällen zeigten sich die zuständigen Instanzen gnadenlos.

2.2 Verurteilt zum Tod durch Erschießen

„Ich bitte Sie, den Obersten Sowjet in Moskau, mich mein Verbrechen durch welche Arbeit auch immer und in Besserungsarbeitslagern sühnen zu lassen. Bedenken Sie meine Jugend und meinen ungebildeten Zustand, weil ich ja nur fünf Klassen besucht habe."[159] Dieses verzweifelte Gnadengesuch richtete der sowjetische Besatzungssoldat Ivan Egorovič Syčev am 9. Mai 1951 an das Präsidium des Obersten Sowjets. Er war am selben Tag vom Militärtribunal des Truppenteils 28990 nach den Artikeln 58-1 („Vaterlandsverrat") und 58-10 („Antisowjetische Propaganda") zum Tod durch Erschießen mit Konfiszierung der im Zuge der Verhaftung abgenommenen Wertgegenstände und Aberkennung der Medaille „30 Jahre Sowjetarmee und Flotte" verurteilt worden.[160]

Sein Appell um Gnade verhallte ungehört. Der 26-Jährige wurde in einem geheimen Transport nach Moskau gebracht und wenig später im dortigen

157 Stelzl-Marx, Verschleppt und erschossen, S. 34f.

158 Tessa Szyszkowitz, „Ihr Hunde, lassts den Vater da!" Die Perspektive der Angehörigen, in: Stefan Karner - Barbara Stelzl-Marx (Hg.), Stalins letzte Opfer. Verschleppte und erschossene Österreicher in Moskau 1950–1953. Unter Mitarbeit von Daniela Almer, Dieter Bacher und Harald Knoll. Wien - München 2009, S. 225–254; Frank Drauschke, „Diese Ungewissheit ist eine Qual". Die lange Suche der Angehörigen in Deutschland, in: Stefan Karner - Barbara Stelzl-Marx (Hg.), Stalins letzte Opfer. Verschleppte und erschossene Österreicher in Moskau 1950–1953. Unter Mitarbeit von Daniela Almer, Dieter Bacher und Harald Knoll. Wien - München 2009, S. 283–300.

159 GARF, F. 7523, op. 76, d. 28, S. 79–83, hier: S. 83, Gnadengesuch von Ivan Syčev an das Präsidium des Obersten Sowjets der UdSSR, 9.5.1951.

160 Edith Petschnigg, Stimmen aus der Todeszelle. Kurzbiografien der Opfer, in: Stefan Karner - Barbara Stelzl-Marx (Hg.), Stalins letzte Opfer. Verschleppte und erschossene Österreicher in Moskau 1950–1953. Unter Mitarbeit von Daniela Almer, Dieter Bacher und Harald Knoll. Wien - München 2009, S. 301–588, hier: S. 545.

Butyrka-Gefängnis unweit des Weißrussischen Bahnhofes erschossen. Sein Exekutor, V. M. Blochin, hatte dazu eine Kleidung wie ein Schlächter angelegt: eine braune Schirmmütze, eine lange Lederschürze und Handschuhe, die bis über die Ellbogen reichten.[161] Noch in derselben Nacht wurde seine Leiche im einzigen Moskauer Krematorium auf dem Friedhof des ehemaligen Klosters Donskoe verbrannt, die Asche in einem nur wenige Schritte entfernten Massengrab bestattet. Seine Verwandten erhielten erst in den späten 1950er Jahren eine Todesnachricht, allerdings unter Angabe einer erlogenen „natürlichen" Todesursache. Die wahren Umstände sollten erst fünf Jahrzehnte später ans Licht kommen.

Der ehemalige Kolchosbauer war einer von mindestens neun Staatsbürgern der Sowjetunion (darunter fünf Besatzungssoldaten), die das Militärtribunal der Zentralen Gruppe der Streitkräfte von 1950 bis 1953 zum Tod verurteilte. In zwei dieser Fälle erfolgte eine Begnadigung, bei den übrigen wurde das Urteil durch Erschießen vollstreckt. Die Anklagen bezogen sich sowohl auf Vergehen während der Besatzungszeit (wie „Vaterlandsverrat" oder „Terror") als auch auf im Krieg begangene Verbrechen. Stalins langer Arm reichte bis nach Österreich.[162]

2.2.1 *Wiedereinführung der Todesstrafe*

Die Geschichte der Todesstrafe in der Sowjetunion teilt die entsprechenden Verurteilungen in zwei deutlich voneinander getrennte Phasen. Die erste Phase endete mit dem Erlass des Präsidiums des Obersten Sowjets der UdSSR vom 26. Mai 1947 über die Abschaffung der Todesstrafe. In den folgenden drei Jahren galten 25 Jahre Haft als Höchststrafe. Diese Zäsur symbolisierte das neue Selbstbewusstsein Moskaus nach innen und außen und ermöglichte propagandistische Verwertungen.[163] Man konnte daher von zweifelhaftem

161 Nikita Petrov, Die Todesstrafe in der UdSSR: Ideologie, Methoden, Praxis. 1917–1953, in: Andreas Hilger (Hg.), „Tod den Spionen!" Todesurteile sowjetischer Gerichte in der SBZ/DDR und in der Sowjetunion bis 1953. Göttingen 2006, S. 37–78, hier: S. 58. V. M. Blochin erhielt ein Ehrengrab auf dem Moskauer Friedhof Donskoe, unweit der Massengräber der von ihm Exekutierten. Siehe dazu die Abbildung in: Arsenij Roginskij, Nach der Verurteilung. Der Donskoe-Friedhof und seine österreichischen Opfer, in: Stefan Karner – Barbara Stelzl-Marx (Hg.), Stalins letzte Opfer. Verschleppte und erschossene Österreicher in Moskau 1950–1953. Unter Mitarbeit von Daniela Almer, Dieter Bacher und Harald Knoll. Wien – München 2009, S. 97–140, hier: S. 131.

162 Stelzl-Marx, Verschleppt und erschossen, S. 34.

163 Arsenij Roginskij, „Um unverzügliche Vollstreckung des Urteils wird ersucht." Letzte Dokumente über die von 1950 bis 1953 in Moskau erschossenen Deutschen, in: Arsenij Roginskij – Jörg Rudolph – Frank Drauschke – Anne Kaminsky (Hg.), „Erschossen in Moskau ..." Die deutschen Opfer des Stalinismus auf dem Moskauer Friedhof Donskoje 1950–1953. Berlin 2005, S. 37–66, hier: S. 42; Andreas Hilger, Einleitung: Smert' Špionam! – Tod den Spionen! Todesstrafe und sowjetischer Jus-

„Glück" sprechen, in diesem Intervall zur Höchststrafe von „nur" 25 Jahren verurteilt worden zu sein. Vor Mai 1947 und - bei ausgewählten politischen Vergehen wie etwa „Spionage" - ab Jänner 1950 hätte dies den Tod durch Erschießen bedeutet.

So wurden in der Phase nach Kriegsende bis zur Abschaffung der Todesstrafe 1947 mehrere Todesurteile gegenüber sowjetischen Militärangehörigen in Österreich gefällt. Österreichische Zeitzeugen berichten, dass bei gröberen Vergehen oft „kurzer Prozess gemacht" und die Täter von ihren Vorgesetzten in unmittelbarer Nähe des Tatortes erschossen wurden. Dokumentiert sind zudem Todesurteile sowjetischer Militärtribunale bei Verbrechen wie Mord, wie etwa der folgende Fall belegt: Am 16. Oktober 1945 zwangen drei Rotarmisten einen Dorfpriester, ihnen Alkohol zu geben, woraufhin sie sich betranken. Einer von ihnen, Kravčenko, erschoss den Geistlichen mit einer Gewehrsalve. Das Militärtribunal der Truppe verurteilte Kravčenko wenig später zum Tod durch Erschießen, den einen Kameraden zu fünf Jahren Freiheitsstrafe und den anderen zu einer Disziplinarstrafe.[164]

Am 12. Jänner 1950 beschloss das Präsidium des Obersten Sowjets der UdSSR das Dekret „Über die Anwendung der Todesstrafe gegen Vaterlandsverräter, Spione, subversive Diversanten" unter der Nr. 68-1. Als Initiatoren dieser Maßnahme waren nicht die Gerichts- oder Straforgane aufgetreten, sondern ZK-Sekretär Georgij M. Malenkov und Nikolaj M. Švernik, Vorsitzender des Präsidiums des Obersten Sowjets der UdSSR. Seine Zustimmung hatte das Politbüro am 9. Jänner 1950 erteilt.[165]

In den ersten Monaten war die Tätigkeit der Tribunale von Unklarheiten gekennzeichnet. So stellte sich etwa die Frage, ob die Todesstrafe auch dann anzuwenden sei, wenn die angelastete Tat bereits vor der Veröffentlichung des Erlasses am 13. Jänner 1950 begangen worden war. Eine endgültige Entscheidung fiel allerdings erst im April 1950. Fortan umfasste die Liste der Artikel des Strafgesetzbuches der RSFSR (StGB RSFSR), nach denen die Todesstrafe verhängt werden konnte, die Artikel 58-1 („Vaterlandsverrat"), 58-6 („Spionage") und 58-9 („Diversion").[166] Auf Vergehen nach dem sogenannten

---

tizexport in die SBZ/DDR, 1945–1955, in: Andreas Hilger (Hg.), „Tod den Spionen!" Todesurteile sowjetischer Gerichte in der SBZ/DDR und in der Sowjetunion bis 1953. Göttingen 2006, S. 7–37, hier: S. 30f.

164 RGVA, F. 38650, op. 1, d. 1222, S. 25–41, hier: S. 32, Bericht des Leiters der NKVD-Truppen zum Schutz des Hinterlandes der CGV, Generalmajor Kuznecov, und des Leiters der Politabteilung, Oberst Šukin, an den stv. Leiter der Inneren Truppen des NKVD, Generalleutnant Sladkevič, über den politisch-moralischen Zustand und die militärische Disziplin in den NKVD-Truppen im 4. Quartal 1945, 10.1.1946.

165 Petrov, Die Todesstrafe in der UdSSR, S. 66f.

166 Petrov, Die militärische Spionageabwehr in Österreich, S. 79f.

„Ukaz 43"[167] („Kriegsverbrechen") vom 19. April 1943 standen weiterhin 25 Jahre Freiheitsentzug. Bei Altfällen war das Dekret vom 12. Jänner 1950 nur dann anwendbar, wenn die Angeklagten noch nicht verurteilt waren. Bereits zuvor gefällte Haftstrafen konnten somit nicht in Todesstrafen umgewandelt werden. Die entsprechenden Prozesse führten Militärtribunale, wobei nur Tribunale der Bezirke, der Heeresgruppen der Sowjetischen Armee und der Flotten Todesurteile fällen konnten, nicht aber Gerichte niederer Ebenen.[168] In Österreich fiel diese Funktion dem Militärtribunal des Truppenteils 28990, also der Zentralen Gruppe der Streitkräfte, in Baden zu.

Ab Anfang 1950 waren Erschießungen jedoch wieder gesetzeskonform und wurden in Moskau auch vollzogen. Auf Grundlage des Dekrets vom 12. Jänner 1950 wurden von April 1950 bis Ende 1953 mehr als 1400 Personen erschossen, darunter etwa 1015 Personen aufgrund von Urteilen der sowjetischen Militärtribunale in Deutschland und Österreich.[169] So verurteilte das sogenannte Militärtribunal des Truppenteils 28990 in dieser zweiten Phase der Todesstrafe mindestens 92 Personen zum Tod, die daraufhin in Moskau hingerichtet wurden. Bei ihnen handelte es sich größtenteils um Österreicher, aber auch um einige Deutsche, „Staatenlose" und die erwähnten Sowjetbürger. Die nichtsowjetischen Personen waren im Gegensatz zu den Besatzungsangehörigen vorwiegend wegen antisowjetischer Spionage für westliche Nachrichtendienste verurteilt worden.[170]

Bei den sechs Besatzungsangehörigen in Österreich, die das Militärtribunal im Zeitraum ab 1950 nachweislich zum Tod verurteilte, bildete „Vaterlandsverrat" den Urteilsgrund. Gemäß dem Beschluss des Zentralen Exekutivkomitees der UdSSR vom 8. Juni 1934 verstand man unter „Heimatverrat" von „Staatsbürgern der Sowjetunion verübte Handlungen zur Schwächung der militärischen Macht der UdSSR, ihrer staatlichen Souveränität und der Unantastbarkeit ihres Staatsgebietes, wie etwa durch Spionage, Preisgabe einer geheimen militärischen oder staatlichen Information, Überlaufen auf die

167 Der Ukaz des Präsidiums des Obersten Sowjets trug die Bezeichnung „Über Maßnahmen zur Bestrafung der deutschen faschistischen Übeltäter, schuldig der Tötung und Misshandlung der sowjetischen Zivilbevölkerung und der gefangenen Rotarmisten, der Spione, der Vaterlandsverräter unter den sowjetischen Bürgern und deren Mithelfern". Vgl. Andreas Hilger – Nikita Petrov – Günther Wagenlehner, „Der ‚Ukaz' 43": Entstehung und Problematik des Dekrets des Präsidiums des Obersten Sowjets vom 19. April 1945, in: Andreas Hilger – Ute Schmidt – Günther Wagenlehner (Hg.), Sowjetische Militärtribunale. Bd. 1. Die Verurteilung deutscher Kriegsgefangener 1941–1945. Köln 2001, S. 177–209.

168 Petrov, Die Todesstrafe in der UdSSR, S. 66–69.

169 Roginskij, „Um unverzügliche Vollstreckung des Urteils wird ersucht", S. 43f.

170 Stelzl-Marx, Verschleppt und erschossen. Die Biografien dieser Stalinopfer finden sich in: Petschnigg, Stimmen aus der Todeszelle.

Seite des Feindes, Flucht oder Absetzen ins Ausland“.[171] Insgesamt lässt sich die Zahl der 1921 bis 1953 Erschossenen mit rund einer Million beziffern.[172] Memorial International schätzt die Gesamtzahl der heimlich am Donskoe-Friedhof bestatteten Opfer auf rund 10.000 Personen. Allein von 5065 Hingerichteten, die von 1934 bis 1955 dort bestattet wurden, sind die Kurzbiografien nun publiziert.[173] Ihre Geschichten spiegeln die Grausamkeit der Urteile wider.

2.2.2 Verbrechen während des Krieges

Dem ehemaligen Kolchosbauern Ivan Syčev aus dem Gebiet Kursk warf das Badener Militärtribunal Vaterlandsverrat und antisowjetische Propaganda vor. Er war aufgrund von Falschangaben nach Kriegsende in die Reihen der Roten Armee geraten, „indem er seinen Dienst bei den Deutschen und sein tatsächliches Geburtsdatum vertuschte“.[174] Während des Krieges hatte er, wie sich herausstellen sollte, in der Kaminskij-Strafbrigade und in der Russischen Befreiungsarmee (ROA) gedient. Bis Dezember 1950 konnte Syčev seinen Dienst bei den sowjetischen Besatzungstruppen völlig unbehelligt versehen. Erst der Versuch, mit seiner österreichischen Lebensgefährtin Margarita Oberger in die amerikanische Besatzungszone zu gelangen, führte in der Nacht vom 13. auf den 14. Dezember 1950 zu seiner Verhaftung. Im Zuge der Untersuchung kam auch seine Vergangenheit ans Tageslicht.[175]

Doch zum Vorwurf des Vaterlandsverrats sollte sich während der Haft im Badener MVD-Gefängnis noch ein weiterer Anklagepunkt gesellen – „antisowjetische Agitation und Propaganda“. In der Haft erzählte Syčev nämlich antisowjetische Witze, lobte das „kapitalistische System“ und beschimpfte die Parteiführung und die sowjetische Regierung. Während der Untersuchung sagte er aus: „Als ich mich mit Mithäftlingen in der Zelle befand, gab ich Anekdoten konterrevolutionären Charakters zum Besten. Ich verleumdete das sowjetische System und bedachte die sowjetischen Partei-

171 Zit. nach: Ol'ga Lavinskaja, Das Militärtribunal der Zentralen Gruppe der Sowjetischen Streitkräfte, S. 206f.

172 Petrov, Die Todesstrafe in der UdSSR, S. 74.

173 L. S. Eremina (Hg.), Rasstrel'nye spiski. Moskva 1935–1953. Donskoe Kladbišče [Donskoe Krematorij]. Kniga žertv političeskich repressij. Moskau 2005. Vgl. dazu: Jörg Rudolph – Frank Drauschke – Alexander Sachse, Hingerichtet in Moskau. Opfer des Stalinismus aus Sachsen, 1950–1953. Leipzig 2007, S. 132.

174 GARF, F. 7523, op. 76, d. 28, S. 75–78, hier: S. 77, Stellungnahme des Obersten Gerichts zum Gnadengesuch von Ivan Syčev, 11.7.1951. Vgl. dazu auch: Petschnigg, Stimmen aus der Todeszelle, S. 545–548.

175 Ebd.

und Regierungschefs in meinen Ausführungen mit Schimpfwörtern. Zugleich lobte ich die bürgerlichen Strukturen, speziell das Leben in Österreich. Ich verkündete, dass meine Heimat nicht die Sowjetunion sei, sondern Österreich." Zeugen bestätigten die „antisowjetischen Äußerungen" vor Gericht.[176]

Wie eingangs erwähnt, verurteilte das Militärtribunal des Truppenteils 28990 den Besatzungssoldaten nach Artikel 58-1 („Vaterlandsverrat") und 58-10 („Antisowjetische Propaganda") zum Tod durch Erschießen. Sein Gnadengesuch schmetterte der Vorsitzende des Obersten Gerichts, Anatolij A. Volin, mit den stereotypen Worten ab: „Ich erachte das Urteil des Militärtribunals im Falle Syčevs als richtig."[177] Dessen Schicksal stellte keinen Einzelfall dar.

Dienst in der deutschen Polizei

Auch der in Österreich stationierte Besatzungssoldat Sergeant Fedor Antonovič Ratiev kam wegen seiner Kriegsvergangenheit bzw. wegen Kriegsverbrechen vor das sowjetische Militärtribunal in Baden. Ihm war es gelungen, im März 1944 unter dem falschen Nachnamen Muratov in die Rote Armee einzutreten, wo er bis zum Tag seiner Verhaftung, dem 31. Dezember 1949, diente. Wie die Untersuchungsorgane letztendlich herausfanden, dass es sich bei dem ehemaligen Komsomolmitglied und tapferen, mit dem Rotbannerorden und drei Medaillen ausgezeichneten Sergeanten Muratov eigentlich um den ehemaligen deutschen Polizisten Ratiev handelte, ist nicht überliefert.[178]

Das Gnadengesuch an den Obersten Sowjet der UdSSR und die Begründung für dessen Ablehnung durch das Oberste Gericht schildern seinen Fall folgendermaßen: Ratiev, der im Gebiet Voronež lebte, trat im August 1942 auf Rat seiner Mutter in den Dienst der deutschen Polizei ein. Als Polizist nahm er Durchsuchungen und Verhaftungen sowjetischer Bürger vor, eskortierte Transporte zu Exekutionsstätten und war selbst an der Erschießung von zehn Personen, darunter Mitglieder der Kommunistischen Partei und des Komsomol, beteiligt. Im August 1943 trat Ratiev in die Wehrmacht ein und diente dort bis Februar 1944. Beim Vorrücken der Roten Armee gab er sich unter dem Pseudonym Muratov als Dorfbewohner im Gebiet Kamenec-Podol'sk aus, wodurch ihm die Aufnahme in die sowjetischen Truppen gelang.

176 Ebd.

177 Ebd.

178 GARF, F. 7523, op. 66, d. 102, S. 13–15, Stellungnahme des Obersten Gerichts zum Gnadengesuch von Fedor Ratiev, 19.4.1950.

Am 6. März 1950 verurteilte das Militärtribunal des Truppenteils 28990 Ratiev gemäß Artikel 58-1a wegen Vaterlandsverrats zum Tod durch Erschießen.[179] Offensichtlich orientierte es sich bei der Urteilsverkündung am Beschluss des Plenums des Obersten Gerichts der UdSSR Nr. 22/M/16/U/ss „Über die Bewertung von Handlungen sowjetischer Bürger, die den Feind in vorübergehend besetzten Gebieten Unterstützung erwiesen" vom 25. November 1943. Demnach waren Bürger der Sowjetunion, die dem NS-Regime gedient und sich direkt an Morden und Gewalttaten beteiligt hatten, wegen Heimatverrats gemäß den Artikeln 58-1a und 58-1b des StGB der RSFSR zur Verantwortung zu ziehen.[180]

In seinem Gnadengesuch an das Präsidium des Obersten Sowjets legte der 25-Jährige dar, unter welchen Umständen er zum Kriegsverbrecher geworden war. Abschließend ersuchte er um Gnade, um seine Erfindung vollenden zu können: „Deshalb bitte ich den Obersten Sowjet der UdSSR, meine Arbeit anzunehmen und, falls das möglich ist, das Maß meiner Strafe abzuändern, falls nicht, dann erlauben Sie mir, die Arbeit an der Erfindung des ‚Perpetuum mobile' zu beenden, weil ich meiner Heimat ergeben bin und, wenn ich aus dem Leben scheide, unserer Heimat diese Arbeit über den Bau einer solchen Maschine, eines ‚Perpetuum mobile', hinterlassen möchte, und möge die Idee des Baus des ‚Perpetuum mobile' der Sowjetunion zukommen."[181]

Überraschenderweise ließ das Präsidium des Obersten Sowjets am 21. August 1950 „Gnade" walten und wandelte die Todesstrafe in zwanzig Jahre Zwangsarbeit um.[182] Damit nahm das Präsidium de facto eine Neubewertung der Taten Ratievs vor, dem es nun nicht mehr „Vaterlandsverrat", sondern „Unterstützung für den Feind" anlastete. Die Verhängung eines auf Zwangsarbeit anstelle auf Tod durch den Strang lautenden Urteils war durch den Ukaz des Präsidiums des Obersten Gerichts der UdSSR über die Bestrafung „deutsch-faschistischer Verbrecher" vom 19. April 1943 festgelegt worden.[183]

2.2.3 Vorsätzlicher Mord

Mindestens zwei der in Österreich stationierten sowjetischen Besatzungssoldaten wurden in der Phase ab 1950 wegen Mordes zum Tod verurteilt.

179 Ebd.

180 Lavinskaja, Das Militärtribunal der Zentralen Gruppe der Sowjetischen Streitkräfte, S. 207f.

181 GARF, F. 7523, op. 66, d. 102, S. 16–24, Gnadengesuch von Fedor Ratiev an das Präsidium des Obersten Sowjets der UdSSR, 7.3.1950.

182 AdBIK, Datenbank verurteilter österreichischer Zivilisten.

183 Lavinskaja, Das Militärtribunal der Zentralen Gruppe der Sowjetischen Streitkräfte, S. 207f.; Stelzl-Marx, Verschleppt und erschossen, S. 76.

Besonders spektakulär war der Fall von Leonard Nikolaevič Volkov. „Dreifacher Mord eines russischen Offiziers: Ein Deserteur erschießt zwei russische Soldaten und einen österreichischen Offizier", lautete der Titel eines Artikels in der „Arbeiter-Zeitung".[184] Was die Redaktion zu diesem Zeitpunkt nicht wusste: Volkov hatte nicht nur drei, sondern bereits vier Menschen getötet.[185]

Zum Tathergang: Volkov, 1923 in der Nähe von Kiew geboren, entwendete am 13. August 1950 eine Pistole aus dem Quartier eines Oberleutnants und fuhr gemeinsam mit zwei weiteren sowjetischen Militärangehörigen in eine ungarische Schenke, „wo sie tranken", so die lapidare Feststellung des Obersten Gerichts der UdSSR. Infolge eines Streites erschoss der junge Offizier einen ungarischen Staatsbürger.[186] Er habe seinem Kameraden helfen wollen, betonte Volkov in seinem Gnadengesuch. „Ich kam ihm [meinem Kameraden] bald zu Hilfe, holte den Ungarn, der unseren sowjetischen Offizier verprügelt hatte, ein, nahm ihm den Besen weg, beendete die Rauferei und schlug Letzterem vor, mir zur Polizei zu folgen. Am Beginn widersetzte sich der Ungar nicht, aber dann begann er, sich zu wehren. Dann zog ich die Beutepistole ‚Walther', die ich besaß, und stieß ihn mit dem Lauf der Pistole an. In Anbetracht dessen, dass ich in Aufregung und in nicht völlig nüchternem Zustand war, ballte ich meine Hand stark um den Griff der Pistole und drückte unwillkürlich den Abzug."[187] Der angeblich unabsichtlich gelöste Schuss verletzte den Ungarn tödlich. Nach dem Verbrechen beging er, so sein Plädoyer im Gnadengesuch, „zum ersten Mal im Leben einen Fehltritt" und „machte eine Dummheit": Volkov entschloss sich, in Österreich unterzutauchen. Denn bereits 1946 hatte er „ein österreichisches Mädchen kennengelernt, das mich liebte".[188] Das Oberste Gericht der UdSSR charakterisierte den seit 1945 in Österreich stationierten Besatzungssoldaten daraufhin als moralisch instabil: Er würde „systematisch in Kontakt mit ausländischen Frauen stehen und trinken".[189]

Volkov ergriff am folgenden Tag die Flucht, wurde jedoch im Zuge einer Fahndung von zwei sowjetischen Soldaten in Wiener Neustadt verhaftet.

184 Dreifacher Mord eines russischen Offiziers, in: Arbeiter-Zeitung, 17.8.1950, S. 3.

185 GARF, F. 7523, op. 66, d. 121, S. 101–103, Stellungnahme des Obersten Gerichts zum Gnadengesuch von Leonard Volkov, 6.12.1950. Vgl. dazu und zum Folgenden: Petschnigg, Stimmen aus der Todeszelle, S. 569–573; Stelzl-Marx, Verschleppt und erschossen, S. 49; Lavinskaja, Das Militärtribunal der Zentralen Gruppe der Sowjetischen Streitkräfte, S. 211.

186 GARF, F. 7523, op. 66, d. 121, S. 101–103, hier: S. 102, Stellungnahme des Obersten Gerichts zum Gnadengesuch von Leonard Volkov, 6.12.1950.

187 GARF, F. 7523, op. 66, d. 121, S. 104–107, hier: S. 104, Gnadengesuch von Leonard Volkov an das Präsidium des Obersten Sowjets, 30.10.1950.

188 Ebd.

189 GARF, F. 7523, op. 66, d. 121, S. 101–103, hier: S. 103, Stellungnahme des Obersten Gerichts zum Gnadengesuch von Leonard Volkov, 6.12.1950.

Auf dem Weg zur sowjetischen Kommandantur erschoss Volkov auch diese beiden und versteckte sich.[190] Die „Arbeiter-Zeitung“ rekonstruierte den Tathergang minutiös: „Als die zwei Soldaten einer Pfütze auswichen und einen Augenblick vor den Eskortierten traten, zog dieser eine Pistole und streckte seine Bewacher blitzschnell durch wohl gezielte Genickschüsse zu Boden. Während sich Passanten um die tödlich verletzten Soldaten kümmerten, [...] lief [der Täter] davon. Die beiden Soldaten starben kurze Zeit später im Wiener Neustädter Spital.“[191]

Zu diesem Zeitpunkt waren bereits alle sowjetischen Stellen im Bezirk wie auch die Wiener Neustädter Polizei und Gendarmerie auf der Suche nach dem Flüchtigen.[192] In der Nacht auf den 15. August 1950 hielt Volkov ein vorbeifahrendes Auto an und zwang den Chauffeur, in die von ihm gewünschte Richtung zu fahren. In dem Wagen befanden sich der niederösterreichische ÖVP-Landtagsabgeordnete Johann Kuchner und sein Chauffeur Franz Meixner.[193] Als Volkov den Wagen in einen schmalen Schotterweg fahren ließ und dem Chauffeur an einer dunklen Stelle befahl, das Licht abzuschalten, weigerte sich dieser. „Nun wurde der Offizier gewalttätig“, so die „Arbeiter-Zeitung“. „Es kam zu einem Handgemenge, und der Offizier versuchte, auf den Abgeordneten zu schießen. Dieser stieß jedoch im letzten Augenblick die Waffe in die Höhe, und der Schuss ging durch das Dach. Dann entwand er dem Offizier die Pistole aus der rechten Hand. Zur gleichen Zeit feuerte der Offizier jedoch aus der zweiten Pistole einen Schuss ab, der den Sitz des Chauffeurs durchschlug und dessen Unterleib durchbohrte. Ein dritter Schuss durchschlug den Oberarm des Chauffeurs, den dieser schützend hochhielt, und drang bei seinem rechten Ohr in den Schädel ein.“[194] Sowohl Volkov als auch Kuchner waren aus dem Wagen gesprungen. Als der Oberleutnant nochmals schoss, gelang es dem Landtagsabgeordneten, diesen mithilfe der ihm zuvor im Kampf entwendeten Pistole in die Flucht zu schlagen. Trotz seiner Verletzungen fuhr Franz Meixner den Wagen noch bis zum nächsten Gendarmerieposten. Der Chauffeur starb am folgenden Tag im Krankenhaus von Wiener Neustadt.[195]

Volkov wurde am 28. August 1950 „mit den üblichen Suchmaßnahmen“[196]

190 Ebd., S. 102.

191 Dreifacher Mord eines russischen Offiziers, in: Arbeiter-Zeitung.

192 Ebd.

193 GARF, F. 7523, op. 66, d. 121, S. 101–103, hier: S. 103, Stellungnahme des Obersten Gerichts zum Gnadengesuch von Leonard Volkov, 6.12.1950; Dreifacher Mord eines russischen Offiziers, in: Arbeiter-Zeitung.

194 Dreifacher Mord eines russischen Offiziers, in: Arbeiter-Zeitung.

195 Ebd.

196 GARF, F. 7523, op. 66, d. 121, S. 101–103, hier: S. 102f., Stellungnahme des Obersten Gerichts zum Gnadengesuch von Leonard Volkov, 6.12.1950.

in einem Wald nahe der Ortschaft Schärfthal von sowjetischen Militärangehörigen verhaftet.[197] Er selbst nahm in seinem Gnadengesuch zu den oben geschilderten Geschehnissen folgendermaßen Stellung: „[Ich] setzte mich in ein österreichisches Auto, zwang [den Chauffeur], mich in die von mir bestimmte Richtung zu fahren, aber die darin sitzenden zwei Österreicher leisteten Widerstand, versuchten, mich zu entwaffnen, sodass ich dann mit einem Schuss aus der Pistole einen von ihnen verletzte, woran dieser kurz darauf auch verstarb. So legten sich weitere verübte Verbrechen, eine Bürde dieser schweren Zeiten, auf mein Gewissen. Ich bereue es zutiefst, was ich angerichtet habe. Wenn ich es könnte, würde ich alles wieder rückgängig machen."[198]

Am 30. Oktober 1950 verurteilte das MT 28990 den mehrfach dekorierten Kriegsteilnehmer nach den Artikeln 58-1 („Vaterlandsverrat"), 58-8 („Terror"), 136-2 („Vorsätzlicher, von Militärangehörigen begangener Mord"), 182-1 („Feuerwaffenbesitz") sowie nach Artikel 2 des Beschlusses des Präsidiums des Obersten Sowjets der UdSSR vom 4. Juni 1947 „Über die strafrechtliche Verantwortung für den Raub von staatlichem und öffentlichem Eigentum" zum Tod. Neben der Aberkennung des militärischen Ranges als Oberleutnant wurde er außerdem „aus den Reihen der Kandidaten für die Mitgliedschaft in der VKP(b)" ausgeschlossen.[199]

In seinem an den Vorsitzenden des Präsidiums des Obersten Sowjets Švernik persönlich adressierten Gnadengesuch bot Volkov, der fünf Fremdsprachen beherrschte, zur Rettung seines Lebens Dienste als Partisan und Diversant an. Er wolle seine „Schuld durch eine Beteiligung am Kampf des spanischen, koreanischen, griechischen, vietnamesischen, malaysischen und manchen anderen Volkes für Freiheit und Unabhängigkeit" tilgen und könne „dem Vaterland immer noch nützlich sein".[200] Doch auf seine Dienste wollte man offensichtlich nicht zurückgreifen: Am 6. Dezember 1950 bestätigte das Oberste Gericht der UdSSR das Todesurteil des Badener Militärtribunals.[201] Der Besatzungssoldat wurde daraufhin in Moskau erschossen.[202]

197 Der russische Deserteur gefangen, in: Arbeiter-Zeitung, 29.8.1950, S. 3; NÖLA, I/2, Sicherheitszustand Niederösterreich, Stimmungs- und Lagebericht der Sicherheitsdirektion für das Bundesland Niederösterreich für den Monat August 1950, 5.9.1950. Hier wird der 27. August 1950 als Datum der Festnahme genannt.

198 GARF, F. 7523, op. 66, d. 121, S. 104–107, hier: S. 104, Gnadengesuch von Leonard Volkov an das Präsidium des Obersten Sowjets der UdSSR, 30.10.1950.

199 GARF, F. 7523, op. 66, d. 121, S. 101–103, Stellungnahme des Obersten Gerichts zum Gnadengesuch von Leonard Volkov, 6.12.1950.

200 GARF, F. 7523, op. 66, d. 121, S. 104–107, hier: S. 106, Gnadengesuch von Leonard Volkov an das Präsidium des Obersten Sowjets, 30.10.1950.

201 GARF, F. 7523, op. 66, d. 121, S. 101–103, hier: S. 103, Stellungnahme des Obersten Gerichts zum Gnadengesuch von Leonard Volkov, 6.12.1950.

202 AdBIK, Datenbank verurteilter österreichischer Zivilisten in der UdSSR.

„Terrorakt gegen Angehörige der Sowjetmacht"

Im Gegensatz zum nicht vorbestraften Volkov hatte der 1929 geborene Ivan Nikolaevič Važdaev ein längeres Strafregister. Er blickte auf eine schwere Kindheit zurück, war nach dem Tod seiner Eltern 1938 mit dem Leben in einem Kinderheim konfrontiert, kam 1948 - zu sechs Jahren Freiheitsstrafe verurteilt - in Haft, wurde jedoch im selben Jahr wieder entlassen und arbeitete anschließend auf einer Baustelle. Am 29. Juli 1949 erfolgte seine Einberufung in die Sowjetische Armee, ab dem 20. August 1949 diente er bei der CGV in Österreich. Hier erhielt er sechs Verweise „wegen Verstoßes gegen die Militärdisziplin".[203]

Im Dezember 1950 wurde ihm erneut eine Disziplinarstrafe auferlegt - vier Tage strenger Arrest: Er hatte als Diensthabender der Kompanie auf seinem Posten geraucht und die verhängte Strafe - einen zusätzlichen Streifengang - verweigert. Wieder entlassen, verlangte der Leiter des Wachpostens, Leutnant Rezanov, auf der Hauptwache, Važdaev solle seine persönlichen Gegenstände, darunter seinen Uniformmantel, abgeben. Der Besatzungssoldat zeigte sich darüber erbost, denn ein gleichzeitig mit ihm in die Arrestanstalt überstellter Sergeant hatte seinen Mantel anbehalten dürfen. Später soll Važdaev vor dem Militärtribunal ausgesagt haben: „Ich zog den Mantel aus, doch in diesem Moment erfasste mich eine solche Wut, dass ich das Armeemesser vom Stuhl ergriff und es hastig Leutnant Rezanov in den Rücken stieß. Vorher kannte ich Leutnant Rezanov nicht." Der attackierte Wachkommandant erlag zwei Tage später im Spital seinen Verletzungen.[204]

Važdaev wurde umgehend verhaftet und am 28. März 1951 vom Militärtribunal des Truppenteils 28990 nach den Artikeln 58-8 („Verübung von Terrorakten gegen Angehörige der Sowjetmacht") und 193-2 („Nichtbefolgung eines Dienstbefehls") zum Tod durch Erschießen verurteilt.[205] In seinem Gnadengesuch legte er die Umstände seiner Tat nochmals dar und ersuchte abschließend, „das Strafmaß der Erschießung abzuändern und in ein anderes Strafmaß umzuwandeln, weil ich jung bin und mich dem Volk und der sowjetischen Regierung verpflichte, meine Schuld durch ehrliche und gewissenhafte Arbeit zum Wohle unserer Heimat zu sühnen".[206] Am 17. Mai 1951 be-

203 GARF, F. 7523, op. 76, d. 22, S. 102–104, Stellungnahme des Obersten Gerichts zum Gnadengesuch von Ivan Važdaev, 28.4.1951. Vgl. dazu und zum Folgenden: Stelzl-Marx, Verschleppt und erschossen, S. 50; Lavinskaja, Das Militärtribunal der Zentralen Gruppe der Sowjetischen Streitkräfte, S. 207f.

204 Ebd.

205 Ebd.

206 GARF, F. 7523, op. 76, d. 22, S. 105, Gnadengesuch von Ivan Važdaev an das Präsidium des Obersten Sowjets der UdSSR, 28.3.1951.

gnadigte ihn das Präsidium des Obersten Sowjets und wandelte die Todes- in eine 25-jährige ITL-Haftstrafe um.[207] Der Grund dafür liegt wohl darin, dass das Präsidium in seinen Taten keine „konterrevolutionäre" Absicht sah und dem Militärtribunal anscheinend ein Formalfehler unterlaufen war - der Artikel 58-8 unterlag nicht dem Ukaz vom 13. Jänner 1950 über die Verhängung der Todesstrafe bei den genannten Vergehen.

2.2.4 Desertion und Vaterlandsverrat

„Spionage, Preisgabe einer geheimen militärischen oder staatlichen Information, Überlaufen auf die Seite des Feindes, Flucht oder Absetzen ins Ausland" fielen, wie bereits erwähnt, laut sowjetischer Definition unter den Begriff des „Vaterlandsverrats". Bei mindestens zwei Besatzungssoldaten verhängte das Militärtribunal der Zentralen Gruppe der Streitkräfte ab 1950 nach Paragraf 58-1 („Vaterlandsverrat") die Todesstrafe. Beide waren mehrmals desertiert und dadurch in die Mühlen des Stalin'schen Strafsystems geraten.

Angaben des Obersten Gerichts der UdSSR zufolge, desertierte der aus dem Gebiet Tula stammende Michail V. Lapin erstmals 1944 aus den Fronttruppen der Roten Armee. Der damals erst 19-Jährige kam zunächst in eine Militäreinheit im Bezirk Odessa, desertierte im August 1944 erneut und wurde nach seiner nur wenige Tage später erfolgten Festnahme in eine Strafkompanie versetzt. Während des Vormarsches in Ungarn beging Lapin schließlich zum dritten Mal Fahnenflucht, hielt sich versteckt und lebte von Plünderungen der örtlichen Bevölkerung.[208] In seinem Gnadengesuch schildert der Verurteilte diese Etappe folgendermaßen: „Im März 1945 desertierte ich im betrunkenen Zustand aus der Strafkompanie, danach wurde ich von der Kommandantur in Österreich festgehalten. Sie schickten mich in eine Schule für Sanitätspersonal."[209]

Anscheinend gelang Lapin die Aufnahme in die Frontkurse für Sanitätsinstrukteure im Mai 1945 „auf betrügerische Weise". Im Juli 1945 desertierte er abermals und hielt sich bis September 1945 unter dem falschen Namen Zamuraev in Ungarn, Österreich und Deutschland versteckt.[210] Als Beweggrund

---

207 AdBIK, Datenbank verurteilter österreichischer Zivilisten in der UdSSR.

208 GARF, F. 7523, op. 76, d. 45, S. 6–8, hier: S. 6f., Stellungnahme des Obersten Gerichts zum Gnadengesuch von Michail Lapin, 29.9.1951. Vgl. dazu und zum Folgenden: Stelzl-Marx, Verschleppt und erschossen, S. 34; Lavinskaja, Das Militärtribunal der Zentralen Gruppe der Sowjetischen Streitkräfte, S. 208; Petschnigg, Stimmen aus der Todeszelle, S. 442–444.

209 GARF, F. 7523, op. 76, d. 45, S. 9–13, hier: S. 10, Gnadengesuch von Michail Lapin an das Präsidium des Obersten Sowjets der UdSSR, 14.8.1951.

210 GARF, F. 7523, op. 76, d. 45, S. 6–8, hier: S. 7, Stellungnahme des Obersten Gerichts zum Gnadengesuch von Michail Lapin, 29.9.1951.

legte Lapin dar, er habe diese Flucht aus Angst vor Strafen begangen: „Ich schickte aus dieser Einheit wieder einen Brief an meinen Onkel [...], der mir mitteilte, dass für mich eine zweite Benachrichtigung gekommen ist, dass ich aus der Einheit desertiert war. Aus Angst vor einer Bestrafung all meiner Verbrechen verübte ich eine dritte [richtig: vierte] Desertion aus der Schule für Sanitätsinstrukteure."[211]

Nach seiner Festnahme durch die Militärkommandantur in Prag kam Lapin im September 1945 unter dem Namen Zamuraev zu den sowjetischen Besatzungstruppen in Österreich. Doch im Februar 1946 flüchtete er erneut aus seiner Einheit und überquerte illegal die Demarkationslinie zur amerikanischen Besatzungszone.[212] Lapin dazu: „Am 3. Februar 1946 verriet ich die Heimat und flüchtete in die amerikanische Besatzungszone Österreichs und danach nach Deutschland, wo ich von den Amerikanern für Arbeiten in Berlin angeworben wurde, von wo ich im August 1947 über Frankreich nach Spanien weglief, wo ich bis zum 12. Jänner 1951 im Gefängnis saß."[213]

Während seiner Zeit in Spanien soll er, so das Oberste Gericht der UdSSR, der Geheimpolizei Informationen über die sowjetischen Militäreinheiten in Österreich weitergegeben haben. Im Jänner 1951 erhielt Lapin von den spanischen Behörden die Genehmigung, nach Frankreich „zwecks nachfolgender Repatriierung über die Sowjetische Botschaft Paris in die Heimat" auszureisen. Allerdings versteckte er sich vor den Mitarbeitern des sowjetischen Konsulats in Paris, um einer Repatriierung zu entgehen. Offensichtlich wurde er erneut festgenommen und in ein Lager für sowjetische DPs verbracht, wo seine Vergangenheit ans Licht gekommen sein dürfte. Seine Verhaftung erfolgte am 19. April 1951. Das Militärtribunal in Baden verurteilte ihn am 14. August 1951 wegen Vaterlandsverrats zum Tod durch Erschießen. Lapins Appell, dass er all seine Verbrechen „aus Dummheit, Jugend und Unwissenheit" und wegen seiner tristen Familienverhältnisse begangen habe, stieß auf taube Ohren. Nach Ablehnung seines Gnadengesuches im Oktober 1951 wurde das Urteil in Moskau vollstreckt.[214]

---

211 GARF, F. 7523, op. 76, d. 45, S. 9–13, hier: S. 10f., Gnadengesuch von Michail Lapin an das Präsidium des Obersten Sowjets der UdSSR, 14.8.1951.

212 GARF, F. 7523, op. 76, d. 45, S. 6–8, hier: S. 7, Stellungnahme des Obersten Gerichts zum Gnadengesuch von Michail Lapin, 29.9.1951.

213 GARF, F. 7523, op. 76, d. 45, S. 9–13, hier: S. 11, Gnadengesuch von Michail Lapin an das Präsidium des Obersten Sowjets der UdSSR, 14.8.1951.

214 GARF, F. 7523, op. 76, d. 45, S. 6–8, hier: S. 6, Stellungnahme des Obersten Gerichts zum Gnadengesuch von Michail Lapin, 29.9.1951; GARF, F. 7523, op. 76, d. 45, S. 9–13, hier: S. 12, Gnadengesuch von Michail Lapin an das Präsidium des Obersten Sowjets der UdSSR, 14.8.1951; AdBIK, Datenbank verurteilter österreichischer Zivilisten in der UdSSR.

Preisgabe geheimer Informationen

Bei Dmitrij F. Durnov dürfte der Passus über die „Preisgabe einer geheimen militärischen oder staatlichen Information" letztendlich den Ausschlag für sein Todesurteil gegeben haben. Der 1920 im Gebiet Kirovograd geborene Oberleutnant des technischen Dienstes diente bis zu seiner Demobilisierung im März 1947 als Logistikingenieur bei den sowjetischen Besatzungstruppen in Österreich. Doch er entschloss sich, illegal in Ungarn zu bleiben und nicht in die Heimat zurückzukehren: „Der Grund für dieses von mir begangene schwere Verbrechen war die Erkrankung an der Geschlechtskrankheit Syphilis. [...] Obwohl ich zu Hause Arbeit und Eltern hatte, beschloss ich, nicht nach Hause zu fahren, und blieb, um mich endgültig von der Krankheit zu kurieren", legte Durnov in seinem Gnadengesuch an das Präsidium des Obersten Sowjets die Hintergründe seiner Desertion dar.[215] Es sei dahingestellt, ob die Syphiliserkrankung tatsächlich den Ausschlag gegeben oder ob sich Durnov an das verhältnismäßig sorgenfreie Leben außerhalb der harten sowjetischen Realität gewöhnt hatte – Tatsache ist, dass er in Ungarn aus einem Konvoi demobilisierter sowjetischer Armeeangehöriger die Flucht ergriff.

Drei Monate später wurde Durnov festgenommen, konnte sich jedoch erneut den sowjetischen Organen entziehen. Er hielt sich in Österreich, Ungarn und der Tschechoslowakei versteckt, wo er im Jänner 1948 verhaftet wurde. Das Militärtribunal der Zentralen Gruppe der Streitkräfte verurteilte den Ukrainer nach Artikel 58-1 wegen Vaterlandsverrats zu 25 Jahren Freiheitsentzug unter Aberkennung der Bürgerrechte auf fünf Jahre und zur Konfiszierung des gesamten Eigentums. Durnov hatte also zunächst das „Glück", in jener Zeit verurteilt worden zu sein, als die Todesstrafe keine Anwendung fand.

Bereits am 11. September 1948 gelang es ihm, zum dritten Mal aus dem Gewahrsam sowjetischer Organe zu entkommen. Durnov überlistete das Wachpersonal, floh aus dem ITL Alčedat im Gebiet Kemerovo und traf „dank eines glücklichen Zufalls" nach nur vier Monaten in Wien ein. Zur Legalisierung seines Aufenthaltes wandte er sich zunächst an die österreichische Polizei und geriet dann in Kontakt mit dem amerikanischen Nachrichtendienst CIC.[216] Durnov stellte Kontakt mit einem seiner ehemaligen Einheits-

215 GARF, F. 7523, op. 66, d. 102, S. 31–36, hier: S. 31, Gnadengesuch von Dmitrij Durnov an das Präsidium des Obersten Sowjets der UdSSR, 18.2.1950. Vgl. dazu und zum Folgenden: Lavinskaja, Das Militärtribunal der Zentralen Gruppe der Sowjetischen Streitkräfte, S. 209f.; Petschnigg, Stimmen aus der Todeszelle, S. 353–356.

216 GARF, F. 7523, op. 66, d. 102, S. 27–30, Stellungnahme des Obersten Gerichts zum Gnadengesuch

kameraden her, über den er an Informationen zu den neuen Waffentypen der Sowjetischen Armee - eine Gasmaske und ein Kompanie-MG - zu gelangen versuchte. Doch noch vor Erfüllung dieses ersten CIC-Auftrages wurde der 27-Jährige am 30. Juli 1949 in der Wohnung seines ehemaligen Kameraden verhaftet.[217] Am 17. Februar 1950 verurteilte ihn das Militärtribunal der CGV nach den Artikeln 58-1 („Vaterlandsverrat") und 58-14 („Konterrevolutionäre Sabotage") zum Tod durch Erschießen. Durnov gehörte somit zu den Ersten, auf die das Militärtribunal in Baden das Dekret vom 12. Jänner 1950 über die Todesstrafe anwandte.[218]

In seinem am Tag nach der Verurteilung verfassten Gnadengesuch bat Durnov unter anderem, seine soziale Herkunft zu berücksichtigen: Er stamme aus einer Arbeiterfamilie, der Vater habe sich an der Partisanenbewegung beteiligt, niemand aus seiner Familie sei jemals Repressalien durch die sowjetische Macht ausgesetzt gewesen, er selbst habe - seit 1939 in der Roten Armee - keinerlei Strafen erhalten und sei während des Krieges schwer verletzt worden. Man möge bedenken, so Durnov, „dass ich in meiner Unerfahrenheit bis zu meiner Festnahme nicht einmal ahnte, dass ich 1947 (unter dem Einfluss meiner Geschlechtskrankheit) ein Vaterlandsverräter geworden war".[219] Unklar wird wohl bleiben, ob das Militärtribunal 1950 den ehemaligen Besatzungssoldaten wegen seiner Geschlechtskrankheit der „Sabotage" beschuldigte. Ein ähnlicher Vorwurf führte im selben Jahr zur Verurteilung einer Österreicherin, die sowjetische Besatzungssoldaten infiziert hatte.[220]

Durnovs Gnadengesuch lehnte das Oberste Gericht mit der Begründung ab, dass seine „Schuld bezüglich des Vaterlandsverrats und der Spionagetätigkeit für den amerikanischen Geheimdienst vollständig bewiesen ist und dass Durnov bereits 1948 wegen Staatsverrats vom Militärtribunal zu 25 Jahren Freiheitsentzug verurteilt wurde, jedoch aus dem Lager floh und erneut schwere Verbrechen gegen die Heimat beging".[221] Auch in anderen Fällen

---

von Dmitrij Durnov, 19.4.1950. Zur Tätigkeit des CIC in Österreich siehe auch: Siegfried Beer, Monitoring Helmer. Zur Tätigkeit des amerikanischen Armeegeheimdienstes CIC in Österreich 1945–1950. Eine exemplarische Dokumentation, in: Emil Brix - Thomas Fröschl - Josef Leidenfrost (Hg.), Geschichte zwischen Freiheit und Ordnung. Gerald Stourzh zum 60. Geburtstag. Graz - Wien - Köln 1992, S. 229–259; Siegfried Beer, Rund um den „Dritten Mann": Amerikanische Geheimdienste in Österreich 1945–1955, in: Erwin A. Schmidl (Hg.), Österreich im frühen Kalten Krieg 1945–1958. Spione, Partisanen, Kriegspläne. Wien - Köln - Weimar 2000, S. 73–100.

217 GARF, F. 7523, op. 66, d. 102, S. 31–36, hier: S. 33f., Gnadengesuch von Dmitrij Durnov an das Präsidium des Obersten Sowjets der UdSSR, 18.2.1950.

218 Stelzl-Marx, Verschleppt und erschossen, S. 34.

219 GARF, F. 7523, op. 66, d. 102, S. 31–36, hier: S. 35, Gnadengesuch von Dmitrij Durnov an das Präsidium des Obersten Sowjets der UdSSR, 18.2.1950.

220 Stelzl-Marx, Freier und Befreier, S. 433.

221 GARF, F. 7523, op. 66, d. 102, S. 27–30, hier: S. 29f., Stellungnahme des Obersten Gerichts zum Gnadengesuch von Dmitrij Durnov, 19.4.1950.

wurde Besatzungssoldaten antisowjetische Spionage - meist in Kombination mit Desertion - zum Verhängnis.

2.2.5 *Antisowjetische Spionage*

Während sowjetische Tribunale der überwiegenden Mehrheit der 1950–1953 zum Tod verurteilten Österreicherinnen und Österreicher „antisowjetische Spionage" nach Artikel 58-1 des Strafgesetzbuches der RSFSR vorwarfen, ist bisher lediglich ein analoger Fall eines sowjetischen Besatzungssoldaten der Zentralen Gruppe der Streitkräfte bekannt. Hierbei handelt es sich um Nikolaj Roamovič Polonnikov, der sich im Mai 1950 als Filmvorführer der Sowjetischen Armee in Österreich befand. Ab Herbst 1950 betrieb er, so die Schilderung des Obersten Gerichts der UdSSR, „systematische Spekulation". Demnach tauschte er im Zuge seiner zahlreichen Dienstreisen zwischen Österreich und Ungarn Forint in Schilling, womit er in Wien Uhren, Schokolade, Kakao und andere begehrte Waren erstand und diese in Ungarn zu überhöhten Preisen wieder verkaufte. Innerhalb von zwei Jahren soll er allein 50 Uhren, 70 Kilogramm Kakao und Schokolade und 6000 Rasierklingen veräußert haben.[222]

Im Zuge seiner „Spekulationsmachenschaften" lernte der 1929 im Gebiet Omsk geborene Russe Anfang 1951 einen Residenten des amerikanischen Nachrichtendienstes mit dem Decknamen „Sergej" kennen, der ihn laut Oberstem Gericht folgendermaßen anwarb: „Zur Anwerbung Polonnikovs lud ihn dieser Spion in Restaurants der ausländischen Zone in Wien, bewirtete ihn mit Wein, machte ihn mit Prostituierten bekannt und bearbeitete ihn gleichzeitig im antisowjetischen Geist. Danach gab er sich im Frühling 1951 in einer konspirativen Wohnung als Spion zu erkennen und warb Polonnikov als seinen Agenten an." Polonnikov lieferte „Sergej" daraufhin Informationen über die Dislozierung der sowjetischen Truppen in Österreich, die Zahl der Mannschaftssoldaten und Offiziere seiner Einheit sowie über die „moralische Qualität" einiger der Offiziere. Er eruierte weiters, welche der Militärangehörigen eventuell zu Spionagezwecken herangezogen werden könnten. Im Mai 1952 soll er gegenüber dem amerikanischen Geheimdienst Angaben über eine in seiner Einheit erfolgte Inspizierung und die dabei überprüften Offiziere gemacht haben.[223]

222 GARF, F. 7523, op. 76, d. 162, S. 165–170, Stellungnahme des Obersten Gerichts zum Gnadengesuch von Nikolaj Polonnikov, 22.7.1953.

223 Ebd.

Abb. 46: „Wie Du es auch drehst und wendest, das ‚Finish‘ ist klar!“ Nach dem Abzug der Besatzungstruppen fanden Einheimische dieses 1954 von Evgenij Maloletkov gestaltete sowjetische Propagandaplakat in einer Kaserne in Wiener Neustadt. (Quelle: AdBIK, Sammlung Thalhammer)

Vom CIC mit einer Fotoausrüstung ausgestattet, erhielt er den Auftrag, Militärobjekte seiner Einheit zu fotografieren. Darüber hinaus lieferte er „Sergej“ Exemplare des Presseorgans der Zentralen Gruppe der Streitkräfte „Za čest' Rodiny“ und weiterer Armeezeitungen.[224]

Als er im September 1952 auf Urlaub in die Sowjetunion fuhr, stattete ihn der amerikanische Geheimdienst angeblich mit 2000 Rubel und 25 Uhren aus, die er in eigens angefertigten Sporthosen mit Taschen über die Grenze schmuggelte. Bei Kiew warb er seinen um neun Jahre älteren Bruder Grigorij Polonnikov als Agenten an, brachte diesem eine Geheimschrift bei und übergab ihm, so das Präsidium des Obersten Sowjets, ein Heft mit speziellem Pauspapier sowie Instruktionen über das Sammeln von Spionageangaben. Per Post sollte ihm Grigorij daraufhin in Geheimschrift Angaben über die Bevölkerung in Kiew oder etwa die Dislozierung sowjetischer Truppen und Militärflughäfen geben. Auch übermittelte er Fahrkarten für Züge und städtische öffentliche Verkehrsmittel.[225] Mindestens zwei „Spionagebriefe“ dürfte er tatsächlich Nikolaj unter dem Pseudonym „Kel'man“ übersandt haben. Als Anreiz dienten dem wegen Alkoholsucht degradierten Grigorij Polonnikov Geld sowie in Aussicht gestellte Pakete mit Wertsachen aus dem Westen.[226]

Auch bei Nikolaj Polonnikov dürfte das scheinbar leicht verdiente Geld eine Rolle gespielt haben. Ab Juni 1952 hatte er ein fixes Einkommen von 4000 Schilling pro Monat. Zuvor hatte er regelmäßige finanzielle Zuwendungen und Wertgegenstände erhalten.[227] Das Militärtribunal des Truppenteils 28990 verurteilte ihn am 18. Mai 1953 nach Artikel 58-1 und 107 des Strafge-

224 Ebd.

225 Ebd.

226 GARF, F. 7523, op. 76, d. 162, S. 51–55, hier: S. 52, Stellungnahme des Obersten Gerichts zum Gnadengesuch von Grigorij Polonnikov, 27.3.1953.

227 GARF, F. 7523, op. 76, d. 162, S. 165–170, Stellungnahme des Obersten Gerichts zum Gnadengesuch von Nikolaj Polonnikov, 22.7.1953.

setzbuches der RSFSR zum Tod durch Erschießen mit Konfiskation seines Eigentums. Sein bereits am 4. März vom Militärtribunal des Moskauer Militärkreises nach Artikel 54-1 des Strafgesetzbuches der UdSSR zum Tod durch Erschießen verurteilter Bruder war zu diesem Zeitpunkt vom Präsidium des Obersten Sowjets bereits zu 15 Jahren Freiheitsstrafe begnadigt worden.[228] Doch Nikolaj Polonnikovs Schuld, die nicht zuletzt durch die Aussagen seines Bruders bestätigt schien, wog anscheinend schwerer. Sein Hinweis, er sei wegen seines jugendlichen Leichtsinns Opfer des amerikanischen Geheimdienstes geworden und wäre bereit, sein Vergehen durch Arbeit zu büßen, stieß auf taube Ohren.[229] Er wurde am 26. Oktober 1953 in Moskau hingerichtet.[230]

2.3 Plünderungen, Schwarzmarkt, Trophäen

Korruption und Plünderungen waren - vor allem zu Beginn der Besatzungszeit - an der Tagesordnung. Dies kam in allen Rangstufen vor, von den einfachen Soldaten bis zu den höchsten Generälen. Sowjetoffiziere und Mannschaften hatten vielfach die Möglichkeit, der österreichischen Bevölkerung Güter abzupressen und sie danach illegal zu verkaufen. So war bei den Rotarmisten die Uhrenliebe sprichwörtlich. Schließlich hatte es im Krieg zu den exklusiven Privilegien der Offiziere gehört, eine Armbanduhr - zumindest prinzipiell - beanspruchen zu dürfen.[231] Selbst ein Großteil der NKVD-Offiziere besaß Anfang 1945 keine Uhr. Der Leiter der NKVD-Truppen zum Schutz des Hinterlandes, Generalmajor Kuznecov, musste sich erst persönlich an Marschall Malinovskij wenden, um 60 Offizieren für ihre besonderen Verdienste eine der erbeuteten Uhren verleihen zu dürfen.[232] Fein säuberlich unterschrieb jeder von ihnen die Empfangsbestätigung.[233] Dank des Vormarsches der Roten Armee konnten sich nun sogar die einfachen Soldaten mit gleich mehreren Uhren schmücken. Doch auch Kleidung, Schmuck, Einrichtungsgegenstände und Kunstwerke wechselten den Besitzer. Vor allem die Möglichkeit, Pakete in die Sowjetunion zu senden, interpretierten viele als indirekte Aufforderung zum Plündern.[234]

---

228 Ebd.

229 GARF, F. 7523, op. 76, d. 162, S. 171f., Gnadengesuch von Nikolaj Polonnikov, 22.5.1953.

230 Herrn Mag. Frank Drauschke, Berlin, danke ich herzlich für diesen Hinweis.

231 Merridale, Iwans Krieg, S. 72.

232 RGVA, F. 32905, op. 1, d. 383, S. 34, Schreiben des Leiters der NKVD-Truppen zum Schutz des Hinterlandes der 2. Ukrainischen Front, Generalmajor Kuznecov, an den Kommandanten der 2. Ukrainischen Front, Marschall Malinovskij, über die Verteilung von Beuteuhren an Offiziere, 17.2.1945.

233 RGVA, F. 32905, op. 1, d. 383, S. 35f., Bestätigung über den Empfang von Uhren durch Offiziere der Verwaltung der NKVD-Truppen zum Schutz des Hinterlandes der 2. Ukrainischen Front, 25.2.1945.

234 Siehe dazu auch das Kapitel A.III.6.2 „Beutezüge, Demontagen, Konfiszierungen" in diesem Band.

2.3.1 *Pakete: die indirekte Aufforderung zur Selbstbedienung*

Am 1. bzw. 23. Dezember 1944 hatte das Staatliche Verteidigungskomitee eine Regelung erlassen, wonach Armeeangehörige von der Front Pakete nach Hause schicken durften.[235] Wie üblich kam es auch bei dieser „Erlaubnis zur Selbstbedienung" auf Privilegien und Dienstränge an: Soldaten mit gutem Leumund durften pro Monat ein Päckchen mit fünf Kilo in die Sowjetunion schicken, Offiziere zehn und Generäle 16 Kilo, Letzteres allerdings nur auf dem Papier.[236] Für Soldaten und Unteroffiziere war die Versendung kostenlos, Offiziere und Generäle hatten pro Kilogramm zwei Rubel zu bezahlen. Offiziell durfte der Wert des Inhalts der Pakete 1000 bzw. bei Offizieren 2000 Rubel nicht überschreiten.[237] Der Erlass hatte wohl vor allem folgenden Hintergrund: Die Möglichkeit, „Trophäen" in die Heimat zu schicken, sollte als Ansporn für die kriegsmüden Militärangehörigen dienen und die deutsche Propaganda konterkarieren, wozu die Rote Armee auf fremdem Boden kämpfte.[238] Zur besseren Abwicklung der Aufnahme, des Transports und der Auslieferung der Pakete wurde das Netz der Frontpoststellen ausgebaut und das Personal aufgestockt. Als Folge stieg die Menge der verschickten Pakete mit Beutegütern ab März 1945 lawinenartig an.[239]

Der berühmte sowjetische Lyriker Boris Sluckij meint in diesem Zusammenhang, dass Armeeangehörige vor der Erlaubnis, Pakete zu verschicken, zunächst bei „Uhren, Ringen, Kompassen, Wäsche" zugriffen. Denn: „Der Appetit wurde durch das Limit des Rucksacks eingeschränkt." Erst in Rumänien begann man, „Geld und Stoffstücke zu nehmen (es funkelte die Hoff-

---

235 Beschluss der GOKO Nr. 71920 über die Erlaubnis, ab dem 1. Jänner 1945 Pakete von der Front in die Heimat zu versenden, 23.12.1944. Vgl. CAMO, F. 1310, op. 1, d. 4, S. 3, Befehl des Kommandeurs der 5. Garde-Luftlandedivision, Garde-Generalmajor Afonin, und des Leiters des Stabes, Garde-Oberstleutnant Gorčakov, über die Regelung der Versendung von Paketen von der Front in das Fronthinterland, 1.1.1945.

236 CAMO, F. 4, op. 11, d. 78, S. 491–498, Befehl Nr. 0409 des stv. Volkskommissars für Verteidigung, General Bulganin, über die Organisation der Annahme und Zustellung von Paketen von Rotarmisten, Sergeanten, Offizieren und Generälen der Fronten ins Fronthinterland, 26.12.1944. Abgedruckt in: Institut Voennoj Istorii Ministerstva Oborony Rossijskoj Federacii et al. (Hg.), Prikazy Narodnogo komissara oborony SSSR 1943–1945 gg. Russkij Archiv: Velikaja Otečestvennaja Vojna. Bd. 13 (2–3). Moskau 1997, S. 344f. Vgl. Merridale, Iwans Krieg, S. 353.

237 Offiziell durften Waffen, Gift, Medikamente, Flüssigkeiten, Geld, Bücher und andere militärische Gegenstände nicht versandt werden. Ansonsten gab es keine Einschränkungen. Vgl. CAMO, F. 1310, op. 1, d. 4, S. 3, Befehl des Kommandeurs der 5. Garde-Division, Generalmajor Afonin, und des Leiters des Stabes, Oberstleutnant Gorčakov, über die Regelung der Versendung von Paketen von der Front in das Fronthinterland, 1.1.1945. Vgl. auch Musial, Stalins Beutezug, S. 326.

238 Oleg Budnitskii, Germany, 1945, trough the Eyes of Soviet Intellectuals, in: Kritika: Explorations in Russian and Eurasian History. Bd. 10–3. 2009, S. 1–54, hier: S. 29.

239 Musial, Stalins Beutezug, S. 327.

Abb. 47: Ein sowjetischer Soldat mit „organisierten" Taschenuhren. (Quelle: Karner, Das Burgenland im Jahr 1945, S. 95)

nung auf ein baldiges Kriegsende). Teppiche wurden erst genommen, als sich Transportmöglichkeiten dafür ergaben, d. h. nach der Beschlagnahmung des österreichischen Kraftverkehrs. Der revolutionäre Sprung in diesem Zusammenhang erfolgte nach der Paketerlaubnis."[240]

Als problematisch sollte sich herausstellen, dass die Pakete - auch aus Österreich - keiner wirklichen Kontrolle unterlagen. Dieser Umstand förderte „bei besonders undisziplinierten Einheiten im Offiziers-, Unteroffiziers- sowie im Mannschaftsstand das Verlangen nach einer Anhäufung von Wertgegenständen, was in einzelnen Fällen grobe Gesetzesverstöße mit sich brachte", hob ein NKVD-Bericht Anfang 1946 hervor.[241]

Dem allgemeinen Streben nach „Erwerb" lag eine spezifische, völlig nachvollziehbare Erklärung zugrunde: Die sowjetischen Truppen rekrutierten sich vorwiegend aus Bauern, bei denen die Erfahrung des Hungers, der Kol-

240 Boris Sluckij, O drugich i o sebe. Moskau 2005, S. 96.

241 RGVA, F. 38650, op. 1, d. 1222, S. 25–41, hier: S. 34, Bericht des Leiters der NKVD-Truppen zum Schutz des Hinterlandes der CGV, Generalmajor Kuznecov, und des Leiters der Politabteilung, Oberst Šukin, an den stv. Leiter der Inneren Truppen des NKVD, Generalleutnant Sladkevič, über den politisch-moralischen Zustand und die militärische Disziplin in den NKVD-Truppen im 4. Quartal 1945, 10.1.1946.

Abb. 48: Fahr- und Motorräder stellten unter den Rotarmisten begehrte Fortbewegungsmittel dar. Diese mit Orden dekorierten Mitarbeiter der sowjetischen Aufklärung gehörten zu den ersten Sowjets, die ab Ende März 1945 österreichischen Boden betraten. (Quelle: RGAKFD, Foto: Bernštein)

lektivierung sowie der wirtschaftlichen Rückständigkeit des Landes im Unterbewusstsein Spuren hinterlassen hatte. Nach den Jahren des Krieges und der Entbehrung lernten sie eine vergleichsweise luxuriöse Welt kennen, an deren Wohlstand sie selbst teilhaben wollten. Viele dachten außerdem an ihre Familien zu Hause, zumal sie wussten, dass es in der Sowjetunion viele Güter nicht zu kaufen gab.[242] Trophäen konnten später gegen Alltagsgegenstände eingetauscht werden. So wurden die Märkte in Moskau oder auch in Taškent 1945 von „fremden Sachen" überflutet.[243] Aber auch Militärangehörige, die gehobenen, urbanen Milieus entstammten, kamen in Österreich oder Deutschland erstmals mit Gegenständen in Berührung, die hier alltäglich waren. Zu den Objekten der Begierde gehörten etwa Fahrräder.[244]

Bald stellte sich das Problem des Transports. Während kleinere Gegenstände mit der Post geschickt werden konnten, war dies bei Fahrrädern oder Motorrädern unmöglich. Am 9. Juni 1945 verfügte Stalin mit dem GKO-Be-

242 Petrov, Die Inneren Truppen des NKVD/MVD in Österreich, S. 236. Siehe hierzu auch das Kapitel C.III.2 „Mündliche Erinnerung: Topoi und Tabus" in diesem Band.

243 Mark Edele, Soviet Veterans of the Second World War. A Popular Movement in an Authoritarian Society, 1941–1991. Oxford – New York 2008, S. 31.

244 Budnitskii, Germany, 1945, trough the Eyes of Soviet Intellectuals, S. 31.

schluss Nr. 9036, dass Generäle ein Auto, ein Piano, ein Radio, ein Jagdgewehr und eine Uhr in die Heimat transportieren lassen konnten. Die PKWs sollten ihnen aus dem Fundus der erbeuteten Wagen kostenlos überlassen werden. Offizieren stand die Versendung eines Fahr- oder Motorrades zu. Sie durften zudem Teppiche, Pelze, Geschirr und andere „exklusivere" Gebrauchsartikel in den „notwendigen Mengen" preiswert kaufen.[245]

Wenig später, am 14. Juni 1945, wurden für demobilisierte Armeeangehörige die Zollkontrollen aufgehoben. Als Folge wurden Trophäen im großen Maßstab in die Sowjetunion transportiert. Mit dem Demobilisierungszug Nr. 45780 etwa, der am 16. September 1945 aus Wien in Usbekistan eintraf, transportierte ein Armeeangehöriger sein Gepäck mit einem Gewicht von 983 kg.[246]

In den Reihen der Roten Armee und des Geheimdienstapparates grassierte „im gesamten Jahr 1945 [...] das Beutefieber. Sie alle konnten sich - meist zum ersten Mal im Leben - Artikel und Güter besorgen, von denen sie zuvor nur geträumt hatten, die in Deutschland [und Österreich] aber alltäglich waren."[247] Vor diesem Hintergrund waren auch einfache Dinge des Lebens begehrt: Beispielsweise beging ein Armeeangehöriger im Mai 1945 in Graz einen Raubmord, bei dem vier Einheimische ums Leben kamen. Aus der Wohnung entwendete er keine klassischen Preziosen, sondern Gewand und Gebrauchsgegenstände wie ein gelbes Kleid, einen grünen Wintermantel, ein Paar neue rote Damenschuhe, ein grünes Damen-Necessaire, zwei Anzüge sowie einen Koffer. Major Solovejčik, der Militärstaatsanwalt der Garnison Graz, befahl daraufhin den zuständigen NKVD-Grenzregimentern, „im Falle des Auftauchens eines der genannten Stücke den Besitzer festzunehmen". Außerdem ordnete der Militärstaatsanwalt an, die Liste mit den entwendeten Gegenständen der Postannahmestelle zu übergeben. Falls jemand ein Päckchen mit dieser Kleidung in die Sowjetunion verschicken wollte, sei er umgehend zu „entlarven".[248]

Im Juli 1945 hatten die Plünderungen bereits ein solches Ausmaß angenommen, dass sich die Hauptverwaltung der NKVD-Truppen zu strikteren Gegenmaßnahmen veranlasst sah. Insbesondere Haushaltsgeräte, Geschirr, Möbel, Bilder, Fahrräder, Nähmaschinen, Kleidung, Lebensmittel und die

245 Edele, Soviet Veterans of the Second World War, S. 32; Musial, Stalins Beutezug, S. 327f.

246 Edele, Soviet Veterans of the Second World War, S. 30.

247 Musial, Stalins Beutezug, S. 330.

248 RGVA, F. 32902, op. 1, d. 103, S. 390, Meldung des Militärstaatsanwalts der Garnison Graz, Major Solovejčik, an den Kommandeur des 17. Grenzregiments, über einen Raubmord in Graz, 23.5.1945; RGVA, F. 32910, op. 1, d. 37, S. 199, Meldung des Militärstaatsanwalts der Garnison Graz, Major Solovejčik, an den Kommandeur des 25. Grenzregiments über einen Raubmord in Graz, 23.5.1945.

obligaten Uhren, aber sogar Klaviere oder Betten mit Matratzen waren illegal in großem Maßstab aus dem Ausland in die Sowjetunion transportiert worden. Einige der Kommandeure hatten sogar ihre Untergebenen dazu eingesetzt, die begehrten Gegenstände für sie zu beschaffen. Der Transport der Beutegüter war verbotenerweise unter anderem mit Zügen erfolgt, die für die Mannschaften oder DPs vorgesehen waren.[249] Doch auch die unrechtmäßige Einfuhr von Personenkraftfahrzeugen und Lastkraftwagen musste unterbunden werden.[250]

Den Truppen wurde „kategorisch“ untersagt, sich Gegenstände auf „illegalem Wege“ anzueignen und sie in die Sowjetunion zu verfrachten. Bei Verstößen gegen diese beiden Verbote drohten Gerichtsverfahren. Außerdem war der Chef der NKVD-Truppen umgehend persönlich darüber zu informieren.[251] Mitte August setzten die zuständigen Politabteilungen auch die in Österreich stationierten NKVD-Offiziere von diesem Befehl in Kenntnis. Diese wiederum hatten die Mannschaft darüber zu informieren, dass die illegale Aneignung von diversen Gegenständen und deren Abtransport in die Sowjetunion „streng geahndet“ werden würden - bis hin zur Übergabe an ein Militärtribunal.[252]

Aus Moskauer Sicht erschien es gefährlich, dass die in Europa stationierten Einheiten vielfach eine halb neidvolle, halb naive Bewunderung für den Kapitalismus an den Tag legten. Diebstahl galt wegen seiner „übergeordneten politischen Bedeutung“ als Staatsverbrechen.[253] Allerdings war es alles andere als leicht, gegen die Plünderungen vorzugehen, zumal sie auch auf höchster Ebene in großem Maßstab auftraten. Marschall Žukov etwa verwandelte seine Häuser in Russland in regelrechte Museen mit wertvollen Bildern, Einrichtungsgegenständen und Porzellan. 1948 ließ Stalin das Beutegut beschlagnahmen und den Marschall in den Ural versetzen.[254]

249 RGVA, F. 32914, op. 1, d. 132, S. 327f., Befehl des Leiters der Hauptverwaltung der NKVD-Truppen zum Schutz des Hinterlandes der Roten Armee, Generalleutnant Gorbatjuk, an die Leiter der NKVD-Truppen zum Schutz des Hinterlandes der Fronten und Gruppen der sowjetischen Truppen im Ausland über das Verbot von Plünderungen und den Abtransport gestohlener Gegenstände in die Sowjetunion, 25.7.1945.

250 RGVA, F. 32910, op. 1, d. 38, S. 44, Befehl Nr. 0173 des stv. Leiters der Südlichen Gruppe der Streitkräfte, Generaloberst Cvetaev, des Mitglieds des Militärrates, Generalleutnant Lajok, und des Leiters des Stabes, Generalleutnant Šlemin, über die Vermeidung des illegalen Transports von Kraftwagen und Gütern über die Staatsgrenze, 11.9.1945.

251 Ebd.

252 RGVA, F. 32914, op. 1, d. 132, S. 326, Anordnung des Leiters der Politabteilung des 336. Grenzregiments, Major Čurkin, an die stv. Kommandeure der Bataillone über die Bekanntgabe des Verbots von Plünderungen und den Abtransport gestohlener Gegenstände in die Sowjetunion, 25.7.1945.

253 Merridale, Iwans Krieg, S. 354, 377.

254 Edele, Soviet Veterans of the Second World War, S. 32; Musial, Stalins Beutezug, S. 328f.

Ivan Serov, General der „Smerš", beschlagnahmte eine Sammlung, zu der angeblich die Krone des belgischen Königs gehörte. Auch andere sowjetische Marschälle, Generäle und führende Geheimdienstmitarbeiter ließen Haushaltsgegenstände, aber auch Gold, Antiquitäten und Gemälde in die Heimat transportieren. Allein 60.000 Klaviere, 459.000 Radios und 3,3 Millionen Paar Schuhe kamen auf diesem Weg aus Deutschland in die Sowjetunion. Viele hatten den bolschewistischen Verhaltenskodex der Bescheidenheit und der Abneigung gegenüber materiellem Reichtum über Bord geworfen. Das besetzte Europa galt als gigantisches „Einkaufszentrum", in dem man nichts bezahlen musste.[255]

2.3.2 Demobilisierungslaune und Strafe

Wenig überraschend nahm die Disziplin nochmals drastisch ab, sobald die Verlegung, Demobilisierung oder Auflösung einer Einheit bevorstand. In diesen Fällen breitete sich häufig sowohl im Offiziers- als auch im Unteroffiziers- und Mannschaftsstand eine sogenannte „Demobilisierungs- und Reorganisationslaune" aus. Im Falle der 61. Schützendivision des 383. Schützenregiments wären sogar der Kommandeur des Regiments, sein Stellvertreter, der Stab und der Politapparat „dagesessen" und hätten auf „die Auflösung und Verlegung" gewartet, kritisiert der NKVD. Als Resultat der „geschwächten Ordnung" gingen die Soldaten, „wohin sie wollten", trieben sich auf den Märkten und in „Spelunken" umher, betrieben Tauschhandel und begingen „amoralische Straftaten".[256] Und: Die Soldaten nahmen mehr in die Heimat mit als bloße Erinnerungen.

Die Armeeführung kämpfte mit diversen Mitteln gegen derartige Verstöße: Die Bandbreite reichte von Disziplinarstrafen über politische Schulungen und Ausschlüsse aus der Partei bis hin zu mehrjähriger Gefängnis- und Lagerhaft. Eigene Befehle zielten darauf ab, die Plünderungen einzuschränken bzw. möglichst zu unterbinden. „All dies widerspricht grundsätzlich der von der sowjetischen Regierung verfolgten Politik in Österreich", wurde den Besatzungssoldaten eindringlich ins Gewissen geredet.[257] Weiters wurden stren-

255 Vladislav M. Zubok, A Failed Empire. The Soviet Union in the Cold War from Stalin to Gorbachev. Chapel Hill 2007, S. 9.

256 RGVA, F. 38650, op. 1, d. 1222, S. 110–127, hier: S. 123, Bericht des Leiters der NKVD-Truppen zum Schutz des Hinterlandes der CGV, Generalmajor Kuznecov, und des Leiters der Politabteilung der Truppen, Oberst Šukin, an den stv. Leiter der Hauptverwaltung der Inneren Truppen des NKVD, Generalmajor Skorodumov, über den politisch-moralischen Zustand und die Disziplin in den MVD-Truppen zum Schutz des Hinterlandes der CGV im 1. Quartal 1946, 9.4.1946.

257 CAMO, F. 3415, op. 1, d. 96, S. 160, Befehl Nr. 02442 des Bevollmächtigten des Leiters des Stabes der 18. Panzerdivision, Oberstleutnant Ševčenko, über Maßnahmen zur Verhinderung von Plünderungen, 28.8.1945.

ge Strafen verlangt: „Im Falle der Entlarvung solcher Vorfälle sind das von der örtlichen Bevölkerung entwendete Eigentum umgehend dem Besitzer zurückzugeben und die Schuldigen streng zu bestrafen."[258]

Selbst sowjetische DPs sowie ehemalige Kriegsgefangene und Zwangsarbeiter der Alliierten blieben nicht verschont: „Die Beziehungen zu den befreiten Bürgern alliierter Staaten" müssten „äußerst korrekt sein" und dürften keinen Grund zu „Klagen und Unzufriedenheit unter Letzteren" liefern, forderte man die Truppen der 3. Ukrainischen Front auf. Den Anlass für diesen Befehl hatten die zahlreichen Beschwerden über Diebstähle von Uhren, Schmuck und Zigarettenetuis durch Mitarbeiter der sowjetischen Militärkommandanturen gegeben.[259]

Auch bei den Angehörigen der Vlasov-Armee vergaßen die begleitenden Wachtrupps ihre „sowjetische Brüderlichkeit". Schließlich galten Erstere als die übelsten Vaterlandsverräter, wie die „Politruki" ständig betonten. Im Lager und während des Abtransports raubten die Begleitsoldaten ganze Gruppen aus, nahmen persönliche Gegenstände an sich oder verkauften sie.[260] Die mehrfach vom Truppenkommandanten erteilten Anordnungen stießen auf taube Ohren. 40 gestohlene Uhren, 56 Rasierer, drei Haarschneidegeräte sowie einen Mantel, einen Anzug, ein Kleid und einen Pullover entdeckten Mitarbeiter des Politapparates unter den persönlichen Gegenständen des Sergeanten- und Mannschaftsstandes des 25. NKVD-Grenzregiments. Mehrere Sergeanten hatten ihren Gefangenen gleich drei oder vier Uhren abgenommen, andere wiederum mehrere Rasierer. Bei einer mitternächtlichen Untersuchung entdeckte man bei einem der NKVD-Soldaten 14 Rasierapparate und mehrere, teilweise defekte Uhren. Daraufhin wurde eine Disziplinarstrafe verhängt. Die Offiziere des Regiments, deren Habseligkeiten offensichtlich nicht durchsucht wurden, wies man darauf hin, dass Plünderungen von gefangenen Angehörigen der Vlasov-Armee unzulässig waren. Schließlich wirke sich die Beschäftigung mit derartigem „Trödel" auf „ihre Wachsamkeit und die Qualität des Dienstes negativ" aus.[261] Die NKVD-Truppen – offiziell

258 CAMO, F. 3415, op. 1, d. 96, S. 360, Befehl Nr. 03587 des Leiters des Stabes der 18. Panzerdivision, Garde-Oberst Belozerov, über Maßnahmen zur Verhinderung von Plünderungen, 22.11.1945.

259 RGVA, F. 32902, op. 1, d. 103, S. 420, Bericht des stv. Leiters des Stabes des 17. Grenzregiments, Hauptmann Alabušev, an alle Bataillonskommandeure über einen Befehl an die Truppen der 3. Ukrainischen Front vom 20.5.1945 über den Umgang mit befreiten Bürgern alliierter Staaten [3.6.1945].

260 Merridale, Iwans Krieg, S. 384.

261 RGVA, F. 32910, op. 1, d. 37, S. 253f., Bericht des Kommandeurs des 25. Grenzregiments, Oberstleutnant Černyšev, und des stv. Leiters des Stabes, Hauptmann Kuželev, an den Leiter der Operativen Gruppe der NKVD-Truppen zum Schutz des Hinterlandes der 3. Ukrainischen Front, Oberstleutnant Sokolov, über Plünderungen unter Vlasov-Angehörigen [Juni 1945]; RGVA, F. 32893, op. 1, d. 86, S. 215f., Befehl des stv. Kommandanten der operativen Gruppe der NKVD-Truppen zum Schutz des Hinterlandes der 3. Ukrainischen Front, Oberstleutnant Sokolov, über die Ahndung von Plün-

selbst Hüter der Disziplin – griffen häufig selbst zu, wenn sich die Möglichkeit dazu bot.

Doch die Soldaten bestahlen sich auch gegenseitig. Immer wieder finden sich Hinweise auf Armeeangehörige, die in die Offizierskantine oder einen Vorratsspeicher einbrachen, um Lebensmittel zu entwenden. Zum Teil waren die Strafen drakonisch: Mit zehn Tagen Karzer wurde etwa ein aus bäuerlichem Milieu stammender Rotarmist bestraft, der mehrere Laibe Brot hatte stehlen wollen und auf frischer Tat ertappt worden war. Nicht so glimpflich kamen jene fünf Mannschaftssoldaten und Unteroffiziere davon, die Anfang Jänner 1946 in das Lebensmittellager ihres Regiments eingebrochen waren. Nach ihrer Verhaftung durch die „Smerš" verurteilte das Gericht des Militärtribunals drei von ihnen zu zehn Jahren ITL und zwei zu jeweils drei Jahren Gefängnishaft.[262] Einen Oberstleutnant, der das Auto seiner Vorgesetzten stehlen wollte, um durch den Verkauf zu Geld zu kommen, verurteilte das Militärtribunal zu drei Jahren ITL.[263]

Häufig blieb es jedoch bei Disziplinarstrafen, vor allem wenn das Diebesgut an die rechtmäßigen Eigentümer zurückgegeben werden konnte. Beispielsweise stieg ein angetrunkener Rotarmist namens Tarasenko am Rückweg zu seiner Einheit von seinem Pferd ab, ging in ein Haus und entwendete die Taschenuhr des Hausherrn. Anscheinend gab es dafür Zeugen, denn die Uhr wurde wenig später seinem rechtmäßigen Besitzer zurückgegeben. Tarasenko erhielt eine Disziplinarstrafe. Ähnlich verfuhr man auch, wenn – wie im Fall des NKVD-Unterleutnants Tereščenko – Tiere entwendet wurden. Tereščenko „entführte" im Auftrag eines Majors ein Ferkel, brachte es in eine andere Stadt und verwahrte es dort in einer Wohnung. Das Tier konnte seinem Besitzer zurückgegeben werden. Welche Strafe der Unterleutnant und der Major erhielten, ist nicht bekannt.[264]

derungen unter Angehörigen der Vlasov-Armee, 4.6.1945. Abgedruckt in: Karner – Pickl, Die Rote Armee in der Steiermark, Dok. Nr. 91.

262 RGVA, F. 32906, op. 1, d. 156, S. 13–28, hier: S. 15, Bericht des Kommandeurs des 37. Grenzregiments, Oberst Jaroslavskij, und des Leiters der Politabteilung, Major Sudakov, an den Leiter der NKVD-Truppen zum Schutz des Hinterlandes der CGV, Generalmajor Kuznecov, über den politisch-moralischen Zustand und die militärische Disziplin im 37. Grenzregiment im 1. Quartal 1946, 31.3.1946.

263 RGVA, F. 38650, op. 1, d. 1222, S. 173–178, hier: S. 174, Bericht des Leiters der MVD-Truppen zum Schutz des Hinterlandes der CGV, Oberst Zimin-Kovalev, und des stv. Leiters der Politabteilung, Oberstleutnant Gončarev, über den politisch-moralischen Zustand der Truppen, 26.7.1946.

264 RGVA, F. 38756, op. 1, d. 6, S. 140–143, Bericht des Kommandeurs der 66. NKVD-Schützendivision, Generalmajor Bulyga, und des stv. Stabsleiters, Hauptmann Levinenko, an den Kommandeur des 40. NKVD-Grenzregiments über Vergehen von Angehörigen der Roten Armee und der NKVD-Truppen in Rumänien, 16.6.1945.

2.3.3. *Die dreifache Versuchung: „Frauen, Wertgegenstände, Wein"*

Die zuständigen Politabteilungen gaben primär dem unzureichenden „politischen Bewusstsein" und der generellen Undiszipliniertheit eines Teils der Truppen für derartige Vorkommnisse die Schuld. Die Fälle von „Diebstahl, Raub und Gewalt gegen die örtliche Bevölkerung" führte man darauf zurück, dass eine Reihe von Offizieren, Unteroffizieren und Mannschaftssoldaten „nicht die Ziele und Aufgaben des Dienstes in Österreich, unser Verhältnis zur örtlichen Bevölkerung verstehen" würden. Besondere Schuld traf dabei „jene Kategorie von Offizieren, die anstelle eines entschiedenen Kampfes gegen dieses Übel" Plünderungen selbst begingen oder organisierten.[265] Manche Kommandanten und häufiger noch Befehlshaber einzelner in Dörfern untergebrachter Einheiten benahmen sich „buchstäblich wie Feudalfürsten", kritisierte der politische Berater Kiselev im August 1945. In Neunkirchen beispielsweise wäre auf Anordnung des Generalleutnants der Panzertruppe, Rossijanov, die gesamte Stadt „regelrecht ausgeraubt" worden.[266]

Ein weiteres Problem bestand in der personellen Zusammensetzung der Armee. Zahlreiche Regimenter seien nicht aus den „besten Armeeangehörigen", sondern vorwiegend aus den „undiszipliniertesten Offizieren, Unteroffizieren und Mannschaftssoldaten" gebildet worden, die eine „Schwäche für Wein und Frauen" hätten, kritisierte der NKVD. Die Offiziere gingen somit selbst nicht mit leuchtendem Vorbild voran.[267] Der 1925 in Rostov geborene Aleksandr Konoplev, der als Hauptmann des 5. Don-Kosaken-Korps bei der Befreiung Österreichs mitwirkte, erinnert sich etwa: „In dieser Division waren Georgier und Kasachen und Russen und Ukrainer und Sträflinge aus Gefängnissen. Wer seine Schuld mit Blut reinwaschen wollte, der wurde also befreit und so wurde unsere Division formiert. Der Kommandeur dieser Division war Generalleutnant Belošvičenko. Die Deutschen bezeichneten diese

265 RGVA, F. 38650, op. 1, d. 1222, S. 25–41, hier: S. 34, Bericht des Leiters der NKVD-Truppen zum Schutz des Hinterlandes der CGV, Generalmajor Kuznecov, und des Leiters der Politabteilung, Oberst Šukin, an den stv. Leiter der Inneren Truppen des NKVD, Generalleutnant Sladkevič, über den politisch-moralischen Zustand und die militärische Disziplin in den NKVD-Truppen im 4. Quartal 1945, 10.1.1946.

266 AVP RF, F. 06, op. 7, p. 26, d. 322, S. 20–26, Bericht von Kiselev und des Stellvertreters des politischen Beraters, Spičkin, über die politische Stimmungslage in der sowjetischen Besatzungszone in Wien, 15.8.1945. Abgedruckt in: Karner - Stelzl-Marx - Tschubarjan, Die Rote Armee in Österreich, Dok. Nr. 67.

267 RGVA, F. 32914, op. 1, d. 132, S. 360–381, hier: S. 365, Bericht des Leiters des 336. NKVD-Grenzregiments, Oberstleutnant Martynov, und des Leiters der Politabteilung, Major Čurkin, an den Leiter der Politabteilung der NKVD-Truppen zum Schutz des Hinterlandes der CGV, Oberst Šukin, über den Dienst, die parteipolitische Arbeit, den politisch-moralischen Zustand und die Disziplin des Regiments im 3. Quartal 1945 [Oktober 1945].

Abb. 49: „Frauen, Wertgegenstände, Wein" stellten eine dreifache Versuchung dar. Mitarbeiter der sowjetischen Kommandantur Wien-Floridsdorf bei einem Ausflug im Herbst 1945. (Quelle: AdBIK, Foto: Grünanger)

Division als ‚Belošvičenko-Bande', da wir immer besonders schwierige Einsätze hatten."[268]

Auch die Mitarbeiter des Geheimdienstes verhielten sich nicht immer mustergültig. Ivan Uvarov, der 1945 im Rang eines Oberstleutnants der Roten Armee in Österreich stationiert war, erinnert sich etwa, wie er eine junge Österreicherin vor Übergriffen durch mehrere betrunkene Angehörige der „Smerš" bewahrte: „Alles ging gut aus. Aber natürlich hätte alles Mögliche passieren können. Diese ‚Smerš'-Leute – ihnen war alles erlaubt. Sie konnten einen beliebigen Menschen verhaften, einen beliebigen Menschen einsperren, wegen etwas beschuldigen, und nichts kann man ihnen nachweisen."[269]

In internen Berichten wurde außerdem kritisiert, dass einige Militärangehörige im Krieg die Vorschriften „vergessen" hätten. Nun hätten die Sergeanten ihre Autorität verloren, lebten gemeinsam mit den Mannschaftsdiensträngen und fühlten sich diesen unterstellt. Allgemein fehle ihnen, so das Resümee eines NKVD-Berichts, die notwendige Willenskraft, um den verschiedenen Verlockungen zu widerstehen. Als „Versuchung" galten in erster

268 OHI, Aleksandr Konoplev. Durchgeführt von Natal'ja Bakši. Rostov 1.3.2003.

269 OHI, Ivan Uvarov. Durchgeführt von Dar'ja Gorčakova. Mendeleevo 28.6.2003.

Linie „Frauen, Wertgegenstände, Wein“.[270] Ein Paradebeispiel für diese verlockende Trias ereignete sich Anfang Juni 1945 im Wiener Hotel „Kummer“. Der Kommandeur des 336. NKVD-Grenzregiments gab den Vorfall folgendermaßen wieder: Der für die Bewachung des Hotels zuständige Soldat Kovalev und ein Unteroffizier riefen zwei weibliche Angestellte des Hotels zu sich und fuhren mit ihnen in den Wienerwald. Nachdem sich die beiden Rotarmisten betrunken hatten, wollten sie angeblich die beiden Österreicherinnen vergewaltigen. Diesen gelang es jedoch, die Männer zu einer Rückkehr ins Hotel zu bewegen. Hier veranstalteten sie ein „Trinkgelage“, schossen um sich und versuchten die Tür zu einem der Zimmer aufzubrechen, in dem sich mehrere Frauen befanden. Ein Major forderte sie daraufhin auf, die „gesetzeswidrigen Handlungen“ einzustellen und sich schlafen zu legen, worauf ihn die beiden schlugen. Nach einiger Zeit gingen sie ins Zimmer der Frauen, die bereits aus dem Hotel geflohen waren, und stahlen ihre Golduhren, Handschuhe, Zucker und Geld. Sein Vorgesetzter enthob Kovalev daraufhin seines Amtes und entsandte ihn zur weiteren Dienstverrichtung nach Stanburg in eine Unterabteilung des 171. Sonderarbeitsbataillons. Eine härtere Strafe bzw. eine Strafverfolgung des ebenfalls beteiligten Unteroffiziers wird nicht erwähnt.[271]

Besonders unangenehm waren derartige Vorfälle natürlich, wenn sie einflussreiche Österreicher betrafen. Auch hochrangige Kommunisten, wie etwa der Staatssekretär für Volksaufklärung, Unterricht, Erziehung und Kultur in der provisorischen Regierung Renner, Ernst Fischer, waren davor nicht gefeit. Beispielsweise transportierte Leutnant Ivan Stepin, Mitarbeiter der Kommandantur im 18. Wiener Bezirk, am 30. Mai 1945 aus Fischers Wohnung Möbel, Teppiche, Kleidung und persönliche Gegenstände ab. Der Staatssekretär, dem Angehörige der NKVD-Truppen als Personenschutz beigestellt waren, verlangte daraufhin in der Kommandantur die Rückgabe seiner Habseligkeiten. Am 1. Juni erhielt er einen Teil seines entwendeten Eigentums zurück, doch fehlten eine Woche später unter anderem immer noch eine Schreibmaschine, ein Fahrrad, zwei Decken, zwei Fauteuils, ein Radio

270 RGVA, F. 32914, op. 1, d. 132, S. 218–264, hier: S. 245, Bericht des Kommandeurs des 336. NKVD-Grenzregiments, Martynov, und des Leiters der Politabteilung des Regiments, Čurkin, an den Leiter der Politabteilung der NKVD-Truppen zum Schutz des Hinterlandes der 3. Ukrainischen Front, Nanejšvili, über den Dienst, die parteipolitische Arbeit, den politisch-moralischen Zustand und die Disziplin des Regiments im 2. Quartal 1945 [Juni 1945].

271 RGVA, F. 32914, op. 1, d. 9, S. 146, Bericht des Kommandeurs des 336. Grenzregiments, Oberstleutnant Martynov, und des Leiters des Stabes, Major Buškov, an den Leiter der NKVD-Truppen zum Schutz des Hinterlandes der 3. Ukrainischen Front, Generalmajor Pavlov, und den sowjetischen Stadtkommandanten von Wien, über einen Vorfall im Hotel Kummer [nach dem 7.6.1945].

und Damenunterwäsche.[272] Nach weiteren Interventionen brachte die Kommandantur am 7. Juni schließlich das Radio zurück.[273] Da das „Beutegut" anscheinend für die Ausstattung der Kommandantur und nicht als persönliche Bereicherung vorgesehen gewesen war, dürfte es in diesem Fall zu keiner Bestrafung gekommen sein.

Private Bereicherungen erfolgten auch unter dem Deckmantel offizieller Beschlagnahmungen. So gaben sich in Graz Rotarmisten als Mitarbeiter der Politischen Hauptverwaltung aus, um illegale Beschlagnahmungen von Wertgegenständen in Lagern, Werkstätten und Geschäften der Bevölkerung vorzunehmen. Einem Geschäftsinhaber im Zentrum von Graz hinterließen sie folgendes zynisch anmutende Dokument, das nur ein schwacher Trost gewesen sein dürfte: „Befehl Nr. 603: Hier gibt es nichts mehr zu holen, weil bereits alles geholt wurde."[274] Andere Armeeangehörige traten als Ortskommandanten auf, plünderten und verübten Gewalttaten. Laut NKVD griffen vor allem Deserteure aus der Roten Armee auf diese Tarnung zurück.[275] Doch auch Einbrüche in Geschäfte waren verbreitet. Nicht immer endeten sie so glimpflich wie in der Nacht vom 29. Mai 1945 in Graz, als vier Rotarmisten die Eingangstür zu einem Geschäft aufzubrechen versuchten. Eine Militärpatrouille überraschte sie dabei und konnte den Diebstahl noch rechtzeitig verhindern.[276]

2.3.4 Schwarzmarkt

Armeeangehörige deckten nicht nur den Eigenbedarf und versorgten ihre Familien in der Heimat durch Plünderungen, sie beteiligten sich auch illegal am blühenden Schwarzmarkt der Nachkriegszeit. So tauschten Mitarbeiter der

272 RGVA, F. 32914, op. 1, d. 9, S. 128, Bericht des Kommandeurs des 1. Bataillons des 336. Grenzregiments, Hauptmann Nikol'skij, an den Kommandeur des 336. Grenzregiments, Oberstleutnant Martynov, über die Plünderung der Wohnung von Minister Fischer, 10.6.1945.

273 RGVA, F. 32914, op. 1, d. 9, S. 125, Bericht des Kommandeurs des 336. Grenzregiments, Oberstleutnant Martynov, und des Leiters des Stabes, Major Buškov, an den Leiter der NKVD-Truppen zum Schutz des Hinterlandes der 3. Ukrainischen Front, Generalmajor Pavlov, über die Plünderung der Wohnung von Minister Fischer, 16.6.1945.

274 RGVA, F. 32902, op. 1, d. 104, S. 223, Operative Tagesmeldung Nr. 00143 des Kommandanten des 17. Grenzregiments, Oberst Pavlov, und des stv. Stabschefs, Hauptmann Alabušev, 27.5.1945. Abgedruckt in: Karner – Pickl, Die Rote Armee in der Steiermark, Dok. Nr. 77.

275 RGVA, F. 32900, op. 1, d. 214, S. 80–92, hier: S. 81, Bericht des Chefs der NKVD-Truppen zum Schutz des Hinterlandes der 3. Ukrainischen Front, Generalmajor Pavlov, über die Kampfeinsätze und die Tätigkeit der NKVD-Truppen im Zeitraum April–Mai 1945 [Juni 1945]. Abgedruckt in: Karner – Pickl, Die Rote Armee in der Steiermark, Dok. Nr. 84.

276 RGVA, F. 32902, op. 1, d. 104, S. 240, Operative Tagesmeldung Nr. 00146 des Kommandeurs des 17. NKVD-Grenzregiments, Oberst Pavlov, 30.5.1945. Abgedruckt in: Karner – Pickl, Die Rote Armee in der Steiermark, Dok. Nr. 82.

Abb. 50: Gänse dienten zur Aufbesserung des Speiseplans der Besatzungssoldaten, aber auch als Tauschobjekte am Schwarzmarkt. (Quelle: AdBIK, Foto: Zajcev)

Kommandantur im 6. Wiener Bezirk am Naschmarkt Lebensmittel gegen goldene Uhren ein. Diese Rotarmisten hatten allerdings Pech: Sie wurden festgenommen und der Kommandantur übergeben.[277] Andere Militärangehörige fuhren eigens nach Wien, um „Trophäen" zu suchen und diese zu verkaufen. Innerhalb der 1. Bulgarischen Armee waren diese verbotenen Ausflüge anscheinend besonders populär. Die NKVD-Truppen erhielten daher den Befehl, die Dokumente aller Armeeangehörigen in Wien zu überprüfen und jene festzunehmen, die illegal in die Hauptstadt gekommen waren. Dem Stab waren ihre Familiennamen bekannt zu geben.[278]

Im August 1945 erhielten die NKVD-Truppen den Befehl, in jenen Orten und vor allem Städten, in denen sowjetische Einheiten stationiert waren, sämtliche Märkte zu überprüfen. Rotarmisten und NKVD-Angehörige, die Trophäen, Vieh oder militärische Ausrüstung verkauften, waren festzuneh-

277 RGVA, F. 32914, op. 1, d. 12, S. 159–162, hier: S. 159, Operative Tagesmeldung des Kommandeurs des 336. Grenzregiments, Oberstleutnant Martynov, und des Leiters des Stabes, Major Buškov, an den Leiter der NKVD-Truppen zum Schutz des Hinterlandes der 3. Ukrainischen Front und den Militärrat der 4. Garde-Armee, 9.6.1945.

278 RGVA, F. 32914, op. 1, d. 8, S. 187, Bericht des stv. Leiters der NKVD-Truppen zum Schutz des Hinterlandes der 3. Ukrainischen Front, Počuev, an die Kommandeure der 134. und 336. NKVD-Grenzregimenter über illegale Fahrten nach Wien, 27.4.1945.

men und den Kommandeuren zu übergeben, damit diese „die Schuldigen zur Verantwortung ziehen" könnten. Den Truppen musste die „Unzulässigkeit des Verkaufs des Eigentums" ebenso klargemacht werden wie das Faktum, dass dies andernfalls dem „großen Namen des sowjetischen Soldaten" zur Schande gereichen würde.[279]

Der damalige Garde-Leutnant Anatolij Tokarev erfuhr eine derartige Festnahme am eigenen Leib. Bald nach Kriegsende ging er auf den Schwarzmarkt im Zentrum Wiens, um sich einen Straßenanzug zu besorgen. Als Tauschmittel hatte er „Brot und anderes" bei sich. Zunächst war alles ruhig, berichtet der Veteran, doch plötzlich begann ein Tumult: „Von allen Seiten, aus allen Gassen kamen sie mit diesen Maschinengewehren, fuhren heran, sperrten den Markt ab und begannen zu überprüfen. Fragten, ob ich mit der örtlichen Bevölkerung Kontakt gepflegt hätte."[280]

Er betont, dass ihm Einheimische gesagt hätten, die Westalliierten würden - im Gegensatz zur sowjetischen Besatzungsmacht - Militärangehörige unbehelligt lassen. „Alle unsere Militärangehörigen, die am Markt waren, und dort waren auch Majore, formierten sie in eine Kolonne! Stellten sie in eine Kolonne! Ich ging, rechts von mir war ein Hauptmann, und links ein Oberstleutnant des medizinischen Dienstes, eine Frau! Und nicht mehr ganz jung! Und uns führten sie in der Kolonne unter Bewachung mit erhobenen Maschinenpistolen wie Faschisten ab! Wie die letzten Verbrecher! Durch die ganze Stadt! Und die Wiener blieben stehen und schauten! So eine Schande! So etwas erlebte ich mein ganzes Leben lang nie wieder! Das konnte sich nur die Sowjetunion erlauben! Bis heute erinnere ich mich mit Empörung daran. Und nie im Leben werde ich das verzeihen! Sie führten uns unter der Bewachung von MP-Schützen auf die Kommandantur." Da Tokarev eine Kriegsverletzung hatte, wurde er freigelassen. Allerdings wurde in sein Offiziersbuch „Zehn Tage Hausarrest" eingetragen, wodurch er während dieser Zeit keinen Sold erhielt. „Was sich nicht unsere Todfeinde - England, Frankreich, die USA - alles erlaubten. Das konnte sich nur diese sozialistische Sowjetunion erlauben. Ich sage das sehr böse! Niemals werde ich das verzeihen!", meint er abschließend empört.[281]

279 RGVA, F. 32910, op. 1, d. 37, S. 320, Bericht des Leiters des Stabes der NKVD-Truppen, Oberst Semenenko, und des Leiters der operativen Abteilung des Stabes, Oberstleutnant Počuev, an die Kommandeure der NKVD-Truppen zum Schutz des Hinterlandes der Südlichen Gruppe der Streitkräfte, über den Befehl vom 3.8.1945 „Über die Verschleuderung von militärischem Eigentum", 19.8.1945.

280 OHI, Anatolij Tokarev. Durchgeführt von Dar'ja Gorčakova. Moskau 21.3.2003.

281 Ebd.

2.3.5 „Wie auch wir vergeben unseren Plünderern“: Reaktionen

Den Sowjets war durchaus klar, wie negativ sich die Plünderungen auf die Stimmung in der Bevölkerung auswirkten. „Uhra, Uhra, nix kultura!“,[282] spotteten Österreicher mit einem Gefühl der kulturellen Überlegenheit, das über die faktische Machtlosigkeit in diesem Bereich hinwegtäuschen sollte. Auch Dialoge wie: „Wie spät ist es?“ – „Ich habe keine Uhr, die Russen haben sie gestohlen“, die ein TASS-Korrespondent in einer Warteschlange „überhörte“, erachtete die sowjetische Seite als bedenklich.[283]

Abb. 51: „Schmerzlicher Abschied“: Karikatur von Ironimus aus dem Jahr 1955. (Quelle: Gustav Peichl)

Wenig überraschend kannten die Politabteilungen der Armee unter anderem die „antisowjetische“ Adaption des „Vater unser“. Obwohl – oder vielleicht gerade weil – die angesprochenen Übergriffe einem Faktum des Nachkriegsalltags entsprachen, wurde mindestens ein Niederösterreicher wegen der Verbreitung dieses „Gebetes“ verhaftet.[284]

282 Elisabeth Marx, Freundliche Auskunft. Graz 23.2.2008.

283 AVP RF, F. 07, op. 10, p. 154, d. 13, S. 2–10, Bericht des TASS-Korrespondenten Lisin an den verantwortlichen Leiter der TASS, N. G. Pal'gunov, über den politisch-moralischen Zustand in Österreich nach der Befreiung, 29.5.1945. Abgedruckt in: Institut Voennoj Istorii, Krasnaja Armija v stranach Central'noj Evropy, S. 667–671.

284 RGASPI, F. 17, op. 128, d. 118, S. 213–220, hier: S. 214f., Bericht des stv. Leiters der 7. Abteilung der Politischen Verwaltung der CGV, Mudrikov, über antisowjetische Propaganda in Österreich und weitere Vorfälle, 7.8.1946.

„Generalissimus unser, der du bist im Kreml
Verleidet ist dein Name,
verkommen ist dein Reich,
dein Wille geschehe in Russland, aber nicht in Österreich.
Unsere täglichen Erbsen gib uns heute
und vergib uns unsere europäische Kultur;
wie auch wir vergeben unseren Plünderern
und führe uns nicht auf den Hund,
sondern erlöse uns von der Roten Armee, Amen!“[285]

Auch das Glaubensbekenntnis und das „Ave Maria“ schrieben die Österreicher entsprechend um. Die unter der Hand auf Flugblättern oder durch Mundpropaganda weitergegebenen „Gebete“ bildeten eine Form von Protest und Widerstand gegen die Besatzung mit ihren negativen Begleiterscheinungen, allen voran die Plünderungen und Vergewaltigungen. Im „Gegrüßet seist du, Lebedenko“ wurde der von Oktober 1945 bis Mai 1948 amtierende sowjetische Stadtkommandant von Wien als Inbegriff des Schreckens charakterisiert:

„Gegrüßet seist du, Lebedenko, toller Knabe,
der Schreck ist mit dir,
du bist vermaledeit unter den Befreiern
und vermaledeit ist die Sucht deiner Räuber
nach Uhren und Weibern.
Grausiger Lebedenko, verschwinde jetzt von uns armen Wienern
und nicht erst in der Stunde unseres Absterbens, Amen.“[286]

Als „Verleumdung der Roten Armee“ wertete man auch die Aussagen eines Einwohners von Deutsch-Wagram, der Mitte August 1945 in einem Geschäft zu mehreren Personen gesagt haben soll: „Die Rote Armee hat uns von Fleisch, Brot, Butter usw. befreit.“ Außerdem soll er das frühere Leben, vor dem Einmarsch der Roten Armee, gepriesen haben. Die zuständige NKVD-Einheit leitete daraufhin geheimdienstliche Maßnahmen ein, um diesen „Rufschädiger“ ausfindig zu machen und zu bestrafen.[287]

285 AdBIK, Sammlung Ingrid Meixner, Graz. Frau Dipl.-Ing. Ingrid Meixner, Graz, sei herzlich für ihre zur Verfügung gestellten Unterlagen gedankt. In den sowjetischen Dokumenten findet sich eine wörtliche Übersetzung dieser Fassung ins Russische.

286 AdBIK, Sammlung Ingrid Meixner, Graz. Das Flugblatt stammt aus 1946.

287 RGVA, F. 32906, op. 1, d. 32, S. 89f., hier: S. 89, Tagesmeldung des Bevollmächtigten des Kommandeurs des 37. Grenzregiments, Major Pavluškin, und des Bevollmächtigten des Leiters des Stabes, Hauptmann Bajtuganov, 16.8.1945.

Gleichzeitig klang Überraschung in einem Politbericht vom August 1945 über die Lage in der amerikanischen Besatzungszone an: „Beinahe alle Geschäftsleute haben ihre Geschäfte geöffnet", hieß es darin, „und haben ihre Waren nicht versteckt, wie das in den von uns besetzten Gebieten der Fall ist. In Linz werden Uhren, Textilien, Schuhe und Ähnliches verkauft", staunte der sowjetische Berichterstatter.[288]

2.3.6 *„Die Unbekannten"*

Nicht immer waren die Täter eindeutig zu identifizieren. Sowohl in österreichischen als auch in sowjetischen Berichten fand der Ausdruck des „Unbekannten in sowjetischer Uniform" Verbreitung. Süffisant betitelte daher die „Arbeiter-Zeitung" einen Artikel über „alliierte Heeresangehörige, die Ausschreitungen und Gesetzwidrigkeiten begehen", aber „nicht erwischt" werden dürfen, als „Die Unbekannten".[289] In Wien kursierte sogar ein Spottlied mit demselben Titel, das nach der Melodie der „Caprifischer" gesungen wurde:

„Wenn der Bürger in Wien
des Nachts im Schlaf versinkt
und von fern her ein
Hilfeschrei erklingt,
gehen späte Passanten
still und leis' nach Haus
und sie weichen in weitem Bogen
dem Tatort aus.
Nur der Mond erkennt
die Täter vom Firmament.
Sie sind unbekannt,
obwohl sie jeder kennt."[290]

Tatsächlich tarnten sich mitunter DPs, Deserteure und Österreicher als Rotarmisten und verübten Einbrüche. Zeitzeugen prägten den Ausdruck des

288 RGASPI, F. 17, op. 128, d. 35, S. 62f., Bericht der 7. Abteilung der Politverwaltung der CGV über die Lage in der amerikanischen Besatzungszone Österreichs [spätestens am 30.8.1945]; RGASPI, F. 17, op. 128, d. 35, S. 61, Begleitschreiben von M. Burcev zur Übermittlung des Berichts der 7. Abteilung der Politverwaltung der CGV über die Lage in der amerikanischen Besatzungszone Österreichs an G. Dimitrov, 30.8.1945.

289 O. P., Die Unbekannten, in: Arbeiter-Zeitung, 3.4.1947, S. 1f. Abgedruckt in: Karner – Stelzl-Marx – Tschubarjan, Die Rote Armee in Österreich, Dok. Nr. 128.

290 Zit. nach: Walterskirchen, Bomben. Hamstern. Überleben, S. 47.

„einheimischen Russen" in diesem Zusammenhang. Andere beteiligten sich auch ohne Verkleidung hemmungslos an den Plünderungen.[291] „Es ist traurig, festzustellen, dass sich die Wiener, wenn sie auch oft das Aufbrechen der Lager und Lokale den Fremdarbeitern überließen, an der Plünderung lebhaft beteiligten. Nicht nur arme Leute, sondern auch wohlhabende Geschäftsleute verschmähen es nicht, bei Gelegenheit mitzutun. Es ist zum Kotzen", verwies Josef Schöner in seinen Tagebüchern auf den österreichischen Anteil an den Plünderungen.[292]

Auch in den NKVD-Berichten fand das Phänomen der österreichischen Partizipation an Plünderungen wie auch deren einseitige Zuordnung mehrfach ihren Niederschlag. Das sogenannte „feindliche Element" würde „verleumderische, gegen die Rote Armee gezielte Gerüchte" verbreiten und Diversion, Terror und Erpressung verüben. Zur Diskreditierung der Roten Armee würde das „feindliche Element" die Uniform von sowjetischen Armeeangehörigen anziehen und „unter dem Schein von Rotarmisten plündern, vergewaltigen und morden".[293] Neben dem „reaktionär eingestellten Teil der Bevölkerung" und dem „verbliebenen faschistischen Element" traf jedoch auch sowjetische „Banditen" – Deserteure, DPs und Vaterlandsverräter – die Schuld.[294] Außerdem vermutete der sowjetische Nachrichtendienst ehemalige Kriegsgefangene und Angehörige der Vlasov-Armee, die in Wien verblieben waren, hinter den Verbrechen. Als Rotarmisten verkleidet, würden sie „die örtliche Bevölkerung berauben, trinken, Frauen vergewaltigen".[295]

Der NKVD versuchte zu eruieren, wer sich hinter diesen „Unbekannten" versteckte. Denn zusätzlich zu den unzähligen tatsächlichen Übergriffen der eigenen Armeeangehörigen wollte man sich nicht noch fremdes Fehlverhalten in die Schuhe schieben lassen, obwohl natürlich das Argument, „feindliche Elemente" hätten einen Teil der Verbrechen begangen, auch eine gewisse Entlastung darstellte. Bei den Überfällen in Zügen gelang dies anscheinend:

291 Rathkolb, Besatzungspolitik und Besatzungserleben, S. 196–198.

292 Eva-Marie Csáky – Franz Matscher – Gerald Stourzh (Hg.), Josef Schöner. Wiener Tagebuch 1944/1945. Wien – Köln – Weimar 1992, S. 142.

293 RGVA, F. 32905, op. 1, d. 166, S. 75–78, hier: S. 75, Bericht des Leiters des Stabes des 24. Grenzregiments, Major Galeev, und seines Assistenten, Oberstleutnant Bujal'skij, an den Leiter der NKVD-Truppen zum Schutz des Hinterlandes der CGV über die militärische und operative Tätigkeit des Regiments im Dezember 1945, 31.12.1945.

294 RGVA, F. 32916, op. 1, d. 11, S. 155–162, hier: S. 156, Bericht des Kommandeurs des 24. Grenzregiments, Oberst Kapustin, und des bevollmächtigten Leiters des Stabes, Hauptmann Golovačev, an den Leiter der MVD-Truppen zum Schutz des Hinterlandes der CGV über die militärische und operative Tätigkeit des Regiments mit Stand 1. September 1946 [nach dem 1.9.1946].

295 RGVA, F. 32914, op. 1, d. 12, S. 137–139, hier: S. 137, Operative Tagesmeldung des Kommandeurs des 336. NKVD-Grenzregiments, Oberstleutnant Martynov, und des Leiters des Stabes, Major Buškov, 5.5.1945.

Die „Überprüfung der Fakten“, so der stellvertretende Stabschef der zum Schutz der CGV abgestellten NKVD-Truppen, hätte ergeben, dass „entweder uns gegenüber feindlich eingestellte Personen mit dem Ziel der Diskreditierung der Roten Armee oder einzelne undisziplinierte Militärangehörige der Roten Armee diese Verbrechen“ verüben würden. Letztere wären vorwiegend „kranke Soldaten, die unorganisiert in Spitäler geschickt oder von dort zurückkommen“ würden. Als Gegenmaßnahme wurde angeordnet, die Dokumente aller Militärangehörigen im Zug genau zu kontrollieren und gegebenenfalls Verhaftungen vorzunehmen.[296]

Weniger als einen Monat später konnte das 37. Grenzregiment erste Resultate der „Filtration“ jener Züge vorlegen, die in Wien ankamen oder von dort wegfuhren. Insgesamt 58 Personen wären festgenommen worden, davon: zwei „Banditen“, acht Deserteure, zwei „Plünderer-Vergewaltiger“, 31 Militärangehörige ohne Dokumente, zwölf Zivilpersonen ohne Dokumente und drei sowjetische DPs.[297] Die „feindlichen Banditen“ waren, wie sich herausstellen sollte, eindeutig in der Minderheit.

2.4 „Amoralische Erscheinung“ Trunksucht

„Trunksucht“ („p'janstvo“) galt als eine der häufigsten Formen „amoralischer Erscheinungen“ in der Armee,[298] zu denen man auch Diebstahl, Übergriffe auf die Bevölkerung oder Suizid zählte. 84 Prozent aller registrierten „amoralischen Erscheinungen“ im ersten Quartal 1946 gingen auf dieses „Übel“ mit langer Tradition zurück.[299] Bei den Fronttruppen hatte der selbst gebrannte Schnaps („samogon“) als wichtige Währung gegolten. Exzesse hatten bereits

296 RGVA, F. 32906, op. 1, d. 28, S. 265f., Maßnahmenplan des stv. Leiters des Stabes der NKVD-Truppen zum Schutz des Hinterlandes der CGV, Oberstleutnant Povarov, für die Herstellung der notwendigen Ordnung in den Zügen in Österreich und Ungarn, 5.11.1945.

297 RGVA, F. 32906, op. 1, d. 28, S. 292f., Bericht des Kommandeurs des 37. Grenzregiments, Oberst Jaroslavskij, und des Leiters des Stabes, Major Pavluškin, an den Leiter der NKVD-Truppen zum Schutz des Hinterlandes der CGV, Generalmajor Kuznecov, über die Resultate der Überprüfung von Zügen, 29.11.1945.

298 RGVA, F. 38650, op. 1, d. 1222, S. 25–41, hier: S. 33, Bericht des Leiters der NKVD-Truppen zum Schutz des Hinterlandes der CGV, Generalmajor Kuznecov, und des Leiters der Politabteilung, Oberst Šukin, an den stv. Leiter der Inneren Truppen des NKVD, Generalleutnant Sladkevič, über den politisch-moralischen Zustand und die militärische Disziplin in den NKVD-Truppen im 4. Quartal 1945, 10.1.1946.

299 RGVA, F. 38650, op. 1, d. 1222, S. 110–127, hier: S. 117, Bericht des Leiters der NKVD-Truppen zum Schutz des Hinterlandes der CGV, Generalmajor Kuznecov, und des Leiters der Politabteilung der Truppen, Oberst Šukin, an den stv. Leiter der Hauptverwaltung der Inneren Truppen des NKVD, Generalmajor Skorodumov, über den politisch-moralischen Zustand und die Disziplin in den MVD-Truppen zum Schutz des Hinterlandes der CGV im 1. Quartal 1946, 9.4.1946.

im Krieg zu Unfällen, Kämpfen und sogar Morden geführt.[300] Nach Kriegsende stellte Trunksucht in zweierlei Hinsicht ein zentrales Problem dar: Einerseits wurden unter Alkoholeinfluss zahlreiche Vergehen begangen und Verkehrsunfälle verursacht, andererseits kam es gerade in der frühen Besatzungszeit zu Alkoholvergiftungen mit teils tödlichem Ausgang. Lapidar konstatierte ein interner MVD-Bericht vom April 1946: „Die Grundlage beinahe sämtlicher Verbrechen bilden Saufereien und Verbindungen zu einheimischen Frauen, mit allen damit einhergehenden Folgen."[301] Bereits ein halbes Jahr zuvor hatte man festgehalten: „Unter den amoralischen Entgleisungen stehen an erster Stelle Trunksucht (97 Fälle) und allzu lockerer Lebensstil, häufig begleitet von Exzessen, Kontakten zu sozial fremden und zweifelhaften Elementen, Gewalttaten und ungesetzlichem Entwenden von Eigentum der Bevölkerung; außerdem [...] Geschlechtskrankheiten."[302] Das Volkskommissariat für Verteidigung erließ eigene Befehle, die der Trunksucht den Kampf ansagten.[303] Die erlassenen Verbote stellten jedoch - wie in anderen Bereichen auch - kein wirkliches Hindernis dar.

2.4.1 Verbote und Strafen

Anlässlich der bevorstehenden Feiern zum 1. Mai 1945 sah sich die Armeeführung genötigt, für Ordnung zu sorgen. Ausdrücklich wurde befohlen, Alkoholexzesse unter dem Personalstand zu vermeiden, „insbesondere [Trinkgelage] gemeinsam mit der örtlichen Bevölkerung". Wie dies vor sich gehen sollte, blieb allerdings bis auf den Hinweis offen, dass man unter den Truppen die Fälle von Alkoholvergiftungen in Erinnerung rufen möge. Für diesen Tag wurde daher auch generell jeglicher Kontakt zwischen Rotarmisten und Einheimischen untersagt. Offiziere und Unteroffiziere erhielten eigene

300 Merridale, Iwans Krieg, S. 264.

301 RGVA, F. 38650, op. 1, d. 1222, S. 110–127, hier: S. 118, Bericht des Leiters der NKVD-Truppen zum Schutz des Hinterlandes der CGV, Generalmajor Kuznecov, und des Leiters der Politabteilung der Truppen, Oberst Šukin, an den stv. Leiter der Hauptverwaltung der Inneren Truppen des NKVD, Generalmajor Skorodumov, über den politisch-moralischen Zustand und die Disziplin in den MVD-Truppen zum Schutz des Hinterlandes der CGV im 1. Quartal 1946, 9.4.1946.

302 RGVA, F. 32903, op. 1, d. 345, S. 144–148, hier: S. 144, Anordnung des Leiters der NKVD-Truppen zum Schutz des Hinterlandes der Südlichen Gruppe der Streitkräfte, Generalmajor Pavlov, und des stv. Leiters der Politabteilung, Oberstleutnant Bondarenko, an die Einheitskommandanten und die Leiter der Politabteilungen zur Disziplinierung der Angehörigen der NKVD-Grenzregimenter, 13.8.1945. Abgedruckt in: Karner – Pickl, Die Rote Armee in der Steiermark, Dok. Nr. 129.

303 Vgl. etwa die Befehle des NKO Nr. 0169 und 0373 „Über den Kampf gegen Trunksucht unter den Armeeangehörigen". Vgl. RGVA, F. 38650, op. 1, d. 1222, S. 110–127, hier: S. 119, Bericht des Leiters der NKVD-Truppen zum Schutz des Hinterlandes der CGV, Kuznecov, und des Leiters der Politabteilung der Truppen, Oberst Šukin, an den stv. Leiter der Hauptverwaltung der Inneren Truppen des NKVD, Generalmajor Skorodumov, über den politisch-moralischen Zustand und die Disziplin in den MVD-Truppen zum Schutz des Hinterlandes der CGV im 1. Quartal 1946, 9.4.1946.

Schulungen, die sie zu gesteigerter Wachsamkeit animieren sollten.[304] Erst im August 1945 erging der Befehl, dass an Feiertagen an die Truppen nicht mehr kostenlos Wodka auszugeben sei.[305]

Diese Verstöße gegen die militärische Disziplin führte der NKVD ebenfalls auf ideologische Schwankungen zurück. Besonders harsche Kritik traf dabei die Politoffiziere. Man warf ihnen regelmäßig vor, ihre Truppen nicht erziehen oder wenigstens im Zaum halten zu können. Als Anfang 1946 die „Fälle von Trunkenheit und anderen amoralischen Erscheinungen“ sogar noch zugenommen hatten, sah der Chef der NKVD-Truppen in Österreich die Ursache dafür im „weiterhin niederen Niveau der erzieherischen Arbeit in einzelnen Abteilungen sowie in der fehlenden Organisiertheit und Kontrolle über den Personalstand“.[306] Ein Großteil dieser Vorfälle passierte nämlich, wenn Mannschaftssoldaten und Unteroffiziere sich allein überlassen waren und sie die „notwendige politische und militärische Erziehung“ nicht erhielten. Auch unter den Offizieren verübten demnach mehrheitlich jene „Amoralisches“, die nicht politisch geschult waren.[307] Somit gerieten weniger die Delinquenten als vielmehr ihre Vorgesetzten ins Kreuzfeuer der Kritik.[308]

Ein weiteres Problem bestand darin, dass die Offiziere selbst auch in diesem Bereich nicht immer mit bestem Beispiel vorangingen: „Neben dem Unterlassen des von den Kaderoffizieren in den Truppenteilen und Politoffizieren zu führenden Kampfes für eine gesunde moralische Einstellung des Mannschaftsstandes kommt es mitunter auch vor, dass sich einzelne Offiziere gegenüber ihren Untergebenen persönlich nicht als gerade mustergültige Vorbilder für ein anständiges Verhalten und ein hohes Maß an Moral präsentieren“, lautete die interne Kritik.[309]

---

304 CAMO, F. 4. Garde-Armee, op. 4635, d. 16, S. 58, Befehl des Bevollmächtigten des Leiters des Stabes der Panzer- und motorisierten Truppen der 4. Garde-Armee, Oberstleutnant Fajviliovič, bezüglich der bevorstehenden Maifeiertage, 30.4.1945.

305 RGVA, F. 32902, op. 1, d. 172, S. 36, Information des stv. Leiters der NKVD-Truppen zum Schutz des Hinterlandes der Südlichen Gruppe der Streitkräfte, Major Kruglin, über den Befehl, den Truppen an Feiertagen keinen Wodka auszugeben [September 1945].

306 RGVA, F. 38650, op. 1, d. 1222, S. 25–41, hier: S. 33f., Bericht des Leiters der NKVD-Truppen zum Schutz des Hinterlandes der CGV, Generalmajor Kuznecov, und des Leiters der Politabteilung, Oberst Šukin, an den stv. Leiter der Inneren Truppen des NKVD, Generalleutnant Sladkevič, über den politisch-moralischen Zustand und die militärische Disziplin in den NKVD-Truppen im 4. Quartal 1945, 10.1.1946.

307 Ebd.

308 Satjukow, Besatzer, S. 150. Siehe dazu auch das Kapitel B.I.1.3.3 „Politoffiziere“ in diesem Band.

309 RGVA, F. 32903, op. 1, d. 345, S. 144–148, hier: S. 144, Anordnung des Leiters der NKVD-Truppen zum Schutz des Hinterlandes der Südlichen Gruppe der Streitkräfte, Generalmajor Pavlov, und des stv. Leiters der Politabteilung, Oberstleutnant Bondarenko, an die Einheitskommandanten und die Leiter der Politabteilungen zur Disziplinierung der Angehörigen der NKVD-Grenzregimenter, 13.8.1945. Abgedruckt in: Karner – Pickl, Die Rote Armee in der Steiermark, Dok. Nr. 129.

Abb. 52: „Trunksucht" galt als eine der häufigsten „amoralischen Erscheinungen" in der Roten Armee. Sowjetische Besatzungssoldaten beim Weinanzapfen in Wien im Herbst 1945. (Quelle: AdBIK, Foto: Grünanger)

Doch auch ein zweiter wesentlicher Faktor kam im Herbst 1945 hinzu: „Von den zunehmenden Fällen von Alkoholexzessen im [vierten] Quartal zeugt auch die Tatsache, dass der Handel mit hochprozentigen Getränken in den Städten und Dörfern Österreichs, besonders wegen des Verkaufs des jungen Weines in Restaurants usw., Aufschwung erfuhr." Einige Offiziere hätten nicht „rechtzeitig vorbeugende Maßnahmen" ergriffen, was einzelne „in moralischer Hinsicht labile Militärangehörige" ausgenutzt hätten.[310]

Teilweise versuchten Kommandanturen in der ersten Nachkriegszeit, durch Patrouillen den Erwerb von Spirituosen zu unterbinden: Am Geschäftseingang hing in solchen Fällen die Anordnung, dass alkoholische Getränke ausschließlich mit Genehmigung der Militärkommandantur verkauft werden durften. Da der Aushang allein offensichtlich nicht ausreichte, standen Wachposten der Kommandantur am Eingang des Geschäfts. Wie die NKVD-Akten belegen, kam es allerdings zu Schlägereien mit diesen Posten,

310 RGVA, F. 38650, op. 1, d. 1222, S. 25–41, hier: S. 33f., Bericht des Leiters der NKVD-Truppen zum Schutz des Hinterlandes der CGV, Generalmajor Kuznecov, und des Leiters der Politabteilung, Oberst Šukin, an den stv. Leiter der Inneren Truppen des NKVD, Generalleutnant Sladkevič, über den politisch-moralischen Zustand und die militärische Disziplin in den NKVD-Truppen im 4. Quartal 1945, 10.1.1946.

woraufhin ganze Straßenzüge um das betreffende Geschäft herum abgesperrt und sämtliche Rotarmisten in der Umgebung kontrolliert wurden. In einem Fall endete dies sogar tödlich: Ein Rotarmist wurde bei dem Versuch, sich der Kontrolle zu entziehen und auf einem Motorrad zu flüchten, erschossen.[311]

Genau ein Jahr später wiederholte sich das Ganze. „Aufgrund des schwachen Zustands der erzieherischen Arbeit in einigen Abteilungen und des niederen Bewusstseins einzelner Militärangehöriger" nutzte ein „beachtlicher Anteil dieser Soldaten und Unteroffiziere" die „Besonderheiten unseres Dienstes aus" und betrank sich. Auslöser einer neuen Welle an Alkoholexzessen im Herbst 1946 war wiederum der junge Wein, der „in großer Menge" in die Geschäfte kam und nur „zwei bis fünf Schilling pro Liter" kostete. Die Schuld traf dabei erneut die Kommandeure der Einheiten und die Politorgane, die - wie auch im Herbst zuvor - dieses Phänomen „nicht rechtzeitig einkalkuliert und nicht die notwendigen Maßnahmen zur Vermeidung von Trunkenheit ergriffen" hatten.[312]

Üblicherweise kamen die Armeeangehörigen bei Trunkenheit mit ziemlich milden Strafen davon, sofern man ihnen nicht sogar ganz verzieh: In der Regel verurteilte man sie zu mehreren Tagen Arrest. Nur ein „systematischer Verstoß gegen die Militärdisziplin" zog auch politische Konsequenzen nach sich. Ein Beispiel dafür ist die Vorgehensweise gegenüber dem Rotarmisten Michail Krugljakov, der seit 1943 in den NKVD-Truppen diente. Der zuständige Politoffizier charakterisierte den 21-Jährigen als „einen der undisziplinierten Soldaten": Er sei anfällig für Trunkenheit und unerlaubtes Entfernen von der Truppe und neige zu „wilder Ehe mit unbekannten Frauen". Im März 1945 schoss er sich betrunken in sein Bein, im April war er mehrfach betrunken, wofür er zwei Tage Arrest als Strafe erhielt. Für Trunkenheit im Juni bestrafte man ihn mit sieben Tagen Arrest. Im Juli, als er sich außerdem unerlaubt von seinem Posten entfernt hatte, betrug die Strafe bereits zehn Tage. Im August wurde er schließlich nach einem neuerlichen Verstoß gegen die Disziplin aus den Reihen des Komsomol ausgeschlossen. Härtere Maßnahmen sind in seinem Fall nicht überliefert.[313]

311 RGVA, F. 32914, op. 1, d. 9, S. 312f., hier: S. 312, Bericht des Kommandeurs des 336. NKVD-Grenzregiments, Oberstleutnant Martynov, und des Stabschefs, Major Buškov, an den Leiter der NKVD-Truppen zum Schutz des Hinterlandes der 2. Ukrainischen Front, Generalmajor Kuznezov, 19.7.1945.

312 RGVA, F. 38650, op. 1, d. 1222, S. 193–199, hier: S. 196, Bericht des Leiters der MVD-Truppen zum Schutz des Hinterlandes der CGV, Zimin-Kovalev, und des Leiters der Politabteilung der MVD-Truppen zum Schutz des Hinterlandes der CGV, Oberst Šukin, über den politisch-moralischen Zustand und die militärische Disziplin unter den MVD-Truppen im 3. Quartal 1946, 10.10.1946.

313 RGVA, F. 32914, op. 1, d. 132, S. 347, Charakteristik des Zampolit des 336. NKVD-Grenzregiments, Oberstleutnant Privezencev [nach dem 29.8.1945].

Auch Ehrengerichte kamen zum Einsatz, etwa wenn Fälle von Körperverletzung unter Alkoholeinfluss verhandelt wurden. Als Beispiel kann hierfür eine Schlägerei vom 10. Juni 1945 dienen: Der betrunkene Adjutant der Manövergruppe des 25. NKVD-Grenzregiments brach angeblich eine Schlägerei mit den beiden gleichfalls stark alkoholisierten Zugskommandanten, zwei Unterleutnants, vom Zaun. Letztere verprügelten jedoch den Oberleutnant und ließen ihn in einem Park liegen. Angehörige eines benachbarten Truppenteils brachten den Verletzten in die Sanitätsabteilung seines Regiments. Der Oberleutnant kam später vor ein Ehrengericht für Angehörige des Offiziersstandes, das ihn aber nicht verurteilte. Einer der Unterleutnants wurde ebenfalls dem Ehrengericht vorgeführt und von diesem aus dem Großen Leninschen Komsomolzen-Verband ausgeschlossen. Der zweite erhielt als Strafe zehn Tage Hausarrest und wurde „im Namen der Partei zur Verantwortung gezogen".[314]

Unverhältnismäßig hart fiel hingegen die Strafe bei einem NKVD-Unterleutnant namens Toporkov aus. Am 10. Jänner 1946 betrank er sich gemeinsam mit seinen Untergebenen. In alkoholisiertem Zustand verhörte er mehrere Verhaftete und schlug einem von ihnen mit der Faust ins Gesicht. Der Unterleutnant wurde daraufhin aus der VKP(b) ausgeschlossen und vom Militärtribunal zu sieben Jahren ITL verurteilt.[315]

Trunkenheit mit Ruhestörung wurde – wie etwa im Fall des Hauptfeldwebels Zolotuchin – mit rund 30 Tagen Haft geahndet. Doch Zolotuchin, der für den Transport sowjetischer DPs in die Heimat zuständig war, versuchte in betrunkenem Zustand, ehemalige sowjetische Zwangsarbeiterinnen zum Geschlechtsverkehr zu bewegen. Die Frauen beschwerten sich bei einem Oberleutnant der Kommandantur. Im Streit wollte Zolotuchin den Oberleutnant erschießen, verwundete stattdessen aber einen Kameraden tödlich. Das Militärtribunal verurteilte ihn zu acht Jahren Gefängnishaft, die später in die Höchststrafe umgewandelt wurde, und veranlasste die Ausschließung von den Kandidaten der VKP(b). Kritik übte man an seinem Vorgesetzten: Dieser habe von Zolotuchins 30-tägiger Haftstrafe gewusst und wäre somit „unseriös" bei

314 RGVA, F. 32903, op. 1, d. 345, S. 144–148, Anordnung des Leiters der NKVD-Truppen zum Schutz des Hinterlandes der Südlichen Gruppe der Streitkräfte, Generalmajor Pavlov, und des stv. Leiters der Politabteilung, Oberstleutnant Bondarenko, an die Einheitskommandanten und die Leiter der Politabteilungen zur Disziplinierung der Angehörigen der NKVD-Grenzregimenter, 13.8.1945. Abgedruckt in: Karner – Pickl, Die Rote Armee in der Steiermark, Dok. Nr. 129.

315 RGVA, F. 38650, op. 1, d. 1222, S. 110–127, hier: S. 118, Bericht des Leiters der NKVD-Truppen zum Schutz des Hinterlandes der CGV, Generalmajor Kuznecov, und des Leiters der Politabteilung der Truppen, Oberst Šukin, an den stv. Leiter der Hauptverwaltung der Inneren Truppen des NKVD, Generalmajor Skorodumov, über den politisch-moralischen Zustand und die Disziplin in den MVD-Truppen zum Schutz des Hinterlandes der CGV im 1. Quartal 1946, 9.4.1946.

der Auswahl des Personals vorgegangen.[316] Eines bringen die angeführten Beispiele besonders deutlich zum Vorschein: Alkohol wirkte als Hemmungslöser. Sowohl die erwähnten Übergriffe auf Frauen als auch die „Schießwut" sind als typisch zu bezeichnen. Übergriffe sowie Unfälle, in die Besatzungsangehörige verwickelt waren, erfolgten besonders häufig unter Alkoholeinfluss.

2.4.2 Übergriffe und Unfälle

„Alkoholvorräte [seien laut OKW-Befehl] niemals zu vernichten", sinnierte die Anonyma in ihrem Berliner Tagebuch, „sondern dem nachsetzenden Feinde zu überlassen, da erfahrungsgemäß dieser durch Alkohol aufgehalten und in seiner weiteren Kampfkraft beeinträchtigt werde. Das ist so ein Männerschnack, von Männern für Männer ausgeheckt. Die sollen sich bloß mal zwei Minuten überlegen, dass Schnaps geil macht und den Trieb gewaltig steigert. Ich bin überzeugt, dass ohne den vielen Alkohol, den die Burschen überall bei uns fanden, nur halb so viele Schändungen vorgekommen wären. Casanovas sind diese Männer nicht. Sie müssen sich erst selber zu frechen Taten anstacheln, haben Hemmungen wegzuschwemmen."[317]

In Österreich kursierten Geschichten über „gutmütige Russen", die, wenn betrunken, nicht wiederzuerkennen waren. Nächtliche Überfälle und vor allem die Suche nach Frauen traten infolge übermäßigen Alkoholkonsums vermehrt auf. Gerade Ostösterreich mit seinen großen Weinanbaugebieten und dem auch heimlich gebrannten Schnaps bot einen schier unerschöpflichen Alkoholvorrat. Ohne ihn hätte sicherlich ein Teil der Übergriffe nicht stattgefunden.

Die NKVD-Offiziere füllten ihre Berichte mit Maßregelungen wegen Trunkenheit oder unerlaubten Entfernens von der Truppe. Auch Hinweise darauf, dass Alkoholexzesse manchmal „kollektiven Charakter" hatten und sich ganze Kompanien daran beteiligten, fehlen nicht.[318] Doch obwohl man die Doku-

316 RGVA, F. 32914, op. 1, d. 132, S. 218–264, hier: S. 225, Bericht des Kommandeurs des 336. NKVD-Grenzregiments, Martynov, und des Leiters der Politabteilung des Regiments, Čurkin, an den Leiter der Politabteilung der NKVD-Truppen zum Schutz des Hinterlandes der 3. Ukrainischen Front, Nanejšvili, über den Dienst, die parteipolitische Arbeit, den politisch-moralischen Zustand und die Disziplin des Regiments im 2. Quartal 1945 [Juni 1945].

317 Anonyma, Eine Frau in Berlin. Tagebuch-Aufzeichnungen vom 20. April bis 22. Juni 1945. Berlin 2005, S. 188; Merridale, Iwans Krieg, S. 343.

318 Vgl. etwa RGVA, F. 38650, op. 1, d. 1222, S. 188–190, Bericht des Leiters der MVD-Truppen zum Schutz des Hinterlandes der CGV, Oberst Kovalev, und des stv. Leiters der Politabteilung, Oberstleutnant Gončarev, an den Leiter der Politabteilung der Inneren Truppen des MVD, Generalmajor Skorodumov, über Trunkenheit, Plünderungen und Verstöße gegen die militärische Disziplin der 4. Kompanie des 383. Schützenregiments, 13.8.1946.

Abb. 53: Zahlreiche Fälle von Übergriffen, Unfällen und Vergiftungen sowjetischer Besatzungssoldaten sind auf übermäßigen Alkoholkonsum zurückzuführen. (Quelle: AdBIK, Foto: Grünanger)

mente als „streng geheim" führte, erwähnen selbst solche internen Akten so gut wie keine Fälle von Bandenvergewaltigung. Das offizielle Schweigen der Sowjets erzwang eine Starre.[319] Die zahlreichen Folgen, die Alkohol mit sich brachte, fanden nur am Rande Eingang in die Berichte der NKVD-Truppen. „Daneben [!] kam es im Juli zu Fällen von Vergewaltigungen österreichischer Frauen seitens Angehöriger der Roten Armee", erwähnte etwa ein Lagebericht des 25. NKVD-Grenzregiments die Übergriffe nebenbei. „So suchten vier Männer in Uniformen der Roten Armee am 14. Juli 1945 in Dietersdorf einen Ortsbewohner auf, um bei diesem zu nächtigen, woraufhin sich die Unbekannten betranken, den Hausherrn in ein Zimmer sperrten, dessen Frau und Tochter vergewaltigten und bei Tagesanbruch in unbekannte Richtung flüchteten."[320] Mit dieser Zusammenfassung wandte sich der Bericht erneut den „Banden" und Angehörigen der Vlasov-Armee zu.[321]

Ausführlich vermerkt wurde hingegen, wenn dieses nicht in den Griff zu

319 Merridale, Iwans Krieg, S. 349.

320 RGVA, F. 32910, op. 1, d. 42, S. 272–276, Bericht des stv. Kommandanten des 25. NKVD-Grenzregiments, Oberstleutnant Černyšev, und des Chefs des Regimentsstabes, Major Logvinov, über den Dienst des Regiments im Juli 1945 [August 1945]. Abgedruckt in: Karner – Pickl, Die Rote Armee in der Steiermark, Dok. Nr. 127.

321 Ebd.

bekommende Problem Opfer unter den eigenen Militärangehörigen forderte. Im ersten Quartal 1946 ging etwa die Hälfte der dokumentierten „außerordentlichen Vorfälle und Mannschaftsverluste außerhalb des Gefechts“ im 24. MVD-Grenzregiment auf Trunkenheit zurück. Der folgende Vorfall kann als bezeichnend angesehen werden: Am Neujahrstag 1946 betranken sich drei Sergeanten, die Ausgang hatten. Auf dem Rückweg in ihr Quartier fingen sie mit Unbekannten zu raufen an. Einer der drei wurde dabei tödlich verletzt und starb im Spital. „Der Tod [des Sergeanten]“, so der Regimentskommandeur, „passierte wegen der schwachen erzieherischen Arbeit“ und der Verstöße gegen die Regeln für den Freigang.[322]

Immer wieder verloren auch Einheimische ihr Leben aufgrund des übermäßigen Alkoholkonsums sowjetischer Besatzungsangehöriger: „Es kommt weiterhin zu Fällen von grundlosen Morden an Österreichern“, konstatierte Oberst Pavlov Anfang Juni 1945 in einer operativen Tagesmeldung. Als Beispiel diente Stallhofen, wo am 4. Juni 1945 Angehörige der 299. Schützendivision vier Ortsbewohner getötet hatten. Die Ursache für dieses Verbrechen lag laut Pavlov auf der Hand: „Der Mord geschah aus dem Grund, weil die Teilnehmer an der Operation zur Durchkämmung des Waldstückes betrunken waren.“[323]

Neben Raufhandel kam es auch häufig zu Autounfällen. Beispielsweise stahl ein alkoholisierter sowjetischer Hauptfeldwebel das Lastauto eines Österreichers. Er war nicht in der Lage, den Wagen unter Kontrolle zu halten, sodass dieser sich schließlich überschlug und gegen einen Baum prallte. Der Hauptfeldwebel starb infolge des Unfalls.[324]

Die zahlreichen Unfälle – und „amoralischen Erscheinungen“ – einer motorisierten Einheit führte man etwa darauf zurück, dass diese einen besonders hohen Anteil an Neuzugängen aufwies: „Vor zwei Monaten waren sie noch in der Ausbildung, während sie jetzt keinerlei Kurse mehr besuchen und noch nicht richtig Auto fahren können.“[325] In diesen Fällen war kein Al-

322 RGVA, F. 32916, op. 1, d. 11, S. 90f., hier: S. 90, Bericht des Kommandeurs des 24. MVD-Grenzregiments, Oberst Kapustin, und des Leiters des Stabes, Major Galeev, an alle Bataillonskommandeure über außergewöhnliche Vorfälle und Verluste außerhalb des Gefechts im 1. Quartal 1946, 18.4.1946.

323 RGVA, F. 32902, op. 1, d. 104, S. 246, Operative Tagesmeldung Nr. 00153 des Kommandanten des 17. Grenzregiments, Oberst Pavlov, und des stv. Stabschefs, Hauptmann Alabušev, 6.6.1945. Abgedruckt in: Karner – Pickl, Die Rote Armee in der Steiermark, Dok. Nr. 93.

324 RGVA, F. 32916, op. 1, d. 11, S. 90f., Bericht des Kommandeurs des 24. MVD-Grenzregiments, Oberst Kapustin, und des Leiters des Stabes, Major Galeev, an alle Bataillonskommandeure über außergewöhnliche Vorfälle und Verluste außerhalb des Gefechts im 1. Quartal 1946, 18.4.1946.

325 RGVA, F. 32907, op. 1, d. 351, S. 38–41, hier: S. 40, Protokoll der Parteiversammlung des 10. NKVD-Regiments über die Aufgaben der Kommunisten im Kampf gegen amoralische Erscheinungen, 24.8.1945.

kohol im Spiel. Doch kam es zu „Mannschaftsverlusten außerhalb des Gefechts" gerade auch wegen Alkoholvergiftungen.

2.4.3 Vergiftungen

Manchmal besiegte der Alkohol die Soldaten auch auf andere Art. So erlitten am 11. Mai 1945 insgesamt 326 Offiziere und Mannschaftssoldaten der 26. Armee eine schwere Alkoholvergiftung, 75 verstarben innerhalb eines Tages am „Beuteschnaps". Der Militärrat der 3. Ukrainischen Front bewertete den Vorfall einmal mehr als „eine Folge fehlender Disziplin und Ordnung". Zur Abschreckung mussten die Soldaten über den Tod der Kameraden unterrichtet werden, um sie vom Konsum dieser „flüssigen Trophäen" abzuhalten. Der Regimentskommandant forderte daraufhin von den Offizieren des Sanitätsdienstes, sämtliche bereits erbeuteten Getränke und Nahrungsmittel zu untersuchen, was anscheinend bis dahin nicht geschehen war. „Bei Auffindung von Getränken und Nahrungsmitteln aus Beutebeständen" waren diese unter der Aufsicht der Sanitätsoffiziere zu beschlagnahmen und „bis zum Vorliegen einer endgültigen Analyse im Verpflegungslager des Bataillons zu verwahren", lautete der Befehl.[326]

Tatsächlich leiteten die Bataillonskommandeure die Weisung an die Offiziere weiter, bei Auffinden von Beutealkohol und -nahrungsmitteln den Bataillonsstab in Kenntnis zu setzen. Auch die Ärzte wussten Bescheid, dass sie den Personalstand aufzuklären und die Verwendung der Nahrungsmittel zu kontrollieren hatten.[327] Doch einmal mehr zeigte sich, dass Papier geduldig war.

Die Armeeführung vermutete hinter einem Teil der Vergiftungen auch mutwillige Anschläge seitens „faschistischer Elemente", die gezielt Methylalkohol an sowjetische Militärangehörige verkaufen würden. Angesichts der „massenweisen Vergiftungen" zeige sich, wie manche vergessen hätten, „dass wir uns auf dem Gebiet Österreichs befinden - einem früher vom faschistischen Deutschland besetzten Land - und dass der Feind im Kampf mit uns sämtliche heimtückischen Mittel einsetzt und einsetzen wird", kritisierte einer der Politoffiziere.[328] Man verbot daher den Offizieren und Mannschafts-

326 RGVA, F. 32914, op. 1, d. 9, S. 63, Befehl des stv. Leiters der NKVD-Truppen zum Schutz des Hinterlandes der 3. Ukrainischen Front, Oberst Semenenko, und des stv. Stabsleiters, Oberstleutnant Počuev, an die Kommandeure der Grenzregimenter zum Schutz des Hinterlandes der 3. Ukrainischen Front, über Maßnahmen zur Verhinderung von Alkoholmissbrauch, 13.5.1945.

327 RGVA, F. 32902, op. 1, d. 103, S. 344, Bericht des Kommandeurs des 1. Bataillons des 17. NKVD-Grenzregiments, Major Borin, und des Leiters des Stabes, Hauptmann Gerasimov, an den Kommandeur des 17. NKVD-Grenzregiments, Oberst Pavlov, über die Umsetzung der Weisung vom 21.5.1945 bezüglich Beutealkohol und -nahrung, 28.5.1945.

328 CAMO, F. 3415, op. 1, d. 102, S. 36, Bericht des Leiters der Politabteilung des 18. Panzerkorps, Garde-Leutnant Šelet, über Vergiftungen unter den Armeeangehörigen, 29.4.1945.

soldaten, bei Privatpersonen Lebensmittel oder gar alkoholische Getränke einzukaufen, und mahnte sie zur Vorsicht. Jene, die gegen den entsprechenden Befehl des Kommandos der CGV verstießen, waren hart zu bestrafen.[329]

Offensichtlich war das Verlangen nach Alkohol größer als der Gehorsam vor diesen Befehlen oder die Angst vor möglichen gesundheitlichen Schäden. Denn die Soldaten tranken alles, was nach Schnaps roch, sogar den hochprozentigen Schnaps „Samogon" oder Frostschutzmittel - selten um des Geschmacks willen, sondern eher, um sich zu betäuben. „Wenn unsere Soldaten Alkohol finden", sagte ein Leutnant, „sind sie außer Sinnen und ruhen nicht eher, als bis sie den letzten Tropfen geschluckt haben. [...] Ohne die Trunksucht", so meinte er 1945, „hätten wir die Deutschen schon zwei Jahre früher geschlagen."[330]

Auch Georgi Leskis, der nach Kriegsende in Mödling stationiert war, betont in diesem Zusammenhang den „russischen Charakterzug", „alles" zu trinken. Nur durch Zufall entging er selbst einer schweren Alkoholvergiftung: „Irgendetwas war zu feiern, einer unserer Feiertage. Aus allen Einheiten kamen die sogenannten Künstler zusammen. Es sollten Plakate mit irgendwelchen Losungen gemacht werden. Sie haben einen Kleber gesucht, fanden in einer Ecke einen Kanister mit einer Flüssigkeit, die an Sprit, an Wodka erinnerte. Es war wirklich Sprit - Methylalkohol, eine Massenvergiftung war die Folge. Gott hat mich damals gerettet, ich war an diesem Tag nicht in Mödling, denn ich hätte da ebenso mittrinken können. Einige Dutzend Leute hatten schwere Vergiftungen, sie starben oder wurden blind. Man hat mit allen Mitteln versucht, sie zu retten - Blutinfusionen, nichts hat geholfen. Aber das ist auch ein russischer Charakterzug - Russen können alles Mögliche trinken, Sachen, die wahrscheinlich kein Österreicher oder Italiener auch nur anschauen würde. Es wurde fürchterlich getrunken."[331]

Wenn einer von den Soldaten doch einmal Angst vor Vergiftungen hatte, versuchten die anderen, ihm diese auszureden, mitunter mit fatalen Konsequenzen: Bereits 1942 habe er einen solchen Holzgeist getrunken und nichts sei mit ihm geschehen, erzählte ein bei einer sowjetischen Armeeautowerkstatt in Wien arbeitender Koch namens Timošenko. Ein anderer Soldat namens Mazur erklärte noch, man müsse den Holzgeist nur einmal aufkochen,

329 AM 4. GA, Bestand 4. Garde-Armee, Dok. Nr. 34, Befehl Nr. 0303 des Kommandanten der 4. Garde-Armee, Garde-Generaloberst Gusev, des Mitglieds des Militärrates der 4. Garde-Armee, Generalmajor Seminov, und des Leiters des Stabes der 4. Garde-Armee, Garde-Generalmajor Fomin, über mutwillige Vergiftungen von sowjetischen Armeeangehörigen durch Alkohol, 26.9.1945.

330 Zit. nach: Merridale, Iwans Krieg, S. 299.

331 Klein, Die Russen in Wien, S. 174.

dann könne man ihn gefahrlos trinken. Zu dritt leerten sie schließlich einen ganzen Kanister Holzgeist, den sie im Keller der Werkstatt entdeckt und abgekocht hatten. Trotz der „Vorsichtsmaßnahme" trugen alle drei schwere Vergiftungen davon und mussten medizinisch behandelt werden. „Aber der Rotarmist des 24. Grenzregiments hatte anscheinend mehr [als die anderen] getrunken, seine Vergiftung war schwerer", konstatierte der Kommandeur des 336. NKVD-Grenzregiments. Innerhalb eines Tages verstarb Mazur.[332]

Nicht einmal zwei Wochen nach der erwähnten Weisung erlitten drei weitere NKVD-Soldaten eine Vergiftung durch Methylalkohol, einer von ihnen starb. In Graz starben sechs Rotarmisten nach dem Konsum einer Flasche Schnaps, die der Unteroffizier des Sanitätsdienstes der Division verbotenerweise bei Einheimischen gekauft hatte. Sieben ihrer Kameraden überlebten die Folgen der Vergiftung.[333] Oberst Pavlov ordnete daraufhin an, „nochmals den gesamten Mannschaftsstand auf das Verbot des Kaufs von alkoholischen Getränken" hinzuweisen.[334]

Vor diesem Hintergrund lässt sich auch das Verhalten des Gefreiten Grigorii Omel'čenko erklären, der die längste Zeit die Ursache seiner schweren Vergiftung zu verheimlichen versuchte. Im August 1946 hatte der Scharfschütze einen Bekannten im 4. Wiener Gemeindebezirk getroffen und angeblich auf dessen Einladung 100 bis 150 Gramm Schnaps getrunken. Am folgenden Tag hatte Omel'čenko Schmerzen in den Augen bekommen und zugleich eine Beeinträchtigung seiner Sehkraft bemerkt. In der Sanitätsabteilung seines Bataillons verschwieg er allerdings, Alkohol konsumiert zu haben. Erst als er rund zwei Wochen später in das Garnisonsspital überstellt wurde, gestand er den Schnapskonsum. Bei der Untersuchung stellte sich heraus, dass sich der Kandidat der VKP(b) eine Vergiftung durch Methylalkohol zugezogen hatte. Ob Omel'čenko überlebte und gegebenenfalls eine Bestrafung erhielt, ist nicht bekannt.[335]

332 RGVA, F. 32914, op. 1, d. 12, S. 172, Bericht des Kommandeurs des 336. Grenzregiments, Oberstleutnant Martynov, und des Stabschefs, Major Buškov, über Vorfälle im Regiment, 15.7.1945.

333 RGVA, F. 32903, op. 1, d. 47, S. 349, Bericht des stv. Leiters des NKVD-Truppen zum Schutz des Hinterlandes der 3. Ukrainischen Front, Oberst Semenenko, an den Kommandeur des 91. Grenzregiments, über außergewöhnliche Vorfälle, 31.5.1945.

334 RGVA, F. 32903, op. 1, d. 47, S. 349, Bericht des stv. Leiters des NKVD-Truppen zum Schutz des Hinterlandes der 3. Ukrainischen Front, Oberst Semenenko, an den Kommandeur des 91. Grenzregiments über außergewöhnliche Vorfälle, 31.5.1945; RGVA, F. 32902, op. 1, d. 104, S. 222, Operative Tagesmeldung Nr. 00142 des Kommandeurs des 17. NKVD-Grenzregiments, Oberst Pavlov, und des stv. Leiters des Stabes, Hauptmann Alabušev, 26.5.1945. Abgedruckt in: Karner – Pickl, Die Rote Armee in der Steiermark, Dok. Nr. 76.

335 RGVA, F. 32916, op. 1, d. 11, S. 165, Bericht des Bevollmächtigten des Stabes des 24. NKVD-Grenzregiments, Hauptmann Golovačev, über Vorfälle im Regiment im August 1946 [frühestens am 28.8.1946].

Mitunter sahen es die Besatzungssoldaten gerne, wenn Einheimische mit ihnen tranken. Sie wären „beleidigt" gewesen, hätte man das Angebot abgelehnt, so die Erinnerung einer Österreicherin. Offen bleibt, ob dieses Verhalten - ähnlich wie beim Essen - auf ein bewusst geschürtes Misstrauen zurückzuführen ist und ob sie lediglich einen „Vorkoster" suchten oder ob es der Sehnsucht nach einem geselligen Miteinander entsprach.[336]

Fotos von Rotarmisten, die sich angeheitert um ein Weinfass scharen oder miteinander anstoßen, machen außerdem Folgendes deutlich: Nach den schrecklichen Jahren des Krieges wollten die Soldaten vor allem eines: Spaß haben und vergessen. Die „Meere von Wein und Schnaps"[337] sollten schmerzliche Erinnerungen ertränken. Die Folge waren Trinkgelage mit zahlreichen Opfern. Dass insbesondere psychische Faktoren für das allgemein unter Soldaten weit verbreitete Alkoholproblem verantwortlich waren,[338] kommt in den sowjetischen Dokumenten nicht zur Sprache.

2.4.4 Verhaftungen von Österreichern

Alkohol forderte - abgesehen von den durch die herabgesetzte Hemmschwelle verübten Übergriffen - indirekt auch unter der Zivilbevölkerung seinen Tribut. Mehr als zehn Österreicherinnen und Österreicher wurden „wegen Verbrechen gegen die Sowjetische Armee" verurteilt, nachdem der bereitgestellte Alkohol zu Vergiftungen geführt hatte.[339] Der Verkauf von Spirituosen galt in den Augen des NKVD ebenso wie Mord aus dem Hinterhalt als Terrorakt.[340] Ende Mai 1945 warnten die NKVD-Truppen, „dass Bewohner Österreichs giftige Essenzen als Spirituosen ausweisen und diese an Angehörige der Roten Armee verkaufen" würden. Den Hinweis auf diesen Vorwurf hatte der Militärstaatsanwalt der 61. Schützendivision gegeben, nachdem 18 Soldaten am Alkohol einer Grazerin verstorben waren. Doch auch für die Verkäuferin sollte die Vergiftung schwerwiegende Folgen haben: „Die Verkäuferin des vergifteten Alkohols wurde festgenommen und befindet sich bei der Abteilung für Gegenspionage der 61. Schützendivision",

336 Margarethe Hannl, Mit den Russen leben. Ein Beitrag zur Besatzungszeit im Mühlviertel 1945–1955. Phil. DA. Salzburg 1988; Stelzl-Marx, Freier und Befreier, S. 424.

337 Merridale, Iwans Krieg, S. 338.

338 Hannl, Mit den Russen leben, S. 130.

339 Knoll - Stelzl-Marx, Sowjetische Strafjustiz in Österreich, S. 292.

340 RGVA, F. 32900, op. 1, d. 211, S. 169–172, Arbeitsplan für die Verwaltung der NKVD-Truppen zum Schutz des Hinterlandes der 3. Ukrainischen Front für Juli 1945, bestätigt vom stv. Leiter der NKVD-Truppen zum Schutz des Hinterlandes der 3. Ukrainischen Front, Oberst Semenenko, 3.7.1945. Abgedruckt in: Karner - Pickl, Die Rote Armee in der Steiermark, Dok. Nr. 103.

berichtete der Kommandeur des 17. NKVD-Grenzregiments.[341] Als typisch kann der Fall von „K." bezeichnet werden, der „mehreren Angehörigen der sowjetischen Besatzungsmacht auf deren ausdrückliches Verlangen Schnaps und Spiritus verkauft hat. Im September 1945 sind infolge des Genusses von Spiritus zwei russische Soldaten an Alkoholvergiftung verstorben und ein dritter vorübergehend erblindet. Da nun K. kurz vorher mehrere Liter Spiritus, der mit Methylalkohol vermischt gewesen sein soll, an die betreffenden Soldaten verkauft hatte, wurde er von der Besatzungsmacht für den Tod der beiden Soldaten verantwortlich gemacht." Die Österreichische Botschaft Moskau brachte in Erfahrung, dass K. „wegen Verbrechens gegen die sowjetischen Besatzungstruppen zu einer Freiheitsstrafe verurteilt [wurde], die er in der UdSSR verbüßt".[342]

Ein ähnliches Schicksal ereilte die drei Mühlviertler Lukas Forstner, Walter Wolny und dessen Vater Albin. Im September 1945 übergab Lukas Forstner seinem Sohn Hans einen Liter Alkohol, den er bei Angehörigen der Roten Armee gegen Lebensmittel eintauschen sollte. Forstner senior, so die spätere Einschätzung des Militärtribunals, sei sich unsicher gewesen, ob der Alkohol genießbar war. Hans Forstner übergab daraufhin den Alkohol seinem Bekannten Walter Wolny mit der Bitte, dieser möge den Tauschhandel durchführen. Am 24. September verkaufte schließlich sein Vater Albin Wolny die Flasche einem Unteroffizier der Roten Armee für drei Fleischkonserven. Vater und Sohn Wolny sollen angeblich gleichfalls an der Qualität des hochprozentigen Getränks gezweifelt haben.

Wie sich zeigen sollte, war der Schnaps tatsächlich mit Methylalkohol versetzt. Der Unteroffizier, ein Hauptfeldwebel und ein Leutnant trugen schwere Vergiftungen davon, Letzterer starb innerhalb weniger Stunden. Zwei Tage später wurden die involvierten Österreicher verhaftet. Am 17. November 1945 verurteilte das Militärtribunal der 4. Garde-Armee Lukas Forstner sowie Vater und Sohn Wolny nach Artikel 139 StGB der RSFSR wegen „fahrlässiger Tötung" zu drei Jahren ITL. Walter Wolny kehrte 1949, Lukas Forstner erst im Juni 1955 nach Österreich zurück, Albin Wolnys Schicksal ist unbekannt.[343]

Bemerkenswert erscheint die Einschätzung des Falls durch das Militärgericht der Baltischen Flotte im September 1998: Die Gerichtsakten zeigten of-

341 RGVA, F. 32902, op. 1, d. 104, S. 240, Operative Tagesmeldung Nr. 00146 des Kommandeurs des 17. NKVD-Grenzregiments, Oberst Pavlov, 30.5.1945. Abgedruckt in: Karner – Pickl, Die Rote Armee in der Steiermark, Dok. Nr. 82. Vgl. Beer, Das sowjetische „Intermezzo", S. 49.

342 Wie sich später zeigen sollte, war K. bereits im April 1946 an einem Blinddarmdurchbruch verstorben. Vgl. Knoll – Stelzl-Marx, Sowjetische Strafjustiz in Österreich, S. 310f.; ÖBM, Personalakt Josef K.

343 AdBIK, Datenbank verurteilter österreichischer Zivilisten in der UdSSR.

fensichtlich, dass keiner der Verurteilten aus böser Absicht gehandelt hatte. Wie die spätere Zeugenaussage des Unteroffiziers belegt, hatte Albin Wolny sogar persönlich einen Schluck aus der Flasche getrunken, als er sie für die drei Konserven eintauschte. Die drei Rotarmisten erlitten demnach aus eigener „grober Unvorsichtigkeit" die Vergiftung.[344] Da den Österreichern kein Verbrechen nachgewiesen werden konnte, erklärte das Militärgericht alle drei für rehabilitiert und hob das Urteil im Nachhinein auf.[345]

Während der Besatzungszeit sprachen sich derartige Vorfälle von Verhaftungen und Verurteilungen rasch herum. Den Einheimischen war daher bewusst, dass die Verabreichung von Spiritus oder Methylalkohol an Besatzungsangehörige insofern schlimme Folgen haben konnte, als ein etwaiger damit verbundener Tod als mutwillige Tötung gelten konnte. So hatte etwa eine im Mühlviertel wohnhafte Familie die ärgsten Befürchtungen, als der in ihrem Haus einquartierte Offizier schwer betrunken dem Tod nahe schien. „Wenn der stirbt", so die berechtigte Überlegung des Hausherrn, „dann glauben die [Sowjets] womöglich, dass wir das getan hätten." Sie ließen daraufhin einen sowjetischen Arzt kommen, der eine lebensgefährliche Alkoholvergiftung diagnostizierte. Der Offizier überlebte und schwor - zumindest vorläufig -, nichts mehr zu trinken. Die Österreicher blieben unbehelligt.[346]

Selbst wenn sich Einheimische - wie im Fall der oberösterreichischen Familie - nicht unmittelbar am Verkauf oder der Bereitstellung des Alkohols beteiligt hatten, waren sie einer gewissen Gefahr ausgesetzt. Denn die Soldaten, so zumindest die Erinnerung österreichischer Zeitzeugen, waren nicht allzu wählerisch: Schnaps, Most, Spiritus, Methylalkohol, sogar Kölnischwasser und Alkohol von Tierpräparaten - angeblich wurde alles getrunken. Das Klischee des „saufenden Russen" ist bis heute verbreitet.[347] Es wird wohl nicht mehr zu klären sein, wie viele der Alkoholvergiftungen reine „Unfälle" waren und wie viele tatsächlich auf eine mutwillige Verabreichung von gesundheitsschädlichem Alkohol seitens der einheimischen Bevölkerung zurückgehen. Faktum ist, dass der Alkohol bei Besatzern und Besetzten weitreichende Folgen hatte, zu denen in erster Linie auch Übergriffe auf Frauen gehörten.

344 AdBIK, Rechtsspruch Nr. 42n des Militärgerichts der Baltischen Front, 14.9.1998; AdBIK, Datenbank verurteilter österreichischer Zivilisten in der UdSSR.

345 AdBIK, Rehabilitierungsbescheid des Militärgerichts der Baltischen Front für Lukas Forstner, Albin Wolny und Walter Wolny, 16.9.1989.

346 Hannl, Mit den Russen leben, S. 129f.

347 Ebd., S. 127–130.

2.5 Vergewaltigung

Spätestens seit dem mythologischen „Raub der Sabinerinnen" durch römische Krieger gehört sexuelle Gewalt bis zum heutigen Tag als eine erschreckend häufige Begleiterscheinung der militärischen Eroberung und Besatzung zu den üblichen Methoden der Kriegsführung. Die „Schändungen" ziehen sich als fester Bestandteil von Kriegshandlungen wie ein roter Faden durch die Geschichte, unabhängig von Nationalität, Rasse, Klasse, Ideologie, geografischer Lage oder kulturellem Niveau. Als Akt der Unterwerfung, Demütigung und Zerstörung richten sich Vergewaltigungen nicht nur gegen Frauen als die direkten Opfer, sondern auch gegen die indirekt Betroffenen – die gegnerischen Männer. Ihnen wird über den „besiegten" Körper der Frau ihre Niederlage, Machtlosigkeit und Entwürdigung vor Augen geführt. In den Übergriffen kann sich ein Rachebedürfnis mit Zerstörungswut und oft lange geschürtem tiefem Hass verbinden. Damit strafte man nicht nur den „Feind", sondern bestätigte auch seine labile Männlichkeit.[348]

Während des Zweiten Weltkrieges, bei Kriegsende und in der Nachkriegszeit kamen Vergewaltigungen durch Angehörige aller Truppen vor. So erfolgten auch in den westlichen Besatzungszonen Deutschlands und Österreichs Übergriffe durch die dort eingesetzten US-Amerikaner, Briten und Franzosen. Befreite Zwangsarbeiter und Kriegsgefangene übten mitunter Rache an einheimischen Frauen.[349] Überall, wo Wehrmachtssoldaten und SS-Männer stationiert gewesen waren, hatte es – trotz aller Rassenideologie und der NS-Rassengesetze – Fälle von Notzucht im „Feindesland" gegeben.[350] Während des Krieges gegen die Sowjetunion scheinen sexuelle Gewalttaten, wenngleich sie weder die SS-Führung noch das Oberkommando der Wehr-

348 Mörth, Schrei nach innen, S. 25; Merridale, Iwans Krieg, S. 348; Ingrid Schmidt-Harzbach, Eine Woche im April. Berlin 1945, in: Helke Sander – Barbara Johr (Hg.), BeFreier und Befreite. Krieg, Vergewaltigung, Kinder. Frankfurt am Main 2005, S. 21–45, hier: S. 34. Siehe dazu auch das Kapitel B.II.1 „Die Schattenseite" in diesem Band.

349 Nach neuesten Untersuchungen ist von etwa 11.000 Vergewaltigungen durch amerikanische Besatzungssoldaten in Deutschland bis Ende 1945 auszugehen. Vgl. J. Robert Lilly, Taken by Force. Rape and American GIs in Europe during World War II. Houndmills – New York 2007, S. 12.

350 Regina Mühlhäuser, Eroberungen. Sexuelle Gewalttaten und intime Beziehungen deutscher Soldaten in der Sowjetunion, 1941–1945. Hamburg 2010, S. 73–155; Barbara Johr, Die Ereignisse in Zahlen, in: Helke Sander – Barbara Johr (Hg.), BeFreier und Befreite. Krieg, Vergewaltigung, Kinder. Frankfurt am Main 2005, S. 46–73, hier: S. 46, 65. Zu Sexualverbrechen der Wehrmacht siehe: David Raub Snyder, Sex Crimes Under the Wehrmacht. Studies in War, Society and the Military. Lincoln 2007. Vgl. dazu auch Birgit Beck, Vergewaltigung von Frauen als Kriegsstrategie im Zweiten Weltkrieg?, in: Jahrbuch für Historische Friedensforschung. 1995/4, S. 34–50; Birgit Beck, Wehrmacht und sexuelle Gewalt. Sexualverbrechen vor deutschen Militärgerichten 1939–1945. Paderborn 2004; Hans-Heinrich Nolte, Vergewaltigung durch Deutsche im Rußlandfeldzug, in: Zeitschrift für Weltgeschichte. 2009/1, S. 113–132.

macht bzw. des Heeres angeordnet hatten, fixer Bestandteil des Vernichtungskrieges gewesen zu sein.[351] Besonders hoch war jedoch die Zahl von Vergewaltigungen durch Angehörige der Roten Armee.

Ein Teil der Frauen überlebte die Tat nicht. Sie wurden getötet, starben an den Folgen von Misshandlung oder Krankheit, begingen Suizid. Viele trugen bleibende gesundheitliche Schäden, etwa durch die Infektion mit einer Geschlechtskrankheit, davon. Doch auch die seelischen, psychologischen Folgen konnten verheerend sein. Für einige war danach ihr Verhältnis zu Männern gestört, manchmal ihr ganzes Leben lang. Manche erfuhren von der eigenen Familie und der Nachbarschaft soziale Ächtung. Aus Angst vor Diskriminierung versuchten viele, das Thema „totzuschweigen" und erlitten dadurch noch eine zweite Traumatisierung. Die Zahl der Abtreibungen oder der Kinder, die nach einer Vergewaltigung auf die Welt kamen, wird immer im Dunkeln bleiben.[352]

2.5.1 Dimension des Schreckens

Die Zeugnisse über die Vergewaltigungen füllen ganze Aktenschränke. Sie bestätigten das von Vorurteilen und NS-Propaganda geprägte Bild der „Russen" und verankerten es tief im kollektiven Gedächtnis der österreichischen Bevölkerung: die Sowjetunion als „Hort des Bösen", „behaust" vom „slawischen Untermenschen" und infiziert vom „jüdischen Bolschewismus".[353] Gerüchte und Warnungen der an der Ostfront eingerückten Wehrmachtssoldaten, die Übergriffe auf die Zivilbevölkerung selbst verübt oder beobachtet hatten, verstärkten diese Stereotypen noch. Bereits vor dem Eintreffen der ersten Rotarmisten herrschte daher panische Angst vor den „wilden Horden aus dem Osten". Dabei verbanden sich zudem antislawische Reflexe aus der Monarchie mit aktuellen antikommunistischen Tendenzen. Die Devise „Kraft durch Furcht" sollte dazu beitragen, den deutschen Widerstandswillen zu stärken.[354]

---

351 Regina Mühlhäuser, Handlungsräume. Sexuelle Gewalt durch Wehrmacht und SS in den besetzten Gebieten der Sowjetunion 1941–1945, in: Insa Eschebach – Regina Mühlhäuser (Hg.), Krieg und Geschlecht. Sexuelle Gewalt im Krieg und Sex-Zwangsarbeit in NS-Konzentrationslagern. Berlin 2008, S. 167–186.

352 Antony Beevor, Berlin 1945. Das Ende. Aus dem Englischen übertragen von Frank Wolf. München 2002, S. 445; Andrea Pető, Stimmen des Schweigens. Erinnerungen an Vergewaltigungen in den Hauptstädten des „ersten Opfers" (Wien) und des „letzten Verbündeten" Hitlers (Budapest) 1945, in: Zeitschrift für Geschichtswissenschaft. 1999/47, S. 892–913.

353 Siehe dazu die entsprechenden Beiträge in: Hans-Erich Volkmann (Hg.), Das Rußlandbild im Dritten Reich. Köln – Weimar – Wien 1994.

354 Wolfram Wette, Das Rußlandbild in der NS-Propaganda. Ein Problemaufriß, in: Hans-Erich Volkmann (Hg.), Das Rußlandbild im Dritten Reich. Köln – Weimar – Wien 1994, S. 55–78, hier: S. 70.

Abb. 54: Deckblatt der 1942 vom Reichsführer-SS herausgegebenen Propagandabroschüre „Der Untermensch", die gezielt ein antisowjetisches Feindbild – auch gegen die „fanatischen Flintenweiber" – schürte. (Quelle: Sammlung Stelzl-Marx)

Gerüchte über Vergewaltigungen verbreiteten sich wie ein Lauffeuer und eilten den vorrückenden sowjetischen Soldaten zu Kriegsende voraus. Sie fielen auf den fruchtbaren Boden des aus antikommunistischen, rassistischen und antisemitischen Vorstellungen konzipierten NS-Feindbildes. Dabei schürte die deutsche Propaganda gezielt die Angst vor Übergriffen durch die Rote Armee auch, um die ausgegebenen Durchhalteparolen wirksamer zu machen. Der Ruf „Die Russen kommen!" entwickelte sich zu einem Synonym für Grauen und Schrecken. Diese Kombination aus tatsächlicher und überlieferter Erfahrung, latentem Antislawismus mit seinen Wurzeln im 19. Jahrhundert, jahrelang indoktrinierten Vorstellungen des „slawischen Untermenschen" und einer gewissen Sensationsgier führte dazu, dass die sowjetische Besatzungsmacht in Österreich bis heute überproportional negativ konnotiert ist.[355]

Die genauen Zahlen sexueller Übergriffe werden allerdings immer unbekannt bleiben. Oftmals wurde aus Scham weder Anzeige erstattet noch eine ärztliche Untersuchung in Anspruch genommen. In Ostpreußen nahm die Gewalt ihre furchtbarsten Ausmaße an. Aber auch in allen Gebieten, die die Rote Armee befreite und besetzte, waren Vergewaltigungen an der Tagesordnung. Schätzungsweise ereilte 1,9 Millionen deutsche Frauen und Mädchen während des Vormarsches der Roten Armee bis Berlin dieses Schicksal, davon 1,4 Millionen in den ehemaligen deutschen Ostgebieten (während Flucht und Vertreibung) und eine halbe Million in der späteren sowjetischen Besatzungszone. Allein in Berlin wurden bis Herbst 1945 mindestens 110.000 Frauen (oder rund sieben Prozent der Einwohnerinnen) vergewaltigt.

Über vier Millionen Rotarmisten waren an den Kämpfen auf deutschem Boden, über 450.000 in Berlin beteiligt. Rein statistisch gesehen wurde jeder Zweite, in Berlin jeder Vierte von ihnen zum Täter. De facto werden es jedoch zahlenmäßig weniger gewesen sein. Diese Täter dürften dafür zu einem

355 Stelzl-Marx, Freier und Befreier, S. 424f.

großen Teil mehrere Frauen vergewaltigt haben. Doch sind auch die Zahlen der vergewaltigten Frauen nicht ident mit der Zahl der Vergewaltigungen selbst: Annähernd 40 Prozent der Opfer dürften mehrfach, die meisten zwei- bis viermal, aber auch häufiger vergewaltigt worden sein. Für Berlin liegt die Zahl der Übergriffe daher um ein Vielfaches über jener der Opfer.[356]

Für Österreich sind die Angaben ebenfalls mit besonderer Vorsicht zu behandeln: Günter Bischof schätzt die Vergewaltigungen für Wien anhand von zeitgenössischen Quellen auf 70.000 bis 100.000.[357] Bezüglich Wiens und Niederösterreichs geht Marianne Baumgartner von rund 240.000 Übergriffen aus. Gewisse Rückschlüsse erlauben zudem venerische Krankheiten: Niederösterreich meldete für 1945 insgesamt 47.000 Neuzugänge an Gonorrhö (von 70.000 in ganz Österreich).[358] In der Steiermark ereilte in der kurzen Phase der sowjetischen Besatzung amtlichen Aufzeichnungen zufolge etwa 10.000 Frauen dieses Schicksal, davon rund vier Fünftel in der Ost- und Südsteiermark.[359] Burgenländische Gesamtzahlen sind nicht überliefert.[360] Allerdings ist davon auszugehen, dass in diesem ersten Einmarschgebiet der Roten Armee die Übergriffe besonders häufig waren und es daher zu mindestens 20.000 Vergewaltigungen kam.[361] Im Mühlviertel wurden gemäß den Angaben der Bezirkshauptmannschaft für diese Region von Mai 1945 bis März 1946 etwa 900 Fälle registriert.[362]

Das zahlenmäßige Verhältnis zwischen Besatzungssoldaten und Vergewaltigungsopfern ist in Österreich ähnlich wie in Deutschland: Auch hier ist die Relation - statistisch gesehen - etwa eins zu zwei: Rein am Papier verübte somit bei etwa 270.000 Vergewaltigungen jeder zweite von den insgesamt 400.000[363] zu Kriegsende in Ostösterreich stationierten Besatzungssoldaten eine Vergewal-

356 Johr, Die Ereignisse in Zahlen, S. 54–58.

357 Günter Bischof, Austria in the First Cold War, 1945–55: The Leverage of the Weak. Cold War History Series. London - New York 1999, S. 33.

358 Marianne Baumgartner, Vergewaltigungen zwischen Mythos und Realität. Wien und Niederösterreich im Jahr 1945, in: Frauenleben 1945. Kriegsende in Wien. Wien 1995, S. 59–73, hier: S. 64f.; Dornik, Besatzungsalltag in Wien, S. 462.

359 Karner, Die Steiermark im 20. Jahrhundert, S. 318.

360 Pia Bayer, Die Rolle der Frau in der burgenländischen Besatzungszeit, in: Michael Hess (Hg.), befreien - besetzen - bestehen. Das Burgenland 1945–1955. Tagungsband des Symposions des Burgenländischen Landesarchivs vom 7./8. April 2005. Eisenstadt 2005, S. 139–160.

361 Das Burgenland hatte 1945 etwa 200.000 Einwohner. (Von der Gesamtzahl von 280.000 Einwohnern sind einige 10.000 Richtung Westen Geflüchtete und etwa 38.000 Wehrmachtssoldaten und Kriegsgefangene abzuziehen.) Geht man von der für Wien und Niederösterreich anzunehmenden Vergewaltigungsquote von zehn Prozent aus, ergibt sich daher für das Burgenland eine Rate von mindestens 20.000 Vergewaltigungen. Herrn Dr. Wolfram Dornik, Graz, danke ich herzlich für diesen Hinweis.

362 Hafner, Das Mühlviertel unter sowjetischer Besatzung, S. 511f.

363 Rauchensteiner, Nachkriegsösterreich 1945, S. 420.

tigung. In der Realität verschob sich die Proportion auch hier: Relativ gesehen waren weniger Soldaten für jeweils mehrere Übergriffe verantwortlich.

Ein Teil der kursierenden Schätzungen ist zu hoch gegriffen: Manche gehen davon aus, in Berlin seien 60 bis 70 Prozent der weiblichen Bevölkerung, also über 800.000 Frauen, vergewaltigt worden.[364] Für Österreich gibt es vergleichbare Tendenzen. Diese große Spanne ist vor allem auf zwei Phänomene zurückzuführen: einerseits auf das hohe subjektive Ausmaß von Angst und Bedrohung, andererseits auf die überproportionale Bedeutung, welche die Einheimischen den sowjetischen Übergriffen im gesellschaftlichen Diskurs beimaßen.[365] Tatsächlich dürfte die Vergewaltigungsrate bei sechs bis sieben Prozent der weiblichen Bevölkerung gelegen sein.[366]

Praktisch keinerlei Angaben finden sich zu homosexuellen Vergewaltigungen seitens sowjetischer Soldaten oder zu Übergriffen durch weibliche Armeeangehörige. Dies schließt allerdings nicht aus, dass diese nicht auch stattgefunden hätten. Homosexualität war zwar in der Sowjetunion - ebenso wie im „Dritten Reich" - gesellschaftlich geächtet und wurde gesetzlich verfolgt. Auch galt (und gilt vielfach heute noch) Homosexualität als unvereinbar mit dem Militärdienst. Doch dürfte es auch in der Roten Armee - wie in jeder vorwiegend männlich dominierten Gesellschaft - Homosexualität und Übergriffe auf Männer oder Buben gegeben haben.[367] So führten deutsche Heimkehrer Mitte der 1950er Jahre an, etwa 15 bis 20 Prozent der Kriegsgefangenen wären homosexuelle Beziehungen im Lager eingegangen.[368] Vergewaltigung von Männern innerhalb der Armee kommt bis heute als Methode vor, um einem Rekruten die Würde zu nehmen.[369]

Etwa 800.000 bis eine Million Frauen dienten im Zweiten Weltkrieg in den sowjetischen Streitkräften, ein beträchtlicher Anteil davon an der Front.[370] Die

364 Johr, Die Ereignisse in Zahlen, S. 55.

365 Marianne Baumgartner, „Jo, des waren halt schlechte Zeiten ..." Das Kriegsende und die unmittelbare Nachkriegszeit in den lebensgeschichtlichen Erzählungen von Frauen aus dem Mostviertel. Frankfurt am Main 1994, S. 93.

366 Baumgartner, Vergewaltigung zwischen Mythos und Realität, S. 64f.

367 Florence Tamagne, Guerre et homosexualité, in: François Rouquet - Fabrice Virgili - Daniéle Voldman (Hg.), Amours, guerres et sexualité 1914–1945. Paris 2007, S. 124–131.

368 Dornik - Hess - Knoll, Burgenländische Kriegsgefangene, S. 80; Deutsche Gesellschaft für Sexualforschung (Hg.), Die Sexualität des Heimkehrers. Vorträge. Stuttgart 1957. Siehe dazu auch: Fabien Theofilakis, Sexes captifs, la sexualité des prisonniers, in: François Rouquet - Fabrice Virgili - Daniéle Voldman (Hg.), Amours, guerres et sexualité 1914–1945. Paris 2007, S. 55–61.

369 Ella Poljakova - Elena Vilenskaya, Soldatenmütter: Ausmusterung als Strategie, in: http://www.connection-ev.de/GUS-Staaten/sold_muett.html. 17.6.2008, 12 Uhr.

370 Peter Jahn, Vorwort, in: Peter Jahn (Hg.), Mascha + Nina + Katjuscha. Frauen in der Roten Armee 1941–1945. Maša + Nina + Katjuša. Zenščiny-voennoslužaščie. Mit einem Beitrag von Swetlana Alexijewitsch. Leipzig 2002, S. 7–10, hier: S. 7.

NS-Propaganda prägte das Bild des „fanatischen Flintenweibs", das im Krieg alle Regeln des männlichen Kampfes durchbrach und sich durch besondere Grausamkeit auszeichnete: „Und mit dem Juden in vorderster Linie stand die Jüdin als Flintenweib, als Partisane und als Dirne in einer Person. Sie ist es, die gleichgesinnte weibliche Bestien ausbildet und anführt und die Frauen ganz Europas zu ihresgleichen machen wollte", warnte die vom Reichsführer-SS herausgegebene Zeitschrift „Der Untermensch".[371] Trotz dieses gezielt verbreiteten Feindbildes sind Hinweise auf Übergriffe seitens weiblicher sowjetischer Armeeangehöriger kein Teil des kollektiven Gedächtnisses. Abgesehen von der sicherlich unvergleichbar geringeren Quantität handelt es sich hierbei um ein noch stärkeres Tabu als die „klassische" Form der von Männern gegenüber Frauen geübten sexuellen Gewalt.

Die genannten Zahlen vermögen die Dimensionen dieser Übergriffe nur begrenzt wiederzugeben, lassen aber ansatzweise ihr Ausmaß erkennen. Doch sind Zahlen auch „gefährlich, da sie auf dem Papier eine Gewissheit erzeugen, die nichts mit dem wirklichen Leben zu tun hat. Die Zahlen konnten die Russen schrecklicher erscheinen lassen, die Deutschen als bloße Opfer hinstellen und vielleicht sogar ein paar dunkle Punkte aus der Nazivergangenheit löschen", betont die britische Historikerin Catherine Merridale.[372] Eine Instrumentalisierung der „Dimension des Schreckens" lag auf der Hand.

2.5.2 Sowjetische Angaben

Während österreichische Gendarmerieberichte und andere Dokumente voll von derartigen „Vorfällen" sind, liegen von sowjetischer Seite keine Gesamtangaben zu den Vergewaltigungen vor. Zu sehr wurde – und wird – das Thema tabuisiert. Ein Teil der Moskauer Archive hält Dokumente, die dem „Ansehen der Roten Armee" und somit der Sowjetunion bzw. des heutigen Russlands schaden könnten, nach wie vor unter Verschluss. In anderen Archiven finden sich zwar verstreute, aber aussagekräftige Hinweise. Besonders aufschlussreich sind die freigegebenen Akten des NKVD-Bestandes. Gerade sie liefern auch aus sowjetischer Perspektive den erdrückenden Beweis, dass das Problem der Vergewaltigungen über die Zeit des unmittelbaren Kriegsendes hinaus weiter bestand. Allein im Bereich der in Niederösterreich und – bis 23. Juli – zudem in der Obersteiermark stationierten 4. Garde-Armee sind für Juli 1945 beinahe täglich Übergriffe dokumentiert:

371 Reichsführer-SS (Hg.), Der Untermensch. Berlin 1942, o. S.
372 Merridale, Iwans Krieg, S. 348.

„3. Juli 1945 in Ratzersdorf (Bezirk St. Pölten): Ein unbekannter Soldat versuchte, Paula St. zu vergewaltigen, sie verteidigte sich, er tötete sie mit einem Schuss aus seiner Pistole und tauchte unter. Der Täter blieb unerkannt.

- 4. Juli 1945 in Hollabrunn: Der Soldat der 9. Motorisierten Division, Fedor E., brach in das Haus einer Einwohnerin ein und versuchte, sie zu vergewaltigen. Er wurde jedoch durch die Patrouille der Militärkommandantur festgenommen und dem Militärstaatsanwalt übergeben.
- 4. Juli 1945 in Horn: Militärangehörige der 7. Garde-Panzerkompanie, Unterleutnant V. P. und der Mannschaftssoldat D., schlugen und vergewaltigten eine Bewohnerin der Stadt. Die Vergewaltiger wurden verhaftet und der Abteilung für Gegenspionage ‚Smerš' der 7. Garde-Panzerkompanie übergeben. […]
- 12. Juli 1945 in Mödring (Bezirk Horn): Ein unbekannter Militärangehöriger vergewaltigte eine Frau und ein neunjähriges Mädchen, bei dem schwere Blutungen auftraten. Das Mädchen wurde ins Spital gebracht. Der Täter blieb unerkannt. […]
- 17. Juli 1945 in Steyr: Die Militärangehörigen des 365. Schützenregiments der 115. Schützendivision, Leutnant K. und Leutnant A., vergewaltigten im alkoholisierten Zustand zwei Frauen und töteten zwei Mädchen. Die Täter wurden festgenommen und der Abteilung für Gegenspionage ‚Smerš' der 18. Panzer-Kompanie übergeben. […]
- 21. Juli 1945 in Mürzzuschlag: Zwei unbekannte Soldaten versuchten, E. M. zu vergewaltigen, stahlen danach 14 Liter Wein bei Frau Ma. und wollten untertauchen. Der an den Ort des Geschehens entsandte Sergeant der Militärkommandantur D. versuchte, die Täter zu fassen, aber diese eröffneten aus dem Hinterhalt das Feuer auf ihn. D. eröffnete seinerseits das Feuer auf sie und tötete einen der beiden. Bei der Leiche fanden sich keinerlei Dokumente."[373]

Alkohol, Mord, Misshandlung: Die erwähnten Fälle zeigen einen Teil der Bandbreite der sexuellen Übergriffe und ihrer Nebenerscheinungen. Es blieb keine Ausnahme, dass sowjetische Soldaten Mädchen, die noch keine „Teenager" waren, vergewaltigen; dass sie (bei Widerstand) die Frau oder ihren Verteidiger töteten; dass sie Alkoholika, Lebensmittel, Wertsachen aus den

373 RGVA, F. 32905, op. 1, d. 136, S. 322–329, hier: S. 322f., Bericht des Bevollmächtigten des Leiters der Abteilung für die Leitung von Militärkommandanturen der CGV, Oberstleutnant Puzanov, und des Assistenten des Leiters der 1. Abteilung ORVK CGV, Major Novikov, an den Leiter der NKVD-Truppen zum Schutz des Hinterlandes der CGV über außergewöhnliche Vorfälle in Österreich und Ungarn vom 1. bis zum 30. Juli 1945 [August 1945]. Die angeführten Namen wurden von der Verfasserin anonymisiert.

Häusern stahlen und betrunken waren. Auch die andere Seite kommt zum Vorschein, nämlich der Versuch des sowjetischen Militär-, Geheimdienst- und Politapparates, die Übergriffe zu verhindern, die Täter zu fassen und zu bestrafen. Vielfach blieben die „Unbekannten in sowjetischer Uniform" jedoch unerkannt, wodurch sie ohne weitere Strafverfolgung davonkamen. Man wird wohl nie klären können, wie hoch der Anteil an „echten" Rotarmisten, Deserteuren, ehemaligen Zwangsarbeitern oder auch „österreichischen Russen" war, die die Straftaten begingen.

2.5.3 Deutungs- und Erklärungsmuster

Wenngleich Vergewaltigungen kein „Privileg" der Roten Armee waren, stellt sich die Frage nach den Gründen für den Massencharakter dieses Phänomens. Dabei kristallisieren sich zumindest drei historische Deutungsmuster heraus, drei ineinandergreifende ideologische Erscheinungsformen. Diese werden zu dem, was die deutsche Politologin Ingrid Schmidt-Harzbach als „Vergewaltigungssyndrom" bezeichnet - ein gesellschaftliches Krankheitsbild. Zu diesem kam es einerseits durch die antikommunistische Tradition, die eine „rote, bolschewistische Flut aus dem Osten" und mit ihr den Untergang des Abendlandes propagierte, und andererseits durch die rassistische Tradition, die die Vorstellung eines „tierischen, geilen Untermenschen mit Mongolenfratze" heraufbeschwor, der „barbarisch" über die deutsche Frau herfalle und die „Reinheit des arischen Blutes" vergifte. Die vorwiegend aus Russen und Ukrainern bestehende Armee griff sogar selbst auf diese Feindbilder zurück. Das in Österreich verbreitete Gerücht, eine „Kolonne aus 6000 Mongolen" würde als Teil der Roten Armee zum Einsatz kommen, wertete der NKVD als „provokativ".[374] Schließlich existierte noch die sexistische Tradition, die Frauen als Kriegsbeute und als Trophäe des Siegers definierte. Vergewaltigung galt demnach als Vergeltungsakt in der Kriegsführung.[375]

Tatsächlich dürfte ein Teil der Soldaten Rache für erlittenes Unrecht und Leid geübt haben. Die Frauen des deutschen „Feindes" dienten dabei als Projektionsfläche für aufgestauten Hass. Bemerkenswert ist jedoch, dass weder

374 RGVA, F. 32914, op. 1, d. 132, S. 329–339, hier: S. 332, Bericht des Kommandeurs des 336. NKVD-Grenzregiments, Oberstleutnant Martynov, und des Leiters der Politabteilung, Major Čurkin, über den militärischen Einsatz, den politisch-moralischen Zustand und die militärische Disziplin der Truppen von November 1944 bis August 1945, 23.8.1945.

375 Ingrid Schmidt-Harzbach, Das Vergewaltigungssyndrom. Massenvergewaltigungen im April und Mai 1945 in Berlin, in: Irene Bandhauer-Schöffmann - Ela Hornung (Hg.), Wiederaufbau Weiblich. Dokumentation der Tagung „Frauen in der österreichischen und deutschen Nachkriegszeit". Veröffentlichungen des Ludwig-Boltzmann-Instituts für Geschichte der Gesellschaftswissenschaften. Bd. 23. Wien - Salzburg 1992, S. 181–198, hier: S. 198.

die sowjetische Kriegspropaganda noch die militärische Führung jemals explizit zu Vergewaltigungen aufgefordert hätten. Zwar schwor man Soldaten und Zivilisten ab dem deutschen Überfall auf die Sowjetunion im Sommer 1941 bis ins Frühjahr 1945 auf den „Tod der deutschen Okkupanten" ein. Doch galt der indoktrinierte Hass den „faschistischen" Soldaten, nicht den Frauen der „Fritzen". (In der sowjetischen Kriegspropaganda für deutsche Soldaten war bemerkenswerterweise sogar der Topos der „Schutz-Staffel-Bande", die im Fronthinterland die Frauen der Wehrmachtssoldaten vergewaltigte, als Aufruf zum Überlaufen verwendet worden.)[376] Trotzdem spielte die Propaganda bei der Feindwahrnehmung und der Rechtfertigung von Racheakten eine aktive Rolle. Vorgefertigte Bilder schürten den kollektiven Zorn, der schließlich an Frauen entladen wurde.

Die Zahlen sprechen für sich: In Ostpreußen, wo die Rote Armee erstmals deutschen Boden betrat, und in Berlin - der „Höhle der Bestie" - waren die sexuellen Übergriffe besonders zahlreich und gewalttätig. Doch auch in Ungarn und Rumänien wurden unzählige Frauen zu Opfern. Noch im Juni 1945 berichtete ein NKVD-Generalmajor über Rumänien: „Die Fälle von unwürdigem Verhalten der Militärangehörigen gegenüber der örtlichen Bevölkerung [...] werden mit jedem Tag mehr."[377]

Die brutalen Massenvergewaltigungen stellen auch die Umkehrung des Terrors dar, den viele Sowjetbürger selbst erdulden hatten müssen. Mit aufgestauter sexueller Begierde allein sind diese nicht zu erklären.[378] Propagandabilder hatten sich tief eingeprägt - etwa das berühmte Plakat von Pavel Petrovič Sokolov-Skalja „Soldat, weiche nicht zurück!" aus dem Jahr 1942.[379]

376 Vgl. dazu etwa das Flugblatt mit der Aufschrift „Deutscher Soldat! Du vergießt im Kampfe dein Blut, du leidest schrecklich, verlierst dein Hab und Gut; indessen vergewaltigt im Hinterlande deine Frau die Schutz-Staffel-Bande." Auf der Rückseite wurde dieses Schreckensbild weiter konkretisiert: „Junge deutsche Soldaten! Die faschistischen Machthaber jagen euch an die Front eurem unvermeidlichen Untergang, eurem Tode entgegen, und die hitlerischen Kerle aus den SA- und SS-Truppen vergewaltigen währenddessen eure Frauen, Schwestern und Bräute. Also, während ihr den Krieg führt, werden eure Frauen, Schwestern und Bräute auf Befehl der Schurken Hitler und Himmler von den SA- und SS-Kerlen Kinder gebären. Junge deutsche Soldaten! Ist es euch denn gleichgültig, dass eure Familien, Frauen, Schwestern und Bräute von den faschistischen Hunden vergewaltigt, geschändet und entehrt werden?" Faksimile abgedruckt in: Belousov - Vatlin, Propusk v raj, S. 150.

377 RGVA, F. 38756, op. 1, d. 6, S. 140–143, hier: S. 142, Bericht des Kommandeurs der 66. NKVD-Schützendivision, Generalmajor Bulyga, und des stv. Stabsleiters, Hauptmann Levinenko, an den Kommandeur des 40. NKVD-Grenzregiments über Vergehen von Angehörigen der Roten Armee und der NKVD-Truppen in Rumänien, 16.6.1945.

378 Schmidt-Harzbach, Eine Woche im April, S. 33.

379 „Boec, ne otstupaj!" Vgl. dazu das Faksimile in: Christophe Barthélémy, Vierges et martyres dans l'imagerie soviétique, in: François Rouquet - Fabrice Virgili - Daniéle Voldman (Hg.), Amours, guerres et sexualité 1914–1945. Paris 2007, S. 99–101, hier: S. 99.

Abb. 55: Das 1942 von Pavel Sokolov-Skalja gestaltete Plakat „Soldat, weiche nicht zurück!" appellierte an die Rotarmisten, durch ihren Einsatz im Kampf die sowjetischen Frauen vor der „faschistischen Bestie" zu bewahren. (Quelle: Rouquet et al., Amours, guerres et sexualité, S. 99)

Es zeigt eine geifernde Bestie mit nationalsozialistischer Kappe, die über eine wehrlose Frau herfällt.[380] Eine ähnliche sexuelle Konnotation riefen auch die gleichfalls 1942 entstandenen Plakate „Für die Ehre der Frau, für das Leben der Kinder"[381] von Leonid Fedorovič Golovanov und „Soldat der Roten Armee! Du lieferst deine Liebste nicht an die Hitlersoldaten für Schande und Unehre aus".[382] von Fedor Vasil'evič Antonov hervor. Ersteres porträtiert einen lüstern blickenden Wehrmachtssoldaten hinter der halb entblößten Leiche einer Frau mit langem Haar, an die sich ein kleines Kind klammert. Das rauchende, hüfthoch gehaltene Gewehr in seiner haarigen Wolfshand weckt Assoziationen an einen Phallus. Das andere Plakat zeigt eine junge, gefesselte Frau, deren zerrissenes Kleid über der rechten Schulter heruntergezogen ist. Der Text wendet sich direkt an die Rotarmisten, die die „Schande" und „Unehre" abzuwenden hatten.

Das Erklärungsmuster - Vergewaltigung als Vergeltungsakt - greift jedoch zu kurz. Schließlich kam es auch in mit der Sowjetunion verbündeten Ländern wie Jugoslawien, Polen und der Tschechoslowakei zu Übergriffen.[383] Befreite „Ostarbeiterinnen" wurden ebenfalls vergewaltigt oder sexuell belästigt.[384] Man informierte beispielsweise sämtliche Politabteilungsleiter der

380 Ein ähnliches Sujet verwendete die antijapanische Propaganda der USA im Zweiten Weltkrieg. Das Plakat „This is the enemy" zeigt einen japanischen Soldaten, der eine nackte weiße Frau fortschleppt. Ein Faksimile findet sich etwa im World War II Museum in New Orleans.

381 „Za čest' ženy, za žizn' detej, za naši nivy i luga - za sčast'e rodnye svoe, ubej zachvatčika-vraga!" Vgl. dazu das Faksimile in: A. E. Snopkov - P. A. Snopkov - A. F. Škljaruk, 600 plakatov. Moskau 2004, S. 94.

382 „Boec Krasnoj Armii! Ty ne daš' ljubimuju na pozor i besčest'e gitlerovskim soldatam." Vgl. dazu das Faksimile in: ebd.

383 Wilfried Loth, Die Teilung der Welt 1941-1955. München 1980, S. 97.

384 RGVA, F. 32914, op. 1, d. 12, S. 23, Vorfallsbericht des Kommandeurs des 336. Grenzregiments, Oberstleutnant Martynov, und des Leiters des Stabes, Major Buškov, 27.5.1945. OHI, Aleksandra Vajnrib. Durchgeführt von Ol'ga Pavlenko. Moskau 25.11.2002.

einzelnen, bei den unterschiedlichen „Fronten" eingesetzten NKVD-Truppen über die „empörende Verhöhnung unserer sowjetischen Mädchen", die die Rote Armee „aus der faschistischen Sklaverei befreit hatte". Diese bestand „in der Bedrohung mit Waffen, Verprügelungen und ihrer Vergewaltigung in betrunkenem Zustand."[385] Oder rächte sich die Gruppe sowjetischer Offiziere, die zum Teil Mitglieder der VKP(b) waren, an den jungen Frauen, weil sie für den „faschistischen Feind" gearbeitet und überlebt hatten?

Letzteres bringt zwei zusätzliche Aspekte zum Ausdruck: zum einen die Kausalität von Trunkenheit und Gewalttat. Auch in Österreich war in ländlichen Gebieten unter anderem wegen der höheren Verfügbarkeit von Alkohol die Zahl der Vergewaltigungen besonders hoch. Alkohol enthemmte und machte Mut, die nötige kriminelle Energie aufzubringen. Zum anderen spielt der Aspekt der emotionalen Bindung innerhalb von Gruppen und Banden eine Rolle. Denn häufig waren es mehrere Männer, die sich gemeinsam auf die Suche nach ihren Opfern machten. Zum „kollektiven Triumph" gesellte sich wohl auch die Angst, vor den Kameraden andernfalls als impotent oder als Feigling zu gelten.

Landläufig gilt, dass die kämpfende Truppe noch „anständig" gewesen wäre, während der nachkommende „Tross" durch besondere Disziplinlosigkeit aufgefallen sei. Auch hätten sich die „kultivierten Offiziere" weit besser benommen als die im Krieg völlig verrohte Soldateska. Allein die im Vergleich zu den Westalliierten ungleich höhere Zahl an Rotarmisten in Österreich und Deutschland, aber auch die Zusammensetzung der sowjetischen Regimenter wirkten sich sicherlich negativ auf die Disziplin aus. Doch zeigen die jahrzehntelang streng geheimen sowjetischen Akten auch eines: Weder Offiziere noch Parteimitglieder bildeten hierbei eine Ausnahme.

2.5.4 Fünf Jahre ITL: ein exemplarischer Fall

Der im Folgenden ausführlicher geschilderte Fall aus Wien eignet sich insofern für die Exemplifizierung sowjetischer Sexualstraftaten, als er nicht nur für die Nachkriegszeit „typisch" verlief, sondern auch weil er einen Einblick in die Sicht- und Handlungsweisen der sowjetischen Instanzen erlaubt. Gleich mehrere NKVD-Berichte widmeten sich dem Vorfall, mit teilweise identen Formulierungen. Der Hergang der Tat lässt sich derart rekonstruieren:

385 RGVA, F. 32905, op. 1, d. 291, S. 118, Bericht des Leiters der Politabteilung der NKVD-Truppen zum Schutz des Hinterlandes der Roten Armee, Generalmajor Carev, an alle Leiter der Politabteilungen der NKVD-Truppen zum Schutz des Hinterlandes der Fronten über die Vergewaltigung von ehemaligen sowjetischen Zwangsarbeiterinnen, 18.4.1945. Vgl. dazu auch: Stelzl-Marx, Freier und Befreier, S. 428.

Am 27. Mai 1945 entfernten sich die beiden sowjetischen Armeeangehörigen Čečel'nickij und Čamin unerlaubt von der Truppe, fuhren nach Wien und betranken sich. Gegen 22 Uhr trafen sie in der Nähe des Türkenschanzparks bei der Max-Emanuel-Straße im 18. Gemeindebezirk auf ein österreichisches Ehepaar. Nach der Überprüfung ihrer Ausweispapiere nahmen die alkoholisierten Besatzungssoldaten die beiden fest und führten sie in den Park, wo sie die 23-jährige Frau in Anwesenheit ihres Mannes vergewaltigten. Dem 26-jährigen Österreicher gelang es, zu flüchten und einen sowjetischen Unteroffizier vom Dienst zu alarmieren. Daraufhin wurde eine Streife „zur Verhaftung der Verbrecher“ in die Richtung des Parks entsandt. Noch auf der Straße stieß diese auf die Frau, welche die Streife an den Ort des Verbrechens führte. „Im Park“, so der interne sowjetische Bericht, „wurden eine Damentasche des Opfers, ein Gürtel sowie die Feldbluse von Čečel'nickij gefunden. Bei der weiteren Durchsuchung des Parks in diesem Gebiet entdeckte die Streife den Rotarmisten Čečel'nickij ohne Feldbluse und Gürtel. Er schlief, zugedeckt mit seinem Mantel.“[386]

Nur wenige Tage später informierten der Kommandeur und der Leiter der Politabteilung des zuständigen Regiments ihre Vorgesetzten über die Tat und die getroffenen Maßnahmen. Einleitend lieferten sie eine Charakterisierung der beiden Armeeangehörigen, die den Durchschnittsbiografien sowjetischer Besatzungssoldaten entsprach: geboren 1917 bzw. 1919, der Nationalität nach „Russe“ bzw. „Ukrainer“, geboren in Kasachstan, aus bäuerlichem Milieu, sechs bzw. acht Klassen Schulbildung, der eine Kolchosbauer und parteilos, der andere Angestellter und Komsomolze. Seit 1942 bzw. 1944 in der Armee.[387]

Typisch ist auch das weitere Prozedere in diesem Fall: Zunächst führte man mit dem gesamten Personal Gespräche durch, wozu sämtliche „mit dieser Frage verbundenen“ Urteile des Militärtribunals herangezogen wurden. Die Führungsebene widmete sich in einer Versammlung der alten Frage „Über den politisch-moralischen Zustand und den Zustand der militärischen Disziplin im Regiment“. Auch die Parteiorganisationen wurden aktiviert: Die Grundorganisationen veranstalteten Versammlungen zum Thema „Die Aufgaben der Parteiorganisationen“. Auf eigens einberufenen sogenannten „Rotarmisten-Versammlungen“ („krasnoarmejskie sobranija“) setzte man sich mit den „Aufgaben des Personalstandes zur Stärkung der militärischen

386 RGVA, F. 32914, op. 1, d. 132, S. 167, Außerordentlicher Bericht des Kommandeurs des 336. NKVD-Grenzregiments, Oberstleutnant Martynov, und des Leiters der Politabteilung, Hauptmann Čurkin, an den Leiter der NKVD-Truppen zum Schutz des Hinterlandes der 3. Ukrainischen Front, Generalmajor Pavlov, über die Vergewaltigung einer Österreicherin, 31.5.1945.

387 Ebd.

Disziplin" auseinander. Parallel dazu wurde über die Komsomolschiene eine Untersuchung eingeleitet, inwieweit Čečel'nickij im Bereich des Allunionsverbandes zur Verantwortung zu ziehen war. Schließlich wurde untersucht, ob die beiden Täter dem Gericht des Militärtribunals zu übergeben waren.[388]

Das Resultat ist gleichfalls bezeichnend: Čečel'nickij schloss man aus dem Komsomolverband aus. Weiters verurteilte das Militärtribunal die zwei Männer wegen der Vergewaltigung zu fünf Jahren ITL, was ein durchaus gängiges Strafausmaß für diese Tat darstellte. Und schließlich erhielten ihre unmittelbaren Vorgesetzten, zwei Oberleutnants, jeweils eine strenge Verwarnung. Denn „die Tatsache der Vergewaltigung", so das stereotype Resümee, „passierte als Folge der Disziplinlosigkeit und Labilität [der beiden Verurteilten] sowie der fehlenden Kontrolle" seitens ihrer Vorgesetzten. Ob die Österreicherin eine Entschädigung erhielt, ist nicht überliefert, kann aber weitestgehend ausgeschlossen werden.[389]

Wie eingangs erwähnt, lassen sich zudem die Rahmenbedingungen des Sexualstrafdelikts als charakteristisch bezeichnen: Die Tat passierte in der Nacht, an einem abgelegenen Ort. Die Armeeangehörigen waren zu zweit, wodurch einer - mehr oder weniger - den Mann des Opfers im Auge behalten konnte. Die Vergewaltigung fand im Beisein des Ehemannes statt. Letzteres ist bei zahlreichen sexuellen Übergriffen belegt: Man führte dadurch den Männern ihre eigene Machtlosigkeit vor Augen. Beim Zusehen hatten sie eine der intimsten Entwürdigungen zu erleiden.[390] Und die beiden Soldaten waren bereits derart alkoholisiert, dass einer von ihnen, Čečel'nickij, noch am Ort des Verbrechens einschlief.

2.5.5 Sowjetische Reaktion: politische Tragweite

Die Tatsache, dass sich die Rote Armee nicht anders verhielt als jede Eroberungsarmee der Welt, war insofern besonders peinlich, als sie dem ideologischen Anspruch widersprach, eine Befreiungsarmee zu sein. Auch waren sich die Sowjets der politischen Tragweite von Übergriffen bewusst: „Militärangehörige, die gegenüber der örtlichen Bevölkerung ein unwürdiges Verhalten an den Tag legen, haben vergessen, dass die gesamte Rote Armee und

388 Ebd.

389 RGVA, F. 32914, op. 1, d. 132, S. 218–264, hier: S. 243f., Bericht des Kommandeurs des 336. NKVD-Grenzregiments, Martynov, und des Leiters der Politabteilung des Regiments, Čurkin, an den Leiter der Politabteilung der NKVD-Truppen zum Schutz des Hinterlandes der 3. Ukrainischen Front, Oberst Nanejšvili, über den Dienst, die parteipolitische Arbeit, den politisch-moralischen Zustand und die Disziplin des Regiments im 2. Quartal 1945 [Juni 1945].

390 Merridale, Iwans Krieg, S. 348.

unser russisches Volk anhand der Rotarmisten und ihres Verhaltens beurteilt werden",[391] betonte ein NKVD-Bericht. Gerade vor diesem Hintergrund ist die immer wieder geäußerte These, Stalin hätte anlässlich der Mai-Feiertage 1945 die Erlaubnis gegeben, drei Tage lang zu plündern und zu vergewaltigen, als eine Spätfolge der NS-Propaganda zu werten. Ein spezifischer Befehl zu Notzucht und Plünderung erging nie. Im Gegenteil: Zumindest formal stand auf diese Verbrechen die Todesstrafe.[392]

Konkret thematisierte der Leiter der Politabteilung der 57. Armee, Generalmajor Georgij K. Cinev, das Problem anhand der Lage in Radkersburg Ende April 1945: „Die in den ersten Tagen aufgetretenen Fälle von Plünderungen und Vergewaltigungen riefen unter der Bevölkerung eine gewisse Wachsamkeit, mitunter sogar Angst vor den Rotarmisten wie auch ein Misstrauen gegenüber diesen hervor. Allerdings wissen alle, dass diese Vergehen von uns nicht gefördert, sondern bestraft werden." Erstaunlich offen legte Cinev daraufhin die Diskrepanz zwischen Theorie und Praxis dar: „Dieses bei der Stadtbevölkerung verbreitete Gefühl brachte eine Ortsbewohnerin folgendermaßen zum Ausdruck: ‚Wir wissen alle sehr wohl, dass Stalin befohlen hat, sich gut gegenüber den Österreichern zu verhalten, doch mich, eine 50-jährige Frau, haben sie flachgelegt und vergewaltigt.'"[393]

Nur rund zwei Wochen später berichtete Cinev Ähnliches über Graz: „Einen großen Teil der Bewohner (die sozialdemokratischen und kommunistischen Arbeiter ausgenommen) erfüllte unsere Ankunft mit Angst. [...] In den letzten beiden Tagen kam es zu einigen Fällen von Vergewaltigungen und Plünderungen von Wohnungen und Geschäften, die in der Stadt große Aufregung verursachten." Bezeichnend ist auch sein Verweis auf die Frage nach den Tätern: „Die Schuldigen an diesen Übergriffen konnten noch nicht ausgeforscht werden. Es gibt Gerüchte, dass für diese Gewalttaten und Plünderungen ausländische Arbeiter (Franzosen, Polen u. a.), darunter auch Russen, verantwortlich sind." Der Militärrat würde allerdings „Maßnahmen zur Säuberung der Stadt von dieser Kategorie von Personen" durchführen.[394]

---

391 RGVA, F. 38756, op. 1, d. 6, S. 140–143, hier: S. 142, Bericht des Kommandeurs der 66. NKVD-Schützendivision, Generalmajor Bulyga, und des stv. Stabsleiters, Hauptmann Levinenko, an den Kommandeur des 40. NKVD-Grenzregiments über Vergehen von Angehörigen der Roten Armee und der NKVD-Truppen in Rumänien, 16.6.1945.

392 Schmidt-Harzbach, Eine Woche im April, S. 31; Merridale, Iwans Krieg, S. 340.

393 CAMO, F. 413, op. 10389, d. 45, S. 261–266, Bericht des Leiters der Politabteilung der 57. Armee, Generalmajor Cinev, an den Leiter der Politabteilung der 3. Ukrainischen Front, Anošin, über die Lage in Radkersburg, 28.4.1945. Abgedruckt in: Karner – Pickl, Die Rote Armee in der Steiermark, Dok. Nr. 26.

394 CAMO, F. 413, op. 10389, d. 46, S. 276–281, hier: S. 280, Bericht des Leiters der Politabteilung der 57. Armee, Generalmajor Georgij K. Cinev, über Graz, 12.5.1945. Abgedruckt in: Karner – Pickl, Die Rote Armee in der Steiermark, Dok. Nr. 42.

Anfang Juni hatte sich die Einstellung gegenüber der Roten Armee laut Einschätzung der Politabteilung gebessert: Nun wären die Bewohner in der Lage, „zwischen der Politik der Armee in ihrer Gesamtheit und den Taten einzelner Marodeure zu unterscheiden". Die Einheimischen begegneten der Roten Armee „wohlgesonnen, wenn auch diese Wohlgesonnenheit mit einem beträchtlichen Maß an Furcht einhergeht". Die Angst vor den sowjetischen Soldaten äußerte sich etwa darin, dass sogar im Stadtzentrum abends die Häuser fest verschlossen wurden. Am Stadtrand, so die Beobachtung der Sowjets, war es „Offizieren und Soldaten der Roten Armee sogar tagsüber beinahe unmöglich, in manche Häuser eingelassen zu werden". Obwohl diese Vorsichtsmaßnahmen in Anbetracht der leidvollen Erfahrungen selbstverständlich waren, klingt hier Überraschung an. Wohlwollend wurde hingegen registriert, dass die verbreiteten Gerüchte der ersten Zeit, wonach „sich die Rote Armee an den Österreichern rächen" und „auf die Österreicher Sibirien warten" würde, nunmehr verstummt waren.[395]

Gerüchten und „Klatsch" widmeten sowjetische Stellen besondere Aufmerksamkeit, sahen sie darin doch einen Spiegel der Stimmung unter der Bevölkerung. So hörte ein in Wien stationierter TASS-Korrespondent „häufig" in den Warteschlangen vor Zeitungskiosken diverse „interessante Gespräche", die er umgehend nach Moskau rapportierte. „Natürlich", betonte er dabei, „waren hier diverse faschistische Elemente am Werk, die absichtlich diverse Gerüchte in Umlauf brachten." Auf der anderen Seite gestand er auch offen Disziplinverstöße seitens der Roten Armee ein. Diese wären zwar dank des „schonungslosen Kampfes" seit Kriegsende zurückgegangen, doch kämen sie weiterhin vor. „Das Schlimme daran ist, dass es auf Schritt und Tritt nicht gelingt, die Täter festzunehmen. Die Einwohner sagen, dass es, bitte sehr, die Rotarmisten waren."[396]

Welche Bedeutung die sowjetische Seite der Wirkung von Übergriffen auf die Bevölkerung beimaß, kommt indirekt auch dadurch zum Ausdruck, dass sie Gewalttaten westlicher Besatzungstruppen besonders erfreut zur Kenntnis nahm. Derartige Vergehen wirkten sich nämlich, so die sowjetische Beobachtung und Schlussfolgerung, negativ auf die Einstellung der Österreicher

395 CAMO, F. 413, op. 10839, d. 46, S. 1–8, hier: S. 7f., Bericht des Leiters der Politabteilung der 57. Armee, Generalmajor Cinev, an den Leiter der Politabteilung der 3. Ukrainischen Front, Anošin, über die Lage in Graz, 5.6.1945. Abgedruckt in: Karner – Pickl, Die Rote Armee in der Steiermark, Dok. Nr. 26.

396 AVP RF, F. 07, op. 10, p. 154, d. 13, S. 2–10, Bericht des TASS-Korrespondenten Lisin an den verantwortlichen Leiter der TASS, N. G. Pal'gunov, über den politisch-moralischen Zustand in Österreich nach der Befreiung, 29.5.1945. Abgedruckt in: Institut Voennoj Istorii, Krasnaja Armija v stranach Central'noj Evropy, S. 667–671.

gegenüber den Westalliierten aus. Beispielsweise hätte die Grazer Bevölkerung anfangs noch den Wunsch verspürt, Teil der britischen Zone zu sein. „Doch jetzt sind in der Stadt Gerüchte über Gewalttaten von britischen und vor allem US-amerikanischen Soldaten im Umlauf.“ Bemerkenswert ist die rassistische Komponente derartiger Schilderungen: „Man spricht dabei im Besonderen über unzählige Gewaltverbrechen, die von Truppen aus den Kolonien und von amerikanischen Schwarzen in Mattsee und Salzburg verübt werden. Diese (überaus weit verbreiteten) Gerüchte führen zu einem Abkühlen der probritischen Sympathien.“[397] Auch drei Jahre später, als Generalmajor Cinev bereits Leiter des Stabes des Sowjetischen Teils der Alliierten Kommission war, gab er unermüdlich Informationen etwa über „amerikanische Ausschreitungen“ an das Zentralkomitee der VKP(b) weiter.[398]

2.5.6 Gegenmaßnahmen: Kontrolle, Schulung, Strafen

Wie bei anderen Disziplinarverstößen versuchte die Armeeführung auch in diesen Fällen, über mehrere Maßnahmen Herr der Lage zu werden: Eine Möglichkeit bestand - zumindest in der Theorie - darin, die Armeeangehörigen so gut wie möglich unter Kontrolle zu halten. So sollte etwa eine Kasernierung der Soldaten unmittelbare Kontakte zur Bevölkerung reduzieren. In den Garnisonen und den angrenzenden Gebieten hatten die Garnisonsleiter nach Kriegsende einen 24-stündigen Streifendienst einzurichten.[399] Weder durften unbefugte Personen auf das Armeegelände gelangen, noch durften sich Angehörige des Mannschaftsstandes unerlaubt von der Truppe entfernen.[400] Kamen Besatzungssoldaten außerhalb der Garnisonen zum Einsatz, waren sie besonders aufmerksam zu überprüfen und zu kontrollieren.[401]

397 CAMO, F. 413, op. 10839, d. 46, S. 1–8, hier: S. 7f., Bericht des Leiters der Politabteilung der 57. Armee, Generalmajor Cinev, an den Leiter der Politabteilung der 3. Ukrainischen Front, Anošin, über die Lage in Graz, 5.6.1945. Abgedruckt in: Karner - Pickl, Die Rote Armee in der Steiermark, Dok. Nr. 26.

398 RGASPI, F. 17, op. 128, d. 507, S. 94–129, hier: S. 108f., Bericht des Leiters des Stabes der SČSK, Generalmajor Cinev, über die Lage in den westlichen Zonen Österreichs per 15. Oktober 1948, 9.11.1948.

399 CAMO, F. 821, op. 1, d. 140, S. 251, Befehl des Kommandanten der 61. Garde-Schützendivision, Garde-Generalmajor Sergeev, über die Ernennung von Garnisonskommandanten im Raum Voitsberg und die Ahndung von Übergriffen gegen die Bevölkerung, 11.5.1945. Abgedruckt in: Karner - Pickl, Die Rote Armee in der Steiermark, Dok. Nr. 40.

400 CAMO, F. 821, op. 1, d. 140, S. 254, Befehl des Kommandanten der 20. Garde-Schützendivision über Maßnahmen zur Einrichtung und Verbesserung des Garnisonsdienstes, 12.5.1945. Abgedruckt in: Karner - Pickl, Die Rote Armee in der Steiermark, Dok. Nr. 43.

401 RGVA, F. 32905, op. 1, d. 291, S. 164f., Vorschläge des Zampolit der NKVD-Truppen zum Schutz des Hinterlandes der CGV, Oberstleutnant Gončarev, an die Kommandeure der NKVD-Truppen zum Schutz des Hinterlandes der CGV, über Maßnahmen zur Steigerung der Disziplin, 11.9.1945.

Streng reglementiert war zudem die Zeit des Ausgangs: Soldaten durften sich nur von 6 bis 22 Uhr in der Stadt aufhalten. Offizieren der Roten Armee war es gestattet, sich mit Passierschein bis Mitternacht auf der Straße aufzuhalten. Man wollte ein „zielloses Umherschlendern" in der Stadt insbesondere nachts kategorisch verhindern. Denn wie der vorab erwähnte Fall zeigt, kam es gerade im Schutz der Dunkelheit zu Vergewaltigungen. Außerdem war „jedwede Möglichkeit eines Abhaltens von Trinkgelagen, eines Marodierens und Radauschlagens" - mit den bekannten Nebenerscheinungen - durch den entsprechenden Kommandanturdienst zu verhindern.[402] Wie das Beispiel von St. Pölten zeigt, wurden in manchen Städten - zumindest in der ersten Zeit - für alle Hauptstraßen und größeren Plätze vor allem in der Nacht Streifendienste eingerichtet. Diese Vorsichtsmaßnahme sollte, wie es ausdrücklich in den entsprechenden Befehlen hieß, „zur Aufrechterhaltung der militärischen Disziplin in der Garnison" dienen.[403]

Zweitens setzten die Politabteilungen auf gezielte Schulungen, um Fälle von Vergewaltigungen zu vermindern. Die prinzipielle Grundlage dafür bildeten die Aufrufe der Oberbefehlshaber an die Truppen der 2. und 3. Ukrainischen Front mit der Forderung, „die Bevölkerung Österreichs nicht zu beleidigen, sich korrekt zu verhalten und die Österreicher nicht mit den deutschen Besatzern zu verwechseln".[404] Dabei umfasste der euphemistische Begriff „Beleidigungen" insbesondere Übergriffe wie Vergewaltigungen oder Plünderungen. Auf dieser Basis hatten die Politoffiziere mit den Militärangehörigen „Aufklärungsarbeit zu Fragen des Verhaltens gegenüber der örtlichen Bevölkerung auf dem Gebiet Österreichs" durchzuführen.[405] Generell lautete das Motto: „Es ist ein entschlossener Kampf gegen jede Form amorali-

402 CAMO, F. 821, op. 1, d. 140, S. 243f., Befehl Nr. 035 des Kommandanten der 20. Garde-Rotbanner-Schützendivision, Garde-Oberstleutnant Ivaniščev, und des Chefs des Stabes, Garde-Oberst Gerasimovič, über die Aufrechterhaltung der inneren Ordnung und Disziplin in Graz, 9.5.1945. Abgedruckt in: Karner - Pickl, Die Rote Armee in der Steiermark, Dok. Nr. 32.

403 AM 4. GA, Bestand 4. Garde-Armee, Dok. Nr. 27, Befehl Nr. 0215 des Kommandanten der 4. Garde-Armee, Garde-Generaloberst Gusev, und des Mitglieds des Militärrates der 4. Garde-Armee, Generalmajor Šepilov, über die Ernennung von Garde-Generalmajor Rybalčenko zum Leiter der Garnison von St. Pölten, 18.7.1945.

404 Aufruf des Militärrates an die Truppen der 3. Ukrainischen Front, 4.4.1945. Abgedruckt in: Karner - Stelzl-Marx - Tschubarjan, Die Rote Armee in Österreich, Dok. Nr. 9. Original abgedruckt in: Zemskov et al., SSSR - Avstrija, S. 16–17. Der Militärrat der 2. Ukrainischen Front richtete sich gleichfalls am 4. April 1945 mit einem analogen Befehl an die Truppen der 2. Ukrainischen Front. Vgl. dazu: Institut Voennoj Istorii, Krasnaja Armija v stranach Central'noj Evropy, S. 617. Siehe dazu auch das Kapitel A.II.1 „Der Wandel des Feindbildes: sowjetische Propaganda" in diesem Band.

405 CAMO, F. 821, op. 1, d. 140, S. 254, Befehl des Kommandanten der 20. Garde-Schützendivision über Maßnahmen zur Einrichtung und Verbesserung des Garnisonsdienstes, 12.5.1945. Abgedruckt in: Karner - Pickl, Die Rote Armee in der Steiermark, Dok. Nr. 43.

Abb. 56: Die Mitarbeiter der Politabteilung der 4. Garde-Armee mit dem Mitglied des Militärrates der 4. Garde-Armee, Garde-Generalmajor Dmitrij Šepilov, im Zentrum. (Quelle: AdBIK, Sammlung 4. Garde-Armee)

scher Erscheinungen zu führen."[406] Konnten die Täter überführt und bestraft werden, diente ihr Fall als abschreckendes Beispiel in der politischen Schulung des jeweiligen Regiments.

Die dritte Maßnahme umfasste die Bestrafung der Täter - und bis zu einem gewissen Grad auch ihrer Vorgesetzten. Laut NKVD-Befehl vom 8. März 1945 waren sämtliche Fälle „von ungesetzlichen Taten von Angehörigen der Roten Armee gegenüber der örtlichen Bevölkerung (Raub, Vergewaltigung von Frauen usw.)" zu ahnden.[407] In dieselbe Kerbe schlugen die Armeekommandanten: „Fälle von Übergriffen und Randalieren dürfen nicht ungeahndet bleiben, wobei die Verursacher auch gerichtlich zur Verantwortung gezogen werden können." Die zuständigen Militärstaatsanwälte der Divisionen mussten daher Vergehen, „die die Rote Armee bei der Bevölkerung in Verruf bringen", innerhalb von maximal 48 Stunden abschließen.[408]

Hier ging es, wie erwähnt, nicht nur um die militärische Disziplin innerhalb der Einheiten, sondern auch um den Ruf der Roten Armee im befreiten

406 CAMO, F. 894, op. 1, d. 65, S. 263–266, hier: S. 263, Befehl Nr. 064 der 4. Garde-Schützendivision, Garde-Generalmajor Parfenov, und des Leiters des Stabes, Garde-Oberstleutnant Bagatenko, über die militärische und politische Schulung der Einheiten im August 1945, 28.7.1945.

407 RGVA, F. 32917, op. 1, d. 7, S. 96, Befehl Nr. 0511 des Kommandanten des 335. NKVD-Grenzregiments, Oberstleutnant Zacharčuk, und des provisorischen Stabschefs des Regiments, Hauptmann Kudrjavcev, über die Ahndung von Vergehen von Angehörigen der Roten Armee, 8.3.1945. Abgedruckt in: Karner - Stelzl-Marx - Tschubarjan, Die Rote Armee in Österreich, Dok. Nr. 117.

408 CAMO, F. 821, op. 1, d. 140, S. 251, Befehl des Kommandanten der 61. Garde-Schützendivision, Garde-Generalmajor Sergeev, über die Ernennung von Garnisonskommandanten im Raum Voitsberg und die Ahndung von Übergriffen gegen die Bevölkerung, 11.5.1945. Abgedruckt in: Karner - Pickl, Die Rote Armee in der Steiermark, Dok. Nr. 40.

Österreich. Daher informierte der politische Berater der SČSK, Evgenij Kiselev, den Stellvertreter des Volkskommissars für auswärtige Angelegenheiten, Vladimir Dekanozov, über „Fälle von Undiszipliniertheit von Soldaten der Roten Armee". Diese waren „offensichtlich Ergebnis mangelhafter politischer und erzieherischer Arbeit unter Soldaten, von Befehlshabern und Kommandanten" und hinterließen einen „äußerst schlechten Eindruck", was, so Kiselevs Einschätzung, den „Nährboden für die Entfaltung von Aktivitäten reaktionärer und antisowjetischer Elemente" schuf. Als Beispiel führte er einen „schwerwiegenden Fall" aus Krems an, wo im Sommer 1945 innerhalb von einer Woche „einige Dutzend Frauen vergewaltigt und bis zu 17 friedliche Bewohner verletzt wurden. Dieser Vorfall wurde vom Tribunal untersucht und der Schuldige erschossen."[409]

Theorie und Praxis klafften allerdings häufig weit auseinander. Besonders schwer wiegt, dass Vergewaltigungen während des Krieges selten geahndet wurden. Bis zum Frühjahr 1945 kämpften die Soldaten noch unter dem Befehl, Rache zu üben. Als die sowjetische Führung den „hohen Preis der unmilitärischen Gewalt" erkannte, forderte sie strengere Maßnahmen zur Steigerung von Disziplin und Kampfbereitschaft. Einige Offiziere zogen daraufhin die Zügel an und ließen sogar Exekutionen durchführen, wie das Beispiel von Krems zeigt. Üblicherweise kamen jedoch die Täter mit ziemlich milden Strafen davon, sofern man ihnen nicht gänzlich verzieh: Die Militärtribunale verurteilten sie gewöhnlich zu fünf Jahren ITL, die sich, speziell bei Soldaten mit guter Kampfbilanz, auf zwei Jahre oder weniger reduzieren ließen.[410] Das Strafausmaß war somit nicht höher als bei Desertion. Wurde ein Vergewaltigungsversuch aktenkundig, zog dies meist nur eine Disziplinarstrafe nach sich.[411]

Häufig räumten die Armee- und NKVD-Berichte Vergewaltigungen gleich viel – bzw. wenig – Platz ein wie schweren Fahrrad- oder Motorradunfällen von Armeeangehörigen. So hieß es etwa lapidar unter der Rubrik „Vorfälle und militärische Verbrechen": „Sergeant Sablin und Untersergeant Kamenen verübten eine Vergewaltigung eines österreichischen Mädchens. Sablin

409 AVP RF, F. 06, op. 7, p. 26, d. 322, S. 20–26, Bericht von Kiselev und dem Stellvertreter des politischen Beraters, Spičkin, über die politische Stimmungslage in der sowjetischen Besatzungszone in Wien, 15.8.1945. Abgedruckt in: Karner – Stelzl-Marx – Tschubarjan, Die Rote Armee in Österreich, Dok. Nr. 67.

410 Merridale, Iwans Krieg, S. 350. Siehe dazu auch das Kapitel B.I.2.5.4 „Fünf Jahre ITL: ein exemplarischer Fall" in diesem Band.

411 Ein Beispiel dafür findet sich etwa in: RGVA, F. 32905, op. 1, d. 291, S. 164f., Vorschläge des Zampolit der NKVD-Truppen zum Schutz des Hinterlandes der CGV, Oberstleutnant Gončarev, an die Kommandeure der NKVD-Truppen zum Schutz des Hinterlandes der CGV, über Maßnahmen zur Steigerung der Disziplin, 11.9.1945.

wurde zu fünf Jahren verurteilt."[412] In einem Bericht über die Lage in der Garnison Freistadt wurden Vergewaltigungen in derselben Kategorie von Vergehen zusammengefasst wie Plünderungen und Ausschreitungen. Alkoholexzesse fielen hingegen in eine eigene Rubrik.[413]

Die Trias aus Kontrolle - Schulung - Bestrafung erwies sich in vielen Fällen als nicht effektiv. Trotz der klaren Anordnung, „unmoralischem" Verhalten der Sowjetsoldaten einen Riegel vorzuschieben bzw. Vergehen sofort zu ahnden, blieben zahlreiche sexuelle Übergriffe - im wahrsten und im übertragenen Sinn des Wortes - im Dunkeln. Dem Ansehen der Roten Armee, die sich selbst als „Befreierin" und „Friedensbringerin" definierte, fügten die Vergewaltigungen jedenfalls nachhaltigen Schaden zu. Sie trugen dazu bei, das von der NS-Propaganda geprägte Bild der Roten Armee als einer „wilden Horde aus dem Osten" zu verstärken.[414] Nach außen hin reagierten die sowjetischen Stellen mit dem Versuch, derartige Vorfälle zu bagatellisieren oder totzuschweigen. Die überlieferten Reaktionen von Stalin selbst passen genau in dieses Bild.

2.5.7 Zwischen Tabu und Bagatellisierung

So sehr man intern versuchte, die Disziplin in der Armee zu heben, so sehr bemühten sich die sowjetischen Machthaber, möglichst wenig von diesen Problemen nach außen sickern zu lassen. Vorwürfe empfand man als Schmälerung des gewaltigen Einsatzes der Roten Armee im Zweiten Weltkrieg und als Versuch, ihre Ehre - und damit jene der gesamten Nation - in den Schmutz zu ziehen. Zudem erfuhr das Thema im konfrontativen Diskurs des Kalten Krieges eine zweifache Instrumentalisierung: Einerseits warfen die „Feinde der Sowjetunion" die Übergriffe übertrieben und pauschal der gesamten Roten Armee vor. Nichts passte idealer in ein propagandistisches Konzept des Antikommunismus als die Vergewaltigungen. Übergriffe seitens westalliierter Soldaten dagegen wurden verdrängt. Andererseits wehrten die Sowjets jeglichen Vorwurf als Affront und als Nichtanerkennung der erbrachten Opfer und Leistungen ab. Sie wollten sich dem Thema öffentlich entziehen.

412 RGVA, F. 32914, op. 1, d. 132, S. 218–264, hier: S. 244, Bericht des Kommandeurs des 336. NKVD-Grenzregiments, Martynov, und des Leiters der Politabteilung des Regiments, Čurkin, an den Leiter der Politabteilung der NKVD-Truppen zum Schutz des Hinterlandes der 3. Ukrainischen Front, Oberst Nanejšvili, über den Dienst, die parteipolitische Arbeit, den politisch-moralischen Zustand und die Disziplin des Regiments im 2. Quartal 1945 [Juni 1945].

413 CAMO, F. 894, op. 1, d. 66, S. 354–356, hier: S. 355, Bericht einer Kommission der CGV über die Lage in der Garnison Freistadt, 28.10.1945.

414 Stelzl-Marx, Freier und Befreier, S. 430.

Bezeichnenderweise reagierte Stalin während eines im Jänner 1945 geführten Gesprächs mit Anrija Hebrang, einer der führenden Persönlichkeiten der kroatischen kommunistischen Bewegung während des Zweiten Weltkriegs, gereizt auf dessen Kritik an den Übergriffen sowjetischer Soldaten und verlangte, man müsse einen Soldaten verstehen, der 3000 Kilometer von Stalingrad bis nach Budapest zurückgelegt habe: „Der Soldat denkt, er ist ein Held, für ihn ist alles möglich, heute lebt er, morgen wird er getötet, ihm wird alles verziehen. Die Soldaten sind müde, sind zermürbt vom langen und schweren Krieg. [...] Es gibt einzelne Fälle, die unsere Soldaten in Verruf brachten. Wir erschießen [sie] dafür. Aber man muss daran denken, was die Menschen mitgemacht haben, dass ihre Nerven versagen, dass sie glauben, dass sie Helden sind, denen alles erlaubt ist."[415]

Eine analoge Einschätzung äußerte der Kremlchef, als man ihn auf Übergriffe in der Westslowakei ansprach: „In ihrem Siegeszug lässt die Rote Armee manchmal unnötige Übertreibungen zu. Ich bitte Sie, dies zu entschuldigen und nicht böse zu sein. Ich bitte Sie zu entschuldigen, dass es auf Ihrem Staatsgebiet zu manchen Unanständigkeiten kommen kann. Dies ist durch die psychologische Verfassung des Soldaten der Roten Armee zu erklären. So ein Soldat legte einen Weg von Stalingrad nach Deutschland zurück und jetzt sieht er sich am Gipfel seines Siegesruhmes. Jeder von ihnen hält sich für einen Helden und meint, dass ihm als Helden alles erlaubt ist und alles verziehen wird."[416]

In ähnlicher Weise berichtete Milovan Djilas, Mitglied des Politbüros der Kommunistischen Partei Jugoslawiens, von einem Eklat, nachdem er gegenüber Stalin die Vergewaltigungen der Roten Armee in Jugoslawien angesprochen hatte. Stalin ärgerte sich über Djilas' Einmischung und reagierte mit einer zynischen Verharmlosung der Vorfälle: „Kann er es nicht verstehen, wenn ein Soldat, der durch Blut und Feuer und Tod gegangen ist, an einer

415 AVP RF, F. 06, op. 7, p. 53, d. 872, S. 10, Gespräch Stalins mit Hebrang, 9.1.1945. Zit. nach: T. V. Volokitina (Hg.), Sovetskij faktor v Vostočnoj Evrope 1944–1953. Bd. 2. 1949–1953. Dokumenty. Moskau 1999, S. 192. Vgl. dazu auch: Donal O'Sullivan, Stalins „Cordon sanitaire". Die sowjetische Osteuropapolitik und die Reaktionen des Westens 1939–1949. Paderborn - München - Wien - Zürich 2003, S. 277; Dornik, Besatzungsalltag in Wien, S. 456f.

416 Státní Ústřední Archiv Česke Republiky, F. 100/24, Sv. 172, Aj. 1534, Notiz Zorins über ein Gespräch mit Fierlinger. Zit. nach: Volokitina, Sovetskij faktor v Vostočnoj Evrope, S. 192. Vgl. dazu AVP RF, F. 0138, op. 26, p. 132, d. 8, S. 77–78, Tagebucheintragung Zorins über das Gespräch zwischen dem Premierminister der Tschechoslowakei, Z. Fierlinger, und dem stv. Außenminister, V. Klemenits, über ein mögliches trilaterales Abkommen zwischen der UdSSR, der Tschechoslowakei und Polen sowie das Verhalten der Roten Armee in der Westslowakei, 25.5.1945. Abgedruckt in: Volokitina, Sovetskij faktor v Vostočnoj Evrope, S. 191. Vgl. Dornik, Besatzungsalltag in Wien, S. 457f.

Frau seine Freude hat oder eine Kleinigkeit mitgehen lässt?"[417] Stalin habe Djilas' Frau geküsst und dann gewitzelt, „er mache diese Geste der Zuneigung auf die Gefahr hin, dass man ihn der Vergewaltigung beschuldige", erinnerte sich Djilas. Stalins mangelndes Feingefühl bei diesem Thema zeigte sich laut Djilas auch in seiner Haltung gegenüber ähnlichen Klagen während des Ostpreußen-Feldzuges: „Wir machen unseren Soldaten zu viele Vorschriften", äußerte Stalin angeblich, „sollen sie auch etwas eigene Initiative haben."[418]

Neben der zynischen Bagatellisierung der Vorfälle machen diese Passagen folgendes Phänomen deutlich: Die sexuelle Gewalt in der Roten Armee war – und ist – nach außen hin kein Thema. Noch heute reagieren russische Institutionen und Archive empört, wenn die heikle Materie angesprochen wird. Veteranen blocken bei der Frage vielfach grundsätzlich ab und verweisen größtenteils darauf, derartige Fälle höchstens vereinzelt gesehen zu haben. Und auch im öffentlichen Bewusstsein der ehemaligen Sowjetunion ist dieser wenig rühmliche Aspekt des „Großen Vaterländischen Krieges" und der Jahre danach nicht vorhanden. Keine Armee hängt ihre Verbrechen an die große Glocke. Doch bereits zur Zeit der Vorfälle erzwang das offizielle Schweigen der Sowjets eine Starre. Man versuchte, sich öffentlich dem Thema zu entziehen und es dadurch gleichsam ungeschehen zu machen. Wie im naiven Spiel von Kindern, die, wenn sie sich selbst die Augen zuhalten, meinen, sie wären nicht nur unsichtbar, sondern gar nicht da. Aus dem kollektiven Schweigen konnte eine selektive Amnesie entstehen, die aus Scham geboren wurde, die aber auch den Heldenmythos des sowjetischen Kämpfers hochleben ließ. Denn das offizielle Gedenken spendet den Veteranen und ihren Angehörigen bis heute Trost und hebt die Moral der Nation. Für eine Thematisierung von Vergewaltigungen ist da kein Platz.

2.6 Desertion, eigenmächtiges Entfernen und Suizid

Eigenmächtiges Entfernen („samovol'naja otlučka") von der Truppe und – als schlimmste Form – Desertion stellten zwei der schwersten Straftaten dar, die ein Angehöriger der Roten Armee begehen konnte.[419] Seit jeher hatte Fahnenflüchtigen die Exekution gedroht, ob mit oder ohne Tribunal, und seit August 1941 traf die Schande auch ihre Angehörigen: „Feiglinge und Deserteure

417 Zit. nach: Naimark, Die Russen in Deutschland, S. 93. Mit abweichender Übersetzung in: Milovan Djilas, Der Krieg der Partisanen. Memoiren 1941–1945. Wien – München – Zürich – Innsbruck 1977, S. 548.

418 Naimark, Die Russen in Deutschland, S. 93.

419 Satjukow, Besatzer, S. 167.

müssen vernichtet werden. Wenn man diesen Elementen freien Lauf ließe, würden sie in kurzer Frist unsere Armee in eine Kanzlei verwandeln. Diese Elemente sind sofort ihrer Posten zu entheben, zu degradieren, zu Schützen zu machen und erforderlichenfalls auf der Stelle zu erschießen, an ihre Stelle sind tapfere und kühne Männer aus den Reihen der Unterführer und der einfachen Rotarmisten zu setzen", forderte der Stavka-Befehl Nr. 270 vom 16. August 1941.[420] Rund ein Jahr später, am 28. Juli 1942, trat Stalins Befehl Nr. 227 in Kraft, der die Soldaten nochmals in die Pflicht nahm. Feiglingen, Defätisten und anderen „Schurken" drohten Strafbataillone oder der Tod. Offiziere, deren Leute sich ohne ausdrücklichen Befehl zurückzogen, waren fortan wegen eines Kapitalverbrechens festzunehmen.[421]

Die Parole lautete bereits 1941, bis zum letzten Blutstropfen zu kämpfen und gegebenenfalls Selbstmord einer Gefangennahme vorzuziehen. Schließlich galt Kriegsgefangenschaft - ebenso wie Desertion - als Vaterlandsverrat. Dem berüchtigten Befehl Nr. 270 lag die Überzeugung zugrunde, mangelnder Kampfwille und nicht Unvermögen oder objektive Ausweglosigkeit wäre die Ursache der sowjetischen Rückschläge zu Beginn des „Großen Vaterländischen Krieges" gewesen. Die bloße Tatsache, dass ein Armeeangehöriger den Rückzug angetreten oder sich „dem Feind ergeben" hatte, wertete Moskau als zweifelhafte Einstellung gegenüber der Sowjetunion.[422]

Doch trotz der grausamen Strafen waren Desertionen auch weiterhin keine Seltenheit. Die Soldaten waren verängstigt. Tod und Verstümmelung im Gefecht fürchteten sie mehr als ihre Kommissare im Rücken. Allein im Oktober 1941 gab es in Moskau nahezu 130.000 Verhaftungen wegen „Verstößen gegen Militärvorschriften", darunter knapp 5000 Deserteure und 12.000 der Drückebergerei verdächtigte Personen. Während des Krieges wurden schätzungsweise 158.000 Todesurteile förmlich verhängt. Dazu kommen noch Tausende, deren Leben im Straßengraben endete: als „Vaterlandsverräter" liquidierte Armeeangehörige und jene, die im Vorfeld von Gefechten offen-

420 CAMO, F. 2, op. 920266, d. 1, S. 526f., Befehl Nr. 270 der Stavka der Roten Armee, 16.8.1941. Auf Deutsch mit anderslautender Übersetzung: Bernd Bonwetsch, Ein Sieg mit Schattenseiten. Die Sowjetunion im Zweiten Weltkrieg, in: Haus der Geschichte der Bundesrepublik Deutschland (Hg.), Kriegsgefangene - Voennoplennye. Sowjetische Kriegsgefangene in Deutschland. Deutsche Kriegsgefangene in der Sowjetunion. Düsseldorf 1995, S. 135–140, hier: S. 138. Vgl. dazu Stelzl-Marx, Zwischen Fiktion und Zeitzeugenschaft, S. 233f.

421 Merridale, Iwans Krieg, S. 177.

422 Barbara Stelzl-Marx, Kriegsgefangenschaft in der Retrospektive: Kontext, Entstehung und Merkmale von Dmitrij Čirovs „Unter den Verschollenen", in: Barbara Stelzl-Marx (Hg.), Unter den Verschollenen. Erinnerungen von Dmitrij Čirov an das Kriegsgefangenenlager Krems-Gneixendorf 1941 bis 1945. Schriftenreihe des Waldviertler Heimatbundes Bd. 43. Horn - Waidhofen/Thaya 2003, S. 13–48, hier: S. 30f.

bar versucht hatten, zu fliehen. Unterdessen legten andere selbst Hand an sich. Anfang 1942 nahmen die Fälle von Selbstverstümmelung („samostrel") erschreckend zu.[423]

2.6.1 Suizid

Selbstmorde Wehrpflichtiger waren von jeher ein Problem in der Roten Armee, das bis heute, unter den oft katastrophalen Bedingungen in den Streitkräften der Russischen Föderation, traurige Aktualität besitzt. Anfang der 1920er Jahre gingen die meisten Fälle von Selbstmord auf die schlechten materiellen Bedingungen zurück. Dabei war die ohnehin hohe Selbstmordrate unter den Kommandeuren noch höher als unter den Rotarmisten. Als Gründe galten - abgesehen von der misslichen materiellen Lage - psychische Störungen, unheilbare Krankheiten, Probleme im Dienst, Angst vor Bestrafung und familiäre Probleme.[424] Nach Kriegsende hatte sich die Situation der Armeeangehörigen zwar grundlegend geändert, allerdings finden sich mit einer gewissen Regelmäßigkeit Hinweise auf Suizide in den Reihen der sowjetischen Besatzungstruppen in Österreich. Der NKVD subsumierte Selbstmorde in der Kategorie „amoralische Erscheinungen", in die auch Trunkenheit oder Delikte wie Diebstahl sozialistischen Eigentums fielen. Die „Schuld" für diese „amoralische Erscheinung" lag demnach stets beim Suizidenten selbst. „Wie eine dienstliche Untersuchung ergab, erfolgte der Selbstmord von Sergeant Gladyš als Folge seiner moralischen Labilität", lautete in solchen Fällen die typische Schlussfolgerung. Der 1924 geborene Ukrainer hatte sich am 14. Jänner 1946 um 7.40 Uhr in der Toilette der Manövergruppe mit einem Revolver in die Brust geschossen.[425]

Einen Hinweis auf die Hintergründe dieser Verzweiflungstat findet man in einem weiteren NKVD-Bericht. Demnach beendete der Sergeant sein Leben „infolge persönlichen Kleinmuts und Labilität, die als Folge einer unverhofften Beendigung der Beziehung mit einem bekannten Mädchen auftraten". Ob es sich um eine Österreicherin handelte, die den Liebeskummer ausgelöst hatte, bleibt unerwähnt. Stereotyp schloss der NKVD seine Schil-

---

423 Merridale, Iwans Krieg, S. 97, 144f., 178.

424 Bogdan Musial, Kampfplatz Deutschland. Stalins Kriegspläne gegen den Westen. Berlin 2008, S. 100.

425 RGVA, F. 32906, op. 1, d. 156, S. 13–28, hier: S. 15, Bericht des Kommandeurs des 37. Grenzregiments, Oberst Jaroslavskij, und des Leiters der Politabteilung, Major Sudakov, an den Leiter der NKVD-Truppen zum Schutz des Hinterlandes der CGV, Generalmajor Kuznecov, über den politisch-moralischen Zustand und die militärische Disziplin im 37. Grenzregiment im 1. Quartal 1946, 31.3.1946.

derung mit dem Resümee: „Der Leiter der Politabteilung der Truppen untersuchte die Tat."[426]

2.6.2 Fahnenflucht: Tatbestand und Strafe

Weitaus häufiger als Selbstmord trat Fahnenflucht auf, der in Friedenszeiten naturgemäß andere Motive zugrunde lagen als während des Krieges. Nun ging es nicht mehr um das nackte Leben, sondern um das Leben unter anderen - wenn möglich besseren - Umständen. Das sowjetische Strafgesetz ging bei diesem Tatbestand davon aus, dass der Deserteur den Vorsatz verfolgt hatte, sich dem Militärdienst für immer zu entziehen. Hier war also ein ausdrücklicher Willensakt das entscheidende Kriterium. Bei der Ahndung ergab sich daher die Schwierigkeit, die wahren Absichten des Delinquenten festzustellen und eine etwaige Kluft zwischen seiner Absicht und der erfolgten Handlung zu bewerten. Ohne ein Geständnis war dies de facto unmöglich. Zusätzlich sah die sowjetische Jurisdiktion Desertion in einem politischen Kontext: der Beeinträchtigung des Ansehens des Vaterlandes.[427]

„Überlaufen auf die Seite des Feindes, Flucht oder Absetzen ins Ausland" fielen gemäß Artikel 58-1 des Strafgesetzbuches der RSFSR unter den Begriff des „Vaterlandsverrats", der in besonders schweren Fällen mit der Todesstrafe geahndet werden konnte.[428] Nach ihrer Ergreifung wurden die Deserteure der Verwaltung für Gegenspionage „Smerš", den Militärstaatsanwälten der zuständigen Armeen oder später jenen der CGV übergeben.[429] Üblicherweise mussten Grundwehrdienstleistende bei einer Ergreifung mit einem Freiheitsentzug von drei bis sieben Jahren, Offiziere von fünf bis sieben Jahren rechnen.[430] So wurde ein Rotarmist, der Ende Jänner 1946 zu desertieren versucht hatte, zu fünf Jahren ITL verurteilt. Man warf ihm vor, dass er „nicht in un-

426 RGVA, F. 38650, op. 1, d. 1222, S. 110–127, hier: S. 117, Bericht des Leiters der NKVD-Truppen zum Schutz des Hinterlandes der CGV, Generalmajor Kuznecov, und des Leiters der Politabteilung der Truppen, Oberst Šukin, an den stv. Leiter der Hauptverwaltung der Inneren Truppen des NKVD, Generalmajor Skorodumov, über den politisch-moralischen Zustand und die Disziplin in den MVD-Truppen zum Schutz des Hinterlandes der CGV im 1. Quartal 1946, 9.4.1946.

427 Satjukow, Besatzer, S. 167f.

428 Vgl. dazu etwa GARF, F. 7523, op. 76, d. 45, S. 6–8, hier: S. 6f., Stellungnahme des Obersten Gerichts zum Gnadengesuch von Michail Lapin, 29.9.1951; GARF, F. 7523, op. 66, d. 102, S. 27–30, Stellungnahme des Obersten Gerichts zum Gnadengesuch von Dmitrij Durnov, 19.4.1950, sowie das Kapitel B.I.2.2 „Verurteilt zum Tod durch Erschießen" in diesem Band.

429 Vgl. dazu etwa die Liste jener rund 30 Rotarmisten, die im Mai 1945 desertierten und vom 336. NKVD-Grenzregiment aufgegriffen wurden, in: RGVA, F. 32914, op. 1, d. 12, S. 125–126, Liste des Stabsleiters des 336. Grenzregiments, Major Buškov, über Deserteure der Roten Armee, die im Mai 1945 vom 336. NKVD-Grenzregiment festgenommen wurden [Juni 1945].

430 Satjukow, Besatzer, S. 168.

seren [den sowjetischen] Truppen dienen" hatte wollen.[431] Doch auch Urteile des Militärtribunals von zehn Jahren ITL sind belegt.[432]

Handelte es sich hingegen lediglich um eine vorübergehende Absonderung von der Truppe, lag „eigenmächtiges Entfernen" vor. Dieser Tatbestand wurde je nach Dauer der Abwesenheit geahndet: Wenn sich der Soldat länger als einen Tag, aber maximal drei Tage mutwillig von der Truppe entfernte, konnte er mit bis zu zwei Jahren Dienst in einem Strafbataillon bestraft werden. Entfernte er sich bis zu einem Monat von der Truppe, so drohten ein bis fünf Jahre Freiheitsentzug. Dauerte das eigenmächtige Verlassen länger als einen Monat, musste der Flüchtige mit einer Freiheitsstrafe von drei bis sieben Jahren rechnen. Gewöhnlich befassten sich die Truppenkommandeure oder Militärstaatsanwälte vor Ort mit diesen Vorfällen. Die verhängten Strafen konnten von Disziplinarmaßnahmen innerhalb der Einheit bis zur Einweisung in ein Strafbataillon reichen.[433] Weniger streng wurde üblicherweise sogenanntes Bummeln bzw. unerlaubtes Entfernen von der Truppe geahndet.

2.6.3 Unerlaubtes Entfernen von der Truppe und Bummeln

Am 18. Februar 1946 um 12.30 Uhr entfernte sich der Wachsoldat Zacharov ohne Erlaubnis seines Vorgesetzten vom Wachgebäude, ging zur Straßenbahnstation, fuhr in die Stadt und kehrte um 14.30 Uhr zurück. Für dieses zweistündige Intermezzo bestrafte der Regimentskommandant den 1943 einberufenen Zacharov mit fünf Tagen strenger Haft („strogij arest"). Die übrigen Angehörigen des Regiments unterrichtete man über diesen Vorfall.[434]

Ähnlich gelagert war der Fall des Sergeanten Klimenko, der am 23. Februar 1946 ohne Erlaubnis in die Stadt ging, in einem Lokal Wein trank und in betrunkenem Zustand von der Patrouille der Kommandantur festgenommen wurde. Der 26-jährige, aus bäuerlichem Milieu stammende Ukrainer bekam

431 RGVA, F. 38650, op. 1, d. 1222, S. 110–127, hier: S. 115, Bericht des Leiters der NKVD-Truppen zum Schutz des Hinterlandes der CGV, Generalmajor Kuznecov, und des Leiters der Politabteilung der Truppen, Oberst Šukin, an den stv. Leiter der Hauptverwaltung der Inneren Truppen des NKVD, Generalmajor Skorodumov, über den politisch-moralischen Zustand und die Disziplin in den MVD-Truppen zum Schutz des Hinterlandes der CGV im 1. Quartal 1946, 9.4.1946.

432 RGVA, F. 32914, op. 1, d. 132, S. 218–264, hier: S. 241, Bericht des Kommandeurs des 336. NKVD-Grenzregiments, Martynov, und des Leiters der Politabteilung des Regiments, Čurkin, an den Leiter der Politabteilung der NKVD-Truppen zum Schutz des Hinterlandes der 3. Ukrainischen Front, Nanejšvili, über den Dienst, die parteipolitische Arbeit, den politisch-moralischen Zustand und die Disziplin des Regiments im 2. Quartal 1945 [Juni 1945].

433 Satjukow, Besatzer, S. 167.

434 RGVA, F. 32916, op. 1, d. 11, S. 55, Bericht des Stabschefs des 24. NKVD-Grenzregiments, Major Galeev, über Vorfälle im Regiment [März 1946].

als Disziplinarstrafe zehn Tage strengen Arrest. Außerdem zog man ihn zur „parteilichen Verantwortung“ („partijnaja otveststvennost’“).[435]

Härter sollte die Strafe bei Zacharovs Kameraden Mirzaev ausfallen: Anfang Februar 1946 entfernte sich der Rotarmist aus „seiner persönlichen Undiszipliniertheit“ heraus für vier Stunden unerlaubt vom Dienst. Da dies nicht zum ersten Mal geschah, wurde Mirzaev dem Militärtribunal übergeben und zu drei Jahren Freiheitsstrafe verurteilt. Sein Fall sollte als abschreckendes Beispiel dienen, denn bei der Gerichtsverhandlung waren die gesamte Verwaltung des Regiments und Vertreter der einzelnen Abteilungen zugegen. Auch nach diesem Vorfall führte man mit den Regimentsangehörigen die „entsprechende Arbeit“ durch.[436]

Tatsächlich kam unerlaubtes Entfernen von der Truppe viel häufiger vor, als es dieser NKVD-Bericht vermuten lässt. In Absprache mit dem Leiter der Politabteilung des 24. Grenzregiments wollte Stabschef Galeev seinen Vorgesetzten mit seinem Vorfallsbericht offensichtlich zwei Aspekte näherbringen: Erstens, dass die Disziplin in seinem Regiment weitestgehend in Ordnung war, was wiederum für ihn und die übrige Leitung sprach. Und zweitens, dass bei Verstößen gegen die Regeln hart durchgegriffen wurde, worüber man das gesamte Regiment in Kenntnis setzte. Schließlich oblag es den für die Disziplin und Ordnung zuständigen Beamten, welche Vorfälle sie meldeten und in welcher Form. Nur in Ausnahmefällen flogen gefälschte Angaben auf.[437] Meist wurden derartige Vorfälle vom Kommando und der Politabteilung einfach verschwiegen, zumal sie vielfach auf „Verbindungen mit einheimischen Frauen“ zurückgingen.[438]

435 RGVA, F. 32906, op. 1, d. 156, S. 13–28, hier: S. 19f., Bericht des Kommandeurs des 37. Grenzregiments, Oberst Jaroslavskij, und des Leiters der Politabteilung, Major Sudakov, an den Leiter der NKVD-Truppen zum Schutz des Hinterlandes der CGV, Generalmajor Kuznecov, über den politisch-moralischen Zustand und die militärische Disziplin im 37. Grenzregiment im 1. Quartal 1946, 31.3.1946.

436 RGVA, F. 32916, op. 1, d. 11, S. 55, Bericht des Stabschefs des 24. NKVD-Grenzregiments, Major Galeev, über Vorfälle im Regiment [März 1946].

437 Beispielsweise wurde der stellvertretende Kommandeur der Politabteilung des 383. Schützenregiments überführt, die Zahlen zu Verbrechen innerhalb des Regiments für Jänner und Februar 1946 geschönt zu haben. Als der Betrug aufflog, schnellten auch die Angaben in der Statistik des Folgemonats um das Doppelte hinauf. Vgl. RGVA, F. 38650, op. 1, d. 1222, S. 110–127, hier: S. 113, Bericht des Leiters der NKVD-Truppen zum Schutz des Hinterlandes der CGV, Generalmajor Kuznecov, und des Leiters der Politabteilung der Truppen, Oberst Šukin, an den stv. Leiter der Hauptverwaltung der Inneren Truppen des NKVD, Generalmajor Skorodumov, über den politisch-moralischen Zustand und die Disziplin in den MVD-Truppen zum Schutz des Hinterlandes der CGV im 1. Quartal 1946, 9.4.1946.

438 RGVA, F. 38650, op. 1, d. 1222, S. 173–178, hier: S. 176, Bericht des Leiters der MVD-Truppen zum Schutz des Hinterlandes der CGV, Oberst Zimin-Kovalev, und des stv. Leiters der Politabteilung, Oberstleutnant Gončarev, über den politisch-moralischen Zustand der Truppen, 26.7.1946.

Abb. 57: Kurze, unerlaubte Ausflüge in die nächste Stadt stellten einen Verstoß gegen die militärische Disziplin dar, standen aber auf der Tagesordnung. (Quelle: AdBIK, Sammlung Borisov)

Kurze, unerlaubte Ausflüge in die nächstgelegene Stadt stellten für die Soldaten eine große Versuchung dar. Sie rechneten damit, unentdeckt zu bleiben oder mit geringfügigen Strafen davonzukommen. Häufig nutzten sie die Abstecher für Kino- und Lokalbesuche, Einkäufe oder ähnliche Vergnügungen. Im August 1945 nahmen Militärkommandanturen „eine große Zahl" von NKVD-Mannschaftssoldaten und Unteroffizieren fest, die sich „ziellos in den Straßen der Stadt herumtrieben". Bei den Untersuchungen zeigte sich, dass die meisten keine Freigangpapiere hatten. Daraus zog man die sicherlich korrekte Schlussfolgerung, dass sie sich unerlaubt von ihren Einheiten entfernt hatten.[439] Wieder war der NKVD – Hüter von Ordnung und Disziplin – selbst kein leuchtendes Vorbild.

Problematisch waren die Fälle unerlaubten Entfernens von der Truppe in mehrerer Hinsicht: Sie stellten einen Verstoß gegen die militärische Disziplin dar, um die es sowieso nicht zum Besten stand. Wurden derartige Vorfälle bekannt, mussten auch die Vorgesetzten die Verantwortung übernehmen. Außerdem verübten die Delinquenten während des unerlaubten Fernbleibens häufig weitere Vergehen, besonders das vorhin erwähnte „amoralische Verhalten" der Trunksucht. Manche betranken sich bis zur Bewusstlosigkeit, was mit zehn Tagen strengem Arrest bestraft wurde. Wenn hingegen in dieser Zeit ein Kino besucht wurde, betrug die Strafe fünf Tage strengen Arrests.[440]

439 RGVA, F. 32906, op. 1, d. 28, S. 121, Bericht des Bevollmächtigten des Stabsleiters des 37. NKVD-Grenzregiments, Hauptmann Bajtuganov, über den Befehl des Kommandeurs zur Verhinderung unerlaubten Entfernens von der Truppe, 23.8.1945.

440 RGVA, F. 32906, op. 1, d. 156, S. 13–28, hier: S. 15f., 19f., Bericht des Kommandeurs des 37. Grenzregiments, Oberst Jaroslavskij, und des Leiters der Politabteilung, Major Sudakov, an den Leiter

Eine Analyse derartiger Vorfälle ergab, so der Kommandeur des 37. NKVD-Grenzregiments und der Leiter der zuständigen Politabteilung, dass vor allem folgende Rahmenbedingungen für unerlaubtes Entfernen ausschlaggebend waren: erstens, wenn der Stadturlaub nicht geregelt war; zweitens, wenn der Innendienst schlecht aufgestellt war; und drittens, wenn sich infolgedessen undisziplinierten Wehrdienstleistenden einfach die Möglichkeit bot, unerlaubt ihren Posten zu verlassen. Als Paradebeispiel dafür führten sie den Kraftfahrzug des Regiments an: Da die Bewegung des Mannschaftsstandes aus der Kaserne in die Garage nicht genau reglementiert war, konnten sich einzelne Soldaten verbotenerweise von der Truppe entfernen. Erst eine genaue Reglementierung des Dienstes unterband die illegalen Ausflüge zumindest so weit, dass sie nicht unentdeckt blieben.[441]

Abgesehen davon spielte aber sicherlich auch Langeweile eine Rolle. Die Schuld traf wieder einmal die Vorgesetzten. Da die Kommandeure vieler Einheiten und die Parteiorganisationen zu wenig „Massenarbeit" („massovaja rabota") in der Freizeit und an den freien Tagen durchführten, hatten die Militärangehörigen nichts bzw. nichts Sinnvolles zu tun. Daher „tranken sie, entfernten sich unerlaubt von der Truppe oder streunten, wenn sie Freigang hatten, in den Parks, auf Märkten herum, kauften, tauschten oder verkauften diverse Gegenstände".[442] Vergleichbare Vorfälle traten gerade auch unter Deserteuren auf, die allerdings – wurden sie wieder aufgegriffen – mit drakonischen Strafen zu rechnen hatten.

2.6.4 Desertion und Folgeverbrechen

Deserteure der Roten Armee bezeichnete man in einem Atemzug mit Spionen, Diversanten und Terroristen als „verbrecherische Elemente". Sie mussten ausgeforscht, festgenommen und bestraft werden, lautete die offizielle Devise.[443] In den Wirren der Kämpfe zu Kriegsende war es relativ einfach,

der NKVD-Truppen zum Schutz des Hinterlandes der CGV, Generalmajor Kuznecov, über den politisch-moralischen Zustand und die militärische Disziplin im 37. Grenzregiment im 1. Quartal 1946, 31.3.1946.

441 Ebd., S. 20.

442 RGVA, F. 38650, op. 1, d. 1222, S. 110–127, hier: S. 121, Bericht des Leiters der NKVD-Truppen zum Schutz des Hinterlandes der CGV, Generalmajor Kuznecov, und des Leiters der Politabteilung der Truppen, Oberst Šukin, an den stv. Leiter der Hauptverwaltung der Inneren Truppen des NKVD, Generalmajor Skorodumov, über den politisch-moralischen Zustand und die Disziplin in den MVD-Truppen zum Schutz des Hinterlandes der CGV im 1. Quartal 1946, 9.4.1946.

443 RGVA, F. 32900, op. 1, d. 216, S. 44–49, Operationsplan zur Säuberung des Hinterlandes der 3. Ukrainischen Front, 3.5.1945. Auszugsweise abgedruckt in: Karner – Stelzl-Marx – Tschubarjan, Die Rote Armee in Österreich, Dok. Nr. 31; zur Gänze in: Karner – Pickl, Die Rote Armee in der Steiermark, Dok. Nr. 30.

unbemerkt davonzukommen. Ende April 1945 berichtete der NKVD: „Es kommt weiterhin zu Fällen von Desertion aus den Unterabteilungen und Einheiten der Roten Armee. Die Deserteure erwecken den Anschein, hinter ihren Einheiten zurückgeblieben zu sein, und halten sich in Ortschaften des Hinterlandes auf, in denen sie die örtliche Bevölkerung berauben."[444] Allein am 29. April griffen zwei Bataillone des 17. Grenzregiments acht fahnenflüchtige Rotarmisten auf, „die sich unter dem Vorwand [sic!], hinter ihren Einheiten zurückgeblieben zu sein, in Ortschaften des Hinterlandes aufhielten, sich dem Alkohol hingaben und die örtliche Bevölkerung beraubten".[445]

Ähnlich lautete ein Bericht vom Mai 1945, worin fehlender Kontrolle die Schuld gegeben wurde: „Infolge von Disziplinmangel und des Fehlens der nötigen Ordnung in den Einheiten und Unterabteilungen der Roten Armee kam es dazu, dass einzelne Soldaten der Roten Armee desertierten, sich in Dörfer des Hinterlandes begaben und sich dort betranken, plünderten und Frauen vergewaltigten."[446]

Bis Juni 1945 nahm die Zahl an festgenommenen Deserteuren gegenüber der Kriegszeit zunächst drastisch ab: Hatte der NKVD innerhalb des 17. NKVD-Grenzregiments im Jänner 163, im Februar 192 und im März sogar 337 Fahnenflüchtige verhaftet, so ging ihre Zahl von 121 im April und 118 im Mai bis auf knapp über 20 im Juni zurück.[447] Doch laut Angaben des Militärrates der CGV nahmen die Desertionen ab Sommer 1945 wieder zu: Allein aus einer Armee waren im Juli 30 Männer desertiert.[448] Insgesamt nahm der NKVD als Folge seiner „operativ-geheimdienstlichen Tätigkeit" in den ersten sechs Monaten 1945 beinahe 1000 Angehörige der 3. Ukrainischen Front fest. Weit darüber lag die Zahl von Armeeangehörigen, die hinter ihren Einheiten zurückgeblieben waren: Insgesamt verhaftete der NKVD 7400 von ihnen, davon über 3300 allein im Februar, 1233 im März, 536 im April, 265 im Mai und nur mehr 21 im Juni 1945. Anscheinend befanden sich unter den ver-

444 RGVA, F. 32900, op. 1, d. 235, S. 143f., hier: S. 143, Operativer Bericht Nr. 00115 des Kommandanten des 17. NKVD-Grenzregiments, Oberst Pavlov, und des Stabschefs, Major Mordvinkin, 29.4.1945. Abgedruckt in: Karner - Stelzl-Marx - Tschubarjan, Die Rote Armee in Österreich, Dok. Nr. 28.

445 Ebd.

446 RGVA, F. 32902, op. 1, d. 104, S. 183–185, hier: S. 183, Erklärung des Stabes des 17. NKVD-Grenzregiments zur operativ-geheimdienstlichen Tätigkeit im April 1945 [Mai 1945]. Abgedruckt in: Karner - Pickl, Die Rote Armee in der Steiermark, Dok. Nr. 28.

447 RGVA, F. 32900, op. 1, d. 219, S. 113–115, Bericht des stv. Leiters der NKVD-Truppen zum Schutz des Hinterlandes der 3. Ukrainischen Front, Oberst Semenenko, und des stv. Stabschefs, Major Gru'ev, über die Festnahmen im ersten Halbjahr 1945 [Juli 1945]. Abgedruckt in: Karner - Pickl, Die Rote Armee in der Steiermark, Dok. Nr. 105.

448 RGVA, F. 32905, op. 1, d. 291, S. 229, Bericht des Mitglieds des Militärrates der CGV, Generalleutnant K. Krajnjukov, und des Leiters der Politverwaltung der CGV, Generalmajor F. Jaščekin, an die Leiter der Politabteilungen der Armee und Korps über Desertionen, 1.9.1945.

schiedenen Kategorien an Festgenommenen weitere Deserteure, denn insgesamt wurden 1181 Personen als Deserteure aus den Reihen der Roten Armee „überführt". Dazu zählten „Marodeure", „Verräter", ehemalige Kriegsgefangene, Armeeangehörige ohne entsprechende Dokumente oder jene, die sich „unorganisiert vom Kampfschauplatz zurückgezogen hatten" oder „einer Einkesselung entkommen waren".[449] Der NKVD hatte alle Hände voll zu tun.

Es gab verschiedene Möglichkeiten, unterzutauchen. Manche versteckten sich in privaten Quartieren oder in abgelegenen Ortschaften, andere fälschten Dokumente, wodurch sie sich eine scheinbare Legalität verleihen wollten, wieder andere versuchten, sich in die westlichen Besatzungszonen oder ins Ausland abzusetzen. Auch Desertionen aus dem Krankenhaus bzw. auf dem Rückweg vom Krankenhaus zu den eigenen Truppen sowie im Zuge der eigenen Demobilisierung sind belegt. Besonders häufig sollten „fiktive Dokumente" die Verlegung in ein Spital oder die Genehmigung einer Dienstreise vortäuschen.[450]

Etwas dreist erscheint dabei der Versuch eines desertierten Leutnants, der sich vier Monate lang mit gefälschten Dokumenten als Kommandant eines abgelegenen niederösterreichischen Dorfes ausgab. Dank eines Hinweises der lokalen Behörden wurde er entlarvt. Fahnenflüchtigen aus den Reihen der Roten Armee schrieb der NKVD anscheinend besonders gerne zu, sich dem Alkohol hingegeben und einheimische Frauen vergewaltigt zu haben – so auch im Falle des ehemaligen Untersuchungsführers des Militärstaatsanwalts der 3. Ukrainischen Front. Er kehrte an seinen früheren Arbeitsplatz, die Militärstaatsanwaltschaft der nunmehrigen CGV, zurück – allerdings in der Rolle eines Angeklagten.[451]

Andere Soldaten entschlossen sich, nach ihrer Demobilisierung nicht in die Sowjetunion zurückzukehren, sondern mithilfe gefälschter Dokumente dauerhaft in Österreich oder Ungarn zu verbleiben. Dabei beunruhigte den NKVD vor allem, dass „dieses Element [ein Deserteur] häufig mit der örtlichen Unterwelt in Verbindung tritt und dadurch größere Möglichkeiten für seine verbrecherische Tätigkeit und Maskierung erhält".[452] Man machte De-

449 RGVA, F. 32900, op. 1, d. 219, S. 113–115, Bericht des stv. Leiters der NKVD-Truppen zum Schutz des Hinterlandes der 3. Ukrainischen Front, Oberst Semenenko, und des stv. Stabschefs, Major Gru'ev, über die Festnahmen im 1. Halbjahr 1945 [Juli 1945]. Abgedruckt in: Karner – Pickl, Die Rote Armee in der Steiermark, Dok. Nr. 105.

450 RGVA, F. 32914, op. 1, d. 13, S. 70f., Operative Tagesmeldung Nr. 00228 des Kommandeurs des 336. NKVD-Grenzregiments, Oberstleutnant Martynov, und des Stabschefs, Major Buškov, an den Leiter der NKVD-Truppen zum Schutz des Hinterlandes der CGV und den Militärrat der 4. Garde-Armee, 17.8.1945.

451 RGVA, F. 32914, op. 1, d. 13, S. 72–75, hier: S. 74, Operative Tagesmeldung Nr. 00229 des Kommandeurs des 336. NKVD-Grenzregiments, Oberstleutnant Martynov, und des Stabschefs, Major Buškov, 18.8.1945.

452 RGVA, F. 38650, op. 1, d. 1222, S. 110–127, hier: S. 111, Bericht des Leiters der NKVD-Truppen zum

serteure für Raubüberfälle auf Einheimische und Rotarmisten verantwortlich, die bei Widerstand mit Mord endeten.[453]

Ein Beispiel dafür ist der Fall eines am 3. Mai 1945 aus seiner Einheit desertierten Leutnants, der acht weitere Fahnenflüchtige der Roten Armee „um sich scharte". Zur „Legalisierung" ihres Status fertigte der Offizier ein Siegel der 297. Schützendivision der 46. Armee an und entwarf für jeden aus seiner Gruppe eine fiktive Dienstvorschrift, welche die Beschaffung von Nahrungsmitteln für die Division vorsah. Die Gruppe beschlagnahmte bei der Bevölkerung 150 Rinder und bis zu 700 Schweine, die sie gegen Spirituosen, Wein, Nahrungsmittel und andere Gegenstände sowohl bei Einheimischen als auch bei militärischen Einheiten eintauschten. „Daneben führte die Gruppe auch illegale Beschlagnahmungen von Kleidungsstücken bei der Bevölkerung durch, gab sich dem Alkohol hin und lebte in wilder Ehe mit örtlichen Frauen zusammen, die man mit verschiedenen geraubten Gegenständen versorgte."[454] Stolz zog der NKVD folgendes Resümee: „Im Zuge der vom 134. Grenzregiment ergriffenen Maßnahmen wurden die Mitglieder der neun Mann starken Gruppe festgenommen."[455]

Als charakteristisch ist auch das Verhalten des ehemaligen Adjutanten von General Baratov, einem ehemaligen Mitglied des Stabes der CGV, zu bezeichnen: Der demobilisierte Leutnant kündigte seinen Dienst und wurde aus dem Evidenzverzeichnis gestrichen. Man vermutete ihn bereits zurück in der Sowjetunion. Doch tatsächlich lebte er mit seiner Frau in der ihm als Offizier zugeteilten Wohnung in Österreich, hatte sich zwei Fahrzeuge angeeignet und „frönte einem parasitären Lebensstil, den er sich mit dunklen Machenschaften finanzierte".[456] Ein anderer Leutnant focht die ihm auferlegte Frist zur Rückkehr an, da seine Frau noch zahlreiche Aufträge als Schneiderin

---

Schutz des Hinterlandes der CGV, Generalmajor Kuznecov, und des Leiters der Politabteilung der Truppen, Oberst Šukin, an den stv. Leiter der Hauptverwaltung der Inneren Truppen des NKVD, Generalmajor Skorodumov, über den politisch-moralischen Zustand und die Disziplin in den MVD-Truppen zum Schutz des Hinterlandes der CGV im 1. Quartal 1946, 9.4.1946.

453 RGVA, F. 32916, op. 1, d. 11, S. 23–26, hier: S. 23, Operative Tagesmeldung Nr. 0010 des Kommandeurs des 24. NKVD-Grenzregiments, Oberst Kapustin, und des Stabschefs, Major Galeev, 14.1.1946.

454 RGVA, F. 32900, op. 1, d. 214, S. 80–92, hier: S. 91, Bericht des Chefs der NKVD-Truppen zum Schutz des Hinterlandes der 3. Ukrainischen Front, Generalmajor Ivan Pavlov, über die Kampfeinsätze und die Tätigkeit der NKVD-Truppen im Zeitraum April–Mai 1945, Juni 1945. Abgedruckt in: Karner - Pickl, Die Rote Armee in der Steiermark, Dok. Nr. 84.

455 Ebd.

456 RGASPI, F. 17, op. 128, d. 117, S. 199–201, Bericht von G. N. Moločkovskij an die Abteilung für Propaganda und Agitation des ZK der VKP(b) über die Disziplin der sowjetischen Truppen in Österreich [spätestens am 11.12.1946]. Abgedruckt in: Karner - Stelzl-Marx - Tschubarjan, Die Rote Armee in Österreich, Dok. Nr. 127.

zu erfüllen hätte und er selbst noch nach Budapest fahren wolle. Eines der Fahrzeuge, die er abliefern hätte müssen, verkaufte er.[457]

Ein Bericht an die Abteilung für Propaganda und Agitation des ZK der VKP(b) fasste das Delikt der Nicht-Rückkehr in die Heimat als „äußerst gefährliche Erscheinung" folgendermaßen zusammen: „Demobilisierte oder in den Reservestand entlassene Militärpersonen verbleiben unerlaubterweise im Ausland, verkehren mit einer Reihe von Spekulanten und dunklen Gestalten, wobei sie auf diese Weise ihre militärische Uniform missbrauchen und in den Schmutz ziehen. Unter Angabe verschiedener Gründe wird ein Abzug mutwillig hinausgezögert. Doch auch andere Formen von List kommen zur Anwendung: Eine Person, die all ihre Demobilisierungsurkunden und den Abzugsbefehl erhalten hat, begibt sich in Spitalsbehandlung, und nach Ablauf derselben haben alle bereits auf diese Person vergessen. Die Person lebt über Monate irgendwo an einem geheimen Ort bei Österreichern."[458]

Jene, die den Fahnenflüchtigen Hilfe angedeihen ließen, machten sich selbst strafbar. So ließ man mehrere Angestellte des Wiener Ostbahnhofs festnehmen, die gefälschte Dokumente für Deserteure der Roten Armee angefertigt und als Gegenleistung gestohlene Wertgegenstände erhalten hatten. Im Zuge der Fahndungsaktion stellte sich das Gebiet um den Bahnhof als beliebter Treffpunkt heraus: In einer Privatwohnung entdeckte der NKVD sechs sowjetische Fahnenflüchtige und nahm sie fest. Sie waren angeblich zwei Monate lang verschiedene Städte in Österreich und Ungarn abgefahren, hatten geplündert und vergewaltigt.[459] Es stellt sich nun auch die Frage nach den häufigsten Gründen für Desertion.

2.6.5 Gründe für Fahnenflucht

Die Ursachen und Anlässe für Desertionen nach Ende der Kampfhandlungen waren vielfältig. Einer der Gründe war die relative Freiheit, die jenseits der Enge von Kasernenmauern, Vorschriften und strengen Reglementierungen des Alltags lockte. Das Leben im Westen erschien manchen so erstrebenswert, dass sie dem Militär und der Heimat den Rücken kehrten. So berichtete die Politabteilung der Streitkräfte Anfang Juli 1945, „dass vereinzelte, moralisch instabile Soldaten [...] die Absicht haben, nach ihrer Demobilisierung dauerhaft in

457 Ebd.

458 Ebd.

459 RGVA, F. 32905, op. 1, d. 166, S. 75–78, hier: S. 77, Bericht des Leiters des Stabes des 24. Grenzregiments, Major Galeev, und seines Assistenten, Oberstleutnant Bujal'skij, an den Leiter der NKVD-Truppen zum Schutz des Hinterlandes der CGV über die militärische und operative Tätigkeit des Regiments im Dezember 1945, 31.12.1945.

Abb. 58: Diesem ehemaligen sowjetischen Besatzungssoldaten gelang mit seiner österreichischen Freundin die Flucht nach Frankreich, wo sie heirateten. Ohne die Desertion wäre ein gemeinsames Leben unmöglich gewesen. (Quelle: Sammlung Stelzl-Marx, Bestand Czernik)

Österreich und Ungarn zu bleiben. Sie loben die Ordnung und die Lebensbedingungen in den kapitalistischen Ländern Europas und verleumden die Sowjetunion. Einige Offiziere haben ein Verhältnis mit österreichischen Frauen, was politisch folgenschwer ist."[460]

Liebesbeziehungen zu Österreicherinnen galten nicht nur als „politisch folgenschwer", sie gaben auch in einigen Fällen den Ausschlag für Fahnenflucht. Schließlich waren Eheschließungen und dauerhafte Bindungen zwischen sowjetischen Besatzungsangehörigen und ausländischen Frauen nicht erlaubt. Weder durfte der Armeeangehörige dauerhaft in Österreich bleiben noch konnte er eine Österreicherin in die UdSSR mitnehmen. Als einziger - illegaler - Ausweg blieb somit die Desertion. Beispielsweise gelang einem Rotarmisten gemeinsam mit seiner österreichischen Freundin die Flucht in die westliche Besatzungszone und weiter nach Frankreich, wo sie heirateten.[461]

Auch der umgekehrte Fall ist belegt: Die Frau eines sowjetischen Offiziers, der in Bruck an der Leitha stationiert war, entschloss sich, wegen ihrer Beziehung zu einem Österreicher nicht zurück in die UdSSR zu gehen. Als die Truppen - und mit ihnen ihr Ehemann und die beiden Söhne - 1955 abzogen, versteckte sie sich. Sie heiratete eben erwähnten Österreicher und verbrachte den Rest ihres Lebens in Niederösterreich.[462]

Weniger Glück hatte hingegen Georgij Elizarov, leitender Inspektor der

460 RGVA, F. 32902, op. 1, d. 11, S. 158f., Direktive Nr. 00811 des Leiters der Politischen Abteilung der NKVD-Truppen zum Schutz des Hinterlandes der 3. Ukrainischen Front, Nanejšvili, über eine Verbesserung der erzieherischen Arbeit innerhalb des Mannschaftsstammes, 4.7.1945. Abgedruckt in: Karner - Stelzl-Marx - Tschubarjan, Die Rote Armee in Österreich, Dok. Nr. 64. Vgl. Stelzl-Marx, Freier und Befreier, S. 432.

461 Stelzl-Marx, Freier und Befreier, S. 423.

462 Tanja N., Freundliche Auskunft an Barbara Stelzl-Marx. Bruck/Leitha 15.6.2007. Siehe dazu auch das Kapitel B.II.2.2 „Reaktionen von österreichischer Seite" in diesem Band.

Abb. 59: Georgij Elizarov wurde im April 1947 von der sowjetischen Spionageabwehr in der Wohnung seiner Wiener Freundin verhaftet und wegen Vaterlandsverrats zunächst zum Tod verurteilt. Die Strafe wurde jedoch später in eine 25-jährige Lagerhaft umgewandelt. Im Zuge der „Tauwetterperiode" wurde der ehemalige Besatzungssoldat 1956 aus dem GULAG befreit. (Quelle: Sammlung Stelzl-Marx, Bestand Voroncov)

Wirtschaftsabteilung der Verwaltung für Militärkommandanturen (UVK) in Wien. Am 18. April 1947 verhafteten ihn Mitarbeiter der sowjetischen Spionageabwehr in einer Wohnung am Opernring 17/6. Dort hatte sich Elizarov im März mit seiner 20-jährigen österreichischen Freundin Bianca H. versteckt, anstatt seinen Sohn aus Moskau nach Wien zu holen. Der Offizier hatte insgeheim geplant, in die USA zu emigrieren. Neben der Liebe zu einer Österreicherin hatte ihn sein Wunsch, im Westen zu leben, zur Desertion bewogen. Doch die Annahme, dass er in der französischen Zone Wiens vor sowjetischem Zugriff sicher war, stellte sich als falsch heraus. Elizarov wurde verhaftet und rund einen Monat später, am 22. Mai 1947, vom Militärtribunal der CGV unter Vorsitz von Generalmajor Smetanin nach den Artikeln 319 und 32a der UPK des Tribunals zu einer Freiheitsstrafe unter Aberkennung des militärischen Ranges sowie nach Artikel 58-1b des Strafgesetzbuches der RSFSR zur Höchststrafe - Tod durch Erschießen mit Konfiskation des Eigentums - verurteilt.[463]

Im Prozess kamen auch seine alten „Sünden" zum Vorschein: Gegen Kriegsende war Elizarov wegen einer Infektionskrankheit hinter seiner Truppe in Rumänien zurückgeblieben. Nun warf man ihm vor, dieser nicht auf schnellstem Wege, sondern über Ungarn, die Tschechoslowakei und Deutschland nach Österreich gefolgt zu sein. Zu seiner Verteidigung führte Elizarov an, er habe die eventuell einzige Gelegenheit in seinem Leben, Städte wie Bukarest, Budapest und Prag, ihre Architektur, Museen und Theater zu sehen, nicht ungenützt verstreichen lassen können.[464]

Nach der Verurteilung durch die „Trojka" folgten Tage der Ungewissheit

463 Ėrik Voroncov, Reka vody žizny. Dokumental'noj roman XXI veka. St. Petersburg 2005, S. 141f., 273–279. Herrn Ėrik Voroncov, Moskau, danke ich herzlich für die Bereitstellung seiner Publikation und für wertvolle Auskünfte über seinen Vater.

464 Ebd.

und des Wartens auf den Tod. Doch rund zwei Wochen später teilte man Elizarov plötzlich mit, dass wegen des 25-jährigen Jubiläums der Sowjetischen Militärstaatsanwaltschaft die Todesstrafe in eine 25-jährige Lagerhaft umgewandelt worden sei.[465] Der Erlass des Präsidiums des Obersten Sowjets der UdSSR vom 26. Mai 1947 über die Abschaffung der Todesstrafe rettete ihm sein Leben.[466] Im April 1956 wurde Elizarov im Zuge der durch den XX. Parteitag der KPdSU eingeleiteten „Tauwetterperiode" aus dem ITL befreit und durfte Anfang Mai nach Moskau zurückkehren. Mit seiner ehemaligen österreichischen Freundin jedoch konnte er zeit seines Lebens keinen Kontakt mehr herstellen.[467]

Die Beziehung zu Frauen war auch – zumindest indirekt – bei dem erwähnten Besatzungssoldaten Dmitrij F. Durnov der Auslöser zur Desertion. Er litt an Syphilis und wollte sich in Ungarn von der Krankheit kurieren lassen. Nach seiner im März 1947 erfolgten Demobilisierung aus den Besatzungstruppen in Österreich blieb er illegal in Ungarn. 1950 verurteilte ihn das Militärtribunal der CGV in Baden zum Tod durch Erschießen.[468]

Durnov stellte keinen Einzelfall dar. „In der Mehrheit der Fälle bildet die Erkrankung an einer Geschlechtskrankheit den Grund für eine Desertion", vermerkte der NKVD in diesem Zusammenhang. Statt sich zur Behandlung in die Militärklinik zu begeben, desertierten die Betroffenen und „lebten in Saus und Braus: Trinkgelage, Beziehungen zur örtlichen Bevölkerung, Lebensgemeinschaften mit österreichischen Frauen". Für ihren Lebensunterhalt plünderten die Deserteure, verübten Gewalttaten und ermordeten bei Widerstand Einheimische und Angehörige der Roten Armee, schlussfolgerte der NKVD.[469] So wurde etwa im Juni 1945 bei einer Zugkontrolle ein Rotarmist festgenommen, dessen Benehmen „verdächtig" erschienen war. Er wies ein Krankenattest und sein Soldbuch mit „fiktiven Stempeln" vor. Außerdem gab er an, an Syphilis im fortgeschrittenen Stadium zu leiden und sich gerade auf dem Weg in die Klinik für Geschlechtskrankheiten Nr. 3355 zu befinden. Weitere Untersuchungen ergaben, dass es sich um einen Deserteur aus der 227. Schützendivision der 53. Armee handelte.[470]

---

465 Voroncov, Reka vody žizny, S. 144.

466 Roginskij, „Um unverzügliche Vollstreckung des Urteils wird ersucht", S. 42; Andreas Hilger, Einleitung: Smert' Špionam!, S. 30f.; Stelzl-Marx, Verschleppt und erschossen, S. 23.

467 Voroncov, Reka vody žizny, S. 174.

468 GARF, F. 7523, op. 66, d. 102, S. 31–36, hier: S. 31, Gnadengesuch von Dmitrij Durnov an das Präsidium des Obersten Sowjets der UdSSR, 18.2.1950.

469 RGVA, F. 32916, op. 1, d. 11, S. 41–45, Operative Tagesmeldung Nr. 0011 des Kommandeurs des 24. NKVD-Grenzregiments, Oberst Kapustin, und des Stabschefs, Major Galeev, an den Leiter der NKVD-Truppen zum Schutz des Hinterlandes der CGV, Generalmajor Kuznecov, 31.1.1946.

470 RGVA, F. 32914, op. 1, d. 13, S. 175–177, hier: S. 176f., Operative Tagesmeldung Nr. 00263 des Kommandeurs des 336. NKVD-Grenzregiments, Oberstleutnant Martynov, und des Bevollmächtigten

Wegen der Erkrankung an Gonorrhö kehrte auch Garde-Leutnant Nikolaj Šakun nach seiner Demobilisierung im Februar 1946 nicht in die Sowjetunion zurück. Er lebte zunächst illegal fünf Monate zusammen mit einer Österreicherin in Wien. Aus Angst vor einer Bestrafung rief er schließlich einen sowjetischen Militärarzt über dessen Privatnummer an und ersuchte um einen Termin in dessen Wohnung.[471] Dort bat Šakun den Arzt, er möge ihm ein Zertifikat über eine bereits erfolgte mehrmonatige medizinische Behandlung ausstellen. Der Garde-Leutnant wurde allerdings „in die Falle gelockt", verhaftet und der „Smerš" übergeben.[472]

Manche Soldaten desertierten noch während der Behandlung, zum Beispiel der 1921 geborene Dmitrij Gorel'ko. Der Mannschaftssoldat wurde im August 1945 mit Gonorrhö in die Klinik für Geschlechtskrankheiten Nr. 5543 eingewiesen, aus der er im Oktober floh. Gemeinsam mit insgesamt 14 anderen Deserteuren aus der Roten Armee bildete er eine „Bande", die in Österreich und Ungarn bewaffnete Raubüberfälle vor allem in Personenzügen verübte. Zwei Frauen, die sie angeblich bei einer der Militärkommandanturen verraten wollten, wurden ermordet. Bei einer Razzia auf dem Wiener Ostbahnhof geriet die Bande in die Fänge des NKVD. Wie die spätere Untersuchung zeigte, litten beinahe alle der 14 Deserteure an Geschlechtskrankheiten.[473]

Andere Besatzungsangehörige dürften mit dem Leben in der Armee unzufrieden gewesen sein. Beispielsweise desertierte der Rotarmist Galkin, „weil er nicht in unseren Truppen dienen" und seine militärische Ausbildung fortsetzen wollte. Drei Monate später war es noch immer nicht gelungen, ihn ausfindig zu machen, obwohl alle NKVD-Einheiten und die „Smerš" über seine Fahnenflucht informiert worden waren.[474]

---

des Stabschefs, Hauptmann Kasavčenko, an den Leiter der NKVD-Truppen zum Schutz des Hinterlandes der CGV und den Militärrat der 4. Garde-Armee, 21.9.1945.

471 RGVA, F. 32916, op. 1, d. 11, S. 138–144, hier: S. 138, Operative Tagesmeldung Nr. 0016 des Kommandeurs des 24. NKVD-Grenzregiments, Oberst Kapustin, und des Stabschefs, Major Galeev, an den Leiter der NKVD-Truppen zum Schutz des Hinterlandes der CGV über die militärische und operativ-dienstliche Tätigkeit des 24. Grenzregiments per 31. Juli 1946 [frühestens am 1.8.1946].

472 RGVA, F. 32905, op. 1, d. 166, S. 212–216, Bericht des Kommandeurs des 24. NKVD-Grenzregiments, Oberst Kapustin, und des Stabschefs, Major Galeev, an den Leiter der NKVD-Truppen zum Schutz des Hinterlandes der CGV über die Resultate einer Operation zur Säuberung Wiens von verbrecherischen Elementen Ende Juli 1946, 31.7.1946.

473 RGVA, F. 32916, op. 1, d. 10, S. 5–9, hier: S. 5f., Bericht des Kommandeurs des 3. Schützen-Bataillons, Hauptmann Ryskin, und des Stabschefs, Hauptmann Kostylev, an den Kommandeur des 24. NKVD-Grenzregiments, Oberst Kapustin, über die Zerschlagung einer Bande, 10.1.1946; RGVA, F. 32916, op. 1, d. 10, S. 11f., Bericht des stv. Kommandeurs für Aufklärung des 24. Grenzregiments, Hauptmann Golub, über die Zerschlagung einer Bande, 5.1.1946.

474 RGVA, F. 38650, op. 1, d. 1222, S. 110–127, hier: S. 114, Bericht des Leiters der NKVD-Truppen zum Schutz des Hinterlandes der CGV, Generalmajor Kuznecov, und des Leiters der Politabteilung der Truppen, Oberst Šukin, an den stv. Leiter der Hauptverwaltung der Inneren Truppen des NKVD,

In einigen Fällen führte die Angst vor möglicher Bestrafung zur Desertion. Dies vermutete zumindest der NKVD. So hieß es beim Rotarmisten Makoveev, der einem Gefangenen zwei Uhren entwendet und ihn daraufhin freigelassen hatte: „Da er entlarvt wurde und Angst hatte, zur Verantwortung gezogen zu werden, desertierte Makoveev am 13. März 1946 aus seinem Regiment."[475] Ähnlich gestaltete sich die Argumentation hinsichtlich des Kochs des 3. Bataillons des 383. Schützenregiments, Blonskij. Er desertierte am 26. März 1946 „aus Angst vor Bestrafung für den Diebstahl von Lebensmitteln".[476] Ob die vorgebrachten Gründe stimmten oder ob auch andere Aspekte eine Rolle spielten, lässt sich nicht mehr rekonstruieren. Keiner von beiden wurde wieder aufgegriffen.

Belegt sind hingegen die Aussagen von Michail Lapin, der mehrfach aus der Armee desertierte und den das Militärtribunal der CGV schließlich im April 1951 wegen Vaterlandsverrats zum Tod durch Erschießen verurteilte. In seinem Gnadengesuch an das Präsidium des Obersten Sowjets führte der notorische Deserteur an, aus Angst vor Bestrafung geflohen zu sein.[477] Dies bewahrte ihn allerdings nicht vor seiner Hinrichtung.

2.6.6 *Die Verantwortung von Vorgesetzten und Politorganen*

Wie bei allen unerfreulichen Vorfällen in der Armee zog man auch hier die Vorgesetzten zur Verantwortung und gab – einmal mehr – fehlender politisch-ideologischer Schulung die Schuld. Die Rote Armee war schließlich eine politische Armee. Als sich ab Sommer 1945 die Desertionen in Österreich und Ungarn erneut zu häufen begannen, schlug der Militärrat der CGV Alarm. Denn „sogar Offiziere" hätten Fahnenflucht begangen. Beispielsweise sei Anfang August Sergeant Gorjunov desertiert, ein Träger der hohen militärischen Auszeichnung „Roter Stern" („Krasnaja Zvezda") und der Medaille „Für militärische Verdienste" („Za boevye zaslugi"). Die negativen Begleiterscheinungen blieben nicht unerwähnt: „Es wurde festgestellt, dass sich viele Deserteure in Siedlungen der Tschechoslowakei, Österreichs und Ungarns versteckt hielten, Banditenunwesen trieben, und einige fanden bei

Generalmajor Skorodumov, über den politisch-moralischen Zustand und die Disziplin in den MVD-Truppen zum Schutz des Hinterlandes der CGV im 1. Quartal 1946, 9.4.1946.

475 Ebd.

476 Ebd.

477 GARF, F. 7523, op. 76, d. 45, S. 9–13, hier: S. 10f., Gnadengesuch von Michail Lapin an das Präsidium des Obersten Sowjets der UdSSR, 14.8.1951. Siehe dazu auch das Kapitel B.I.2.2 „Verurteilt zum Tod durch Erschießen" in diesem Band.

der örtlichen Bevölkerung Arbeit, um auf Dauer im Ausland zu leben."[478] Die Ursache lag laut Militärrat auf der Hand: „Die Kommandeure und Politoffiziere […] messen diesen Fakten nicht die notwendige politische Bedeutung bei, in der durchgeführten parteipolitischen Arbeit berücksichtigen sie nicht die Besonderheiten der uns umgebenden Verhältnisse, die Neuzugänge untersuchen sie schlecht, die Stimmung der Männer kennen sie nicht, und die schmachvollen Fakten der Desertion verhindern sie nicht."[479] Ein dreiteiliger Maßnahmenkatalog sollte Abhilfe schaffen:

Erstens erhielten die Leiter der Politorgane in der Armee den Befehl, die vorgefallenen Desertionen genau zu untersuchen, die Gründe und die Schuldigen, „welche die Verbrechen zugelassen hatten", zu eruieren und vor allem jene Kommandeure und Politoffiziere zur Verantwortung zu ziehen, „die leichtsinnig mit den Fakten der Desertion umgingen, die nicht die militärische Ordnung in ihren Einheiten und Abteilungen aufrechterhalten konnten".

Zweitens waren die Kommunisten und Komsomolzen zu aktivieren, die nicht nur die Stimmung der Soldaten analysieren, sondern sich auch besonders um die Neuzugänge kümmern sollten. In jenen Einheiten, in denen es bereits zu Desertionen gekommen war, sollten sie Partei- und Komsomolversammlungen einberufen.

Drittens mussten den Soldaten, insbesondere den Neuzugängen, im Rahmen von Politinformationen und Gesprächen nochmals die Gesetze der sowjetischen Regierung über Vaterlandsverräter, also Deserteure, nähergebracht werden. Mitarbeiter der Militärtribunale und Staatsanwaltschaften sollten dabei über ihre Arbeit und sicherlich auch über die Strafen, die einen wieder aufgegriffenen Fahnenflüchtigen erwarteten, sprechen.[480]

Die Argumentation des Militärrates war nicht neu. Bereits zuvor hatte man auf hoher Armee- und NKVD-Ebene vor allem der schwachen erzieherischen Arbeit mit den Armeeangehörigen und den verantwortlichen Offizieren, die ihre Männer nicht ausreichend beobachteten, die Schuld gegeben. Doch auch eine generelle Lockerung der Disziplin, mangelnde Kontrolle seitens ihrer Vorgesetzten und der Umstand, dass die Soldaten häufig sich selbst überlassen worden seien und „machten, was sie wollten", hätten zur Desertion geführt – ein Faktum, „das unsere Truppen blamiert". Als Gegenmaßnahme wollte man offensichtlich versuchen zu verhindern, dass die Soldaten „auf

478 RGVA, F. 32905, op. 1, d. 291, S. 229, Bericht des Mitglieds des Militärrates der CGV, Generalleutnant K. Krajnjukov, und des Leiters der Politverwaltung der CGV, Generalmajor F. Jašečkin, an die Leiter der Politabteilungen der Armee und Korps über Desertionen, 1.9.1945.

479 Ebd.

480 Ebd.

dumme Gedanken kamen". Zu diesem Zweck sollten sie „maximal mit Arbeit und Unterricht" überhäuft werden und mehr Sport betreiben. Der gesamte Tagesablauf, vom Aufstehen bis zum Schlusssignal, war straff zu organisieren und möglichst dicht zu gestalten. Offensichtlich vermutete der NKVD, dass Langeweile und zu große Freiheit die Armeeangehörigen zu diesem Verbrechen verleitet hätten.[481] Die Deserteure wären schlicht dem „Einfluss der uns [die sowjetischen Truppen] umgebenden bourgeoisen Kreise" erlegen.[482]

2.6.7 Bestrafung der Fluchthelfer

Das sowjetische Strafrecht verstand Fahnenflucht als Dauerdelikt, mit dessen Beginn ein verbrecherischer Zustand geschaffen wurde, den der Täter durch seine Flucht aufrechterhielt. Sämtliche Personen, die mit dem Täter in Berührung kamen, waren somit verpflichtet, Meldung zu erstatten und zur Aufdeckung beizutragen. Andernfalls hatten sie mit Konsequenzen zu rechnen. Im schlimmsten Fall drohten wegen Fluchthilfe langjährige Haftstrafen oder sogar der Tod.[483]

In diesem Zusammenhang wurde der Artikel 17 des Strafgesetzbuches der RSFSR schlagend. Demnach kamen „Maßnahmen des sozialen Schutzes des gerichtlichen Besserungscharakters" in gleicher Weise sowohl gegenüber dem Täter als auch ihren Mittätern - „Anstiftern und Gehilfen" - zur Anwendung. Als „Anstifter" galten „jene Personen, die zur Ausführung des Verbrechens verleiten." Als „Gehilfen" definierte man „jene Personen, die zur Ausführung des Verbrechens durch Ratschläge, Hinweise, Bereitstellung von Mitteln, Beseitigung von Hindernissen oder durch Verbergen des Täters und der Verbrechensspuren beitragen."[484] Eine gut gemeinte Hilfsbereitschaft konnte somit schwerwiegende Konsequenzen haben.

---

481 RGVA, F. 32902, op. 1, d. 101, S. 57f., Bericht des Bevollmächtigten des Leiters der NKVD-Truppen zum Schutz des Hinterlandes der Südlichen Gruppe der Streitkräfte, Oberst Semenenko, und des stv. Stabschefs, Oberst-Leutnant Počuev, an die NKVD-Einheiten über Desertion und unerlaubtes Entfernen von der Truppe, 30.8.1945.

482 RGVA, F. 38650, op. 1, d. 1222, S. 110–127, hier: S. 115, Bericht des Leiters der NKVD-Truppen zum Schutz des Hinterlandes der CGV, Generalmajor Kuznecov, und des Leiters der Politabteilung der Truppen, Oberst Šukin, an den stv. Leiter der Hauptverwaltung der Inneren Truppen des NKVD, Generalmajor Skorodumov, über den politisch-moralischen Zustand und die Disziplin in den MVD-Truppen zum Schutz des Hinterlandes der CGV im 1. Quartal 1946, 9.4.1946.

483 Satjukow, Besatzer, S. 182.

484 Ugolovnyj kodeks Rossijskoj Sovetskoj Federativnoj Socialističeskoj Respubliki. Prinjat vtoroj sessiej VCIK XII sozyva. Vveden v dejstvie s 1 janvarja 1927 g. postanovleniem VCIK ot 22 nojabrja 1926 g. (SU Nr. 80, st. 600). Moskau o. J. Deutsche Übersetzung zit. nach: Irina V. Bezborodova, Die Generäle des Dritten Reichs in sowjetischer Hand 1943–1956. Redaktion und Übersetzung: Hermine Prügger. Graz - Moskau 1998, S. 268.

Als Fluchthelfer kamen Einheimische ebenso infrage wie sowjetische Armeeangehörige. So ergaben etwa die vom Geheimdienst geführten Verhöre wieder aufgegriffener Deserteure, dass ein „Unbekannter in sowjetischer Uniform" im Gebiet Straßhof mit Stempeln versehene Formulare „dem verbrecherischen Element" gegen Wertgegenstände verkaufte. Wie die Aufklärungsoffiziere in der Folge herausfanden, handelte es sich dabei um den Leiter einer Werkstatt der 162. Fliegerdivision der 8. Garde-Division. Dieser hatte zuvor als Chef der Militärpost 21849 gedient und nach deren Auflösung Vordrucke diverser Dokumente mit Stempeln und Siegeln bei sich aufbewahrt bzw. diese verkauft. Bei seiner Festnahme fanden die Aufklärungsoffiziere mehr als 100 leere Formulare, die sich für Fälschungen eigneten. Der Oberleutnant wurde daraufhin der Gegenspionage „Smerš" der 8. Fliegerdivision übergeben.[485]

Der Vorwurf der Anstiftung zur Desertion traf auch die Mitarbeiter des Militärspitals Nr. 3255. Sie hatten den „Banditen" gegen Bezahlung zu gefälschten Dokumenten verholfen, die mit Stempeln des Spitals versehen waren. Der Schreiber hatte in Anwesenheit von sowjetischen Offizieren mehrere dieser Formulare verkauft und dafür einen Anzug erhalten.[486]

Generell ging die sowjetische Führung davon aus, dass die Deserteure – abgesehen von Kontakten zur Unterwelt – häufig Unterstützung seitens der einheimischen Bevölkerung erhielten. Dies betraf etwa Hilfestellungen und Hinweise, wenn sich Fahnenflüchtige vor dem Zugriff der Sowjets verbergen wollten.[487] Die Festnahme eines Deserteurs konnte daher auch schwerwiegende Konsequenzen für „Komplizen" haben. So wurde Bianca H., die sich, wie erwähnt, mit Georgij Elizarov im französischen Sektor Wiens versteckt hatte, gemeinsam mit ihrem sowjetischen Freund verhaftet. Sie stand unter dem Verdacht, „Anstifterin" oder „Gehilfin" gewesen zu sein. Instinktiv verschwieg sie bei den anschließenden Verhören seine Fluchtpläne: „Und eines Tages sind die Russen vor der Tür gestanden. Und ich hab gesagt: ‚Kommt überhaupt nicht infrage! Ich mach nicht auf. Wenn, dann muss österreichische Polizei her!', und die ist dann gleich her – waren ja so viele Kommunisten bei der Polizei. Und der eine hat noch gesagt: ‚Sie sind schuld, ihn so ins

485 RGVA, F. 32916, op. 1, d. 11, S. 41–45, hier: S. 42, Operative Tagesmeldung Nr. 0011 des Kommandeurs des 24. NKVD-Grenzregiments, Oberst Kapustin, und des Stabschefs, Major Galeev, an den Leiter der NKVD-Truppen zum Schutz des Hinterlandes der CGV, Generalmajor Kuznecov, 31.1.1946.

486 Ebd.

487 RGVA, F. 32916, op. 1, d. 11, S. 23–26, hier: S. 23, Operative Tagesmeldung Nr. 0010 des Kommandeurs des 24. NKVD-Grenzregiments, Oberst Kapustin, und des Stabschefs, Major Galeev, 14.1.1946.

Unglück zu stürzen!‘ Hat der eine Polizist gesagt. Aber ich war nicht schuld. Also, ich mein, er wollte immer flüchten. Aber bei allen Verhören habe ich [das] nie gesagt, also [nur,] dass er immer nur unsere Beziehung in den Vordergrund gestellt hat. Und ich bin eingesperrt gewesen.“[488]

Die Wienerin wurde, ebenso wie Elizarov, in die sowjetische Stadtkommandantur im Palais Epstein gebracht und in einer kleinen Zelle eingesperrt. Bei den anschließenden Verhören stand die Frage im Vordergrund, ob es Kontakte zum Westen gegeben hatte. Doch Bianca H. konnte anscheinend glaubhaft vermitteln, dass sie nur wegen ihrer Liebesbeziehung „untergetaucht“ waren: „Er [ein Verhöroffizier] hat sich gedacht: ‚Mein Gott! So ein junges Madl! Dumm wie die Nacht‘, wird er sich gedacht haben.“ Sie vermutet, dass sich Elizarov bei seinen ehemaligen Arbeitskollegen in der Stadtkommandantur für ihre Entlassung einsetzte. Nach etwa zwei Wochen ließ man sie frei. Zuvor hatte noch ein Wachposten versucht, sie zu vergewaltigen. Diesen hatte sie jedoch mit der Warnung, sie werde es dem General melden, abwehren können: „Ja, und da war er schon weg. Der ist aufgestanden und ist weg. […] Wir haben das [die Möglichkeit einer Vergewaltigung] einmal mit Georg besprochen, und da hat er halt gesagt, also, das soll ich sagen. Und der [Wachposten] war schon weg auch.“[489]

Nach ihrer Freilassung konnte sie Elizarov noch einmal im Badener MVD-Gefängnis besuchen. Dies sollte ihr letztes Treffen sein: „Und eines Tages war vor meiner Wohnung ein Russe und hat mir schöne Grüße gebracht und hat gesagt, ich soll mit ihm kommen, ich kann ihn besuchen. Also, da hat er auch wieder, da hat er halt wieder einen - weiß nicht - bestochen, weiß nicht, irgendetwas hat er schon gemacht. Ich mein, da habe ich ihn auch besucht. Hab ihn vielleicht so fünf Minuten gesehen. Er war in einem furchtbaren Zustand. Also, insofern ungewaschen. Das riecht man ja, also ganz furchtbar.“[490] Das Militärtribunal in Baden verurteilte Elizarov wenig später wegen Vaterlandsverrats zum Tod. Dank der Abschaffung der Todesstrafe im Mai 1947 wurde die Todes- in eine 25-jährige Haftstrafe umgewandelt. Er kam, wie erwähnt, im April 1956 im Zuge des Chruščev'schen Tauwetters frei.[491]

488 OHI, Bianca H. Durchgeführt von Barbara Stelzl-Marx. Gerasdorf 29.11.2006. Zur Rolle von KP-Polizisten als Unterstützer der sowjetischen Spionageabwehr siehe: Dieter Bacher, Die KPÖ und die sowjetischen Nachrichtendienste. Zweiseitige Kontakte im frühen Kalten Krieg, in: Stefan Karner - Barbara Stelzl-Marx (Hg.), Stalins letzte Opfer. Verschleppte und erschossene Österreicher in Moskau 1950–1953. Unter Mitarbeit von Daniela Almer, Dieter Bacher und Harald Knoll. Wien - München 2009, S. 189–204, hier: S. 197f.

489 OHI, Bianca H.

490 Ebd.

491 Voroncov, Reka vody žizny, S. 141, 174f.

Bianca H. kam - abgesehen vom Verlust ihrer „großen Liebe“[492] - hingegen glimpflich davon. Denn wie das folgende Beispiel verdeutlicht, war Beihilfe selbst zu einer lediglich geplanten Desertion ein gefährliches Unterfangen. Doch manchmal konnte es für den potenziellen Fluchthelfer sogar schlimmere Folgen haben als für den Delinquenten selbst. So wurde der oberösterreichische Landwirt Florian Pühringer im August 1947 verhaftet und am 28. Oktober 1947 nach Artikel 17-58-1b und unter Anwendung der Artikel 319 sowie 320 des UPK der RSFSR und des Ukazes des Präsidiums des Obersten Sowjets vom 26. Oktober 1947 zu einer Freiheitsstrafe von 25 Jahren verurteilt. Das Militärtribunal der 95. Garde-Schützendivision legte ihm Folgendes zur Last: „Pühringer, wohnhaft in Kleinzell, knüpfte von November 1946 bis März 1947 Bekanntschaften mit Angehörigen der Sowjetischen Armee. Bei Treffen mit Armeeangehörigen lobte er das Leben in den westlichen Besatzungszonen. Gleichzeitig stiftete er sowjetische Militärangehörige zum Heimatverrat an, indem er anbot, beim Übertritt in eine Besatzungszone einer anderen Macht behilflich zu sein. So schlug er mehrmals den sowjetischen Militärangehörigen Koltunov, Ermolenko, Bakin, Martynenko und Nurlaev den Übertritt in eine andere Zone vor.“ Als weitere Hilfestellung übergab Pühringer demnach Koltunov ein Empfehlungsschreiben, damit ein Einheimischer den „Heimatverräter“ über die Demarkationslinie bringen möge.[493]

Doch der Vorsitzende des Militärtribunals der CGV erhob Einspruch. Bei der Wiederaufnahme des Falles stellte sich heraus, dass die Voruntersuchung „unvollständig und nicht objektiv“ durchgeführt worden war. Nunmehr zeigte sich, dass Koltunov Pühringer mehrmals gebeten hatte, ihm beim Überschreiten der Demarkationslinie behilflich zu sein. Erst auf Drängen des Besatzungssoldaten hatte Pühringer ein „an niemand adressiertes und niemanden zu etwas verpflichtendes Schriftstück“ verfasst. Auch danach hatte Koltunov den am Ufer der Donau wohnhaften Bauern ersucht, ihm Personen zu nennen, „die ihn auf die Seite der Amerikaner bringen könnten“. Daher die Schlussfolgerung des Militärtribunals der CGV: „Auf diese Weise unternahm Koltunov praktische Maßnahmen zum Übertritt auf die Seite der Amerikaner und ist, wie das Urteil des Militärtribunals bestätigt, ein Heimatverräter.“[494]

Beinahe absurd erscheinen die weiteren Ausführungen: „Jedoch wurde gegen Koltunov kein Gerichtsverfahren eröffnet, und sein Verrat wurde nicht

492 Gegenüber Elizarovs Sohn betonte Bianca H.: „Georgij war natürlich meine große Liebe. Alles danach war einfach nur so ...“ Vgl. Voroncov, Reka vody žizny, S. 282.

493 RGVA, F. 461p, d. 172348, S. 1–76, hier: S. 3, Personalakt Florian Pühringer, Urteil, 28.10.1947.

494 RGVA, F. 461p, d. 172348, S. 1–76, hier: S. 4f., Personalakt Florian Pühringer, Bestimmung Nr. 268-47 g. [nach dem 28.10.1947].

verfolgt. Koltunov dient weiterhin in der Sowjetischen Armee in einer Untereinheit zur Bewachung der Demarkationslinie." Das MT erkannte somit den Widerspruch zu Artikel 17 des StGB und zu Artikel 117 der Strafprozessordnung (UPK), wonach Pühringer zu 25 Jahren ITL verurteilt worden war: „Die Anstifter und Mithelfer sind für jenes Verbrechen verantwortlich, das vom Täter begangen wurde, und deshalb kann die Frage über die gerichtliche Verantwortung Pühringers gemäß Artikel 17-58-1b des StGB nur im Zusammenhang mit und abhängig von der Lösung der Frage über die gerichtliche Verantwortung Koltunovs entschieden werden." Die scheinbar logische Schlussfolgerung: „Ohne einen Verübenden eines Verbrechens kann es auch keine Mittäter an einem Verbrechen geben."[495] Die Schlussfolgerung war jedoch nur scheinbar logisch. Denn am 3. Juli 1948 verurteilte die Sonderbehörde (OSO) des MGB Pühringer nach Artikel 58-4 („Unterstützung der internationalen Bourgeoisie") zu zehn Jahren ITL.[496] Am 14. Oktober 1953 kehrte er schwer krank nach Österreich zurück. Die Hauptmilitärstaatsanwaltschaft erklärte ihn im Februar 2003 als rehabilitiert.[497]

Die Beihilfe zur Flucht eines sowjetischen Offiziers in die amerikanische Besatzungszone sollte auch Ingeborg Louzek zum Verhängnis werden.[498] Im Sommer 1946 lernte die damals 19-jährige Wienerin den in Österreich stationierten Hauptmann Veniamin Petrovič Kolesnikov[499] kennen und ging mit ihm eine Liebesbeziehung ein. Als Kolesnikov 1947 demobilisiert wurde, entzog er sich einer Rückkehr in die Sowjetunion. Er versteckte sich zunächst in Louzeks Wohnung, wurde allerdings im April 1947 als „Vaterlandsverräter" verhaftet. Dem Deserteur gelang jedoch im Juni die Flucht. Er plante, mit Louzeks Hilfe die Demarkationslinie zu überschreiten.

Wie die Flucht vor sich ging, beschrieb die später zum Tod verurteilte Frau in ihrem Gnadengesuch an das Präsidium des Obersten Sowjets. Es handelt sich dabei um eine der seltenen überlieferten Schilderungen, wie ein sowjetischer Armeeangehöriger illegal in die amerikanische Besatzungszone gelangte: „Ich sprach mit meinem Bekannten Karl A. und bat ihn, mir zu helfen, Kolesnikov über die Demarkationslinie zu bringen. [...] A. konnte nicht ablehnen,

495 Ebd.

496 RGVA, F. 461p, d. 172348, S. 1–76, hier: S. 6, Personalakt Florian Pühringer, Auszug aus dem Protokoll Nr. 27 der OSO MGB UdSSR, 3.7.1948.

497 AdBIK, Datenbank verurteilter österreichischer Zivilisten in der UdSSR; GVP, Nr. 7u/3-7161-48, Rehabilitierungsbescheid Florian Pühringer, 26.2.2003.

498 Vgl. dazu Stelzl-Marx, Verschleppt und erschossen, S. 43–45; Petschnigg, Stimmen aus der Todeszelle, S. 465–470.

499 Nach einer anderen Version: „Kostikov". Vgl. GARF, F. 7532, op. 66, d. 102, S. 45–48, Stellungnahme des Obersten Gerichts zu den Gnadengesuchen von Aleksandr Achtyrskij, Alois Kolber und Edeltraude Kolacek-Greskova an das Präsidium des Obersten Sowjets, 19.4.1950.

Abb. 60: Die 19-jährige Wienerin Ingeborg Louzek ging mit dem sowjetischen Hauptmann Veniamin Kolesnikov eine Liebesbeziehung ein. Nach seiner Demobilisierung verhalf sie ihm 1947 zur Flucht und folgte ihm in die amerikanische Besatzungszone. (Quelle: AdBIK, Sammlung Louzek)

er wusste, dass ich kein schlechter Mensch bin und dass ich alles aus Liebe mache. Am nächsten Tag kam Karl [...], zusammen mit Kolesnikov setzten sie sich in einen Lastwagen, wo schon viele Passagiere saßen. An der Grenze kroch Kolesnikov hinter einen Kanister, so sagte es mir Karl, und es war nur die Spitze eines Stiefels zu sehen. Eine vollkommen unbekannte Frau saß davor, um ihn zu verstecken, niemand fragte sie danach. Die Passagiere und A. kamen herunter zur Kontrolle. Passenderweise regnete es, und die überprüfenden Kontrolleure sahen sich das Auto nicht an und gaben sich damit zufrieden, dass die Frau die Dokumente aus der Weite zeigte. A. ließ Kolesnikov allein und kam in derselben Nacht noch zu mir zurück. Eine schwere Last fiel von meinen Schultern."[500]

Louzek, die von Kolesnikov ein Kind erwartete, folgte ihm bald in die US-Zone und wurde hier angeblich vom CIC als Agentin zur „Spionage gegen die sowjetischen Besatzungstruppen in Österreich" angeworben.[501] Im Auftrag des US-Nachrichtendienstes reiste Louzek, so das Resümee des Obersten Gerichts der UdSSR, nach Wien, warb Edeltraude Kolacek-Greskova und eine weitere Österreicherin für den CIC an und brachte beide nach Wels. Die Frauen hätten in der Folge Deserteuren der Sowjetischen Armee zur Flucht in die US-amerikanische Besatzungszone verholfen.[502] Kolacek-Greskova verurteilte das Militärtribunal in Baden im März 1950 wegen „Spionage" zum Tod. In der Ablehnung ihres Gnadengesuches durch das Oberste Gericht hieß es jedoch, dass sie bereits im März 1947 Kontakt zur französischen Aufklärung hergestellt und im Mai 1948 „den ehemaligen Angehörigen der Sowjetischen Armee und Heimatverräter Kostikov [Kolesnikov] für den US-Geheimdienst" angeworben hätte. Von einer Anwerbung ihrerseits durch Louzek

500 GARF, F. 7523, op. 66, d. 121, S. 111–122, hier: S. 113, Gnadengesuch von Ingeborg Louzek an das Präsidium des Obersten Sowjets, 6.12.1950.

501 GARF, F. 7523, op. 66, d. 121, S. 108–110, hier: S. 108f., Stellungnahme des Obersten Gerichts zum Gnadengesuch von Ingeborg Louzek, 6.12.1950.

502 Ebd., S. 109f.

Abb. 61: Ingeborg Louzek wurde im August 1950 verhaftet und wenig später vom Militärtribunal des Truppenteils 28990 wegen „Beihilfe zum Vaterlandsverrat" und „Spionage" zum Tod durch Erschießen verurteilt. Das Urteil wurde am 9. Jänner 1951 in Moskau vollstreckt. (Quelle: CA FSB, Strafprozessakt Louzek)

war hier nicht die Rede. Im Gegenteil: In ihrem Gnadengesuch betonte Kolacek-Greskova ihre eigenen Kontakte zu französischen und amerikanischen Geheimdiensten: „Und abermals lernte ich durch einen unglücklichen Zufall den Deserteur Kostikov [Kolesnikov] kennen, der sich, wie er mir erzählte, bereits ein Jahr versteckte und fliehen wollte, weil eine Österreicherin von ihm ein Kind habe und er sie heiraten wollte. Ich brachte ihn zu den Franzosen und bekam dafür Geld."[503]

Die junge Frau wurde schließlich am 12. August 1950 verhaftet. Das Militärtribunal des Truppenteils 28990 verurteilte sie nach Artikel 17-58-1a („Beihilfe zum Vaterlandsverrat") und nach Artikel 58-6 („Spionage") zum Tod durch Erschießen. Die Wienerin wurde am 9. Jänner 1951 in Moskau hingerichtet. Kolesnikov war bereits am 22. April 1950 vom Militärkollegium des Obersten Gerichts der UdSSR „wegen der Weitergabe geheimer Informationen über sowjetische Truppenteile in Österreich an den amerikanischen Geheimdienst" zum Tod verurteilt und noch am selben Tag erschossen worden. Stalin persönlich hatte die Genehmigung dazu unterzeichnet. Kolesnikovs Aussagen hatten – wie jene Kolacek-Greskovas und eines weiteren Angeklagten – Louzek „in der gegen sie vorliegenden Beschuldigung" angeblich „überführt". Ihr gemeinsamer zweieinhalbjähriger Sohn wurde durch die Hinrichtung beider Elternteile zur Vollwaise. Zum Zeitpunkt des Urteils befand er sich in einem Kinderheim in der amerikanischen Besatzungszone.[504] Danach wuchs er in einem SOS-Kinderdorf auf.[505]

503 GARF, F. 7532, op. 66, d. 102, S. 54f., Gnadengesuch von Edeltraude Kolacek-Greskova an das Präsidium des Obersten Sowjets, 16.3.1950.

504 GARF, F. 7523, op. 66, d. 121, S. 108–110, hier: S. 108, 110, Stellungnahme des Obersten Gerichts zum Gnadengesuch von Ingeborg Louzek, 6.12.1950; Memorial, Stalinskie rasstrel'nye spiski. CD-Disk. Moskau 2002. Herrn Dr. Nikita Petrov, Moskau, danke ich herzlich für diesen Hinweis.

505 Hans Peter Louzek, Freundliche Auskunft an Barbara Stelzl-Marx. Graz 4.5.2009.

Mehreren wegen Spionage zum Tod verurteilten Personen lastete die sowjetische Gerichtsbarkeit außerdem an, im Auftrag westlicher Nachrichtendienste versucht zu haben, sowjetische Armeeangehörige zum Übertritt in die amerikanische Besatzungszone zu bewegen. Selbst wenn diese Bemühungen fehlschlugen und keinen Verurteilungsgrund darstellten, verwendete sie das Oberste Gericht der UdSSR in seiner Argumentation für eine Ablehnung der Gnadengesuche. Beispielsweise betonte das Oberste Gericht im Fall von Alois Lieb: „Im Mai 1948 erhielt Lieb den Auftrag, Angehörige der Sowjetischen Armee zum Heimatverrat aufzurufen und zum Übertritt in die amerikanische Zone anzuregen. Zur Erfüllung dieses Auftrages versuchte Lieb, mit Angehörigen der Sowjetischen Armee bekannt zu werden. Es gelang ihm jedoch nicht, den Auftrag zu erfüllen. Im Juni 1948 sammelte Lieb geheime Angaben über die Einheiten der Sowjetischen Armee in Urfahr und übergab diese dem Geheimdienst CIC."[506] Das Militärtribunal der CGV hatte Lieb am 28. Oktober 1950 zum Tod durch Erschießen verurteilt.

2.7 Straftaten zum Nachteil sowjetischer Besatzungsangehöriger

Straftaten gingen nicht allein von Angehörigen der sowjetischen Besatzungstruppen aus, sondern richteten sich mitunter auch gegen sie. Dazu zählten Beschimpfungen von Wachposten, Diebstähle aus Garnisonen, Züchtigungen von sowjetischen Kindern, Unfälle und Vergiftungen ebenso wie Mord und Prügeleien. Letztere zettelten Einheimische zumeist im Wissen um die eigene Überzahl und infolge reichlichen Alkoholkonsums an. Wie bereits erwähnt, erhielten einige Österreicher für Straftaten zum Nachteil sowjetischer Militärangehöriger langjährige Haftstrafen.[507] Doch auch für die „Opfer" selbst blieben Vorfälle wie körperliche Übergriffe nicht ohne Konsequenzen. Sie hatten sich etwa der unangenehmen Frage zu stellen, weshalb sie sich zum Zeitpunkt des Geschehens in Lokalen aufgehalten und getrunken hatten. Jeder Vorfall lenkte die Aufmerksamkeit der Vorgesetzten auf den Betroffenen – eine Aufmerksamkeit, die der weiteren Karriere mit Sicherheit nicht förderlich war. Wenn möglich, schwieg man daher lieber über derartige unangenehme Dinge.[508]

506 GARF, F. 7523, op. 76, d. 4, S. 40–42, hier: S. 41, Stellungnahme des Obersten Gerichts zum Gnadengesuch von Alois Lieb, 7.12.1950.

507 Zu den Verurteilungen österreichischer Zivilisten durch die sowjetische Justiz vgl. unter anderem: Harald Knoll – Barbara Stelzl-Marx, Österreichische Zivilverurteilte in der Sowjetunion. Ein Überblick, in: Andreas Hilger – Mike Schmeitzner – Ute Schmidt (Hg.), Die Verurteilung deutscher Zivilisten 1945–1955. Sowjetische Militärtribunale. Bd. 2. Köln – Weimar – Wien 2003, S. 571–605.

508 Zur vergleichbaren Situation in Ostdeutschland siehe Satjukow, Besatzer, S. 285–287.

2.7.1 *Mord an Besatzungssoldaten*

Bei schwerer Körperverletzung oder Mord ließ sich allerdings nur wenig vertuschen. Als Beispiel für diese Kategorie von Verbrechen und die Sicht der sowjetischen Armeeführung soll der folgende Fall aus Wien dienen: In der Nacht des 15. April 1945 betranken sich die beiden Wachposten Sapožnikov und Lučnikov im Dienst. Sapožnikov schickte seinen Kameraden in dessen Unterkunft, während er selbst zu einer Österreicherin ging und mit ihr Geschlechtsverkehr hatte. Danach schlief der Rotarmist mit der Waffe unter seinem Kopfpolster ein. Die Frau, Luise St., ging daraufhin zur Polizei im 17. Bezirk. Hier meldete sie, dass sich in ihrer Wohnung „ein russischer Soldat befindet, der sie vergewaltigen will". Gemeinsam mit vier Polizisten kehrte sie in ihre Wohnung zurück, wo sie den schlafenden Sapožnikov vorfanden. Einer der Polizisten befahl, er solle die Hände heben, doch der Besatzungssoldat griff nach seiner Waffe, woraufhin der Polizist auf ihn schoss. Sapožnikov fiel schwer verwundet auf den Boden. Durch einen weiteren Schuss wurde er schließlich getötet.[509]

Nach diesem „terroristischen Akt", so der NKVD, versteckten sich die Polizisten gemeinsam mit Luise St. im Polizeirevier. Die Männer warnten die Wienerin, dass sie, sollte sie jemand vom Vorfall erzählen, ebenso erschossen werden würde. Bereits am folgenden Tag machte der NKVD Luise St. ausfindig, die gegen die Polizisten aussagte. Einen Tag später, am 17. April, erfolgte die Verhaftung der vier Polizisten, die sich für schuldig erklärten. Die Männer wurden zu mehrjährigen Haftstrafen verurteilt.[510]

Die „Schuld" für den Tod des Besatzungssoldaten lag aus Sicht seiner Vorgesetzten in erster Linie bei ihm selbst: Zu seiner Ermordung sei es wegen „seiner persönlichen Undiszipliniertheit, seines Leichtsinns und des groben Verstoßes gegen die Dienstvorschrift" gekommen. Doch auch sein unmittelbarer Vorgesetzter kam nicht ungeschoren davon. Dieser habe den Wachdienst falsch organisiert und trage daher Mitverantwortung für den Vorfall. Er erhielt eine administrative Strafe. Mit dem Personal führte man Gespräche über den „terroristischen Akt".[511]

509 RGVA, F. 32914, op. 1, d. 132, S. 218–264, hier: S. 224f., 241f., Bericht des Kommandeurs des 336. NKVD-Grenzregiments, Martynov, und des Leiters der Politabteilung des Regiments, Čurkin, an den Leiter der Politabteilung der NKVD-Truppen zum Schutz des Hinterlandes der 3. Ukrainischen Front, Nanejšvili, über den Dienst, die parteipolitische Arbeit, den politisch-moralischen Zustand und die Disziplin des Regiments im 2. Quartal 1945 [Juni 1945]; AdBIK, Datenbank verurteilter österreichischer Zivilisten in der UdSSR.

510 Ebd.

511 Ebd.

Vorfälle dieser Art waren kein Einzelfall. Gerade in den ersten Nachkriegsjahren formierten sich Österreicher, um gegen das Unwesen sowjetischer Soldaten vorzugehen.[512] Sobald sich diese zur Wehr setzten, konnte die Situation eskalieren. Dies traf etwa auch auf drei „Hilfspolizisten" in Kagran zu, die eine Gartensiedlung bewachten. Ein Bekannter von ihnen, Franz Sonnleitner, rief sie herbei, da sich ein fremder Zivilist in seinem Gartenhaus einquartiert hatte. Als die drei „Polizisten" den Raum betraten, griff der Fremde unter den Kopfpolster. Daraufhin erschoss ihn Franz Rohr. Beim Verscharren der Leiche stellte sich heraus, dass es sich um einen desertierten Rotarmisten handelte. Der Vorfall blieb zunächst unentdeckt. Erst als sich Rohr zwei Jahre später stark alkoholisiert in einem Gasthaus seiner „Heldentat" rühmte, wurden die Sowjets auf ihn aufmerksam. Ein Militärtribunal verurteilte alle vier zu mehreren Jahren ITL.[513]

Im Zusammenhang mit (versuchten) Vergewaltigungen wurden ebenfalls mehrere Rotarmisten getötet. So erschoss der Oberösterreicher Josef St. im Mai 1945 einen sowjetischen Leutnant, der seine im sechsten Monat schwangere Tochter Margarete vergewaltigen wollte. Josef St. wurde zu fünf Jahren ITL verurteilt.[514]

Vielfach blieben die Täter unentdeckt. Der NKVD berichtete Ende Mai 1945: „Es kommt weiterhin zu Fällen von Morden an einzelnen Angehörigen der Roten Armee durch unbekannte Personen." Beispielsweise war am 9. Mai in Graz ein Feldwebel der Abteilung für Gegenspionage „Smerš" der 20. Garde-Schützendivision mit einem stumpfen Gegenstand getötet worden. Dazu der NKVD: „Die Mörder sind untergetaucht."[515]

2.7.2 Übergriffe und Körperverletzungen

Zu Übergriffen seitens Einheimischer kam es aber auch, weil diese gezielt Rache an Rotarmisten üben wollten. Ein Beispiel dafür ist das Attentat auf einen

---

512 Ein Beispiel dafür ist der ausführlich geschilderte Fall von Zahling im Burgenland, wo sich Einheimische formierten, um im Juni 1945 den Übergriffen durch „drei sowjetische Reiter" nach mehreren Wochen ein Ende zu bereiten. Bei einer Schießerei fanden zwei der Sowjetbürger den Tod. Vgl. Wolfram Dornik – Michael Hess – Harald Knoll, Burgenländische Kriegsgefangene und Zivilverurteilte in der Sowjetunion 1941–1956. Burgenländische Forschungen Bd. 95. Eisenstadt 2007, S. 155–159.

513 AdBIK, Datenbank verurteilter österreichischer Zivilisten in der UdSSR; Herbert Killian, Geraubte Jahre. Ein Österreicher verschleppt in den GULAG. Wien 2005, S. 74f.

514 AdBIK, Datenbank verurteilter österreichischer Zivilisten in der UdSSR.

515 RGVA, F. 32902, op. 1, d. 104, S. 217, Operative Tagesmeldung Nr. 00137 des Stabes des 17. NKVD-Grenzregiments, des Kommandeurs des 17. NKVD-Grenzregiments, Oberst Pavlov, und des stv. Leiters des Stabes, Hauptmann Alabušev, 21.5.1945. Abgedruckt in: Karner – Pickl, Die Rote Armee in der Steiermark, Dok. Nr. 68.

sowjetischen Generalmajor in Wien im August 1946. In der Nacht warfen Unbekannte zwei Granaten durch das Fenster in sein Zimmer. Diese explodierten zwar, doch der Generalmajor blieb unverletzt.[516]

Auch Vergiftungen - in erster Linie durch Alkohol - fallen in diese Kategorie. Der Militärrat der CGV sah sich sogar gezwungen, am 5. und 12. November 1945 die Befehle Nr. 0121 und 0135 „Über den Kampf mit Vergiftungen von Militärangehörigen durch alkoholische Getränke" zu erlassen. Dabei ging die Militärführung davon aus, dass „profaschistische Elemente" vergiftete Spirituosen „absichtlich" zur Vergiftung von Rotarmisten verbreiteten. „Militärangehörige", so die Schlussfolgerung, „die ihre Vorsicht vergessen hatten, erliegen dieser Provokation und werden Opfer des Feindes."[517]

Allerdings dürfte es sich bei der Mehrheit der teilweise auch tödlichen Alkoholvergiftungen eher um Unfälle gehandelt haben als um gezielte Anschläge. Für einige Österreicher endete jedoch der Verkauf von Spirituosen an Besatzungsangehörige mit einer Verurteilung.[518] Es gibt aber auch Hinweise auf geplante Übergriffe, wie der folgende, geradezu perfide Fall zeigt: Am 12. Juli 1946 fügte eine Österreicherin zwei Rotarmisten in der Wiener Stadtbahn „im Spaß" kleine Einstiche mit einer Nadel zu. Kurze Zeit später mussten die beiden Mitarbeiter der Handelsabteilung der CGV ins Spital gebracht werden, wo man eine schwere Vergiftung attestierte. Die unbekannte Frau konnte untertauchen. Als Folge wurden die zuständigen Kommandeure über den Vorfall informiert und vor derartigen „Annäherungsversuchen" gewarnt.[519]

Züchtigungen „sowjetischer" Kinder durch Österreicher sah man ebenfalls als Angriff auf die Besatzungsmacht. Vor diesem Hintergrund vermerkte das MVD in seinem Bericht, dass am 20. August 1946 zwei österreichische Polizisten den 16-jährigen Sohn eines in Österreich stationierten sowjetischen Offiziers geschlagen hatten. Etwaige Folgen dieser „Provokation" sind nicht überliefert.[520]

516 RGVA, F. 32916, op. 1, d. 11, S. 155–162, hier: S. 155, Bericht des Kommandeurs des 24. Grenzregiments, Oberst Kapustin, und des bevollmächtigten Leiters des Stabes, Hauptmann Golovačev, an den Leiter der MVD-Truppen zum Schutz des Hinterlandes der CGV über die militärische und operative Tätigkeit des Regiments per 1. September 1946 [nach dem 1.9.1946].

517 RGVA, F. 32905, op. 1, d. 291, S. 215, Anordnung des stv. Leiters der Politverwaltung der CGV, Generalmajor Usov, an die NKVD-Truppen zum Schutz des Hinterlandes der CGV über die Befehle zur Vermeidung von Vergiftungen,19.11.1945.

518 Siehe dazu auch das Kapitel B.I.2.4.4 „Verhaftungen von Österreichern" in diesem Band.

519 RGVA, F. 38650, op. 1, d. 289, S. 21, Vorfallsbericht über die Vergiftung zweier Rotarmisten durch eine Österreicherin, 23.7.1946.

520 RGVA, F. 32916, op. 1, d. 11, S. 155–162, hier: S. 156, Bericht des Kommandeurs des 24. Grenzregiments, Oberst Kapustin, und des bevollmächtigten Leiters des Stabes, Hauptmann Golovačev, an den Leiter der MVD-Truppen zum Schutz des Hinterlandes der CGV über die militärische und operative Tätigkeit des Regiments per 1. September 1946 [nach dem 1.9.1946].

Hingegen wurde der 20-jährige Niederösterreicher Herbert Killian wegen eines geringfügigen tätlichen Angriffs auf ein sowjetisches Besatzungskind zu drei Jahren Besserungsarbeitslager in Ostsibirien verurteilt. Killian konnte erst 1953 nach drei Jahren Haft und weiteren drei Jahren „Freiheit" auf der Kolyma nach Österreich zurückkehren.[521]

2.7.3 *Verkehrs- und Zugunfälle*

Einen der häufigsten Gründe für „Verluste außerhalb des Gefechts" stellten Verkehrsunfälle dar. Allein im April und Mai 1945 verunglückten bei den NKVD-Truppen zum Schutz des Hinterlandes der 3. Ukrainischen Front 28 Soldaten durch Autounfälle, die Hälfte von ihnen durch Kollisionen mit Zügen. Die übrigen 15 waren aufgrund von Vergiftungen, falschem Gebrauch von Waffen und ähnlichen Vorfällen ums Leben gekommen.[522] Vielfach trugen die betroffenen Rotarmisten selbst die Schuld; in den meisten Fällen war Alkohol im Spiel. Belegt sind zudem zahlreiche Unfälle mit erbeuteten – und häufig ungewohnten – Fahrrädern. Diese nahmen solche Ausmaße an, dass dem gesamten Mannschaftsstand alle nicht für den Dienst benötigten Motor- und Fahrräder abzunehmen waren.[523] Bereits im Juni 1945 erging zudem der Befehl, die Ausweispapiere, die für die Benutzung dieser Verkehrsmittel obligatorisch waren, strenger zu überprüfen und gegebenenfalls die Fahrzeuge zu beschlagnahmen.[524]

Kamen dabei andere Besatzungsangehörige zu Schaden, zog man die Unfallverursacher gerichtlich zur Verantwortung. Beispielsweise verurteilte das

521 Killian, Geraubte Jahre; Barbara Stelzl-Marx, Kolyma – Jahre in Stalins Besserungsarbeitslagern, in: Norbert Weigl (Hg.), Faszinationen der Forstgeschichte. Festschrift für Herbert Killian. Schriftenreihe des Instituts für Sozioökonomik der Forst- und Holzwirtschaft. Bd. 42. Wien 2001, S. 147–160; Herbert Killian, Im GULAG von Kolyma. Betroffene erzählen, in: Harald Knoll – Peter Ruggenthaler – Barbara Stelzl-Marx (Hg.), Konflikte und Kriege im 20. Jahrhundert. Aspekte ihrer Folgen. Veröffentlichungen des Ludwig Boltzmann-Instituts für Kriegsfolgen-Forschung. Sonder-Bd. 3. Graz 2003, S. 73–90. Siehe dazu auch das Kapitel B.III.1.3.2 „Offizierskinder – die anderen Russenkinder" in diesem Band.

522 RGVA, F. 32900, op. 1, d. 214, S. 80–92, hier: S. 88, Bericht des Chefs der NKVD-Truppen zum Schutz des Hinterlandes der 3. Ukrainischen Front, Generalmajor Pavlov, über die Kampfeinsätze und die Tätigkeit der NKVD-Truppen im Zeitraum April–Mai 1945 [Juni 1945]. Abgedruckt in: Karner – Pickl, Die Rote Armee in der Steiermark, Dok. Nr. 84.

523 RGVA, F. 32902, op. 1, d. 161, S. 54, Befehl des Kommandanten des 17. NKVD-Grenzregiments, Oberst Pavlov, und des stv. Stabschefs, Hauptmann Alabušev, bezüglich der nicht im Gefecht erlittenen Verluste, 20.5.1945. Abgedruckt in: Karner – Pickl, Die Rote Armee in der Steiermark, Dok. Nr. 66.

524 AM 4. GA, Bestand 4. Garde-Armee, Dok. Nr. 23, Befehl Nr. 0144 des Kommandeurs der 4. Garde-Armee, Garde-Generalleutnant Zachvataev, des Mitglieds des Militärrates, Garde-Generalmajor Semenov, und des Leiters des Stabes, Garde-Generalleutnant Derevjanko, über die Vergabe von Beutegut an Generäle und Offiziere der Roten Armee, 25.6.1945.

Militärtribunal einen Chauffeur zu fünf Jahren ITL, der Mitte Mai 1945 in der Nähe von Wien in betrunkenem Zustand einen Unfall gehabt hatte. Dabei hatten sieben Kameraden schwere und drei weitere leichte Verletzungen davongetragen. Seinen Vorgesetzten, der gleichfalls alkoholisiert gewesen war und ihm befohlen hatte, das Fahrzeug zu lenken, verurteilte das Militärtribunal zu sechs Jahren ITL. Beiden gab man ausdrücklich die Schuld für das Unglück.[525]

Darüber hinaus verunglückten auch einige sowjetische Militärangehörige bei Unfällen, die Österreicher verursacht hatten. Diese waren zwar nicht alkoholisiert gewesen, doch warf man ihnen Personen- und Sachschaden vor. Die juristische Grundlage bildete in diesen Fällen der Artikel 59-3c des Strafgesetzbuches der RSFSR, der eine Freiheitsentziehung von bis zu zehn Jahren bei folgenden Delikten vorsah: „Verletzung der Arbeitsdisziplin (Verletzung der Verkehrsregeln, mangelhafte Ausbesserung des rollenden Materials und der Strecke und dgl.) durch im Verkehrswesen beschäftigte Personen, wenn diese Verletzung die Beschädigung oder Zerstörung des rollenden Materials, der Strecke oder der Streckenbauten, Personenunfälle, nicht rechtzeitige Abfahrt der Züge oder Schiffe [...] zur Folge gehabt hat oder hätte haben können, sowie andere Handlungen, die die Vereitelung (Nichterfüllung) der von der Regierung aufgestellten Beförderungspläne zur Folge haben oder die Regelmäßigkeit und Sicherheit des Verkehrs bedrohen."[526]

Ein Beispiel dafür ist der von Johann B. und Robert R. am 4. Dezember 1947 in Wiener Neudorf verursachte Autounfall, in den ein sowjetischer Pkw verwickelt war. Während die beiden Österreicher unversehrt blieben, erlitten die sowjetischen Insassen - darunter angeblich der Stadtkommandant von Wien - leichte Verletzungen. Der Lenker des Wagens, Johann B., meldete den Vorfall der österreichischen Polizei, die ihn sowjetischen Behörden übergab. Am 7. Jänner 1948 verurteilte ihn das Militärtribunal der Zentralen Gruppe der Streitkräfte nach Artikel 59-3c des Strafgesetzbuches der RSFSR für die „Verletzung von Verkehrsregeln" zu drei Jahren ITL. Johann B. kehrte erst im Dezember 1956 zurück, fünf Jahre nach der Verbüßung seiner ursprünglichen Strafe.[527]

525 RGVA, F. 32914, op. 1, d. 132, S. 218–264, hier: S. 243, Bericht des Kommandeurs des 336. NKVD-Grenzregiments, Martynov, und des Leiters der Politabteilung des Regiments, Čurkin, an den Leiter der Politabteilung der NKVD-Truppen zum Schutz des Hinterlandes der 3. Ukrainischen Front, Nanejšvili, über den Dienst, die parteipolitische Arbeit, den politisch-moralischen Zustand und die Disziplin des Regiments im 2. Quartal 1945 [Juni 1945].

526 Strafgesetzbuch der Russischen Sozialistischen Föderativen Sowjet-Republik vom 22. November 1926 in der am 1. Januar 1952 gültigen Fassung mit Nebengesetzen und Materialien. Übersetzt von Dr. Wilhelm Gallas. Berlin 1953, S. 21f.

527 AdBIK, Datenbank verurteilter österreichischer Zivilisten in der UdSSR; GVP, Nr. 5uv-835-97,

Seinen Beifahrer Robert R., der zunächst am Unfallort verblieben war, nahmen sowjetische Organe noch vor Ort fest und brachten ihn auf die nächstgelegene Kommandantur. Als R. am 11. Dezember 1947 aus der Kommandantur zu flüchten versuchte, warf er sich auf den sowjetischen Wachposten und schlug diesem mit einer Flasche auf den Kopf. Das Militärtribunal der CGV verurteilte ihn am 31. Dezember 1947 nach Artikel 58-8 („Verübung von Terrorakten gegen Vertreter der Sowjetmacht") zu 15 Jahren ITL. R.s Rehabilitierungsantrag lehnte die Russische Hauptmilitärstaatsanwaltschaft 1997 mit der Begründung ab, seine Verurteilung sei rechtmäßig erfolgt.[528]

Ähnlich handhabte die sowjetische Justiz die Beteiligung an Zugunglücken, die bei sowjetischen Besatzungssoldaten zu Verletzungen oder sogar zum Tod geführt hatten. Einer der schwersten Unfälle ereignete sich am 22. November 1945 auf der Mühlkreisbahn beim Gasthaus Saurüssel, wo infolge zu großer Geschwindigkeit ein Güterzug mit 16 schwer beladenen Güterwaggons entgleiste und über eine mehr als vier Meter hohe Böschung in den Saurüsselgraben stürzte. Von 40 sowjetischen Besatzungssoldaten wurden acht getötet, zwei wurden schwer und acht weitere leicht verletzt. Der 57-jährige Zugsführer Josef Mistelbacher aus Urfahr und der 62-jährige Lokomotivführer Josef Klein aus Linz wurden verhaftet und nach Artikel 59-3c („Verletzung der Arbeitsdisziplin von Bediensteten im Verkehrswesen mit Beschädigung der Verkehrsmittel oder Personenschaden") des StGB der RSFSR zu sieben bzw. zehn Jahren Lagerhaft verurteilt. Mistelbacher kehrte 1953 aus der Sowjetunion zurück; Klein verstarb in Haft.

Während das sowjetische Militärtribunal dem österreichischen Zugpersonal die alleinige Schuld anlastete, pochten österreichische Stellen auf die Unschuld der Festgenommenen und forderten die Begnadigung der „beiden unglücklichen Eisenbahner". Gemäß zeitgenössischen Medienberichten hatten Mistelbacher und Klein wegen der Überbelastung des Zuges und des großen Gefälles einige Waggons abkuppeln wollen. Dies hatte aber das sowjetische Begleitpersonal nicht zugelassen, sondern stattdessen das Zugpersonal gezwungen, den gesamten Transport ohne Zurücklassung von Waggons nach Rottenegg zu fahren. Nachdem das Unglück geschehen war, deklarierte das sowjetische Militärtribunal den Fall als Sabotageakt.[529]

Rehabilitierungsbescheid Johann B., 9.9.1997; ÖBM, Personalakt Johann B. Vgl. dazu und zu den folgenden Fällen: Knoll - Stelzl-Marx, Sowjetische Strafjustiz in Österreich, S. 309f.

528 AdBIK, Datenbank verurteilter österreichischer Zivilisten in der UdSSR; GVP, Nr. 41-N, Rehabilitierungsbescheid. Robert R., 19.8.1997.

529 AdBIK, Datenbank verurteilter österreichischer Zivilisten in der UdSSR; Johann Blöchl, Der Vater des Mühlviertels. Linz o. J., S. 155f.; Die Begnadigung der beiden Eisenbahner abgelehnt?, in: Arbeiter-Zeitung, 14.5.1945, S. 2; Warum? Die Begnadigung der beiden Eisenbahner vom russischen

Ebenfalls aufgrund eines Zugunglücks wurde der 1895 geborene Josef Krumm am 31. Dezember 1947 nach Artikel 58-9 zu 20 Jahren ITL verurteilt. Das sowjetische Militärtribunal in Wien warf ihm vor, am 29. April 1947 als Diensthabender an der Eisenbahnstation „Wien-Nord" einen mit Kohle beladenen Güterzug abfahren gelassen zu haben, ohne sich vergewissert zu haben, ob die Strecke frei sei. Daraufhin kam es am Bahnhof „Hauptzollamt" zu einem Zusammenstoß mit einem Militärzug, wobei sechs Rotarmisten schwere Körperverletzungen davontrugen und sieben Pionierautos zerstört wurden. Der materielle Schaden belief sich auf 180.252 Rubel. Im Rahmen des 1998 durchgeführten Rehabilitierungsverfahrens erfolgte eine Umwandlung des Urteils von Artikel 58-9 („Diversion") des StGB der RSFSR in Artikel 59-3-c, wodurch das Strafausmaß nachträglich von 20 auf zehn Jahre ITL reduziert wurde.[530]

2.7.4 Übergriffe durch westliche Besatzungssoldaten

Nicht nur Einheimische verübten Übergriffe auf sowjetische Soldaten, sondern auch westliche Besatzungsangehörige. Derartigen Vorfällen widmeten sich die sowjetischen Stellen überdurchschnittlich intensiv, kam ihnen doch in Zeiten des beginnenden Kalten Krieges besondere Brisanz zu. So verbot man Ende Juli 1945 den Soldaten, sich außerhalb der Garnisonen allein ohne Waffe aufzuhalten. In der Dunkelheit sei besondere Vorsicht geboten. Denn die Nachrichtenorgane der Briten und Amerikaner würden einzelne Angehörige der Roten Armee überfallen und bestehlen, um geheimdienstliche Informationen zu erhalten, war der NKVD überzeugt.[531]

Meist handelte es sich jedoch um einfache Raufereien. Beispielsweise überfielen zwei amerikanische Besatzungssoldaten im August 1946 einen sowjetischen Leutnant, der an der Straßenbahnhaltestelle auf dem Wiener Burgring stand, und schlugen ihn. Erst das Eintreffen der Interalliierten Militärpatrouille stoppte sie. Die beiden Amerikaner wurden festgenommen und der Interalliierten Kommandantur übergeben. Zu dem Vorfall vermerkten die Sowjets: „Trotz der vereinbarten Besatzungsordnung in Österreich verstoßen die Militärangehörigen der alliierten Armeen gegen diese Ordnung und verüben Straftaten."[532]

Hochkommissar abgelehnt, in: Arbeiter-Zeitung, 15.5.1948, S. 2; Für die Aufhebung der alliierten Militärgerichte, in: Arbeiter-Zeitung, 23.5.1948, S. 1.

530 AdBIK, Datenbank verurteilter österreichischer Zivilisten in der UdSSR; GVP, Nr. 778, Rehabilitierungsbescheid Josef Krumm, 7.5.1998.

531 RGVA, F. 32906, op. 1, d. 28, S. 88, Bericht des Bevollmächtigten des Kommandeurs des 37. NKVD-Grenzregiments, Major Pavluškin, und des Bevollmächtigten des Stabes, Hauptmann Bajtuganov, über Übergriffe durch westliche Geheimdienste, 31.7.1945.

532 RGVA, F. 32916, op. 1, d. 11, S. 155–162, hier: S. 159, Bericht des Kommandeurs des 24. NKVD-Grenzregiments, Oberst Kapustin, und des bevollmächtigten Leiters des Stabes, Hauptmann

Abb. 62: Stadtbahn-Station Hietzing in Wien. Im Hintergrund ein britischer Besatzungssoldat. (Quelle: AdBIK, Foto: Zajcev)

Weniger glimpflich endeten die folgenden Vorfälle, die sich alle in der Nacht vom 16. auf den 17. Juni 1946 in Wien-Hietzing ereigneten: Um 23 Uhr stiegen vier MVD-Angehörige nach dem Besuch eines Fußballmatches im Prater bei der Stadtbahn-Station Hietzing aus. Auf der Straße wurden sie von einer Gruppe britischer Besatzungssoldaten umringt, die sie mit den Worten „Russ, NKVD" beschimpften und auf sie einschlugen. Die sowjetischen Soldaten liefen zur Straßenbahn, wurden aber von den mit Steinen, Flaschen, Messern und Gürteln bewaffneten Briten verfolgt, die sie weiterhin attackierten. Einer der Männer wurde bis zur Bewusstlosigkeit geschlagen und musste ins Krankenhaus gebracht werden. Die anderen trugen Prellungen und Schnittwunden davon.[533]

Golovačev, an den Leiter der MVD-Truppen zum Schutz des Hinterlandes der CGV über die militärische und operative Tätigkeit des Regiments per 1. September 1946 [nach dem 1.9.1946].

533 RGVA, F. 32905, op. 1, d. 166, S. 180f., Bericht des Bevollmächtigten des Chefs der MVD-Truppen

Nur wenig später verprügelten britische Soldaten einen sowjetischen Major, der mit seiner Frau aus dem Stadtzentrum nach Hietzing zurückgekehrt war. Seine Frau, die ihn schützen wollte, wurde an den Haaren zur Seite gezerrt. Erst als ihm sowjetische Besatzungssoldaten zu Hilfe eilten, ließen die Briten den Major in Ruhe. Er kam mit vier Stichwunden ins Spital.[534]

In derselben Nacht wurde außerdem noch ein Oberleutnant Pančenko mit schweren Verletzungen ins Militärspital gebracht. Er verstarb während der Operation. Ein Augenzeuge berichtete, dass ihn gleichfalls Briten geschlagen und mit einem Messer attackiert hätten.[535]

Die Vorfälle wurden nach Moskau bis in die obersten Kreise rapportiert: Nicht nur Innenminister Kruglov erhielt Kenntnis von den britischen Übergriffen, auch Außenminister Molotov sollte darüber informiert werden.[536] Eine der unmittelbaren Konsequenzen vor Ort bestand darin, dass die Armeeführung den sowjetischen Militärangehörigen verbot, sich in den westlichen Besatzungszonen Wiens aufzuhalten.[537] Das Risiko galt als zu hoch.

Abgesehen von Übergriffen auf die eigenen Soldaten registrierten die Sowjets diverse Ausschreitungen der westlichen Besatzungstruppen, Letzteres jedoch mit großer Genugtuung. Schließlich war man sich bewusst, dass das Verhalten der eigenen Truppen nicht gerade vorbildlich war, was „die Autorität der Roten Armee untergrub".[538] Unter der Überschrift „Die Exzesse der Amerikaner gehen weiter" informierte der Stabsleiter der SČSK, Generalmajor Cinev, das ZK der VKP(b): „Mit dem Gefühl ihrer Straflosigkeit verüben die Soldaten und Offiziere der amerikanischen Truppen in Österreich Diebstähle, Morde, veranstalten Raufereien etc. Unzählige Fakten dieser ‚Tätigkeit' der Amerikaner werden sowohl durch die angloamerikanische Presse als auch beinahe durch die gesamte österreichische Presse sorgfältig vor der Öffentlichkeit verborgen. Sie werden (auch nur auszugsweise) lediglich

zum Schutz des Hinterlandes der CGV, Oberst Šukin, und des Bevollmächtigten des Stabschefs, Major Gur'ev, an den Kommandanten der CGV, Generaloberst Kurasov, und den sowjetischen Stadtkommandanten von Wien, Generalleutnant Lebedenko, über Übergriffe durch britische Armeeangehörige, 18.5.1946.

534 Ebd.

535 Ebd.

536 RGVA, F. 38650, op. 1, d. 289, S. 18, Begleitbrief des stv. Innenministers, Generaloberst Apollonov, an Innenminister Kruglov bezüglich eines Briefentwurfs an Außenminister Molotov, 3.7.1946.

537 RGVA, F. 38650, op. 1, d. 289, S. 13–15, hier: S. 14, Bericht des Leiters der MVD-Truppen zum Schutz des Hinterlandes der CGV, Oberst Zimin-Kovalev, an den stv. Leiter der Inneren Truppen des MVD, Generalleutnant Sladkevič, über Übergriffe durch britische Armeeangehörige, 2.7.1946.

538 RGVA, F. 32916, op. 1, d. 11, S. 155–162, hier: S. 159, Bericht des Kommandeurs des 24. Grenzregiments, Oberst Kapustin, und des bevollmächtigten Leiters des Stabes, Hauptmann Golovačev, an den Leiter der MVD-Truppen zum Schutz des Hinterlandes der CGV über die militärische und operative Tätigkeit des Regiments per 1. September 1946, [nach dem 1.9.1946].

durch die linke Presse bekannt." Süffisant schilderte man weitere Beispiele für die Disziplinlosigkeit der US-Truppen in Österreich[539] – was einmal mehr zeigt, wie eng Ideologie, Disziplin und Strafverfolgung miteinander verwoben waren. Dies kam insbesondere auch im Bereich von sexuellen Beziehungen zwischen Besatzungssoldaten und Österreicherinnen zum Tragen.

539 RGASPI, F. 17, op. 128, d. 507, S. 94–129, hier: S. 108f., Bericht des Leiters des Stabes der SČSK, Generalmajor Cinev, über die Lage in den westlichen Zonen Österreichs per 15. Oktober 1948, 9.11.1948.

II. VERGEWALTIGUNGEN, BEZIEHUNGEN, KINDER

Sexualität und Liebe gehören ebenso zu den Erfahrungen von Krieg und Besatzung wie Brutalität und Gewalt.[1] Durch die Ausnahmesituation der Kriegs- und Nachkriegszeit ergab sich ein Spektrum von sexuellen Kontakten, das ungewöhnlich groß war. Dieses reichte von Vergewaltigungen über Prostitution bis hin zur großen Liebe des Lebens. Abtreibungen oder Geschlechtskrankheiten gehörten dabei zu den unerwünschten „Nebenerscheinungen". Aber auch die Verurteilung von Frauen als feindliche Spioninnen, die Offiziere scheinbar in die „Honigfalle" tappen lassen hatten, stellte einen Aspekt dieser Beziehungen dar.[2]

Bei Liebesverhältnissen unterschied sich die Attraktivität aus Sicht der Frauen auffallend von jener aus Sicht der Männer. Dies hing primär von den unterschiedlichen, geschlechtsspezifischen Rahmenbedingungen und den – häufig negativen – Reaktionen des jeweiligen Umfelds ab. Gerade bei sowjetischen Besatzungssoldaten spielte das politische System eine zentrale Rolle, untersagte es doch aus ideologischen und disziplinären Gründen (dauerhafte) Beziehungen mit Österreicherinnen. Ein von außen herbeigeführtes Zerbrechen beinahe all dieser Liebschaften war die Folge. Den einzigen – ebenso riskanten wie illegalen – „Ausweg" bildete Desertion.

Als Resultat freiwilliger sexueller Beziehungen, aber auch als Folge von Vergewaltigungen kamen Tausende „Besatzungskinder" auf die Welt. Sie galten als „Kinder des Feindes", die zugleich schmerzhafte Erinnerungen der Niederlage hervorriefen. Oft waren sie diversen Formen von Diskriminierung ausgesetzt. Gerade die „Russenkinder" bildeten eine Generation „vaterloser" Töchter und Söhne, die ihre Kindheit häufig bei Tanten, Groß- oder Pflegeeltern verbrachte. Vielfach umgab die Betroffenen eine Mauer des Schweigens, die manche bis heute nicht durchbrechen konnten. Fragen nach der eigenen Identität und die Suche nach den „Wurzeln" waren meist die Folge, die auch auf die nächsten beiden Generationen übertragen werden konnten. Doch auch Väter versuchten, oft erst im hohen Alter, ihre „österreichischen" Kinder, die die wenigsten jemals auch nur zu Gesicht bekommen hatten, auszuforschen. Die unmittelbaren Folgen von Besatzung und Sexualität haben sowohl über die geografischen Grenzen als auch die inzwischen vergangenen Jahrzehnte hinweg nichts an Aktualität verloren.

---

1 Ebba D. Drolshagen, Das Schweigen. Das Schicksal der Frauen in besetzten Ländern, die Wehrmachtssoldaten liebten, in: metis 8/15. 1999. S. 28–47, hier: S. 41. Siehe dazu auch das Kapitel B.I.2 „Vergewaltigung" in diesem Band.

2 Stelzl-Marx, Freier und Befreier.

1. Die Schattenseite

1.1. Vergewaltigung, Gegenstrategien und Folgen

Die Trias Krieg - Besatzung - Sexualität war nicht nur äußerst ambivalent, sondern auch häufig von Gewalt überschattet. Die Welle von Vergewaltigungen durch die Rote Armee zu Kriegsende löste einen Schock aus, der bis heute - überproportional stark - im kollektiven Gedächtnis der Bevölkerung verankert ist. Dabei spielten sowohl die aus ideologischen Gründen häufig übertriebene Zahl an Übergriffen als auch die im Vorfeld von der NS-Propaganda gezielt geschürte Panik eine Rolle. Unbestritten bleibt, dass allein die Angst vor einer eventuell drohenden Vergewaltigung einen Akt sexueller Gewalt darstellt. So verlangte es etwa den Frauen in Ostösterreich all ihre Energie ab, durch unterschiedliche Strategien den Übergriffen - wenn möglich - zu entkommen.[3] Die jüdische Krankenschwester Mignon Langnas schrieb am 1. Mai 1945 in Wien in ihr Tagebuch: „Russen sind im Haus! Während der ganzen 7 Jahre habe ich vor Schreck + Verzweiflung nicht so gebebt wie in diesen Stunden."[4] „Jo, des waren halt schlechte Zeiten", charakterisieren viele ihre Erinnerungen an das Kriegsende.[5]

Neben der psychischen und physischen Traumatisierung des Opfers und eventuell auch dem Eintreten einer ungewünschten Schwangerschaft entwickelte sich der Vorfall manchmal zum geradezu lustvollen Tagesgespräch, was die Vergewaltigungsopfer erneut demütigte, brandmarkte und demoralisierte. Diese fehlende Solidarität der Bevölkerung, ihre Sensationsgier und das latente patriarchalische Vorurteil, die Frau habe Mitschuld an derartigen Übergriffen, ließen viele Betroffene verstummen oder von ihrem Heimatort, wo jeder genau Bescheid wusste, wegziehen. Die Schweigemauer wurde durch den intimen Charakter der Verbrechen und durch eine falsche Scham noch verstärkt.[6]

Doch wollten auch viele Männer nach ihrer Rückkehr aus dem Krieg von den sexuellen Gewalterfahrungen ihrer Frauen und Töchter nichts wissen,

---

3 Baumgartner, Vergewaltigung zwischen Mythos und Realität, S. 79.

4 Elisabeth Fraller - George Langnas (Hg.), Mignon, Tagebücher und Briefe einer jüdischen Krankenschwester in Wien 1938–1949. Innsbruck - Wien - Bozen 2010, S. 318f.

5 Marianne Baumgartner, „Jo, des waren halt schlechte Zeiten ..." Das Kriegsende und die unmittelbare Nachkriegszeit in den lebensgeschichtlichen Erzählungen von Frauen aus dem Mostviertel. Frankfurt am Main 1994.

6 Franz Severin Berger - Christiane Holler, Trümmerfrauen. Alltag zwischen Hamstern und Hoffen. Wien 1994, S. 178f.; Angela Koch, Die Verletzung der Gemeinschaft. Zur Relation der Wort- und Ideengeschichte von „Vergewaltigung", in: Österreichische Zeitschrift für Geschichtswissenschaften. 2004/1, S. 37–56.

wie Berichte von Zeitzeuginnen und die Aufzeichnungen der „Anonyma“, die erstmals 1959 unter dem Titel „Eine Frau in Berlin“ erschienen, belegen.[7] Denn dieses Wissen hätte eine zu massive Erschütterung des eigenen Selbstbildes bedeutet. Sie empfanden ein Gefühl von Machtlosigkeit, weil sie ihre Frauen und Mädchen nicht schützen hatten können, und der Erniedrigung, da durch die „Entweihung der Sittsamkeit“ ihrer Frauen zugleich ihre Ehre in Mitleidenschaft gezogen wurde.[8] Der Körper der Frau galt als Symbol für das eigene, zu verteidigende Territorium, dessen Verletzung besonders demütigte, und als „Schlachtfeld“ eines Kampfes gegen eine ganze ethnische, kulturelle oder religiöse Gemeinschaft.[9] Das Schweigen der Ehemänner, die sexuelle Moral der Nachkriegszeit und die soziale Tabuisierung des Themas erschweren bis heute, über das Leid und die Erniedrigung eines solchen Übergriffes zu sprechen.[10] Eine finanzielle Entschädigung erfolgte lediglich bei einer schweren körperlichen Gesundheitsschädigung nach dem Kriegsopferversorgungsgesetz.[11]

1.1.1 „Gerade noch davongekommen“

Vor diesem Hintergrund ist auch der Erzähltopos der „Davongekommen-Geschichten“ zu sehen, der eine Absage an die Rolle des passiven, hilflosen Opfers darstellt. In diesen Erzählungen beschreiben sich die Frauen stets als die Handelnden der Geschichte. Dank ihrer Stärke, ihres Mutes und ihrer List hätten sie demnach dem übermächtigen, bewaffneten Angreifer entkommen können. Dazu gehören Schilderungen, wie sie mit Marmelade im Gesicht einen ansteckenden Ausschlag vortäuschten, was zu dem bezeichnenden Ausdruck „Powidlkrankheit“ führte. Wie sie „krank, krank!“ schrien, um auf eine vermeintliche Infektionskrankheit aufmerksam zu machen, sich als alte, hässliche Frauen verkleideten oder so schnell wie möglich davonliefen. Dabei charakterisieren sie häufig andere Frauen als zu „ungeschickt“, „ängstlich“,

7 2003 wurde das Buch neu aufgelegt und entwickelte sich zu einem Bestseller. Vgl. Anonyma, Eine Frau in Berlin.

8 Anne-Ev Ustorf, Wir Kinder der Kriegskinder. Die Generation im Schatten des Zweiten Weltkrieges. Freiburg im Breisgau 2008, S. 109.

9 Gaby Zipfel, Ausnahmezustand Krieg? Anmerkungen zu soldatischer Männlichkeit, sexueller Gewalt und militärischer Einhegung, in: Insa Eschebach – Regina Mühlhäuser (Hg.), Krieg und Geschlecht. Sexuelle Gewalt im Krieg und Sex-Zwangsarbeit in NS-Konzentrationslagern. Berlin 2008, S. 55–74, hier: S. 66.

10 Nicholas Stargardt, Kinder in Hitlers Krieg. München 2008, S. 393.

11 Margareta Steiner, Freundliche Auskunft an Barbara Stelzl-Marx. St. Lambrecht 21.11.2009. Zum Kriegsopferversorgungsgesetz vgl. auch: Peter Fritz – Eva Schweighofer, Lebenslänglich – Die Erinnerung bleibt. 20 österreichische Kriegs- und Nachkriegsschicksale. Graz 2008, S. 138f.

Abb. 63: Vor dem zerstörten Stephansdom im April 1945. (Quelle: RGAKFD, Foto: Chaldej)

„dumm" oder „aufreizend", womit sie das gesellschaftliche Vorurteil von der Mitschuld der Frauen reproduzieren. Nur wenige Frauen sind bereit, über eine persönliche Vergewaltigungserfahrung zu sprechen.[12]

Ein typisches Beispiel für diesen Erzähltopos ist das Interview mit einer 1926 geborenen Wienerin, die das Kriegsende im Keller eines Wiener Gemeindebaus erlebte. Einleitend schildert sie – beinahe stakkatoartig – das Eintreffen der ersten sowjetischen Soldaten, die als „Eliteeinheiten" und als „schöne Menschen" nicht ihren offensichtlich von der NS-Propaganda geprägten Vorstellungen „des Russen" entsprachen: „Es war alles unten im Keller vorbereitet. Nicht mehr hinauf. War immer eine Kontrolle da, ob alles unten geschützt ist. Eines Tages eben, das war so in der Dunkelheit, am 6., glaub ich, war's, 6. April, hören wir die Stiefel, bum, bum, das Haus rauf. Werd ich nie diesen Klang vergessen. Diese Stiefel, den Klang, und schon die Stiege herunter in den Keller. Die Tür war eh schon offen, glaub ich, und das waren Eliteeinheiten, schöne Menschen, ich kann mich erinnern. Wir haben immer geglaubt, die Russen, das ist so ein richtiges G'sindel, aber das waren wirklich Eliteeinheiten. Eine Kontrolle gleich. Alle Keller ausgeleuchtet, alles geschaut. Alles getan. Und die sind wieder abgezogen, haben das ganze Haus inspiziert. Haben da nachgeschaut. Und wieder weg."[13]

Danach berichtet die Wienerin von den Nachschubtruppen, die der „Elite" folgten. Für diese verwendet sie pejorativ das Neutrum Singular. Denn „das" hätte ihren rassisch-ideologisch geprägten Vorstellungen schon eher

12 Baumgartner, Vergewaltigungen zwischen Mythos und Realität, S. 60f.; Bandhauer-Schöffmann, Hornung, Der Topos des sowjetischen Soldaten, S. 33f.

13 OHI, Anna C. Durchgeführt von Barbara Stelzl-Marx. Wien 6.10.2003. Zit. nach: Stelzl-Marx, Freier und Befreier, S. 426f.

entsprochen: „Und dann kam der sogenannte Treck, Sie kennen den Ausdruck ‚Treck', diese Nachschubtruppen. Und das war dann wirklich das, was wir immer gefürchtet haben, was kommen wird. Das war wirklich ein niederes Volk. Richtig. Und die haben alle im Haus Quartier bezogen. Die ganzen Wohnungen wurden von diesen Trecksoldaten bewohnt. Auch bis in den zweiten Stock hinauf. Und im Haus, in der Wohnung meiner Eltern, war die Küche, die Ausspeisung."[14]

Anschließend kommt die damals 19-Jährige darauf zu sprechen, wie die jungen Frauen durch die Verbreitung des Gerüchtes, sie litten an Syphilis, „nicht geholt wurden". Auch hatte die Kellergemeinschaft einen Wachposten aufgestellt, der als ehemaliger Kriegsgefangener des Ersten Weltkrieges in russischem Gewahrsam noch etwas Russisch konnte. Dabei äußert sie sich nochmals abwertend über die „gewöhnlichen Soldaten" der Roten Armee: „Und seit diesem Zeitpunkt war immer ein Wachposten im Keller. Tag und Nacht war einer auf der Stiege. [...] Es war einer vom Ersten Weltkrieg, ein Gefangener da. Der hat ein bisserl Russisch können, der hat sich mit diesen gewöhnlichen Soldaten, das waren echt nur diese Trecks, diese Elite sind weg, der hat sich mit denen unterhalten können, so recht und schlecht. Und wir Mädchen haben immer Angst gehabt. Die haben am Abend in unserer Wohnung gekocht und getrunken und gesungen. Wir hatten Angst im Lauf der nächsten Tage, dass die eines Tages runterkommen und uns holen würden. Die Mädchen. Einer hat uns gesagt: Wir, die Jungen, brauchen keine Angst haben. Der hat sich mit uns verbündet mit dem einen Mann da: wir Jungen nicht, weil wir sind alle geschlechtskrank. Man hat ihnen erklärt, die Jungen in Wien haben alle Syphilis. Das hat uns aber geholfen."[15]

Während sie selbst und die anderen „Mädchen" offensichtlich dank dieser List verschont blieben, wären hingegen mehrere ältere Frauen im selben Keller und die benachbarten jungen Frauen „sehr wohl drangekommen", betont die Zeitzeugin. Offenbar fanden diese Neuigkeiten nicht nur auf dem Land, sondern auch in der Großstadt rasche Verbreitung. Als besonders gefährlich galt der Versuch des Mannes einer der Betroffenen, seine Frau vor der Vergewaltigung zu schützen. Dabei eskalierte die Situation beinahe, erinnert sich die Wienerin: „Nun haben sie tatsächlich zwei, drei Frauen vom Haus geholt. Die eine Frau war für mich uralt, die war sechzig. Kann ich mich erinnern, da war der Mann dabei, da haben sie uns auf die Lampe geschossen, auf die Petroleumlampe, da war die Gefahr, dass das alles zum Brennen anfangt, ein Geschrei, eine Aufregung, aber jedenfalls, uns haben sie nichts getan. Weil wir

14 Ebd.
15 Ebd.

waren ja ‚syphiliskrank'. Einer hat das ausgestreut. Das war nur in unserem Haus so. Und wie dann alles vorbei war, haben wir dann gehört, wie ein Gemeindebau halt ist, überall die Stiegen nebenan, dort sind sehr wohl die jungen Mädchen auch drangekommen, nur unser Bau, der hat halt denen erklärt: ‚Verschont die Jungen, weil die sind alle krank.' Das war unsere Rettung."[16]

Obwohl nicht explizit ausgesprochen, zeigt sich im Laufe des Interviews, wie sehr die 60-jährige Nachbarin, die anscheinend beinahe jeden Abend „geholt wurde", zur Versorgung der unfreiwilligen Kellergemeinschaft beitrug. Im Zentrum dieser Passage steht daher auch das plötzlich im Überfluss vorhandene Essen. Statt Mitleid ist eher Dankbarkeit zu spüren: „Die Frau Emmenthaler war das – die Dame ist schon lang tot, werde ich nie vergessen, die Frau Emmenthaler, die 60-Jährige. Aber uns ist es dann sehr gut gegangen, weil die haben dort oben gekocht und haben uns herrliches Essen heruntergebracht. Wir haben ja Hunger gehabt. Wir haben ja nichts zu essen gehabt, war ja alles schon aufgebraucht, die kleinen Vorräte. Es war vorher schon alles auf Marken. Und unten keine Kochgelegenheit. Der kleine Petroleumkocher. Ist ja gar nicht vorzustellen, wie das alles geht, wenn man in Not ist. Und dann haben wir also töpfeweise herrlichste Sachen gekriegt. So Eintöpfe, alles mit Fleisch, nahrhafte Sachen, was wir alle gebraucht haben. [...] 14 Tage waren wir jedenfalls im Keller, dann konnten wir schon langsam hinauf."[17]

Obwohl die Interviewpartnerin de facto im Keller gefangen war, betont sie charakteristischerweise keineswegs ihre passive, zum Warten verdammte Rolle. Analog dazu berichteten andere Zeitzeuginnen von ihrem geschickten, aktiven Verhalten. Dieses ist auch in ihrem Verwandten- und Freundeskreis tradiert. So charakterisiert eine nach Kriegsende geborene Berlinerin die anscheinend erfolgreiche Strategie ihrer zu Kriegsende erst 15-jährigen Bekannten: „Ich habe auch eine 78-jährige Freundin, welche ganz andere Erfahrungen gemacht hat. Sie verkroch sich beim Einmarsch der russischen Armee im Hühnerstall ihrer Tante, das Gesicht mit Asche verschmiert, um älter zu wirken. Mit ihr gemeinsam ihre Cousine. Es klappte. Sie wurden zwar entdeckt, aber für zu hässlich befunden und verschont."[18]

1.1.2 *„Ich hab' mitmüssen"*

Im Gegensatz zu den heroisch konnotierten „Davongekommen-Geschichten", die gerne und bereitwillig erzählt werden, werden Vergewaltigungen

16 Ebd.

17 Ebd.

18 Angelika Miermeister, Elektronische Nachricht an Barbara Stelzl-Marx. 18.6.2008.

vielfach bis heute tabuisiert. Zu schmerzlich sind die Erinnerungen und wohl auch das Empfinden von Schmach. Ein Beispiel hierfür ist eine über 80-jährige Frau aus Bruck an der Leitha. Als im Sommer 2006 der Moskauer Veteran Boris Zajcev, der hier bis 1946 als Besatzungssoldat stationiert war und die Frau persönlich kennenlernte, auf ihre Handgelenke deutet, bricht sie in Tränen aus. Zajcev kann sich an die Verbände an ihren Handgelenken erinnern und möchte wissen, was damals genau passierte. Ihre Tochter wechselt daraufhin das Thema. Später erklärt sie, dass ihre Mutter nach einer Vergewaltigung sich selbst und ihrer Tochter die Pulsadern aufschnitt. In letzter Minute konnten der Selbstmord und der Tod des Mädchens verhindert werden. Bis heute kann ihre Mutter nicht darüber sprechen, wohl auch aus Scham, dass sie sich selbst und ihrer Tochter das Leben nehmen wollte.

Erstaunlich ruhig und distanziert berichtet hingegen eine weitere Betroffene über das Vorgefallene. So eröffnet die 1914 geborene Rosa K. aus der Umgebung von Feldbach, die zu Kriegsende mehrfach Opfer sexueller Gewalt wurde, das Interview mit einer Schilderung ihrer Kinder: Bereits drei Kinder erlebten das Kriegsende 1945 mit, der älteste Sohn war schon im sechsten Lebensjahr, die jüngste Tochter war gerade ein Jahr alt. Besonders schwierig gestaltete sich damals ihre Ernährung, wie sie im Rahmen des Interviews wiederholt zum Ausdruck bringt. Mehrfach betont die aus bäuerlichem Milieu stammende Frau auch, wie sehr ihr damals „angst und bang" war. Im Kontext der folgenden Schilderungen zeigt sich, dass indirekt ihre Kinder zu ihrer Vergewaltigung beitrugen. Ihretwegen, so ist sie überzeugt, war sie zu spät in das Kellerversteck gelangt, weswegen sie nur mehr einen Platz direkt neben der Tür einnehmen konnte. Als nun „einer mit dem Gewehr" runterkam, forderte er daher ausgerechnet sie auf, mit ihm mitzugehen, ansonsten würde er in die Luft schießen. Heute interessiert sie, was in diesem Fall passiert wäre, ob das „etwas gemacht hätte".[19]

Typisch erscheint die geschilderte Reaktion der übrigen im Keller versteckten Personen. Keiner traute sich einzugreifen, wohl aus Angst, erschossen zu werden oder die Aufmerksamkeit des Rotarmisten auf sich selbst zu lenken. Im Gegenteil, sie verlangten von der damals 31-jährigen Frau, sich nicht zu widersetzen: „‚Rosl, geh mit, Rosl, geh mit!', haben sie alle geschrien", betont sie. Selbst ihre Mutter redete ihr zu: „Gib her das Kind und geh mit, wenn es anders nicht geht."[20]

19 OHI, Rosa K. Durchgeführt von Barbara Stelzl-Marx. O. O. 4.4.2007. Bei dem Interview waren außerdem der Sohn und die Ende 1945 nach einer Vergewaltigung geborene Tochter anwesend, die sich mehrfach in das Interview einschalteten.

20 Ebd.

Gegen Ende des Interviews kommt sie nochmals auf diese Situation zu sprechen: „Was [gewesen sein] muss, ist gewesen, sonst hab' ich mich nicht geschert. Mit dem Leben sind wir durchkommen. Wenn ich ein Dirndl gewesen wär ohne Kinder, hätte ich mich eh erschossen." In diesem Zusammenhang schaltet sich der damals 6-jährige Sohn in das Interview ein und verstärkt die ausweglose Lage seiner Mutter: „Wenn du ledig bist und keine Kinder hast, hast dich besser durchwurschteln können." Rosa K. streicht nochmals hervor: „Durch die Kinder bin ich zu spät reinkommen, gleich bei der Tür." Erneut thematisiert sie, welche Folgen eine Weigerung hätte haben können: „Ich war neugierig, was passiert wäre, wenn er auf die Decke geschossen hätte." Nun verurteilt auch der Sohn die Rolle der übrigen Schutzsuchenden im Keller: „‚Geh mit', haben alle gesagt, ‚geh mit'. Weil sie Angst gehabt haben." Dabei betont er das Opfer, das seine Mutter für die übrige Kellergemeinschaft erbrachte: „Den Schädel hat die Mutter hinhalten müssen."[21]

Insgeheim steht die Frage im Raum, ob Rosa K. eventuell der Vergewaltigung entgehen hätte können oder ob sie selbst eine gewisse Schuld trifft. Schließlich lastete man häufig den Frauen selbst die Vergewaltigungen an. Sie standen unter dem meist unausgesprochenen Verdacht, sich zu wenig gewehrt oder geschützt zu haben. Dabei führt die Oststeirerin gleich mehrere Faktoren zu ihrer Rechtfertigung an, die ihr Sohn nochmals verstärkt: Zunächst befand sie sich wegen ihrer drei Kinder in einer benachteiligten Situation. Da sie direkt neben dem Eingang saß, fiel die Wahl des Rotarmisten auf sie. Das einjährige Kind auf ihrem Schoß war kein ausreichender Schutzschild. In diesem Zusammenhang betont sie auch ihre Verantwortung als Mutter, die Kinder „durchzubringen". Ausführlich schildert sie die schwierige Ernährungssituation zu Kriegsende. „Keine Kuh, kein Fadl [Schwein], nichts haben wir gehabt." Weiters stand ihr ein bewaffneter Soldat gegenüber, der zu schießen drohte. Bei der Schilderung dieser Passage allerdings klingen Zweifel an, ob sie nicht ausprobieren hätte sollen, was gegebenenfalls passiert wäre. Dies stellt sich jedoch gleichfalls als keine wirkliche Option heraus, denn „alle" im Keller inklusive ihrer Mutter hätten verlangt, sie solle „mitgehen". Außerdem hätte im Vorfeld „niemand gesagt", wo sie hingehen und sich verstecken hätten sollen. Die Hauptkampflinie ging genau bei ihrem Haus vorbei und wechselte mehrfach hin und her. Auch in einem anderen Dorf, in dem sie sich versteckten, waren sie nicht sicher.[22]

Diese erste Vergewaltigung selbst schildert sie lapidar: „Das Gewehr hat er hingelegt, und ich hab getan, was er angeschafft hat. Hab mich nicht rühren

21 Ebd.
22 Ebd.

getraut." Als gefährlich wertet sie die Rückkehr zu ihrer Familie, die sie ohne Geleitschutz absolvieren musste: „Geholt hat er mich schon, aber zurück allein. [...] Alles voll mit Russen. Die Mutter hat schon gewartet auf mich. Hat geglaubt, jetzt komm ich nicht mehr heim." Diese Passage schließt sie mit den Worten: „Und die Kinder haben nichts zum Essen gehabt", wodurch sie neuerlich ihrer Verantwortung für das Überleben ihrer Familie Ausdruck verleiht.[23]

Im Endeffekt, so ihr Resümee, hätten sie noch Glück gehabt: „Was wir Glück gehabt haben. Ist meinen Kindern nichts passiert, ist mir nichts passiert - soweit halt - und der Vater ist heimkommen vom Krieg, ist nichts passiert. Außer das Malheur halt ist gewesen." Damit spricht sie erstmals die ungewollte Schwangerschaft an. Alle anderen vergewaltigten Frauen des Dorfes wären „der Reihe nach zum Arzt gegangen". Doch ihre Mutter wäre aus religiösen Gründen strikt gegen eine Abtreibung gewesen: „‚Ja nicht, ja nicht', hat die Mutter gesagt, ‚das wär eine Sünde. Ja nicht.'" Die zu Silvester 1945 geborene Tochter Anna E. kommentiert diese Entscheidung: „Ist eh gut, sonst wär ich nicht." Als sie mehr über ihren Vater erfahren möchte, antwortet die Mutter: „Ob das der Vater von dir ist, das weiß ich ja nicht. Ich kann es dir nicht sagen. Weil in G., da hab ich ja auch mitmüssen", wodurch sie weitere Vergewaltigungen am zweiten Zufluchtsort anspricht.[24]

In diesem Zusammenhang thematisiert Rosa K. aber auch ihre große Angst vor der Reaktion ihres Mannes, der 1945 als vermisst galt und schließlich zu Ostern 1946 aus britischer Kriegsgefangenschaft heimkehrte. Schließlich wurde vor dem Hintergrund der Moralvorstellungen der 1940er Jahre ein uneheliches Kind als große Schande betrachtet: „Vorm Mann hab ich mich am meisten gefürchtet. Was wird denn er sagen? Dabei hat er gar nichts gesagt. Hat es eh gewusst. Hat eh alles gewusst. Dass wir noch gelebt haben." Daraufhin wird sie von der Tochter, die aufgrund der Ablehnung seitens ihres Ziehvaters zu Pflegeeltern kam, gefragt: „Wieso hast mich dann hergegeben, wenn er nichts gesagt hat?" Rosa überhört ihre Frage und konzentriert sich erneut auf die Rückkehr ihres Mannes: „Er hat alles gewusst. Ich hab gar nicht viel geredet. Er hat nicht gesagt, was er mitgemacht hat, und ich hab nicht gesagt, was ich mitgemacht hab. Er hat eh alles gewusst."[25] Über die schwere Zeit während des Krieges, so ihre Interpretation, brauchte man nicht zu reden, da war alles klar. Auch wollte sie anscheinend den heimgekehrten, militärisch besiegten Mann nicht verletzen. Das Schweigen des Ehemannes,

23 Ebd.
24 Ebd.
25 Ebd.

die sexuelle Moral der Nachkriegszeit und die Kriegsschuld erschwerten auch in ihrem Fall eine Beschäftigung mit den traumatischen Erlebnissen.

Vergewaltigungen ließen sich zwar verschweigen, aber häufig – wie auch im Fall von Rosa K. – nicht vertuschen. Schließlich fand ihr Mann ein Kind – ein sogenanntes „Malheur" – vor, das nicht von ihm sein konnte. Mehrfach hebt sie hervor: „Jetzt war ich nur angst und bang. Er hat ja [von dem Kind] nichts gewusst. Und was für ein Malheur danach [nach der Vergewaltigung] ist, das hat man erst nachher gesehen." Anscheinend befürchtete Rosa K., ihr Mann würde sie verstoßen oder wegen der „Schande" ablehnen. In diesem Zusammenhang schiebt sie die Verantwortung für die Geburt des Kindes ihrer Mutter zu. Offensichtlich hätte ihr Mann, der Stiefvater des Kindes, eine Abtreibung vorgezogen: „Meine Mutter war ja so viel religiös, dass sie nicht [abtreiben] lassen hat. Mein Mann hat das eh gewusst, dass viel mehr meine Mutter [dahinter war]. Das Kind kann ja nichts dafür."[26] Wie später noch dargestellt wird, hatte aber gerade die als Folge einer Vergewaltigung geborene Tochter, Anna E., ihr Leben lang unter der „Schuld" zu leiden, ein „Russenkind" zu sein. Aus Sicht ihrer Umgebung personifizierte sie die militärische Niederlage und erinnerte als „Kind des Feindes" ständig daran.[27]

Die zu Kriegsende und danach verübten Fälle sexueller Gewalt hatten weitreichende Folgen. Ungewollte Schwangerschaften gehörten ebenso dazu wie Selbstmorde oder die bedrohliche Ausbreitung von Geschlechtskrankheiten. Jene Frauen, die sich gegen eine Abtreibung entschieden, hatten vielfach unter den Reaktionen in ihrem unmittelbaren Umfeld zu leiden. Dabei handelte es sich allerdings sogar meist um jene Personen, die sie selbst nicht vor der sexuellen Gewalt schützen hatten können oder sie sogar aufgefordert hatten, „mitzugehen". Mit Trost oder Mitleid seitens der heimgekehrten Ehemänner oder der Gesellschaft war vielfach ebenfalls kaum zu rechnen.

1.2 Abtreibungen

Nach § 144 der ab Juni 1945 wieder in Kraft getretenen Strafgesetzordnung waren Schwangerschaftsabbrüche prinzipiell verboten. In der bereits damals „nicht mehr zeitgemäßen Sprache des Strafgesetzbuches", wie die Arbeiter-Zeitung betonte, hieß es dazu: „Eine Frauenperson, welche absichtlich was immer für eine Handlung unternimmt, wodurch die Abtreibung ihrer Leibesfrucht verursacht oder ihre Entbindung auf solche Art, dass das Kind tot

26 Ebd.
27 Siehe dazu auch das Kapitel B.II.3.1 „Als Russenkind war ich das Letzte" in diesem Band.

zur Welt kommt, bewirkt wird, macht sich eines Verbrechens schuldig."[28] Allerdings erlaubten einzelne Durchführungsbestimmungen eine Umgehung dieses Verbots.[29]

„Zur Abhilfe eines Notstandes" gab etwa die provisorische Steiermärkische Landesregierung am 26. Mai 1945 Abtreibungen „bis zur gesetzlichen Regelung durch die österreichische Bundesregierung" frei. Als „zulässig" galt der Schwangerschaftsabbruch zunächst aus gesundheitlichen Gründen. Eine Ausnahme von diesem Grundsatz war fortan aus „ethischer Anzeige bei erwiesenen Notzuchtfällen" möglich. In diesem Fall hatten die betroffenen Frauen von der nach ihrem Aufenthaltsort zuständigen Polizeistelle eine Bescheinigung vorzulegen, „dass mit Sicherheit oder großer Wahrscheinlichkeit ein Notzuchtakt begangen" worden war. Bei der obligatorischen Untersuchung durch den Amtsarzt war ferner zu prüfen, „ob der von der Frau angegebene Tag der Vergewaltigung mit dem Alter der Schwangerschaft übereinstimmt". War der „Tatbestand ausreichend geklärt", konnte der Amtsarzt „ausnahmsweise die zur Schwangerschaftsunterbrechung erforderliche Bescheinigung ausstellen".[30]

Der Eingriff selbst durfte ausschließlich in einer öffentlichen Krankenanstalt vorgenommen werden. Die Kosten des ärztlichen Eingriffes inklusive der Barauslagen für Reise- und Aufenthaltskosten trug die Krankenkasse, sofern die Frau krankenversichert war. Andernfalls konnten die bei Schwangerschaftsabbrüchen aus „ethischer Anzeige" anfallenden Kosten – im Gegensatz zu jenen aus gesundheitlichen Gründen – von der Landesregierung übernommen werden.[31]

In der Zeit von Anfang Juni 1945 bis Ende Dezember 1945 kamen insgesamt 639 Vergewaltigungsfälle bei der Grazer Bundespolizeidirektion zur Anzeige, darunter drei durch britische Soldaten. Hierbei handelte es sich nicht ausschließlich um Grazerinnen, sondern auch um Frauen aus den umliegenden Bezirken. Bemerkenswerterweise stimmte die Zahl der Anzeigen

28 Zit. nach: J. S., Der unerbittliche Paragraph, in: Arbeiter-Zeitung, 12.9.1948, S. 4. Zur Situation in Deutschland, wo in der sowjetischen Besatzungszone das im § 218 des Strafgesetzbuches festgelegte Abtreibungsverbot im Falle einer Vergewaltigung außer Kraft gesetzt wurde, vgl. Naimark, Die Russen in Deutschland, S. 57.

29 Gertrud Kerschbaumer, Fürstenfeld 1945. Kriegsende und sowjetische Besatzung. Fürstenfeld 1997, S. 101.

30 StLA, BH Bruck, Grp. 12, K 435, 1945, Rundschreiben der provisorischen Steiermärkischen Landesregierung an alle Gesundheitsämter betreffend Schwangerschaftsunterbrechungen aus gesundheitlichen oder ethischen Gründen, 26.5.1945. Abgedruckt in: Karner – Stelzl-Marx – Tschubarjan, Die Rote Armee in Österreich, Dok. Nr. 118. Vgl. dazu auch: Petschnigg, Die „sowjetische" Steiermark, S. 548.

31 Ebd.

annähernd mit jener der vom Grazer Landeskrankenhaus durchgeführten Schwangerschaftsabbrüche überein. Somit dürften in erster Linie jene Frauen Anzeige bei der Polizei erstattet haben, die eine Abtreibung vornehmen ließen.[32]

Die katholische Kirche sah hingegen keinerlei Ausnahmebestimmungen für vergewaltigte Frauen vor. „Angesichts ernster Vorkommnisse" veröffentlichte Kardinal Theodor Innitzer im Wiener Diözesanblatt vom November 1945 eine Verlautbarung zum Schutz menschlichen Lebens. Darin betonte er den kirchlichen Grundsatz, dass „keimende[s] Leben auch unter den schwersten Umständen zu halten und zu schützen" sei.[33]

Diesbezüglich berichtete der spätere Bundespräsident Adolf Schärf in seinen Erinnerungen an Wien 1945: „Durch Monate hindurch waren in den Hautabteilungen der Spitäler endlose Reihen von Frauen angestellt, die Salvarsaneinspritzungen begehrten. Die künstliche Schwangerschaftsunterbrechung war eine Operation, zu der sich ein großer Teil der Ärzte in Wien aus Überzeugungsgründen nie bereitgefunden hatte; der Notstand der geschwängerten Frauen wurde aber jetzt von Ärzten aller Weltanschauungen anerkannt, und bis zu einem bestimmten Kalendertermin wurde auf glaubwürdiges Zeugnis der angetanen Gewalt in den Wiener Spitälern die Unterbrechung der Schwangerschaft herbeigeführt. Bloß die geschwängerten Nonnen trugen ihr Schicksal, sei es, weil sie selbst oder weil die kirchliche Obrigkeit es so wollte; sie appellierten nicht an den Arzt, sondern warteten, alle Schicksalsgefährtinnen in einem Wiener Spital vereinigt, ihr Los ab."[34]

Wegen des „unerbittlichen Paragrafen" 144 ließen Österreicherinnen häufig illegal Abtreibungen vornehmen, was jedoch aufgrund schlechter hygienischer Bedingungen oder der Unerfahrenheit der „Kurpfuscher" bzw. „Engelmacherinnen" ein hohes Gesundheitsrisiko bedeuten konnte. Beispielsweise beschäftigte der sogenannte „Koffermord" 1948 die Öffentlichkeit: Eine junge Frau wollte nach einer Vergewaltigung durch einen sowjetischen Soldaten eine Schwangerschaftsunterbrechung vornehmen lassen. Sie fand, so die Schilderungen zeitgenössischer Medien, im Freundeskreis zwei fortgeschrittene Medizinstudenten, die sich dazu bereit erklärten. Allerdings verstarb

32 Gertrud Kerschbaumer, Sowjetische Besatzungszeit in Graz. Überprüfung von Mythen, in: Stefan Karner (Hg.), Graz in der NS-Zeit 1938–1945. Veröffentlichungen des Ludwig Boltzmann-Instituts für Kriegsfolgen-Forschung. Sonder-Bd. 1. 2. Aufl. Graz 1999, S. 195–209, hier: S. 204f.

33 Zum Schutz des keimenden Lebens. Kundgebung Sr. Eminenz vom 6. November 1945, in: Wiener Diözesanblatt. 1945/10, S. 34. Zit. nach: Maria Mesner, Frauensache? Zur Auseinandersetzung um den Schwangerschaftsabbruch in Österreich nach 1945. Veröffentlichungen des Ludwig Boltzmann-Institutes für Geschichte der Gesellschaftswissenschaften. Bd. 23. Wien 1994, S. 46. Herrn Dr. Fred Duswald, Neumarkt/Hausruck, danke ich für diesen Hinweis.

34 Ebd.

die Frau während des Eingriffes, anscheinend wegen einer Verwechslung des Narkosemittels. Die beiden Jungmediziner zerstückelten daraufhin ihre Leiche, „um die Spuren ihres Tuns zu verwischen", und steckten sie in einen Koffer oder einen Rucksack, um sie von der Wiener Reichsbrücke in die Donau zu werfen. Da jedoch Blut aus dem Gepäckstück tropfte, wurde ein Polizist auf sie aufmerksam. Er vermutete eine verbotene geheime Schlachtung. Das lapidare Resümee der Arbeiter-Zeitung lautete dazu: „Es war der § 144, der sie dazu trieb."[35]

1.2.1. *Schwangerschaftsabbrüche als Folge von Liebesbeziehungen*

Abtreibungen wurden allerdings nicht nur nach Vergewaltigungen, sondern auch im Rahmen freiwilliger Liebesbeziehungen mit sowjetischen Besatzungssoldaten durchgeführt. Teilweise befürworteten die betroffenen Armeeangehörigen einen Schwangerschaftsabbruch und unterstützten den Eingriff auch finanziell.[36] Nicht immer konnten sie sich aber durchsetzen, wie das folgende Beispiel zeigt. So beschreibt die 1950 in Niederösterreich geborene Viktoria S. die Reaktion ihres sowjetischen Vaters, als er von der Schwangerschaft seiner österreichischen Freundin erfuhr, als wenig euphorisch: „Da er natürlich nicht sehr begeistert war, dass meine Mutter schwanger war und ihr eine Abtreibung vorgeschlagen hatte, war er bereit, sie in die russische Botschaft nach Wien wegen einer Arbeitssuche zu schicken. Was sie aus irgendeinem, mir unbekannten Grund nicht tat. Danach hatte sie keinen Kontakt mehr mit ihm."[37]

Bianca H., die eine längere Beziehung mit einem höheren sowjetischen Offizier in Wien hatte, ließ hingegen illegal eine Abtreibung vornehmen. Ausschlaggebend war der Plan, später gemeinsam in die USA auszuwandern. Sie erinnert sich daran: „Ja, ich war schwanger. Er wollte – wir haben damals einfach eine Abtreibung gemacht, weil was hätten wir gemacht mit einem Kind? Ich mein, weil fliehen – wir haben überhaupt nichts können. Ja, ich hab eine Abtreibung [vornehmen lassen]. Wir hätten sicher Kinder dann bekommen." Die Schwangerschaftsunterbrechung nahm in ihrem Fall ein praktischer Arzt vor, den sie dafür mit Naturalien bezahlte: „Ich hab einen guten Arzt gehabt, also ich mein. Gegeben haben die Leute damals alles. […] Er hat nie mehr nachher eine Abtreibung gemacht. Ich habe den Arzt noch jahrelang gekannt,

35 J. S., Der unerbittliche Paragraph; Susanne Krejsa, Elektronische Nachricht an Wolfram Dornik. 23.8.2004.

36 OHI, Egor Isaev. Durchgeführt von Barbara Stelzl-Marx. Moskau 6.6.2007.

37 Viktoria S., Elektronische Nachricht an Barbara Stelzl-Marx. 1.7.2008.

das war ein ganz ein normaler praktischer Arzt. Aber in der Zeit war ja nichts normal. [...] Ja, das war verboten."[38]

1.3 Geschlechtskrankheiten und Prostitution

In der Roten Armee stellten - wie in jeder Armee - Geschlechtskrankheiten ein zentrales Problem dar, schwächten sie doch die Moral und Kampfkraft der Truppen. Bereits während des Krieges nahm die Zahl an Syphiliserkrankungen sprunghaft zu, nachdem schon zuvor die Wehrmacht in den besetzten Gebieten zur Ausbreitung von Infektionen beigetragen hatte. Diese Steigerung ging jedoch nur bis zu einem gewissen Grad auf die Invasion und anschließende Wiedereinnahme zurück. Daneben spielte auch die sowjetische Einstellung zur Sexualität eine Rolle. Denn weder betrieb die Armee Aufklärung, noch stellte sie Präservative zur Verfügung. Venerisch Erkrankte behandelte man wie Verräter, denen als Strafe für ihr „unmoralisches Verhalten" teilweise sogar die nötigen Arzneimittel vorenthalten wurden. Die Angst der Männer, nach einer Infektion bestraft zu werden, führte ab 1943 vermehrt zu Suiziden.[39]

Mit der Besetzung Deutschlands und Österreichs wurden Geschlechtskrankheiten zu einer regelrechten „Volksseuche". Wie der berühmte britische Spielfilm „Der dritte Mann" eindrucksvoll zeigt, war das erst gegen Ende des Zweiten Weltkrieges entwickelte Penizillin rar und teuer. Sowjetischen Militärärzten stand dieses erste gegen den bakteriellen Syphiliserreger Treponema pallidum wirksame Mittel bis Anfang 1946 kaum zur Verfügung. Doch auch nachdem die Sowjets selbst mit der Herstellung von Penizillin begonnen hatten, war es nur für besonders gravierende Fälle erhältlich.[40]

Anfangs brandmarkten die Sowjets gerade Syphilis als eine „bürgerliche" Krankheit, bezeichnend für die „moralische Minderwertigkeit" des Westens. Dahinter stand die Überlegung, Ausländerinnen wären eine „epidemiologische Waffe" in den Händen des Feindes.[41] Eine einzige Frau, warnte man die Soldaten, konnte ohne Weiteres 15 Rotarmisten außer Gefecht setzen.[42]

Dem Militärrat der 3. Ukrainischen Front spielte der NKVD in diesem Zusammenhang die Information zu, dass zahlreiche sowjetische Zwangsarbeiterinnen in Deutschland und Österreich „im Auftrag der Gestapo mit venerischen Krankheiten infiziert worden seien, um diese unter Militärangehörigen

38 OHI, Bianca H.

39 Merridale, Iwans Krieg, S. 266f.

40 Naimark, Die Russen in Deutschland, S. 125.

41 Stelzl-Marx, Freier und Befreier, S. 433.

42 Sander - Johr, BeFreier und Befreite, S. 121.

der Roten Armee zu verbreiten".[43] Daher zeigte man sich sehr besorgt über den engen Kontakt, den sowjetische Armeeangehörige zu österreichischen Frauen oder auch zu ehemaligen sowjetischen Zwangsarbeiterinnen pflegten. Diese „riesigen, äußerst unterschiedlichen Menschenmassen" bargen das Risiko diverser Infektionskrankheiten in sich, weswegen „alle notwendigen sanitär-prophylaktischen und anti-epidemischen Maßnahmen" zu ergreifen waren, forderte etwa der Leiter des NKVD-Sanitätsdienstes der 3. Ukrainischen Front im Juni 1945.[44]

Den Grund für den sprunghaften Anstieg der Infektionen sah die Armeeführung sowohl in der „weiten Verbreitung von venerischen Krankheiten unter der örtlichen Bevölkerung und dem Fehlen eines organisierten Kampfes" gegen diese Erkrankungen als auch in „einzelnen Fällen von Undiszipliniertheit und Alkoholmissbrauch unter Soldaten und Offizieren". Dabei wertete sie die Infektion mit einer Geschlechtskrankheit ausdrücklich als „politisch-amoralischen" Faktor, der die Kampfkraft der Armee schwächte. Eine gezielte Aufklärung der Armeeangehörigen war ebenso angesagt wie die Ergreifung „prophylaktischer Maßnahmen" seitens der einzelnen Sanitätsabteilungen.[45] Innerhalb der Armee wurden eigene Regimenter zusammengestellt, die ausschließlich aus infizierten Soldaten bestanden und von den übrigen Truppen isoliert wurden.[46]

Die „Schuld" für den hohen Prozentsatz an mit Geschlechtskrankheiten infizierten Soldaten lag – so die weitverbreitete Meinung – bei den Frauen, nicht bei den Soldaten selbst. Bezeichnend war daher aus Sicht des NKVD

43 RGVA, F. 32900, op. 1, d. 220, S. 162, Sondermitteilung des stv. Leiters der NKVD-Truppen zum Schutz des Hinterlandes der 3. Ukrainischen Front, Oberst Semenenko, und des stv. Leiters des Stabes, Oberstleutnant Počuev, an den Militärrat der 3. Ukrainischen Front über die Infizierung von Zwangsarbeiterinnen mit Geschlechtskrankheiten, 20.4.1945.

44 RGVA, F. 32902, op. 1, d. 191, S. 109f., Anordnung des Leiters des Sanitätsdienstes der NKVD-Truppen zum Schutz des Hinterlandes der 3. Ukrainischen Front, Oberstleutnant Golovachin, an den Leiter des Sanitätsdienstes des 17. NKVD-Grenzregiments über sanitär-prophylaktische Maßnahmen, 12.6.1945.

45 AM 4. GA, Bestand 4. Garde-Armee, Dok. Nr. 29, Befehl Nr. 0231 des Kommandanten der 4. Garde-Armee, Garde-Generaloberst Gusev, des Mitglieds des Militärrates der 4. Garde-Armee, Generalmajor Šepilov, und des Leiters des Stabes der 4. Garde-Armee, Garde-Generalmajor Fomin, über Maßnahmen zur Bekämpfung venerischer Krankheiten in den Einheiten, 24.7.1945. Aus sowjetischer Sicht galten venerische Erkrankungen als ebenso „amoralisch" wie Vergewaltigungen, Plünderungen, Alkoholexzesse und „Beziehungen zu Frauen". Vgl. RGVA, F. 38650, op. 1, d. 1222, S. 51f., Bericht des stv. Leiters der Politabteilung der NKVD-Truppen zum Schutz des Hinterlandes der CGV, Oberst Mandrinin, über den politisch-moralischen Zustand und die Militärdisziplin im 1. Quartal 1946, 24.3.1946.

46 OHI, Konstantin Arcinovič. Durchgeführt von Sergej Dobrasko. Moskau 2.7.2003. Ähnlich verfuhr die sowjetische Militärführung auch in Deutschland. Vgl. Volker Koop, Besetzt. Sowjetische Besatzungspolitik in Deutschland. Berlin 2008, S. 132.

folgender Fall: „Am 10. September 1945 hatte Sergeant I. S. Faustov", der pikanterweise für die Abholung seines Parteibuches in eine größere Stadt gefahren war, „mit einer zufällig getroffenen Frau Geschlechtsverkehr und erkrankte an Gonorrhö".[47]

Diese Sicht ist zum Teil bis heute verbreitet. So meint etwa Evgenija Tjukina, die 1945 als Leutnant des medizinischen Dienstes in Österreich stationiert war, auf die Frage nach Liebesbeziehungen zwischen sowjetischen Militärangehörigen und einheimischen Frauen: „Vielleicht war das sogar gefährlich, denn es gab alle möglichen Krankheiten. Ich sage nicht, dass es verboten gewesen wäre. Sie fürchteten sich einfach mehr vor Krankheiten, venerischen, und deswegen waren sie sehr vorsichtig."[48]

Doch hatten auch die betroffenen sowjetischen Armeeangehörigen mit Strafen zu rechnen. Laut Major Boris Markus stufte die Militärführung die Erkrankung an einer Geschlechtskrankheit gleich ein wie Selbstverstümmelung. Auch er berichtet von eigens eingerichteten Spitälern: „Und plötzlich wurde das Spital von einem chirurgischen, da wir ja kämpften, in ein venerisches Spital umgewandelt! Und diese Mädchen, Krankenschwestern, die sich mit uns trafen, wir umwarben sie, das gab es alles, Tänze, alles, sagten: ‚Also gut, unserer ist verletzt, wir müssen ihn heilen: der eine bekommt einen Gips, der andere einen Verband. Aber da kommen unsere Soldaten mit venerischen daher!' sagen sie, ‚Wo kriechen sie denn hin? Was brauchen sie?' […] Unsere Aufklärung sagte uns, dass man sich laut Angaben der Kommandantur […] in der Stadt leicht anstecken kann. Verstehen Sie, das ist ein Problem für uns Offiziere, Kommandeure. Das war etwas Ernstes. Wir mussten sie bewahren, das ist ja ein ČP [Notstand]. Außerdem wurde es, wenn sich jemand infizierte, wie Selbstverstümmelung gesehen. Wenn jemand krank wurde, das ist wie Selbstverstümmelung. Man konnte dafür vor Gericht kommen. Das war eine schwierige Sache. Das gab es in Österreich und auch in Ungarn."[49]

Bereits während des Krieges hatte eine britische Informationskampagne vor sexuellen Kontakten mit „leichten Frauen" gewarnt. Diese wurden etwa auf einem Plakat von 1943 mit der Aufschrift „VD. Hello boy friend, coming MY way?" als Totenschädel mit rosa Hut vor schwarzem Hintergrund symbolisiert. Darunter stand die Aufforderung, sich gegebenenfalls umgehend medizinisch behandeln zu lassen – kostenlos und vertraulich: „The ‚easy' girl-friend spreads Syphilis and Gonorrhoea, which unless properly treated

47 RGVA, F. 38756, op. 1, d. 63, S. 113–128, hier: S. 120, Bericht des Kommandeurs des 40. Schützenregiments, Oberstleutnant Chorošev, über den politisch-moralischen Zustand, die Disziplin und die parteipolitische Arbeit im Regiment im 3. Quartal 1945, 23.9.1945.

48 OHI, Evgenija Tjukina. Durchgeführt von Natal'ja Bakši. Rostov 1.3.2003.

49 OHI, Boris Markus. Durchgeführt von Ol'ga Pavlenko. Moskau 14.2.2003.

Abb. 64: Mit dem Plakat „VD [veneral disease]. Watch your step" warnte die US-amerikanische Militärpropaganda ihre Besatzungssoldaten vor der Ansteckung mit einer Geschlechtskrankheit durch deutsche Frauen. (Quelle: Rouquet et al., Amours, guerres et sexualité, S. 89)

may result in blindness, insanity, paralysis, premature death. If you have run the risk, get skilled treatment at once. Treatment is free and confidential."[50]

Analog dazu mahnte auch die US-amerikanische Militärpropaganda ihre Soldaten, vor deutschen Frauen auf der Hut zu sein: „VD. Watch your step", schärfte ein Plakat ein. Darauf formte der Schatten zwischen einem deutschen „Fräulein" und einem „GI"[51] die bedrohlichen Buchstaben „VD" – „veneral disease".[52] Gerade wegen der explosionsartigen Zunahme von Geschlechtskrankheiten unter den Besatzungsangehörigen in Deutschland sah sich die militärische Führung gezwungen, sich mit dem Sexualleben ihrer Truppen auseinanderzusetzen. Zudem verärgerte die Fraternisierung vielfach die Bevölkerung in der Heimat.[53]

In allen vier Zonen starteten sowohl lokale Behörden als auch die Besatzungsmächte entsprechende Aufklärungskampagnen und griffen mitunter

50 Vgl. dazu das Faksimile in: Ėntoni Rods, Propaganda. Plakaty. Karikatury. Kinofil'my Vtoroj mirovoj vojny 1939–1945. Moskau 2008, S. 129.

51 „GI" – „government issue" (von der Regierung oder von einer Behörde gestellt) – bezieht sich von seinem ursprünglichen Bedeutungszusammenhang her auf die „staatliche" Uniform der Angehörigen der US-Armee. Die Umgangssprache machte allerdings „GI" zum Synonym für amerikanische Soldaten schlechthin. Vgl. Ingrid Bauer, „Besatzungsbräute". Diskurse und Praxen einer Ausgrenzung in der österreichischen Nachkriegsgeschichte 1945–1955, in: Irene Bandhauer-Schöffmann – Claire Duchen (Hg.), Nach dem Krieg. Frauenleben und Geschlechterkonstruktionen in Europa nach dem Zweiten Weltkrieg. Herbholzheim 2000, S. 261–276, hier: S. 272.

52 Vgl. dazu das Faksimile in: Jacques Poirier, Les maladies vénériennes, in: François Rouquet – Fabrice Virgili – Daniéle Voldman (Hg.), Amours, guerres et sexualité 1914–1945. Paris 2007, S. 88–91, hier: S. 89.

53 Maria Höhn, „You Can't Pin Sergeant's Stripes on an Archangel": Soldiering, Sexuality and U.S. Army Policies in Germany, in: Maria Höhn – Seungsook Moon (Hg.), Over There. Living with the U.S. Military Empire from World War Two to the Present. Durham – London 2010, S. 109–148, hier: S. 118.

harsch durch. So zwang man Frauen im französisch besetzten Vorarlberg auf bloßen Verdacht hin oder als Folge von Denunziationen, Gesundheitsämter aufzusuchen.[54] Die sowjetische Besatzungsmacht versuchte, das Problem über strengere Kontrollen, einschlägige Befehle und andere Maßnahmen in den Griff zu bekommen.

1.3.1 Sowjetische Gegenmaßnahmen

Die Infektionen machten weder vor Offizieren noch vor NKVD-Truppen oder selbst Parteimitgliedern halt. Anfang Mai 1945 hatten die Erkrankungen bereits ein derartiges Ausmaß erreicht, dass sich der Chef der NKVD-Truppen in Österreich zum Handeln genötigt sah. Detailliert ordnete er an, welche Schritte zu setzen waren. Denn offensichtlich hatten die vorausgegangenen Befehle, darunter die an die Fronttruppen erteilte Weisung Nr. 28 über die Behandlung von Syphilis, nicht gefruchtet: „Ungeachtet einer ganzen Reihe an herausgegebenen Richtlinien, Instruktionen und Rundschreiben sowie der unter dem Mannschaftsstand unserer Truppen durchgeführten Aufklärungsarbeit zur Warnung vor Geschlechtskrankheiten liegt die Erkrankungsrate nach wie vor auf einem überaus hohen Niveau",[55] mahnte Generalmajor Pavlov einleitend. Überraschend explizit wies der Chef der in Österreich stationierten NKVD-Truppen auf die sensible Problematik hin: Die Qualität der medizinischen Untersuchungen sei niedrig, weswegen Syphilis vielfach zu spät diagnostiziert werde. Weiters kämen „Maßnahmen zur Selbstprophylaxe (Präservative u. Ä.)" nur unzureichend zur Anwendung. Auch sei es um die „politische Aufklärungsarbeit betreffend die Hygiene innerhalb des Mannschaftsstandes" schlecht bestellt. Und die „Suche nach den Urhebern der Ansteckung und die Untersuchung derselben" wären „nicht zufriedenstellend", kritisierte Pavlov.[56]

Letzteres lässt besonders aufhorchen, klingt hier doch implizit die Ausforschung - österreichischer - „Sündenböcke" an. Hier konkretisierte Pavlov, dass „Kranke aus den Reihen der örtlichen Bevölkerung [...] mit einer abgegebenen Verpflichtungserklärung über die Einstellung ihres Sexuallebens bis zu ihrer Heilung über die lokalen Organe an örtliche Ärzte zu übergeben" seien. Eine

---

54 Ingrid Bauer - Renate Huber, Sexual Encounters across (Former) Enemy Borderlines, in: Günter Bischof - Anton Pelinka - Dagmar Herzog (Hg.), Sexuality in Austria. Contemporary Austrian Studies. Bd. 15. New Brunswick - New Jersey 2007, S. 65–101, hier: S. 84.

55 RGVA, F. 32904, op. 1, d. 191, S. 84–86, hier: S. 84, Anordnung des Chefs der NKVD-Truppen zum Schutz des Hinterlandes der 3. Ukrainischen Front, Generalmajor Pavlov, und des Leiters des Sanitätsdienstes, Oberstleutnant Golovachin, an den Kommandanten des 17. NKVD-Grenzregiments über den Umgang mit Geschlechtskrankheiten, 10.5.1945. Abgedruckt in: Karner - Pickl, Die Rote Armee in der Steiermark, Dok. Nr. 34.

56 Ebd.

Umsetzung dieses Befehls ist allerdings nicht bekannt. Unterdessen wurde auch in den eigenen Reihen ein „konsequenter Kampf gegen die Urheber der Ansteckung" gefordert, die der Sanitätsdienst der Truppen „unverzüglich mit einer Kennzeichnung" versehen und noch „an Ort und Stelle" untersuchen sollte.[57]

Wenig überraschend versuchten einige der an dieser „schändlichen Erscheinung" erkrankten Soldaten, sich durch Desertion der drohenden Bestrafung und Stigmatisierung zu entziehen.[58] Andere verübten Einbrüche, um an Medikamente zur Behandlung ihrer Krankheit zu gelangen,[59] oder zwangen österreichische Ärzte, ihnen die notwendigen Mittel zu geben. Beispielsweise notierte Dr. Grösswang, der Hunderte an Geschlechtskrankheiten leidende österreichische Frauen behandelte, am 15. Mai 1945 in sein Tagebuch: „Es war höchste Zeit für die Patienten, mit der Behandlung der Gonorrhö (Tripper) zu beginnen, es kamen immer mehr. [...] Die Behandlungen waren zeitaufwendig, da man ja keine Pillen geben konnte. Sulfonamide waren so kostbar damals, dass manchmal auch das Leben daran hängen konnte. Hatte man es irgendwoher (Apotheke, Packerl aus Wien) endlich bekommen, musste man diesen Schatz verstecken wie heimliches Gold. Denn es gab immer wieder unerwarteten Besuch in der Ordination von Uniformierten, die unbedingt das neue Wunder-Mittel haben wollten (‚Sulfidin jest?' [‚Gibt es Sulfidin?'], war die Frage danach). Und wenn es der Herr Oberst erpresst hatte, wollte es auch die begleitende Charge. Alle waren mit demselben Leiden befallen. Und oft wurde mit der Pistole herumgefuchtelt."[60]

Jene, die sich bereits mehrfach infiziert und einer Behandlung entzogen hatten, sollten daher zur Verantwortung gezogen werden. Zur besseren Kontrolle über die Mannschaften verlangte man, nach der Rückkehr von abkommandierten Einheiten und Streifendiensten eine verpflichtende medizinische Untersuchung der zurückgekehrten Personen auf ansteckende Formen von Geschlechtskrankheiten vorzunehmen.

Offenbar zeichnete sich die Haltung der sowjetischen Stellen gegenüber venerischen Krankheiten in den eigenen Reihen nicht durch ein besonderes Maß an Aufklärung aus. Die betroffenen Soldaten fürchteten sich vor Bestrafung, wenn die eigenen Ärzte bei ihnen eine Geschlechtskrankheit diagnosti-

57 Ebd.

58 Siehe dazu auch das Kapitel B.I.2.6 „Desertion, eigenmächtiges Entfernen und Suizid" in diesem Band.

59 RGVA, F. 32910, op. 1, d. 42, S. 272–276, Bericht des stv. Kommandanten des 25. NKVD-Grenzregiments, Oberstleutnant Černyšev, und des Chefs des Regimentsstabes, Major Logvinov, über den Dienst des Regiments im Juli 1945 [August 1945]. Abgedruckt in: Karner – Pickl, Die Rote Armee in der Steiermark, Dok. Nr. 127.

60 AdBIK, Sammlung Friedrich Grösswang. Ich danke Herrn Obermedizinalrat Dr. Friedrich Grösswang, Hinterbrühl, herzlich für die Bereitstellung eines Auszuges aus dem Tagebuch seines Vaters.

zierten. Doch untersagte bereits ein im November 1944 erlassener Befehl die Behandlung von Militärangehörigen in ausländischen Spitälern und bei privaten Ärzten. Allgemein dürfte das Problem in der Armee auch von der Führungsebene unterschätzt worden sein. Denn der Chef der NKVD-Truppen zum Schutz des Hinterlandes der 3. Ukrainischen Front, Generalmajor Pavlov, musste erst anordnen, die „Geschlechtskrankheiten in unseren Truppen als höchst ansteckende, seuchenartige Erkrankung anzusehen". Wegen der Gefahr einer weiteren Zunahme der Infektionsfälle und der bereits akuten Erkrankungsrate an Syphilis definierte er den „Kampf gegen Geschlechtskrankheiten" als „eine unserer wesentlichsten Aufgaben". Dies verlangte neben einer „konsequenten und allumfassenden Durchführung prophylaktischer Maßnahmen auch eine Umsetzung der mit diesen untrennbar verbundenen medizinischen Maßnahmen", so Pavlov.[61]

Gerade im medizinischen Sektor existierten zahlreiche Mängel. Erst mit 1. Juni 1945 sollte ein verpflichtendes System zur Behandlung venerisch erkrankter Armeeangehöriger mit einheitlichen Krankenkarten für Geschlechtskrankheiten eingeführt werden, wobei fortan ausschließlich diese Karten als einzig gültige Dokumente für die Aufnahme einer Behandlung zu dienen hatten. Doch auch diese Neuerung griff nur langsam, wie ein weiterer, Mitte Juni erlassener Befehl zeigt.[62] Weder stellten Laboruntersuchungen noch die Konsultation eines Venerologen bzw. Gynäkologen beim Verdacht auf eine venerische Erkrankung eine Selbstverständlichkeit dar. Auch musste auf regelmäßige medizinische Untersuchungen des Mannschaftsstandes etwa beim Aufsuchen der Waschräume zur Erkennung einer Infektion eigens hingewiesen werden. Medikamente zur einschlägigen Behandlung fehlten häufig. Darüber hinaus mussten die Versorgung der Einheiten mit „Utensilien zur Selbstprophylaxe" und eine Kontrolle über deren Verteilung gleichfalls erst eigens angeordnet werden. Darunter verstand man insbesondere die Verwendung von Präservativen, was in der Roten Armee während des Krieges eher eine Ausnahme dargestellt hatte. Im Mai 1945 ließ man sämtliche weibliche Angehörige etwa des 17. NKVD-Grenzregiments gynäkologisch untersuchen.[63]

61 RGVA, F. 32904, op. 1, d. 191, S. 84–86, hier: S. 84, Anordnung des Chefs der NKVD-Truppen zum Schutz des Hinterlandes der 3. Ukrainischen Front, Generalmajor Pavlov, und des Leiters des Sanitätsdienstes, Oberstleutnant Golovachin, an den Kommandanten des 17. NKVD-Grenzregiments über den Umgang mit Geschlechtskrankheiten, 10.5.1945. Abgedruckt in: Karner – Pickl, Die Rote Armee in der Steiermark, Dok. Nr. 34.

62 RGVA, F. 32902, op. 1, d. 191, S. 108, Anordnung des Leiters des Sanitätsdienstes der NKVD-Truppen zum Schutz des Hinterlandes der 3. Ukrainischen Front, Oberstleutnant Golovachin, an den Leiter des Sanitätsdienstes des 17. NKVD-Grenzregiments über die Verwendung von Krankenkarten bei Geschlechtskrankheiten, 12.6.1945.

63 RGVA, F. 32902, op. 1, d. 191, S. 88, Anordnung des Leiters des Sanitätsdienstes der NKVD-Trup-

Bezeichnend für das System gegenseitiger Überwachung und gegenseitigen Misstrauens war auch, dass die Verantwortung für jeden an Gonorrhö oder Syphilis leidenden Soldaten den Ärzten persönlich übertragen wurde. Die Kommandanten des 25. und 91. Grenzregiments, in denen die Quote venerischer Erkrankungen überdurchschnittlich hoch war, forderte man zur unverzüglichen „Ergreifung von Maßnahmen zur Beseitigung dieser schändlichen Erscheinungen" auf. Außerdem sprach man offenbar den jeweiligen Leitern der Sanitätsdienste der Grenzregimenter zumindest eine Mitschuld zu - sie erhielten für die hohe Quote an Geschlechtskrankheiten in ihrem Zuständigkeitsbereich einen Verweis bzw. eine dreitägige Ausgangssperre.[64]

Problematisch war sicherlich, dass unter den Militärangehörigen selbst zunächst kein ausgeprägtes Sensorium für Geschlechtskrankheiten vorhanden war. Dem versuchte man durch einschlägige Aufklärungsarbeit über die Gefahren einer Ansteckung und notwendige Hygienemaßnahmen - besonders bei bereits erfolgter Infektion - entgegenzuwirken. Ärzte und Feldscher hatten regelmäßig für organisierte Gespräche zur Verfügung zu stehen. Typischerweise forderte man auch in diesem Zusammenhang, die „kulturelle, erzieherische und aufklärende Arbeit mit dem gesamten Mannschaftsstand unserer Truppen auf das entsprechende Niveau zu heben, entsprechende Lebensbedingungen für die Soldaten zu schaffen und deren Freizeit umfassend und kreativ zu gestalten". Dies sollte, hieß es unmissverständlich, „den Mannschaftsstand von Kontakten mit der örtlichen Bevölkerung, bei denen oftmals Geschlechtskrankheiten übertragen werden", abhalten.[65] Wie sehr diese Maßnahmen de facto griffen, bleibt offen. Die Politabteilung der MVD-Truppen beobachtete allerdings im dritten Quartal 1946, dass dank der „prophylaktisch-therapeutischen und aufklärerischen Maßnahmen" die Zahl der venerischen Erkrankungen in Österreich stark zurückgegangen sei.[66]

---

pen zum Schutz des Hinterlandes der 3. Ukrainischen Front, Oberstleutnant Golovachin, an den Kommandanten des 17. NKVD-Grenzregiments über die gynäkologische Untersuchung der Frauen im Regiment, 12.5.1945.

64 RGVA, F. 38650, op. 1, d. 1222, S. 193–199, hier: S. 198, Bericht des Leiters der MVD-Truppen zum Schutz des Hinterlandes der CGV, Zimin-Kovalev, und des Leiters der Politabteilung der MVD-Truppen zum Schutz des Hinterlandes der CGV, Šukin, über den politisch-moralischen Zustand und die militärische Disziplin unter den MVD-Truppen im 3. Quartal 1946, 10.10.1946.

65 RGVA, F. 32904, op. 1, d. 191, S. 84–86, Anordnung des Chefs der NKVD-Truppen zum Schutz des Hinterlandes der 3. Ukrainischen Front, Generalmajor Pavlov, und des Leiters des Sanitätsdienstes, Oberstleutnant Golovachin, an den Kommandanten des 17. NKVD-Grenzregiments über den Umgang mit Geschlechtskrankheiten, 10.5.1945. Abgedruckt in: Karner - Pickl, Die Rote Armee in der Steiermark, Dok. Nr. 34.

66 Ebd.

1.3.2 *Österreichische Konsequenzen*

Bemerkenswerterweise kommt in all diesen NKVD-Anordnungen der zentrale Grund für die sprunghafte Zunahme von Geschlechtskrankheiten - zumindest unter der örtlichen Bevölkerung - nicht zur Sprache: die Vergewaltigungen. Dabei korrelierte die Zahl der Übergriffe mit dem rasanten Anstieg von venerischen Krankheiten zu Kriegsende und deren sukzessiver Abnahme danach zumindest zu einem gewissen Grad. So meldete Niederösterreich für 1945 insgesamt 47.000 Neuzugänge an Gonorrhö (von 70.000 in ganz Österreich). Das statistische Jahrbuch der Stadt Wien registrierte für 1945 in Wien 2092 Geschlechtskranke, 1946 sank ihre Zahl auf 1762, und 1947 waren es noch 1253 Fälle.[67]

Auch die sowjetische Besatzungsmacht beobachtete das Auftreten von Infektions- und Geschlechtskrankheiten unter der Zivilbevölkerung in ihrer Zone genau. Für Juli und August 1947 gab sie einen Rückgang von Ruhr und Scharlach sowie keinen einzigen Fall von Flecktyphus an. Hingegen blieb die Häufigkeit von Diphtherie, Syphilis und Gonorrhö unverändert, während Neuerkrankungen an Tuberkulose - auch mit tödlichem Ausgang - weiterhin zunahmen. Demnach stieg innerhalb von zwei Monaten die Zahl der registrierten Neuzugänge bei Syphilis von 14 auf 36 Fälle und bei Gonorrhö von 30 auf ebenfalls 36 Fälle.[68]

Neben Vergewaltigungen trugen auch Infektionen durch heimgekehrte Wehrmachtssoldaten und die Zunahme von diversen Formen der Prostitution zur Ausbreitung von venerischen Krankheiten bei. Besonders in der Umgebung von Kasernen, aber auch in Tanzklubs, Bars, Cafés und anderen Lokalen, die Besatzungssoldaten frequentierten, kam es zu Prostitution. Dieses Phänomen scheint beinahe eine unvermeidbare Selbstverständlichkeit der „Männerklubatmosphäre" in der Armee gewesen zu sein.[69] Hierbei lassen sich vor dem Hintergrund der materiellen Asymmetrien zwischen Besatzungssoldaten und einheimischen Frauen die Grenzen zwischen Freiwilligkeit und Zwang nicht immer eindeutig ziehen. Das Schlagwort „Überlebensprostitution", das Beschaffen etwa von Lebensmitteln oder Zigaretten im Austausch für Sex, wurde in diesem Zusammenhang geprägt.[70] Man kann

67 Marianne Baumgartner, Vergewaltigungen zwischen Mythos und Realität. Wien und Niederösterreich im Jahr 1945, in: Frauenleben 1945. Kriegsende in Wien. Wien 1995, S. 59–73, hier: S. 64f.; Dornik, Besatzungsalltag in Wien, S. 461f.

68 RGASPI, F. 17, op. 128, d. 305, S. 24–43, hier: S. 35, Bericht des Leiters der Abteilung für Soziales der SČSK, A. Pigin, über die Tätigkeit der Abteilung im Juli und August 1947, 3.9.1947.

69 Bauer - Huber, Sexual Encounters across (Former) Enemy Borderlines, S. 83.

70 Irene Bandhauer-Schöffmann - Ela Hornung, Von der Trümmerfrau auf der Erbse. Ernährungssi-

davon ausgehen, dass ein überdurchschnittlich hoher Prozentsatz dieser Frauen an verschiedenen Formen von durch Geschlechtsverkehr übertragenen Krankheiten litt und so zu deren Verbreitung beitrug. Einige von ihnen wurden, nachdem sie sowjetische Besatzungssoldaten infiziert hatten, nicht nur wegen „antisowjetischer Spionage", sondern auch wegen „Sabotage" zu langjährigen Haftstrafen verurteilt.

1.4 Die Honigfalle: Spionage, Sabotage und Verhaftung

Sexuelle Beziehungen zwischen Besatzungssoldaten und ausländischen Frauen waren noch aus einem weiteren Grund aus der Sicht des Kremls unerwünscht: wegen der Gefahr antisowjetischer Spionage.[71] Die betroffenen Frauen traf der Vorwurf, das „Bettgeflüster" im Auftrag westlicher Nachrichtendienste zu nutzen, um geheime Informationen in Erfahrung zu bringen oder sowjetische Armeeangehörige zum Desertieren zu bewegen. So kritisierte die Politische Abteilung der NKVD-Truppen Verhältnisse sowjetischer Offiziere mit ausländischen Frauen als „politisch folgenschwer", die betroffenen Männer als „moralisch instabil". Moskau schätzte dabei die Österreicherinnen als hohen Risikofaktor ein, da sie den „verzauberten" Rotarmisten über ihre „intimen Verhältnisse" Militär- und Staatsgeheimnisse entlocken wollten.[72]

Man befürchtete offensichtlich, dass ausländische Frauen Armeeangehörige umgarnten und sie nach dem Vorbild der berühmten Spionin des Ersten Weltkrieges, Mata Hari,[73] in die „Venusfalle" tappen ließen.[74] Auch die Briten hatten ihre Offiziere während des Zweiten Weltkrieges mit dem Plakat „Keep mum, she's not so dumb! Careless talk costs lives" vor attraktiven Frauen gewarnt, die nicht so „dumm" seien, wie die „unvorsichtigen" Män-

cherung und Überlebensarbeit in der unmittelbaren Nachkriegszeit in Wien, in: L'Homme. Zeitschrift für feministische Geschichtswissenschaft. 2. Jg. 1991, Heft 1, S. 77–105, hier: S. 103.

71 Vgl. dazu: Stelzl-Marx, Freier und Befreier, S. 432–434. Zur Situation von Wien als Spionagedrehscheibe im Kalten Krieg vgl. Erwin A. Schmidl (Hg.), Österreich im frühen Kalten Krieg 1945–1958. Spione, Partisanen, Kriegspläne. Wien - Köln - Weimar 2000.

72 RGVA, F. 32902, op. 1, d. 11, S. 158f., Direktive Nr. 00811 des Leiters der Politischen Abteilung der NKVD-Truppen zum Schutz des Hinterlandes der 3. Ukrainischen Front über eine Verbesserung der erzieherischen Arbeit innerhalb des Mannschaftsstandes, 4.7.1945. Abgedruckt in: Karner - Stelzl-Marx - Tschubarjan, Die Rote Armee in Österreich, Dok. Nr. 64.

73 Erik Neveu, L'Espionne, in: Fabrice Virgili - Daniéle Voldman (Hg.), Amours, guerres et sexualité 1914–1945. Paris 2007, S. 86f.

74 Diese beinahe „klassische" Form der Spionage findet offensichtlich auch heute noch Anwendung. Vgl. Burkhard Bischof, Frau Won, die koreanische Mata Hari. Spionage. Eine attraktive Nordkoreanerin ließ südkoreanische Offiziere in die „Venusfalle" tappen, in: Die Presse, 5.9.2008, S. 8.

ner eventuell annahmen.[75] Umso mehr vermutete Moskau allerorten Spione bzw. Spioninnen des Westens,[76] weswegen Liebesbeziehungen mit Ausländerinnen stets als Sicherheitsrisiko galten. Immer wieder erfolgten Verhöre,[77] aber auch Verhaftungen von Österreicherinnen, die ein Liebesverhältnis mit einem sowjetischen Besatzungsangehörigen hatten. Hier fielen traditionelle stalinistische Denkmodelle und Feindbilder auf den fruchtbaren Boden des Kalten Krieges.

Ein typisches Beispiel hierfür ist der folgende NKVD-Lagebericht vom Dezember 1945. Der britische Geheimdienst habe, hieß es darin, „eine kleine Zahl von Agenten aus den Reihen angeworbener österreichischer Mädchen und Frauen in die Zone der sowjetischen Truppen mit folgender Aufgabe geschleust: Eruierung der Stationierung, Truppenstärke und Bezeichnung der militärischen Einheiten der Roten Armee".[78] Schließlich stellten diese Angaben im Kalten Krieg eine wichtige Information dar. Ihrerseits waren die sowjetischen Streitkräfte bestens über die Stationierung der westalliierten Truppen in Europa im Bilde.[79]

Die Bekanntschaft mit ausländischen Frauen brachte aus sowjetischer Sicht noch eine weitere Gefahr mit sich. So würde etwa eine Bande ehemaliger Gestapomitglieder in Wien mit ihrer Hilfe Terrorakte auf Rotarmisten verüben. „Zur Erreichung ihres Ziels verwendet die Bande vielfach Frauen, die Offiziere an den Stadtrand, in den Wald oder in Wochenendhäuser locken müssen."[80]

Bezeichnenderweise fiel auch auf ehemalige sowjetische Zwangsarbeiterinnen, die ins „Dritte Reich" verschleppt worden waren, der Verdacht anti-

---

75 Vgl. dazu das Faksimile in: Ėntoni Rods, Propaganda. Plakaty. Karikatury. Kinofil'my Vtoroj mirovoj vojny 1939–1945. Moskau 2008, S. 124.

76 Vgl. Harald Knoll – Dieter Bacher, Nachrichtendienste und Spionage im Österreich der Besatzungszeit, in: Stefan Karner – Barbara Stelzl-Marx (Hg.), Stalins letzte Opfer. Verschleppte und erschossene Österreicher in Moskau 1950–1953. Unter Mitarbeit von Daniela Almer, Dieter Bacher und Harald Knoll. Wien – München 2009, S. 157–168.

77 Beispielsweise berichtete Renate M., ihre Mutter wäre von einem sowjetischen Offizier verhört worden. Außerdem wäre von ihr dabei ein Foto angefertigt worden. Vgl. Renate M., Freundliche Auskunft an Barbara Stelzl-Marx. Wien 29.9.2008.

78 RGVA, F. 32906, op. 1, d. 33, S. 76f., Lagebericht Nr. 00350 des Kommandeurs des 37. NKVD-Grenzregiments, Oberst Jaroslavskij, und des Stabsleiters, Major Pavluškin, 20.12.1945.

79 Vgl. dazu etwa den ausführlichen Bericht in: CAMO, F. 894, op. 1, d. 90, S. 27–44, Bericht des Leiters der Geheimdienstabteilung des 31. Garde-Schützenkommandos, Garde-Oberstleutnant Varlamov, über die Gruppierung der alliierten Truppen in Europa per 21. September 1945 [nach dem 21.9.1945]. Vergleichbare Geheimdienstberichte über die westalliierten Besatzungstruppen in Österreich finden sich im selben Bestand.

80 RGVA, F. 32910, op. 1, d. 37, S. 220, Bericht des Stabsleiter der NKVD-Truppen zum Schutz des Hinterlandes der 3. Ukrainischen Front, Oberst Semenenko, an den Kommandeur des 25. NKVD-Grenzregiments über den Einsatz von Frauen zur Verübung von Terrorakten an Rotarmisten, 23.5.1945.

sowjetischer Spionage. Eine „ganze Reihe von Fakten" mache es erforderlich, die Vorsicht unter den Armeeangehörigen zu heben, warnte etwa der Leiter der Politabteilung des 20. Garde-Schützenkorps im Juli 1945. Einige Frauen unter den DPs wären nämlich vom amerikanischen Geheimdienst angeworben worden und würden im Auftrag der Amerikaner arbeiten, indem sie „auf verschiedene Weise mit unseren Offizieren in Kontakt zu treten versuchen, was ihnen sehr häufig gelingt".[81]

Tatsächlich schnappte ab 1945 die „Honigfalle" der US-amerikanischen und britischen Nachrichtendienste in Österreich mehrfach zu. In ihrem Auftrag erlangten einige Frauen die Gunst sowjetischer Besatzungssoldaten. Ob sie dadurch effektiv sensible Informationen liefern konnten, bleibt fraglich. Unbestritten ist hingegen, dass mehrere dieser „Agentinnen" selbst in die Falle sowjetischer Geheimdienste tappten und ihre - zum Teil unbeabsichtigte - Rolle als „Spy Ladies"[82] mit langjähriger Lagerhaft oder sogar mit ihrem Leben bezahlten. Fünf von insgesamt zehn in der Zeit von 1950 bis 1953 wegen antisowjetischer Spionage zum Tod verurteilten Österreicherinnen hatten intime Kontakte zu sowjetischen Besatzungssoldaten gepflegt.[83]

Wie die folgenden Fallbeispiele zeigen, entsprachen diese „Agentinnen" kaum dem Klischee von „spärlich bekleideten, glamourösen Gespielinnen, die in fremden Betten Nachrichten beschaffen und gekonnt ihr gefährliches Spiel treiben". Ebenso wenig glichen sie den Vorstellungen von den sprichwörtlichen Bond-Girls mit ausgeprägten erotischen Reizen, „verführerisch, geheimnisvoll und sexy", die sich mit einem Messer im Bikinihöschen todesmutig von Felsklippen stürzen.[84] Vielmehr handelte es sich um unauffällige Frauen, die eher zufällig mit westlichen Geheimdiensten in Berührung gekommen waren. Aber auch Prostituierten, die „gewerbsmäßig" sexuelle Kontakte zu Besatzungssoldaten unterschiedlicher Nationalität pflegten, fiel diese Rolle - zum Teil ungewollt - zu.

Besonders verdächtig erschienen Frauen, die neben (oder nach) Verhältnissen mit sowjetischen auch Kontakte zu westlichen Besatzungssoldaten pflegten. So wurde etwa die in einem USIA-Betrieb beschäftigte Arbeiterin Ingeborg Brenner verhaftet, als sie sich - nach mehreren Beziehungen mit sowjetischen Armeeangehörigen - einem US-Soldaten zugewandt hatte. Das

81 CAMO, F. 863, op. 1, d. 46, S. 142–152, Bericht des Leiters der Politabteilung des 20. Garde-Schützenkorps, Garde-Oberst Čikovani, über die wirtschaftliche und politische Lage im Bezirk Melk, 9.7.1945.

82 Vgl. dazu Wilhelm Dietl, Spy Ladies. Frauen im Geheimdienst. Berlin 2006.

83 Stelzl-Marx, Verschleppt und erschossen, S. 41–45.

84 Mario Muigg, Topagentinnen und ihre geheimen Coups, in: Journal for Intelligence, Propaganda and Security Studies. 2008/1, S. 151–153, hier: S. 151.

sowjetische Militärtribunal verurteilte daraufhin die Österreicherin im April 1952 wegen Spionage zu zehn Jahren ITL.[85] Unter der Überschrift „Die verhängnisvollen Soldatenbekanntschaften: Vor dem Tor des USIA-Betriebes verschwunden" schrieb dazu die Arbeiter-Zeitung: „Ingeborg Brenner hatte bis vor einem Jahr viele Bekanntschaften mit russischen Soldaten. Dann lernte sie den Amerikaner kennen und verkehrte von dieser Zeit an nur noch mit ihm. Ob die bloße Bekanntschaft mit dem Amerikaner den Menschenräubern Grund genug zu einer Verschleppung schien, ist ungeklärt."[86]

1.4.1 Prostitution, Geschlechtskrankheiten und Spionage

Im Gegensatz zur Wehrmacht unterhielt die Rote Armee in Frontnähe keine Bordelle: Sexualität war offiziell kein Thema. Während des Krieges widmete sich die gesamte Partei- und Vaterlandskultur dem aufopferungsvollen Kampf für die Heimat: Den Männern an der Front sollten ein ausgefüllter Tagesablauf und politische Schulungen keinen Raum für erotische Fantasien lassen.[87]

Die Praxis sah jedoch - vor allem durch die Möglichkeiten, die der Besatzungsalltag im Westen bot - anders aus. Sowjetische Militärangehörige frequentierten Bordelle ebenso, wie sie Kunden von Gelegenheitsprostituierten waren. Zwar kritisierten die zuständigen Politabteilungen den moralischen Verfall der Truppen auch in dieser Hinsicht, doch blieben ihre Gegenmaßnahmen im Grunde wirkungslos. Allerdings bezahlten einige österreichische Prostituierte ihre Kontakte zu sowjetischen Armeeangehörigen mit Lagerhaft.

Der offizielle Grund lautete in diesen Fällen - wie bei der arbeitslosen Hilfsarbeiterin St. P. - „antisowjetische Spionage". Die Niederösterreicherin war wegen des „ständigen Umgangs mit sowjetischen Besatzungsangehörigen seit 1945" bei der Sicherheitsbehörde ihres Wohnortes wegen Verdachts der Geheimprostitution vorgemerkt gewesen. Im März 1950 verurteilte sie das Militärtribunal der Zentralen Gruppe der Streitkräfte schließlich zu 25 Jahren Lagerhaft in der Sowjetunion.[88] Die Arbeiter-Zeitung berichtete im Februar 1953 über einen ähnlich gelagerten Fall fälschlicherweise: „Frau Presl-

85 Stelzl-Marx, Freier und Befreier, S. 432.

86 Die verhängnisvolle Soldatenbekanntschaft, in: Arbeiter-Zeitung, 12.4.1951, S. 2.

87 Merridale, Iwans Krieg, S. 344; Jean-Yves Le Naour, „Mon flingot, c'est Cupidon". La Sexualité du soldat, in: François Rouquet - Fabrice Virgili - Daniéle Voldman (Hg.), Amours, guerres et sexualité 1914–1945. Paris 2007, S. 74–81.

88 AdBIK, Datenbank verurteilter österreichischer Zivilisten in der UdSSR, Ziv-SU-107; ÖBM, Personalakte St. P. Vgl. dazu und zum Folgenden: Stelzl-Marx, Freier und Befreier, S. 432f.

mayer wird von den Russen Geheimprostitution vorgeworfen, was nach russischer Auffassung Grund genug ist, sie nach Sibirien zu schicken."[89] Gemäß der Zeitung galt Gleiches für Liebesbeziehungen: „Gertrude Hirsch, die aus Bruck an der Leitha stammte, wurde wegen eines Verhältnisses mit einem Russen verschickt."[90]

Ähnlich gestaltete sich das Schicksal einer Wiener Bordellbesitzerin, deren Etablissement in erster Linie sowjetische Armeeangehörige frequentierten. Zu ihrem Verhängnis sollte der Umstand werden, dass die Frau - neben den sowjetischen Klienten - auch eine Verbindung zu einem US-Offizier unterhielt. Im Mai 1947 verurteilte sie ein sowjetisches Militärtribunal nach Artikel 58-6 des Strafgesetzbuches der RSFSR wegen Spionage zu 25 Jahren GULAG-Besserungsarbeitslager.[91]

Doch sie blieb keine Ausnahme. Die Sowjets verhafteten rund ein Jahr später eine im selben Bordell beschäftigte Prostituierte, genannt „der Tiger", und verurteilten die Frau im Juli 1948 gleichfalls wegen Spionage zu 15 Jahren ITL.[92] Auch hier dürften - über den Kontakt zu sowjetischen Besatzungssoldaten - ausgetauschte Informationen zur Festnahme geführt haben. Eventuell spielte ihre, von mehreren österreichischen zivilverurteilten Frauen in der Sowjetunion bestätigte, venerische Erkrankung eine zusätzliche Rolle. Auf jeden Fall ließ diese Infektion die übrigen Zelleninsassen im Gefängnis von Vladimir - allen voran Margarethe Ottillinger[93] - einen Hungerstreik organisieren, um die Verlegung der Prostituierten in eine andere Zelle zu erzwingen.[94]

Die Infektion zweier sowjetischer Besatzungssoldaten mit einer Geschlechtskrankheit führte anscheinend im Fall von F. P. zu ihrer Verhaftung im Dezember 1950. Die Wienerin wurde nämlich nicht nur wegen Spionage, sondern auch nach § 58-14 des Strafgesetzbuches der RSFSR („Gegenrevolutionäre Sabotage") zu 25 Jahren Besserungsarbeitslager verurteilt.[95] Selbst das österreichische Bundesministerium für auswärtige Angelegenheiten nahm im

89 Fünf Zivilgefangene aus Rußland heimgekehrt. Aber achthundert noch dort - Nachricht von Frau Dr. Ottillinger, in: Arbeiter-Zeitung, 28.2.1953, S. 2.

90 Ebd.

91 AdBIK, Datenbank verurteilter österreichischer Zivilisten in der UdSSR, Ziv-SU-107.

92 Ebd.; ÖBM, Personalakte H. W.

93 Zur Verurteilung von Margarethe Ottillinger, der Leiterin der Planungssektion im österreichischen Bundesministerium für Vermögenssicherung, siehe insbesondere Karner (Hg.), Geheime Akten des KGB; Stefan Karner, Zur Politik der sowjetischen Besatzungs- und Gewahrsamsmacht. Das Fallbeispiel Margarethe Ottillinger, in: Alfred Ableitinger - Siegfried Beer - Eduard G. Staudinger (Hg.), Österreich unter alliierter Besatzung 1945–1955. Wien - Köln - Graz 1998, S. 401–431.

94 Renata Stelzer, Russland-Aufzeichnungen. Bd. II. Nach dem Urteil. Unveröffentlichtes Manuskript. O. O. o. J., S. 52.

95 GVP, Nr. 5uv-1133-97, Rehabilitierungsbescheid F. P., 3.10.1997.

November 1952 „die Infizierung zweier Angehöriger der sowjetischen Besatzungsmacht mit Geschlechtskrankheiten“[96] als Grund für die erfolgte Festnahme an. Der unmittelbare Zusammenhang zwischen der Ansteckung der Armeeangehörigen und der Verurteilung wegen „gegenrevolutionärer Sabotage“ lässt sich zudem dadurch untermauern, dass die Österreicherin selbst den Vorwurf der Spionage stets vehement bestritt.[97] In anderen Fällen ist eine Kooperation mit westlichen Geheimdiensten allerdings nachweisbar. Einige der Frauen wurden selbst Opfer der „Honigfalle“, die tödlich zuschnappen konnte.

1.4.2 Zum Tod verurteilte Österreicherinnen

Mehrere Österreicherinnen, die Liebesbeziehungen mit sowjetischen Besatzungssoldaten eingegangen waren, wurden vom Militärtribunal der CGV wegen des Vorwurfs der Spionage zum Tod verurteilt und hingerichtet. Tatsächlich dürften sie für westliche Geheimdienste eine besondere Zielgruppe gewesen sein. Ihre Anwerbung für den britischen Nachrichtendienst oder auch für die Spionageabwehrtruppe der US-Armee in Österreich, das sogenannte „Counter Intelligence Corps“ (CIC), erfolgte meist über in Österreich wohnhafte Mittelspersonen. So erhielt etwa Johann Birner den Auftrag, einheimische Frauen mit Liebesbeziehungen zu sowjetischen Militärangehörigen als britische „Agentinnen“ anzuwerben.[98] Der Wiener betraute seinerseits eine bei der sowjetischen Besatzungsmacht in Baden beschäftigte Frau, Rosalia Dederichs, mit dieser heiklen Aufgabe. Dederichs, die am 12. Jänner 1951 wegen antisowjetischer Spionage zum Tod verurteilt und schließlich am 5. Mai 1951 in Moskau erschossen wurde, erläuterte ihre Rolle in ihrem Gnadengesuch an das Präsidium des Obersten Sowjets: „[Im] Oktober 1949 frug er [Johann Birner] mich, ob ich ein Mädchen oder eine Frau kenne, die Bekanntschaft mit sowjetischen Offizieren oder Soldaten hätte, und ich brachte ihm Viktoria Lohmar.“[99]

96 ÖBM, Personalakte F. P.

97 AdBIK, Brief von F. K. an das BIK, St. Pölten 1997.

98 GARF, F. 7523, op. 76, d. 15, S. 134–138, hier: S. 136, Stellungnahme des Obersten Gerichts zu den Gnadengesuchen von Johann Birner, Rosalia Dederichs, Michael Maczejka und Johanna Vozelka, 6.3.1951. Siehe dazu und zum Folgenden auch: Stelzl-Marx, Verschleppt und erschossen, S. 41–43; Petschnigg, Stimmen aus der Todeszelle, S. 341–343, 567–569.

99 GARF, F. 7523, op. 76, d. 15, S. 148–150, hier: S. 149f., Gnadengesuch von Rosalia Dederichs, 17.1.1951.

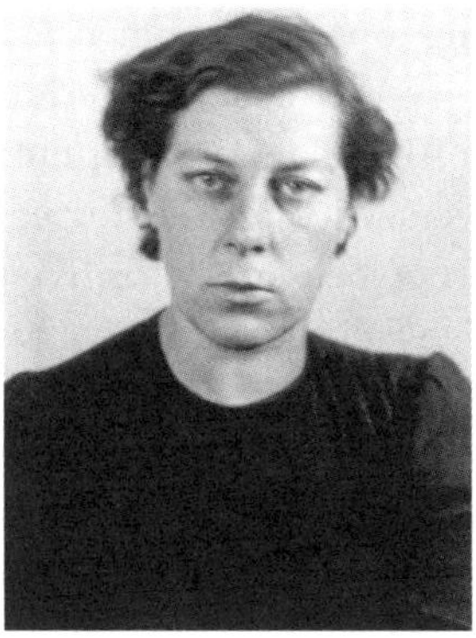

Abb. 65: Rosalia Dederichs wurde im Jänner 1951 durch das Militärtribunal 28990 wegen antisowjetischer Spionage zum Tode verurteilt und am 5. Mai 1951 in Moskau erschossen. Sie soll dem britischen Geheimdienst eine Frau vermittelt haben, die intime Kontakte zu sowjetischen Besatzungsangehörigen pflegte. (Quelle: CAFSB, Strafprozessakt Dederichs)

Außerdem warb Birner, so der spätere Vorwurf, die 1925 geborene Wienerin Johanna Vozelka an, die sich - ähnlich wie Dederichs - in einer wirtschaftlichen Notlage befand. Nach ihrer Verhaftung warfen die sowjetischen Stellen der Frau vor, „ihre Bekanntschaft mit Soldaten der Roten Armee und ihre russischen Sprachkenntnisse" gezielt „ausgenutzt" zu haben. Vozelka habe dem britischen Geheimdienst dank ihrer Kontakte etwa den Ausbildungsort einer Panzerdivision und biografische Daten sowjetischer Offiziere mitgeteilt.[100] In der gemeinsamen Gerichtsverhandlung am 12. Jänner 1951 verurteilte das Militärtribunal der Zentralen Gruppe der Streitkräfte Lohmar wegen Spionage zu 20 Jahren ITL.[101] Birner hingegen erhielt - wie auch Dederichs und Vozelka - die Todesstrafe gemäß Artikel 58-6. Sie wurden am 5. Mai 1951 in Moskau hingerichtet.[102]

Selbst wenn gezielte Annäherungsversuche nicht von Erfolg gekrönt waren, galt aus sowjetischer Sicht bereits das bloße Vorhaben als Verbrechen. So erhielt der gebürtige Ungar Georg Berényi angeblich vom US-Geheimdienst die Order, sowjetische Militärangehörige zum Überlaufen in die amerikanische Besatzungszone Österreichs zu bewegen. Er soll dafür die beiden Österreicherinnen Gerda Swirak und Albina Redman angeworben haben. Diese versuchten, so der spätere Vorwurf des sowjetischen Militärtribunals der CGV, gezielt Bekanntschaften mit sowjetischen Offizieren zu knüpfen, doch blieben ihre Bemühungen vergeblich: „Im Februar 1949 wurde Berényi vom Mitarbeiter des US-amerikanischen Geheimdienstes Jersey-Werner angeworben und erhielt den Auftrag, Wehrdienstleistende der Sowjetischen Armee

100 GARF, F. 7523, op. 76, d. 15, S. 134–138, hier: S. 136f., Stellungnahme des Obersten Gerichts zu den Gnadengesuchen von Johann Birner, Rosalia Dederichs, Michael Maczejka und Johanna Vozelka, 6.3.1951.

101 Lohmar wurde am 25. Juni 1955 aus der Haft entlassen und 1998 rehabilitiert. Vgl. GVP, Nr. 5uv-44901-50, Rehabilitierungsbescheid Viktoria Lohmar, 18.8.1998.

102 Petschnigg, Stimmen aus der Todeszelle, S. 321.

für einen Übergang in die amerikanische Besatzungszone zu gewinnen. Zu diesem Zweck warb er mit dem Einverständnis Jersey-Werners die österreichischen Bürgerinnen Swirak Gerda und Redman Albina an, die Bekanntschaften mit sowjetischen Offizieren knüpften und versuchten, zwei Offiziere zum Heimatverrat zu bewegen, jedoch erzielte ihre Arbeit keine positiven Resultate", fasste das Oberste Gericht der UdSSR den Fall zusammen.[103] Obwohl Berényis Spionageaktivitäten ebenso wie seine Versuche, sowjetische Soldaten zum Desertieren zu bewegen, ergebnislos geblieben waren, wurde er am 30. Mai 1951 wegen des Vorwurfs der Spionage für Großbritannien und die USA zum Tod durch Erschießen verurteilt. Die Hinrichtung wurde Anfang August 1951 in Moskau vollstreckt. Die russische Militärstaatsanwaltschaft rehabilitierte den gebürtigen Ungarn 1998 posthum.[104] Redman war bereits zuvor am 7. Oktober 1950 wegen Spionage zu 25 Jahren ITL verurteilt worden. Sie verstarb am 13. November 1951 in sowjetischer Haft.[105]

Wie diese Fälle zeigen, gesellte sich zum Verdacht antisowjetischer Spionage noch häufig der Vorwurf, sowjetische Armeeangehörige zur Desertion verführt – oder dies zumindest versucht – zu haben. Auf dieses Delikt standen mindestens langjährige Freiheitsstrafen, wie der Fall von Ingeborg Louzek zeigt, in Kombination mit Spionage aber auch der Tod.[106] Beispielsweise verurteilte das Militärtribunal der Zentralen Gruppe der Streitkräfte am 5. Mai 1948 Johanna Tscharnuter zu 15 Jahren Besserungsarbeitslager. Ihre Schuld bestand angeblich darin, im Auftrag des amerikanischen Geheimdienstes „sowjetische Militärangehörige zum Vaterlandsverrat" bewegt zu haben. Zum Artikel 58-6 („Spionage") gesellte sich daher auch der Artikel 58-1b („Vaterlandsverrat"). Drei Jahre später stufte sie das sowjetische Ministerium für Staatssicherheit als „besonders gefährliche Staatsverbrecherin" ein und veranlasste ihre Überstellung von einem MVD-Sonderlager in ein MGB-Sondergefängnis.[107]

Die zum Tod verurteilte Wienerin Hermine Rotter schätzte daher die Lage völlig falsch ein, als sie in ihrem Gnadengesuch – gleichsam als Milderungsgrund – ihre Beziehung zu einem sowjetischen USIA-Mitarbeiter betonte: „Er

103 GARF, F. 7523, op. 76, d. 31, S. 138–140, hier: S. 139, Stellungnahme des Obersten Gerichts zum Gnadengesuch von Georg Berényi, 30.6.1951.

104 Petschnigg, Stimmen aus der Todeszelle, S. 316.

105 Albina Redman, geboren 1906 in Bruck a. d. Leitha, wurde am 15. April 1999 von der Hauptmilitärstaatsanwaltschaft der Russischen Föderation rehabilitiert. Vgl. GVP, K-101047, Rehabilitierungsbescheid Albina Redman, 15.4.1999; AdBIK, Datenbank verurteilter österreichischer Zivilisten in der UdSSR.

106 Siehe dazu auch das Kapitel B.I.2.6.7 „Bestrafung der Fluchthelfer" in diesem Band.

107 RGVA, F. 461p, d. 190518, S. 1–32, hier: S. 10, Personalakt Johanna Tscharnuter, Beschluss über die Überstellung in ein Sondergefängnis des MGB der UdSSR, 1.10.1951.

Abb. 66: Hermine Rotter, 1927 in Wien geboren, arbeitete als Buchhalterin bei der USIA. Ihre Beziehungen mit zwei sowjetischen USIA-Mitarbeitern wurden ihr zum Verhängnis: Sie wurde am 5. Juli 1951 durch das Militärtribunal der CGV wegen antisowjetischer Spionage zum Tod verurteilt und am 9. Oktober 1951 in Moskau erschossen. (Quelle: CAFSB, Strafprozessakt Rotter)

[Golikov, Buchhalter der Maschinenbauabteilung der USIA] verliebte sich, wie er so sprach, in mich und so traten wir in nähere Beziehungen. Ich hatte diesen Mann sehr gerne und unterhielt mich sehr oft mit ihm, obwohl er schlecht [die] deutsche Sprache beherrschte. Ein Zeichen, dass ich kein Russenfeind war, sonst hätte ich dies nicht getan. Im Dezember 1950 trat ich dann die Stelle bei der USIA ORS [der Abteilung für die Versorgung der Arbeiterschaft der USIA] als Buchhalterin an und war auch mit dem dortigen Hauptbuchhalter Koslov in guter Beziehung, d. h. hatte später mit diesem Mann ein Verhältnis."[108] Das Oberste Gericht verzichtete auf jeglichen Kommentar in seiner positiven Bewertung des Urteils.[109] Die 24-jährige Wienerin wurde im Oktober 1951 wegen Spionage für die USA in Moskau erschossen.[110]

108 GARF, F. 7523, op. 76, d. 40, S. 94–97, hier: S. 94f., Gnadengesuch von Hermine Rotter, Juli 1951; Stelzl-Marx, Verschleppt und erschossen, S. 41.

109 GARF, F. 7523, op. 76, d. 40, S. 70–74, Stellungnahme des Obersten Gerichts zu den Gnadengesuchen von Karl Berger und Hermine Rotter, 31.8.1951.

110 AdBIK, Datenbank verurteilter österreichischer Zivilisten in der UdSSR.

2. Liebesbeziehungen und ihre Folgen

Sowjetische Soldaten waren gerade zu Kriegsende und in der ersten Nachkriegszeit in Ostösterreich beinahe omnipräsent. Als „Sieger" dominierten sie das öffentliche Leben, drangen in die Privatsphäre ein, sahen - zumindest zu einem gewissen Teil - Frauen als ihre „Beute", wie die zahlreichen Vergewaltigungen vor allem in der ersten Besatzungszeit zeigen. Außerdem gab es jede Form von professioneller und halbprofessioneller Prostitution, wobei sich vor dem Hintergrund der materiellen Asymmetrien zwischen Soldaten und einheimischen Frauen die Grenzen zwischen Freiwilligkeit und Zwang nicht immer eindeutig ziehen lassen. Parallel zu dieser dunklen Seite des Besatzungsalltags entwickelte sich eine große Bandbreite erotischer Annäherungen zwischen Österreicherinnen und sowjetischen Armeeangehörigen, die von Flirts über Liebesbeziehungen für die Dauer der Stationierung - und in Ausnahmefällen - bis hin zu Eheschließungen reichte.[111]

Sexuelle Beziehungen zwischen einheimischen Frauen und Besatzungssoldaten bildeten in ganz Österreich ein signifikantes Phänomen der Nachkriegszeit mit höchst unterschiedlichen Reglements: Am freizügigsten gingen französische Behörden mit dieser Begleiterscheinung der Truppenstationierung im Ausland um. Sie betrachteten - im Unterschied zu den amerikanischen und britischen Besatzern - Österreich als „befreite" und nicht als „besiegte" Nation. Somit galt von Anfang an kein „Fraternisierungsverbot". Hingegen erließ das angloamerikanische Hauptquartier am 13. Mai 1945 ein striktes „Fraternisierungsverbot", das es im Sommer 1945 lockerte und schließlich im Herbst 1945 aufhob. Auch Eheschließungen, die zunächst vom Sicherheitsstandpunkt her als „äußert gefährlich" gegolten hatten und als die „intimste und extremste Form der Fraternisierung" verboten gewesen waren, wurden später erlaubt.[112] Zahlreiche Frauen wanderten folglich nach Frankreich, Großbritannien oder in die USA aus; ehemalige Besatzungsangehörige dieser Nationen blieben aber auch für immer in Österreich.

---

111 Stelzl-Marx, Freier und Befreier, S. 422f. Vergleichbar war die Situation in der DDR: Hier waren zwar seit 1953 deutsch-sowjetische Eheschließungen de jure möglich. De facto wurden sie aber bis auf wenige Ausnahmen bis zum Ende der DDR verhindert. Vgl. Satjukow, Besatzer, S. 296. Die 1953 erfolgte Aufhebung des Verbots von Eheschließungen zwischen sowjetischen und ausländischen Bürgern dürfte auch für Österreich gegolten haben. Vgl. Vitalij Nikol'skij, GRU v gody Velikoj otečestvennoj vojny. Moskau 2005, S. 240.

112 Bauer - Huber, Sexual Encounters across (Former) Enemy Borderlines, S. 69f. In Deutschland wurde das Heiratsverbot zwischen deutschen Frauen und amerikanischen GIs im Dezember 1946, also mehr als ein Jahr nach Ende des Fraternisierungsverbotes, aufgehoben. Vgl. Lee, Kinder amerikanischer Soldaten in Europa, S. 26. Vgl. dazu auch Sabine Lee, The Forgotten Legacy of the Second World War: GI children in post-war Britain and Germany, in: Contemporary European History. Bd. 20. 2011/2, S. 157–182.

Die Haltung der sowjetischen Seite stellte in diesem Zusammenhang einen Sonderfall dar. Auf der Basis der Moskauer Deklaration von 1943 galt Österreich als „befreites“ Land, dessen „friedliches Volk“ - im Gegensatz zu den „deutschen Unterjochern“ - zu „verschonen“ war.[113] Offiziell existierte daher von Anfang an kein „Fraternisierungsverbot“. Allerdings betrachtete der Kreml Geschlechtsverkehr zwischen sowjetischen Armeeangehörigen und nichtsowjetischen Frauen im Ausland als „politisch verwerflich“. Hierbei kamen ideologische Überlegungen ebenso zum Tragen wie die Angst vor Spionage und Vaterlandsverrat. Aus dieser Ambiguität entwickelte sich eine Doppelmoral mit weitreichenden Folgen: Man tolerierte etwa häufig stillschweigend Liebesbeziehungen von Besatzungssoldaten und Österreicherinnen - solange diese einigermaßen „diskret“ blieben. Nahmen die Verhältnisse aber etwas „offiziellere“ Formen an, bedeutete dies zugleich das Ende jeglichen Kontaktes. So gab die Bekanntgabe einer Schwangerschaft oder eines Heiratswunsches meist ungewollt den Ausschlag für die Versetzung des betroffenen Armeeangehörigen an einen anderen Stationierungsort oder zurück in die Sowjetunion. Dabei bestand de facto weder die Möglichkeit, eine österreichische Frau mit in die Sowjetunion zu nehmen, noch diese zu heiraten. Selbst Briefkontakte bildeten für mehrere Jahrzehnte die Ausnahme. Schließlich galten Verbindungen mit dem Westen noch lange nach Stalins Tod als verdächtig. Ein „Happy End“ war daher so gut wie ausgeschlossen.

Die betroffenen Frauen hatten allerdings nicht nur gegen unüberwindbare Hindernisse von sowjetischer Seite zu kämpfen. Zusätzlich erfuhren sie vielfach Stigmatisierung und Diskriminierung durch die österreichische Gesellschaft. Hier schwangen dem Nationalsozialismus und dem beginnenden Kalten Krieg verhaftete ideologische Traditionen ebenso mit wie „rassische“ Überlegungen. Doch noch ein weiterer Faktor kam zum Tragen: Die militärische Niederlage hatte viele ehemalige Wehrmachtssoldaten in ihrem Selbstwertgefühl, ihrer männlichen Identität und ihrem Wahrnehmungsraster nachhaltig geprägt. Somit ließ sie der Verlust angestammter Eigentumsrechte an „ihren Frauen“ und das Faktum „Besatzungsbraut“ als Zerstörung ihrer letzten Machtposition interpretieren. Der Besatzung fiel in diesem Deutungshorizont nicht nur eine militärisch-politische, sondern auch eine bedrohliche

113 Aufruf des Militärrates an die Truppen der 3. Ukrainischen Front, 4.4.1945. Abgedruckt in: Karner - Stelzl-Marx - Tschubarjan, Die Rote Armee in Österreich, Dok. Nr. 9. Original abgedruckt in: Zemskov et al., SSSR - Avstrija, S. 16f. Der Militärrat der 2. Ukrainischen Front richtete sich gleichfalls am 4. April 1945 mit einem analogen Befehl an die Truppen. Vgl. dazu: Institut Voennoj Istorii, Krasnaja Armija v stranach Central'noj Evropy, S. 617.

sexuelle Dimension zu.[114] „Es war eine verbotene, aber trotzdem schöne Liebe", erinnert sich die ehemalige Freundin eines US-Besatzungssoldaten.[115]

2.1 Wechselseitige Attraktivität

Im Mai 1945 befanden sich etwa 700.000 alliierte Besatzungssoldaten in Österreich, darunter rund 400.000 Rotarmisten. Für Herbst 1945 schätzt man ihre Gesamtstärke auf 180.000 bis 200.000[116] sowjetische, 75.000 britische, 70.000 amerikanische und 40.000 französische Armeeangehörige.[117] Zehn Jahre später waren noch mehr als 50.000 sowjetische Soldaten, Familienangehörige und Angestellte der Armee in Ostösterreich stationiert.[118] Diesem aus der Situation heraus besonders „frauenhungrigen" Männerpotenzial im besten Alter stand ein eklatanter Männermangel der sogenannten leistungsfähigen Jahrgänge gegenüber: 380.000 österreichische Männer waren von den europäischen Schlachtfeldern nicht heimgekehrt. Dazu kommen der Blutzoll der vom NS-Regime in Gefängnissen und Konzentrationslagern ermordeten Österreicher sowie die Hunderttausenden österreichischen Kriegsgefangenen, über deren Schicksal Familienangehörige jahrelang nichts Genaues wussten. Noch 1948 rechnete man laut „Wiener Wochenpost" auf 100 österreichische Frauen durchschnittlich 70 Männer. Schon allein diese zahlenmäßige Diskrepanz lässt den sozialen und psychischen Konfliktstoff der Nachkriegsjahre erahnen.[119] Auch auf die Besatzungssoldaten in Österreich traf zumindest teilweise die Charakterisierung amerikanischer GIs zu, die während des Zweiten Weltkrieges in Großbritannien stationiert waren: „overpaid, over-fed, over-sexed and over here".[120]

---

114 Bauer, „Besatzungsbräute", S. 265.

115 Gertrud Kantor, „Egal, welcher Nation er angehört", in: Toni Distelberger (Hg.), Von der Liebe erzählen. Sechs Lebensgeschichten von Frauen. Wien - Köln - Weimar 2011, S. 71–115, hier: 109.

116 Rauchensteiner, Nachkriegsösterreich, S. 420.

117 Berger - Holler, Trümmerfrauen, S. 174.

118 CAMO, F. 275, op. 140920s, d. 7, S. 145–156, Bericht des Oberkommandos der CGV an den Chef des Generalstabes, Sokolovskij, und den Chef des Hauptstabes der Landstreitkräfte, Malandin, über den Abzug der sowjetischen Truppen aus Österreich, 24.9.1955. Abgedruckt in: Karner - Stelzl-Marx - Tschubarjan, Die Rote Armee in Österreich, Dok. Nr. 188.

119 Berger - Holler, Trümmerfrauen, S. 174; Siegfried Mattl, Frauen in Österreich nach 1945, in: Rudolf G. Ardelt - Wolfgang J. A. Huber - Anton Staudinger (Hg.), Unterdrückung und Emanzipation. Festschrift für Erika Weinzierl. Zum 60. Geburtstag. Wien - Salzburg 1985, S. 101–126, hier: S. 110.

120 Die amerikanischen GIs trugen diese durch den britischen Komiker Tommy Trinder popularisierte Charakterisierung mit Humor und beschrieben ihrerseits die Briten als „underpaid, under-sexed and under Eisenhower". Sabine Lee, Kinder amerikanischer Soldaten in Europa: ein Vergleich der Situation britischer und deutscher Kinder, in: Historical Social Research. Bd. 34. 2009/3, S. 321–351, hier: S. 322. Vgl. hierzu auch David Reynolds exzellente Sozialgeschichte amerikanischer GIs in Großbritannien: David Reynolds, Rich Relations. The American Occupation of Britain 1942–1945. London 2000.

Durch den beinahe flächendeckenden Einsatz der Besatzungssoldaten in Ostösterreich ergaben sich unzählige Gelegenheiten, einheimische Frauen kennenzulernen: bei Theaterbesuchen, bei Tanzveranstaltungen, am Markt, bei der Arbeit, in Privatquartieren oder etwa im Garten. Naturgemäß entstanden an den Stationierungsorten der Truppen besonders viele Beziehungen. Baden bei Wien, wo sich das Hauptquartier der Zentralen Gruppen der Streitkräfte befand, dürfte in diesem Zusammenhang der absolute „Spitzenreiter" gewesen sein. Aber auch in Wien gab es besonders zahlreiche Anknüpfungspunkte.

2.1.1 Sicht der Frauen

Die damals 20-jährige Bianca H. erinnert sich, wie sie Georgij Elizarov auf dem Schwarzmarkt im Wiener Resselpark traf. Seine ausgezeichneten Deutschkenntnisse erweckten umgehend ihre Aufmerksamkeit: „Das war eigentlich ganz einfach. Meine Mutter wollte irgendetwas vom schwarzen Markt, und der war im Resselpark im vierten Wiener Gemeindebezirk. Und da bin ich hin - ich kann heute nicht mehr sagen, was sie wollte -, [sie] meinte, ich sollte das besorgen. Und da war ein russischer Offizier, in einer ganz gewöhnlichen Uniform, man hat nur gesehen, das war eine Felduniform. Und der ist überall stehen geblieben und hat gesagt: ‚Nein, das ist zu teuer! Und Sie sind zu billig!' Und man hat gesehen, er spricht perfekt Deutsch. Und da sind wir ins Reden gekommen. So haben wir uns kennengelernt."[121]

Diese Schilderung verdeutlicht zwei der wesentlichsten Faktoren, die sowjetische Besatzungsangehörige in den Augen einiger Österreicherinnen interessant machten: einerseits die häufig als attraktiv empfundenen Uniformen, andererseits die - vielfach nicht erwartete - Kultiviertheit und Bildung sowjetischer Militärs. Dieses Merkmal sprang umso mehr ins Auge, als es dem von der NS-Propaganda geprägten Feindbild des slawischen „Untermenschen" diametral entgegenstand. So finden sich in den Berichten einiger Zeitzeuginnen Hinweise auf ausgezeichnete Deutschkenntnisse, gute Manieren und ein hohes Bildungsniveau. Gerade bei Offizieren lag ihre soziale Herkunft vielfach über jener ihrer österreichischen Freundinnen.

Analog dazu erinnert sich auch die 1923 geborene Romana Steinmetz, die 1946 eine geheime Liaison mit Pavel Denisov, einem sowjetischen Nachschuboffizier in Baden, einging: „Wie gesagt, er war ganz anders als die anderen. Was man so gehört hat immer. Ich habe ja nur mit ihm Verbindung gehabt, mit sonst habe ich ja niemand Verbindung gehabt. Ich war ja eigent-

121 OHI, Bianca H.

Abb. 67: Der sowjetische Nachschuboffizier Pavel Denisov gab seiner österreichischen Freundin dieses Foto zum Andenken, aber auch als Schutz vor möglichen Übergriffen. Auf der Rückseite trägt es die russische Widmung: „Der liebsten Romana zur Erinnerung von Pavlik. Erinnere dich an die vergangene Zeit, wenn wir nicht zusammen sind. Mögen die Wellen des Lebensmeeres die Erinnerung an mich nicht hinwegspülen. 21.5.1946 Baden." (Quelle: Sammlung Stelzl-Marx, Bestand Steinmetz)

lich frei. Aber man hat halt sehr vorsichtig sein müssen, nicht? Man ist gleich verschleppt worden. Und da hat er mir das Bild gegeben und hat gesagt, das soll ich mitnehmen. Wenn irgendwas wäre, wahrscheinlich, dass ich's vorweisen kann."[122]

Hierbei spricht Romana Steinmetz indirekt gleich mehrere signifikante Aspekte von Liebesbeziehungen mit Besatzungssoldaten an: Denisov entsprach nicht den negativen Vorstellungen, die „man" sich „immer" - in der NS-Zeit und danach - von sowjetischen Soldaten gemacht hatte. Dabei hatte das Verhalten der Besatzungsmacht diese Ängste noch verstärkt, wobei sie hier explizit Verschleppungen und implizit Vergewaltigungen erwähnt. Trotz ihrer persönlichen positiven Erfahrung revidierte sie allerdings nicht ihr generelles Feindbild. Außerdem betont sie, sie wäre „eigentlich frei", also ohne eine Beziehung zu einem anderen Mann, gewesen und hätte „nur mit ihm Verbindung gehabt". Ihre aus „Vernunftgründen" mit einem Deutschen während des Krieges geschlossene Ehe hatte nur zwei Wochen gedauert. Dies soll offensichtlich ihre moralische Integrität hervorheben und sie vor dem Vorwurf schützen, sie hätte sich leichtfertig mit „Russen" eingelassen. Gleichzeitig unterstreicht sie seine - zumindest von ihm intendierte - Funktion als Beschützer vor Übergriffen durch andere sowjetische Militärangehörige. „Wenn irgendwas [gewesen] wäre", hätte sie sein Foto zu ihrer Verteidigung vorweisen kön-

122 OHI, Romana Steinmetz. Durchgeführt von Barbara Stelzl-Marx. Baden 20.5.2005.

nen, betont sie in diesem Zusammenhang. Dies stellte keinen Einzelfall dar. Mit dieser Strategie versuchten manche Österreicherinnen, sich das patriarchalische Besitzprinzip zunutze zu machen, indem die von einem ranghöheren Mann beschützte Frau für andere unantastbar wurde oder werden sollte.[123]

Bezeichnend ist zudem der Kontext, in dem sich Steinmetz und Denisov kennenlernten. Romana Steinmetz leitet diese Episode mit einer Schilderung ihrer schlechten Versorgungslage nach Kriegsende ein: „Ja, sag ich, wir haben nichts zu essen; zum Tauschen haben wir auch nichts. Und die Mama ist schon gelegen im Bett, und die Frau sagt zu mir: ‚Na, weißt was, ich frag den Magazinär ob du, ob wir dich mitbringen können.' Sag ich ‚Ja'. Und er: ‚Ja, wir müssen im Keller Erdäpfel ausgraben in der Kaserne. Also die schlechten weg und die guten wieder zurück.' Und da hat er uns eingesperrt im Keller, ja, dass niemand uns was machen kann. Und das hab ich so nett gefunden, und wir konnten uns dann, vier oder fünf Tage war das, und wir konnten uns dann eigentlich dadurch, dass wir Kartoffeln in der Tasche, Kartoffeln haben wir mitkriegt und dann noch so einen Ziegel Brot und eine Suppe. Kaša, glaub ich, hat das geheißen. Und da hab ich dann mit meiner Mutter gelebt davon. Aber mit den Kartoffeln konnten wir schon wieder etwas umtauschen, ein Mehl oder was, nicht? Ja, und der Gerhard, der ist dann später, ja, das war im 46er-Jahr, und der Gerhard ist 47 geboren worden."[124] Nahtlos geht sie hier von der Linderung ihrer lebensbedrohlichen Not 1946 zur Geburt des gemeinsamen Sohnes Gerhard 1947 über. Eine detaillierte Schilderung, wie die Beziehung entstand, bleibt hingegen aus.

Tatsächlich bildete diese „weibliche Art der Lebensmittelbeschaffung" in der von Hunger und Mangel geprägten Nachkriegszeit eine zentrale Überlebensstrategie in ganz Österreich. Die Versorgung mit Lebensmitteln – insbesondere in den Ballungszentren – war nach dem Krieg zusammengebrochen, die auf Karten ausgegebenen Rationen reichten nicht aus. Zur Sicherung der Existenz mussten zusätzliche Ressourcen erschlossen werden, etwa durch Hamstern, Tausch- und Schleichhandel oder eben auch durch Beziehungen zu Besatzungssoldaten. „Einen Amerikaner zu haben, bedeutete Geborgenheit und keinen Hunger mehr leiden zu müssen",[125] heißt es pragmatisch in der Ortschronik einer Salzburger Gemeinde.

Auch sowjetische Soldaten dienten häufig als Quelle dringend benötigter Lebensmittel. Allerdings taten sich Rotarmisten im Gegensatz zu westlichen

123 Baumgartner, Vergewaltigung zwischen Mythos und Realität, S. 66; Stelzl-Marx, Freier und Befreier, S. 431.

124 OHI, Steinmetz.

125 Ingrid Bauer, „Ami-Bräute" und die österreichische Nachkriegsseele, in: Frauenleben 1945. Kriegsende in Wien. Wien 1995, S. 73–84, hier: S. 77f.

Besatzungssoldaten schwer, mit „klassischen" Luxus- und Mangelgütern aufzuwarten: Cadbury-Schokolade, Kaugummi oder Nylons standen ihnen kaum zur Verfügung. Ausgenommen davon war die dünne Schicht der Offiziere, die über die Kostbarkeiten der Macht, also Papiere, Passierscheine oder etwa Reisebewilligungen, sowie über eine größere Auswahl an Lebensmitteln, Zigaretten, Tabak und Schnaps verfügten.[126] Jedoch waren, wie die Erinnerungen von Romana Steinmetz zeigen, bereits Grundnahrungsmittel wie Brot und Kartoffeln begehrte Güter, von denen die ganze Familie profitierte. Die Grenze zwischen einer rein erotisch-sexuellen und zumindest auch materialistisch-dialektischen (Liebes-)Beziehung war daher nicht immer eindeutig zu ziehen.[127]

Diese - teilweise in zweierlei Hinsicht - Leben spendende Funktion erwähnt ebenso Eleonore Dupuis, die im April 1946 in St. Pölten als „Besatzungskind" auf die Welt kam. Ihre Mutter war durch einen Autounfall verwitwet, weswegen auch sie sich in keiner aufrechten Beziehung befand und sich allein um die Versorgung ihrer Familie kümmern musste: „Außerdem hat mir meine Mutter erzählt, es war im Sommer, sie war im Garten. Es war ja damals eine sehr schwere Zeit, und zum Glück haben sie den Garten gehabt. Es waren von der Familie damals nur noch meine Mutter und meine Schwester am Leben, sonst niemand mehr. [...] Zwei russische Soldaten sind damals vorbeigekommen und haben so übers Gartentor zu reden angefangen. Irgendwie waren sie ihnen sympathisch, und sie haben Brot mitgebracht, das nächste Mal haben sie gleich Brot mitgebracht. Das war meiner Mutter in so guter Erinnerung, dass sie immer Brot mitgebracht haben, denn das hat es ja damals nur auf Marken gegeben. Es war sicher eine schlechte Zeit. Angeblich hat er ihr auch angetragen, ihr bei der Gartenarbeit zu helfen. Wahrscheinlich ist mein Vater, also der eine Soldat, öfter zurückgekommen. Meine Schwester dürfte zu der Zeit - wir haben das zu rekonstruieren versucht, aber sie kann sich nicht mehr ganz genau erinnern - auf Erholungsurlaub verschickt worden sein, nach dem Kriegsende. Sie war auch sehr schlecht beisammen, unterernährt, ist also auf Erholung gekommen. Das war wahrscheinlich die Gelegenheit, wo ich gezeugt worden bin. Man kann also sagen: Juli 1945."[128]

Neben dem rein physischen Hunger herrschten ein großer Lebenshunger und der Wunsch vor, sich möglichst unbeschwert zu unterhalten.[129] Dieses Bedürfnis korrespondierte vielfach ideal mit den Vorstellungen der Besat-

126 Berger - Holler, Trümmerfrauen, S. 178.

127 Stelzl-Marx, Freier und Befreier, S. 431.

128 OHI, Eleonore Dupuis. Durchgeführt von Barbara Stelzl-Marx. Wien 27.9.2002.

129 Bauer - Huber, Sexual Encounters across (Former) Enemy Borderlines, S. 72.

Abb. 68: Die damals 18-jährige Wienerin Ingeborg Walla-Grom mit ihrer „ersten Liebe". Ihr Vater zerstörte die Beziehung, indem er dem Besatzungssoldaten von einer – erlogenen – Geschlechtskrankheit seiner Tochter erzählte. (Quelle: Sammlung Stelzl-Marx, Bestand Walla-Grom)

zungssoldaten, die gerne Konzerte, Theateraufführungen oder Tanzveranstaltungen besuchten. So berichtet etwa die Tochter eines sowjetischen Oberstleutnants über den ersten Kontakt ihrer Eltern: „Sie [die Mutter] und ihre Freundin hatten meinen Vater und einen anderen Soldaten im Theater in St. Pölten kennengelernt!" Beide Frauen gingen wenig später eine Liebesbeziehung mit den Besatzungsangehörigen ein und beide brachten daraufhin je ein Kind zur Welt.[130]

Für einige der Frauen bedeuteten ihre transkulturellen Beziehungen nicht nur die ersten sexuellen Kontakte, sondern auch die große Liebe ihres Lebens. Bis heute sind sowjetische Besatzungssoldaten in ihrer Rolle als Freier und Geliebter teils romantisch verklärt. Vereinfachende Klischees wie jene des „fräuleinumringten GIs" oder des „Frauen verfolgenden Rotarmisten" ignorieren solche Nuancen.[131] Wie das folgende Beispiel zeigt, entsprachen stereotype Vorstellungen der erotischen Anziehung von Besatzungssoldaten in manchen Fällen der Realität. Die 1931 geborene Wienerin Ingeborg Walla-Grom beschreibt dies in ihren Erinnerungen: „In dieser Zeit lernte ich Iwan kennen! Meine erste Liebe! Iwan Papkow aus Sotschi! Er schwärmte mir von seiner Heimat, der Krim, vor und schickte ein Foto von uns beiden seiner Mutter, denn er wollte mich heiraten. Sie schrieb zurück, sie hätte nichts dagegen. Da unsere Staatsoper total zerstört war, ging ich mit Iwan in die

130 Christa W., Elektronische Nachricht an Barbara Stelzl-Marx. 2.8.2007.

131 Bauer, „Besatzungsbräute", S. 262f.

Volksoper."[132] Wann und wo sie sich genau kennenlernten, weiß Walla-Grom nicht mehr. Doch sie erinnert sich, dass sie sich sofort zu ihm hingezogen fühlte.[133]

Politik und Ideologie spielten bei diesen Beziehungen hingegen keine zentrale Rolle. Sowjetische Offiziere wirkten auf Frauen aus „linkem Milieu" ebenso attraktiv wie auf Nicht-Kommunistinnen.[134] In diesem Zusammenhang dominierten eher die vorab erwähnten Kriterien wie eine ökonomische Notlage oder die private Ungebundenheit seitens der Österreicherinnen. Plausibel erscheint jedoch, dass Frauen aus kommunistischem oder sozialdemokratischem Milieu besondere Probleme damit hatten, ihr positives „Russenbild" mit realen negativen Erfahrungen durch sowjetische Besatzungssoldaten in Einklang zu bringen.[135]

2.1.2 Sicht der Besatzer

Die Gründe, weswegen Besatzungssoldaten österreichische Frauen attraktiv fanden, waren vielfach nicht mit deren Motiven ident. Bei Ersteren standen hausfrauliche, kommunikative und sexuelle „Dienste" im Vordergrund.[136] So erinnert sich eine Österreicherin an die flüchtige Bekanntschaft mit einem sowjetischen Major, aus der - völlig ungeplant - eine Tochter entstand: „Wie soll ich denn das sagen, kurz und bündig. Ich habe zuerst bei einer russischen Familie gearbeitet, ja, die sind dann bald nach Russland zurückgegangen, und durch Zufall bin ich dann zu diesem einzelnen Offizier gekommen, der jemanden gesucht hat zum Aufräumen. Ich war aber nur ganz kurz bei ihm, einen Tag zum Aufräumen. Am nächsten Tag hat's schon geheißen, alles zusammenpacken, er darf wieder zurück nach Russland. Ganz kurz nur."[137]

Für die Armeeangehörigen war es verlockend, Bereiche der Hausarbeit wie Kochen, Waschen, Bügeln oder Saubermachen an österreichische Frauen

---

132 Ingeborg Walla-Grom, Brief an die Russische Botschaft Wien. Wien 2004, S. 4f. Zit. nach: Stelzl-Marx, Freier und Befreier, S. 435. Vgl. dazu auch: Ingeborg Valla-Grom, Zdrastvyjte, tovarišč! Vospominanija žitel'nicy Veny o vojne, in: Novyj Venskij Žurnal. Nr. 5/2004, S. 18–21.

133 Josef Barth, „Iwan war meine erste Liebe", in: Profil extra (1945–1955. Vom Kriegsende zum Staatsvertrag), 13.5.2008, S. 82–84.

134 Die These, dass sowjetische Besatzungssoldaten vor allem auf Frauen aus dem „linken" Milieu attraktiv wirkten, kann nicht bestätigt werden. Vgl. Bandhauer-Schöffmann - Hornung, Der Topos des sowjetischen Soldaten, S. 43.

135 Irene Bandhauer-Schöffmann - Ela Hornung, Von Mythen und Trümmern. Oral History-Interviews mit Frauen zum Alltag im Nachkriegs-Wien, in: Irene Bandhauer-Schöffmann - Ela Hornung (Hg.), Wiederaufbau weiblich. Dokumentation der Tagung „Frauen in der österreichischen und deutschen Nachkriegszeit". Wien - Salzburg 1992, S. 24–54.

136 Bauer - Huber, Sexual Encounters across (Former) Enemy Borderlines, S. 77f.

137 OHI, Christine St. Durchgeführt von Barbara Stelzl-Marx. O. O. 15.6.2007.

Abb. 69: Aleksandr Krečet ging mit der Tochter seines österreichischen Quartiergebers in Ternitz eine einjährige Liebesbeziehung ein. Nach seiner Rückkehr in die Sowjetunion hielt er diese Liaison geheim. (Quelle: Sammlung Stelzl-Marx, Bestand Nemetz)

auszulagern. Üblicherweise bezahlten sie derartige Arbeiten mit Nahrungsmitteln, Zigaretten oder anderen Mangelwaren. Aleksandr Krečet beschreibt dies in seinen Erinnerungen an Österreich: „Ich war in der Wohnung der Namensvettern des Industriellen Tiess [Thyssen] untergebracht. Edith Tiess, die Tochter des Hausherrn, erhielt den Auftrag, sich um mich zu kümmern, mich zu bedienen. Sie erfüllte ihre Pflichten so gut sie konnte. Die Mädchen, bei denen Offiziere untergebracht waren, wurden von allen beneidet. Irgendwie fiel immer etwas für die Hausleute ab. Und sie waren vor diversen Plünderern sicher."[138] Hier betont der damalige Hauptmann in erster Linie seine Rolle als Schutzherr und Ernährer, die für die österreichische Familie so große Vorteile brachte, dass sie „von allen" beneidet wurde. Den Auftrag an die Tochter des Hauses, sich um den sowjetischen Offizier zu kümmern, gab demnach ihr Vater. Seinen persönlichen Vorteil thematisiert Krečet hingegen nicht.

Unerwähnt bleibt zudem, dass sich mit der damals 18-Jährigen eine einjährige Liebesbeziehung entwickelte, die durch seine Versetzung ein jähes Ende fand. Krečets Sohn aus späterer Ehe mit einer Russin erklärt, weswegen über diesen Aspekt in den Erinnerungen seines Vaters nichts zu finden ist: „Klar ist, warum über Edith so wenig in seinen Erinnerungen steht – unsere Mutter war immer sehr eifersüchtig."[139]

138 Aleksandr Krečet, Vospominanija. Unveröffentlichtes Manuskript. Rostov o. J., S. 23.
139 Igor' Krečet, Elektronische Nachricht an Barbara Stelzl-Marx. 5.4.2008.

Nach den harten Jahren des Krieges verspürten viele der Besatzungssoldaten das Bedürfnis, vergleichsweise unbeschwert zu leben und zu lieben. Die Stationierung in Österreich empfanden sie bis zu einem gewissen Grad als eine Phase der Erholung. Romantische Liebesgeschichten bildeten dabei einen fixen Bestandteil der Nachkriegszeit. Frühling in Wien, Sonne, blühende Bäume, schöne Mädchen und Musik verdichteten sich zu einer engen Assoziationskette, erfüllt von der Freude, den Krieg überlebt zu haben.[140] Der Einsatz in Österreich wird gerade rückblickend in der Tradition der „Kavalierstour" nostalgisch verklärt, zumal es sich meist um den einzigen Auslandsaufenthalt ihres Lebens handelte.[141] Durch den Krieg hatten viele der jungen Männer das „normale" Prozedere von Verliebtheit und dem Sammeln erster sexueller Erfahrungen versäumt. Nun wollten sie das Verpasste sowohl auf einer romantischen als auch auf einer physiologischen Ebene nachholen.[142]

Der ehemalige Frontkämpfer Egor Isaev, der in Wien in der Redaktion der Zeitung für die Zentrale Gruppe der Streitkräfte „Za čest' Rodiny" arbeitete, erinnert sich in diesem Zusammenhang: „Wir wollten tanzen, waren jung. Denn ich war frei, frei. Überhaupt, Liebe und Dienst, das ist etwas Ernstes." Nochmals betont er: „Ich habe gute Laune, ich bin jung, schön und bis zu einem gewissen Grad frei. [...] Wir sind Sieger, Sieger." Gerade die jungen Offiziere waren noch ungebunden oder hatten ihre Partnerin in der Sowjetunion zurücklassen müssen. Neben dieser privaten Freiheit hebt Isaev bezeichnenderweise seine Rolle als „Sieger" hervor, die ihm – und anderen Besatzungssoldaten – ein besonders selbstbewusstes Auftreten erlaubte.[143]

Bemerkenswert ist in diesem Zusammenhang der Vergleich, den er zwischen den vier Besatzungsmächten zieht. Obwohl die Rotarmisten am schlechtesten ausgestattet waren, erfreuten sie sich, so seine Einschätzung, trotzdem bei den Frauen großer Beliebtheit: „Wir hatten keine Uniformen aus Wolle. Wir trugen ausgewaschene Feldblusen. Sieger! In abgetragenen Stiefeln. [...] Der Amerikaner – ganz in Wolle. Und alles glänzt. Der Franzose, nun die Franzosen waren etwas bescheidener – ganz in schwarzem Tuch. Sie hatten schwarze Barette. Der Engländer – sie trugen Tuch. Und alle sind sie so geschniegelt. [...] Aber alle unsere Offiziere, wir alle, wer konnte, hatten

140 Stelzl-Marx, Freier und Befreier, S. 436.

141 Jan Foitzik, Russischer Soldatenalltag in Deutschland 1945–1994, in: Margot Blank (Hg.), Russischer Soldatenalltag in Deutschland. 1990–1994. Bilder des Militärfotografen Wladimir Borissow. Byt rossijskich soldat v Germanii. Snimki voennogo fotografa Vladimira Borisova. Berlin 2008, S. 14–31, hier: S. 14.

142 Budnitskii, Germany, 1945, trough the Eyes of Soviet Intellectuals, S. 40.

143 OHI, Egor Isaev. Durchgeführt von Natal'ja Bakši. Moskau. 19.1.2003.

eine österreichische Freundin."[144] Auch er erlebte hier „seine erste Liebe" und kam „völlig unerwartet mit Europa" in Berührung. Wien ist in seiner Erinnerung ein Synonym für „Frühling, Musik und Liebe".[145]

Ähnlich lauten die Reminiszenzen von Aleksandr Orlov, der gleichfalls in Österreich seine erste Liebesbeziehung - mit der Tochter seines Quartiergebers - einging: „Die Bevölkerung war freundlich zu uns. Und das Wichtigste: es war Frühling, April. Wir waren alle jung, 18 bis 19 Jahre alt. Wir fühlten, dass der Krieg zu Ende geht, dass wir diesen Fleischwolf überlebt hatten. Obwohl natürlich viele ums Leben gekommen waren in diesem Krieg. Und dann blüht alles. Aus allen Fenstern [kommt] Musik."[146]

Aus Sicht der Besatzer, insbesondere der höheren Ränge, stellten Liebesbeziehungen zu einheimischen Frauen eher die Norm als die Ausnahme dar. Sie boten, gerade auch den jungen Besatzungsangehörigen, die Möglichkeit, erste sexuelle Erfahrungen zu sammeln: „Alle hatten diese Beziehungen. All diese Mädchen, sie haben nicht einfach so ... Sie hatten Offiziere als Freunde. Solche dauerhaften Freunde. Es gab keine Konflikte, keine Strafen", erinnert sich ein ehemaliger sowjetischer Militärangehöriger. Auffallend ist hier die Betonung der Beziehungen mit Offizieren, die bessere wirtschaftliche Möglichkeiten und mehr Freiräume hatten als einfache Soldaten. Mitunter vermitteln die Zeitzeugen den Eindruck, die Österreicherinnen wären ihnen richtig „nachgelaufen". Hier klingt jene Frauenverachtung durch, die schon an der Front geherrscht hatte.

Zum Teil waren sich die Rotarmisten bewusst, dass sich ihnen österreichische Frauen nicht nur aus reiner Zuneigung und Sympathie näherten. So deutete der ehemalige sowjetische Besatzungssoldat in Österreich, Konstantin Arcinovič, auf die Frage nach österreichischen Mädchen auf eine Fotografie mit zwei Rotarmisten und drei Österreicherinnen und antwortete: „Das ist das Mädchen, da am Rand. Wir bekamen Decken, solche Armeedecken. Sie fragte mich: ‚Ich mache daraus einen Mantel', sagte sie. Aus zwei Decken einen Mantel. Und ich gab ihr diese Decken, damit sie sich daraus einen Mantel nähen konnte. Bei ihnen schaute es schlecht aus mit all diesen Sachen. Aber vielleicht haben sie auch, weil wir sie dort verköstigt haben." Anschließend an diese Überlegung schildert der ehemalige Rotarmist, wie er zu Silvester 1945 eine Gans kaufen und im Haus einer Österreicherin zubereiten lassen konnte: „Ich bringe die Kartoffeln herein und sie, verdammt noch mal, haben

144 Ebd.

145 OHI, Isaev. Durchgeführt von Stelzl-Marx. Siehe dazu auch das Kapitel C.III.2 „Mündliche Erinnerung: Topoi und Tabu" in diesem Band.

146 OHI, Aleksandr Orlov. Durchgeführt von Natal'ja Bakši. Moskau 19.1.2003.

die ganze, ganze Gans aufgegessen. Ja, diese Mädchen, und lachen dazu. Mir haben sie nur ein kleines Stück aufgehoben."[147]

Wenig überraschend zeigten sich die Ehefrauen sowjetischer Offiziere und Soldaten über derartige Verbindungen nicht erfreut. Viele blieben in der Sowjetunion zurück, von wo aus sie ihre Männer kaum unter Kontrolle hatten. Lediglich Offiziere konnten ihre Familien nach Österreich nachkommen lassen. Bereits der Krieg hatte viele Ehen auf eine harte Probe gestellt. Zur örtlichen Trennung und Entfremdung durch die jeweiligen Erfahrungen waren häufig noch Untreue bzw. der Verdacht darauf gekommen. Viele hatten im Krieg - dieser „Zeit des Todes und der Liebe" - tatsächlich Affären gehabt. Manche Offiziere und Generäle waren auf ihren Feldzügen von Frauen begleitet worden, die in der Armee „pochodno-polevye ženy" („Feldgefährtinnen" bzw. wörtlich „Feldehefrauen") hießen. Als „PPŽ" ähnlich abgekürzt wie die sowjetischen Maschinenpistolen „PPD" oder „PPŠ" war ihr Ansehen in der weitestgehend frauenverachtenden Männerwelt der Armee gering gewesen.[148]

Doch auch weibliche Armeeangehörige hatten die „Feldgefährtinnen" ihrer Vorgesetzten mitunter argwöhnisch betrachtet. „Was ist so eine PPŽ? Sie wurde voll verpflegt. Sie hatte Chromstiefel, sie ging nicht zu Fuß, sie fuhr im Auto, sie war hervorragend gekleidet, sie war in so einer Form, während wir: einfache Stiefel, ein normaler Militärmantel, Kappe oder Barett im Sommer, gingen zu Fuß. [...] Diese PPŽ waren in einer bevorzugten Position."[149] Allerdings waren Soldatinnen selbst oft diskriminiert worden: Wenn Frauen den begehrten Orden „Za boevye zaslugi" („Für militärische Dienste") erhalten hatten, hatte dies mitunter die Spöttelei „Za polevye zaslugi" („Für sexuelle Dienste") nach sich gezogen.[150]

In Friedenszeiten waren nun die Möglichkeiten für Affären umso größer, zumal sich die „westlichen Mädchen" den sowjetischen „Befreiern" an den Hals zu werfen schienen. Zugleich befürchteten die Frauen in der Sowjetunion, sie könnten eventuell den „eleganten, kultivierten Fräulein" aus dem Westen nicht das Wasser reichen. Deswegen waren manche von ihnen noch eifersüchtig, als ihre (zum Teil erst späteren) Männer schon längst wieder zu Hause waren. Wie viele Ehen und Verlobungen als Folge der Besatzung zerbrachen, ist nicht bekannt. Doch ist ihre Zahl sicher nicht zu unterschätzen.

Auch das umgekehrte Phänomen konnte eintreten, wenngleich es sehr viel seltener vorkam. So ist etwa aus Bruck an der Leitha der Fall einer Offiziers-

147 OHI, Arcinovič. Zit. nach: Stelzl-Marx, Freier und Befreier, S. 437.

148 Merridale, Iwans Krieg, S. 206, 265–268.

149 OHI, Valentina Kurilina. Durchgeführt von Barbara Stelzl-Marx. Moskau 15.6.2006.

150 Merridale, Iwans Krieg, S. 206, 265–268.

gattin belegt, die während der Stationierung einen Österreicher kennenlernte und mit ihm eine geheime Beziehung einging. Als 1955 die Truppen abzogen und die Familie in die Sowjetunion zurückkehrte, versteckte sie sich vorübergehend. Ihr Mann musste allein mit den beiden Kindern heimfahren, da man sie trotz intensiver Suche nicht finden konnte. Später heiratete sie den österreichischen Mann und gründete hier eine neue Familie.[151]

2.2 Reaktionen von österreichischer Seite

Bereits während des Krieges zogen sogenannte „lose" Frauen, die im „Dritten Reich" Verhältnisse mit ausländischen Zwangsarbeitern und Kriegsgefangenen eingingen, Ressentiments und Strafmaßnahmen auf sich. Aus „volkstums- und rassepolitischer" Sicht sollte die „Reinheit des deutschen Blutes" nicht befleckt werden. Die Frau verkörperte als „Inbegriff der deutschen Seele" ein „Bollwerk gegenüber den anderen, den Fremden, dem Feind".[152] Wie Helke Sander betont, ist es „ja eine Ironie der Geschichte, dass der auch um Rassereinheit geführte Krieg die Grundlagen für eine Vermischung gigantischen Ausmaßes gelegt hat und das heutige Europa tatsächlich anders aussieht als vor fünfzig [mittlerweile sechzig] Jahren".[153]

Insbesondere Beziehungen zu sowjetischen Kriegsgefangenen wurden hart geahndet, dominierten doch in diesem Zusammenhang Vorstellungen einer rassischen Überlegenheit germanischer „Herrenmenschen" gegenüber den slawischen „Untermenschen". Die Personalkarten sowjetischer Kriegsgefangener enthielten daher vielfach den Vermerk „Belehrt über das Verbot betr. Verkehr mit deutschen Frauen". Im Falle sogenannter „Verstöße gegen das gesunde Volksempfinden" drohte einheimischen Frauen nach § 4 der „Wehrkraftschutzverordnung" eine mehrmonatige Gefängnishaft. Auch wurden manchen Frauen als Zeichen öffentlicher Stigmatisierung ihre Haare abgeschnitten. Bei den betroffenen Kriegsgefangenen konnte Geschlechtsverkehr mit „deutschen Frauen" bis zur Einweisung in ein Konzentrationslager oder zur Todesstrafe führen, wobei das Ausmaß der Strafe von der jeweiligen Nationalität des Gefangenen abhing.[154]

151 Tanja N., Freundliche Auskunft. Siehe dazu auch das Kapitel B.I.2.6.5 „Gründe für Fahnenflucht" in diesem Band.

152 Bauer, „Besatzungsbräute", S. 269.

153 Helke Sander, Erinnern/Vergessen, in: Helke Sander – Barbara Johr (Hg.), BeFreier und Befreite. Krieg, Vergewaltigung, Kinder. Frankfurt am Main 2005, S. 9–20, hier: S. 14. Gerade die Wehrmachtssoldaten trugen – auch in den besetzten Gebieten der Sowjetunion – zu dieser „Vermischung" bei. Sander vermutet, dass bis zu einer Million „deutsche" Kinder an der Ostfront geboren wurden. Vgl. ebd., S. 14f.

154 Stelzl-Marx, Zwischen Fiktion und Zeitzeugenschaft, S. 62f.; Barbara Stelzl-Marx, Kriegsgefangen-

Die Diskriminierung einheimischer Frauen, die sich mit dem „Feind einließen", war kein singuläres Phänomen des „Dritten Reiches". In den Niederlanden etwa warf man nach Ende der deutschen Besatzung Frauen und Mädchen, die Beziehungen mit deutschen Soldaten eingegangen waren, „Vaterlandsverrat" vor. Als Strafe wurden diesen „moffenmeiden" öffentlich die Köpfe geschoren. Manchen malte man ein Hakenkreuz auf die noch blutende Kopfhaut. Anschließend wurden die derart gebrandmarkten Frauen zu Fuß oder auf einem offenen Wagen durch das Dorf bzw. die Stadt geführt.[155]

Analog dazu wurden nach der Befreiung auch in Frankreich rund 20.000 Frauen kahl geschoren - die eine Hälfte wegen Kollaboration mit den Deutschen oder Denunziation, die andere Hälfte wegen sexueller Beziehungen zum „Feind".[156] Man klagte Letztere der „collaboration horizontale" - der „horizontalen Kollaboration" - an, wofür sie öffentlich gedemütigt wurden. Die Inszenierung dieses Phänomens lässt sich mit mittelalterlichen Schauprozessen vergleichen.[157] Das Bild der „femmes tondues" - der „geschorenen Frauen" - blieb im kollektiven Gedächtnis Frankreichs verankert: In den 1980er Jahren gaben immerhin acht Prozent der Befragten an, primär die „kahl rasierten Kollaborateurinnen" mit der Befreiung Frankreichs zu assoziieren.[158] Hier standen weniger „rassische" Überschreitungen als vielmehr das nationale „Fremdgehen" im Vordergrund. Noch heute reagieren viele Franzosen empfindlich, wenn man sie an die erotischen Beziehungen im Vichy-Regime erinnert. Doch vom gaullistischen Mythos, das gesamte Land habe gegenüber den Besatzern trotzig Widerstand geleistet, musste man sich nicht zuletzt wegen dieser Liebesverhältnisse wohl oder übel verabschieden.[159]

In Österreich wirkte - ebenso wie in Deutschland - die Vorstellungswelt des Nationalsozialismus weit über das Kriegsende hinaus. Sexuelle Bezie-

---

schaft in der Retrospektive: Kontext, Entstehung und Merkmale von Dmitrij Čirovs „Unter den Verschollenen", in: Barbara Stelzl-Marx (Hg.), Unter den Verschollenen. Erinnerungen von Dmitrij Čirov an das Kriegsgefangenenlager Krems-Gneixendorf 1941 bis 1945. Schriftenreihe des Waldviertler Heimatbundes. Bd. 43. Horn - Waidhofen/Thaya 2003, S. 13–48, hier: S. 25.

155 Monika Diederichs, Stigma and Silence: Dutch Women, German Soldiers and their Children, in: Kjersti Ericsson - Eva Simonsen (Hg.), Children of World War II. The Hidden Enemy Legacy. Oxford - New York 2005, S. 151–164, hier: S. 157f.

156 Fabrice Virgili, Enfants de Boches: The War Children of France. Translated by Paula Schwartz, in: Kjersti Ericsson - Eva Simonsen (Hg.), Children of World War II. The Hidden Enemy Legacy. Oxford - New York 2005, S. 138–150, hier: S. 145. Siehe dazu unter anderem auch: Claire Duchen, Kahlgeschorene Frauen als Sinnbild der Kollaboration. Schuld und Sühne im befreiten Frankreich, in: Irene Bandhauer-Schöffmann - Claire Duchen (Hg.), Nach dem Krieg. Frauenleben und Geschlechterkonstruktionen in Europa nach dem Zweiten Weltkrieg. Herbholzheim 2000, S. 277–298.

157 Alain Brossat, Les tondues. Un carnaval moche. Paris 1992, S. 171f.

158 Martina Gugglberger, Les femmes tondues. Geschorene Frauen in Frankreich 1944–1945. Phil. DA. Salzburg 2001.

159 Patrick Buisson, 1940–1945 Annés erotiques: Vichy ou les infortunes de la vertu. Paris 2008.

hungen mit Besatzungssoldaten des ehemaligen Feindes beinhalteten daher häufig eine rassisch-ideologische Komponente. Als besonders verwerflich galten Affären mit „gänzlich fremden" Männern: den schwarzen GIs, den Marokkanern, den „Mongolen", aber auch - ganz pauschal - den „Russen".[160] Das NS-Feindbild von den „wilden Horden aus dem Osten", das durch die Übergriffe der Roten Armee zu Kriegsende noch verstärkt worden war, führte vielfach zu einer Diskriminierung von „Russenliebchen".

Unter den Bedingungen des „Untergangs" gesellte sich zur „rassischen" Überschreitung die „nationale" verschärfend hinzu. Der Lebensstil einer „Besatzungsbraut" galt aus der Wahrnehmungsperspektive der Bevölkerung als Verrat an der - im oder durch den Nationalsozialismus geformten - „Volksgemeinschaft", einem Modell, von dem man sich gefühlsmäßig erst ansatzweise verabschiedet hatte. Parallel dazu propagierten die neuen demokratischen politischen Eliten die schnell formulierte identifikatorische Lösung „wir Österreicher". Kontakte zu ausländischen Soldaten interpretierte man daher als ein bedrohliches Sich-Herausnehmen des „Wir". Dabei wirkte die während der NS-Zeit gepflegte Segmentierung „wir und die anderen" oder „wir und die Fremden" weiter.[161]

Zudem brachte die Abwesenheit vieler Männer das in der Familieneinheit konservierte Sicherheitsgefüge des Staates durcheinander und exponierte weibliche Sexualität: Aus sexueller „Untreue" wurde „nationale Untreue".[162] In der öffentlichen Meinung grenzte das Verhalten von Frauen, die „sich mit dem Feind eingelassen hatten", an Verrat: sei es an der Heimat, den Männern, die gefallen, in Kriegsgefangenschaft oder vermisst waren, oder an den durch die jahrelange NS-Propaganda geprägten Moralvorstellungen.[163]

2.2.1 Praktiken der Ausgrenzung

Vor diesem Hintergrund war das Beziehungsdreieck zwischen österreichischen Frauen, österreichischen Männern und Besatzungssoldaten emotional besonders aufgeladen. Die militärische Niederlage hatte zahlreiche ehemalige Wehrmachtssoldaten in ihrem Selbstwertgefühl und ihrer männlichen

---

160 Bauer - Huber, Sexual Encounters across (Former) Enemy Borderlines, S. 86.

161 Ingrid Bauer, Die „Ami-Braut" - Platzhalterin für das Abgespaltene? Zur (De-)Konstruktion eines Stereotyps der österreichischen Nachkriegsgeschichte 1945–1955, in: L'Homme. 1996/1, S. 107–121, hier: S. 113.

162 Anette Brauerhoch, „Fräuleins" und GIs. Geschichte und Filmgeschichte. Frankfurt am Main - Basel 2006, S. 81–83. Vgl. dazu auch: Maria Höhn, GIs and Fräuleins. The German-American Encounter in 1950s West Germany. North Carolina 2002.

163 Lee, Kinder amerikanischer Soldaten in Europa, S. 339f.

Identität tief verletzt. Sie interpretierten die Beziehungen zwischen ausländischen Armeeangehörigen und Österreicherinnen als Zerstörung ihrer letzten Machtposition, als Verlust „angestammter Eigentumsrechte an ‚ihren Frauen'".[164] Dies wiederum stellte ihre sexuelle Potenz infrage, was eine schwerwiegende Beleidigung darstellte. Schließlich gehörte zur Ehre eines Mannes auch der makellose Ruf der Frauen, für die er sich zuständig fühlte. Es erniedrigte ihn, wenn deren Sittsamkeit in Zweifel gezogen wurde, denn der gesellschaftlich normierte Wert einer Frau bestand in Ehrbarkeit, Sittsamkeit, Keuschheit bzw. einem monogam, mit dem „richtigen" Mann geführten Liebesleben. Die „Wir-Gruppe" beleidigte Frauen, die eine Beziehung mit einem Mann der „Ihr-Gruppe" eingingen, als „lose Mädchen", „Flittchen" oder „Huren".[165]

Beinahe logisch erscheint, dass dieser Konkurrenzkampf zwischen Österreichern und Besatzungssoldaten immer wieder in Raufereien ausartete: „In Döbling gab das Verhalten einiger Mädchen, die mit Amerikanern verkehren, Anlass zu Reibereien zwischen ansässigen Burschen und den Soldaten. Dies führte in der Folge zur Festnahme von 16 Jugendlichen durch die amerikanische Militärpolizei, was unter den Bewohnern des Bezirkes einiges Aufsehen erregte",[166] berichtete etwa die Polizeidirektion Wien im Herbst 1946.

Auch Jurij Pentin, der bis Juli 1946 in Pregarten stationiert war, erinnert sich an die Konkurrenzsituation mit österreichischen Männern. Echte Rivalen gab es seiner Ansicht nach aber kaum - entweder waren sie zu jung oder in Gefangenschaft oder gefallen, betont der damalige Leutnant lakonisch: „Wir gingen in Pregarten tanzen, trafen uns mit den Mädchen, sie tanzten gerne, so wie auch wir, junge Leute. So. Und die Burschen litten. Sie schauten uns schief an. Aber es waren nicht so viele. Denn entweder waren sie noch zu jung, das ist die eine Sache. Und die älteren, diese waren ja entweder in Gefangenschaft, oder sie hatten gekämpft, waren gefallen und so weiter. Ich selbst wurde an der Front 19, als ich kämpfte. Nun, sie waren entweder etwas jünger oder gleich alt. Es gibt also auch diese guten, hellen Erinnerungen."[167]

Besonders konfliktreich waren Beziehungen zu Besatzungsangehörigen, wenn die Frauen bereits verheiratet waren. Im Falle einer Frau aus Baden, die in einem sowjetischen Adjutanten ihre „große Liebe" gefunden hatte, führte

164 Bauer, „Besatzungsbräute", S. 265.

165 Ebba D. Drolshagen, Wer die Mutter verachtet, schikaniert ihr Kind, in: Wolfgang Remmers - Ludwig Norz (Hg.), Né maudit - Verwünscht geboren - Kriegskinder. Berlin 2008, S. 156–186, hier: S. 160f.

166 ÖStA, AdR, GD für öffentliche Sicherheit, Polizeidirektion Wien, Monatlicher Lagebericht für September 1946. Wien, 4.10.1946, S. 4.

167 OHI, Jurij Pentin. Durchgeführt von Natal'ja Bakši. Moskau 4.12.2002.

Abb. 70: Die Mutter von Monika G. ließ sich wegen ihrer Beziehung zu einem sowjetischen Adjutanten in Baden von ihrem österreichischen Mann scheiden. Der Einwilligung in die Scheidung war eine Schlägerei zwischen den beiden Rivalen vorausgegangen. (Quelle: Sammlung Stelzl-Marx, Bestand Monika G.)

dies zu handgreiflichen Auseinandersetzungen zwischen den beiden Männern. Ihr Ehemann war während des Krieges selbst eine Beziehung mit einer anderen Frau eingegangen, doch wollte er nun seine Gattin nicht an einen „Russen" verlieren. Da er in der Schlägerei unterlegen war, gab er schließlich seine Frau frei, die sich von ihm scheiden ließ.[168]

Meist verliefen die Diskurse und Praktiken der Ausgrenzung jedoch subtiler, dafür nicht minder effektiv: Anonyme Drohbriefe, öffentlich affichierte Schmähschriften oder in Zeitungen abgedruckte Spottgedichte fallen in diese Kategorie. Sogar gewaltsame Aktionen gegen „Ami-Bräute" wie das Abschneiden der Haare als Zeichen der Schande sind belegt. Die Beziehungen galten als Verrat, als Zeichen der Ehrlosigkeit und der nationalen Untreue, die diverse Formen der Diskriminierung und Stigmatisierung der betroffenen Frauen nach sich zogen. Die zentrale Metapher in diesem Zusammenhang war – insbesondere bei den „Ami-Bräuten" – die „Hure", die sich für Schokolade, Nylonstrümpfe oder Zigaretten verkaufte. „Schokoladies", „Dollarflitscherl", „gewisse Sorte von Mädchen und Frauen" oder „Salzach-Geishas" sind weitere Beispiele für diese diskriminierende Etikette.[169] Der österreichi-

168 Monika G., Freundliche Auskunft an Barbara Stelzl-Marx. Baden 15.7.2008.

169 Bauer, „Besatzungsbräute", S. 265–267.

sche Kabarettist Oscar Bronner berief sich 1960 in seinem berühmten, von Louise Martini vorgetragenen Chanson „Chesterfield-Girl" auf dieses stigmatisierende Klischee:

„Ich rauch immer Chesterfield, ohne überlegen,
angfangt hat's vor vielen Jahr'n, als die Ami war'n in Wien.
Damals war a Chesterfield für mich ein Vermögen.
Und die Menschen legen für ein Vermögen sehr viel hin.
Und so legte ich mich hin für an netten GI, den traf ich in einer Bar,
und ich kriegte einen Gin, Zigaretten und dann,
wie es halt so üblich war,
an Raucherkatarrh. [...]
Dann fand ich einen lieben, doch blöden Korporal,
der nahm mich mit nach drüben und wurde mein Gemahl."[170]

Verbale Formen der Diskriminierung gegenüber Frauen mit Beziehungen zu sowjetischen Besatzungssoldaten waren etwa „russisches Soldatenliebchen", „Russenflitscherl" oder „Russenhure". Diese abwertende Einschätzung findet sich noch heute in der Alltagswahrnehmung und -erinnerung.[171] So betonte etwa der Sohn einer Oststeirerin, die 1945 durch Angehörige der Roten Armee vergewaltigt worden war, bezüglich Liebesbeziehungen zwischen Österreicherinnen und sowjetischen Soldaten hämisch: „Da haben sich jene gefreut, die sonst keinen gekriegt haben."[172]

2.2.2 *Tabuisierung*

Die Stigmatisierung – oder die Angst davor – führte dazu, dass manche Frauen ihre Beziehung zu einem Besatzungssoldaten zu verheimlichen suchten. Romana Steinmetz etwa erzählte nur ihrer Mutter von ihrem russischen Freund: „Ich hab das verschwiegen. Erstens einmal bin ich Badenerin gewesen, und da haben mich sehr viele gekannt, auch die Geschäftsleute rundherum, und dann war ja das eigentlich verboten damals. [...] Und so hab ich keine Schwierigkeiten gehabt, ich hab meinen Dienst gemacht, bin dreißig Jahre beim Finanzwesen gewesen."[173] Sie impliziert damit, dass sie ihre gute Position im öffentlichen Dienst verloren hätte, wäre die Wahrheit ans Licht gekommen. Selbst ihrem Sohn verschwieg sie jahrzehntelang, dass sein Vater

170 Zit. nach: Berger – Holzer, Trümmerfrauen, S. 187.
171 Stelzl-Marx, Freier und Befreier, S. 434.
172 OHI, Rosa K.
173 OHI, Steinmetz.

Besatzungssoldat gewesen war. Sie wollte ihn und sich vor etwaigen Nachteilen, die ein Bekanntwerden mit sich bringen konnte, schützen.

In anderen Fällen wurde lediglich die engste Familie eingeweiht. Monika G. aus Baden erinnert sich, wie ihre Mutter, Berta P., ihr als Kind immer wieder einbläute: „Sag das niemand. Sag nur, Vater ist gestorben." Ihre Mutter arbeitete in der Küche der sowjetischen Kommandantur in Baden, wodurch sie den Adjutanten des Generals, Nikolaj Naribov, kennenlernte. Die beiden planten, mit ihrer gemeinsamen Tochter in die USA auszuwandern, doch verunglückte Naribov kurz davor bei einem Autounfall. Monika G. rätselt, ob es sich dabei um Mord gehandelt haben könnte. Ihre österreichischen Verwandten hätten den sowjetischen Offizier sehr gern gemocht, auch weil er sie immer beschützt habe. Doch Außenstehenden erzählte die Familie nichts von der Beziehung, um Diskriminierung zu vermeiden.[174]

Offene Ablehnung hatte Berta P. hingegen durch die Kameraden Naribovs erfahren. Man gestattete ihr nicht, mit der einjährigen Tochter seinem Begräbnis auf dem sowjetischen Friedhof in Baden beizuwohnen. Sämtliche Gegenstände, die Berta P. von Nikolaj Naribov besaß, musste sie der sowjetischen Besatzungsmacht übergeben.[175] Ob man sie aus sowjetischer Sicht für den Tod des Offiziers verantwortlich machte oder ob seine Desertionspläne durchgedrungen waren, bleibt offen.

2.2.3 Ablehnung durch die Familie

Häufig war aber auch die eigene Familie gegen die Verbindung zu einem Besatzungssoldaten und versuchte, die Tochter zu „retten". So zerriss etwa der Vater einer Wienerin, die eineinhalb Jahre mit einem sowjetischen Besatzungssoldaten befreundet gewesen war und von diesem ein Kind auf die Welt gebracht hatte, den Zettel, auf dem sie seine Heimatadresse notiert hatte. Nach seiner Versetzung in die UdSSR sollte kein weiterer Kontakt mehr möglich sein.[176] Auch die Wienerin Ingeborg Walla-Grom erinnert sich: „Papa zerstörte unser Glück! Er wollte mich nicht an Russland verlieren und viel später erfuhr ich, warum ich plötzlich, grundlos von Iwan verlassen wurde: Er hatte ihm gesagt: Ira bolnoi! Geschlechtskrank! Das war eine Lüge! War entsetzlich unglücklich, Iwan war wie vom Erdboden verschluckt. Musste ihm doch sagen, dass es nicht wahr ist! Was mir Papa angetan hat!"[177]

174 Monika G., Freundliche Auskunft.

175 Ebd.

176 Sonja D., Freundliche Auskunft an Barbara Stelzl-Marx. Deutsch-Wagram 23.8.2005.

177 Ingeborg Walla-Grom, Brief an die Russische Botschaft Wien. Zit. nach: Stelzl-Marx, Freier und Befreier, S. 435.

Walla-Grom litt darunter, dass ihre glückliche Beziehung „durch die furchtbare Lüge des Vaters" ein so abruptes Ende gefunden hatte und sie trotz zahlreicher Versuche nie die Chance bekommen sollte, „diese Unwahrheit aus der Welt schaffen zu können". Im April 2007 gelang es mithilfe der russischen Fernsehsendung „Ždi menja" („Warte auf mich"), Verwandte des einstigen Besatzungssoldaten ausfindig zu machen, er selbst war allerdings bereits 1981 verstorben. Walla-Grom meinte dazu: „Jetzt habe ich Gewissheit. Schade, dass es so gekommen war."[178]

Interessanterweise zeigte sich, dass ihr damaliger Freund nicht „Ivan", sondern „Aleksandr" geheißen hatte. Er hatte ihr - eventuell als Vorsichtsmaßnahme - jenen Vornamen genannt, der als Synonym für Rotarmisten galt. Eine indirekte Bestätigung dieser Vorgehensweise liefert der ehemalige Agitator der Politabteilung der 80. Garde-Schützen-Division Ivan Roščin, der gegenüber seiner österreichischen Quartiergeberin als Vornamen „Aleksandr" angegeben hatte: „Ich nannte ‚Aleksandr' als meinen Vornamen. Nun, es empfahl sich damals, nicht zu zeigen, wer du bist."[179]

„Eine schöne Zeit mit einem schlechten Ende" musste auch Eleonore H. erleben. Ihr Freund, Oberleutnant Fedor Tol'stich, wollte sich von ihr verabschieden, als er unverhofft versetzt wurde. Doch ihre eigene Schwester verriet ihm nicht, wo sich Eleonore H. gerade aufhielt. Tol'stich zog ab, ohne seine Adresse hinterlassen zu können. Sämtliche Fotos wurden später von der Bauernfamilie zerstört, bei der die damals 23-Jährige arbeitete. Zu Weihnachten 1946 brachte sie einen Sohn auf die Welt, dem sie bis heute nicht die Wahrheit über seinen Vater sagte. Der Grund dafür: „Man kriegt so eine schlechte Nachrede."[180]

Auch im Fall von Therese S. lehnte die eigene Familie das Verhältnis mit dem sowjetischen Besatzungssoldaten vehement ab. Sie versuchte sogar, die damals erst 17-Jährige „mit jemanden, der recht hässlich und unsympathisch war, zu verheiraten, nur dass sie möglichst rasch unter die Haube kommt", erinnert sich ihre 1948 geborene Tochter Vera. Als Reaktion darauf verließ die Frau in einer „Nacht-und-Nebel-Aktion" das Heimatdorf im Burgenland, zog mit ihrem russischen Freund, Nikolaj Sidorov, in eine sowjetische Kaserne nach Niederösterreich und brach für beinahe fünf Jahre jeglichen Kontakt zu ihrem Elternhaus ab. Erst als der Besatzungssoldat 1950 aus Österreich abgezogen wurde, kehrte die Frau gemeinsam mit ihrer Tochter nach Hause zurück. Sie erhielt noch eine Zeit lang zensurierte Briefe, Telegramme und sogenannte Liebesgabenpakete aus der Sowjetunion, dann brach der Kontakt

---

178 Ingeborg Walla-Grom, Freundliche Auskunft an Barbara Stelzl-Marx. Wien 16.5.2007.

179 OHI, Ivan Roščin. Durchgeführt von Dar'ja Gorčakova. Moskau 11.10.2003.

180 Eleonore H., Freundliche Auskunft an Barbara Stelzl-Marx. Wien 2.4.2007.

Abb. 71: Die Familie von Therese S. lehnte deren Verhältnis mit Nikolaj Sidorov ab. Die erst 17-Jährige verließ deswegen ihr burgenländisches Heimatdorf und zog mit dem Besatzungssoldaten an den Ort seiner Stationierung. Nachdem er 1950 aus Österreich abgezogen war, konnte er noch eine Zeit lang Briefe aus der Sowjetunion – auch an die gemeinsame Tochter – senden. (Quelle: Sammlung Stelzl-Marx, Bestand Ganswohl)

– zunächst – ab. Obwohl es rasch zu einer Versöhnung mit ihrer Familie kam und Therese S. das Andenken an Nikolaj Sidorov immer sehr hoch hielt, sogar „wie eine Reliquie verehrte", spricht sie bis heute nicht gerne über die fünf Jahre an der Seite des sowjetischen Besatzungssoldaten.[181] Dass die Beziehung wegen der äußeren Umstände unglücklich endete, gab jenen, die sie davor gewarnt hatten, indirekt recht.

Die Reichweite dieser lebensweltlichen Diskurse und Praktiken der Ausgrenzung spiegelt das folgende Schreiben des 1946 geborenen Anton M. wider, dessen Vater Kommandant einer sowjetischen Einheit im Schottenhof Breitenlee im heutigen 22. Wiener Gemeindebezirk war: „Dazu kommt noch, dass nicht gerne darüber [die Beziehung seiner Mutter zum sowjetischen Besatzungsangehörigen] gesprochen wird. Da ja meine Mutter als Geliebte des Ivan anfänglich keinen guten Ruf hatte. Sie wurde dafür verantwortlich gemacht, dass einige Frauen, vor allem jüngere, in diesen Schottenhof eingezogen wurden, um zu arbeiten. Dass sie damit aber für einige Familien die Möglichkeit schaffte, Lebensmittel und sonstige Vergünstigungen zu bekom-

181 OHI, Vera Ganswohl. Durchgeführt von Barbara Stelzl-Marx. Graz 5.8.2004; Stelzl-Marx, Freier und Befreier, S. 435.

men, erkannten sie erst später."[182] Die materiellen Vorteile dieser Beziehung bzw. Arbeit, so seine Einschätzung, hätten die Nachbarn zumindest anfangs nicht zu schätzen gewusst. Die als Blamage empfundene Tatsache, dass seine Mutter „Geliebte des Ivan" gewesen war, versuchte man in der Familie totzuschweigen. Insbesondere sein Großvater mütterlicherseits, der 1948 aus sowjetischer Kriegsgefangenschaft heimgekehrt war, verurteilte die Verbindung. „Der Russe war der Feind", hieß es in der Familie. Anton M. sollte erst 2004, mit knapp 60 Jahren, erfahren, dass sein Vater ein sowjetischer Besatzungssoldat war.[183]

2.3 Reaktionen von sowjetischer Seite

Bereits Odysseus wusste, dass eine Verbrüderung zwischen den eigenen Truppen und der einheimischen Bevölkerung ein Kommandoproblem darstellte. Im Laufe der Jahrtausende änderte sich wenig an dieser Einschätzung.[184] Gerade vor dem Hintergrund des Kalten Krieges galten sexuelle Beziehungen zwischen sowjetischen Armeeangehörigen und Ausländerinnen aus Sicht Moskaus als verwerflich. Die Frauen stufte man pauschal als „politisch fragwürdig" ein, weswegen intime Kontakte zwischen ihnen und sowjetischen Offizieren und Rotarmisten unerwünscht waren.[185] Sogenannte „Lebensgemeinschaften mit politisch fragwürdigen Frauen" fielen in dieselbe Kategorie „amoralischer Erscheinungen" wie Vergewaltigung, Mord, Körperverletzung, Plünderung, Alkoholismus oder die Verursachung von Verkehrsunfällen.[186] Den in Österreich stationierten sowjetischen Militärangehörigen waren Eheschließungen mit ausländischen Frauen ausdrücklich untersagt. Den Politoffizieren fiel dabei die Aufgabe zu, die Offiziere über die „Unzweckmäßigkeit" derartiger Vermählungen aufzuklären.[187] Auch wies

182 Anton M., Schreiben an das BIK. Wien 24.6.2005.

183 Ebd.

184 Lee, Kinder amerikanischer Soldaten in Europa, S. 19.

185 RGVA, F. 32914, op. 1, d. 132, S. 218–264, hier: S. 250, Bericht des Kommandeurs des 336. NKVD-Grenzregiments, Oberstleutnant Martynov, und des Leiters der Politabteilung des Regiments, Major Čurkin, an den Leiter der Politabteilung der NKVD-Truppen zum Schutz des Hinterlandes der 3. Ukrainischen Front, Oberst Nanejšvili, über den Dienst, die parteipolitische Arbeit, den politisch-moralischen Zustand und die Disziplin des Regiments im 2. Quartal 1945 [Juni 1945].

186 RGVA, F. 32914, op. 1, d. 132, S. 329–339, hier: S. 336, Bericht des Kommandeurs des 336. NKVD-Grenzregiments, Oberstleutnant Martynov, und des Leiters der Politabteilung, Major Čurkin, über den militärischen Einsatz, den politisch-moralischen Zustand und die militärische Disziplin der Truppen von November 1944 bis August 1945, 23.8.1945.

187 CAMO, F. 3415, op. 1, d. 102, S. 24, Befehl des Leiters der Politabteilung der 6. Garde-Panzerarmee, Garde-Leutnant Filjaškin, an die Leiter der Politabteilungen über das Verbot von Eheschließungen mit Frauen ausländischer Staaten, 11.4.1945.

Abb. 72: Der erste Stadtkommandant von Leoben, Šurupov, konnte seine österreichische Freundin heiraten und mit ihr in der Ukraine leben. Er stellte somit eine große Ausnahme dar. (Quelle: AdBIK, Sammlung Šurupova)

man – freilich häufig umsonst – Offiziere und Soldaten darauf hin, dass Verbindungen mit Ausländerinnen generell „unerwünscht" waren.[188]

„Es war verboten, doch trotzdem gab es sie [Liebesbeziehungen]. Aber sehr viele Soldaten und Offiziere wandten sich an die Truppenführung, um eine österreichische Frau mitzunehmen, zu heiraten. Aber das war damals nicht üblich, wissen Sie. Es gab bei uns so einen Vorhang, es war nicht erlaubt. Man sagte ihnen: ‚Denke nicht, warte nicht, bis man dich in eine Strafdivision versetzt oder in ein Gefängnis mit Schande.' Es war verboten, nicht erlaubt, aber trotzdem gab es diese Verbindungen und Kinder wurden geboren und sogar von Offizieren und höheren und all das gab es. Das war das Leben. Das war die Jugend",[189] erinnert sich Valentina Kurilina.

Die skeptische Haltung der sowjetischen Seite gibt auch der damalige Agitator der Politabteilung, Ivan Roščin, wieder, der in seiner Rolle als Vorbild für die Truppen angeblich keine Beziehung einging: „Die Mädchen, die Österreicherinnen, [mochten] uns sehr. Sie umarmten und küssten uns öffentlich. Nun, wir fürchteten uns natürlich vor dieser Liebe. So. Warum fürchteten wir uns? Es gab damals Spione. Aus solchen Überlegungen heraus. Annäherung. Obwohl es natürlich Fälle gab, dass sich unsere, einige, mit der

188 CAMO, F. 3415, op. 1, d. 102, S. 35, Befehl des stv. Leiters der Politabteilung der Front, Oberst Katugin, an den Leiter der Politabteilung des 18. Panzerkorps, Garde-Oberst Šeleg, über das Verbot von Verbindungen der Militärangehörigen mit Frauen ausländischer Staaten, 28.4.1945.

189 OHI, Kurilina. Durchgeführt von Stelzl-Marx.

Liebe spielten. Aber das wurde nicht empfohlen. Und ich – umso mehr. Ich war ja als Kommunist dort! So. Ich musste den anderen ein Beispiel tadellosen Verhaltens geben."[190]

Der Kreml fürchtete Ausländerinnen als „epidemiologische Waffe" in den Händen des „Feindes", die über die Infektion mit Geschlechtskrankheiten Moral und Kampfkraft sowjetischer Militärangehöriger schwächen würden. Man sah die Frauen aber auch als gefährliche Werkzeuge westlicher Geheimdienste, da sie „undercover" Militär- und Staatsgeheimnisse ausspionieren sowie Rotarmisten zum Überlaufen bewegen konnten.[191] Ein Oberleutnant der 4. Garde-Armee wurde etwa zu fünf Tagen Hausarrest mit einer Geldstrafe verurteilt, da er im Beisein einer „unbefugten" Frau eine Dienstbesprechung durchgeführt und mit ihr die Unterabteilungen der Division einen Tag lang aufgesucht hatte. Sein Verhalten wertete man als äußerst „unvorsichtig".[192]

Doch auch ohne Spionageabsicht verführten die Frauen – so die interne Einschätzung – sowjetische Armeeangehörige zu schwerwiegenden Vergehen wie Desertion und Vaterlandsverrat, etwa indem sie ihnen Unterschlupf gewährten oder sie ermunterten, gemeinsam in den Westen zu emigrieren. So beobachtete der NKVD im Sommer 1945 „zahlreiche Fälle, in denen Angehörige der Roten Armee aus ihren Einheiten desertieren, in Österreich wohnhaft bleiben und österreichische Frauen heiraten" würden.[193] Ein besonders hoher Anteil von Fällen unerlaubten Entfernens von der Truppe ging laut NKVD ebenfalls auf Verbindungen zu einheimischen Frauen zurück.[194] Auch jene Rotarmisten, die aus Militärspitälern geflohen und ihre Dokumente entsprechend gefälscht hatten, unterhielten demnach Verbindungen zu österreichischen Frauen, bei denen sie eine Zeit lang lebten.[195]

190 OHI, Roščin.

191 Siehe dazu auch das Kapitel B.II.1.4 „Die Honigfalle: Spionage, Sabotage und Verhaftung" in diesem Band.

192 AM 4. GA, Bestand 4. Garde-Armee, Dok. Nr. 26, Befehl Nr. 0186 des Leiters des Stabes der 4. Garde-Armee, Garde-Generalmajor Fomin, über Vorfälle des Verlusts an Vorsichtigkeit und der Preisgabe des Militärgeheimnisses, 4.7.1945.

193 RGVA, F. 32914, op. 1, d. 13, S. 1f., Operative Tagesmeldung des Kommandanten des 336. Grenzregiments der NKVD-Truppen, Oberstleutnant Martynov, und des Stabschefs, Major Buškov, an den Chef der NKVD-Truppen zum Schutz des Hinterlandes der CGV, Generalmajor Kuznecov, 25.7.1945.

194 RGVA, F. 38650, op. 1, d. 1222, S. 173–178, hier: S. 176, Bericht des Leiters der MVD-Truppen zum Schutz des Hinterlandes der CGV, Oberst Zimin-Kovalev, und des stv. Leiters der Politabteilung, Oberstleutnant Gončarev, über den politisch-moralischen Zustand der Truppen, 26.7.1946.

195 RGVA, F. 32914, op. 1, d. 13, S. 214f., Operative Tagesmeldung Nr. 00276 des Kommandeurs des 336. NKVD-Grenzregiments, Oberstleutnant Martynov, und des Bevollmächtigten des Stabschefs, Hauptmann Kasavčenko, an den Leiter der NKVD-Truppen zum Schutz des Hinterlandes der CGV und den Militärrat der 4. Garde-Armee, 4.10.1945.

In Bruck an der Leitha etwa organisierten sich Militärangehörige während einer Abkommandierung ohne Rücksprache mit dem Militärkommandanten selbst ihre Unterkünfte, „lernten örtliche Frauen kennen, veranstalteten Trinkgelage und lebten so einige Zeit in der Stadt, indem sie selbstständig ihre Daten für die Abkommandierung ausbesserten".[196] Andere wiederum schleusten Österreicherinnen in die Rote Armee ein, um diese an einen neuen Stationierungsort mitnehmen zu können. Anfang Juli 1945 wurde an der Seite eines sowjetischen Hauptmannes eine „unbekannte Frau in der Uniform einer Militärangehörigen der Roten Armee" festgenommen, die sich „im Prozess der Filtration als Österreicherin entpuppte". Die Kommandeure einzelner Einheiten forderte man daraufhin auf, diese Möglichkeit bei der Organisation des Dienstes in Betracht zu ziehen.[197]

Unterdessen zeigten sich in Ostösterreich stationierte sowjetische Besatzungssoldaten von den politisch-moralischen Überlegungen ihrer Vorgesetzten vielfach unbeeindruckt, zumal einzelne Offiziere und sogar Politoffiziere selbst kein leuchtendes Vorbild abgaben, mit „unbekannten, politisch fragwürdigen Frauen zusammenlebten" und - wie etwa der Sekretär der Parteikommission und der Propagandainstruktor des 25. NKVD-Grenzregiments - „als Resultat so einer Beziehung" an Gonorrhö erkrankten. Einige ließen sich mit Österreicherinnen fotografieren, schickten ihnen danach die Fotos zu und versprachen, sie zu heiraten und in die Sowjetunion zu holen, „wobei sie die politischen Folgen eines solchen Handelns gänzlich außer Acht" ließen, kritisierte der NKVD.[198] Solche Fälle „von Fotoaufnahmen bei privaten Fotografen" sollten daher vollkommen „liquidiert" werden.[199] Zumindest auf dem Papier galt es, „geschlechtliche Freizügigkeit" nicht nur „durch Maßnahmen administrativen Charakters, sondern auch durch eine Einflussnahme

196 RGVA, F. 32914, op. 1, d. 13, S. 173f., Operative Tagesmeldung Nr. 00264 des Kommandeurs des 336. NKVD-Grenzregiments, Oberstleutnant Martynov, und des Bevollmächtigten des Stabschefs, Hauptmann Kasavčenko, an den Leiter der NKVD-Truppen zum Schutz des Hinterlandes der CGV und den Militärrat der 4. Garde-Armee, 20.9.1945.

197 RGVA, F. 32902, op. 1, d. 106, S. 15, Meldung des stv. Leiters der NKVD-Truppen zum Schutz des Hinterlandes der 3. Ukrainischen Front, Oberst Semenenko, an die Kommandeure des 17., 25., 91. und 14. Grenzregiments über die Einschleusung österreichischer Frauen, 11.7.1945.

198 RGVA, F. 32903, op. 1, d. 345, S. 144–148, hier: S. 144, Anordnung des Leiters der NKVD-Truppen zum Schutz des Hinterlandes der Südlichen Gruppe der Streitkräfte, Generalmajor Pavlov, und des stv. Leiters der Politabteilung, Oberstleutnant Bondarenko, an die Einheitskommandanten und die Leiter der Politabteilungen zur Disziplinierung der Angehörigen der NKVD-Grenzregimenter, 13.8.1945. Abgedruckt in: Karner - Pickl, Die Rote Armee in der Steiermark, Dok. Nr. 129.

199 RGVA, F. 32914, op. 1, d. 132, S. 218–264, hier: S. 250, Bericht des Kommandeurs des 336. NKVD-Grenzregiments, Martynov, und des Leiters der Politabteilung des Regiments, Čurkin, an den Leiter der Politabteilung der NKVD-Truppen zum Schutz des Hinterlandes der 3. Ukrainischen Front, Oberst Nanejšvili, über den Dienst, die parteipolitische Arbeit, den politisch-moralischen Zustand und die Disziplin des Regiments im 2. Quartal 1945 [Juni 1945].

des Umfeldes im Keim zu ersticken".[200] Die Tragweite der Politik der kulturellen Selbstisolation lässt sich auch dadurch erahnen, dass manche Armeeangehörige versuchten, ihre österreichische Geliebte in einem Koffer in die sowjetische Heimat zu schmuggeln.[201]

Trotz aller Verbote von sowjetischer Seite kam es vereinzelt zu Eheschließungen zwischen Österreicherinnen und Rotarmisten. Ein Beispiel dafür ist die Trauung von Major Nikolaj Kolesnikov mit der Grazerin Christiane K. im Pfarramt Münzgraben am 14. Juni 1945. Trauzeugen des Bräutigams waren zwei Majore der Roten Armee, die am Wagram wohnhaft waren und sich mit ihren Militärpapieren auswiesen. Nur einen Tag zuvor hatte die provisorische steiermärkische Landesregierung per Erlass „Nachsicht von der Beibringung des sowjetisch-russischen Ehefähigkeitszeugnisses für den Bräutigam" geübt, wodurch die „vorgekommenen Anstände behoben" wurden. Das aus der NS-Zeit stammende Formular adaptierte der Standesbeamte schlicht durch das Streichen der Passage „im Namen des Reiches" für die Nachkriegszeit. Die Ehe, die von den sowjetischen Behörden nie anerkannt worden sein dürfte, wurde im September 1958 rechtmäßig geschieden. Ein Jahr später nahm Christiane Kolesnikow wieder ihren Mädchennamen an und heiratete im November 1959 einen Grazer Polizeibeamten.[202]

2.3.1 *„Verrottung der politischen Vorsicht"*

Teilweise zogen Kontakte zu im Ausland lebenden Frauen schwere Konsequenzen für die betroffenen Besatzungssoldaten nach sich, wie etwa der Fall von Oberstleutnant Ivan Peretjat'ko zeigt. Im Mai 1945 bezog der 37-jährige Ukrainer Quartier in einem Privathaus im 16. Wiener Gemeindebezirk. Hier lernte er eine im selben Haus wohnhafte Russin namens Ludmila Christiansen kennen. Die gelernte Schneiderin erklärte sich bereit, Leibwäsche und Uniformen für die Besatzungssoldaten zu nähen. Bald darauf suchte Peretjat'ko die Frau öfters in ihrer Wohnung auf und ging mit ihr eine Beziehung ein. Christiansen übersetzte einige Dokumente ins Russische, aß mitunter gemeinsam mit den Offizieren des Regiments, lernte durch das Anpas-

200 RGVA, F. 32903, op. 1, d. 345, S. 144–148, hier: S. 146, Anordnung des Leiters der NKVD-Truppen zum Schutz des Hinterlandes der Südlichen Gruppe der Streitkräfte, Generalmajor Pavlov, und des stv. Leiters der Politabteilung, Oberstleutnant Bondarenko, an die Einheitskommandanten und die Leiter der Politabteilungen zur Disziplinierung der Angehörigen der NKVD-Grenzregimenter, 13.8.1945. Abgedruckt in: Karner – Pickl, Die Rote Armee in der Steiermark, Dok. Nr. 129.

201 OHI, Isaev. Durchgeführt von Stelzl-Marx.

202 Sammlung Stefan Karner, Heiratsurkunde Christiane K. Herrn Univ.-Prof. Dr. Stefan Karner, Graz, sei für die Überlassung einer Kopie dieses Dokuments herzlich gedankt.

sen der Uniformen „viele Soldaten und Offiziere der Einheit mit Namen und Rang" kennen und genoss deren Vertrauen. Am 3. Juli 1945 verübte sie „aus unbekannten Gründen" einen Selbstmordversuch, wurde aber rechtzeitig von Peretjat'ko gefunden und ins Spital gebracht.[203]

Zwei Monate später nahm die Spionageeinheit des 3. Bataillons der NKVD-Truppen die 22-jährige Frau fest und entlarvte sie angeblich „als Agentin des deutschen Spionageabwehrorgans Gestapo". Als Resümee dazu führte der Leiter der Politabteilung des 336. NKVD-Grenzregiments an: „Die zufällige Bekanntschaft von Oberstleutnant Peretjat'ko mit politisch fragwürdigen Frauen passierte als Folge seiner sexuellen Haltlosigkeit, der Verrottung seiner politischen Vorsicht." Folglich könne der Oberstleutnant, der zuvor in einem Strafbataillon gedient hatte, „nicht [mehr] in den Grenztruppen eingesetzt werden". Mit seinem Fall befasste sich daraufhin die Abteilung „Smerš" des NKVD, die auch über weitere Strafmaßnahmen entschied. Außerdem führte die Politabteilung aus gegebenem Anlass eine Besprechung zum Thema „Über die Steigerung der politischen Wachsamkeit" durch.[204]

Diese offizielle Ablehnung von Beziehungen zwischen sowjetischen Militärangehörigen und in Österreich wohnhaften Frauen spiegelt sich auch in der Einschätzung von General Vasilij Tjuchtjaev wider. Der hochdekorierte Veteran gehörte 1945 zum Stab der 4. Garde-Armee und war in den 1980er Jahren Mitglied des Zentralkomitees der KPdSU. Auf die Frage nach Kontakten zwischen Rotarmisten und Österreicherinnen antwortete Tjuchtjaev, diese wären – außer im offiziellen Rahmen – allein schon wegen der militärischen Disziplin nicht toleriert worden. Bezeichnend für die Sicht sowjetischer Verantwortungsträger erscheint seine Beurteilung, die österreichischen Frauen hätten regelrecht Jagd auf die „feschen, gesunden" Rotarmisten gemacht, „besonders die Offiziere". Dabei setzte er Liebesbeziehungen mit „Unterhaltung" gleich, die bei Mannschaftssoldaten – so seine Einschätzung – nur organisiert möglich sei: „Man muss das Besondere an jeder Armee verstehen – dies gilt vor allem für unsere, für die Sowjetische Armee: Disziplin, Ordnung! Und wie soll da ein Soldat mit der örtlichen Bevölkerung sprechen? Er kann sich auch auf seinem eigenen Territorium, dem sowjetischen, nicht frei unterhalten. Es gibt den militärischen Verband, die Formation! Es gibt Ordnung! Ein Soldat kann entlassen werden! Offiziere haben ihren Plan! Ein Offizier – ja, ein Offizier kann sich unterhalten! Er hat Freizeit! Aber ein Soldat

203 RGVA, F. 32914, op. 1, d. 132, S. 349–350, Bericht des Leiters der Politabteilung des 336. NKVD-Grenzregiments, Major Čurkin, über den intimen Kontakt mit einer politisch fragwürdigen Frau [nach dem 7.9.1945].

204 Ebd.

– alles streng nach Dienstplan! Wenn er jemanden trifft, dann nur im Klub! Dann auch die örtliche Bevölkerung. Theatergruppen, Tänze – alles [gab es]! Das aber nur zu bestimmten Stunden! Aber ‚sich unterhalten' – das ist in der Armee nicht möglich! Wenn, dann nur organisiert! Anderenfalls wäre das ja keine Armee! Organisiert!"[205]

Trotz der Anstrengungen der militärischen Führung gehörten Liebesbeziehungen zwischen einheimischen Frauen und sowjetischen Armeeangehörigen zum Besatzungsalltag. Dabei zogen sich die Österreicherinnen mitunter die Abneigung der Ehefrauen der Sowjets sowohl im Besatzungsgebiet wie auch in der Sowjetunion zu.[206] Teilweise ging die Eifersucht auf die „bourgeoisen, kapitalistischen Frauen" auch über die direkte Zeit der Stationierung in Österreich hinaus. Manche ehemalige Besatzungssoldaten zogen es unter anderem aus diesem Grund vor, zu Hause nichts über ihre (vergangene) Beziehung mit einer Österreicherin zu erzählen. Sie wollten nicht unnötig den Argwohn ihrer Ehefrau auf sich ziehen. Erst Jahrzehnte später erwähnten manche diesen privaten Aspekt ihres Besatzungseinsatzes im Westen, insbesondere wenn sie wussten oder vermuteten, ein Kind in Österreich zu haben.

205 OHI, Vasilij Tjuchtaev. Durchgeführt von Ol'ga Pavlenko. Moskau 21.11.2003. Zit. nach: Stelzl-Marx, Freier und Befreier, S. 437.

206 Naimark, Die Russen in Deutschland, S. 164.

3. Besatzungskinder

„Besatzungskinder - ein Weltproblem" betitelte die „Arbeiter-Zeitung" einen Artikel vom November 1955 und erklärte: „Wo immer ausländische Soldaten - als Verbündete oder als Eroberer - mit der Bevölkerung eines Landes Beziehungen anknüpfen, werden uneheliche Kinder geboren. Das war zur Zeit der römischen Legionen so, und daran wird sich wohl noch lange nichts ändern."[207] Den Anlass für diese Veröffentlichung bildeten „materielle Not" und „moralische Schwierigkeiten" in Form von Diskriminierung und Stigmatisierung, worunter „Mischlingskinder" in Österreich litten. Dem leistete der Artikel jedoch selbst durch die Betonung ihrer „Andersartigkeit" Vorschub: „Die kaffeebraune Lizzi aus Linz", lautete die Zwischenüberschrift, und weiter: „Lizzi wurde vor neun Jahren in Linz geboren; als Kind einer österreichischen Mutter und eines farbigen Soldaten der Besatzungsmacht. Sie kam mit allen Merkmalen eines Negerleins zur Welt: milchkaffeebraune Haut, große, dunkle Kulleraugen und schwarzer Kräuselhaarschopf. Ihre Mutter hat sie nie gekannt."[208]

In allen vier Zonen Österreichs kamen sogenannte „Besatzungskinder" auf die Welt: als Folge freiwilliger sexueller Beziehungen zwischen einheimischen Frauen und Besatzungsangehörigen, aber auch als Folge von Vergewaltigungen. Sie galten als „Kinder des Feindes",[209] obwohl die Väter de jure keine Feinde mehr waren, und waren meist unterschiedlichen Formen von Diskriminierung ausgesetzt. Ihre „Schande" bestand nicht nur darin, un- oder außerehelich geboren worden zu sein, sondern auch darin, den „falschen" Vater zu haben. So bildeten sie eine „ideale" Angriffsfläche für rassistische, ideologische und moralische Vorurteile. „Russenkind" oder auch „Russenbalg" waren noch in den 1960er Jahren gebräuchliche Schimpfwörter.[210] Kinder von Besatzungssoldaten, die wahrscheinlich in allen besetzten Ländern diffamiert werden, gelten schlechthin als „Besatzungsschaden".[211] Das Thema hat bis heute größte Aktualität. [212]

Laut Angaben der einzelnen Bundesländer wurden zwischen 1946 und 1953 rund 8000 „Soldatenkinder", wie ein zeitgenössischer Terminus lautete, geboren.[213] Die Gesamtzahl dürfte allerdings bei mindestens 20.000 liegen.

---

207 Gertrud Srncik, Besatzungskinder - ein Weltproblem, in: Arbeiter-Zeitung, 3.11.1955, S. 5.

208 Ebd.

209 Marc Widmann - Mary Wiltenburg, Kinder des Feindes, in: Der Spiegel. 2006/52, S. 39–41.

210 Berger - Holler, Trümmerfrauen, S. 189; Stelzl-Marx, Freier und Befreier, S. 441.

211 Drolshagen, Wer die Mutter verachtet, schikaniert ihr Kind, S. 156.

212 Vgl. etwa Ingvill C. Mochmann - Sabine Lee, The Human Rights of Children born of War: Case Analyses of Past and Present conflicts, in: Historical Social Research. Bd. 35. 2010/3, S. 268–298.

213 Srncik, Besatzungskinder - ein Weltproblem, S. 5.

Schließlich gaben viele Mütter bei der Geburt den Vater als „unbekannt" an. Für Deutschland geht man von mindestens 100.000 Kindern von Besatzungssoldaten aus.[214] In Westdeutschland waren nach einer Erhebung von 1955 mehr als 66.000 uneheliche „Besatzungskinder" gezählt worden, davon mehr als die Hälfte mit amerikanischen Vätern.[215] Trotz ihrer großen Zahl waren - und sind - die Betroffenen gleichsam „unsichtbar". Viele wurden an den Rand der Gesellschaft und Familie gedrängt, sie wuchsen bei Pflege- oder Großeltern auf und waren von einer merkwürdigen Mischung aus Tabuisierung und mysteriösen Anspielungen Außenstehender umgeben. Viele schämen sich, über ihre Abstammung zu sprechen, oder stoßen ihrerseits auf eine Mauer des Schweigens. Bis heute gibt es weder in Deutschland noch in Österreich eine staatliche Einrichtung, die sich der Anliegen der Betroffenen annimmt.

Dies erinnert vielfach an die Situation von Kindern deutscher Wehrmachtssoldaten in den besetzten Gebieten.[216] Auch sie wurden jahrelang geächtet und sogar misshandelt. Ihre Herkunft wurde ihnen ausdrücklich oder implizit zum Vorwurf gemacht. Allein in Frankreich schätzt man die Zahl dieser als „enfants de boches"[217] diskriminierten Kinder auf 200.000. Sie fanden in der historisch gängigen Täter-Opfer-Dichotomie keinen Platz. Erst sechs Jahrzehnte nach Kriegsende wurden die Geschichten der Betroffenen durch das viel diskutierte Buch „Les enfants maudits" („Die verfluchten Kinder") an die breite Öffentlichkeit gebracht.[218]

Noch Anfang 2008 betonte der französische Außenminister Bernard Kouchner in Berlin, die Geschichtsaufarbeitung zwischen den ehemaligen Feinden sei offenbar nicht abgeschlossen. Die letzten Opfer der früheren Feindschaft seien die „Besatzungskinder", jene „unschuldigen und unzeitgemäßen Opfer" des Zweiten Weltkrieges, denen bisher jede Anerkennung

214 Die Kinder der Besatzer. Teil 2. Eine NDR-Produktion von Reinhard Joksch. 2006. Genauere Zahlen sind durch die Ergebnisse eines aktuellen Forschungsprojektes von Silke Satjukow zu erwarten.

215 Lee, Kinder amerikanischer Soldaten in Europa, S. 339.

216 Vgl. etwa Kjersti Ericsson – Eva Simonsen (Hg.), Children of World War II. The Hidden Enemy Legacy. Oxford – New York 2005; Lars Westerlund (Hg.), Saksailiasten ja neuvostosotilaiden lapset Suomessa, Norjassa, Tanskassa, Itävallassa, puolassa ja Itä-Karjalassa. Ulkomaalasten sotilaiden lapset Suomessa 1940–1948. Ossa II. The Children of Foreign Soldiers in Finland, Norway, Denmark, Austria, Poland and Occupied Soviet Karelia. Children of Foreign Soliders in Finland 1940–1948. Bd. 2. Helsinki 2011; Ingvill C. Mochmann – Sabine Lee – Barbara Stelzl-Marx (Hg.), Children Born of War: Second World War and Beyond. Focus. Kinder des Krieges: Zweiter Weltkrieg und danach. Historical Social Research. Historische Sozialforschung. Bd. 34. 2009/3, S. 263–373; Mühlhäuser, Eroberungen, S. 309–312.

217 Virgili, Enfants de Boches.

218 Jean-Paul Picaper – Ludwig Norz, Les enfants maudits. Ils sont 200000, on les appelait les enfants de Boches. Paris 2004.

versagt geblieben sei. Der Außenminister plante, eine Kommission von Historikern, Juristen und Philosophen zur Aufarbeitung dieses Themas einzusetzen. Niemand, so Kouchners Überlegung, solle mehr in Frankreich oder Deutschland seine Herkunft leugnen müssen. Der politische Wille, sich diesem Thema der gemeinsamen Vergangenheit zu widmen, scheint jedoch auf deutscher wie auf französischer Seite weiterhin zu fehlen.[219] Trotzdem trug sein Engagement schließlich Früchte. Im Februar 2009 teilte das deutsche Innenministerium mit, es werde den Betroffenen in Absprache mit dem Auswärtigen Amt beim Wunsch nach der deutschen Staatsbürgerschaft entgegenkommen.[220] Ein halbes Jahr später verlieh die deutsche Botschaft in Paris Betroffenen die deutsche Staatsbürgerschaft.[221]

Die Mehrheit der „Besatzungskinder" stellt eine „vaterlose Generation" dar. Die Militärangehörigen wussten häufig nicht, dass sie ein Kind gezeugt hatten, oder wurden noch vor dessen Geburt versetzt. Spätestens aber mit dem Abzug der Truppen waren vor allem die sowjetischen Väter nicht mehr greifbar. Es entsprach sowohl der Politik der sowjetischen Regierung als auch dem Usus vieler Väter, diese Kinder nicht anzuerkennen und keine Verantwortung für sie zu übernehmen.[222] In den meisten Fällen brach als Folge des Kalten Krieges jeglicher Kontakt - zumindest für mehrere Jahrzehnte - ab. So wuchsen die Kinder beinahe ausnahmslos ohne ihren leiblichen Vater auf, von dem viele nicht mehr als einen russischen Vornamen und eine Region in der damaligen Sowjetunion als Herkunftsort wissen. Manche kennen nicht einmal diese Angaben. Dies hatte - etwa wegen fehlender Alimentationszahlungen - nicht nur wirtschaftliche, sondern auch lebenslange psychische Folgen.[223]

Die Suche nach dem Vater ist für viele „Besatzungskinder" - und deren Kinder - zeit ihres Lebens ein Thema. Im Vordergrund steht die Ergründung der eigenen Identität, die Frage nach den „persönlichen Wurzeln". Selbst Kinder, die als Folge einer Vergewaltigung auf die Welt kamen, widmen sich dieser Lebensfrage. In einigen Fällen versuchen auch ehemalige Besatzungsangehörige, ihr „österreichisches Kind" und deren Mutter zu finden. In

219 Elise Cannuel, Verfluchte oder Kinder der Liebe? Dreiundsechzig Jahre nach dem Zweiten Weltkrieg regt Frankreich an, die Geschichte deutsch-französischer Besatzungskinder aufzuarbeiten, in: Frankfurter Allgemeine Zeitung. Feuilleton, 21.5.2008, S. 46.

220 Französische „Kriegskinder" gehört. Deutschland erleichtert Betroffenen die Einbürgerung - historische Kommission soll Thema aufarbeiten, in: http://derstandard.at/Text/?id=1234507506077. 19.2.2009, 16.05 Uhr.

221 Sascha Lehnartz, Deutsche Staatsbürgerschaft für einen „Bastard", in: http://www.welt.de/politik/ausland/article4265894/Deutsche-Staatsbuergerschaft-fuer-einen-Bastard.html#reqNL. 6.8.2009, 18.05 Uhr.

222 Zur vergleichbaren Situation in der DDR vgl. Satjukow, Besatzer, S. 297.

223 Stelzl-Marx, Freier und Befreier, S. 441f.

Russland entstand in diesem Zusammenhang der euphemistische Ausdruck „Kinder der Befreiung" („deti osvoboždenija"). Gelingt eine „Familienzusammenführung", ist diese an Dramatik, Emotionalität und Freude meist kaum zu übertreffen. Jedoch möchten manche „Besatzungsväter" - insbesondere in den USA - mit diesem Aspekt ihrer Nachkriegsbiografie nicht mehr konfrontiert werden und lehnen jeglichen Kontakt ab.[224]

Der wissenschaftlichen Forschung kommt in diesem Zusammenhang vielfach die Rolle zu, das Tabu innerhalb von Familie und Gesellschaft zu durchbrechen und - in manchen Fällen - bei der Suche behilflich zu sein. Für Österreich liegen bereits Arbeiten zu Kindern amerikanischer,[225] britischer,[226] sowjetischer[227] und französischer[228] bzw. marokkanischer[229] Besatzungssoldaten vor. Diese könnten zugleich auch die Initialzündung für die Etablierung von Selbsthilfegruppen geben, wie sie in anderen Ländern bereits tätig sind. Eine Einbettung in das internationale, interdisziplinäre und Epochen übergreifende Forschungsfeld „Kinder der Krieges" („Children of war")[230] erscheint besonders zielführend.

224 Ebd., S. 438, 441–447.

225 Siehe insbesondere: Ingrid Bauer, Welcome Ami Go Home. Die amerikanische Besatzung in Salzburg 1945–1955. Erinnerungslandschaften aus einem Oral-History-Projekt. Salzburg - München 1998.

226 Siehe insbesondere: Karin M. Schmidlechner, Frauenleben in Männerwelten: Kriegsende und Kriegszeit in der Steiermark. Studien zur Gesellschafts- und Kulturgeschichte. Bd. 10. Wien 1997; Regina Brunnhofer, Liebesgeschichten und Heiratssachen. Das vielfältige Beziehungsgeflecht zwischen britischen Besatzungssoldaten und Frauen in der Steiermark zwischen 1945–1955. Phil. DA. Graz 2002.

227 Siehe insbesondere: Stelzl-Marx, Freier und Befreier; Barbara Stelzl-Marx, „Russenkinder" und „Sowjetbräute". Besatzungserfahrungen in Österreich 1945–1955, in: Andreas Hilger - Mike Schmeitzner - Clemens Vollnhals, Sowjetisierung oder Neutralität? Optionen sowjetischer Besatzungspolitik in Deutschland und Österreich 1945–1955. Schriften des Hannah-Arendt-Instituts für Totalitarismusforschung. Bd. 32. Göttingen 2006, S. 479–508; Barbara Stelzl-Marx, „Russenkinder". Besatzung und ihre Kinder, in: Stefan Karner - Gottfried Stangler (Hg.), „Österreich ist frei!" Der Österreichische Staatsvertrag 1955. Beitragsband zur Ausstellung auf Schloss Schallaburg 2005. Horn - Wien 2005, S. 163–168.

228 Siehe insbesondere: Renate Huber, Regionale und nationale Identitäten in Vorarlberg (1945–1965). Geschlecht, Migration und Besatzung als Interaktionsfelder zwischen Zugehörigkeit und Differenz. Phil. Diss. Florenz 2002; Renate Huber, „Als Mann hätte er mich interessiert, als Mann ...". Beziehungen von Vorarlberger Frauen zu französischen Besatzungssoldaten auf der Basis lebensgeschichtlicher Interviews, in: Montfort 49. 1997/2, S. 177–196; Renate Huber, „I säg all, ma heat vrgessa höra schaffa ...". Alltagsleben von Frauen in Vorarlberg während der französischen Besatzungszeit 1945–1953 anhand lebensgeschichtlicher Interviews. Phil. DA. Salzburg 1996; Renate Huber, Identität in Bewegung. Zwischen Zugehörigkeit und Differenz. Vorarlberg 1945–1965. Innsbruck - Wien - München - Bozen 2004.

229 Siehe insbesondere: Clément Mutombo, Les damnés innocents du Vorarlberg. Parianisme envers les enfants historiques (1946). Frankfurt am Main 2007.

230 Workshop „Children Born of War during and after World War II". University of Birmingham 20.6.2008.

3.1 „Als Russenkind war ich das Letzte"

In ganz Österreich waren „Besatzungskinder" diversen Formen von Stigmatisierung und Diskriminierung ausgesetzt. Versteckte Anspielungen auf ihr Aussehen oder ihr „Anderssein" gehörten ebenso dazu wie Mobbing in der Schule, offene Ablehnung seitens der Familie und Nachbarschaft oder Prügeleien und Beschimpfungen. Viele litten darunter, nur wenig bis nichts über ihren Vater zu wissen oder zu ahnen, dass er etwa einer der „verhassten Russen" war. Auch offizielle Stellen wie die Fürsorge betrachteten sie als „Problem". Für die breite Öffentlichkeit stellten die Betroffenen ein beliebtes Versatzstück scheinmoralischer Entrüstung dar.[231]

Der Terminus „Russenkind" war noch in den 1960er Jahren ein weitverbreitetes Schimpfwort unter Jugendlichen und Kindern. Sie hatten diesen Begriff von ihren Eltern als Synonym für etwas besonders Verachtenswertes übernommen, vielfach ohne genau zu verstehen, welch schmerzhafte Beleidigung dahintersteckte.[232] So berichtet der im Februar 1947 geborene Ferdinand Rieder, dass er als Sohn eines sowjetischen Soldaten in den Häusern seiner Freunde unerwünscht war: „Als ‚Russenkind' war ich das Letzte. Die Eltern meiner Freunde haben mich aus ihren Häusern hinausgejagt."[233] Die Gleichaltrigen aus dem Dorf griffen das von Erwachsenen abwertend eingesetzte Etikett „Russenkind" auf und verwendeten es als Schimpfwort, erinnert sich der Niederösterreicher: „Ich war in jungen Jahren im Streit mit Mitschülern oder auch von Erwachsenen nicht selten als ‚Russenkind' tituliert worden. Ich hatte auch schnell bemerkt, dass es sich dabei nicht um ein x-beliebiges Schimpfwort handelte, sondern dass es speziell auf mich gemünzt war."[234]

Zwei Gründe macht Rieder dafür verantwortlich, weswegen „die Russen" – und somit auch sein Vater – im Ort insgesamt und im Elternhaus seiner Mutter im Speziellen derart ungern gesehen waren: einerseits die Vergewaltigungen zu Kriegsende, andererseits der hohe Anteil an überzeugten „Nazis". In der kleinen Gemeinschaft des Dorfes, wo jeder jeden kannte und über alles Bescheid wusste, übertrug sich das negative, von der NS-Propaganda geprägte „Russenbild" auf jene Frauen, die eine Beziehung mit einem Besatzungssoldaten eingingen. Folglich gingen die „Rassenschande" und die „nationale

231 Stelzl-Marx, Freier und Befreier, S. 441.

232 Berger – Holler, Trümmerfrauen, S. 189.

233 Ferdinand Rieder, Freundliche Auskunft an Barbara Stelzl-Marx. Tulln 17.6.2004. Vgl. Stelzl-Marx, Freier und Befreier, S. 441.

234 Anton Müllner – Ferdinand Rieder, Auf der Suche nach dem Vater. Eine berührende Geschichte, erzählt von Anton Müllner und Ferdinand Rieder, in: Moosbierbaumer Dorfblatt'l. Unabhängige Moosbierbaumer Dorfzeitung. 2007/27, S. 7–12.

Untreue" auf jene Kinder über, die einer derartigen Liaison entstammten. Diese Stigmatisierung ließ zwei der insgesamt drei „Russenkinder" in seinem Heimatdorf zu Alkoholikern werden, meint Ferdinand Rieder.

Rieders Mutter erzählte ihrem späteren österreichischen Mann, sie sei von einem sowjetischen Soldaten vergewaltigt worden. Ihre – vermeintliche – Rolle als Opfer galt offensichtlich als weniger mit Schande behaftet als der Umstand, eine freiwillige Beziehung mit einem „Russen" eingegangen zu sein. Trotz dieser offiziellen Distanzierung von dem Rotarmisten fand Rieder nach dem Tod der Mutter ein Foto seines sowjetischen Vaters in ihrem Ausweisetui. Der Verleugnung dieses anscheinend glücklichen Lebensabschnittes mit dem Besatzungssoldaten nach außen hin war offensichtlich keine innere Loslösung gefolgt.[235]

3.1.1 Kinder der Schande

Anna E. hingegen, die Ende 1945 infolge einer Vergewaltigung zur Welt kam, litt ihr Leben lang unter dieser „Schande" und schämte sich für ihre Herkunft: „Irgendwo ist da eine Hemmschwelle, dass man sich da irgendwo schämt. [...] Weil das einfach brutal war. Und weil man nur Negatives gehört hat von denen. Von denen hat man nur sehr wenig Positives gehört. Also, es ist – wie soll man sagen – so wie die Rowdys, wie die Wilden halt."[236] Ihre eigene Familie wie auch die Nachbarn ließen sie von Anfang an spüren, dass sie „nicht dazugehörte" und „nicht willkommen" war. Oft äußerte sich die Diskriminierung in scheinbaren Kleinigkeiten. Als Kind etwa hätten alle Gleichaltrigen im Dorf Honigbrote bekommen, während man zu ihr sagte: „Du geh nur heim, du Russenpamper." Sie meint dazu: „Spüren haben sie dich das immer lassen. Also, ich hätte nie vom Dorf einen [Mann] geheiratet, oder was. Nie!" Bereits ihre Geburt stellte eine Sensation dar: „Ich bin am 31. Dezember auf die Welt gekommen. Ja, das war auch lustig, wie ich auf die Welt gekommen bin. Haben alle geglaubt, ich bin irgendwie außerirdisch. Und eine Frau hat gemeint: ‚Was denn, so ein Kind von so einer Horde soll getauft werden? Du darfst die ja gar nicht taufen lassen.'"[237]

Als persönlichen Angriff empfand sie zudem die negativen Erzählungen, die „immer" über „die Russen" verbreitet wurden: „Also, man hat es dann immer zu hören gekriegt. Ein Leben lang. Du hast einfach nicht Fuß fassen können bei den Leuten da, das ist, das war einfach unmöglich. Du warst ein-

235 Stelzl-Marx, Freier und Befreier, S. 441f.

236 OHI, Anna E. Durchgeführt von Barbara Stelzl-Marx. O. O. 4.4.2007.

237 Ebd.

Abb. 73: Ein sowjetischer Besatzungssoldat mit seinem österreichischen Kind. Kurze Zeit später musste er in die Sowjetunion zurückkehren. (Quelle: Sammlung Stelzl-Marx, Bestand Ganswohl)

fach von den Schlechten, du bist einfach schlecht. Und fertig ist das, nicht!" Selbst heute noch spürt sie eine Benachteiligung. Beispielsweise betreute sie gemeinsam mit einer zweiten Frau die Dorfkapelle, wurde allerdings vor höheren Feiertagen bei der Vorbereitung übergangen: „Doch wenn was war, haben sie immer die andere gefragt. Als ob ich nicht gut genug wäre."[238]

In ähnlicher Weise verspürte auch die 1948 geborene Renate M. ein mit Schande behaftetes Gefühl, „anders" zu sein. Bis heute kämpft sie, wie wohl viele der Betroffenen, mit den Folgen ihrer Vergangenheit als Besatzungskind: „Ich wusste wohl vage, dass es einen Krieg gab und die Russen, die gefürchtet waren, unser Gebiet besetzt hatten, also sah ich es als etwas Böses/Minderwertiges an, dass ich das Kind eines russischen Soldaten war. Ich habe es nie gewagt, meine Pflegeeltern bzw. meine Mutter danach zu fragen. Ich hatte immer das Gefühl, dass ich irgendwie anders war und von den Leuten auch so betrachtet wurde, und habe das schweigend hingenommen."[239]

Das erste Mal wurde sie im Alter von dreieinhalb oder vier Jahren damit konfrontiert, als ihr Stiefvater während eines Wutanfalls das Wort „Russenmensch" „so durch den Raum brüllte". Rückblickend meint sie dazu: „Und das hat mich irgendwie so völlig erschlagen, dieses Wort. Ich hab das nicht zuordnen können. Ich hab ja nicht einmal gewusst, wie wird ein Mensch ge-

238 Ebd.
239 Renate M., Elektronische Nachricht an Barbara Stelzl-Marx. 17.2.2008.

zeugt und wie kommt ein Kind auf die Welt. Ich hab nur irgendwie sehr stark gespürt, das ist was ganz, ganz Schlimmes. Das ist was ganz, ganz Schlechtes. Ja, und ich war dann bis zu meinem sechsten Lebensjahr eben bei meiner Mutter und dem Stiefvater."[240]

Unter Antisemitismus hatte sie, im Gegensatz zu ihrem leiblichen Vater, nicht zu leiden. Sie erinnert sich auch, wie ihr Vater von seinen Kameraden abwertend als „evrej" (russisch für „Jude") bezeichnet wurde, allerdings war ihr die Bedeutung dieses Wortes nicht bekannt.[241] Bemerkenswert ist dieser Hinweis aber insofern, als er auf eine Ausprägung der antisemitischen Tradition in der Roten Armee schließen lässt. Die politische Verwaltung der Roten Armee hatte bereits in den 1920er Jahren mit Fällen „von ethnischen Antagonismen zwischen Russen und Juden" zu kämpfen.[242]

Offene Ablehnung erfuhren manche „Besatzungskinder" auch seitens ihrer eigenen Familie. So erinnert sich die 1947 in Salzburg geborene Rosa K., von ihrem Onkel als „Polackenkind" bezeichnet worden zu sein: „Durch die Aussagen meines Onkels empfand ich es als Kind als große Schande, einen Vater sowjetischer Herkunft zu haben. Dies war auch der Grund, weshalb ich meine Tante nicht weiter nach eventuellen weiteren Details über ihn ausfragte."[243] Während ihr Vater, der aus der Roten Armee desertiert war und noch 1947 nach Frankreich floh, in der Familie ein Tabuthema darstellte, erzählte ihr die Tante Genaueres über ihre Geburt: „Als bei meiner Mutter die Wehen einsetzten (es war strenger Winter), fuhr sie ihr Bruder mit dem Pferdeschlitten zum Ortseingang nach O.; von dort musste sie allein ca. eine viertel Stunde zum örtlichen Krankenhaus gehen. Er hatte sich so sehr dafür geschämt, dass seine Schwester ein Kind von einem Ausländer bekam, und wollte daher nicht in den Ort hineinfahren."[244] Auch andere Verwandte diskriminierten Rosa K. wegen ihrer Herkunft. So erhielt sie – im Gegensatz zu ihren Cousinen – keine Geschenke zu besonderen Anlässen wie Weihnachten oder Geburtstag.[245]

Vor diesem Hintergrund überrascht es wenig, dass „Besatzungskinder" häufig von psychologischen, psychosomatischen und auch physischen Problemen berichten, die sich vielfach bereits im Kindesalter manifestierten, sich aber teilweise erst im Erwachsenenalter erklären ließen. Ausschlaggebend für die Erfahrungswelt der Kinder ist dabei die Perzeption durch die Umwelt,

240 OHI, Renate M. Durchgeführt von Barbara Stelzl-Marx. Graz 16.11.2007.
241 Ebd.
242 Musial, Kampfplatz Deutschland, S. 101.
243 Rosa K., Elektronische Nachricht an Barbara Stelzl-Marx. 18.2.2008.
244 Ebd.
245 Sammlung Barbara Stelzl-Marx, Rosa K., Fragebogen. Wals 22.2.2008.

nicht ihre rechtliche Lage. Neben der Stigmatisierung liegt eine weitere Ursache hierfür im häufig schwierigen familiären Umfeld bzw. in der in Heimen oder bei Pflegeeltern verbrachten Kindheit. Viele verspürten ein latentes bis offenes Gefühl, im Grunde nicht erwünscht zu sein.

3.2 Kindheit bei Tanten und Pflegeeltern

Vielfach wuchsen „Besatzungskinder" bei Großeltern, anderen Verwandten, Pflege- oder Zieheltern oder in Heimen auf. Dies konnte etwa der Fall sein, wenn die alleinstehende Mutter arbeiten ging oder der (spätere) Stiefvater das Kind ablehnte. Manche sprechen sogar von Hass, der ihnen entgegenschlug. So kam etwa Anna E. nach der Rückkehr ihres Stiefvaters aus der Kriegsgefangenschaft zu Pflegeeltern: „Wie mein [Stief-]Vater heimgekommen ist, hab ich fortmüssen. Er hat mich nicht mögen."[246] Fortan hatte sie eine Ziehmutter, zu der sie „Mutter" sagen musste, neben ihrer leiblichen Mutter, die sie zur Unterscheidung „Rosl-Mutter" nannte.[247]

Als „Tragik eines Besatzungskindes" bezeichnete die „Arbeiter-Zeitung" am 23. Jänner 1953 den Fall des sechsjährigen Anton Wesely. Er war kurz zuvor tot neben seiner Pflegemutter Anna Sch. aufgefunden worden, die Selbstmord begangen und das Kind mit in den Tod genommen hatte: „Und sie starb mit dem Kind, weil sie befürchtete, dass sich nun niemand mehr um den Buben, der sehr an ihr hing, kümmern werde. Sein Vater war ein russischer Soldat, der längst nicht mehr in Österreich ist. Die Mutter wollte von dem Kleinen nichts wissen. Anna Sch. hatte den kleinen Toni aus dem Heim zu sich genommen und wie ihr eigenes Kind gehalten [sic!]", führte die Zeitung als Erklärung an.[248]

Seine Kindheit und Jugend verbrachte auch H. L. im Heim bzw. im SOS-Kinderdorf. Als er zweieinhalb Jahre alt war, wurde seine Mutter, Ingeborg Louzek, verhaftet, wenig später wegen Spionage und Beihilfe zum Vaterlandsverrat zum Tod verurteilt und im Jänner 1951 in Moskau hingerichtet. Sein Vater, ein sowjetischer Besatzungssoldat, war bereits zuvor wegen Vaterlandsverrats erschossen worden. Ab dem Zeitpunkt der Verhaftung seiner Mutter kam H. L. in ein Heim in der amerikanischen Besatzungszone.[249]

Seine Großmutter mütterlicherseits, die in Wien lebte und offensichtlich aus Angst, ihr drohe gleichfalls eine Verhaftung, nicht die Zonengrenze über-

246 OHI, Anna E.

247 Ebd.

248 Die Tragik eines Besatzungskindes, in: Arbeiter-Zeitung, 23.1.1953, S. 4.

249 Siehe dazu auch das Kapitel B.I.2.6.7 „Bestrafung der Fluchthelfer" in diesem Band; Stelzl-Marx, Verschleppt und erschossen, S. 44f.

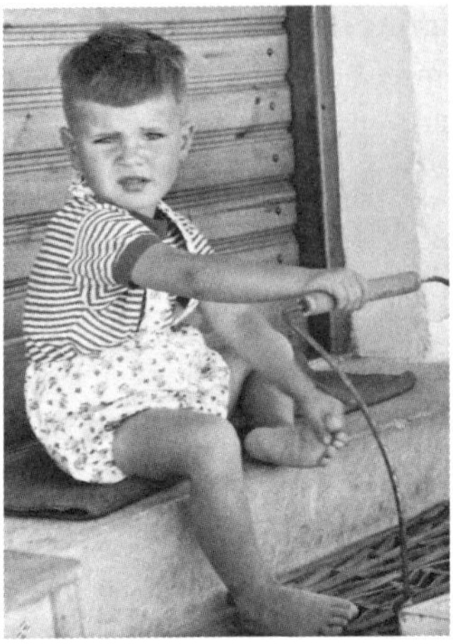

Abb. 74: Durch die Hinrichtung beider Elternteile wurde das Besatzungskind H. L. zur Vollwaisen. (Quelle: Sammlung Stelzl-Marx, Bestand H. L.)

schreiten konnte, verlor ihren Enkel für mehr als zehn Jahre aus den Augen. H. L. wuchs schließlich im kurz zuvor von Hermann Gmeiner gegründeten SOS-Kinderdorf in Tirol und später in Hinterbrühl auf. Erst als er etwa 13 Jahre alt war, konnte ihn seine nun in Italien wohnhafte Großmutter ausfindig machen und ihm Genaueres über seine Mutter, an die er sich nicht mehr erinnern konnte, erzählen. Im April 2009 erfuhr H. L. nicht nur die wahren Hintergründe über das „Verschwinden" seiner Mutter, sondern auch von der Hinrichtung seines Vaters, dessen Name ihm bis dahin nicht bekannt gewesen war.[250] Über Memorial Moskau und das Ludwig Boltzmann-Institut für Kriegsfolgen-Forschung erhielt er auch das bisher einzige Foto seines Vaters - aus dessen Strafprozessakt.

3.2.1 *Wirtschaftliche Probleme*

Nicht zuletzt spielten wirtschaftliche Probleme eine Rolle: Die Mütter waren häufig alleinerziehend und mussten selbst für ihren Unterhalt sowie den ihres Kindes aufkommen. Die in die Sowjetunion zurückgekehrten Väter konnten - so ihre Adresse überhaupt bekannt war - nicht zu Alimentationszahlungen herangezogen werden. Nichtsdestotrotz standen die Mütter mehrheitlich zu ihren Kindern: Von österreichweit 603 Frauen, die die Fürsorge aufgefordert hatte, ihre Kinder zur Adoption freizugeben, erklärten sich nur 92 dazu bereit.[251]

Bezeichnenderweise wuchs Renate M. bei Pflegeeltern auf, nachdem ihre Mutter einen Österreicher geheiratet hatte: „Meine Kindheit und meine Jugend waren mehr als schwer, da ich als Kind eines fremden Besatzers in diesem kleinen Ort natürlich diskriminiert wurde. Meine Mutter hat 1952 einen Mann aus dem Dorf geheiratet, und ich konnte aufgrund meiner Abstammung nicht in der Familie bleiben, da ich das Hassobjekt meines Stiefvaters

250 Louzek, Freundliche Auskunft. Herbert Lackner, „Jetzt ist auch die Hoffnung gestorben". Zeitgeschichte. Nach dem Fall der Berliner Mauer und des Eisernen Vorhangs öffneten sich langsam auch die Geheimarchive. Viele Familien erfahren erst jetzt vom grausamen Tod ihrer in die Sowjetunion verschleppten Angehörigen", in: Profil 46, 9.11.2009, S. 18–23.

251 Srncik, Besatzungskinder - ein Weltproblem, S. 5; Stelzl-Marx, Freier und Befreier, S. 441.

war. Mit sechs Jahren wurde ich von Pflegeeltern aufgenommen."[252] Die Pflegeeltern verboten ihr jeglichen Kontakt zu ihrer leiblichen Mutter: „Mein täglicher Schulweg führte mich am Haus meiner Mutter vorbei, die ich oft sah, und ich durfte kein Wort an sie richten. Auch meine Mutter gab zögerliche Kontaktversuche auf, da ich ja in ihrer Ehe der Störenfried zwischen ihr und meinem Stiefvater war."[253]

Allerdings war das Leben bei den Pflegeeltern alles andere als ideal. Nicht nur diskreditierten sie fortwährend die leibliche Mutter von Renate M., sie ließen das Mädchen, das sie offensichtlich als „Altersvorsorge" zu sich genommen hatten, auch ständig seine wirtschaftliche Abhängigkeit spüren. Innerhalb der Pflegefamilie an der untersten Stelle der Hierarchie platziert, galt sie als zukünftige billige Arbeitskraft. Zur sozialen Isolation kam noch sexuelle Gewalt hinzu. Von Anfang an missbrauchte sie der zehn Jahre ältere Sohn der Pflegeeltern: „Ja, jetzt war ich wohl wo untergebracht, wo ich zu essen hatte, wo ich was zum Anziehen hatte, wo es warm eingeheizt war. Nur ... ja – wie sag ich das? Der jüngere Sohn der beiden hat mich permanent sexuell missbraucht. Vergewaltigt. Also, er ist immer am Wochenende nach Hause gekommen, und jedes Wochenende hat sich das so abgespielt."[254]

Weder seitens der Mutter noch seitens der Pflegeeltern durfte sie auf Unterstützung hoffen: „Ich hab das aber offensichtlich irgendwie so verdrängt und bin trotzdem zu diesen, zu seinen Eltern tagtäglich gegangen. Wahrscheinlich auch, weil die Angst zu Hause vorm Stiefvater sehr groß war. Natürlich war der Überlebenstrieb groß, was zu essen zu kriegen. Es warm zu haben, keine Streitereien zu haben und so ja, dass das wahrscheinlich immer irgendwo so in den Hintergrund gedrängt wurde. [...] Jedes Wochenende war ich in Panik, wann ich gewusst habe, der kommt nach Hause."[255]

Heute glaubt sie, dass die sexuellen Übergriffe von ihren Pflegeeltern jahrelang stillschweigend akzeptiert wurden. Diese nahmen ihren leiblichen Sohn in Schutz, wohingegen sie als „die Böse" galt. Erst mit Beginn der Pubertät griff die Pflegemutter ein, wohl aus Angst vor dem Eintritt einer Schwangerschaft: „Und ich hab auch sehr oft gehört: ‚Also, du bist genauso wie deine Mutter', genau die gleiche Hure wie meine Mutter. Und sie [die Pflegemutter] hat mir das damals überhaupt nicht erklären können, wieso die so böse ist zu mir. Und ich habe mich dort als Störenfried gefühlt. Und ich hätt mich aber auch nie getraut, irgendwie was zu sagen, was da mit ihrem

252 Renate M., Elektronische Nachricht an Barbara Stelzl-Marx. 26.1.2008.
253 Renate M., Elektronische Nachricht. 17.2.2008.
254 OHI, Renate M.
255 Ebd.

Sohn passiert, weil immer so diese Angst in mir war, wenn ich das sag, dann wird alles noch viel schlechter! Ich hab mir zwar nicht ausmalen können, wie, aber es war immer diese unbewusste Angst da, ich muss schweigen, ich darf nichts sagen! Ich muss das ertragen und erdulden. Weil sonst wird alles noch viel schlimmer. Und, wie gesagt, dann so mit meinem zwölften Lebensjahr in etwa wurde das sozusagen von den Pflegeeltern entdeckt. Das war aber sicher der Grund, sag ich heute, ich hab damals Regel gekriegt, und die haben dann natürlich Angst gehabt, dass ich schwanger werden könnte."[256] Wenig später verließ Renate M. das Haus der Pflegeeltern und kam in ein Internat.

Mit ihrer leiblichen Mutter sollte sie erst Jahre später wieder in Verbindung treten. Zu einem weiteren Kind, das aus einer Beziehung mit einem anderen sowjetischen Besatzungssoldaten stammte, hatte die Mutter ebenfalls die Beziehung abgebrochen: „Dieses Kind wurde von ihr nach ca. acht Monaten zur Pflege an Bauern in G. gegeben. Ein Kontakt zwischen meiner Mutter und meiner Schwester besteht bis heute nicht. Meiner Mutter ist auch über die Person des Vaters meiner Schwester nichts zu entlocken ... Da gab es offensichtlich eine dunkle Geschichte, nehme ich an."[257] Erst ab ihrem 27. Lebensjahr, als ihre Pflegeeltern verstorben waren, konnte Renate M. den Kontakt zu ihrer Mutter wieder aufnehmen: „Es war immer wieder ein ‚Nachschauen', ob sie mich nun endlich liebt ... Vor zehn Jahren ist mein Stiefvater verstorben, und erst ab diesem Zeitpunkt konnten sich meine Mutter und ich annähern, und erst von da an stellte ich immer wieder Fragen hinsichtlich meines Vaters, die ich auch beantwortet bekam. Ich kann sagen, dass nunmehr der Kontakt mit meiner Mutter ein sehr inniger ist, und ich trage ihr nichts nach. Es ist, wie es ist."[258]

Andere „Besatzungskinder" konnten trotz schwieriger Rahmenbedingungen in einem liebevolleren Umfeld aufwachsen. So kam die damals einjährige Monika G. nach dem Tod ihres Vaters, des Adjutanten des sowjetischen Hochkommissars in Baden, zu einer Tante mütterlicherseits nach Wien. Ihre Mutter musste Geld verdienen und sich um den sechs Jahre älteren Halbbruder Monikas aus geschiedener Ehe kümmern. Erst als sie fünf Jahre später „zur Versorgung" nochmals heiratete, konnte Monika G. zu ihrer Mutter zurückkehren. Ihre Tante, zu der sie ein besonders inniges Verhältnis aufgebaut hatte, blieb weiterhin eine wichtige Bezugsperson in ihrem Leben. Auch sonst hatte sie Glück. Denn ihr Stiefvater behandelte sie und ihren Halbbruder wie seine eigenen Kinder. Eine Benachteiligung gegenüber dem später geborenen zweiten Halbbruder konnte sie nicht bemerken.[259]

256 Ebd.

257 Renate M., Elektronische Nachricht. 17.2.2008.

258 Ebd.

259 OHI, Monika G. Durchgeführt von Barbara Stelzl-Marx. Graz 23.7.2008.

Karl K., der aus der Verbindung mit einem in Allentsteig stationierten sowjetischen Offizier hervorgegangen war, wuchs gleichfalls aus wirtschaftlichen Gründen zunächst bei seiner Großmutter auf. Die Eheschließung seiner Mutter entspannte die Notlage und ermöglichte seine Rückkehr. Allerdings musste sich Karl K. erst wieder an seine Mutter gewöhnen: „Da ich in den ersten Lebensjahren infolge des allgemeinen Nahrungsmangels schwach und kränklich war und meine Mutter in einer Fabrik arbeitete, wurde ich größtenteils von meiner Großmutter aufgezogen bzw. beaufsichtigt. Ich sagte daher zu meiner Großmutter in meinen ersten drei Lebensjahren immer ‚Mama' und nannte meine Mutter bei ihrem Vornamen! Erst nach der Heirat sagte ich zu meinen Eltern dann so nach und nach ‚Mama' und ‚Papa'."[260]

Ähnlich gestalteten sich die ersten Lebensjahre von Herbert Pils, geboren im August 1946 in Gaflenz, Oberösterreich. „Meine Großmutter war eigentlich damals meine Mutter. Weil zu meiner Mutter haben sie ‚Rosi' gesagt. Ich hab auch ‚Rosi' gesagt. Und wie wir dann weggezogen sind, von Gaflenz, vom Bauernhof, das war schon hart, weil meine Oma praktisch die Mutter war." Der Grund dafür war auch in diesem Fall die Eheschließung der Mutter und der Umzug in die Steiermark.[261]

3.3 Mauer des Schweigens

„Mein Vater hat mit elf Jahren - durch Zufall - durch eine abfällige Bemerkung von einer der Schwestern meiner Großmutter von seiner Herkunft erfahren. Mit seiner Mutter konnte er bis in die jüngste Vergangenheit sehr schlecht über dieses Thema sprechen. Erst in letzter Zeit fallen ihr Details zu dieser Zeit ein."[262] Diese Schilderung der Enkelin eines sowjetischen Besatzungssoldaten in Österreich verweist auf zwei besonders signifikante Charakteristika des Umgangs mit „Besatzungskindern": Auf der einen Seite umgab sie vielfach innerhalb der eigenen Kernfamilie eine Mauer des Schweigens. Der physisch absente Vater stellte ein Tabuthema dar, über das aus Scham, Verletzung oder auch Respekt vor der Mutter - oft jahrzehntelang - nicht gesprochen wurde. Andererseits erfuhren viele der Betroffenen zufällig und auf eher unangenehme Weise von ihren Wurzeln, etwa durch Anspielungen von Verwandten, Schulkameraden, Lehrern oder Nachbarn. Häufig löste dies einen Schock aus.

260 Karl K., Elektronische Nachricht an Barbara Stelzl-Marx. 6.2.2006.

261 OHI, Herbert Pils. Durchgeführt von Barbara Stelzl-Marx. Graz 16.2.2007.

262 Sabine D., Elektronische Nachricht an Barbara Stelzl-Marx. 6.10.2005.

Der 1947 geborene Karl K. erinnert sich etwa, wie ein „Bauernbub" im Zuge einer Rauferei zu ihm sagte: „Hast eh keinen Vater." Mit etwa zehn Jahren begann er zu ahnen, weswegen er einen Stiefvater hatte und - im Gegensatz zu seiner Halbschwester und Mutter - den Mädchennamen der Mutter trug. Fragen nach seinem leiblichen Vater blieben unbeantwortet: „Meine Großmutter und einige meiner Tanten, die jünger sind als meine Mutter, trösteten mich immer auf Fragen, besonders in den frühen Jugendjahren, nach meinem richtigen Vater. Es wurde gesagt, dass man ihn nicht kenne und er schon gestorben sei. Es gebe kein Bild und ich solle mich in den Spiegel schauen, dann wisse ich, wie er ausgesehen habe! [...] Ich hatte immer das Gefühl, dass jeder alles wusste, sich jedoch dazu nicht äußerte."[263] Erst 2005 konnte Karl K. seine Mutter „schonend" fragen, wer sein Vater sei.[264]

Auch Karl M. wusste jahrzehntelang kaum etwas über seine Herkunft. Erst die 2004 erfolgte zufällige Begegnung mit seinem ehemaligen Stiefvater und einstigen Jugendfreund seiner Mutter brachte erste Informationen ans Licht. Den Anstoß dazu hatte anscheinend seine äußere Ähnlichkeit mit seinem Vater gegeben: „Erst durch seine Bemerkung: ‚Du hast die gleiche Figur und den gleichen Gang wie dein Vater', bin ich daraufgekommen, wer mein Vater war. Leider war ich zu perplex und irgendwie auch gehemmt, um gleich nachzuhaken."[265] In den Jahrzehnten zuvor war das Thema verdrängt worden. Aus Angst, er könnte das Kind einer Vergewaltigung sein, hatte er nicht zu fragen gewagt. Der „Russe" galt schließlich als „Feind".[266]

Ähnliche Befürchtungen hatte Herbert Pils. Mit etwa acht Jahren hörte er erstmals von der möglichen Herkunft seines Vaters. Ein Schulkamerad fragt ihn auf dem Heimweg: „Du, stimmt das, dass dein Vater ein Russe war?" In diesem Alter war das „furchtbar", erinnert er sich heute, insbesondere weil er sich nicht zu fragen getraute. Mehr noch irritierte ihn jedoch der Gedanke, er könnte „das Produkt einer Vergewaltigung" sein. Erst mit 14 Jahren zeigte ihm seine Mutter das Foto von seinem Vater Nikolaj und erzählte ihm kurz von ihrer Liebesbeziehung. „Sie hat sich nie getraut, und ich hab mich auch nie fragen getraut. Sie hat sich halt auch immer geschämt. Und mit vierzehn hat sie mir dann das Foto gezeigt. Und dann war ich natürlich irrsinnig erleichtert, dass das eine ganz normale Beziehung war."[267] Auf der Rückseite des Fotos findet sich die zweisprachige Widmung: „Zum Andenken. Rosi von Nikolei. 12.11.45 Gaflenz O. O. (Austria) Na dolguju pamjat' Roze ot Ni-

263 Karl K., Elektronische Nachricht an Barbara Stelzl-Marx. 22.2.2006.
264 Ebd.
265 Anton M., Elektronische Nachricht an Barbara Stelzl-Marx. 16.8.2006.
266 Ebd.
267 OHI, Pils.

Abb. 75: Erst mit 14 Jahren erhielt Herbert Pils dieses Foto seines Vaters Nikolaj, mit dessen Hilfe er schließlich 2007 seine russischen Halbschwestern finden sollte. Bis zu ihrem Tod 2001 hatte seine Mutter nicht mehr über das Thema gesprochen. (Quelle: Sammlung Stelzl-Marx, Bestand Pils)

kolaja v čest' družby vo vremja služby v Gaflence (Avstrija). Chrani i pomni. 12.11.45." Zu Weihnachten 2006 ließ Herbert Pils' Tochter das Foto reproduzieren und den Text übersetzen: „Zum langen Andenken für Rosi von Nikolaj zu Ehren der Freundschaft während des Dienstes in Gaflenz (Österreich). Bewahre es und erinnere dich. 12.11.45." Danach hatte seine Mutter das Thema bis zu ihrem Tod 2001 nicht mehr angesprochen.

Die Tabuisierung und Verheimlichung der Wahrheit empfanden viele bereits als Kind als belastend, so auch der 1947 in Ybbs geborene Reinhard Heninger. Er verspürte ein „unerklärliches Unbehagen" und hatte das Gefühl, „etwas stimmte nicht". 1950 heiratete seine Mutter, Katharina Dangl, seinen vermeintlichen Vater Karl Heninger. Erst 1953 erfolgte allerdings seine Namensänderung vom ledigen Namen seiner Mutter auf „Heninger". Irritierend fand er zudem, dass ihnen die Fürsorge monatlich Besuche abstattete. Über all dies wurde in der Familie jedoch nicht gesprochen. Erst in der vierten Klasse Gymnasium erfuhr Reinhard Heninger dank des Einsatzes seines Klassenvorstandes die Wahrheit: „Mein Klassenvorstand (Frau Prof. Dr. Schadauer) im Gymnasium Amstetten wurde zu meiner Vertrauten, nachdem sie meine Suche nach meinen Wurzeln bemerkt hatte. Sie führte eine Reihe von Gesprächen mit meiner Mutter und klärte mich dann mit Einverständnis meiner Mutter über meine Situation auf, wies aber auf strenge Vertraulichkeit hin."[268]

Den primären Grund für die weiterhin anhaltende Tabuisierung seiner Herkunft stellte sein Stiefvater dar. Als „Kriegsteilnehmer im Russlandfeldzug" versuchte er, sämtliche Erinnerungen an den leiblichen Vater seines Stiefsohnes „auszuradieren". Heningers Mutter gelang es glücklicherweise, einige Fotos ihrer „Jugendliebe" und einen Brief bei einer Freundin zu verstecken. Ansonsten hätte sein Stiefvater auch diese wenigen Spuren von Anton Pokulev zerstört. Erst nach dem Tod des Stiefvaters konnte Reinhard Henin-

268 Reinhard Heninger, Schreiben an Barbara Stelzl-Marx. Golling 22.1.2007.

Abb. 76: Der Mutter von Reinhard Heninger gelang es, einige Fotos von ihrer „Jugendliebe", einem sowjetischen Besatzungssoldaten, vor ihrem späteren österreichischen Mann zu verstecken. Jahrzehntelang litt das 1947 geborene „Russenkind" unter den Verheimlichungen in seiner Familie. (Quelle: Sammlung Stelzl-Marx, Bestand Heninger)

ger etwas offener mit seiner Mutter über dieses Thema sprechen. Er meint dazu: „Damals galt ein Kind von einem ‚Russen' als Schande, obwohl meine Mutter nach ihren eigenen Angaben Hals über Kopf in jenen in Ybbs an der Donau stationierten Anton Pokulev verliebt war."[269]

Eine gewisse Zäsur stellten der Abzug der Truppen und das Ende der Besatzung beim Umgang mit den „Russenkindern" dar. So erfuhr etwa Eleonore Dupuis, 1946 in St. Pölten geboren, im Jahr 1955, dass sie die Tochter eines sowjetischen Besatzungssoldaten war. Bis dahin hatte sie ihre Mutter in dem Glauben gelassen, der bei einem Unfall ums Leben gekommene Vater der älteren Halbschwester wäre auch ihr Vater: „Aber dann hat sie mir doch die Wahrheit gesagt, weil es wahrscheinlich nicht anders gegangen wäre, als mit Lügen. Und das hat sie nicht gemacht. Da war ich natürlich sehr erstaunt, aber irgendwie hat es mir gefallen, so anders zu sein, weil einen russischen Vater hat ja nicht jeder."[270] Offensichtlich hatte sie ihre Mutter vor Diskriminierung durch Bekannte und Schulkollegen bewahren wollen. Eleonore Dupuis empfand es stets als interessant und positiv, „etwas anderes zu sein".[271]

In anderen Familien hält das Schweigen bis heute an. Insbesondere die Frauen selbst, die eine Beziehung mit einem Besatzungssoldaten hatten, weigern sich, über diese Zeit zu sprechen. Eleonore H. etwa, die im Dezember 1946 den Sohn eines sowjetischen Besatzungssoldaten auf die Welt brachte, verheimlicht diese Affäre immer noch. Ihr Sohn glaubt daher, sein Vater wäre Österreicher gewesen. Die Wahrheit würde ihm Eleonore H. erst sagen, wenn sie seinen Vater finden könnte.[272] Manche Österreicherinnen nehmen die Wahrheit mit ins Grab. Knappe Hinweise finden sich in diesen Fällen – wenn überhaupt – erst im Nachlass oder werden – wie bei Rosa R. – beim

269 Ebd.; Am Schauplatz: Verbotene Liebe. Eine ORF-Reportage von Doris Plank. 29.6.2007 (3sat, 4.7.2007).

270 OHI, Dupuis. Zit. nach: Stelzl-Marx, Freier und Befreier, S. 442.

271 Eleonore H., Freundliche Auskunft.

272 Ebd.

Leichenschmaus bekannt: Die Mutter hatte versprochen, am Sterbebett „alles zu erzählen", war dann allerdings nicht mehr dazu in der Lage. Erst beim Begräbnis brachen die älteren Verwandten das jahrzehntelange Schweigen.[273] Doch auch jene „Besatzungskinder", die prinzipiell über ihre Herkunft Bescheid wissen, stoßen vielfach an eine beinahe undurchdringbare Mauer des Schweigens. Diese Tabuisierung kommt vor allem zum Tragen, wenn sich Nachkommen auf der Suche nach dem Vater oder Großvater an jede noch so spärliche Information klammern. Die „Suche nach den Wurzeln" stellt für sie eine elementare Lebensfrage dar.

3.4 Suche nach den Vätern

Während etliche Mütter die Erinnerungen an diese vielfach schmerzliche Erfahrung in ihrer Vergangenheit zu verdrängen suchen, beschäftigen sich wohl die meisten der betroffenen Kinder - mehr oder weniger intensiv - mit dem abwesenden Vater.[274] Dabei ist das Bedürfnis, diese Lücken in der eigenen Vita zu schließen, unabhängig davon, ob die Betroffenen eine „glückliche" Kindheit verbrachten, ob sie in einer liebevollen Familie oder in einem Heim aufwuchsen, Diskriminierung ausgesetzt waren, früh oder spät, direkt oder indirekt, zufällig oder durch die Erziehenden gelenkt von ihren Vätern erfuhren.

Nur einige wenige der sowjetischen „Besatzungskinder" lernten ihren Vater nach der Geburt kennen oder können sich noch an ihn erinnern. Spätestens mit dem Abzug aus Österreich verliert sich meist die Spur. Persönliche Kontakte zum Vater oder zu weiteren Angehörigen in der ehemaligen Sowjetunion stellen daher eine große Ausnahme dar. Häufig wurden gerade im engsten Umfeld Techniken des Vergessens und Verdrängens praktiziert, die für die betroffenen Kinder eine zusätzliche Belastung darstellten. Umso stärker brachen in den vergangenen Jahren die stillschweigenden Erinnerungen auf, verstärkt durch den Wunsch, durch die Öffnung der Archive und das Ende des Kalten Krieges eine Spur in der ehemaligen Sowjetunion zu finden.

Im Vordergrund stehen hier Fragen nach der eigenen Identität, nach den sprichwörtlichen „Wurzeln", die nur zur Hälfte bekannt sind. Die Ungewissheit, wer der Vater war, welches Leben er führte, was für ein Mensch er war, wie er aussah und ob er gewisse Talente, Charaktereigenschaften oder auch Krankheiten weitervererbt hatte, empfinden etliche als belastend. Viele der

273 Rosa R., Elektronische Nachricht an Barbara Stelzl-Marx. 3.2.2006.

274 Bauer - Huber, Sexual Encounters across (Former) Enemy Borderlines, S. 90; Stelzl-Marx, Freier und Befreier, S. 443–447; Brunnhofer, Liebesgeschichten und Heiratssachen, S. 44–82.

„Besatzungskinder", die mittlerweile im Pensionsalter sind, wurden ihr Leben lang von Identitätskrisen begleitet, weswegen die Suche nach dem Vater zeitlebens eine Schlüsselrolle spielte. Karl K., der von seinem Vater lediglich einen Vornamen weiß und vor Kurzem erfuhr, dass die Fotos seines Vaters von seinem Stiefvater vernichtet worden waren, meint dazu: „Persönlich habe ich in meinem Leben so ziemlich alles, was man sich so wünschen kann, erreicht und bin damit zufrieden. Mein Wunschtraum nach den väterlichen Wurzeln bleibt! Das werde ich nie vergessen können, soviel ich mich auch bemühen werde. Wenn man ein feinfühliger Mensch ist, bleibt das immer im Herzen."[275]

Manchmal treiben auch die Kinder der Betroffenen die Suche nach dem unbekannten Großvater voran. So möchte etwa die Enkelin eines aus Kirgisien stammenden Rotarmisten Genaueres über ihre zentralasiatische Herkunft erfahren: „Nun ist es in unserer Familie so, dass alle blond und blauäugig sind, mit Ausnahme von meinem Vater und mir, die wir doch ‚etwas' asiatisch aussehen. Meine Großmutter liebt mich sehr und nennt mich immer eindringlich: ‚Mein kleines schwarzes Luder.' Ich weiß, dass ich eine Menge von meinem Großvater geerbt habe und dass meine Großeltern eine innige Liebe verband. Es ist mir sehr wichtig, mehr über meinen Großvater zu erfahren und ihn eventuell zu finden."[276]

Auch Herbert Pils überlegte, ob sein ausgeprägtes musikalisches Talent von seinem Vater stammen könnte: „Vielleicht war er auch musikalisch, weil ich das auch bin. Denn sonst aus meiner Verwandtschaft [mütterlicherseits] wüsste ich nicht, wo das herkommt."[277] Als er wenig später seine beiden Halbschwestern in Südrussland fand, zeigte sich, dass sein Vater und Großvater tatsächlich musikalisch gewesen waren und gerne gesungen hatten.[278]

Viele verspüren den Wunsch, Verwandte, eventuell sogar Halbgeschwister, ausfindig zu machen, falls der Vater nicht mehr leben sollte. Sie würden gerne jemanden finden, mit dem sie über den Vater und sein Leben sprechen könnten.[279] Monika G., deren Vater 1947 bei einem Autounfall verunglückte und in Baden auf dem „sowjetischen Friedhof" begraben ist, sucht aus diesen Gründen ihre Angehörigen in der ehemaligen Sowjetunion. Sie erinnert sich, wie nach dem Tod des Vaters Mitarbeiter der Kommandantur seine persönlichen Gegenstände aus der gemeinsamen Wohnung holten, darunter auch

275 Karl K., Schreiben an Barbara Stelzl-Marx. O. O. 7.4.2009.

276 M. K., Schreiben an Barbara Stelzl-Marx. Berlin 6.5.2004. Zit. nach: Stelzl-Marx, Freier und Befreier, S. 444.

277 OHI, Pils.

278 Herbert Pils, Elektronische Nachricht an Barbara Stelzl-Marx. 18.9.2008.

279 Sammlung Barbara Stelzl-Marx, Rosa K., Video-Suchaufruf. 1.9.2008.

das Foto von zwei seiner Schwestern: „Und das ist ja eigentlich auch meine Hoffnung, denn ich denke, die Schwestern werden wahrscheinlich geheiratet haben, und es wird wieder Söhne und Töchter und dann höchstwahrscheinlich wieder Söhne und Töchter geben. Und ich denke, dass ich da Verwandte habe. [...] Ich würde mich sehr freuen, wenn ein Kontakt, wenn das möglich ist, wenn ein Kontakt zustande kommen kann."[280]

Erfahrungsgemäß wissen die Kinder sowjetischer Besatzungssoldaten nicht, ob ihr Vater noch am Leben oder bereits verstorben ist. Je mehr Zeit verstreicht, desto unwahrscheinlicher wird es allerdings, bei einer geglückten Suche den Vater lebend anzutreffen. Doch auch diese offene Frage sollte geklärt werden, meint Angelika Miermeister, 1947 in Jessen/Elster geboren: „Wenn er nicht mehr lebt, wünsche ich mir, an seinem Grab von ihm und unserer gemeinsamen Geschichte Abschied zu nehmen."[281]

Im Gegensatz zu den meisten Betroffenen verfügt sie über zahlreiche Erinnerungsstücke an ihren Vater, der ihr den Kosenamen „Sputnikchen" verlieh: „Ich meine, dass ich einen großen Schatz habe. Ich habe Briefe von meinem Vater, ich habe Bilder von meinem Vater, und das haben viele Menschen nicht. Das finde ich schon ganz wichtig. Schon ein Stück gelebtes Leben, welches ich schriftlich fixiert habe."[282] Doch möchte sie wissen, was nach 1961, als der ab 1958 geführte Briefwechsel abrupt abbrach, mit ihm geschah. Die Auseinandersetzung mit diesem Thema und die Vorbereitung eines Suchaufrufes für die russische Fernsehsendung „Ždi menja" stellten eine Herausforderung dar: „Lange genug hat dieses Projekt ja nun schon gedauert. Dabei habe ich erst gemerkt, wie viel ich noch aufzuarbeiten habe. Es war für mich sehr anstrengend, und viele Tränen sind geflossen. Es gab auch jetzt bei der Vorbereitung auf den Videodreh Tage, an welchen ich einfach die Briefe und Bilder nicht sehen konnte. Nun ist alles fertig."[283]

In diesem Fall dürfte die mehrjährige, intensive Korrespondenz möglich gewesen sein, weil ihre Mutter in der DDR lebte und ihr Vater über gute Deutschkenntnisse verfügte. Zumindest während der Besatzungszeit und in den ersten beiden Jahrzehnten danach war eine briefliche Kontaktaufnahme mit Frauen in Österreich jedoch kaum möglich. Zu groß dürfte die Angst seitens der ehemaligen hier stationierten Militärangehörigen gewesen sein, Briefe an „westliche" Frauen würden Repressalien in ihrer sowjetischen Heimat nach sich ziehen. So sind vielen der „Besatzungskinder" die persönlichen

280 OHI, Monika G.

281 Sammlung Barbara Stelzl-Marx, Suchaufruf von Angelika Miermeister. Berlin 22.7.2008. Das Video wurde als Suchaufruf für die Sendung „Ždi menja" aufgenommen.

282 Ebd.

283 Angelika Miermeister, Schreiben an Barbara Stelzl-Marx. Berlin 22.7.2008.

Daten ihres Vaters nur ungenau oder bruchstückhaft bekannt. Manchmal ist – abgesehen von ungefähren Orts- und Zeitangaben der Stationierung in Österreich – lediglich ein russischer Vorname überliefert. In anderen Fällen fehlt sogar dieser Hinweis. Leopold M. etwa fasst die Hinweise auf seinen Vater folgendermaßen zusammen: „Was mir bekannt ist, ist, dass er anscheinend ein großer, dunkler, russischer Offizier gewesen ist und in der Zeit März/April 1946 im Schloss Pöchlarn, Niederösterreich, stationiert war."[284]

Die wenigen ursprünglich bekannten Angaben gingen zudem vielfach verloren, da das Thema entweder tabuisiert oder eine intensive Suche erst ab der „Perestrojka" Ende der 1980er Jahre aufgenommen wurde, als die zentralen Auskunftspersonen nicht mehr am Leben waren. Bezeichnend für diese Tabuisierung innerhalb der eigenen Familie und des Bekanntenkreises ist die folgende Schilderung der 1947 in Wien geborenen Tochter eines sowjetischen Besatzungssoldaten: „Nun zu meinem Vater: Er war in den ersten Nachkriegsjahren (wie lange, weiß ich aber nicht) als Angehöriger der Roten Armee mit Dienstgrad Oberleutnant oder Hauptmann Korrespondent der ‚Russischen Militärzeitung' (früher Sitz der ‚Arbeiter-Zeitung' im 5. Wiener Gemeindebezirk) und dürfte ca. 25 bis 26 Jahre alt gewesen sein. Seine Heimatstadt war Kursk. Die Leute sprachen ihn mit ‚Ivan' an. Ich vermute, dass dies sein Vorname war. Nach seiner Ablöse kam er nochmals nach Wien und besuchte meine Mutter, da sie keinen seiner Briefe beantwortet hatte. Ich war damals ein bis zwei Jahre alt. Er wusste also von meiner Existenz. Meine Großmutter hatte alle seine Briefe verschwinden lassen, da sie Angst hatte, dass meine Mutter meinem Vater nach Russland folgen würde. Dann ist offensichtlich die Verbindung abgebrochen worden. Es war mir nicht möglich, von meiner Mutter, den Verwandten und auch den Freunden mehr über meinen Vater zu erfahren. Es wurde alles abgeblockt, sodass ich nicht mehr über den Verbleib meines Vaters weiß. In der Hoffnung, dass diese Suche nun endlich erfolgreich wird ..."[285]

In anderen Fällen sind jedoch gerade auch die Mütter daran interessiert, ihre einstige Liebe nach mehreren Jahrzehnten zu finden. Die Betroffenen wissen vielfach nicht, dass sie ein Kind in Österreich zurückließen. So meint etwa Erna V. aus Wien: „Jurij ist Anfang März nach Hause abberufen worden, und bei unserem letzten Beisammensein ist meine Tochter entstanden. Sie ist am 27. November 1947 geboren. Ich würde mich freuen, wenn ich erfahre, wie es ihm ergangen ist."[286] Sie brachte ihre Tochter trotz des Wi-

284 Leopold M., Elektronische Nachricht an Barbara Stelzl-Marx. 17.9.2006.

285 E. K., Schreiben an Peter Ruggenthaler. Wien 24.4.2003. Zit. nach: Stelzl-Marx, Freier und Befreier, S. 444.

286 Erna V., Schreiben an Barbara Stelzl-Marx. Wien 19.7.2005.

derstandes ihrer Eltern, die ihre Beziehung mit dem sowjetischen Offizier in Baden von Anfang an abgelehnt hatten, zur Welt: „Als er nach St. Pölten versetzt wurde, ging ich mit, trotz aller Schwierigkeiten mit meinen Eltern. Ich liebte ihn einfach, es war die große Liebe für uns beide, aber leider ohne ‚Happy End'. Er hatte Probleme wegen mir mit seinen Vorgesetzten, aber wir verlobten uns trotzdem. Den Verlobungsring habe ich meiner Tochter geschenkt als Vermächtnis ihres Vaters. Leider waren uns nur ein paar Monate vergönnt, zusammen zu sein. Er wurde nach Hause beordert. Wir sahen uns das letzte Mal, als er von Mödling Richtung Heimat fuhr. Für mich kam nun eine schwere Zeit, als ich merkte, dass ich schwanger war. Ich sagte es meinen Eltern erst, als ich im fünften Monat war, denn ich wollte das Kind um jeden Preis. Es war ein lebendiges Andenken an Jurij. Ich habe bis heute nur Freude mit meiner Tochter."[287]

Ihrer Tochter erzählte Erna V. allerdings erst 1989, nach dem Tod des Stiefvaters, wer ihr leiblicher Vater war.[288] Tatsächlich hatte die Tochter allerdings bereits mit 14 Jahren von der Identität des Vaters erfahren, dies jedoch gegenüber ihrem Stiefvater - und offensichtlich auch gegenüber der Mutter - verschwiegen. Heute verspürt sie keinerlei „Ambitionen", den leiblichen Vater zu suchen. Zu stark war die Bindung an den Stiefvater gewesen, der sie „vergötterte". Noch weniger ist sie an einem Kontakt zu etwaigen Halbgeschwistern in Russland interessiert.[289]

Wie stark der Wunsch sein kann, die eigenen Wurzeln zu kennen, zeigt das Beispiel von Anna E., die zu Silvester 1945 als Folge einer Vergewaltigung auf die Welt kam: „Glaube, mein Geburtsdatum sagt Ihrem Institut alles. Muss sagen: Mein Vater der Feind. Mein Vater war kein ‚geliebter Feind'. Habe Ihren Artikel ‚Geliebter Feind'[290] in der ‚Kronen-Zeitung' gelesen. So habe ich jetzt den Mut gefasst und möchte Ihr Institut bitten, Nachforschungen über meine Herkunft anzustellen. Es war mir seelisch nie möglich, über meinen Schatten zu springen. Wollte eigentlich immer schon mehr erfahren über meine Herkunft. Aber ich hatte auch immer Angst davor. Nur jetzt bekomme ich seit Jahren die nötige Unterstützung von meinen Kindern. Soll meine Wurzeln des Vaters ausforschen lassen. Leider habe ich von meinem leiblichen Vater keine Unterlagen. Bin ein Kind der Vergewaltigung. Wo ich eigentlich kein Recht zu leben hätte. Nur meine Mutter hat sich für mich ent-

287 Erna V., Schreiben an Barbara Stelzl-Marx. Wien 9.9.2005.

288 Erna V., Freundliche Auskunft an Barbara Stelzl-Marx. Wien 27.9.2005.

289 Christine F., Freundliche Auskunft an Barbara Stelzl-Marx. Wien 25.9.2008.

290 Dieter Kindermann, Geliebter Feind. 60 Jahre nach dem Zweiten Weltkrieg suchen noch Mütter und deren Kinder nach Besatzungssoldaten, mit denen sie eine tiefe Beziehung hatten. Manchmal entdecken sie den Vater ihrer Kinder, in: Kronen Zeitung, Krone Bunt. 21.1.2007, S. 30–31.

schieden. […] Interessieren würde es mich schon sehr, wer mein Vater war oder ist."[291] Ihre österreichischen Halbgeschwister und auch die Mutter stehen der Suche äußerst skeptisch gegenüber.

3.4.1 Rekonstruktion der Identität

In einigen Fällen gelingt es tatsächlich, diese zentrale Frage nach der eigenen Identität zu klären. Findet ein Wiedersehen - oder ein erstes Treffen - nach Jahrzehnten statt, ist dieses an Dramatik, Emotionalität, Freude und auch Angst nur schwer zu übertreffen. Wie das Beispiel von Herbert Pils zeigt, sind - abgesehen von den vorhandenen Informationen - sowohl Engagement und Ausdauer bei der Suche als auch eine Portion Glück notwendig. Ein „Happy End" stellt allerdings eher die Ausnahme als die Regel dar.

Auch in seiner Familie stellte der Vater ein Tabuthema dar. Selbst für die drei Enkeltöchter galt die Regel, der Großmutter gegenüber den ehemaligen Besatzungssoldaten nicht zu erwähnen. Einmal hätten die drei Mädchen versucht, ihrer Großmutter etwas zu entlocken. Doch die alte Frau begann sofort zu weinen, woraufhin das Gespräch wieder für viele Jahre beendet war.[292] Bezeichnenderweise begann Herbert Pils erst nach dem Tod seines Stiefvaters und seiner Mutter, die Recherchen nach seinem leiblichen Vater intensiv voranzutreiben. Unterstützung erfuhr er dabei insbesondere durch seine Tochter Eva. Schließlich nahm er einen Suchaufruf per Video auf, der am 13. August 2007 dank der Vermittlung von Redakteurin Elena Rogatkina in der russischen Fernsehsendung „Ždi menja" ausgestrahlt wurde.[293] Pils kannte zwar nur den Vornamen „Nikolaj", besaß allerdings ein Foto seines Vaters. Zufälligerweise kam die Nichte des Vaters in jenem Moment vom Garten in die Küche, als dieses gezeigt wurde. Sie erkannte ihn - im Gegensatz zu anderen Verwandten, die die Sendung gleichfalls sahen - und rief die Frau des bereits verstorbenen Vaters an, die mit der Redaktion sofort Kontakt aufnahm. Wenig später fuhr Herbert Pils auf Einladung von „Ždi menja" nach Moskau, wo er vor laufender Kamera seine beiden Halbschwestern aus Šachty und Rostov in Südrussland traf.[294] Er erinnert sich, wie er zunächst einfach fassungslos war:

---

291 Anna E., Schreiben an Barbara Stelzl-Marx. O. O. 21.1.2007.

292 Irina Repke - Peter Wensierski, „Warte auf mich". Mehr als 60 Jahre nach Kriegsende suchen Kinder sowjetischer Besatzungssoldaten nach den Spuren ihrer Väter, in: Der Spiegel, 6.8.2007, S. 40–44, hier: S. 42.

293 Suchaufruf von Herbert Pils in „Ždi menja", Nr. 346. Ausgestrahlt am 13.8.2007, in: http://www.poisk.vid.ru/?p=11&airyear=2007&airsearch_morning=0&sstart=0.

294 Treffen von Herbert Pils mit seiner Familie in „Ždi menja", Nr. 350. Ausgestrahlt am 10.9.2007, in: http://www.poisk.vid.ru/?p=11&airyear=2007&airsearch_morning=0&sstart=0.

Abb. 77: Herbert Pils mit seinen beiden Halbschwestern Vera und Nadja und seiner Frau (links im Bild) bei einem Besuch in Russland 2008. Jahrzehntelang hatte seine Herkunft als Besatzungskind ein Tabuthema in seiner Familie dargestellt. (Quelle: Sammlung Stelzl-Marx, Bestand Pils)

„Plötzlich wurden zwei Frauen gezeigt, die auf einmal im Studio vor mir standen. Es waren meine Schwestern Vera und Nadja. [...] Schon bald konnte ich es fassen und bin sehr, sehr glücklich, meine Schwestern und deren Familie gefunden zu haben. [...] Ich freue mich über meine Familie in Russland."[295]

Herbert Pils erfuhr, dass sein Vater nichts von seiner Existenz gewusst hatte. Das Foto der Mutter, das sie ihm am 13. November 1945 zur Erinnerung geschenkt hatte, war allerdings immer im Familienalbum aufbewahrt worden. Nikolaj Garkovec, wie sein Vater mit vollem Namen hieß, hatte aus seinem Verhältnis mit einer Österreicherin in seiner späteren russischen Familie kein Geheimnis gemacht. Er war bereits im Jänner 2001 - weniger als drei Wochen nach dem Tod von Pils' Mutter - verstorben. Doch konnte Herbert Pils nun erstmals über Fotos sowie Erzählungen dessen Leben rekonstruieren. Insbesondere die Tatsache, zwei Halbschwestern zu haben, findet er „umwerfend": „Die Schwestern haben die Augen wie vom Vater. Es hat mich fast umgehauen. Dann sucht man halt alle Ähnlichkeiten - von den Fingernägeln über die

295 Johanna Birnbaum, Eisenerzer fand seine Schwestern in Russland. Nach vielen Jahren der Ungewissheit fand Herbert Pils seine Familie väterlicherseits in Russland. Mithilfe einer russischen Fernsehsendung, in: Kleine Zeitung. 21.12.2007, S. 28.

Ohrläppchen." Er ist erleichtert, wie nett seine „neue" Familie ist: „Irgendwo hat man ja Angst, man weiß ja nicht, in welches Wespennest man da sticht. Aber es hätte nicht schöner sein können. Sie sind ganz nette Leute, so ruhige. Man hat ja irgendwie Angst, welche Partie daherkommt ..."[296]

Plötzlich stellte seine Herkunft auch in seinem österreichischen Heimatort kein Tabuthema mehr dar. Erstmals konnten Informationen und Erinnerungen ausgetauscht werden. Herbert Pils veranstaltete sogar einen Vortrag über die abgeschlossene Suche. Das – nun gebrochene – jahrzehntelange beiderseitige Schweigen charakterisiert der pensionierte Musiklehrer bezeichnend: „Sie [die Verwandten] haben nie etwas gesagt; und ich habe nie etwas gefragt." [297] Im Sommer 2008 besuchte Herbert Pils seine Verwandten in Südrussland und nahm am Grab seines Vaters Abschied von dem Mann, den er persönlich nie kennengelernt hatte.[298] Auch Gegenbesuche seiner Schwestern in Österreich sind bereits geplant.

Bei Reinhard Heninger zog sich die Suche nach seinem leiblichen Vater gleichfalls über mehrere Jahrzehnte hin. So teilte die österreichische Botschaft Moskau im Oktober 1957 der Jugendfürsorge des Amtes der Niederösterreichischen Landesregierung mit: „Eine Ausforschung über das sowjetische Ministerium des Äußeren ist nicht möglich, da Pokulov einerseits Sowjetbürger ist und überdies das genannte Ministerium Ausforschungen zu Privatzwecken ablehnt. Eine Ausforschung Pokulovs seitens der Kindesmutter käme daher nur auf dem Weg über das österreichische Rote Kreuz an das sowjetische Rote Kreuz in Frage."[299] Wie dieses Schreiben zeigt, war von sowjetischer Seite keinerlei Unterstützung bei der Ausforschung ehemaliger Besatzungssoldaten zu erwarten.

Auch die weiteren Schritte zeugen von der oft zermürbenden Suche, die von Sehnsüchten und Enttäuschungen gesäumt war: 1971 richtete Reinhard Heninger ein Schreiben an Bundeskanzler Bruno Kreisky mit der Bitte um Unterstützung, im April 1995 wandte er sich an eine russische Veteranendelegation, die Erlauf besuchte, und Anfang 2002 stellte er unter anderem einen Suchantrag über das österreichische Rote Kreuz.[300] Als Reaktion auf den vorab erwähnten Artikel in der „Kronen-Zeitung" wandte er sich schließlich im Jänner 2007 an die Autorin, in der Hoffnung, dass die „Sehnsucht nach einem (Lebens-)Zeichen des Vaters gestillt werden" möge.[301]

296 Herbert Pils, Freundliche Auskunft an Barbara Stelzl-Marx. Eisenerz 7.9.2007.

297 Ebd.

298 Herbert Pils, Elektronische Nachricht an Barbara Stelzl-Marx. 4.9.2008.

299 ÖBM, Personalakt Reinhard Heninger. Zit. nach: Stelzl-Marx, Freier und Befreier, S. 443.

300 Sammlung Barbara Stelzl-Marx, Bestand Reinhard Heninger.

301 Heninger, Schreiben an Stelzl-Marx. 22.1.2007.

Abb. 78: 2007 fand Reinhard Heninger (links im Bild) mithilfe der russischen TV-Sendung „Ždi menja" seine Halbgeschwister in Russland. Vor laufender Kamera erfolgte eine erste persönliche Begegnung. (Foto: Stelzl-Marx)

Mithilfe von Doris Plank, die seine Suche für die ORF-Fernsehdokumentation „Am Schauplatz" begleitete, nahm Reinhard Heninger eine Videobotschaft für „Ždi menja" auf. Auch er hatte Glück, denn seine Angehörigen in Russland erkannten das Foto von Michail Pokulev sofort und meldeten sich in der Redaktion.[302] Am 31. Mai 2007 traf Heninger mit seiner Frau und seinen beiden Töchtern vor laufender Kamera auf seine russische Halbschwester Claudia und seinen Halbbruder Nikolaj. Auch sein Vater war bereits vor vielen Jahren verstorben, doch hatte die Suche nach den Wurzeln nun ein Ende gefunden. Nach der Rückkehr aus Moskau zeigte sich Heningers Mutter enttäuscht, dass Michail Pokulev nicht mehr am Leben war. Auf die Frage, wie lange sie auf ihn gewartet hatte, antwortete die rund 80-Jährige: „60 Jahre."

Im Gegensatz zum Vater von Herbert Pils hatte Michail Pokulev mithilfe eines kurzen Briefwechsels nach seiner Versetzung aus Österreich von der Existenz seines österreichischen Sohnes erfahren, dies aber jahrzehntelang verschwiegen. Erst kurz vor seinem Tod hatte er Nikolaj in sein Geheimnis

302 Suchaufruf von Reinhard Heninger in „Ždi menja", Nr. 333. Ausgestrahlt am 7.5.2007, in: http://www.poisk.vid.ru/?p=11&airyear=2007&airsearch_morning=0&sstart=0.

eingeweiht und ihn gebeten, nach seinem österreichischen Halbbruder zu suchen. Dieser hatte daraufhin einen Brief an den damaligen Wohnort der Mutter von Reinhard Heninger geschrieben, der jedoch nie angekommen war. Der übrigen Familie hatte Nikolaj nichts über die österreichische Verwandtschaft gesagt. Reinhard Heninger und seine Töchter werteten es jedoch als schönes Zeichen, dass die Suche in beide Richtungen erfolgt war.[303]

3.5 Suche nach den Kindern

Wie das Beispiel von Reinhard Heninger zeigt, ergreifen manchmal auch die ehemaligen Besatzungssoldaten die Initiative bei der Suche nach ihrer damaligen Freundin und dem – bisweilen vermuteten – gemeinsamen Kind. In diesem Kontext stellt sich generell die Frage, wie die Armeeangehörigen nach ihrer Rückkehr in die Heimat mit diesem Thema umgingen. Verheimlichten sie die sexuellen Erfahrungen, die sie während des Einsatzes im Westen gemacht hatten? Ließen sie die Kinder, die sie gezeugt hatten, als „Schande" zurück, die möglichst vergessen werden sollte? Wie lange hielt in der Sowjetunion die Angst vor möglichen Repressalien oder Benachteiligungen an, die aus Kontakten mit ausländischen Frauen resultieren konnten? Wie reagieren sie, wenn sie die Vergangenheit gleichermaßen einholt?

Hier kommt ein Spezifikum der sowjetischen Besatzungssoldaten zum Tragen: Das politische System hatte eine dauerhafte Beziehung mit einer Österreicherin praktisch unmöglich gemacht und über Jahrzehnte hinweg jeglichen Kontakt so gut wie unterbunden. Viele glückliche Liebesverhältnisse waren wegen dieser strengen Reglementierung zerbrochen. Vor dem Hintergrund des Kalten Krieges bestand kaum Hoffnung, die zwangsweise beendete Liaison wieder aufnehmen zu können. Manche schlossen daher mit dieser Phase in ihrer Vergangenheit ab und versuchten, sie möglichst zu vergessen. Andere weihten nur engste Vertraute ein oder lüfteten noch kurz vor ihrem Tod das Geheimnis. Dank der geänderten politischen Umstände beschlossen einige daher gerade in den letzten Jahren, mehr oder weniger aktiv nach ihrer damaligen Freundin und dem „österreichischen" Kind zu suchen.

Der nach Kriegsende in Baden als Nachschuboffizier stationierte Pavel Denisov etwa kontaktierte mithilfe seiner Enkelin im Frühling 2005 die Sendung „Ždi menja". Der 81-Jährige wollte seinen 1947 nach seiner Versetzung in die Sowjetunion geborenen Sohn „Pavel" bzw. „Paul" (der in Wirklichkeit „Gerhard" hieß) und die Mutter des gemeinsamen Kindes, Romana Steinmetz,

303 Am Schauplatz: Verbotene Liebe. Eine ORF-Reportage von Doris Plank. 29.6.2007 (3sat, 4.7.2007).

Abb. 79: Pavel Denisov begab sich mit über 80 Jahren auf die Suche nach seiner ehemaligen österreichischen Freundin und dem gemeinsamen Sohn, den er nie gesehen hatte. (Quelle: Sammlung Stelzl-Marx, Bestand Steinmetz)

ausfindig machen.[304] Die Geburt seines Sohnes hatte er durch einen Kameraden in Erfahrung bringen können, der in seinem Auftrag Romana besucht und „Klein Pavel" gesehen hatte. Er hatte Österreich ein halbes Jahr zuvor verlassen, ohne sich von seiner hochschwangeren Freundin zu verabschieden. Bereits im Vorfeld hatte ihm ein Vorgesetzter mitgeteilt: „Du kannst heiraten - wenn du nach Sibirien willst. Und wenn du in Österreich bleibst, kommst du vor ein Militärtribunal."[305] Während der Sowjetära hatte er keine Möglichkeit gesehen, den abrupt abgerissenen Kontakt wieder aufzunehmen. Außerdem war seine spätere Frau stets auf die „erste Liebe" seines Lebens eifersüchtig gewesen.

Unterstützung erfuhr er schließlich durch seinen Sohn Anatolij Denisov: „Wir wussten seit Langem, dass mein Vater einen Sohn in Österreich hat. Es gibt ein Foto, als Gerhard sechs Monate alt war. Vor fünf Jahren sah mein Vater die Fernsehsendung [„Ždi menja"] und hatte die Hoffnung, dass er so seinen Sohn finden könnte. Die Beziehung in Baden war seine erste Liebe, damals war er 26 Jahre alt",[306] erinnert sich dieser.

304 Elena Rogatkina, Elektronische Nachricht an Barbara Stelzl-Marx. 29.4.2005.

305 Ju. Budinajte et al., Ždi menja. Ėnciklopedija čeloveceskich sudeb. Predislovie S. Kušnereva. Moskau 2006, S. 142.

306 Markus Foschum, „Ich erbe eine russische Familie". „Besatzungskind" traf nach 58 Jahren erstmals Vater und Verwandtschaft, in: Kurier, 18.8.2006, S. 11.

Als es der Autorin gelang, Romana Steinmetz in Baden ausfindig zu machen, zeigte sich folgende, durchaus nicht untypische Situation: Ihr Sohn, Gerhard Verosta, wusste nichts von der Identität seines Vaters. Seine Mutter hatte eine Staatsstellung gehabt, die sie nicht durch das Bekanntwerden der früheren Liaison mit einem sowjetischen Offizier gefährden hatte wollen. Außerdem hatte sie befürchtet, dass ihr Sohn andernfalls unter Nachteilen zu leiden haben würde. Lediglich gegenüber ihrer Mutter und ihrem späteren Mann hatte sie die Wahrheit nicht verschwiegen. Die Neuigkeit, dass Pavel Denisov lebte und sie suchte, hatte zunächst einen Schock bei ihr ausgelöst, meinte Romana Steinmetz. Sie hatte damals, als er plötzlich verschwunden war, „alles abgeschlossen". Dass er nun so unverhofft nach beinahe 60 Jahren wieder in ihr Leben trat, machte sie zunächst sprachlos. In mehreren schlaflosen Nächten hatte sie die alten Fotos wieder hervorgeholt und sich an die gemeinsame Zeit zurückerinnert. Darunter war auch jenes mit der russischen Aufschrift: „Der liebsten Romana zur Erinnerung von Pavlik. Erinnere dich an die vergangene Zeit, wenn wir nicht zusammen sind. Mögen die Wellen des Lebensmeeres die Erinnerung an mich nicht hinwegspülen. 21.5.1946 Baden." Doch warum, wollte sie wissen, hatte er sich nicht bereits früher gemeldet?[307]

Als sich die Frage stellte, ob Gerhard Verosta in die Neuigkeiten eingeweiht werden und zur Sendung nach Moskau fahren sollte, lehnte seine Mutter zunächst ab: Sie wollte ihren Sohn nach wie vor „aus der Sache heraushalten", denn schließlich wäre eine derartige Beziehung „damals verpönt" gewesen. Außerdem würde sie auch heute noch weder auf sich noch auf ihn „ein schlechtes Licht" werfen wollen.[308] Zum Schutz vor Diskriminierung wollte sie weiterhin die Erinnerung an „die verbotene Liebe mit Früchten", wie sie es nannte, für sich behalten.[309] Erst nach einer weiteren Woche Bedenkzeit entschloss sich die Badenerin, „alles" zu sagen. Gerhard Verosta erklärte sich sofort bereit, nach Moskau zu fahren und seinen Vater kennenzulernen. Er meinte wenig später: „Es kann sich niemand vorstellen, was das für mich bedeutet."[310]

Am Abend des 17. Juni 2005 kam es schließlich zur denkwürdigen Begegnung zwischen dem 58-jährigen Österreicher und seinem Vater:[311] „Ich war

307 Romana Steinmetz, Freundliche Auskunft an Barbara Stelzl-Marx. Baden 12.5.2005; Romana Steinmetz, Freundliche Auskunft an Barbara Stelzl-Marx. Baden 17.5.2005.

308 Romana Steinmetz, Freundliche Auskunft an Barbara Stelzl-Marx. Baden 25.5.2005.

309 Otto Klambauer, Die Kinder der Besatzung. Neue Forschungen bringen etwas Licht ins Dunkel eines Tabuthemas der Nachkriegszeit: Die Beziehungen von Österreicherinnen mit Besatzungssoldaten 1945 bis 1955, in: Kurier, 19.6.2005, S. 4.

310 Gerhard Verosta, Freundliche Auskunft an Barbara Stelzl-Marx. Baden 7.6.2005.

311 Treffen von Gerhard Verosta mit seiner Familie in „Ždi menja", Nr. 264. Ausgestrahlt am 25.7.2005, in: http://www.poisk.vid.ru/?p=11&airyear=2005&airsearch_morning=0&sstart=45.

gewaltig nervös vorher. Aber als mir die Fernsehregisseurin, bevor ich auf die Bühne ging, auf einem Monitor meinen Vater gezeigt hat, da ist die ganze Nervosität einer riesigen Freude gewichen!"[312] Ein halbes Jahr später besuchte Gerhard Verosta seine „neue" Familie in Ufa im Ural, die ihn herzlich aufnahm: „Diese Menschen bringen mir so eine Herzlichkeit und menschliche Wärme entgegen, dass ich mich voll in ihre Familie aufgenommen fühle – so voll, dass ich nunmehr von meiner Familie spreche, denn ich war ja immer ein Einzelkind. [...] Vater hat eine große Verwandtschaft. Der ganze Clan besteht aus 35 oder 37 Personen (irgendwann habe ich zu zählen aufgehört) und einige davon leben in Oktjabriskij. Jede der Familien lud mich ein und wieder erlebte ich dieses wunderbare Gefühl, voll akzeptiert und aufgenommen zu werden. Picknick am See, Ausflüge in den Wald, Baden in einer Banja und immer wieder sehr gutes Essen bestimmten den Tagesablauf. Ich spürte das Bemühen aller, dass ich mich nur ja wohlfühle."[313]

Auch der Gegenbesuch von Verostas Halbbruder Anatolij und dessen Frau Tamara sowie deren Tochter Ksenija stellte eine „wunderbare Erfahrung" dar: „Wir erlebten eine Harmonie, die vor dem Besuch für uns undenkbar war. [...] Wir haben uns mit ihnen sehr wohlgefühlt und sehr viele Gemeinsamkeiten festgestellt. Unser Kontakt hat sich nun so intensiviert, dass wir uns wöchentlich per E-Mail, SMS und Briefen mitteilen." Seinem Vater bedeutet dieser intensive Kontakt viel, ist Verosta überzeugt: „Seit Vater weiß, dass sich seine Söhne gut vertragen, hat er innere Ruhe gefunden. Er ist trotz seiner 85 Jahre geistig voll auf der Höhe. Sicher werde ich im kommenden Jahr wieder zur Familie reisen. Ich richte mich nach den Gegebenheiten."[314]

Ein Wiedersehen zwischen den Eltern fand nicht mehr statt. Pavel Denisov wollte Romana Steinmetz zwar in Österreich besuchen, doch lehnte diese aus gesundheitlichen Gründen ab. Er sollte sie so in Erinnerung behalten, wie sie nach Kriegsende gewesen war. Sie verstarb am 4. Jänner 2007.[315]

Ähnlich verlief die Suche des ehemaligen sowjetischen Besatzungssoldaten Viktor G., der gleichfalls seine „österreichische Familie" ausfindig machen wollte. Er bat „Ždi menja" um Unterstützung und erhielt über die österreichische Botschaft Moskau die Kontaktdaten von Maria F., mit der er in Niederösterreich eine mehrmonatige Liebesbeziehung eingegangen war. Nach seiner Demobilisierung war jede Verbindung abgebrochen, da er sonst „in diesen schrecklichen Jahren" verhaftet worden wäre, ist Viktor G. über-

312 Otto Klambauer, Mit 58 Jahren den Vater gefunden. Sohn eines ehemaligen sowjetischen Besatzungssoldaten: „Eine riesige Freude", in: Kurier, 6.7.2005, S. 11.

313 Gerhard Verosta, Elektronische Nachricht an Barbara Stelzl-Marx. 21.12.2005.

314 Gerhard Verosta, Elektronische Nachricht an Barbara Stelzl-Marx. 10.11.2006.

315 Sammlung Barbara Stelzl-Marx, Bestand Steinmetz.

Abb. 80: Vera Ganswohl (links im Bild) konnte die ersten Lebensjahre gemeinsam mit ihrem Vater verbringen. Nach seiner Rückkehr in die Sowjetunion brach der Kontakt zunächst ab, bis 1979 völlig unerwartet eine Ansichtskarte des ehemaligen Besatzungssoldaten in ihrem burgenländischen Heimatort eintraf. (Quelle: Sammlung Stelzl-Marx, Bestand Ganswohl)

zeugt. Im Sommer 2004 erfolgte schließlich ein erstes Treffen mit seinem 1947 geborenen Sohn und dessen Tochter Astrid S. Der Sohn des ehemaligen Besatzungssoldaten, Gerhard, hatte bis dahin lediglich erfahren, dass er einen anderen (österreichischen) Vater als sein Halbbruder hatte. Seine Mutter hatte ihm allerdings ein diesbezügliches Frage- und Redeverbot auferlegt. Sie selbst war 1946 vor die Wahl gestellt worden, hochschwanger einen Österreicher zu heiraten oder aus ihrem Elternhaus verwiesen zu werden. Die damals knapp 20-Jährige hatte Ersterem zugestimmt, wodurch „das Ganze vertuscht werden konnte".[316]

Viktor charakterisierte dieses erste Treffen tief bewegt als unvergesslich. Beinahe 60 Jahre hatte er nichts von seiner einstigen österreichischen Geliebten und ihrem gemeinsamen Kind gehört. Er hatte lediglich dank der Auskunft eines ehemaligen Kameraden gewusst, dass ein Sohn auf die Welt gekommen war.[317] Als er diesen nun erstmals sah, bemerkte er die große Ähnlichkeit: „Gerhard ist natürlich von mir und ist ausschließlich mein Sohn.

316 Astrid S., Freundliche Auskunft an Barbara Stelzl-Marx. St. Pölten 17.8.2004.

317 Viktor G., Freundliche Auskunft an Barbara Stelzl-Marx. Mönchengladbach 17.8.2004.

Er hat viel von mir: die Stirn, die Augen, die Ohren, das ovale Gesicht, sogar die Hände. Er ist größer als ich."[318]

Zu einem Treffen zwischen dem ehemaligen Besatzungssoldaten und seiner damaligen Geliebten kam es auch in diesem Fall nicht. Viktor schrieb in diesem Zusammenhang seiner Enkelin Astrid, die ihm zu Ehren ihren Sohn im zweiten Vornamen „Viktor" getauft hatte:[319] „Ich möchte noch ein paar Worte über Maria (deine Großmutter) sagen. Sie wollte das Kind, Gerhard, auf keinen Fall. Aber wie froh bin ich, dass sie ihn in jener schweren Zeit behalten hat. Ich denke, dass sie jetzt selbst froh ist, so einen wundervollen, schönen Sohn zu haben. Und wir freuen uns, dass wir ein Teil seiner Familie, eurer Familie werden konnten. Das ist Glück. Richte Großmutter Maria einen Gruß und meine große Dankbarkeit für Gerhard aus. Möge sie mir nicht böse sein – das Leben ist sehr, sehr kurz. Wir können einfach Freunde sein. Ich glaube, dass sie sich auch mit meiner [Frau] Maria anfreunden könnte, mit der ich 57 Jahre zusammenlebe."[320] Bis heute möchte die Mutter des „Besatzungskindes" nicht, dass das über Jahrzehnte wohlgehütete Geheimnis in ihrem Umfeld bekannt wird oder an die Öffentlichkeit kommt.

Eine ambivalentere Strategie des Vergessens bzw. Verklärens pflegte Therese S., die insgesamt fünf Jahre in einer glücklichen Beziehung mit dem Fliegeroffizier Nikolaj Sidorov zusammengelebt hatte. Sie schloss bald nach seiner Versetzung mit dieser Phase in ihrer Biografie ab, bewahrte aber auf der anderen Seite vor allem gegenüber ihrer Tochter Vera Ganswohl das Andenken an den Vater. So nahm sie bei wichtigen Jubiläen wie dem 18. oder 21. Geburtstag Bezug auf den abwesenden Vater, indem sie etwa „Deine Eltern" oder „Das ist im Sinne Deines Vaters" in den Glückwunschkarten vermerkte. Auch Briefe, Kleidungsstücke oder persönliche Gegenstände des Vaters bewahrte sie beinahe wie Reliquien auf. Sie galten als Symbol einer glücklichen Zeit.[321]

Umso größer war der „Schock", als 1979 in ihrem burgenländischen Heimatort eine Ansichtskarte aus der Sowjetunion eintraf: „Natürlich Schock! Aufregung! Und, und meine Mutter wollte alles so auf sich beruhen lassen. Ja, Vergangenheit und es war schön und aus. Ich hab' natürlich ein vitales Interesse gehabt, meine Wurzeln, meinen Vater und so kennenzulernen. Und sie hat dann lang gezögert, mir überhaupt die Adresse [zu geben ...]. Aber ich hab nicht lockergelassen", erinnert sich Vera Ganswohl. Trotz des Widerstandes seitens ihrer Mutter antwortete sie dem Vater.

318 Viktor G., Schreiben an Astrid S. O. O. 27.5.2004.
319 Astrid S., Freundliche Auskunft.
320 Viktor G., Schreiben an Astrid S. O. O. 27.5.2004.
321 OHI, Vera Ganswohl. Durchgeführt von Barbara Stelzl-Marx. Graz 5.8.2004. Zit. nach: Stelzl-Marx, Freier und Befreier, S. 445.

Vera Ganswohl, die ihren Vater das letzte Mal mit zwei Jahren gesehen hatte, traf ihn 1983 in Moskau wieder. Noch heute kommen ihr Tränen, wenn sie an das Treffen vor dem Hotel Kosmos denkt: „Aber das war wirklich für alle Beteiligten so ein, irgend so ein Ereignis, das, glaube ich, nicht nachvollziehbar ist für jemanden anderen. [...] An sich bin ich ein recht stabiler Mensch und sehr ausgeglichen, aber das war ganz einfach so viel Gefühl und so viele Emotionen, die da hochgekommen sind. Und das alles so zu verkraften, das hat mich eigentlich schon sehr hergenommen, muss ich sagen." Dem ersten Treffen in Moskau folgten weitere in Soči und, nach dem Tod des Vaters 1988, eine Gegeneinladung ihrer russischen Halbschwester nach Österreich.[322]

Ein Wiedersehen zwischen den Eltern fand deswegen nicht statt, weil die Mutter das idealisierte Bild ihrer Vergangenheit nicht zerstören wollte: „Im Nachhinein ist, glaube ich, alles euphorisch. Ja, also sie erzählt, dass das der Mann ist, der sie geprägt hat, und sie ist am Land aufgewachsen, und man hat sicher noch bestimmte Wertmaßstäbe gehabt. Aber sie hat halt gemeint, er hat ihr Erziehung und Manieren und alles das beigebracht. [...] Also, es ist nie irgendwas Negatives gekommen. Im Gegenteil, extrem euphorisch. Vielleicht auch ein bisschen verklärt in der Vergangenheit. [...] Sie hat also immer gesagt, es war die große Liebe ihres Lebens. Sie hat wohl nachher noch Beziehungen gehabt, sie war auch verheiratet. Hat sich dann scheiden lassen. Aber sie sagt, das war's halt ... das war's ganz einfach."[323]

Keine Resultate brachte hingegen der Versuch von Nikolaj Obednjak, seine einstige „große Liebe" Gerti Vogel und den gemeinsamen Sohn, den er nie gesehen hatte, zu finden. Er erinnert sich, wie er 1946 aus Österreich einen Brief an Stalin mit der Bitte schrieb, die Niederösterreicherin heiraten zu dürfen. Als Antwort wurde er noch vor der Geburt des Kindes nach Ungarn versetzt. Er schrieb ihr zwei Briefe, die allerdings ohne Antwort blieben. Nach seiner Rückkehr in die Sowjetunion heiratete er eine Einheimische, wodurch weitere Recherchen unmöglich wurden. Heute bereut der in Minsk lebende Veteran, nicht desertiert zu sein. Dies wäre zwar gefährlich, aber durchaus möglich gewesen. Nun wüsste er nicht, an wen er sich „in Wien" wenden könnte.[324] Recherchen des Instituts für Kriegsfolgen-Forschung blieben bisher ergebnislos.

3.5.1 Die nächste Generation

Bemerkenswert erscheint, dass nun auch in der ehemaligen Sowjetunion Angehörige der zweiten und dritten Generation die Suche nach möglichen Ver-

322 Ebd.

323 Ebd.

324 OHI, Nikolaj Obednjak. Durchgeführt von Peter Ruggenthaler. Minsk 30.11.2002.

wandten in Österreich vorantreiben. So wandte sich die Tochter eines ehemaligen Besatzungssoldaten mit folgendem Anliegen an „Ždi menja": „Mein Vater, Muradjan Artjuša Torgomovič, kämpfte zu Kriegsende in Österreich, Wien, wo er Schwabl Lieselotte kennenlernte, die als Lehrerin arbeitete. Sie gingen eine Beziehung ein, worauf sie von meinem Vater [nach dessen Abzug] eine Tochter auf die Welt brachte. Ich suche meine Schwester und ihre Mutter. Wir bitten um Ihre Hilfe."[325] Bereits 1991 hatte ihr Vater geplant, sich in Österreich auf Spurensuche zu begeben. Allerdings war er wenige Tage vor dem Abflug bei einem Autounfall tödlich verunglückt. Doch auch die Suche seiner Tochter sollte zu keinem positiven Ergebnis führen. Auf einen im Juni 2009 veröffentlichten Zeitungsartikel hin meldeten sich Angehörige von Lieselotte Schwabl bei der Autorin:[326] Die junge Frau war bereits Anfang der 1950er Jahre verstorben. Von der Liaison mit dem sowjetischen Offizier hatte anscheinend niemand in der Familie etwas gewusst, geschweige denn von einer Schwangerschaft. Das gemeinsame Kind dürfte sie noch vor dessen Geburt verloren oder abgetrieben haben, eventuell aus Verzweiflung über den Abzug von Muradjan. Außerdem hätte ihre eigene Mutter, vor der sie die Beziehung gleichfalls verheimlicht haben dürfte, „das Kind von einem Russen niemals akzeptiert", vermuten ihre Verwandten heute.[327]

Eine ähnliche Spurensuche begann auch die Enkelin eines aus Kasachstan stammenden ehemaligen Besatzungssoldaten. Sie wollte herausfinden, ob sie tatsächlich Verwandte in Österreich hatte und ob das Kind, das ihr Großvater anscheinend zeugte, einer freiwilligen Beziehung oder eventuell einer Vergewaltigung entstammte: „After the war, he returned to Kazakstan where one day he got an anonymous note congratulating him on the birth of a son in Austria. My grandfather spoke of this only once in his life, so the familiy is really not sure what happened and whether it was a rape case. I only know that the Austrian girl's name was Helen and her father was an university professor. [...] The bottom line is that I want to find out what happened there - whether the child (this would be my uncle born either in 1945 or 1946) survived and what happened to the woman."[328]

Auch der Sohn von Aleksandr Krečet, den die Autorin im Frühling 2008 auf Wunsch seiner ehemaligen Freundin Edith Nemetz ausfindig machen konnte, interessierte sich dafür, ob es eventuell eine Halbschwester in Öster-

---

325 Sammlung Barbara Stelzl-Marx, Bestand Schwabl.

326 Eva Schweighofer, „Ich suche meine Schwester. Zeitgeschichte", in: Kronen Zeitung, Krone Bunt. 16.6.2009, S. 26.

327 Karin H., Freundliche Auskunft an Barbara Stelzl-Marx. Wien 15.6.2009; Gerlinde R., Freundliche Auskunft an Barbara Stelzl-Marx. Wien 16.6.2009.

328 Z. Z., Schreiben an Barbara Stelzl-Marx, O. O. 1.10.2002. Zit. nach: Stelzl-Marx, Freier und Befreier, S. 447.

reich gab: „Das wäre nämlich leicht möglich, denn meine Tante, die Schwester von Aleksandr Ivanovič, erzählte, dass mein Vater eine Lebensgefährtin in Österreich gehabt hatte, an die er häufig in der Nachkriegszeit gedacht hatte."[329]

Die Zahl jener ehemaligen sowjetischen Besatzungssoldaten, die nach ihrem Abzug aus Österreich mit ihrem Kind in Verbindung treten konnten, dürfte überschaubar sein. Manche wussten nichts von der Existenz eines „österreichischen" Nachkommens und erinnern sich lediglich an eine romantisch verklärte Zeit im Westen. Andere verspürten zunächst zu große Angst vor möglichen Repressalien (oder auch Ablehnung innerhalb ihrer Familie und Umgebung) und verloren danach die Hoffnung, dass eine mögliche Suche erfolgreich sein könnte. Wieder andere scheiterten bei ihren Nachforschungen, die sie über verschiedene Kanäle in die Wege geleitet hatten.

Der häufig zu beobachtende Umstand, dass (einstige) Verbindungen zwischen Österreicherinnen und Besatzungsangehörigen geheim gehalten wurden und werden, bedeutet natürlich keineswegs, dass diese nicht existierten. Dabei fiel es den im Ausland stationierten Männern ungleich leichter, nach ihrer Heimkehr derartige Liebesbeziehungen und daraus entstandene Kinder zu verheimlichen, als den betroffenen Frauen, die der sozialen Kontrolle ihrer Umgebung in einem weitaus größeren Ausmaß ausgesetzt waren.[330] Selbst mehr als ein halbes Jahrhundert nach Ende der Besatzung reichen die Spuren dieser – sowohl freiwilligen als auch zwangsweisen – Verbindungen über mehrere Generationen und über die geografischen Grenzen Österreichs hinaus.

329 Igor' Krečet, Elektronische Nachricht an Barbara Stelzl-Marx. 30.3.2008.

330 Bauer – Huber, Sexual Encounters across (Former) Enemy Borderlines, S. 93.

III. ALLTAG, FREIZEIT, BESATZUNGSRITUAL

Trotz der großen Präsenz der Besatzungssoldaten und der zahlreichen überlieferten österreichischen Berichte über Vorfälle mit „Männern in Uniform" ist bisher kaum etwas über den „sowjetischen" Alltag in Österreich, ihre Freizeitaktivitäten, Verpflegung oder den Tagesablauf bekannt. In Form eines Perspektivenwechsels wird im Folgenden die Mikroebene Lebenswelt aus sowjetischer Sicht rekonstruiert, wobei die Reglementierung des Alltags ebenso zur Sprache kommt wie die Freizeitgestaltung und das Zelebrieren diverser Riten und Feste während der Stationierung in Österreich. Dabei zeigt sich, dass Ausbildung, Sport und Gefechtsübungen einen Großteil des Alltags sowjetischer Soldaten einnahmen und vor allem die einfachen Soldaten einem strikten Aufgabenreglement unterzogen wurden. Die Pflege von Waffen, Ausrüstung und Kleidung gehörte ebenso zu diesen wiederkehrenden Aufgaben wie die Absolvierung von Politschulungen oder das Sauberhalten des Kasernengeländes und der Unterkünfte. Auch eine möglichst sinnvolle Freizeitgestaltung war vorgesehen, die zur Stärkung der Disziplin beitragen sollte. De facto boten sich den Wehrdienstleistenden jedoch immer wieder Möglichkeiten, den strengen Vorgaben - zumindest vorübergehend - zu entkommen.

1. Sowjetischer Alltag in Österreich

1.1 Von der Tagwache bis zum Zapfenstreich

In der Besatzungsarmee war der Tagesablauf streng reglementiert: Aufstehen um 6.30 Uhr, anschließend Morgensport, Morgentoilette, Standeskontrolle, Frühstück von 7.30 bis 8.20 Uhr, worauf die obligatorische Politinformation folgte. Bis zum Mittagessen und erneut am Nachmittag waren Gefechtsübungen zu absolvieren. Am Abend mussten zunächst die Waffen gereinigt werden. Danach fanden die „politische Massenarbeit" und die Vorbereitung auf die Übungen des nächsten Tages statt. Das relativ späte Abendessen begann um 21.30 Uhr und dauerte bis 22.20 Uhr. Ab 23 Uhr begann schließlich die Nachtruhe. Nur in den Stäben ging man den Tag etwas gemütlicher an.[1]

Der generell straffe Zeitplan sollte eine möglichst strenge Kontrolle über die einzelnen Militärangehörigen erleichtern und die Disziplin in den Einhei-

1 CAMO, F. 863, op. 1, d. 50, S. 126f., Befehl Nr. 0110 des Kommandanten der 4. Garde-Armee, Garde-Generalleutnant Zachvataev, und des Mitglieds des Militärrates der 4. Garde-Armee, Generalmajor Šepilov, über den Tagesablauf in der Sommersaison, 21.5.1945. Siehe dazu auch Tabelle 8 im Anhang dieses Bandes.

ten steigern. So wurde wiederholt verlangt, „den Tagesablauf so zu gestalten, dass der Personalstand möglichst wenig Zeit für sinnloses und unnötiges Herumschlendern habe".[2] Die einzelnen Tätigkeiten waren charakteristischerweise durch ein System expliziter formaler Regeln vorgeschrieben und wurden von einer großen Gruppe von Schicksalsgenossen gemeinsam ausgeführt.[3] „Es gibt in der Armee nichts Schlimmeres, als wenn man nichts zu tun hat", betont General Aleksandr Orlov in diesem Zusammenhang. Deswegen wären die Besatzungsangehörigen früh aufgestanden, hätten trainiert und einen relativ straffen Zeitplan gehabt, um möglichst beschäftigt zu sein.[4]

Für Einheiten der Garde-Schützendivision begann der Tag im Sommer bereits um 5.00 Uhr früh. Vor dem Frühstück, das von 6.30 bis 7.00 Uhr angesetzt war, standen Morgensport, Morgentoilette, Visitation und die Politschulung auf dem Programm. Bis zum Mittagessen um 13 Uhr, dem eine einstündige Ruhepause folgte, waren insgesamt sechs Stunden Übungen anberaumt, die am Nachmittag von 15 bis 19 Uhr fortgesetzt wurden. Vor dem 30-minütigen Abendessen um 19.30 Uhr hatte noch die Reinigung von Waffen und Geräten zu erfolgen. Darauf folgten eineinhalb Stunden Politmassenarbeit und Freizeit. Nach der Standeskontrolle von 21.30 bis 22 Uhr gönnte man den Soldaten sieben Stunden Schlaf.[5]

Im Winter konnten die Armeeangehörigen etwas länger schlafen und mussten erst um 7 Uhr aufstehen. An freien Tagen fand der Morgenappell eine Stunde später statt. Als „persönliche Zeit des Soldaten" standen ihnen nach dem Abendessen, das während dieser Saison in der Zeit von 21 bis 21.50 Uhr angesetzt war, insgesamt laut Plan genau 40 Minuten zur Verfügung. Anschließend erfolgte die 15-minütige Standeskontrolle, das Schlafengehen, wofür sie fünf Minuten Zeit hatten, und um 23 Uhr schließlich der Zapfenstreich.[6]

Der in Bruck an der Leitha von 1945 bis 1947 stationierte Offizier und spätere Diplomat Nikolaj Paščenko erinnert sich in diesem Zusammenhang:

---

2 CAMO, F. 894, op. 1, d. 65, S. 246–248, hier: S. 248, Befehl Nr. 063 des Kommandeurs der 4. Garde-Schützendivision, Garde-Generalmajor Parfenov, und des Leiters des Stabes, Garde-Oberstleutnant Bogatenko, über die Überprüfung der militärischen Schulung, 23.7.1945.

3 Vgl. dazu auch: Christian Th. Müller, „O' Sowjetmensch!" Beziehungen von sowjetischen Streitkräften und DDR-Gesellschaft zwischen Ritual und Alltag, in: Christian Th. Müller – Patrice G. Poutrus (Hg.), Ankunft – Alltag – Ausreise. Migration und interkulturelle Begegnung in der DDR-Gesellschaft. Köln 2005, S. 17–134, hier: S. 63.

4 OHI, Orlov. Durchgeführt von Bakši.

5 CAMO, F. 894, op. 1, d. 64, S. 80, Befehl des Leiters des Stabes der 4. Garde-Schützendivision, Garde-Oberstleutnant Bogatenko, über den Tagesablauf in den Einheiten ab 20. Mai 1945, 19.5.1945.

6 AM 4. GA, Bestand 4. Garde-Armee, Dok. Nr. 36, Befehl des Leiters des Stabes der 4. Garde-Armee, Garde-Generalmajor Fomin, über den Tagesablauf in der Zeit vom 1. Jänner bis 1. Mai 1946, 26.12.1945.

„Der Arbeitstag begann sowohl für die Offiziere als auch für die Soldaten um 6 Uhr: Wir standen auf, turnten, frühstückten, und danach organisierten wir die Übungen. Um 13 Uhr war Mittagessen, danach Erholung. Anschließend planten wir, wie die Pflege der Militärtechnik zu organisieren war, die nach den Kampfhandlungen erst repariert werden musste. Damit beschäftigten wir uns. Am Abend hatten wir frei. Wir hatten unsere Kantine, Bibliothek, einen Klub, wo es Zeitungen und Journale gab. Dort verbrachten auch die Soldaten ihre Freizeit."[7]

Mit der Höhe des Ranges stieg auch die Möglichkeit einer freieren Zeiteinteilung. Beispielsweise war für die Verwaltung der 4. Garde-Armee ab Ende Juli 1945 folgender Tagesablauf festgelegt: Frühstück von 8.45 Uhr bis 9.45 Uhr. Auf die Übungen von 10 bis 15 Uhr folgten Mittagessen und Ruhepause. Erst um 19 Uhr fanden erneut Übungen statt. Das Abendessen war für die Zeit von 21 bis 21.45 Uhr vorgesehen.[8]

Ähnlich lautete der Plan für Offiziere der 18. Panzerdivision, für die im Winter erst um 7.30 Uhr Tagwache war. Ihr Frühstück konnten sie von 8.50 bis 9.30 Uhr einnehmen. Jeweils am Montag und Donnerstag standen ihnen – abgesehen vom Wochenende – freie Abende für „selbstständige Arbeiten" zur Verfügung.[9] Letzteres galt auch für den Stab der Division. Die eigentliche Arbeitszeit war rund um die Mahlzeiten (Frühstück: 9 bis 10 Uhr, Mittagessen: 15 bis 16 Uhr und Abendessen: 20 bis 21 Uhr) angesetzt und dauerte von 10 bis 14 Uhr sowie von 16 bis 18 Uhr. Jeweils dienstags fand im Anschluss daran die Politschulung statt.[10] Anscheinend bewährte sich dieser Zeitplan besser, denn noch einen Monat zuvor war die abendliche Arbeit im Stab von 18 bis 21 Uhr eingeplant gewesen.[11] Für die Offiziere und den Stab der Division existierten – im Gegensatz zu den Mannschaftssoldaten[12] – keine Weckzeiten.

7 OHI, Nikolaj Paščenko. Durchgeführt von Barbara Stelzl-Marx. Graz 4.7.2007.

8 AM 4. GA, Bestand 4. Garde-Armee, Dok. Nr. 5, Befehl Nr. 075 des Leiters des Stabes der 4. Garde-Armee, Garde-Generalmajor Fomin, über den Tagesablauf der Verwaltung der 4. Garde-Armee, 25.7.1945.

9 CAMO, F. 3415, op. 1, d. 96, S. 324, Befehl des Leiters des Stabes der 18. Panzerdivision über den Tagesablauf des Offiziersstandes ab November 1945, 5.11.1945.

10 CAMO, F. 3415, op. 1, d. 96, S. 376, Befehl des Leiters des Stabes der 18. Panzerdivision, Garde-Oberst Belozerov, über den Tagesablauf des Stabes ab Dezember 1945, 6.12.1945.

11 CAMO, F. 3415, op. 1, d. 96, S. 325, Befehl des Leiters des Stabes der 18. Panzerdivision, Garde-Oberst Belozerov, über den Tagesablauf des Stabes ab November 1945, 4.11.1945.

12 CAMO, F. 3415, op. 1, d. 96, S. 326, Befehl des Leiters des Stabes der 18. Panzerdivision, Garde-Oberst Belozerov, über den Tagesablauf des Personalstandes ab November 1945, 4.11.1945.

Abb. 81: Dienst und Freizeit waren – zumindest am Papier – genau geregelt. Rotarmisten bei der Bewachung einer Donaubrücke bei Krems, die mithilfe der sowjetischen Besatzungsmacht wiedererrichtet worden war. (Quelle: RGAKFD)

Ungeachtet der genauen Vorgaben kam es immer wieder zu Verstößen gegen den bis ins Detail festgelegten Dienstplan. Anfang Juli 1945 berichtete etwa der Kommandeur der 40. Garde-Schützendivision, Garde-Generalmajor Sucharev: „Der Dienstplan wird in keinster Weise eingehalten."[13] Besonders häufig kritisierten die zuständigen Stellen, dass sich Armeeangehörige unerlaubt von der Truppe entfernten.[14] Auch Offiziere verließen den Dienst frühzeitig, ohne ihren jeweiligen Vorgesetzten darüber zu informieren, beschwerte sich die militärische Führung. An ihren freien Tagen fuhren sie in die nächstgelegenen Städte, wo man sie selbst in dringenden Fällen vielfach nicht erreichen konnte, da sie ihre Adresse nicht hinterlassen hatten. Die niedere Disziplin machte sich etwa auch dadurch bemerkbar, dass Offiziere im Dienst nicht ordnungsgemäß gekleidet waren und mit ungeputzten Stiefeln erschienen.[15]

13 CAMO, F. 894, op. 1, d. 65, S. 183, Befehl Nr. 0346 des Kommandeurs der 40. Garde-Schützendivision, Garde-Generalmajor Sucharev, und des Leiters des Stabes, Garde-Oberstleutnant Chimov, über die militärische Vorbereitung der Einheiten im Juli 1945, 5.7.1945.

14 Siehe dazu auch das Kapitel B.I.2.6 „Desertion, eigenmächtiges Entfernen und Suizid" in diesem Band.

15 AM 4. GA, Bestand 4. Garde-Armee, Dok. Nr. 18, Befehl Nr. 0157 des Leiters des Stabes der 4. Garde-Armee, Garde-Generalmajor Fomin, über die Disziplin unter den Offizieren, 5.11.1945.

Darüber hinaus musste mehrfach eingefordert werden, dass „100 Prozent der Militärangehörigen“ den Übungen, die teilweise insgesamt acht Stunden pro Tag dauerten, beiwohnen sollten – außer „konkrete Aufgaben“ verlangten nach einer zeitlichen Einschränkung. Zu den Übungen zählten – abgesehen von der politisch-moralischen Schulung – Schießübungen, taktische Übungen oder eigene Schulungen für die Artillerie.[16]

Gerade für Offiziere der operativen, Nachrichten- und Politabteilungen war außerdem laut Befehl Nr. 06438 des Stabes der CGV vom 19. September 1945 Deutschunterricht verpflichtend. Schließlich mussten sie mit der einheimischen Bevölkerung kommunizieren bzw. relevante Informationen in Erfahrung bringen können. Die durchaus intensiven Sprachkurse wurden von Übersetzern der Nachrichten- und Politabteilungen in Gruppen von fünf bis sieben Teilnehmern geleitet. Sie standen bereits in der Früh auf dem Programm: täglich von 9 bis 11 Uhr mit Ausnahme von freien Tagen.[17]

Bis Mitte Oktober hatten sich etwa in der 17. Garde-Division mehrere Gruppen gebildet, in denen Offiziere Deutsch lernten. Allein in der Verwaltung der Division gehörten zwölf Offiziere dazu. Offensichtlich war außerdem angeregt worden, Englischunterricht zu nehmen. Doch kamen hier keine Kurse zustande, da es an qualifizierten Lehrern mangelte.[18]

Trotz des straffen Dienstplanes boten sich den in Österreich stationierten sowjetischen Besatzungssoldaten zahlreiche Freiräume, die sie für diverse – aus Sicht der militärischen Führung –, vielfach unerwünschte Aktivitäten nutzten. Eine wesentliche Rolle spielte dabei auch die Form der Unterbringung.

1.2 Unterbringung, Verpflegung, Bekleidung

1.2.1 Leben hinter Kasernenmauern und in Villen

Neben der Durchsetzung des streng reglementierten Tagesablaufes setzte die militärische Führung vor allem auf die möglichst vollständige Isolierung der Truppe nach außen. Dabei stieß man gerade in der ersten Zeit auf das Problem, geeignete Unterkünfte für die gewaltigen Kontingente der Roten

16 CAMO, F. 894, op. 1, d. 65, S. 263–266, Befehl Nr. 064 des Kommandeurs der 4. Garde-Schützendivision, Garde-Generalmajor Parfenov, und des Leiters des Stabes, Garde-Oberstleutnant Bagatenko, über die militärische und politische Schulung der Einheiten im August 1945, 28.7.1945.

17 AM 4. GA, Bestand 4. Garde-Armee, Dok. Nr. 15, Befehl Nr. 0132 des Leiters des Stabes der 4. Garde-Armee, Garde-Generalmajor Fomin, über den Deutschunterricht für Offiziere, 30.9.1945.

18 CAMO, F. 894, op. 1, d. 66, S. 258, Bericht des Leiters des Stabes der 17. Garde-Division, Garde-Oberstleutnant Chimov, über den Deutschunterricht für Offiziere, 22.10.1945.

Armee zu finden. Aufgelassene Kriegsgefangenenlager und ehemalige Kasernen der Deutschen Wehrmacht wurden ebenso genutzt wie beschlagnahmte Häuser, Klöster, Schlösser oder Schulen. Die Einquartierungen in Privatwohnungen ermöglichten hingegen höheren Dienstgraden, zumindest partiell und peripher am österreichischen Alltag teilzunehmen.

Als „besonders gute"[19] Unterbringung galten etwa zwei Kasernenblöcke in Graz, die im Mai 1945 dem 42. Garde-Artillerieregiment des 6. Garde-Schützenkorps zur Verfügung standen: „Sämtliche Angehörige des Mannschaftsstandes leben nach Batterien gegliedert in Einzelzimmern. Jeder Soldat und jeder Unteroffizier verfügt über ein Bett, eine Matratze, zwei Leintücher, eine Bettdecke und einen Polster. Die Zimmer sind mit Bildern der großen Führer, Spruchbändern, Plakaten und Blumen geschmückt, die Böden in den Zimmern und Gängen wurden mit Teppichen ausgelegt. Jede Batterie verfügt über ein Radiogerät",[20] hob ein Politbericht hervor. Diese Ausstattung stellte allerdings keine Selbstverständlichkeit dar. So nächtigten etwa die Soldaten eines gleichfalls in Graz stationierten Verbindungsbataillons auf gewöhnlichen Pritschen ohne eigene Bettwäsche. Bessere Unterbringungsbedingungen für die Mannschaften mussten erst gefunden werden.[21]

Im Auftrag der Armeeführung forschten die einzelnen Kommandeure und Stabsleiter in der gesamten Besatzungszone geeignete Räumlichkeiten und ihren aktuellen Zustand aus. In St. Pölten zog man dafür unter anderem die Kaserne der ehemaligen Offiziersakademie heran, wo Platz für bis zu 1100 Personen war. Im Detail wurde jeweils recherchiert, ob die Wasserversorgung, Elektrizität und Kanalisation funktionierten oder wegen Bombenschäden u. Ä. erst repariert werden mussten, ob es Garagen, Pferdeställe, Klubräume und Speisesäle gab. Auch bei den beschlagnahmten Privathäusern war der Zustand von Wasser, Strom und Kanalisation ein wichtiges Kriterium. Hier wurde noch eigens darauf Bedacht genommen, ob die Zivilbevölkerung aus dem Gebiet, in dem das Regiment untergebracht werden sollte, bereits ausgesiedelt worden war.[22]

Wegen des Platzmangels mussten die vorhandenen Unterkünfte vor allem 1945 „maximal" belegt werden. Dazu stellte man bei Bedarf zunächst zwei-

---

19 CAMO, F. 821, op. 1, d. 467, S. 195–199, Politbericht des Leiters des 6. Garde-Schützenkorps, Garde-Oberst Gruzdov, an den Leiter der Politabteilung der 57. Armee, Generalmajor Cinev, über den politisch-moralischen Zustand des Mannschaftsstandes, dessen Lebensbedingungen und die parteipolitische Arbeit, 21.5.1945. Abgedruckt in: Karner – Pickl, Die Rote Armee in der Steiermark, Dok. Nr. 66.

20 Ebd.

21 Ebd.

22 CAMO, F. 894, op. 1, d. 64, S. 66f., Bericht des Kommandeurs der 40. Garde-Schützendivision, Garde-Oberst Bransburg, und des Leiters des Stabes, Garde-Oberstleutnant Chimov, über die Einquartierung der Division, 14.5.1945.

Abb. 82: Schlafraum für sowjetische Besatzungssoldaten in einem beschlagnahmten burgenländischen Haus 1945. Losungen an der Wand mahnten die Armeeangehörigen zu „besonderer Wachsamkeit" im Ausland. (Quelle: Karner, Das Burgenland im Jahr 1945, S. 287)

bis dreistöckige Stockbetten für Mannschaftsdienstgrade auf.[23] Ende November 1945 ordnete das Oberkommando der CGV unter Marschall Konev an, die Mannschaftssoldaten und Unteroffiziere auf zweistöckigen Pritschen oder Betten mit einem Abstand von jeweils 75 cm bis einen Meter unterzubringen. Falls die Kasernen und sonstigen Unterkünfte in den für die Einheiten abgeschotteten Stadtbezirken nicht ausreichten, mussten eigene Armeewohnbunker, sogenannte „zemljanki", errichtet werden.[24]

Die Privatsphäre der Soldaten spielte dabei keine besondere Rolle, wie auch ein Foto eines sowjetischen Quartiers in einem beschlagnahmten burgenländischen Haus anschaulich demonstriert: Vor dicht aneinandergedrängten Stockbetten standen vereinzelte Stühle, in der Mitte des Raumes befand sich ein Tisch, an den Wänden hingen neben dem Stalinporträt einschlägige Losungen, die zu „besonderer Wachsamkeit" im Ausland aufriefen.[25] Die Historikerin Silke Satjukow betont hinsichtlich der vergleichbaren

23 CAMO, F. 863, op. 1, d. 53, S. 165f., Befehl Nr. 046 des Kommandeurs des 20. Garde-Schützenkorps, Garde-Generalleutnant Birjukov, und des Leiters des Stabes, Garde-Generalmajor Zabelin, über die Unterbringung der Einheiten des 20. Garde-Schützenkorps im Winter, 2.8.1945.

24 CAMO, F. 863, op. 1, d. 54, S. 18, Befehl des Oberkommandos der CGV Nr. 0200 über die Unterbringung der Truppen und ihre Vorbereitung für den Winter, 29.11.1945.

25 Siehe das Faksimile in: Stefan Karner (Hg.), Das Burgenland im Jahr 1945. Beiträge zur Landes-Sonderausstellung 1985. Eisenstadt 1985, S. 287.

Situation sowjetischer Truppen in Deutschland: „Wo auch immer sich der Soldat befand, er war niemals allein."[26]

Weitaus mehr Komfort stand hingegen den höheren Rängen zu. Jene Räumlichkeiten, die sie für Dienst, Unterkunft und Freizeit benötigten, waren unbedingt bereitzustellen. Allerdings hatte der Stab der jeweiligen Armee zuerst die Erlaubnis zu erteilen, sollten Privathäuser, Schulen oder andere öffentliche Gebäude beschlagnahmt werden.[27] Auf Befindlichkeiten von österreichischer Seite nahm man dabei wenig Rücksicht.

Die Kasernierung der Soldaten sollte dazu beitragen, Kontakte zur örtlichen Bevölkerung möglichst zu unterbinden. Aber gerade auch die höheren Dienstränge mussten in Häusern untergebracht werden, die von der örtlichen Bevölkerung „isoliert" waren. Hier spielte unter anderem die Angst vor Spionage eine Rolle. Denn Dienstgespräche durften nicht von außenstehenden Personen mitgehört werden.[28] „Während ihr euch außerhalb der Grenzen der Heimat befindet, seid besonders vorsichtig!", wurde Stalin in einem weitverbreiteten Plakat von 1945 zitiert.[29]

So entstanden an den Stationierungsorten exterritoriale Wohngebiete, die von ihrer nichtsowjetischen Umgebung weitestgehend abgeschottet waren. Die unteren Ränge wohnten in Kasernen oder Wohnbunkern, die Offiziere in Wohnungen oder Häusern, die nicht (mehr) von der örtlichen Bevölkerung belegt waren. Eine gemeinsame Unterbringung mit Einheimischen war „kategorisch" verboten. Zahlreiche Befehle der Führung zielten darauf ab, in den einzelnen Garnisonen eine „strenge innere Ordnung, Disziplin und einen straffen Wachdienst" zu organisieren und die Wehrdienstleistenden hinsichtlich ihres Verhaltens gegenüber den Einwohnern zu schulen.[30] Dabei verlangte man gezielt ein „höfliches und kultiviertes Verhalten".[31] Denn Berührungspunkte mit Einheimischen ergaben sich trotz der – zumindest auf

26 Satjukow, Besatzer, S. 115.

27 CAMO, F. 863, op. 1, d. 53, S. 165f., Befehl Nr. 046 des Kommandeurs des 20. Garde-Schützenkorps, Garde-Generalleutnant Birjukov, und des Leiters des Stabes, Garde-Generalmajor Zabelin, über die Unterbringung der Einheiten des 20. Garde-Schützenkorps im Winter, 2.8.1945.

28 AM 4. GA, Bestand 4. Garde-Armee, Dok. Nr. 26, Befehl Nr. 0186 des Leiters des Stabes der 4. Garde-Armee, Garde-Generalmajor Fomin, über Vorfälle von der Abnahme der Vorsichtigkeit und der Preisgabe des Militärgeheimnisses, 4.7.1945.

29 „Nachodjas' za rubežom rodnoj zemli, bud'tde osobenno bditel'ny! (Iz prikaza Nr. 20 ot 1.V.45 g. Verchovnogo Glavnokomanujuščego Maršala Sovetskogo Sojuza t. Stalina." Siehe dazu das Faksimile des Plakates von Solomon Samsonovič Boium in: Snopkov – Snopkov – Škljaruk, Šest'sot plakatov, S. 103.

30 Vgl. dazu etwa CAMO, F. 863, op. 1, d. 54, S. 18, Befehl des Oberkommandos der CGV Nr. 0200 über die Unterbringung der Truppen und ihre Vorbereitung für den Winter, 29.11.1945.

31 CAMO, F. 894, op. 1, d. 66, S. 226, Bericht des Leiters des Stabes der 17. Garde-Division, Garde-Oberstleutnant Chimov, über die Unterbringung der Truppen, 26.10.1945.

dem Papier festgelegten – räumlichen Trennung und der Repressionsapparate oft genug.

Wie bereits erwähnt, wertete jedoch die sowjetische Führung Kontakte zur örtlichen Bevölkerung als politisch und ideologisch gefährlich, weswegen diese möglichst zu unterbinden waren.[32] Angesichts der immer dringenderen Appelle zu politischer Wachsamkeit aus Moskau hoben etwa der Kommandeur und der Leiter der Politabteilung eines NKVD-Regiments eigens hervor, dass nun keine Einheimischen mehr für Arbeiten in den Küchen, Lagern und Unterkünften ihres Regiments herangezogen würden. Auch wären die Fälle, in denen einzelne Soldaten und Offiziere mit „politisch fragwürdigen Frauen" zusammenlebten, „drastisch zurückgegangen".[33] Ungeachtet der getroffenen Maßnahmen stellte jedoch die geforderte Isolierung von der Zivilbevölkerung vielfach eine Illusion dar.

Gerade Offiziere, die in privaten Quartieren wohnten, standen häufig in Kontakt mit den österreichischen Wohnungsinhabern. Evgenij Malašenko, der bis zum Abzug der Truppen 1955 mit seiner Frau und den beiden Kindern in einer geräumigen Badener Villa lebte, erinnert sich, wie der Besitzer immer wieder den Zustand seiner Liegenschaft kontrollierte: „Der Besitzer, der mit dem Einmarsch der Truppen ausquartiert worden war, wohnte in der Nachbarschaft. Er besuchte uns immer wieder, wir hatten eine gute Beziehung zu ihm. Er hatte Angst, dass wir dort etwas zerstören würden. Wir luden ihn in die Villa ein und zeigten ihm, wie wir wohnten. Als wir wegfuhren, gab es keinerlei Beanstandungen, er war zufrieden."[34]

Der in Bruck an der Leitha stationierte Oberleutnant Boris Zajcev freundete sich mit Familienmitgliedern seines – unfreiwilligen – Quartiergebers richtiggehend an. Er ging mit ihnen einmal pro Woche ins Kino und erhielt vom sechsjährigen Sohn Deutschunterricht: „Als unsere Einheit nach Bruck kam, suchte der Stadtkommandant für uns Offiziere Wohnungen aus. Die Soldaten wohnten getrennt. Und ich bekam diese Wohnung neben der Brücke. Mit der Frau des Hausherrn hatte ich fast keinen Kontakt, weil ich nicht im Haus, sondern in der Einheit aß. Wir hatten einen guten Koch. Ich schlief dort und ruhte mich dort aus. Diese Familie hatte zwei Töchter und einen Sohn. Der Bub kam sehr gern zu mir. Er redete mit mir und brachte mir Deutsch bei.

32 Siehe dazu auch das Kapitel B.II.2.3 „Reaktionen von sowjetischer Seite" in diesem Band.

33 RGVA, F. 32914, op. 1, d. 132, S. 218–264, hier: S. 249f., Bericht des Kommandeurs des 336. NKVD-Grenzregiments, Martynov, und des Leiters der Politabteilung des Regiments, Čurkin, an den Leiter der Politabteilung der NKVD-Truppen zum Schutz des Hinterlandes der 3. Ukrainischen Front, Oberst Nanejšvili, über den Dienst, die parteipolitische Arbeit, den politisch-moralischen Zustand und die Disziplin des Regiments im 2. Quartal 1945 [Juni 1945].

34 OHI, Malašenko.

Er saß neben mir und sagte, wie die Wörter richtig ausgesprochen werden. Er spielte den Lehrer. Und dann gingen wir alle ins Kino, mit den Töchtern und dem Hausherrn, manchmal auch mit dem Sohn. Eine ganze Gruppe."[35] Wie wohl die meisten höheren Dienstgrade genoss Zajcev trotz aller Vorgaben genug Freiheiten, um mit dem österreichischen Leben in Berührung zu kommen.

Auch Viktorija Perlamutrova, die Gattin eines sowjetischen Majors, erinnert sich, viel Zeit mit der Tochter ihrer österreichischen Quartiergeber verbracht und sich mit der jungen Frau angefreundet zu haben. Doch trotz des Komforts litt die 1920 in Moskau geborene Ärztin an Heimweh, vor allem, weil es ihr in Österreich eher langweilig war: „Ich arbeitete nicht, war mit nichts beschäftigt, der Mann war den ganzen Tag in der Arbeit und ich redete nur mit dieser Rosi."[36] Beeindruckt zeigte sich die Moskauerin von Haushaltsgeräten wie einem Staubsauger oder einer Waschmaschine, die sie bis dahin nicht gekannt hatte, sowie von der großen Wohnung:[37] „Wir wohnten in einer Dreizimmerwohnung, und in einem der hinteren Zimmer, einem großen, standen zwei Klaviere und ein Schrank, ein kolossaler Schrank voll mit Noten. Nun, ich wühlte dort nicht herum, aber dort waren nur Noten. Und in der Mitte stand ein großer Tisch, den wir aufgrund unserer Jugend für Pingpong verwendeten. Wir waren ja dumm. Alle kamen zu uns, um Pingpong zu spielen. Und außer den beiden Klavieren, dem Tisch und dem Schrank gab es in diesem großen, 30 Quadratmeter großen Zimmer nichts."[38]

Zudem überraschte sie das gute Benehmen der Hausleute, die ihren Mann stets mit „Herr Major" ansprachen oder ausgesprochen höflich fragten, einmal in der Woche im großen, beschlagnahmten Zimmer musizieren zu dürfen. Gerne wäre sie nach ihrer Rückkehr in die Heimat mit der österreichischen Familie in Kontakt geblieben, doch wurde dies von sowjetischer Seite unterbunden: „Wir verloren den Kontakt nur deswegen, weil unsere Regierung diese Einstellung hatte. [...] Sie glaubte, dass wir mit ihnen irgendeine Verbindung hätten. Verstehen Sie, so eine Dummheit! Sie erhielten ja nicht unseren Brief!"[39]

35 OHI, Zajcev.

36 OHI, Viktorija Perlamutrova. Durchgeführt von Natal'ja Bakši. Moskau 28.1.2003.

37 Siehe dazu auch das Kapitel C.III.2.1.6 „'Sie waren viel weiter': Eindrücke des Lebensstandards" in diesem Band.

38 OHI, Perlamutrova.

39 Ebd.

1.2.2 Zwischen Borschtsch und Sachertorte

„Für die Mannschaften und Unteroffiziere sowie getrennt davon für das Offizierskorps wurden solide Speisesäle eingerichtet, die in vollem Umfang mit dem erforderlichen Interieur und den benötigten Möbeln ausgestattet sind. Die Verpflegung der Mannschaften des Regiments ist gut organisiert, es wird schmackhafte und sättigende Nahrung zubereitet",[40] betonte ein Politbericht vom Mai 1945. Auch andere Dokumente verweisen auf das für die Besatzungstruppen festgelegte Reglement der Verpflegung. Demnach standen dreimal täglich warme bzw. flüssige Speisen auf dem Menüplan, wozu „russische Klassiker" wie Borschtsch oder die Brotbiersuppe „okroška" gehörten. Als Hauptspeise gab es meist Fleisch mit Gemüse als Beilage. Der Kaloriengehalt wurde als ausreichend und der Geschmack als gut eingestuft. Aus Angst vor Vergiftungen hatten die Mitarbeiter der Sanitätsabteilung jeweils Proben vor der Ausgabe der Speisen zu entnehmen. Schließlich handelte es sich bei den Nahrungsmitteln nicht nur um Armeevorräte, sondern auch um Beutegüter.[41]

Nicht immer ging die Verköstigung der Truppen so reibungslos vor sich, wie dieser Bericht suggeriert. Teilweise wurden Klagen darüber laut, dass die Nahrung zu eintönig und einfach, aber schlichtweg auch zu wenig sei.[42] Beispielsweise waren im August 1945 „Schwierigkeiten bei der Zubereitung von Kartoffeln und Gemüse" zu bemerken, die mit der allgemein schlechten Versorgungslage in Österreich zusammenhingen.[43] Kritik zogen in erster Linie die Armeeköche auf sich, wobei diese als „unlauteres Verhalten" eingestufte Reaktion der Truppenangehörigen noch zusätzlich zu einer Verschlechterung des Speiseplans beitrug.[44] Öffentlich prangerte ein Garde-Oberstleutnant das bereits seit mehreren Wochen „geschmacklose und eintönige Essen" in seiner Einheit an. Über die Armeezeitung „Za čest' Rodiny" ließ er dem zuständi-

40 CAMO, F. 821, op. 1, d. 467, S. 195–199, Politbericht des Leiters des 6. Garde-Schützenkorps, Garde-Oberst Gruzdov, an den Leiter der Politabteilung der 57. Armee, Generalmajor Cinev, über den politisch-moralischen Zustand des Mannschaftsstandes, dessen Lebensbedingungen und die parteipolitische Arbeit, 21.5.1945. Abgedruckt in: Karner – Pickl, Die Rote Armee in der Steiermark, Dok. Nr. 66.

41 RGVA, F. 32902, op. 1, d. 172, S. 30–32, Bericht des stv. Leiters der NKVD-Truppen zum Schutz des Hinterlandes der 3. Ukrainischen Front, Major Kruglij, über die Versorgung der Einheiten, 15.6.1945.

42 Siehe dazu auch das Kapitel B.I.1.1 „Kapitalismus und Kulturschock" in diesem Band.

43 RGVA, F. 32905, op. 1, d. 396, S. 53, Bericht des stv. Leiters der NKVD-Truppen zum Schutz des Hinterlandes der CGV, Oberst Sacharov, über die Versorgung der Truppen, 22.8.1945.

44 RGVA, F. 32907, op. 1, d. 351, S. 38–41, hier: S. 39, Protokoll der Parteiversammlung des 10. NKVD-Grenzregiments über die Aufgaben der Kommunisten im Kampf gegen amoralische Erscheinungen, 24.8.1945.

Abb. 83: Versorgung sowjetischer Besatzungssoldaten in Österreich 1945. (Quelle: AdBIK, Foto: Zajcev)

gen Küchenleiter Kanakov ausrichten, dass sich dieser „schlecht um die Versorgung der Gardisten kümmere". Er forderte von der Parteiorganisation, den „Kommunisten" Kanakov zu mehr Engagement bei dieser „wichtigen Angelegenheit" zu motivieren.[45]

Anfang 1946 war die Versorgung der Einheiten im Burgenland anscheinend schlechter als jene der österreichischen Bevölkerung. So standen pro Besatzungssoldat - ohne die tägliche Brotration - lediglich 600 bis 700 Kalorien zur Verfügung, wobei das Hauptnahrungsmittel Erbsen waren. Es fehlte an Brot, Fetten und verschiedenen Arten von Grütze. Sogar die Versorgungssituation des Offiziersstandes galt als verbesserungswürdig, weswegen vorgeschlagen wurde, Vieh und Nahrungsmittel bei der Bevölkerung zu kaufen - „wenn sich diese zu Verkäufen bereit erklärt". Die Schlussfolgerung des Bevollmächtigten des Militärkommissars im Burgenland lautete: „Dies würde die Lage erleichtern."[46] In manchen Einheiten organisierten die Vorgesetzten

45 Š. Kasimov, Vsegda odnoobraznoe menju, in: Za čest' Rodiny, 27.7.1945, S. 3.

46 AVP RF, F. 66, op. 24, p. 26, d. 20, S. 38–42, hier: S. 38f., Bericht des Bevollmächtigten des Militärkommissars im Burgenland, Oberstingenieur Usikov, an den stv. Militärkommissar, Želtov, und den politischen Berater für Österreich, Kiselev, über die Arbeit der Militärkommandanturen, 2.2.1946. Abgedruckt in: Karner - Stelzl-Marx - Tschubarjan, Die Rote Armee in Österreich, Dok. Nr. 119.

eigene Pilzsammelkommandos, die, mit Autos ausgestattet, ab Mitte August 1945 an den Wochenenden die Wälder zu durchkämmen und die Pilze anschließend einzulegen hatten.[47]

Probleme traten mitunter bei der Lebensmittelhygiene auf, was etwa zu Magenverstimmungen führen konnte. In manchen Fällen hatten die Sanitätsabteilungen die erbeuteten bzw. beschlagnahmten Nahrungsmittel mangelhaft überprüft, weswegen schwere Vergiftungen auftraten. Selbst die Verarbeitung von Fleisch und anderen „Trophäenlebensmitteln" oder die Schlachtung von Vieh erfolgte vielfach ohne sanitäre und veterinäre Kontrollen.[48] So erlitt etwa ein Hauptmann Žukov im Sommer 1945 nach dem Konsum amerikanischer Fleischkonserven eine schwere Lebensmittelvergiftung. Man verbot daraufhin den Truppenangehörigen, generell Konserven und im Speziellen „Beutekonserven" ohne die entsprechende Kontrolle zu verbrauchen.[49] Sämtliche gelagerten Konserven sollten überprüft und im Falle einer Wölbung aus dem Verkehr gezogen werden. Auf eine kühle, trockene Lagerung wurde eigens hingewiesen.[50] Auch hygienische Standards bei der Lagerung, dem Transport und der Zubereitung der Lebensmittel und Speisen waren laut Befehl einzuhalten. Tatsache sei allerdings, räumte ein NKVD-Offizier ein, dass

- die Lebensmittelproben nicht aufbewahrt wurden;
- die Qualität der Speisen von niemandem überprüft wurde;
- die Küchen teilweise äußerst „antisanitär" waren und
- das Geschirr für die Zubereitung und Ausgabe der Speisen vor Ort erbeutet und ohne sanitäre Behandlung verwendet wurde.[51]

Ungeachtet aller Vorgaben setzten sich die Wehrdienstleistenden häufig über den Befehl hinweg, ihre Mahlzeiten ausschließlich in den Armeekantinen einzunehmen, und bereiteten ihr Essen selbst zu. Die Führung sah dies unter anderem deswegen nicht gern, weil die in individuellen Gemeinschaftsküchen

47 CAMO, F. 3415, op. 1, d. 96, S. 152, Anordnung des stv. Kommandeurs der 18. Panzerdivision, Oberst Merkulov, über das Sammeln von Pilzen [August 1945].

48 RGVA, F. 32905, op. 1, d. 396, S. 24f., Befehl des Leiters des UVS NKVD, Generalleutnant Burgaft, über sanitär-veterinäre Kontrollen, 2.4.1945.

49 RGVA, F. 32902, op. 1, d. 172, S. 33, Bericht des stv. Leiters der NKVD-Truppen zum Schutz des Hinterlandes der 3. Ukrainischen Front, Oberst Semenenko, über Lebensmittelvergiftungen in den Einheiten, 30.6.1945.

50 RGVA, F. 32902, op. 1, d. 172, S. 34, Anordnung des stv. Leiters der NKVD-Truppen zum Schutz des Hinterlandes der 3. Ukrainischen Front, Major Kruglij, über die Überprüfung von Konserven, 4.7.1945.

51 RGVA, F. 32905, op. 1, d. 396, S. 24–25, Befehl des Leiters des UVS NKVD, Generalleutnant Burgaft, über sanitär-veterinäre Kontrollen, 2.4.1945.

gekochten Speisen üblicherweise nicht aufgegessen und dann weggeworfen wurden.[52] Einige Offiziere ließen sich auch von ihren österreichischen Quartiergebern bekochen, wodurch sie zugleich zur Aufbesserung deren kärglichen Speiseplans beitrugen. Dabei ließen manche das zubereitete Essen von der österreichischen Familie vorab kosten, aus Angst, von diesen vergiftet zu werden.[53] Auf diese Art lernten sie auch die österreichische Küche kennen.

Zur Aufbesserung ihres Speiseplans griffen manche der Armeeangehörigen zudem zu anderen, gleichfalls verbotenen Strategien. Sie beschlagnahmten Lebensmittel bei der Bevölkerung oder scheinbar herrenloses Vieh,[54] jagten ohne Genehmigung oder fischten mit Dynamit. Besonders dreist erscheint der Fall des Kommandanten des 3. Schützenbataillons des 184. Schützenregiments, Garde-Major Grjaznov, der eine Gruppe von Soldaten mit einem Fuhrwerk in die burgenländische Ortschaft Berg schickte, um für seine Geburtstagsfeier Lebensmittel und Wein zu besorgen. Die mit Maschinenpistolen bewaffneten Männer befahlen den Bewohnern von 20 Häusern des Dorfes, innerhalb von zwei Stunden pro Haushalt einen Liter Wein, zwei Kilogramm Mehl und zwei Eier auf das Fuhrwerk zu laden, was diese auch taten. Doch die Feier sollte kärglicher als geplant ausfallen. Denn auf Beschwerde des Bürgermeisters hin fuhr eine Abordnung der Militärkommandantur von Oberwart nach Berg, die die „Einsammler" festnahm und der Bevölkerung ihre Lebensmittel zurückgab.[55] In diesem Fall konnte – metaphorisch gesprochen – der Borschtsch nicht mit einer Sachertorte aufgebessert werden.

1.2.3 Chromstiefel und Feldblusen

Die Bekleidung der sowjetischen Militärangehörigen in Österreich unterlag gleichfalls strengen Reglementierungen. Selbst Generäle und Offiziere hatten angesichts der „besonderen Umstände des Lebens und des militärischen Einsatzes der Armee" in Österreich stets eine Uniform zu tragen, wie ein Befehl an die 4. Garde-Armee vom Juli 1945 erläuterte. Das Tragen von Zivilkleidung war nicht nur während des Dienstes, sondern auch in der Freizeit ver-

52 Ebd.

53 Maria Mayr, Das Jahr 1945 im Bezirk Horn. Schriftenreihe des Waldviertler Heimatbundes. Bd. 31. Horn – Waidhofen a. d. Thaya 1994, S. 110; Stelzl-Marx, Freier und Befreier, S. 424.

54 RGVA, F. 32902, op. 1, d. 172, S. 28, Befehl des Leiters des Fronthinterlandes der 57. Armee, Garde-Generalmajor Kobzar', über die Beschlagnahmung scheinbar herrenlosen Viehs, 30.5.1945.

55 AVP RF, F. 66, op. 24, p. 26, d. 20, S. 38–42, hier: S. 38f., Bericht des Bevollmächtigten des Militärkommissars im Burgenland, Oberstingenieur Usikov, an den stv. Militärkommissar, Željtov, und den politischen Berater für Österreich, Kiselev, über die Arbeit der Militärkommandanturen, 2.2.1946. Abgedruckt in: Karner – Stelzl-Marx – Tschubarjan, Die Rote Armee in Österreich, Dok. Nr. 119.

Abb. 84: Sowjetischer Besatzungssoldat in Bruck an der Leitha. Gutes Schuhwerk stellte nach dem Krieg zunächst häufig einen Mangel dar. (Quelle: AdBIK, Foto: Zajcev)

boten. Die jeweiligen Kommandeure hielt man an, die Einhaltung dieser Anordnung streng zu überwachen.[56]

Bei besonderen Anlässen gab die Armeeführung vor, welche Bekleidungsregeln einzuhalten waren. So definierte etwa der Leiter des Stabes der 4. Garde-Armee anlässlich der Enthüllung des Denkmals zu Ehren gefallener Rotarmisten auf dem Wiener Schwarzenbergplatz im August 1945 den Kodex stichwortartig: „Form der Kleidung - Alltagskleidung. Schirmmütze - je nach Einheit, Feldbluse, Hose - in der Farbe Kaki (oder Uniformjacke), Chromstiefel. Mit Orden."[57]

Gerade in der ersten Nachkriegszeit befand sich die Ausstattung keineswegs in einem idealen Zustand. Die zahlreichen Berichte über Rotarmisten, die sich auf eigene Faust Kleidung organisierten, sind ein Ausdruck dafür.[58] Ähnlich wie bei der Befolgung des Dienstplans oder der Absolvierung geforderter Übungen machte sich aber auch in diesem Bereich eine gewisse Laxheit bemerkbar. „Die äußere Erscheinung der Soldaten, Unteroffiziere und teilweise auch der Offiziere ist unzufriedenstellend", bemängelte beispielsweise der Kommandeur der 40. Garde-Schützendivision im Juli 1945. Im Detail bedeutete dies: „Schmutzige Uniformen, fehlende Schulterstücke, Verstöße gegen die Bekleidungsvorschrift, ungeputzte Stiefel, falsches Anbringen von Auszeichnungen und Orden."[59] Selbst die Aufklärer („razvedčiki") waren mangelhaft gekleidet: „Die Uniformen sind zerschlissen und schmutzig, die äußere Erscheinung

56 AM 4. GA, Bestand 4. Garde-Armee, Dok. Nr. 28, Befehl Nr. 0221 des Kommandanten der 4. Garde-Armee, Garde-Generaloberst Gusev, und des Mitglieds des Militärrates, Generalmajor Šepilov, über das Tragen von Uniformen, 21.7.1945.

57 AM 4. GA, Bestand 4. Garde-Armee, Dok. Nr. 9, Anordnung Nr. 094 des Leiters des Stabes der 4. Garde-Armee, Garde-Generalmajor Fomin, bezüglich der Enthüllung des Denkmals zu Ehren gefallener Rotarmisten in Wien, 18.8.1945.

58 Siehe dazu auch das Kapitel B.I.2.3 „Plünderungen, Schwarzmarkt, Trophäen" in diesem Band.

59 CAMO, F. 894, op. 1, d. 65, S. 183, Befehl Nr. 0346 des Kommandeurs der 40. Garde-Schützendivision, Garde-Generalmajor Sucharev, und des Leiters des Stabes, Garde-Oberstleutnant Chimov, über die militärische Vorbereitung der Einheiten im Juli 1945, 5.7.1945.

der Aufklärer ist immer noch schlecht", lautete die interne Kritik vom Oktober 1945.[60]

Innerhalb der Armee versuchte man auf verschiedene Weise, Abhilfe zu schaffen. So ordnete der Leiter des Stabes der 4. Garde-Armee Anfang August 1945 in St. Pölten an, Werkstätten einzurichten, die für Generäle und Offiziere Uniformen und Stiefel anfertigen sollten. Ein Militärangehöriger und 108 Zivilbedienstete wurden für die Herstellung, 15 Militärangehörige und 20 Zivilbedienstete für Reparaturarbeiten an Stiefeln abgestellt. Bei den sogenannten Zivilbediensteten hatte man sowjetische DPs im Auge.[61]

Auch regelmäßige Körperpflege stellte anscheinend keine Selbstverständlichkeit dar. So wurde in der Armeezeitung der CGV folgende Vorbereitung auf einen freien Tag als vorbildlich geschildert: „In der Früh wusch sich jeder der Artilleristen in der Banja, zog frische Wäsche an. Das organisierten der Hauptfeldwebel der Batterie Nizen'kij und der Sanitätsinstrukteur Maslennikov. Nach der Banja ließen sich die Gardisten beim Divisionsfriseur die Haare schneiden und rasieren." Erst danach begaben sie sich ins „Leninzimmer", betrieben Sport, besuchten eine Theater- oder Kinoaufführung oder lasen ein Buch, was gleichfalls einer – aus Sicht des Kommandos – idealen Freizeitbeschäftigung entsprach.[62]

1.2.4 Uniformen für Frauen in der Armee

Für Frauen in der Roten Armee gab es eigene Uniformkleider und -mäntel. Bekannt sind etwa die Aufnahmen von weiblichen sowjetischen Militärangehörigen, die in Uniformkleid, Stiefeln und Barett den Verkehr in Wien regeln. Häufig trugen sie aber auch Zivilkleidung: Boris Zajcev berichtet über die drei Frauen in seiner in Bruck an der Leitha stationierten Einheit: „Meistens trugen sie Zivilkleidung. Nur wenn jemand von den Vorgesetzten kam, dann zogen sie die Uniform an. Üblicherweise hatten sie ihre Kleider an."[63]
Allerdings war die Rote Armee 1941 trotz sozialistischer Emanzipationsideale und trotz der vormilitärischen Ausbildung vieler Frauen auf die Bedürfnisse Hunderttausender von Soldatinnen zunächst nicht vorbereitet gewesen.

60 CAMO, F. 894, op. 1, d. 88, S. 307–318, hier: S. 313, Bericht des Leiters der Geheimdienstabteilung des Stabes der 31. Garde-Schützendivision, Garde-Oberstleutnant Varlamov, über die militärische und politische Vorbereitung im 3. Quartal 1945, 2.10.1945.

61 AM 4. GA, Bestand 4. Garde-Armee, Dok. Nr. 8, Anordnung Nr. 082 des Leiters des Stabes der 4. Garde-Armee, Garde-Generalmajor Fomin, über die Einrichtung von Werkstätten für die Reparatur und Herstellung von Uniformen und Stiefeln, 1.8.1945.

62 Vychodnoj den', in: Za čest' Rodiny, 31.5.1945, S. 3.

63 OHI, Zajcev.

Abb. 85: Frauen in der Roten Armee, wie diese „Verkehrspolizistin" in Wien-Floridsdorf 1945, trugen eigene Uniformkleider und -mäntel. (Quelle: AdBIK, Foto: Grünanger)

Abb. 86: Hauptmann des medizinischen Dienstes Elena Evtichieva in Wien im Mai 1945. (Quelle: AdBIK, Sammlung Evtichieva)

„Weibliches" hatte außerhalb der Organisation und Mentalität der traditionell als „männlich" definierten Streitkräfte gestanden. So hatten sich die Frauen zunächst mit der Militärkleidung und Ausrüstung für Männer begnügen müssen. Erst 1942, ein Jahr nach dem Erlass des entsprechenden Befehls des Volkskommissariats für Verteidigung, hatte die Armee begonnen, spezielle Kleidung für Frauen auszugeben. Im Jahr der Massenmobilisierung von Frauen waren umfassende Standards für die Zuteilung von Bekleidung und anderen persönlichen Ausrüstungsgegenständen definiert worden. Doch war etwa weibliche Unterkleidung erst ab 1943 ausgegeben worden und war, wie auch Hygieneartikel, Mangelware geblieben.[64]

Die wenigsten Befehle der Armeeführung gingen - auch in Österreich - auf die Bedürfnisse der weiblichen Armeeangehörigen ein. Sie galten oft als Eindringlinge in die männliche Domäne des Militärs und wurden von ihren männlichen Kameraden häufig nicht akzeptiert. Noch 1945 wurden nahezu alle Soldatinnen demobilisiert.[65] Dennoch stellte auch die Besatzungsarmee in Österreich keine „frauenlose" Einrichtung dar.

64 Jahn, Mascha + Nina + Katjuscha, S. 148–151; Anna Krylova, Soviet Women in Combat. A History of Violence on the Eastern Front. Cambridge - New York 2010, S. 276–278.

65 Ebd., S. 168.

1.3 Frauen und Familie

1.3.1 Offiziersgattinnen

Der Dienst in der Armee bedeutete an der Front, aber auch in den Besatzungstruppen vielfach eine Zeit ohne Frau und Familie. Dies erklärt ferner, weshalb bereits unmittelbar nach Kriegsende sowjetische Besatzungsangehörige - verbotenerweise - den Kontakt zu österreichischen Frauen, aber auch zu befreiten „Ostarbeiterinnen" suchten. Manche Offiziere hielten ehemalige Zwangsarbeiterinnen sogar gewaltsam „für ihre Zwecke" von ihrer Repatriierung zurück, lautete Anfang Mai 1945 eine Beschwerde an den Leiter der NKVD-Truppen zum Schutz des Hinterlandes der 3. Ukrainischen Front und den Militärrat der 4. Garde-Armee.[66] Nach einer so langen Zeit der Entbehrung und Not befriedigten Beziehungen das Bedürfnis, heimisch zu sein und einen familienähnlichen Alltag zu haben. Intime Verhältnisse mit Österreicherinnen bedeuteten ein zumindest partielles Wiederaufleben einer zivilen Existenz.[67] Nicht zuletzt ist die häufig überlieferte Kinderliebe der „Russen" als Versuch zu sehen, an ein „normales" Leben anzuknüpfen.

Auch innerhalb der Truppen entstanden Liebesbeziehungen, die teilweise zu Eheschließungen führten. Boris Zajcev erinnert sich an die Beziehung von „Taneča" und „Miša", die beide in seinem Regiment dienten. Das gemeinsame, in Österreich geborene Kind erhielt den despektierlichen Spitznamen „Regimentstochter".[68] Allerdings kamen Rotarmistinnen aufgrund ihrer Kriegserfahrungen für viele Männer als Ehepartnerinnen nicht mehr infrage. Für die Frauen, die in gleichem Maße wie die Männer Todesgefahr und Strapazen ertragen hatten, war dies tief verletzend.[69] Ehen mit ehemaligen „Armeemädchen" waren vielfach verpönt und konnten eine Rufschädigung der „neuen" Familie mit sich bringen.[70]

Lediglich Generäle und Offiziere hatten zunächst das Privileg, ihre Familien in die sowjetische Besatzungszone Österreichs nachkommen zu lassen. Die Genehmigung dafür musste vorab beim zuständigen Militärrat eingeholt werden, wofür eigene Listen mit den Namen der Antragsteller vorzulegen

---

66 RGVA, F. 32914, op. 1, d. 12, S. 1-3, hier: S. 1, Operative Tagesmeldung des Kommandeurs des 336. Grenzregiments, Oberstleutnant Martynov, und des Leiters des Stabes, Major Buškov, an den Leiter der NKVD-Truppen zum Schutz des Hinterlandes der 3. Ukrainischen Front und den Militärrat der 4. Garde-Armee, 1.5.1945.

67 Satjukow, Die Besatzer, S. 56f. Siehe dazu auch das Kapitel B.II.2.1 „Wechselseitige Attraktivität" in diesem Band.

68 OHI, Zajcev.

69 Jahn, Mascha + Nina + Katjuscha, S. 148.

70 Merridale, Iwans Krieg, S. 267.

Abb. 87: In Österreich galten die Rotarmisten als besonders „kinderlieb". Gerade für Armeeangehörige, die lange ohne eigene Familie lebten, war der Kontakt zu einheimischen Kindern ein Versuch, an ein „normales" Leben anzuknüpfen. Das Foto zeigt Besatzungssoldaten mit einem Kremser Mädchen. (Quelle: Sammlung Stelzl-Marx, Bestand Bruck)

waren. Die Kommandeure der betroffenen Einheiten hatten dafür Sorge zu tragen, dass geeignete Wohnungen, Speiseräume und sogar Geschäfte des Handelsbetriebs zur Versorgung der Streitkräfte („voentorg") zeitgerecht vorbereitet wurden und bei ihrer Ankunft ausreichend Lebensmittel bereitstanden.[71]

Anscheinend konnte die Militärbürokratie die Sehnsucht nach der eigenen Familie bisweilen nicht schnell genug stillen. Noch vor Jahresende 1945 versuchten Offiziersfamilien, ohne die benötigten Dokumente aus der Sowjetunion auszureisen, indem sie gefälschte Papiere vorlegten. Der Leiter der NKVD-Truppen zum Schutz des Hinterlandes der CGV, Oberst Zimin-Kovalev, sah sich daher genötigt, den Nachzug von Familien aus der UdSSR ohne die entsprechenden Genehmigungen und Papiere „kategorisch" zu verbieten und alle Offiziere, die Angehörige illegal über die Grenze brachten, streng bestrafen zu lassen. Sein Befehl wurde vor dem gesamten Offiziersstand verlautbart.[72]

Der von 1947 bis 1955 in Österreich stationierte Offizier des militärischen Nachrichtendienstes GRU beschreibt in seinen Memoiren, wie all jene beneidet wurden, die mit ihren Familien den Einsatz im Ausland verbringen konn-

71 AM 4. GA, Bestand 4. Garde-Armee, Dok. Nr. 13, Anordnung Nr. 0125 des Leiters des Stabes der 4. Garde-Armee, Garde-Generalmajor Fomin, über den Nachzug von Generals- und Offiziersfamilien nach Österreich, 20.9.1945.

72 RGVA, F. 32906, op. 1, d. 29, Befehl des Leiters der NKVD-Truppen zum Schutz des Hinterlandes der CGV, Zimin-Kovalev, über das Verbot des illegalen Nachzugs von Offiziersfamilien, 2.11.1945.

Abb. 88: Das Kind der beiden sowjetischen Besatzungsangehörigen kam in Österreich auf die Welt und erhielt von den Kameraden den despektierlichen Spitznamen „Regimentstochter". (Quelle: AdBIK, Foto: Zajcev)

ten: „Zivile Angestellte von Besatzungsinstitutionen wie des Sowjetischen Teils der Alliierten Kommission für Österreich, der Verwaltung Sowjetischen Eigentums, der Erdölverwaltung u. a. fuhren mit Ehefrauen und Kindern und wir, die Militärangehörigen, beneideten sie folglich sehr. Überall war Lebhaftigkeit bemerkbar, man hörte Lachen, fröhliche Scherze und Lieder. Bei allen war noch das Gefühl des Stolzes über den errungenen Sieg frisch infolgedessen der sowjetische Mensch so, wie zu sich nach Hause, frei ins Zentrum Europas reisen konnte, wo die Soldaten unserer Großen Armee den Dienst ausübten."[73]

Nikol'skij, der sich erstmals außerhalb der Sowjetunion aufhielt, betont in diesem Zusammenhang die Probleme, die ein Auslandseinsatz ohne Familienangehörige mit sich brachte: „Der Dienst in der CGV wurde zu jener Zeit mit drei Jahren festgelegt, allerdings wurde er in der Praxis bis zu fünf Jahren ausgedehnt. Für längere Zeit blieb selten jemand, weil sich eine langandauernde Trennung von der Heimat als äußerst heikel erwies, da es Offizieren nach 1948 verboten war, mit den Familien in einem [anderen] Land zu leben."[74]

Unter Hochkommissar Vladimir Kurasov hatten, so Nikol'skij, alle Offiziere das Recht, mit ihren Frauen und Kindern bis 14 Jahren in Österreich zu leben. Danach wurde die Moskauer Führung davon überzeugt, „dass die Familienangehörigen in Österreich unter den Aufenthaltsbedingungen der Verkommenheit in einem kapitalistischen Land ausgesetzt werden würden und

73 Nikol'skij, GRU v gody Velikoj otečestvennoj vojny, S. 214. Vgl. Dieter Bacher – Peter Ruggenthaler, Als GRU-Offizier in Österreich. Die Erinnerungen Vitalij Nikol'skijs, 1947–1955, in: Journal for Intelligence, Propaganda and Security Studies. 2011/1, S. 139–155, hier: S. 141.

74 Nikol'skij, GRU v gody Velikoj otečestvennoj vojny, S. 213; Bacher – Ruggenthaler, Als GRU-Offizier in Österreich, S. 141.

dass es unumgänglich sei, sie in die Heimat zurückzubringen. Wenig später wurden etliche Güterzüge mit Frauen, Kindern und Krimskrams aus Österreich zusammengestellt. Kein einziger Grund wurde für einen Aufschub der Ausreise akzeptiert."[75]

Im Zusammenhang mit den Rückführungen der Familienmitglieder verwies er zudem auf die massenhafte Ausfuhr von Gütern aus Österreich, die auf nicht näher definierte Weise „erworben" worden waren: „Für die Ausfuhr von ‚erworbenem' Eigentum wurde jeder Familie ein halber Güterwaggon zur Verfügung gestellt. Die Familien der Obersten erhielten einen eigenen Waggon. Dies war eine halboffizielle Erlaubnis zur Ausfuhr von allerlei Gerümpel, das auf unterschiedlichen Wegen im Land erworben worden war. Als Andenken wurde vieles mitgenommen, sogar die Kachelverkleidung von Öfen. Diese umgehende Umsiedlung einer Masse von Leuten und Eigentum ging vor den Augen der Österreicher vor sich."[76]

Dieses Verbot, das offensichtlich auf ideologischen und „wirtschaftlichen Überlegungen beruhte, wurde erst 1953 aufgehoben, auf Antrag des neuen Oberbefehlshabers der CGV, General-Oberst S. S. Birjuzov. Er konnte die Führung überzeugen, dass es vorteilhafter ist, einige unbedeutende materielle Ausgaben aufzubringen, als ständig mit einer Reihe schwerer außerordentlicher Vorkommnisse konfrontiert zu sein, die unvermeidbar sind, wenn eine große Anzahl junger Offiziere von der Familie getrennt ist."[77] Denn, so die Erklärung des GRU-Offiziers, die „in Einsamkeit lebenden Offiziere [sind] sehr demoralisiert, die Anzahl außergewöhnlicher Vorkommnisse wächst. [...] Danach begann eine Masseneinreise in das Land. Dass diese Kapricen der Führung viele Millionen Rubel kosteten, trug in bedeutendem Maße zum Verfall unseres Prestiges in den Augen der Ausländer bei, [allerdings] machte das niemandem Sorgen."[78]

Per Beschluss des Ministerrates der UdSSR Nr. 10470rs vom 11. August 1953 erhielten schließlich die Frauen und Kinder von Offizieren, Generälen und Admirälen, die den Posten eines Regimentskommandanten, eine gleichwertige oder höhere Position einnahmen, generell das Recht, ihrem Mann bzw. Vater ins Ausland zu folgen. Dies betraf neben der Zentralen Gruppe der

75 Nikol'skij, GRU v gody Velikoj otečestvennoj vojny, S. 251; Bacher – Ruggenthaler, Als GRU-Offizier in Österreich, S. 144.

76 Nikol'skij, GRU v gody Velikoj otečestvennoj vojny, S. 251f; Bacher – Ruggenthaler, Als GRU-Offizier in Österreich, S. 144f.

77 Nikol'skij, GRU v gody Velikoj otečestvennoj vojny, S. 252; Bacher – Ruggenthaler, Als GRU-Offizier in Österreich, S. 144f.

78 Nikol'skij, GRU v gody Velikoj otečestvennoj vojny, S. 252; Bacher – Ruggenthaler, Als GRU-Offizier in Österreich, S. 145.

Streitkräfte in Österreich und Ungarn die Sowjetischen Truppen in der DDR, die Nördliche Gruppe der Streitkräfte und die Militärische Marinebasis in Polen sowie die Mechanisierte Armee in Rumänien. Das Präsidium des ZK der KPdSU wurde rund zwei Monate später darüber informiert, dass der genannte Beschluss „unter jenen Offizieren, Generälen und Admirälen, deren Frauen und Kindern die Ausreise ins Ausland gestattet worden war, auf Zustimmung stieß", während er „ein Gefühl der Unzufriedenheit beim übrigen Teil der Offiziere" hervorrief. Das Präsidium des ZK der KPdSU beschloss daraufhin, die Einreiseerlaubnis auf die Familien aller Offiziere auszudehnen.[79]

Bereits 1945 war zudem genau geregelt, welche Gegenstände über die sowjetische Grenze gebracht werden durften. Dazu zählten etwa drei Damenkostüme, zehn Kleider, sechs Jacken, sechs Röcke, zwei Schals, sechs Paar Schuhe, zwei Damenhandtaschen, fünf Kopfbedeckungen, ein Muff, 20 Paar Strümpfe, eine Flasche Parfum, eine Puderdose und ein Waschbeutel pro Person. Für Kinder konnte außerdem ein Kinderwagen, ein Spielzeug und Kleidung nach Bedarf mitgenommen werden. Auch über diese Vorgaben war der Offiziersstand in Kenntnis zu setzen.[80]

An den Stationierungsorten selbst gab es unter anderem eigene Militärgeschäfte für die Versorgung von Besatzungsangehörigen und deren Familienmitglieder. Nicht immer verkauften sie allerdings das benötigte bzw. als sinnvoll erachtete Sortiment. Einige boten Alkohol an, hatten dafür aber nicht einmal Seife. In diesem Zusammenhang klagte ein anonymer Leserbriefschreiber in „Za čest' Rodiny": „Zu vielen Offizieren kommen jetzt ihre Familien - Frauen und Kinder. Es ist klar, dass der Bedarf der Offiziere somit größer wird. Kleidung, Schuhe etc. - all das müssen die Geschäfte der Handelsabteilung den Offiziersfamilien bieten." Manche dieser Geschäfte würden allerdings mit alkoholischen Getränken handeln, aber „das, was eine Offiziersfamilie braucht, kann man nicht im Geschäft kaufen".[81]

Ein beachtlicher Teil der verheirateten Offiziere ließ die Familie - zumindest vorübergehend - nach Österreich nachkommen. So lebten etwa in den

79 RGANI, F. 3, op. 8, d. 62, S. 72–74, Entwurf für den Beschluss des Präsidiums des ZK der KPdSU über die Einreiseerlaubnis in die DDR, nach Österreich, Ungarn, Polen und Rumänien für Frauen und Kinder von Offizieren, die dort den Dienst versehen [22.10.1953]; RGANI, F. 3, op. 8, d. 62, S. 75–77, Begleitbrief von N. Bulganin an das Präsidium des ZK der KPdSU zur Übersendung des Entwurfs für den Beschluss des Präsidiums des ZK der KPdSU über die Einreiseerlaubnis in die DDR, nach Österreich, Ungarn, Polen und Rumänien für Frauen und Kinder von Offizieren, die dort den Dienst versehen, 3.10.1953.

80 RGVA, F. 32914, op. 1, d. 9, S. 139–142, Anordnung des Leiters des Stabes des 336. NKVD-Grenzregiments, Major Buškov, über die Regelung, welche Gegenstände über die Grenze der UdSSR gebracht werden dürfen, 20.6.1945.

81 Povsednevno zabotit'sja o bytovych nuždach oficerov, in: Za čest' Rodiny, 28.3.1946, S. 6.

Kommandanturen im Burgenland Mitte Jänner 1948 insgesamt 17 Angehörige gemeinsam mit den „Familienoberhäuptern": darunter drei Angehörige von Offizieren der Landeskommandantur für das Burgenland in Eisenstadt, sieben Angehörige von Offizieren der Kommandantur Eisenstadt (darunter vier Kleinkinder), fünf Angehörige von Offizieren der Kommandantur Oberwart (darunter zwei Kleinkinder) sowie die Frau und ein Kind eines Offiziers der Kommandantur Güssing.[82] Zum Zeitpunkt des Abzugs der Truppen 1955 befanden sich insgesamt 7590 Offiziersfamilien in der sowjetischen Besatzungszone. Die Gesamtzahl der Armeeangehörigen, darunter auch die Mannschaftsränge, belief sich zur selben Zeit auf knapp 40.000 Personen.[83]

Häufig begleiteten die Offiziersfrauen ihre Männer nur für einen Teil ihrer Stationierung nach Österreich. Hier gingen sie vielfach keiner Berufstätigkeit nach, sondern kümmerten sich um Haushalt und Kinder. Von 150 Familien, deren Mitglieder im April 1948 als militärische und zivile Bedienstete bei der SČSK, der USIA, der SMV, in Schulen oder im Krankenhaus in Österreich arbeiteten, waren die weiblichen Angehörigen mehrheitlich nicht beschäftigt – trotz ihrer Ausbildung als Lehrerinnen, Sekretärinnen, Verkäuferinnen oder Ärztinnen. Die Zahl der „arbeitenden Ehefrauen" belief sich insgesamt auf acht. Zehn der 150 Familien waren kinderlos, die übrigen hatten Kinder im Vorschul- oder schulpflichtigen Alter. Unberücksichtigt blieben in dieser Statistik 14 Familien, deren „[weibliches] Oberhaupt im Apparat der Alliierten Kommission beschäftigte Mütter" waren. Nur zwei dieser Frauen wurden entweder von einem Ehepartner oder einem Kind begleitet.[84]

Auch für Frauen gab es politische Fortbildungen. So leitete etwa Julija Stroiteleva, die bei der SČSK unter anderem für die Rezensionen russischer Schulbücher zuständig war, einen eigenen Kreis von Frauen der SČSK-Mitarbeiter. 1948 studierten sie den „Kurzen Lehrgang der Geschichte der VKP(b)".[85]

---

82 CAMO, F. Berndorf, op. 315698s, d. 7, S. 2, Bericht des Militärkommandanten für das Burgenland, Oberstleutnant Varlamov, über die Anzahl von Familienmitgliedern von Offizieren der Militärkommandanturen im Burgenland, 20.1.1948.

83 CAMO, F. 275, op. 140920s, d. 7, S. 145–156, Bericht des Oberkommandos der CGV an den Chef des Generalstabes, Sokolovskij, und den Chef des Hauptstabes der Landstreitkräfte, Malandin, über den Abzug der sowjetischen Truppen aus Österreich, 24.9.1955. Abgedruckt in: Karner – Stelzl-Marx – Tschubarjan, Die Rote Armee in Österreich, Dok. Nr. 188. Siehe dazu auch das Kapitel A.II.3.4 „Abschied von Österreich: Truppenabzug und Auflösung der Kommandanturen" in diesem Band.

84 RGASPI, F. 17, op. 127, d. 1720, S. 84, Bericht des Leiters der Personalabteilung der SČSK, Major Golovač, über die Zahl der Familienmitglieder der militärischen und zivilen Bediensteten der SČSK, 5.4.1948. Abgedruckt in: Karner – Stelzl-Marx – Tschubarjan, Die Rote Armee in Österreich, Dok. Nr. 76.

85 RGASPI, F. 17, op. 127, d. 1720, S. 85–106, hier: S. 104, Bericht des Leiters der Kaderabteilung der SČSK, Major Golovač, über die Mitarbeiter der Informationsabteilung der SČSK, [April 1948].

Gern gesehen war es, wenn sich die Offiziersgattinnen „hausfraulich“ betätigten. Der folgende Artikel, der sich auf die „gute Initiative“ zweier Frauen bei der Gestaltung der Offizierskantine bezog, sollte offensichtlich Vorbildwirkung haben: „Sie tauschten die alten Vorhänge vor den Fenstern gegen neue aus. Die Porträts, Losungen und Plakate brachten sie in Ordnung. Von dem Zeitpunkt an, als sie in der Kantine einschritten, änderte sich deren Aussehen. Die Blumen, die schon seit dem Winter keine Pflege erfahren hatten (verstaubt und verwelkt), erholten sich dank des eifrigen Einsatzes von Ol'ga Ivanovna [Dolgova] und Marija Petrovna [Logvinovskaja]. Wenn jetzt Offiziere zum Mittag- oder Abendessen in die Kantine kommen, können sie sich in einer sauberen und angenehmen Atmosphäre ausruhen.“[86]

Die Ausschnitte aus den folgenden beiden Interviews werfen ein Schlaglicht auf die Situation der in die sowjetische Besatzungszone nachgezogenen Offiziersfrauen. Sie befanden sich zwar auf österreichischem Boden, lebten aber ein weitestgehend exterritoriales Leben und blieben größtenteils unter sich. Mangelnde Deutschkenntnisse stellten dabei sicherlich eine der Barrieren dar. Darüber hinaus ergaben sich durch die Beschäftigung mit Haushalt und Kindern weit weniger Anknüpfungspunkte zu Einheimischen als über den Dienst der hier eingesetzten Militärangehörigen. Fedor Ovsjuk, der ab Herbst 1952 für ein Jahr als Offizier in Lilienfeld stationiert war, betont in diesem Zusammenhang: „Meine Frau traf sich mit [sowjetischen] Freundinnen, sie las, kochte. Und wenn ich nach Wien fuhr, nahm ich sie mit, denn wenn ich in Wien war, traf ich viele meiner Bekannten, mit denen ich in Wien in der Alliierten Kommission arbeitete. Meine Freunde, Kollegen vom Institut, die auch meine Frau kannte. Das heißt, sie trafen sich. So war es interessant für sie, und sie hat gleichfalls die besten Erinnerungen an diese Zeit in Österreich. [...] Deutsch konnte sie kaum. Das hat sie wenig interessiert. Im Gegensatz zu mir brauchte sie es auch nicht. In Österreich wurde sie schwanger. Somit gab es etwas, womit sie sich beschäftigen konnte.“[87]

Auch in den Erinnerungen von Evgenij Malašenko, der von 1954 bis September 1955 in Baden diente, stehen die familiären Pflichten seiner Frau, die ihm erst Anfang 1955 – mehrere Monate nach der Geburt ihres zweiten Sohnes – ins Ausland folgte, im Vordergrund. Auf die Frage, was sie in Österreich machte, antwortete er: „Zwei Kinder. Was machen Frauen, wenn sie zwei Kinder haben? Eines war zwei Monate oder vier, das andere sechs Jahre alt. Was macht eine Frau? Die Frau kümmerte sich um die Kinder, machte das Essen, hier und da gingen wir in ein Restaurant. Außerdem hatten wir

86 R. Charisov, Ženy oficerov šefstvujut nad stolovoj, in: Za čest' Rodiny, 14.5.1946, S. 3.

87 OHI, Fedor Ovsjuk. Durchgeführt von Barbara Stelzl-Marx. Moskau 5.6.2007.

Abb. 89: Die Frau des sowjetischen Besatzungsangehörigen Evgenij Malašenko hatte wenig Kontakt zur österreichischen Außenwelt. (Quelle: AdBIK, Sammlung Malašenko).

eine große Wohnung, sie musste sich auch um die Wohnung kümmern." Kontakte zur österreichischen Außenwelt hatte die Offiziersgattin nur am Rande, zumal auch sie kaum Deutsch sprach.[88]

So manche Ehe dürfte den Auslandseinsatz in Österreich nicht überstanden haben. Konnte oder wollte der Ehepartner nicht nachziehen, führte die monatelange räumliche Trennung zu einer Entfremdung. In anderen Fällen spielten österreichische Frauen - oder auch Männer - eine Rolle. So lernte eine sowjetische Offiziersgattin in Bruck an der Leitha einen Österreicher kennen und lieben. Als ihr Mann 1955 aus Österreich abgezogen wurde, versteckte sie sich, um in Bruck bleiben zu können. Ihre beiden Söhne und ihr Mann kehrten ohne sie in die Sowjetunion zurück. Erst in den vergangenen Jahren wurde ein Kontakt mit den Kindern aus erster Ehe wieder möglich.[89]

Ein weiteres Beispiel ist der bereits erwähnte Fall von Georgij Elizarov, der im Herbst 1946 seine Frau nach Wien nachkommen ließ. Als er im März 1947 den gemeinsamen Sohn während eines Heimaturlaubes aus Moskau holen wollte, stieg er stattdessen am ersten Bahnhof aus dem Zug wieder aus, fuhr zurück nach Wien und versteckte sich in der Wohnung seiner österreichischen Geliebten Bianca H. in der französischen Besatzungszone Wiens, wo er schließlich verhaftet wurde. Seine Frau musste allein in die Sowjetunion zurückkehren, woraufhin sie sich scheiden lassen wollte. Sein Sohn resümiert: „Mit der Vergangenheit hatte er abgeschlossen."[90]

1.3.2 Offizierskinder: die anderen „Russenkinder"

Viele der sowjetischen Offiziere ließen ihre Kinder nach Österreich nachkommen. Sie fanden vergleichsweise schnell Kontakt zu österreichischen Kindern, so ihre Eltern dies nicht unterbanden. Eine österreichische „Zeitzeu-

88 OHI, Malašenko.

89 Siehe dazu auch das Kapitel B.II.2.2 „Reaktionen von österreichischer Seite" in diesem Band.

90 Voroncov, Reka vody žizni, S. 278.

gin" erinnert sich etwa, dass es „seitens der Russen offenbar zaghafte Annäherungsversuche gab - vor allem im Zusammenhang mit den Kindern. Ich nannte auch ein schon etwas größeres russisches Mädchen stolz meine Freundin und war 1955 enttäuscht, dass sie plötzlich abreiste."[91]

Besonders in den ersten Besatzungsjahren kursierte offensichtlich die Angst vor Übergriffen in dieser - aus sowjetischer Perspektive - fremden, wenn nicht sogar feindlichen Umgebung. Lidia Krišanovskaja, die als damals zwölfjährige Tochter des stellvertretenden Leiters der Verwaltung für Gegenspionage der CGV ab 1946 eineinhalb Jahre in Baden lebte, durfte bezeichnenderweise keinen Umgang mit österreichischen Kindern pflegen: „Ich durfte nicht mit österreichischen Kindern befreundet sein. Man sagte uns, dass wir verschwinden würden. Deshalb führten die meisten Mütter ihre Kinder sogar an der Hand in die Schule. Der Vater hatte eine ca. 20-jährige Ordonnanz, dieser junge Mann war für die Kinder und den Haushalt zuständig. Einmal war er mit uns im Strandbad, da war plötzlich meine kleine Schwester verschwunden, sie war erst ein wenig über ein Jahr alt. Überall wurde gesucht, man ließ sogar in allen Becken das Wasser ab, falls etwas passiert sei. Schließlich dachte man schon allen Ernstes daran, dass in Österreich Kinder verschwinden. Aber dann wurde sie in einer Umkleidekabine gefunden. Die Tür war hinter der Kleinen zugefallen, und sie war in ihrer Verzweiflung eingeschlafen!"[92]

Ähnliche Befürchtungen hegten zunächst auch Malašenko und seine Frau, deren achtjähriger Sohn gleichfalls in Baden die sowjetische Schule besuchte: „Unser Stab hatte eine eigene russische Schule in der Nähe des Stabes. Er [der Sohn] war klein, acht Jahre alt, und er ging selbst in die Schule. Er ging allein oder mit seinen Kameraden durch die Stadt, niemand tat ihm etwas. Anfangs hatte ihn seine Mutter begleitet, sie hatte sich große Sorgen gemacht, aber dann ist er einfach allein gegangen."[93] Insgesamt habe es aber gerade dem Sohn sehr gut in Österreich gefallen. Er habe sich sogar mit einem österreichischen Trafikanten angefreundet, da er Marken sammelte, und sei allein in der Früh Milch kaufen gegangen, meint Malašenko. „Man hat ihn gut behandelt. Er kannte sogar das Warensortiment: Wiener Semmeln, Milch, Schlagobers, Topfen. Er hatte es dort sehr gut. Der Sohn erinnert sich oft an Österreich."[94]

Die sowjetische Phobie vor tätlichen Übergriffen auf Offizierskinder äußerte sich mitunter in drakonischen Strafen. Ein besonders plakatives Beispiel

91 Roswitha Moser, Elektronische Nachricht an Peter Fritz. 15.1.2005.

92 Maurer, Befreiung? - Befreiung!, S. 72.

93 OHI, Malašenko.

94 Ebd.

ist der Fall von Herbert Killian, der wegen „drei Ohrfeigen“ von einem sowjetischen Militärtribunal zu drei Jahren Lagerhaft verurteilt wurde. In der Voruntersuchung hatte man ihm vorgeworfen, er hätte den neunjährigen Jurij Kontorščikov in den Keller seines Hauses schleppen und dort ermorden wollen. Killian, der sich Anfang Juni 1947 in Korneuburg auf die mündliche Matura vorbereitete, schildert hingegen diesen Akt des „Rowdytums“ am Sohn eines sowjetischen Majors ungleich harmloser und bezieht sich auch auf den Kontext des Vorfalls: „Drei Buben in blauer Uniform verprügeln gerade zwei Kinder aus unserem Haus. Die drei Fremden gehören zu russischen Offiziersfamilien, die im Nebenhaus wohnen. Die große Kaserne über der Straße, einst der Stolz unserer Stadt, ist seit Kriegsende mit sowjetischen Soldaten belegt und das Wohnhaus gegenüber von der Roten Armee beschlagnahmt. Ich brülle aus dem Fenster, um Ruhe zu schaffen. Die drei uniformierten Buben ergreifen die Flucht und verschwinden. Aber nur kurze Zeit, dann beginnt das Spektakel von Neuem. Doch alles Schimpfen und Brüllen ist umsonst. Sie zeigen mir die lange Nase, strecken die Zunge weit heraus, schließlich fliegen Steine gegen unsere Fenster.“[95] Ein Nachbar meinte noch, man müsse sich nicht alles „von dieser Russenbande“ gefallen lassen. Die vergleichsweise niedere Popularität der sowjetischen Besatzer in Österreich schlug sich auch bei dieser Kategorie der „Russenkinder“ nieder.

Killian lief hinunter in den Garten, packte einen der „Missetäter“ und zerrte in zurück in den Garten. „Zitternd und bleich steht der Junge vor mir. Der freche Blick in seinen Augen ist erloschen. Ich schlage ihm mit der flachen Hand drei- oder viermal ins Gesicht. Drei sowjetische Offiziere tauchen auf. Ich flüchte.“ Doch Killian beschloss, nicht davonzulaufen, schließlich hatte er, so seine Einschätzung, nichts Unrechtes getan. Die Offiziere holten ihn ein, schlugen ihn und führten ihn ab.[96] Wenig später wurde er als verurteilter „Verbrecher“ nach Ostsibirien, auf die Kolyma, deportiert. Erst nach sechs Jahren konnte er nach Österreich zurückkehren.[97]

Für die betroffenen Kinder bedeutete ihr monate-, manchmal jahrelanger Aufenthalt in Österreich einen Spagat zwischen einer zwar exterritorialen, aber doch vorwiegend sowjetischen Lebenswelt und einer westlichen Umgebung. Lidia Krišanovskaja, die wegen ihres imposanten Haarschmuckes „die Masche“ genannt wurde, erinnert sich etwa an einen Ball im Badener Haus der Offiziere, wo sie gemeinsam mit anderen Offizierskindern als Einlage ein

95 Killian, Geraubte Jahre, S. 22.

96 Ebd., S. 22f.

97 Herbert Killian, Geraubte Freiheit. Ein Österreicher verschollen in Nordostsibirien. Berndorf 2008; Stelzl-Marx, Kolyma – Jahre in Stalins Besserungsarbeitslagern.

Schneeflockenballett aufführte. Niederösterreich lernte sie durch organisierte Ausflüge nur ansatzweise kennen: „Wir waren vier Kinder, eines davon adoptiert. Daher kamen wir nicht viel hinaus, aber es gab einige größere Ausflüge: Wienerwald, Rax, Donaufischen, sonstige Offiziersausflüge."[98] Den einzigen intensiveren Kontakt ihrer Familie zur österreichischen Bevölkerung stellte - abgesehen von ihrer Klavierlehrerin - ein Dienstmädchen dar, mit dem der Adjutant des Vaters, Vassilij Toločšenko, eine Affäre hatte: „Dieser war immer beim Vater, als Dienstbote und Übersetzer, auch als Spionageagent. Er verliebte sich in ein österreichisches Dienstmädchen namens Monika, 17–20 Jahre, die einzige österreichische Bekanntschaft, die sie hatten. Die Romanze dauerte, solange er hier war, dann durfte sie nicht mit nach Russland, obwohl beide dies wollten. Er ist Schriftsteller geworden."[99]

Signifikant ist ihre folgende Schilderung, die ein Schlaglicht auf die Wahrnehmung der österreichischen Nachkriegssituation durch sowjetische Angehörige und die Privilegien sowjetischer Offiziersfamilien wirft: „Als Klavierlehrerin für uns Kinder wurde eine Lehrerin vom Wiener Konservatorium angestellt. Sie war eine sehr gute Lehrerin. Als ich nach Moskau zurückkam, erhielt ich das Kompliment, dass ich in Österreich so viel gelernt habe wie in Moskau in vier Jahren. Zu den Musikstunden wurde immer Tee serviert. Als die Mutter hinausging, packte die Klavierlehrerin heimlich den Würfelzucker ein, aber wir Kinder sahen es doch und erzählten es der Mutter. Da erkannte die Mutter, dass das Leben für die Klavierlehrerin wahrscheinlich sehr schwer war. Das nächste Mal bekam sie als Souvenir ein Kilogramm Würfelzucker. Alle vier Kinder im Haus mussten Klavier lernen, aber nur ich tat es gern. Die anderen schauten schon beim Fenster hinaus und versteckten sich, wenn sie die Klavierlehrerin kommen sahen. Die Lehrerin wollte aber ihre drei Stunden verdienen und lernte daher drei Stunden mit mir, darum die großen Fortschritte. (Ich konnte aber später nicht Musikerin werden. Mein Vater wurde später nach Rumänien geschickt, ich musste bei der Oma bleiben.)"[100]

Tatsächlich stellte unter anderem der Musikunterricht sowjetischer Kinder in Österreich eine wichtige Einnahmequelle für Einheimische dar. Dies betonte auch die Wiener Klavierlehrerin Erika P. in ihrem Schreiben an das Kunstkomitee des Ministerrats der UdSSR vom Februar 1948: „Seit August 1947 arbeite ich als Musiklehrerin im Haus der Offiziere der Sowjetischen Armee in der Hofburg in Wien und gebe dort 18 sowjetischen Kindern in unterschiedlichem Alter Musikunterricht - je zwei Stunden pro Woche. Den Unterricht halte ich

98 Maurer, Befreiung? - Befreiung!, S. 72.

99 Ebd.

100 Ebd., S. 73.

Abb. 90: Die Tochter einer sowjetischen Offiziersfamilie in Baden bei Wien trug wegen ihres beeindruckenden Haarschmucks den Spitznamen „die Masche". (Quelle: Stadtarchiv Baden)

auf Russisch, was ich früher lernte. Wegen meiner kommunistischen Einstellung konnte ich mich trotz aller Bemühungen nicht in Österreich entfalten. Im Falle, dass alle sowjetischen Kinder in die Heimat zurückkehren, wird meine Musikschule aufgelöst werden, und ich stehe erneut vor dem Nichts." Erika P. ersuchte, in einer der Städte der Sowjetunion als Orgellehrerin arbeiten zu dürfen.[101] Ob ihrem Ansuchen stattgegeben wurde, ist nicht überliefert.

In diesem Zusammenhang kommen indirekt auch die materiellen Möglichkeiten der in Österreich lebenden Offiziersfamilien zum Ausdruck, die hier weit über jenen in der Sowjetunion lagen. Lidia Krišanovskaja erinnert sich dabei: „In der Wohnung im Wilhelmhof fanden wir eine Kiste voll sehr guter Klaviernoten und ein ausgezeichnetes Klavier vor. Die Mutter hätte das Klavier gern nach Russland mitgenommen, denn dort konnte man sehr schwer eines bekommen, aber der Vater ließ das nicht zu, er war überaus korrekt. Die Mutter kaufte daher ein gebrauchtes und schlug vor, dieses im Wilhelmhof zu lassen, aber auch das gestattete der Vater nicht."[102] Stolz erinnert sie sich auch an die Autos, die ihrer Familie in Baden zur Verfügung standen: „Wir bekamen damals als Dienstauto einen Horch. Vater hatte noch ein zweites als Privat-Dienstauto für die Familie. Wenn das Auto vor dem Haus stand, blieben alle stehen, um es anzuschauen. Es ging bis 180 km/h!"[103]

1.3.3 Sowjetische Schulen

Der Schulbildung maß man während des Auslandsaufenthaltes generell eine große Bedeutung bei, selbst wenn sie eine – vorübergehende – Trennung von

101 GARF, F. 5283, op. 16, d. 19, S. 144, Schreiben von Erika P. an das Kunstkomitee des Ministerrats der UdSSR, 25.2.1948.

102 Maurer, Befreiung? – Befreiung!, S. 72.

103 Ebd.

der Familie bedeutete: „Voroncov, Kommandant von Eisenstadt (später nach Amstetten versetzt), war oft auf Besuch. Seine Tochter wohnte bei uns, weil es in Eisenstadt keine russische Schule gab. Jedes Wochenende sind wir nach Eisenstadt gefahren und spazieren gegangen, damit sie die Eltern sieht",[104] erinnert sich Lidia Krišanovskaja an ihre Schulzeit in Baden. Eine zentrale Aufgabe des Lehrkörpers bestand darin, „ein gutes Kinderkollektiv" heranzuziehen.[105]

Hingegen wurde von offizieller Seite wenig Wert darauf gelegt, dass die Offizierskinder die Landessprache lernten. „Alle russischen Schulen hatten eine Nummer. Die mit der geraden Nummer lernten Englisch als Fremdsprache, die mit der ungeraden Deutsch. Ich war in der englischen Schule, aber Domec, der Lehrer, konnte auch Deutsch. Im Unterricht brachte er uns manchmal heimlich noch ein bisschen Deutsch bei, damit wir wenigstens einkaufen gehen konnten."[106]

Mit der Einrichtung einer „russischen Mittelschule" in Wien befasste sich Anfang 1946 sogar das Sekretariat des ZK der VKP(b). Demnach sollte Konev gestattet werden, per 1. Februar 1946 eine Schule mit kostenpflichtigem Internat für Kinder von Militärangehörigen und Mitarbeitern der SČSK zu eröffnen, die unter der Kontrolle der „Gruppe für Volksbildung" der SČSK zu stehen hatte. Ein Direktor und insgesamt vier Lehrer für Physik, Mathematik und Geografie sollten nach Wien entsandt und 1000 Bücher für die Schulbibliothek bereitgestellt werden. Als Bedarf an Schulbüchern wurden 2000 Exemplare angegeben. Für die laufenden Ausgaben hatte das Volkskommissariat der UdSSR die benötigten Mittel flüssigzumachen.[107]

Nur ein halbes Jahr später widmete sich das Sekretariat des ZK der VKP(b) erneut diesem Thema. Diesmal sollte der Politischen Hauptverwaltung GlavPU gestattet werden, insgesamt 20 Mitarbeiter des Bildungsministeriums der RSFSR in der Zeit vom 5. bis zum 20. August 1946 auf Dienstreise ins Ausland zu schicken, damit sie die an sowjetischen Schulen im Ausland arbeitenden Lehrer in Methodik unterrichten konnten. Jeweils fünf Personen waren zur CGV nach Österreich, zu den sowjetischen Besatzungstruppen in Deutschland sowie zur Südlichen bzw. Nördlichen Gruppe der Streitkräfte zu entsenden.[108] Als Begründung hieß es, der Lehrkörper würde zu einem

104 Ebd.

105 Končilas razluka, in: Za česť Rodiny, 20.2.1947, S. 6.

106 Maurer, Befreiung? – Befreiung!, S. 72.

107 RGASPI, F. 17, op. 116, d. 247, S. 30f., Beschluss Nr. 247 (153) des Sekretariats des ZK der VKP(b) über die Eröffnung einer Mittelschule in Wien für Kinder von Militärangehörigen und Mitarbeitern der SČSK, 31.1.1946.

108 RGASPI, F. 17, op. 116, d. 268, S. 35, Beschluss Nr. 268 (192) des Sekretariats des ZK der VKP(b) über

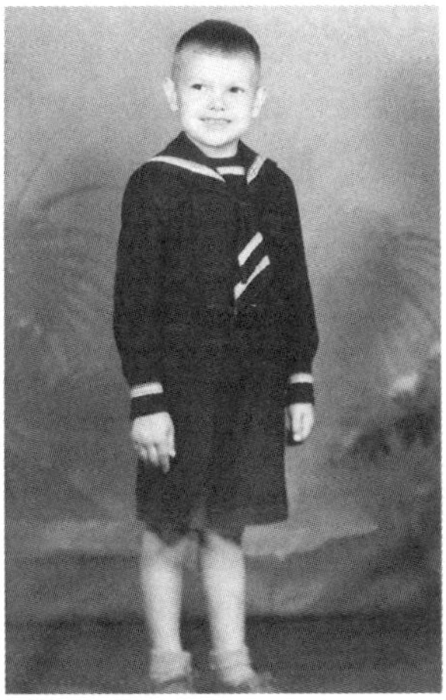

Abb. 91: Der Sohn eines sowjetischen Offiziers besuchte in Österreich die Schule. (Quelle: AdBIK, Sammlung Reisinger)

Großteil aus demobilisierten Militärangehörigen bestehen, die zwar eine pädagogische Ausbildung besäßen, aber eine vier- bis fünfjährige Berufspause hinter sich hätten. „Methodische Hilfe" wäre daher mehr als angebracht. Besonderes Augenmerk legte man auf die Fächer russische Sprache und Literatur, Geschichte, Geografie und Mathematik.[109]

Die größte sowjetische Mittelschule in Österreich lag in der Prinz-Eugen-Straße 12 im 4. Wiener Gemeindebezirk. Zu Elternabenden wurde sogar über die Zeitung der CGV eingeladen. So verlautbarte die Direktion etwa am 7. Dezember 1946: „Die sowjetische Mittelschule Wiens teilt den Eltern der Schüler der 10. Klasse mit, dass am Montag, dem 9. Dezember d. J., um sechs Uhr Ortszeit ein Elternabend stattfindet."[110]

Die Schülerinnen und Schüler dieser sowjetischen Schulen in Österreich mussten Schuluniformen tragen, wodurch man sie sofort von einheimischen Kindern unterscheiden konnte. Für die sowjetische Mittelschule in Wien nahm die Abteilung für Handel und Dienstleistungen der CGV bei der SČSK entsprechende Aufträge entgegen. Hergestellt wurden die Uniformen und Schuhe in einer Schneiderei bzw. Werkstatt in der Kärntner Straße 14.[111]

Ungeachtet des von Moskau aus reglementierten Unterrichts blieb den Kindern sowjetischer Offiziere in Österreich ausreichend Freizeit. Diese wussten auch die hier stationierten Besatzungsangehörigen - mehr oder weniger - sinnvoll zu nutzen.

die Durchführung von methodischen Konferenzen für Lehrer an sowjetischen Schulen im Ausland, 4.7.1946.

109 RGASPI, F. 17, op. 117, d. 616, S. 238, Schreiben von I. Šikin an den ZK-Sekretär Kuznecov über die Durchführung von methodischen Konferenzen für Lehrer an sowjetischen Schulen im Ausland, 28.6.1946.

110 Sovetskaja srednaja škola g. Veny, in: Za čest' Rodiny, 7.12.1946, S. 8.

111 Ob'javlenie, in: Za čest' Rodiny, 18.8.1946, S. 8.

2. Freizeit, Erholung, Urlaub

Die Besatzungsangehörigen genossen genügend Freiheiten, um zumindest peripher am österreichischen Leben teilnehmen zu können. Erkundungen von Wien, dem Wienerwald, der näheren Umgebung, aber teilweise auch der westlichen Besatzungszonen gehörten ebenso dazu wie ein reges Kulturprogramm und sportliche Aktivitäten. Nicht immer ist die Grenze zwischen tatsächlicher Freizeit und organisiertem Programm eindeutig zu ziehen, zumal das Militärkommando um eine möglichst strukturierte Zeiteinteilung bemüht war. Die Militärdienstleistenden sollten „maximal" mit Dienst und Unterricht überhäuft werden, um ihnen möglichst wenig Freiraum zu lassen.[112] „Freiraum", so die implizierte Schlussfolgerung, würde unwillkürlich zu Disziplinlosigkeit, dem zentralen Problem in der Armee, führen.

Ein Artikel in der „Österreichischen Zeitung", dem Sprachrohr der sowjetischen Besatzungsmacht in Österreich, zeigt Besatzungsangehörige beim Handballspiel („Sport stählt den Körper"), bei einem Besuch des Wiener Zoos, auf „Wildentenjagd in der Freizeit", beim Schachspielen zur „geistigen Entspannung" oder im Leseraum einer Kaserne. Geografieunterricht, Zeitungslektüre nach einem „ausgedehnten Übungsflug" und militärische Schulungen („Ein Frontkämpfer lehrt die Handhabung eines Maschinengewehrs") rundeten das aus sowjetischer Sicht ideale Bild über „Die Rote Armee im Frieden" ab.[113] Doch täuschte das scheinbar friedliche Bild. Auch bei der Jagd und Fischerei prallten die unterschiedlichen Interessen und Wahrnehmungen von sowjetischer bzw. österreichischer Seite immer wieder aufeinander.

2.1 Jagd und Fischerei

„Die Übergriffe der Besatzungstruppen nehmen ständig zu, sodass von der Durchführung eines geordneten Jagdbetriebs keine Rede mehr sein kann. Wenn nicht ehestens im Sinne der unterbreiteten Vorschläge Abhilfe gebracht wird, gehen die noch verbleibenden Reste der Wildbestände unausbleiblich der Vernichtung entgegen."[114] Mit diesen drastischen Worten wandte sich der

---

112 RGVA, F. 32902, op. 1, d. 101, S. 57f., Bericht des Bevollmächtigten des Leiters der NKVD-Truppen zum Schutz des Hinterlandes der Südlichen Gruppe der Streitkräfte, Oberst Semenenko, und des stv. Stabschefs, Oberstleutnant Počuev, an die NKVD-Einheiten über Desertion und unerlaubtes Entfernen von der Truppe, 30.8.1945.

113 Die Rote Armee im Frieden, in: Österreichische Zeitung, 23.2.1946, S. 12.

114 OÖLA, BH Perg, Schachtel 51, 1948, Abt. VII, Agrarische Angelegenheiten, Schreiben des Leiters der Außenstelle Mühlviertel des Jagdverbandes an das Amt der oberösterreichischen Landesregierung über die Jagdausübung der sowjetischen Besatzungsmacht, 14.6.1948.

Abb. 92: Mitarbeiter der sowjetischen Kommandantur in Wien-Floridsdorf beim Schachspiel. (Quelle: AdBIK, Foto: Grünanger)

Leiter der Außenstelle Mühlviertel des Jagdverbandes im Juni 1948 an das Jagdreferat der Oberösterreichischen Landesregierung. Mit „Übergriffen" meinte er den ungeregelten Abschuss von Wild durch sowjetische Besatzungssoldaten.

Das Eindringen sowjetischer „Jäger" in die Reviere Ostösterreichs dezimierte nicht nur die Wildbestände, sondern beeinträchtigte dadurch auch die Versorgung der Einheimischen und rief deren Unmut hervor. Der Kampf um die Ressourcen stellte den einen Aspekt dar; mindestens ebenso wichtig war dabei aber der Ärger darüber, dass sich die Besatzer etwas nahmen, was ihnen aus österreichischer Sicht nicht zustand. Ein Schlaglicht auf diese direkte Konkurrenzsituation wirft die folgende Stellungnahme, die anlässlich einer Besprechung des Jagdbeirates der Bezirkshauptmannschaft Perg Anfang 1948 zu Protokoll gegeben wurde: „Laut Mitteilung der einzelnen Jagdpächter gegenüber dem Bezirksjägermeister wurden im Laufe des Jahres 1947 ungefähr 220 Stück Rehwild, 160 Hasen und 90 Fasane während der Schonzeit durch die Angehörigen der Besatzungsmacht erlegt. Die Bevölkerung des Bezirks Perg erleidet durch diesen Ausfall einen namhaften Schaden an ihrer Versorgung. Auch wurde durch diesen Ausfall bzw. durch das Abschießen des Wildes auch während der Schonzeit bei der Bevölkerung ein gewisser Unwillen erregt, wodurch das Einvernehmen zwischen Bevölkerung und Besatzungsmacht empfindlich gestört wurde."[115]

Der folgende Bericht ist ein weiteres Beispiel für die faktische Machtlosigkeit, mit der sich die österreichische Bevölkerung in diesem Bereich konfrontiert sah: „Am Sonntag, dem 6. Juni [1948], fuhren durch Münzbach fünf Au-

115 OÖLA, BH Perg, Schachtel 51, 1948, Abt. VII, Agrarische Angelegenheiten, Protokoll der Bezirkshauptmannschaft Perg über die Jagdausübung der sowjetischen Besatzungsmacht, 20.2.1948.

Abb. 93: Eine gestellte Jagdszene von Angehörigen der sowjetischen Kommandantur Wien-Floridsdorf 1945. (Quelle: AdBIK, Foto: Grünanger)

tos der russischen Besatzungsmacht durch, die auch im Jagdgebiet Münzbach eine Jagd veranstalteten. In einem Wagen sah man zwölf bis 13 Stück Rehe und zwei Rehböcke. Von wo überall diese Rehe stammten, konnte nicht konstatiert werden."[116] Besondere Verärgerung rief dabei der Umstand hervor, dass sich Besatzungssoldaten über die von österreichischer Seite penibel festgelegten Abschusspläne oder Schonzeiten hinwegsetzten.

Angehörige der Besatzungsmacht traf zudem der Vorwurf, „unbefugt die Jagd zum Teil in einer völlig unweidmännischen Art" auszuüben, wodurch den einzelnen Jagdpächtern großer Schaden entstehe. Diese wiederum beabsichtigten daher, die Bezahlung der Jagdpacht zu verweigern, wodurch wiederum die betroffenen Gemeinden geschädigt werden würden. So beschwerten sich Vertreter der Jagdgenossenschaften in den Bezirken Eisenstadt, Mattersburg und Neusiedl am See im Oktober 1952, dass jedes Wochenende Enten, Hasen, Rebhühner und Fasane unerlaubt erlegt wurden und Besatzungssoldaten ganzjährig mit Kugelstutzen auf die Jagd gingen, weswegen die auf den Feldern arbeitende Landbevölkerung gefährdet schien. Im Gebiet von Mönchhof sei das Revier „nahezu leergeschossen" worden. In Frauenkirchen würden Soldaten und Offiziere sogar Jagd auf Vogelarten machen, „die oft nur in Einzelgebieten in Mitteleuropa vorhanden" seien und daher „unter Naturschutz" stünden. Die Sicherheitsdirektion für das Burgenland ersuchte daraufhin den Bevollmächtigten des sowjetischen Hochkommissars „um sofortige geeignete Vorkehrungen", damit dem „unbefugten Jagen" Einhalt geboten würde.[117]

116 OÖLA, BH Perg, Schachtel 51, 1948, Abt. VII, Agrarische Angelegenheiten, Wildabgang-Meldung von Karl Buchberger-Langeder an die Abteilung Jagd und Fischerei Perg, 16.6.1948. Vgl. Hafner, Das Mühlviertel unter sowjetischer Besatzung, S. 519.

117 BLA, Lage-, Vorfalls-, Informationsberichte, Mappe A/VIII/14-I/4, SD-Bericht, 1951/1952, Be-

Ein etwas zweifelhaftes Geschenk machten zwei sowjetische Offiziere am 19. Jänner 1955 einer Frau in der Gemeinde Langenstein. Rund eine Woche später gab sie beim Gendarmeriepostenkommando Mauthausen zu Protokoll: „Ein Offizier hatte ein Gewehr bei sich. Dieser Offizier kniete sich auf der Straße nieder, brachte das Gewehr in Anschlag und feuerte einen Schuss ab. Da ich vor den russischen Offizieren Angst hatte, begab ich mich ins Haus. Nach kurzer Zeit kamen die beiden Offiziere ins Haus und erklärten, dass sie mir das Reh, das sie soeben erlegt haben, schenken. [...] Ein Offizier sagte mir dabei, dass, wenn der Jäger schimpfen soll, ich mich sogleich an ihn wenden kann und er das Weitere regeln wird. Beim Weggehen verlangte dann ein Offizier ein Trinkgeld, und ich händigte ihm 40 Schilling aus."[118]

Das sowjetische Kommando versuchte wiederholt, in diesem Bereich einzuschreiten, und gab entsprechende Befehle heraus. Auch bei der Fischerei prallten die gegensätzlichen Interessen - und die Gepflogenheiten - aufeinander. So sah sich etwa der Kommandeur des 31. Garde-Schützenkorps veranlasst, sämtlichen Militärangehörigen das Fischen im Wassersammelbecken von Neufelden zu verbieten. Den Anlass dazu hatte die Beschwerde eines Ortsansässigen gegeben, sowjetische Soldaten würden mithilfe von Granaten im Wassersammelbecken „fischen".[119]

Dies stellte allerdings keinen Einzelfall dar. Gerade auch an der Donau fischten Besatzungssoldaten - verbotenerweise - mithilfe von Granaten. Eine Methode, die keineswegs ungefährlich war: Am 16. Mai 1945 verunglückte Hauptmann Petr Vorošilov, nachdem infolge unvorsichtiger Handhabung eine Granate in seiner Hand explodiert war. Der zuständige Divisionskommandeur erklärte diesen „außerordentlich bedauerlichen Vorfall" dadurch, dass „die Offiziere selbst diesen verbrecherischen Handlungen nachgingen, statt den Einsatz von Munition beim Fischen zu verhindern". Die Offiziere hätten ihre „Lektion" nicht gelernt, kritisierte er. Denn im September 1944 sei bereits der Leiter des Stabes dieses Regiments „ebenso kriminell beim Dynamitfischen verunglückt".[120]

---

schwerdeschreiben des Sicherheitsdirektors für das Burgenland an den Bevollmächtigten des sowjetischen Hochkommissars für Österreich im Burgenland und den Landeskommandanten der Sowjetischen Armee in Eisenstadt betreffend unbefugte Jagdausübung durch Angehörige der sowjetischen Besatzungsmacht, 3.10.1952. Abgedruckt in: Karner - Stelzl-Marx - Tschubarjan, Die Rote Armee in Österreich, Dok. Nr. 134.

118 OÖLA, BH Perg, Schachtel 168, 1955, Abt. Präsidium, Niederschrift der Einvernahme von Maria Berger über die Jagdausübung sowjetischer Offiziere, 24.1.1955.

119 CAMO, F. 894, op. 1, d. 66, S. 188, Bericht des stv. Leiters des Stabes des 31. Garde-Schützenkorps, Garde-Oberst Markov, über das Verbot, im Wassersammelbecken von Neufelden zu fischen, 9.10.1945.

120 CAMO, F. 1310, op. 1, d. 4, S. 110, Befehl Nr. 084 des Kommandeurs der 5. Garde-Luftlandedivision,

Für die Besatzungssoldaten stellten die Jagd und Fischerei in Österreich trotz dieser Zwischenfälle eine beliebte Freizeitbeschäftigung dar, die zugleich zur Aufbesserung ihres Speiseplans beitrug. So erinnert sich auch der ab Herbst 1952 in Lilienfeld stationierte Offizier Fedor Ovsjuk, in seiner Freizeit gefischt zu haben. Dabei betont er, sich an gewisse Vorgaben der Armeeführung gehalten zu haben: „Dort gab es einen Fluss, wo man fischen konnte. Das war uns erlaubt - fischen. Wir haben nicht gewildert, sondern nur dort gefischt, wo es erlaubt war, im Fluss. Beim Kloster gab es nämlich eine Forellenzucht. Dort fischte niemand. Sonst hätte man gesagt: ‚Was soll das?! Hier werden Forellen gezüchtet und ihr stehlt sie?' Aber im Fluss konnte man fischen, so viel man wollte. [...] Nur hatte ich wenig Zeit."[121]

Der straffe Zeitplan lag allerdings durchaus im Interesse des Kommandos. Je mehr die Armeeangehörigen zu tun hatten, desto weniger kamen sie auf „dumme Gedanken". Ein intensives Sportprogramm und der Versuch, sie „maximal mit Arbeit und Unterricht" zu überhäufen, sollte zusätzlich den gesamten Tag optimal ausfüllen.[122] Gerade beim Sport ist daher die Grenze zwischen Freizeit und Pflichtprogramm schwer zu ziehen.

2.2 Sportliche Aktivitäten

„Sport - das ist ein wichtiges Mittel der physischen Schulung und militärischen Ertüchtigung der Soldaten, eine der klugen und attraktiven Formen von Freizeitgestaltung. Wir müssen uns auf die armeeweite Spartakiade vorbereiten, um dort unsere sportliche Ehre zu verteidigen. Die besten Rekorde müssen wir erringen!"[123] Unter der Überschrift „Der freie Tag" widmete sich ein Artikel auf der Titelseite von „Za čest' Rodiny" vom 7. April 1946 verschiedenen Möglichkeiten, die dienstfreie Zeit möglichst sinnvoll zu verbringen. Die Tage würden nun länger werden, man könne nun besonders viele „Massenveranstaltungen" wie Fußballturniere, Volleyballspiele oder Athletikwettkämpfe initiieren. Sport müsse einen „besonders großen Platz in der Freizeit der Soldaten und Unteroffiziere einnehmen", wurde den Lesern ins Gewissen geredet.[124]

Garde-Generalmajor Afonin, und des Leiters des Stabes, Garde-Oberstleutnant Gorčakov, über das Verbot, mit Sprengmitteln zu fischen, 18.5.1945.

121 OHI, Ovsjuk.

122 RGVA, F. 32902, op. 1, d. 101, S. 57f., Bericht des Bevollmächtigten des Leiters der NKVD-Truppen zum Schutz des Hinterlandes der Südlichen Gruppe der Streitkräfte, Oberst Semenenko, und des stv. Stabschefs, Oberstleutnant Počuev, an die NKVD-Einheiten über Desertion und unerlaubtes Entfernen von der Truppe, 30.8.1945.

123 Den' otdycha, in: Za čest' Rodiny, 7.4.1946, S. 1.

124 Ebd.

Zeitungsartikel dieser Art korrespondierten mit entsprechenden Befehlen innerhalb der Armee. Freie Tage sollten nicht „grau und langweilig" verbracht werden, an denen die Soldaten nicht wüssten, wie sie die Zeit totschlagen könnten.[125] Gerade in sportlicher Ertüchtigung sah das Kommando aber nicht nur eine sinnvolle Freizeitbeschäftigung, sondern auch eine Form der politischen und militärischen Ausbildung.[126] Sie maß dem „Massensport" eine große Bedeutung bei, weswegen sich die Klubs und „Häuser der Offiziere" der Roten Armee gleichfalls daran beteiligen sollten. Schlussendlich sollte die Mehrheit der Militärangehörigen davon erfasst werden.[127]

Mit diesem Ziel wurde auch das militärische Sportprogramm unter dem Motto „Bereit zu Arbeit und Verteidigung" („Gotov k trudu i oborone SSSR", kurz: GTO) eingeführt, das zahlreiche Soldaten zu Konditions- und Waffensportübungen verlocken sollte. Das GTO-Programm galt als Mittel zur Erziehung „gesunder, kühner, lebensfroher Patrioten – Verteidiger der sowjetischen Länder, aktiver Erbauer der kommunistischen Gesellschaft". Man forderte daher „jeden sowjetischen Soldaten" dazu auf, ein „Träger des Abzeichens GTO" zu werden. Dies galt als Frage der „Ehre des Soldaten".[128] Zur Anstachelung ihres Ehrgeizes bestand das Programm aus einem mehrteiligen Stufen- und Normensystem, das durch ein ausgeklügeltes Trainingsprogramm zu erfüllen war.[129]

Die Organisation sportlicher Aktivitäten im Dienst, aber auch in der Freizeit fiel in die Zuständigkeit der Kommandeure, Politoffiziere und Partei- sowie Komsomolorganisationen. Dabei handelte es sich um eine „heilige Pflicht", lautete die Devise paradoxerweise.[130] Praktisch hatten sich damit ehemalige Trainer, Sportler und Sportlehrer unter den Militärangehörigen zu beschäftigen, die für ein „regelmäßiges, planmäßiges Training" zuständig waren. Bereits zu Beginn der Besatzungszeit wurden an den freien Tagen Fußballspiele oder Leichtathletikwettkämpfe organisiert. Die besten Sportler und Kommandos sollten über Wand- und Armeezeitungen der Zentralen Gruppe der Streitkräfte „popularisiert" werden. Für sie waren Bedingungen zu schaffen, die ihnen ein regelmäßiges Training und die Teilnahme an Wettkämpfen ermöglichten.[131]

125 Ebd.

126 N. Vološin, Naši gimnasty, in: Za čest' Rodiny, 8.3.1946, S. 7.

127 CAMO, F. 894, op. 1, d. 64, S. 164f., Anordnung des Leiters des Stabes der 4. Garde-Armee, Generalleutnant Derevjanko, über die physische Vorbereitung der Truppen der 4. Garde-Armee im Sommer 1945, 30.5.1945.

128 Delo česti soldata, in: Za čest' Rodiny, 5.10.1946, S. 1.

129 Delo česti soldata, in: Za čest' Rodiny, 26.3.1946, S. 1.

130 Za massovuju fizkul'turu i sport!, in: Za čest' Rodiny, 29.7.1945, S. 1.

131 CAMO, F. 3415, op. 1, d. 102, S. 47, Anordnung Nr. 0519 des Leiters der Politabteilung des 18. Pan-

Besonderes Augenmerk war auch auf die sportliche Ertüchtigung von Offizieren und Frauen in der Armee zu legen.[132] Bei Gymnastikwettkämpfen wurden genaue Regeln festgelegt, welche Übungen die weiblichen Armeeangehörigen in welcher Form zu absolvieren hatten und wie diese bewertet wurden. Die Vorgaben waren durchaus streng. Bis ins letzte Detail definierte Übungen am Schwebebalken, Reck oder Barren gehörten ebenso dazu wie Ringeturnen.[133] Die Beteiligung von Frauen an den Wettkämpfen lag zwar in absoluten Zahlen hinter jener der männlichen Wehrdienstleistenden. In Relation zu ihrer weitaus geringeren Stärke innerhalb der Truppen war sie aber durchaus beachtlich. Im Sommer 1945 bestanden beispielsweise die Kommandos, die beim Staffellauf der 4. Garde-Armee antraten, jeweils aus drei Männern und einer Frau, wobei diese die letzten 100 Meter laufen musste. Bei der Gymnastik traten je fünf männliche und zwei weibliche Armeeangehörige an.[134] Auch Offiziersgattinnen wurden in das Sportprogramm eingebunden. Zur Spartakiade im April 1946 kamen „viele Frauen von Offizieren der Roten Armee, die Damenvolleyballkommandos bildeten".[135]

Intensiv förderte die Armeeleitung Fußball-, Volleyball- oder Basketballturniere zwischen den Kommandos der einzelnen Divisionen und Korps. Diese mussten hart trainieren, um vor allem auch gegen die Mannschaften der Westalliierten oder österreichische Fußballvereine in Österreich antreten – und bestehen – zu können. So trainierte etwa das Volleyballteam der 4. Garde-Armee, das im November 1945 gegen ein US-amerikanisches Team antrat, ab Anfang des Monats täglich zwei Stunden.[136] Im Juli 1955 spielte der Armeefußballverein „Vystrel" im Stadion des Wiener „Hauses der Offiziere" gegen „WAC Wien" und gewann 3 : 2.[137] Außerdem sollten die „Besten" in den Disziplinen Schwimmen, Motocross, Radrennfahren und Faustkampf antreten. Die ausgewählten Sportler stattete man mit der benötigten Ausrüstung, etwa mit den „besten Fahr- und Motorrädern", aus.[138] Die Schwimmer mussten ab

zerkorps an die Leiter der Politabteilungen der Brigaden über die sportliche Ertüchtigung in den Einheiten, 30.5.1945.

132 Ebd.

133 CAMO, F. 894, op. 1, d. 64, S. 222–226, hier: S. 225f., Regeln für die Bewertung von Gymnastikwettkämpfen innerhalb der Truppen [1945].

134 CAMO, F. 894, op. 1, d. 64, S. 179–182, Verordnung des Bevollmächtigten des Leiters der Abteilung für militärische und physische Vorbereitung der 4. Garde-Armee, Garde-Oberstleutnant Šmakov, über die sportlichen Wettkämpfe der 4. Garde-Armee im Sommer 1945, 9.6.1945.

135 Za novye uspechi voinov – sportsmenov, in: Za čest' Rodiny, 10.4.1946, S. 1.

136 CAMO, F. 894, op. 1, d. 66, S. 285, Befehl des Leiters des Stabes des 31. Garde-Schützenkorps, Garde-Oberst Markov, über die Vorbereitung für die Wettkämpfe mit amerikanischen Kommandos, 2.11.1945.

137 Interesnye vstreči po futbolu, in: Za čest' Rodiny, 5.7.1955, S. 8.

138 CAMO, F. 863, op. 1, d. 53, S. 54f., Befehl Nr. 051 des Kommandeurs des 20. Garde-Schützenkorps,

Abb. 94: Sport galt als „wichtiges Mittel der physischen Schulung und militärischen Ertüchtigung" der sowjetischen Besatzungstruppen. Volleyballturnier im Strandbad gegenüber dem Hotel Esplanade in Baden bei Wien, 1952. Das Bad war zu Beginn der Besatzungszeit für die sowjetischen Militärangehörigen reserviert. (Quelle: AdBIK, Sammlung Arcinovič)

10. November 1945 in einem Linzer Hallenbad („mit warmem Wasser") trainieren.[139] Außerdem wurde versucht, den Armeeangehörigen „Alpinismus" schmackhaft zu machen. „Am freien Tag schaffte es die Seilbahn nicht, alle, die wollten, auf einen der Gipfel der Alpen zu bringen - die Rax mit mehr als 2000 Metern Höhe. [...] Den ganzen Tag gingen wir auf den Gipfeln der Berge, atmeten tief die klare, saubere Bergluft ein. So interessant verlief unser freier Tag. Erholt und fröhlich eilten wir zum Militärdienst zurück",[140] war etwa in einem der entsprechenden Artikel in „Za čest' Rodiny" zu lesen.

Die Vorteile, die die körperliche Ertüchtigung für die militärische Ausbildung der Armeeangehörigen brachte, betonte auch Marschall Konev in seiner Ansprache anlässlich der Eröffnung einer sechstägigen Spartakiade der CGV: „Der Militärrat hofft, dass ihr auf der Spartakiade euer physisches und militärisches Können ebenso zeigt, wie ihr in den vergangenen Kämpfen gegen den Feind Mut, Kühnheit und Heroismus demonstriert habt."[141]

Garde-Generalleutnant Birjukov, und des Leiters des Stabes, Garde-Generalmajor Zabelin, über die Durchführung sportlicher Wettkämpfe, 10.8.1945.

139 CAMO, F. 894, op. 1, d. 66, S. 285, Befehl des Leiters des Stabes des 31. Garde-Schützenkorps, Garde-Oberst Markov, über die Vorbereitung für die Wettkämpfe mit amerikanischen Kommandos, 2.11.1945.

140 V Al'pach, in: Za čest' Rodiny, 4.8.1946, S. 1.

141 S. Borzunov, Spartakiada Central'noj Gruppy Vojsk. Molodost', sila, krasota, in: Za čest' Rodiny, 10.4.1946, S. 1.

2.3 Ausflüge und „kulturelle Betreuung"

Trotz aller Befehle und Vorgaben schienen die Besatzungssoldaten die relative Freiheit in Österreich vielfach zu genießen. Boris Zajcev,[142] von April 1945 bis Juni 1946 als Oberleutnant des Technischen Dienstes in Bruck an der Leitha stationiert, betont in diesem Zusammenhang den großen Unterschied zum Leben in der Sowjetunion unter Stalin: „Wir lebten die ganze Zeit in ständiger Angst. Jeder Schritt konnte kontrolliert werden. Jedes Wort, das man sagte, musste man sich genau überlegen. Wo man was sagen konnte und was nicht. Aber von 1945 bis 1946 war ich in den Besatzungstruppen in Österreich."[143] Hier nützte er Diensteinsätze, aber auch gewisse Freiräume, die sich im Laufe des Tages boten, für private Ausflüge: „Manchmal bin ich aus Neugierde mit dem Motorrad herumgefahren. Es war einfach interessant, die Straße entlangzufahren, zu schauen, zu reden, weit zu fahren, zu fotografieren, dann wieder zurück. Ein, zwei Stunden in die eine Richtung, ein, zwei Stunden retour, um rechtzeitig zum Mittagessen in die Einheit zurückzukommen. Beispielsweise fuhr ich um zehn Uhr weg, bis zwei Uhr musste man es schaffen. Ich fuhr, so weit ich kam. Und wo ich fuhr oder wie dieser Ort hieß, interessierte mich nicht einmal. Es war einfach schön, schön. Ich schaute, und wenn es mir nicht gefiel, fuhr ich weiter."[144]

Stand etwas mehr Zeit zur Verfügung, verließ er sogar die sowjetische Besatzungszone.[145] Dies stellte keinen Einzelfall dar. Die sowjetische Armeeführung hatte permanent mit illegalen Überschreitungen ihrer Demarkationslinie zu kämpfen - und zwar in beide Richtungen. Beispielsweise fuhr ein Garde-Unteroffizier namens Bojko „häufig zu den Amerikanern, besuchte deren Kinos und fuhr gemeinsam mit amerikanischen Militärdienstleistenden Motorrad". Er nützte dabei den Umstand aus, dass der ihm unterstellte Zug die Grenze an der Enns bewachte.[146] Auch einfache Soldaten trafen sich wiederholt mit Amerikanern, mit denen sie sich auch fotografieren ließen oder gemeinsam tranken. Mindestens ebenso ungern sah die Armeeführung, dass US-Besatzungssoldaten über die Enns in die sowjetische Zone fuhren,

142 Vgl. hierzu auch Walter Iber - Barbara Stelzl-Marx, Begleitheft zur Ausstellung „Mit den Augen eines Rotarmisten. Niederösterreich 1945–1946. Fotos von Boris Zajcev". Niederösterreichisches Landesarchiv St. Pölten. 27. Juni bis 30. September 2006. St. Pölten 2006.

143 OHI, Boris Zajcev. Durchgeführt von Barbara Stelzl-Marx. Moskau 20.10.2005.

144 Ebd.

145 Ebd.

146 AM 4. GA, Bestand 4. Garde-Armee, Dok. Nr. 25, Befehl Nr. 0165 des Bevollmächtigten des Kommandeurs der 4. Garde-Armee, Garde-Generalleutnant Derevjanko, des Mitglieds des Militärrates, Garde-Generalmajor Šepilov, und des Bevollmächtigten des Leiters des Stabes, Garde-Oberst Voroncov, über die Bewachung der Demarkationslinie, 20.6.1945.

Abb. 95: Ein Motorrad bot Besatzungssoldaten die Möglichkeit, auch privat die Gegend zu erkunden. (Quelle: AdBIK, Foto: Zajcev)

mit österreichischen Mädchen flirteten und sich mit Rotarmisten unterhielten. Durch die Androhung von Haft- und Geldstrafen versuchte man, diesen Kontakten einen Riegel vorzuschieben.[147]

2.3.1 Organisierte Exkursionen

Unterdessen förderten die Politabteilungen organisierte Ausflüge an freien Tagen, die die Besatzungssoldaten mit Städten und Museen vertraut machen sollten: „Es müssen nun mehr Exkursionen gemacht werden", hieß es in „Za čest' Rodiny". „Man muss den Soldaten die Möglichkeit geben, Städte und Museen der Länder, wo wir uns befinden, historische Stätten sowie Orte, die mit früheren militärischen Feldzügen der russischen Armee zusammenhängen, kennenzulernen."[148]

In einer anderen Ausgabe der Armeezeitung propagierte ein Rotarmist Exkursionen nach Wien: „Der freie Tag war klar und warm. Heute machten wir eine Exkursion nach Wien. Im Vorhinein waren Autos bereitgestellt worden. Die Offiziersschüler teilten sich in Gruppen auf, besuchten den Park von Schönbrunn und andere hervorragende Orte Wiens."[149]

147 Ebd.

148 Den' otdycha, in: Za čest' Rodiny.

149 V. Kostrickij, Ėkskursija, in: Za čest' Rodiny, 4.7.1946, S. 8.

Organisierte Wienbesuche dienten auch als Belohnung für die besten Offiziersschüler, die sich eigens auf die Ausflüge vorbereiteten: „Die Soldaten nähten neue Kragenbinden an, die Feldblusen wurden sorgfältig gebügelt, die Stiefel geputzt. Alle Kämpfer hatten ein wackeres, strammes Aussehen.“[150]

Ähnliche Programme organisierten die sowjetischen Schulen für Offizierskinder. In Absprache mit dem „Haus der Offiziere“ der CGV in Baden machten sie etwa in den Sommerferien 1946 Ausflüge in den Tierpark Schönbrunn, auf die Rax oder - per Donauschiff - in die Wachau. Die Zuständigkeit für Aktivitäten dieser Art, die auch ein Kulturprogramm umfassten, lag beim eigens eingerichteten „Kinderklub“ der Schule.[151]

2.3.2 Sowjetische Orchester und Theater

Sowjetischen Musik- und Kunstveranstaltungen fiel gleichfalls eine besondere Bedeutung zur Aufrechterhaltung der Disziplin und sinnvollen Freizeitgestaltung zu. Bereits im Sommer 1945 beschloss das Politbüro des ZK der VKP(b), sowjetische Künstler nach Österreich zu entsenden.[152] Wenig später „gestattete“ das Sekretariat des ZK der VKP(b) der Politischen Hauptverwaltung unter Šikin und dem Komitee für Kunst beim Rat der Volkskommissare, „für die kulturelle Betreuung“ der CGV die „Frontfiliale vom ‚Malyj teatr‘ und eine Konzertbrigade“ mit insgesamt zwölf Personen für einen Monat nach Österreich zu entsenden.[153]

Im Rahmen der „kulturellen Massenarbeit“ besuchten etwa Angehörige der 66. NKVD-Schützendivision im dritten Quartal 1945 ein Konzert in Wien, eine Vorführung des Moskauer Theaterensembles sowie eine Aufführung der Rotarmisten-Laienkunstgruppe des Regiments. Sie nahmen an drei organisierten Exkursionen in den Schönbrunner Zoo teil und gingen in die Staatsoper, in den Musikverein und verschiedene Theater. Außerdem führte man ihnen 34 sowjetische Kinofilme vor. Jede Kompanie erhielt nun die „Pravda“ und die Zeitung der CGV „Za čest’ Rodiny“, einige darüber hinaus auch die „Izvestija“, teilte man dem Leiter der Politabteilung mit. Man war dabei, „Leninzimmer“ einzurichten und auszustatten. Und auch ein Offiziersklub war in Vorbereitung. Wie hoch die tatsächliche Beteiligung an diesen Program-

150 V. Zolotarev, V Venu na ėkskursiju, in: Za čest’ Rodiny, 9.10.1945, S. 1.

151 Ėkskursija škol’nikov, in: Za čest’ Rodiny, 9.7.1946, S. 1.

152 RGASPI, F. 17, op. 3, d. 1053, S. 22, Politbürobeschluss des ZK der VKP(b) P 46 (102) über die Entsendung sowjetischer Künstler nach Österreich, 11.7.1945.

153 RGASPI, F. 17, op. 116, d. 237, S. 83, Beschluss Nr. 237 (335) des Sekretariats des ZK der VKP(b) über die Konzertbetreuung von Einheiten der Roten Armee im Ausland, 22.10.1945.

Abb. 96: Das Gesangs- und Tanzensemble der Zentralen Gruppe der Streitkräfte veranstaltete sowohl für die österreichische Bevölkerung als auch für die sowjetischen Besatzungsangehörigen Konzerte. (Quelle: AdBIK, Foto: Arcinovič)

men war, kommt nicht zur Sprache. Lediglich im Zusammenhang mit dem Moskauer Theaterabend wird erwähnt, dass 20 Prozent des Personalstandes diesen besuchten.[154]

Mit der Organisation des Kulturprogramms aus der Heimat gab es allerdings immer wieder große Schwierigkeiten. So war es trotz höchster Weisungen beinahe unmöglich, beliebte Ensembles nach Österreich zu bringen. Im Juli 1946 beklagte sich Šikin beim Sekretär des ZK der VKP(b) Ždanov darüber, die benötigten Ausreisedokumente wären für die Künstler „systematisch" nicht ausgestellt worden. Wegen der „nicht zufriedenstellenden kulturell-künstlerischen Betreuung" der sowjetischen Truppen im Ausland hatten die Militärräte bereits mehrfach ersucht, Theaterensembles der Roten Armee zu entsenden.[155] Für die CGV sah man in der Folge ein Gastspiel von 100 Schauspielern des Theaters der Roten Armee aus Odessa vor.[156]

154 RGVA, F. 38650, op. 1, d. 63, S. 113–128, hier: S. 128, Bericht des Kommandeurs des 40. Schützenregiments, Oberstleutnant Chorošev, und des stv. Leiters der Politabteilung, Hauptmann Čuchin, an den Leiter der Politabteilung der 66. NKVD-Schützendivision, Oberst Tamrasov, über den politisch-moralischen Zustand, die militärische Disziplin und parteipolitische Arbeit im 3. Quartal 1945, 23.9.1945.

155 RGASPI, F. 17, op. 117, d. 635, S. 185, Schreiben von I. Šikin an A. Ždanov über die kulturell-künstlerische Betreuung von sowjetischen Truppen im Ausland, 30.7.1946.

156 RGASPI, F. 17, op. 116, d. 273, S. 101, Beschluss Nr. 273 (477) des Sekretariats des ZK der VKP(b) über die künstlerische Betreuung von Truppen der Roten Armee im Ausland, 21.8.1946.

Rund ein Jahr später durften ein 29-köpfiges Ensemble des Zentralen Theaters der Roten Armee für zwei Monate sowie einige Orchestermitglieder des Allunions-Radiokomitees für drei Monate nach Österreich, Deutschland und Ungarn fahren.[157] Im Februar 1948 wurden außerdem mehrere Orchestermitglieder für einen Monat zur CGV entsandt. Den Anlass dazu bot das 30-jährige Jubiläum der Sowjetischen Armee.[158]

Diese Gastspiele stellten sicherlich einen Höhepunkt in der künstlerischen Betreuung der Armeeangehörigen dar. Gleichzeitig wandte man sich jedoch der „künstlerischen Selbstentwicklung" zu, indem die Politoffiziere auf die Bildung freiwilliger Kollektive durch in Österreich stationierte Künstler, Musiker, Schauspieler oder Tänzer drängten. Auch Offiziersfrauen oder Zivilangestellte mit künstlerischem Talent wirkten mit. Kulturelle Zentren dieser Aktivitäten waren die Offizierskasinos.

2.4 Organisierte Freizeit- und Erholungsangebote

2.4.1 Das „Haus der Offiziere"

Die größte und aktivste dieser Einrichtungen stellte das sogenannte „Haus der Offiziere" („dom oficerov") in der Wiener Hofburg dar. Eröffnet wurde es am 8. November 1945, am Tag nach dem Jahrestag der Oktoberrevolution, als „wunderbares Geschenk" an die sowjetischen Offiziere anlässlich dieses Jubiläums. Vom Vestibül ging man „über eine breite, mit Teppichen ausgelegte Treppe" hinauf, „und vor Ihren Augen steht ein großes Porträt vom Generalissimus der Sowjetunion, Genossen Stalin", schwärmte ein Leutnant Sergievič in „Za čest' Rodiny". Auch auf weitere Insignien der Sowjetmacht wies er stolz hin. So befand sich über der Bühne im Zuschauerraum ein „großer, voluminöser roter Stern, darüber ein Plakat ‚Es lebe der XXVIII. Jahrestag der Großen Sozialistischen Oktoberrevolution!'. Im Vestibül hingen Porträts der Marschälle der Sowjetunion."[159]

Das Ziel dieser Institutionen bestand generell darin, den Offizieren – und ihren Familien – Möglichkeiten für unterschiedliche Freizeitaktivitäten zu bieten. Auch hier schwang immer eine politisch-ideologische Motivation mit.

---

157 RGASPI, F. 17, op. 116, d. 313, S. 85, Beschluss Nr. 313 (476) des Sekretariats des ZK der VKP(b) über die künstlerische Betreuung von Truppen der Roten Armee im Ausland, 7.7.1947.

158 RGASPI, F. 17, op. 116, d. 340, S. 87, Beschluss Nr. 340 (425) des Sekretariats des ZK der VKP(b) über die Entsendung von Orchestermitgliedern für die künstlerische Betreuung von Truppen der Roten Armee im Ausland anlässlich des 30-jährigen Jubiläums der Sowjetischen Armee, 11.2.1948.

159 D. Sergievič, Zavtra otkryvaetsja Dom oficerov Krasnoj Armii v Vene", in: Za čest' Rodiny, 7.11.1945, S. 8.

So gab es ein sogenanntes Kabinett für Selbstbildung, in dem den Offizieren „systematische Hilfe bei der Steigerung ihrer ideologisch-politischen, militärhistorischen und naturwissenschaftlichen Ausbildung" angeboten wurde.[160]

Der Zuschauerraum diente zur Aufführung symphonischer Konzerte „klassischer russischer Musik (Čajkovskij, Glinka, Musorgskij u. a.) und zeitgenössischer sowjetischer Komponisten (Šostakovič, Prokov'ev) sowie der besten westeuropäischen Komponisten durch die Wiener Symphoniker". Auch Theateraufführungen standen auf dem Programm, wobei ebenfalls „die besten Wiener Schauspieler" herangezogen wurden. Im Kinosaal,[161] aber auch im Freien wurden sowjetische Filme aufgeführt, wobei Letzteren auch die österreichische Bevölkerung beiwohnen konnte.[162] Außerdem gab es eine Bibliothek, einen Turnsaal, Billardtische und ein Jagdzimmer.[163] Am 12. Dezember 1953 wurden die Räumlichkeiten in der Hofburg außerdem der Österreichisch-Sowjetischen Gesellschaft zugänglich gemacht.[164]

Wie die Vorankündigungen in der Armeezeitung der CGV und Zeitzeugenerinnerungen belegen, offerierte das „Dom oficerov" in der Hofburg tatsächlich ein reges Kulturprogramm. Opernabende mit Solisten der Wiener Staatsoper,[165] Konzerte des hauseigenen „Estradenkollektivs" unter Mitwirkung des Staatsopernballetts[166] oder Operetten von Johann Strauß,[167] der sich in der Sowjetunion besonderer Popularität erfreute, standen ebenso auf dem Programm wie Sprachkurse.[168] Man lud Offiziere und ihre Familien zu Abenden mit den „progressiven" Regisseuren des Theaters „Scala" oder mit Regisseuren von „Wien-Film".[169] Neben regelmäßigen Vorführungen sowjetischer Filme veranstaltete das „Haus der Offiziere" sogar Eisrevuen. Beispielsweise fand am 6. Jänner 1946 eine derartige Veranstaltung auf dem Wiener Eislaufverein-Platz in der Lothringerstraße Nr. 20 statt.[170] Zur Fortbildung dienten medizinische Vorträge wie etwa „Vorbeugung und Heilung von Hautkrankheiten".[171]

---

160 Ebd.

161 Ebd.

162 Priznatel'nost sovetskim voinam, in: Za čest' Rodiny, 3.8.1955, S. 3.

163 Otkrytie Doma oficerov Krasnoj Armii g. Vena, in: Za čest' Rodiny, 10.11.1945, S. 7.

164 Priznatel'nost sovetskim voinam, in: Za čest' Rodiny.

165 Segodnja v Dome oficerov, in: Za čest' Rodiny, 22.12.1945, S. 8.

166 Segodnja v Dome oficerov, in: Za čest' Rodiny, 14.12.1946, S. 8.

167 Beispielsweise wurde am 27. April 1946 um 20.00 Uhr Ortszeit im Konzertsaal des „Hauses der Offiziere" die Operette „Wiener Blut" aufgeführt. Vgl. Segodnja v Dome oficerov, in: Za čest' Rodiny, 27.4.1946, S. 8.

168 So begannen etwa im Juli 1946 die Sprachkurse jeweils um 18.00 Uhr Ortszeit. Vgl. Segodnja v Dome oficerov, in: Za čest' Rodiny, 9.7.1946, S. 8.

169 Vstreča voinov s rukovoditeljami i artistami „Venfil'ma", in: Za čest' Rodiny, 7.6.1955, S. 6.

170 Segodnja v Dome oficerov, in: Za čest' Rodiny, 6.1.1946, S. 8.

171 Segodnja v Dome oficerov, in: Za čest' Rodiny, 5.7.1955, S. 8.

Abb. 97: Das „Haus der Offiziere" in Baden bei Wien, wo der Stab der Zentralen Gruppe der Streitkräfte stationiert war. (Quelle: Stadtarchiv Baden)

Auch Ausstellungen wurden gerne gezeigt, wobei die erzieherischen Absichten in diesem Bereich offensichtlicher in den Vordergrund traten. Ein typisches Beispiel dafür ist die im Mai 1946 eröffnete Ausstellung „Kampf um Berlin" mit Zeichnungen zweier ehemaliger Frontkämpfer und Kriegsjournalisten. Besondere Aufmerksamkeit verdiene dabei eine Zeichnung, betonte ein Artikel in „Za čest' Rodiny", die „die Spuren der Zerschlagung der deutschen Truppen" illustriere. Insgesamt habe die Ausstellung „eine große Bedeutung für die Erziehung junger Soldaten in den ruhmreichen Traditionen des Großen Vaterländischen Krieges". Immerhin ein Kritikpunkt wurde angebracht: die schlechte Auswahl der Räumlichkeiten. Denn die Bilder hingen in einem „engen Korridor", wo sie „schwer" zu sehen seien.[172]

Besonders aktiv zeigte sich das „Haus der Offiziere" außerdem im Bereich von Sport und Jagd, wofür eine eigene Abteilung für Militärsport zuständig war. Auf dem Programm standen etwa Slalomwettrennen,[173] Volleyballturniere,[174] Motorradkurse[175] oder Fortbildungen für Jäger.[176] Für Fußballturniere und andere Wettkämpfe stand ein eigenes Stadion zur Verfügung.[177]

172 M. Cheific, Chudožniki-frontoviki, in: Za čest' Rodiny, 19.5.1946, S. 5.
173 Otkrytie sorevnovnanija po slalomu, in: Za čest' Rodiny, 13.2.1947, S. 8.
174 Segodnja v Dome oficerov g. Veny, in: Za čest' Rodiny, 23.12.1945, S. 8.
175 Segodnja v Dome oficerov, in: Za čest' Rodiny, 14.12.1946, S. 8.
176 Vnimaniju vsech rukovoditelej kollektivov voennych ochotnikov, in: Za čest' Rodiny, 30.1.1947, S. 8.
177 Tovariščeskaja vstreča futbolistov, in: Za čest' Rodiny, 28.5.1946, S. 6.

Regelmäßig bot das „Haus der Offiziere" zudem Programme für die in Österreich lebenden Frauen und Kinder sowjetischer Offiziere an. Selbst noch im Juni 1955 wurden Offiziersfrauen zu einem Treffen mit Österreicherinnen - „progressiven Funktionärinnen" - eingeladen. Am selben Tag lief für Kinder ein beliebter sowjetischer Spielfilm. Wie sehr es sich dabei um eine exterritoriale Einrichtung handelte, geht auch aus den Zeitangaben hervor: Man richtete sich nach der Moskauer Zeit - mit einer Zeitverschiebung von zwei Stunden.[178] Kinderfilme begannen in der Regel um 17 Uhr.[179]

Den Schülerinnen und Schülern der sowjetischen Mittelschule in Wien kam das Filmprogramm ebenfalls zugute. Ende November 1946 besuchten sie etwa eine Aufführung von „Der Regimentssohn" und besprachen im Anschluss den Film.[180]

Wie die Diskussionsrunde mit den „progressiven", sprich kommunistischen, österreichischen Funktionärinnen zeigt, waren die Offiziersgattinnen möglichst intensiv in das angebotene politisch-ideologische Programm einzubinden. Den Frauen fiel dabei die Rolle zu, die „sowjetische Familie als uneinnehmbare Festung gegen den bourgeoisen Einfluss" zusammenzuhalten. Daher war nicht nur ihre ideologische Schulung essenziell, sondern auch ihre Rolle bei der „Erziehung der Kinder im Geist der kommunistischen Moral". Auf Versammlungen von Frauen der in Österreich stationierten sowjetischen Offiziere setzten sie sich gemeinsam mit Vortragenden mit der „Erziehung sowjetischer Menschen" auseinander. Als verbesserungswürdig galten die „Entwicklung der ideologischen Arbeit unter Frauen von Offizieren", die einschlägige Schulung der Kinder sowie die Arbeit des „Hauses der Offiziere" in Wien.[181]

Dies korrespondierte mit der - zumindest von Funktionären der VKP(b) - festgelegten „Hauptaufgabe" des „Hauses der Offiziere": Es sollte als „Zentrum der kulturell-erzieherischen Arbeit und als Vermittler der sowjetischen, kommunistischen Ideologie" dienen. Unterstützung hatten ihm die unterschiedlichen Politorgane und Parteiorganisationen der sowjetischen Truppen in Österreich zu erweisen.[182] Die „hohe Bedeutung der kommunistischen Erziehung" ergab sich insbesondere aus den „ausländischen Bedingungen", welche die hier eingesetzten Militärangehörigen mit einer „fremden, uns feindlichen Ideologie" konfrontieren würden. „Deswegen", so lautete die Erklärung, müssten die „Häuser der Offiziere der sowjetischen militärischen

178 Segodnja v Dome oficerov, in: Za čest' Rodiny, 16.6.1955, S. 8.

179 Vgl. dazu etwa auch: Segodnja v Dome oficerov, in: Za čest' Rodiny, 28.7.1955, S. 8.

180 Prosmotr kinofil'ma „Syn polka", in: Za čest' Rodiny, 26.11.1946, S. 2.

181 Sobranie žen oficerov Venskogo garnizona, in: Za čest' Rodiny, 25.10.1946, S. 1.

182 Kommunističeskoe vospitanie - glavnaja zadača, in: Za čest' Rodiny, 19.10.1946, S. 7.

Garnisonen, die sich im Ausland aufhielten, einen besonderen Platz bei der ideologischen Schulung der Offiziere" einnehmen.[183]

Ab dem Frühjahr 1946 zog allerdings der damalige Leiter des Hauses, Major Vostokov, mehrfach die Kritik von Parteimitgliedern auf sich: Die „bourgeoise, ideologisch-feindliche Kunst" habe sich in der Wiener Offiziersmesse breitgemacht. Bei den einzelnen Aktivitäten würde das „Prinzip eines kommerziellen Zugangs" dominieren, während die angebrachte Selbstkritik wegen der vorherrschenden „Familiarität, der Angst, sich gegenseitig zu beleidigen", überhaupt nicht geübt werde, richtete man ihm auch über die Zeitung „Za čest' Rodiny" öffentlich aus.[184] Wegen organisatorischer Schwächen sei ein großes Konzert im letzten Moment verschoben worden, weswegen von Vostokov gefordert wurde, er möge die Zuseher – „Offiziere und ihre Familienmitglieder sowie deren Zeit" – mehr würdigen.[185] Beanstandet wurde außerdem, dass zu häufig „Estradentanz- und Zirkusnummern" zur Aufführung kamen, die den „elementaren Anforderungen sowjetischer Ästhetik keineswegs entsprechen" würden. Zum Abschluss eines weiteren Zeitungsartikels betonte der Autor: „Das Leben verlangt, die Partei verlangt, dass die künstlerische Betreuung der Offiziere auf ein neues, höheres Niveau angehoben wird, dass sie der kommunistischen Erziehung dienen möge."[186]

Ähnliche Beschwerden waren auch über „Häuser der Offiziere" zu hören, die außerhalb Wiens lagen und deren Freizeit- und Vergnügungsmöglichkeiten im Gegensatz zur politischen Schulung auf große Gegenliebe stießen: „An Abenden und an freien Tagen kommen viele ins Haus der Offiziere. [...] Das Haus hilft, eine freundschaftliche Offiziersfamilie zu bilden. Die Mitarbeiter bemühen sich, sein Arbeitsfeld zu erweitern. Bis zum Sommer soll ein Sportplatz fertiggestellt sein. Momentan leben in den Garnisonen viele Offiziere mit ihren Familien. Die Frauen brachten die Kinder mit. Für die Kinder wird bis zum Sommer ein Spielplatz angelegt werden."[187] Auch Schachturniere, die bis zu vier Tage dauern konnten, waren populär.[188]

Nur wenige nahmen hingegen das politisch-ideologische Programm wahr: „Während die Freizeit relativ gut organisiert ist, steht es um die kulturell-erzieherische Arbeit bedeutend schlechter. [...] In diesen Stunden leeren sich die sorgfältig aufgeräumten Zimmer."[189] Vorträge etwa würden nur von zwei

183 Ob ėtom molčat' nel'zja, in: Za čest' Rodiny, 21.6.1946, S. 6.

184 Kommunističeskoe vospitanie – glavnaja zadača, in: Za čest' Rodiny.

185 Koncert ansamblja CGV, in: Za čest' Rodiny, 28.5.1946, S. 6.

186 Ob ėtom molčat' nel'zja, in: Za čest' Rodiny.

187 V Dome oficerov, in: Za čest' Rodiny, 21.3.1946, S. 3.

188 Šachmatnyj turnir, in: Za čest' Rodiny, 18.10.1945, S. 4.

189 Ebd.

bis drei Personen besucht. Dabei wäre die Förderung der selbstständigen Fortbildung die wichtigste Aufgabe dieser Institution, hieß es in „Za čest' Rodiny". Schließlich hätten viele der Offiziere während des Krieges verlernt, ihre Freizeit „richtig" zu gestalten. Außerdem hätten einige Offiziere keine mittlere Ausbildung. Für sie sei eine Abendschule einzurichten.[190]

Die angesprochenen Kritikpunkte an der Tätigkeit der „Häuser für Offiziere" zeigen vor allem eines: Die Offiziere und ihre Familien wollten sich in ihrer Freizeit möglichst unbeschwert amüsieren. Dazu gehörten Theaterbesuche, sportliche Aktivitäten, Tanzveranstaltungen. Für trockene Vorträge oder die Lektüre ideologischer Schriften war da wenig Platz. Darüber konnten auch die zahlreich angebrachten Losungen, Plakate und Sowjetsterne nicht hinwegtäuschen. Bezeichnenderweise sahen sich auch die „Leninzimmer" und Klubs der einzelnen Einheiten mit derselben Problematik konfrontiert.

2.4.2 „Leninzimmer" und Klubs

Während die „Häuser der Offiziere" - wie der Name schon sagt - nur für die Offiziersränge zugänglich waren, boten die sogenannten „Leninzimmer" („leninskaja komnata") den Soldaten und Unteroffizieren ein organisiertes Freizeitprogramm. Generell sollten sie den unteren Rängen ermöglichen, sich „kultiviert" zu erholen und „ihr Wissen in der Freizeit zu vervollständigen". Diese typische Einrichtung der Roten bzw. Sowjetischen Armee stellte - im Idealfall - das „Zentrum der politischen Massenarbeit der Rotarmisten und Unteroffiziere in militärischer, politischer und kultureller Hinsicht" dar. Den Männern hatten die „Leninzimmer" eine „vernünftige, interessante Entspannung am Ende eines anstrengenden Tages" zu bieten. Auch hier spielte das Leben im Ausland eine Rolle: Der Soldat sollte im „Leninzimmer" „alles finden, was ihn an seine militärische Pflicht, an die Heimat" erinnerte.[191] Selbst Militärspitäler wiesen diese Einrichtung auf.[192]

Welche Bedeutung der politischen Erziehung auch im Rahmen des Kultur- und Freizeitangebotes zufiel, lässt sich an der gewünschten Standardausstattung dieser Räumlichkeiten ablesen. An den Wänden waren die wichtigsten Dokumente in „schöner" Ausführung anzubringen: Porträts von Politbüromitgliedern, Fünfjahrespläne (die die „großartige Zukunft" der Sowjetunion illustrieren sollten), die bedeutendsten Zitate von Lenin und Stalin über die Rolle der Armee sowie die Aufgaben der Militärangehörigen oder das Gesetz

190 Ebd.

191 Leninskaja komnata, in: Za čest' Rodiny, 12.4.1946, S. 1.

192 N. Lunev, Nam pišut, in: Za čest' Rodiny, 28.9.1946, S. 3.

Abb. 98: Idealbild der Freizeitgestaltung sowjetischer Besatzungssoldaten mit Schachspielen und der Lektüre kommunistischer Schriften. Unter dem Stalinporträt die Losung: „Es lebe der Führer des sowjetischen Volkes, der große Stalin!" (Quelle: Karner, Das Burgenland im Jahr 1945, S. 301)

über die Bestrafung von Vaterlandsverrätern.[193] In einem dieser „Leninzimmer" im Burgenland hing unter dem Stalinporträt die Losung: „Es lebe der Führer des sowjetischen Volkes, der große Stalin!" Auch das übrige Bild entsprach der Idealvorstellung, die man sich vom „Leninzimmer" machte: Die Soldaten waren in ihre Lektüre vertieft oder spielten Schach.[194]

Besonderer Wert wurde hier ebenfalls auf sportliche Aktivitäten und die „künstlerische Laientätigkeit" durch freiwillig gebildete Kollektive von Musikern, Künstlern, Tänzern oder Schauspielern gelegt. Doch fehlten vielfach einschlägige Zeitungen, Journale und die erwünschten Losungen an den Wänden. Lediglich die höheren Temperaturen ab Mitte April erleichterten die Bedingungen für die Arbeit der „Leninzimmer". Denn nun konnte ein Teil der „vernünftigen" außerdienstlichen Aktivitäten ins Freie verlegt werden, propagierte „Za čest' Rodiny".[195]

Unterstützung erfuhren die „Leninzimmer" außerdem durch Rotarmistenklubs, die in den Garnisonen eingerichtet waren. Sie sollten die Armeeangehörigen dazu ermuntern, Musik-, Theater- oder Sprachkurse sowie

193 Ebd.

194 Siehe dazu das Faksimile in: Karner, Das Burgenland im Jahr 1945, S. 301.

195 V odnom iz krasnoarmejskich klubov, in: Za čest' Rodiny, 29.3.1946, S. 7.

Schachzirkel einzurichten und Sport zu betreiben. Zumindest anfangs kam keine rechte Begeisterung für diese organisierten Freizeitaktivitäten auf. Der Sport litt außerdem unter einem Mangel an Ausrüstung; selbst Fußbälle oder Sportbekleidung fehlten in manchen Klubs. Am meisten fehle es aber an „Initiative, Aktivität und Liebe zu dieser Tätigkeit", lautete etwa die bezeichnende Kritik an einer dieser Einrichtungen.[196] Ungeachtet dessen hoben die Militärbehörden laufend die Bedeutung einer sinnvollen Freizeitgestaltung hervor - nicht zuletzt zur Aufrechterhaltung der Disziplin. Selbst das ZK der VKP(b) befasste sich mit den Rotarmistenklubs. Im Oktober 1946 fasste das Sekretariat den Beschluss, für die Bibliotheken der CGV-Klubs insgesamt 350 aus jeweils 810 Büchern und Broschüren bestehende Serien bereitzustellen.[197] Gegen die Frustration über die Eintönigkeit des Kasernenalltags wirkte dieser Zeitvertreib allerdings nur bedingt.

2.4.3 Erholungsheime und Urlaub

Besonders viel Raum für Entspannung sollten die eigens dafür eingerichteten Erholungsheime der Armee bieten. Innerhalb weniger Wochen nach Kriegsende ließ die Armeeführung mehrere dieser Häuser auch in Österreich eröffnen, wo sich vor allem ältere, gesundheitlich geschwächte oder verwundete Besatzungssoldaten im Schnitt fünf Tage ausruhen konnten. Die Häuser, die „maximale Bedingungen für Erholung" zu bieten hatten, lagen „im Wald entlang von Flüssen und Seen".[198] Offiziere kamen getrennt von Mannschaftssoldaten und Unteroffizieren in den Genuss dieser „für die Gesundung des Personalstandes wichtigen Maßnahme". Wenig überraschend hatten die Politabteilungen auch hier für eine „kulturelle Massenarbeit" Sorge zu tragen.[199]

Im Vordergrund standen bei diesen Einrichtungen allerdings körperliche Aktivitäten. Eines dieser Heime wurde Anfang 1946 auf einem „schneereichen Gipfel, zwischen schneeverwehten Tannen" eröffnet. Die Umgebung bot ideale Voraussetzungen fürs Schifahren, Langlaufen und Jagen. In einem Artikel in der CGV-Armeezeitung wurde dieses „Erholungsheim in den Alpen" auch für die wärmere Jahreszeit geradezu euphorisch beworben: „Im

196 Ebd.

197 RGASPI, F. 17, op. 116, d. 237, S. 76, Beschluss Nr. 237 (306) des Sekretariats des ZK der VKP(b) über die Bereitstellung von Büchern und Broschüren für die Rotarmistenklubs der CGV, 19.10.1945.

198 RGVA, F. 32902, op. 1, d. 172, S. 19f., Anordnung des Leiters der NKVD-Truppen zum Schutz des Hinterlandes der 3. Ukrainischen Front, Generalmajor Pavlov, an den Kommandeur des 17. Grenzregiments über die Einrichtung von Erholungsheimen, 1.5.1945.

199 CAMO, F. 1310, op. 1, d. 4, S. 163, Befehl Nr. 0128 des Kommandeurs der 112. Garde-Schützendivision, Garde-Generalmajor Afonin, und des Leiters des Stabes, Garde-Oberstleutnant Gorčakov, über die Tätigkeit der Erholungsheime, 22.6.1945.

Frühling wird es hier wunderschön sein – die gesamten Alpen blühen. Alteingesessene erzählen, dass der Sommer ebenfalls für die Erholung günstig ist: ausgezeichnete Bergluft, keine Schwüle, Kräuter. Neben dem Erholungsheim gibt es einen Volleyball- und einen Tennisplatz."[200]

Trotz dieser verlockenden Angebote waren Heimaturlaube sicherlich weitaus begehrter. Im August 1945 kam es etwa im Zusammenhang mit der Abfertigung der „Urlauber" beim Wiener Südbahnhof zu einem zu großen Andrang der Passagiere und einer Überlastung der Züge. Mehrfach musste erst darauf hingewiesen werden, dass die Abreise laut dem entsprechenden Befehl Nr. 082 des Oberbefehlshabers der CGV zu bewerkstelligen war.[201]

Gemäß der Verordnung des Staatskomitees für Verteidigung der UdSSR Nr. 9533-s vom 20. Juli 1945 standen sämtlichen Generälen, Admirälen und Offizieren der Roten Armee ab Mitte August 1945 insgesamt 30 Urlaubstage zuzüglich der benötigten An- und Abreisetage zum Urlaubsort zu. Mannschaftssoldaten und Unteroffiziere mit einer Dienstzeit von mindestens zwei Jahren hatten einen Urlaubsanspruch von 15 bis 20 Tagen exklusive der Reisetage. Ausdrücklich wies das GKO darauf hin, dass „kurzfristige Urlaube" insbesondere jenen Soldaten und Unteroffizieren, die „seit den ersten Tagen des Großen Vaterländischen Krieges in der Roten Armee dienten", sowie jenen Kriegsteilnehmern, die militärische Auszeichnungen erhalten und Verwundungen erlitten hatten, zu gewähren waren.[202]

In diesem Zusammenhang hatten die Kommandeure der Einheiten unter anderem dafür Sorge zu tragen, dass maximal sechs Prozent des Offiziersstandes bzw. drei Prozent der Unteroffiziere und Mannschaftssoldaten jeder Einheit gleichzeitig auf Urlaub gehen durften. Für den Transport der Angehörigen sowjetischer Besatzungstruppen wurden eigene Züge bereitgestellt, die, wie im Falle Österreichs und Deutschlands, täglich in die Sowjetunion fuhren. Die Route für Militärangehörige der CGV lief über Budapest und Jassy bis nach Char'kov. Von dort aus fuhren sie mit normalen Passagierzügen weiter.[203]

Vor dem Hintergrund der Plünderungen sowjetischer Besatzungssoldaten in Österreich erscheint insbesondere folgende Regelung signifikant: Jeder der

200 Dom otdycha v Al'pach, in: Za čest' Rodiny, 28.3.1946, S. 6.

201 CAMO, F. 3415, op. 1, d. 96, S. 154, Befehl Nr. 02308 des Bevollmächtigten des Leiters des Stabes der 18. Panzerdivision, Oberstleutnant Ševčenko, über die Abfertigung von Armeeangehörigen in den Urlaub, 20.8.1945.

202 CAMO, F. 3415, op. 1, d. 96, S. 96f., hier: S. 96, Information des Leiters des Stabes der 18. Panzerdivision, Garde-Oberst Belozerov, über den Befehl des GKO über den Urlaub für Militärangehörige, 24.7.1945.

203 Ebd.

Urlauber durfte offiziell 50 kg Handgepäck in die Sowjetunion mitnehmen, wobei keine Zollkontrolle erfolgte.[204] Ähnlich wie die Erlaubnis, Pakete in die Heimat zu schicken, trug diese Maßnahme dazu bei, dass in der Sowjetunion dringend benötigte Gegenstände in Österreich „organisiert" und über die Grenze gebracht wurden.[205] In Österreich blieb dieser Aspekt der Besatzung allerdings weitaus deutlicher in Erinnerung als öffentlich zelebrierte Riten und Feiern, die nicht nur die Armeedisziplin nach innen stärken, sondern auch ein positives Bild nach außen vermitteln sollten.

204 Ebd.

205 Siehe dazu auch das Kapitel B.I.2.3 „Plünderungen, Schwarzmarkt, Trophäen" in diesem Band.

3. Riten, Feiern, Zeremonien

Ein straff durchorganisierter Dienstplan, die umfangreiche politische Erziehung und eine vernünftige, kultivierte Freizeitgestaltung sollten die Disziplin der Besatzungssoldaten steigern und das „moralisch psychologische Trauma",[206] das der Kontrast zwischen dem Lebensniveau in Europa und jenem in der sowjetischen Heimat auslösen konnte, vermindern. Vor diesem Hintergrund legte man zudem besonderen Wert auf die Zelebrierung sowjetischer Riten, Feiertage und Jubiläen während des Auslandseinsatzes. Dazu gehörten Bestattungszeremonien ebenso wie die Begehung von Festtagen des sozialistischen Jahreskreises, etwa dem Tag der Großen Sozialistischen Oktoberrevolution.

Öffentlich zelebriert und propagandistisch verwertet wurden auch die zahllosen Kranzniederlegungen und Ehrenformationen an den Gräbern österreichischer Komponisten, die nicht nur die Hochachtung für die österreichische Musik und Kultur unterstreichen, sondern auch Vorurteile gegenüber der „sowjetischen Barbarei" entkräften sollten. Semen Gudsenko notierte dazu in seinem Armeetagebuch: „Wien. In der von den deutsch-faschistischen Besetzern befreiten Stadt. Auf dem Zentralfriedhof befinden sich die Denkmäler der größten Komponisten. Beethoven, Mozart, Strauß. Unsere Kämpfer und Offiziere besuchen diese Plätze, um die Genies der Musik zu ehren."[207] Als zentraler Bestandteil der sowjetischen Ikonografie der Befreiung Österreichs fanden diese Zeremonien unter anderem in visuellen Medien oder den Erinnerungen ehemaliger Besatzungssoldaten ihren Niederschlag, wodurch sie nachhaltig das ideologische Selbstverständnis prägten.

3.1 Bestattungen und Friedhöfe

3.1.1 Mortalität

Rund 26.000 sowjetische Soldaten verloren bei den Kämpfen in Österreich ihr Leben, allein 18.000 bei der „Schlacht um Wien".[208] Geht man von 400.000 Rotarmisten aus, die zu Kriegsende auf österreichisches Territorium gelangten, ergibt sich daraus eine Mortalitätsrate von beinahe sieben Prozent. Dabei

---

206 Simonow, Aus der Sicht meiner Generation, S. 104.

207 Klein, Die Russen in Wien, S. 175.

208 Rauchensteiner, Der Krieg in Österreich, S. 191; Stefan Karner - Barbara Stelzl-Marx, Einleitung, in: Stefan Karner - Barbara Stelzl-Marx (Hg.), Die Rote Armee in Österreich. Sowjetische Besatzung 1945–1955. Beiträge. Graz - Wien - München 2005, S. 9–18, hier: S. 9.

handelte es sich allerdings nicht um die einzigen sowjetischen Opfer, die hier den Tod fanden. Hinzuzurechnen sind außerdem jene mehr als 22.000 sowjetischen Militärangehörigen, die im System der Kriegsgefangenenlager ums Leben kamen, jene etwa 10.000 sowjetischen Kriegsgefangenen, die im KZ Mauthausen und an anderen Orten ermordet wurden, sowie die während des Zwangsarbeitereinsatzes in der „Ostmark" verstorbenen „Ostarbeiterinnen" und „Ostarbeiter".[209] Insgesamt verloren somit mindestens 44.000 sowjetische Kriegsgefangene, Zwangsarbeiter und Zivilinternierte während der NS-Zeit in Österreich ihr Leben und fanden hier ihre letzte Ruhestätte.[210]

Nach dem Ende der Kampfhandlungen nahm die Todesrate in den sowjetischen Streitkräften drastisch ab. Die entsprechenden Akten von NKVD und der CGV geben - sofern sie zugänglich sind - fortan nur mehr vereinzelte Hinweise auf Todesfälle in den Besatzungstruppen. Zu den häufigsten Todesursachen zählten zweifelsohne Unfälle im Straßen- und Schienenverkehr, wobei gerade zu Beginn der Besatzungszeit der ungewohnte Umgang mit Fahr- oder Motorrädern eine Gefahrenquelle darstellte. Im November 1945 sah sich Marschall Konev sogar genötigt, einen eigenen Befehl über den „Kampf gegen Unfälle und Katastrophen im Straßenverkehr" zu erlassen.[211] Außerdem kam es bei Manövern und Übungen wiederholt zu tödlichen Unfällen wegen fahrlässigen Umgangs mit Waffen und Gerät. Zahlreich waren zudem Todesfälle als Folge von Alkoholvergiftungen oder übermäßigem Alkoholkonsum. Auch forderten Krankheiten ihren Zoll unter den Besatzungssoldaten. Belegt sind außerdem Fälle von Mord, fahrlässiger Tötung und Selbstmord, wobei Letzteres als „amoralische Erscheinung" galt.[212]

---

209 Florian Freund - Bertrand Perz, Die Zahlenentwicklung der ausländischen Zwangsarbeiter und Zwangsarbeiterinnen auf dem Gebiet der Republik Österreich 1939–1945. Gutachten im Auftrag der Historikerkommission der Republik Österreich. Bd. 26/3. Wien 2000, S. 136; Wolfram Dornik, Erinnerung am Rande. Die Rote Armee im Steinernen Gedächtnis Österreichs, in: Stefan Karner - Barbara Stelzl-Marx (Hg.), Die Rote Armee in Österreich. Sowjetische Besatzung 1945–1955. Beiträge. Graz - Wien - München 2005, S. 407–420, hier: S. 409.

210 Stefan Karner, Geleitwort, in: Peter Sixl, Sowjetische Kriegsgräber in Österreich. Sovetskie mogily Vtoroj mirovoj vojny v Avstrii. Veröffentlichungen des Ludwig Boltzmann-Instituts für Kriegsfolgen-Forschung, Sonder-Bd. 6. Graz - Wien - Klagenfurt 2005, S. 11f.

211 CAMO, F. 863, op. 1, d. 54, S. 9, Befehl Nr. 0186 des Oberbefehlshabers des CGV, Marschall Konev, des Mitglieds des Militärrates, Generalleutnant Kal'čenko, und des Leiters des Stabes, Generaloberst Malandin, über Maßnahmen im Kampf mit Unfällen und Katastrophen im Straßenverkehr, 15.11.1945.

212 RGVA, F. 38650, op. 1, d. 1222, S. 110–127, hier: S. 117, Bericht des Leiters der NKVD-Truppen zum Schutz der Hinterlandes der CGV, Kuznecov, und des Leiters der Politabteilung der Truppen, Šukin, an den stv. Leiter der Hauptverwaltung der Inneren Truppen des NKVD, Skorodumov, über den politisch-moralischen Zustand und die Disziplin in den MVD-Truppen zum Schutz des Hinterlandes der CGV im 1. Quartal 1946, 9.4.1946. Siehe dazu auch das Kapitel B.I.2.6.1 „Suizid" in diesem Band.

Wie viele Soldaten Opfer von Misshandlungen durch Offiziere oder ihre Kameraden wurden, lässt sich nicht nachweisen. Analog zur Situation der Truppen auf dem Territorium der DDR kann allerdings generell davon ausgegangen werden, dass die Sterblichkeitsrate in der sowjetischen Besatzungszone Österreichs auf einem niedrigeren Niveau lag als jene der auf sowjetischem Gebiet stationierten Truppen. Dies ist vor allem auf die höheren Ausbildungs-, Ausrüstungs- und Sicherheitsstandards zurückzuführen.[213]

3.1.2 Bestattung

Das Volkskommissariat für Verteidigung legte 1940 die Beisetzung der im Kampf gefallenen Militärangehörigen per Befehl Nr. 023 fest. Dabei war eine mehrfach gestaffelte Klassifizierung zu beachten. So durften verstorbene Offiziere, Unteroffiziere und Mannschaftssoldaten keinesfalls in einem gemeinsamen Grab beerdigt werden. Die Einzel- und Massengräber mussten demnach mit „Pyramiden" und Aufschriften, die Rang, Vor-, Nach- und Vatersnamen sowie Todesdatum der jeweiligen Militärperson beinhalteten, versehen werden.[214]

Aus Laxheit oder auch aufgrund der Umstände kam es – vor allem noch während der Kampfhandlungen – wiederholt zu Verstößen gegen diese Vorschriften. Einzelne Gräber wurden weder mit den vorgeschriebenen Pfosten noch mit Namensaufschriften gekennzeichnet. Gefallene Offiziere wurden in Gemeinschaftsgräbern bestattet. „Außerordentlich schlecht" war es auch um die Übersendung der persönlichen Utensilien und Wertgegenstände der „im Kampf für die Heimat gefallenen Militärangehörigen" an ihre Angehörigen in der Sowjetunion bestellt. Die Schuld traf in erster Linie die Truppenkommandeure, die die Einhaltung der entsprechenden Befehle unzureichend überwachten.[215]

In der Vollmacht der Truppenkommandeure lag zudem, ob sie die Toten posthum als ehrenvoll oder ehrlos einstuften. Von ihrer Einschätzung der Umstände des Ablebens hing ab, wie die Begräbnisfeier ausgestaltet wurde. Die Bandbreite reichte vom Quasi-Staatsbegräbnis bis zur Beisetzung im Geheimen. War der Militärangehörige nicht in Erfüllung der „vaterländischen Pflicht", sondern womöglich durch einen selbst verursachten Unfall oder an

213 Satjukow, Besatzer, S. 166f., 174f.

214 CAMO, F. 1310, op. 1, d. 4, S. 43, Befehl Nr. 033 des Kommandeurs der 5. Garde-Luftlandedivision, Garde-Generalmajor Afonin, und des Leiters des Stabes, Garde-Oberstleutnant Gorčakov, über die Beisetzung von gefallenen Militärangehörigen, 6.3.1945.

215 Ebd.

Abb. 99: Beisetzung eines sowjetischen Besatzungsangehörigen auf dem Wiener Zentralfriedhof. (Quelle: AdBIK, Sammlung Arcinovič)

Alkoholvergiftung verstorben, wurde er eher in aller Stille beigesetzt.[216] Bei Selbstmord oder Mord kamen Ehrenbezeigungen noch weniger in Betracht. Abgesehen von den konkreten Todesumständen spielte der militärische Rang eine Rolle. Bei Offizieren erfolgte die letzte Ehrerbietung in erweitertem Umfang.[217]

Österreichische Privatpersonen waren von der Zeremonie ausgeschlossen. Sie konnten die Beisetzung maximal außerhalb der sowjetischen Grabanlage verfolgen, durften ihr aber nicht direkt beiwohnen.[218] Die weitestgehende Exterritorialität der sowjetischen Besatzungsmacht kommt somit auch in diesem Bereich zum Vorschein.

3.1.3 Steinernes Gedächtnis

Die sowjetischen Grabanlagen hinterließen mit ihren meist in Kyrillisch vorgenommenen Inschriften und der äußeren Form der Monumente eine ebenso

216 Die über 100 sowjetischen Militärangehörigen, die nach Kriegsende in Kalwang an einer Methylalkoholvergiftung verstorben waren, erhielten allerdings ein Staatsbegräbnis. Sixl, Freundliche Auskunft.

217 Satjukow, Besatzer, S. 169, 175.

218 Monika G., Freundliche Auskunft. Siehe dazu auch das Kapitel B.II.2.2 „Reaktionen von österreichischer Seite“ in diesem Band.

Abb. 100: Sowjetischer Soldatenfriedhof neben dem Stadtfriedhof in Baden bei Wien mit 230 Gräbern und 579 beigesetzten sowjetischen Bürgern. (Quelle: AdBIK, Foto: Sixl)

dauerhafte wie - zumindest auf den zweiten Blick - sichtbare Spur im „steinernen Gedächtnis" Österreichs. Schließlich war bereits im Herbst 1945 ausdrücklich verlangt worden, die Gedenk- und Grabsteine aus „widerstandsfähigem Material (Marmor, Granit, Beton)" herzustellen.[219] Ihr Zweck bestand von Anfang an darin, an die „Größe der Heldentat der sowjetischen Soldaten und Offiziere" zu erinnern und diese vor dem Vergessen zu bewahren.[220] Auf vielen der Grabsteine findet sich die Parole „Ewiger Ruhm unseren Helden".

Dabei bezog man sogar Opfer des „Vaterländischen Krieges" gegen Napoleon ein, der in der sowjetischen Propaganda des Zweiten Weltkrieges eine große Rolle gespielt hatte. So wurde etwa knapp nach Kriegsende 1945 ein Gedenkstein für 300 kriegsgefangene russische Soldaten, die 1805 in der Nähe von Melk ums Leben gekommen waren, auf Initiative der Politabteilung des 20. Schützenkorps restauriert.[221] Es gehörte zum Selbstverständnis

219 AM 4. GA, Bestand 4. Garde-Armee, Dok. Nr. 11, Befehl Nr. 0114 des Leiters des Stabes der 4. Garde-Armee, Garde-Generalmajor Fomin, über die Errichtung von Garnisonsfriedhöfen, 10.9.1945.

220 Sergej B. Ivanov, Geleitwort, in: Peter Sixl, Sowjetische Kriegsgräber in Österreich. Sovetskie mogily Vtoroj mirovoj vojny v Avstrii. Veröffentlichungen des Ludwig Boltzmann-Instituts für Kriegsfolgen-Forschung, Sonder-Bd. 6. Graz - Wien - Klagenfurt 2005, S. 6.

221 CAMO, F. 863, op. 1, d. 46, S. 110f., Bericht des Leiters der Politabteilung des 20. Garde-Schützenkorps, Garde-Oberst Čikovani, und des Politinstruktors, Garde-Major Levin, über ein Denkmal für russische Soldaten bei Melk, 30.6.1945.

der Armee, das Andenken an die „Vorkämpfer" unter den Landsleuten zu bewahren.

Wie die von Peter Sixl erstellte Dokumentation anschaulich illustriert, hoben sich die an den sowjetischen Kriegsgräbern angebrachten roten Sowjetsterne, mitunter auch Hammer und Sichel, und die vielfach verwendeten standardisierten Obelisken von Anfang an von den umliegenden Gräbern ab.[222] Auf dem Wiener Zentralfriedhof blicken dem Besucher zwei martialisch anmutende Kriegerstatuten kampfbereit entgegen. Heute existieren für verstorbene Sowjetbürger rund 215 militärhistorische Gedenkstätten und Friedhöfe, die meisten davon in der ehemaligen sowjetischen Besatzungszone.[223] Als „steinernes Versprechen"[224] fordern sie „ewiges Gedenken an die Soldaten, die ihr Leben für die Verteidigung der Staatsinteressen der sowjetischen Heimat 1945 gegeben haben",[225] oder auch „ewigen Ruhm den Helden der Sowjetarmee, die in den Kämpfen für die Befreiung Wiens gefallen sind".[226] Diese Heldensemantik ist bis heute in Verwendung. So wertete der russische Botschafter in Wien, Stanislav Osadčij, auch das 2005 erschienene „Gedenkbuch" als ein „würdiges Denkmal für die beispiellose Heldentat meiner Landsleute".[227]

Von österreichischer Seite wurde die Erinnerung an die verstorbenen sowjetischen Militärangehörigen hingegen oft an den „Rand" gerückt. Dies korrespondiert auch mit der geografischen Lage der „Russengräber", wie sie landläufig genannt werden: Meist befinden sich die Denkmäler und Grabanlagen an der Peripherie - in abgeschiedenen Teilen von Friedhöfen oder an abgelegenen Plätzen und in Parkanlagen.[228] Eine Ausnahme stellt das im August 1945 auf dem Wiener Schwarzenbergplatz zu Ehren „der bei der Einnahme der österreichischen Hauptstadt Wien gefallenen Helden"[229] errichtete

222 Zu den sowjetischen Grabstätten in Deutschland siehe: Stiftung Sächsische Gedenkstätten zur Erinnerung an die Opfer politischer Gewaltherrschaft - Volksbund Deutsche Kriegsgräberfürsorge e.V. (Hg.), Gedenkbuch. Grabstätten sowjetischer Bürger auf dem Gebiet des Freistaates Sachsen. Kniga pamjati. Zachoronenija sovetskich graždan na territorii Vol'noj zemli Sksonija. Dresden 2008.

223 Vgl. dazu die Abbildungen in: Sixl, Sowjetische Kriegsgräber in Österreich.

224 Satjukow, Besatzer, S. 172.

225 So etwa die Inschrift am Massengrab sowjetischer Soldaten in Perchtoldsdorf. Siehe dazu die Abbildungen in: Sixl, Sowjetische Kriegsgräber in Österreich, S. 67.

226 So etwa die Inschrift am Massengrab sowjetischer Soldaten in Stammersdorf. Siehe dazu die Abbildungen in: Sixl, Sowjetische Kriegsgräber in Österreich, S. 19.

227 Stanislaw W. Ossadtschij, Geleitwort, in: Peter Sixl, Sowjetische Kriegsgräber in Österreich. Sovetskie mogily Vtoroj mirovoj vojny v Avstrii. Veröffentlichungen des Ludwig Boltzmann-Instituts für Kriegsfolgen-Forschung, Sonder-Bd. 6. Graz - Wien - Klagenfurt 2005, S. 10.

228 Dornik, Erinnerung am Rande, S. 408f.

229 AM 4. GA, Bestand 4. Garde-Armee, Dok. Nr. 9, Anordnung Nr. 094 des Leiters des Stabes der 4. Garde-Armee, Garde-Generalmajor Fomin, bezüglich der Enthüllung des Denkmals zu Ehren gefallener Rotarmisten in Wien, 18.8.1945.

Denkmal dar. Mit einer Gesamthöhe von mehr als 30 Metern ist es nicht zu übersehen.[230]

Nach Kriegsende mussten viele der Gräber und Friedhöfe erst „in Ordnung gebracht" werden, verlangten entsprechende Befehle der sowjetischen Militärführung. Die im Ausland gelegenen Gräber sowjetischer Soldaten waren als „historische Denkmäler der großen militärischen Heldentaten der Roten Armee bei der Zerschlagung des faschistischen Deutschland und seiner Satelliten in Europa" zu bewahren und entsprechend auszustatten, hieß es wörtlich in einer Anordnung an die Truppen der 4. Garde-Armee in St. Pölten. Den Armeekommandeuren wurde per Befehl Nr. 105 vom 31. August 1945 aufgetragen, mit den „besten Offizieren" das gesamte Territorium, in dem die jeweilige Einheit stationiert war, zu überprüfen und neben der Erstellung von Lageplänen folgende Punkte festzuhalten:

1. Militärfriedhöfe, Einzel- und Massengräber von Soldaten und Offizieren der Roten Armee, die an Straßen, in Gärten, auf Plätzen, auf Gehöften, auf zivilen Friedhöfen und anderen Orten gelegen waren (Formular Nr. 1);
2. einzelne Denkmäler für „Kriegshelden und im Kampf für die Freiheit und Unabhängigkeit unserer Heimat gefallener Helden" (Formular Nr. 2);
3. Friedhöfe und Einzelgräber verstorbener sowjetischer Kriegsgefangener und Zwangsarbeiter (Formular Nr. 3) sowie
4. Friedhöfe und Einzelgräber von Kriegsgefangenen und Angehörigen der amerikanischen und britischen Armee (Formular Nr. 4).[231]

3.1.4 Garnisonsfriedhöfe und Umbettungen

Gleichfalls im August 1945 wurde der Befehl erteilt, eigene Garnisons- und Korpsfriedhöfe in der sowjetischen Zone zu errichten. Die Divisionskommandeure erhielten daraufhin den Auftrag, gemeinsam mit den jeweiligen Stadtkommandanten bis zum 16. September 1945 geeignete Orte dafür zu eruie-

230 Auf dem 20 Meter in die Höhe ragenden Sockel des Denkmals für den unbekannten Soldaten erhebt sich die zwölf Meter große Staute eines Rotarmisten mit der Fahne in seiner rechten und einem Schild in seiner linken Hand. Vgl. Hannes Leidinger - Verena Moritz, 1945. Planung, Bau und Einweihung des Russendenkmals, in: Matthias Marschik - Georg Spitaler (Hg.), Das Wiener Russendenkmal. Architektur, Geschichte, Konflikte. Wien 2005, S. 15–20, hier: S. 17. Vgl. dazu auch: Matthias Marschik - Georg Spitaler (Hg.), Das Wiener Russendenkmal. Architektur, Geschichte, Konflikte. Wien 2005.

231 AM 4. GA, Bestand 4. Garde-Armee, Dok. Nr. 10, Befehl Nr. 0105 des Leiters des Stabes der 4. Garde-Armee, Garde-Generalmajor Fomin, zur Durchführung der Erhaltungsarbeiten und Erfassung von Militärfriedhöfen in Österreich, 31.8.1945.

ren. Sämtliche sowjetische Militärangehörige, die in Einzelgräbern bestattet und gemäß dem vorab erwähnten Befehl Nr. 105 in Listen erfasst worden waren, mussten demnach auf Garnisonsfriedhöfe überführt werden. Verstorbene Soldaten und Unteroffiziere wurden in Massengräbern, Offiziere und Frauen in Einzelgräbern bestattet. Eine Ausnahme stellten lediglich Verstorbene im Rang von Obersten oder Generälen sowie „Helden der Sowjetunion" dar, die auf Frontfriedhöfen beerdigt waren.[232]

Bis Jahresende sollten die Korps- und Divisionskommandanten je ein bis zwei Friedhöfe in ihrem Zuständigkeitsbereich - etwa in Amstetten für das 31. Garde-Schützenkorps oder in Neunkirchen für das 21. Garde-Schützenkorps - errichten lassen. Dazu konnten auch österreichische Fachleute herangezogen werden, die dafür laut Richtlinie zu entschädigen waren.[233]

Per Befehl der CGV Nr. 160 vom 15. Oktober 1945 waren bis Ende November die sterblichen Überreste von Offizieren aus verstreuten Einzelgräbern auf Korpsfriedhöfe, jene von Unteroffizieren und Soldaten auf Garnisons-Divisionsfriedhöfe zu überführen. Über die Umbettungen und den Bau neuer Friedhofsanlagen mussten genaue Listen geführt werden. Bereits im Vorfeld drohte man den zuständigen Kommandeuren mit Strafen, sollten nach dem 30. November 1945 noch Grabstätten außerhalb der dafür vorgesehenen Anlagen existieren.[234]

Tatsächlich konnten die Umbettung und die entsprechende Gestaltung der Militärfriedhöfe bis zum 1. Jänner 1948 „mit Ausnahme einiger Friedhöfe" abgeschlossen werden.[235] Die dafür benötigten Mittel hatte die Finanzabteilung des Stabes der CGV den jeweiligen Stadtkommandanturen bereitgestellt. Die Verantwortung für die Exhumierungen und Grabgestaltungen in der sowjetischen Besatzungszone war beim stellvertretenden Leiter des Stabes der CGV gelegen, während der Leiter der SČSK für die westlichen Zonen Österreichs zuständig gewesen war.[236] Parallel dazu ging die Zuständigkeit für die Erhaltung der Anlagen in österreichische Hände über.

232 AM 4. GA, Bestand 4. Garde-Armee, Dok. Nr. 11, Befehl Nr. 0114 des Leiters des Stabes der 4. Garde-Armee, Garde-Generalmajor Fomin, über die Errichtung von Garnisonsfriedhöfen, 10.9.1945.

233 AM 4. GA, Bestand 4. Garde-Armee, Dok. Nr. 16, Befehl Nr. 14 des Leiters des Stabes der 4. Garde-Armee, Garde-Generalmajor Fomin, über die Errichtung von Militärfriedhöfen und die Umbettung von gefallenen Rotarmisten, 23.10.1945.

234 Ebd.

235 AM 4. GA, Bestand 4. Garde-Armee, Dok. Nr. 37, Schreiben des stv. Leiters des Stabes der CGV, Oberst Sal'nikov, an die Stadtkommandanten der sowjetischen Besatzungszone Österreichs über die Erfassung von Militärfriedhöfen in Österreich, 7.2.1948.

236 CAMO, F. Urfahr, op. 314738s, d. 2, S. 73–74, Befehl Nr. 0135 des Leiters des Stabes der CGV, Generalleutnant Kostylev, über den Abschluss der Umbettungen und der Gestaltung von Militärfriedhöfen für gefallene Angehörige der Sowjetischen Armee in Österreich und Ungarn, 13.11.1947.

3.1.5 Zuständigkeit von österreichischer Seite

Die rechtliche Grundlage dafür bildete zunächst der Staatsvertrag von Saint-Germain-en-Laye von 1919. Demnach verpflichteten sich Österreich und die „alliierten und assoziierten Regierungen", dass „die Grabstätten der auf ihren Gebieten beerdigten Heeres- und Marineangehörigen mit Achtung behandelt und in Stand gehalten werden".[237] Mit dem Bundesgesetz vom 7. Juli 1948 wurde die „Fürsorge für Kriegsgräber aus dem Ersten und Zweiten Weltkrieg" nationalstaatlich geregelt. Neben der Republik Österreich übertrug man die Verantwortung für die Kriegsgräberpflege dem Österreichischen Schwarzen Kreuz (ÖSK) und dem Volksbund Deutscher Kriegsgräberfürsorge (VDK).[238]

Schließlich verpflichtete sich Österreich mit Artikel 19 des Staatsvertrages vom 15. Mai 1955, Grabanlagen der alliierten Armeen bzw. von Soldaten, Kriegsgefangenen und Zwangsarbeitern auf österreichischem Gebiet „zu achten, zu schützen und zu erhalten; desgleichen die Gedenksteine und Embleme dieser Gräber sowie Denkmäler, die dem militärischen Ruhm der Armeen gewidmet sind, die auf österreichischem Staatsgebiet gegen Hitler-Deutschland gekämpft haben".[239] Das österreichische Innenministerium ist somit nach wie vor für die Instandhaltung auch großer Anlagen wie etwa des „Russendenkmals" auf dem Wiener Schwarzenbergplatz zuständig. Ausgenommen sind allerdings Gräber von Besatzungssoldaten, die nach 1948 in Österreich verstarben. Sie gelten nicht mehr als „Kriegsopfer".[240]

Bereits zu Beginn der Besatzungszeit übertrug die sowjetische Militärführung die Verantwortung für die Pflege einzelner sowjetischer Grabanlagen österreichischen Behörden. Anfang Februar 1948 forderte der Stab der CGV von allen Militärkommandanten in der sowjetischen Besatzungszone Österreichs, ihm über jeden Militärfriedhof, jedes Massengrab und jedes Denkmal einen Akt über die Übergabe an den zuständigen Bürgermeister, einen Lage-

237 Staatsvertrag von Saint-Germain-en-Laye vom 10.9.1919, in: Staatsgesetzblatt der Republik Österreich, 1920, 21.7.1930, 303, S. 995–1245. Vgl. dazu Dornik, Erinnerung am Rande, S. 408.

238 Bundesgesetz vom 7.7.1948 über die Fürsorge für Kriegsgräber aus dem Ersten und Zweiten Weltkrieg, in: Bundesgesetzblatt für die Republik Österreich, 1948, 175, 7.9.1948, S. 669f.; Bundesgesetz vom 7.7.1948 über die Fürsorge und den Schutz der Kriegsgräber und Kriegsdenkmäler aus dem Zweiten Weltkrieg für Angehörige der Alliierten, Vereinten Nationen und für Opfer des Kampfes um ein freies, demokratisches Österreich und Opfer politischer Verfolgung, in: Bundesgesetzblatt für die Republik Österreich, 1948, 176, 7.9.1948, S. 670. Vgl. Dornik, Erinnerung am Rande, S. 408.

239 Staatsvertrag, betreffend die Wiederherstellung eines unabhängigen und demokratischen Österreichs, in: Bundesgesetzblatt für die Republik Österreich, 1955, 30.7.1955, 152, S. 730. Vgl. Dornik, Erinnerung am Rande, S. 409.

240 Sixl, Freundliche Auskunft.

plan der genannten Objekte, eine Skizze der Monumente sowie eine Namensliste der beigesetzten Militärangehörigen vorzulegen. Gleichzeitig war der Zustand jeder dieser Anlagen genauestens zu überprüfen. Die Bürgermeister hatten für eine rechtzeitige Schneeräumung Sorge zu tragen.[241]

Ein prominentes Beispiel für die früh erfolgte Überantwortung ist der „Zentrale Militärgarnisonsfriedhof von im Kampf um Wien gefallenen Militärangehörigen der Roten Armee" auf dem Wiener Zentralfriedhof, dessen Betreuung Stadtkommandant Generalleutnant Lebedenko am 13. August 1946 offiziell dem Magistrat Wien unter Bürgermeister Theodor Körner übertrug. Die im Auftrag von Marschall Konev und Lebedenko errichtete Anlage bestand zu diesem Zeitpunkt aus einem Obelisken, zwei Denkmälern, einer 108 Meter langen Einzäunung, einer Skulpturengruppe aus zwei Sowjetsoldaten mit gesenkten Fahnen, die ein symbolisches Tor zum Mahnmal bilden, einem weiteren Obelisken auf dem Massengrab, 209 Offiziersgräbern sowie 420 Unteroffiziers- und Mannschaftsgräbern. Zwischen den Gräbern waren 1,20 Meter hohe Thujen gepflanzt worden.[242]

Das Magistrat Wien sicherte schriftlich zu, die Anlage im „gebührenden Zustand" zu erhalten, die Gräber „systematisch" zu pflegen sowie von der Firma Potz zu verlangen, unter anderem noch fehlende Inschriften anzubringen. Außerdem wurde vereinbart, dass fortan das Magistrat die Umbettung sowjetischer Soldaten aus Einzel- und Massengräbern in Wien auf den Zentralfriedhof zu veranlassen hatte.[243] Noch heute ist die Anlage beinahe unverändert erhalten. Sie wurde lediglich im Mai 2007 um zwei orthodoxe Kreuze erweitert.

Trotz der 1955 im Staatsvertrag verankerten Regelungen wurden die vielfach despektierlich als „Russenfriedhöfe" bezeichneten Anlagen mitunter eher stiefmütterlich behandelt. Manche Grabsteine verloren im Laufe der Jahrzehnte Form und Farbe, zahlreiche Inschriften sind stark verwittert. Bis vor Kurzem war ein beachtlicher Teil der als „unbekannt" beigesetzten Verstorbenen nicht identifiziert, weswegen Angehörige die Grabstätte nicht auffinden konnten. In der Steiermark etwa waren nur fünf Prozent der sowjetischen Kriegstoten namentlich bekannt. Dank der Initiative von Peter Sixl konnten nun 90

241 AM 4. GA, Bestand 4. Garde-Armee, Dok. Nr. 37, Schreiben des stv. Leiters des Stabes der CGV, Oberst Sal'nikov, an die Stadtkommandanten der sowjetischen Besatzungszone Österreichs über die Erfassung von Militärfriedhöfen in Österreich, 7.2.1948.

242 CAMO, F. Berndorf, op. 314018s, d. 1, S. 2f., Akt über die Übergabe der sowjetischen Kriegsgräberanlage auf dem Wiener Zentralfriedhof in die Zuständigkeit des Magistrats Wien, 13.8.1946. Siehe dazu auch die Abbildung des sowjetischen „Kriegerdenkmals" in: Hannes Leidinger – Verena Moritz, Russisches Wien. Begegnungen aus vier Jahrhunderten. Wien – Köln – Weimar 2004, S. 181.

243 Ebd.

Prozent dieser Fälle geklärt werden.[244] Zu diesem Zweck wurden sowjetische Unterlagen mit österreichischen Quellen zusammengeführt, um auch die aktuelle Grablage berücksichtigen zu können.[245] Im Rahmen dieser Tätigkeit werden immer wieder Einzel- oder sogenannte Feldgräber entdeckt, geöffnet und die sterblichen Überreste in bekannte Grabanlagen überführt.

3.2 Feiern, Kranzniederlegungen, Festtage

Die sowjetischen Besatzungstruppen begingen auch in Österreich die großen Festtage der Heimat, die sich durch strenge Regelungen auszeichneten.[246] Dazu zählte in erster Linie der Tag der Sowjetarmee am 23. Februar, der 1. Mai als Tag der Arbeit, der Tag der Befreiung vom Hitlerfaschismus bzw. der Tag des Sieges am 8. und 9. Mai sowie der Tag der Großen Sozialistischen Oktoberrevolution am 7. November. Außerdem wurde am 13. April der „Einnahme Wiens" besonders gedacht. Mitarbeiter der SČSK hatten zudem an Feiertagen, die in den Staaten der Westalliierten oder in Österreich galten, frei. Dies betraf kirchliche Feiertage wie Ostern, Mariä Empfängnis, Allerheiligen und Weihnachten ebenso wie etwa den amerikanischen Unabhängigkeitstag am 4. Juli oder „Thanksgiving".[247] Darüber hinaus feierten einzelne militärische Einheiten die Jahrestage besonderer Auszeichnungen, beispielsweise die Verleihung eines Garde-Titels an eine Division.[248] An diesen Tagen war die Gefahr, zu viel oder den falschen Alkohol zu konsumieren, besonders groß.[249]

3.2.1 Tag der Großen Sozialistischen Oktoberrevolution

Den Höhepunkt im sozialistischen Jahreskreis bildete der Tag der Großen Sozialistischen Oktoberrevolution. So gab es auch in Österreich bereits am

244 Die Erstellung der Datenbank über sowjetische Kriegstote in Österreich wird unter anderem von der Steiermärkischen Landesregierung gefördert und durch die Botschaft der Russischen Föderation in Wien unterstützt. Für seinen Einsatz bekam Peter Sixl 2006 vom damaligen Präsidenten Vladimir Putin die höchste Auszeichnung der Russischen Föderation für Ausländer verliehen, den „Orden der Freundschaft".

245 Sixl, Sowjetische Tote des Zweiten Weltkrieges.

246 Zur Funktion von Festen als „wichtigste rituelle Form des kulturellen Gedächtnisses" vgl. Nicolas Pethes, Kulturwissenschaftliche Gedächtnistheorien zur Einführung. Hamburg 2008, S. 84f.

247 RGASPI, F. 17, op. 137, d. 676, S. 2–143, hier: S. 69f., Nachschlagewerk der grundlegenden Dokumente über Fragen der Organisation und Durchführung der Arbeit der Alliierten Kommission in Österreich, 1951.

248 CAMO, F. 894, op. 1, d. 65, S. 261f., Befehl Nr. 0402 des Kommandeurs der 40. Garde-Schützendivision, Garde-Generalmajor Sucharev, und des Leiters des Stabes, Garde-Oberstleutnant Chimov, über die Begehung des 3. Jahrestages der Verleihung des Garde-Titels an die Division, 31.7.1945.

249 Siehe hierzu auch das Kapitel B.I 2.4 „‚Amoralische Erscheinung' Trunksucht" in diesem Band.

Vorabend in einzelnen Einheiten „festliche Versammlungen" der Militärangehörigen sowie Filmvorführungen. Ferner waren für den Jahrestag selbst stets mehrere Programmpunkte vorgesehen. Beispielsweise erfolgte 1945 für die 18. Panzerdivision um 12 Uhr die feierliche Verlesung des entsprechenden Befehls anlässlich des Jubiläums, gefolgt von einem Festessen. Ab 16 Uhr widmete man sich laut Plan dem „künstlerischen Laienschaffen" und besuchte anschließend Filmvorführungen. Ab 21 Uhr gab es für die Offiziere im Offizierskasino eine Abendveranstaltung. Für den 8. November standen organisierte Jagden, Ausflüge und Fußballmatches zwischen den Garnisonskommandos von Bruck an der Leitha und Hainburg auf dem Programm.[250]

Auch in anderen Einheiten veranstaltete man an diesen beiden Tagen Fußball- oder Volleyballturniere, Konzerte und Aufführungen der „künstlerischen Laienschaffenden". Der Befehl anlässlich des Jahrestages war „feierlich" zu verlesen. Unter der persönlichen Kontrolle der Kommandeure und Politoffiziere promenierten die Militärangehörigen unter Musikbegleitung (aber ohne Waffen) durch den Ort ihrer Stationierung und besuchten Sehenswürdigkeiten.[251]

Welche Bedeutung diesem Jahrestag beigemessen wurde, kommt zudem dadurch zum Ausdruck, dass die Kasernenunterkünfte, Kantinen, Klubräume, „Leninzimmer" und Stabszimmer nicht nur geputzt und aufgewaschen, sondern frisch ausgemalt, dekoriert und in einen „vorbildlichen Zustand" gebracht werden sollten. Ebenso „sauber" mussten auch die Wehrdienstleistenden selbst sein, die im Vorfeld einer sanitären Behandlung unterzogen wurden. In der entsprechenden Anordnung wies der Divisionskommandant eigens darauf hin, dass die „Organisation der Verbesserung der Verpflegung an den Festtagen" von den Befehlshabern persönlich kontrolliert werden müsse.[252]

Wie nicht anders zu erwarten, stand die Begehung gerade dieses Tages unter dem Stern der politisch-ideologischen Schulung. „Die gesamte Feier", hieß es in einem entsprechenden Befehl, sei „mit besonderer Feierlichkeit durchzuführen, damit bei jedem Soldaten das Gefühl der Liebe zu seiner Heimat und die Bereitschaft, all seine Kräfte für die Stärkung der Streitkräfte des Landes des Sozialismus herzugeben, noch weiter entfacht werde". Zugleich rief man die Soldaten zu besonderer Wachsamkeit auf und versuchte,

250 CAMO, F. 3415, op. 1, d. 96, S. 322, Information des Leiters des Stabes der 18. Panzerdivision, Garde-Oberst Belozerov, über die Begehung des 28. Jahrestages der Oktoberrevolution, 24.10.1945.

251 CAMO, F. 894, op. 1, d. 65, S. 399f., Befehl Nr. 0590 des Kommandanten der 17. Garde-Division, Garde-Generalmajor Sucharev, und des Leiters des Stabes, Garde-Oberstleutnant Chimov, über die Begehung des 28. Jahrestages der Oktoberrevolution, 30.10.1945.

252 Ebd.

„feindlicher Diversion, außerordentlichen Vorfällen und amoralischen Erscheinungen" einen Riegel vorzuschieben.[253] Dazu stellte man etwa spezielle Patrouillen zusammen, die in den Einheiten für Ordnung zu sorgen hatten.[254] Die Löschgeräte mussten überprüft und vorbereitet, zusätzliche Wachen an neuralgischen Orten wie Brunnen und Lebensmittellagern aufgestellt werden. Offensichtlich wurden Sabotageakte befürchtet, denn der Zutritt zu den Stationierungsorten der Garnisonen war auf „ein Minimum" zu beschränken, und Lebensmittel sowie Getränke durften ohne vorhergegangene medizinische Überprüfung nicht konsumiert werden.[255]

Der sowjetische Staatsfeiertag wurde allerdings nicht nur von Angehörigen der Besatzungsmacht, sondern – nolens volens – auch von der einheimischen Bevölkerung in der sowjetischen Besatzungszone gefeiert. Aus „Anlass des hohen Feiertages" habe im Mühlviertel die gesamte Arbeit zu ruhen, verlautbarte die zuständige Zivilverwaltung etwa 1947.[256] Vier Jahre später hieß es, man müsse im „Bestreben nach freundschaftlichen Beziehungen zur Sowjetunion" dem Nationalfeiertag „wie bisher" gedenken. Denn, so die Erläuterung, „diesen Tag feiert in gleicher Weise wie das russische Heimatvolk auch die derzeit im Mühlviertel befindliche Sowjetarmee".[257]

Der erste in Österreich begangene Jahrestag der Oktoberrevolution stellte aus sowjetischer Sicht einen Erfolg dar: Man konstatierte bei der Bevölkerung „feierliche Lebendigkeit", „Massenkundgebungen von Werktätigen" und auf vielen Gebäuden gehisste österreichische und sowjetische Fahnen. Bereits 1946 standen die Feierlichkeiten jedoch unter dem Eindruck „einer verstärkten Tätigkeit reaktionärer österreichischer Kräfte" und einer intensiveren antisowjetischen Propaganda, klagte die 7. Abteilung der Politischen Verwaltung der CGV. Österreichische Kommunisten, die den Jahrestag begehen wollten, seien auf Widerstand gestoßen. Bewusst, so die Vermutung, hätten „örtliche reaktionäre Kräfte" Gerüchte darüber verbreitet, dass in einigen

253 Ebd.

254 AM 4. GA, Bestand 4. Garde-Armee, Dok. Nr. 17, Anordnung Nr. 0129 des Leiters des Stabes der 4. Garde-Armee, Garde-Generalmajor Fomin, über die Begehung des 28. Jahrestages der Oktoberrevolution, 27.10.1945.

255 CAMO, F. 863, op. 1, d. 53, S. 261, Befehl Nr. 068 des Leiters der Garnison Melk, Garde-Generalleutnant Birjukov, über die Verstärkung der Bewachung und Vorsicht vor und an den Feiertagen in der Garnison, 4.11.1945.

256 OÖLA, BH Perg, Staatsfeiertag der Sowjetunion 1947, Rundschreiben der Bezirkshauptmannschaft Perg an alle Gemeindeämter betreffend Arbeitsruhe am sowjetischen Nationalfeiertag, 4.11.1947. Abgedruckt in: Karner – Stelzl-Marx – Tschubarjan, Die Rote Armee in Österreich, Dok. Nr. 129.

257 OÖLA, ZVM, Erlässe, Schachtel 140, 1951, 3232-2293, Rundschreiben der Schulabteilung der Zivilverwaltung Mühlviertel über die Begehung des sowjetischen Nationalfeiertages in der sowjetischen Besatzungszone Oberösterreichs an allen Schulen, 9.10.1951. Abgedruckt in: Karner – Stelzl-Marx – Tschubarjan, Die Rote Armee in Österreich, Dok. Nr. 130.

Gebieten kurz vor den Feierlichkeiten die Stromversorgung unterbrochen werden würde.[258]

3.2.2 Weihnachten und Neujahr

Eine besondere Rolle fiel den Weihnachts- bzw. Neujahrsfeiern zu, prallten doch gerade in diesem Bereich die unterschiedlichen Weltanschauungen aufeinander. Traditionellerweise wurde auch in Österreich die Silvesternacht von Angehörigen der sowjetischen Besatzungsmacht ausgiebig gefeiert, wozu Geschenke ebenso gehörten wie dekorierte Neujahrstannen. Im sozialistischen Jahreskreis hingegen war für das von der orthodoxen Kirche am 6. Jänner gefeierte Weihnachtsfest kein Platz.

Umso bemerkenswerter ist daher die intensive Unterstützung bei der Bereitstellung von Weihnachtsgeschenken und Tannen für österreichische Kinder seitens der Sowjets. „Der sowjetische Stadtkommandant von Wien, Generalmajor Borejko, ladet im Namen der Sowjetarmee die österreichischen Kinder zum Weihnachtsfest am 24. Dezember 1949 um 14 Uhr in der Hofburg in Wien. Programm: 1. Begrüßung unterm Weihnachtsbaum; 2. Weihnachtsspiele; 3. Bescherung; 4. Kinderkonzert; 5. ein Kinderfilm", lautete eine der unzähligen Einladungen. Die Vorderseite der Karte zeigte einen sowjetischen Soldaten mit zwei beschenkten Kindern, die von Väterchen Frost, einem Kremlturm und einer geschmückten Tanne mit rotem Stern umringt waren. Die Rückseite zierte ein Sowjetstern mit Sichel und Hammer.[259]

Seit 1945 stellte die sowjetische Seite jährlich Tannenbäume und Geschenke für österreichische Kinder bereit. 1950 wurden per Politbürobeschluss des ZK der VKP(b) dafür 150.000 Schilling freigegeben,[260] 1951 standen der SČSK 250.000 Schilling zur Verfügung, 1952 standen 350.000 Schilling zur Debatte.[261] Mehr als 43.000 Kinder erhielten 1954 „Neujahrsgeschenke", rund 55.000 Kinder nahmen an den „Festen der Neujahrstanne" teil, wie die bezeichnende Diktion etwa gegenüber dem ZK der KPdSU lautete.[262]

258 RGASPI, F. 17, op. 128, d. 118, S. 285f., Bericht der 7. Abteilung der Politischen Verwaltung der CGV über die Feierlichkeiten zum 29. Jahrestag der Großen Sozialistischen Oktoberrevolution, 20.11.1946. Abgedruckt in: Karner – Stelzl-Marx – Tschubarjan, Die Rote Armee in Österreich, Dok. Nr. 126.

259 AdBIK, Sammlung Grünanger, Einladung zum Weihnachtsfest 1947.

260 Ruggenthaler, Warum Österreich nicht sowjetisiert wurde, S. 716.

261 RGANI, F. 3, op. 8, d. 4, S. 29, Schreiben von Ja. Malik an Stalin über die Freigabe von Mitteln für den Ankauf von Bäumen und Geschenken für Kinder von österreichischen Arbeitern, 24.11.1952.

262 RGANI, F. 5, op. 28, d. 331, S. 91–95, Bericht des stv. Leiters der Abteilung für innenpolitische und ökonomische Fragen der SČSK, G. Denisov, über die Feier von Neujahrstannen für österreichische Kinder 1954, 20.1.1955.

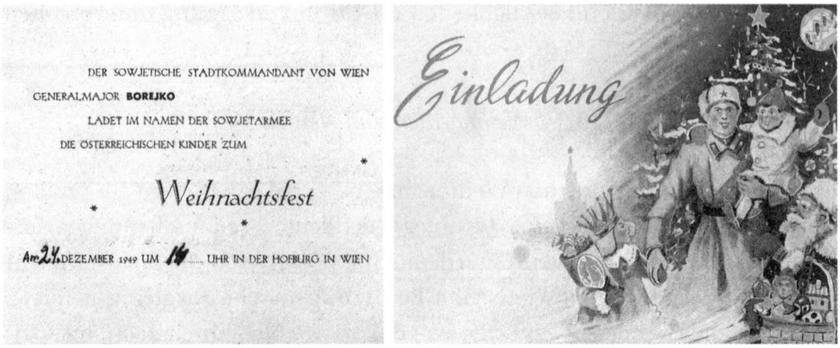

Abb. 101: Einladung des sowjetischen Stadtkommandanten von Wien, Generalmajor Arkadij Borejko, zum Weihnachtsfest für österreichische Kinder in der Hofburg, 24. Dezember 1949. (Quelle: AdBIK, Sammlung Grünanger)

In den sowjetischen Dokumenten ist generell weniger von „Weihnachts-" als von „Neujahrstannen" die Rede. So berichtete etwa der Stellvertreter des Militärkommandanten für politische Angelegenheiten in Rohrbach seinem Vorgesetzten, das Fest der „Neujahrstanne" habe am Nachmittag des 29. Dezember 1948 für die „bedürftigsten und kinderreichsten Familien unter den Arbeitern, Bauern und Angestellten" stattgefunden. Neben der Überreichung von Geschenken habe die Aufführung eines Puppentheaters einen Höhepunkt bedeutet.[263] Die benötigten Berechtigungsscheine konnten die Schulleitungen „nach eigenem Ermessen an die ärmsten Kinder" der Schule verteilen.[264]

Intern sah man in dieser Aktion des sowjetischen Hochkommissars eine „wichtige politische Kampagne". Diese diente nicht nur „der Stärkung der Freundschaft und des gegenseitigen Verständnisses zwischen dem österreichischen und sowjetischen Volk", sondern erhöhte auch die „Autorität und Beliebtheit der Sowjetmacht unter der österreichischen Bevölkerung". Gerne hätten nämlich die örtlichen Stellen bei der Vorbereitung und Durchführung der Feierlichkeiten geholfen, wobei den „demokratischen Organisationen" insgesamt die bedeutsamste Rolle zugefallen wäre.[265]

263 CAMO, F. Urfahr, op. 51624s, d. 12, S. 2f., Bericht des Stellvertreters des Militärkommandanten für politische Angelegenheiten in Rohrbach, Major Žiljakov, an den Stellvertreter des Militärkommandanten für politische Angelegenheiten für Oberösterreich, Major Jasterbov, über die Feier von Neujahrstannen durch die Kommandantur Rohrbach am 29. Dezember 1948, 4.1.1949.

264 OÖLA, ZVM, Erlässe, 1951, 3232-2295, Rundschreiben des Stadtschulrates in Urfahr an die Volks- und Hauptschulen betreffend Weihnachtsgeschenke der sowjetischen Besatzungsmacht für österreichische Kinder, 17.12.1951. Abgedruckt in: Karner – Stelzl-Marx – Tschubarjan, Die Rote Armee in Österreich, Dok. Nr. 131.

265 RGANI, F. 5, op. 28, d. 331, S. 91–95, Bericht des stv. Leiters der Abteilung für innenpolitische und

3.2.3 Befreiungsfeiern

Besonderen Wert legte die sowjetische Besatzungsmacht zudem auf die feierliche Begehung der Jahrestage der Befreiung Wiens am 13. April und des „Tags des Sieges" am 8. Mai, gedachte man doch an diesen Tagen vor allem auch der großen Verdienste der Roten Armee. Die Feierlichkeiten wurden penibel vorbereitet und inszeniert, nichts sollte dem Zufall überlassen werden. Gedenkroutinen wie Kranzniederlegungen am „Russendenkmal" am 13. April und am 8. bzw. 9. Mai haben bis heute Bestand.

Für den ersten Jahrestag ließ der sowjetische Stadtkommandant Wiens, Generalleutnant Lebedenko, im Vorfeld einen genauen „Organisationsplan für die Parade und Demonstration der Zivilbevölkerung am 13. April 1946" ausarbeiten. Demnach hatten die Oberbefehlshaber der vier Besatzungstruppen um 10.45 Uhr im Gebäude der Alliierten Kommission einzutreffen und es eine viertel Stunde später durch den Zentraleingang zu verlassen. Parallel dazu mussten sich die Truppen mit je einem Orchester am rechten Rand jedes Bataillons vor einer auf dem Schwarzenbergplatz errichteten Tribüne formieren. Nach den Begrüßungsworten von Generalmajor Komarov, der die Parade anführte, sollten die vier Hymnen - beginnend mit der sowjetischen - ertönen und anschließend Kränze beim „Denkmal der Roten Armee" niedergelegt werden. Für Bürgermeister Körner war gleichfalls eine Kranzniederlegung im Programm vorgesehen. 185 Polizisten und je 30 Angehörige der Besatzungsarmeen hatten den Verkehr zu regeln und für die Straßenabsperrung zu sorgen. Außerdem standen 80 Soldaten des 24. NKVD-Grenzregiments für die Aufrechterhaltung der „inneren Ordnung" bereit. Auf den Platz selbst konnte man nur mit einem von der sowjetischen Stadtkommandantur ausgestellten Passierschein gelangen, wofür Oberst Grigorij Savenok, der spätere Verfasser von „Venskie vstreči",[266] verantwortlich war.[267]

Auch in den darauffolgenden Jahren wurde das Jubiläum feierlich begangen. Besonders aktiv waren in diesem Zusammenhang die USIA-Betriebe, wo 1947 in 33 Betrieben „feierliche Versammlungen" abgehalten und „viele Kulturreferenten selbstständige Gespräche" unter den Arbeitern über den zweiten Jahrestag der Befreiung Österreichs und den 1. Mai durchführten.[268]

ökonomische Fragen der SČSK, G. Denisov, über die Feier von Neujahrstannen für österreichische Kinder 1954, 20.1.1955.

266 Siehe dazu auch das Kapitel C.III.3.2 „Savenoks ‚Wiener Treffen'" in diesem Band.

267 RGVA, F. 32916, op. 1, d. 10, S. 52f., Organisationsplan von Garde-Generalleutnant Lebedenko für die Parade und Demonstration der Zivilbevölkerung am 13. April 1946 [vor dem 13.4.1946].

268 RGASPI, F. 17, op. 127, d. 1494, S. 63–84, hier: S. 77, Bericht des Leiters der Propagandaabteilung der SČSK, Oberstleutnant Dubrovickij, über die Arbeit der Propagandaabteilung der SČSK im April 1947, 17.5.1947.

Gleichzeitig wurden allein auf dem Wiener Zentralfriedhof mehr als hundert Kränze auf die Gräber gefallener sowjetischer Soldaten gelegt. Zufrieden registrierte der Leiter der politischen Verwaltung der CGV, General-Major Kladovoj, die zahlreichen Versammlungen vor allem der KPÖ, auf denen „Dank der Sowjetischen Armee“ oder „Sei gegrüßt Generalissimus Stalin“ skandiert wurde. Doch vermerkte man bereits zunehmenden Widerstand gegen diese Veranstaltungen, nicht nur vonseiten „reaktionärer Kreise“, sondern auch seitens der Westalliierten. Im Gegensatz zu 1946 hatten die Hochkommissare die Einladung Lebedenkos abgelehnt, an der Parade am 13. April 1947 teilzunehmen. Generalmajor Kladovoj erklärte dies idealisierend damit, dass im vorangegangenen Jahr die Bevölkerung Wiens während der Parade ihre „besondere Sympathie gegenüber der Roten Armee“ zum Ausdruck gebracht habe. Wenig erfreut verzeichnete man zudem „verleumderische“ Artikel in der österreichischen Presse wie jenen von Oscar Pollak mit der Überschrift „Von der Befreiung zur Freiheit“, in dem die Schattenseiten von Befreiung und Besatzung zum Ausdruck kamen.[269]

Umgekehrt nahm die sowjetische Seite kritische Stimmen unter der österreichischen Bevölkerung gegen die westlichen Besatzungsmächte umso freudiger wahr und dokumentierte diese ausgiebig für Moskau. Eine dankbare Zielscheibe für Kritik bzw. Spott waren unter anderem die Schottenröcke, die britische Armeeangehörige auf der großen Parade durch Wien anlässlich des Jahrestages der Befreiung Österreichs trugen. Diese provozierten anscheinend Fragen wie: „Können die Tanten auch schießen?“ Zitate, die die Franzosen als „fünftes Rad am Wagen“ bezeichneten, wurden ebenfalls von der Propagandaabteilung der SČSK erfreut gesammelt. Vor diesem Hintergrund sollte sich die berichtete positive Aufnahme der Sowjetischen Armee umso deutlicher abzeichnen.[270]

Bis 1955 wurden diese Jahrestage termingerecht begangen. In kleineren Städten wie Zwettl veranstaltete charakteristischerweise die Österreichisch-Sowjetische Gesellschaft in Absprache mit der jeweiligen Bezirkskommandantur Feiern auf sowjetischen Soldatenfriedhöfen, die mit Kranzniederlegungen und Ansprachen einhergingen. Dabei wurde besonders auf die Verdienste der Roten Armee anlässlich der Befreiung eingegangen. Zu die-

---

269 CAMO, F. 275, op. 311389s, d. 20, S. 96–102, Sonderbericht des Leiters der politischen Verwaltung der CGV, Generalmajor Kladovoj, über die Begehung des zweiten Jahrestages der Befreiung Wiens durch die Rote Armee, 30.4.1947; O. P., Von der Befreiung zur Freiheit, in: Arbeiter-Zeitung, 12.4.1947, S. 1f.

270 AVP RF, F. 66, op. 24, d. 20, S. 70–74, Bericht des Leiters der Propagandaabteilung der SČSK, Oberstleutnant Pasečnik, über die Feier des „Tags des Sieges“ in Österreich am 8.5.1946 [nach dem 8.5.1946].

sem Zeitpunkt waren neben einigen Vertretern der Gemeinde, der Bezirkshauptmannschaft und von Ämtern rund 150 Schulkinder und ebenso viele Soldaten der Besatzungsmacht anwesend. Mit dem Abspielen der sowjetischen und österreichischen Hymne war die Feier beendet.[271]

Analog dazu waren bei den Befreiungsfeiern in anderen Orten Ostösterreichs gegen Ende der Besatzungszeit von österreichischer Seite vorwiegend Schulkinder und Vertreter von Behörden, anderen offiziellen Einrichtungen, der Österreichisch-Sowjetischen Gesellschaft und von USIA-Betrieben anwesend. Seitens der Besatzungsmacht nahmen Offiziere mit ihren Familienangehörigen und Abordnungen von Soldaten teil. Man merkte eigens an, dass keinerlei Zwischenfälle vorfielen.[272] Auch die Besatzungsmacht hatte in manchen Bereichen „antisowjetische Provokationen" befürchtet, etwa in Form von Demonstrationen oder der Anbringung von Trauerfahnen.[273]

Im April 1955 übersandte Außenminister Molotov anlässlich des zehnjährigen Jubiläums der Befreiung Österreichs ein Glückwunschtelegramm, in dem er der österreichischen Bevölkerung auch die baldige Erfüllung der „nationalen Sehnsucht" - die Unterzeichnung des Staatsvertrages - wünschte.[274] Als dieser Wunsch wenig später in Erfüllung ging, wurden zugleich die bis dahin obligaten Befreiungsfeiern obsolet. Lakonisch, beinahe zynisch brachte die Bezirkshauptmannschaft Zwettl die symptomatische österreichische Einstellung gegenüber diesen Feiern in einem Rundschreiben vom April 1956 auf den Punkt: „Da Österreich von den Befreiern befreit und frei ist, werden Befreiungsfeiern als überholt nicht mehr stattfinden."[275]

271 NÖLA, BH Zwettl, Abt. 1, 396, 1955, Zl.roem. 1-66/15, Schreiben des Zwettler Bezirkshauptmannes an das Präsidium der Niederösterreichischen Landesregierung betreffend die Feier des 10. Jahrestages der Befreiung Österreichs in Zwettl, 16.4.1955. Abgedruckt in: Karner - Stelzl-Marx - Tschubarjan, Die Rote Armee in Österreich, Dok. Nr. 138.

272 OÖLA, ZVM, Präs-9701-55, Schreiben der Zivilverwaltung Mühlviertel an das Bundeskanzleramt betreffend Gefallenen-Ehrungen, 28.4.1955. Abgedruckt in: Karner - Stelzl-Marx - Tschubarjan, Die Rote Armee in Österreich, Dok. Nr. 139.

273 CAMO, F. 275, op. 507774s, d. 6, S. 23, Bericht an Generaloberst Želtov über die Begehung des 10-jährigen Jubiläums der Befreiung Österreichs, 21.4.1955.

274 AVP RF, F. 66, op. 61, p. 34, d. 15, S. 1, Telegramm von Außenminister Molotov an Außenminister Figl anlässlich des 10. Jahrestages der Befreiung Österreichs [spätestens am 27.4.1955].

275 NÖLA, BH Zwettl, Abt. 1, 396, 1955, pd., Rundschreiben der Bezirkshauptmannschaft Zwettl betreffend die Abschaffung der Befreiungsfeiern, 3.4.1956. Abgedruckt in: Karner - Stelzl-Marx - Tschubarjan, Die Rote Armee in Österreich, Dok. Nr. 140.

C. Wahrnehmung und Erinnerung

I. BILDER DER BESATZUNG

„Mit den Augen eines Rotarmisten" lautete der Titel einer 2006 in St. Pölten gezeigten Ausstellung, die erstmals die bis dahin unveröffentlichten Fotos eines ehemaligen sowjetischen Besatzungssoldaten in Österreich der Öffentlichkeit zugänglich machte. Der Oberleutnant des Technischen Dienstes Boris Zajcev hatte seine Fronterlebnisse und die Zeit seiner Stationierung in Bruck an der Leitha als leidenschaftlicher Hobbyfotograf auf Zelluloid festgehalten. Aus einer Innenperspektive heraus erlauben die Aufnahmen einerseits einen persönlichen Einblick in den Alltag sowjetischer Soldaten in Österreich. Andererseits porträtieren sie das Leben der einheimischen Bevölkerung aus dem Blickwinkel eines Außenstehenden, der sich in einer für ihn völlig fremden Umgebung befand. Dadurch vermitteln die Fotos ein Bild von der Koexistenz zweier verschiedener Welten, ermöglichen einen Blick hinter die Kulissen.[1]

Zajcev blieb mit seiner Fotodokumentation nicht allein. Unzählige private „Schnappschüsse", aber auch Aufnahmen offizieller Kriegsfotografen dokumentierten den Einsatz in Österreich. Letztere sind als Teil der sowjetischen Propagandamaschinerie zu sehen, die gezielt Bilder im visuellen Gedächtnis der Bevölkerung verankerte. Daneben avancierten gerade die „laufenden"[2] Bilder sowjetischer Filmemacher zu bedeutenden Faktoren politischer Inszenierungen sowie visueller Erinnerungs- und Geschichtspolitik. Kameramänner der 3. Ukrainischen Front hielten den Vormarsch der Roten Armee und die Kämpfe um Wien für spätere Dokumentationen fest. Angesehene Filmemacher drehten Dutzende Filme über Österreich.[3] Sie bildeten einen Bestandteil der sprichwörtlichen „Kinofront", wie die symptomatische Bezeichnung für die Filmindustrie in der Sowjetunion lautete.[4] Mit den Möglichkeiten des seinerzeit modernsten und flexibelsten Massenmediums dienten die Aufnahmen dazu, die propagandistischen Ziele der Führung zu stützen.[5] Wie andere Massenmedien auch, waren sie „politisches Kampfmittel und Hersteller sozialer und kultureller Wirklichkeiten in einem".[6] Sie unterlagen dabei den kulturellen Realitätskonstruktionen, den tradierten bzw. neu formulierten Darstellungsschemata sowie den spezifischen Darstellungsmöglichkeiten des

1 Iber – Stelzl-Marx, Begleitheft zur Ausstellung „Mit den Augen eines Rotarmisten", S. 3.

2 Gerhard Paul, Von der Historischen Bildkunde zur Visual History. Eine Einführung, in: Gerhard Paul (Hg.), Visual History. Ein Studienbuch. Göttingen 2006, S. 7–36, hier: S. 27f.

3 Siehe dazu unter anderem die im Folgenden angeführten Dokumentarfilme.

4 Denise J. Youngblood, Russian War Films. On the Cinema Front, 1914–2005. Lawrence 2007, S. 3.

5 Vgl. K. M. Anderson – L. V. Maksimenkov – L. P. Košeleva – L. A. Rogovaja (Hg.), Kreml'evskij kinoteatr 1928–1953. Moskau 2005; Valerij I. Fomin (Hg.), Kino na vojne. Moskau 2005.

6 Thomas Lindenberger, Einleitung, in: Thomas Lindenberger (Hg.), Massenmedien im Kalten Krieg. Akteure, Bilder, Resonanzen. Köln – Weimar – Wien 2006, S. 9–24, hier: S. 11.

Mediums.[7] Als „Siegerfilme" gedreht, vermittelten sie – leise bzw. oftmals auch stumm, doch demonstrativ – Triumph, Stolz und stilles Heldentum.

1. Dokumentarfilme

1.1 Zentrales Dokumentarfilmstudio CSDF

Das Gros der sowjetischen Dokumentarfilme über das Kriegsende in Österreich und die folgende zehnjährige Besatzungszeit entstand im Auftrag des Zentralen Dokumentarfilmstudios der UdSSR (CSDF), dem größten derartigen sowjetischen Filmstudio.[8] Die im Frühjahr 1945 eigens nach Österreich entsandten Filmkorrespondenten drehten unter anderem kurze Stummfilme, die einzelne Kriegsereignisse[9] oder Episoden der Nachkriegszeit festhielten. Andere Filme wurden hingegen aufwendiger konzipiert und auch vertont. Sie entstanden etwa anlässlich des zehn-[10] und 20-jährigen[11] Jubiläums der Befreiung Wiens oder der Unterzeichnung des Staatsvertrages.[12]

Ungeachtet ihrer jeweiligen Spezifik finden sich im Großteil der Filme wiederkehrende Sujets, die den Status des sowjetischen Films als ideologiebildendes und -prägendes Medium verdeutlichen.[13] Sie sind der Tradition der Dokumentarfilme der Stalinzeit verhaftet, nach der dieses Genre nicht „personifizieren", das heißt nicht über einzelne Menschen, sondern ledig-

7 Manuel Köppen, Das Entsetzen des Beobachters. Krieg und Medien im 19. und 20. Jahrhundert. Heidelberg 2005, S. 1.

8 Herrn Doz. Dr. Bogdan Musial und Herrn Dr. Andrej Zamojskij danke ich herzlich für ihre Unterstützung bei den Recherchen im RGAKFD, Krasnogorsk. Um bei der folgenden Lektüre eine Einordnung der erwähnten Filme zu erleichtern, werden die russischen Titel in deutscher Übersetzung angeführt. Bei der ersten Nennung des Films finden sich in der Fußnote Angaben zur Archivquelle, der russische Originaltitel, das Produktionsjahr, der Name des Studios und – falls vorhanden – der Name des Regisseurs und Kameramannes sowie die Länge des Films in Metern. Außerdem wird darauf verwiesen, ob es sich um einen Farb- oder Schwarz-Weiß-Film und Ton- oder Stummfilm handelt.

9 RGAKFD, Nr. 10927, Venskoe napravlenie (1945, CSDF, stumm, schwarz-weiß, Regie und Kamera: Frolov, 146,4 m).

10 RGAKFD, Nr. 10274, Osvoboždenie Veny (1955, CSDF, vertont, schwarz-weiß, Regie und Kamera: unbekannt, 274 m).

11 RGAKFD, Nr. 21211, Val's svobody (1965, CSDF, 5 Teile vertont, schwarz-weiß, Regie und Kamera: Anatolij Kološin, 1397 m).

12 RGAKFD, Nr. 15623, Podpisanie Gosudarstvennogo Dogovora o vosstanovlenii nezavisimoj i demokratičeskoj Avstrii (1955, CSDF, vertont, schwarz-weiß, Regie: I. Kopalin, Kamera: Anatolij Kološin, 228,4 m); RGAKFD, Nr. 18069, Podpisanie Gosudarstvennogo Dogovora (1955, CSDF, 5 Teile, stumm, schwarz-weiß, Regie: I. Kopalin, Kamera: Anatolij Kološin, 1011 m).

13 Anderson et al., Kreml'evskij kinoteatr.

lich über Ereignisse und besondere Errungenschaften berichten durfte.[14] Der heldenhafte militärische Einsatz anonym bleibender Soldaten und die Rolle herausragender Militärs wie Marschall Fedor Tolbuchin,[15] Marschall Ivan Konev[16] oder Garde-Generalmajor Dmitrij Šepilov, Mitglied des Militärrates der 4. Garde-Armee, gehören ebenso dazu wie Denkmäler und Wirkungsstätten österreichischer Komponisten oder berühmte Kulturdenkmäler, wodurch die Rettung einer Kulturhauptstadt durch die Rote Armee angedeutet wird.[17]

1.1.1 Freund-Feind-Kategorisierung

Gerade die Filme aus der frühen Besatzungszeit porträtierten sympathische, freundliche Österreicherinnen und Österreicher, die der Roten Armee helfen und ihr danken. Hiermit sollte offensichtlich ein positives Österreichbild transportiert werden, das generell der auf der Moskauer Deklaration beruhenden sowjetischen Politik entsprach und somit eine Differenzierung zwischen „Deutschen" und „Österreichern" verlangte. Die freundschaftlichen Kontakte dieser ersten Phase kommen etwa im Film „Der 1. Mai in Wien"[18] zum Ausdruck, in dem Rotarmisten mit Wienerinnen Walzer tanzen, oder in der Dokumentation mit dem selbstsprechenden Titel „Sowjetische Soldaten rekonstruierten die Brücke über die Alte Donau in Wien".[19] Auch hier erfolgt ein Treffen zwischen der dankbaren einheimischen Bevölkerung und Vertretern der sowjetischen Besatzungsmacht. Die Darstellung der zu Kriegsende in Österreich agierenden, mit „Faschisten" gleichgesetzten „Deutschen" blieb in diesen Fil-

14 Oksana Bulgakova, Der Film der Tauwetterperiode, in: Christine Engel (Hg.), Geschichte des sowjetischen und russischen Films. Unter Mitarbeit von Eva Binder, Oksana Bulgakova, Evgenij Margolit, Miroslava Segida. Stuttgart - Weimar 1999, S. 109–181, hier: S. 159.

15 Vgl. etwa RGAKFD, Nr. 11091, Parad na Dunae (1945, CSDF, stumm, schwarz-weiß, Kamera und Regie: Zaporožskij, 101,4 m).

16 Vgl. etwa RGAKFD, Nr. 11211, Maršal I. S. Konev (1945, CSDF, stumm, schwarz-weiß, Regie: Petrov, m: ohne Angabe); RGAKFD, Nr. 11115, Parad sojuznych vojsk v Vene po slučaju pribytija komandujuščich sojuznymi okkupacionnymi vojskami (1945, CSDF, stumm, schwarz-weiß, Kamera: Kun, Nebylickij, Pojčenko, 101,4 m).

17 Die zwölfteilige Filmchronik „Die Kämpfe um die Stadt Wien und die Stadt Wien nach der Befreiung" ist nur eines von vielen Beispielen dafür. Vgl. RGAKFD, Nr. 11335, Boi za gorod Veny i g. Vena posle osvoboždenija (1945, CSDF, 12 Teile, stumm, schwarz-weiß, Kamera: Frolov, Mamedov, Rogačevskij, Čiknoverov u. a., 3358 m). Vgl. dazu auch: Barbara Wurm, „Walzer der Freiheit". (In-) Offizielle Filmdiplomatie der Sowjetunion. Der Fall Österreich, in: Lars Karl (Hg.), Leinwand zwischen Tauwetter und Frost. Der osteuropäische Spiel- und Dokumentarfilm im Kalten Krieg. Berlin 2007, S. 224–251, hier: S. 245.

18 RGAKFD, Nr. 9213, Den' 1-go Maja v Vene (1945, CSDF, stumm, schwarz-weiß, Kamera: Mamedov, m: ohne Angabe).

19 RGAKFD, Nr. 11251, Sovetskie vojska vosstanovili most čerez Staryj Dunaj v Vene (1945, CSDF, stumm, schwarz-weiß, Regie und Kamera: Sokol'nikov, 88,7 m).

men eindeutig der Feindkategorie verhaftet. In den 1950er und 1960er Jahren produzierte Filme weisen hingegen eine verschobene Freund-Feind-Kategorisierung auf. Analog zu den Spielfilmen des frühen Kalten Krieges transportierte die Filmpropaganda aktualisierte Feindbilder und Bedrohungsszenarien.[20] Zur „Wir-Gruppe" gehören jetzt allerdings nicht mehr generell Österreicher, sondern primär Mitglieder „demokratischer", sprich kommunistischer Organisationen.[21] Diese setzen sich, wie bereits im Titel eines dieser Werke betont, „Gegen die Bedrohung des Faschismus"[22] oder den Militarismus[23] ein. Auch werden sie anlässlich von Veranstaltungen wie dem „Zehnjährigen Jubiläum der Befreiung Österreichs",[24] dem „Zehnjährigen Jubiläum der Geburt der Republik",[25] den „Lenintagen in Wien"[26] oder dem 1955 gedrehten „1. Mai in Wien"[27] ausgiebig porträtiert. Vertreter „reaktionärer Kreise" wie der katholischen Kirche sind nun hingegen offener Kritik ausgesetzt.

Vor diesem Hintergrund entstanden in dieser Zeit mehrere Filme, die Probleme in der österreichischen Wirtschaft - als Folge des nicht eingeschlagenen kommunistischen Weges - betonten. Ihre Handlung sowie ihre übergeordnete Botschaft kennzeichnet die für den Stalinismus charakteristische Betrachtungsweise, dass die Lebenswelten der unterschiedlichen Systeme inkompatibel sind und sich die Welt in „Gut und Böse" bzw. in „sozialistisches Paradies und kapitalistische Hölle" unterteilt.[28] So ist der Dokumentarfilm „Über die Lage der Bauern in Österreich"[29] durch die Gegenüberstellung des feudalen

20 Vgl. Verena Moritz, Kino der Angst. Feindbilder und Bedrohungsszenarien in der Filmpropaganda des frühen Kalten Krieges, in: Karin Moser (Hg.), Besetzte Bilder. Film, Kultur und Propaganda in Österreich 1945–1955. Wien 2005, S. 375–408.

21 RGAKFD, Nr. 19013, Dom kommunističeskoj pečati (v Vene) (1. Teil: 1954, 2. Teil: 1956, CSDF, stumm, schwarz-weiß, Kamera: Anatolij Kološin, 339,8 m).

22 RGAKFD, Nr. 17794, Protiv ugrozy fašizma (1954, CSDF, stumm, schwarz-weiß, Kamera: Anatolij Kološin, 726 m).

23 RGAKFD, Nr. 18833, Za vsenarodnoe golosovanie, protiv militarizma (1955, CSDF, stumm, schwarz-weiß, Kamera: Anatolij Kološin, 239,7 m).

24 RGAKFD, Nr. 23123, Desjataja godovščina osvoboždenija Avstrii (1955, CSDF, stumm, schwarz-weiß, Kamera: Anatolij Kološin, 255,3 m).

25 RGAKFD, Nr. 18773, 10-letie vozroždenie respubliki (1955, CSDF, stumm, schwarz-weiß, Kamera: Anatolij Kološin, 176,9 m).

26 RGAKFD, Nr. 18772, Leninskie dni v Vene (1955, CSDF, stumm, schwarz-weiß, Kamera: Anatolij Kološin, 45,5 m).

27 RGAKFD, Nr. 17476, 1 Maja v Vene (1955, CSDF, stumm, schwarz-weiß, Kamera: Anatolij Kološin, 129,4 m); RGAKFD, Nr. 18787, 1-oe maja v Vene (1955, CSDF, stumm, schwarz-weiß, Kamera: Anatolij Kološin, 77,9 m).

28 Simone Schlindwein, Tagungsbericht: Leinwand zwischen Tauwetter und Frost: Der osteuropäische Spiel- und Dokumentarfilm im Kalten Krieg, in: http://hsozkult.geschichte.hu-berlin.de/tagungsberichte/id=913, 14.11.2005, 18.16 Uhr.

29 RGAKFD, Nr. 17303, O položenii krest'jan v Avstrii (1949, CSDF, stumm, schwarz-weiß, Kamera: Kaspij, 82 m).

Lebens eines Barons mit der tristen Situation der bäuerlichen Bevölkerung als kritische Gesellschaftsstudie angelegt. Bauern statt Pferde ziehen den Pflug, kleine Kinder schlafen auf dem nackten Boden. Auch „Die Versammlung kleiner Bauern in Österreich“[30] hebt den Unterschied zwischen reichen und armen Bauern hervor, wobei Letztere Unterstützung durch kommunistische Funktionäre erfahren. Bei den sowjetischen Zusehern rief dies sicherlich Reminiszenzen an das im Rahmen der Kollektivierung der Landwirtschaft etablierte Feindbild der „Kulaken“ als „ländliche Ausbeuter“ hervor.

Demselben Schema folgt „Wiener Alltag“[31] mit einer Charakterisierung der Lage von Arbeitslosen im Nachkriegs-Wien. Als Alternative wird die Lektüre kommunistischer Medien im Gor'kij-Lesesaal angeboten. Analog dazu stehen in „Gegen den Angriff auf den Lebensstandard“[32] Arbeiter im Vordergrund, die gegen die Erhöhung von Mieten und die Senkung des Lebensstandards protestieren. In langen Sequenzen sind ausgebombte Häuser und andere unmittelbare Kriegsfolgen zu sehen. Auch hier ist die implementierte Botschaft unmissverständlich: Ein „gutes“ Leben kann nur der Kommunismus bieten.

Die fatalen Konsequenzen des kapitalistischen Systems führt zudem der Film „Die Kinder in Österreich“[33] aus dem Jahr 1952 vor Augen, in dem Buben Mistkübel nach Essbarem durchsuchen und in zerstörten Häusern Unterschlupf finden. In analoger Weise suggeriert der 1955 gedrehte Dokumentarfilm „Die Demonstration österreichischer Ärzte“,[34] dass selbst Ärzte und Krankenschwestern gegen die schlechte Situation der medizinischen Versorgung protestieren müssen. Zwei Jahre später entstand der Tonfilm in Farbe „In den Straßen von Wien“,[35] dessen ersten zwei Teile sich ausgiebig den einschlägigen Sehenswürdigkeiten Wiens, die letzten beiden Teile hingegen der Unzufriedenheit in der Bevölkerung widmen, die sich etwa in Demonstrationen von Pensionisten oder einem Streik der Gerber äußert. Einem Aufmarsch rechter, „reaktionärer“ Verbände wird die Österreichisch-Sowjetische Gesellschaft gegenübergestellt.

30 RGAKFD, Nr. 17594, S'ezd melkich krest'jan Avstrii (1952, CSDF, stumm, schwarz-weiß, Kamera: Anatolij Kološin, 291,8 m).

31 RGAKFD, Nr. 7345, Venskie budni (1949, CSDF, 2 Teile, stumm, schwarz-weiß, Kamera: D. Kaspij, 495 m).

32 RGAKFD, Nr. 17849, Protiv nastuplenija na žiznenyj uroven' (1951, CSDF, stumm, schwarz-weiß, Kamera: Anatolij Kološin, 189 m).

33 RGAKFD, Nr. 16730, Deti v Avstrii (1952, CSDF, stumm, Farbe, Kamera: Anatolij Kološin, 46,6 m).

34 RGAKFD, Nr. 18815, Demonstracija avstrijskich vračej (1955, CSDF, stumm, schwarz-weiß, Kamera: Anatolij Kološin, 149,7 m).

35 RGAKFD, Nr. 10701, Na ulicach Veny (1957, CSDF, 4 Teile, vertont, Farbe, Drehbuch: A. Kološina, Kamera: Anatolij Kološin, 1144,1 m).

1.1.2 Sowjetisches Leben und Heldenverehrung

Einige der in den 1940er Jahren gedrehten Filme konzentrieren sich zudem auf das „sowjetische Leben“ in Österreich. So porträtiert etwa „Verdiente Erholung“[36] Offiziere in einem Erholungsheim in Baden, beim Spaziergang, auf der Jagd oder im Schwimmbad.[37] Andere Dokumentationen zeichnen sowjetische Feierlichkeiten („Der Empfang bei Marschall I. S. Konev anlässlich des 28. Jahrestages der Oktoberrevolution“)[38] oder die Wahlen zum Obersten Sowjet der UdSSR auf.[39] Auch die Demobilisierung sowjetischer Militärangehöriger aus Österreich fand ihren filmischen Niederschlag. Dazu gehören Dokumentarfilme mit symptomatischen Titeln wie „In die Heimat“[40] oder „Die Verabschiedung der Demobilisierten“.[41] Der Heimkehr ehemaliger sowjetischer Zwangsarbeiter widmen sich Filme wie „Die Repatriierung sowjetischer Bürger in Österreich“.[42] Umgekehrt hielten sowjetische Kameramänner die „Rückkehr österreichischer Kriegsgefangener in die Heimat“[43] fest.

Ein weiteres Sujet, das insbesondere bei den in der unmittelbaren Nachkriegszeit gedrehten Filmen zum Vorschein kommt, ist die mit der Verehrung von Gefallenen einhergehende Betonung des Einsatzes der Roten Armee bei der Befreiung Österreichs. Mehrere Filme hielten die Beisetzung eines Kollegen des Front-Kamerateams, des Kameramannes Semen Abramovič Stojanovskij, fest. Der Absolvent des anerkannten Staatlichen Allunionsinstituts für Filmkunst (VGIK) war am 17. April 1945 während Dreharbeiten zur Überwindung des Donaukanals in Wien tödlich verletzt worden und wurde wenig später an diesem Ort – auf seinen Wunsch hin – gemeinsam mit seiner Kamera feierlich

36 RGAKFD, Nr. 11069, Zaslužennyj otdych (1945, CSDF, stumm, schwarz-weiß, Regie und Kamera: Aslanov, 218,8 m).

37 Siehe dazu auch das Kapitel B.III.2 „Freizeit, Erholung, Urlaub“ in diesem Band.

38 RGAKFD, Nr. 11219, Priem u maršala I. S. Koneva v česť 28-oj godovščiny Oktjabrja (1945, CSDF, stumm, schwarz-weiß, Regie und Kamera: Zaporožskij, 129,3 m).

39 RGAKFD, Nr. 7480, Vybory v Verchovnyj Sovet SSSR (1950, CSDF, stumm, schwarz-weiß, Kamera: D. Kaspij, m: ohne Angabe).

40 RGAKFD, Nr. 6521, Na rodinu (1946, CSDF, stumm, schwarz-weiß, Kamera und Regie: unbekannt, 355,4 m).

41 RGAKFD, Nr. 6520, Provody demobilizovannych (1947, CSDF, stumm, schwarz-weiß, Kamera: D. Kaspij, 288,8 m).

42 RGAKFD, Nr. 11181, Repatriacija sovetskich graždan v Avstrii (1945, CSDF, stumm, schwarz-weiß, Regie: Cholušakov, Monglovskij, Kamera: B. Nebylickij, 128,9 m). Die Repatriierung ehemaliger sowjetischer Zwangsarbeiter hielt unter anderem auch der Film „Am Tag des Sieges“ fest: RGAKFD, Nr. 11126, V den' Pobedy (3-ij Ukrainskij front) (1945, CSDF, 2 Teile, stumm, schwarz-weiß, Regie und Kamera: Aslanov, 364,3 m).

43 RGAKFD, Nr. 6492, Vozvraščenie avstrijskich voennoplennach v Avstriju (1947, CSDF, stumm, schwarz-weiß, Kamera: D. Kaspij, m: ohne Angabe).

Abb. 102: Demobilisierung aus Österreich 1945. Das Foto aus der Sammlung der 4. Gardearmee trägt die Beschriftung „Auf viele der Waggons der Kämpfer-Sieger, die in die Heimat zurückkehrten, schrieben sie stolz: ‚Wir kommen aus Wien.'" (Quelle: AdBIK, Sammlung 4. Garde-Armee)

bestattet.[44] Aufgezeichnet wurde zudem, wie anlässlich des Jahrestages der Oktoberrevolution der Leiter des Front-Kamerateams, Hauptmann Martjanov, und der Kameramann Zaporožskij Kränze auf Stojanovskijs Grab legten.[45]

1945 entstand unter anderem der Dokumentarfilm „Die Enthüllung des Denkmals zu Ehren von Soldaten der Sowjetischen Armee, die im Kampf für die Befreiung Wiens gefallen sind".[46] Auch hier erfolgt eine Symbiose aus österreichischen Klischees und sowjetischer Heldenhaftigkeit: Während sich der erste Teil des Films der Enthüllung des „Russendenkmals" auf dem Wiener Schwarzenbergplatz und Treffen zwischen Besatzungssoldaten und der Wiener Bevölkerung widmet, konzentriert sich der zweite Teil auf die Sehenswürdigkeiten Wiens und den Wienerwald. Eine Großaufnahme des Beethoven-Denkmals verweist einmal mehr auf die Rolle der sowjetischen Soldaten als Retter des kulturellen Erbes. Die Wurzeln dafür liegen im amerikanischen Film „The Great Waltz",[47] wie im Folgenden gezeigt wird.

44 RGAKFD, Nr. 10940, Pochorony operatora Stojanovskogo (1945, CSDF, stumm, schwarz-weiß, Regie: Sokol'nikov, Kamera: Aslanov, Sokol'nikov, 139,8 m). Vgl. dazu auch: Klein, Die Russen in Wien, S. 89.

45 RGAKFD, Nr. 11209, Vozloženie venkov na mogily sovetskich voinov, pavšich v bojach za osvoboždenie g. Veny ot nemecko-fašistskich okkupantov (1945, CSDF, stumm, schwarz-weiß, Kamera: Zaporožskij, 103,9 m).

46 RGAKFD, Nr. 11241, Otrkytie pamjatnika voinam Sovetskoj Armii, pogibšim v bojach za osvoboždenie Veny (1945, CSDV, stumm, schwarz-weiß, Kamera: Šemakov, 113,5 m).

47 The Great Waltz, USA 1938, Regie: Julien Duvivier, Darsteller: Luise Rainer, Fernand Gravey, Miliza Korjus.

1.2 „The Great Waltz“

Einen der wichtigsten Bestandteile der sowjetischen Ikonografie der Befreiung Österreichs stellen die Kranzniederlegungen am Grabmal von Johann Strauß dar. Dieses Sujet fand Eingang in öffentliche wie private Erinnerungs- und Verarbeitungsformen, die die Assoziationskette „Strauß - Wienerwald - Frühling - Kriegsende in Wien“ immer wieder aufleben ließen und lassen. Der Walzerkönig - und mit ihm ein musikalisches Genre - entwickelte sich zum akustisch-visuellen Symbol für das aus sowjetischer Sicht erfolgreiche und positive Aufeinandertreffen zweier militärischer und ideologischer Gegner zu Kriegsende, die sich zunehmend als „perfekte Tanzpartner (Befreier und Befreite)“[48] arrangierten.

Es entsprach zugleich der sowjetischen Politik, diesen „typisch österreichischen“ Faktor zu betonen. Basierend auf der Moskauer Deklaration lautete die generelle Devise im April 1945, klar zwischen „Österreichern und deutschen Besatzern“ zu unterscheiden, „erbarmungslos mit den deutschen Unterjochern“ abzurechnen, das „friedliche österreichische Volk“ hingegen zu verschonen.[49] Die öffentlich zelebrierte Verehrung eines österreichischen Komponisten passte ideal in dieses Konzept.

Einer der Hauptgründe, weswegen die Wahl ausgerechnet auf Johann Strauß (Sohn) fiel, liegt im Hollywoodfilm „The Great Waltz“, der im November 1938 in den USA Premiere hatte und im Februar 1939 für die beste Kameraführung mit einem Oscar ausgezeichnet wurde. Die fiktive Biografie des Komponisten unter der Regie von Julien Duvivier kam nach dem Einmarsch der sowjetischen Truppen in Ostpolen und in die baltischen Staaten als Beutefilm in die Sowjetunion, lief dort ab dem 23. Juni 1940 unter dem Titel „Bol'šoj val's“ in den Kinos und erlangte enorme Popularität. Von amerikanischen Kritikern auch als „The Great Schmaltz“ und „Sach[er]torte of pleasure“ bezeichnet, gehörte er angeblich zu Stalins Lieblingsfilmen. Bis heute ist der Film nirgendwo sonst so erfolgreich wie in Russland. In Österreich und Deutschland blieb er hingegen - analog zu den amerikanischen Österreichfilmen „The Sound of Music“[50] oder Billy Wilders „Stalag 17“[51] - weitgehend unbekannt.[52]

48 Wurm, Walzer der Freiheit, S. 224.

49 Tagesbefehl des Militärrats an die Truppen der 3. Ukrainischen Front, 4.4.1945. Abgedruckt in: Karner - Stelzl-Marx - Tschubarjan, Die Rote Armee in Österreich, Dok. Nr. 9. Siehe dazu auch das Kapitel A.II.1.4 „‚Jedmöglichste Hilfe': Aufrufe an die Bevölkerung“ in diesem Band.

50 The Sound of Music, USA 1965, Regie: Robert Wise, Darsteller: Julie Andrews, Christopher Plummer, Eleanor Parker.

51 Stalag 17, USA 1952, Regie: Billy Wilder, Edwin Blum, Darsteller: William Holden, Don Taylor, Otto Preminger. Vgl. dazu auch: Stelzl-Marx, Zwischen Fiktion und Zeitzeugenschaft, S. 267–281.

52 Julia Köstenberger, The Great Waltz/Bol'shoj val's – filmisch transportierte Österreichbilder, in:

1.2.1 *Prägung der Kriegsgeneration*

In der Sowjetunion bot „The Great Waltz" den Menschen einen imaginären Zufluchtsort vor den Schrecken des Krieges. Etwas traurig, aber mit einem Happy End à la Hollywood lässt er den Zuseher in eine beinahe heile Welt voll von Walzerklängen, Liebe und den Freuden des Lebens eintauchen – passend zu Stalins Worten: „Das Leben wurde besser, Genossen, das Leben wurde fröhlicher."[53] Darüber hinaus thematisierte der Film die Revolution von 1848, die im Kontext der Einführung der Stalin'schen Verfassung von 1936 eine wesentliche Rolle spielte. Strauß avanciert hier zum Revolutionär und König der Massen, der sich klassentheoretisch richtig verhält, indem er sich von seiner adeligen Gönnerin ab- und der einfachen Bäckerstochter zuwendet und für das Ideal kämpft.[54] Seine Haltung, aus der heraus er sich 1848 den Habsburgern widersetzte, konnte zudem als Anspielung auf den „Anschluss" interpretiert werden.[55]

Bezeichnend für die Wirkung von „The Great Waltz" ist die Schilderung des berühmten russischen Regisseurs El'dar Rjazanov, der ihn 1944 als Student gesehen hatte: „Ich glaube, dass der Film vor allem deswegen verblüffte und sich einprägte, weil er sich stark von dem unterschied, was uns umgab, von der Kriegswirklichkeit. Wir, halb verhungerte Studenten, gingen in den Vorführsaal, und mit dem Kopf versanken wir in ein völlig anderes Leben – mit Helden in schönen Gewändern, Bällen, Banketten, herrlicher Musik."[56]

„The Great Waltz" prägte insbesondere die Generation des „Großen Vaterländischen Krieges" und somit jene sowjetischen Soldaten, die nur geraume Zeit später nach Österreich kamen. Der Journalist Leonid Stepanov, der nach Kriegsende sechs Jahre in Österreich lebte, betont in seinen Erinnerungen, dass er den Film 1940 „Tag für Tag" gesehen und dafür sogar die Schule geschwänzt habe: „Wir waren betört durch die Musik, zum ersten Mal im Leben verliebten wir uns. Wir verliebten uns in das ferne, unerreichbare Wien, elegant, singend, tanzend. So verliebt man sich in den alten Ritterromanen

Karin Moser (Hg.), Besetzte Bilder. Film, Kultur und Propaganda in Österreich 1945–1955. Wien 2005, S. 303–322, hier: S. 303, 309; Wurm, Walzer der Freiheit, S. 231.

53 Pavel Toper, Blick aus Moskau: Verschiedene Bilder einer Stadt. Wien in der Sowjetliteratur im Zeichen des Zweiten Weltkriegs, in: Gertraud Marinelli-König – Nina Pavlova (Hg.), Wien als Magnet? Schriftsteller aus Ost-, Ostmittel- und Südosteuropa über die Stadt. Wien 1996, S. 69–109, hier: S. 83.

54 Wurm, Walzer der Freiheit, S. 231f.

55 Marsha Siefert, Russisches Leben, sowjetische Filme: Die Filmbiografie, Čajkovskij und der Kalte Krieg, in: Lars Karl (Hg.), Leinwand zwischen Tauwetter und Frost. Der osteuropäische Spiel- und Dokumentarfilm im Kalten Krieg. Berlin 2007, S. 133–170, hier: S. 142f.

56 Anna Dymkovec, Svjaz' vremen, in: Parlamentskaja gazeta, 20.8.2004. Zit. nach: Köstenberger, The Great Waltz, S. 319.

Abb. 103: Die intensive und oft auch inszenierte Verehrung österreichischer Komponisten, allen voran von Johann Strauß, durch sowjetische Besatzungssoldaten hatte ihre Wurzeln insbesondere im beliebten Spielfilm „Der große Walzer". (Quelle: CMVS)

in Bilder fremdländischer Schönheiten. Wir kannten alle Episoden und Melodien des Filmes auswendig und erlebten jedes Mal alles aufs Neue."[57]

Durch die Stationierung in Österreich bot sich den Rotarmisten die Möglichkeit, all jene Orte und Wirkungsstätten aufzusuchen, die sie mit dem Film bzw. dem in der Sowjetunion ausgesprochen populär gewordenen „Walzerkönig" selbst verbanden. Sie konnten ihre klischeehaften Vorstellungen von Wien als Musikstadt mit der Realität vergleichen und ihrerseits wiederum zur weiteren Verbreitung des Topos beitragen. Bis heute bringen viele der Veteranen die Besatzungszeit in Österreich mit der Musikerdynastie Strauß in Verbindung.[58]

Charakteristischerweise erwähnt auch der ehemalige Besatzungssoldat Boris Zajcev das Strauß-Denkmal als zentralen Ort, den er in Wien aufsuchte: „Als ich nach Wien kam, bestand mein größter Wunsch darin, das Grab oder Denkmal von Johann Strauß zu sehen. Das Grab sah ich schlussendlich nicht. Aber das Strauß-Denkmal fand ich. Sobald ich etwas Freizeit hatte, fand ich es. [...] Ich war eigens mit dem Motorrad gefahren und hatte gefragt: ‚Wo ist das Strauß-Denkmal?' [...] Und ich fand diesen Wald, der ‚Wienerwald' hieß." Das Denkmal stimmte allerdings nicht mit seinen Vorstellungen überein, betont Zajcev: „Ich fand es, dieses Denkmal, und war sehr überrascht. Es ist so klein, so, so winzig. Kann man etwa einem so großen Menschen so ein Denkmal errichten? Man muss ein großes machen, ein schönes, monumentales Denkmal."[59]

Selbst der berühmte sowjetische Fotograf Evgenij Chaldej brachte Strauß

57 Leonid Stepanov, V zerkale golubogo Dunaja. Moskau 1964. Zit. nach: Toper, Blick aus Moskau, S. 85.

58 Vgl. dazu Bezborodov – Pavlenko, Erinnerungen an Österreich, S. 403; siehe dazu auch das Kapitel III.2.1.5 „Straußidylle zu Kriegsende" in diesem Band.

59 OHI, Zajcev.

mit dem Film in Verbindung: „Vor dem Krieg gab es bei uns den wunderbaren Film ‚Der große Walzer'. Er wurde von einem französischen Regisseur mit einer sehr guten Schauspielerin und Sängerin, der russischen Emigrantin Meliza Korjus, in den USA gedreht. Sie hat so gut gespielt, war eine so schöne Frau, und sie sang so wunderbar. Alle sowjetischen Menschen haben diesen Film unzählige Male gesehen. Strauß war bei uns als Operettenkomponist bekannt, aber berühmt wurde er erst durch den Film. Als wir über den Friedhof [in Wien] gingen, sagten die Soldaten: ‚Oh, Strauß! Mensch, könnt ihr euch an den Film ‚Der große Walzer' erinnern? Johann Strauß, der Komponist!'"[60] Zugleich trug Chaldej auch selbst durch seine Aufnahmen von sowjetischen Soldaten, die Kränze am Grabmal von Strauß niederlegten, zur Verbreitung der Assoziationskette von der Befreiung Wiens durch die Rote Armee und die Ehrerweisungen an Johann Strauß bei.[61]

Analog dazu kann man auch in einem Großteil der sowjetischen Literatur, die über das Wien der Kriegs- und Nachkriegsjahre geschrieben wurde, Reminiszenzen an den Film „The Great Waltz" oder an Strauß finden.[62] Grigorij Savenok etwa lässt in „Venskie vstreči" den Dolmetscher der Wiener Stadtkommandantur folgenden Rat erteilen: „Fahren Sie im Frühling hierher, in unseren Wienerwald. Kommen Sie früh am Morgen, wenn die Sonne gerade über Wien aufgeht und die Vögel erwachen, um mit einem Lied die Geburt des neuen Tages zu begrüßen. Gehen Sie in das Dickicht, setzen Sie sich hin, schließen Sie die Augen und hören Sie. Und Sie werden ‚G'schichten aus dem Wienerwald' hören. Nein, lachen Sie nicht, Genosse Oberst. Sie werden sie hören, unbedingt hören. Denn, ich versichere Ihnen, der große Strauß erfand nichts, erdichtete nichts, als er seine ‚G'schichten' auf Notenpapier übertrug. Er saß nur da, hörte und schrieb."[63]

Vjačeslav Bunin, der von Kriegsende bis 1950 im Stab der CGV in Baden gedient und anschließend für weitere fünf Jahre in Wien stationiert gewesen war, nannte seine Erzählung über Wien sogar „Venskij val's" – „Wiener Walzer". Einleitend verweist auch er darauf, wie ihn der Film bereits im Vorfeld geprägt hatte: „Die Liebe zu dieser Stadt wurde am Vorabend des Krieges geboren, als in einem Dorfklub an meinem Wohnort ein – sowohl hinsichtlich der Handlung als auch der Zusammensetzung der Schauspieler – hervorragender amerikanischer Musikfilm gespielt wurde, der sich zur Gänze

60 Jewgeni Chaldej, Der Große Vaterländische Krieg, in: Ernst Volland – Heinz Krimmer (Hg.), Jewgeni Chaldej. Der bedeutende Augenblick. Leipzig 2008, S. 44–109, hier: S. 79.

61 Siehe dazu auch das Kapitel C.I.2.1 „Zwischen Inszenierung und Dokumentation: Propagandafotografie" in diesem Band.

62 Toper, Blick aus Moskau, S. 84.

63 Savenok, Venskie vstreči, S. 95.

an der Musik von Strauß orientierte: ,Venskij Val's' mit der großartigen Karla Donner und ihrem Partner, der den Maestro selbst darstellte. Und nach einigen Jahren, als der Zweite Weltkrieg gerade zu Ende ging, [...] kam unsere Einheit nach Österreich."[64] Visuell wird der musikalische Topos am in Rosa gehaltenen Umschlag durch eine Zeichnung des dirigierenden Johann Strauß transportiert. Auch die beiden Abbildungen am Buchrücken - vom Stephansdom und einer Frühlingsblüte - fügen sich nahtlos in die Wahrnehmungsschablone von Wien als Kulturmetropole, deren Befreiung im Frühling erfolgte, ein.

Wie im Folgenden gezeigt wird, fand die Verehrung von Strauß sowohl visuell als auch akustisch Niederschlag in sowjetischen Dokumentarfilmen über das Kriegsende in Österreich. Sie griffen bereits 1945 die Konnotation von Wien und Walzer auf, wodurch sie ihrerseits zur Verbreitung dieser Assoziationskette beitrugen. Ein Beispiel dafür ist der von B. Nebylickij gedrehte Film „Österreich",[65] der neben dem Strauß-Denkmal und dem Beethoven-Museum ausführlich die Eröffnung einer von der Roten Armee rekonstruierten Donaubrücke zeigt. In einer weiteren Folge sind Soldaten bei ihrer Sightseeingtour durch Wien zu sehen, wobei auch hier Mozarts Wohnhaus nicht fehlen durfte.[66] Besonders offensichtlich wird dies bereits im Titel des 1965 gedrehten Films „Walzer der Freiheit". „Der große Walzer" hatte eindeutig seine Spuren hinterlassen.

1.3 „Vena" - „Wien" 1945

In ihrer Studie über die (in-)offizielle Filmdiplomatie der Sowjetunion gegenüber Österreich legt Barbara Wurm anschaulich dar, wie das Österreichbild der dokumentarischen Filme von Anfang an aus den beiden Säulen Politik und Kunst gespeist wird.[67] Bereits im 1945 vom berühmten sowjetischen Dokumentarfilmer Jakov Posel'skij kompilierten Film „Wien"[68] kommt es im Topos des Freiheitswalzers zu ihrer funktionalen Verschränkung. Charakteristischerweise betont der Film, der auf Aufnahmen von insgesamt elf Kameramännern der 3. Ukrainischen Front - darunter auch der wenig spä-

64 V. N. Bunin, Venskij Val's. Moskau 2005, S. 3. Ich danke Herrn Vjačeslav Bunin, Moskau, für die Bereitstellung eines Exemplars seines Buches.

65 RGAKFD, Nr. 11199, Avstrija (1945, CSDF, 2 Teile, stumm, schwarz-weiß, Kamera: Nebylickij, Sokol'nikov, 382,5 m).

66 RGAKFD, Nr. 11198, Avstrija (1945, CSDF, 3 Teile, stumm, schwarz-weiß, Kamera: Nebylickij, 610,5 m).

67 Wurm, Walzer der Freiheit, S. 243.

68 RGAKFD, Nr. 5146, Vena (1945, Ton, schwarz-weiß, Regie: Jakov Posel'skij, 868 m).

ter tödlich verwundete Semen Stojanovskij – beruht, mehrfach die Rettung einer Kulturhauptstadt und somit einer ganzen Kulturnation durch die Rote Armee.[69] Die beiden anlässlich des zehnten und 20. Jahrestages des Kriegsendes produzierten Filme „Die Befreiung Wiens“[70] und „Walzer der Freiheit“[71] greifen diesen Topos erneut auf und verankern ihn noch tiefer im kollektiven Gedächtnis der sowjetischen Zuseher. Reminiszenzen an „The Great Waltz“ werden wach.

Signifikant ist zudem, dass „Wien“ – wie andere (neuere) Filme über den „Großen Vaterländischen Krieg“ – das dichotomische Denken von „eigen“ und „fremd“ weiterführt und dem Denken in Freund- und Feind-Kategorien verhaftet bleibt.[72] Im Vordergrund stehen zunächst die heroisch kämpfenden Rotarmisten, die sich ihren Weg von Ungarn kommend Richtung Wien bahnen. Die heranrollenden sowjetischen Panzer und abgeworfenen Bomben werden ebenso ausgiebig dokumentiert wie der Kampf um jeden Block und jedes Haus. Der Fokus liegt in diesen Schlachtszenen auf den Rotarmisten, die sich in der Erstürmung Wiens bewähren; die gegnerischen Soldaten bleiben weitestgehend unsichtbar, so sie nicht als Kriegsgefangene abgeführt werden oder als Leichen den Weg säumen. Bei der Verfolgung eines lediglich klein eingeblendeten „Deutschen“, der sich – offensichtlich vergeblich – in ein Haus zu retten versucht, vernimmt man den von Kampfgeräuschen hinterlegten martialischen Off-Kommentar: „Die Einheiten umgingen die feindlichen Garnisonen, umzingelten die Wohnorte, trieben die Deutschen aus den Städten und Dörfern. Sie verfolgten, erfassten die Einheiten des Feindes auf den Straßen und vernichteten sie.“[73]

Mehrere Nahaufnahmen zeigen hingegen die Zivilbevölkerung, die euphorisch, geradezu gerührt die Rote Armee willkommen heißt. „Die österreichischen Bauern verließen nicht ihre Dörfer. Sie weigerten sich, sich mit den Deutschen evakuieren zu lassen, und sind nun aus den Kellern und Wäldern gekommen, um die Rote Armee zu grüßen“, hört man aus dem Off. Walzerklänge und Großaufnahmen freundlich lächelnder sowjetischer Soldaten runden dieses erste Aufeinandertreffen zwischen Befreiern und österreichischen Befreiten ab. An anderer Stelle heißt es: „Ungeachtet der Gefahr halfen die Bewohner Wiens im Eifer des Gefechts verwundeten sowjetischen Soldaten.“

---

69 Wurm, Walzer der Freiheit, S. 243.

70 RGAKFD, Nr. 10274, Osvoboždenie Veny.

71 RGAKFD, Nr. 21211, Val's svobody.

72 Christine Engel, Ein ewiger Stern im patriotischen Diskurs. Zvezda 1947–2002, in: Peter Deutschmann – Peter Grzybek – Ludwig Karničar – Heinz Pfandl (Hg.), Kritik und Phrase. Festschrift für Wolfgang Eismann zum 65. Geburtstag. Wien 2007, S. 143–170, hier: S. 166.

73 RGAKFD, Nr. 11198, Vena.

Gegen Ende des Films sieht man, wie auf den „von den Deutschen gesäuberten Straßen das Leben" zurückkehrt und die Bevölkerung bei der „Wiederinstandsetzung der Brücken über den [Donau-]Kanal" hilft.[74]

Sukzessive wird der Zuseher auf den tieferen Sinn der Befreiungsmission vorbereitet. Den Vormarsch der Kriegsmaschinerie begleitet nun klassische Musik, wozu die eindringliche Stimme aus dem Off zu vernehmen ist: „Der Vormarsch auf Wien entwickelte sich in Form eines gewaltigen Fächers, der die Stadt von drei Seiten her umfasste. Vom Süden, Westen und vom Norden. Die Panzersoldaten von General Kravčenko und die Infanterie von General Glagolev überschritten die Ausläufer der Alpen und marschierten durch den Wienerwald Richtung Wien. Die Truppen von Marschall Tolbuchin umschlossen die Hauptstadt Österreichs." Zu den Bildern brennender und zerstörter Häuser hört man den anklagenden Kommentar: „Die Stadt brannte. Die Deutschen sprengten Häuser, Fabriken, Lager [...]. Sie wollten auf den Straßen der Stadt einen harten, langen Kampf führen. Vor den Augen unserer Soldaten und Generäle entfaltete sich das Panorama einer der ältesten und schönsten Städte Europas."[75]

Anschließend werden die wichtigsten Sehenswürdigkeiten der Stadt durch das trickanimierte Durchblättern eines Fotoalbums vorgeführt.[76] Akustisch begleitet der erste Satz der Mozart-Symphonie in g-Moll[77] die Bilder von Parlament, Rathaus und Stephansdom, wobei die Symbiose aus klassischer Musik und architektonischen Kulturdenkmälern noch zusätzlich unterstrichen wird: „Von der römischen Siedlung Vindobona erstreckt sich die Geschichte Wiens über 2000 Jahre. Die Stadt der Musik und Baukunst, die Stadt, die der Welt die großen Komponisten geschenkt hat, ein grandioses Denkmal der Architekturgeschichte."[78]

Vor diesem Hintergrund wird die primäre Rolle der Roten Armee als Retterin des zuvor präsentierten Kulturerbes noch zusätzlich betont, indem der Aufruf Tolbuchins an die Bewohner Wiens als russisches Flugblatt eingeblendet und verlesen wird: „Der Oberbefehlshaber der 3. Ukrainischen Front, Marschall Tolbuchin, wandte sich an die Bewohner Wiens: ‚Die Stunde der Befreiung Wiens, der Hauptstadt Österreichs, von deutscher Herrschaft ist da. Die abziehenden deutsch-faschistischen Truppen wollen jedoch auch

74 Ebd.

75 Ebd.

76 Vgl. dazu und zum Folgenden: Wurm, Walzer der Freiheit, S. 243–245.

77 Für den Hinweis auf die Symphonie Nr. 40 g-Moll KV 440 von Wolfgang Amadeus Mozart und weitere musikalische Werke in diesem Film danke ich Herrn DI Bernhard Santner, Graz. Siehe dazu auch das Kapitel A.II.1.4.1 „‚An die Bevölkerung Österreichs' und ‚Bürger von Wien'" in diesem Band.

78 RGAKFD, Nr. 11198, Vena.

Wien in ein Schlachtfeld verwandeln.' Der Marschall rief die Bevölkerung Wiens auf, wenn ihr an der Erhaltung der Stadt gelegen ist, nicht zuzulassen, dass die Deutschen Wien verminen, die Brücken sprengen und die Häuser in Festungen verwandeln." Den Beitrag der Roten Armee symbolisieren Aufnahmen von kämpfenden Soldaten, die nun nicht mehr von Musik, sondern Gefechtslärm begleitet werden.[79]

Damit spiegelt dieser Film einen zentralen Aspekt nicht nur der sowjetischen Propagandaschiene, sondern auch der sowjetischen Politik gegenüber Österreich wider: Anfang April 1945 ließ Tolbuchin unter anderem einen Aufruf verbreiten, in dem er die Wiener Bevölkerung aufforderte, nicht die Stadt zu verlassen, „um ihre geschichtlichen Denkmäler der Kunst und Kultur" zu erhalten. Sie sollten die „Befreiungsmission" der Roten Armee ebenso unterstützen wie „den Kampf gegen die Deutschen [...] organisieren, um Wien vor der Zerstörung durch die Nazipreußen zu bewahren" und Plünderungen zu verhindern.[80] Den eigenen Truppen redete man ins Gewissen, durch ihr Verhalten „den hohen Grad an Disziplin und Kultur" der Armee der „ganzen Welt" zu zeigen.[81] Dem sowjetischen Zuseher sollte der Film somit vor allem eines klarmachen: Die Rote Armee wusste den Wert der Kultur zu schätzen und unter Einsatz des Lebens zu verteidigen.

Auch die folgenden Kampfszenen werden kontinuierlich von der Gegenüberstellung der „Deutschen", welche die „wundervollen Bauten" zerstören wollten, und „unseren Einheiten", die für deren Rettung das Leben riskierten, durchzogen. Dieser Strategie folgt zudem der Off-Kommentar im Film: „Die sowjetischen Soldaten säuberten Wien zur Gänze von den Deutschen. Der Kampf ist vorbei. In die Stadt kehrte Stille ein. Die befreite Hauptstadt Österreichs ist in ihrer ganzen Schönheit zu sehen. Dank des schnellen Angriffs der Roten Armee wurden großartige Kultur- und Kunstdenkmäler erhalten, wunderbare Gebäude, von denen jeder einzelne Stein von der jahrhundertealten Geschichte Europas erzählt."[82]

Nach dem Ende der Kampfhandlungen widmet sich der Film erneut dem Kultur-Image Wiens. Zum vierten Satz von Mozarts Symphonie in g-Moll sieht man den Stephansdom – ein „Bauwerk gotischer Architektur" –, das

79 Ebd. Vgl. dazu das Flugblatt „Bürger von Wien!", das am 9. April 1945 von sowjetischen Fliegern abgeworfen wurde. Abgedruckt in: Aichinger, Sowjetische Österreichpolitik, S. 411f.

80 Aufruf des Oberbefehlshabers der 3. Ukrainischen Front „Bürger von Wien!", spätestens am 6.4.1945. Abgedruckt in: Aichinger, Sowjetische Österreichpolitik, S. 411f. Siehe dazu auch das Kapitel A.II.1.4 „‚Jedmöglichste Hilfe': Aufrufe an die Bevölkerung" in diesem Band.

81 Tagesbefehl des Militärrats an die Truppen der 3. Ukrainischen Front, 4.4.1945. Abgedruckt in: Karner – Stelzl-Marx – Tschubarjan, Die Rote Armee in Österreich, Dok. Nr. 9.

82 RGAKFD, Nr. 11198, Vena; Wurm, Walzer der Freiheit, S. 244.

Rathaus und die „engen, verwinkelten Gassen des alten Wien. Hier flanierten Haydn, Beethoven, Schubert, Strauß. Hier erklangen erstmals die bezaubernden Klänge der unsterblichen Werke. In diesem Haus lebte der große Mozart." Auf diesen Spaziergang durch Wien folgt erneut ein Hinweis auf die „faschistische" Vergangenheit Österreichs und die Rote Armee, die „Wien für immer von der deutschen Herrschaft befreite".[83]

Gegen Ende des Films wird die zentrale Botschaft nochmals eindringlich in Erinnerung gerufen. „Die Rote Armee brachte den Frieden in die Straßen Wiens", erfährt man zu Klängen aus der „Hochzeit des Figaro". Es folgen Aufnahmen von Marschall Tolbuchin, dem Schloss Schönbrunn und schließlich - zu „Geschichten aus dem Wienerwald" - vom „Walzerkönig Johann Strauß". Den visuellen Höhepunkt dieser Verkettung zwischen den gängigen Elementen der Kriegschronik und positiv konnotierten Kulturszenen ist die Darstellung des frühlingshaften, sonnendurchfluteten Wienerwaldes, durch den sowjetische Soldaten flanieren - „als wären sie selbst jener Johann Strauß, den sie als Helden des ‚Großen Walzer' kennengelernt hatten"[84] - und auf der Ziehharmonika „G'schichten aus dem Wienerwald" spielen. Nun hatten auch die sowjetischen Soldaten, die „Teilnehmer an der Schlacht um Wien", die Gelegenheit, die „fröhlichen Haine des Wienerwaldes" zu besuchen. Die Konnotation von Kriegsende und Frühling wird durch Aufnahmen blühender Bäume, begleitet von Schrammelmusik, heraufbeschworen. Dazu der Kommentator: „In Wien blühen üppig die Gärten. Die Stadt erlebt den glücklichen Frühling - den Frühling der Befreiung."[85]

Der Film schließt mit Aufnahmen von der Angelobung der provisorischen Regierung Karl Renner am 29. April 1945 und Walzer tanzenden Wienerinnen und Wienern:[86] „Es jubelt Wien. Die Rote Armee hat ihr[87] die Wiedergeburt gebracht. Es jubelt Wien. Sie rühmt die sowjetischen Soldaten, die Wien von den deutschen Okkupanten befreit und die deutsch-faschistischen Truppen aus Wien vertrieben haben", vernimmt man den Off-Kommentar zu Walzer- und später Marschklängen. Der Topos des Walzers als Symbol für die Befreiung und schließlich Freiheit zieht sich konsequent als roter Faden durch den Film. So mancher Zuseher dürfte jene Rotarmisten, welche die Gelegenheit hatten, Wien mit all seinen kulturellen Höhepunkten und Walzerklängen mit eigenen Augen zu sehen, insgeheim beneidet haben.

83 Ebd.

84 Wurm, Walzer der Freiheit, S. 245.

85 RGAKFD, Nr. 11198, Vena.

86 Köstenberger, The Great Waltz, S. 320.

87 Im Russischen ist die Bezeichnung für Wien - „Vena" - weiblich.

1.4 „Val's svobody" – „Walzer der Freiheit" 1965

Der letzte dieser Dokumentarfilme, die das CSDF anlässlich eines runden Jubiläums der Befreiung Österreichs in Auftrag gab, war der „Walzer der Freiheit" von Anatolij A. Kološin, der zwischen 1950 und 1956 als Österreich-Korrespondent des Studios CSDF mehrere Langdokumentarfilme über Österreich gedreht hatte. Der symptomatische Titel des etwa 50-minütigen Films verweist besonders anschaulich auf die „musikalische Dreivierteltakt-Konnotation",[88] die mit der Befreiung Österreichs einherging.

„Walzer der Freiheit" beginnt mit idyllischen Szenen in den Alpen, mit Schneelawinen und Schifahrern. Erst allmählich nähert er sich dem eigentlichen Thema, nämlich der 20 Jahre zuvor in schweren Kämpfen befreiten österreichischen Hauptstadt. Im Vordergrund steht aber zunächst einmal mehr der Walzerkönig: Man sieht das Johann-Strauß-Denkmal im Stadtpark, unweit des Kursalons Hübner, wo Wienerinnen und Wiener das Tanzbein schwingen. Vor diesem Hintergrund ruft ein eindringlicher Off-Kommentar die eigentliche Botschaft des Films in Erinnerung: Ohne den Einsatz der Roten Armee würde die Kulturmetropole in dieser Form nicht mehr existieren.[89]

Dabei erfuhr die bekannte und im sowjetischen Dokumentarfilm mehrfach implementierte Repräsentation von Wien als Musik- und Kulturhauptstadt einen nostalgisch-mahnenden Unterton. Faschisten, Monarchisten, Revanchisten und Großkapitalisten würden sich nun hinter der idyllischen Maske des Donauwalzers verschanzen, warnte „Walzer der Freiheit". Nur die wahren Bündnispartner der Sowjetunion, zu denen Vertreter der KPÖ oder auch der ÖSG zählten, wüssten noch, welcher Walzer tatsächlich getanzt werden sollte, nämlich jener mit den Befreiern. Hierbei handelte es sich um ein „Stück Imaginationskunde zwischen Trotz und Ritualisierung".[90]

Ein ähnlicher Tenor war etwa auch bei dem fünf Jahre zuvor von Roman Karmen gedrehten Dokumentarfilm „Österreich heißt den Botschafter des Friedens willkommen"[91] angeklungen.[92] Im Vordergrund steht hier zwar der neuntägige, Ende Juni, Anfang Juli 1960 stattgefundene Österreichbesuch Nikita Chruščevs,[93] doch kommt auch dieser Film nicht ohne Hinweise auf

88 Wurm, Walzer der Freiheit, S. 224.

89 Ebd., S. 227.

90 Ebd., S. 242, 246f.

91 Nr. 15794, Avstrija vstrečaet poslanca mira (CSDF, 5 Teile, vertont, schwarz-weiß, Regie und Kamera: Karmen, 1405,1 m). Ich danke Herrn Univ.-Doz. Dr. Siegfried Mattl und Herrn Mag. Michael Loebenstein, beide Wien, für die Bereitstellung einer Kopie des Films.

92 Ebd.

93 Silke Stern, „Ein Höflichkeitsbesuch rein protokollarischer Natur". Der Staatsbesuch Nikita Chruščevs in Österreich 1960, in: Stefan Karner – Barbara Stelzl-Marx – Natalja Tomilina – Alexan-

die Rolle der Roten Armee bei der Befreiung Wiens einerseits und die aktuelle Gefahr der Rückkehr des „Faschismus" andererseits aus. Den Auftakt zu diesem Sujet macht – wer sonst – Johann Strauß, der visuell über eine Kutsche als Relikt seiner Zeit und das bereits erwähnte Denkmal, akustisch über Walzerklänge und den folgenden vorgetragenen Off-Kommentar eingeführt wird: „Das alte Wien. Mit so einer [Kutsche] fuhr Johann Strauß. Ach, Johann Strauß, der unvergleichbare Strauß. Erinnern Sie sich an die ‚Geschichten aus dem Wienerwald'?" Der Kommentator schwelgt über das „gute, alte Wien", ohne weitere Klischees wie einen Heurigenbesuch auszulassen. „Und die Politik?", lautet unverhofft die Frage, die dem vorangegangenen Konglomerat aus Strauß, Wienerwald und Wein einen ironischen Unterton verleiht. Da gäbe es Wichtigeres, zitiert er scheinbar die Einstellung eines jungen Pärchens auf einer Parkbank und zweier Wientouristen.[94]

Letztere erlauben zugleich die Überleitung zum Kriegsende 1945. Den Touristen würden wohl kaum die Spuren gezeigt werden, welche die Geschichte selbst auf den Wänden hinterlassen hatte, lautet die rhetorische Frage des Off-Kommentators. Zu den bekannten Bildern vorrückender Rotarmisten und sowjetischer Panzer in Wien, des brennenden Stephansdoms und herabstürzender NS-Insignien wird, von dramatischer Musik untermalt, eindringlich gemahnt: „Die sowjetischen Soldaten befreiten Wien von dem verfluchten Hakenkreuz. Fast sind die Aufschriften auf den Wohnblöcken, in denen sie Minen entschärften, verwischt. Doch die Bevölkerung erinnert sich. Die Dankbaren erinnern sich und bereiten den sowjetischen Besuchern einen warmherzigen Empfang, die Österreich geholfen hatten, ein unabhängiges, friedliebendes und neutrales Land zu werden. Doch die anderen? Die anderen versuchen, das zu vergessen."[95]

Der Zuseher wird nicht lange im Unklaren gelassen, um wen es sich bei den „anderen" handeln könnte: Hakenkreuze an Hauswänden verweisen auf nach wie vor aktive „Faschisten", Kirchenportale und Glockenläuten auf die katholische Kirche, Zeitungen wie der „Kurier" auf das Medienorgan der SPÖ. Dem tradierten Denken in Freund- und Feind-Kategorien wird in diesen beiden Dokumentarfilmen der Tauwetterperiode unter Chruščev einmal mehr Vorschub geleistet.[96]

der Tschubarjan – Günter Bischof – Viktor Iščenko – Michail Prozumenščikov – Peter Ruggenthaler – Gerhard Wettig – Manfred Wilke (Hg.), Der Wiener Gipfel 1961. Kennedy – Chruschtschow. Innsbruck – Wien – Bozen 2011, S. 735–758.

94 RGAKFD, Nr. 15794, Avstrija vstrečaet poslanca mira.

95 Ebd.

96 Ebd.

2. Fotografien

Neben Filmen prägen insbesondere Fotografien das visuelle Gedächtnis an den Zweiten Weltkrieg und die Besatzungszeit. Dieses wohl zentrale Medium, über das jene Zeit erinnert wird, weist einen Doppelcharakter auf: Das – vorwiegend noch schwarz-weiße – Foto wird einerseits als authentisches Dokument betrachtet, das den konkreten historischen Moment mit dem „Objektiv" festhält und eine Illusion von Echtheit vermittelt. Andererseits gilt es „als den Augenblick überhöhendes Kunstwerk, das über den konkreten Anlass hinaus eine allgemeine Aussage trifft".[97] Der über das Dokumentarische hinausgehende Bedeutungsgehalt vermittelt für den Betrachter in der speziellen Situation auch subjektive und allgemeine Deutungen der historischen Situation.[98]

Gerade in der alltäglichen Praxis ist das historische Foto nach wie vor ein Mittel, um Meinungen eine gewisse „Anschauung mit Beweisanspruch" zu verleihen. Hier besteht häufig noch der naive Glaube an die Evidenz des optisch-sinnlich Fassbaren, an die historische „Echtheit" der Fotografie, die scheinbar keiner Rückfrage mehr bedarf. Als vermeintlich evidentes Dokument verlangt es somit keine begriffliche Deutung, wie dies bei schriftlichen Quellen der Fall ist. Selbst im professionellen Bereich dient historisches Bildmaterial oft nur als optischer Reizverstärker, als Präsentation der vergangenen Wirklichkeit.[99]

Ein ernsthaftes Eingehen auf Fotos als historische Quelle bedeutet, ähnlich wie bei schriftlichen Dokumenten, Quellenkritik zu üben und nach den äußeren wie inneren Merkmalen ihrer Entstehung zu fragen. Dies kann sich allerdings insofern als problematisch herausstellen, als vielfach genaue Angaben über Ort, Zeit und vor allem Umstände ihrer Entstehung fehlen. Auch nach dem Autor/Fotografen und seiner Sicht auf die Ereignisse müsste gefragt werden. Oft gestaltet es sich jedoch als schwierig, grundlegende Informationen über den historischen Kontext fotografischer Dokumente zu ermitteln.

Im Zusammenhang mit der Entstehungsgeschichte der Bilder ist zudem relevant, mit welchem Ziel bzw. in wessen Auftrag die jeweiligen Aufnahmen gemacht wurden. Dabei stellt sich unter anderem die Frage, ob der Autor – etwa im Rahmen einer militärischen Hierarchie oder einer kommerziellen Bildver-

---

97 Peter Jahn, Einleitung, in: Deutsch-Russisches Museum Berlin-Karlshorst (Hg.), Das mitfühlende Objektiv. Michail Sawin. Kriegsfotografie 1941–1945. Sopereživajuščij ob'ektiv. Michail Savin. Voennaja fotografija 1941–1945 gg. Berlin 1998, S. 7–12, hier: S. 8.

98 Ebd., S. 10.

99 Ebd., S. 8.

Abb. 104: Sowjetische Besatzungsangehörige lassen sich nach Kriegsende im Zentrum Wiens fotografieren. Die Fotografin ist dabei selbst ein Teil der Inszenierung. (Quelle: RGAKFD)

wertung - selbst nur Ausführender von Aufträgen war oder ob es sich um rein private Fotos handelt. Eine besondere Rolle spielte hierbei die Auswahl von Motiven und ihre Nutzung. Von Bedeutung ist zudem, ob ein historisches Ereignis durch Inszenierung nachgestellt oder sogar erst geschaffen wurde oder ob eine bestimmte Szene als spontaner Schnappschuss festgehalten wurde.[100]

2.1 Zwischen Inszenierung und Dokumentation: Propagandafotografie

Die bekanntesten sowjetischen Fotos vom Vormarsch der Roten Armee, dem Kriegsende und - bis zu einem gewissen Grad - der Zeit danach wurden im Auftrag der Propaganda geschossen. Zahlreiche Fotoreporter trugen zum Entstehen dieser umfangreichen Bildchronik bei, die bis heute nur auszugsweise überliefert ist. Sie arbeiteten als Außentrupps der staatlichen „Marketingabteilung" für Front- oder Armeezeitungen, häufig unter primitiven Bedingungen und unter Einsatz ihres Lebens. Während des „Großen Vaterländischen Krieges" wurden etliche Fotos zur Ermutigung der eigenen Soldaten aufgenommen. Daher mussten die Fotokorrespondenten in Menge und Qualität genügend für die Propagandaarbeit benötigtes Material herstellen.

100 Ebd., S. 9.

Grundsätzlich sollten nur jene Sujets fotografiert werden, die den Leser zum Kampf gegen den Feind mobilisierten und andererseits eine glückliche Zukunft versprachen. Bilder vom Rückzug oder von verlorenen Kämpfen hätten demoralisierend und somit kontraproduktiv gewirkt. Neben dieser binären Doppelstruktur ihrer Botschaft blieb jedoch ein relativ großer Freiraum, den viele Fotografen auch zu nutzen wussten. Im Gegensatz zu den Bildberichterstattern in der Wehrmacht unterlag ihre Arbeit offensichtlich einem geringeren zentralen Zugriff, wodurch zahlreiche Bilder entstanden, die durch keinen Propagandaauftrag erklärbar sind.[101]

Auch in Österreich waren mehrere offizielle Fotografen tätig, die den Einmarsch der Roten Armee und die Befreiung Wiens sowie des Ostens des Landes dokumentierten. Der Prominenteste unter ihnen war Evgenij Chaldej, der ab 1944 den Vormarsch der 3. Ukrainischen Front als Fotograf begleitete und die Eroberungen von Sofia, Bukarest, Budapest, Belgrad und Wien dokumentierte.[102] Wenige Tage nach dem Kriegsende in Wien flog er nach Berlin, um dort mit dem Rotarmisten, der auf dem Berliner Reichstag die Fahne der Sieger hisst, die „Ikone des Zweiten Weltkrieges" aufzunehmen. Die zweite Uhr am Handgelenk eines der Soldaten, ein offensichtlicher Hinweis auf Plünderungen, retuschierte er nach seiner Rückkehr nach Moskau.[103] Weitere Fotografen waren etwa Ol'ga Lander, die den Ehrentitel als „einzige Frau unter den sowjetischen Fotografen des Zweiten Weltkriegs an der Front" erhielt, Vladimir Gal'perin sowie Anatolij Grigor'ev, der auch nach dem Krieg als Bildredakteur tätig war. Mehr als 400 ihrer Fotos publizierte Erich Klein in dem 1995 erschienenen Band „Die Russen in Wien", der einen gelungenen Einblick in die sowjetische Bildchronik der Roten Armee in Wien gibt.[104]

Bei einigen der Bilder ist eine Inszenierung entweder deutlich sichtbar oder durch Zeitzeugenaussagen überliefert. Eindeutig stehen etwa die aufgestellten Gruppen- und Einzelporträts zu ihrer Inszenierung. Manchmal ließen sich auch die Fotografen bei ihrer Arbeit ablichten, wodurch sie selbst ein Teil der Inszenierung wurden.[105]

101 Ebd., S. 11f.; Valerij Stignejew, Michail Sawin. Biographische Anmerkungen, in: Deutsch-Russisches Museum Berlin-Karlshorst (Hg.), Das mitfühlende Objektiv. Michail Sawin. Kriegsfotografie 1941–1945. Sopereživajuščij ob'ektiv. Michail Savin. Voennaja fotografija 1941–1945 gg. Berlin 1998, S. 13–31, hier: S. 19. Zum „Marketingsystem" unter Stalin vgl. Nicolas Werth – Marc Grosset, Die Ära Stalin. Leben in einer totalitären Gesellschaft. Aus dem Französischen übersetzt von Enrico Heinemann. Stuttgart 2008.

102 Ernst Volland – Heinz Krimmer, Biografie, in: Ernst Volland – Heinz Krimmer (Hg.), Jewgeni Chaldej. Der bedeutende Augenblick. Leipzig 2008, S. 14–23, hier: S. 16.

103 Alexander Nakhimovsky – Alice Nakhimovsky, Witness to History. The Photographs of Yevgeny Khaldei. Denville 1997, S. 11.

104 Klein, Die Russen in Wien.

105 Vgl. dazu etwa die zwei Fotos in ebd., S. 178f.

In anderen Fällen wurde mittels Inszenierung versucht, einen wirklichen Vorgang nachzustellen und ihm nachträglich einen dramatisch zugespitzten Akzent zu verleihen. Es wurden aber auch symbolträchtige Sujets konstruiert bzw. geschichtliche Ereignisse schlicht gefälscht. Viele der inszenierten Fotos weisen ein wenig von jeder dieser Charakteristiken auf, wie etwa die erwähnte Aufnahme der Aufrichtung der Siegerfahne auf dem Berliner Reichstag zeigt.[106]

Ein besonders bekanntes Foto Chaldejs porträtiert eine Gruppe von Rotarmisten, die vor dem Hintergrund eines brennenden Hauses über eine am Boden liegende Hakenkreuzfahne marschiert. Der Fotograf, der das Bild „Auf dem Weg nach Deutschland" betitelte, erklärte: „Der Besitzer des Hauses war Leiter eines Konzentrationslagers." Tatsächlich handelte es sich um einen Tierarzt in Kirchschlag in der Buckligen Welt, der als niederer NS-Funktionär vor den Sowjets Richtung Westen geflohen war. Einheimische vermuten als Grund für die Brandlegung, dass hier NS-Literatur und die besagte Fahne gefunden worden wären. Chaldej erklärte später, er habe das Haus selbst angezündet,[107] nicht aber die Fahne extra dort hingelegt, obwohl dies „alle sagen" würden.[108] „Alles an diesem Bild erscheint inszeniert", meint Erich Klein in diesem Zusammenhang. Ein ganzer Film wurde aufgenommen, bis das Haus schließlich in der Nacht bis auf die Grundmauern niedergebrannt war. Die Botschaft des Fotos mit der im Straßenstaub liegenden Fahne als Symbol für das NS-Regime, das die Rote Armee mit Füßen tritt, ähnelt solch theatralischen Gesten wie dem Zerstören von NS-Insignien. Sie lässt sich auf das Motto reduzieren: „Der Faschismus ist besiegt. Hoch lebe das siegreiche Sowjetvolk!" Propagandafotos wie dieses dienen in erster Linie zur Legitimation.[109]

Klar tritt die Inszenierung auch bei jenem Foto zutage, das sowjetische Panzer - offenbar Ende März 1945 - beim Passieren der österreichischen Grenze zeigt. Markant ist das in den Vordergrund gerückte, mit der kyrillischen Aufschrift „Avstrija" („Österreich") versehene Schild, an dem ein Rotarmist posiert. Chaldej schrieb dieses „Grenzschild" selbst, wie er später konstatierte. Dem sowjetischen Publikum sollte es wohl unmissverständlich signalisieren, welches Territorium hier von der siegreichen Roten Armee erobert wurde.[110]

106 Jahn, Einleitung, S. 9. Vgl. zu den Fotos vom Reichstag auch: Ernst Volland, Die Flagge des Sieges, in: Ernst Volland - Heinz Krimmer (Hg.), Jewgeni Chaldej. Der bedeutende Augenblick. Leipzig 2008, S. 110–123.

107 Klein, Die Russen in Wien, S. 13, 43.

108 Chaldej, Der Große Vaterländische Krieg, S. 77.

109 Klein, Die Russen in Wien, S. 13, 43.

110 Ebd., S. 44f.

Abb. 105: Der prominente sowjetische Armeefotograf Evgenij Chaldej inszenierte dieses Foto von Soldaten der Roten Armee vor einem brennenden Haus in Kirchschlag am 30. März 1945. (Quelle: CMVS, Foto: Chaldej)

Ähnlich wie die erwähnten Dokumentarfilme über Österreich vermittelte die sowjetische propagandistische Bildlegung vielfach ein Heldenepos für die Rote Armee. Die Soldaten werden in „unsterblicher Heldenpose" porträtiert. Die dementsprechend glorifizierenden und von patriotischem Geist erfüllten Bilder legen ihren Fokus in den Schlachtszenen auf die siegreich vorrückenden Rotarmisten. Tote oder verwundete sowjetische Militärangehörige werden hier ausgespart. Chaldej betont sogar, drei Soldaten von hinten aufgenommen zu haben, „weil sie sich für ihre Verwundung, so knapp vor Kriegsende, schämten".[111] Seine Bilder halten jedoch viel eher die Szenen der kleinen Triumphe fest als große Taten, um zu einer Geschichte des Heroischen beizutragen.[112] Sie besitzen eine „epische Wucht, wobei die Grobkörnigkeit des Materials die Authentizität der Bilder unterstreicht und die heroische Struktur der in der Regel äußerst sorgsam ausgewählten Ausschnitte bricht". Chaldejs Fotos zeigen die Porträtierten als Handelnde und Opfer des Krieges, als Kämpfer, Sieger und Verlierer, wodurch sie eine humanistische

111 Ebd., S. 107.

112 Bernd Hüppauf, Jewgenij Chaldej – Fotograf des Lebens. Ansätze zu einer anti-modernen Fotoästhetik, in: Ernst Volland – Heinz Krimmer (Hg.), Jewgeni Chaldej. Der bedeutende Augenblick. Leipzig 2008, S. 150–161, hier: S. 158.

Komponente erhalten.[113] Daneben findet auch der „sowjetische Alltag" an der Front und im befreiten Österreich seinen Niederschlag. Die Fotos zeigen Rotarmisten beim Schachspielen, Briefeschreiben, Reckturnen, Chorsingen, Balalaikaspielen oder bei der Zeitungslektüre - also bei der von der militärischen Führung vorgegebenen „sinnvollen Freizeitgestaltung". Wenig überraschend gibt es außerdem Aufnahmen von Besuchen der Denkmäler österreichischer Dichter und Komponisten, allen voran von Johann Strauß, oder ein Porträt eines Oberleutnants, „Künstler der Schwarzmeerflotte", wie er gerade ein Bild malt. Die Konnotation von Kriegsende und Frühling greifen Fotos von sowjetischen Soldaten auf, die mit Zweigen in den Händen unter blühenden Bäumen flanieren.[114]

Feindliche Soldaten wurden im Gegensatz dazu kaum abgelichtet - mit Ausnahme von Gefallenen oder Kriegsgefangenen. Die teilweise erhöhte Perspektive bei diesen Fotos verleiht dem Betrachter nicht nur einen guten Überblick über die Lage, sondern vermittelt zugleich den Standpunkt der Überlegenheit über den Feind.[115] Diese Aufnahmen kontrastieren die Stärke der sowjetischen Streitkräfte und die Schwäche des Gegners. Gleich mehrere Fotos zeigen österreichische Passanten, die im Vorübergehen auf die auf der Straße liegenden Leichen hinunterblicken.[116] Fotos von abgetrennten Gliedmaßen oder einem Kopf tragen etwa den Titel: „Das ist alles, was von einem deutschen Soldaten blieb."[117] In diesen Bildern der gefallenen Feinde ist - ähnlich wie in den Aufnahmen von Kriegsgefangenen - ein Stück Erleichterung darüber zu finden, dass die Toten nun keine Gefahr mehr für das eigene Leben darstellen.[118]

Der österreichischen Zivilbevölkerung wird hingegen vergleichsweise viel Platz eingeräumt. Abgebildet sind Einheimische, die winkend sowjetische Panzer begrüßen, Frauen, die sich freundlich mit sowjetischen Soldaten unterhalten und mit ihnen vor dem Parlament tanzen, oder Wienerinnen und Wiener, die die Lebensmittelhilfe der Roten Armee in Empfang nehmen.[119]

113 Galerie Bilderwelt und Freundeskreis Willy-Brandt-Haus e. V. (Hg.), Jewgeni Chaldej - Tony Vaccaro. Katalog zur gleichnamigen Ausstellung 7. Mai - 7. Juni 1997 im Willy-Brandt-Haus. Berlin 1997, S. 5.

114 Ebd., S. 12. Vgl. dazu die Aufnahmen in ebd., S. 173, 175f., 198f., 222f.

115 Dieses Charakteristikum findet sich etwa auch bei sowjetischen Fotos deutscher Kriegsgefangener. Vgl. Christoph Hamann, Feindbilder und Bilder vom Feind, in: Margot Blank (Hg.), Beutestücke. Kriegsgefangene in der deutschen und sowjetischen Fotografie 1941–1945. Berlin 2003, S. 16–32, hier: S. 28.

116 Siehe etwa die Aufnahmen in Klein, Die Russen in Wien, S. 116, 136f.

117 Chaldej, Der Große Vaterländische Krieg, S. 74.

118 Dieser Aspekt der Kriegsrealität ist umgekehrt auch in den Fotos von Wehrmachtssoldaten zu entdecken. Vgl. Peter Jahn, Bilder im Kopf - Bilder auf dem Papier, in: Peter Jahn - Ulrike Schmiegelt (Hg.), Foto-Feldpost. Geknipste Kriegserlebnisse 1939–1945. Berlin 2000, S. 8–12, hier: S. 10.

119 Siehe etwa die Aufnahmen in Klein, Die Russen in Wien, S. 164–167, 182f., 205–207, 210f.

Ähnlich wie bei den Dokumentarfilmen sollen diese Sujets dazu dienen, die Befreiungsmission der Roten Armee und die - nicht zuletzt auf der Moskauer Deklaration beruhende - Unterscheidung zwischen „Österreichern" und „Deutschen" zu verdeutlichen.

Das dichotomische Denken in Freund- und Feind-Kategorien bringt auch die Fotoserie über die Familie eines Nationalsozialisten zum Ausdruck, der aus Angst vor der Roten Armee seine Frau, seine Kinder und schließlich sich selbst erschoss. Abgebildet wurden zudem Stabsoffiziere der 4. Garde-Armee, Oberst Dmitrij Šepilov, das Mitglied des Militärrats, Generaloberst Nikanor Zachvataev, und Adjutanten beim Lokalaugenschein. Als Kontrast dazu hielt Chaldej nationalsozialistische Propagandaplakate fest, auf denen etwa ein Skelett zu sehen ist, das mit der charakteristischen Budennyi-Mütze und einem Maschinengewehr über einen Totenschädel marschiert: „Bolschewismus ist Sklaverei, Vergewaltigung, Massenmord, Vernichtung. Wehrt Euch! Kampf bis zum Sieg! Kapitulation niemals!"[120] Zachvataev brachte die Aussage dieser Szene und die - beabsichtigte - Wirkung der Bilder auf den Punkt: „Das ruhmlose Ende eines Fanatikers."[121]

Die Fotokorrespondenten hatten natürlich Zutritt zu Ereignissen auf höchster politischer Ebene, etwa zur Angelobung der provisorischen Regierung Renner. Ganze Bildserien wurden im April 1945 Karl Renner und der Übergabe des Parlaments durch den Kommandanten Wiens, General Aleksej Blagodatov, gewidmet.[122] In der öffentlichen Erinnerung der Nachkriegszeit hatte die Tradierung solcher Fotos die Funktion, dem sowjetischen Publikum den Jubel und die Dankbarkeit unter der österreichischen Bevölkerung für den Einsatz der Roten Armee näherzubringen. Der Ruhm gebühre den sowjetischen Soldaten, die Österreich die Wiedergeburt gebracht hätten, legen die Bildlesekonventionen als Interpretation nahe.

Doch erlauben gerade diese Fotos auch eine andere Lesart. Die Aufnahmen der Angelobung vom 29. April 1945, die Staatskanzler Renner Seite an Seite mit sowjetischen Militärs vor dem Wiener Parlament zeigen, trugen nicht unbedingt dazu bei, das Misstrauen unter den Westmächten gegenüber der provisorischen Regierung zu zerstreuen.[123] Sie interpretierten die Anwesenheit sowjetischer Repräsentanten als Zeichen dafür, dass Stalin hier erneut eine Marionettenregierung geschaffen hatte. Die Wirkung ein und derselben Fotoberichterstattung hätte kaum unterschiedlicher sein können.

120 Siehe etwa die Aufnahmen in ebd., S. 156f.

121 Zit. nach ebd., S. 156.

122 Siehe etwa die Aufnahmen in ebd., S. 185–196.

123 Stelzl-Marx, Die Wiedervereinigung, S. 200.

2.2 Gelenkte Erinnerung: Fotoalben

Während der Besatzungszeit entstanden mehrere Fotoreportagen mit unterschiedlichen Schwerpunkten, die in Alben überliefert sind. Die wenigsten dieser Aufnahmen waren ursprünglich für eine Veröffentlichung vorgesehen. Vielmehr dienten sie der Dokumentation bestimmter Bereiche aus dem Dienst in der Armee oder der Tätigkeit einer Kommandantur. Erinnerungen an einzelne Ereignisse oder Personen sollten mithilfe dieser Zusammenstellungen wachgehalten werden.

2.2.1 Heroisierende Eigenbilder: Kampfhandlungen der 4. Garde-Armee

Ein zweiteiliges, 30 mal 42 cm großes Fotoalbum dokumentiert die „Kampfhandlungen der 4. Garde-Armee in Fotografien" in Ungarn und Österreich. In der Nachkriegszeit von G. I. Voroncov, einem Mitglied des Veteranenverbandes der 4. Garde-Armee, zusammengestellt, zeigen die Fotos aus der Sammlung von Vladimir Gal'perin, wie ein sowjetischer Panzerzug einen Fluss überquert, wie Artilleristen auf den Gegner feuern und sich Infanteristen über den Donaukanal vorkämpfen. Bei der „Schlacht um Wien" sind vor allem von hinten abgebildete Rotarmisten bei der Eroberung der Stadt zu sehen. Der Alltag bleibt weitestgehend ausgeblendet. Lediglich ein Foto präsentiert mehrere sowjetische Soldaten, die in einer Gefechtspause rauchen und Briefe lesen.[124]

Während die heroisierenden „Eigenbilder" im Vordergrund stehen, gibt es in dieser Zusammenstellung kaum Bilder vom Feind. Dieser tritt hier ausnahmslos als Kriegsgefangener in Erscheinung. Gleich mehrere Fotos zeigen Wehrmachtssoldaten bei ihrer Gefangennahme, dem Moment ihrer persönlichen Niederlage. Besonders deutlich kommt der Kontrast zwischen Sieger und Besiegtem auf einem Foto zum Ausdruck, das einen fröhlichen, lächelnden Rotarmisten mit drei verschwommenen Figuren im Hintergrund zeigt. „Er reguliert die Gefangennahme", lautet die Bildbeschreibung. Hieraus spricht der Triumph des Siegers.[125]

Auf die Fotos der Kampfhandlungen, welche die Heldenhaftigkeit der 4. Garde-Armee zum Ausdruck bringen sollen, folgen mehrere Aufnahmen vom „letzten Tag des Krieges", wie darunter vermerkt wurde. Die porträtierten Gesichter strahlen Erleichterung und Emotionalität aus. Besonders

124 AdBIK, Sammlung 4. Garde-Armee, Fotoalbum „Kriegshandlungen der 4. Garde-Armee in Fotografien". Bd. 1, 2.

125 Ebd., Bd. 2.

Abb. 106: „Er reguliert die Gefangennahme" lautet die Bildbeschreibung zu diesem Foto der 4. Garde-Armee. Die kriegsgefangenen Wehrmachtssoldaten werden hier dem siegreichen Rotarmisten gegenübergestellt. (Quelle: AdBIK, Sammlung 4. Garde-Armee)

dynamisch erscheinen zwei Rotarmisten, die sich - offensichtlich aufgrund der Nachricht über das Ende der Kampfhandlungen - umarmen und auf den Mund küssen. Nonverbal signalisiert dieses Foto die unsagbare Freude über das Ende des Krieges und die Tatsache, trotz schwerer Kämpfe überlebt zu haben. Vor diesem Hintergrund - und der auch später noch gepflegten Tradition des sozialistischen Bruderkusses - rief es beim zeitgenössischen Betrachter offenbar keine homoerotischen Assoziationen hervor, da das Foto ansonsten sicherlich keinen Eingang in diese visuelle Heldengeschichte der 4. Garde-Armee gefunden hätte.[126]

2.2.2 *Innenperspektive: Alltag in der Kommandantur Wien-Floridsdorf*

Einen etwas privateren Einblick erlaubt das Fotoalbum über die Tätigkeit der sowjetischen Militärkommandantur in Wien-Floridsdorf aus der Zeit von Juni 1945 bis Anfang 1947. In diesem Fall ist der Name des Fotografen bekannt, der auch persönlich das 24 mal 34 cm große Album angelegt haben dürfte. Es handelt sich um einen Österreicher namens Anton Grünanger, der im Auftrag der Kommandantur als Fotograf tätig war. Auf seine Urheberschaft verweisen mehrere Dokumente, die gezielt in der Zusammenstellung der Fotos platziert wurden, sowie eine Fotografie mit dem Text: „Ich war Fotograf in der russischen Militärkommandantur Juni–September 1945." Eines der zweisprachigen Schreiben konstatierte, dass er „ohne Erlaubnis der Kriegskommandantur keine andere Arbeit annehmen darf". Befestigt wurden die Fotos auf dunklem Karton und anschließend mit weißen, eingekleb-

126 Ebd.

ten Kärtchen beschriftet. Der Großteil der rund 100 Aufnahmen ist schwarzweiß, einige wenige Porträtaufnahmen wurden nachträglich koloriert.[127] Obwohl Grünanger kein Angehöriger der Besatzungsarmee war, konnte er aus einer Innenperspektive Alltagssujets und „Eigenbilder" der Kommandantur in Wien-Floridsdorf aufnehmen. Er wurde offensichtlich als - kurzzeitiger - Zugehöriger der (Zwangs-)Gemeinschaft von Kameraden und nächsten Vorgesetzten akzeptiert, die beim Militär für die aus dem gewohnten Umfeld herausgelösten Soldaten sowohl die Familie als auch den Freundeskreis ersetzte.[128] Die Mehrzahl seiner Fotos stellen somit Gruppenfotos dar, welche die zur Kommandantur gehörenden Militärangehörigen zur Erinnerung abbilden sollten. So zeigt das erste Foto im Album die rund 25 Mitarbeiter, die in drei Reihen vor dem Eingang der Kommandantur angeordnet wurden, wodurch ihre Gesichter trotz der Tellermützen gut zu sehen sind. Über dem mit Sichel und Hammer sowie Sowjetstern versehenen Portal sind die Porträts von Stalin, Tolbuchin und Konev sowie ein Schild mit der russischen Aufschrift „Unsere Sache ist gerecht. Wir haben gesiegt!" abgebildet, darunter zwei der berühmten Plakate von Viktor Koreckij und Nina Vatolina. Zu sehen sind außerdem zwei Frauen, die aus dem Fenster über dem Eingang schauen. Derart in den Hintergrund gerückt, bilden sie nur indirekt einen Bestandteil des Gruppenfotos.[129]

Die folgenden Aufnahmen verdeutlichen ansatzweise, dass die Einheit als Familienersatz begriffen wurde. Charakteristischerweise übernahm in dieser Struktur der vorgesetzte Offizier die Rolle des Familienoberhauptes und wurde entsprechend in den Mittelpunkt gerückt. Wie bei der privaten Kriegsfotografie von Wehrmachtssoldaten verdeutlichen dies auch die jeweiligen Bildunterschriften im Album der Floridsdorfer Militärkommandantur.[130] Fotos hoher Militärs wurden mit „Mein Leutnant", „Der Militärkommandant" oder „Die beiden Majore" betitelt. Bei den Porträts von Rotarmisten finden sich Einträge mit Vornamen wie „Der große und der kleine Nikolei" oder „Sascha und Quartierfrau".[131]

Einige wenige Fotos dokumentieren Angehörige der Militärkommandantur bei der Arbeit. Dazu zählen insbesondere Aufnahmen einer sowjetischen Verkehrspolizistin mit den Bildunterschriften „Zweimal ‚Maruscha'" und

127 AdBIK, Sammlung Anton Grünanger, Fotoalbum „Sowjetische Militärkommandantur Floridsdorf". Fotograf: Anton Grünanger.

128 Ulrike Schmiegelt, „Macht Euch um mich keine Sorgen …", in: Peter Jahn - Ulrike Schmiegelt (Hg.), Foto-Feldpost. Geknipste Kriegserlebnisse 1939–1945. Berlin 2000, S. 23–31, hier: S. 27.

129 AdBIK, Sammlung Grünanger, Fotoalbum.

130 Schmiegelt, „Macht Euch um mich keine Sorgen …", S. 27.

131 AdBIK, Sammlung Grünanger, Fotoalbum.

Abb. 107: Gruppenfoto vor der sowjetischen Militärkommandantur in Wien-Floridsdorf. (Quelle: AdBIK, Foto: Grünanger)

„Eine Verkehrsfrage?", auf welchen sie, umringt von Rotarmisten, vor kyrillischen Wegweisern am Floridsdorfer Spitz zu sehen ist. Von größerem Interesse waren für den Fotografen aber offensichtlich Aufnahmen von Feiern und Ausflügen der Kommandantur-Mitarbeiter. Wenngleich die abgelichteten Personen größtenteils posieren und die Szenen inszeniert wirken, erlauben diese ungewöhnlichen Stimmungsbilder einen Blick hinter die ansonsten meist starren Kulissen des sowjetischen Besatzungsapparates. Die mit launigen Unterschriften versehenen Bilder zeigen die Soldaten mit angelegtem Gewehr auf der Kühlerhaube eines Autos, die bei der Aufnahme „Mit auf der ‚Jagd'" sichtlich Spaß haben, beim Ziehharmonikaspielen („Immer nur lustig") oder Anzapfen eines Weinfasses, dem das Foto eines Schachspiels gegenübergestellt ist („Ernst und heiter!"). Auf dem Foto „Nach der Besprechung" ist eine Runde von Mitarbeiterinnen und Mitarbeitern der Kommandantur zu sehen, die vor einer Neujahrstanne um einen Tisch versammelt ist und vergleichsweise ernst in die Kamera blickt.[132]

Auf einigen dieser Aufnahmen verewigte sich Grünanger auch selbst: Meist trägt er einen dunklen Anzug mit Krawatte, auf einem Bild mit zwei sowjetischen Soldaten („Wie zwei alte Weaner [Wiener]!") eine Lederhose.

132 Ebd.

Diese Bilder dürften nicht ausdrücklich im Auftrag der Kommandantur gemacht worden sein, sondern dienten wohl in erster Linie dem Fotografen wie den Fotografierten zur privaten Erinnerung an die gemeinsame Zeit. So trägt auch eines der Porträts eines Offiziers die (russische) Widmung: „Dem Meister der Fotografie zur Erinnerung von einem russischen Offizier während des Aufenthalts im 21. Bezirk von Wien." Dass es sich hierbei um keine offizielle Aufnahme handelt, machen die folgenden drei Charakteristika deutlich: Der Offizier lächelt, er hat seinen Kopf beinahe anmutig zur Seite geneigt und hält seine Kopfbedeckung - eine Mütze - in der Hand. Vom engen Kontakt, den Grünanger anscheinend mit den Angehörigen der Kommandantur pflegte, zeugt auch ein Gruppenfoto strammstehender Rotarmisten vor einer Wiener Wohnanlage. Lediglich die Bildbeschriftung weist auf den privaten Zusammenhang hin: „Besuch bei mir zuhause."[133]

„Fremdbilder" sind in diesem Album kaum vorhanden. Dies ist in erster Linie auf die spezifischen Produktionsbedingungen zurückzuführen. Schließlich brachte Grünangers Position als Fotograf der sowjetischen Kommandantur einen ungewöhnlichen Perspektivenwechsel mit sich: Als Österreicher stellte die einheimische Bevölkerung für ihn kein „exotisches"[134] Motiv dar, da es sich bei diesen „Fremdbildern" de facto um „Eigenbilder" gehandelt hätte. Porträts österreichischer Frauen fanden nur insofern Eingang in das Album, als diese im direkten Kontakt mit den Mitarbeitern der Kommandantur standen. Fotos von Kindern wurden ebenfalls ausschließlich im Zusammenhang mit den Besatzungssoldaten geschossen, wie etwa die Aufnahme „Der Kinderfreund", auf der ein Offizier mit sechs Kindern auf einer Gartenbank zu sehen ist.[135] Auch in diesem Fall weisen die Bilder stärker auf das Bewusstsein und die Mentalität des Abbildenden als auf die Realität der Abgebildeten hin.[136]

2.2.3 *Inszenierter Dank: Abzug aus Österreich*

Eine ungleich offiziellere Perspektive liefert das von der Politischen Abteilung der Zentralen Gruppe der Streitkräfte angelegte Album „Abzug der sowjetischen Truppen aus Österreich August bis September 1955". Die „Fotodokumente", wie der Untertitel lautet, wurden vom Fotokorrespondenten der Zeitung „Za čest' Rodiny", Oberleutnant K. Kuličenko, angefertigt. Ob

133 Ebd.

134 Zu den „folkloristischen" oder „exotischen" Motiven, die Wehrmachtssoldaten an der Ostfront fotografierten, vgl. Schmiegelt, „Macht Euch um mich keine Sorgen …", S. 28f.

135 AdBIK, Sammlung Grünanger, Fotoalbum.

136 Jahn, Bilder im Kopf, S. 12.

Abb. 108: „In der letzten Minute vor der Abfahrt des Zuges" lautet die Bildunterschrift in diesem Album der Politischen Abteilung der Zentralen Gruppe der Streitkräfte. St. Pölten, 23. August 1955. (Quelle: CMVS)

er selbst auch das etwa 30 mal 40 cm große, mit Tusche beschriftete Album zusammenstellte, ist nicht bekannt.[137]

Die rund 90 Aufnahmen entstanden im kurzen Zeitraum von Ende August bis Mitte September 1955. Sie dokumentieren verschiedene Abschiedsfeiern, die von „österreichischen Arbeitern" oder der Österreichisch-Sowjetischen Gesellschaft zu Ehren der Sowjetischen Armee organisiert wurden. Darüber hinaus zeigen sie mehrere Zeremonien auf Bahnhöfen in der sowjetischen Besatzungszone und Kranzniederlegungen auf Gräbern gefallener sowjetischer Soldaten. Auf den letzten Seiten sind Fotokopien von Dankesschreiben österreichischer Stellen an sowjetische Kommandanten eingeklebt.

Die Aufnahmen der mit Blumen beschenkten Militärangehörigen, der zum Abtransport in die Sowjetunion bereitstehenden Panzer, die mit Spruchbändern wie „Es lebe die Sowjetunion, die Österreich befreit hat" versehen sind, und der vollen Säle bei den Abschiedsveranstaltungen vermitteln eine eindeutige Botschaft:[138] Die Sowjetische Armee erfüllte in Österreich zehn Jahre lang „vorbildlich" ihre militärische Pflicht.[139] Die abgebildeten anonymen Soldaten

137 CMVS, Vyvod Sovetskich vojsk iz Avstrii. Avgust – sentjabr' 1955 goda. Fotodokumenty.

138 Ebd.

139 RGANI, F. 3, op. 10, d. 162, S. 16, Beschluss des Präsidiums des ZK der KPdSU über die Bestäti-

werden zu Helden, denen „ewiger Ruhm" gebührt. Die Schattenseiten der Besatzung transportieren diese Porträts nur indirekt, sichtbar werden sie etwa in einzelnen, skeptisch blickenden Gesichtern von Österreichern, die zur Abschiedszeremonie auf einen Bahnhof kamen. Somit verdeutlicht auch dieses Album, dass Fotos historische Quellen, aber auch Mittel der Propaganda sind.

2.3 Eigen- und Fremdbilder: außerdienstliche Fotoproduktion

Der Krieg und der anschließende Dienst in Besatzungstruppen waren für die meisten sowjetischen Soldaten die erste – und oft auch einzige – Gelegenheit, fremde Länder kennenzulernen. Entsprechend begeistert fotografierten sie daher bekannte Sehenswürdigkeiten, vor denen etliche als Teil der Selbstdarstellung auch gerne persönlich posierten. Ein beliebtes Sujet der offiziellen[140] wie auch privaten Fotografie sowjetischer Soldaten in Österreich stellte das Grabmal von Johann Strauß auf dem Wiener Zentralfriedhof dar, das sich dank des in der Sowjetunion besonders populären Spielfilms „The Great Waltz" zu einem essenziellen Bestandteil der sowjetischen Ikonografie über die Befreiung Österreichs entwickelte.[141]

Charakteristischerweise lässt sich auch die außerdienstliche Fotoproduktion sowjetischer Militärangehöriger in Österreich in zwei große Motivgruppen gliedern: die „Eigen-" und die „Fremdbilder". Innerhalb der Bilder vom anderen dominieren die erwähnten Aufnahmen von Sehenswürdigkeiten und Landschaften. Seltener sind Fotos von Zerstörungen, Kriegsgefangenen, gefallenen gegnerischen Soldaten oder österreichischen Quartiergebern und Kindern anzutreffen. Auch herausragende Ereignisse, wie die zu Pfingsten 1945 in Judenburg erfolgte Übergabe der Kosaken in sowjetischen Gewahrsam, fanden Eingang in private Fotosammlungen.[142] Im Gegensatz zu Aufnahmen von Wehrmachtssoldaten visualisieren in diesem Fall die Bildperspektive, Bildkombination wie auch Bildlegende, so vorhanden, nicht das Deutungsmuster einer rassischen Unterlegenheit.[143] Manche Soldaten ließen

---

gung des Befehlsentwurfs über den Abzug der sowjetischen Truppen aus Österreich, 30.7.1955. Abgedruckt in: Karner – Stelzl-Marx – Tschubarjan, Die Rote Armee in Österreich, Dok. Nr. 185. Siehe dazu auch das Kapitel A.III.3.4 „Abschied von Österreich: Truppenabzug und Auflösung der Kommandanturen" in diesem Band.

140 Siehe etwa Chaldejs Aufnahmen in Klein, Die Russen in Wien, S. 175f.

141 Siehe dazu auch das Kapitel C.I.1.2 „The Great Waltz" in diesem Band.

142 Vgl. etwa den Fotobestand von mehr als 20 ehemaligen sowjetischen Besatzungssoldaten, der eingesehen und auszugsweise reproduziert werden konnte. Herrn Univ.-Prof. Dr. Aleksandr Bezborodov und Frau Univ.-Doz. Dr. Ol'ga Pavlenko, beide Moskau, sei für ihre Unterstützung in diesem Bereich herzlich gedankt.

143 Hamann, Feindbilder und Bilder vom Feind, S. 19, 30.

sich außerdem - verbotenerweise - mit Österreicherinnen fotografieren.[144] Diese Bilder implizieren ihre Doppelrolle als „Freier und Befreier", die auf ideologische oder politische Vorgaben wenig Rücksicht nahm.[145]

Eine mindestens ebenso wichtige Rolle fiel den „Eigenbildern" zu, die in erster Linie Kameraden und nächste Vorgesetzte, aber vor allem auch die Besitzer der jeweiligen Bilder selbst zeigen. Neben den zahlreichen Porträtaufnahmen lassen sich bei dieser Kategorie die Motivgruppen Arbeit, Alltag, Festtag, Freizeit und Tod unterscheiden, wobei Letzteres nur in der zurückgenommenen Form von militärischen Begräbniszeremonien und Gräbern bzw. durch den Besuch von Grabstätten abgebildet wurde. Das ritualisierte Totengedenken stabilisierte die soldatische Solidargemeinschaft. Leiden und Tod der eigenen Leute - und damit das mögliche eigene Schicksal - wurden hingegen aus dem Bereich der Selbstwahrnehmung weitestgehend verdrängt.[146]

2.3.1 *Perspektive von unten: Fotos von Boris Zajcev*

Stand bei diesen Fotos der Erinnerungsfaktor an einzelne Aspekte der Zeit in Österreich im Vordergrund, so fotografierte der Rotarmist Boris Il'ič Zajcev,[147] 1921 in Tiflis geboren, aus Leidenschaft, um des Fotografierens willen. Eines seiner Fotos, das auch als Titelbild für die Ausstellung „Mit den Augen eines Rotarmisten" gewählt wurde, zeigt ihn persönlich bei dieser Lieblingsbeschäftigung.[148] Schon während des militärischen Vormarsches der Roten Armee hatte er außerdienstlich Aufnahmen gemacht, in Österreich setzte er dies fort: „Ich hatte die ganze Zeit den Fotoapparat dabei. Immer und überall, egal, wohin ich ging - ob in die Kantine oder auf Besuch oder ins Kino. Oder

144 RGVA, F. 32914, op. 1, d. 132, S. 218-264, hier: S. 250, Bericht des Kommandeurs des 336. NKVD-Grenzregiments, Martynov, und des Leiters der Politabteilung des Regiments, Čurkin, an den Leiter der Politabteilung der NKVD-Truppen zum Schutz des Hinterlandes der 3. Ukrainischen Front, Oberst Nanejšvili, über den Dienst, die parteipolitische Arbeit, den politisch-moralischen Zustand und die Disziplin des Regiments im 2. Quartal 1945, [Juni 1945].

145 Siehe dazu auch das Kapitel B.II „Vergewaltigungen, Beziehungen, Kinder" in diesem Band.

146 Schmiegelt, „Macht Euch um mich keine Sorgen ...", S. 26; Michael Geyer, Vom Fortleben der Toten: Überlegungen zu einer Geschichte der Kriegstoten, in: Belinda Davis - Thomas Lindenberger - Michael Wildt (Hg.), Alltag, Erfahrung, Eigensinn. Historisch-anthropologische Erkundungen. Frankfurt am Main - New York 2008, S. 425-441, hier: S. 437.

147 Boris Il'ič Zajcev, geboren am 21.6.1921 in Tiflis, verstorben am 29.12.2008 in Moskau, 1939 zur Roten Armee einberufen, Einsätze in Stalingrad, Rumänien und Ungarn. Von April 1945 bis Juni 1946 als Oberleutnant des Technischen Dienstes der Roten Armee in Bruck an der Leitha stationiert. Danach Studium der Nachrichtentechnik in Moskau. Bis 1984 Arbeit in Konstruktions- und Forschungsinstituten in Moskau.

148 Die von der Autorin konzipierte Ausstellung war vom 27. Juni bis zum 30. September 2006 im Niederösterreichischen Landesarchiv in St. Pölten zu sehen.

Abb. 109: Während seiner Stationierung in Österreich von April 1945 bis Juni 1946 schoss der Oberleutnant des Technischen Dienstes, Boris Zajcev, mehr als 400 Fotos. Die Bilder geben persönliche Einblicke in den Alltag von Rotarmisten. Sie zeigen aber auch das Leben der österreichischen Bevölkerung aus der Perspektive eines sowjetischen Besatzungssoldaten. (Quelle: AdBIK, Foto: Zajcev)

ob ich zur Arbeit ging. Die ganze Zeit über hing die Kamera bei mir. Wenn es etwas Interessantes gibt, fotografiere ich es sofort. Auch in Österreich, in Bruck."[149] Als Kamera verwendete Zajcev eine „Rekord", die er in Rumänien „gefunden" hatte. Zuvor hatte er in der Armee allerdings zunächst nicht fotografieren dürfen und seine bei einem Wettbewerb gewonnene Kamera - den sowjetischen Leica-Nachbau „FĖD" - nach Hause schicken müssen.[150] Schon der Besitz eines Fotoapparates war an der Front für normale Soldaten und Offiziere verboten, die sich auch an das Verbot hielten, wollten sie sich nicht der Spionage verdächtig machen. Dies war den dienstlich beauftragten Journalisten vorbehalten, die klare Dienstaufträge hatten:[151] „Als ich 1939 in die Armee einberufen wurde, nahm ich meinen Fotoapparat mit, machte aber nur eine Aufnahme. Man sagte mir, ich müsse die Kamera nach Hause schicken. Fotografieren war verboten. Ich schickte sie heim und begann zu fotografieren, als wir die Grenze von Rumänien überschritten hatten. Ich fand dort einen Fotoapparat, einen kaputten, den ich reparierte, und ich fotografierte. [...] In Rumänien ging ich einfach in ein Geschäft an der Frontlinie und verlangte Filme. [...] In einem Topf entwickelte ich die Filme."[152] Später gelang es, bessere Materialien zu erhalten. In Österreich richtete er sich sogar in einem der zwei Zimmer, die er in einem Privathaus bewohnte, eine Dunkelkammer ein.

Rund 400 Fotos schoss Zajcev während seiner Stationierung in Österreich. Als er 1946 demobilisiert wurde, konnte er sowohl die Negative als auch die

149 OHI, Zajcev.

150 Ebd.

151 Jahn, Einleitung, S. 11; Peter Jahn, Sowjetische Kriegsfotografie, in: Ernst Volland - Heinz Krimmer (Hg.), Jewgeni Chaldej. Der bedeutende Augenblick. Leipzig 2008, S. 36–43, hier: S. 39.

152 OHI, Zajcev.

Abzüge, die Kamera und den Vorrat an Filmen, Entwicklern, Fotopapier und anderen benötigten Materialien ohne Kontrolle in die Sowjetunion einführen. Bis zu seinem Tod am 29. Dezember 2008 bewahrte er die 6 mal 6 cm großen Negative in einer Eisentruhe auf. Sie stellten gleichsam den Schatz seines Lebens dar, der allerdings kaum an die Öffentlichkeit kam.

Zajcevs Österreich-Fotos lassen sich gleichfalls in Eigen- und Fremdbilder unterscheiden, wobei Erstere den Alltag seiner Kameraden festhalten: „Ich fotografierte alles, was mir unterkam, aber vor allem nahm ich auf, was in unserer Einheit, im Dienst vor sich ging."[153] Seine Aufnahmen illustrieren den alltäglichen Dienst, klammern aber zugleich negative Facetten der Besatzung aus.[154] Die nicht für Propagandazwecke, sondern für den eigenen Gebrauch geschossenen Aufnahmen erlauben somit einen Blick hinter die Kulissen aus einer subjektiven, zugleich aber auch selektiven Perspektive „von unten": Seine Fotos zeigen martialisch anmutende Manöver in Niederösterreich 1946, einen Rotarmisten beim Flicken eines Reifens, die Bergung eines in den Fluss gestürzten Lastwagens bis hin zur Freude im Gesicht eines Soldaten, anderthalb Jahre nach Kriegsende in die Heimat zurückkehren zu können. Diese Porträts der von der österreichischen Bevölkerung oft als anonyme Masse empfundenen und gefürchteten „Russen" lassen die Protagonisten gewissermaßen aus ihrer Namenlosigkeit heraustreten und gestatten einen Perspektivenwechsel.[155]

Im Bereich der Freizeit gewähren die für den privaten Gebrauch geschossenen Fotos von Boris Zajcev ebenfalls unmittelbare Einblicke. Zu sehen sind Szenen aus dem Alltag und der Freizeitgestaltung einiger der in Niederösterreich stationierten Rotarmisten: Zajcevs Kamerad Griša, der Gitarre spielt oder Kasačok tanzt, Soldaten – darunter Zajcev selbst – auf einem der begehrten Motorräder, ein einfacher Essnapf, dessen undefinierbaren Inhalt sich gleich mehrere Soldaten teilen, oder ein geschnürtes Wickelkind eines sowjetischen Paares, das in Österreich auf die Welt kam. Zajcev dokumentierte damit Alltagssituationen sowjetischer Besatzungssoldaten in der Welt des ehemaligen Feindes und ideologischen Gegners. Etliche dieser Aufnahmen sind unter dem Stichwort „Soldatenhumor" zu subsumieren. Sie sollten demonstrieren, dass man auch schwierige Situationen mit Humor bewältigte. Augenzwinkernde Bildunterschriften wie „Gib mir meinen Bräutigam wie-

153 Ebd.

154 Dies kann insofern als typisch bezeichnet werden, als auch die Alltagsfotografie in der NS-Zeit weitestgehend auf ihre privaten Belange bezogen blieb. Vgl. Marita Krauss, Kleine Welten. Alltagsfotografie – die Anschaulichkeit einer „privaten Praxis", in: Gerhard Paul (Hg.), Visual History. Ein Studienbuch. Göttingen 2006, S. 57–75, hier: S. 67.

155 Vgl. Iber – Stelzl-Marx, Begleitheft zur Ausstellung.

Abb. 110: Boris Zajcev fotografierte mehrfach seinen Kasačok-tanzenden Kameraden Griša in Bruck an der Leitha. (Quelle: AdBIK, Foto: Zajcev)

der" unter einem Foto, das einen Rotarmisten bei der Beschlagnahmung einer Gans zeigt, verweisen auf den Wunsch, Entbehrungen mit lustigen Kommentaren zu überdecken.

Die Fremdbilder vermitteln zunächst einen Eindruck von der alltäglichen Tristesse im Ostösterreich der Nachkriegszeit: Kontrolle durch die Besatzungsmächte, Gebäude in Trümmern und die weitgehende Abwesenheit der Männer, die sich in Kriegsgefangenschaft befanden, im Krieg gefallen oder in den Konzentrationslagern des „Dritten Reiches" zu Tode gekommen waren. Das vielfach gespannte Verhältnis zwischen der österreichischen Bevölkerung und den sowjetischen Soldaten bleibt hier jedoch ausgespart. Zajcev konzentrierte sich auf eine andere Facette des Nachkriegsalltags in der sowjetischen Zone: auf das friedliche Nebeneinander von Besatzern und Besetzten.[156]

Ähnlich wie die Aufnahmen von Wehrmachtssoldaten im Osten, die Einheimische wegen ihrer folkloristischen Qualitäten, ihrer Haar- und Barttracht

156 Ebd.

Abb. 111: Der sowjetische Besatzungssoldat Boris Zajcev machte auch Porträtaufnahmen von der österreichischen Bevölkerung. Eines seiner Lieblingsbilder zeigt ein einheimisches Mädchen in der Nachkriegszeit, das er „koketka" – „die Neckische" – taufte. (Quelle: AdBIK, Foto: Zajcev)

oder Fußlappen fotografierten,[157] stellten auch für Zajcev einzelne Personen in Österreich offenbar ein exotisches Motiv dar. Er richtete die Kamera auf einen Bauern mit imposantem Schnurrbart und Pfeife im Mund oder auf einen jungen Mann mit schmutzigem, weißem Hemd, der einen Trachtenhut mit Edelweiß-, Gämsen- und Rehnadeln sowie einem Gamsbart trägt. Diese Aufnahmen betitelte er mit „ein Tiroler". Fronleichnamsprozessionen mit kleinen Mädchen in weißen Kleidern stießen ebenso auf sein Interesse wie zwei ernst in die Kamera blickende Klosterschwestern in Tracht vor einer Konsumfiliale. Eines seiner Lieblingsbilder zeigt ein am Boden hockendes blondes Mädchen mit an den Knien gestopften schmutzigen Strümpfen. Wegen der Kette, das es über seiner armseligen Kleidung trägt, nannte Zajcev das Foto liebevoll „koketka" – „die Neckische".[158] Neben der einheimischen Bevölkerung fotografierte er auch westliche Besatzungssoldaten in Wien oder einen Schwarzen mit zwei Kindern. Mitunter entsteht der Eindruck, die Abgebildeten hätten sich zwar gerne, aber leicht verschämt aufnehmen lassen.

Aus den Porträts jüngerer Frauen – etwa einer Bäuerin, die sich am Horn einer Kuh festhält, oder dreier lächelnder Bruckerinnen – spricht nicht nur männliches Wohlgefallen, sondern auch der Versuch, fotografisch zu experimentieren. So erscheint die Aufnahme einer Dreiergruppe aus einer Frau, einem Mädchen und einem ebenso großen Bernhardiner, die vor einem Haus mit zerbrochenen Fensterscheiben alle in die gleiche Richtung blicken, zufällig gewählt, doch tatsächlich wurde sie von Zajcev gezielt so angeordnet.

157 Schmiegelt, „Macht Euch um mich keine Sorgen ...", S. 28f.

158 OHI, Zajcev.

In Österreich versuchte sich Zajcev zudem erstmals in der Aktfotografie. Er wollte zunächst die Tochter seines Quartiergebers dafür gewinnen, doch lehnte diese ab. Sie vermittelte ihm allerdings mehrere Mädchen, die sich gerne fotografieren ließen. Pro Sitzung zahlte ihnen Zajcev zehn Schilling und versprach, die Fotos niemals an die Öffentlichkeit zu bringen. Er meinte, dass jeder Fotograf zu Beginn seiner Karriere unbedingt derartige Aufnahmen machen wolle.[159] Von einer visuellen Ausformung des Feindbildes kann hier keine Rede mehr sein. Wahrscheinlich hätten sich auch die wenigsten seiner Aufnahmen für die Propagandazwecke von Medien wie der Armeezeitung der CGV geeignet.

159 Ebd.

II. MEDIUM DER BESATZUNG

Als ein weiterer Teil der sowjetischen Propagandamaschinerie prägten die für die sowjetische Öffentlichkeit gedachten Reportagen, Erzählungen oder Artikel in Front- und Armeezeitungen nachhaltig das Bild vom Kriegsende und der Besatzungszeit in Österreich. Dazu gehört etwa der von Boris Polevoj im September 1945 in Baden verfasste Artikel „Voskresajuščaja Evropa" („Auferstehendes Europa") oder der Feldkorrespondenz-Kriegsbericht von Oskar Kurganov „V Vene" („In Wien").[1] Manche der Texte eigneten sich auch ideal für die von den Politabteilungen der Armee durchgeführten Schulungen der im Ausland stationierten Militärangehörigen.

Innerhalb der Besatzungstruppen bildete die Lektüre ausgewählter sowjetischer Zeitungen wie etwa der „Pravda" („Wahrheit"), „Izvestija" („Nachrichten") oder der Armeezeitung „Krasnaja Zvezda" („Roter Stern") einen wichtigen Bestandteil der politisch-moralischen Schulung.[2] Für Frauen in der Sowjetischen Armee forderte man zudem die Journale „Rabotnica" („Die Arbeiterin") und „Sovetskaja ženščina" („Die sowjetische Frau") an und kritisierte noch Anfang 1952, dass diese für die im Ausland eingesetzten weiblichen Armeeangehörigen nur unzureichend zur Verfügung standen.[3]

1. Die Armeezeitung der Zentralen Gruppe der Streitkräfte

Als Armeezeitung der in Österreich und Ungarn stationierten sowjetischen Truppen erschien „Za čest' Rodiny" („Für die Ehre der Heimat"). Von besonderem Interesse ist in diesem Zusammenhang die Frage nach der Wahrnehmung und Wiedergabe des „fremden Lebens" und des „fremden Alltags" vor dem Hintergrund des zu Ende gegangenen, für die Rote Armee siegreichen Krieges. Die Auswahl und Darstellung bzw. Tabuisierung einzelner Themen

1 Toper, Blick aus Moskau, S. 90–93.

2 Siehe dazu auch das Kapitel B.I.1.3 „Politisch-moralische Schulung" in diesem Band.

3 RGASPI, F. 17, op. 132, d. 561, S. 1, Schreiben von Vasilevskij und Kuznecov an Suslov über die unzureichende Verteilung von Frauenjournalen für weibliche, im Ausland stationierte Armeeangehörige, 10.1.1952.

ist dabei ebenso relevant wie die Frage, welche Deutungsmuster des Fremden und des Eigenen sich herauskristallisierten.

1.1 Redaktion und Produktion

„Za čest' Rodiny" hatte bereits während des Krieges – zunächst als Zeitung der 20. Armee unter General Andrej Vlasov, dann als Frontzeitung – existiert.[4] Nach Kriegsende erschien sie unter der – über zehn Jahre hindurch unveränderten – Losung „Za našu Sovetskuju Rodinu!" („Für unsere sowjetische Heimat!") als russischsprachige „Tageszeitung der Roten Armee" in Österreich, zunächst mit einem Umfang von vier Seiten. Im Oktober 1945 beschloss das Sekretariat des ZK der VKP(b), der GlavPURKKA zu gestatten, die Zeitung der Zentralen Gruppe der Streitkräfte auf acht Seiten im Format von 63 mal 47 cm zu drucken, wodurch sie den gleichen Umfang aufwies wie die Zeitung der Nördlichen Gruppe der Streitkräfte „Znamja pobedy" („Siegesfahne"). Hingegen umfassten die Zeitungen der sowjetischen Besatzungstruppen in Deutschland „Krasnaja Armija" („Rote Armee") und der Südlichen Gruppe der Streitkräfte „Sovetskij vojn" („Sowjetischer Soldat") lediglich vier Seiten, hatten aber mit 60 mal 84 cm ein doppelt so großes Format.[5]

Das Ziel dieser Maßnahme bestand ausdrücklich darin, mit der Quantität der Berichterstattung zugleich auch die Qualität der Zeitungen für die im Ausland stationierten Heeresgruppen bzw. Armeen zu steigern und „die Rolle der Zeitungen in der militärischen und politischen Bildung der Armeeangehörigen" zu stärken. Als Ansporn sollte wohl auch die Festlegung des Honorars auf 3500 Rubel für jede Ausgabe von Zeitungen der Gruppen der Streitkräfte bzw. auf 1500 Rubel für Armeezeitungen dienen. Zusätzliche Kosten, die fortan durch die Erhöhung der Auflagen und des Umfangs anfielen, gingen zulasten der GlavPURRKA.[6]

Aufgrund des bevorstehenden Abzugs der Truppen aus Österreich wurde der Umfang von „Za čest' Rodiny" per 16. August 1955 erneut auf vier Seiten reduziert,[7] ehe die Produktion in Wien wenig später gänzlich einge-

4 Boris Voroncov, Elektronische Nachricht an Barbara Stelzl-Marx. 7.4.2009. Ich danke Herrn Dr. Boris Voroncov, Moskau, herzlich für seine Recherchen zu diesem Thema im CAMO.

5 RGASPI, F. 17, op. 116, d. 237, S. 81, Beschluss Nr. 237 (331) des Sekretariats des ZK der VKP(b), Über die Formate und Auflagenhöhe der Zeitungen der sich im Ausland befindlichen Heeresgruppen und Armeen, 22.10.1945. Ich danke Frau Dr. Karina Dmitrova, Moskau, herzlich für ihre Unterstützung bei den Recherchen zu „Za čest' Rodiny".

6 Ebd.

7 Ot redakcii, in: Za čest' Rodiny, 16.8.1955, S. 4.

stellt wurde. Mit Befehl der Politischen Hauptverwaltung vom 10. September 1955 wurde ihre Bezeichnung vorübergehend auf das von der Militärbasis in Kronstadt herausgegebene Blatt übertragen, das bis dahin „Stalinskoe Znamja" („Stalin-Fahne") geheißen hatte und das ab 1956 als „Kronštadtsksaja Pravda" („Kronstadt-Wahrheit") erscheinen sollte.[8]

„Za čest' Rodiny" entwickelte sich unter den in Österreich stationierten sowjetischen Besatzungssoldaten zu einer äußerst beliebten Tageszeitung.[9] Bei einer Überprüfung der parteipolitischen Arbeit in einem der Korps im August 1945 wurde sogar kritisiert, viele Kommunisten würden außer diesem Blatt und „Krasnoe Znamja" („Rote Fahne") nichts lesen, und in diesen auch nur Artikel über Vorfälle außerhalb der Sowjetunion.[10] Unter den NKVD-Truppen erhielt ebenfalls jede Kompanie neben der „Pravda" die Zeitung der CGV „Za čest' Rodiny", einige darüber hinaus auch die „Izvestija".[11] Als vor wenigen Jahren das Palais Epstein, der ehemalige Sitz der sowjetischen Stadtkommandantur von Wien, generalsaniert wurde, fand man unter den Fensterstöcken mehrere Exemplare von „Za čest' Rodiny", die den Angehörigen der sowjetischen Stadtkommandantur in Wien als Isoliermaterial gedient hatten. Dieser Umstand lässt ebenfalls auf die weite Verbreitung dieses Blattes unter den sowjetischen Besatzungssoldaten in Österreich schließen.

Die Redaktion und Druckerei von „Za čest' Rodiny", die während des Krieges die zentrale Zeitung der 1. Ukrainischen Front gewesen war und nach Kriegsende „gleichsam automatisch" die wichtigste Zeitung der CGV wurde,[12] befanden sich im Gebäude der Rotationsdruckerei Wien 1, Am Fleischmarkt 3–5.[13] Diese Rotationsdruckerei, eine der größten Druckereien Österreichs, wurde 1945 an die kommunistische Globus Zeitungs-, Druck- und Verlagsanstalt GmbH verpachtet. Somit waren hier ab August 1945 unter anderem auch die Redaktion und Produktion der „Österreichischen Zeitung" untergebracht.[14] Als Adresse der Redaktion wurde in der Zeitung

8 Voroncov, Elektronische Nachricht.

9 OHI, Isaev. Durchgeführt von Stelzl-Marx.

10 CAMO, F. 894, op. 1, d. 145, S. 13–22, hier: S. 16, Bericht des stv. Leiters der Politabteilung des 31. Garde-Schützenkorps, Garde-Oberstleutnant Gorlik, an den Leiter der Politabteilung des 31. Garde-Schützenkorps, Garde-Oberst Novikov, über die Überprüfung der parteipolitischen Arbeit durch die Politabteilung des Korps, 11.8.1945.

11 RGVA, F. 38650, op. 1, d. 63, S. 113–128, hier: S. 128, Bericht des Kommandeurs des 40. Schützenregiments, Oberstleutnant Chorošev, und des stv. Leiters der Politabteilung, Hauptmann Čuchin, an den Leiter der Politabteilung der 66. NKVD-Schützendivision, Oberst Tamrasov, über den politisch-moralischen Zustand, die militärische Disziplin und parteipolitische Arbeit im 3. Quartal 1945, 23.9.1945.

12 OHI, Michail Alekseev. Durchgeführt von Barbara Stelzl-Marx. Peredelkino 18.6.2006.

13 OHI, Isaev. Durchgeführt von Bakši.

14 Mueller, Österreichische Zeitung und Russische Stunde, S. 94.

selbst die Militärpostnummer 48828-A, später 21561,[15] angegeben. Dorthin konnte man sich auch für Bewerbungen - etwa für den Posten als Funker - wenden.[16] Egor Isaev, der von 1946 bis 1949 als Funker für das Blatt arbeitete und in der Nacht die Meldungen der sowjetischen Nachrichtenagentur TASS in Empfang nahm, erinnert sich, dass die Redaktion neben dem Chefredakteur Semen Iosifovič Žukov aus einem Oberstleutnant und einem Leutnant bestand. Auch Fotografen und Karikaturisten, darunter ein Künstler namens Inčin, arbeiteten für die Zeitung.[17]

1.1.1 Zensur und Spionage

Abgesehen von seiner Tätigkeit als Funker schrieb Isaev - wie etwa auch der später in der Sowjetunion angesehene Prosaiker[18] und „Held der sozialistischen Arbeit" Michail Alekseev - Artikel über das „Soldatenleben" in Österreich. Alekseev arbeitete in der Abteilung für Gefechtsausbildung, Isaev und sein Kollege Semen Borzunov in der Abteilung für Propaganda. Hinzu kamen auch Artikel, welche die Propagandalinie des Blattes wiedergaben, etwa der von Alekseev mitverfasste Beitrag mit dem symptomatischen Titel „Mit unseren eigenen Augen sehen wir die ganze Lüge und Ungerechtigkeit der bourgeoisen Gesellschaft".[19] Die spezielle Militärzensur, der sie unterlagen, erklärt Isaev mit der Tätigkeit westlicher Nachrichtendienste: „In der Armee gab es ja viele Geheimnisse. Das ist verboten, und das ist verboten, und das. Irgendein Objekt - darüber zu schreiben, war verboten. Das gehörte zur Liste. Denn wir machten dort [im Ausland] Dienst. Und die Spione der anderen studieren unsere Materialien, und sie finden Kreuzungen, Koordinaten, bestimmte Orte. Denn Spione bleiben Spione. Und deswegen gab es die Zensur."[20]

Umgekehrt waren aber auch Mitarbeiter der sowjetischen Spionageabwehr „Smerš" in der Redaktion aktiv. Alekseev glaubt, diese hätten ihn wegen seiner guten Kontakte zur örtlichen Bevölkerung als „gefährlichen Men-

15 Vgl. etwa: Za čest' Rodiny, 18.8.1955, S. 4.

16 Redakcija gazety „Za čest' Rodiny" trebuetsja kvalificirovannye radisty, in: Za čest' Rodiny, 5.3.1947, S. 8.

17 OHI, Isaev. Durchgeführt von Stelzl-Marx.

18 Alekseevs erstes Werk, der umfangreiche Roman „Soldaty", erschien 1951. Er fand zu dieser Zeit wegen der heroischen Darstellung der Sowjetischen Armee Anerkennung. Vgl. Wolfgang Kasack, Lexikon der russischen Literatur des 20. Jahrhunderts. Vom Beginn des Jahrhunderts bis zum Ende der Sowjetära. 2., neu bearbeitete und wesentlich erweiterte Auflage. München 1992, S. 35f.

19 M. Alekseev - V. Malafeev, Svoimi glazami my vidim vsju lož' i nespravedlivost' buržuaznogo obščestva, in: Za čest' Rodiny, 7.9.1947, S. 5.

20 Ebd.

Abb. 112: Chefredakteur Semen Žukov und Michail Alekseev (v. l. n. r.) während eines Ausflugs an der Donau 1947. Der später in der Sowjetunion anerkannte Prosaiker Alekseev schrieb während der Besatzungszeit für die Zeitung der Zentralen Gruppe der Streitkräfte „Za čest' Rodiny" – „Für die Ehre der Heimat". (Quelle: AdBIK, Sammlung Alekseev)

schen" eingeschätzt. Der Todesstrafe, so seine Vermutung, sei er nur dank des Hinweises seines Freundes Borzunov und des Einsatzes des stellvertretenden Chefredakteurs Žitkov entgangen, der zugleich der Sekretär der Parteiorganisation war.[21]

„Za čest' Rodiny" brachte nicht nur nationale und internationale Nachrichten, sondern bot auch Raum für Gedichte, Erzählungen und Karikaturen, etwa von der berühmten sowjetischen Karikaturistengruppe „Kukryniksy".[22] Auf der letzten Seite wurden meist Kreuzworträtsel, Informationen über Veranstaltungen im „Haus der Offiziere", Erklärungen von Fremdwörtern und Programme von Moskauer Radiosendungen gebracht. Mehrere Erzählungen des ehemaligen „Politruks" Alekseev erschienen sowohl in dieser Zeitung der CGV als auch – in deutscher Übersetzung – in der von der Roten Armee für die österreichische Bevölkerung herausgegebenen „Österreichischen Zeitung". Sein Honorar erhielt er „in Schilling und Groschen". Dies war für ihn insofern besonders wichtig, als im Mai 1945 seine Tochter Nataša in Österreich auf die Welt kam und er dringend Geld benötigte. Insgesamt arbeitete er sechs Jahre bei „Za čest' Rodiny".[23]

1.2 Zielsetzung und Terminologie

Die Tageszeitung „Za čest' Rodiny" verfolgte ein dreifaches Anliegen. Ein Hauptmotiv bestand zweifelsohne darin, den in Österreich und Ungarn stationierten sowjetischen Armeeangehörigen Nachrichten über wichtige Ereig-

21 OHI, Alekseev.

22 Vgl. etwa: Za čest' Rodiny, 17.5.1952, S. 3.

23 OHI, Michail Alekseev. Durchgeführt von Natal'ja Bakši. Peredelkino 27.11.2002.

nisse in ihrem Umfeld zu vermitteln. Dies betraf sowohl die österreichische Innenpolitik als auch Informationen über einschlägige Veranstaltungen, etwa des „Hauses der Offiziere", oder andere Bereiche des sowjetischen Besatzungsalltags. Verlautbarungen im Zusammenhang mit sowjetischen Schulen in Wien gehörten hier ebenso dazu wie das Affichieren von Uniformschneidereien.

Daneben sollte die Zeitung der politischen und militärischen Schulung der Besatzungsangehörigen dienen. Dieses generelle Vorhaben, das auch über andere Wege verfolgt wurde,[24] klang bereits ausdrücklich im Namen des Mediums an. In diesem Kontext wurden etwa neben einer sinnvollen Freizeitgestaltung[25] die Großtaten der Roten Armee, die Vorzüge des kommunistischen Systems und die Verdienste der Sowjetunion propagiert.

Schließlich zielte die Berichterstattung darauf ab, ihre – wohl beinahe ausschließlich – sowjetischen Leserinnen und Leser vor dem „feindlichen" Einfluss, dem sie im Ausland ausgesetzt waren, eindringlich zu warnen. Lag der Schwerpunkt in der frühen Nachkriegszeit auf dem Feindbild der „deutschfaschistischen Eroberer" und den Folgen der schleppenden Entnazifizierung, so verschob er sich nun zunehmend auf die ideologische Konfrontation zwischen Kapitalismus und Kommunismus und trat ab Mitte 1947 vehement gegen die „Marshallisierung" und den „amerikanischen Imperialismus" auf.[26]

Generell folgte die Zeitung „Za čest' Rodiny" in ihrem Sprachgebrauch der üblichen marxistisch-leninistischen Terminologie. Regelmäßig verdeutlichten Artikel das Wiedererstarken der „fortschrittlichen" (sprich sozialistischen) Sowjetunion gegenüber dem „Hitlerfaschismus" (sprich dem Nationalsozialismus) und in weiterer Folge der Politik der „reaktionären Kreise" des kapitalistischen Westens.[27] Ausgiebig widmete sie sich Gerichtsverfahren gegen „Gräueltaten der deutsch-faschistischen Eindringlinge" in der Ukraine oder in Weißrussland[28] und prangerte im Gegenzug die allzu laxe Entnazifizierungspolitik der österreichischen Bundesregierung mit Artikeln wie „Österreichische Behörden befreien Kriegsverbrecher"[29] oder „In Österreich übt man gegenüber den Hitler-Verbrechern Nachsicht"[30] an. Im Kreuzfeuer

24 Siehe dazu auch das Kapitel B.I.1 „Erziehung, Disziplinierung, Kontrolle" in diesem Band.

25 Siehe dazu auch das Kapitel B.III.2 „Freizeit, Erholung, Urlaub" in diesem Band.

26 Siehe dazu auch das Kapitel A.III.6.4 „Feindbild Marshallplan" in diesem Band.

27 Zum analogen Sprachgebrauch in der „Österreichischen Zeitung" vgl. Mueller, Österreichische Zeitung und Russische Stunde, S. 110.

28 Sudebnyj process po delu o zlodejanijach nemecko-fašistskich zachvatčikov na territorii Ukrainskoj SSR, in: Za čest' Rodiny, 29.1.1946, S. 5; Sudebnyj process po delu o zlodejanijach nemecko-fašistskich zachvatčikov v Belorusskoj SSR, in: Za čest' Rodiny, 29.1.1946, S. 5.

29 Avstrijskie vlasti osvoboždajut voennych prestupnikov, in: Za čest' Rodiny, 9.7.1947, S. 7.

30 V Avstrii prodolžajut potvorstvovat' gitlerovkim prestupnikam, in: Za čest' Rodiny, 7.6.1947, S. 7.

Abb. 113: Als „Wunder der Entnazifizierung" betitelte V. Briskin diese Karikatur in der Armeezeitung der Zentralen Gruppe der Streitkräfte. (Quelle: „Za čest' Rodiny, 21.2.1947, S. 8)

der Kritik stand dabei auch die Berichterstattung nichtkommunistischer Zeitungen. Lobend wurden lediglich Medien wie die „Österreichische Volksstimme" hervorgehoben, die eine „endgültige Lösung des Problems der Säuberung" verlangte.[31]

Die Anprangerung der Entnazifizierungspraxis manifestierte sich - insbesondere 1947 - zudem in mehreren Karikaturen von V. Briskin. Sie zeigen etwa einen als Schlange dargestellten Magistratsbeamten, der sich seiner mit NS-Insignien versehenen Schlangenhaut entledigt,[32] einen Mann am Rednerpult, der einen Schatten in der Gestalt Hitlers auf die Wand wirft,[33] oder einen Nationalsozialisten, der im Wohnzimmer im Kreise seiner Familie mit einem Spielzeugtraktor fährt, statt im Gefängnis zu sitzen.[34]

1.3 Antiamerikanische Propaganda

Mit dem zunehmenden Misstrauen gegenüber den USA attackierte „Za čest' Rodiny" auch die amerikanische Position in diesem Zusammenhang. „Das amerikanische Paradies für Faschisten" lautete etwa die Überschrift eines am 28. Februar 1948 erschienenen Artikels, der sich über eine ganze Seite erstreckte. Den Grundtenor lieferten Zwischenüberschriften wie „Für die Amerikaner sind die Faschisten keine Feinde mehr", „Die Verbrecher geben ihre Bedingungen vor" oder „Sie befreiten Mörder".[35]

Damit folgte die Zeitung der generellen Tendenz der politischen Berichterstattung in Österreich. Während nach Kriegsende die Freundschaft unter den Alliierten im Vordergrund gestanden und selbst Anfang 1946 das Verhältnis

31 Avstrijskaja pečat' o čistke v Avstrii, in: Za čest' Rodiny, 5.3.1946, S. 7.

32 V. Briskin, Čudesa denacifikacii, in: Za čest' Rodiny, 21.2.1947, S. 8.

33 V. Briskin, Ten' prošlogo ego usynovila, in: Za čest' Rodiny, 8.6.1947, S. 8.

34 V. Briskin, Papu nakazali, in: Za čest' Rodiny, 12.6.1947, S. 3.

35 Amerikanskij raj dlja fašistov, in: Za čest' Rodiny, 28.2.1948, S. 7.

der alliierten Medien zueinander noch entspannt gewesen war, entwickelte sich zunehmend ein Propagandakrieg zwischen den sowjetischen und den westlichen Medien in Österreich.[36] Zunächst herrschte, wie Oliver Rathkolb betont, eine „Atmosphäre wechselseitiger Toleranz" zwischen den Journalisten der TASS und dem Chefredakteur des „Wiener Kuriers", Hendric J. Burns, weswegen in dieser US-Besatzungszeitung mehrere lange Artikel eines TASS-Redakteurs über das Leben in der Sowjetunion erscheinen konnten.[37]

Charakteristischerweise enthielt sich auch „Za čest' Rodiny" in dieser frühen Phase jeglicher Angriffe auf die Westmächte und stellte auftretende interalliierte Differenzen als Ergebnis der Handlungen von Einzelpersonen dar. Ein Beispiel hierfür ist die Berichterstattung über die Ermordung eines sowjetischen Hauptmannes und die Verwundung eines weiteren Offiziers durch den amerikanischen Sergeanten Shirley B. Dixon Anfang 1946.[38] Dazu „Za čest' Rodiny": „Dixon, der die sowjetischen Offiziere aus dem Waggon eines amerikanischen Zuges, in den diese in St. Pölten eingestiegen waren, hinauswerfen wollte, verlangte zunächst, dass [Vasilij] Klement'ev, [Petr] Sal'nikov und Oberleutnant Nikolaj Usarkov aus dem fahrenden Zug springen sollten. Als sich diese allerdings weigerten, die wilde Forderung in die Tat umzusetzen, und Hauptmann Klement'ev über Zeichen Dixon ersuchte, den Zug mit der Notbremse anzuhalten, schoss der amerikanische Sergeant mit seinem Revolver. Der erste Schuss verletzte Hauptmann Klement'ev tödlich, die zweite Kugel durchschoss die Brust von Oberleutnant Sal'nikov." Anschließend konzentrierte sich der Artikel darauf, wie die amerikanischen Zeugen Dixon belasteten und sich dieser bei der Gerichtsverhandlung für schuldig erklärte.[39]

Generell enthielt sich die Zeitung bei der Schilderung des Falles jeglicher antiamerikanischer Polemik. Trotz der nüchternen Sprache wurde impliziert, das Urteil - ein Freispruch - sei politisch motiviert. Dieses rief, so „Za čest' Rodiny", „tiefe Verwunderung bei allen objektiven Beobachtern des Prozesses hervor: Das amerikanische Militärgericht erklärte den Mörder für unschuldig und sprach ihn frei."[40] Marschall Konev protestierte öffentlich gegen den Freispruch.[41]

36 Zur entsprechenden Berichterstattung in der „Österreichischen Zeitung" vgl. Mueller, Österreichische Zeitung und Russische Stunde, S. 111.

37 Rathkolb, Politische Propaganda, S. 122.

38 Mueller, Österreichische Zeitung und Russische Stunde, S. 111f.

39 Amerikanskij sud opravdal ubijcu sovetskogo oficera, in: Za čest' Rodiny, 1.3.1946, S. 6.

40 Ebd.

41 Rathkolb, Politische Propaganda, S. 112.

1.3.1 „Yankee – go home!"

Unvergleichlich rauer war der Ton der späteren Berichterstattung über den nunmehrigen klaren Opponenten im Kalten Krieg,[42] wobei angebliche Übergriffe amerikanischer Besatzungssoldaten im Vordergrund standen. Auch auf Deutsch nahm die Diskreditierung amerikanischer Armeeangehöriger als undisziplinierte Marodeure und rücksichtslose Gewalttäter so rasch zu, dass die amerikanische Seite dahinter eine gelenkte Propagandaaktion zur Ablenkung von Vergehen sowjetischer Armeeangehöriger vermutete. Die immer wiederkehrenden Topoi bildeten die sowjetische Munition „im Krieg der Worte".[43]

Ein typisches Beispiel hierfür ist der Artikel „Die Amerikaner in Österreich" vom 23. März 1948, der auf die schlechte Disziplin, Alkoholexzesse, Raufereien, Diebstähle und die hohe Rate an Geschlechtskrankheiten unter amerikanischen Besatzungssoldaten hinwies. Zur scheinbaren Objektivierung der Meldung bezog sich „Za čest' Rodiny" auf österreichische Quellen: „Die österreichische Presse berichtete besorgt über die Zunahme von venerischen Krankheiten in Salzburg und in Oberösterreich. Es wurde berichtet, dass die örtlichen amerikanischen Behörden beschlossen, statt gegen die Undiszipliniertheit ihrer Soldaten vorzugehen, die erkrankten österreichischen Mädchen zu markieren: Jede sollte mit einem wasserfesten Zeichen am Bein markiert werden. Die amerikanischen Soldaten und Offiziere verüben oft Vergewaltigungen von Österreicherinnen, an denen sie Gefallen gefunden haben."[44]

Rund ein Jahr später erschien ein weiterer Beitrag unter derselben Überschrift. Die österreichische Polizei habe jede Nacht mit den „wildesten, betrunkensten Skandalen amerikanischer Soldaten" zu kämpfen. Dafür gebe es einen einfachen Grund: Diese „animalischen Saufereien" hätten sie von „bourgeoisen Medien und Filmen" gelernt. Und bei den meisten der amerikanischen Besatzungssoldaten in Wien handle es sich um Freiwillige, die in der Heimat arbeitslos wären, wie etwa ein 35-jähriger Minenarbeiter: „Aber hier, in Wien, gefällt es ihm. Er macht, was er will, und hat sich nun endgültig dem Trunk ergeben."[45]

Dieses Thema griff am 31. August 1949 auch der zwei Seiten lange Artikel „Die amerikanische Armee – eine Armee des Imperialismus" auf. Bei der –

42 Zur Verschiebung des Feindbildes vgl. etwa V. O. Pečatnov, Ot sojuza – k vražde (sovetsko-amerikanskie otnošenija v 1945–1946 gg.), in: Cholodnaja Vojna 1945–1963. Istoričeskaja retrospektiva. Moskau 2003, S. 21–65.

43 Ebd., S. 165; Mueller, Österreichische Zeitung und Russische Stunde, S. 121.

44 Amerikancy v Avstrii, in: Za čest' Rodiny, 23.3.1948, S. 6.

45 Amerikancy v Avstrii, in: Za čest' Rodiny, 27.5.1949, S. 8.

von der Zeitung bewusst unter Anführungszeichen gesetzten – „Erziehung" würden die „Kapitalisten" vor allem durch „Kinofilme, Boulevardliteratur, Pornografie und Whisky" Unterstützung finden. Die darunter gesetzte Karikatur von Ju. Ganf „Amerikaner in Wien", die zwei US-Soldaten beim Verprügeln eines Österreichers zeigt, sprach für sich selbst.[46]

Kritisiert wurde zudem die Rassendiskriminierung in der US-Armee, die einen „nicht geringen Einfluss auf junge Soldaten ausübte. Beispielsweise versehen Negersoldaten ihren Dienst ausschließlich in eigenen Abteilungen. Sie haben kein Recht, Klubs für Weiße zu besuchen, mit ihnen in derselben Kirche zu beten, gemeinsam Sport zu betreiben." Als löbliches Vorbild führte die Zeitung ihren Lesern die Sowjetische Armee vor Augen: „Aber erinnern Sie sich daran, wie viele Generäle, Marschälle, Offiziere, Helden der Sowjetunion in unserer Sowjetischen Armee keine russische Nationalität haben. Bei uns sind alle gleich: Russen und Turkmenen, Kasachen und Esten, Čukčen und Ossetinen. Wieso soll man ein Beispiel in der Ferne suchen? Schaut auf den Ukrainer Gorodnjanskij und den Usbeken Šarabugdinov. Alle wissen, dass sie in unserer Einheit die besten Freunde sind." Die Passage schloss mit der Polarisierung: „Die Sowjetische Armee, die Verteidigerin der Interessen der Völker, ähnelt in keinster Weise der Armee der USA, der Armee des Kapitals."[47]

Bis 1955 erschienen regelmäßig Beiträge über die „Yankees", „amerikanische Gangster" oder die „amerikanische Gestapo" in Österreich, wie die Besatzungssoldaten nun abwertend genannt wurden. Die einheimischen Frauen würden „besonders oft" von amerikanischen Soldaten beleidigt und vergewaltigt. Die angeführten Plünderungen, Spekulationen und Übergriffe würden reichen, „um das gemeine Gesicht der amerikanischen Soldaten, ihr Auftreten als Banditen, Vergewaltiger, Rowdys und Spekulanten zu erkennen", betonte „Za čest' Rodiny".[48] In einem anderen Artikel hieß es: „Die Yankees vergewaltigen nicht nur Mädchen und junge Frauen, sondern auch Kinder."[49] Ausführlich wurden diverse „Exzesse amerikanischer Soldaten" geschildert.[50] Die „Gangster" würden Autounfälle verursachen, bei denen Österreicher, darunter auch Schulkinder, zu Schaden kämen.[51] Und der CIC, die „amerikanische Form der Gestapo", hinterlasse regelrechte „Blutspuren

46 Amerikanskaja armija – armija imperializma, in: Za čest' Rodiny, 31.8.1949, S. 4f.

47 Ebd.

48 E. Aleksandrov, Janki v Avstrii. Podlinnoe lico amerikanskich vojak, in: Za čest' Rodiny, 26.4.1950, S. 8.

49 A. Grigor'ev, Janki v Avstrii, in: Za čest' Rodiny, 10.9.1954, S. 7.

50 Besčinstva amerikanskich soldat v Avstrii, in: Za čest' Rodiny, 9.2.1952, S. 7.

51 Ju. Larin, Amerikanskie gangstery v Avstrii, in: Za čest' Rodiny, 4.12.1952, S. 7.

in Österreich".[52] In ganz Europa, polemisierte ein weiterer Artikel, würde die „Volksbewegung" immer breiter werden, die ein Ende der amerikanischen Besatzung verlange: „Yankee, zurück nach Amerika!", betonte einer der Zeitungsartikel. Denn: „Mord, Vergewaltigung, Raub, Diebstahl und andere Verbrechen sind für die [amerikanischen] Besatzer üblich."[53]

Die vorwiegend an sowjetische Besatzungssoldaten adressierten Schreckensmeldungen in der Zeitung der CGV dienten der Diskreditierung der US-amerikanischen Besatzungsmacht und sollten die antiamerikanische Stimmung steigern. Die allseits bekannten disziplinären Probleme in den eigenen Reihen fanden hier allerdings keine Erwähnung. Eine derartige Berichterstattung hätte wohl kaum der Ehre der Heimat gedient.[54]

1.4 Kampagne gegen Kapitalismus und Marshallplan

Eine dritte wesentliche Säule der Feindbildpropaganda stellte - auch in „Za čest' Rodiny" - eine umfassende Kampagne gegen den Kapitalismus per se und den Marshallplan als „Pseudohilfe amerikanischer Imperialisten" dar. Gerade im Bereich der Wirtschaft prallten die unterschiedlichen Interessen im Kalten Krieg besonders vehement aufeinander, was sich in wechselseitigen propagandistischen Nadelstichen äußerte. Dabei geriet die sowjetische Seite vor dem Hintergrund der Demontagen und Beschlagnahmungen in ihrer Zone zunehmend unter starken Rechtfertigungsdruck und reagierte zugleich äußerst empfindlich auf Kritik. Politisch befand sich die sowjetische Besatzungsmacht seit den Novemberwahlen 1945 „in einem Stadium latenter Unsicherheit", das mit dem innerstaatlichen wirtschaftlichen Druck in der durch den Zweiten Weltkrieg ökonomisch stark geschwächten Sowjetunion einherging.[55]

Bis Mitte 1946 konzentrierten sich die entsprechenden Berichte in der Zeitung der CGV auf negative Begleiterscheinungen der österreichischen Wirtschaft wie den Schwarzmarkt, der lediglich indirekt mit der amerikanischen Besatzungsmacht in Verbindung gebracht wurde. So zitierte A. Šarov in einem seiner „Briefe über Wien" einen Wiener Arbeitslosen namens Ernst, der plötzlich gut verdiente. „Einer meiner Bekannten ist Ausländer, ein Soldat und Geschäftsmann. Er verkauft Zigaretten zu je einem Schilling. ‚Ich kann damit 50 Groschen pro Stück verdienen. 200 Schilling für 400 Zigaretten. Ich brauche keine Arbeit.' Manchmal sah ich Ernst, der mit einem Rucksack

52 M. Konstantinov, Amerikanskie gestapovcy v Avstrii, in: Za čest' Rodiny, 27.5.1950, S. 7.
53 A. Pjalin, Janki - razbojniki v Evrope, in: Za čest' Rodiny, 6.5.1952, S. 7.
54 Vgl. das Kapitel B.I.2.5.5 „Sowjetische Reaktion: politische Tragweite" in diesem Band.
55 Rathkolb, Politische Propaganda, S. 128.

schnell durch die Straßen Wiens ging oder mit einem Lift fuhr. Für einen Arbeitslosen sah er nicht schlecht aus. Sein Gesicht wurde gebräunt und voller. Wahrscheinlich verkaufte er nicht 200, sondern 1000 Zigaretten. Und außerdem handelte er mit amerikanischen Konserven, französischem Cognac, englischem Stoff und italienischen Zitronen. [...] Auf die Frage, wie es ihm gehe, antwortete er amerikanisiert: ‚Okay'. [...] Er dachte nicht daran, dass er Wien seine Arbeit und seine Energie stahl."[56]

Wenig später prangerte derselbe Autor erneut „die Gier und den Egoismus von Spekulanten" an, wodurch Waren einfach „verschwinden" würden. In diesem Zusammenhang kritisierte er das Wirtschaftssystem in Österreich: So würden die „faschistischen Gesetze, die nach wie vor in Kraft sind, den mit dem faschistischen Lager eng verbundenen Industriellen helfen. Das Volk spürt das. Die Arbeiter fordern immer häufiger, dass Großbetriebe verstaatlicht werden sollten. Sie möchten nicht ihre Kräfte verschwenden. Sie sind bereit, ehrlich und selbstlos zu arbeiten, aber zum Wohle des Volkes und nicht zum Vorteil jener, die mit den Interessen des Volkes Handel treiben."[57]

1.4.1 Ein „neues Zistersdorf": Propagierung des sowjetischen Wirtschaftsimperiums

Der Grundtenor dieser Artikel ist auch als Vorbereitung der Leser auf die Beschlagnahmung des Deutschen Eigentums in der sowjetischen Besatzungszone Österreichs zu sehen, die mit der Veröffentlichung des Befehls Nr. 17 am 5. Juli 1946 in großem Maßstab anlief.[58] Im August 1946 erschien innerhalb der Reihe „Briefe über Österreich" eine mehrteilige Serie über die beschlagnahmten Zistersdorfer Erdölfelder, in der auf die Rolle der Roten Armee bei ihrer Wiederinstandsetzung besonders hingewiesen wird. So berichtet „Za čest' Rodiny" etwa über eigens aus der Sowjetunion nach Österreich beorderte Erdölfachleute, die innerhalb kurzer Zeit Öl „für unsere Armee und die Volkswirtschaft Österreichs" gewinnen konnten. Die „deutschen Kapitalisten" hingegen hätten sich in keiner Weise um das Wohl der Arbeiter gekümmert und weder Schulen und Klubs noch Krankenhäuser oder Kindergärten errichtet.[59]

Als weitere Legitimation für die „auf der Basis der Beschlüsse der Potsdamer Konferenz" erfolgte Übernahme wird auf den bereits geleisteten sowjetischen Einsatz verwiesen: „Tausende Kriegsgefangene – Russen, Ukrainer, Tschechen"

56 A. Šarov, Pis'ma o Vene, in: Za čest' Rodiny, 16.6.1946, S. 6. Vgl. dazu auch Iber, Die Sowjetische Mineralölverwaltung, S. 120–122.

57 A. Šarov, Pis'ma o Vene, in: Za čest' Rodiny, 30.6.1946, S. 7.

58 Siehe dazu auch das Kapitel A.III.6 „Das Wirtschaftsimperium" in diesem Band.

59 A. Šarov, Pis'ma ob Avstrii. V Cistersdorfe, in: Za čest' Rodiny, 11.8.1946, S. 4.

seien hier von den Deutschen, „die Österreich besetzt und den Krieg mit dem sowjetischen Russland begonnen hatten", zur Zwangsarbeit eingesetzt worden: „Die Erdölfelder wurden mit der Sklavenarbeit unserer Leute gebaut. Am Fuße eines der Türme wurde eingekratzt: ‚Hier arbeiteten und sterben wahrscheinlich in der Sklaverei Nikolaj Koval' und Aleksej Rjabenko. Die Arbeit unserer Menschen liegt in dieser, von den Deutschen gekauften Erde. Das Blut unserer Soldaten, die im Kampf dieses Gebiet befreiten, [tränkte diesen Boden]. Jetzt stehen unsere Ingenieure vor der Aufgabe, die Erdölgewinnung wieder instand zu setzen, sie zu neuem Leben zu erwecken."[60]

Die Artikel stilisieren die sowjetische Hegemonie im Erdölgebiet zur Errichtung eines „neuen Zistersdorf", eines „neuen Österreich der arbeitsamen Menschen, nicht der Spekulanten". Sowjetische Ingenieure, die „bei uns in den Maßstäben des ganzen Landes denken", würden den Österreichern neue Technologien beibringen und besonderes Augenmerk auf das Wohlergehen der Arbeiterschaft legen. Als kritikwürdig erschien etwa die Lage des Chemikers Franz Čapo, der als Nichtortsansässiger keine adäquate Wohnung finden konnte, sondern in einer Arbeiterbaracke wohnte. Dieses Beispiel solle dazu dienen, hieß es weiter, die Schwierigkeiten im „Kampf um ein neues Österreich" aufzuzeigen, doch würden ungeachtet dessen die „Kräfte des Neuen mit jedem Tag wachsen".[61]

Als besondere Errungenschaft wurde der Abschluss eines neuen Vertrages zwischen der SMV und der Gewerkschaft hochstilisiert, denn etwas Vergleichbares hätte es in der Geschichte der Arbeiterklasse Österreichs, in der „langen und denkwürdigen Geschichte des Kampfes um bessere Lebensbedingungen", noch nicht gegeben: „Während in Europa gerade der Kampf darum herrscht, dass die Löhne um 20–30 Prozent angehoben werden, wurden die Löhne für die Arbeiter auf den Erdölfeldern um 70–80 Prozent erhöht." Dieser neue Geist werde auch weiterhin wehen, selbst wenn dies den „Liebhabern des ‚Alten', den Spekulanten, Nichtstuern und ihren Advokaten nicht gefällt".[62]

Von Protesten der österreichischen Seite ist hier allerdings keine Rede. Vielmehr wird auf die zahlreichen Errungenschaften hingewiesen, welche die sowjetische Verwaltung mit sich gebracht habe. „Hier, am Ufer der Donau, zeigten die sowjetischen Erdölarbeiter ihr wahres Können und das Ausmaß des sowjetischen technischen Wissens",[63] heißt es in einem weiteren Beitrag in „Za čest' Rodiny". Ironie sollte dabei nicht mitschwingen.

60 Ebd.

61 A. Šarov, Pis'ma ob Avstrii. V Cistersdorfe, in: Za čest' Rodiny, 16.8.1946, S. 5.

62 A. Šarov, Pis'ma ob Avstrii. V Cistersdorfe, in: Za čest' Rodiny, 21.8.1946, S. 6.

63 A. Razgon, Sovetskie nefjaniki na Dunae, in: Za čest' Rodiny, 14.12.1946, S. 8.

1.4.2 Marshallplan: „Politik des Hungers und Betrugs"

Umso heftiger attackierte die Zeitung der CGV den Marshallplan. Nachdem am 11. Juli 1947 entsprechende Gespräche zwischen den USA und Österreich über ERP-Mittel aufgenommen worden waren, setzte in den sowjetischen Medien generell eine Polemik gegenüber den Vereinigten Staaten ein, die vorangegangene Attacken an Heftigkeit noch übertraf.[64] Dabei griff auch „Za čest' Rodiny" die propagandistische Generallinie auf, wonach die USA durch die Marshallplanhilfe Österreich in wirtschaftlicher, außenpolitischer und militärischer Hinsicht kontrollieren, zugleich günstig Rohstoffe gewinnen und den europäischen Markt für US-Waren von schlechter Qualität öffnen wolle.[65]

Die generell unter Anführungszeichen gesetzte „Hilfe" der „amerikanischen Imperialisten" würde das Volk teuer zu stehen kommen, argumentierte die Zeitung etwa im September 1947. Denn die „imperialistischen Kreise" der USA würden dadurch ihre „Herrschaft in mehreren Ländern errichten" wollen, um den Markt zu beherrschen. In Österreich würde die „Hilfe" nur mit dem Ziel gewährt werden, um „das Land ökonomisch und politisch zu unterjochen".[66] Hierbei handle es sich um eine „Politik des Hungers und Betrugs", denn durch den Marshallplan würden wertvolle Devisen aus Österreich in die „amerikanische Klaue", wie eine beigefügte Illustration[67] im März 1948 verdeutlichte, abfließen.[68] So kaufe Österreich nun zu Spekulationspreisen Zucker, obwohl es dieses Produkt noch vor dem Krieg ausreichend selbst produzieren hatte können. Die „Hilfe", suggerierte eine weitere Karikatur, bestehe aus überteuerten Zahnpasten, Zahnbürsten und Streichhölzern.[69] Einige Produktionszweige seien als Folge der „Marshallisierung" überhaupt stillgelegt worden.[70]

Die Kritik am ERP und die Vorwürfe gegenüber den Vereinigten Staaten blieben auch in den folgenden Jahren fester Bestandteil des Repertoires des

64 Rathkolb, Politische Propaganda, S. 163f.; Mueller, Österreichische Zeitung und Russische Stunde, S. 119f.

65 Siehe dazu auch das Kapitel A.III.6.4 „Feindbild Marshallplan" in diesem Band.

66 Ch. Rogov, Vot čto obchoditsja narodam ‚pomošč' amerikanskich imperialistov, in: Za čest' Rodiny, 28.9.1947, S. 4.

67 Die Illustration „Amerikanskaja ‚pomošč' Avstrii" rekurrierte auf das in Österreich verbreitete deutschsprachige Plakat „Amerikahilfe – wer hilft wem?". Vgl. WStLB, Plakatsammlung, P-6537. Darauf offeriert die linke Hand eines durch die US-Fahne an den Manschetten als Amerikaner ausgewiesenen Mannes verschiedene Waren. Gleichzeitig fließt jedoch ein gewaltiger Dollarstrom aus Österreich in seine rechte, vor Gier zu einer Klaue verkrümmten Hand. Die „Hilfe", so die Botschaft des Plakats, komme in erster Linie den USA zugute.

68 V. Razumov, Politika golod i obmana. K prodovol'stvennomu položeniju Avstrii, in: Za čest' Rodiny, 25.3.1948, S. 6.

69 Amerikanskie imperialisty pytajutsja zakabalit' avstrijskij narod, in: Za čest' Rodiny, 18.8.1948, S. 6.

70 Plody „maršallizacii" Avstrii, in: Za čest' Rodiny, 25.1.1949, S. 7.

Blattes. Dabei konzentrierte sich die Kampagne vermehrt auf den sinkenden Lebensstandard österreichischer Arbeiter. So zeigte eine der Karikaturen, die einem als „Hilfe für Agitatoren und Propagandisten" betitelten Artikel beigefügt war, einen geknechteten Arbeiter, auf dessen Schultern eine Kiste mit „Marshallplanhilfe" lastete.[71] Als Folge der „Marshallisierung" wären die Preise allein in den ersten vier Monaten 1950 um bis zu 30 Prozent gestiegen.[72] Und im August 1951 betitelte die Zeitung einen Artikel mit „Neue Beraubung der Arbeiter Österreichs". Untermauert wurde die Polemik durch den Ausschnitt eines Plakates,[73] das die Inflation von 1947 bis 1951 verdeutlichte: Von einem Laib Brot, den ein Arbeiter 1947 kaufen konnte, war vier Jahre später nur mehr ein Drittel übrig. Der „Diebstahl des Reallohns" wurde auch anhand eines Sakkos und eines Schuhpaares veranschaulicht.[74]

1.4.3 „Bei ihnen und bei uns": Feldzug gegen den Kapitalismus

Den propagandistischen Feldzug gegen den Marshallplan begleitete eine Reihe von Artikeln, die das kapitalistische System anprangerten. So widmete sich etwa einer dieser Beiträge der steigenden Zahl von Selbstmorden, die zum „Alltag der kapitalistischen Welt" gehörten.[75] Als Folge der „bourgeoisen Moral" würde der Mensch zum „Tier", zu „einem Sklaven des Kapitalismus" werden, wetterte einer der Artikel.[76] Die Arbeiterklasse lebe insgesamt schlecht,[77] und niemand kümmere sich „im kapitalistischen Österreich" um einen „alten, kranken Menschen, der noch arbeiten muss, um nicht zu verhungern".[78] Viele österreichische Wissenschaftler müssten mit ihrer Familie in einer Einzimmerwohnung leben.[79] Außerdem seien „bei ihnen" Arbeitslosigkeit und folglich „Hunger und Armut" weit verbreitet.[80]

„Hunger, Armut, Inflation, Krise" seien die „ewigen Begleiter des Kapitalismus", suggerierte Anfang 1948 eine Karikatur mit einem Sensenmann in der 5th Avenue. In diesem Kontext zitierte das Blatt mehrere „Briefe sowjeti-

71 S. Borisovič, V pomošč agitatoram i propagandistam. Maršallizacija Avstrii – nastuplenie na žizennyj uroven' trudjaščichsja, in: Za čest' Rodiny, 13.12.1949, S. 7.

72 N. Efimov, Plačevnye itogi maršallizacii, in: Za čest' Rodiny, 28.4.1950, S. 7.

73 WStLB, Plakatsammlung, P-6795.

74 O. Gavrilova, Novoe ograblenie trudjaščichsja Avstrii, in: Za čest' Rodiny, 10.8.1951, S. 7.

75 M. Konstantinov, Budi kapitalističeskogo mira. Samoubijcy, in: Za čest' Rodiny, 10.6.1948, S. 8.

76 A. Razgon, Lico buržuaznoj morali, in: Za čest' Rodiny, 18.9.1948, S. 7.

77 Plocho živetsja trudjaščimsja Avstrii, in: Za čest' Rodiny, 29.4.1949, S. 6.

78 Ju. Beljat, Novyj god – novye bedstvija. Avstrija na poroge Novogo goda, in: Za čest' Rodiny, 1.1.1949, S. 7.

79 I. Vladimirov, Raspad i razloženie buržuaznoj kul'tury, in: Za čest' Rodiny, 26.12.1948, S. 6.

80 P. Pavlov, Gore i niščeta. „Išču ljubuju rabotu", in: Za čest' Rodiny, 25.6.1949, S. 5.

scher Soldaten über die bourgeoise Wirklichkeit" und proklamierte beschwörend: „Verachtung und Abscheu ruft in unseren Herzen das kapitalistische System hervor."[81] Auch unter der Rubrik „Bei uns und bei ihnen" wurde auf „tragische" Folgen des „kapitalistischen Scheusals" hingewiesen, welches „das Blut aus dem Volk saugt". Hingegen spiegle sich „all unsere wunderbare sozialistische Wirklichkeit im Leben einer normalen sowjetischen Familie" wider. Denn: „Die sowjetische Macht, die bolschewistische Partei und Genosse Stalin haben für die sowjetischen Menschen ein freies und glückliches Leben bewirkt."[82] Auch sei die „kommunistische Gesellschaft" durch eine „gigantische Steigerung der industriellen und landwirtschaftlichen Produktion" geprägt, betonte ein langer Artikel den graduellen Übergang zum Kommunismus.[83]

Der Beitrag „Bei ihnen und bei uns" prangerte zudem die mangelnde Verehrung großer Komponisten und Künstler im kapitalistischen System an. Beispielsweise verfalle ein Wohnhaus von Joseph Haydn, da es einem Bauern gehöre, der „nicht viel vom großen Komponisten hält". Im Gegensatz dazu würden in der Sowjetunion sämtliche mit Revolutionären, Komponisten, Künstlern oder Schriftstellern verbundenen Orte „wie ein Heiligtum" gepflegt. Hier gebe es üblicherweise keine Schwierigkeiten, weil „das Volk selbst Eigentümer aller Ländereien, aller Häuser und Finanzen ist. Wir hängen weder von Kapitalisten noch von adeligen Gutsbesitzern ab."[84] Einmal mehr wurde damit die große Verehrung österreichischer Komponisten und Künstler durch sowjetische Besatzungssoldaten betont, wobei man zudem der festen Überzeugung einer systembedingten kulturellen Überlegenheit gegenüber der „kapitalistischen Ordnung" Ausdruck verlieh.

Gerade der direkte, plakative Vergleich der beiden Systeme durch eine konstante Verteufelung des Kapitalismus und eine nahezu pathetische Betonung der Überlegenheit des sozialistischen Systems sollte die – in einem kapitalistischen Land – stationierten sowjetischen Besatzungssoldaten gegen etwaige Versuchungen ihrer „bourgeoisen" Umgebung immun machen. Daher wurde auch permanent auf kapitalistische „Begleiterscheinungen" wie Hunger, Arbeitslosigkeit, Wohnungsnot und Armut hingewiesen, die sich den Armeeangehörigen eventuell nicht durch ihre persönlichen Erfahrungen erschlossen. Moskau war sich bewusst, wie sehr die dem Sozialismus „frem-

81 Prezrenie i otvraščenie vyzvyvaet v našich serdcach kapitalističeskij stroj. Pis'ma sovetskich voinov o buržuaznoj dejstvitel'nosti, in: Za čest' Rodiny, 16.1.1948, S. 6.

82 U nas i u nich. Sčast'e sovetskich ljudej, in: Za čest' Rodiny, 30.4.1949, S. 7.

83 I. Ančiškin, Puti zaveršenija stroitel'stva socializma i postepennogo perechoda k kommunizmu, in: Za čest' Rodiny, 15.12.1946, S. 4.

84 U nich i u nas, in: Za čest' Rodiny, 17.5.1946, S. 2.

de und feindliche Lebensweise" die Gefahr „politisch-ideologischer Diversion" in sich barg und wie verlockend die „bourgeoise Wirklichkeit" sein konnte. Die Zeitung der CGV „Za čest' Rodiny" versuchte, dieser Bedrohung durch ihre Berichterstattung und durch eine plakative Polarisierung des vermittelten Wertesystems gegenzusteuern.[85]

1.5 Vermittlung ausgewählter Werte

Neben der gezielten Propagierung von Feindbildern bestand eine weitere Funktion der Zeitung darin, den Besatzungssoldaten die „richtigen" Werte und ein Verhalten, das „der Heimat zur Ehre gereichte", näherzubringen. Breiter Raum wurde somit sportlichen Aktivitäten, Schachturnieren, Ausflügen in den Wienerwald, Veranstaltungen vom „Haus der Offiziere" und anderen Varianten einer „sinnvollen" Freizeitgestaltung eingeräumt.[86]

Diese Berichterstattung erfolgte vor dem Hintergrund der politisch-moralischen Schulung und der - erwünschten - Steigerung der Disziplin unter den Armeeangehörigen. Laufend erschienen Stalin-Zitate auf der Titelseite von „Za čest' Rodiny", welche die Grundlinie des Verhaltens vorgaben: „Die Rote Armee ist die erstklassigste Armee unserer Zeit, die die modernste Ausrüstung, das erfahrenste Kommando und eine hohe moralisch-militärische Qualität besitzt."[87] Im Mai 1945 erschien etwa die charakteristische Losung: „Unermüdlich muss die militärische Ausbildung vollendet und die Disziplin, die Ordnung und Organisiertheit in der ganzen Roten Armee gestärkt werden."[88]

In diesem Zusammenhang widmeten sich zahlreiche Artikel der „weiteren Stärkung" der Armee, wobei man als „Hauptaufgabe" die „Aufrechterhaltung von Disziplin und Ordnung" sah.[89] Selbst Mitte 1955 ging der Beitrag „So sollte jede unserer Kasernen sein" noch penibel auf die unterschiedlichen Aspekte des Militärdienstes ein: „In dieser Einheit werden Schulung und Erziehung des Personalstandes erfolgreich durchgeführt, was eine strenge innere Ordnung gewährleistet. [...] Das erlaubt den Soldaten, erfolgreich die militärische Ausbildung zu absolvieren und die Kampfbereitschaft der Einheit zu steigern", hieß es abschließend geradezu euphorisch.[90]

Zudem lieferte die CGV-Zeitung konkrete Anleitungen, wie die entsprechende Erziehung in den Einheiten im Idealfall zu erfolgen hatte. Als Vorlage

85 Siehe dazu auch das Kapitel B.I.1.1 „Kapitalismus und Kulturschock" in diesem Band.

86 Siehe dazu auch das Kapitel B.III.2 „Freizeit, Erholung, Urlaub" in diesem Band.

87 I. Stalin, Krasnaja Armija javljaetsja pervoknassnoj armiej, in: Za čest' Rodiny, 22.2.1946, S. 1.

88 I. Stalin, Neustanno svoeršenstvovat' boevuju vyučku, in: Za čest' Rodiny, 24.5.1945, S. 2.

89 Programma dal'nejščego ukrpelenija našej armii, in: Za čest' Rodiny, 24.2.1946, S. 1.

90 R. Grigor'janc, Takoj dolžna byt' každaja naša kazarma!, in: Za čest' Rodiny, 29.7.1955, S. 7.

diente ein Zehnpunktekatalog der GlavPURRKA für „Gespräche, Vorträge und Politschulungen", der thematisch vom „Großen Sieg der Roten Armee und des sowjetischen Volks über den deutschen Imperialismus", von der „Partei Lenins - Stalins" und „Genossen Stalin - Auslöser und Organisator der Siege der Roten Armee" über die „endgültige Zerschlagung des faschistischen Deutschlands", den „Sieg der slawischen Völker im Jahrhundertkampf gegen die deutschen Eindringlinge und die deutsche Tyrannei" und weitere Verdienste der Sowjetunion bis hin zur Aufforderung, „die Ehre und Würde des Soldaten der Roten Armee hochzuhalten", und zur Vermittlung von Militärtraditionen reichte.[91] Negativbeispiele[92] der Schulungen kamen ebenso zur Sprache wie ideale Vorbilder[93] und grundlegende Anregungen.[94]

Gerade auch im Ausland orientierte sich die Berichterstattung am „Arbeiter- und Bauernkalender des Sozialistischen Jahres":[95] Den Höhepunkt bildete das Jubiläum der „Großen Sozialistischen Oktoberrevolution", gefolgt von den Jahrestagen der Geburt und des Todes Lenins,[96] dem 1. Mai[97] und den Gedenktagen der Sowjetischen Armee und Flotte.[98]

1.5.1 Heldenverehrung

Eine identitätsstiftende Rolle fiel dabei bereits vollbrachten Heldentaten zu, die regelmäßig in Erinnerung gerufen wurden. Auch die Leser selbst wurden dazu animiert, von ihrem persönlichen Einsatz während des Zweiten Weltkrieges zu berichten. So schrieb die Redaktion von „Za čest' Rodiny" im Oktober 1945 einen Wettbewerb für eine „kleine Erzählung" aus und wandte sich damit direkt an die Rotarmisten und Offiziere: „Vor euren Augen, mit euren Händen wurden Heldentaten vollbracht, an die sich alle ehrlichen Leute noch hundert Jahre erinnern werden. Ihr habt unsere sozialistische Heimat von der Invasion des verfluchten Faschismus befreit, habt die heiligsten Ideale der Menschheit verteidigt. Ihr seid in den Kampf gezogen, ohne euer Leben zu schonen, im Namen des Glücks zukünftiger Generationen." Pathetisch erinnerte sie an das „gewaltige Material" an Zuschriften, das sich in der Redaktion angesammelt hatte: „In den Kämpfen, im Krieg hat der sowjetische

91 Tematika Glavnogo političeskogo upravlenija Krasnoj Armii dlja besed, dokladov i politzanjatij s ličnym sostavom, in: Za čest' Rodiny, 25.5.1945, S. 3.
92 S. Mel'nik, Tak li nužno organizovyvat' politzanjatija?, in: Za čest' Rodiny, 19.5.1946, S. 5.
93 Zadači idejnogo vospitanija oficerskich kadrov, in: Za čest' Rodiny, 25.5.1945, S. 3.
94 I. Ostapenko, Čtoby učit' drucgich, nado učit'sja, in: Za čest' Rodiny, 27.9.1946, S. 2.
95 Siehe dazu auch das Kapitel B.III.3.2 „Feiern, Kranzniederlegungen, Festtage" in diesem Band.
96 Podgotovka k leninskim dnjam, in: Za čest' Rodiny, 17.4.1955, S. 1.
97 Pervomajskij prazdnik za rubežom, in: Za čest' Rodiny, 4.5.1946, S. 7.
98 Slavnaja godovščina, in: Za čest' Rodiny, 22.2.1946, S. 1.

Mensch der ganzen Welt noch einmal gezeigt, wozu ein Soldat in der Lage ist, der von den edlen Ideen Lenins - Stalins begeistert ist." Als Preise für die vier besten Erzählungen winkten ein Akkordeon, ein Radio, ein Fotoapparat und Bücher.[99]

Besonders ritualisiert beging man den 13. April als Jahrestag der Einnahme Wiens sowie den 9. Mai als „Tag des Sieges". Kurze Lebensläufe und Porträtfotos einzelner Soldaten riefen ihren Heroismus in Erinnerung. Auch die Dankbarkeit der „Völker, die von der hitlerischen Sklaverei befreit wurden und zu Recht in den sowjetischen Soldaten die wahren Verteidiger von Freiheit und Frieden sehen", trat in diesen Artikeln in den Vordergrund.[100] Zum 13. April erschienen Erinnerungen sowjetischer Kriegsteilnehmer, die dramatisch die Ereignisse in Wien 1945 wiedergeben[101] und einzelne Heldentaten besonders herausgreifen.[102] Den „jungen Soldaten" führte man somit vor Augen, „wie die Helden der Eroberung Wiens für den Sieg unserer Heimat kämpften", und mahnte sie, „die Staatsinteressen unserer großen Heimat zu wahren und die Ehre und Würde des sowjetischen Soldaten im Ausland hochzuhalten".[103]

Zugleich gedachte man regelmäßig der gefallenen sowjetischen Soldaten, wobei gerne auf das im August 1945[104] enthüllte Denkmal auf dem Wiener Schwarzenbergplatz als Symbol der Ehrerbietung rekurriert wurde.[105] 1946 berichtete „Za čest' Rodiny" außerdem über die anlässlich des „ersten Jahrestages der Befreiung Wiens durch die Rote Armee" erfolgten Umbenennungen des Schwarzenbergplatzes in „Stalinplatz", der Reichsbrücke in „Brücke der Roten Armee", der Floridsdorfer Brücke in „Malinowskibrücke" und der Laxenburger Straße im 10. Gemeindebezirk in „Tolbuchinstraße".[106]

Die großen Verdienste der Roten Armee bei der Befreiung Österreichs, „dem ersten Opfer der hitlerschen Aggression", von der „faschistischen Skla-

99 Konkurs redakcii gazety „Za čest' Rodiny" na malen'kij rasskaz, in: Za čest' Rodiny, 17.10.1945, S. 4.

100 S. Borzunov - M. Alekseev, Toržestvo v stolice Avstrii - Vene. Parad sojuznych vojsk na ploščadi Stalina, in: Za čest' Rodiny, 9.5.1946, S. 3.

101 Stoim na straže zavoevannogo mira. Učastniki boev za Venu rasskazyvajut, in: Za čest' Rodiny, 13.4.1948, S. 4.

102 A. Razgon, V bojach za Venu, in: Za čest' Rodiny, 13.4.1949, S. 5.

103 Godovščina slavnoj pobedy, in: Za čest' Rodiny, 13.4.1946, S. 1.

104 A. Vercholetov, Otkrytie pamjatnika pogibščim voinam Krasnoj Armii v gorode Vena, in: Za čest' Rodiny, 21.8.1945, S. 3.

105 Na mogily pigobščich sovetskich voinov vozloženy venki, in: Za čest' Rodiny, 13.4.1946, S. 3; Slava osvoboditelej bessmertna!, in: Za čest' Rodiny, 16.4.1949, S. 3.

106 Ploščad' imeni Stalina i most imeni Krasnoj Armii, in: Za čest' Rodiny, 13.4.1946, S. 1. Im Juli 1956 beschloss der Wiener Gemeinderatsausschuss, jene Verkehrsflächen, die „russische Bezeichnungen" erhalten hatten, wieder umzubenennen. Vgl. Auf allgemeines Verlangen: Die russischen Straßenbezeichnungen abgeschafft. Der Stalinplatz heißt wieder Schwarzenbergplatz, in: Arbeiter-Zeitung, 19.7.1956, S. 1.

verei" und die Rolle der Sowjetunion „als bester Freund des österreichischen Volkes" wurden auch 1955 anlässlich der Unterzeichnung des Staatsvertrages und des bevorstehenden Truppenabzuges noch einmal hervorgehoben.[107] Unter Berufung auf den Befehl Nr. 125 von Verteidigungsminister Žukov[108] vom 31. Juli 1955 betonte die Zeitung mehrfach, wie „vorbildlich" die sowjetischen Soldaten „ihre Pflicht gegenüber der Heimat" erfüllt hätten. Als Beweis hierfür zog sie die „aufrichtigen Gefühle der Dankbarkeit der örtlichen Bevölkerung" heran, die diese der sowjetischen „Befreiungsarmee" entgegenbrachte,[109] oder die „Unbestechlichkeit" sowjetischer Soldaten, die zur Verhaftung einer „großen Spionin" geführt habe.[110]

Darüber hinaus stellte „Za čest' Rodiny" für Agitatoren eigene Themenlisten zusammen, die diese mit den Armeeangehörigen besprechen sollten. Auch hier wurde auf die zahlreichen Opfer hingewiesen, welche die Sowjets „im Namen der Freiheit und Unabhängigkeit Österreichs" erbracht hätten und wofür ihnen die Dankbarkeit der Bevölkerung sicher sei. Hinweise auf den Einsatz der Roten Armee, der eine Zerstörung Wiens verhindert habe, die Lebensmittelhilfe 1945 oder die Hilfeleistungen bei der Hochwasserkatastrophe 1954 zählten ebenso dazu wie das generell mustergültige Verhalten der Soldaten. Mit „Ehre und Würde" hätten sie in Österreich gedient und ihre „militärische Ehre" in keiner Weise „befleckt", sollten die Agitatoren demnach ihren Zuhörern vermitteln: „Während sie den staatlichen Interessen der sozialistischen Heimat verlässlich nachkamen, hegten sie gleichzeitig die freundschaftlichsten Gefühle für die Bevölkerung des vom faschistischen Joch befreiten Landes." Auf das in mehrfacher Weise ambivalente Verhältnis zwischen Befreiern und Befreiten wurde hier nicht einmal ansatzweise eingegangen.[111]

Somit trug sicher auch das wenig später als Armeezeitung der Zentralen Gruppe der Streitkräfte eingestellte Blatt dazu bei, das Selbstbild der „fortgeschrittensten, kultiviertesten und humansten Armee der Welt",[112] die Erinnerungen an ihren Einsatz in Österreich und die gezielt etablierten Feindbilder in den Köpfen seiner Leser zu verankern.

107 L. Leonidov, Sovetskij Sojuz – lučšij drug avstrijskogo naroda, in: Za čest' Rodiny, 21.6.1955, S. 7.

108 Siehe dazu auch das Kapitel A.III.3.4 „Abschied von Österreich: Truppenabzug und Auflösung der Kommandanturen" in diesem Band.

109 B. Maksimov, Nam rukopleščut žiteli Veny, in: Za čest' Rodiny, 3.8.1955, S. 3.

110 P. Akimov, Sovetskie voiny v Avstrii opravdali doverie Rodiny. S čuvstvom vyskokoj otvetstvennosti, in: Za čest' Rodiny, 3.8.1955, S. 3.

111 Agitator, pobesedyj na ėtu temu s voinami. Sovetskie voiny v Avstrii s čest'ju vypolnili svoj dolg, in: Za čest' Rodiny, 7.8.1955, S. 5.

112 Ebd.

III. FORMEN DER ERINNERUNG

Im Folgenden stehen die retrospektive Auf- bzw. Verarbeitung der Besatzungserfahrung aus sowjetischer Sicht, der Umgang in der Gesellschaft mit diesem Thema sowie die öffentliche wie private Erinnerung im Vordergrund. In diesem Zusammenhang ist insbesondere auch die Rolle des sowjetischen Nachkriegssystems von Interesse, das den ehemaligen Besatzungssoldaten bis in die 1980er Jahre beispielsweise Kontakte zu Österreichern (insbesondere zu ehemaligen österreichischen Geliebten oder in Österreich geborenen Besatzungskindern) weitestgehend untersagte. Auf der anderen Seite wurde gerade der endgültige, triumphale Sieg über Deutschland und seine Verbündeten zu einem nationalen Feiertag hochstilisiert, der bis heute mit großem Aufwand begangen wird. Institutionalisiertes und privates Erinnern sind daher nicht getrennt voneinander zu betrachten, sondern beeinflussten einander nicht unwesentlich. Insofern stellt sich die Frage, inwieweit Zensur bzw. restriktive Politik die literarische Tätigkeit ehemaliger sowjetischer Besatzungssoldaten beeinflusste oder sogar verhinderte. Dieser Problemstellung liegt das Ziel zugrunde, die Rolle des sowjetischen und postsowjetischen Nachkriegssystems bezüglich der - nicht nur schriftlichen - Erinnerung aufzuzeigen.

1. Institutionalisierte Erinnerung im Wandel

1.1 Rituale und Inszenierungen zu jährlichen Feierlichkeiten

„Wien, die Alpen und die Donau erinnern sich an den blühenden, singenden, klaren Mai", lautet der Refrain eines beliebten Liedes der 4. Garde-Armee, die im Frühjahr 1945 an der „Einnahme Wiens" beteiligt war. Bis heute singen die Veteranen bei ihren jährlichen Treffen dieses Lied und rezitieren Gedichte vom „heroischen Mai" 1945. Die Erinnerung an den „Großen Vaterländischen Krieg" und die Befreiung Europas vom „Faschismus" nimmt im historischen Selbstverständnis der heutigen russischen Gesellschaft einen mindestens ebenso großen Stellenwert ein wie in den Jahrzehnten vor dem Zerfall der Sowjetunion. Schließlich haben traditionelle sowjetische Themen wie die Große Oktoberrevolution, der siegreiche Bürgerkrieg oder die Erfolge des kommunistischen Sozial- und Wirtschaftssystems ihren Glanz als historische Erfolgsgeschichten längst eingebüßt. Zugleich rücken Stalins Massenverbrechen - vor allem gegen die eigene Bevölkerung - immer mehr in den Vordergrund. Wenig überraschend gaben bei einer aktuellen Umfrage nach den großen Leistungen, auf die Russland stolz sein könne, 80 Prozent der Befragten den Sieg über die NS-Herrschaft in Europa an.[1] Zugleich werden die negativen, tragischen Seiten der sowjetischen Geschichte zunehmend aus dem öffentlichen Bewusstsein verdrängt. Unter dem Vorwand, die Gesellschaft „von einem Schuldkomplex zu befreien", wird versucht, sie ihrer historischen Verantwortung zu entbinden. Erklärtes Ziel sei ein „positives" Geschichtsbild, das eine „glückliche Identität" vermitteln solle, betont die Moskauer Historikerin Irina Ščerbakova.[2] Das alljährliche Jubiläum am 9. Mai wird entsprechend bombastisch inszeniert.

1.1.1 Tag des Sieges

Die jährlichen Feierlichkeiten zum „Tag des Sieges über den Hitlerfaschismus" („den' pobedy") bildeten den Höhepunkt in der offiziellen sowjetischen Chronotopie des Erinnerns und Gedenkens der Sowjetunion wie auch der Russischen Föderation. Kein anderes Ereignis prägt bis heute das kollektive Gedächtnis des Landes so nachhaltig wie der „Große Vaterländische Krieg", der mit einem triumphalen Sieg endete: Am Morgen des 9. Mai 1945 verkündete Stalin in seiner Radioansprache die Kapitulation Deutschlands, woraufhin sich im ganzen Land Menschen spontan auf den Straßen versammelten und das Ende des Zweiten Weltkrieges feierten. Am 24. Mai 1945 fand auf dem Roten Platz in Moskau ein als Siegesparade bekannt gewordener triumphaler Festakt statt, der vor allem die eigene militärische Stärke demonstrierte. Der 9. Mai blieb zunächst nur für zwei Jahre als arbeitsfreier Tag bestehen. Erst 1965, zum 20. Jahrestag des Kriegsendes, wurde der „Tag des Sieges" zum offiziellen Nationalfeiertag erklärt und erstmals wieder eine Militärparade anlässlich des Jahrestages abgehalten.[3] Damit begann die „Ursupierung" durch die sowjetische Propaganda: „Die Geschichte des blutigen Krieges verwandelte sich in die eines großartigen Sieges" und wurde zu einem „Gegenstand persönlichen und kollektiven Stolzes".[4]

1 Peter Jahn, Stütze der Erinnerung – Last der Erinnerung, in: Peter Jahn (Hg.), Triumph und Trauma. Triumf i bol'. Sowjetische und postsowjetische Erinnerung an den Krieg. Sovetskaja i postsovetskaja pamjat' o vojne 1941–1945. Berlin 2005, S. 8–22, hier: S. 16.

2 Irina Ščerbakova, „Stalin war ein effizienter Manager". Zur Diskussion über neue Geschichtslehrbücher in Russland, in: Horch und Guck. Zeitschrift zur kritischen Aufarbeitung der SED-Diktatur. 2009/2, S. 56–59, hier: S. 56.

3 Peter Jahn (Hg.), Triumph und Trauma. Triumf i bol'. Sowjetische und postsowjetische Erinnerung an den Krieg. Sovetskaja i postsovetskaja pamjat' o vojne 1941–1945. Berlin 2005, S. 43.

4 Irina Scherbakowa, Zerrissene Erinnerung. Der Umgang mit Stalinismus und Zweitem Weltkrieg im heutigen Russland. Göttingen 2010, S. 31.

Abb. 114: Rotarmisten und Österreicherinnen tanzen vor dem Wiener Parlament anlässlich des Kriegsendes. Die Feierlichkeiten zum 9. Mai, dem „Tag des Sieges", wurden ab 1946 jährlich inszeniert. (Quelle: RGAKFD, Foto: Leonidov)

Auch in Österreich legte die sowjetische Besatzungsmacht ab 1946 besonderen Wert auf die feierliche Begehung der Jahrestage der Befreiung. Nach dem Abzug der Truppen galten derartige Feiern vielerorts als „überholt" und wurden von österreichischer Seite eingestellt. In Wien lädt allerdings die Russische Botschaft alljährlich zu einem Empfang, in dessen Vorfeld die sowjetischen Kriegsgräber auf dem Zentralfriedhof besucht und Kränze am Denkmal des Unbekannten Soldaten auf dem Schwarzenbergplatz niedergelegt werden.[5]

Für den singulären Stellenwert des Siegestages war einerseits die wechselseitige Resonanzwirkung der drei aufeinanderfolgenden Feierzeremonien zum 22. April (Lenins Geburtstag),[6] zum 1. Mai und schließlich zum 9. Mai verantwortlich. Bis heute nehmen die sogenannten „Maifeiertage" einen zentralen Platz in der privaten Agenda der Feierkultur Russlands ein. Erst ab Mitte des Monats geht man wieder zur normalen Tagesordnung über. Andererseits gedachte das gesamte Land an diesem Tag des gewaltigen Ausmaßes

5 Siehe dazu auch das Kapitel B.III.3.2.3 „Befreiungsfeiern" in diesem Band.

6 Lenins Geburtstag wurde in der Sowjetunion weniger als gesellschaftliches Ritual, sondern vielmehr als offizieller, propagandistisch inszenierter Feiertag begangen, der allerdings kein freier Arbeitstag war. Neben den „Maifeiertagen" bildeten traditionell die „Novemberfeiertage" die wichtigsten Feiertage. Vgl. Ol'ga Pavlenko, Elektronische Nachricht an Barbara Stelzl-Marx. 11.11.2009.

der nationalen Tragödie, des privaten Leids sowie des gigantischen Einsatzes der Armee und Bevölkerung während des Krieges. Während mit Militärparaden, Massendemonstrationen und Veteranentreffen von innenpolitischen oder wirtschaftlichen Konflikten abgelenkt werden konnte, schien der Traum von einer weltweiten Anerkennung an diesem Ausnahmetag in Erfüllung zu gehen. Der 9. Mai erinnerte daran, dass der Sieg über den Nationalsozialismus die Sowjetunion zur Weltmacht und den USA ebenbürtig gemacht hatte. Zweifellos instrumentalisierten Partei und Staat die Erinnerung daran, die auch in Denkmalskomplexen, Monumentalfilmen oder in der Literatur ihren Ausdruck fand.[7]

Eine treibende Kraft stellten auch die in den 1950er Jahren gegründeten, aber erst in den 1960er Jahren aktiv gewordenen Veteranenverbände dar. Sie reagierten auf die Angst der Kriegsgeneration, ihre Leistungen und die Bedeutung des Ereignisses würden sukzessive in Vergessenheit geraten. Im Zuge des politischen Umschwungs in der zweiten Hälfte der 1980er Jahre kamen zudem Themen aufs Tapet, die bis dahin weitestgehend tabuisiert worden waren: die Kollaboration mit den deutschen Besatzern, die tatsächlichen Kriegsverluste, Racheexzesse von Rotarmisten, stalinistische Verbrechen oder die bis dahin öffentlich geächteten ehemaligen sowjetischen Kriegsgefangenen und Zwangsarbeiter. Die Veteranen mussten befürchten, dass dadurch das Ansehen der Roten Armee geschmälert und zugleich ihre Heldentaten an Glanz verlieren würden. Bis heute üben die Verbände einen beachtlichen Einfluss auf Formen und Inhalt der öffentlichen Kriegserinnerung aus. Sie sorgen für einen – in ihren Augen – angemessenen Platz der Kriegserinnerung in der Gesellschaft. Der Zerfall der Sowjetunion, der für viele Verarmung und den Verlust ihrer Lebensperspektive bedeutet hatte, verlieh der Erinnerung an den Sieg ein noch größeres Gewicht.[8]

Nach wie vor sieht die Mehrheit der noch lebenden Kriegsteilnehmer den 9. Mai als „ihren" Tag. Kinder überreichen ihnen Blumen oder Zeichnungen und werden von ihren Eltern angehalten, sich bei den Veteranen persönlich zu bedanken. Ausgewählten Funktionären von Veteranenverbänden wird die besondere Ehre zuteil, der Militärparade auf dem Roten Platz beizuwohnen. Auf zentralen Plätzen und in Parks des ganzen Landes versammeln sich die einstigen Kameraden nach Regimentern, um gemeinsam die Erinnerun-

7 Igor J. Polianski, Die kleineren Übel im großen Krieg. Der 60. Jahrestag des Sieges: Das Fest des historischen Friedens und der Krieg der Geschichtsbilder zwischen Baltikum und Russland, in: Zeitgeschichte-online, Thema: Die russische Erinnerung an den „Großen Vaterländischen Krieg", in: http://www.zeitgeschichte-online.de/zol/_rainbow/documents/pdf/russerinn/polianski.pdf. 13.5.2005, 17.10 Uhr; Jahn, Stütze der Erinnerung, S. 13f.

8 Jahn, Stütze der Erinnerung, S. 14–16.

gen an die Kriegszeit wachzuhalten. Sie singen traditionelle Lieder, essen mitgebrachte Speisen und stoßen auf den Sieg, mitunter auch auf Stalin, an. In Moskau werden alljährlich im Gor'kij-Park improvisierte Festtafeln aufgestellt. Auch weibliche Kriegsteilnehmerinnen, die in der breiten öffentlichen Repräsentanz der Veteranen jahrzehntelang kaum wahrzunehmen gewesen waren, treffen sich an diesem Tag und rufen sich die gemeinsame Zeit an der Front in Erinnerung. Neben den öffentlichen Ritualen sind es gerade die privaten Zusammenkünfte, die den „Tag des Sieges" zu einem willkommenen Feiertag machen.[9]

1.1.2 Aktuelle Instrumentalisierung und Maßnahmen gegen die „Verfälschung"

Gerade in der jüngsten Vergangenheit diente der „Tag des Sieges" zur Demonstration eines - neuerlich erstarkten - Selbstbewusstseins Russlands, seiner Rolle als Großmacht und militärischen Stärke: 2005 wurde das Jubiläum so feierlich wie noch nie in der postsowjetischen Zeit begangen. Die Fehler und Verbrechen der sowjetischen Führung, die militärischen Verluste, die Deportationen und Millionen Kriegsgefangenen wurden dabei ausgeklammert.[10] 2008 wurde erstmals seit dem Zerfall der Sowjetunion eine spektakuläre Militärparade auf dem Roten Platz mit Panzern und sogar Interkontinentalraketen vom Typ Topol-M abgehalten.[11]

In Ermangelung anderer gesellschaftlicher Bindemittel entwickelte sich der Sieg über den Faschismus zum Hauptpfeiler der nationalen Identität, weswegen der Sieg mit kollektiven Ritualen des Siegerkultes reproduziert wird. Emotional und moralisch bedient die postsowjetische Erinnerungskultur den Stolz auf eine ruhmreiche Vergangenheit, die in die als weniger glorreich empfundene Gegenwart hineinreicht und die - ungeachtet der Schreckensherrschaft Stalins - weitestgehend als nicht belastet gilt. Der schwierige Alltag der Kriegsgeneration kommt dabei ebenso wenig zur Sprache wie die Frage, warum der Preis des Sieges mit 27 Millionen Toten so hoch war.[12]

Vor diesem Hintergrund ist es auch nicht weiter verwunderlich, dass Vladimir Putin 2001 anlässlich einer Begegnung mit Historikern forderte, die Verdienste des siegreichen Russlands, insbesondere die Rolle seiner Gene-

9 Ebd., S. 20, 144–156; Jahn, Mascha + Nina + Katjuscha, S. 166.

10 Arsenij Roginskij, Erinnerung und Freiheit. Die Stalinismus-Diskussion in der UdSSR und Russland, in: Osteuropa. 2011/4, S. 55–70, hier: S. 63.

11 Wieder Siegesparade, in: Die Presse, 6.3.2008, S. 7.

12 Jutta Scherrer, Russlands neue-alte Erinnerungsorte, in: Aus Politik und Zeitgeschichte. 2006/11, S. 24–28, hier: S. 26.

räle, stärker zu betonen.[13] 2008 ging man noch einen Schritt weiter: Für den 12. Februar erhielten geschichtswissenschaftliche Institute und Fakultäten in Moskau eine Einladung zu einem internen runden Tisch, der sich dem Thema „Der Verfälschung der Geschichte zum Schaden Russlands entgegentreten - eine Aufgabe von gesamtstaatlicher Priorität" widmete. Man wollte diskutieren, ob man mit der Unterstützung von Historikerkommissionen, Kriegsveteranenverbänden und Russen im Ausland gegen die „heutige Spirale der Fälschungen" vorgehen könne.[14]

Am 15. Mai 2005 ließ Präsident Dmitrij Medvedev eine entsprechende Kommission einrichten, deren Hauptaufgabe darin bestand, „der Verfälschung der Geschichte zum Schaden Russlands" entgegenzutreten. Gleichzeitig kursierte im Parlament ein Gesetzesentwurf, der die „Leugnung des Sieges im Großen Vaterländischen Krieg" unter Strafe stellen sollte.[15] Die große historische Errungenschaft des Landes, die gleichsam als „nationalpatriotischer Kitt" dient, sollte nicht „beschmutzt" werden.[16] Auf derartige Versuche der Diskreditierung müsse Russland mit aller Härte reagieren, hatte Medvedev bei einem Treffen mit Veteranen kurz zuvor betont.[17]

Innerhalb der historisch-philosophischen Klasse der Russischen Akademie der Wissenschaften kam ein Brief des Leiters des Departements für Geschichte in Umlauf, worin die einzelnen Institutsleiter um Mitwirkung bei der Aufdeckung der Verfälschung der Geschichte ersucht wurden. Zugleich legte man ihnen nahe, bekannt zu geben, welchen Anteil einzelne Institutsmitglieder bei der Entlarvung der „Falsifizierung und der historisch-kulturellen Konzepte, die den Interessen Russlands Schaden zufügten", hatten.[18] Die russische Historikerin Julija Kantor warf im Interview mit Vasilij Christoforov, dem Leiter des FSB-Archivs, daher die Frage auf, ob eine derartige Weisung der Akademie der Wissenschaften nicht den Impuls zu professioneller Denunziation geben könne.[19]

Die Einrichtung einer derartigen Kommission ist ein weiterer Beweis dafür,

13 Ebd.

14 Markus Wehner, Gescheiterte Revolution. In Russlands Archiven gehen die Uhren rückwärts, in: Osteuropa. 2009/5, S. 45–58, hier: S. 45.

15 Ein Schlag gegen die historische Forschung. Neue Kommission soll die „Verfälschung der Geschichte" bekämpfen, in: Die Presse, 27.5.2009, S. 5.

16 Burkhard Bischof, Russlands Kreuz mit der Historie. Die staatlich verordnete Reinwaschung Stalins kann nur böse Erinnerungen wecken, in: Die Presse, 27.5.2009, S. 27.

17 Dmitrij Medvedev spasaet istoriju, in: http://news.ru.msn.com/local/article.aspx?cp-documentid=16961183&imageindex=1. 20.5.2009, 12.58 Uhr.

18 V. A. Tiškov, Schreiben an die Institutsleiter der historisch-philosophischen Klasse der Russischen Akademie der Wissenschaften. Moskau 23.6.2009.

19 Julija Kantor, Istoriej upravljat' nel'zja, in: Vremja novostej Nr. 118, 7.7.2009, in: http://www.vremya.ru/print/232671.html. 21.7.2009, 14 Uhr.

wie sensibel die heutige russische Führung auf Versuche reagiert, den Mythos des Sieges über Deutschland infrage zu stellen. Der Erinnerungskult wird sowohl im privaten wie auch im öffentlichen Gedächtnis zelebriert. Bis heute sehen viele die Erinnerung an den Krieg als Teil eines „genetischen Volksgedächtnisses". Gerade einschlägigen Orten der Erinnerung kommt dabei die Rolle zu, den Stolz auf eine ruhmreiche Vergangenheit aufrechtzuerhalten.

1.2 Orte der Erinnerung

Über Jahrzehnte wurde die Erinnerung an den „Großen Vaterländischen Krieg" in den verschiedensten Ausdrucksformen wachgehalten und immer wieder neu aktiviert, wodurch sie sich zu einem tief verinnerlichten kulturellen Handlungsrahmen entwickelte. Einen wichtigen Beitrag dazu leisten Gedenkstätten und Museen, die als Bestandteil der privaten Lebenswelt zu unterschiedlichen Anlässen besucht werden. Zu diesem ritualisierten Kriegsgedächtnis zählt etwa, dass Brautpaare das „Ewige Feuer", das Grab des Unbekannten Soldaten oder andere Gedenkstätten aufsuchen und dort im Gedenken an die Toten des Krieges Blumen niederlegen.[20]

Bald nach Kriegsende ließ die Sowjetunion die ersten großen Denkmäler und Denkmalensembles zur Erinnerung an die gefallenen sowjetischen Soldaten errichten – allerdings nicht im eigenen Land, sondern in den sowjetisch besetzten Teilen Deutschlands und Österreichs sowie in Osteuropa. Bereits 1945 wurden in Wien, Warschau und Königsberg/Kaliningrad Heldendenkmäler der Roten Armee enthüllt,[21] 1947 entstand das Denkmal für die sowjetischen Soldaten auf dem Budapester Gellertberg, und 1949 wurde in Berlin-Treptow das größte von insgesamt drei sowjetischen Ehrenmalen eingeweiht.[22] Die Kriegerdenkmäler sind nicht nur ein Erinnerungszeichen an die Gefallenen, sondern auch ein öffentliches Bekenntnis zu den Soldaten.[23] Ähnlich wie die Kriegerdenkmäler für gefallene Wehrmachtssoldaten in Österreich fungierte diese Kategorie der Gefallenendenkmäler gewissermaßen als „Norm kollektiven Erinnerns".[24]

20 Jahn, Triumph und Trauma, S. 166–171.

21 Siehe dazu auch das Kapitel B.III.3.1.3 „Steinernes Gedächtnis" in diesem Band.

22 Jahn, Triumph und Trauma, S. 92–97.

23 Heidemarie Uhl, Erinnern und Vergessen. Denkmäler zur Erinnerung an die Opfer der nationalsozialistischen Gewaltherrschaft und an die Gefallenen des Zweiten Weltkrieges in Graz und in der Steiermark, in: Stefan Riesenfellner – Heidemarie Uhl (Hg.), Todeszeichen. Zeitgeschichtliche Denkmalkultur. Wien – Köln – Weimar 1994, S. 111–195, hier: S. 150f.

24 Heidemarie Uhl, Transformationen des österreichischen Gedächtnisses. Geschichtspolitik und Denkmalkultur in der Zweiten Republik, in: Ulf Brunnbauer (Hg.), Eiszeit der Erinnerung. Vom Vergessen der eigenen Schuld. Wien 1999, S. 49–64, hier: S. 54.

In der Sowjetunion selbst wurden zunächst im Gebiet der ehemaligen Kampfhandlungen schlichte Gedenksteine, Denkmäler und Ehrenmale für die Gefallenen errichtet. Allein im europäischen Teil der Russischen Föderation waren es rund 27.000. Diese überwiegend an Grabstätten und auf Kriegsfriedhöfen angebrachten Obelisken, Gedenktafeln und Grabstelen wurden meist ohne größeren Aufwand angelegt. Lediglich für prominente Kriegsteilnehmer gestaltete man Büsten oder Standfiguren aus Bronze auf einem granitenen Sockel, die zur Gattung der konventionellen Grab- und Memorialskulptur gehören.[25] In praktisch allen Orten und Städten der Sowjetunion wurden Soldatendenkmäler aus Bronze oder Stein errichtet, die auf eine Sakralisierung des Sieges verweisen.[26]

Mit dem 20. Jahrestag des Kriegsendes setzte zudem die Phase kolossaler Mahnmale und Kurgane, der künstlichen Memorialhügel, ein, die vor allem ein Ausdruck des Triumphs über den Feind und des kollektiven Heldentums sind und zugleich das Gedächtnis an die Opfer verewigen sollten. Durch die Errichtung von Gedenkorten unter der Losung „Sieg des sowjetischen Volkes im Großen Vaterländischen Krieg" konstituierte sich das „mächtige quasikollektive Veteranengedächtnis".[27] Diese Monumentalisierung und Symbolisierung der Kriegserinnerung ist einerseits auf den Willen der Partei, ihre Führungsrolle durch die Erinnerung an den Sieg zu legitimieren und zu festigen, andererseits auf die Angst der Veteranen, ihre Leistungen würden in Vergessenheit geraten, zurückzuführen. Im Vordergrund stehen daher Symbole von Tapferkeit und Siegeswillen, die der Tradition des monumentalen stalinistischen Stils verhaftet sind.[28]

Das wohl pompöseste unter den Denkmalensembles entstand in den Jahren 1963 bis 1967 in Wolgograd auf dem Mamaev-Hügel („Mamaev Kurgan"), der während der Schlacht um Stalingrad unter dem Namen „Höhe 102" zu einem strategisch äußerst wichtigen Punkt geworden war. Dieser Kontemplationsort, an dem sich Natur, Skulptur und Architektur vereinigen und der zur aufsteigenden Prozession auffordert, lädt zu mehrtägigen Pilgerfahrten bzw. einem richtiggehenden Memorialtourismus ein.[29] Die Gedenkstätte besteht aus einem Park und einem durch Treppen und Terrassen in sieben Plätze gegliederten Komplex, auf denen 13 verschiedene, aus Plastiken,

25 Frank Kämpfer, Vom Massengrab zum Heroen-Hügel. Akkulturationsfunktionen sowjetischer Kriegsdenkmäler, in: Reinhart Koselleck – Michael Jeismann (Hg.), Der politische Totenkult: Kriegerdenkmäler in der Moderne. München 1994, S. 327–350, hier: S. 331f.; Jahn, Triumph und Trauma, S. 106.

26 Frau Dr. Ol'ga Pavlenko, Moskau, danke ich herzlich für diesen Hinweis.

27 Scherbakowa, Zerrissene Erinnerung, S. 35.

28 Ebd., Jahn, Triumph und Trauma, S. 102–105.

29 Kämpfer, Vom Massengrab zum Heroen-Hügel, S. 334.

Statuen und Reliefs bestehende Elemente errichtet wurden. Unübersehbar ist die 85 Meter hohe Monumentalskulptur „Mutter Heimat ruft!", die sich - zunächst noch wegen ihrer körperbetonten Kleidung und ihres eher unmilitärischen Aussehens kritisiert - mit ihrem Ausdruck aggressiven Triumphs zum bekanntesten Symbol des siegreichen Krieges entwickelte.[30] Für das persönliche Gedächtnis gewöhnlicher Menschen bleibt da kein Platz.[31]

Neben den unzähligen Gedenktafeln, Skulpturen, Mahnmalen oder Mosaiken wie jenen in der Moskauer Metrostation Komsomol'skaja, die über das ganze Land verteilt sind und die Kriegserinnerung im öffentlichen Raum prägen, erfolgte auch eine Musealisierung des „Großen Vaterländischen Krieges". Zu den großen Komplexen zählen primär das 1968 in Wolgograd eröffnete Panoramamuseum „Stalingrader Schlacht" („Panorama ‚Stalingradskaja bitva'"), in dessen Zentrum das größte Panoramagemälde Russlands mit dem Titel „Niederlage der faschistischen Truppen bei Stalingrad" steht, und das in Kiew errichtete „Museum des Großen Vaterländischen Krieges".

Ein zentrales Moskauer Museum des „Großen Vaterländischen Krieges" wurde nach jahrzehntelangen Planungen, Diskussionen und dem Druck der Veteranenverbände erst zum 50. Jahrestag des Sieges 1995 fertiggestellt. Das auf einer Fläche von beinahe 140 Hektar verteilte Ensemble auf dem „Verneigungshügel" („Poklennaja Gora") besteht aus einem halbkreisförmigen Zentralgebäude mit Kuppel, in dem das Museum, eine Gemäldegalerie und Gedenkräume untergebracht sind, einem „Siegespark" und mehreren Denkmälern. Kurz nach der Eröffnung wurde es um ein Museum der jüdisch-russischen Geschichte und des Holocaust, eine orthodoxe Kirche, eine Moschee und eine Synagoge ergänzt.[32] Das monumentale Gebäude des „Museums des Sieges" („Muzej Pobedy") bildet den Hintergrund für den Siegesobelisken mit einer symbolträchtigen Höhe von 141,8 Metern - zehn Zentimeter für jeden Kriegstag. Geschmückt ist das wohl gewaltigste Denkmal Moskaus mit den in Reliefs eingebetteten Namen der „Heldenstädte". Auch der gewählte Ort des vom georgischen Künstler, Architekten und Bildhauer Zurab Cereteli geschaffenen Erinnerungskomplexes ist symbolreich: Hier hatte Kutuzov nach Tolstojs Epos „Krieg und Frieden" 1812 einen Kriegsrat abgehalten,

30 Jahn, Triumph und Trauma, S. 102–105; Sabine Rosemarie Arnold, „Das Beispiel der Heldenstadt wird ewig die Herzen der Völker erfüllen!" Gedanken zum sowjetischen Totenkult am Beispiel des Gedenkkomplexes in Volgograd, in: Reinhart Koselleck - Michael Jeismann (Hg.), Der politische Totenkult: Kriegerdenkmäler in der Moderne. München 1994, S. 351–374, hier: S. 351f. Zur Entstehung des Museums vgl. auch: Federal'noe Archivnoe Agenstvo - Rossijskij Gosudarstvennyj Archiv Novejšej Istorii (Hg.), Pamjatnik Pobedy. Istorija sooruženija memorial'nogo kompleksa pobedy na Poklonnoj gore v Moskve. Sbornik dokumentov 1943–1991 gg. Moskau 2004.

31 Scherbakowa, Zerrissene Erinnerung, S. 35.

32 Jahn, Triumph und Trauma, S. 122–125, 190–193.

bevor er sich mit der russischen Hauptstreitmacht aus Moskau zurückzog. Wenig später erblickte Napoleon von derselben Stelle die Hauptstadt, die bald darauf in Flammen aufging, was den vernichtenden Rückzug der Grande Armée einleiten sollte. Dadurch schließt sich an diesem Ort der Kreis der Sakralisierung militärischer Siege im „Vaterländischen" und im „Großen Vaterländischen Krieg".[33]

Einen bedeutenden Platz nimmt das Ende des Zweiten Weltkrieges auch im Moskauer Zentralmuseum der Streitkräfte ein, das in insgesamt 24 Räumen die Geschichte der Russischen bzw. Sowjetischen Armee und Marine vom Beginn des 18. Jahrhunderts bis in die Gegenwart zeigt. Im Zentrum des 1919 gegründeten und in den 1970er Jahren neu gebauten Museums befindet sich der Siegessaal mit der am 2. Mai 1945 auf dem Berliner Reichstagsgebäude gehissten sowjetischen Fahne. Der Schlacht um Wien als Etappe zum triumphalen Sieg über Deutschland wird in eigenen Vitrinen gedacht. Auch die Marschälle Tolbuchin und Konev werden porträtiert. Bezeichnenderweise findet die zehnjährige Besatzung Österreichs durch sowjetische Truppen keine Erwähnung. Im Gegensatz zur Befreiung des Landes wird dieser Phase offensichtlich die positive Konnotation oder schlicht die Bedeutung innerhalb des Erinnerungskanons abgesprochen.[34]

All diese Einrichtungen erzählen das Heldenepos der ruhmreichen Roten Armee weiter, wobei die martialische, ans Bombastische grenzende Form der Inszenierung der öffentlichen Erinnerung an den Krieg zumindest für den westlichen Besucher antiquiert oder überfrachtet wirkt. Die Schattenseiten von Krieg und Besatzung bzw. die Rolle der Sowjetischen Armee als Besatzungsarmee bleiben dabei weitestgehend ausgeklammert. Sie hätten wohl die Sakralität, die dem Krieg durch die große Zahl der Opfer zufiel, angegriffen. Vielfach gilt auch heute noch jede Kritik als Sakrileg, die vor allem in der Russischen Föderation als unpatriotisch empfunden wird.

1.2.1 Museum der 4. Garde-Armee

In der öffentlichen Erinnerung der ehemaligen Sowjetunion nehmen die militärischen Ereignisse in Österreich 1945 einen vergleichsweise untergeordneten Stellenwert ein. So steht die Schlacht um Wien eindeutig im Schatten des in Berlin errungenen Sieges über „Hitler-Deutschland", was sich gerade

33 Lars Karl, „Den Verteidigern der russischen Erde …". Poklonnaja Gora: Erinnerungskultur im postkommunistischen Russland, in: Zeitgeschichte-online, Thema: Die Russische Erinnerung an den „Großen Vaterländischen Krieg", in: http://www.zeitgeschichte-online.de/zol/_rainbow/documents/pdf/russerinn/polianski.pdf. 13.5.2005, 17.05 Uhr.

34 Central'nyj Muzej Vooružennych Sil. The Central Armed Forces Museum. Broschüre. O. O. o. J.

auch im Bereich der Musealisierung äußert. In Moskau wurde lediglich ein bescheidenes Museum eingerichtet, das sich dem Kriegsende in Österreich widmete. Als „Museum der 4. Garde-Armee" zeichnete es den militärischen Vormarsch der Armee von Stalingrad nach Wien nach, wobei in mehreren Vitrinen Fotos von einzelnen Armeeangehörigen und Kampfszenen, Befehle, Karten, Propagandaplakate, militärische Ausrüstungsgegenstände, Orden und andere Kriegsreliquien ausgestellt waren. Ein zweiter Raum widmete sich den weiteren Biografien einiger der Veteranen, allen voran von Dmitrij Šepilov, der als ehemaliges Mitglied des Militärrates der 4. Garde-Armee und späterer Außenminister gleichsam zum „Aushängeschild" der Veteranen avancierte. Šepilov war auch unter anderem mit dem ehemaligen Leiter für Spionage des Stabs der Armee und späteren Chef des Veteranenverbandes, Generalmajor Timofej Voroncov, für die Einrichtung des Museums verantwortlich gewesen.[35]

Das 1975 im oberen Stockwerk der Technischen Fachschule Nr. 148 der Automobilfabrik „Moskvič" eröffnete Museum bot in erster Linie den Veteranen der 4. Garde-Armee die Möglichkeit, ihre Erinnerungen an die Front, das Kriegsende und ihre Erlebnisse im befreiten Österreich wachzuhalten und Freundschaften aus dieser Zeit zu pflegen. Sie trafen sich hier etwa anlässlich großer Feiertage wie des „Tags des Sieges" oder des 13. April als Jahrestag der „Einnahme Wiens" und feierten an einer improvisierten Festtafel im Vorraum des Museums. Ein Abstellraum fungierte als Archiv jener Erinnerungsstücke, die keinen Eingang in die Ausstellung gefunden hatten.

2006 musste das Museum wegen der Schließung der Fachschule geräumt werden. Boris Voroncov, der Sohn eines verstorbenen Gründungsmitglieds, übernahm einen Teil der Exponate und eröffnete auf eigene Initiative ein kleines Museum in den Räumlichkeiten einer Schule im Bezirk Jasenevo im Norden Moskaus. Das Ziel des Arztes bestand darin, die Erinnerung an die 4. Garde-Armee wachzuhalten und das Museum vor der Auflösung zu bewahren. Der Schwerpunkt des „Museums des militärischen Ruhms der 4. Garde-Armee ‚Von Stalingrad nach Wien'" liegt gleichfalls auf den militärischen Ereignissen, der Schlacht um Wien und auf einzelnen Militärangehörigen. Mehrere Exponate widmen sich der Errichtung des Denkmals auf dem Wiener Schwarzenbergplatz, das primär auf Šepilovs Initiative zurückgeht.[36]

Die Gruppe der Veteranen, die sich aus eigener Erfahrung an den Krieg als immense Katastrophe wie auch als triumphale Selbstbehauptung erinnern

35 Ich danke herzlich Frau Valentina Kurilina, Moskau, die mich mehrmals in das Museum einlud.

36 Boris Voroncov, Elektronische Nachricht an Barbara Stelzl-Marx. 11.8.2009. Ich danke herzlich Dr. Boris Voroncov, Moskau, für die Führung durch das neu eröffnete Museum.

können, wird immer kleiner. Zur Eröffnung des Museums 2007 kamen noch 19 Veteranen, zu den Feierlichkeiten des 9. Mai 2009 hatte sich ihre Zahl weiter reduziert. Bezeichnend für die Erinnerungsarbeit in Russland ist, dass immer wieder Schulklassen und Familien den Museen einen Besuch abstatten.[37] Die institutionalisierte Erinnerung an den „Großen Vaterländischen Krieg" bleibt nicht zuletzt dank der offiziellen Erinnerungskultur Russlands im Gedächtnis der Gesellschaft. Sie hat zugleich einen nicht unwesentlichen Einfluss auf die persönliche Erinnerung zumindest eines Teils der ehemaligen Militärangehörigen, darunter auch der Besatzungssoldaten in Österreich.

37 Boris Voroncov, Elektronische Nachricht an Barbara Stelzl-Marx. 12.8.2009.

2. Mündlich wiedergegebene Erinnerung: Topoi und Tabus

Der als Synonym für Schrecken verstandene Ruf „Die Russen kommen!" eilte der vorrückenden Roten Armee Anfang 1945 in Österreich ebenso voraus wie in Ostdeutschland. Bis heute sind die Erinnerungen der österreichischen Bevölkerung zumindest ambivalent, wenn nicht auffallend negativ konnotiert. Vielfach werden Erzählungen von Übergriffen, Plünderungen und verschiedenen Formen der Kulturlosigkeit der sowjetischen Besatzer tradiert, die positive Erinnerungen an die meist auch als kinderlieb erlebten „Russen", Lebensmittelhilfen oder galante Offiziere überlagern. Wie hinlänglich bekannt ist, wird auch jenes Klischee von den Alkohol, Kinder und Uhren liebenden sowjetischen Soldaten häufig wiederholt.[38]

Während sich zahlreiche Studien mit der Erinnerung der österreichischen Bevölkerung an die „Russen" auseinandersetzen, ist bisher wenig über das persönliche Bild ehemaliger sowjetischer Besatzungssoldaten von Österreich bekannt. Ihre Empfindungen, wie das Leben in der Fremde mit den Fremden ihrerseits wahrgenommen wurde, die Sicht der „anderen" Seite, blieben versperrt.[39] In der sowjetischen und postsowjetischen Historiografie stand die Erforschung der unmittelbaren Kriegsereignisse oder außenpolitischer wie wirtschaftlicher Fragestellungen im Vordergrund. Und für die österreichische Forschung war die Kontaktaufnahme mit einheimischen Zeitzeugen unvergleichlich einfacher zu bewerkstelligen als mit Veteranen in der (ehemaligen) Sowjetunion. Erst im Zuge des internationalen Forschungsprojektes „Die Rote Armee in Österreich" wurde eine erste Oral-History-Studie mit ehemaligen sowjetischen Besatzungsangehörigen und Offiziersgattinnen in Österreich durchgeführt, die anschließend durch Einzelinterviews erweitert wurde.[40] Auf der Basis der vorliegenden rund 60 Interviews kann im Folgenden der Frage nachgegangen werden, welche Themen in Interviews eher tabuisiert, welche auf der anderen Seite wiederum betont und welche retrospektiven, möglicherweise mythologisierten und verklärten Bilder von der Zeit in Österreich vermittelt werden.

---

38 Vgl. etwa Dornik, Besatzungsalltag in Wien; Hannl, Mit den Russen leben, S. 124.

39 Hannl, Mit den Russen leben, S. 6.

40 Bezborodov – Pavlenko, Erinnerungen an Österreich. Eine Analyse des Interviewsamples wurde auch im Rahmen einer Diplomarbeit unter der wissenschaftlichen Leitung von Ol'ga Pavlenko durchgeführt, der ich herzlich für zahlreiche Hinweise im Zusammenhang mit diesem Thema danke. Vgl. Dar'ja Sergeevna Gorčakova, 1945 god v kontekste „ustnoj istorii" Vtoroj Mirovoj Vojny (po materialam interv'ju veteranov Svoetskoj Armii i uznikov Tret'ego Reicha). Phil. DA. Moskau 2004.

2.1 Wahrnehmung von Österreich

2.1.1 „Der Krieg war aus"

„Wir befreiten - ganz zu schweigen von unserem Territorium, Rumänien und Ungarn - Österreich. In Österreich waren die Donaubrücken gesprengt, vom Feind. Sogar die Brücken über die Kanäle waren gesprengt. Es blieb nur eine unzerstörte Brücke, um auf die andere Seite von Wien zu gelangen. [...] Von uns waren nur mehr sechs Mann über: alle anderen konnten nicht hinübergehen, waren verletzt, tot oder sonst etwas. Nun, diesen Faschisten steckten wir mit dem Kopf in die Donau, er beruhigte sich. Wir gingen weiter. Schauen. Dort war ein kleines Loch, und zwischen den Brückenpfeilern lagen Sandsäcke. Schauen, dort ruht sich ein Faschist aus. Wir vernichteten ihn mithilfe blanker Waffen. Und dann begannen wir mit der Entminung",[41] schildert der 1924 geborene Andrej Kul'nev seine Erinnerungen an die Militäroperation in Österreich. Bezeichnenderweise gibt der spätere Major diese Phase der unmittelbaren Kämpfe in einem an Schlachtenmemoiren angelehnten Stil wieder, mit der für das Genre charakteristischen Heroisierung der Ereignisse.[42] Verluste in den eigenen Reihen werden der „Vernichtung" des pauschal als „Faschist" oder „Deutscher" bezeichneten Feindes gegenübergestellt und verleihen der wiederholt im Präsens vorgetragenen Darstellung eine zusätzliche Dramatik.

Die Rettung der Reichsbrücke, die weitere Verluste der 3. Ukrainischen Front verhinderte,[43] zählt zu den ständigen Sujets in der Schilderung der Kämpfe auf österreichischem Territorium. Gleich mehrere Veteranen betonen, selbst unmittelbar daran beteiligt gewesen zu sein. Zu Recht meint der damalige Oberst Ivan Šinkarev, geboren 1917: „Im Zusammenhang mit den Kämpfen in Österreich blieb eine Episode in Erinnerung, die finale Episode: am 13. April der Kampf um die Reichsbrücke. Vielleicht interviewten Sie bereits unsere Matrosen, die daran beteiligt waren, die Donau-Flottilie? [...] Das ist eine Streitfrage. Alle möchten sich den Ruhm, die einzige Brücke, die wir vor der Zerstörung retteten, zuschreiben. Deswegen warne ich Sie einfach, dass das passieren kann."[44] Tatsächlich regte die Reichsbrücke, die zwischen 1946 und 1956 „Brücke der Roten Armee" hieß, aufgrund ihrer strategischen Bedeutung und ihrer Geschichte zur Bildung heroischer Legenden an, die in der Erinnerungsliteratur, in Prosatexten und Gedichten, überliefert wurden. Auch in die offizielle sowjetische Historiografie gingen sie ein.[45]

41 OHI, Andrej Kul'nev. Durchgeführt von Natal'ja Bakši. Rostov 2.3.2003.

42 Bezborodov - Pavlenko, Erinnerungen an Österreich, S. 405.

43 OHI, Orlov. Durchgeführt von Bakši.

44 OHI, Ivan Šinkarev. Durchgeführt von Natal'ja Bakši. Moskau 26.1.2003.

45 Toper, Blick aus Moskau, S. 91f.

Abb. 115: Rotarmisten auf einer von Leichen gesäumten Straße Wiens am 13. April 1945. (Quelle: RGAKFD)

Weitere wiederkehrende Topoi stellen die Treffen mit den Westalliierten etwa in Erlauf und der Befehl der sowjetischen Militärführung dar, Wien nicht zu zerstören. Durch die Erwähnung der entsprechenden Anordnungen von Marschall Tolbuchin bringen die Interviewpartner zugleich die Wertschätzung der Roten Armee gegenüber den österreichischen und vor allem Wiener Kulturdenkmälern zum Ausdruck. „Wir kämpften um jedes Haus, damit es unversehrt blieb. Der Artillerie war es verboten, die Schönheit der Stadt zu zerstören. Wir kämpften mit Maschinengewehren",[46] betont etwa der damalige Garde-Obersergeant Anatolij Kolganov, 1923 in Moskau geboren. Auch auf das geforderte Verhalten gegenüber der Bevölkerung wird verwiesen: „Das Kommando der Front befahl, dass Wien möglichst ganz bleiben solle, ganz. [...] Und die Partei- und Komsomolabteilungen führten mit uns große Gespräche, bevor wir nach Wien kamen, wie wir uns zu verhalten hätten als würdige Soldaten der Sowjetunion."[47]

In diesem Zusammenhang betonen mehrere der Interviewpartner den Kontrast zwischen der Militäroperation in Ungarn und in Österreich. Die Kämpfe in Ungarn werden im Unterschied zu jenen in Österreich als erbittert, grausam und blutig, die ungarische Bevölkerung teilweise sogar als „böse"

46 OHI, Anatolij Kolganov. Durchgeführt von Natal'ja Bakši. Moskau 13.4.2003.

47 OHI, Jurij Temnenko. Durchgeführt von Natal'ja Bakši. Moskau 16.6.2003.

Abb. 116: Die Rettung der Reichsbrücke bildet einen wichtigen Topos in Erinnerungen ehemaliger Rotarmisten. Diese Aufnahme wurde unmittelbar nach Abschluss der Kämpfe im April 1945 gemacht. (Quelle: AdBIK, Sammlung Gromov)

oder „gehässig" beschrieben.[48] Andere meinen, der Unterschied zu den Österreichern sei wie „Himmel und Hölle" gewesen.[49] „Nach den erbitterten Kämpfen in Ungarn, nach dem Widerstand der Wehrmacht, erhielten die Truppen der 2. und 3. Ukrainischen Front den Befehl, auf österreichisches Territorium zu gehen, das ein vom Hitler-Regime befreites Land war, ein Land mit einem reichen kulturellen Erbe. Es gab den Befehl, auf österreichischem Territorium keine schweren Waffen, keine schweren Bombardements einzusetzen, um das reiche historische Erbe zu retten, das einen Wert für die gesamte Menschheit darstellt",[50] erinnert sich der 1925 in der Ukraine geborene Nikolaj Paščenko.

Neben dem Bild von Wien als kulturelle Metropole, das insbesondere durch Reminiszenzen an die Strauß-Dynastie hervorgerufen wurde,[51] zeigten sich einige der Interviewpartner von den Bergen in Österreich beeindruckt. Der Obersergeant des 5. Donkosakenkorps Nikolaj Kovalenko, 1925 in Rostov geboren, bringt die Kämpfe zu Kriegsende vor allem mit den „kolossalen" Bergen Österreichs in Verbindung: „Was mir im Zusammenhang mit Österreich besonders in Erinnerung blieb, ist, dass wir vier Tage lang auf einen Berg

48 OHI, Orlov. Durchgeführt von Bakši.

49 OHI, Temnenko.

50 OHI, Paščenko.

51 Siehe dazu auch das Kapitel C.III.2.1.5 „Straußidylle zu Kriegsende" in diesem Band.

Abb. 117: Kosaken in der Umgebung Wiens 1945. (Quelle: RGAKFD, Foto: Bernštein)

kletterten, einen kolossalen Berg. Können Sie sich das vorstellen? Pferde gehen da nicht hinauf. Und wir waren faktisch auf uns allein gestellt. Dort hatten wir wahrscheinlich mehr Opfer als an anderen Orten. [...] Auf der Seite, auf der wir gingen, können überhaupt nur wilde Hirsche gehen, scheint mir."[52]

Die Befreiung Wiens am 13. April 1945 und die Nachricht über das Kriegsende stellen einen Wendepunkt in der Wahrnehmung der Ereignisse dar. Beinahe alle der interviewten Veteranen, die sich zu diesem Zeitpunkt in Österreich befanden, schildern bewegt die unglaubliche Freude am „Tag des Sieges". Der 1925 in Rostov geborene Ivan Mel'nikov erinnert sich an die spontane Feier anlässlich des Kriegsendes etwa folgendermaßen: „Nun, und am Tag des Sieges, am Tag des Sieges, das ist das Wichtigste, am Tag des Sieges feierten wir ordentlich, ordentlich. Es gab sowohl Wodka als auch Wein, so viel du willst. Aber wir trieben keinen Missbrauch damit. Und am Morgen nach dem Alarm stiegen alle auf die Pferde, als ob keiner etwas getrunken oder gegessen hätte",[53] betont der Donkosak selbstbewusst. Euphorisch schildert auch der damalige Leutnant Igor' Reformackij, der als Frontjournalist für die Divisionszeitung „Krasnyj vojn" arbeitete, das Kriegsende: „Herrliches Wetter, Sonne, warm, der Krieg war aus, wir leben, sind Sieger. Das war ganz toll. [...] Irgendwo fanden sich ein Vorrat an Sekt und Fahrräder

52 OHI, Nikolaj Kovalenko. Durchgeführt von Natal'ja Bakši. Rostov 1.3.2003.
53 OHI, Ivan Mel'nikov. Durchgeführt von Natal'ja Bakši. Rostov 2.3.2003.

an diesem wunderbaren, warmen, guten Maitag."[54] Der damalige Leutnant Ivan Šinkarev verweist hingegen auf einen anderen Aspekt des Jubels: „Es wurde eine Versammlung ausgerufen, der Kommandeur des Regiments verlautbarte das Ende des Krieges, gratulierte, und da begann ein Jubel. Aber Soldatenjubel mit Waffen ist, wissen Sie, gefährlich. Denn alle hatten Waffen, und es begann ein unkontrolliertes Schießen. Nun, wir schossen natürlich in die Luft, aber es rief eine Unruhe bei uns hervor, weswegen dann die Soldaten keine Waffen mehr haben durften."[55]

Mit dem Ende der Kampfhandlungen ändert sich auch die Stilistik der Erinnerungen. Im Vordergrund stehen fortan Sujets vom Leben in Österreich, von der Natur und den Einheimischen selbst, die nun als „freundliche Österreicher" wahrgenommen werden. Selbst Auseinandersetzungen mit vereinzelten Teilen der Wehrmacht tragen Züge von „Militärfabeln", die an einen „leichten Spaziergang der Sieger" erinnern.[56] Mitunter nehmen die Schilderungen sogar anekdotenhafte Formen an. „Ich erzählte Ihnen noch nicht, wie die Soldaten aus dem Käfig, aus dem Käfig die wilden Tiere ausließen. Danach wurden sie in ganz Wien wieder eingefangen", meint etwa Boris Van'kov lachend. „Lauft herum! Alle befreien wir und auch euch befreien wir."[57]

Das Gefühl der Sieger bringt etwa der 1925 geborene Egor Kuzmičev zum Ausdruck, der als Gefreiter nach Österreich kam. Zugleich verweist er auf die Verluste, den hohen Preis für den Sieg der Roten Armee: „Wir prahlten nicht, nein, nein, nein, es gab einfach diesen Stolz. Besonders Stolz gab es, als der Krieg zu Ende ging. [...] Der Krieg war aus, wir erhielten andere Kleidung, legten Orden an. Nicht die Österreicher, sie legten die Ohren an, als es hieß ‚Russen'. [...] Wir sind Sieger, wir gingen nur voran. Aber es gab diese Kriegsepisoden, den Tod und die Verletzung von Kameraden."[58] Generell verweisen die Zeitzeugen aber – ähnlich wie in schriftlichen Berichten über Wien – auf die schöne Stadt, die nicht zerstört werden dürfe, und die Bewohner, die sie freundschaftlich empfingen.[59]

2.1.2 „Die freundlichen Menschen": Erinnerungen an die Bevölkerung

„Es gab Kontakte mit der Zivilbevölkerung. Wir fühlten Wohlwollen. Feindseligkeiten gab es keine. Alles war frei, frei. Wir fühlten uns sehr frei, sehr

54 OHI, Reformackij. Durchgeführt von Pavlenko.
55 OHI, Šinkarev.
56 Bezborodov – Pavlenko, Erinnerungen an Österreich, S. 405.
57 OHI, Van'kov.
58 OHI, Egor Kuzmičev. Durchgeführt von Natal'ja Bakši. Moskau 13.4.2003.
59 Toper, Blick aus Moskau, S. 90.

frei. Wir gingen, redeten, unterhielten uns überall", erinnert sich Nina Bubnova, 1924 in Kiew geboren. Im April 1945 kam sie als Telefonistin im Rang eines Sergeanten mit der 4. Garde-Armee nach Wien.[60] Ihre Einschätzung, dass die Rote Armee als „Befreierin" durchwegs freundlich von der österreichischen Bevölkerung aufgenommen wurde, ist bezeichnend. Auch auf die anfänglich freundschaftlichen Beziehungen zwischen den Rotarmisten und den Alliierten wird mehrfach verwiesen.

Die meisten der Interviewpartner betonen, welche guten Erinnerungen sie an Österreich bewahrten. Auch der 1925 in Moskau geborene Vladimir Ėpštein, der als Leutnant bei der „Einnahme Wiens" mitwirkte, weist auf die positiven Erfahrungen mit der einheimischen Bevölkerung hin: „Auf jeden Fall war die Bevölkerung Wiens uns gegenüber positiv eingestellt. Zumindest blieb mir dieser Eindruck von Wien und seinen Einwohnern in Erinnerung: diese weißen Häuser, die herrliche Architektur, die freundlichen Menschen, freundliche Stimmung. Wenn du an ihnen vorübergehst, merkst du ja, wie die Leute eingestellt sind. Ich kann nichts Schlechtes in diesem Zusammenhang sagen. In Österreich war die Beziehung sehr gut, glaube ich. Das Wichtigste ist, dass wir Wien verschonten, wir hätten es ja auch zerstören können."[61]

Ressentiments bemerkte der an Malaria erkrankte Ėpštein allerdings anfangs bei seinem unfreiwilligen Quartiergeber. Er wundert sich beinahe, dass der Wiener die Soldaten nur ungern in seine Wohnung ließ: „Wir läuten an der Tür. Sie geht halb auf, es schaut ein Österreicher heraus, für uns ein Deutscher, das heißt, er spricht Deutsch. Wir verstehen kein Wort von dem, was er sagt. Er möchte uns nicht einlassen. Aber ein Soldat, von der Patrouille, stellte seinen Fuß in die Tür. Kurz gesagt, wir drangen ein. Wir drei. Er war gezwungen, uns zu öffnen. Zuerst hatte er uns nicht einlassen wollen."[62] Später betont Ėpštein, wie sich die Situation wandelte: Während er sich mehrere Tage mithilfe von Chinin kurierte, versuchte nun der Hausherr, mit ihm ins Gespräch zu kommen und schließlich eine russische Bestätigung für die gute Behandlung des sowjetischen Leutnants zu erhalten, wofür er ihm sogar Zigaretten schenkte: „Und er brachte mir Zigaretten, mit so einem kleinen, winzigen Mundstück, so eines nach russischem Geschmack, damit der Tabak nicht in den Mund kommt. Er brachte das Geschenk. Für mich kam das völlig unerwartet."[63]

60 OHI, Nina Bubnova. Durchgeführt von Sergej Drobjasko. St. Petersburg 24.5.2003.
61 OHI, Vladimir Ėpštein. Durchgeführt von Sergej Drobjasko. Moskau 29.6.2003.
62 Ebd.
63 Ebd.

Seine Sympathie konnte der Hausherr scheinbar trotzdem nicht gewinnen. Denn einerseits fand Ėpštein eine nationalsozialistische Propagandabroschüre, die offensichtlich in seinem Zimmer vergessen worden war: „Ich verstand, dass das ein Buch über die Gräueltaten der Bolschewiken war. Irgendwo. Ich zeigte es ihm plötzlich, aber sofort trat die effektive theatralische Pause ein, und zu meiner großen Verwunderung ruft er seine Frau, die ich wahrscheinlich überhaupt zum ersten Mal sah."[64] Andererseits beschwert er sich, dass er im Haus eines „Kapitalisten" schlecht versorgt wurde: „Ich aß sehr bescheiden, gerade so, dass ich nicht verhungerte. [...] Ein Teller Suppe - vielleicht hatten sie ja selber Schwierigkeiten mit der Versorgung. Verstehen Sie, Kapitalist hin oder her, und wohnt in einer Wohnung, eine Wohnung mit vier oder fünf Zimmern. Ein Zimmer gaben sie einfach mir, und in die anderen ging ich nicht. Eine Toilette, ein Bad gab es."[65]

Die eigentlichen Probleme des Wieners kann der Veteran anscheinend nicht nachvollziehen: die Angst vor der Roten Armee, die in seine Wohnung eindrang, die Gefahr, die von den Soldaten für seine Frau und seine beiden minderjährigen Töchter ausging, die Ėpštein ebenfalls nur im Zuge des Streits wegen der Propagandabroschüre zu Gesicht bekam, der Grund für den Versuch, die Familie durch das russische „Dokument" zu schützen, und schließlich die katastrophale Versorgungslage in Wien 1945. In diesem Fall kam der sowjetische Besatzungssoldat mit der privaten Welt Österreichs zwar unmittelbar in Berührung, doch blieb ihm diese - wahrscheinlich gerade auch wegen der Sprachbarriere - offensichtlich fremd.

Ähnlich schätzt Elena Evtichieva, 1915 in Moskau geboren, die Beziehung zur österreichischen Bevölkerung ein. Die pensionierte Ärztin, die 1945 als Hauptmann des medizinischen Dienstes in Wien stationiert war, beschreibt die - wahrscheinlich nicht ganz freiwillige - Hilfsbereitschaft Einheimischer: „Sie halfen üblicherweise so: Wir kamen in einen Ort, wählten die Räumlichkeiten für das medizinisch-sanitäre Bataillon aus, trugen unsere Ausrüstung dorthin, die Instrumente, richteten alles ein für die Operationen, die Versorgung, sie halfen uns normalerweise beim Hinaustragen, Hinaustragen der Möbel, die nicht gebraucht wurden. An einem Ort beschlagnahmten wir beispielsweise ein Gebäude, wo es Unmengen an Musikinstrumenten und Noten gab, und all das haben wir natürlich hinausgeworfen, haben das medizinisch-sanitäre Bataillon eingerichtet. Sie halfen, halfen - aber eigentlich brauchten wir gar keine andere Hilfe, denn Gebäude gab es mehr als genug."[66]

64 Ebd.

65 Ebd.

66 OHI, Elena Evtichieva. Durchgeführt von Sergej Drobjasko. Moskau 11.12.2002.

Abb. 118: Hauptmann des medizinischen Dienstes Elena Evtichieva (rechts vorne) mit Krankenschwestern des medizinisch-sanitären Bataillons der 252. Schützendivision der 2. Ukrainischen Front in Wien 1945. (Quelle: AdBIK, Sammlung Evtichieva)

Ab 1947 begleitete sie ihren Mann, der als Epidemiologe bei der CGV tätig war, für beinahe zwei Jahre erneut nach Österreich. Der engste Kontakt mit der Bevölkerung ergab sich durch die Unterbringung in einem Privathaus in Hinterbrühl: „Wir wohnten dort in einem Haus, in dem auch Österreicher wohnten. Ich würde sagen, sie verhielten sich uns gegenüber gut, bis zu einem gewissen Grad bedienten sie uns, halfen etwas, obwohl sie Hunger hatten: Um die Versorgung stand es bei ihnen sehr schlecht." Im Großen und Ganzen seien sie jedoch „unter sich und wir unter uns" geblieben, betont Evtichieva. Die in ihren Augen zwar distanzierte, aber nicht feindliche Haltung der Bevölkerung gegenüber den sowjetischen Besatzern fasst sie abschließend als „normale Beziehung" zusammen: „Es gab nichts Schlechtes. Wenigstens gab es keine Angriffe auf uns, es gab dort keine Terroristen, sie attackierten uns nicht mit Sprengstoff und vergifteten uns nicht."[67]

Der Offizier Nikolaj Paščenko sieht den wichtigsten Grund für die seiner Meinung nach äußerst freundliche Haltung gegenüber der Roten Armee darin, dass die Bevölkerung sie „voll Freude" als „Befreierin vom Faschismus" würdigte. Diese Einstellung wurde zudem gezielt in der Schulung der Soldaten vermittelt, betont der spätere Diplomat: „Unsere Hauptaufgabe hing mit dem Befehl über die Organisation der erzieherischen Arbeit unter den Soldaten zusammen, damit, ihnen beizubringen, dass vor uns nicht der Feind steht, sondern dass wir uns in einem Land befinden, das sich uns gegenüber freundlich verhält, da wir ihm bei der Befreiung vom faschistischen Regime geholfen hatten. Dass das tatsächlich so war, sahen wir in den Augen der österreichischen Bevölkerung, die wir jeden Tag trafen, da wir Offiziere in den Wohnungen österreichischer Bürger wohnten. Wir sahen ihre Einstellung

67 Ebd.

hier und sahen ihre Einstellung auf der Straße sowie in jenen Bierstuben, in denen wir Bier tranken. […] Das Wichtigste, Bedeutendste in unserer Arbeit bestand darin, den Soldaten zu sagen, dass das kein Feind ist, dass wir uns unter dem freundlichen österreichischen Volk befinden."[68]

Die permanent geforderte Differenzierung zwischen „Deutschen" und „Österreichern" fiel den Armeeangehörigen allerdings vielfach nicht so leicht.[69] Die Problematik bestand vor allem darin, eine genaue Unterscheidung trotz der gemeinsamen Sprache und gleichen Uniform treffen zu müssen: „Wir verstanden es nicht. Siehst du jemand in der Uniform eines Deutschen, ist er ein Deutscher. Aber in Wirklichkeit ist er ein Österreicher. Deutschland und Österreich, sie hatten, sozusagen, eine Sprache, sprachen in derselben Sprache. Deswegen unterschieden wir nicht: Ist er ein Österreicher oder ist er kein Österreicher. – Wenn die Uniform deutsch ist, ist das folglich ein deutscher Soldat."[70]

2.1.3 *„Teufel mit Hörnern": Vorstellungen des österreichischen „Russenbildes"*

Die angeführte Erwähnung antisowjetischer NS-Propaganda stellt keine Ausnahme dar. Mehrfach kommen einschlägige Plakate oder Broschüren zur Sprache, die bei den interviewten ehemaligen sowjetischen Militärangehörigen Verwunderung und Bestürzung hervorriefen. In diesem Kontext thematisieren sie dann meist das wohlwollende Verhalten der österreichischen Bevölkerung ihnen gegenüber, wodurch sie indirekt die Absurdität des von der Propaganda transportierten negativen „Russenbildes" herausstreichen.

Ein Beispiel dafür ist die Schilderung von Nikolaj Golyšev, der am 13. April bei den Kämpfen in Wien verwundet und anschließend in einem Lazarett behandelt wurde. Zunächst berichtet der Veteran von einem Kameraden, der ihm von seinem Gespräch mit einer österreichischen Familie erzählte. Demnach hätten „die Deutschen ihnen suggeriert, dass Teufel mit zwei Hörnern kommen würden, dass diese alle vergewaltigen, erschießen, töten würden, so. Und sogar wir selbst sahen während der Kämpfe einige Plakate: Darauf waren unsere Soldaten so entstellt abgebildet, unsere Armee, unser Sichel und Hammer, der rote Stern, schrecklich!" In diesem Zusammenhang berichtet er von der Reaktion der Familie, die vom friedlichen Verhalten der sowjetischen Soldaten überrascht war: „Wie kann denn das sein? Wir sitzen zusammen, essen, eure Soldaten sind unbewaffnet." Abschließend zieht er

68 OHI, Paščenko.

69 Siehe dazu auch das Kapitel A.II.1.3.1 „Unterschied zwischen Österreichern und deutschen Besatzern" in diesem Band.

70 OHI, Boris Van'kov. Durchgeführt von Dar'ja Gorčakova. Moskau 21.6.2003.

folgendes Resümee: „Die Agitation von Goebbels und all den anderen deutschen Führern hat sie natürlich erschreckt, erschreckt."[71]

Auch der Donkosak Ivan Mel'nikov verweist auf das Feindbild, das seiner Ansicht nach die österreichische Bevölkerung von der Roten Armee bzw. von den Kosaken hatte, das sich durch den direkten Kontakt allerdings relativierte. „Sie liefen fort. Und in Oberwart, wir marschierten dort ein. Ol'ga Jakovlevna, unsere Dolmetscherin, sprach mit ihnen frei auf Deutsch. Sie reden ja vor allem Deutsch. Sie erzählte, dass bereits am Abend alle Deutschen weg waren. Alle waren geflohen. Und wir kamen erst in der Nacht, gegen Morgen dorthin. Zuerst geht die Aufklärung, dann wir, die Hauptkräfte. So. So. Sie sagten uns nur: ‚Kosaken! Kosaken! Kosaken!' Nun, Kosaken, nun, wer sind die Kosaken? Und dort sagten sie, dass, nun, das war die Goebbels-Propaganda, dass wir Hörner hätten, weiß der Teufel."[72] Gegen Morgen seien alle zurückgekommen und hätten ihnen dann zu essen gegeben, meint Mel'nikov: „Er lief fort, holte Hafer, dem Pferd gab er Hafer, fütterte das Pferd. Sowohl mich als auch das Pferd fütterte er. So sind sie."[73]

2.1.4 *„Es bleibt die Erinnerung daran": Liebesbeziehungen*

Weitaus euphorischer klingen die Schilderungen jener - vorwiegend männlicher - Interviewpartner, die Liebesbeziehungen in Österreich eingingen. Die Assoziationskette von Frühling - Sieg - Jugend - Musik - Liebe ist bis heute positiv konnotiert und mitunter romantisch verklärt. Generell lagen eine Festlichkeit und Lebenslust in der Wiener Atmosphäre, die als beeindruckend empfunden wurde. Dies belegen auch zeitgenössische Dokumente wie etwa der Brief von Leonid Trilisser, den er am 6. April 1945 aus Wien seiner Mutter schrieb: „Nicht weit von uns explodieren die Geschosse der feindlichen Artillerie. Wir stehen in einem großen Hof eines Reichen, neben dem großen, schönen Haus liegt ein großer Park mit Bäumen mit bereits kleinen Blättern, und überall liegt ein Duft blühender Marillen-, Apfel- und Kirschbäume in der Luft. Ich brach einen Zweig eines blühenden Marillenbaumes ab, und mit seinen weiß-rosa Blüten verschönert er meine Kabine!"[74] Die Erinnerung an diesen vergleichsweise glücklichen Lebensabschnitt begünstigt die Übertragung schwärmerischer Gefühle auf die Wahrnehmung des Landes als Ganzes.[75]

71 OHI, Nikolaj Golyšev. Durchgeführt von Natal'ja Bakši. Moskau 11.6.2003.

72 OHI, Mel'nikov.

73 Ebd.

74 Sammlung Stelzl-Marx, Brief von Leonid Trilisser an Ol'ga Ioganson. Wien 6.4.1945.

75 Siehe dazu auch das Kapitel B.II.2 „Liebesbeziehungen und Folgen" in diesem Band. Vgl. Bezborodov - Pavlenko, Erinnerungen an Österreich, S. 406.

„Ich weiß überhaupt nicht, was ich für ein Mensch war. Ich hatte eine Energie, das verstehe ich bis heute nicht. So eine Freude, so eine Jugend und so eine Liebe. [...] Und ich sang, sang. Die Sonne geht auf, die Vögel singen, und daneben ist Strauß, verstehen Sie? [...] Wien ist schön und gut. Ich habe gute Laune, ich bin jung, schön und bis zu einem gewissen Grad frei. [...] Wir sind Sieger, Sieger",[76] schwärmt etwa Egor Isaev, der in der Redaktion der CGV-Zeitung „Za čest' Rodiny" arbeitete und unter anderem das Poem „Nad volnami Dunaja" („Auf den Wellen der Donau") schuf.[77] Es war auch für ihn gewissermaßen ein „unglaublicher Frühling".[78] Im Laufe von zwei Interviews kommt er mehrfach auf seine „erste Liebe" zu sprechen, derentwegen Wien in seiner Erinnerung ein Synonym für „Frühling, Musik und Liebe" ist.[79]

Weniger eindeutig geht der 1923 in Moskau geborene Konstantin Arcinovič, der nach seiner Demobilisierung noch zwei Jahre im Ensemble der Zentralen Gruppe der Streitkräfte in Österreich als Musiker wirkte, auf das Thema ein. Zunächst berichtet er ganz allgemein von den guten Beziehungen zur Bevölkerung: „Insgesamt war das eine gute Zeit. Und was für Beziehungen! Sehen Sie, ich erinnere mich mit Vergnügen an all das. Die Österreicher sind sehr freundliche Menschen. Beispielsweise fühlte ich nicht, dass sie mich wie einen Besatzer behandelten. Zumindest jene, mit denen ich in Berührung kam. Da sind die Fotos: mit ihren Kindern bei uns am Arm. Und das ist Maria, die Enkelin der Quartiergeberin."[80] Erst nach und nach wird deutlich, dass nicht nur viele der Offiziere - verbotene - Liebesbeziehungen eingingen, sondern auch er selbst eine österreichische Freundin hatte: „Es bleibt die Erinnerung daran. Und vielleicht kann auch sie sich erinnern. Wer weiß?", meint er lächelnd.[81] Eine ehemalige Kameradin berichtet, Arcinovič habe diese Frau sehr geliebt und sie auch heiraten wollen, doch seien - abgesehen vom Verbot einer Heirat von sowjetischer Seite - auch ihre Eltern dagegen gewesen.[82]

Das tragische Ende beinahe all dieser Romanzen beschäftigt viele der Veteranen ihr Leben lang. In den meisten Interviews schwingt daher auch eine

76 OHI, Isaev. Durchgeführt von Bakši.

77 E. Isaev, Nad volnami Dunaja. Poėma. Moskau 1955. Vgl. Reitinger, Österreich in den Augen der Sowjetliteratur, S. 116. Sein einziges beachtetes Werk „Sud pamjati" und „Dal' pamjati", zwischen 1955 und 1977 entstanden, erhielt 1980 den Leninpreis. Die in pathetischen Versen verfasste Erzählung geht von drei ehemaligen deutschen Soldaten in der klischeehaft militaristisch und faschistisch gesehenen Bundesrepublik aus. Vgl. Kasack, Lexikon der russischen Literatur, S. 451f.

78 Alexander von Plato - Almut Leh, „Ein unglaublicher Frühling". Erfahrene Geschichte im Nachkriegsdeutschland 1945–1948. Bonn 1997.

79 Ebd. OHI, Isaev. Durchgeführt von Stelzl-Marx.

80 OHI, Arcinovič.

81 Ebd.

82 OHI, Kurilina. Durchgeführt von Stelzl-Marx.

Abb. 119: Konstantin Arcinovič mit der Tochter seiner österreichischen Quartiergeber in Baden 1946. (Quelle: AdBIK, Sammlung Arcinovič)

gewisse Melancholie mit, wenn die Rede auf diese Beziehungen kommt. Häufig betonen die Betroffenen die Gründe, weswegen sie sich trennen mussten. Ein Beispiel hierfür ist der Bericht von Evgenij Obolenskij: „Ich kann sagen, dass es manchmal Fälle gab, dass sie sich sehr stark ineinander verliebten, so, aber dann mussten sie sich trennen. Uns, uns war nicht erlaubt, sie mitzunehmen, und dortbleiben war uns nicht erlaubt."[83]

Explizit kommt Vladilen Daniločkin, 1924 im Gebiet Krasnodar geboren, auf die „erste Liebe" seines Lebens zu sprechen: „Eisenstadt ist für mich auch deswegen denkwürdig, weil ich in dieser Stadt die erste echte Liebe meines Lebens traf. Bis dahin war ich an der Front gewesen, ich hatte die Frauen überhaupt nicht gekannt, und hier traf ich das schöne Mädchen Gretchen. Nachdem ich sie gesehen und kennengelernt hatte, erinnerte ich mich die ganze Zeit über an eine Schubert-Serenade [...]. Wir trafen uns im Park des Esterházy-Schlosses. Das war eine schöne, romantische Zeit. Wir liebten einander, und die Erinnerung daran blieb mir mein Leben lang. Leider verlor ich dann den Kontakt zu ihr und ich weiß nicht, wo sie jetzt ist und wie es ihr geht."[84]

Auch im Fall des damaligen Dolmetschers im Rang eines Oberleutnants prägte die romantisch verklärte Liebesbeziehung mit einer Österreicherin dessen generelle Wahrnehmung der Bevölkerung: „Man muss sagen, dass unsere Beziehungen zur zivilen Bevölkerung sehr freundschaftlich waren: Die Österreicher empfingen uns, die sowjetischen Soldaten, als Befreier. Natürlich gab es einzelne nationalsozialistische Elemente, die finster schauten und gegen uns Stimmung machen wollten, aber das waren Einzelfälle. Sogar als wir in den Kasernen dieser Städte stationiert waren, wurden gemeinsame Kinobesuche und Tanzabende organisiert, und die österreichische Jugend suchte gerne den Kontakt zu uns. Schließlich waren wir jung, alle wollten sich des Lebens freuen, und das brachte uns einander näher."[85]

83 OHI, Evgenij Obolenskij. Durchgeführt von Natal'ja Bakši. Moskau 5.5.2003.

84 OHI, Vladilen Daniločkin. Durchgeführt von Ol'ga Pavlenko. Moskau 11.11.2002.

85 Ebd.

Abb. 120: Generalmajor Michail Borisov (im Bild links) vor der sowjetisch-amerikanischen Demarkationslinie an der Brücke bei Enns. (Quelle: AdBIK, Sammlung Borisov)

Hochdekorierte Veteranen äußern sich hingegen etwas vorsichtiger über Romanzen zwischen sowjetischen Armeeangehörigen und österreichischen Frauen. Vor dem Hintergrund des damaligen offiziellen Verbots derartiger Liaisons verweisen sie tendenziell eher darauf, die Österreicherinnen hätten Jagd auf die „guten, zärtlichen" russischen Männer gemacht.[86] Generalmajor Michail Borisov, 1923 im Gebiet Čeljabinsk geboren, betont sowohl diesen Aspekt als auch das Verbot Konevs, Deutsche oder Österreicherinnen zu heiraten: „Persönliche Kontakte? Nun, persönliche Kontakte. Wenn wir über persönliche Themen reden, unsere Offiziere waren jung, sie waren natürlich, ich verneine das nicht, mit österreichischen Mädchen befreundet."[87]

Die Frage, ob dies auch auf ihn selbst zutraf, lässt Borisov unbeantwortet und verweist hingegen zunächst auf die Differenzierung zwischen slawischen und nichtslawischen Frauen: „Ja, ich möchte den Befehl Konevs nach dem Krieg anführen, der besagt, dass einige Offiziere Ausländerinnen heiraten. Ich erkläre, wen man heiraten kann und wen nicht: Das heißt, nach dem Krieg war natürlich erlaubt, slawische Frauen - eine Bulgarin, Serbin, Slowenin - zu heiraten. Aber die Hochzeit mit einer Österreicherin und Deutschen ist verboten, so die damalige Aufzählung."[88] Erst danach deutet der hohe Funktionär des Russischen Veteranenbundes einen persönlichen Kontakt mit einer Ausländerin an, die jedoch als Slowenin Konevs Vorga-

86 Siehe dazu auch das Kapitel B.II.2.3.1 „‚Verrottung der politischen Vorsicht'" in diesem Band.

87 OHI, Michail Borisov. Durchgeführt von Natal'ja Bakši. Moskau 14.11.2002.

88 Ebd.

Abb. 121: Die beiden Angehörigen der sowjetischen Besatzungsmacht beschlossen, in Österreich zu heiraten. (Quelle: AdBIK, Sammlung Kozinec)

ben entsprochen hätte. Zudem verweist er auf seinen nicht ganz nüchternen Zustand, der sein damaliges Verhalten zusätzlich relativieren soll: „Wir nächtigten in einem Haus, dort war ein Mädchen, Katica, eine Slowenin. Sie war zu Gast bei ihrer Tante. Wir tranken ein bisschen, ich sage: ‚Willst du mich heiraten?' Sie sagt: ‚Ja!' Aber das waren Slawen, wie Brüder."[89]

Anschließend kommt er auf die aus seiner Sicht beinahe unwiderstehliche Attraktivität der sowjetischen Offiziere zu sprechen: „Natürlich gab es solche Fälle, Liebesbeziehungen, und die Frauen, Ehefrauen, weinten sehr, als sie wegfuhren und sagten: ‚Ich fahre mit Ivan mit.' Nun, bildlich gesprochen. Unsere Männer gefielen sehr. Nun, unsere Männer sind zärtlich, gut, sie sind nicht aggressiv. Ausländerinnen sind bis heute über die russische Seele erstaunt. [...] Insgesamt waren die Beziehungen freundlich, darunter auch jene der Frauen zu unseren Burschen. Das muss man nicht verheimlichen. Wir glauben nicht ... Auch die Männer waren uns gegenüber nicht feindlich eingestellt."[90]

Einige der interviewten Frauen beziehen sich ebenfalls auf Liebesbeziehungen, allerdings nicht mit Österreichern, sondern mit sowjetischen Militärangehörigen. So ist für Varvara Ignatova, 1919 im Gebiet Smolensk geboren, die Erinnerung an Österreich mit romantischen Gefühlen verbunden. Hier entschloss sie sich – „zum Glück", wie sie betont –, Major Kozinec zu heiraten: „Mir blieben natürlich kolossale Eindrücke. Österreich hinterließ in mir eine tiefe Spur für mein ganzes Leben. Ich entschloss mich dort, die Frau von Major Kozinec zu werden, mit dem ich lange lebte, was ich nicht bedauere. Wir verbrachten 55 Jahre und einen Monat zusammen."[91]

Für Ignatova, die ab 1941 als Buchhalterin im Handelsbetrieb zur Versorgung der Streitkräfte („voentorg") diente, symbolisiert ihre Zeit in Österreich den Beginn einer langen, glücklichen Beziehung. Im Gegensatz zu den männ-

89 Ebd.

90 Ebd.

91 OHI, Varvara Ignatova. Durchgeführt von Natal'ja Bakši. Moskau 1.12.2002.

lichen Zeitzeugen, deren Liebesbeziehungen mit Österreicherinnen nicht von Dauer waren, sind ihre Erinnerungen nicht von Wehmut überschattet: „In Österreich, in Baden, befand sich der Stab der Front, wahrscheinlich drei Monate. Und Österreich gefiel mir sehr. Dort gibt es so wunderbare Menschen, die Stadt selbst ist ausgezeichnet, dort gibt es solche Schwimmbäder, rundherum hohe Bäume, ähnlich wie unsere Trauerweiden, deren Äste bis zur Erde hingen. Und all das war für mich sehr interessant. Die Menschen sind dort sehr freundlich, gut, uns gegenüber verhielten sie sich ausnahmslos … Und außerdem entschloss ich mich, dort [einen Kameraden] zu heiraten und, wie sich zeigte, brachte ich dort auch meine Tochter auf die Welt."[92]

2.1.5 Strauß-Idylle zu Kriegsende

Ein besonders typisches und ausgesprochen positiv konnotiertes Thema, das in vielen der Interviews zur Sprache kommt, ist Wien bzw. Österreich als musikalische Hauptstadt Europas. Berühmte österreichische Komponisten, allen voran der in Russland populäre Johann Strauß, werden häufig erwähnt, selbst das unmittelbare Kriegsende wird mit Walzerklängen assoziiert. Ausschlaggebend hierfür war in erster Linie der Hollywoodfilm „The Great Waltz", der ab Juni 1940 unter dem Titel „Bol'šoj val's" in den Kinos der Sowjetunion lief und enorme Popularität erreichte. Viele der Veteranen hatten den Film bereits vor ihrem Einsatz in Österreich mehrmals gesehen, weswegen sie nun ihre von der Kinoleinwand geprägten Vorstellungen des Landes mit der Realität vergleichen und dem geschätzten Komponisten etwa durch Kranzniederlegungen auf seinem Grab die Ehre erweisen konnten.[93]

Beispielsweise assoziiert der 1925 in Südrussland geborene Boris Barančikov das in Wien erlebte Kriegsende direkt mit Walzermusik: „Wir spielten und spielten, den ‚Donauwalzer' und alles andere. Und überhaupt tanzten wir, jubelten, das heißt, die Deutschen tanzten Walzer. All das war, wie soll man sagen, erhöht. Sieg! Alle hatten auf ihn gewartet, lange gewartet, und endlich war er da, der lang erwartete Sieg. Solche Erinnerungen habe ich, sehr berührende, mit Tränen. […] Was kann man noch über Wien sagen? Wir haben Kränze auf die Gräber gelegt, auf das Grab des Walzerkönigs Strauß. Und ich war daran auch beteiligt, war beteiligt."[94] Gegen Ende des Interviews betont Barančikov erneut diese Verknüpfung: „Wir nahmen eine Funkleitstel-

92 Ebd.

93 Siehe dazu auch das Kapitel C.I.1.2 „‚The Great Waltz'" in diesem Band. Vgl. Bezborodov – Pavlenko, Erinnerungen an Österreich, S. 403.

94 OHI, Boris Barančikov. Durchgeführt von Natal'ja Bakši. Rostov 1.3.2003.

le ein und schalteten sie ein. Und durch die Straßen Wiens werden die Strauß-Walzer getragen. Die Eroberung, die Straßenkämpfe. Stellen Sie sich das vor! Das war eine derartige Idylle!"[95]

Auch Valentina Kurilina verbindet mit dem Kriegsende in Wien den Besuch der Strauß-Denkmäler. Bereits in Ungarn freute sie sich darauf, diese Orte, die sie „hundertmal" im Kino gesehen hatte, nun selbst aufsuchen zu können: „Alle hatten vor allem die Vorstellung, dass das die Heimat von Strauß ist. Dass wir all diese Denkmäler, falls sie ganz bleiben würden, sehen müssen, und den Friedhof dieser Strauß-Dynastie. Denn bei uns war sehr lange dieser Film, dieser ‚Wiener' [‚Der Große Walzer'] gelaufen, wo Karla Donner spielte, wir hatten ihn, wissen Sie, hundertmal mit Entzücken gesehen. Als wir erfuhren, dass wir zum Kampf nach Wien kommen würden - die Truppen erhielten die Weisung, nicht mit schweren Geschützen auf Wien zu schießen. Um nicht diese Denkmäler zu zerstören, diese bekannten, und die Opernhäuser und die Museen. [...] Und als wir nach Wien kamen, verspürten alle den Wunsch, diesen fürchterlichen Wunsch, die Denkmäler, diesen Friedhof, wo alle Strauße begraben sind, zu besuchen."[96]

Andere Veteranen betonen ebenfalls, diese Kulturdenkmäler zu Kriegsende vor der Zerstörung bewahrt zu haben. Dazu der Artillerist Pavel Lancov, 1925 in Moskau geboren: „In Wien gab es den Wiener [Zentral-]Friedhof. Als wir den Wiener Friedhof betraten, dort in der Nähe war Strauß. Aber, wir bewahrten es! Es gab keine Pogrome. Und es war nicht einmal erlaubt, mit Artillerie auf dem Friedhof zu schießen!"[97]

In der Selbstwahrnehmung einiger der Veteranen trug die Wertschätzung, die sowjetische Armeeangehörige österreichischen Komponisten entgegenbrachten, zur Steigerung ihrer Popularität bei. Tatsächlich etablierte sich bis zu einem gewissen Grad das Bild des „kunstbegeisterten Russen" bei österreichischen Zeitzeugen.[98] Bemerkenswert erscheint die Schilderung von Generalmajor Borisov, der auf einen Wandel in der Haltung der österreichischen Bevölkerung gegenüber der Roten Armee hinweist: „Wir waren sehr erstaunt, dass man sich in den Dörfern uns gegenüber vorsichtig verhielt. Natürlich gaben sie und taten das, was wir verlangten, aber besonders freundlich war die Haltung nicht. Unsere Soldaten, Offiziere, die in jedes Haus gingen, kannten die Walzer von Strauß, die Motive. Denn vor dem Krieg lief in der UdSSR ‚Der Große Walzer', und jede Familie hatte Schallplatten mit allen

95 OHI, Barančikov.
96 OHI, Kurilina. Durchgeführt von Stelzl-Marx.
97 OHI, Pavel Lancov. Durchgeführt von Dar'ja Gorčakova. Moskau 16.10.2003.
98 Dornik, Besatzungsalltag in Wien, S. 466.

Walzern von Strauß, und jeder kannte sie. Und als sie hineingingen, sagten sie: ‚tra-tra-tra' [Borisov klopft dabei einen Walzertakt auf die Tischplatte] und begannen zu singen. Und sofort sagen die Österreicher: ‚Woher kennt ihr das?' Ich sage: ‚Wo ist das Grab von Strauß, Beethoven?' Und sie machten dann solche Augen. Bei ihnen, bei allen änderte sich sofort die Haltung. Wir wurden ihre, die eigenen Leute."[99]

Einen besonderen Eindruck hinterließ zudem der erste Besuch des Wienerwaldes. Dazu Borisov: „Am nächsten Tag wurden wir in den besten Wiener Wohnungen einquartiert. Wir bekamen insgesamt zwei Tage, um in Wohnungen zu wohnen. Dann wurden wir, unsere Division, in den Wienerwald verlegt, dorthin, wo, wie ich vom Strauß-Film wusste, er spazieren gegangen war, komponiert hatte, in der Kutsche gefahren war und seine Walzer komponiert hatte. Ich hatte den Eindruck, dass ich mich nicht im Krieg, sondern auf irgendeiner Exkursion befand, von der ich schon lange geträumt hatte."[100]

Auch Aleksandr Fadin, 1924 im Gebiet Nižegorodsk geboren und im Rang eines Obersts an der Befreiung Wiens beteiligt, bringt seine Eindrücke vom Wienerwald zu Kriegsende unmittelbar mit Strauß und diesen wiederum mit dem Kinofilm in Verbindung: „Die Wälder waren natürlich akkurat abgehobelt, die Bäume abgeschnitten, es war schon nicht mehr derselbe Wald, durch den Strauß gefahren war, wo er seine Walzer komponiert hatte, wie wir es im Kinofilm ‚Der Große Walzer' gesehen hatten, in diesem ausgezeichneten, guten Film."[101]

Ähnlich schildert Georgij Popov seine Reminiszenzen: „Zweimal fuhr ich in den Wienerwald. Dort, wo Strauß gewesen war. Denn zuvor hatte ich hier, in Russland, den Kinofilm ‚Der Große Walzer' gesehen, sehr oft, 15-mal, wenn nicht öfter. Mir gefiel dieser Film, und ich wollte natürlich genau dort [im Wienerwald] sein, schauen, den Vogelgesang hören und alles. Zweimal war ich dort."[102]

2.1.6 *„Sie waren viel weiter": Eindrücke vom Lebensstandard*

Abgesehen vom Topos der Musik thematisieren einige der Interviewpartner ihre Eindrücke von einem – im Vergleich mit ihrer Heimat – saubereren und wohlhabenderen Land. Die unmittelbare Konfrontation mit dem Kapitalismus stellte zumindest für einen Teil der sowjetischen Besatzungsangehörigen einen tief gehenden „Kulturschock" dar. Gerade zu Kriegsende konnten

99 OHI, Borisov.
100 Ebd.
101 OHI, Aleksandr Fadin. Durchgeführt von Natal'ja Bakši. Moskau 1.12.2002.
102 OHI, Georgij Popov. Durchgeführt von Peter Ruggenthaler. Rostov 12.4.2003.

sie verhältnismäßig ungehindert in Wohnungen und Häuser eindringen, wo sie – trotz Krieg und Besatzung – einen höheren Lebensstandard vorfanden als in der Heimat.[103] Selbst Jahrzehnte später kommt dieser Aspekt – oftmals etwas verschämt oder auch verhärmt – in den Interviews zur Sprache. Bereits während der Besatzungszeit erzählten einige ihren Angehörigen in der Sowjetunion von ihren Eindrücken vom Westen, wodurch sie mitunter Träume von einem besseren Leben weckten. Ein Beispiel dafür ist Lena Ševčenko: „Lena's own urge to experience something better had been fired by descriptions of life in the Russian-occupied zone of Austria. Her Mother was living there with her stepfather […] The clothes she brought back at intervals from Vienna told their own story of vastly superior living standards, even in a country under four-power occupation. The Shevchenkos did not need much persuading that the poorest Austrian peasant was better housed than they were: their first married home in Moscow had been her stepfather's single room in a three-room communal apartment in which fifteen people shared one kitchen, toilet and sink. They went to a public bathinghouse to bathe."[104]

Für viele der Veteranen stellte ihr militärischer Einsatz in Österreich die erste – und oft auch letzte – Möglichkeit dar, einen Blick von „Europa" zu erhaschen. Nikolaj Golyšev betont etwa, dass er mit seinen Kameraden die Umgebung einfach erkunden musste, um zu Hause von diesem fremden Land erzählen zu können: „Schließlich befanden wir uns in Europa. Welche Gesetze gibt es da? Welche Ordnung? Welche Bräuche? Damit wir selbst einen Eindruck davon bekamen. Wenn wir in die Heimat zurückkehren, dass wir berichten können, wie es ist."[105] Österreich schnitt bei ihm, auch im Vergleich mit den Erfahrungen im Rahmen späterer Reisen in den „Ostblock" und in die Mongolei, sehr gut ab: „Ich war also in meinem Leben in Bulgarien, war in Polen, Ungarn, in Österreich, in der Tschechoslowakei, war, ehrlich gesagt, in der Mongolei. Aber, ehrlich gesagt, die besten Eindrücke erhielt ich in Österreich, in Wien. Das ist so eine schöne Stadt! Solche geraden Straßen, solche Gebäude im gotischen Stil."[106]

Auch bei Marija Sljusar' hinterließ diese Auslandserfahrung einen bleibenden Eindruck. Die 1923 im Gebiet Krasnojar' geborene Russin arbeitete von 1951 bis 1953 als Sängerin im Ensemble der Zentralen Gruppe der Streitkräfte, wodurch sie zahlreiche Städte der sowjetischen Besatzungszone in Ös-

103 Siehe dazu auch das Kapitel B.I.1 „Erziehung, Disziplinierung, Kontrolle" in diesem Band.

104 Gordon Brook-Shepherd, The Storm Birds. Soviet Postwar Defectors. New York 1989, S. 253f.

105 OHI, Golyšev.

106 Ebd.

terreich kennenlernte. „Erstens war ich jung. Dann hatte ich in der tiefsten Provinz gelebt. Ich hatte nichts gesehen! Das war für mich natürlich so eine Offenbarung. Das Ausland! Alles war natürlich sehr ungewohnt: sowohl die anderen Gewohnheiten, sogar die Verhaltensformen. Ja, die Verhaltensformen, was soll man sagen? Alles war sehr galant, höflich. Immer eine ausgesprochene Höflichkeit. [...] Und natürlich gingen wir in Geschäfte und gingen spazieren, schlenderten durch die Straßen. [...] Alles war sauber, alles ordentlich, alles akkurat, alles typisch deutsch gemacht."[107] Ihr Bild von der einheimischen Bevölkerung entspricht teilweise den durch die russische Literatur und die sowjetische Kriegspropaganda etablierten Stereotypen der „Deutschen".

In diesem Zusammenhang verweist die Mezzosopranistin auf die politische Vorbereitung, der sie gemeinsam mit ihrem im selben Ensemble engagierten Mann vor der Abreise unterzogen wurde: „Als sie uns in das Haus der Sowjetischen Armee holten, führten sie mit uns ein Gespräch: ‚Ihr fahrt? Wisst ihr, wohin ihr fahrt? In ein kapitalistisches Land! So, versteht ihr, wie man sich verhalten muss?' Vor allem. Nun, wir sagen: ‚Wieso sollen wir das nicht wissen?' Verstehst du? Wir waren ja erwachsene Leute. Wir verstehen, wohin wir fahren und wie wir uns verhalten sollen."[108] Als Folge dieser Einstellung gegenüber dem „kapitalistischen Land" hatte sie wenig Kontakt zur österreichischen Bevölkerung: „Wir wurden sehr bevormundet. Damit es keine Unannehmlichkeiten gab. Sie folgten jedem, wörtlich gesagt, beinahe auf den Fersen."[109]

Die Stationierung in Österreich ermöglichte es auch der damaligen Funkerin Serafima Volosožar, 1923 im Gebiet Voronež geboren, Neues kennenzulernen. So zeigt sich die Veteranin, die in der Redaktion von „Za čest' Rodiny" arbeitete, auch heute noch von ihrem ersten Opernabend beeindruckt: „Wir erfüllten dort unsere Arbeit. Aber alles war dort interessant, dort war es schon interessant. Erstens gab es Theater, Opern. Ich erzählte meiner Großmutter, dass ich das erste Mal in einem echten Opernhaus war, denn ich bin ein Mädchen aus der Provinz. [...] Und dort wurden wir sogar neben der Oper untergebracht, wir waren so glücklich, wir gingen dort in die Oper."[110]

Vielfach hinterließen nicht nur die Gepflogenheiten, die Musik und die Architektur in Österreich einen nachhaltigen Eindruck, sondern auch die gepflegten Häuser und die „wie eine Saite geraden Straßen".[111] Auf die Frage

107 OHI, Marija Sljusar'. Durchgeführt von Dar'ja Gorčakova. Moskau 10.7.2003.

108 Ebd.

109 Ebd.

110 OHI, Serafima Volosožar. Durchgeführt von Natal'ja Bakši. Rostov 2.3.2002.

111 OHI, Mel'nikov.

nach etwaigen Plünderungen durch sowjetische Militärangehörige verweist etwa Aleksandr Fadin auf den gepflegten Zustand österreichischer Häuser: „Wozu soll man etwas nehmen? Was kann er [der Soldat] nehmen? Und dann ... Nun, bei ihnen waren die Wohnungen natürlich sauber, so gepflegt. Und in den Dörfern, alles ordentlich gebaut, mit Schiefer gedeckt, [nicht wie] unsere Holzhäuser, wie in der Ukraine, in Moldawien und in unseren Dörfern, mit Strohdächern – dort gibt es das natürlich nicht. Sie waren natürlich viel weiter in dieser Frage, materiell und so weiter. Sie waren viel weiter, das muss man zugeben."[112]

Die Ordnung und Sauberkeit blieben auch Pavel Lancov besonders in Erinnerung: „Weswegen es uns dort gefiel und was uns dort gefiel? Diese Sauberkeit, Ordnung! Das gibt es nicht, dass irgendein Abfall herumliegt, dafür gibt es einen Kübel. Dort gibt es das nicht! Alles ist aufgeräumt!"[113] Der damalige Artillerist bringt dazu mehrere anschauliche Beispiele, die den Unterschied zu seiner Heimat veranschaulichen sollen: „Wir gehen, wahrscheinlich zu viert oder mehr. Unsere Gruppe bestand aus 30 Personen. Dort war also eine Gasse. Sauber, akkurat, schmal. Kein Verkehr. Eine Ampel. Ich schaute noch so: Ein Scherz, wozu gibt es hier eine Ampel? Grün: die Österreicher gingen. Rot: die Österreicher stehen. [...] Einer von uns will gehen. ‚Wo zum Teufel willst du hin?' – ‚Was ist? Es kommt kein Auto!' Ich sage: ‚Aber die Leute stehen alle.' – ‚Und? Sollen sie stehen. Das Wichtigste ist ja, dass kein Auto kommt. Damit es einen nicht niederführt.' Ich sage: ‚Du gehst moskauerisch, aber man muss sich wienerisch verhalten.' So! Dann sah ich kaum, dass jemand rauchte. Sie stehen dort irgendwo auf der Seite, zwei, drei Personen, unterhalten sich. Dort raucht jemand. Aber so, dass er gehen und im Gehen rauchen würde? Das gibt es nicht! Nun, bei den Straßenbahnhaltestellen stehen Urnen. Niemand wirft die Papirosy neben die Urne, aber alle in die Urne. Bei uns: die Urne steht, die Urne ist leer, aber neben ihr – ein ganzer Container!"[114]

Auch andere Veteranen berichten von den guten Manieren der Bevölkerung, die sie als offen, ehrlich, gepflegt, freundlich, wohlerzogen, höflich und diszipliniert beschreiben.[115] Evgenij Obolenskij zieht ebenfalls einen Vergleich zwischen der österreichischen und der russischen Lebensweise: „Wodurch sie sich von unseren unterschieden? Nun, vielleicht, durch so eine Freiheit, Ungezwungenheit, Bildung, vielleicht, Intelligenz, Kultur. Schließlich waren unsere in diesem Sinn etwas schwach sozusagen. [...] Sie konnten nicht

112 Ebd.
113 OHI, Lancov.
114 Ebd.
115 OHI, Ovsjuk; OHI, Reformackij. Durchgeführt von Pavlenko.

Abb. 122: Österreicher mit Gamsbärten am Hut hinterließen einen bleibenden Eindruck bei sowjetischen Besatzungssoldaten. (Quelle: AdBIK, Foto: Zajcev)

nur ihre [Autoren] lesen, sondern auch andere. Die Bibliotheken waren in ihren Häusern immer gut, die Bücher gut ausgestattet, nicht so arm wie bei uns."[116] Danach kommt der Veteran auf die Tischsitten zu sprechen, die ihm ebenfalls positiv auffielen: „Nun, die Gedecke, für Hauptspeisen, den Nachtisch. Zu Tisch benahmen sie sich natürlich ruhiger, nicht so wie wir: Wir essen die Vor- und Hauptspeise mit dem Löffel. Sie essen nämlich die Hauptspeise mit Messer und Gabel. So ist das, verstehen Sie, so ist das."[117]

Abgesehen von den Manieren betont Obolenskij zudem die bessere Wohnsituation in Österreich: „Und wir hielten die Österreicher nicht für unsere Feinde. Die Leute lebten, sie lebten natürlich gut, die Österreicher: eigene Häuser oder zwei-, dreistöckige Häuser mit mehreren Wohnungen, meistens mit einem eigenen Eingang in jede Wohnung. So, Küche, Wohnzimmer, unbedingt ein Schlafzimmer, wenn es noch Zimmer gibt: ein Kinderzimmer und diverse andere Zimmer. Und schöne Bettwäsche. Und auch schöne Kleider."[118] Anschließend hebt der in Moskau lebende Veteran die damaligen österreichischen Bekleidungssitten hervor, die er – trotz anfänglicher Verwunderung – gleichfalls als „kultiviert" empfindet: „So, am Sonntag gingen sie gerne in die Berge, sich erholen, sie zogen eine Jacke, ein weißes Hemd, eine Krawatte, einen Hut und kurze Hosen, nun, meistens Lederhosen, kurze, an und Stiefel. Und so gingen sie in die Berge. So. Für uns war das am Anfang natürlich sehr komisch, wie man so sagt, aber dann gewöhnten wir uns daran. [...] All das ist ja ein menschliches Aussehen, sozusagen. Da geht nicht irgendein Räuber, sondern ein kultivierter Mensch."[119]

Die Lederhosen blieben auch Anatolij Prjachin, der bis 1955 als Übersetzer in der Kommandantur in Urfahr arbeitete, in Erinnerung. Der damalige Major empfand dieses Bekleidungsstück ebenfalls als gewöhnungsbedürftig und zugleich erheiternd: „Sie gingen dort in kurzen Lederhosen, diesen ziemlich schmutzigen. Unser Major sagte sogar lachend: ‚Je schmutziger, desto

116 OHI, Obolenskij.

117 Ebd.

118 Ebd.

119 Ebd.

ehrenvoller.' Und sie gingen in diesen kurzen Hosen zum Oberst."[120] Auch Igor' Reformackij meint: „Je mehr die Lederhosen glänzten, desto besser."[121] Andere bemerkten vor allem die „österreichischen Hüte mit diesen Pinseln", womit Gamsbärte gemeint waren.[122]

In ähnlicher Weise fiel dem damaligen Garde-Leutnant Aleksandr Orlov auf, wie gut die Österreicher - ungeachtet des Krieges - lebten. Bemerkenswert erscheint, dass er für diese frühe Besatzungszeit den Terminus „Deutsche" verwendet: „Und als sich die erste Begeisterung [nach Kriegsende] legte, begannen wir also zu schauen, wie die Deutschen leben. Es zeigte sich, dass sie gut lebten, ungeachtet dessen, dass Krieg gewesen war. [...] Als wir durch die Ukraine gezogen waren, dort, dort war alles [zerstört]. Der Krieg hatte dort [alles zerstört]. Sie lebten natürlich schlecht. Aber als wir hierher kamen - nun, saubere Häuser, Elektrizität. Alles. Überall Asphalt. Das beeindruckte natürlich."[123]

Auf die Stromversorgung kommt auch der damalige Leutnant Isaak Taflja zu sprechen: „In der Nacht vom 6. auf den 7. April näherten wir uns Wien. Ich ging also mit einigen Aufklärern voraus, wir gingen in einen Garten, dort waren noch die vorjährigen Beete, ein Holzhaus stand da, eine Terrasse. Wir drückten die Türschnalle hinunter - die Tür ist offen. Wir drückten auf den Lichtschalter - das Licht brennt. Wir waren erstaunt: Zwei Jahre hatten wir kein elektrisches Licht gesehen, und hier brennt das Licht, als ob es keinen Krieg gibt."[124]

Durch das Leben in Privathäusern kamen die Offiziere und vor allem ihre Gattinnen mit Haushaltsgeräten und Einrichtungsgegenständen in Berührung, die sie bis dahin nicht gekannt hatten. „Ich sah zum ersten Mal in meinem Leben einen Staubsauger und zum ersten Mal eine Waschmaschine - sah sie nicht, sondern erfuhr, dass es Waschmaschinen in den Häusern gibt. [...] Am Anfang wusch uns eine alte Österreicherin die Wäsche, eine einfache Frau. Sie kam, brachte die Wäsche, immer sehr gut gewaschen und gestopft",[125] erinnert sich Viktorija Perlamutrova, die Gattin eines bis 1946 in Österreich stationierten Majors. „Rosi kam jeden Morgen, wie ich Ihnen erzählte, in so einem einfachen Kleid mit Handschuhen, brachte den Staubsauger, und dort gab es Teppiche! Ja! Ich sah dort noch eine Garnitur. Ich hatte so etwas nie gesehen. Vielleicht gab es sie auch bei uns bei jemand in

120 OHI, Anatolij Prjachin. Durchgeführt von Ol'ga Pavlenko. Moskau 18.11.2002.
121 OHI, Reformackij. Durchgeführt von Pavlenko.
122 OHI, Perlamutrova.
123 OHI, Orlov. Durchgeführt von Bakši.
124 OHI, Isaak Taflja. Durchgeführt von Natal'ja Bakši. Moskau 10.3.2003.
125 OHI, Perlamutrova.

Moskau, aber ich hatte sie nicht gesehen. Dort sah ich eine echte Garnitur - wir schliefen im Schlafzimmer, wo die Garnitur stand. Und sie, offensichtlich räumte sie auf, weil sie fürchtete, dass ich nicht putzen werde, glaube ich. Das war ihr Stolz. Und auf diese Weise kam sie jeden Tag zu mir, wir unterhielten uns und so. Sie räumte alles auf, saugte, wir redeten immer miteinander."[126]

Bemerkenswert ist auch in diesem Zusammenhang die Differenzierung zwischen der Bevölkerung in Österreich und Ungarn. Während Perlamutrova Erstere als sehr sauber, genau („akkurat") und freundlich lächelnd in Erinnerung blieb, bezeichnet sie die Ungarn abwertend als schmutzig: „Sie verhielten sich uns gegenüber nicht gut, distanziert. Und überhaupt waren sie so schmutzig, die Häuser waren voller Wanzen, alles Wanzen, die Häuser dort waren voller Wanzen."[127]

Manche Armeeangehörige entwickelten durch die Konfrontation mit einem anderen Lebensstandard eine gewisse Unzufriedenheit mit ihrer eigenen Lage. Der damalige Infanterist Sergej Kutuzov, 1925 im Gebiet Moskau geboren, bemerkte in Österreich, wie rundherum alles „funkelte", er selbst aber schäbig gekleidet war: „Wir waren wie während des Krieges gekleidet. Wir hatten Feldblusen, die wir waschen mussten. Sie waren brüchig, [die Hosen] waren am Boden durchgescheuert, so gingen wir. Es war peinlich. [...] Rundherum blitzt alles, aber wir wollten aus der Stadt nicht hinausgehen. So war das. Und dann erhielten wir blaue Feldblusen. Irgendwo hatten sie dort blauen Stoff gekauft, gefunden. Man nannte uns dann auch noch die ‚blaue Division'."[128] Diese neue Ausstattung erwies sich außerdem insofern als schmachvoll, als im Russischen der Terminus „blau" („goluboj") auch „schwul" bedeutet.

2.2 „Befreier, nicht Eroberer": zum Selbstbild

Praktisch alle Interviewpartner versuchen, ein durchgehend positives Bild der Roten Armee zu vermitteln. Sie verweisen auf die großen Opfer, die für die Befreiung erbracht wurden, auf Heldentaten, auf die größtenteils positive Einstellung der österreichischen Bevölkerung den sowjetischen „Befreiern" gegenüber und schließlich auf das gute Verhalten, das sie an den Tag legten. „Wir kamen als Befreier, nicht als Eroberer",[129] wird mehrfach betont. Der

126 Ebd. Die Passage ist auszugsweise und in etwas abweichender Übersetzung zitiert in: Bezborodov - Pavlenko, Erinnerungen an Österreich, S. 404.

127 OHI, Perlamutrova.

128 OHI, Sergej Kutuzov. Durchgeführt von Natal'ja Bakši. Moskau 21.11.2003.

129 OHI, Van'kov.

Grundtenor ist: Exzesse gab es keine. Höchstens einzelne, namentlich meist nicht genannte Militärangehörige hätten gegen die Disziplin verstoßen, was allerdings härteste Konsequenzen nach sich gezogen habe.

Selten werden Vergewaltigungen oder Ermordungen von Zivilisten erwähnt. Dabei handle es sich - so der vermittelte Eindruck - um Ausnahmefälle, wobei meist ein dezidierter Grund für persönliche Rache angeführt wird. Ein Beispiel hierfür ist die Schilderung von Jurij Temnenko, 1925 in Moskau geboren, der 1945 als Garde-Sergeant bei der Schlacht um Wien mitkämpfte. „Man kann nicht sagen, dass wir alle Engel gewesen wären. Warum? Bei uns gab es beispielsweise im Regiment einen Stabsfeldwebel. In der Ukraine waren seine Mutter, sein Vater und seine Frau getötet worden, er war bereits ein alter Soldat. Und als wir nach Wien gingen ..."[130] An dieser Stelle möchte der Veteran wissen, ob das Interview aufgezeichnet wird, was ihm zunächst nicht recht zu sein scheint, fährt dann aber fort: „Er betrank sich also ordentlich. Ging in ein Haus, ein großes Haus, und erschoss alle, die dort waren. Dort waren viele. Er erschoss alle. Nun, er wurde natürlich auch verurteilt und so weiter. Und als er verurteilt wurde, sagt er: ‚Was wollt ihr von mir? Meine Frau erhenkten sie, meine Kinder erhenkten sie - und was soll ich mit ihnen machen?' Man sagte ihm: ‚Das waren ja nicht die Österreicher, sondern Deutsche!' - ‚Egal, Deutsche. Sie sprechen Deutsch, alles gleich.' Offensichtlich hielt er es nicht aus, die Nerven."[131]

2.2.1 *„Plünderungen? Wahrscheinlich hat es sie gegeben"*

Plünderungen waren zwar offiziell verboten und wurden mitunter auch geahndet, doch stellte die Ende Dezember 1944 erlassene Erlaubnis, Pakete in die Heimat zu schicken, eine regelrechte Aufforderung zur Selbstbedienung dar.[132] Dieses Dilemma kommt auch in einer Reihe von Interviews zum Ausdruck, wobei das Gefühl, eventuell etwas Unrechtes getan zu haben, unterschiedlich stark ausgeprägt ist. Die meisten verweisen darauf, Plünderungen im großen Maßstab höchstens bei Kameraden oder Vorgesetzten beobachtet, sich selbst aber nicht daran beteiligt zu haben. Maximal hätten sie ihren Verwandten Pakete mit Gebrauchsgegenständen geschickt, was allerdings nicht als Resultat von Plünderungen gewertet wird. Oder sie hätten sich Alkohol und Lebensmittel einfach genommen. „Wir sahen das nicht als Diebstahl, sondern dass wir

130 OHI, Temnenko.

131 Ebd. Einen ähnlichen Fall schildert auch Boris Zajcev. Vgl. OHI, Zajcev.

132 Siehe dazu auch das Kapitel B.I.2.3.1 „Pakete: die indirekte Aufforderung zur Selbstbedienung" in diesem Band.

ein Anrecht darauf haben",[133] meint einer der Veteranen. Die Pakete aus Österreich stellten - wie auch jene aus Deutschland - neben den dürftigen Lohneinkünften der Rotarmisten eine wichtige Versorgungsquelle für die Familie in der Sowjetunion dar. Repräsentative Beutestücke waren ebenso begehrt wie selten gewordene Genussmittel und einfache Alltagsgegenstände.[134]

Nina Bubnova, die in Österreich ihr erstes Kind auf die Welt brachte, betont bezeichnenderweise die unmittelbare Verbindung zwischen Plünderungen und Paketsendungen. Beinahe schwingt Bedauern mit, nicht mehr davon Gebrauch gemacht zu haben: „Mein Mann war sehr bescheiden. Wir nahmen fast nichts. Die Burschen bringen etwas: ‚Genosse Major, schicken Sie doch wenigstens ein Paket nach Hause!' Ich nahm auch ein wenig mit. Einmal schickte er ein Paket nach Hause. Und wir schickten. Damals war das ja erlaubt. Im großen Maßstab erlaubt. Und wie viel Material [es gab]. Und, wissen Sie, ich erinnere mich jetzt gerade, dass das etwas wild war."[135]

Abgesehen von der Schwierigkeit, in der Sowjetunion Dinge des alltäglichen Bedarfes kaufen zu können, erinnert sie sich auch an die ungleich bessere Qualität österreichischer Produkte: „Und dort [in Österreich] waren auch die Kinderwagen besser. Wir hatten einen einfachen [sowjetischen] Kinderwagen. Ich habe ihn mit Stoff eingenäht. Nähte, damit er wenigstens [...] Dort wurden sie toll gemacht, dort, sie hatten die unterschiedlichsten Mechanismen."[136]

Ohne Übergang kommt Bubnova auf zwei weitere Aspekte von Plünderungen zu sprechen: Einerseits die Revanche für vergleichbares Verhalten deutscher Soldaten in der Sowjetunion, andererseits die - häufig erfolglosen - Versuche der österreichischen Bevölkerung, Gegenstände zu verstecken: „Man erinnert sich: ‚Ihr bei uns - wir bei euch.' [...] Und Löcher haben sie gegraben! [...] Sie haben auch Sachen versteckt, als wir marschierten. Und die Deutschen gingen, und wir gingen. Ihren Plunder. Aber das ist so eine Bande, vor der man nichts verstecken kann."[137]

Auch andere Interviewpartner führen als Grund, weswegen sie etwas „genommen" hätten, die Erlaubnis an, Pakete in die Heimat zu schicken und damit ihren Angehörigen materiell helfen zu können. Stoffe und Kleidungs-

133 OHI, Van'kov.

134 Elke Scherstjanoi, „Wir sind in der Höhle der Bestie." Die Briefkommunikation von Rotarmisten mit der Heimat über ihre Erlebnisse in Deutschland, in: Elke Scherstjanoi (Hg.), Rotarmisten schreiben aus Deutschland. Briefe von der Front (1945) und historische Analysen. Texte und Materialien zur Zeitgeschichte. Bd. 14. München 2004, S. 194–230, hier: S. 211.

135 OHI, Bubnova.

136 Ebd.

137 Ebd.

stücke waren besonders beliebt.[138] Falls allerdings jemand gegen das mehr oder weniger offiziell vereinbarte Reglement verstieß, zog dies schwere Strafen nach sich. Jakov Dubovikov, 1916 im Gebiet Orlov geboren, erinnert sich etwa, seiner Frau Stoffe geschickt zu haben: „Wir nahmen Trophäen, aber nahmen sie organisiert, nicht einfach das, was einem untergekommen ist. Als wir in Ungarn einmarschierten, wurde der Stalin-Erlass verlautbart, dass jeder Soldat und Offizier ein Paket nach Hause schicken durfte. Und diese Pakete wurden aus Trophäen zusammengestellt. [...] Wir nahmen in erster Linie Textilien, die sind weniger sperrig, verstehen Sie. Zum Beispiel ließ ich die Ordonnanz kommen, er brachte so einen Ballen mit etwa acht Kilogramm Trikot. Wir schlugen ihn in ein weißes Tuch ein, nähten es zu, schrieben die Adresse drauf und schickten ihn der Ehefrau nach Moskau. So machten es auch alle anderen. Es gab Fälle, in denen einzelne Leute dagegen verstießen. Sie wurden streng zur Verantwortung gezogen.[139] Dubovikovs folgende Schilderung eines Obersten, der einen Pullmanwagen mit Möbeln und 60 Kilogramm Chrom in die Sowjetunion habe transferieren wollen, was er jedoch in seiner Funktion als Sekretär der Parteikommission verhindert habe, soll anscheinend zur Relativierung der eigenen Vorgehensweise dienen.

In ähnlicher Weise rechtfertigt Arcinovič sein damaliges Verhalten. Auch er verweist auf die Erlaubnis des Paketversandes, die schlechte materielle Versorgung in der Heimat („Wir haben nichts. Alles ist zerstört.") und die Bereicherungen von Vorgesetzten. Als weitere Legitimation dient der Hinweis, Nationalsozialisten seien die ehemaligen Eigentümer gewesen, und vieles sei ursprünglich aus Russland und der Ukraine nach Österreich verschleppt worden: „Plünderungen? Wahrscheinlich hat es sie gegeben. Aber welchen Charakter haben sie gehabt? Wenn wir beispielsweise eine Lederfabrik einnahmen, griffen wir natürlich zu. Wenn in Wien in irgendeinem Haus ein Weinlager entdeckt wurde, nahmen wir diesen Wein. Einfach so, ohne irgendein Getue. Was hätte man sonst tun können? Einen Teil schickten wir [nach Hause]. Fünf Kilogramm pro Monat waren uns erlaubt. Ich wusste, dass zu Hause die Eltern überhaupt keine Kleider hatten, und schickte Stoff, Schuhe. In einem zerstörten Haus in einem Wiener Vorort fand ich eine Schachtel mit Schuhen und Kleidung, die ich teilweise nahm. Was meinen Sie, ist das Diebstahl oder nicht Diebstahl? Und als wir von Österreich abfuhren, führte der Kommandeur drei Waggons aus. Mit den unterschiedlichsten Dingen: ein Pianino, ein Klavier etc. Und woher? Wahrscheinlich gab es eigene Trophäenkommandos, die dort Sachen nahmen. Aus irgendwelchen Häu-

138 OHI, Igor' Reformackij. Durchgeführt von Barbara Stelzl-Marx. Moskau 26.11.2002.
139 OHI, Jakov Dubovikov. Durchgeführt von Natal'ja Bakši. Moskau 12.6.2003.

sern, vielleicht von reichen, geflohenen Nazis."[140] Auch der ehemalige Rotarmist Barančikov findet nichts Anstößiges an seinem „Beuteakkordeon", das ihm Kameraden brachten. Sie hätten eine Fabrik „befreit", wo „die Deutschen alles liegen ließen, weggingen, in die Luft sprengten", erinnert er sich. Auf die Frage, ob es offiziell erlaubt war, Trophäen mitzunehmen, antwortet er, die Stücke wären sonst ohnehin verloren gegangen: „Aber warum denn? Alles brennt, alles fliegt in die Luft, alles geht verloren. Wenn das keiner nimmt, verbrennt es ebenfalls. Besonders, wenn die Deutschen abziehen, sie haben auch alles gesprengt, verbrannt." Etwas irritiert reagiert der Veteran auf die Frage, ob dies auch in Österreich der Fall war: „Das war ja in Österreich. Dort sind ja Deutsche. Ja, das ist das Gleiche. Also, dieses Akkordeon brachten mir die Kameraden. Sie wussten, dass ich spielen kann. Und ich spielte darauf. Vor Kurzem ließ ich es reparieren. Es sind schon 60 Jahre seitdem vergangen. Aber ich spiele auf ihm."[141] Das weiße Akkordeon dient ihm bis heute als wertvolles Erinnerungsstück an das Kriegsende in Österreich.

Zur Versorgung der Familie in der Sowjetunion mittels Paketsendungen kommt noch ein weiterer Aspekt hinzu: Die Militärangehörigen konnten, zumindest laut der Aussage einiger Interviewpartner, nicht mit leeren Händen nach Hause kommen. Isaak Taflja erwähnt etwa, in dem Haus, in dem sie vorübergehend einquartiert waren, einen ganzen Raum mit Koffern vorgefunden zu haben, in denen die Hausleute diverse Gegenstände verstaut hätten: „Uns interessierte das nicht. Allerdings: Wir hatten einen Kommandeur, Svistunov, ich erinnere mich an den Nachnamen, er bekam Urlaub und kam zu uns: ‚Genossen Offiziere, erlauben Sie mir, zumindest einen Koffer zu nehmen. Ich fahre nach Sibirien.' Er war aus Sibirien. ‚Ich muss zumindest irgendetwas mitbringen.' – ‚Nimm!' Dort war nicht einmal abgesperrt. ‚Nimm einen dort.'"[142]

Auf die Erwartungshaltung von Familienmitgliedern[143] kommt auch Ivan Roščin zu sprechen, wobei der Kommunist und damalige Mitarbeiter der Politabteilung sein eigenes vorbildliches Verhalten hervorhebt: „Ich hatte keine

140 OHI, Arcinovič.

141 OHI, Barančikov.

142 OHI, Taflja.

143 Auch in den Briefen von Rotarmisten aus Deutschland findet sich mehrfach der Hinweis, dass Angehörige von ihnen die Übersendung von „Beute" erwarteten. So klagt etwa ein Obersergeant im Brief an seine Frau im März 1945: „Ich habe dir schon geschrieben, dass ich euch damit [mit ‚Erbeutetem'] nicht helfen kann, weil ich ein sehr schlechter ‚Beutejäger' oder richtiger: überhaupt keiner bin. Allerdings habe ich euch einiges geschickt, aber das dank meiner Freunde, von denen zum heutigen Tage nur noch wenige übriggeblieben sind." Zit. nach: Elke Scherstjanoi (Hg.), Rotarmisten schreiben aus Deutschland. Briefe von der Front (1945) und historische Analysen. Texte und Materialien zur Zeitgeschichte. Bd. 14. München 2004, S. 85.

Trophäen! [...] Nichts. Ich fuhr ab. Meine Verwandten sagen: ‚Hör zu, Ivan, wieso kommst du ohne Trophäen? Kuz'ma kam, er schleppte herbei.' Nun, jedem das Seine."[144] In diesem Zusammenhang erwähnt er zudem das in seinen Augen mustergültige Vorgehen des späteren Außenministers Dmitrij Šepilov: „Šepilov war ein echter Kommunist, ich sage es geradeaus. Dort wurde eine große Menge toller Jagdwaffen erobert. Er befahl: ‚Alles als Einnahme verbuchen und in die [Sowjet-]Union transportieren! Das bewerten wir als Volksgut!' So ein Mensch war er. Und natürlich war er auch ein Vorbild für seine Untergebenen. Ein sehr gebildeter Mensch! Er war ein echter Außenminister!"[145]

Der damalige Oberleutnant Ivan Uvarov, 1922 im Gebiet Moskau geboren, meint hingegen, dass auf der Post gestohlen wurde, weswegen seine Schwester ein Paket mit nichts als alten, geflickten Stiefeln erhielt, was ihm sehr unangenehm war: „Kurz gesagt, das Paket war ausgeraubt. Und mir war das sehr unangenehm. Ich bewies ihr erst später, dass ich ihr so etwas einfach nicht schicken konnte."[146]

Bezeichnenderweise unterstreichen auch weitere Veteranen, selbst keine Beutegüter genommen, dies aber bei anderen beobachtet zu haben. Evgenij Obolenskij differenziert etwa zwischen der kämpfenden Truppe und dem Tross, den er mit Schakalen vergleicht: „Wir waren damals sozusagen noch nicht daran gewöhnt – ans Marodieren. Nicht gewöhnt. Wir waren gewöhnt, zu kämpfen, nicht zu stehlen. So, deswegen hatten wir so eine Einstellung. Unter denen, die kämpften, gab es keine Marodeure. Denn [...] für sie war alles fürchterlich: sie können beim Kämpfen verletzt oder getötet werden. [...] Die, die hinter uns kamen, die bereits sozusagen hinter uns waren, als wir weitergingen, diese Marodeure, Schakale, stahlen, taten etwas mit der Bevölkerung, wie man sagt, aber die kämpfenden Truppen, sie waren gegenüber der Bevölkerung sehr loyal."[147] Auf der anderen Seite meint auch er, dass die Kameraden beispielsweise eine schöne Tasse, die sie in einer leer stehenden Wohnung vorfanden, durchaus mitgenommen, allerdings keine Wohnung „leer geräumt" hätten.[148]

Ein weiteres Beispiel dafür sind die Schilderungen von Valentina Kurilina, 1922 im Gebiet Kursk geboren, die im April 1945 als Garde-Untersergeant der Nachrichtentruppen des 21. Garde-Schützenkorps nach Wien kam: „Es wurde uns gesagt, dass wir uns normal verhalten mussten. Nichts nehmen

144 OHI, Roščin.
145 Ebd.
146 OHI, Uvarov.
147 OHI, Obolenskij.
148 Ebd.

ohne Erlaubnis. Aber natürlich nahmen sie, nahmen sie, natürlich. Aber so ein Marodieren, ein großes, gab es nicht. Aber natürlich kam das vor. Ich erinnere mich, dass wir, als wir in irgendeiner Stadt in Österreich, in einem Ort waren. Dort gingen wir, erinnere ich mich, in ein Zimmer, ein kleines, wie ein Abstellraum. Dort gab es diese Schränke, wo Silberlöffel lagen, alle aus Silber. Ich, zum Beispiel, wusste damals nicht, was Silber ist. Was macht das für mich für einen Unterschied, wie die Gabel war, aus Silber oder aus Eisen? Aber einige Männer, die schon etwas älter waren, einige, nun, ich weiß, das wurde eingestellt."[149]

Auch der Donkosake Nikolaj Kovalenko schildert einen Fall, den er beobachtete, ohne dabei Namen zu nennen: „Nach dem Krieg hatte ich keine einzige Uhr. [...] Dann wurde ja erlaubt, Pakete nach Hause zu schicken. Ich schickte kein einziges Paket nach Hause. Hatte nichts. Wie? Soll ich etwa suchen gehen, was ich ins Paket [gebe]? Es gibt einfach so Leute, sogar in Rostov. Einer schickte ein Kilogramm Nadeln, ein Kilogramm Nadeln! Gab es etwa nach dem Krieg keine Nadeln, um zu nähen, nähen? Und er wurde ‚reich'. Er handelte mit diesen Nadeln am Markt, hier in Rostov, das weiß ich. Solche gab es viele. Es gab auch die, die zwei, drei Waggons mit Sachen schickten."[150]

Bezeichnenderweise assoziiert Kovalenko das Thema „Uhr" direkt mit den Paketsendungen in die Sowjetunion und diese wiederum mit den Plünderungen. Doch während in Österreich die sprichwörtliche Uhrenliebe sowjetischer Soldaten einen der zentralen Erinnerungstopoi darstellt, kommen Uhren in den analysierten Interviews auffallend selten zur Sprache.[151] Eine der wenigen Ausnahmen stellt die Erinnerung von Golyšev dar, der allerdings betont, eine Uhr eingetauscht und nicht selbst genommen zu haben: „Wir nahmen Trophäen. Besonders Uhren nahmen wir. Uhren. Und gegen Ende meines Spitalsaufenthalts kommt ein verwundeter Leutnant oder Oberleutnant. Ich trug österreichische Hosen, und in der Tasche war eine Pistole, sichtbar, eine ordentliche, große Pistole, die absteht. Er: ‚Hör zu, Nikolaj, was hast du da?' Ich sage: ‚Eine Pistole.' – ‚Weißt du, dass du das nicht darfst?' – ‚Ich weiß.' [...] ‚Mir steht eine Pistole zu. Ich habe hier drei Uhren – wähle aus. Für die Pistole – welche du willst.' Ich denke mir, wozu brauche ich eine Pistole, werde ich etwa schießen? Und eine Uhr habe ich in meinem Leben noch nie gehabt, ich war bereits 20. Ich schaute: eine schöne Uhr, mit einem

149 OHI, Kurilina. Durchgeführt von Stelzl-Marx.

150 OHI, Kovalenko.

151 Siehe dazu auch das Kapitel B.I.2.3.5 „‚Wie auch wir vergeben unseren Plünderern': Reaktionen" in diesem Band. Vgl. Hannl. Mit den Russen leben, S. 135–137; Dornik, Besatzungsalltag in Wien, S. 466; Marcello La Speranza, Wien 1945–1955. Zeitzeugen berichten. Graz 2007, S. 41.

Abb. 123: Neben Uhren stellten auch Fahrräder ein begehrtes Gut dar. (Quelle: AdBIK, Foto: Grünanger)

Deckel, vielleicht versilbert, ich kannte mich damals nicht aus, man kann den Deckel so schließen und wieder aufmachen, ein Ziffernblatt. [...] Und diese Uhr nahm ich von ihm, die Pistole gab ich her."[152]

Hingegen berichtet der 1921 in Moskau geborene Michail Gusarov, der zu Kriegsende den Rang eines Kommandeurs der Abteilung für topografische Aufklärung innehatte, wie ihm selbst – anscheinend von einem Kameraden – am 8. Mai 1945 seine Uhr gestohlen wurde. Seinem Bericht, den er mit einem Lachen beendet, verleiht er etwas Anekdotisches. Auf die Herkunft seiner Uhr geht er allerdings nicht ein: „Ich wusch mich, legte die Feldbluse ab, und eine Uhr hatte ich, gab sie runter, legte sie auf den Trosswagen. Alle liefen zusammen, schrien, umarmten alle – Krieg kaputt, kaputt Krieg, aus. Ich ging zurück – und meine Uhr war weg."[153]

2.2.2 *„So etwas gab es nicht!" Vergewaltigungen als Tabu*

Während die meisten Zeitzeugen relativ offen über Plünderungen reden, an denen sie sich bis zu einem gewissen Grad auch selbst beteiligten, werden Vergewaltigungen weitestgehend tabuisiert. Wie bereits erwähnt, schienen die sowjetischen Armeeangehörigen in ihrer Wahrnehmung ein gewisses Anrecht auf „Trophäen" zu haben: Die Heimat war zerstört, Paketsendungen wurden erlaubt, Gebrauchsgegenstände wie Kleidung oder Schuhe und Lebensmittel wurden dringend benötigt, vieles wäre, so die Überlegung, ansonsten ohnedies vernichtet worden, und die Ranghöheren griffen im großen Maßstab zu. Dass manche der Beutegüter anscheinend Nationalsozialisten gehört hatten, legitimierte den Anspruch darauf noch zusätzlich. Vor diesem Hintergrund wird auch klar, weswegen das Erbeuten echter Wertgegenstände wie Gold, Schmuck oder auch Uhren weitaus zurückhaltender geschildert wird.

152 OHI, Golyšev.
153 OHI, Michail Gusarov. Durchgeführt von Dar'ja Gorčakova. Moskau 20.11.2003.

Vergewaltigungen lassen sich hingegen nicht so leicht rechtfertigen. Zwar war die Rote Armee seit 1941 auf Hass und Rache an den Deutschen propagandistisch eingeschworen worden, doch hatte das Militärkommando die Soldaten im Frühjahr 1945 eindringlich aufgefordert, die österreichische Bevölkerung „nicht zu beleidigen". Mehrere der Interviewpartner verweisen daher auch auf die entsprechenden Befehle von Marschall Tolbuchin. Im Gegensatz zu den Paketen, die gleichsam als Hilfslieferungen an die Familie in der Sowjetunion geschickt wurden, lassen sich Vergewaltigungen keinerlei positive oder etwa anekdotische Aspekte abgewinnen. Den Übergriffen auf ausländische Frauen haftet – zu Recht – der Ruf an, dem Ansehen der Roten Armee nachhaltig geschadet zu haben. So überrascht es kaum, dass die interviewten Veteraninnen und Veteranen, allen voran Mitglieder von Veteranenverbänden, diesen unehrenhaften Aspekt der ansonsten heroisch konnotierten Befreiungsmission der Roten Armee möglichst aussparen oder negieren.[154]

Anscheinend besteht die kollektive Befürchtung, Erwähnungen dieser Straftaten könnten ihre Verdienste für das Vaterland schmälern. „Man [hat] heute, wenn man Veteranen der Sowjetischen Militäradministration und solche des Ostpreußen-Feldzuges interviewt, den vorrangigen Eindruck, dass frühere Sowjetoffiziere das grausame Verhalten ihrer Kameraden wie auch ihre eigene Gleichgültigkeit am liebsten aus dem Gedächtnis streichen würden",[155] beschreibt Norman Naimark die Situation mit Veteranen aus der ehemaligen Sowjetunion, die in Deutschland stationiert waren. Zu jenen, die Österreich aus erster Hand kennenlernten, besteht kein bemerkenswerter Unterschied.

Jene Interviewpartner, die vergleichsweise offen auf Übergriffe von Rotarmisten zu sprechen kommen, gehören bezeichnenderweise keiner Veteranenorganisation an. Ein Beispiel hierfür ist der damalige Leutnant Timofej Gorobec, der explizit auf die Rache verweist, die für deutsche Vergehen in der Sowjetunion geübt wurde. Gorobec, 1923 im Gebiet Novosibirsk geboren, antwortete auf die Frage, ob seine österreichischen Quartiergeber sich vor ihm gefürchtet hätten: „Und, wissen Sie, was die Deutschen im Krieg bei uns machten? Alle Frauen vergewaltigt und getötet! Unsere machten das auch. […] In Herden, in Herden gingen sie. Die Tochter legten sie flach, die Mutter legten sie flach. Übten Rache, Rache. Damals sagte Chruščev ihm, dem Deutschen: ‚Was habt ihr mit unseren [Frauen] gemacht? Ihr habt das mit unseren auch so gemacht. Und', sagte er, ‚wir rächten uns dafür, was ihr bei

154 Siehe dazu die im Folgenden angeführten Beispiele.

155 Naimark, Die Russen in Deutschland, S. 111.

uns gemacht hattet. Ihr habt unser Volk beleidigt, und wir', sagt er, ‚rächten uns dafür.' Richtig. Das sagt offiziell niemand, aber faktisch, eigentlich. [...] Alle wussten davon! So etwas macht man nicht auf der Straße, sondern in irgendeinem Eck!"[156]

Allerdings bleibt unklar, wo und wann genau es zu den angesprochenen Exzessen kam. Auch in diesem Fall war die Rache nicht „symmetrisch": Persönliche Erfahrungen oder persönliche Tragödien einzelner Militärangehöriger führten ebenso wenig automatisch zu Racheakten, wie das Fehlen derartiger Ereignisse die Rachgier anderer im Keim erstickte.[157] Hinsichtlich der Situation in Österreich unterstreicht Gorobec, wie die geplante Rache letztlich durch Befehle und Strafen eingedämmt wurde: „Sie straften. Und straften ordentlich, straften. Als wir einmarschierten, als wir die Grenze überschritten, [sagte man]: ‚Hier werden wir alles tun, was wir wollen!' Ja, unsere Führung: ‚Ja, hier werden wir [alles tun]!' Aber dann kam der Befehl, nichts anzurühren. Wenn jemand aus dem Rahmen fiel, wurde er bestraft, bestraft. Damit nicht vergewaltigt wurde."[158] Durch die Betonung der Strafmaßnahmen seitens der Militärführung relativiert der Interviewpartner das Ausmaß der tatsächlich geübten Rache.

Der damalige Gefreite und Scharfschütze Egor Kuzmičev erwähnt in seinem Interview Übergriffe in einem ungarischen Frauenkloster. Diese schienen ihm gewissermaßen gerechtfertigt zu sein, da die Klosterschwestern angeblich mit den Deutschen kollaboriert hatten: „Es gab dort so eine Situation, vor der Grenze, die Stadt auf ‚Sch', habe ich vergessen. Diese kleine Stadt. Und dort gab es ein Frauenkloster. [...] Sie waren weiß gekleidet, wie das heißt, wissen wir nicht. Aber ich erzähle das, weil man uns sagte, vorsichtig zu sein: Deutsche. Im Kloster, obwohl das nicht möglich ist. Dann zeigte sich, dass sie sich hastig so angezogen hatten, aber die Stiefel waren sichtbar. Ich sage, natürlich gab es dort Schwestern, und es gab Verkleidete. Aber hier entstand natürlich ein Tumult. Sie sagten: ‚Da ihr deutsche Offiziere gerettet habt, verliert ihr zur Belehrung eure Ehre!' Da war nichts zu machen, verstehen Sie?"[159] Der damalige Oberst Boris Van'kov schildert gleichfalls eine Vergewaltigung in einem ungarischen Frauenkloster, hebt allerdings die harte Bestrafung der Täter – in einem Fall die Erschießung eines Unteroffiziers – hervor.[160]

In den anderen Fällen bleiben die Interviewpartner weitaus vager und abstrakter, sobald die Sprache auf Vergewaltigungen kommt. Vor- und Nach-

156 OHI, Timofej Gorobec. Durchgeführt von Natal'ja Bakši. Rostov 2.3.2003.
157 Budnitskii, Germany, 1945, trough the Eyes of Soviet Intellectuals, S. 13.
158 Ebd.
159 OHI, Kuzmičev.
160 OHI, Van'kov.

namen konkreter Personen fehlen, die Sujets weisen einen mythologisierenden Charakter auf, und kein einziges Mal wird eine persönliche Beteiligung an derartigen Taten auch nur angedeutet.[161] Manche geben zwar zu, dass Exzesse vorkamen, verweisen allerdings sofort auf die harten Strafen: „Es gab sie, gab sie. Aber das wurde streng geahndet. Unser Kommando verlangte von uns, weder zu marodieren noch zu vergewaltigen, um die örtliche Bevölkerung nicht zu beleidigen."[162]

Andere, wie etwa Fadin, negieren Übergriffe durch sowjetische Soldaten gänzlich: „Gott behüte, dass es dort Vergewaltigungen gegeben hätte, Gott behüte! [...] Ich habe davon nichts gehört. Nein, ich würde es wissen! So etwas gab es nicht! Deshalb wurden wir auch so empfangen vor, wie mir scheint, 50 Jahren in Wien. Ich weiß, dass man uns auch jetzt gerne empfängt. Daran gibt es keinen Zweifel, keinen Zweifel."[163] Auch Anatolij Kolganov schließt derartige Vorfälle kategorisch aus: „Es gab keine Vergewaltigungen. Für Vergewaltigungen, Marodieren gab es den Befehl, [den Schuldigen] an Ort und Stelle zu erschießen."[164]

In ähnlicher Weise betont Vladilen Daniločkin, niemals Vergewaltigungen beobachtet zu haben, was er vor allem auf die strenge Disziplin zurückführt: „Ich persönlich kann mich an solche Fälle nicht erinnern, Derartiges beobachtete ich nicht. Außerdem hörte ich auch von meinen Genossen nichts dergleichen." Daraufhin führt der Veteran an, sich jedoch an einen Fall erinnern zu können, bei dem mehrere Kameraden in die Berge gegangen seien, wo sie einen Bewohner überfallen und getötet hätten. Sie seien allerdings gefasst, verurteilt und zur Strafverbüßung in die Sowjetunion transportiert worden. Nachdem er auf diese Weise sein gutes Gedächtnis bewies, folgt ein Verweis auf die Disziplin in den Truppen: „Niemand, niemand verstieß gegen die Militärdisziplin. Wir waren im Kriegszustand, wir fühlten uns als Militärangehörige wie im Krieg und deswegen konnte es einfach derartige Fälle nicht geben."[165]

Auch weibliche Interviewpartnerinnen heben hervor, dass es in Österreich – im Gegensatz zu Ungarn – nur zu wenigen bis gar keinen Fällen von Vergewaltigung gekommen sei: „In Ungarn, in Ungarn gab es einen Fall. Nun, es gab einzelne Gerichtsprozesse. Daran war ich beteiligt. [...] Aber in Österreich gab es das nicht. Ich sage, dass das nur eine kurze Zeit war und praktisch schon vor dem Kriegsende",[166] meint etwa Elena Evtichieva.

161 Bezborodov – Pavlenko, Erinnerungen an Österreich, S. 402.
162 OHI, Golyšev.
163 OHI, Fadin.
164 OHI, Kolganov.
165 OHI, Daniločkin.
166 OHI, Evtichieva.

Valentina Kurilina verweist ebenfalls auf die Disziplin. Gleichzeitig versucht sie, eine Entschuldigung für das sexuelle Verlangen ihrer männlichen Kameraden zu finden: „Es gab Disziplin. Es wurde bestraft. [...] Der Krieg war zu Ende, zu Ende. Hier, wissen Sie, entspannten sich alle. Und, wissen Sie, vier Jahre ohne Frau, sie fanden sich Frauen, vielleicht Frauen, die auch ohne Männer waren. Sie kamen zusammen. Sie wurden gewarnt: ‚Schaut, dass es keine Beschwerden gibt. Wenn Beschwerden von Frauen kommen, dass ihr mit ihnen in engen Verhältnissen [lebt], und sie werden etwas fordern, dann wird euch nichts Gutes erwarten.'"[167] Übergriffe, betont auch die 1922 geborene Veteranin, habe es keine gegeben: „Nein, nein, nein! Das gab es nicht. Ich sage Ihnen, dass sie sich sehr gut verhielten: Die Frauen selbst liebten unsere Offiziere und Soldaten. Sie schwärmten für sie und tanzten auf der Straße. Nein, nein, es gab keine Exzesse."[168]

Den Unterschied zwischen Österreich und Ungarn hebt auch Jakov Dubovikov hervor: „Vergewaltigungen, wissen Sie, in Österreich weiß ich nichts von derartigen Fällen, bemerkte nichts. In Ungarn gab es diese Fälle. Gab sie, gab sie. In Ungarn gab es diese Fälle. Ich weiß nicht, ob man das sagen kann [wenn die Kamera läuft]. Ein Zug wurde aus der Gliederung ‚Gonorrhö' zusammengestellt. Die Leute entfernten sich unerlaubt, trafen sich mit zufälligen Frauen und steckten sich an. Es wurden alle Maßnahmen getroffen, um das zu unterbinden. Jeden Tag melden sich 30 Personen, man kann sie nicht als Soldaten zählen, sie sind bereits nicht mehr in der Lage. Die Sache ging bis zum Militärrat der Armee."[169]

Beinahe zynisch mutet der diesbezügliche Kommentar von Aleksandr Orlov an, der meinte, dass die Verwundeten und Toten keine Übergriffe machen konnten. Der Veteran konkretisiert gleichfalls keinen der Vorfälle, bestreitet aber auch nicht, dass es sie gab. „Nicht alle [Soldaten] waren Barbaren. Dort gab es 30.000 Verletzte - ihnen war nicht danach. 102.000 Tote - ihnen war umso mehr nicht danach. [...] Deswegen wird das überbewertet. Obwohl es natürlich, wie in jeder Armee, in jedem Krieg, diese Fälle gibt. Es gibt Vergewaltigungen, natürlich, aber das ist verallgemeinernd. Und bei uns etwa, wie viele gab es? Wir gingen durch Ungarn. Aber das war so ein Volk - böse. Und es gab Böses ihnen gegenüber, und alles. Aber nicht bei uns. Obwohl, wahrscheinlich gab es diese Fälle, natürlich gab es sie. Wenn man die Militärstaatsanwaltschaft nimmt, dort gibt es wahrscheinlich Akten."[170]

167 OHI, Kurilina. Durchgeführt von Stelzl-Marx.
168 OHI, Valentina Kurilina. Durchgeführt von Sergej Drobjasko. Moskau 29.11.2002.
169 OHI, Dubovikov.
170 OHI, Orlov. Durchgeführt von Bakši.

Wie die angeführten Beispiele zeigen, zählen Übergriffe sowjetischer Soldaten zu den am meisten belasteten und tabuisierten Themen. Immerhin impliziert das Äußern von Erinnerungen an lebensgeschichtliche Erfahrungen und Erlebnisse immer auch eine Wertung, wenngleich retrospektiv.[171] Zwischen „Quelle" und Forscher treten Wechselwirkungen auf.[172] Die biografische Erinnerung beruht stets auf sozialer Interaktion.[173] Dies schließt zugleich ein, dass der Interviewpartner auf mögliche Wertungen durch den Interviewer – und den potenziellen Rezipienten – reagiert und etwaige negative Beurteilungen durch das Aussparen heikler Themen möglichst vermeiden möchte. Einige Zeitzeugen wollten daher negativ konnotierte Erlebnisse nicht vor laufender Kamera wiedergeben, andere wichen ihnen nach Möglichkeit aus.

Positive und negative Erinnerungen haben nicht nur ein unterschiedliches Gewicht, auch die momentane (Gefühls-)Lage des Gesprächspartners wirkt sich auf die Wiedergabe der Erinnerungen aus. Dies bedeutet einen „permanenten sozialen Prozess".[174] Weiters sind „Selektivität und Perspektivität des Gedächtnisses" zu bedenken. Schließlich meint das Langzeitgedächtnis jenes zu nutzende Erinnern, das sich, nach einem eher raschen Vergessen innerhalb weniger Wochen oder Monate, stabilisiert und selbst noch nach Jahrzehnten verlässlich abrufbar ist.[175] Speziell autobiografische Erinnerungen sind retrospektive Konstrukte, die häufig weniger mit der vergangenen Wirklichkeit zu tun haben als mit dem Hier und Jetzt der Interviewsituation.[176]

171 Frieder Stöckle, Zum praktischen Umgang mit Oral History, in: Herwart Vorländer (Hg.), Oral History. Mündlich erfragte Geschichte. Göttingen 1990, S. 131–158, hier: S. 147.

172 Helmut Konrad, Neue Wege in Forschung und Vermittlung von Geschichte, in: Hubert Ch. Ehalt (Hg.), Geschichte von unten. Fragestellungen, Methoden und Projekte einer Geschichte des Alltags. Wien – Köln – Graz 1984, S. 41–58, hier: S. 49.

173 Jan Assmann, Das kulturelle Gedächtnis. Schrift, Erinnerung und politische Identität in frühen Hochkulturen. 4. Aufl. München 2002, S. 52.

174 Gerhard Botz, Oral History – Wert, Probleme, Möglichkeiten der Mündlichen Geschichte, in: Gerhard Botz – Josef Weidenholzer (Hg.), Mündliche Geschichte und Arbeiterbewegung. Materialien zur Historischen Sozialwissenschaft. Wien – Köln 1984, S. 23–37, hier: S. 27.

175 Ebd.

176 Astrid Erll, Kollektives Gedächtnis und Erinnerungskulturen. Eine Einführung. Stuttgart – Weimar 2005, S. 51.

3. Schriftliche Zeugnisse

Kriegsende und Besatzungszeit in Österreich hinterließen ihre Spuren zudem in der sowjetischen Literatur, die ihrerseits als Medium des kollektiven Gedächtnisses wirkt.[177] So entstanden Kriegsreportagen, Gedichte und Lieder, später Erzählungen, Poeme, Novellen, Romane und Autobiografien. Nicht nur für die Öffentlichkeit bestimmte literarische Werke, auch sehr persönliche Texte wie Tagebuchaufzeichnungen oder Briefe wurden verfasst. Manche Erinnerungen liegen bis heute nur als Manuskript vor, weil sie nie einen Verleger fanden; andere wurden anlässlich runder Jubiläen sogar neu aufgelegt. Zu den Autoren gehören Journalisten, Schriftsteller oder jene, die bald Schriftsteller werden sollten. Aber auch bislang literarisch nicht tätige Besatzungssoldaten brachten aus der Situation heraus ihre Eindrücke zu Papier. Ihr Schaffen schließt die militärischen Kampfhandlungen ein, sie schrieben über Wien und andere Städte sowie persönliche Erfahrungen, die sie in Österreich gemacht hatten.[178]

Die ersten für die Öffentlichkeit bestimmten Texte erschienen in den Armeezeitungen. Ihre Redaktionen hatten sogar eine eigene als „Schriftsteller" bezeichnete Charge, die aktuelles Material über die Kriegshandlungen, später über die Verhältnisse vor Ort, lieferte. Neben Reportagen druckten die Zeitungen Gedichte, Briefe und Erzählungen, die natürlich auch propagandistischen Zwecken dienten.[179] Sie entstanden entweder während der Ereignisse selbst oder in knapper zeitlicher Distanz. Ähnlich wie die für den privaten Gebrauch geschriebenen Briefe und Tagebücher lagen die Zeitpunkte des Erlebens und jene des Niederschreibens nah beieinander.

Später verfassten sowjetische Schriftsteller Bücher belletristischen Charakters, deren Handlung meist im Wien der Nachkriegszeit angesiedelt ist.[180] Durch die neue Erfahrung mit dem Westen boten sich erweiterte Möglichkeiten literarischen Schaffens. Der persönliche Kontakt mit der einheimischen Bevölkerung bedingte, dass die Deutschen bzw. Österreicher nicht „en mas-

177 Ebd., S. 143.

178 Toper, Blick aus Moskau; Reitinger, Österreich in den Augen der Sowjetliteratur; Klein, Die Russen in Wien. Eine Auswahl von Darstellungen, Erinnerungen und Zeitzeugenberichten über das Kriegsende in Deutschland aus sowjetischer Sicht findet sich bei: Christiane Künzel, Literaturauswahl, in: Elke Scherstjanoi (Hg.), Rotarmisten schreiben aus Deutschland. Briefe von der Front (1945) und historische Analysen. Texte und Materialien zur Zeitgeschichte. Bd. 14. München 2004, S. 405–435, hier: S. 426–431.

179 Toper, Blick aus Moskau, S. 88. Siehe dazu das Kapitel C.II.1 „Die Armeezeitung der Zentralen Gruppe der Streitkräfte" in diesem Band.

180 Ein Überblick über einige dieser Werke findet sich in: Toper, Blick aus Moskau, S. 101, FN 35.

Abb. 124: General-Oberst Nikanor Zachvataev (in der Mitte des Bildes) führte mehrere berühmte sowjetische Schriftsteller, darunter Sergej Michalkov und Gabriel El-Registan, die den Text der Hymne der Sowjetunion verfasst hatten, am 15. April 1945 durch das zerstörte Zentrum Wiens. (Quelle: ACMOV)

se", sondern als Individuen wahrgenommen wurden.[181] Gleichzeitig entstand unter den Bedingungen des Kalten Krieges das Bedürfnis, die US-Amerikaner zu „entlarven", weswegen die Werke vielfach einen tendenziösen Charakter aufweisen.[182] Die „Schablonenhaftigkeit" der sowjetischen Literatur über Österreich ist, wie die österreichische Slawistin Monika Reitinger betont, darauf zurückzuführen, dass die Autoren oft „nicht zu den begabten und bekannten zählen".[183]

Eine eigene Kategorie bilden die - meist autobiografischen - Erinnerungen von Militärangehörigen, die einen hohen Wahrheitsanspruch stellen. Ähnlich wie bei den Interviews gilt auch hier, dass die damaligen Erlebnisse durch das Prisma der vergangenen Jahre und Jahrzehnte gesehen werden. Selten liegen Erleben und Erinnern so nahe beieinander wie bei Major Boris Sluckij, der das Kriegsende in Österreich erlebte und gleichsam als Tagebucheintragungen zeitnah seine „Notizen über den Krieg" verfasste. Publiziert wurden sie unter dem Titel „Über die anderen und über mich" allerdings erst 60 Jahre später.[184] Bekannt wurde Sluckij durch seine pathosfeindliche Kriegserinne-

181 Budnitskii, Germany, 1945, trough the Eyes of Soviet Intellectuals, S. 2.

182 Toper, Blick aus Moskau, S. 101.

183 Reitinger, Österreich in den Augen der Sowjetliteratur, S. 161.

184 Sluckij, O drugich i o sebe. Vgl. Budnitskii, Germany, 1945, trough the Eyes of Soviet Intellectuals, S. 2. Sluckij verfasste auch einige Gedichte in Wien, darunter „Den' pobedy v Al'pach". Vgl. Toper,

rungslyrik, die ihm in der Sowjetunion eine „anerkannte, wenn auch befeindete" Stellung einbrachte. Ein bedeutender Teil seiner offen kritischen Lyrik wurde erst nach seinem Tod 1986 unter dem Einfluss der Perestrojka publiziert.[185]

Einige der am meisten verbreiteten Werke mit Österreichbezug entstanden in den 1960er und 1970er Jahren, zu einer Zeit, als auch die offizielle Erinnerungskultur in Form von Museen und Denkmälern einen Schub erhielt. Ein Beispiel hierfür ist das von einem Autorenkollektiv verfasste Buch „Von den Steppen der Wolga bis zu den österreichischen Alpen: Der militärische Weg der 4. Garde-Armee",[186] das 2005 vom Veteranenverband der 4. Garde-Armee unter dem Titel „Von Stalingrad nach Wien" neu aufgelegt wurde.[187] Der „Befreiungsmission" der Roten Armee widmen sich auch die sogenannten „militärhistorischen Abrisse" mit Titeln wie „Vom Balaton nach Wien"[188] oder „Von Minsk nach Wien".[189]

Einen detaillierten Einblick in die Tätigkeit des Generalstabs der Roten Armee während des Krieges liefern die beiden Bände von General Sergej Matveevič Štemenko,[190] der sich auch dem militärischen Widerstand um Major Carl Szokoll und der Regierungsbildung um Karl Renner widmet. Im Vorwort zum zweiten Band führt Štemenko als Grund für seine Arbeit das große Interesse an „unserer heroischen Vergangenheit" an: „Sie veraltet nicht und lebt mit uns, wobei sie uns hilft, den Kommunismus in unserem sowjetischen Land zu bauen, die Freundschaft der Völker jenseits der Grenzen im Interesse des Friedens und des Sozialismus zu stärken."[191] Die beiden Bände erschienen bald nach der russischen Ausgabe zudem auch auf Deutsch.[192]

Charakteristischerweise konzentrieren sich die „Kriegsmemoiren" auf den „militärischen Weg" der Einheit des Autors, der üblicherweise in einem Kapitel über den Sieg in Wien kulminiert. Fotos, Danksagungen an Kameraden

Blick aus Moskau, S. 96. Ich danke Frau Dr. Maria Petrova, Moskau, für die Bereitstellung eines Exemplars von Sluckijs Werk.

185 Kasack, Lexikon der russischen Literatur, S. 1179f.

186 T. F. Voroncov – N. I. Birjukov – A. F. Smekalov – I. I. Šinkarev, Ot volžskich stepej do avstrijskich al'p: Boevoj put' 4-j gvardejskoj armii. Moskau 1971.

187 T. F. Voroncov – N. I. Birjukov – A. F. Smekalov – I. I. Šinkarev, Ot Stalingrada do Veny. (Ot volžskich stepej do avstrijskich al'p.) Boevoj put' 4-j gvardejskoj armii. Moskau 2005.

188 M. M. Malachov, Ot Balatona do Veny. Zaveršenie osvoboždenija Vengrii i razgrom nemecko-fašistskich vojsk v Vostočnoj Avstrii. (janvar' – aprel' 1945 g.) Moskau 1959. Vom selben Autor erschien zudem: M. M. Malachov, Osvoboždenie Vengrii i Vostočnoj Avstrii. (oktjabr' 1944 – aprel' 1945 gg.). Moskau 1965.

189 Kadyrov, Ot Minska do Veny.

190 S. M. Štemenko, General'nyj štab v gody vojny. Moskau 1968; Štemenko, General'nyj štab. Bd. 2.

191 Štemenko, General'nyj štab. Bd. 2, S. 3.

192 Sergej M. Schtemenko, Im Generalstab. Berlin-Ost 1969; Schtemenko, Im Generalstab. Bd. 2.

für wertvolle Hinweise und mitunter sogar Zitate aus dem Zentralarchiv des Verteidigungsministeriums der Russischen Föderation sollen die Authentizität des Geschilderten zusätzlich garantieren.[193] Sie decken den Großteil des Spektrums sowjetischer Erinnerungen an Österreich 1945–1955 ab. Nur vereinzelt erschienen Erinnerungen von Diplomaten wie der „Augenzeugenbericht" von Nikolaj Lun'kov[194] oder auch von Mitarbeitern der USIA, etwa die in der dritten Person geschriebene Biografie von Aleksandr Ustinov.[195] Lediglich ein Text ist - zumindest bisher - von einer Frau bekannt: Die ehemalige Dolmetscherin einer Spionageabteilung der Armee, Ingrida Nikolaevna Sokolova, verfasste „Die Biografie einer Generation", in der sie über ihren dreijährigen Einsatz in Wien erzählt.[196]

Offensichtlich bestand ein geringeres Interesse an Memoiren über die Besatzungszeit als über die als unvergleichlich heroischer empfundenen militärischen Erlebnisse während des Vormarsches der Roten Armee bzw. zu Kriegsende.

3.1 Sluckijs Autobiografie „Über die anderen und über mich"

Eine Ausnahme stellt die Autobiografie des anerkannten Lyrikers Boris Sluckij „O drugich i o sebe" dar. Der Autor spricht - wie auch einige andere, vorwiegend jüdische, sowjetische Intellektuelle, die ihre Eindrücke von Deutschland zu Papier brachten - eine Reihe von in der Sowjetunion tabuisierten Themen relativ schonungslos an. Dazu zählen der - unter anderem von Ėrenburg - geschürte Hass auf die Deutschen, von Rotarmisten verübte Rache, Antisemitismus in der sowjetischen Gesellschaft und Armee, Plünderungen, Vergewaltigungen oder Liebesaffären mit einheimischen Frauen ebenso wie das Empfinden eines Gefühls von Freiheit durch die Konfrontation mit Europa.[197] Wenig verwunderlich erschien dieses Werk erst 2005 - 60

193 Vgl. etwa N. N. Gladkov - I. I. Šinkarev, Na pole ratnom. Boevoj put' 7-j gvardejskoj Čerkasskoj Krasnoznamennoj ordena Bogdana Chmel'nickogo vozdušno-desantnoj divizii. Moskau 1993. Bezeichnenderweise stellt auch hier die Rettung der Reichsbrücke ein zentrales Sujet dar. Vgl. ebd., S. 147–151.

194 Lun'kov, Vena - kakoj ona byla v sorok pjatom.

195 Aleksandr Ustinov, Venskie priključenija odnogo russkogo, opisannye im samim za 1000 dnej svoego prebyvanija v Avstrii. Unveröffentlichtes Manuskript. O. O. o. J.

196 I. N. Sokolova, Biografija odnogo pokolenija. Moskau 1980.

197 Vgl. dazu und zum Folgenden: Budnitskii, Germany, 1945, through the Eyes of Soviet Intellectuals. Ähnliche Themen, die sich nicht in der sowjetischen wie postsowjetischen Geschichtsdeutung finden, spricht auch Vladimir Gel'fand in seinem Tagebuch an, das Elke Scherstjanoi 2005 auf Deutsch veröffentlichte. Der Vorteil auch dieses „Ego-Dokuments" ist, dass darin nachträglich nichts verändert wurde. Vgl. Wladimir Gelfand, Deutschland-Tagebuch 1945–1946. Aufzeichnungen eines Rotarmisten. Aus dem Russischen von Anja Lutter und Hartmut Schröder. Ausgewählt und kommentiert von Elke Scherstjanoi. Berlin 2005.

Jahre nach seinem Entstehen. Es dürfte der sonst so verbreiteten „Schablonenhaftigkeit“ zu wenig entsprochen haben.

3.1.1 *„Die ersten Tage in Europa“*

Im Gegensatz zur offiziösen Autobiografie Savenoks beschreibt Sluckij das große Interesse, das die sowjetischen Militärangehörigen Europa entgegenbrachten: „Die Grenze überschritten wir im August 1944. Für uns war es [Europa] deutlich und natürlich – Europa begann eineinhalb Kilometer hinter der Donau. […] Aus den Autos, aus den Fenstern der Lastwagen schauten neugierig unsere Frauen – gemästete PPŽ [Feldehefrauen] und Telefonistinnen mit lieben, jungen Gesichtern, in sauberen, vom Waschen weiß gewordenen Feldblusen mit einem leichten Geruch einer längst vergangenen grünen Farbe. […] Und wir gehen über die hervorragende rumänische Straße, die mit einem weißen, derartig feinen Staub bedeckt war, dass er innerhalb von zehn Schritten den russischen Schmutz von den Stiefeln wegspülte.“[198]

In Österreich, Deutschland und anderen befreiten Ländern verspürten die Rotarmisten ein gefährliches Gefühl von Freiheit, das Sluckij anspricht: „Alle Berichte aus der Zeit des ausländischen Feldzugs berücksichtigen sorgfältig den umgekehrten Einfluss von Europa auf den russischen Soldaten. Es war sehr wichtig zu wissen, womit ‚unsere Leute‘ in die Heimat zurückkehren würden: mit athenischem Stolz auf ihr Land oder mit einem verdrehten Dekabrismus, mit einem empirischen und politischen Westlertum?“[199]

Die stalinistische Angst vor einem neuen Dekabrismus war nicht unbegründet. Allein der offensichtliche materielle Reichtum in den besiegten Ländern untergrub die sowjetische Propaganda von der Überlegenheit des kommunistischen Regimes. Sluckij geht mehrfach auf dieses Phänomen ein. Die Soldaten konzentrierten sich auf die „vorgestellten und tatsächlichen Vorzüge des europäischen Lebens. Ein spezielles Flugblatt widmete sich der Gegenüberstellung eines ungarischen Dorfes mit dem Kolchosesystem. Einige unserer Soldaten desertierten, insbesondere ehemalige Kriegsgefangene. Die Deserteure versuchten, mit neuen Ehefrauen sesshaft zu werden.“[200] Allein die Tatsache, dass sich Fabriken im Privateigentum befanden, verwunderte die Rotarmisten, so der Autor.[201]

Indirekt thematisiert Sluckij dabei auch das Minderwertigkeitsgefühl, das sich teilweise unter den Soldaten breitmachte. Gegenüber den Ausländern

198 Sluckij, O drugich i o sebe, S. 43.
199 Ebd., S. 35.
200 Ebd.
201 Ebd.

Abb. 125: Der anerkannte sowjetische Lyriker Boris Sluckij brachte noch 1945 seine Eindrücke vom Kriegsende und der Besatzungszeit zu Papier und sprach dabei relativ schonungslos eine Reihe tabuisierter Themen an. Publiziert wurde die Autobiografie erst 60 Jahre später. (Quelle: Sluckij, O drugich i o sebe)

betonten sie daher die Vorteile des Lebens in ihrer Heimat und glaubten, so Sluckijs Kritik, mitunter selbst an diese Lügen: „Irgendwo in Österreich staunten die Einwohner über die Erzählungen unseres Soldaten, eines ehemaligen Schusters, der über Russland erlogene Komplimente machte. Natürlich übertrieben Tausende und Tausende Soldaten die positiven Seiten unseres Lebens gegenüber den Ausländern, wobei sie diese Lüge sich selbst gegenüber durch die Gerechtigkeit des Lebens in Russland rechtfertigten."[202]

Zugleich betont er aber seinen eigenen Glauben an die Vorzüge der Sowjetunion. So seien die sowjetischen Armeeangehörigen erstmals in Europa mit Bordellen konfrontiert worden: „Im Bericht wurde festgehalten, dass die rumänische Bourgeoisie mit der ‚Kapitalisierung' der Ideologie des Rotarmisten und damit rechnet, dass sie nach ihrer Heimkehr bei uns die kapitalistische Ordnung einführen. Allerdings verspürte unser Soldat gerade in Rumänien seine Überlegenheit gegenüber Europa. [...] Wir sahen erstmals Bordelle. Der Kommandeur der Trophäeneinheit Govorov kaufte eines dieser Häuser für 24 Stunden."[203]

In der Sowjetunion wäre es unvorstellbar gewesen, dass – wie in Rumänien – die Ehemänner den vereinbarten Preis für ihre Frauen eintrieben und sich gegebenenfalls auf der Kommandantur beschwerten. „Alle [sowjetischen Soldaten] hatten die klare Vorstellung: ‚Bei uns ist das unmöglich.'"[204]

Als besonders typisches Beispiel für die Verderbtheit, die das kapitalistische System in Europa mit sich brachte, führt Sluckij die Verbreitung von Geschlechtskrankheiten an: „Wahrscheinlich werden unsere Soldaten Rumänien als das Land der Syphiliskranken in Erinnerung behalten. Auf vielen Tafeln rumänischer Ärzte steht neben bescheidenen Aufschriften wie ‚Innere Krankhei-

202 Ebd.
203 Ebd., S. 36.
204 Ebd.

ten', ,Chefchirurg des städtischen Krankenhauses' in beeindruckenden Lettern ,Syphilis'. Beinahe alle Ärzte behandeln Syphilis – vom Stomatologen bis zum Augenarzt. Syphilis ging schon lange aus der Reihe moralischer Unglücksfälle in die Kategorie der finanziellen Fehlschläge über. Die Behandlung ist nicht teuer. Daher gibt es viele Erkrankte, und in der Stadt spürt man den süßlichen Geruch der Krankheit."[205] Nach der Schilderung dieser ersten Eindrücke von Europa wendet sich der Autor dem weiteren Vormarsch nach Österreich zu.

3.1.2 „Der Deutsche war der Deutsche"

Als die Rote Armee Ende März 1945 österreichisches Territorium betrat, verlangte die Militärführung, einen Unterschied zwischen Deutschen und Österreichern zu machen. Die plötzliche Kehrtwendung in der sowjetischen Propaganda zeigte jedoch vielfach nicht die gewünschte Wirkung.[206] Sluckij spricht diese Problematik folgendermaßen an: „Als wir uns im Frühling 1945 nach Österreich vorkämpften, als die ersten Dörfer kapitulierten [...], verstand unser Soldat endgültig, dass der Krieg in die Phase der Vergeltung eingetreten war. Die Armee witterte den Deutschen. Wir kannten die deutsche Sprache zu schlecht, um auseinanderzuhalten, wo Preußisch und wo Steirisch gesprochen wurde. Wir kannten uns zu schlecht in der Weltgeschichte aus, um die Unabhängigkeit Österreichs im großdeutschen System abzuschätzen."[207]

Damit erklärt der Autor unter anderem die Rache, die auch an der österreichischen Bevölkerung geübt wurde: „Die Soldaten hörten aufmerksam die Ermahnungen zum Thema über die Unterscheidung zwischen Deutschland und Österreich an und glaubten kein Wort. Der Krieg nahm klare, persönliche Formen an. Der Deutsche war der Deutsche. Ihm musste man es ,geben'. Und sie begannen, es dem Deutschen zu ,geben'."[208]

Im Vorfeld erwähnt Sluckij mehrfach den Hass, der gezielt unter den Rotarmisten geschürt worden war: „Aber die Politik des Vaterländischen Krieges lehrte durch die Arbeit seiner Tausenden Politarbeiter, den Deutschen in all seinen Varianten zu hassen."[209] Dabei betont er die herausragende Rolle Il'ja Ėrenburgs: „Wie Adam und wie Columbus betrat Ėrenburg als Erster das Land des Hasses und gab seinen Einwohnern einen Namen – Fritz."[210]

205 Ebd., S. 36f.

206 Siehe dazu auch das Kapitel A.II.1.3.1 „Unterschied zwischen Österreichern und deutschen Besatzern" in diesem Band.

207 Sluckij, O drugich i o sebe, S. 99.

208 Ebd.

209 Ebd.

210 Ebd., S. 19.

Seine Einschätzung, die an der Bevölkerung geübte Vergeltung sei gerecht, entsprach der vorherrschenden Stimmung in der Armee: „Nein, unser Zorn und unsere Grausamkeit brauchen keine Rechtfertigung. Es war nicht an der Zeit, über das Recht und die Wahrheit zu sprechen. Die Deutschen hatten zuerst die Linie zwischen Gut und Böse überschritten. Dafür würden sie hundertfach bestraft werden!“[211] An einer anderen Stelle widerspricht er sich selbst: „Unsere Grausamkeit war zu groß, um gerechtfertigt werden zu können. Man kann und soll sie erklären.“[212] In diesem Zusammenhang thematisiert er unter anderem die Vergewaltigungen und Plünderungen, die nach der Einführung der Paketerlaubnis einen „revolutionären Sprung“[213] machten, was in der sowjetischen Erinnerungsliteratur üblicherweise weitestgehend ausgespart blieb.

3.1.3 *„Uns jagen sie wie die Hasen“*

Sluckij versucht, die Vergewaltigungen, die mit dem Überschreiten der österreichischen Grenze noch zunahmen, durch mehrere Faktoren zu erklären. Denn bereits in Bulgarien, Ungarn, Rumänien und Jugoslawien sei es mit der Disziplin bergab gegangen, „aber erst hier, im Dritten Reich, fielen sie über semmelblonde Frauen her, über ihre Lederkoffer, die alten Schläuche mit Wein und Most“.[214] Einerseits gibt er der personellen Zusammensetzung der sowjetischen Truppen die Schuld: „Zu dieser Zeit stach in der Armee eine Gruppe professioneller Kadervergewaltiger und Marodeure hervor. Das waren Leute mit einer relativen Bewegungsfreiheit: Reservisten, Hauptfeldwebel, Angehörige der rückwärtigen Dienste.“[215]

Andererseits erleichterten seiner Ansicht nach das Fehlen österreichischer Männer und die Lage vieler Dörfer die Übergriffe: „Eine ganze Reihe an Faktoren begünstigte die Vergewaltigungen. Obwohl sie auf der Karte groß wirkten, erwiesen sich die österreichischen Dörfer vor Ort als Ansammlungen von auf den Hügeln verstreuten Häusern, die voneinander durch Wälder und Schluchten getrennt waren. Häufig war das Schreien einer Frau von einem zum anderen Haus nicht zu hören. In den meisten Dörfern konnte man keine Garnison, keine Kommandantur unterbringen. Folglich lag hier die gesetzgebende und ausführende Gewalt in den Händen des ersten durchreisenden Hauptfeldwebels.“[216]

211 Ebd., S. 23.
212 Ebd., S. 21.
213 Ebd., S. 96.
214 Ebd., S. 100f.
215 Ebd.
216 Ebd., S. 101.

Mehrfach klingt das latente patriarchalische Vorurteil durch, die Mitschuld für einen Übergriff liege bei der Frau selbst.[217] So führte vor allem die „universelle und hoffnungslose Angst dazu, dass die Frauen beim Eintreten der Soldaten die Hände hoben, was die Männer dazu zwang, an der Tür zu stehen, während ihre Frauen vergewaltigt wurden".[218] Die meisten österreichischen Bauernmädchen hätten vorehelichen Geschlechtsverkehr gehabt, weshalb Sluckij ihre Moral infrage stellt. Außerdem erwiesen sich die Österreicherinnen generell „als nicht sonderlich unnachgiebig", zumal ein großer Männermangel herrschte. Ein Wiener hätte ihm sogar den Hinweis gegeben, „etwas Galanterie sei ausreichend, um von einer Wienerin alles zu bekommen, was du willst".[219] Trotzdem wundert er sich, dass die Frauen in Graz gegenüber britischen Offizieren „weniger streng" waren als gegenüber sowjetischen.[220]

Teilweise, so Sluckijs implizierter Vorwurf, wären die betroffenen Frauen zu wenig intelligent gewesen, um sich ein sicheres Versteck zu suchen. Der ehemalige Politoffizier beschreibt, wie er in Söchau[221] an der burgenländisch-steirischen Grenze eine improvisierte Befragung der Opfer durchführte. Er war eben von einer Tour zur „Eruierung der Stimmung unter der örtlichen Bevölkerung" zurückgekommen. „Hier gab es ein Mädchen, das sechsmal in den vergangenen Tagen vergewaltigt worden war. Das war ein plumpes Dorfmädchen - sie konnte sich überhaupt nicht verstecken. In ihrem trüben Blick fand ich weder Leiden noch Schamhaftigkeit. All das war vergangen. Nur Müdigkeit war geblieben. Nach ihr befragte ich eine 18-jährige Kokette. Sie wurde nur einmal erwischt. Sie hat solche Orte in den Gemüsegärten, wo sie nicht einmal die leibliche Schwester finden würde. Und sie lachte mit einem kurzen, verschreckten Lachen."[222]

Anschließend zitiert der Autor die Schilderung der „koketten Angelika", wie die Übergriffe meist vor sich gingen: „Sie kommen um zwei, drei, vier Uhr morgens. Klopfen an die Tür: ‚Aufmachen!' Dann schlagen sie die Fensterscheiben ein, schlüpfen hinein. Werfen sich auf uns im Schlafzimmer. Wenn sie wenigstens die Alten in ein anderes Zimmer jagen würden. Wir schlafen jetzt überhaupt nicht mehr zu Hause. Wir gruben Löcher in den Schobern." Besonders war ihm die Phrase in Erinnerung geblieben: „Sie jagen uns wie die Hasen!"

217 Siehe dazu auch das Kapitel B.II.1.1 „Vergewaltigung, Gegenstrategien und Folgen" in diesem Band.

218 Sluckij, O drugich i o sebe, S. 101.

219 Ebd.

220 Ebd., S. 39.

221 Im russischen Original „Zichauer", womit „Söchau" gemeint sein dürfte.

222 Sluckij, O drugich i o sebe, S. 102.

Nach der Befragung stellte er die Soldaten zur Rede. Er drohte nicht mit dem Gesetz, sondern fragte sie, rein „menschlich", ob ihnen die Vergewaltigungen nicht „peinlich" seien. Angeblich brachte sein Einsatz das gewünschte Resultat und es fanden keine „Beleidigungen" mehr statt. Zudem berichtete er der Militärführung „von den Frauen in Sichauer [Söchau]", wodurch Moskau aktiv wurde, er selbst aber auch in Schwierigkeiten geriet: „Die Generäle saßen aufmerksam und ernst da, hörten jedem Wort zu. Es gab eine Zeit, als mein Signal über Vergewaltigungsversuche als Verleumdung der Roten Armee ausgelegt wurde. Es ging um den politischen Verlust in Österreich. [...] Nach diesem Bericht wurden ernste Maßnahmen ergriffen."[223]

3.2 Grigorij Savenoks Memoiren „Wiener Treffen"

Ein gänzlich anderes Bild vom Einsatz der Sowjetischen Armee in Österreich zeichnet die Autobiografie von Grigorij Michajlovič Savenok „Venskie vstreči" („Wiener Treffen"), die sich nicht dem militärischen Vormarsch, sondern den frühen Besatzungsjahren in Österreich widmet. Der 1901 geborene Autor arbeitete selbst einige Jahre als Stellvertreter des Kommandeurs für politische Angelegenheiten („Zampolit") in der sowjetischen Militärkommandantur in Wien, wodurch er sich allein schon aus beruflichen Gründen mit den Verhältnissen in Wien bestens vertraut machte. 1948 kehrte er nach Moskau zurück, seit 1952/1953 war er Oberst der Reserve.

1956 begann Savenok, ausgehend von eigenen Erinnerungen und Tagebuchaufzeichnungen sowie Gesprächen mit Kollegen aus der ehemaligen Stadtkommandantur, das Buch „Venskie vstreči" zu verfassen. Darin schildert er – mit deutlichem sowjetischem, poststalinistischem Unterton – die Arbeit der Stadtkommandantur während der frühen Besatzungszeit in Österreich. Er spannt einen Bogen vom Kriegsende über die Wiedererrichtung Wiens und die Tätigkeit der sowjetischen Besatzungsmacht bis hin zu Staatsoper oder Fußball. Einleitend verweist Savenok darauf, dass die Idee zu diesem Buch bereits 1948 geboren worden sei: Als sich einige ehemalige führende Angehörige der Militärkommandantur – darunter der Stadtkommandant Nikita Lebedenko, sein Vorgänger Aleksej Blagodatov, dessen Stellvertreter Nikolaj Travnikov und Savenok selbst – eines Tages in Moskau trafen, betonten sie, man solle „die Erinnerungen über die Arbeit der Wiener Stadtkommandantur" niederschreiben. „Alle unterstützten vehement diesen Gedanken; aber ein Freiwilliger, der dieses schwierige Unterfangen auf

223 Ebd., S. 103.

Abb. 126: Der ehemalige „Zampolit" Grigorij Savenok schildert in „Venskie vstreči" mit deutlich sowjetischem Unterton die Arbeit der sowjetischen Stadtkommandantur in Wien. Die 1961 erschienenen Memoiren gliedert die Welt in zwei Lager, deren Schwarz-Weiß-Zeichnung keinerlei Grauschattierung zulässt. (Quelle: Savenok, Venskie vstreči)

sich nehmen wollte, fand sich nicht unter uns."[224] Erst nach Lebedenkos Begräbnis im Sommer 1956 empfand es Savenok als seine „Pflicht", das Buchprojekt in Angriff zu nehmen. „Venskie vstreči" erschien schließlich 1961 im Militärverlag des Verteidigungsministeriums der UdSSR in der Reihe „Kriegsmemoiren".[225] Das Buch wird als eine „bewegende Erzählung über die vielfältige Arbeit der sowjetischen Kommandantur in der Hauptstadt Österreichs, über die Schicksale und Gedanken der sowjetischen Menschen, die mit Ehre den Staatsdienst außerhalb der Grenzen des Heimatlandes leisten", charakterisiert.[226]

Bezeichnenderweise betont Savenok den Wahrheitsgehalt seiner Schilderungen: Er habe sich auf seine Tagebucheintragungen, Archivdokumente und „die Hilfe meiner Freunde und Mitarbeiter" gestützt, da „natürlich einige Details des Wiener Lebens dem Gedächtnis entfallen waren". Mit Blagodatov, Travnikov und anderen „konkretisierte und überprüfte" er die Erinnerungen. Somit enthält das Buch nicht nur Ereignisse, die er selbst beobachtet hatte, sondern auch „eine Reihe von Episoden und Fakten, die Augenzeugen berichteten". Die handelnden Personen des Buches seien nicht erfunden, nur in einigen Fällen habe er ihre Namen geändert, betont der Autor weiters.[227] Zur Illustration dienen mehrere Fotos, die führende sowjetische Militärs, aber auch Wiener Alltagsszenen dokumentieren.

Man könnte das Werk daher als reinen Dokumentationsbericht auffassen, doch spricht der Stil dagegen: Savenok versucht, viele Episoden literarisch zu verarbeiten, indem er sie ausschmückt, eigene Gefühle wiedergibt und häufig zum Stilmittel der direkten Rede greift.[228] Zwar tritt der Autor als Icherzäh-

224 Savenok, Venskie vstreči, S. 3.
225 Ebd., S. 6.
226 Ebd., S. 2.
227 Ebd., S. 6.
228 Reitinger, Österreich in den Augen der Sowjetliteratur, S. 106.

ler auf, doch verwendet er die Gespräche mit seinem Dolmetscher Jan Čepik oder seinem Vorgänger als „Zampolit" Ivan Aleksandrovič Perervin dazu, dem Leser von zentralen Ereignissen vor seiner Ankunft in Wien zu berichten. Obwohl der Autor nicht selbst dabei war, erweckt er durch die rekonstruierten Repliken seiner Gesprächspartner den Anschein der Authentizität. Damit gelingt es ihm, die heroischen Kampfhandlungen der Roten Armee, die „sinnlose"[229] amerikanische Bombardierung Wiener Arbeiterwohnsiedlungen und Denkmäler oder die Zerstörungen der Donaubrücken durch die „Faschisten" ebenso zu integrieren wie die Angelobung der provisorischen Regierung Renner oder die Ernennung von Theodor Körner, diesem „wunderbaren Alten".[230]

Das Buch gliedert sich in die vier großen Kapitel: „Im befreiten Wien", „Die Stadt erhebt sich aus den Ruinen", „Unerwartete Gäste" und „Wir sind deine Freunde, Österreich!", die wiederum jeweils rund ein Dutzend Unterkapitel umfassen. Jedes der Unterkapitel widmet sich einem Hauptthema, das durch die Beobachtungen des Autors selbst oder die besagten Erzählungen vermittelt wird. Dabei folgen auf ein, zwei Unterkapitel, die ein positives Bild der sowjetischen Leistungen oder der österreichischen „Freunde" zeichnen, ein oder zwei Unterkapitel mit Feindbildern. Zu den negativ porträtierten Gruppen zählen - abgesehen von den Nationalsozialisten - vor allem allzu geschäftstüchtige Österreicher, katholische Priester und Angehörige der US-Armee. Die Welt in „Venskie vstreči" gliedert sich unmissverständlich in zwei Lager, deren Schwarz-Weiß-Zeichnung keinerlei Grauschattierungen zulässt.

3.2.1 *„Eine andere, uns fremde Welt"*

Zu Beginn vermittelt Savenok den Eindruck, nur sehr ungern nach Wien gefahren zu sein. „Ich nähere mich mit einem schweren Gefühl Wien. Sogar mit einer gewissen Feindseligkeit gegenüber der fremden Stadt, als ob sie schuld wäre, dass ich meine Familie lange nicht sehe."[231] Verstärkt wird diese Einstellung noch durch die Beschreibung seines russischen Chauffeurs Sergej, der sich über die deutsch sprechenden Österreicher ärgert. „Ich weiß: Sergej hängt es auch zum Hals hinaus, im Ausland zu sein, er träumt von seinem ruhigen Ostaškov, vom freien Plätschern des Seligers, von den unzähligen Inseln, vom dichten, hohen Schilf, […] - und jetzt liegt ihm das alles rundherum nicht."[232]

229 Savenok, Venskie vstreči, S. 322.
230 Ebd., S. 75.
231 Ebd., S. 12.
232 Ebd., S. 13.

Als Kontrast zur russischen Natur hebt Savenok die engen Gassen, den Stephansdom und andere Sehenswürdigkeiten hervor. Wien wäre zwar schön, „aber trotzdem fremd, unbekannt, nicht unseres".[233] Die Fremdheit kommt noch mehrfach bei der Beschreibung seiner ersten Fahrt durch das Zentrum zum Ausdruck: „Erneut fremde Häuser, fremde Denkmäler, fremde Straßennamen: Kärntnerstraße, Opernstraße, Elisabethstraße ..."[234] Erst der Anblick der sowjetischen Stadtkommandantur am Ring stimmt ihn positiv: „Und plötzlich schlägt das Herz freudig höher: Auf der Fassade des massiven Gebäudes der Kommandantur gibt es ein großes Leninporträt, unseren fünfzackigen Stern aus roter Seide, unsere Staatsfahne und beim Eingang unsere eigenen Maschinenpistolenschützen. Wie ein Teil der Heimaterde in dieser unbekannten, fremden Stadt."[235] Auf das Leninporträt und seine Rolle als „ein teures Stück Heimat in der Fremde" kommt Savenok noch mehrfach zu sprechen.[236]

Auch die Menschen empfindet er zunächst als fremd. Diesen Eindruck vermittelt er über die Schilderung seines Vorgängers, Ivan Aleksandrovič Perervin, der von den Spezifika seiner Arbeit erzählt: Viele Wiener seien in die Kommandantur gekommen, um Hilfe anzubieten, um Hilfe zu erbitten oder um Rat zu fragen. „Das Wichtigste ist, dass du nicht sofort verstehst, wer ein Freund und wer ein Feind ist", betont Perervin. „Das Wesentlichste ist die unverständliche Psychologie der Menschen aus einer anderen, uns fremden Welt."[237]

Offensichtlich wollte der Autor gegenüber den sowjetischen Lesern zunächst seine patriotische, prosowjetische Haltung verdeutlichen. Es sollte wohl nicht der Eindruck entstehen, er wäre bereitwillig in dieses westliche, kapitalistische Land gefahren. Euphorische Erinnerungen an Wien, wie sie in vielen der Interviews zu spüren sind, haben hier - zumindest eingangs - keinen Platz. Čepiks Aufgabe besteht daher zunächst darin, beim Icherzähler Sympathien für Wien zu wecken. Somit kann Savenok seinem Publikum plausibel erklären, weswegen er trotz anfänglicher Abneigung gewisse Seiten an Österreich schließlich schätzen lernte.

3.2.2 Österreichische Feindbilder

Die Frage, wer ein Feind bzw. ein Freund der Sowjets ist, zieht sich durch das gesamte Buch. Anhand einzelner Charaktere porträtiert Savenok die unter-

233 Ebd.
234 Ebd. Die Straßennamen sind im Original auf Deutsch in kyrillischer Transliteration geschrieben.
235 Ebd.
236 Ebd., S. 62-66.
237 Ebd., S. 28.

schiedlichen Kategorien von Menschen, mit denen die Sowjets in Wien konfrontiert waren. Die Betonung der vermeintlichen Schlauheit („chitrost'") der Feinde soll dazu dienen, die Schwierigkeiten des Dienstes in Österreich und zugleich die großen Leistungen der sowjetischen Militärangehörigen in dieser fremden Umgebung hervorzuheben.

Am Beispiel eines Friseurs illustriert Savenok, wie sich manche Österreicher den Sowjets anbiederten, um persönliche Vorteile zu bekommen. Ausgiebig beschreibt der Autor zunächst das unsympathische Äußere des Friseurs: „Er hinkt auffallend. Ist grell und geschmacklos angezogen: ein grünes Kostüm, gewagte Lederstiefel, eine rosa Krawatte mit einer absurden blauen Blume in der Mitte. Und all das wie vom Markt, kleinbürgerlich, mit billigem Schick. [...] Freche, gleichzeitig ängstliche Augen wie bei einem wilden Tier, das bereit ist, hinterlistig zu beißen und sofort in die Büsche zu verschwinden. Und auf zehn Schritte Entfernung strömt er den Geruch eines billigen Eau de Cologne aus."[238] Derartig eingestimmt, wird der Leser über den Hintergedanken des 35-jährigen Mannes aufgeklärt: Sein Beitritt zur KPÖ soll den Umzug seines Friseursalons in eine gute Lage ermöglichen. Perervin reagiert empört: „Soweit ich Sie verstanden habe, Herr Friseur, verlangen Sie eine Belohnung von der Partei für die Ehre, Sie in ihre Reihen aufnehmen zu dürfen?" Mit den Worten: „Sie haben sich in der Adresse geirrt", wirft er den „ängstlich zwinkernden" Friseur hinaus.[239]

Ähnlich abstoßend schildert Savenok einen Wiener namens Goc, den Prototyp eines Vertreters der Bourgeoisie. Anscheinend verwendet der Autor auffallende Krawatten mit Tier- oder Blumenmotiven als äußeres Zeichen für Charakterschwäche: „Er hat aufgeblasene, bis zur Bläue rasierte Wangen. Unter den von einem roten Spinnennetz durchzogenen Augen sklerotische Tränensäcke. Eine grelle Krawatte mit einem Schmetterling. Am Finger ein massiver Goldring – entweder mit einem erfundenen Wappen oder mit einem alten Siegel."[240] Im Laufe des Gesprächs blickt er „mit absichtlicher Gleichgültigkeit auf seinen Ring".[241] Goc wird von Savenok somit durch eine Eigenschaft ausgezeichnet, die sich mehrfach in der Sowjetliteratur bei der Beschreibung von negativen, materiell interessierten Charakteren findet.[242]

Auch in diesem Fall korreliert sein Äußeres mit seinem Verhalten: Goc verlangt von Perervin ein höheres Honorar für die bereits vertraglich vereinbarte Gestaltung von Grabsteinen und Denkmälern für gefallene sowjetische Sol-

238 Ebd., S. 59.
239 Ebd., S. 62.
240 Ebd., S. 41.
241 Ebd., S. 42.
242 Reitinger, Österreich in den Augen der Sowjetliteratur, S. 111.

daten, scheitert jedoch.[243] Die beabsichtigte Wirkung dieser Passage ist eindeutig: Sie soll dem sowjetischen Leser die Dreistigkeit mancher Kapitalisten vor Augen führen, die nicht einmal davor zurückschrecken, sich am Gedenken an gefallene Rotarmisten zu bereichern.

3.2.3 Spione des Vatikans und Kirchenfürsten

Savenoks besonderer Hass gilt aber den Priestern. Das wird schon zu Beginn deutlich, wenn der Autor österreichische Geistliche als Heuchler brandmarkt. Einer Österreicherin legt er die Worte in den Mund, Priester hätten Lügengeschichten über die Russen verbreitet, um die Bevölkerung einzuschüchtern.[244] Wenig später betont er die Unterstützung von Nationalsozialisten durch Priester: In einer Kirche in Simmering entdeckte eine sowjetische Patrouille „eine Gruppe von Hitleristen. Viele Waffen wurden abgenommen. Ich meine, dass daran der Priester schuld ist", rekonstruiert er die Schilderung des Leiters der Wachabteilung.[245] Außerdem erzählt Perervin von einem polnischen Priester, der sich als Spion des Vatikans herausstellte und nach seiner Heimkehr Stimmung gegen die Sowjetunion machte. Er warnt den Autor vor „diesen verfluchten Popen".[246]

Den Höhepunkt der antiklerikalen Polemik bildet das umfangreiche Unterkapitel „Seine hochwürdigste Eminenz", worin Savenok Kardinal Theodor Innitzer charakterisiert, indem er sich an Perervins Ausführungen erinnert: „Er trägt eine schwarze Soutane und ein dunkelrotes Birett. Seine gesamte Erscheinung signalisiert das Bewusstsein unanfechtbarer Macht, der der Mensch ausgeliefert ist: Sie ist ihm durch den heiligsten Vater, den ‚Stellvertreter Gottes' auf Erden, gegeben."[247]

Bei einer Unterredung mit Stadtkommandant Blagodatov wird Innitzer von einem Dolmetscher mit polnischem Akzent begleitet. Diese Figur dient offensichtlich dazu, die Aversion der Leserschaft gegen die kirchlichen Würdenträger zu schüren: „Hinter dem Kardinal geht ehrerbietig ein kleiner Mann. Neben dem Kardinal sieht er wie ein Zwerg aus. Und, bitte, nicht nur, weil er viel kleiner ist. Eher ist daran sein unansehnliches Äußeres schuld. Ein blasses, dünnes Gesicht. Über den tief liegenden Augen weiße Augenbrauen. Wenige farblose Haare umrahmen eine hohe Glatze. Er gehört jener Kategorie von Menschen an, deren Alter man nicht schätzen kann. [...] Aber in seinen farblosen, wässrigen Augen gibt es nicht nur Demut und Unterwür-

243 Savenok, Venskie vstreči, S. 41–43.
244 Ebd., S. 24.
245 Ebd., S. 30.
246 Ebd., S. 32f.
247 Ebd., S. 200. Vgl. dazu auch Reitinger, Österreich in den Augen der Sowjetliteratur, S. 113.

Abb. 127: Savenoks Erinnerungen „Venskie vstreči" sind von antiklerikaler Polemik durchzogen. (Quelle: AdBIK, Foto: Zajcev)

figkeit: Das ist ein Iltis, der den Demütigen spielt, aber einem jederzeit an die Gurgel springen kann."[248]

Nach dem verbalen „Duell" zwischen Blagodatov und Innitzer beschreibt Savenok die unterwürfige Reaktion der österreichischen Bevölkerung, die den Kardinal auf der Straße sieht: „Alle wenden sich dem Eingang der Kommandantur zu und neigen demütig die Köpfe. Und Blagodatov und Perervin sehen nur gebeugte Rücken, Rücken, Rücken. Aber der strenge, verschlossene Kardinal geht langsam über den Gehsteig, ohne die ehrerbietigen Verbeugungen zu beachten oder seine demütige Gemeinde auch nur mit einem Blick zu würdigen." Gleichzeitig erwähnt Perervin, wie „dieser Kirchenfürst im Stephansdom" nach dem „Anschluss" für Hitler einen Gottesdienst las.[249] Unmissverständlicher hätte der Autor das Feindbild Priester wohl kaum transportieren können. Der Feindkategorie schlägt er aber auch noch andere Gruppen zu, allen voran die US-Amerikaner.

3.2.4 Amerikanische Rowdys

Das Buch erschien zu einer Zeit, als der Kalte Krieg einen neuen Höhepunkt erreichte. So überrascht es keineswegs, dass sich der West-Ost-Konflikt auch in „Venskie vstreči" widerspiegelt, zumal Savenok, der 1925 der KPdSU beitrat und 1937 die Militärpolitische Akademie in Moskau abschloss, als ehemaliger „Zampolit" in Wien für die Propagierung von Freund- bzw.

248 Savenok, Venskie vstreči, S. 201.

249 Ebd., S. 205.

Feindbildern ein besonderes Sensorium hatte. Savenoks Polemik richtet sich gegen alle drei Westalliierten, wobei seine Einstellung etwa in Perervins Bericht zum Ausdruck kommt: „Gemeinsam mit den Alliierten kamen Dollars, Sterlinge, Franken hierher und riefen sofort Spekulation, Schwarzmarkt, Schwindelgeschäfte, Banditentum, Prostitution hervor."[250] Im viergeteilten Wien würden die „Soldaten der Alliierten ziellos durch die Wiener Straßen ziehen, trinken, manchmal randalieren".[251] Lebedenko legt er die Worte in den Mund, die „Alliierten unterstützen die Reste des Faschismus, bremsen die Geburt eines demokratischen Österreichs".[252] Und im Mai 1946, als es „erneut nach Krieg roch", schossen „nazistische Organisationen und militärische Vereinigungen" in den amerikanischen und britischen Zonen Österreichs und Deutschlands „wie Pilze aus dem Boden".[253]

Besonders negativ werden aber die US-Amerikaner porträtiert. Ein Beispiel dafür ist die Schilderung einer jungen Österreicherin namens Berta, die sich nach ihrer Verlobung mit einem amerikanischen Besatzungssoldaten gänzlich zu ihrem Nachteil verändert. Ihr neues Erscheinungsbild wird folgendermaßen beschrieben: „Eine moderne Frisur. Ein enges Kleid mit tiefem Ausschnitt. In den Ohren billige, aber sehr lange und aufwendige Ohrringe. Eine ebensolche Brosche auch auf der Brust. Auf dem bis zur Schulter nackten Arm eine winzige goldene Uhr. Die großen, beinahe hervorstehenden blauen Augen scharf mit einem Kajal umrahmt und darüber künstlich gebogene Augenbrauen gezogen. Aber diese ganze reichliche Kosmetik, diese aufdringliche, kleinbürgerliche, absichtlich grelle Kleidung erscheint künstlich, absurd, fremd, mit einem Wort wie eine dumme Verkleidung, die sich dieses einfache, vor Gesundheit strotzende Bauernmädchen umhing."[254]

Nicht nur ihre Kleidung, auch ihr Benehmen wird als unpassend geschildert. Insgesamt entsteht das Bild eines naiven, im Grunde braven Mädchens, das durch schlechten Umgang und die Verlockungen des Kapitalismus verdorben wurde. Die Passage gipfelt schließlich in der Frage Bertas, ob sowjetische Soldaten eine Österreicherin heiraten dürfen. Auf die Antwort von Makar Žuravka hin, wozu ein Soldat im Dienst überhaupt eine Frau brauche, unterbricht Berta „mit einem bitteren Lachen" das Gespräch: „Und der amerikanische Soldat kann [heiraten]."[255] Ihr amerikanischer Verlobter John werde sie heiraten, sobald sein Vater die Zustimmung gegeben habe, be-

250 Ebd., S. 29.
251 Ebd., S. 166.
252 Ebd., S. 86.
253 Ebd., S. 285.
254 Ebd., S. 272. Vgl. Reitinger, Österreich in den Augen der Sowjetliteratur, S. 111.
255 Savenok, Venskie vstreči, S. 273.

tont Berta: „John holt mich nach Amerika. Wir werden in Pittsburgh wohnen, einer Stadt, die nicht kleiner als Wien ist. Wir werden den neuesten Ford haben. Wir werden einen Fernseher haben, einen Kühlschrank, einen Staubsauger."[256]

Bertas Bekanntschaft mit dem US-Soldaten endet schließlich tragisch: Sie wird mit einer venerischen Krankheit infiziert und nimmt sich das Leben. Savenok vermittelt diese Information über ihren Vater, der den Stadtkommandanten Lebedenko aufsucht und sein Leid klagt: „‚Dieser Schuft', sagt Špunt aufgeregt, ‚versprach ihr, sie zu heiraten und in sein Amerika mitzunehmen, aber stattdessen steckte er sie mit einer grausigen Krankheit an und ließ sie fallen … Dann kam er zu mir und wollte, dass ich ihm Gänse verkaufe. Ich vertrieb ihn vom Hof. Er zog den Revolver, erschoss zwei Gänse, warf diese Schillinge hin', – Špunt zog aus der Tasche ein paar Papiere – ‚und nahm die Gänse … Was soll ich tun, Genosse General?'"[257]

Andere Passagen transportieren gleichfalls das Bild amerikanischer Revolverhelden, die sich unehrenhaft gegenüber österreichischen Frauen verhalten und generell ein schlechtes Benehmen an den Tag legen. Dieses Feindbild illustriert Savenok unter anderem anhand eines konkreten Vorfalls, den ihm sein Vorgänger als „Zampolit", Perervin, schildert: „Zwei Matrosen unserer Donauflottille spazieren am Ufer des Donaukanals entlang. In den Händen hatten sie ihre Entlassungsscheine, und sie waren guter Dinge. Plötzlich sehen sie: Zwei betrunkene amerikanische Soldaten bedrängen eine junge Wienerin. Unsere Burschen griffen natürlich ein und versuchten, die beiden Rowdys zur Vernunft zu bringen. Doch zwecklos – die beiden Betrunkenen zetteln eine Schlägerei an. Unsere packen sie daraufhin und tauchen sie ins Wasser – ein bisschen Abkühlung kann in einem solchen Fall ja keineswegs schaden."[258]

Das Verhalten der beiden sowjetischen Matrosen rechtfertigt Savenok indirekt zudem dadurch, dass die angegriffenen amerikanischen Besatzungssoldaten versöhnlich reagieren. Er beschreibt, wie sich in der Zwischenzeit eine große Menschenmenge ansammelte, die nun auf eine Schlägerei „zwischen Russen und Amerikanern" wartet. „Doch die Amerikaner haben es sich offensichtlich anders überlegt – besser, man verhält sich jetzt friedlich. Da hat wohl auch das kalte Wasser seinen Teil dazu beigetragen und ausnüchternd gewirkt. – ‚Machen wir uns bekannt!', so die beiden Amerikaner und drücken unseren Matrosen freundlich die Hände. ‚Okay! Chorošo!'"[259]

256 Ebd., S. 275.
257 Ebd., S. 347.
258 Ebd., S. 70f.
259 Ebd., S. 71.

Doch damit ist der Zwischenfall noch nicht erledigt. Die interalliierte Militärpatrouille fährt vor, nimmt alle vier Besatzungssoldaten fest und übergibt sie der Interalliierten Kommandantur, berichtet Perervin. Sie werden Lebedenko zur weiteren Bestrafung übergeben, der fünf Tage Arrest über sie verhängt, was er anschließend jedoch bereut: „Lebedenko ist gereizt. ‚Ich habe die Burschen ungerechtfertigt zur Verantwortung gezogen. Ungerechtfertigt. Ihre ganze Schuld besteht darin, dass sie dem Mädchen zu Hilfe kamen.'"[260]

3.2.5 Österreichische Freunde

Ausführlich widmet sich Savenok zudem der Kategorie der Freunde, zu denen – abgesehen von österreichischen Kommunisten – Arbeiter, einfache Leute, aber auch ein Professor für Geschichte oder ein Ingenieur gehören. Vielfach dienen diese Geschichten dazu, die Dankbarkeit der Bevölkerung gegenüber der Roten Armee zu illustrieren, wodurch die eigenen Heldentaten zusätzlich hervorgehoben werden.

Unmittelbar auf den geschilderten Fall des geldgierigen Goc folgt das Unterkapitel „Astern", in dem Perervin die Begegnung mit drei Wienerinnen wiedergibt. Treffen dieser Art „wärmen das Herz", möchten einen „besser, reiner, ehrlicher" werden lassen, erinnern an Heimatliches, so die Einleitung. Die Frauen bitten Blagodatov, ein Grab sowjetischer Soldaten, „die im Kampf für unser Wien fielen", mit Blumen schmücken zu dürfen. Als Erklärung führt eine der Frauen an, dass auch ihre Angehörigen im Krieg ihr Leben verloren hätten: „Sie alle starben für eine gemeinsame Sache – damit unser Leben ehrlich und gerecht ist. Dafür starben auch Ihre Soldaten, als sie die Faschisten aus Wien vertrieben. Sie alle – unsere Lieben und Ihre Soldaten – sind Brüder."[261] Ihr Auftreten wird sympathisch porträtiert: „Sie redet langsam, beherrscht. In den von Fältchen umrahmten Augen liegen tief verborgener Kummer und ruhige Klarheit, charakteristisch für einen Menschen, der von der Richtigkeit seiner Sache überzeugt ist."[262]

Auch im folgenden, Karl Renner gewidmeten Unterkapitel stehen einige Freunde im Mittelpunkt. Čepik meldet die Ankunft von Gästen: „Die Genossen Weber und Zucker[263] sind eingetroffen. Und ein Herr Ulmach", woraufhin Perervin sie hereinbittet: „Ah, na dann willkommen. Das ist etwas anderes. Georgij Michajlovič, Sie müssen sich unbedingt mit ihnen bekannt

260 Ebd.

261 Ebd., S. 45f.

262 Ebd., S. 44.

263 Hierbei handelt es sich um Erwin Zucker-Schilling (1903–1985).

Abb. 128: Am 19. August 1945 wurde das Denkmal zu Ehren gefallener Rotarmisten auf dem Wiener Schwarzenbergplatz enthüllt. Im Auftrag der sowjetischen Besatzungsmacht fertigte der später anerkannte österreichische Künstler Otto Zeiller dieses Gemälde an, das als Militärpostkarte reproduziert wurde. (Quelle: Sammlung Stelzl-Marx)

machen. Das sind unsere Freunde. Sie waren die Ersten, die sich bei uns in der Kommandantur gemeldet und ihre Hilfe angeboten haben. Und sie zählen zu der Sorte von Menschen, bei denen man sich freut, wenn man sie sieht. Vor allem Weber. Ein alter Kommunist. Ein Mensch mit einem glühenden Herzen und einem aufregenden, außergewöhnlichen und schweren Leben. An seiner Erfahrung in der Parteiarbeit gemessen, müsste er im ZK sitzen, aber er will das nicht, er hat sich geweigert ... Jetzt arbeitet er in Wien als Sekretär eines Bezirkskomitees."[264]

Unter den österreichischen Politikern wird Bürgermeister Theodor Körner besonders positiv hervorgehoben. Bereits im Vorwort stellt ihn Savenok Kardinal Innitzer gegenüber, um die große Bandbreite der Wiener zu illustrieren: „Hier der Bürgermeister der österreichischen Hauptstadt, der zukünftige Präsident Österreichs, der General in Ruhe Theodor Körner, ein alter Mann von 70 Jahren mit einer Redlichkeit und Bescheidenheit, wie man sie nicht alle Tage findet. Und dort der Wiener Kardinal in seiner langen, schwarzseidenen Soutane und dem roten Birett auf dem Kopf - ein gepflegtes, gebieterisches Antlitz, eine dünne, hervortretende Nase mit Höcker und kalte, herrische Augen."[265]

264 Savenok, Venskie vstreči, S. 48.
265 Ebd., S. 5.

Die Konfrontation von Freund und Feind entspricht zudem der in der Sowjetliteratur häufig vertretenen Ansicht, es gebe „zwei Wien".[266] Laut Savenok drückt sich dies etwa darin aus, dass Wien neben dem Stephansdom ein zweites Wahrzeichen, das Denkmal auf dem Schwarzenbergplatz, bekam.[267] Die Theorie zweier politischer Lager vermittelt er durch den Kommentar des Kommunisten Weber: „In Wien gibt es noch die Abgrenzung – die einen zieht es zu uns, die anderen zu den Sozialdemokraten. Heute ist sie noch nicht vorbei, die Trennung in zwei Wien ... Mit einem Wort, klar ist eines: Man muss um jeden Wiener kämpfen, kämpfen, ohne die Kräfte zu schonen."[268]

Abschließend verwendet Savenok nochmals das Motiv der beiden Wien, die beim Aufmarsch anlässlich des 1. Mai 1947 aufeinanderprallen. Die österreichischen Kommunisten erinnern den Autor an den Maiaufmarsch auf dem Roten Platz. Im Zentrum geht Koplenig mit „hoch erhobenem Kopf, und ein Frühlingswind zersaust seine langen, grauen Haare. [...] Die Demonstranten tragen Porträts von Marx, Engels, Lenin, Dimitrov, Koplenig. Über den Köpfen wehen die Nationalfahnen Österreichs, rote Fahnen mit Sichel und Hammer, Losungen, Blumengirlanden. Und in jeder Reihe fröhliche, frohe Gesichter, Scherze, Lachen."[269] Der Anblick der Sozialisten erinnert ihn hingegen an ein Begräbnis: „Ich denke mir, wie unähnlich sie [die Kolonne] unserer, der sowjetischen, ist: keine Plakate, keine Porträts, keine Lieder. Sie gehen langsam, schweigend, als ob gezwungen und nicht aus einem Herzensbedürfnis heraus."[270]

3.2.6 Parteiliche Prinzipientreue: Tätigkeit der Sowjets

Eines der zentralen Ziele des Autors bestand darin, die Heldentaten der Roten Armee, die Hilfeleistungen der Sowjets in Österreich und die würdige Erfüllung der Arbeit in der Stadtkommandantur zu betonen. Durch Hinweise auf Schwierigkeiten und Hindernisse sollen die Leser diese Leistungen zusätzlich schätzen lernen. Daher betont Savenok eingangs nicht nur, wie ungern er nach Wien fuhr, sondern er fragt sich zudem, ob er dieser schwierigen Aufgabe unter den widrigen Umständen auch gewachsen sein und über ausreichend „parteiliche Prinzipientreue"[271] verfügen würde.

Über einen Dialog mit Perervin verstärkt Savenok dieses Motto: „Jede unserer Gesten, jedes Wort, jede Entscheidung – das ist eine Geste, ein Wort,

266 Reitinger, Österreich in den Augen der Sowjetliteratur, S. 108.
267 Savenok, Venskie vstreči, S. 24.
268 Ebd., S. 54.
269 Ebd., S. 357.
270 Ebd., S. 356.
271 Ebd., S. 74.

eine Entscheidung unseres Volks, unserer Partei, unserer Regierung. [...] Jeder Fehler, hundertfach aufgebauscht, wird sofort vom Feind verwendet."[272] Später kommt er nochmals auf den Verhaltenskodex sowjetischer Menschen im Ausland zurück, indem er Perervin die Charakterstärken der Stadtkommandanten Blagodatov und Lebedenko erklären lässt: „Das ist jene Selbstbeherrschung, die durch die Jahrzehnte in der Armee erzogen wurde, die Parteilichkeit, die durch sie [die Militärkommandanten] unbefleckt vom Bürgerkrieg bis in dieses Kabinett auf der Ringstraße getragen wurde, ihre durch nichts und niemals erschütterte Prinzipientreue. [...] Und wenn du fühlst, dass du das nicht hast - [...] geh fort, ohne die Ehre deines Landes befleckt zu haben!"[273]

Mithilfe von Čepiks Schilderungen vermittelt der Autor die harten Kämpfe in Wien und verweist fälschlicherweise darauf, dass „eine faschistische Bombe in den Stephansdom fiel. Der Dom brennt."[274] Er erwähnt Tolbuchins Aufruf an die Truppen der 3. Ukrainischen Front, nicht die Bevölkerung zu beleidigen und durch ihr Benehmen überall Achtung hervorzurufen,[275] dem die sowjetischen Militärangehörigen, so die Botschaft zwischen den Zeilen, natürlich entsprachen. Der Aufruf Nr. 1 an die Bevölkerung Österreichs wird zur Gänze zitiert.[276] Die Dankbarkeit der Bevölkerung für die Befreiung vom Faschismus kommt durch die in mehreren Sprachen angeführten Rufe „Es lebe die Rote Armee!", die Erwähnung überreichter Blumen oder durch Sujets wie Walzertanzen und Jodeln zum Ausdruck.[277]

Mehrfach führt Savenok die Hilfe an, die die Sowjets Österreich angedeihen ließen. Schon beim Sturm auf Wien hätten die Truppen primär daran gedacht, wie der Stadt „möglichst wenig Zerstörung zugefügt werden könnte: als ob vor mir nicht das österreichische Wien, sondern eine Heimatstadt wäre".[278] Dem Wiederaufbau der Wiener Staatsoper ist ein ganzes Unterkapitel gewidmet.[279] Außerdem habe die Sowjetunion dem österreichischen Volk ab April 1945 „70.000 Tonnen Getreide und Mehl, 17.000 Tonnen Erbsen, mehr als 6000 Tonnen Zucker und andere Lebensmittel" gespendet. Einheiten der Roten Armee entschärften Minen in der Donau, sie brachten Transportwege in Ordnung; das sowjetische Kommando unterstützte die provi-

272 Ebd., S. 29.
273 Ebd., S. 72.
274 Ebd., S. 20.
275 Ebd., S. 18. Siehe dazu auch das Kapitel A.II.1.3.1 „Unterschied zwischen Österreichern und deutschen Besatzern" in diesem Band.
276 Savenok, Venskie vstreči, S. 25.
277 Ebd., S. 20–22.
278 Ebd., S. 35.
279 Ebd., S. 294–301.

sorische Regierung Renner mit 200 Millionen Mark und Ähnliches mehr.[280] Savenok zieht folgendes Resümee: „Diese und andere Beispiele zeigten, dass die österreichische Bevölkerung im sowjetischen Volk und seinen Streitkräften einen wahren Freund fand, der ihr in den allerschwersten Tagen selbstlos zu Hilfe kam."[281]

Derartige Passagen machen vor allem eines deutlich: Das Buch „Venskie vstreči" entstammt der Feder eines ehemaligen Politoffiziers, der auch mehrere Jahre nach seinem Dienst seine Erinnerungen dazu verwenden möchte, eine einschlägige politisch-moralische Schulung fortzusetzen. Gerade in seinem Fall sind institutionalisiertes und scheinbar privates Erinnern nicht getrennt voneinander zu betrachten. Vielmehr dienen die persönlichen Memoiren, die bis heute gerne von Veteranen gelesen werden, einer Propagierung des damals vorherrschenden sowjetischen Wertesystems. „Venskie vstreči" kann daher in erster Linie als Primärquelle des frühen Kalten Krieges dienen.

280 Ebd., S. 154f.
281 Ebd., S. 155.

RESÜMEE

Durch das Kriegsende und die Besatzung in Österreich kamen mehrere Hunderttausend sowjetische Besatzungsangehörige in direkten Kontakt mit dem kapitalistischen Westen. Für die meisten von ihnen stellte dies die erste und oft – für Jahrzehnte – auch letzte Möglichkeit dar, über den Tellerrand des kommunistischen Imperiums hinauszublicken. Zumindest für einen Teil der sowjetischen Soldaten bedeutete dieser unmittelbare Einblick in das Leben des ehemaligen Feindes einen tief gehenden Kulturschock. Die vorherrschenden Lebensbedingungen unterschieden sich drastisch von jenen in der Sowjetunion, aber auch von dem Bild, das ihnen von Stalins Propagandamaschinerie jahrelang eingehämmert worden war. Diese Diskrepanz zwischen dem Lebensstandard in Europa und jenem in der Heimat empfanden die Sieger vielfach als persönliche Niederlage, die zugleich Zweifel am kommunistischen System per se weckte.

Die unmittelbare Erfahrung des Lebens in Österreich prägte die Wahrnehmung der Besatzungssoldaten von ihrer Umgebung. Als die ersten Rotarmisten Ende März 1945 österreichisches Territorium betraten, tauchten sie zunächst in eine fremd und feindlich erscheinende, aber auch faszinierende Welt ein, welche die östlichen „Befreier vom faschistischen Joch" nicht mit offenen Armen empfing. Angesichts der ersten Kontakte mit der Bevölkerung kamen nun vielfach die von der sowjetischen Kriegspropaganda geprägten Feindbilder zum Tragen.

Seit dem Überfall auf die Sowjetunion war den Armeeangehörigen die hasserfüllte Devise „Töte den Feind!" eingetrichtert worden. Propagandisten wie Il'ja Ėrenburg hatten dazu aufgerufen, die „deutsch-faschistischen Besatzer" zu vernichten und Rache zu üben. Erst in der letzten Kriegsphase, als die Rotarmisten erstmals in Berührung mit der deutschen Zivilbevölkerung gekommen waren, hatte parallel zu dieser Kampfrhetorik eine Akzentverschiebung in der sowjetischen Propaganda eingesetzt. Fortan war eine klare Unterscheidung zwischen den „deutschen Faschisten" auf der einen und dem „deutschen Volk" auf der anderen Seite verlangt worden. „Man kann nicht zwei Hasen gleichzeitig fangen – rächen und kämpfen. In diesem Falle löst sich die Armee auf",[1] hatte der spätere Stadtkommandant Berlins, General Nikolaj Berzarin, die Notwendigkeit zur Wiederherstellung der Disziplin umrissen. Den offiziellen Schlusspunkt unter diese Neuorientierung der

1 Zit. nach: Gosztony, Die Rote Armee, S. 272.

sowjetischen Propagandapolitik hatte am 14. April 1945 ein „Pravda"-Artikel von Georgij Aleksandrov, dem Chef der Propagandaabteilung des ZK der VKP(b), mit dem Titel „Genosse Ėrenburg vereinfacht" gesetzt. Entgegen den bisherigen Vorgaben hatte sich der Propagandachef nun für ein differenziertes Verhältnis zu den Deutschen ausgesprochen.

In Österreich wurde zudem auf der Basis der Moskauer Deklaration eine klare Differenzierung zwischen „Deutschen" und „Österreichern" gefordert - mit Ersteren sollte abgerechnet, das „friedliche österreichische Volk" hingegen verschont werden. Die Oberbefehlshaber der 2. und 3. Ukrainischen Front, die Marschälle Rodion Ja. Malinovskij und Fedor I. Tolbuchin, gaben entsprechende Befehle an ihre Truppen und Aufrufe an die österreichische Bevölkerung mit den grundsätzlichen Zielen der sowjetischen Politik in Österreich heraus: Befreiung vom „faschistischen Joch", Wiederherstellung der Unabhängigkeit und eines normalen politischen Lebens sowie Kampf der Roten Armee „gegen die deutschen Besatzer und nicht gegen die Bevölkerung Österreichs". Nicht nur aufgrund derselben Sprache und Uniformen sahen sich viele Besatzungssoldaten von dieser Vorgabe - zumindest anfangs - überfordert.

Der „Einnahme Wiens" am 13. April 1945 und der Befreiung Österreichs gingen schwere Kämpfe voraus. Die militärische Widerstandsgruppe um Major Carl Szokoll versuchte, durch eine Kontaktaufnahme mit der Roten Armee eine Zerstörung Wiens zu verhindern, wurde allerdings verraten. Major Karl Biedermann, Hauptmann Alfred Huth und Oberleutnant Rudolf Raschke, die zu Szokolls Stab gehörten, wurden von einem Standgericht zum Tod verurteilt und am 8. April 1945 in Wien-Floridsdorf öffentlich gehenkt. Wenig später ließ die sowjetische Spionageabwehr Szokoll und andere Widerstandskämpfer verhaften und verhören.

Nach offiziellen sowjetischen Angaben forderte die „Wiener Angriffsoperation" 19.000 tote und 47.000 gefangene Offiziere und Soldaten deutscher Einheiten sowie 18.000 gefallene sowjetische Soldaten. Insgesamt beziffert die sowjetische Geschichtsschreibung die Verluste der Roten Armee auf österreichischem Gebiet mit mindestens 26.000 Mann. Stalin ließ die Einnahme Wiens am 13. April in Moskau mit dem Salut von 24 Salven aus 324 Geschützen und einem großen Feuerwerk feiern. Allein 270.000 sowjetische Soldaten bekamen den Orden „Za vzjatie Veny" („Für die Einnahme Wiens") verliehen. Bis heute stellt der 13. April für diese Veteranen einen Feiertag dar.

Nach dem „Wettlauf der Armeen"[2] war Österreich im Mai 1945 militärisch sechsfach besetzt. Den weitaus größten Gebietsanteil hatten die Sowjets

2 Portisch, Am Anfang war das Ende, S. 333.

inne, wobei ihre Truppen auch eindeutig am stärksten in Österreich vertreten waren: 400.000 Mann der 2. und 3. Ukrainischen Front machten die „totale Besetzung“[3] augenfällig. Diese Truppenstärke sank bis Herbst 1945 um etwa die Hälfte auf 180.000 bis 200.000 Mann und bis Jahresbeginn 1946 auf rund 150.000 Personen. Neben den Militärangehörigen waren Diplomaten, Geheimdienstler, Journalisten, Dolmetscher, Erdölspezialisten und - wenn der Rang stimmte - deren Familienmitglieder über die unterschiedlichen Einrichtungen des sowjetischen Besatzungsapparates in Österreich stationiert. Sie alle hatten bestimmte Funktionen zu erfüllen und waren einer streng hierarchischen Struktur untergeordnet.

Die Rote Armee war jene sowjetische Institution, die nicht nur zahlenmäßig am stärksten in Österreich vertreten war, sondern mit der die österreichische Bevölkerung auch als Erstes und am unmittelbarsten in Berührung kam. Gerade zu Kriegsende und in der frühen Besatzungszeit waren Stalins Soldaten in Ostösterreich beinahe omnipräsent. Alle weiteren Institutionen des Besatzungsapparates - mit Ausnahme der geheimdienstlichen - trafen auf Situationen und Strukturen, die bereits vom Militär geschaffen worden waren. Die Rotarmisten prägten am nachhaltigsten das Bild von „den Russen“ in Österreich.

Bereits ab Anfang April 1945 wurden in allen größeren, sowjetisch besetzten Ortschaften provisorische Militärkommandanturen errichtet, deren primäre Aufgabe in der „Aufrechterhaltung der Ordnung“ bestand. Die Bevölkerung erfuhr, dass sich „alle Gewalt“ in der Person des Ortskommandanten konzentrierte, dessen Anordnungen als Gesetze zu respektieren waren. Ohne weitgehende Vorbereitungen fielen den Militärs administrative Aufgaben zu, die von der Sicherstellung der Ernährung der hungernden Bevölkerung über die Einsetzung österreichischer Bürgermeister bis hin zur Etablierung der provisorischen Regierung unter Karl Renner reichten.

Doch hatte die Armee vor allem auch mit Problemen in den eigenen Reihen zu kämpfen. Eindringlich mahnte man die Kommandanten, „den Versuchungen des Lebens [zu] widerstehen“, sich „in gebührender Weise“ zu benehmen sowie „allzeit daran [zu] denken, dass er ein Repräsentant der Roten Armee der Großen Sowjetunion ist“.[4] Bereits im September 1945 reagierte der Oberbefehlshaber der Zentralen Gruppe der Streitkräfte, Marschall Ivan Konev, mit einer neuen Weisung an die Militärkommandanten. Zu diesem

3 Rauchensteiner, Der Sonderfall, S. 81.

4 CAMO, F. 243, op. 2922, d. 49, S. 168–177, Provisorische Verordnung über die Militärkommandanturen auf dem von der 3. Ukrainischen Front eingenommenen Gebiet Österreichs, 20.4.1945. Abgedruckt in: Karner - Stelzl-Marx - Tschubarjan, Die Rote Armee in Österreich, Dok. Nr. 59.

Zeitpunkt hatte sich herauskristallisiert, wo die wunden Punkte der Armee während ihres Österreicheinsatzes lagen: Einhaltung der Disziplin, Tragen der vorgeschriebenen militärischen Uniform, nötigenfalls mehrstündige Exerzierausbildung, Unterbindung von Marodieren und illegaler Beschlagnahme österreichischen Eigentums, Ahndung von Schwarzmarktgeschäften, Verbot des Besuchs von Volksfesten, Nachtlokalen, Cafés und - gültig für den Mannschafts- und Unteroffiziersstand - von Gaststätten mit Alkoholausschank, Verhaftung von Armeeangehörigen, die in „nicht nüchternem Zustand" auf öffentlichen Plätzen angetroffen wurden, sowie das Verbot an lokale Behörden, einzelne Armeeangehörige ohne Erlaubnis des Militärkommandanten über Nacht zu beherbergen.

Die Militärkommandanten waren verpflichtet, „verbrecherische Elemente" der Gegenspionage „Smerš" zu übergeben, die ihrerseits zur „Schattenebene" gehörte. Das am Schnittpunkt zwischen Ost und West gelegene, viergeteilte Österreich sollte ab April 1945 Operationsgebiet der sowjetischen Aufklärungsdienste und Spionageorganisationen werden. Hier prallten die Interessen der USA und der UdSSR aufeinander, hier kam es zu einer Projektion des Konfliktes zweier Weltanschauungen und zweier unterschiedlicher Systeme. Moskau spannte ab April 1945 ein geheimdienstliches Netz über österreichischen Boden, in dem insgesamt vier sowjetische Geheimdienste agierten. In vielen Bereichen entstand ein Parallelismus, die Tätigkeit der einzelnen Netze überlappte und duplizierte sich, und die ausgedehnte Doppelarbeit führte nicht selten zu Misstrauen unter den rivalisierenden Organen. Die in Österreich bis 1946 tätigen Grenztruppen des NKVD/MVD waren nicht nur für „Säuberungsaktionen" im sowjetisch besetzten Gebiet zuständig, sondern bespitzelten auch die eigenen Militärangehörigen. Bei groß angelegten Razzien nahmen sie „feindliche Elemente" unter der österreichischen Bevölkerung, aber auch unter den sowjetischen Soldaten fest.

Mit der Verwaltung Österreichs war der Sowjetische Teil der Alliierten Kommission betraut. Bezeichnenderweise hinkte jedoch die Einigung in diesem administrativen Bereich den militärischen Ereignissen nach: Per 4. Juli 1945 wurde die Einrichtung der sogenannten SČSK beschlossen. Am selben Tag unterzeichneten die Vertreter der Vier Mächte in der Europäischen Beratenden Kommission das „Abkommen über die Alliierte Kontrolle in Österreich" (bekannt als „Erstes Kontrollabkommen"). Dieses sah die Errichtung einer Alliierten Kommission, an deren Spitze der aus den vier Militärkommissaren gebildete Alliierte Rat stehen sollte, eines Exekutivkomitees und der Abteilungen der Alliierten Kommission vor.

Der Sowjetische Teil der Alliierten Kommission wurde - wie auch die Militärkommandanturen - mehreren Überprüfungen aufgrund „einer Reihe ernsthafter Mängel“ und 1952 Reformen zur „Liquidierung des Parallelismus“ unterzogen. Im Oktober 1945 ging die politische Arbeit unter der österreichischen Bevölkerung von den Politorganen der Roten Armee offiziell auf die SČSK und innerhalb der SČSK auf die eigens gegründete Propagandaabteilung über. Zu diesem Zeitpunkt zeigte sich bereits, dass das Personal für die Tätigkeit der SČSK keineswegs ausreichte. Eines der größten Probleme bestand darin, einen Stab qualifizierter, engagierter und politisch zuverlässiger Fachleute zu etablieren. Zusätzlich zu den regulären Versetzungen wurden Mitarbeiter ihrer Posten enthoben, weil sie als politisch oder moralisch kompromittiert galten. Der Kadermangel machte sich bei der politischen Arbeit besonders bemerkbar. Man benötigte Politmitarbeiter mit Deutschkenntnissen, um die Vakanzen nachzubesetzen und „einige Mitarbeiter durch qualifiziertere“ auszutauschen. Ein Teil der Mitarbeiter sei „direkt von der Schulbank“[5] zur Armee eingezogen worden, lautete eine der Beschwerden.

Einen wunden Punkt bei der politischen Arbeit unter der Bevölkerung bildete zudem das sowjetische Wirtschaftsimperium in Österreich, das in zunehmendem Maße schweren Turbulenzen ausgesetzt war. Die wirtschaftlichen Möglichkeiten konnten daher, anders als gefordert, sicherlich nicht „zur Festigung des sowjetischen Einflusses in Österreich“ genutzt werden. In wirtschaftlicher Hinsicht verfolgten die Sowjets in Österreich das Ziel, eine Wiedergutmachung für ihre gewaltigen, während des Krieges erlittenen Verluste an Industriepotenzial und Material sowie „Kompensationen“ zu erhalten. So wurde während der Besatzungszeit der materielle Reichtum der Ostzone außer Landes gebracht: durch „privates“ Plündern, durch den Abtransport industrieller und gewerblicher Anlagen mithilfe eigener Demontagekolonnen oder durch die Beschlagnahmung ganzer Betriebe als „Deutsches Eigentum“. Somit entstand ab Sommer 1946 ein exterritorialer Wirtschaftskörper, der die Sowjetische Mineralölverwaltung (SMV) und die Verwaltung des Sowjetischen Vermögens in Österreich (USIA) mit der Sowjetischen Donau-Dampfschifffahrtsgesellschaft (DDSG) umfasste. Dabei standen nationale Reparationsinteressen und die Wiedererrichtung der sowjetischen Wirtschaft im Vordergrund, nicht jedoch eine gezielte Destabilisierung des befreiten Landes.

Auch im Bereich des sowjetischen Wirtschaftsimperiums in Österreich gab es unklare Kompetenzen, die – zumindest teilweise – beabsichtigt waren. Die charakteristische Zweideutigkeit im sowjetischen Plansystem und folglich in den Kompetenzen erleichterte die Kontrolle von oben und gab den Kompe-

5 RGASPI, F. 17, op. 128, d. 299, S. 1–64, hier: S. 58, Bericht von Dubrovickij über die Arbeit der Propagandaabteilung der SČSK 1946 und im 1. Quartal 1947 [September 1947].

tenzträgern eine gewisse Unsicherheit. Verschlechtert wurde die Situation zudem durch den Marshallplan, in dem die Sowjets von Anfang an einen mächtigen Feind von außen sahen. Heftige Propagandaschlachten waren die Folge.

Wie in sämtlichen Bereichen des sowjetischen Besatzungsapparates in Österreich traten auch bei den Wirtschaftsbetrieben personelle Probleme auf. Diese ergaben sich in erster Linie aus dem Einsatz sowjetischer Spezialisten in einem westlichen – „kapitalistischen" – Umfeld mit all seinen Versuchungen, dem direkten Kontakt mit österreichischen Mitarbeitern, bei denen vielfach „feindliche Einstellungen" vermutet wurden, und mangelnden Qualifikationen. Der Verdacht, „feindliche" Kräfte würden den sowjetischen Wirtschaftsapparat in Österreich gezielt unterwandern, nahm mit fortschreitender Besatzungszeit sukzessive zu. Das sowjetische Personal wurde daher eigens geschult, um Staatsgeheimnisse zu bewahren und mit vertraulichen Dokumenten richtig umzugehen. Bei Unfällen vermuteten die Sowjets häufig Sabotageakte von österreichischer Seite. Verhaftungen und Verurteilungen – auch wegen Spionage – waren die Folge.

Die generelle Skepsis gegenüber dem Westen hatte mitunter direkte Auswirkungen auf die weitere Karriere jener sowjetischen Staatsangehörigen, die dort gearbeitet und gelebt hatten. Manche Spezialisten, die aufgrund der langen Dauer ihres Auslandseinsatzes, mangelnder fachlicher Kompetenz oder aus anderen Gründen in die Sowjetunion zurückkehrten, waren an ihrem früheren Arbeitsplatz unerwünscht. So beschwerte sich der ehemalige Minister für Staatssicherheit und nunmehrige Leiter der Verwaltung des sowjetischen Eigentums im Ausland (GUSIMZ), Vsevol'od Merkulov, im Juni 1949 direkt bei Stalin, dass die zuständigen Ministerien und Behörden sich weigerten, sowohl neue Spezialisten für die Arbeit im Ausland bereitzustellen als auch in einigen Fällen jene Mitarbeiter, die einen Auslandseinsatz bereits hinter sich hatten, wieder zu beschäftigen. Für einige der sowjetischen Fachkräfte dürfte die Arbeit in Österreich einen „Karriereknick" bedeutet haben.

Moskau versuchte, die Truppen zu „hoher politischer Wachsamkeit" zu erziehen, ihre militärische Disziplin zu steigern und den „politisch-moralischen Zustand" zu stärken. Die direkte Konfrontation mit der österreichischen Bevölkerung, aber auch mit westlichen Besatzungsangehörigen barg aus sowjetischer Sicht die Gefahr einer „feindlichen Einflussnahme" in sich. Zweifel an der Überlegenheit des kommunistischen Systems, Regelverstöße sowie Vergehen, die eigentlich „nur" strafrechtlich relevant waren, galten als politisch motiviert und als ein Zeichen der ideologischen und politischen Wankelmütigkeit des Betroffenen. Dies konnte strenge Repressalien nach sich ziehen. Ein Beispiel dafür ist der Fall von Leutnant Michail M. Žil'cov, der im Jänner 1946 in einer Offizierskantine konstatiert hatte, die Sowjetunion würde Europa niemals „ein- und überholen“. In Österreich gebe es in jedem Haus Strom, während die Dörfer in seiner Heimat vermutlich nie elektrifiziert werden würden. Žil'cov wurde wegen dieser „Lobpreisungen der kapitalistischen Ordnung“ seiner militärischen Funktion enthoben und aus der kommunistischen Partei ausgeschlossen. Die zuständige Politabteilung warnte seine Kameraden vor der „Gefährlichkeit“ seiner Haltung. Die Zweifel an der „Überlegenheit des sowjetischen Systems“ wertete man als Folge „seines mangelhaften politischen Wissens und seiner ideologischen Zurückgebliebenheit“.[6]

Straftaten sowjetischer Armeeangehöriger standen aber auch in einem außenpolitischen Kontext. Der Kreml war sich bewusst, wie sehr insbesondere Plünderungen und Vergewaltigungen den „Kampf um Einfluss auf die Masse der Bevölkerung“ in Österreich erschwerten. Nicht nur das Ansehen der Armee, sondern die Autorität der Sowjetunion per se stand auf dem Spiel. Politische Schulung, interne Kontrolle und eine möglichst effektive Bestrafung „moralisch zersetzter“ Militärangehöriger sollten die Disziplin steigern und zugleich das in Österreich weitverbreitete negative „Russenbild“ korrigieren. Nach den Erfahrungen des Krieges und dem relativen Freiraum, den die Besatzungssoldaten hier genossen, war dies kein leichtes Unterfangen.

Für Straftaten seitens sowjetischer Besatzungsangehöriger verhängten die Militärgerichte teils drakonische Strafen: 25 Jahre Erziehungsarbeitslager des GULAG oder als Höchststrafe „Tod durch Erschießen“. Die Verwaltung für Spionageabwehr der CGV nahm Verhaftungen vor, führte die Voruntersuchungen bis zur Erstellung der Anklageschrift durch und übergab dann die abgeschlossenen Verfahren dem „Militärtribunal des Truppenteils 28990“ in Baden bei Wien. In seine Kompetenz fiel in erster Linie die Verhandlung schwerer Straffälle wie Vaterlandsverrat, Spionage und Verbrechen, die höhere Offiziere begangen hatten. Kleinere Straftaten verhandelten außerdem die Militärtribunale erster Instanz, die dem Stab der jeweiligen Armee zugeordnet waren. Als juridische Grundlage für die Urteile dienten die einzelnen Artikel des Strafgesetzbuches der Russischen Sozialistischen Föderativen Sowjetrepublik und mehrere Ukaze des Präsidiums des Obersten Sowjets der UdSSR. Sämtliche Urteile ergingen im Namen der Sowjetunion.

Ein besonders weit verbreitetes Problem bildeten Plünderungen, die vor allem zu Beginn der Besatzungszeit an der Tagesordnung waren. So war bei

6 RGVA, F. 38650, op. 1, d. 1222, S. 63f., Bericht des Leiters der NKVD-Truppen zum Schutz des Hinterlandes der CGV, Generalmajor Kuznecov, und des Leiters der Politabteilung der Truppen, Oberst Šukin, an den stv. Leiter der Hauptverwaltung der Inneren Truppen des NKVD, Sladkevič, über antisowjetische Aussagen eines NKVD-Leutnants, 30.1.1946.

den Rotarmisten die Uhrenliebe sprichwörtlich. Schließlich hatte es im Krieg zu den exklusiven Privilegien der Offiziere gehört, eine Armbanduhr - zumindest prinzipiell - beanspruchen zu dürfen. Als „Erlaubnis zur Selbstbedienung" interpretierten viele die Ende 1944 erteilte Möglichkeit, Pakete in die Heimat zu senden. Doch auch bei der Demobilisierung oder beim Abzug der Truppen 1955 nahmen die Besatzungssoldaten mehr mit als bloße Erinnerungen. Dem allgemeinen Streben nach „Erwerb" lag eine spezifische Erklärung zugrunde: Die sowjetischen Truppen rekrutierten sich vorwiegend aus Bauern, bei denen die Erfahrung des Hungers, der Kollektivierung sowie der wirtschaftlichen Rückständigkeit des Landes Spuren hinterlassen hatte. Nach den Jahren des Krieges und der Entbehrung lernten sie eine vergleichsweise luxuriöse Welt kennen, an deren Wohlstand sie selbst teilhaben wollten. Viele dachten außerdem an ihre Familien zu Hause, zumal sie wussten, dass es in der Sowjetunion viele Güter nicht zu kaufen gab. Trophäen konnten später gegen Alltagsgegenstände eingetauscht werden. So wurden die Märkte in Moskau oder auch in Taškent 1945 von „fremden Sachen" überflutet.

Auch „Trunksucht" galt als eine der häufigsten Formen „amoralischer Erscheinungen" unter Stalins Soldaten in Österreich. 84 Prozent aller vom NKVD registrierten „amoralischen Erscheinungen" im ersten Quartal 1946 gingen auf dieses „Übel" mit langer Tradition zurück. Nach Kriegsende stellte Trunksucht in zweierlei Hinsicht ein zentrales Problem dar: Einerseits wurden unter Alkoholeinfluss zahlreiche Vergehen begangen und Verkehrsunfälle verursacht, andererseits kam es gerade in der frühen Besatzungszeit zu Alkoholvergiftungen mit teils tödlichem Ausgang. Lapidar konstatierte ein interner Bericht vom April 1946: „Die Grundlage beinahe sämtlicher Verbrechen bilden Saufereien und Verbindungen zu einheimischen Frauen, mit allen damit einhergehenden Folgen."[7] Üblicherweise kamen die Armeeangehörigen bei Trunkenheit mit relativ milden Strafen wie mehreren Tagen Arrest davon. Lediglich ein „systematischer Verstoß gegen die Militärdisziplin" zog auch politische Konsequenzen nach sich.

Schwerwiegender waren Fälle von Desertion und die damit einhergehenden Folgeverbrechen. „Spionage, Preisgabe einer geheimen militärischen oder staatlichen Information, Überlaufen auf die Seite des Feindes, Flucht oder Absetzen ins Ausland" fielen laut sowjetischer Definition unter den Begriff des „Vaterlandsverrats". Bei mindestens zwei desertierten Besatzungs-

7 RGVA, F. 38650, op. 1, d. 1222, S. 110–127, hier: S. 118, Bericht des Leiters der NKVD-Truppen zum Schutz des Hinterlandes der CGV, Generalmajor Kuznecov, und des Leiters der Politabteilung der Truppen, Oberst Šukin, an den stv. Leiter der Hauptverwaltung der Inneren Truppen des NKVD, Generalmajor Skorodumov, über den politisch-moralischen Zustand und die Disziplin in den MVD-Truppen zum Schutz des Hinterlandes der CGV im 1. Quartal 1946, 9.4.1946.

soldaten verhängte das Militärtribunal der Zentralen Gruppe der Streitkräfte in Baden wegen dieses Deliktes die Todesstrafe. Wie bei allen unerfreulichen Vorfällen in der Armee zog man auch hier die Vorgesetzten zur Verantwortung und gab - einmal mehr - fehlender politisch-ideologischer Schulung die Schuld. Die Rote Armee war schließlich eine politische Armee. Die Deserteure wären schlicht dem „Einfluss der uns umgebenden bourgeoisen Kreise" erlegen, hieß es in einem NKVD-Bericht.

In die Kategorie „unerlaubtes Entfernen von der Truppe" fielen kurze, unerlaubte Ausflüge in die nächstgelegene Stadt. Wurden derartige Vorfälle bekannt, mussten auch hier die Vorgesetzten die Verantwortung übernehmen. Außerdem verübten die Delinquenten während des unerlaubten Fernbleibens häufig weitere Vergehen, besonders das vorhin erwähnte „amoralische Verhalten" der Trunksucht. Manche betranken sich bis zur Bewusstlosigkeit, was mit zehn Tagen strengem Arrest bestraft wurde. Wenn hingegen in dieser Zeit ein Kino besucht wurde, betrug die Strafe fünf Tage strengen Arrests.

Straftaten gingen nicht allein von Angehörigen der sowjetischen Besatzungstruppen aus, sondern richteten sich mitunter auch gegen sie. Dazu zählten Beschimpfungen von Wachposten, Diebstähle aus Garnisonen, Züchtigungen von sowjetischen Kindern, Unfälle und Vergiftungen ebenso wie Mord und Prügeleien. Letztere zettelten Einheimische zumeist im Wissen um die eigene Überzahl und infolge reichlichen Alkoholkonsums an. Einige Österreicher erhielten für Straftaten zum Nachteil sowjetischer Militärangehöriger langjährige Haftstrafen. So konnten Autounfälle, bei denen sowjetische Besatzungsangehörige zu Schaden kamen, oder der Verkauf von Methylalkohol, der zu Erblindung oder im schlimmsten Fall zum Tod führte, mit langjährigen GULAG-Strafen geahndet werden. Insgesamt wurden rund 1000 Österreicherinnen und Österreicher von sowjetischen Gerichten verurteilt und in die Sowjetunion verschleppt. Zu den häufigsten Verurteilungsgründen zählten antisowjetische Spionage, „Werwolf"-Zugehörigkeit, Kriegsverbrechen, illegaler Waffenbesitz oder Vergehen gegenüber Besatzungssoldaten. Doch auch für die betroffenen sowjetischen Militärangehörigen blieben Vorfälle wie körperliche Übergriffe nicht ohne Konsequenzen. Sie hatten sich etwa der unangenehmen Frage zu stellen, weshalb sie sich zum Zeitpunkt des Geschehens in Lokalen aufgehalten und getrunken hatten.

Gerade vor dem Hintergrund des Kalten Krieges galten außerdem sexuelle Beziehungen zwischen sowjetischen Armeeangehörigen und Österreicherinnen als „politisch folgenschwer"; Eheschließungen waren ausdrücklich untersagt. Der Kreml fürchtete Ausländerinnen als „epidemiologische Waffe" in den Händen des „Feindes", die über die Infektion mit Geschlechtskrankheiten Moral und Kampfkraft sowjetischer Militärangehöriger schwächen würden. Man sah die Frauen zudem als gefährliche Werkzeuge westlicher Geheimdienste, da sie den „verzauberten" Rotarmisten über ihre intimen Verhältnisse Militär- und Staatsgeheimnisse entlocken würden. Mindestens fünf Österreicherinnen, die intime Beziehungen zu sowjetischen Besatzungsangehörigen pflegten, wurden wegen antisowjetischer Spionage zum Tod verurteilt und in Moskau erschossen. Doch auch ohne Spionageabsicht verführten sie - so die interne Einschätzung - sowjetische Armeeangehörige zu schwerwiegenden Vergehen wie Desertion und Vaterlandsverrat.

Rund 240.000 Frauen wurden allein in Wien und Niederösterreich Opfer von Vergewaltigungen. Ein Teil der Frauen überlebte die Tat nicht. Sie wurden getötet, starben an den Folgen von Misshandlung oder Krankheit, begingen Suizid. Viele trugen bleibende gesundheitliche Schäden, etwa durch die Infektion mit einer Geschlechtskrankheit, davon. Doch auch die seelischen, psychologischen Folgen konnten verheerend sein. Für einige war danach ihr Verhältnis zu Männern gestört, manchmal ihr ganzes Leben lang. Manche erfuhren von der eigenen Familie und der Nachbarschaft soziale Ächtung. Aus Angst vor Diskriminierung versuchten viele, das Thema „totzuschweigen" und erlitten dadurch noch eine zweite Traumatisierung. Die Zahl der Abtreibungen oder der Kinder, die nach einer Vergewaltigung auf die Welt kamen, wird immer im Dunkeln bleiben.

Wie bei anderen Vergehen, versuchte die Armeeführung durch mehrere Maßnahmen Herr der Lage zu werden. Laut NKVD-Befehl vom 8. März 1945 waren sämtliche Fälle „von ungesetzlichen Taten von Angehörigen der Roten Armee gegenüber der örtlichen Bevölkerung (Raub, Vergewaltigung von Frauen usw.)" zu ahnden.[8] Konnten die Täter überführt werden, verurteilten sie die Militärtribunale zu fünf Jahren Besserungsarbeitslager (ITL), die sich, speziell bei Soldaten mit guter Kampfbilanz, auf zwei Jahre oder weniger reduzieren ließen. In einigen Fällen sind auch Todesstrafen belegt. Hier ging es nicht nur um die militärische Disziplin innerhalb der Einheiten, sondern auch um den Ruf der Roten Armee im befreiten Österreich.

Allerdings erwies sich die Trias aus Kontrolle - Schulung - Bestrafung in vielen Fällen als nicht effektiv. Trotz der klaren Anordnung, „unmoralischem" Verhalten der Sowjetsoldaten einen Riegel vorzuschieben bzw. Vergehen sofort zu ahnden, blieben zahlreiche sexuelle Übergriffe - im wahrsten und im übertragenen Sinn des Wortes - im Dunkeln. Dem Ansehen der Ro-

8 RGVA, F. 32917, op. 1, d. 7, S. 96, Befehl Nr. 0511 des Kommandanten des 335. NKVD-Grenzregiments, Oberstleutnant Zacharčuk, und des provisorischen Stabschefs des Regiments, Hauptmann Kudrjavcev, über die Ahndung von Vergehen von Angehörigen der Roten Armee, 8.3.1945. Abgedruckt in: Karner - Stelzl-Marx - Tschubarjan, Die Rote Armee in Österreich, Dok. Nr. 117.

ten Armee, die sich selbst als „Befreierin" und „Friedensbringerin" definierte, fügten die Vergewaltigungen jedenfalls nachhaltigen Schaden zu. Nach außen hin reagierten die sowjetischen Stellen mit dem Versuch, derartige Vorfälle zu bagatellisieren oder totzuschweigen. Die überlieferten Reaktionen von Stalin passen genau in dieses Bild.

Als Resultat freiwilliger sexueller Beziehungen, aber auch als Folge von Vergewaltigungen kamen Tausende „Besatzungskinder" auf die Welt. Sie galten als „Kinder des Feindes", obwohl die Väter de jure keine Feinde mehr waren. Oft waren sie - gemeinsam mit ihren Müttern - unterschiedlichen Formen von Diskriminierung ausgesetzt. Gerade die „Russenkinder" bildeten eine Generation „vaterloser" Töchter und Söhne, die ihre Kindheit häufig bei Tanten, Groß- oder Pflegeeltern verbrachte. Ohne Unterhaltszahlungen lebten viele dieser „unvollständigen" Familien in finanziell schwierigsten Verhältnissen. Die meisten Armeeangehörigen wurden sogar zurück in die UdSSR versetzt, sobald eine derartige Liaison publik wurde. Jahrzehntelang war ein Kontakt beinahe unmöglich. Oft umgab die Betroffenen eine Mauer des Schweigens, die manche bis heute nicht durchbrechen konnten. Fragen nach der eigenen Identität und die Suche nach den „Wurzeln" waren meist die Folge, die vielfach auf die nächsten beiden Generationen übertragen wurden. Doch auch Väter versuchten, oft erst im hohen Alter, ihre „österreichischen" Kinder, die die wenigsten jemals auch nur zu Gesicht bekommen hatten, auszuforschen. Ein Gesamtüberblick über Besatzungskinder in ganz Österreich, ihre Sozialisations- und Lebensbedingungen sowie ihre weiteren Biografien steht bisher noch aus.

Trotz der großen Präsenz der Besatzungssoldaten und der zahlreichen überlieferten österreichischen Berichte über Vorfälle mit „Männern in Uniform" war bisher kaum etwas über den „sowjetischen" Alltag in Österreich, ihre Freizeitaktivitäten, Verpflegung oder den Tagesablauf bekannt. In Form eines Perspektivenwechsels sollte die Mikroebene Lebenswelt aus sowjetischer Sicht rekonstruiert werden. Dabei zeigt sich, dass Ausbildung, Sport und Gefechtsübungen einen Großteil des Alltags sowjetischer Soldaten einnahmen und vor allem die einfachen Soldaten einem strikten Aufgabenreglement unterzogen wurden. Generell unterlag der Tagesablauf der Rotarmisten einer strengen Reglementierung. Die Pflege von Waffen, Ausrüstung und Kleidung gehörte ebenso zu diesen wiederkehrenden Pflichten wie die Absolvierung von Politschulungen oder das Sauberhalten von Unterkünften. Gerade in der frühen Besatzungszeit war es schwierig, geeignete Unterkünfte für die großen Kontingente der Roten Armee zu finden. Aufgelassene Kriegsgefangenenlager und ehemalige Kasernen der Deutschen Wehrmacht wurden ebenso genutzt wie beschlagnahmte Häuser, Klöster, Schlösser oder

Schulen. Die Einquartierungen in Privatwohnungen ermöglichten hingegen höheren Dienstgraden einen höheren Lebensstandard. Zugleich konnten sie dadurch zumindest partiell und peripher am österreichischen Alltag teilnehmen.

Der Dienst in der Armee bedeutete auch in den Besatzungstruppen vielfach eine Zeit ohne Frau und Familie. Dies erklärt zudem, weshalb bereits unmittelbar nach Kriegsende sowjetische Besatzungsangehörige - verbotenerweise - den Kontakt zu österreichischen Frauen, aber auch zu befreiten „Ostarbeiterinnen" suchten. Manche Offiziere hielten sogar ehemalige Zwangsarbeiterinnen gewaltsam „für ihre Zwecke" von ihrer Repatriierung zurück.

Lediglich Generäle und Offiziere hatten zunächst bis 1948 das Privileg, ihre Familien - nach Genehmigung durch den zuständigen Militärrat - in die sowjetische Besatzungszone Österreichs nachkommen zu lassen. Die Kommandeure der betroffenen Einheiten mussten gewährleisten, dass geeignete Wohnungen und ausreichend Lebensmittel bereitstanden. Erst im August 1953 erhielten schließlich die Frauen und Kinder von Offizieren, Generälen und Admirälen generell das Recht, ihrem Mann bzw. Vater ins Ausland zu folgen. Trotz ideologischer und wirtschaftlicher Überlegungen hatte die Führung offensichtlich erkannt, dass „in Einsamkeit lebenden Offiziere sehr demoralisiert [sind], die Anzahl außergewöhnlicher Vorkommnisse wächst".[9] Zum Zeitpunkt des Abzugs der Truppen 1955 befanden sich insgesamt 7590 Offiziersfamilien in der sowjetischen Besatzungszone. Die Gesamtzahl der Armeeangehörigen belief sich auf knapp 40.000 Personen.

Zwar befanden sich die nachgezogenen Offiziersfrauen auf österreichischem Boden, doch führten sie ein weitestgehend exterritoriales Leben und blieben größtenteils unter sich. Mangelnde Deutschkenntnisse stellten dabei sicherlich eine Barriere dar. Darüber hinaus ergaben sich durch die Beschäftigung mit Haushalt und Kindern weit weniger Anknüpfungspunkte zu Einheimischen als über den Dienst als Militärangehöriger. Auch die Offizierskinder hatten häufig kaum Kontakt zu österreichischen Kindern. Sie besuchten sowjetische Schulen und wurden aus Angst vor tätlichen Übergriffen vielfach von der österreichischen Umwelt abgeschottet. Ein besonders plakatives Beispiel für diese Einstellung ist der Fall von Herbert Killian, der wegen „drei Ohrfeigen", die er 1947 einem neunjährigen Offizierssohn gegeben hatte, von einem sowjetischen Militärtribunal wegen „Rowdytums" zu drei Jahren GULAG-Lagerhaft verurteilt wurde.

9 Nikol'skij, GRU v gody Velikoj otečestvennoj vojny, S. 252; Bacher - Ruggenthaler, Als GRU-Offizier in Österreich, S. 145.

Die Besatzungsangehörigen selbst genossen üblicherweise genügend Freiheiten, um zumindest peripher am österreichischen Leben teilnehmen zu können. Erkundungen von Wien, dem Wienerwald, der näheren Umgebung, aber teilweise auch der westlichen Besatzungszonen gehörten ebenso dazu wie ein reges Kulturprogramm und sportliche Aktivitäten. In Bereichen wie der Jagd und Fischerei prallten die Interessen der sowjetischen und österreichischen Seite wiederholt aufeinander. Fischen mit Dynamit oder Jagen außerhalb der einheimischen Regeln führte zu einem Kampf um die Ressourcen, aber auch zu Unmut darüber, dass sich die Besatzer etwas nahmen, was ihnen aus österreichischer Sicht nicht zustand.

Eine möglichst sinnvolle Freizeitgestaltung sollte zusätzlich zur Stärkung der – besonders anfangs nur spärlich vorhandenen – Disziplin beitragen. Eine wichtige Rolle spielten dabei die „Häuser der Offiziere", die ein reges Kulturprogramm und sportliche Aktivitäten für Offiziere und deren Familienmitglieder anboten. Sie sollten Zentren der kulturell-erzieherischen Arbeit und als Vermittler der kommunistischen Ideologie dienen. Die größte und aktivste dieser Einrichtungen war das im November 1945 gegründete „Haus der Offiziere" in der Wiener Hofburg. Analog dazu boten die sogenannten „Leninzimmer" den Soldaten und Unteroffizieren ein organisiertes Freizeitprogramm. De facto boten sich den Armeeangehörigen jedoch immer wieder Möglichkeiten, den strengen Vorgaben – wenigstens vorübergehend – zu entkommen.

Ein straff durchorganisierter Dienstplan, die umfangreiche politische Erziehung und eine vernünftige, kultivierte Freizeitgestaltung sollten die Disziplin der Besatzungssoldaten steigern und das „moralisch psychologische Trauma",[10] das der Kontrast zwischen dem Lebensniveau in Europa und jenem in der sowjetischen Heimat auslösen konnte, vermindern. Daher wurde zudem besonderer Wert auf die Zelebrierung sowjetischer Riten, Feiertage und Jubiläen während des Auslandseinsatzes gelegt. Dazu gehörte die Begehung von Festtagen des sozialistischen Jahreskreises wie der Tag der Großen Sozialistischen Oktoberrevolution ebenso wie Bestattungszeremonien.

Wie bereits erwähnt, verloren rund 26.000 sowjetische Militärangehörige zu Kriegsende ihr Leben und wurden in Österreich bestattet. Nach dem Ende der Kampfhandlungen nahm die Todesrate in den sowjetischen Besatzungstruppen drastisch ab. Die häufigsten Todesursachen stellten fortan Unfälle im Straßen- und Schienenverkehr sowie bei militärischen Manövern, Alkoholvergiftungen oder übermäßiger Alkoholkonsum sowie Krankheiten dar. Belegt sind außerdem Fälle von Mord, fahrlässiger Tötung und Selbstmord,

10 Simonow, Aus der Sicht meiner Generation, S. 104.

wobei Letzteres als „amoralische Erscheinung" galt. Die sowjetischen Grabanlagen hinterließen mit ihren meist in Kyrillisch vorgenommenen Inschriften und der äußeren Form der Monumente eine ebenso dauerhafte wie - zumindest auf den zweiten Blick - sichtbare Spur im „steinernen Gedächtnis" Österreichs.

Öffentlich zelebriert wurden auch die zahllosen Kranzniederlegungen und Ehrenformationen an den Gräbern österreichischer Komponisten, allen voran von Johann Strauß, die nicht nur die Hochachtung für die österreichische Musik und Kultur unterstreichen, sondern auch Vorurteile gegenüber der „sowjetischen Barbarei" entkräften sollten. Der Walzerkönig - und mit ihm ein musikalisches Genre - entwickelte sich zum akustisch-visuellen Symbol für das aus sowjetischer Sicht erfolgreiche Aufeinandertreffen zweier militärischer und ideologischer Gegner zu Kriegsende.

Auslöser dafür war der Hollywoodfilm „The Great Waltz", der ab Mitte 1940 als Beutefilm in den sowjetischen Kinos lief und enorme Popularität erreichte. Er prägte insbesondere die Generation des „Großen Vaterländischen Krieges" und somit jene Rotarmisten, die nur kurze Zeit später nach Österreich kamen. Kranzniederlegungen am Grabmal von Johann Strauß stellten daher einen der wichtigsten Bestandteile der sowjetischen Ikonografie von der Befreiung Österreichs dar. Dieser Topos findet sich sowohl in zeitgenössischen Medien als auch in retrospektiven literarischen wie mündlichen Erinnerungen.

Über Jahrzehnte wurde in der (ehemaligen) Sowjetunion die Erinnerung an den „Großen Vaterländischen Krieg" in den verschiedensten Ausdrucksformen wachgehalten und immer wieder neu aktiviert, wodurch sie sich zu einem tief verinnerlichten kulturellen Handlungsrahmen entwickelte. Einen maßgeblichen Beitrag dazu leisteten Gedenkstätten und Museen, die als Bestandteil der privaten Lebenswelt zu Anlässen wie Hochzeiten besucht wurden. Die jährlichen Feierlichkeiten zum „Tag des Sieges über den Hitlerfaschismus" am 9. Mai bildeten den bedeutendsten Höhepunkt in der offiziellen sowjetischen Chronotopie des Erinnerns. Gerade in den vergangenen Jahren entwickelte sich der Sieg über den Faschismus in Ermangelung anderer gesellschaftlicher Bindemittel zum Hauptpfeiler der nationalen Identität. Emotional und moralisch bedient die postsowjetische Erinnerungskultur den Stolz auf eine ruhmreiche Vergangenheit, welche in die als weniger glorreich empfundene Gegenwart hineinreicht. Die Erinnerung an negative Aspekte von Kriegsende und Besatzung hat darin kaum Platz.

Dies entspricht dem Grundtenor in sowjetischen Memoiren über die Besatzungszeit in Österreich, aber auch in Oral-History-Interviews. Viele der sowjetischen Besatzungsangehörigen in Österreich sammelten durchaus positive Erfahrungen, erlebten - gerade vor dem Hintergrund des zu Ende gegangenen grausamen Krieges - einen vergleichsweise glücklichen Lebensabschnitt, wodurch sie schwärmerische Gefühle auf die Wahrnehmung des Landes als Ganzes übertrugen. Die Assoziationskette von „Frühling - Sieg - Jugend - Straußwalzer - Liebe" ist bis heute positiv konnotiert und mitunter romantisch verklärt.

Gerade Mitglieder von Veteranenverbänden versuchen, ein durchgehend positives Bild der Roten Armee zu vermitteln. Sie verweisen auf die großen Opfer, die für die Befreiung erbracht wurden, auf Heldentaten, auf die größtenteils positive Einstellung der österreichischen Bevölkerung den sowjetischen „Befreiern" gegenüber und schließlich auf das vorbildliche Verhalten, das sie selbst an den Tag gelegt hätten. Vergewaltigungen werden weitestgehend tabuisiert oder nur am Rande erwähnt, Plünderungen primär im Kontext der ab Dezember 1944 erlaubten Paketsendungen und der großen materiellen Not in der Heimat thematisiert. Repräsentative Beutestücke waren ebenso begehrenswert wie selten gewordene Genussmittel und einfache Alltagsgegenstände. Die Pakete werden als wichtige, positiv konnotierte Versorgungsquelle für die Familie in der Sowjetunion geschildert.

In ähnlicher Weise transportieren die in den vergangenen Jahrzehnten veröffentlichten Erinnerungen und Dokumentarfilme den offiziellen sowjetischen Geschichtskanon vom heroischen Einsatz der Roten Armee. Der traditionellen Freund-Feind-Dichotomie des Kalten Krieges verhaftet, diskreditieren Werke wie „Wiener Treffen" des ehemaligen Politoffiziers Grigorij Savenok etwa US-amerikanische Armeeangehörige als undisziplinierte Marodeure und rücksichtslose Gewalttäter. Zu den Feindbildern gehören außerdem „vatikanische Spione", Kirchenfürsten, Kapitalisten und Vertreter der Bourgeoisie, die den kommunistischen „Freunden" gegenübergestellt werden.

Vielfach entspricht das gezeichnete Selbstbild dem symptomatischen Titel der Armeezeitung „Za čest' Rodiny" („Für die Ehre der Heimat"), die für die sowjetischen Militärangehörigen in Österreich und Ungarn herausgegeben wurde. Die Redaktion und Druckerei dieses Blattes, das während des Krieges die zentrale Zeitung der 1. Ukrainischen Front gewesen war und nach Kriegsende die wichtigste Zeitung der Zentralen Gruppe der Streitkräfte wurde, befanden sich im Gebäude der Rotationsdruckerei Wien 1, Am Fleischmarkt 3–5. In dieser ab 1945 an den kommunistischen Globus Verlag verpachteten Druckerei befand sich unter anderem auch die Redaktion und Produktion der „Österreichischen Zeitung".

„Za čest' Rodiny" verfolgte ein dreifaches Anliegen: Sie sollte die in Österreich und Ungarn stationierten sowjetischen Armeeangehörigen Nachrichten über wichtige Ereignisse in ihrem Umfeld zu vermitteln. Dies betraf sowohl die österreichische Innenpolitik als auch Informationen über einschlägige Veranstaltungen, etwa des „Hauses der Offiziere". Weiters sollte sie zur politischen und militärischen Schulung der Besatzungsangehörigen beitragen. Schließlich zielte die Berichterstattung darauf ab, ihre - wohl beinahe ausschließlich - sowjetischen Leserinnen und Leser vor dem „feindlichen" Einfluss im Ausland eindringlich zu warnen. Zunehmend verschob sich der Schwerpunkt vom Feindbild der „deutsch-faschistischen Eroberer" auf die ideologische Konfrontation zwischen Kapitalismus und Kommunismus.

Doch gibt es auch Quellen, die ein differenziertes Bild der sowjetischen Besatzung in Österreich zeichnen. Private Aufzeichnungen wie jene des berühmten sowjetischen Lyrikers Boris Sluckij, die ohne Angst vor innerer und äußerer Zensur entstanden, oder auch so manche Interviews erlauben einen Blick hinter die Kulissen. Sluckij, der das Kriegsende in Österreich erlebte, verfasste gleichsam als Tagebucheintragungen zeitnah seine „Notizen über den Krieg". Publiziert wurden sie unter dem Titel „Über die anderen und über mich" allerdings erst 60 Jahre später. Relativ schonungslos spricht er darin eine Reihe von in der Sowjetunion tabuisierten Themen: den - unter anderem von Ėrenburg - geschürten Hass auf die Deutschen, von Rotarmisten verübte Rache, Antisemitismus in der sowjetischen Gesellschaft und Armee, Plünderungen, Vergewaltigungen oder Liebesaffären mit einheimischen Frauen ebenso wie das Empfinden eines Gefühls von Freiheit durch die Konfrontation mit Europa.

Am 1. Juni 1955, vier Monate vor dem Abzug der Truppen aus Österreich, schrieb „Za čest' Rodiny": „Die Welt kannte noch keine Armee wie unsere Sowjetische Armee."[11] In diesem Fall lagen die Innensicht von Stalins Soldaten in Österreich und die Außenwahrnehmung wohl nahe beieinander.

11 Materialy k političeskim zanjatijam. Za rubežom rodnoj strany vysoko deržat' čest' i dostojnstvo sovetskogo voina i byt' osobenno bditel'nym, in: Za čest' Rodiny, 1.6.1955, S. 5.

Anhang

1. Tabellen

Tabelle 1: Zeittafel der wichtigsten Ereignisse der Operation „Radetzky"

Ende März 1945	Ankündigung von Ferdinand Käs beim sowjetischen Verbindungsoffizier der SHAEF in Paris.
2. April 1945	Ferdinand Käs und Johann Reif werden zum Stab der 9. Garde-Armee nach Hochwolkersdorf gebracht.
3. April 1945	General Glagolev sagt ein Zusammenwirken beim geplanten militärischen Aufstand in Wien zu.
4. April 1945	Käs und Reif treffen in Wien ein und informieren Szokoll über die getroffene Vereinbarung.
Nacht 5./6. April	Die Sowjets geben das vereinbarte Zeichen; Ausrufung von „Radetzky"; Verrat und Festnahme von Major Karl Biedermann. Scheitern des Aufstandes. Verhaftung von Oberleutnant Rudolf Raschke und Leutnant Alfred Huth.
7. April 1945	Major Carl Szokoll gelingt die Flucht vor der Gestapo.
8. April 1945	Öffentliche Hinrichtung von Biedermann, Raschke und Huth am Floridsdorfer Spitz.
Ab 9./10. April 1945	Kontaktaufnahme Szokolls mit der Roten Armee; Angebot, Wiener Hilfspolizei zu organisieren.
12. April 1945	Petition Szokolls an den Stadtkommandanten Generalleutnant Aleksej Blagodatov, Plünderungen und Vergewaltigungen einzustellen. Rückkehr von Johann Koplenig und Ernst Fischer aus dem Moskauer Exil.
15. April 1945	Verhaftung Szokolls durch den sowjetischen Geheimdienst, Verhöre.
21. April 1945	Verbot der O5 durch den Befehl Nr. 4 des sowjetischen Stadtkommandanten.
2. Juni 1945	Flucht Szokolls aus dem sowjetischen Kriegsgefangenenlager in Kaiser-Ebersdorf.
Sommer 1945	Treffen Szokolls mit Raoul Bumballa; Kontakte zum französischen Geheimdienst.
5. September 1945	Neuerliche Verhaftung Szokolls durch die SMERŠ, Verhöre.
17. Oktober 1945	Entlassung aus sowjetischer Haft; sechsmonatige Voruntersuchung im Wiener Landesgericht.

Tabelle 2: Die sowjetischen Politberater in Österreich 1945–1955

Politischer Berater	Stellvertretender Politischer Berater
Stv. Volkskommissar Vladimir G. Dekanozov 4/1945–6/1945 (Ende 4–6/1945: Gesandter Michail E. Koptelov: Kommissarischer Politischer Berater)	Andrej A. Smirnov 4/1945–6/1945
Gesandter Evgenij D. Kiselev 6/1945–6/1948	Gesandter Michail E. Koptelov 6/1945–6/1948
Gesandter Michail E. Koptelov 6/1948–11/1951	Gesandter Grigorij N. Dzjubenko 1948–1950
Gesandter Sergej M. Kudjravcev 11/1951–7/1955	A. M. Timoščenko 1950–1955

Tabelle 3: Sowjetische Oberbefehlshaber und Militär-/Hochkommissare in Österreich und ihre Stellvertreter 1945–1955[1]

<table>
<tr><th>Oberbefehlshaber</th><th>Militär- (ab 10/1946: Hoch-)Kommissar</th><th>Stellvertretender Militär- (ab 10/1946: Hoch-)Kommissar</th></tr>
<tr><td>Marschall Fedor I. Tolbuchin
(3. Ukrainische Front)
- 6/1945</td><td>-</td><td>-</td></tr>
<tr><td>Marschall Rodion Ja. Malinovskij (2. Ukrainische Front)
- 6/1945</td><td>-</td><td>-</td></tr>
<tr><td colspan="2">Marschall Ivan S. Konev
6 bzw. 9/1945–4/1946</td><td rowspan="2">Generaloberst Aleksej S. Želtov
9/1945–7/1950</td></tr>
<tr><td colspan="2">Generaloberst bzw. General Vladimir V. Kurasov
5/1946–4/1949</td></tr>
</table>

1 Rauchensteiner, Der Sonderfall, S. 351; RGASPI, F. 17, op. 127, d. 1720, S. 80–81, Verzeichnis der Mitarbeiter des SČSK, [5.4.1948]. Abgedruckt in: Karner – Stelzl-Marx – Tschubarjan, Die Rote Armee in Österreich, Dokument Nr. 74.

<table>
<tr><th>Oberbefehlshaber</th><th>Militär- (ab 10/1946: Hoch-)Kommissar</th><th>Stellvertretender Militär- (ab 10/1946: Hoch-)Kommissar</th></tr>
<tr><td colspan="2" rowspan="2">Generalleutnant Vladimir P. Sviridov
4/1949-6/1953</td><td>Generalmajor Georgij K. Cinev
7/1950-8/1951</td></tr>
<tr><td>Generalmajor Viktor M. Kraskevič
9/1951-6/1953</td></tr>
<tr><td>Generaloberst Sergej Birjuzov
7/1953-1954</td><td rowspan="2">Gesandter Ivan I. Il'ičev
7/1953-7/1955</td><td rowspan="2">Gesandter Sergej M. Kudrjavcev
7/1953-7/1955</td></tr>
<tr><td>Generalmajor Aleksej S. Žadov
1954-9/1955</td></tr>
</table>

Tabelle 4: Sowjetische Militärkommandanten von Wien (April 1945 bis September 1955)[2]

Generalmajor Nikolaj Travnikov	5. April 1945 bis 13. April 1945
Generalleutnant Aleksej Blagodatov	13. April 1945 bis 15. Oktober 1945
Generalleutnant Nikita Lebedenko	15. Oktober 1945 bis 18. Mai 1948
Generalmajor Dimitrij Abakumov	18. Mai 1948 bis 21. Mai 1949
Generalleutnant Arkadij Borejko	21. Mai 1949 bis 22. Juni 1953
Generalmajor Nikolaj Molotkov	22. Juni 1953 bis September 1955

2 Vartanov, Die Aufgaben der Militärkommandanturen, S. 168.

Tabelle 5:
Zusammensetzung der NKVD-Truppen zum Schutz des Hinterlandes der 2. und 3. Ukrainischen Front bzw. der Zentralen Gruppe der Streitkräfte, April 1945 bis November 1946[3]

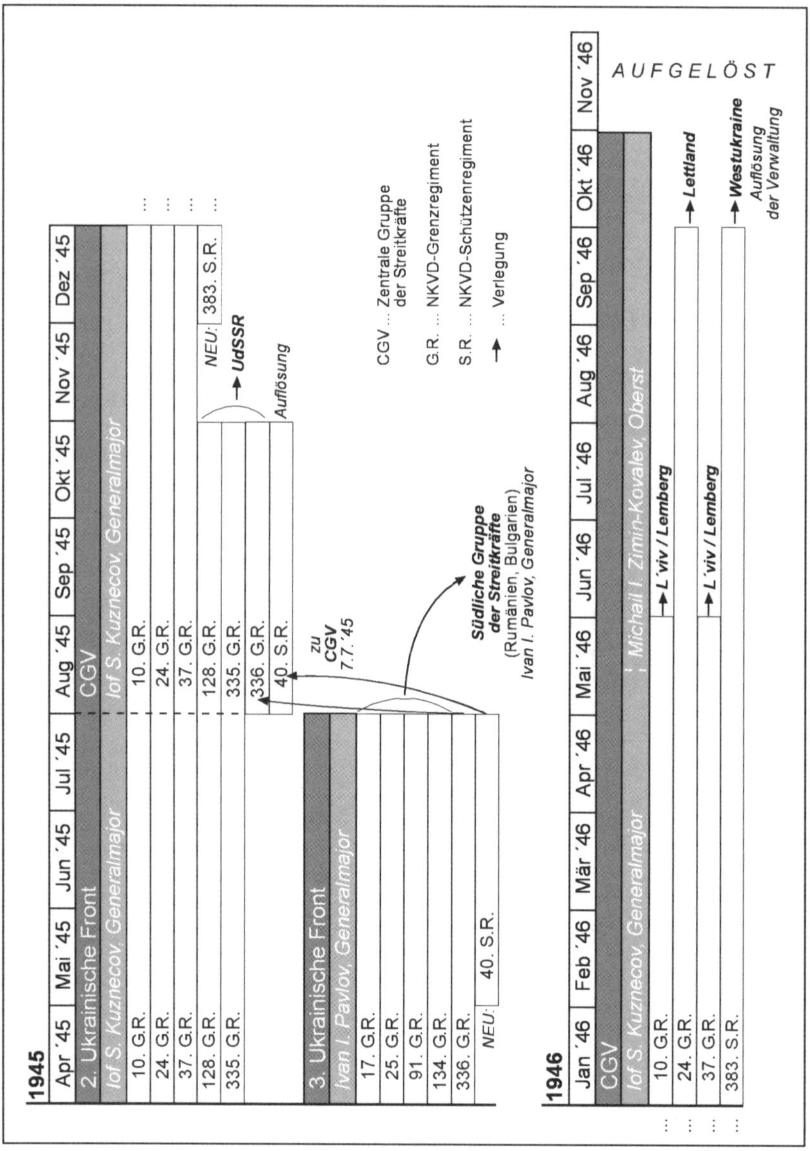

3 Grafik: Martin Florian.

Tabelle 6: Vergleich der Monatslöhne von Arbeitern und Angestellten in sowjetischen und österreichischen Betrieben vor der Umsetzung der Bestimmung vom 9. Juni 1953[4]

Kategorie der Arbeiter und Angestellten	Monatslohn in USIA-Betrieben in Schilling	Monatslohn in österreichischen Betrieben in Schilling	Verhältnis des Monatslohns in USIA-Betrieben zu jenem in österreichischen Betrieben in Prozent
Hochqualifizierter Arbeiter	1.792	1.745	102,7
Qualifizierter Arbeiter	1.675	1.568	106,8
Einfacher Arbeiter	1.548	1.397	113,4
Hilfsarbeiter	1.178	1.098	107,3
Arbeiter im Durchschnitt	**1.485**	**1.362**	**109,0**
Leitende Angestellte	3.454	4.195	82,3
Technische Angestellte	1.889	2.001	94,4
Handelsangestellte	1.530	1.629	93,9
Angestellte im Durchschnitt	**1.755**	**1.852**	**94,8**

Tabelle 7: Gewinn der USIA-Betriebe in Österreich 1946–1954[5]

Jahr	1946–1950 (durchschnittlich pro Jahr)	1951	1952	1953	1954 (budgetiert)
Gewinn in Mio. Rubel	79	173	219	137	76

4 RGANI, F. 3, op. 8, d. 110, S. 81–97, hier: S. 83, Bericht von I. Kabanov über den Zustand der USIA-Betriebe in Österreich und Maßnahmen zur Verbesserung ihrer Tätigkeit, 11.5.1954.

5 RGANI, F. 3, op. 8, d. 110, S. 98–101, hier: S. 100, A. Mikojan an das ZK der KPdSU über die Möglichkeit eines Verkaufes der USIA-Betriebe in Österreich, 17.5.1954.

Tabelle 8: Militärischer Dienstplan im Sommer 1945[6]

Dienstplan	In allen Einheiten	In den Stäben und Dienststellen
1. Tagwache	6.30	7.30
2. Morgensport	6.35–6.50	7.35–7.50
3. Morgentoilette	6.50–7.15	8.00–8.30
4. Standeskontrolle	7.15–7.30	–
5. Frühstück	7.30–8.20	8.30–9.20
6. Politschulung	8.20–8.50	–
7. Antreten und Abmarsch zu Übungen	8.50–9.00	–
8. Übungen	9.00–13.50	9.30–14.20
9. Mittagessen und Ruhepause	14.00–15.50	14.30–16.20
10. Übungen	16.00–18.50	16.30–19.20
11. Reinigung der Waffen und Ausrüstung	19.00–19.20	–
12. Politschulung und Vorbereitung der Übungen für den nächsten Tag	19.30–21.30	19.30–21.30
13. Antreten der Posten		
14. Ablöse des Wach- und Innendienstes	21.00–	–
15. Abendessen	21.30–22.20	21.30–22.20
16. Standeskontrolle	22.20–22.45	–
17. Zapfenstreich	22.45–	–
18. Abblasen	23.00–	23.00–

6 CAMO, F. 863, op. 1, d. 50, S. 126f., Befehl Nr. 0110 des Kommandanten der 4. Garde-Armee, Garde-Generalleutnant Zachvataev, und des Mitglieds des Militärrates der 4. Garde-Armee, Generalmajor Šepilov, über den Tagesablauf in der Sommersaison, 21.5.1945.

2. Abkürzungsverzeichnis

ACMVOV	Archiv Central'nogo muzeja Velikoj otečestvennoj vojny (Archiv des Zentralmuseums des Großen Vaterländischen Krieges)
a. D.	an der; außer Dienst
AdBIK	Archiv des Ludwig Boltzmann-Instituts für Kriegsfolgen-Forschung
AM 4. GA	Archiv Muzeja 4. Gvardejskoj Armii (Archiv des Museums der 4. Garde-Armee)
APART	Austrian Programme for Advanced Research and Technology
AP RF	Archiv Prezidenta Rossijskoj Federacii (Archiv des Präsidenten der Russischen Föderation)
Art.	Artikel
ASSR	Avtonomnaja Sovetskaja Socialističeskaja Respublika (Autonome Sozialistische Sowjetrepublik)
Auf.	Auflage
AVK	Apparat Verchovnogo komissara v Avstrii (Apparat des Hochkommissars in Österreich)
AVP RF	Archiv vnešnej politiki Rossijskoj Federacii (Archiv für Außenpolitik der Russischen Föderation
BH	Bezirkshauptmannschaft
Bd.	Band
Bde.	Bände
BGAKFFD	Belorusskij gosudarstvennyj archiv kinofotodokumentacii (Weißrussisches Archiv für Kino- und Fotodokumentation)
BGMIVOV	Belorusskij gosudarstvennyj muzej istorii Velikoj Otečestvennoj vojny (Weißrussisches Staatsmuseum für die Geschichte des Großen Vaterländischen Krieges)
BIK	Ludwig Boltzmann-Institut für Kriegsfolgen-Forschung
Bl.	Blatt
BLA	Burgenländisches Landesarchiv
BMBWK	Bundesministerium für Bildung, Wissenschaft und Kunst
BMWF	Bundesministerium für Wissenschaft und Forschung
bzw.	beziehungsweise
CA FSB	Central'nyj archiv federal'noj služby bezopasnosti (Zentralarchiv des Föderalen Sicherheitsdienstes)
CAMO	Central'nyj archiv ministerstva oborony (Zentrales Militärarchiv)
CGV	Central'naja gruppa vojsk (Zentrale Gruppe der Streitkräfte)
CGSV	Central'naja gruppa sovetskich vojsk (Zentrale Gruppe der Sowjetischen Streitkräfte)
CIC	Counter Intelligence Corps (Gegenspionage Korps)
cm	Zentimeter
CMVS	Central'nyj muzej vooružennych sil (Zentralmuseum der Streitkräfte)
ČP	crezvyčajnoe položenie (Notstand)

CSDF	Central'naja studija dokumental'nych fil'mov (Zentrales Dokumentarfilmstudio)
d.	delo (Akt)
dgl.	dergleichen
d. h.	das heißt
DA	Diplomarbeit
DDR	Deutsche Demokratische Republik
DDSG	Donau-Dampfschifffahrtsgesellschaft
Dipl.-Ing.	Diplomingenieur
Dir.	Direktor; Direktorin
Diss.	Dissertation
Dok.	Dokument
DP	Displaced Person
Dr.	Doktor
EAC	European Advisory Commission (Europäische Beratende Kommission)
ebd.	ebenda
EPG	Erdöl-Produktions-Gesellschaft
ERP	European Recovery Program (Europäisches Wiederaufbauprogramm)
et al.	et alteri (und andere)
etc.	et cetera (und so weiter)
EWG	Europäische Wirtschaftsgemeinschaft
f.	folgend
F.	Fond (Bestand)
FĖD	Feliks Ėdmuniovič Dzeržinskij
FN	Fußnote
FO	Foreign Office
FRUS	Foreign Relations of the United States
FSB	Federal'naja služba bezopasnosti (Förderaler Sicherheitsdienst)
g.	god (Jahr)
GA	Garde-Armee
GARF	Gosudarstvennyj archiv Rossijskoj Federacii (Staatsarchiv der Russischen Föderation)
GD	Generaldirektion
Gestapo	Geheime Staatspolizei
gg.	gody (Jahre)
GI	government issue (von der Regierung oder von einer Behörde gestellt)
GlavPU (SA i VMF)	Glavnoe političeskoe upravlenie (Sovetskoj Armii i Voenno-Morskogo Flota) (Politische Hauptverwaltung [der Sowjetischen Armee und der Flotte])
GlavPURKKA	Glavnoe političeskoe upravlenie Raboče-Krest´janskoj Krasnoj Armii (Politische Hauptverwaltung der Roten Arbeiter- und Bauern-Armee)

GOS-Bank	Gosudarstvennyj bank (Staatsbank)
GÖS	Generaldirektion für öffentliche Sicherheit
GOKO	Gosudarstvennyj komitet oborony (Staatliches Verteidigungskomitee)
GRU	Gosudarstvennoe razvedyvatel'noe upravlenie (Hauptverwaltung für Aufklärung)
GTO	Gotov k trudu i oborone SSSR (Bereit zu Arbeit und Verteidigung)
GUKR	Glavnoe upravlenie voennoj kontrarazvedki (Hauptverwaltung für Spionageabwehr)
GULAG	Glavnoe upravlenije lagerej (Hauptverwaltung für Lager)
GUSIMZ	Gosudarstvennoe upravlenie sovetskim imuščestvom zagranicej (Hauptverwaltung sowjetischen Eigentums im Ausland)
GVP	Glavnaja voennaja prokuratura (Hauptmilitärstaatsanwaltschaft)
Hg.	Herausgeber
Informbüro	Informationsbüro der kommunistischen Parteien
Ing.	Ingenieur
ITL	Ispravitel'no-trudovoj lager' (Besserungsarbeitslager)
Kfz	Kraftfahrzeug
KGB	Komitet gosudarstvennoj bezopasnosti (Komitee für Staatssicherheit)
Kominform	Informationsbüro der kommunistischen Parteien
Komintern	Kommunističeskij Internacional (Kommunistische Internationale)
KONR	Komitet k osvoboždeniju narodov Rossii (Komitee zur Befreiung der Völker Russlands)
KP	Kommunistische Partei
KPdSU	Kommunistische Partei der Sowjetunion
KPÖ	Kommunistische Partei Österreichs
KPSS	Kommunističeskaja partija Sovetskogo Sojuza (Kommunistische Partei der Sowjetunion)
LBG	Ludwig Boltzmann Gesellschaft
m	Meter
Mag.	Magister
MG	Maschinengewehr
MGB	Ministerstvo gosudarstvennoj bezopasnosti (Ministerium für Staatssicherheit)
MGK	Ministerstvo gosudarstevennogo kontrolja (Ministerium für Staatskontrolle)
MID	Ministerstvo inostrannych del (Ministerium für auswärtige Angelegenheiten)
MO	Ministerstvo oborny (Verteidigungsministerium)
MöStA	Mitteilungen des Österreichischen Staatsarchivs

NKF	Narodnyj komissariat finansov (Volkskommissariat für Finanzen)
NKGB	Narodnyj komissariat gosudarstvennoj bezopasnosti (Volkskommissariat für Staatsicherheit)
NKID	Narodnyj komissariat inostrannych del (Volkskommissariat für auswärtige Angelegenheiten)
NKO	Narodnyj kommissariat oborony (Volkskommissariat für Verteidigung)
NKP	Narodnyj kommissariat propagandy (Volkskommissariat für Volksaufklärung)
NKVD	Narodnyj kommissariat vnutrennych del (Volkskommissariat für innere Angelegenheiten)
NKVMF	Narodnyj komissariat voenno-morskogo flota (Volkskommissariat für die Seestreitkräfte)
NÖLA	Niederösterreichisches Landesarchiv
Nr.	Nummer
NS	nationalsozialistisch
NSDAP	Nationalsozialistische Deutsche Arbeiterpartei
o. D.	ohne Datum
o. J.	ohne Jahr
o. O.	ohne Ort
o. S.	ohne Seite
ÖAW	Österreichische Akademie der Wissenschaften
ÖBM	Österreichische Botschaft Moskau
OHI	Oral-History-Interview
OKR	Otdel kontrarazvedki (Abteilung für Spionageabwehr)
OMI	Otdel meždunarodnoj informacii (Abteilung für internationale Information; Abteilung für Auslandsinformation)
OMV	Österreichische Mineralölverwaltung
ÖMV	Österreichische Mineralölverwaltung
OÖLA	Oberösterreichisches Landesarchiv
op.	opis' (Verzeichnis)
ORF	Österreichischer Rundfunk
OROP	Österreichisch-Russische Ölproduktion
ÖROP	Österreichisch-Russische Ölproduktion
ORS	Otdel račego snabženija (Abteilung für Arbeitszuteilung)
ORVK	Otdel po rukovodstvu voennymi komendaturami (Abteilung zur Leitung der Militärkommandanturen)
ÖSK	Österreichisches Schwarzes Kreuz
ÖSG	Österreichisch-Sowjetische Gesellschaft
OSS	Office of Strategic Services (Amt für strategische Dienste)
ÖStA/AdR	Österreichisches Staatsarchiv/Archiv der Republik
ÖVP	Österreichische Volkspartei
PKW	Personenkraftwagen
POEN	Provisorisches Österreichisches Nationalkomitee

politruk	političeskij rukovoditel' (politischer Leiter)
PPD	pistolet-pulemet Degtjareva (Maschinenpistole Degtjarev)
PPŠ	pistolet-pulemet Špagina (Maschinenpistole Špagina)
PPŽ	pochodno-polevaja žena (Feldehefrau)
RA	Rote Armee
RAD	Reichsarbeitsdienst
RAN	Rossijskaja Akademija Nauk (Russische Akademie der Wissenschaften)
RAVAG	Radio-Verkehrs-Aktiengesellschaft
Red.	Redaktion
RF	Rossijskaja Federacija (Russische Föderation)
RGAKFD	Rossijskij gosudarstvennyj archiv kinofotodokumentov (Russisches Staatsarchiv für Film- und Fotodokumente)
RGANI	Rossijskij gosudarstvennyj archiv novejšej istorii (Russisches Staatsarchiv für Zeitgeschichte)
RGASPI	Rossijskij gosudarstvennyj archiv social'no-političeskoj istorii (Russisches Staatsarchiv für sozial-politische Geschichte)
RGB	Rossijskaja gosudarstvennaja biblioteka (Russische Staatsbibliothek)
RGGU	Rossijskij gosudarstvennyj gumanitarnyj universitet (Russische staatliche geisteswissenschaftliche Universität)
RGVA	Rossijskij gosudarstvennyj voennyj archiv (Russisches staatliches Militärarchiv)
RKKA	Raboče-Krest'janskaja Krasnaja Armija (Rote Armee der Arbeiter und Bauern)
RRAt	Regierungsrat
RSFSR	Rossijskaja Sovetskaja Federativnaja Socialističeskaja Respublika (Russische Sozialistische Föderative Sowjetrepublik)
RSHA	Reichssicherheitshauptamt
S.	Seite
SAG	Sowjetische Aktiengesellschaft
SANAPHTA	Sowjetisch-österreichische Erdölverwaltung
SD	Sicherheitsdienst
SČSK	Sovetskaja čast' Sojuzničeskoj Komissii po Avstrii (Sowjetischer Teil der Alliierten Kommission für Österreich)
SHAEF	Supreme Headquarters Allied Expeditionary Force (Alliiertes Hauptquartier)
SIB	Sovinformbjuro (Sowjetisches Informationsbüro)
SKK	Sowjetische Kontrollkommission
SMAD	Sowjetische Militäradministration in Deutschland
„Smerš"	Smert' špionam (Spionageabwehr; wörtlich: „Tod den Spionen")
SMV	Sowjetische Erdölverwaltung
SNK	Sovet narodnych komissarov SSSR (Rat der Volkskommissare der UdSSR)
SNU	Sovetskoe neftjanoe upravlenie v Avstrii (Sowjetische Erdölverwaltung in Österreich)

SPÖ	Sozialistische Partei Österreichs
SS	Schutzstaffel
SSR	Sozialistische Sowjetrepublik
SSSR	Sojus sovetskich sozialističeskich respublik (Union der Sozialistischen Sowjetrepubliken)
St.	Sankt; Stück
StGB	Strafgesetzbuch
StLA	Steiermärkisches Landesarchiv
stv.	stellvertretend
t.	tom (Band)
TASS	Telegrafnoe agentstvo Sovetskogo Sojuza (Telegrafenagentur der Sowjetunion)
u.	und
u. a.	unter anderem/ und andere
u. Ä.	und Ähnliches
UdSSR	Union der Sozialistischen Sowjetrepubliken
UKR	Upravlenie kontrarazvedki (Verwaltung für Spionageabwehr)
UNESCO	United Nations Educational, Scientific and Cultural Organization (Organisation der Vereinten Nationen für Bildung, Wissenschaft, Kultur und Kommunikation)
Univ.-Doz.	Universitätsdozent
Univ.-Prof.	Universitätsprofessor
UNO	United Nations Organization
UPK	Ugolovno-processual'nyj kodeks (Strafprozessbuch)
US	United States
USA	United States of America
USIA	Upravlenie sovetskim imuščestvom v Avstrii (Verwaltung des sowjetischen Eigentums in Österreich)
USIVA	Upravlenie sovetskim imuščestvom v Avstrii (Verwaltung des sowjetischen Eigentums in Österreich)
v. a.	vor allem
v. č.	voennaja čast' (Truppenteil)
VD	veneral disease (Geschlechtskrankheit)
VDK	Volksbund deutscher Kriegsgräberfürsorge
VGIK	Vsesojuznyj gosudarstvennyj institut kinematografii (Staatliches Allunionsinstitut für Filmkunst)
vgl.	vergleiche
VKP(b)	Vsesojuzaja Kommunističeskaja Partija (bolševikov) (Kommunistische Allunionspartei [der Bolschewiken])
VLKSM	Vsesojuznyj Leninskij Kommunističeskij Sojuz Molodeži (Allunionsverband der Leninschen Kommunistischen Jugend)
v. l. n. r.	von links nach rechts
VOKS	Vsesojuznoe obščestvo kul'turnych svjazej s zagranicej (All-

	unionsgesellschaft für kulturelle Verbindungen mit dem Ausland)
VOV	Velikaja otečestvennaja vojna (Großer Vaterländischer Krieg)
WStLA	Wiener Stadt- und Landesarchiv
WStLB	Wiener Stadt- und Landesbibliothek
z. B.	zum Beispiel
zampolit	zamestitel' komandira polka po politčasti (Stellvertreter des Kommandeurs für politische Angelegenheiten)
Zit.; zit.	Zitat, zitiert
ZK	Zentralkomitee
ZVM	Zivilverwaltung Mühlviertel

3. Quellenverzeichnis

3.1. Ausländische Archive

Archiv Central'nogo muzeja Velikoj otečestvennoj vojny, Moskau (ACMVOV)
Aufrufe des Militärrates der 4. Garde-Armee

Archiv Muzeja 4. Gvardejskoj Armii, Moskau (AM 4. GA)
Bestand 4. Garde-Armee

Archiv Prezidenta Rossijskoj Federacii, Moskau (AP RF)

F. 3	Entscheidungen des Politbüros, des ZK, des Rates der Volkskommissare, des Ministerrates, des Präsidiums des Obersten Sowjets
F. 3, op. 64, d. 10	Österreich, Sowjetischer Teil der Alliierten Kommission für Österreich und Hochkommissar in Österreich, 4.7.1945–1.10.1955

Archiv vnešnej politiki Rossijskoj Federacii, Moskau (AVP RF)

F. (0)6	V. Molotov
F. (0)7	A. Vyšinkij
F. (0)12	V. Dekanozov
F. (0)48(s)	Bibliothek des Historisch-Diplomatischen Departements
F. (0)59	(Edierte) Chiffre-Telegramme
F. (0)66	Österreich
F. (0)82	Deutschland
F. (0)425	Europäische Beratende Kommission
F. (0)511	
F. (0)512	Kommission zur Vorbereitung der Friedensverträge und der Nachkriegsplanung („Vorošilov-Kommission")

Central'nyj archiv Federal'noj služby bezopasnosti Rossijskoj Federacii, Moskau (CA FSB RF)

K-109717	Carl Szokoll
F. 4, op. 4	

Central'nyj archiv Ministerstva oborony Rossijskoj Federacii, Poldol´sk (CAMO)

F. Berndorf	
F. Urfahr	
F. 2	
F. 25	Zentrale Gruppe der Streitkräfte 1955
F. 32	
F. 48	3. Ukrainische Front bzw. Zentrale Gruppe der Streitkräfte 1945
F. 67	Stab des Chefs des Hinterlandes der Roten Armee
F. 84	
F. 148a	Direktiven der Stavka
F. 233	
F. 243	3. Ukrainische Front 1945 (Oberkommandierender und Militärrat)
F. 275	Politabteilung der 3. Ukrainischen Front bzw. der Zentralen Gruppe der Streitkräfte
F. 350	9. Garde-Armee der 3. Ukrainischen Front
F. 413	57. Armee der 3. Ukrainischen Front
F. 821	
F. 863	
F. 894	
F. 1237	
F. 1310	
F. 3415	

Central'nyj muzej vooružennych sil, Moskau (CMVS)

Vyvod Sovetskich vojsk iz Avstrii. Avgust–Sentjabr' 1955 goda. Fotodokumenty.

Glavnaja voennaja prokuratura, Moskau (GVP)

Rehabilitierungsbescheide

Gosudarstvennyj archiv Rossijskoj Federacii, Moskau (GARF)

F. 5283	Gesellschaft zur Pflege der kulturellen und wirtschaftlichen Beziehungen zur Sowjetunion
F. 5446	Rat der Volkskommissare der UdSSR/Rat der Minister der UdSSR
F. 7523	Oberster Sowjet der UdSSR

Rossijskij gosudarstvennyi archiv novejšej istorii, Moskau (RGANI)

F. 3	Beschlüsse des Präsidiums des ZK der KPdSU
F. 5	Apparat des ZK der KPdSU

Rossijskij gosudarstvennyj archiv social'no-političeskoj Istorii, Moskau (RGASPI)

F. 17, op. 3	„Gewöhnliche" Politbüro-Beschlüsse des ZK der VKP(b) bis zum 14.10.1952
F. 17, op. 116	Beschlüsse des „Orgbüros" und des Sekretariats des ZK der VKP(b)
F. 17, op. 117	Sitzungsprotokolle des „Orgbüros" und des Sekretariats des ZK der VKP(b)
F. 17, op. 121	Technisches Sekretariat des ZK der VKP(b), 1939–1948
F. 17, op. 125	Verwaltung für Propaganda und Agitation des ZK der VKP(b)
F. 17, op. 127	Verwaltung für Kader des ZK der VKP(b)
F. 17, op. 128	Abteilung für Internationale Information des ZK der VKP(b)
F. 17, op. 132	Abteilung für Propaganda und Agitation des ZK der VKP(b)
F. 17, op. 137	Außenpolitische Kommission des ZK der VKP(b)
F. 17, op. 162	„Sondermappe" der Politbüro-Beschlüsse des ZK der VKP(b) bis zum 14.10.1952
F. 17, op. 164	Sitzungsprotokolle des Sekretariats des ZK der VKP(b)
F. 82, op. 2	Bestand des Leiters der Außenpolitischen Kommission des ZK der VKP(b), Vjačeslav Molotov, 1949–1953
F. 495	Komintern
F. 558	Iosif Stalin
F. 644	GOKO-Beschlüsse zu Demontagen in Österreich und zur Verbringung in die Sowjetunion

Rossijskij gosudarstvennyj voennyj archiv, Moskau (RGVA)

F. 461p	Verurteilte Zivilisten in der UdSSR
F. 32893	134. Grenzregiment
F. 32900	Verwaltung der Truppen des NKVD zum Schutz des Hinterlandes der Südlichen Gruppe der Streitkräfte
F. 32902	17. Grenzregiment
F. 32903	91. Grenzregiment
F. 32904	Verwaltung der Truppen des NKVD zum Schutz des Hinterlandes der 2. Weißrussischen Front
F. 32905	Verwaltung der Truppen des NKVD/MVD zum Schutz des Hinterlandes der Zentralen Gruppe der Streitkräfte, 1943–1946
F. 32906	37. Grenzregiment
F. 32910	25. Grenzregiment
F. 32914	336. Grenzregiment
F. 32916	24. Grenzregiment
F. 32917	335. Grenzregiment
F. 32948	128. Grenzregiment
F. 38650	Hauptverwaltung der Inneren Truppen des MVD
F. 38756	40. Grenzregiment
F. 40900	Verluste der Einheiten des NKVD/MVD

3.2 Österreichische Archive und Sammlungen

Archiv des Ludwig Boltzmann-Instituts für Kriegsfolgen-Forschung, Graz (AdBIK)
Datenbank verurteilter österreichischer Zivilisten in der UdSSR
Sammlung 4. Garde-Armee
Sammlung Friedrich Grösswang
Sammlung Anton Grünanger
Sammlung Ingrid Meixner

Burgenländisches Landesarchiv, Eisenstadt (BLA)
BLA, Lage-, Vorfalls-, Informationsberichte

Niederösterreichisches Landesarchiv, St. Pölten (NÖLA)
Stimmungs- und Lagebericht der Sicherheitsdirektion für das Bundesland Niederösterreich
BH Zwettl

Oberösterreichisches Landesarchiv, Linz (OÖLA)
BH Perg
Zivilverwaltung Mühlviertel

Österreichische Botschaft Moskau, Moskau (ÖBM)
Personalakte

Steiermärkisches Landesarchiv, Graz (StLA)
BH Bruck

Wiener Stadt- und Landesbibliothek, Wien (WStLB)
Flugblättersammlung
Magistratsdirektion
Plakatsammlung

Privatsammlungen
Sammlung Stefan Karner
Sammlung Barbara Stelzl-Marx

3.3 Korrespondenz

Sabine D., Elektronische Nachricht an Barbara Stelzl-Marx. 6.10.2005.
Anna E., Schreiben an Barbara Stelzl-Marx. O. O. 21.1.2007.
Viktor G., Schreiben an Astrid S. O. O. 27.5.2004.
Reinhard Heninger, Schreiben an Barbara Stelzl-Marx. Golling 22.1.2007.
E. K., Schreiben an Peter Ruggenthaler. Wien 24.4.2003.
Karl K., Elektronische Nachricht an Barbara Stelzl-Marx. 6.2.2006.
Karl K., Elektronische Nachricht an Barbara Stelzl-Marx. 22.2.2006.
Karl K., Schreiben an Barbara Stelzl-Marx. O. O. 7.4.2009.
M. K., Schreiben an Barbara Stelzl-Marx. Berlin 6.5.2004.

Rosa K., Elektronische Nachricht an Barbara Stelzl-Marx. 18.2.2008.
Igor' Krečet, Elektronische Nachricht an Barbara Stelzl-Marx. 30.3.2008.
Igor' Krečet, Elektronische Nachricht an Barbara Stelzl-Marx. 5.4.2008.
Susanne Krejsa, Elektronische Nachricht an Wolfram Dornik. 23.8.2004.
Anton M., Schreiben an das BIK. Wien 24.6.2005.
Anton M., Elektronische Nachricht an Barbara Stelzl-Marx. 16.8.2006.
Leopold M., Elektronische Nachricht an Barbara Stelzl-Marx. 17.9.2006.
Renate M., Elektronische Nachricht an Barbara Stelzl-Marx. 26.1.2008.
Renate M., Elektronische Nachricht an Barbara Stelzl-Marx. 17.2.2008.
Angelika Miermeister, Elektronische Nachricht an Barbara Stelzl-Marx. 18.6.2008.
Angelika Miermeister, Schreiben an Barbara Stelzl-Marx. Berlin 22.7.2008.
Roswitha Moser, Elektronische Nachricht an Peter Fritz. 15.1.2005.
Ol'ga Pavlenko, Elektronische Nachricht an Barbara Stelzl-Marx. 11.11.2009.
Herbert Pils, Elektronische Nachricht an Barbara Stelzl-Marx. 4.9.2008.
Herbert Pils, Elektronische Nachricht an Barbara Stelzl-Marx. 18.9.2008.
Rosa R., Elektronische Nachricht an Barbara Stelzl-Marx. 3.2.2006.
Elena Rogatkina, Elektronische Nachricht an Barbara Stelzl-Marx. 29.4.2005.
Viktoria S., Elektronische Nachricht an Barbara Stelzl-Marx. 1.7.2008.
V. A. Tiškov, Schreiben an die Institutsleiter der historisch-philosophischen Klasse der Russischen Akademie der Wissenschaften. Moskau 23.6.2009.
Erna V., Schreiben an Barbara Stelzl-Marx. Wien 19.7.2005.
Erna V., Schreiben an Barbara Stelzl-Marx. Wien 9.9.2005.
Gerhard Verosta, Elektronische Nachricht an Barbara Stelzl-Marx. 21.12.2005.
Gerhard Verosta, Elektronische Nachricht an Barbara Stelzl-Marx. 10.11.2006.
Boris Voroncov, Elektronische Nachricht an Barbara Stelzl-Marx. 7.4.2009.
Boris Voroncov, Elektronische Nachricht an Barbara Stelzl-Marx. 11.8.2009.
Boris Voroncov, Elektronische Nachricht an Barbara Stelzl-Marx. 12.8.2009.
Christa W., Elektronische Nachricht an Barbara Stelzl-Marx. 2.8.2007.
Ingeborg Walla-Grom, Brief an die Russische Botschaft Wien. Wien 2004.

3.4 Oral-History-Interviews

OHI, Michail Alekseev. Durchgeführt von Natal'ja Bakši. Peredelkino 27.11.2002.
OHI, Michail Alekseev. Durchgeführt von Barbara Stelzl-Marx. Peredelkino 18.6.2006.
OHI, Konstantin Arcinovič. Durchgeführt von Sergej Drobjasko. Moskau 2.7.2003.
OHI, Boris Barančikov. Durchgeführt von Natal'ja Bakši. Rostov 1.3.2003.
OHI, Nina Bubnova. Durchgeführt von Sergej Drobjasko. St. Petersburg 24.5.2003.
OHI, Anna C. Durchgeführt von Barbara Stelzl-Marx. Wien 6.10.2003.
OHI, Vladilen Daniločkin. Durchgeführt von Ol'ga Pavlenko. Moskau 11.11.2002.
OHI, Jakov Dubovikov. Durchgeführt von Natal'ja Bakši. Moskau 12.6.2003.
OHI, Eleonore Dupuis. Durchgeführt von Barbara Stelzl-Marx. Wien 27.9.2002.
OHI, Anna E. Durchgeführt von Barbara Stelzl-Marx. O. O. 4.4.2007.
OHI, Elena Evtichieva. Durchgeführt von Sergej Drobjasko. Moskau 11.12.2002.
OHI, Vladimir Ėpštein. Durchgeführt von Sergej Drobjasko. Moskau 29.6.2003.
OHI, Aleksandr Fadin. Durchgeführt von Natal'ja Bakši. Moskau 1.12.2002.

OHI, Monika G. Durchgeführt von Barbara Stelzl-Marx. Graz 23.7.2008.
OHI, Vera Ganswohl. Durchgeführt von Barbara Stelzl-Marx. Graz 5.8.2004.
OHI, Nikolaj Golyšev. Durchgeführt von Natal'ja Bakši. Moskau 11.6.2003.
OHI, Timofej Gorobec. Durchgeführt von Natal'ja Bakši. Rostov 2.3.2003.
OHI, Michail Gusarov. Durchgeführt von Dar'ja Gorčakova. Moskau 20.11.2003.
OHI, Bianca H. Durchgeführt von Barbara Stelzl-Marx. Gerasdorf 29.11.2006.
OHI, Varvara Ignatova. Durchgeführt von Natal'ja Bakši. Moskau 1.12.2002.
OHI, Egor Isaev. Durchgeführt von Natal'ja Bakši. Moskau. 19.1.2003.
OHI, Egor Isaev. Durchgeführt von Barbara Stelzl-Marx. Moskau 6.6.2007.
OHI, Rosa K. Durchgeführt von Barbara Stelzl-Marx. O. O. 4.4.2007.
OHI, Anatolij Kolganov. Durchgeführt von Natal'ja Bakši. Moskau 13.4.2003.
OHI, Aleksandr Konoplev. Durchgeführt von Natal'ja Bakši. Rostov 1.3.2003.
OHI, Nikolaj Kovalenko. Durchgeführt von Natal'ja Bakši. Rostov 1.3.2003.
OHI, Andrej Kul'nev. Durchgeführt von Natal'ja Bakši. Rostov 2.3.2003.
OHI, Valentina Kurilina. Durchgeführt von Sergej Drobjasko. Moskau 29.11.2002.
OHI, Valentina Kurilina. Durchgeführt von Barbara Stelzl-Marx. Moskau 15.6.2006.
OHI, Sergej Kutuzov. Durchgeführt von Natal'ja Bakši. Moskau 21.11.2003.
OHI, Egor Kuzmičev. Durchgeführt von Natal'ja Bakši. Moskau 13.4.2003.
OHI, Pavel Lancov. Durchgeführt von Dar'ja Gorčakova. Moskau 16.10.2003.
OHI, Renate M. Durchgeführt von Barbara Stelzl-Marx. Graz 16.11.2007.
OHI, Evgenij Malašenko. Durchgeführt von Barbara Stelzl-Marx. Moskau 20.10.2003.
OHI, Boris Markus. Durchgeführt von Ol'ga Pavlenko. Moskau 14.2.2003.
OHI, Ivan Mel'nikov. Durchgeführt von Natal'ja Bakši. Rostov 2.3.2003.
OHI, Nikolaj Obednjak. Durchgeführt von Peter Ruggenthaler. Minsk 30.11.2002.
OHI, Evgenij Obolenskij. Durchgeführt von Natal'ja Bakši. Moskau 5.5.2003.
OHI, Aleksandr Orlov. Durchgeführt von Natal'ja Bakši. Moskau 19.1.2003.
OHI, Fedor Ovsjuk. Durchgeführt von Barbara Stelzl-Marx. Moskau 5.6.2007.
OHI, Nikolaj Paščenko. Durchgeführt von Barbara Stelzl-Marx. Graz 4.7.2007.
OHI, Jurij Pentin. Durchgeführt von Natal'ja Bakši. Moskau 4.12.2002.
OHI, Viktorija Perlamutrova. Durchgeführt von Natal'ja Bakši. Moskau 28.1.2003.
OHI, Herbert Pils. Durchgeführt von Barbara Stelzl-Marx. Graz 16.2.2007.
OHI, Georgij Popov. Durchgeführt von Peter Ruggenthaler. Rostov 12.4.2003.
OHI, Anatolij Prjachin. Durchgeführt von Ol'ga Pavlenko. Moskau 18.11.2002.
OHI, Igor' Reformackij. Durchgeführt von Ol'ga Pavlenko. Moskau 11.11.2002.
OHI, Igor' Reformackij. Durchgeführt von Barbara Stelzl-Marx. Moskau 26.11.2002.
OHI, Ivan Roščin. Durchgeführt von Dar'ja Gorčakova. Moskau 11.10.2003.
OHI, Ivan Šinkarev. Durchgeführt von Natal'ja Bakši. Moskau 26.1.2003.
OHI, Marija Sljusar'. Durchgeführt von Dar'ja Gorčakova. Moskau 10.7.2003.
OHI, Christine St. Durchgeführt von Barbara Stelzl-Marx. O. O. 15.6.2007.
OHI, Romana Steinmetz. Durchgeführt von Barbara Stelzl-Marx. Baden 20.5.2005.
OHI, Isaak Taflja. Durchgeführt von Natal'ja Bakši. Moskau 10.3.2003.
OHI, Jurij Temnenko. Durchgeführt von Natal'ja Bakši. Moskau 16.6.2003.
OHI, Vasilij Tjuchtaev. Durchgeführt von Ol'ga Pavlenko. Moskau 21.11.2003.
OHI, Evgenija Tjukina. Durchgeführt von Natal'ja Bakši. Rostov 1.3.2003.
OHI, Anatolij Tokarev. Durchgeführt von Dar'ja Gorčakova. Moskau 21.3.2003.
OHI, Ivan Uvarov. Durchgeführt von Dar'ja Gorčakova. Mendeleevo 28.6.2003.
OHI, Aleksandra Vajnrib. Durchgeführt von Ol'ga Pavlenko. Moskau 25.11.2002.

OHI, Vladimir Vajnrib. Durchgeführt von Ol'ga Pavlenko. Moskau 25.11.2002.
OHI, Boris Van'kov. Durchgeführt von Dar'ja Gorčakova. Moskau 21.6.2003.
OHI, Serafima Volosožar. Durchgeführt von Natal'ja Bakši. Rostov 2.3.2002.
OHI, Boris Zajcev. Durchgeführt von Barbara Stelzl-Marx. Moskau 20.10.2005.

Sonja D., Freundliche Auskunft an Barbara Stelzl-Marx. Deutsch Wagram 23.8.2005.
Jurij El'tekov, Freundliche Auskunft an Barbara Stelzl-Marx. Grambach 17.5.2008.
Christine F., Freundliche Auskunft an Barbara Stelzl-Marx. Wien 25.9.2008.
Monika G., Freundliche Auskunft an Barbara Stelzl-Marx. Baden 15.7.2008.
Viktor G., Freundliche Auskunft an Barbara Stelzl-Marx. Mönchengladbach 17.8.2004.
Eleonore H., Freundliche Auskunft an Barbara Stelzl-Marx. Wien 2.4.2007.
Karin H., Freundliche Auskunft an Barbara Stelzl-Marx. Wien 15.6.2009.
Hans Peter Louzek, Freundliche Auskunft an Barbara Stelzl-Marx. Graz 4.5.2009.
Renate M., Freundliche Auskunft an Barbara Stelzl-Marx. Wien 29.9.2008.
Elisabeth Marx, Freundliche Auskunft. Graz 23.2.2008.
Tanja N., Freundliche Auskunft an Barbara Stelzl-Marx. Bruck/Leitha 15.6.2007.
Vinzenz Pengg-Bührlen, Freundliche Auskunft an Barbara Stelzl-Marx. Wien 12.8.2006.
Herbert Pils, Freundliche Auskunft an Barbara Stelzl-Marx. Eisenerz 7.9.2007.
Gerlinde R., Freundliche Auskunft an Barbara Stelzl-Marx. Wien 16.6.2009.
Ferdinand Rieder, Freundliche Auskunft an Barbara Stelzl-Marx. Tulln 17.6.2004.
Astrid S., Freundliche Auskunft an Barbara Stelzl-Marx. St. Pölten 17.8.2004.
Peter Sixl, Freundliche Auskunft an Barbara Stelzl-Marx. Graz 18.12.2008.
Margareta Steiner, Freundliche Auskunft an Barbara Stelzl-Marx. St. Lambrecht 21.11.2009.
Romana Steinmetz, Freundliche Auskunft an Barbara Stelzl-Marx. Baden 12.5.2005.
Romana Steinmetz, Freundliche Auskunft an Barbara Stelzl-Marx. Baden 17.5.2005.
Romana Steinmetz, Freundliche Auskunft an Barbara Stelzl-Marx. Baden 25.5.2005.
Erna V., Freundliche Auskunft an Barbara Stelzl-Marx. Wien 27.9.2005.
Gerhard Verosta, Freundliche Auskunft an Barbara Stelzl-Marx. Baden 7.6.2005.
Ingeborg Walla-Grom, Freundliche Auskunft an Barbara Stelzl-Marx. Wien 16.5.2007.

4. Literaturverzeichnis

4.1 Primär- und Sekundärliteratur

Alfred Ableitinger, Großbritannien und das Zweite Kontrollabkommen. Genese und Gehalt des britischen Regierungsentwurfes vom 4. Februar 1946, in: Alfred Ableitinger - Siegfried Beer - Eduard G. Staudinger (Hg.), Österreich unter alliierter Besatzung 1945–1955. Wien 1998, S. 71–109.
Grant M. Adibekov, Das Kominform und Stalins Neuordnung Europas. Zeitgeschichte - Kommunismus - Stalinismus. Materialien und Forschungen. Bd. 1. Frankfurt am Main u. a. 2002.
Wilfried Aichinger, Die Sowjetunion und Österreich 1945–1949, in: Günter Bischof –

Josef Leidenfrost (Hg.), Die bevormundete Nation. Österreich und die Alliierten 1945-1949. Innsbrucker Forschungen zur Zeitgeschichte. Bd. 4. Innsbruck 1988, S. 275-292.

Wilfried Aichinger, Sowjetische Österreichpolitik 1943-1945. Materialien zur Zeitgeschichte. Bd. 1. Wien 1977.

Wilfried Aichinger, Sowjetische Österreichpolitik 1943-1945. Phil. Diss. Wien 1977.

K. M. Anderson - L. V. Maksimenkov - L. P. Košeleva - L. A. Rogovaja (Hg.), Kreml'evskij kinoteatr 1928-1953. Moskau 2005.

Anonyma, Eine Frau in Berlin. Tagebuch-Aufzeichnungen vom 20. April bis 22. Juni 1945. Berlin 2005.

G. Ardajev, Die Sowjetunion und die Unabhängigkeit Österreichs. Wien 1975.

Sabine Rosemarie Arnold, „Das Beispiel der Heldenstadt wird ewig die Herzen der Völker erfüllen!" Gedanken zum sowjetischen Totenkult am Beispiel des Gedenkkomplexes in Volgograd, in: Reinhart Koselleck - Michael Jeismann (Hg.), Der politische Totenkult: Kriegerdenkmäler in der Moderne. München 1994, S. 351-374.

Gerhard Artl, Militärische Aspekte des Kriegsendes in Niederösterreich und in Südmähren, in: Ernst Bezemek - Willibald Rosner (Hg.), Niederösterreich 1945 - Südmähren 1945. Die Vorträge des vierzehnten Symposions des Niederösterreichischen Instituts für Landeskunde zugleich Verbindendes und Trennendes an der Grenze V. Hollabrunn, 4.-7. Juli 1994. Studien und Forschungen aus dem Niederösterreichischen Institut für Landeskunde. Wien 1996, S. 49-78.

Jan Assmann, Das kulturelle Gedächtnis. Schrift, Erinnerung und politische Identität in frühen Hochkulturen. 4. Aufl. München 2002.

Dieter Bacher, Die KPÖ und die sowjetischen Nachrichtendienste. Zweiseitige Kontakte im frühen Kalten Krieg, in: Stefan Karner - Barbara Stelzl-Marx (Hg.), Stalins letzte Opfer. Verschleppte und erschossene Österreicher in Moskau 1950-1953. Unter Mitarbeit von Daniela Almer, Dieter Bacher und Harald Knoll. Wien - München 2009, S. 189-204.

Dieter Bacher - Peter Ruggenthaler, Als GRU-Offizier in Österreich. Die Erinnerungen Vitalij Nikol'skijs, 1947-1955, in: Journal for Intelligence, Propaganda and Security Studies. 2011/1, S. 139-155.

William B. Bader, Österreich im Spannungsfeld zwischen Ost und West 1945 bis 1955. Wien 2002.

William Banks Bader, A Communist Failure. Occupied Austria 1945-1955. Phil. Diss. Princeton 1963.

William Banks Bader, Austria between East and West 1945-1955. Stanford 1966.

Brigitte Bailer-Galanda, Podiumsdiskussion „Widerstand in Österreich 1938-1945", in: Stefan Karner - Karl Duffek (Hg.), Widerstand in Österreich 1938-1945. Die Beiträge der Parlaments-Enquete 2005. Graz - Wien 2007, S. 261-264.

Irene Bandhauer-Schöffmann - Ela Hornung, Der Topos des sowjetischen Soldaten in lebensgeschichtlichen Interviews mit Frauen, in: Dokumentationsarchiv des österreichischen Widerstandes (Hg.), Jahrbuch 1995. Wien 1995, S. 28-44.

Irene Bandhauer-Schöffmann - Ela Hornung, Von der Trümmerfrau auf der Erbse. Ernährungssicherung und Überlebensarbeit in der unmittelbaren Nachkriegszeit in Wien, in: L'Homme. Zeitschrift für feministische Geschichtswissenschaft. 1991/1, S. 77-105.

Irene Bandhauer-Schöffmann - Ela Hornung, Von Mythen und Trümmern. Oral History-Interviews mit Frauen zum Alltag im Nachkriegs-Wien, in: Irene Bandhauer-Schöffmann - Ela Hornung (Hg.), Wiederaufbau weiblich. Dokumentation der Tagung „Frauen in der österreichischen und deutschen Nachkriegszeit". Wien - Salzburg 1992, S. 24–54.

Christophe Barthélémy, Vierges et martyres dans l'imagerie soviétique, in: François Rouquet - Fabrice Virgili - Daniéle Voldman (Hg.), Amours, guerres et sexualité 1914–1945. Paris 2007, S. 99–101.

Omer Bartov, Brutalität und Mentalität: Zum Verhalten deutscher Soldaten an der „Ostfront", in: Peter Jahn - Reinhard Rürup (Hg.), Erobern und Vernichten. Der Krieg gegen die Sowjetunion 1941–1945. Essays. Berlin 1991, S. 183–199.

Ingrid Bauer, „Ami-Bräute" und die österreichische Nachkriegsseele, in: Frauenleben 1945. Kriegsende in Wien. Wien 1995, S. 73–84.

Ingrid Bauer, „Besatzungsbräute". Diskurse und Praxen einer Ausgrenzung in der österreichischen Nachkriegsgeschichte 1945–1955, in: Irene Bandhauer-Schöffmann - Claire Duchen (Hg.), Nach dem Krieg. Frauenleben und Geschlechterkonstruktionen in Europa nach dem Zweiten Weltkrieg. Herbholzheim 2000, S. 261–276.

Ingrid Bauer, Die „Ami-Braut" - Platzhalterin für das Abgespaltene? Zur (De-)Konstruktion eines Stereotyps der österreichischen Nachkriegsgeschichte 1945–1955, in: L'Homme. 1996/1, S. 107–121.

Ingrid Bauer, Welcome Ami Go Home. Die amerikanische Besatzung in Salzburg 1945–1955. Erinnerungslandschaften aus einem Oral-History-Projekt. Salzburg - München 1998.

Ingrid Bauer - Renate Huber, Sexual Encounters across (Former) Enemy Borderlines, in: Günter Bischof - Anton Pelinka - Dagmar Herzog (Hg.), Sexuality in Austria. Contemporary Austrian Studies. Bd. 15. New Brunswick - New Jersey 2007, S. 65–101.

Marianne Baumgartner, „Jo, des waren halt schlechte Zeiten ..." Das Kriegsende und die unmittelbare Nachkriegszeit in den lebensgeschichtlichen Erzählungen von Frauen aus dem Mostviertel. Frankfurt am Main 1994.

Marianne Baumgartner, Vergewaltigungen zwischen Mythos und Realität. Wien und Niederösterreich im Jahr 1945, in: Frauenleben 1945. Kriegsende in Wien. Wien 1995, S. 59–73.

Pia Bayer, Die Rolle der Frau in der burgenländischen Besatzungszeit, in: Michael Hess (Hg.), befreien - besetzen - bestehen. Das Burgenland 1945–1955. Tagungsband des Symposions des Burgenländischen Landesarchivs vom 7./8. April 2005. Eisenstadt 2005, S. 139–160.

Birgit Beck, Vergewaltigung von Frauen als Kriegsstrategie im Zweiten Weltkrieg?, in: Jahrbuch für Historische Friedensforschung. 1995/4, S. 34–50.

Birgit Beck, Wehrmacht und sexuelle Gewalt. Sexualverbrechen vor deutschen Militärgerichten 1939–1945. Paderborn 2004.

Siegfried Beer, Das sowjetische „Intermezzo". Die „Russenzeit" in der Steiermark. 8. Mai bis 23. Juli 1945, in: Historische Landeskommission für Steiermark (Hg.), Vom Bundesland zur europäischen Region. Die Steiermark von 1945 bis heute. Geschichte der Steiermark. Bd. 10. Graz 2004, S. 35–58.

Siegfried Beer, Die anglo-amerikanischen Planungen zu Österreich 1939–1945, in: Stefan Karner - Gottfried Stangler (Hg.), „Österreich ist frei!" Der Österreichische Staatsvertrag 1955. Beitragsband zur Ausstellung auf Schloss Schallaburg 2005. Unter Mitarbeit von Peter Fritz und Walter M. Iber. Horn - Wien 2005, S. 9-16.

Siegfried Beer (Hg.), Die „britische" Steiermark 1945-1955. Unter wissenschaftlicher Mitarbeit von Felix Schneider und Johannes Feichtinger. Forschungen zur geschichtlichen Landeskunde der Steiermark. Bd. 38. Graz 1995.

Siegfried Beer, Monitoring Helmer. Zur Tätigkeit des amerikanischen Armeegeheimdienstes CIC in Österreich 1945-1950. Eine exemplarische Dokumentation, in: Emil Brix - Thomas Fröschl - Josef Leidenfrost (Hg.), Geschichte zwischen Freiheit und Ordnung. Gerald Stourzh zum 60. Geburtstag. Graz - Wien - Köln 1992, S. 229-259.

Siegfried Beer, Nachrichten- und Geheimdienste in Österreich, 1945-1955, in: Stefan Karner - Gottfried Stangler (Hg.), „Österreich ist frei!" Der Österreichische Staatsvertrag 1955. Beitragsband zur Ausstellung auf Schloss Schallaburg 2005. Unter Mitarbeit von Peter Fritz und Walter M. Iber. Horn - Wien 2005, S. 221-226.

Siegfried Beer, Rund um den „Dritten Mann": Amerikanische Geheimdienste in Österreich 1945-1955, in: Erwin A. Schmidl (Hg.), Österreich im frühen Kalten Krieg 1945-1958. Spione, Partisanen, Kriegspläne. Wien - Köln - Weimar 2000, S. 73-100.

Siegfried Beer, Wien in der frühen Besatzungszeit. Erkundungen des US-Geheimdienstes OSS/SSU im Jahre 1945. Eine exemplarische Dokumentation, in: Ferdinand Opll - Karl Fischer (Hg.), Studien zur Wiener Geschichte. Jahrbuch des Vereins für Geschichte der Stadt Wien. Bd. 51. Wien 1995, S. 35-92.

Antony Beevor, Berlin 1945. Das Ende. Aus dem Englischen übertragen von Frank Wolf. München 2002.

V. N. Beleckij, Sovetskij Sojuz i Avstrija. Bor´ba Sovetskogo Sojuza za vozroždenie nezavisimoj demokratičeskoj Avstrii i ustanovlenie s nej družestvennych otnošenij (1938-1960 gg.). Moskau 1962.

Lev Belousov - Aleksandr Vatlin, Propusk v raj. Sverchoružie poslednej mirovoj. Duėl propagandistov na Vostočnom fronte. Moskau 2007.

Franz Severin Berger - Christiane Holler, Trümmerfrauen. Alltag zwischen Hamstern und Hoffen. Wien 1994.

Aleksandr Bezborodov - Ol'ga Pavlenko, Erinnerungen an Österreich. Oral-History-Interviews mit ehemaligen sowjetischen Besatzungssoldaten, in: Stefan Karner - Barbara Stelzl-Marx (Hg.), Die Rote Armee in Österreich. Sowjetische Besatzung 1945-1955. Beiträge. Graz - Wien - München 2005, S. 391-406.

Irina V. Bezborodova, Die Generäle des Dritten Reichs in sowjetischer Hand 1943-1956. Redaktion und Übersetzung: Hermine Prügger. Graz - Moskau 1998.

Eva Binder, Die Rosenhügelproduktionen, in: Karin Moser (Hg.), Besetzte Bilder. Film, Kultur und Propaganda in Österreich 1945-1955. Wien 2005, S. 475-494.

Vadim J. Birstein, SMERSH. Stalin's Secret Weapon. Soviet Military Counterintelligence in WWII. London 2011, S. 362f.

Günter Bischof, Allied Plans and Policies for the Occupation of Austria, 1938-1955, in: Rolf Steininger - Günter Bischof - Michael Gehler (Hg.), Austria in the Twentieth Century. New Brunswick - London 2002, S. 162-189.

Günter Bischof, Austria in the First Cold War, 1945-55: The Leverage of the Weak. Cold War History Series. London - New York 1999.

Günter Bischof, Die Amerikaner als Besatzungsmacht in Österreich, 1945-1955, in: Manfried Rauchensteiner - Robert Kriechbaumer (Hg.), Die Gunst des Augenblicks. Neuere Forschungen zu Staatsvertrag und Neutralität. Wien - Köln - Weimar 2005, S. 75-112.

Günter Bischof, Die Moskauer Erklärung vom 1. November 1943: „Magna Charta" der Zweiten Republik, in: Stefan Karner - Gottfried Stangler (Hg.), „Österreich ist frei!" Der Österreichische Staatsvertrag 1955. Beitragsband zur Ausstellung auf Schloss Schallaburg 2005. Unter Mitarbeit von Peter Fritz und Walter M. Iber. Horn - Wien 2005, S. 22-26.

Günter Bischof, Eine historiographische Einführung: Die Ära des Kalten Krieges und Österreich, in: Erwin A. Schmidl (Hg.), Österreich im frühen Kalten Krieg 1945-1958. Spione, Partisanen, Kriegspläne. Wien - Köln - Weimar 2000, S. 19-53.

Günter Bischof - Martin Kofler, Austria's Postwar Occupation, the Marshall Plan, and Secret Rearmament as „Westernizing Agents" 1945-1968, in: Günter Bischof - Anton Pelinka (Hg.), The Americanization/Westernization of Austria. Contemporary Austrian Studies Bd. 12. New Brunswick - London 2004, S. 199-225.

Günter Bischof - Josef Leidenfrost (Hg.), Die bevormundete Nation. Österreich und die Alliierten 1945-1949. Innsbrucker Forschungen zur Zeitgeschichte. Bd. 4. Innsbruck 1988.

Günter Bischof - Hans Jürgen Schröder, „Nation Building" in vergleichender Perspektive: Die USA als Besatzungsmacht in Österreich und Westdeutschland 1945-1955, in: Michael Gehler - Ingrid Böhler (Hg.), Verschiedene europäische Wege im Vergleich. Österreich und die Bundesrepublik Deutschland 1945/49 bis zur Gegenwart. Innsbruck 2007, S. 155-176.

Günter Bischof - Dieter Stiefel (Hg.), Images of the Marshall Plan in Europe. Films, Photographs, Exhibits, Posters. Hannes Richter, Digital Editor. Innsbruck - Wien - Bozen 2009.

A. Blagodatow, Die ersten Friedenstage in Wien, in: Sowjetunion heute. 9/1975, S. 25-27.

Johann Blöchl, Der Vater des Mühlviertels. Linz o. J.

Waltraud Böhm et al. (Hg.), Kleines politisches Wörterbuch. 3., überarbeitete Aufl. Berlin 1978.

Reinhard Bollmus, Staatliche Einigung trotz Zonentrennung. Zur Politik des Staatskanzlers Karl Renner gegenüber den Besatzungsmächten in Österreich im Jahre 1945, in: Ulrich Engelhardt - Volker Sellin - Horst Stuke (Hg.), Soziale Bewegung und politische Verfassung. Beiträge zur Geschichte der modernen Welt. Stuttgart 1976, S. 677-712.

Bernd Bonwetsch, Ein Sieg mit Schattenseiten. Die Sowjetunion im Zweiten Weltkrieg, in: Haus der Geschichte der Bundesrepublik Deutschland (Hg.), Kriegsgefangene - Voennoplennye. Sowjetische Kriegsgefangene in Deutschland. Deutsche Kriegsgefangene in der Sowjetunion. Düsseldorf 1995, S. 135-140.

Bernd Bonwetsch - Gennadij Bordjugov - Norman Naimark (Hg.), Sowjetische Politik in der SBZ 1945-1949. Dokumente zur Tätigkeit der Propagandaverwaltung (Informationsverwaltung) der SMAD unter Sergej Tjul'panov. Bonn 1998.

Bernd Bonwetsch - Gennadij Bordjugov - Norman Naimark (Hg.), Upravlenie propagandy (informacii) SVAG i S. I. Tjul'panov 1945-1949. Moskau 1994.

Gerhard Botz, Der ambivalente Anschluss, in: Zeitgeschichte 3/1978, S. 91-109.

Gerhard Botz, Die Eingliederung Österreichs in das Deutsche Reich. Planung und

Verwirklichung des politisch-administrativen Anschlusses (1938–1940). Wien 1988.
Gerhard Botz, Oral History - Wert, Probleme, Möglichkeiten der Mündlichen Geschichte, in: Gerhard Botz - Josef Weidenholzer (Hg.), Mündliche Geschichte und Arbeiterbewegung. Materialien zur Historischen Sozialwissenschaft. Wien - Köln 1984, S. 23–37.
Anette Brauerhoch, „Fräuleins" und GIs. Geschichte und Filmgeschichte. Frankfurt am Main - Basel 2006.
Gordon Brook-Shepherd, The Storm Birds. Soviet Postwar Defectors. New York 1989.
Alain Brossat, Les tondues. Un carnaval moche. Paris 1992.
V. A. Bruncev (Hg.), Ot Stalingrada do Veny. (Ot volžskich stepej do avstrijskich al'p). Boevoj put' 4-j Gvardejskoj (24-j) Armii. Moskau 2005, S. 273.
Waltraud Brunner, Das Deutsche Eigentum und das Ringen um den Österreichischen Staatsvertrag. Phil. Diss. Wien 1976.
Regina Brunnhofer, Liebesgeschichten und Heiratssachen. Das vielfältige Beziehungsgeflecht zwischen britischen Besatzungssoldaten und Frauen in der Steiermark zwischen 1945–1955. Phil. DA. Graz 2002.
Ju. Budinajte et al., Ždi menja. Ėnciklopedija čeloveceskich sudeb. Predislovie S. Kušnereva. Moskau 2006.
Oleg Budnitskii, Germany, 1945, trough the Eyes of Soviet Intellectuals, in: Kritika: Explorations in Russian and Eurasian History. Bd. 10-3. 2009, S. 1–54.
Patrick Buisson, 1940–1945 Annés erotiques: Vichy ou les infortunes de la vertu. Paris 2008.
Oksana Bulgakova, Der Film der Tauwetterperiode, in: Christine Engel (Hg.), Geschichte des sowjetischen und russischen Films. Unter Mitarbeit von Eva Binder, Oksana Bulgakova, Evgenij Margolit, Miroslava Segida. Stuttgart - Weimar 1999, S. 109–181.
V. N. Bunin, Venskij Val's. Moskau 2005.

Central'nyj Muzej Vooružennych Sil. The Central Armed Forces Museum. Broschüre. O. O. o. J.
Jewgeni Chaldej, Der Große Vaterländische Krieg, in: Ernst Volland - Heinz Krimmer (Hg.), Jewgeni Chaldej. Der bedeutende Augenblick. Leipzig 2008, S. 44–109.
B. L. Chavkin, Antigitlerovskoe Soprotivlenie v vermachte. Rossija i Germanija. Moskau 2007.
Vasilij Christoforov, Kalter Krieg und sowjetische Spionageabwehr in Österreich. Todesurteile im Spiegel von Archivdokumenten, in: Stefan Karner - Barbara Stelzl-Marx (Hg.), Stalins letzte Opfer. Verschleppte und erschossene Österreicher in Moskau 1950–1953. Unter Mitarbeit von Daniela Almer, Dieter Bacher und Harald Knoll. Wien - München 2009, S. 141–156.
Vasilij Christoforov, Sowjetische Geheimdienste in Österreich. Zu den Beständen des Zentralarchivs des FSB, in: Stefan Karner - Barbara Stelzl-Marx (Hg.), Die Rote Armee in Österreich. Sowjetische Besatzung 1945–1955. Beiträge. Graz - Wien - München 2005, S. 149–162.
Vasilij Christoforov, Zu den Dokumenten über die österreichische Widerstandsbewegung aus dem Zentralarchiv des Föderalen Sicherheitsdienstes der Russi-

schen Föderation, in: Stefan Karner - Karl Duffek (Hg.), Widerstand in Österreich 1938–1945. Die Beiträge der Parlaments-Enquete 2005. Graz - Wien 2007, S. 195–200.

V. S. Christoforov et al., SMERŠ. Istoričeskie očerki i archivnye dokumenty. Moskau 2003.

Anthony Cowgill, The Repatriations from Austria in 1945. Cowgill Inquiry. The Documentary Evidence Reproduced in Full from British, American, German and Yugoslav Sources. London 1990.

Eva-Marie Csáky, Der Weg zu Freiheit und Neutralität. Dokumentation zur österreichischen Außenpolitik 1945–1955. Schriftenreihe der Österreichischen Gesellschaft für Außenpolitik und internationale Beziehungen. Bd. 10. Wien 1980.

Eva-Marie Csáky - Franz Matscher - Gerald Stourzh (Hg.), Josef Schöner. Wiener Tagebuch 1944/1945. Wien - Köln - Weimar 1992.

Hans-Jörg Czech - Nikola Doll (Hg.), Kunst und Propaganda im Streit der Nationen 1930–1945. Berlin 2007.

David J. Dallin, Stalin, Renner und Tito. Österreich zwischen drohender Sowjetisierung und den jugoslawischen Gebietsansprüchen im Frühjahr 1945, in: Europa-Archiv. 1958/13–17, S. 11030–11034.

Deutsche Gesellschaft für Sexualforschung (Hg.), Die Sexualität des Heimkehrers. Vorträge. Stuttgart 1957.

Monika Diederichs, Stigma and Silence: Dutch Women, German Soldiers and their Children, in: Kjersti Ericsson - Eva Simonsen (Hg.), Children of World War II. The Hidden Enemy Legacy. Oxford - New York 2005, S. 151–164.

Wilhelm Dietl, Spy Ladies. Frauen im Geheimdienst. Berlin 2006.

Milovan Djilas, Der Krieg der Partisanen. Memoiren 1941–1945. Wien - München - Zürich - Innsbruck 1977.

Dokumentationsarchiv des österreichischen Widerstandes (Hg.), „Anschluss" 1938. Eine Dokumentation. Wien 1988.

Dokumentationsarchiv des österreichischen Widerstandes (Hg.), Gedenken und Mahnen in Wien 1934–1945. Gedenkstätten zu Widerstand und Verfolgung, Exil, Befreiung. Eine Dokumentation. Wien 1998.

Dokumente aus dem KGB-Dossier zu Carl Szokoll. Ausgewählt von Vasilij Christoforov, in: Stefan Karner - Karl Duffek (Hg.), Widerstand in Österreich 1938–1945. Die Beiträge der Parlaments-Enquete 2005. Graz - Wien 2007, S. 201–212.

Wolfram Dornik, Besatzungsalltag in Wien. Die Differenziertheit von Erlebniswelten: Vergewaltigungen - Plünderungen - Erbsen - Straußwalzer, in: Stefan Karner - Barbara Stelzl-Marx (Hg.), Die Rote Armee in Österreich. Sowjetische Besatzung 1945–1955. Beiträge. Graz - Wien - München 2005, S. 449–468.

Wolfram Dornik, Erinnerung am Rande. Die Rote Armee im Steinernen Gedächtnis Österreichs, in: Stefan Karner - Barbara Stelzl-Marx (Hg.), Die Rote Armee in Österreich. Sowjetische Besatzung 1945–1955. Beiträge. Graz - Wien - München 2005, S. 407–420.

Wolfram Dornik - Michael Hess - Harald Knoll, Burgenländische Kriegsgefangene und Zivilverurteilte in der Sowjetunion 1941–1956. Burgenländische Forschungen. Bd. 95. Eisenstadt 2007.

Frank Drauschke, „Diese Ungewissheit ist eine Qual". Die lange Suche der Angehörigen in Deutschland, in: Stefan Karner - Barbara Stelzl-Marx (Hg.), Stalins letzte

Opfer. Verschleppte und erschossene Österreicher in Moskau 1950–1953. Unter Mitarbeit von Daniela Almer, Dieter Bacher und Harald Knoll. Wien - München 2009, S. 283–300.

Ebba D. Drolshagen, Das Schweigen. Das Schicksal der Frauen in besetzten Ländern, die Wehrmachtssoldaten liebten, in: metis 8/15. 1999. S. 28–47.

Ebba D. Drolshagen, Wer die Mutter verachtet, schikaniert ihr Kind, in: Wolfgang Remmers - Ludwig Norz (Hg.), Né maudit - Verwünscht geboren - Kriegskinder. Berlin 2008, S. 156–186.

Boris Dubrowin, Zum 30. Jahrestag der Befreiung Österreichs, in: Sowjetunion heute. 8/1975, S. 5–8.

Claire Duchen, Kahlgeschorene Frauen als Sinnbild der Kollaboration. Schuld und Sühne im befreiten Frankreich, in: Irene Bandhauer-Schöffmann - Claire Duchen (Hg.), Nach dem Krieg. Frauenleben und Geschlechterkonstruktionen in Europa nach dem Zweiten Weltkrieg. Herbholzheim 2000, S. 277–298.

Hans Heinrich Düsel, Die sowjetische Flugblattpropaganda gegen Deutschland im Zweiten Weltkrieg. Frontflugblätter. Leipzig 1998.

Mark Edele, Soviet Veterans of the Second World War. A Popular Movement in an Authoritarian Society, 1941–1991. Oxford - New York 2008.

A. Efremov, Sovetsko-avstrijskie otnošenija posle vtoroj mirovoj vojny. Moskau 1958.

Klaus Eisterer, Österreich unter alliierter Besatzung 1945–1955, in: Rolf Steininger - Michael Gehler (Hg.), Österreich im 20. Jahrhundert. Ein Studienbuch in zwei Bänden. Vom Weltkrieg bis zur Gegenwart. Bd. 2. Wien - Köln - Weimar 1997, S. 147–216.

Natal'ja Eliseeva, Zum Schutz des Hinterlandes der Roten Armee. Der Einsatz der NKVD-Truppen in Österreich von April bis Juli 1945, in: Stefan Karner - Barbara Stelzl-Marx (Hg.), Die Rote Armee in Österreich. Sowjetische Besatzung 1945–1955. Beiträge. Graz - Wien - München 2005, S. 91–104.

Stefan Eminger - Ernst Langthaler (Hg.), Sowjets. Schwarzmarkt. Staatsvertrag. Stichwörter zu Niederösterreich 1945–1955. St. Pölten - Wien - Linz 2005.

Christine Engel, Ein ewiger Stern im patriotischen Diskurs. Zvezda 1947–2002, in: Peter Deutschmann - Peter Grzybek - Ludwig Karničar - Heinz Pfandl (Hg.), Kritik und Phrase. Festschrift für Wolfgang Eismann zum 65. Geburtstag. Wien 2007, S. 143–170.

L. S. Eremina (Hg.), Rasstrel'nye spiski. Moskva 1935–1953. Donskoe Kladbišče [Donskoe Krematorij]. Kniga žertv političeskich repressij. Moskau 2005.

Il'ja Ėrenburg, Vojna. (Ijun' 1941 - aprel' 1942). Moskau 1942

Il'ja Ėrenburg, Vojna. (Aprel' 1942 - mart 1943). Moskau 1943.

Kjersti Ericsson - Eva Simonsen (Hg.), Children of World War II. The Hidden Enemy Legacy. Oxford - New York 2005.

Astrid Erll, Kollektives Gedächtnis und Erinnerungskulturen. Eine Einführung. Stuttgart - Weimar 2005.

Europäische Beratende Kommission 15. Dezember 1943 bis 31. August 1945. Bearbeitet von Herbert Elzer. Dokumente zur Deutschlandpolitik. I. Reihe/Bd. 5. München 2003.

A. V. Fateev, Obraz vraga v sovetskoj propagande 1945–1954 gg. Moskau 1999.

Federal'noe Archivnoe Agenstvo - Rossijskij Gosudarstvennyj Archiv Novejšej Istorii (Hg.), Pamjatnik Pobedy. Istorija sooruženija memorial'nogo kompleksa pobedy na Poklonnoj gore v Moskve. Sbornik dokumentov 1943-1991 gg. Moskau 2004.

Johannes Feichtinger, Chronik 1945-1955. Ereignisse in der Steiermark, in Österreich und in der Welt, in: Siegfried Beer (Hg.), Die „britische" Steiermark 1945-1955. Unter wissenschaftlicher Mitarbeit von Felix Schneider und Johannes Feichtinger. Forschungen zur geschichtlichen Landeskunde der Steiermark. Bd. 38. Graz 1995, S. 691-733.

Fritz Fellner, Die außenpolitische und völkerrechtliche Situation Österreichs 1938: Österreichs Wiederherstellung als Kriegsziel der Alliierten, in: Erika Weinzierl - Kurt Skalnik (Hg.), Österreich: Die Zweite Republik. Bd. 1. Graz 1972, S. 53-90.

Aleksej Filitov, Die sowjetischen Planungen zu Österreich 1941-1945, in: Stefan Karner - Gottfried Stangler (Hg.), „Österreich ist frei!" Der Österreichische Staatsvertrag 1955. Beitragsband zur Ausstellung auf Schloss Schallaburg 2005. Unter Mitarbeit von Peter Fritz und Walter M. Iber. Horn - Wien 2005, S. 5-8.

Aleksej Filitov, Sowjetische Planungen zur Wiedererrichtung Österreichs 1941-1945, in: Stefan Karner - Barbara Stelzl-Marx (Hg.), Die Rote Armee in Österreich. Sowjetische Besatzung 1945-1955. Beiträge. Graz - Wien - München 2005, S. 27-39.

Alexej Filitow, Stalins Deutschlandplanung und -politik während und nach dem Zweiten Weltkrieg, in: Boris Meissner - Alfred Eisfeld (Hg.), 50 Jahre sowjetische und russische Deutschlandpolitik sowie ihre Auswirkungen auf das gegenseitige Verhältnis. Berlin 1999, S. 43-54.

A. M. Filitov, Österreich, die Deutsche Frage und die sowjetische Diplomatie (40-50er Jahre des 20. Jhs.), in: 200 Jahre Russisches Außenministerium. Mitteilungen des Österreichischen Staatsarchivs. 2003/50, S. 123-132.

Aleksej M. Filitov, V kommissijach Narkomindela ..., in: O. Ržeščevskij et al. (Hg.), Vtoraja mirovaja vojna: Aktual'nye problemy. Moskau 1995, S. 54-71.

Ernst Fischer, Das Ende einer Illusion. Erinnerungen 1945-1955. Wien 1973.

Karl Fischer, Die Vier im Jeep. Katalog zur Kleinausstellung des Wiener Stadt- und Landesarchivs „Die Vier im Jeep". Wiener Geschichtsblätter. 1/1985. Wien 1985.

Elisabeth Fraller - George Langnas (Hg.), Mignon, Tagebücher und Briefe einer jüdischen Krankenschwester in Wien 1938-1949. Innsbruck - Wien - Bozen 2010.

Jan Foitzik, Einleitung, in: Grant M. Adibekov, Das Kominform und Stalins Neuordnung Europas. Zeitgeschichte - Kommunismus - Stalinismus. Materialien und Forschungen. Bd. 1. Frankfurt am Main u. a. 2002, S. 11-28.

Jan Foitzik, Russischer Soldatenalltag in Deutschland 1945-1994, in: Margot Blank (Hg.), Russischer Soldatenalltag in Deutschland. 1990-1994. Bilder des Militärfotografen Wladimir Borissow. Byt rossijskich soldat v Germanii. Snimki voennogo fotografa Vladimira Borisova. Berlin 2008, S. 14-31.

Jan Foitzik, Sowjetische Militäradministration in Deutschland (SMAD) 1945-1949. Struktur und Funktion. Quellen und Darstellungen zur Zeitgeschichte. Bd. 44. Berlin 1999.

Valerij I. Fomin (Hg.), Kino na vojne. Moskau 2005.

Florian Freund - Bertrand Perz, Die Zahlenentwicklung der ausländischen Zwangsarbeiter und Zwangsarbeiterinnen auf dem Gebiet der Republik Österreich 1939-1945. Gutachten im Auftrag der Historikerkommission der Republik Österreich. Bd. 26/3. Wien 2000.

Herbert Friedlmeier - Gerda Mraz, Österreich 1945–1955. Fotos aus dem Archiv des „Wiener Kurier". Wien 1994.

Peter Fritz, „Was lange währt, wird endlich gut!" Der Abschluss des Österreichischen Staatsvertrags 1955, in: Stefan Karner - Gottfried Stangler (Hg.), „Österreich ist frei!" Der Österreichische Staatsvertrag 1955. Beitragsband zur Ausstellung auf Schloss Schallaburg 2005. Unter Mitarbeit von Peter Fritz und Walter M. Iber. Horn - Wien 2005, S. 303–309.

Peter Fritz - Eva Schweighofer, Lebenslänglich - Die Erinnerung bleibt. 20 österreichische Kriegs- und Nachkriegsschicksale. Graz 2008.

Galerie Bilderwelt und Freundeskreis Willy-Brandt-Haus e. V. (Hg.), Jewgeni Chaldej - Tony Vaccaro. Katalog zur gleichnamigen Ausstellung 7. Mai - 7. Juni 1997 im Willy-Brandt-Haus. Berlin 1997.

Raymond L. Garthoff, Die sowjetischen Spionageorganisationen, in: B. H. Lidell Hart (Hg.), Die Rote Armee. Gießen o. J., S. 280–289.

Michael Gehler, Österreichs Außenpolitik der Zweiten Republik. Von der alliierten Besatzung bis zum Europa des 21. Jahrhunderts. 2 Bde. Innsbruck - Wien - Bozen 2005.

Michael Gehler, Österreichs Weg in die Europäische Union. Innsbruck - Bozen - Wien 2009.

Michael Gehler, Vom Marshall-Plan zur EU. Österreich und die europäische Integration von 1945 bis zur Gegenwart. Innsbruck - Wien - Bozen 2006.

Michael Gehler - Wolfgang Chwatal, Die Moskauer Deklaration über Österreich 1943, in: Geschichte und Gegenwart. 1987/3, S. 212–237.

Wladimir Gelfand, Deutschland-Tagebuch 1945–1946. Aufzeichnungen eines Rotarmisten. Aus dem Russischen von Anja Lutter und Hartmut Schröder. Ausgewählt und kommentiert von Elke Scherstjanoi. Berlin 2005.

Michael Geyer, Vom Fortleben der Toten: Überlegungen zu einer Geschichte der Kriegstoten, in: Belinda Davis - Thomas Lindenberger - Michael Wildt (Hg.), Alltag, Erfahrung, Eigensinn. Historisch-anthropologische Erkundungen. Frankfurt am Main - New York 2008, S. 425–441.

Leonid Gibianskij, Osteuropa: Sicherheitszone der UdSSR, sowjetisiertes Protektorat des Kreml oder Sozialismus „ohne Diktatur des Proletariats"? Zu den Diskussionen über Stalins Osteuropa-Politik am Ende des Zweiten Weltkrieges und am Anfang des Kalten Krieges, in: Nikolaus Lobkowicz - Leonik Luks - Alexej Rybakov (Hg.), Forum für osteuropäische Ideen- und Zeitgeschichte. 2004/2. Köln 2004, S. 113–138.

Leonid Ja. Gibianskij, Kak voznik Kominform: Po novym archivnym materialam, in: Novaja i novejšaja istorija 4/1993, S. 131–152.

N. N. Gladkov - I. I. Šinkarev, Na pole ratnom. Boevoj put' 7-j gvardejskoj Čerkasskoj Krasnoznamennoj ordena Bogdana Chmel'nickogo vozdušnodesantnoj divizii. Moskau 1993.

Ernst Glaser, Die „Russische Stunde" in Radio Wien 1945–1955, in: Wiener Geschichtsblätter. 46/1991, S. 1–12.

Dar'ja Sergeevna Gorčakova, 1945 god v kontekste „ustnoj istorii" Vtoroj Mirovoj Vojny (po materialam interv'ju veteranov Svoetskoj Armii i uznikov Tret'ego Reicha). Phil. DA. Moskau 2004.

Tatjana Gorjajewa, „Wenn morgen Krieg ist ..." Zum Feindbild in der sowjetischen

Propaganda 1941-1945, in: Karl Eimermacher - Astrid Volpert (Hg.), Verführungen der Gewalt. Russen und Deutsche im Ersten und Zweiten Weltkrieg. Unter Mitarbeit von Gennadij Bordjugow. West-Östliche Spiegelungen. Neue Folge. Bd. 1. München 2005, S. 427-468.

Peter Gosztony, Die Rote Armee. Geschichte und Aufbau der sowjetischen Streitkräfte seit 1917. Wien - München - Zürich - New York 1980.

Peter Gosztony, Planung, Stellenwert und Ablauf der „Wiener Angriffsoperation" der Roten Armee 1945, in: Manfried Rauchensteiner - Wolfgang Etschmann (Hg.), Österreich 1945. Ein Ende und viele Anfänge. Forschungen zur Militärgeschichte 4. Graz - Wien - Köln 1997, S. 131-143.

P. S. Gračev et al. (Hg.), Voennaja ènciklopedia v vos'mi tomach. Bd. 2. Vavilonija - Gjujs. Moskau 1994.

Rudolf Grasmug, 8 Jahrhunderte Feldbach. 100 Jahre Stadt. Feldbach 1984.

Patricia Kennedy Grimsted, Vom „Fliegenden Merkur" zu den Büchern der Sammlung Esterházy. Kulturelle Restitution an die UdSSR durch die westlichen Besatzungsmächte in Österreich und sowjetisches Beutegut österreichischer Herkunft, in: Stefan Karner - Barbara Stelzl-Marx (Hg.), Die Rote Armee in Österreich. Sowjetische Besatzung 1945-1955. Beiträge. Graz - Wien - München 2005, S. 363-387.

Martina Gugglberger, Les femmes tondues. Geschorene Frauen in Frankreich 1944-1945. Phil. DA. Salzburg 2001.

Gerald Hafner, Das Mühlviertel unter sowjetischer Besatzung, in: Stefan Karner - Barbara Stelzl-Marx (Hg.), Die Rote Armee in Österreich. Sowjetische Besatzung 1945-1955. Beiträge. Graz - Wien - München 2005, S. 503-522.

Christoph Hamann, Feindbilder und Bilder vom Feind, in: Margot Blank (Hg.), Beutestücke. Kriegsgefangene in der deutschen und sowjetischen Fotografie 1941-1945. Berlin 2003, S. 16-32.

Hamburger Institut für Sozialforschung (Hg.), Vernichtungskrieg. Verbrechen der Wehrmacht 1941 bis 1944. Ausstellungskatalog. Hamburg 2002.

Ernst Hanisch, Der lange Schatten des Staates. Österreichische Gesellschaftsgeschichte im 20. Jahrhundert. Wien 1994.

Margarethe Hannl, Mit den Russen leben. Ein Beitrag zur Besatzungszeit im Mühlviertel 1945-1955. Phil. DA. Salzburg 1988.

Hans Heer - Klaus Naumann (Hg.), Vernichtungskrieg. Verbrechen der Wehrmacht 1941-1944. Hamburg 1995.

Andreas Hilger, Einleitung: Smert' Špionam! - Tod den Spionen! Todesstrafe und sowjetischer Justizexport in die SBZ/DDR, 1945-1955, in: Andreas Hilger (Hg.), „Tod den Spionen!" Todesurteile sowjetischer Gerichte in der SBZ/DDR und in der Sowjetunion bis 1953. Göttingen 2006, S. 7-37.

Andreas Hilger - Nikita Petrov - Günther Wagenlehner, „Der „Ukaz 43": Entstehung und Problematik des Dekrets des Präsidiums des Obersten Sowjets vom 19. April 1945, in: Andreas Hilger - Ute Schmidt - Günther Wagenlehner (Hg.), Sowjetische Militärtribunale. Bd. 1. Die Verurteilung deutscher Kriegsgefangener 1941-1945. Köln 2001, S. 177-209.

Joachim Hoffmann, Die Geschichte der Wlassow-Armee. Freiburg 1986.

Joachim Hoffmann, Stalins Vernichtungskrieg 1941-1945. München 1995.

Maria Höhn, GIs and Fräuleins. The German-American Encounter in 1950s West Germany. North Carolina 2002.

Maria Höhn, „You Can't Pin Sergeant's Stripes on an Archangel": Soldiering, Sexuality and U.S. Army Policies in Germany, in: Maria Höhn - Seungsook Moon (Hg.), Over There. Living with the U.S. Military Empire from World War Two to the Present. Durham - London 2010, S. 109-148.

Renate Huber, „Als Mann hätte er mich interessiert, als Mann ...". Beziehungen von Vorarlberger Frauen zu französischen Besatzungssoldaten auf der Basis lebensgeschichtlicher Interviews, in: Montfort 49. 1997/2, S. 177-196.

Renate Huber, „I säg all, ma heat vrgessa höra schaffa ...". Alltagsleben von Frauen in Vorarlberg während der französischen Besatzungszeit 1945-1953 anhand lebensgeschichtlicher Interviews. Phil. DA. Salzburg 1996.

Renate Huber, Identität in Bewegung. Zwischen Zugehörigkeit und Differenz. Vorarlberg 1945-1965. Innsbruck - Wien - München - Bozen 2004.

Renate Huber, Regionale und nationale Identitäten in Vorarlberg (1945-1965). Geschlecht, Migration und Besatzung als Interaktionsfelder zwischen Zugehörigkeit und Differenz. Phil. Diss. Florenz 2002.

Bernd Hüppauf, Jewgenij Chaldej - Fotograf des Lebens. Ansätze zu einer anti-modernen Fotoästhetik, in: Ernst Volland - Heinz Krimmer (Hg.), Jewgeni Chaldej. Der bedeutende Augenblick. Leipzig 2008, S. 150-161.

Walter M. Iber, Erdöl statt Reparationen. Die sowjetische Mineralölverwaltung in Österreich 1945-1955, in: Vierteljahrshefte für Zeitgeschichte. 2009/4, S. 571-605.

Walter M. Iber, Wirtschaftsspionage für den Westen. Erdölarbeiter im Spannungsfeld des Kalten Krieges, in: Stefan Karner - Barbara Stelzl-Marx (Hg.), Stalins letzte Opfer. Verschleppte und erschossene Österreicher in Moskau 1950-1953. Unter Mitarbeit von Daniela Almer, Dieter Bacher und Harald Knoll. Wien - München 2009, S. 169-188.

Walter M. Iber, Die Sowjetische Mineralölverwaltung in Österreich. Zur Vorgeschichte der OMV 1945-1955. Innsbruck - Wien - Bozen 2011.

Walter Martin Iber, Die Sowjetische Mineralölverwaltung (SMV) in Österreich 1945-1955. Sowjetische Besatzungswirtschaft und der Kampf ums Öl als Vorgeschichte der OMV. Phil. Diss. Graz 2008.

Walter M. Iber, Die versteckten Reparationen. Zur wirtschaftlichen Ausbeutung Österreichs durch die Sowjetunion 1945-1955/63, in: Wolfram Dornik -Johannes Gießauf - Walter M. Iber (Hg.), Krieg und Wirtschaft. Von der Antike bis ins 21. Jahrhundert. Innsbruck - Wien - Bozen 2010, S. 555-574.

Walter Iber - Barbara Stelzl-Marx, Begleitheft zur Ausstellung „Mit den Augen eines Rotarmisten. Niederösterreich 1945-1946. Fotos von Boris Zajcev". Niederösterreichisches Landesarchiv St. Pölten. 27. Juni bis 30. September 2006. St. Pölten 2006.

Institut Voennoj Istorii Ministerstva Oborony Rossijskoj Federacii, Velikaja Otečestvennaja Vojna 1941-1945 gg. (Sbornik voenno-istoričeskich kart). Bd. 3. Moskau 2006.

Institut Voennoj Istorii Ministerstva Oborony Rossijskoj Federacii et al. (Hg.), Bitva za Berlin. Krasnaja Armija v poveržennoj Germanii. Russkij archiv: Velikaja Otečestvennaja Vojna. Bd. 15 (4-5). Moskau 1995.

Institut Voennoj Istorii Ministerstva Oborony Rossijskoj Federacii et al. (Hg.), Krasnaja Armija v stranach Central'noj Evropy i na Balkanach. Dokumenty i materialy 1944-1945. Russkij Archiv: Velikaja Otečestvennaja Vojna. Bd. 14 (3-2). Moskau 2000.

Institut Voennoj Istorii Ministerstva Oborony Rossijskoj Federacii et al. (Hg.), Prikazy Narodnogo komissara oborony SSSR 1943–1945 gg. Russkij Archiv: Velikaja Otečestvennaja Vojna. Bd. 13 (2–3). Moskau 1997.

Institut Voennoj Istorii Ministerstva Oborony Rossijskoj Federacii et al. (Hg.), Stavka VGK: Dokumenty i materialy 1944–1945. Russkij Archiv: Velikaja Otečestvennaja Vojna. Bd. 16 (5–4). Moskau 1999.

Harald Irnberger, Nelkenstrauß ruft Praterstern. Am Beispiel Österreich: Funktion und Arbeitsweise geheimer Nachrichtendienste in einem neutralen Staat. Wien 1983.

Sergej B. Ivanov, Geleitwort, in: Peter Sixl, Sowjetische Kriegsgräber in Österreich. Sovetskie mogily Vtoroj mirovoj vojny v Avstrii. Veröffentlichungen des Ludwig Boltzmann-Instituts für Kriegsfolgen-Forschung, Sonder-Bd. 6. Graz - Wien - Klagenfurt 2005, S. 6.

Peter Jahn (Hg.), Bersarin Nikolaj Generaloberst Stadtkommandant (Berlin). Berlin 1999.

Peter Jahn, Bilder im Kopf - Bilder auf dem Papier, in: Peter Jahn - Ulrike Schmiegelt (Hg.), Foto-Feldpost. Geknipste Kriegserlebnisse 1939–1945. Berlin 2000, S. 8–12.

Peter Jahn, Einleitung, in: Deutsch-Russisches Museum Berlin-Karlshorst (Hg.), Das mitfühlende Objektiv. Michail Sawin. Kriegsfotografie 1941–1945. Soperеživajuščij ob'ektiv. Michail Savin. Voennaja fotografija 1941–1945 gg. Berlin 1998, S. 7–12.

Peter Jahn, Ilja Ehrenburg und die Deutschen, in: Peter Jahn (Hg.), Ilja Ehrenburg und die Deutschen. Museum Berlin-Karlshorst. Berlin 1997, S. 7–8.

Peter Jahn (Hg.), Ilja Ehrenburg und die Deutschen. Museum Berlin-Karlshorst. Berlin 1997.

Peter Jahn (Hg.), Mascha + Nina + Katjuscha. Frauen in der Roten Armee 1941–1945. Maša + Nina + Katjuša. Zenščiny-voennoslužaščie. Mit einem Beitrag von Swetlana Alexijewitsch. Leipzig 2002.

Peter Jahn, „Russenfurcht" und Antibolschewismus: Zur Entstehung und Wirkung von Feindbildern, in: Peter Jahn - Reinhard Rürup (Hg.), Erobern und Vernichten. Der Krieg gegen die Sowjetunion 1941–1945. Essays. Berlin 1991, S. 47–64.

Peter Jahn, Sowjetische Kriegsfotografie, in: Ernst Volland - Heinz Krimmer (Hg.), Jewgeni Chaldej. Der bedeutende Augenblick. Leipzig 2008, S. 36–43.

Peter Jahn, Stütze der Erinnerung - Last der Erinnerung, in: Peter Jahn (Hg.), Triumph und Trauma. Triumf i bol'. Sowjetische und postsowjetische Erinnerung an den Krieg. Sovetskaja i postsovetskaja pamjat' o vojne 1941–1945. Berlin 2005, S. 8–22.

Peter Jahn (Hg.), Triumph und Trauma. Triumf i bol'. Sowjetische und postsowjetische Erinnerung an den Krieg. Sovetskaja i postsovetskaja pamjat' o vojne 1941–1945. Berlin 2005.

Peter Jahn, Vorwort, in: Peter Jahn (Hg.), Mascha + Nina + Katjuscha. Frauen in der Roten Armee 1941–1945. Maša + Nina + Katjuša. Zenščiny-voennoslužaščie. Mit einem Beitrag von Swetlana Alexijewitsch. Leipzig 2002, S. 7–10.

Barbara Johr, Die Ereignisse in Zahlen, in: Helke Sander - Barbara Johr (Hg.), BeFreier und Befreite. Krieg, Vergewaltigung, Kinder. Frankfurt am Main 2005, S. 46–73.

N. Z. Kadyrov, Ot Minska do Veny. Boevoj put' 4-j gvardejskoj strelkovoj apostolovsko-venskoj krasnoznamennoj divizii. Moskau 1985.

Heinrich Detleff v. Kalben - Constantin Wagner, Die Geschichte des XV. Kosaken-Kavallerie-Korps. Faßberg 1990.

Bruno Kalnins, Agitprop. Die Propaganda in der Sowjetunion. Wien 1966.

Frank Kämpfer, Vom Massengrab zum Heroen-Hügel. Akkulturationsfunktionen sowjetischer Kriegsdenkmäler, in: Reinhart Koselleck - Michael Jeismann (Hg.), Der politische Totenkult: Kriegerdenkmäler in der Moderne. München 1994, S. 327-350.

Gertrud Kantor, „Egal, welcher Nation er angehört", in: Toni Distelberger (Hg.), Von der Liebe erzählen. Sechs Lebensgeschichten von Frauen. Wien - Köln - Weimar 2011, S. 71-115.

Stefan Karner (Hg.), Das Burgenland im Jahr 1945. Beiträge zur Landes-Sonderausstellung 1985. Eisenstadt 1985.

Stefan Karner, Die Steiermark im 20. Jahrhundert. Politik - Wirtschaft - Gesellschaft - Kultur. Graz - Wien - Köln 2000.

Stefan Karner, Die Steiermark im Dritten Reich 1938-1945. 3., durchgesehene Aufl. Graz 1994.

Stefan Karner (Hg.), Geheime Akten des KGB. „Margarita Ottilinger". Graz 1992.

Stefan Karner, Geleitwort, in: Peter Sixl, Sowjetische Kriegsgräber in Österreich. Sovetskie mogily Vtoroj mirovoj vojny v Avstrii. Veröffentlichungen des Ludwig Boltzmann-Instituts für Kriegsfolgen-Forschung, Sonder-Bd. 6. Graz - Wien - Klagenfurt 2005, S. 11f.

Stefan Karner, „Ich bekam zehn Jahre Zwangsarbeit". Zu den Verschleppungen aus der Steiermark durch sowjetische Organe im Jahr 1945, in: Siegfried Beer (Hg.), Die „britische Steiermark". Unter wissenschaftlicher Mitarbeit von Felix Schneider und Johannes Feichtinger. Forschungen zur geschichtlichen Landeskunde der Steiermark. Bd. 38. Graz 1995, S. 249-259.

Stefan Karner, Im Archipel GUPVI. Kriegsgefangenschaft und Internierung in der Sowjetunion. Kriegsfolgen-Forschung. Bd. 1. Wien - München 1995.

Stefan Karner, Sowjetische Demontagen in der Steiermark 1945, in: Historische Landeskommission für Steiermark - Historischer Verein für Steiermark (Hg.), Rutengänge. Studien zur geschichtlichen Landeskunde. Festgabe für Walter Brunner zum 70. Geburtstag. Graz 2010, S. 656-674.

Stefan Karner, Zur Auslieferung der Kosaken an die Sowjets 1945 in Judenburg, in: Johann Andritsch (Hg.), Judenburg 1945 in Augenzeugenberichten. Judenburg 1994, S. 243-259.

Stefan Karner, Zu den Anfängen der sowjetischen Besatzung in Österreich 1945/46, in: Manfried Rauchensteiner - Robert Kriechbaumer (Hg.), Die Gunst des Augenblicks. Neuere Forschungen zu Staatsvertrag und Neutralität. Wien - Köln - Weimar 2005, S. 139-186.

Stefan Karner, Zur Politik der sowjetischen Besatzungs- und Gewahrsamsmacht. Das Fallbeispiel Margarethe Ottillinger, in: Alfred Ableitinger - Siegfried Beer - Eduard G. Staudinger (Hg.), Österreich unter alliierter Besatzung 1945-1955. Wien - Köln - Graz 1998, S. 401-431.

Stefan Karner, Zu den sowjetischen Demontagen 1945/46. Ein erster Aufriss auf russischer Quellenbasis, in: Michael Pammer - Herta Neiß - Michael John (Hg.), Erfahrung der Moderne. Festschrift für Roman Sandgruber zum 60. Geburtstag. Stuttgart 2007, S. 301-312.

Stefan Karner - Othmar Pickl (Hg.), Die Rote Armee in der Steiermark. Sowjetische Besatzung 1945. Graz 2008.

Stefan Karner - Peter Ruggenthaler, Stalin, Tito und die Österreich-Frage. Zur Österreichpolitik des Kreml im Kontext der sowjetischen Jugoslawienpolitik 1945 bis 1949, in: Jahrbuch für Historische Kommunismusforschung 2008, S. 81–105.

Stefan Karner - Peter Ruggenthaler, Stalin und Österreich. Sowjetische Österreich-Politik 1938 bis 1953, in: Jahrbuch für Historische Kommunismusforschung 2005. Berlin 2005, S. 102–141.

Stefan Karner - Peter Ruggenthaler, Unter sowjetischer Kontrolle. Zur Regierungsbildung in Österreich 1945, in: Stefan Karner - Barbara Stelzl-Marx (Hg.), Die Rote Armee in Österreich. Sowjetische Besatzung 1945–1955. Beiträge. Graz - Wien - München 2005, S. 105–148.

Stefan Karner - Peter Ruggenthaler, (Zwangs-)Repatriierungen sowjetischer Staatsbürger aus Österreich in die UdSSR, in: Stefan Karner - Barbara Stelzl-Marx (Hg.), Die Rote Armee in Österreich. Sowjetische Besatzung 1945–1955. Beiträge. Graz - Wien - München 2005, S. 243–274.

Stefan Karner - Peter Ruggenthaler - Barbara Stelzl-Marx, Die sowjetische Besatzung in der Steiermark 1945. Zur Einleitung, in: Stefan Karner - Othmar Pickl (Hg.), Die Rote Armee in der Steiermark. Sowjetische Besatzung 1945. Graz 2008, S. 9–42.

Stefan Karner - Barbara Stelzl-Marx (Hg.), Die Rote Armee in Österreich. Sowjetische Besatzung 1945–1955. Beiträge. Graz - Wien - München 2005.

Stefan Karner - Barbara Stelzl-Marx, Einleitung, in: Stefan Karner - Barbara Stelzl-Marx (Hg.), Die Rote Armee in Österreich. Sowjetische Besatzung 1945–1955. Beiträge. Graz - Wien - München 2005, S. 9–18.

Stefan Karner - Barbara Stelzl-Marx (Hg.), Stalins letzte Opfer. Verschleppte und erschossene Österreicher in Moskau 1950–1953. Unter Mitarbeit von Daniela Almer, Dieter Bacher und Harald Knoll. Wien - München 2009.

Stefan Karner - Barbara Stelzl-Marx - Alexander Tschubarjan (Hg.), Die Rote Armee in Österreich. Sowjetische Besatzung 1945–1955. Dokumente. Krasnaja Armija v Avstrii. Sovetskaja okkupacija 1945–1955. Dokumenty. Graz - Wien - München 2005.

Wolfgang Kasack, Lexikon der russischen Literatur des 20. Jahrhunderts. Vom Beginn des Jahrhunderts bis zum Ende der Sowjetära. 2., neu bearbeitete und wesentlich erweiterte Aufl. München 1992.

Ferdinand Käs, Wien im Schicksalsjahr 1945. Wien 1965.

Irina Kazarina, Die Sowjetische Armee in Österreich 1953–1955 im Spiegel von Dokumenten des ZK der KPdSU, in: Stefan Karner - Barbara Stelzl-Marx (Hg.), Die Rote Armee in Österreich. Sowjetische Besatzung 1945–1955. Beiträge. Graz - Wien - München 2007, S. 755–772.

Gertrud Kerschbaumer, Fürstenfeld 1945. Kriegsende und sowjetische Besatzung. Fürstenfeld 1997.

Gertrud Kerschbaumer, Sowjetische Besatzungszeit in Graz. Überprüfung von Mythen, in: Stefan Karner (Hg.), Graz in der NS-Zeit 1938–1945. Veröffentlichungen des Ludwig Boltzmann-Instituts für Kriegsfolgen-Forschung. Sonder-Bd. 1. 2. Aufl. Graz 1999, S. 195–209.

Anna Kientopf, Das friedensfeindliche Trauma. Die Rote Armee in Deutschland 1945. Lindhorst 1984.

Herbert Killian, Geraubte Freiheit. Ein Österreicher verschollen in Nordostsibirien. Berndorf 2008.
Herbert Killian, Geraubte Jahre. Ein Österreicher verschleppt in den GULAG. Wien 2005.
Herbert Killian, Im GULAG von Kolyma. Betroffene erzählen, in: Harald Knoll – Peter Ruggenthaler – Barbara Stelzl-Marx (Hg.), Konflikte und Kriege im 20. Jahrhundert. Aspekte ihrer Folgen. Veröffentlichungen des Ludwig Boltzmann-Instituts für Kriegsfolgen-Forschung. Sonder-Bd. 3. Graz 2003, S. 73–90.
Otto Klambauer, Die USIA-Betriebe. Phil. Diss. Wien 1978.
Otto Klambauer, Die USIA-Betriebe in Niederösterreich. Geschichte, Organisation, Dokumentation. Studien und Forschungen aus dem Niederösterreichischen Institut für Landeskunde. Bd. 5. Wien 1983.
Otto Klambauer, Ein Überblick über Entwicklung und Organisation des USIA-Konzernes, in: Helmuth Feigl – Andreas Kusternig (Hg.), Die USIA-Betriebe in Niederösterreich. Geschichte, Organisation, Dokumentation. Studien und Forschungen aus dem Niederösterreichischen Institut für Landeskunde. Bd. 5. Wien 1983, S. 1–79.
Otto Klambauer, Staat im Staate: Sowjetisches Vermögen in Österreich 1945–1955, in: Stefan Karner – Gottfried Stangler (Hg.), „Österreich ist frei!" Der Österreichische Staatsvertrag 1955. Beitragsband zur Ausstellung auf Schloss Schallaburg 2005. Unter Mitarbeit von Peter Fritz und Walter M. Iber. Horn – Wien 2005, S. 182–187.
Erich Klein (Hg.), Die Russen in Wien. Die Befreiung Österreichs. Wien 1945. Augenzeugenberichte und über 400 unpublizierte Fotos aus Russland. Wien 1995.
Harald Knoll – Dieter Bacher, Nachrichtendienste und Spionage im Österreich der Besatzungszeit, in: Stefan Karner – Barbara Stelzl-Marx (Hg.), Stalins letzte Opfer. Verschleppte und erschossene Österreicher in Moskau 1950–1953. Unter Mitarbeit von Daniela Almer, Dieter Bacher und Harald Knoll. Wien – München 2009, S. 157–168.
Harald Knoll – Peter Ruggenthaler, Biographische Skizzen zur sowjetischen Besatzungszone in Österreich 1945–1955. Eine Auswahl, in: Stefan Karner – Barbara Stelzl-Marx – Alexander Tschubarjan (Hg.), Die Rote Armee in Österreich. Sowjetische Besatzung 1945–1955. Krasnaja Armija v Avstrii. Sovetskaja okkupacija 1945–1955. Dokumenty. Graz – Wien – München 2005, S. 898–939.
Harald Knoll – Barbara Stelzl-Marx, Der Sowjetische Teil der Alliierten Kommission für Österreich. Struktur und Organisation, in: Stefan Karner – Barbara Stelzl-Marx (Hg.), Die Rote Armee in Österreich. Sowjetische Besatzung 1945–1955. Beiträge. Graz – Wien – München 2005, S. 179–218.
Harald Knoll – Barbara Stelzl-Marx, Österreichische Zivilverurteilte in der Sowjetunion. Ein Überblick, in: Andreas Hilger – Mike Schmeitzner – Ute Schmidt (Hg.), Die Verurteilung deutscher Zivilisten 1945–1955. Sowjetische Militärtribunale. Bd. 2. Köln – Weimar – Wien 2003, S. 571–605.
Harald Knoll – Barbara Stelzl-Marx, Sowjetische Strafjustiz in Österreich. Verhaftungen und Verurteilungen 1945–1955, in: Stefan Karner – Barbara Stelzl-Marx (Hg.), Die Rote Armee in Österreich. Sowjetische Besatzung 1945–1955. Beiträge. Graz – Wien – München 2005, S. 275–322.
I. K. Kobljakov – V. N. Želanov – G. G. Kuranov – D. N. Močalin, SSSR v bor'be za nezavisimost' Avstrii. Moskau 1965.

Angela Koch, Die Verletzung der Gemeinschaft. Zur Relation der Wort- und Ideengeschichte von „Vergewaltigung", in: Österreichische Zeitschrift für Geschichtswissenschaften. 2004/1, S. 37-56.

Andrea Komlosy, The Marshall Plan and the Making of the „Iron Curtain" in Austria, in: Günter Bischof - Anton Pelinka - Dieter Stiefel (Hg.), The Marshall Plan in Austria. Contemporary Austrian Studies. Bd. 8. New Brunswick - New Jersey 2000, S. 98-137.

Ivan S. Konev, Sorok pjaty. Moskau 1966.

Helmut Konrad, Neue Wege in Forschung und Vermittlung von Geschichte, in: Hubert Ch. Ehalt (Hg.), Geschichte von unten. Fragestellungen, Methoden und Projekte einer Geschichte des Alltags. Wien - Köln - Graz 1984, S. 41-58.

Volker Koop, Besetzt. Sowjetische Besatzungspolitik in Deutschland. Berlin 2008.

Carmen Renate Köper, Ein unheiliges Experiment: Das Neue Theater in der Scala 1948-1956. Wien 1995.

Manuel Köppen, Das Entsetzen des Beobachters. Krieg und Medien im 19. und 20. Jahrhundert. Heidelberg 2005.

V. I. Korotaev, Vojska NKVD v Avstrii 1945-1946 gg., in: V. K. Bylinin et al. (Hg.), Trudy Obščestva izučenija istorii otečestvennych specslužb. Bd. 1. Moskau 2006, S. 141-167.

Julia Köstenberger, The Great Waltz/Bol'shoj val's - filmisch transportierte Österreichbilder, in: Karin Moser (Hg.), Besetzte Bilder. Film, Kultur und Propaganda in Österreich 1945-1955. Wien 2005, S. 303-322.

Ilko-Sascha Kowalczuk - Stefan Wolle, Roter Stern über Deutschland. Sowjetische Truppen in der DDR. Berlin 2001.

Hans-Günter Kowalski, Die European Advisory Commission als Instrument alliierter Deutschland-Planungen 1943-1945, in: VfZG. 1971/19, S. 261-293.

K. Krajnjukov - Ja. Kuznecov, Dejatel'nost' voennych sovetov v operacijach Sovetskoj Armii za rubežom, in: Voenny-istoričeskij žurnal 4/1972, S. 31-39.

Mark Kramer, The Role of the CPSU International Department in Soviet Foreign Relations and National Security Policy, in: Soviet Studies 42/1990, S. 429-446.

Aleksandr Krečet, Vospominanija. Unveröffentlichtes Manuskript. Rostov o. J.

Günther Kronenbitter - Markus Pöhlmann - Dierk Walter, Einleitung, in: Günther Kronenbitter - Markus Pöhlmann - Dierk Walter (Hg.), Besatzung. Funktion und Gestalt militärischer Fremdherrschaft von der Antike bis zum 20. Jahrhundert. Krieg in der Geschichte. Bd. 28. Paderborn - München - Wien - Zürich 2006, S. 11-22.

Anna Krylova, Soviet Women in Combat. A History of Violence on the Eastern Front. Cambridge - New York 2010.

Christiane Künzel, Literaturauswahl, in: Elke Scherstjanoi (Hg.), Rotarmisten schreiben aus Deutschland. Briefe von der Front (1945) und historische Analysen. Texte und Materialien zur Zeitgeschichte. Bd. 14. München 2004, S. 405-435.

Ferdinand Lacina, Der Marshall-Plan - Ein Beitrag zur Übergangswirtschaft Österreichs, in: Günter Bischof - Dieter Stiefel (Hg.), „80 Dollar". 50 Jahre ERP-Fonds und Marshall-Plan in Österreich 1948-1998, S. 17-20.

Marcello La Speranza, Wien 1945-1955. Zeitzeugen berichten. Graz 2007.

V. M. Latyšev - F. N. Čarupa, Pjataja gvardejskaja zvenigorodskaja. Boevoj put' 5-j gvardejskoj ordenov Suvorova i Krasnogo Znameni vozdušnodesantnoj divizii.

Pod redakciej M. I. Borisova, general-majora, professora Akademii Genštaba, Predsedatelja Soveta veteranov 5 gv. VDD. Moskau 1991.

Jochen Laufer, Die UdSSR und die Zoneneinteilung Deutschlands (1943/44), in: ZfG. 1995/43, S. 309-331.

Jochen P. Laufer - Georgij P. Kynin (Hg.), Die UdSSR und die deutsche Frage 1941-1948. Dokumente aus dem Archiv für Außenpolitik der Russischen Föderation. Bd. 1: 22. Juni 1941 bis 8. Mai 1945. Berlin 2004.

Ol'ga Lavinskaja, Das Militärtribunal der Zentralen Gruppe der Sowjetischen Streitkräfte und die Verurteilung von Personen nicht-österreichischer Staatsangehörigkeit, in: Stefan Karner - Barbara Stelzl-Marx (Hg.), Stalins letzte Opfer. Verschleppte und erschossene Österreicher in Moskau 1950-1953. Unter Mitarbeit von Daniela Almer, Dieter Bacher und Harald Knoll. Wien - München 2009, S. 205-224.

Ol'ga Lavinskaja, Zum Tode verurteilt, Gnadengesuche österreichischer Zivilisten an den Obersten Sowjet der UdSSR, in: Stefan Karner - Barbara Stelzl-Marx (Hg.), Die Rote Armee in Österreich. Sowjetische Besatzung 1945-1955. Beiträge. Graz - Wien - München 2005, S. 323-338.

Natal'ja Lebedeva, Österreichische Kommunisten im Moskauer Exil. Die Komintern, die Abteilung für internationale Information des ZK der VKP(b) und Österreich 1943-1945, in: Stefan Karner - Barbara Stelzl-Marx (Hg.), Die Rote Armee in Österreich. Sowjetische Besatzung 1945-1955. Beiträge. Graz - Wien - München 2005, S. 39-60.

Sabine Lee, Kinder amerikanischer Soldaten in Europa: ein Vergleich der Situation britischer und deutscher Kinder. Manuskript. Birmingham 2009.

Sabine Lee, Kinder amerikanischer Soldaten in Europa: ein Vergleich der Situation britischer und deutscher Kinder, in: Historical Social Research. Bd. 34. 2009/3, S. 321-351.

Sabine Lee, The Forgotten Legacy of the Second World War: GI children in post-war Britain and Germany, in: Contemporary European History. Bd. 20. 2011/2, S. 157-182.

Josef Leidenfrost, Preventing a Rupture? U.S. Occupational Authorities and Austria's long and winding road to the first post-war nation-wide elections on 25 November 1945, in: Zeitgeschichte. 2003/1, S. 19-36.

Hannes Leidinger - Verena Moritz, Russisches Wien. Begegnungen aus vier Jahrhunderten. Wien - Köln - Weimar 2004.

Hannes Leidinger - Verena Moritz, 1945. Planung, Bau und Einweihung des Russendenkmals, in: Matthias Marschik - Georg Spitaler (Hg.), Das Wiener Russendenkmal. Architektur, Geschichte, Konflikte. Wien 2005, S. 15-20.

Jean-Yves Le Naour, „Mon flingot, c'est Cupidon". La Sexualité du soldat, in: François Rouquet - Fabrice Virgili - Daniéle Voldman (Hg.), Amours, guerres et sexualité 1914-1945. Paris 2007, S. 74-81.

J. Robert Lilly, Taken by Force. Rape and American GIs in Europe during World War II. Houndmills - New York 2007.

Thomas Lindenberger, Einleitung, in: Thomas Lindenberger (Hg.), Massenmedien im Kalten Krieg. Akteure, Bilder, Resonanzen. Köln - Weimar - Wien 2006, S. 9-24.

Tiina Lintunen, Images of Woman Enemies, in: Imagology and Cross-Cultural Encounters in History. Studia Historica Septenrionalia 56. Rovaniemi 2008, S. 249-258.

Ludmilla Lobova, Österreich und die UdSSR. Die bilateralen Beziehungen vor dem Hintergrund der Anfangsphase des Kalten Krieges, Stefan Karner - Barbara Stelzl-Marx (Hg.), Die Rote Armee in Österreich. Sowjetische Besatzung 1945-1955. Beiträge. Graz - Wien - München 2005, S. 603-632.

Michael Loebenstein, Botschaften aus einer anderen Welt, in: diagonale 05 (Festival des österreichischen Films). Graz 2005, S. 266-267.

Wilfried Loth, Die Teilung der Welt 1941-1955. München 1980.

N. M. Lun'kov, Vena - kakoj ona byla v sorok pjatom (glazami očevidca), in: Diplomatičeskaja akaemija MID Rossii - Sovet veteranov MID Rossii (Hg.), Diplomaty vsmoninajut. Mir glazami veteranov diplomatičeskoj služby. Moskau 1997, S. 78-91.

Radomír Luža, Der Widerstand in Österreich 1938-1945. Wien 1985.

J. M. Mackintosh, Die politische Verwaltung, in: B. H. Lidell Hart (Hg.), Die Rote Armee. Gießen o. J., S. 242-247.

Wilfried Mähr, Der Marshallplan in Österreich. Graz 1989.

Gunther Mai, Der Alliierte Kontrollrat in Deutschland 1945-1948. Alliierte Einheit - deutsche Teilung? München 1995.

John Mair, Austria, in: John Mair - Michael Balfour (Hg.), Four Power Control in Germany and Austria, 1945-1946. Survey of International Affairs 1939-1946. London 1956, S. 269-378.

M. M. Malachov, Osvoboždenie Vengrii i Vostočnoj Avstrii. (oktjabr' 1944 - aprel' 1945 gg.). Moskau 1965.

M. M. Malachov, Ot Balatona do Veny. Zaveršenie osvoboždenija Vengrii i razgrom nemecko-fašistskich vojsk v Vostočnoj Avstrii. (janvar' - aprel' 1945 g.). Moskau 1959.

Evgenij Malašenko, V sovetskich vojskach v Avstrii. Manuskript. Moskau 2003.

Hans Maršálek, Die Geschichte des Konzentrationslagers Mauthausen. 3. Aufl. Wien - Linz 1995.

Matthias Marschik - Georg Spitaler (Hg.), Das Wiener Russendenkmal. Architektur, Geschichte, Konflikte. Wien 2005.

Viktor Alekseevič Maslennikov, Okna TASS 1941-1945. Moskau 2007.

Vojtech Mastny, Russia's Road to the Cold War. Diplomacy, Warfare, and the Politics of Communism, 1941-1945. New York 1979.

Vojtech Mastny, The Cold War and Soviet Insecurity: The Stalin Years. New York - Oxford 1998.

Siegfried Mattl, Frauen in Österreich nach 1945, in: Rudolf G. Ardelt - Wolfgang J. A. Huber - Anton Staudinger (Hg.), Unterdrückung und Emanzipation. Festschrift für Erika Weinzierl. Zum 60. Geburtstag. Wien - Salzburg 1985, S. 101-126.

Rudolf Maurer, Befreiung? - Befreiung! Baden 1945-1955. Katalogblätter des Rollettmuseums Baden, Nr. 55. Baden 2005.

Maria Mayr, Das Jahr 1945 im Bezirk Horn. Schriftenreihe des Waldviertler Heimatbundes. Bd. 31. Horn - Waidhofen a. d. Thaya 1994.

Evelina Merhaut-Gurjewitsch, Die Innen- und Außenpolitik Österreichs in der sowjetischen Presse 1954-1961. Phil. DA. Wien 1995.

Edmund Merl, Besatzungszeit im Mühlviertel. Anhand der Entwicklung im politischen Bezirk Freistadt. 2. Aufl. Linz 1980.

Catherine Merridale, Iwans Krieg. Die Rote Armee 1939 bis 1945. Aus dem Englischen von Hans Günter Holl. Frankfurt am Main 2006.
Maria Mesner, Frauensache? Zur Auseinandersetzung um den Schwangerschaftsabbruch in Österreich nach 1945. Veröffentlichungen des Ludwig Boltzmann-Instituts für Geschichte der Gesellschaftswissenschaften. Bd. 23. Wien 1994.
Ministerium für Auswärtige Angelegenheiten der UdSSR (Hg.), Die Sowjetunion auf internationalen Konferenzen während des Großen Vaterländischen Krieges 1941–1945. 6 Bde. Moskau 1986–1988.
Ministerium für auswärtige Angelegenheiten der UdSSR (Hg.), UdSSR – Österreich 1938–1979. Dokumente und Materialien. Mit einem Vorwort von A. A. Gromyko, Mitglied des Politbüros des ZK der KPdSU und Minister für Auswärtige Angelegenheiten der UdSSR. Moskau 1980.
Ministerstvo inostrannych del SSSR (Hg.), Sbornik osnovnych dokumentov SSSR, SŠA, Anglii i Francii ob Avstrii. Bd. 1. Moskau 1953.
Ministerstvo inostrannych del SSSR (Hg.), Sbornik osnovnych dokumentov SSSR, SŠA, Anglii i Francii ob Avstrii. Bd. 2. Moskau 1955.
Ministerstvo inostrannych del SSSR (Hg.), SSSR – Avstrija 1938–1979 gg. Dokumenty i materialy. Predislovie člena Politbjuro CK KPSS, ministra inostrannych del SSSR A. A. Gromyko. Moskau 1980.
Ministerstvo inostrannych del SSSR (Hg.), Vnešnjaja politika Sovetskogo Sojuza v period Otečestvennoj vojny. Dokumenty i materialy. Bd. 1. Moskau 1946.
Ingvill C. Mochmann – Sabine Lee, The Human Rights of Children born of War: Case Analyses of Past and Present conflicts, in: Historical Social Research. Bd. 35. 2010/3, S. 268–298
Ingvill C. Mochmann – Sabine Lee – Barbara Stelzl-Marx (Hg.), Children Born of War: Second World War and Beyond. Focus. Kinder des Krieges: Zweiter Weltkrieg und danach. Historical Social Research. Historische Sozialforschung. Bd. 34. 2009/3, S. 263–373.
Fritz Molden, Besetzer, Toren, Biedermänner. Ein Bericht aus Österreich 1945–1962. Wien – München – Zürich – New York 1980.
Fritz Molden, Die Feuer in der Nacht. Opfer und Sinn des österreichischen Widerstandes 1938–1945. Wien – München 1988.
Fritz Molden, Fepolinski & Waschlapski. Auf dem berstenden Stern. Wien – München – Zürich 1976.
Fritz Molden, Podiumsdiskussion „Widerstand in Österreich 1938–1945", in: Stefan Karner – Karl Duffek (Hg.), Widerstand in Österreich 1938–1945. Die Beiträge der Parlaments-Enquete 2005. Graz – Wien 2007, S. 265–270.
Otto Molden, Der Ruf des Gewissens. Der österreichische Freiheitskampf 1938–1945. Wien 1958.
Verena Moritz, Kino der Angst. Feindbilder und Bedrohungsszenarien in der Filmpropaganda des frühen Kalten Krieges, in: Karin Moser (Hg.), Besetzte Bilder. Film, Kultur und Propaganda in Österreich 1945–1955. Wien 2005, S. 375–408.
Jörg Morré, Umerziehung in der sowjetischen Kriegsgefangenschaft. Deutsche und Österreicher in der „Antifa", in: Günter Bischof – Stefan Karner – Barbara Stelzl-Marx (Hg.), Kriegsgefangene des Zweiten Weltkrieges. Gefangennahme – Lagerleben – Rückkehr. Wien – München 2005, S. 152–166.
Gabriele Mörth, Schrei nach innen. Vergewaltigung und das Leben danach. Wien 1994.

Karin Moser (Hg.), Besetzte Bilder. Film, Kultur und Propaganda in Österreich 1945–1955. Wien 2005.

Wolfgang Mueller, Anstelle des Staatsvertrages: Die UdSSR und das Zweite Kontrollabkommen 1946, in: Manfried Rauchensteiner - Robert Kriechbaumer (Hg.), Die Gunst des Augenblicks. Neuere Forschungen zu Staatsvertrag und Neutralität. Wien - Köln - Weimar 2005, S. 291–320.

Wolfgang Mueller, „Die Kanonen schießen nicht ... Aber der Kampf geht weiter". Die Propaganda der sowjetischen Besatzungsmacht in Österreich im Kalten Krieg, in: Stefan Karner - Barbara Stelzl-Marx (Hg.), Die Rote Armee in Österreich. Sowjetische Besatzung 1945–1955. Beiträge. Graz - Wien - München 2005, S. 339–362.

Wolfgang Mueller, Die sowjetische Besatzungsmacht in Österreich 1945–1955. Forschungsstand, Quellenlage und Fragestellungen, in: Zeitgeschichte. 2001/2, S. 114–129.

Wolfgang Mueller, Die sowjetische Besatzung in Österreich 1945–1955 und ihre politische Mission. Wien - Köln - Weimar 2005.

Wolfgang Mueller, „Leuchtturm des Sozialismus" oder „Zentrum der Freundschaft": Das Sowjetische Informationszentrum im Wiener „Porr-Haus" 1950–1955, in: Wiener Geschichtsblätter. 4/2000, S. 261–285.

Wolfgang Mueller, Österreichische Zeitung und Russische Stunde. Die Informationspolitik der sowjetischen Besatzungsmacht in Österreich 1945–1955. Phil. DA. Wien 1998.

Wolfgang Mueller, Sowjetbesatzung, Nationale Front und der „friedliche Übergang zum Sozialismus": Fragmente sowjetischer Österreich-Planung 1945–1955, in: 200 Jahre Russisches Außenministerium. MÖStA. 2003/50, S. 133–156.

Wolfgang Mueller - Arnold Suppan - Norman M. Naimark - Gennadij Bordjugov (Hg.), Sowjetische Politik in Österreich 1945–1955. Dokumente aus russischen Archiven. Sovetskaja politika v Avstrii 1945–1955 gg. Dokumenty iz Rossijskich archivov. Wien 2005.

Regina Mühlhäuser, Eroberungen. Sexuelle Gewalttaten und intime Beziehungen deutscher Soldaten in der Sowjetunion, 1941–1945. Hamburg 2010.

Regina Mühlhäuser, Handlungsräume. Sexuelle Gewalt durch Wehrmacht und SS in den besetzten Gebieten der Sowjetunion 1941–1945, in: Insa Eschebach - Regina Mühlhäuser (Hg,), Krieg und Geschlecht. Sexuelle Gewalt im Krieg und Sex-Zwangsarbeit in NS-Konzentrationslagern. Berlin 2008, S. 167–186.

Mario Muigg, Topagentinnen und ihre geheimen Coups, in: Journal for Intelligence, Propaganda and Security Studies. 2008/1, S. 151–153.

Christian Th. Müller, „O' Sowjetmensch!" Beziehungen von sowjetischen Streitkräften und DDR-Gesellschaft zwischen Ritual und Alltag, in: Christian Th. Müller - Patrice G. Poutrus (Hg.), Ankunft - Alltag - Ausreise. Migration und interkulturelle Begegnung in der DDR-Gesellschaft. Köln 2005, S. 17–134.

Klaus-Dieter Mulley, Die Rote Armee in Niederösterreich 1945–1947. Ein ambivalentes Geschichtsbild, in: Stefan Karner - Barbara Stelzl-Marx (Hg.), Die Rote Armee in Österreich. Sowjetische Besatzung 1945–1955. Beiträge. Graz - Wien - München 2005, S. 469–486.

Klaus-Dieter Mulley, Staatsgründung 1945. Bemerkungen zur personellen und föderalen Rekonstruktion der Republik Österreich im Jahre 1945, in: Studien und Forschungen aus dem Niederösterreichischen Institut für Landeskunde. Die

Länderkonferenzen 1945. Dokumente und Materialien. Sonder-Bd. Wien 1995, S. 11–32.
Klaus-Dieter Mulley, Zur Administration der Entnazifizierung in Niederösterreich, in: Wolfgang Schuster - Wolfgang Weber (Hg.), Entnazifizierung im regionalen Vergleich. Linz 2004, S. 267–302.
Bogdan Musial, Stalins Beutezug. Die Plünderung Deutschlands und der Aufstieg der Sowjetunion zur Weltmacht. Berlin 2010.
Bogdan Musial, Kampfplatz Deutschland. Stalins Kriegspläne gegen den Westen. Berlin 2008.

Norman N. Naimark, Die Russen in Deutschland. Die sowjetische Besatzungszone 1945 bis 1949. Berlin 1997.
Alexander Nakhimovsky - Alice Nakhimovsky, Witness to History. The Photographs of Yevgeny Khaldei. Denville 1997.
Siegfried Nasko, April 1945: Renners Ambitionen trafen sich mit Stalins Absichten, in: Österreich in Geschichte und Literatur. 1983/6, S. 336–346.
Erik Neveu, L'Espionne, in: Fabrice Virgili - Daniéle Voldman (Hg.), Amours, guerres et sexualité 1914–1945. Paris 2007, S. 86f.
Vitalij Nikol'skij, GRU v gody Velikoj otečestvennoj vojny. Moskau 2005.
Hans-Heinrich Nolte, Vergewaltigung durch Deutsche im Rußlandfeldzug, in: Zeitschrift für Weltgeschichte. 2009/1, S. 113–132.
NÖ Institut für Landeskunde - Kulturabteilung des Amtes der NÖ Landesregierung (Hg.), Die Länderkonferenzen 1945. Dokumente und Materialien. Mit Beiträgen von Ernst Bezemek, Leopold Kammerhofer, Klaus-Dieter Muelly, Josef Prinz, Wolfgang Weber. Wien 1995.

Stanislaw W. Ossadtschij, Geleitwort, in: Peter Sixl, Sowjetische Kriegsgräber in Österreich. Sovetskie mogily Vtoroj mirovoj vojny v Avstrii. Veröffentlichungen des Ludwig Boltzmann-Instituts für Kriegsfolgen-Forschung. Sonder-Bd. 6. Graz - Wien - Klagenfurt 2005, S. 10.
Donal O'Sullivan, Stalins „Cordon sanitaire". Die sowjetische Osteuropapolitik und die Reaktionen des Westens 1939–1949. Paderborn - München - Wien - Zürich 2003.
Ot Volžskich stepej do Avstrijskich Al'p. Boevjoj put' 4-j gvardejskoi armii. Moskau 1971.
Richard Overy, Russlands Krieg 1941–1945. Aus dem Englischen von Hainer Kober. Hamburg 2003.

Gerhard Paul, Von der Historischen Bildkunde zur Visual History. Eine Einführung, in: Gerhard Paul (Hg.), Visual History. Ein Studienbuch. Göttingen 2006, S. 7–36.
Ol'ga Pavlenko, Österreich im Kraftfeld der sowjetischen Diplomatie 1945, in: Stefan Karner - Barbara Stelzl-Marx (Hg.), Die Rote Armee in Österreich. Sowjetische Besatzung 1945–1955. Beiträge. Graz - Wien - München 2005, S. 565–602.
G. V. Pavlovskaja (Hg.), Plakaty 1941 goda. Katalog kollekcii Belorusskogo gosudardstvennogo muzeja istorii Velikoj Otečestvennoj vojny, Minsk 1998, o. S.
V. O. Pečatnov, Ot sojuza - k vražde (sovetsko-amerikanskie otnošenija v 1945–1946 gg.), in: Cholodnaja Vojna 1945–1963. Istoričeskaja retrospektiva. Moskau 2003, S. 21–65.

Anton Pelinka, Der österreichische Widerstand im Widerspruch der verschiedenen Narrative, in: Dokumentationsarchiv des österreichischen Widerstandes (Hg.), Jahrbuch 2007. Schwerpunkt: Namentliche Erfassung von NS-Opfern. Wien 2007, S. 13–25.

Wilhelm Pellert, Roter Vorhang, rotes Tuch. Das Neue Theater in der Scala 1948–1956. Wien 1979.

Aleksandr V. Perepelicyn - Natalja P. Timofeeva, Das Deutschen-Bild in der sowjetischen Militärpropaganda während des Großen Vaterländischen Krieges, in: Elke Scherstjanoi (Hg.), Rotarmisten schreiben aus Deutschland. Briefe von der Front (1945) und historische Analysen. Texte und Materialien zur Zeitgeschichte. Bd. 14. München 2004, S. 267–286.

Nicolas Pethes, Kulturwissenschaftliche Gedächtnistheorien zur Einführung. Hamburg 2008.

Andrea Pető, Stimmen des Schweigens. Erinnerungen an Vergewaltigungen in den Hauptstädten des „ersten Opfers" (Wien) und des „letzten Verbündeten" Hitlers (Budapest) 1945, in: Zeitschrift für Geschichtswissenschaft. 1999/47, S. 892–913.

Nikita Petrov, Die Inneren Truppen des NKVD/MVD im System der sowjetischen Repressionsorgane in Österreich 1945–1946, in: Stefan Karner - Barbara Stelzl-Marx (Hg.), Die Rote Armee in Österreich. Sowjetische Besatzung 1945–1955. Beiträge. Graz - Wien - München 2005, S. 219–242.

Nikita Petrov, Die militärische Spionageabwehr in Österreich und die Todesstrafe. Struktur, Funktionen, Praxis, in: Stefan Karner - Barbara Stelzl-Marx (Hg.), Stalins letzte Opfer. Verschleppte und erschossene Österreicher in Moskau 1950–1953. Unter Mitarbeit von Daniela Almer, Dieter Bacher und Harald Knoll. Wien - München 2009, S. 79–97.

Nikita Petrov, Die Todesstrafe in der UdSSR: Ideologie, Methoden, Praxis. 1917–1953, in: Andreas Hilger (Hg.), „Tod den Spionen!" Todesurteile sowjetischer Gerichte in der SBZ/DDR und in der Sowjetunion bis 1953. Göttingen 2006, S. 37–78.

Nikita Petrov, Kurzbiografien der Leiter der Verwaltung für Spionageabwehr des MGB der CGV und ihrer Stellvertreter, in: Stefan Karner - Barbara Stelzl-Marx (Hg.), Stalins letzte Opfer. Verschleppte und erschossene Österreicher in Moskau 1950–1953. Unter Mitarbeit von Daniela Almer, Dieter Bacher und Harald Knoll. Wien - München 2009, S. 589–606.

N. Petrov - Ja. Foitcik (Hg.), Apparat NKVD-MGB v Germanii 1945–1953. Rossija XX vek. Dokumenty. Moskau 2009.

Nikita Petrov - Peter Ruggenthaler - Barbara Stezl-Marx, Repatriierung oder Verbleib in Österreich? Entscheidung nach Kriegsende, in: Stefan Karner - Peter Ruggenthaler et al., Zwangsarbeit in der Land- und Forstwirtschaft auf dem Gebiet Österreichs 1939 bis 1945. Veröffentlichungen der Österreichischen Historikerkommission. Bd. 26/2. Wien - München 2004, S. 455–478.

Edith Petschnigg, Die „sowjetische" Steiermark 1945. Aspekte einer Wendezeit, in: Stefan Karner - Barbara Stelzl-Marx (Hg.), Die Rote Armee in Österreich. Sowjetische Besatzung 1945–1955. Beiträge. Graz - Wien - München 2005, S. 523–564.

Edith Petschnigg, Stimmen aus der Todeszelle. Kurzbiographien der Opfer, in: Stefan Karner - Barbara Stelzl-Marx (Hg.), Stalins letzte Opfer. Verschleppte und erschossene Österreicher in Moskau 1950–1953. Unter Mitarbeit von Daniela Almer, Dieter Bacher und Harald Knoll. Wien - München 2009, S. 301–588.

Jean-Paul Picaper - Ludwig Norz, Les enfants maudits. Ils sont 200000, on les appelait les enfants de Boches. Paris 2004.

B. Pilizyn, Österreich auf dem Weg der unabhängigen Entwicklung, in: Sowjetunion heute. 10/1975, S. 9, 14.

Alexander von Plato - Almut Leh, „Ein unglaublicher Frühling". Erfahrene Geschichte im Nachkriegsdeutschland 1945-1948. Bonn 1997.

Jacques Poirier, Les maladies vénériennes, in: François Rouquet - Fabrice Virgili - Daniéle Voldman (Hg.), Amours, guerres et sexualité 1914-1945. Paris 2007, S. 88-91.

Pavel Polian, Deportiert nach Hause. Sowjetische Kriegsgefangene im „Dritten Reich" und ihre Repatriierung. Kriegsfolgen-Forschung. Bd. 2. München - Wien 2001.

Ju. A. Poljakov, Istoki narodnogo podviga, in: V. A. Zolotarev - G. N. Sevost'janov (Hg.), Narod i vojna. Velikaja otečestvennaja vojna 1941-1945. Bd. 4. Moskau 1999, S. 9-25.

M. A. Poltavskij, Ob osobennosti dviženija soprotivlenija v Avstrii, in: Novaja i novejšaja istorija, 1965-2, S. 109-116.

Karin Pöpperl, Das Russlandbild in Weitra heute. Unter Berücksichtigung der Besatzungszeit 1945-1955 und der Propaganda der Kriegs- und Nachkriegszeit. Phil. DA. Wien 2003.

Hugo Portisch, Am Anfang war das Ende. Österreich II. Die Geschichte Österreichs vom 2. Weltkrieg bis zum Staatsvertrag. Bd. 1. München 1993.

Hugo Portisch, Der lange Weg zur Freiheit. Österreich II. Die Geschichte Österreichs vom 2. Weltkrieg bis zum Staatsvertrag. Bd. 4. München 1993.

Michail Prozumenščikov, Nach Stalins Tod. Sowjetische Österreich-Politik 1956-1955, in: Stefan Karner - Barbara Stelzl-Marx (Hg.), Die Rote Armee in Österreich. Sowjetische Besatzung 1945-1955. Beiträge. Graz - Wien - München 2005, S. 729-754.

Martin Prucha, Agfacolor und Kalter Krieg. Die Geschichte der Wien-Film am Rosenhügel 1946-1955, in: Ruth Beckermann - Christa Blümlinger (Hg.), Ohne Untertitel. Fragmente einer Geschichte des österreichischen Kinos. Wien 1996, S. 53-79.

Oliver Rathkolb, Besatzungspolitik und Besatzungsleben in Ostösterreich von April bis August 1945, in: Manfried Rauchensteiner - Wolfgang Etschmann (Hg.), Österreich 1945. Ein Ende und viele Anfänge. Forschungen zur Militärgeschichte 4. Graz - Wien - Köln 1997, S. 185-224.

Oliver Rathkolb, Die „Wien-Film"-Produktion am Rosenhügel. Österreichische Filmproduktion und Kalter Krieg, in: Hans-Heinz Fabris - Kurt Luger (Hg.), Medienkultur in Österreich. Film, Fotografie, Fernsehen und Video in der 2. Republik. Wien 1988, S. 117-132.

Oliver Rathkolb, Historische Fragmente und die „unendliche Geschichte" von den sowjetischen Absichten in Österreich 1945, in: Alfred Ableitinger - Siegfried Beer - Eduard G. Staudinger (Hg.), Österreich unter alliierter Besatzung 1945-1955. Wien 1998, S. 137-158.

Oliver Rathkolb, Politische Propaganda der amerikanischen Besatzungsmacht in Österreich 1945-1950. Ein Beitrag zur Geschichte des Kalten Krieges in Presse-, Kultur- und Rundfunkpolitik. Phil. Diss. Wien 1981.

Oliver Rathkolb, Raoul Bumballa, ein politischer Nonkonformist 1945. Fallstudie zur Funktion der O5 im Widerstand und in der Parteienrestauration, in: Rudolf G. Ardelt - Wolfgang J. A. Huber - Anton Staudinger (Hg.), Unterdrückung und Emanzipation. Festschrift für Erika Weinzierl. Zum 60. Geburtstag. Wien - Salzburg 1985, S. 295-317.

Oliver Rathkolb, Sonderfall Österreich? Ein peripherer Kleinstaat in der sowjetischen Nachkriegszeit 1945-1947, in: Stefan Creuzberger - Manfred Görtemaker (Hg.), Gleichschaltung unter Stalin? Die Entwicklung der Parteien im östlichen Europa 1944-1949. Paderborn - Wien - München - Zürich 2002, S. 353-373.

Manfried Rauchensteiner, Der Krieg in Österreich '45. Wien 1995.

Manfried Rauchensteiner, Der Sonderfall. Die Besatzungszeit in Österreich 1945 bis 1955. Neuaufl. Graz - Wien - Köln 1995.

Manfried Rauchensteiner, Die Alliierte Kommission für Österreich 1945-1955, in: Stephan Verosta (Hg.), 25 Jahre Staatsvertrag. Symposium, veranstaltet von der Österreichischen Akademie der Wissenschaften und der Akademie der Wissenschaften der UdSSR in der Zeit vom 12.-19. April 1980 in Moskau. Wien 1981, S. 51-63.

Manfried Rauchensteiner, Die Wiener Interalliierte Kommandantur 1945-1955, in: Jahrbuch des Vereins für Geschichte der Stadt Wien. Bd. 34. 1978, S. 390-422.

Manfried Rauchensteiner, Die Zwei: Die Große Koalition in Österreich 1945-1966. Wien 1987.

Manfried Rauchensteiner, Nachkriegsösterreich 1945, in: Österreichische Militärische Zeitschrift. 1972/6, S. 407-421.

Manfried Rauchensteiner, Stalinplatz 4. Österreich unter alliierter Besatzung. Wien 2005.

Hans Rauscher, 1945: Die Wiedergeburt Österreichs. Die dramatischen Tage vom Kriegsende bis zum Anfang der Republik. Wien - Köln - Weimar 1995.

Reichsführer-SS (Hg.), Der Untermensch. Berlin 1942, o. S.

Monika Reitinger, Österreich in den Augen der Sowjetliteratur nach 1945. Phil. Diss. Wien 1970.

Karl Renner, Denkschrift über die Geschichte der Unabhängigkeitserklärung Österreichs und die Einsetzung der Provisorischen Regierung der Republik. Wien 1945.

Karl Renner, Drei Monate Aufbauarbeit der Provisorischen Staatsregierung der Republik Österreich. Wien 1945.

David Reynolds, Rich Relations. The American Occupation of Britain 1942-1945. London 2000.

Ėntoni Rods, Propaganda. Plakaty. Karikatury. Kinofil'my Vtoroj mirovoj vojny 1939-1945. Moskau 2008.

Arsenij Roginskij, Erinnerung und Freiheit. Die Stalinismus-Diskussion in der UdSSR und Russland, in: Osteuropa. 2011/4, S. 55-70.

Arsenij Roginskij, Nach der Verurteilung. Der Donskoe-Friedhof und seine österreichischen Opfer, in: Stefan Karner - Barbara Stelzl-Marx (Hg.), Stalins letzte Opfer. Verschleppte und erschossene Österreicher in Moskau 1950-1953. Unter Mitarbeit von Daniela Almer, Dieter Bacher und Harald Knoll. Wien - München 2009, S. 97-140.

Arsenij Roginskij, „Um unverzügliche Vollstreckung des Urteils wird ersucht." Letzte Dokumente über die von 1950 bis 1953 in Moskau erschossenen Deut-

schen, in: Arsenij Roginskij - Jörg Rudolph - Frank Drauschke - Anne Kaminsky (Hg.), „Erschossen in Moskau ..." Die deutschen Opfer des Stalinismus auf dem Moskauer Friedhof Donskoje 1950-1953. Berlin 2005, S. 37-66.
A. A. Roščin, Poslevoennoe uregulirovanie v Evrope. Moskau 1984.
Jörg Rudolph - Frank Drauschke - Alexander Sachse, Hingerichtet in Moskau. Opfer des Stalinismus aus Sachsen, 1950-1953. Leipzig 2007.
Peter Ruggenthaler, Warum Österreich nicht sowjetisiert werden sollte, in: Stefan Karner - Barbara Stelzl-Marx (Hg.), Die Rote Armee in Österreich. Sowjetische Besatzung 1945-1955. Beiträge. Graz - Wien - München 2005, S. 61-90.
Peter Ruggenthaler, Warum Österreich nicht sowjetisiert wurde. Sowjetische Österreich-Politik 1945-1953/55, in: Stefan Karner - Barbara Stelzl-Marx (Hg.), Die Rote Armee in Österreich. Sowjetische Besatzung 1945-1955. Beiträge. Graz - Wien - München 2005, S. 649-728.
Russkij archiv. Velikaja Otečestvennaja. Stavka VGK. Dokumenty i materialy 1944-1945. Bd. 16 (5-4). Moskau 1999.

Helke Sander, Erinnern/Vergessen, in: Helke Sander - Barbara Johr (Hg.), BeFreier und Befreite. Krieg, Vergewaltigung, Kinder. Frankfurt am Main 2005, S. 9-20.
Helke Sander - Barbara Johr (Hg.), BeFreier und Befreite. Krieg, Vergewaltigung, Kinder. Frankfurt am Main 2005.
Roman Sandgruber, Das wirtschaftliche Umfeld des Staatsvertrages, in: Manfried Rauchensteiner - Robert Kriechbaumer (Hg.), Die Gunst des Augenblicks. Neuere Forschungen zu Staatsvertrag und Neutralität. Wien - Köln - Weimar 2005, S. 359-378.
Silke Satjukow, Besatzer. „Die Russen" in Deutschland 1945-1994. Göttingen 2008.
Silke Satjukow, Der Mythos der „Befreiung" zwischen Propaganda und Alltag. Bestattungsusancen der Sowjetischen Streitkräfte auf dem Territorium der DDR, in: Horch und Guck. 2006/4, S. 25-29.
Silke Satjukow - Rainer Gries, Feindbilder des Sozialismus. Eine theoretische Einführung, in: Silke Satjukow - Rainer Gries (Hg.), Unsere Feinde. Konstruktionen des Anderen im Sozialismus. Leipzig 2004, S. 13-74.
Grigorij M. Savenok, Venskie vstreči. Moskau 1961.
Irina Ščerbakova, „Stalin war ein effizienter Manager". Zur Diskussion über neue Geschichtslehrbücher in Russland, in: Horch und Guck. Zeitschrift zur kritischen Aufarbeitung der SED-Diktatur. 2009/2, S. 56-59.
Adolf Schärf, April 1945 in Wien. Wien 1948.
Irina Scherbakowa, Zerrissene Erinnerung. Der Umgang mit Stalinismus und Zweitem Weltkrieg im heutigen Rusland. Göttingen 2010.
Jutta Scherrer, Russlands neue-alte Erinnerungsorte, in: Aus Politik und Zeitgeschichte. 2006/11, S. 24-28.
Elke Scherstjanoi, „Wir sind in der Höhle der Bestie." Die Briefkommunikation von Rotarmisten mit der Heimat über ihre Erlebnisse in Deutschland, in: Elke Scherstjanoi (Hg.), Rotarmisten schreiben aus Deutschland. Briefe von der Front (1945) und historische Analysen. Texte und Materialien zur Zeitgeschichte. Bd. 14. München 2004, S. 194-230.
Elke Scherstjanoi (Hg.), Das SKK-Statut: Zur Geschichte der Sowjetischen Kontrollkommission in Deutschland 1949 bis 1953. München 1998.
Elke Scherstjanoi, Einleitung. Sowjetische Feldpostbriefe vom Ende des Großen Va-

terländischen Krieges als Quelle für historische Forschung, in: Elke Scherstjanoi (Hg.), Rotarmisten schreiben aus Deutschland. Briefe von der Front (1945) und historische Analysen. Texte und Materialien zur Zeitgeschichte. Bd. 14. München 2004, S. 3–22.

Elke Scherstjanoi (Hg.), Rotarmisten schreiben aus Deutschland. Briefe von der Front (1945) und historische Analysen. Texte und Materialien zur Zeitgeschichte. Bd. 14. München 2004.

Erwin A. Schmidl (Hg.), Österreich im frühen Kalten Krieg 1945–1958. Spione, Partisanen, Kriegspläne. Wien - Köln - Weimar 2000.

Karin M. Schmidlechner, Frauenleben in Männerwelten: Kriegsende und Kriegszeit in der Steiermark. Studien zur Gesellschafts- und Kulturgeschichte. Bd. 10. Wien 1997.

Ingrid Schmidt-Harzbach, Das Vergewaltigungssyndrom. Massenvergewaltigungen im April und Mai 1945 in Berlin, in: Irene Bandhauer-Schöffmann - Ela Hornung (Hg.), Wiederaufbau Weiblich. Dokumentation der Tagung „Frauen in der österreichischen und deutschen Nachkriegszeit". Veröffentlichungen des Ludwig-Boltzmann-Instituts für Geschichte der Gesellschaftswissenschaften. Bd. 23. Wien - Salzburg 1992, S. 181–198.

Ingrid Schmidt-Harzbach, Eine Woche im April. Berlin 1945, in: Helke Sander - Barbara Johr (Hg.), BeFreier und Befreite. Krieg, Vergewaltigung, Kinder. Frankfurt am Main 2005, S. 21–45.

Ulrike Schmiegelt, „Macht Euch um mich keine Sorgen ...", in: Peter Jahn - Ulrike Schmiegelt (Hg.), Foto-Feldpost. Geknipste Kriegserlebnisse 1939–1945. Berlin 2000, S. 23–31.

Felix Schneider, Britische Besatzungs- und Sicherheitspolitik, in: Historische Landeskommission für Steiermark (Hg.), Vom Bundesland zur europäischen Region. Die Steiermark von 1945 bis heute. Geschichte der Steiermark. Bd. 10. Graz 2004, S. 59–98.

Felix Schneider, Der Krieg in Österreich, Wettlauf der Armeen und Kriegsende, in: Stefan Karner - Gottfried Stangler (Hg.), „Österreich ist frei!" Der Österreichische Staatsvertrag 1955. Beitragsband zur Ausstellung auf Schloss Schallaburg 2005. Unter Mitarbeit von Peter Fritz und Walter M. Iber. Horn - Wien 2005, S. 39–44.

Felix Schneider, Kriegsende, in: Historische Landeskommission für Steiermark (Hg.), Vom Bundesland zur europäischen Region. Die Steiermark von 1945 bis heute. Geschichte der Steiermark. Bd. 10. Graz 2004, S. 9–30.

Waltraud Schreiber, Bestandsaufnahme zum Film „Der letzte Kronzeuge Stauffenbergs. Carl Szokoll und die Zivilcourage", in: Barbara Dmytrasz - Friedrich Öhl (Hg.), Carl Szokoll (1915–2004). Materialien für den Unterrichtseinsatz eines Zeitzeugenportraits. Wien 2005, S. 40–48.

Sergej M. Schtemenko, Die Befreiung Wiens, in: Neue Zeit 21/1972, S. 18–21.

Sergej M. Schtemenko, Im Generalstab. Berlin-Ost 1969.

Sergej M. Schtemenko, Im Generalstab. Bd. 2. Berlin 1970/1975.

Wolfgang Schuster - Wolfgang Weber (Hg.), Entnazifizierung im regionalen Vergleich. Linz 2004.

Hans Seidel, Österreichs Wirtschaft und Wirtschaftspolitik nach dem Zweiten Weltkrieg. Wien 2005.

Michail Semirjaga, Die Rote Armee in Deutschland im Jahre 1945, in: Peter Jahn -

Reinhard Rürup (Hg.), Erobern und Vernichten. Der Krieg gegen die Sowjetunion 1941–1945. Essays. Berlin 1991, S. 200–210.

E. S. Senjavskaja, Protivniki Rossii v vojnach XX veka. Ėvoljucija „obraza vraga" v soznanii armii i obščestva. Serija „Čelovek i vojna". Moskau 2006.

E. S. Senjavskaja, Psichologija vojny v XX veke. Istoričeskij opyt Rossii. Moskau 1999.

Elena S. Senjavskaja, Deutschland und die Deutschen in den Augen sowjetischer Soldaten und Offiziere des Großen Vaterländischen Krieges, in: Elke Scherstjanoi (Hg.), Rotarmisten schreiben aus Deutschland. Briefe von der Front (1945) und historische Analysen. Texte und Materialien zur Zeitgeschichte. Bd. 14. München 2004, S. 247–266.

Marsha Siefert, Russisches Leben, sowjetische Filme: Die Filmbiografie, Čajkovskij und der Kalte Krieg, in: Lars Karl (Hg.), Leinwand zwischen Tauwetter und Frost. Der osteuropäische Spiel- und Dokumentarfilm im Kalten Krieg. Berlin 2007, S. 133–170.

Konstantin Simonow, Aus der Sicht meiner Generation. Berlin 1990.

Peter Sixl, Sowjetische Kriegsgräber in Österreich. Sovetskie mogily Vtoroj mirovoj vojny v Avstrii. Veröffentlichungen des Ludwig Boltzmann-Instituts für Kriegsfolgen-Forschung, Sonder-Bd. 6. Graz – Wien – Klagenfurt 2005.

Peter Sixl (Hg.), Sowjetische Tote des Zweiten Weltkrieges in Österreich. Namens- und Grablagenverzeichnis. Ein Gedenkbuch. Unter Mitarbeit von Veronika Bacher und Grigorij Sidko. Veröffentlichungen des Ludwig Boltzmann-Instituts für Kriegsfolgen-Forschung, Sonder-Bd. 11. Graz – Wien 2010.

Boris Sluckij, O drugich i o sebe. Moskau 2005.

A. Smirnow, Wien im Frühling 1945, in: Sowjetunion heute. 7/1975, S. 20.

A. E. Snopkov – P. A. Snopkov – A. F. Škljaruk, 600 plakatov. Moskau 2004.

David Raub Snyder, Sex Crimes under the Wehrmacht. Studies in War, Society and the Military. Lincoln 2007.

Bruno Sokoll, Floridsdorf: Erinnerungen aus 1945, in: Wiener Geschichtsblätter. 30/1975, S. 94–97.

Vladimir V. Sokolov, Sowjetische Österreichpolitik 1943/45, in: Manfried Rauchensteiner – Wolfgang Etschmann (Hg.), Österreich 1945. Ein Ende und viele Anfänge. Forschungen zur Militärgeschichte 4. Graz – Wien – Köln 1997, S. 73–88.

I. N. Sokolova, Biografija odnogo pokolenija. Moskau 1980.

Sovetskij Sojuz na meždanarodnych konferencijach perioda Velikoj Otečestvennoj vojny 1941–1945. Bd. 1. Moskovskaja konferencija ministrov inostrannych del SSSR, SŠA i Velikobritanii (19–30 oktjabrja 1943 g.). Sbornik dokumentov. Moskau 1978.

I. Stalin, O Velikoj otečestvennoj vojne Sovetskogo Sojuza. 5. Aufl. Moskau 1950.

Nicholas Stargardt, Kinder in Hitlers Krieg. München 2008.

William Lloyd Stearman, Die Sowjetunion und Österreich 1945–1955. Ein Beispiel für Sowjetpolitik gegenüber dem Westen. Bonn – Wien – Zürich 1962.

William Lloyd Stearman, The Soviet Union and the Occupation of Austria: An Analysis of the Soviet Policy in Austria, 1945–1955. Bonn – Wien – Zürich 1961.

Hubert Steiner, Die USIA-Betriebe. Ihre Gründung, Organisation und Rückgabe in die österreichische Hoheitsverwaltung, in: Mitteilungen des Österreichischen Staatsarchivs 43 (1993), S. 206–220.

Rolf Steininger, Der Staatsvertrag. Österreich im Schatten von deutscher Frage und Kaltem Krieg 1938–1955. Innsbruck – Wien – Bozen 2005.

Renata Stelzer, Russland-Aufzeichnungen. Bd. II. Nach dem Urteil. Unveröffentlichtes Manuskript. O. O. o. J.
Barbara Stelzl-Marx, Carl Szokoll und die Sowjets: Militärischer Widerstand in Wien 1945, in: Stefan Karner - Karl Duffek (Hg.), Widerstand in Österreich. 1938–1945. Die Beiträge der Parlaments-Enquete 2005. Wien 2007, S. 167–194.
Barbara Stelzl-Marx, Der Krieg der Bilder: Plakate der sowjetischen Regierungsverwaltung 1944–1945, in: Harald Knoll - Peter Ruggenthaler - Barbara Stelzl-Marx (Hg.), Konflikte und Kriege im 20. Jahrhundert. Aspekte ihrer Folgen. Veröffentlichungen des Ludwig Boltzmann-Instituts für Kriegsfolgen-Forschung. Sonder-Bd. 3. Graz - Wien - Klagenfurt 2002, S. 317–334.
Barbara Stelzl-Marx, Die Innensicht der sowjetischen Besatzung in Österreich 1945–1955. Erfahrung, Wahrnehmung, Erinnerung. Habilitationsschrift. Graz 2009.
Barbara Stelzl-Marx, Die Macht der Bilder: Sowjetische Plakate in Österreich 1945–1955, in: Ingrid Bauer - Helga Embacher - Ernst Hanisch - Albert Lichtblau - Gerald Sprengnagel (Hg.), Kunst. Kommunikation. Macht. Sechster Österreichischer Zeitgeschichtetag 2003. Unter Mitarbeit von Peter Gutschner und Karoline Bankosegger. Innsbruck - Wien - München - Bozen 2004, S. 63–72.
Barbara Stelzl-Marx, Die sowjetische Besatzung Österreichs 1945-1955. Zur militärischen Struktur und Verwaltung, in: Stefan Karner - Gottfried Stangler (Hg.), „Österreich ist frei!" Der Österreichische Staatsvertrag 1955. Beitragsband zur Ausstellung auf Schloss Schallaburg 2005. Unter Mitarbeit von Peter Fritz und Walter M. Iber. Horn - Wien 2005, S. 65–72.
Barbara Stelzl-Marx, Die „Wiedervereinigung" Österreichs. Kontinuität und Wandel, in: Manfried Rauchensteiner - Robert Kriechbaumer (Hg.), Die Gunst des Augenblicks. Neue Forschungen zu Staatsvertrag und Neutralität. Wien - Köln - Weimar 2005, S. 187–222.
Barbara Stelzl-Marx, Entnazifizierung in Österreich: Die Rolle der sowjetischen Besatzungsmacht, in: Wolfgang Schuster - Wolfgang Weber (Hg.), Entnazifizierung im regionalen Vergleich. Linz 2004, S. 431–454.
Barbara Stelzl-Marx, Erbsen für Wien. Zur sowjetischen Lebensmittelhilfe 1945, in: Stefan Karner - Gottfried Stangler (Hg.), „Österreich ist frei!" Der Österreichische Staatsvertrag 1955. Beitragsband zur Ausstellung auf Schloss Schallaburg 2005. Unter Mitarbeit von Peter Fritz und Walter M. Iber. Horn - Wien 2005, S. 54–57.
Barbara Stelzl-Marx, Freier und Befreier. Zum Beziehungsgeflecht zwischen sowjetischen Besatzungssoldaten und österreichischen Frauen, in: Stefan Karner – Barbara Stelzl-Marx (Hg.), Die Rote Armee in Österreich. Sowjetische Besatzung 1945–1955. Beiträge. Graz - Wien - München 2005, S. 421–448.
Barbara Stelzl-Marx, Ideologie, Kontrolle, Repression. Als sowjetischer Besatzungssoldat im Westen, in: Ulrich Mählert et al. (Hg.), Jahrbuch für Historische Kommunismusforschung 2010. Berlin 2010, S. 179–192.
Barbara Stelzl-Marx, Kolyma - Jahre in Stalins Besserungsarbeitslagern, in: Norbert Weigl (Hg.), Faszinationen der Forstgeschichte. Festschrift für Herbert Killian. Schriftenreihe des Instituts für Sozioökonomik der Forst- und Holzwirtschaft. Bd. 42. Wien 2001, S. 147–160.
Barbara Stelzl-Marx, Kriegsgefangenschaft in der Retrospektive: Kontext, Entstehung und Merkmale von Dmitrij Čirovs „Unter den Verschollenen", in: Barbara Stelzl-Marx (Hg.), Unter den Verschollenen. Erinnerungen von Dmitrij Čirov an

das Kriegsgefangenenlager Krems-Gneixendorf 1941 bis 1945. Schriftenreihe des Waldviertler Heimatbundes. Bd. 43. Horn - Waidhofen/Thaya 2003, S. 13–48.

Barbara Stelzl-Marx, „Russenkinder". Besatzung und ihre Kinder, in: Stefan Karner - Gottfried Stangler (Hg.), „Österreich ist frei!" Der Österreichische Staatsvertrag 1955. Beitragsband zur Ausstellung auf Schloss Schallaburg 2005. Horn - Wien 2005, S. 163–168.

Barbara Stelzl-Marx, „Russenkinder" und „Sowjetbräute". Besatzungserfahrungen in Österreich 1945–1955, in: Andreas Hilger - Mike Schmeitzner - Clemens Vollnhals, Sowjetisierung oder Neutralität? Optionen sowjetischer Besatzungspolitik in Deutschland und Österreich 1945–1955. Schriften des Hannah-Arendt-Instituts für Totalitarismusforschung. Bd. 32. Göttingen 2006, S. 479–508.

Barbara Stelzl-Marx, Verschleppt und erschossen. Eine Einführung, in: Stefan Karner - Barbara Stelzl-Marx (Hg.), Stalins letzte Opfer. Verschleppte und erschossene Österreicher in Moskau 1950–1953. Unter Mitarbeit von Daniela Almer, Dieter Bacher und Harald Knoll. Wien - München 2009, S. 21–78.

Barbara Stelzl-Marx, Zwischen Fiktion und Zeitzeugenschaft. Amerikanische und sowjetische Kriegsgefangene im Stalag XVII B Krems-Gneixendorf. Tübingen 2000.

B. Štel'cl'-Marks, Karl Sokoll v avstrijskom antifašistskom soprotivlenii, in: Novaja i novejščaja istorija 1/2009, S. 200–220.

S. M. Štemenko, General'nyj štab v gody vojny. Moskau 1968.

S. M. Štemenko, General'nyj štab v gody vojny. Bd. 2. Moskau 1974.

Leonid Stepanov, V zerkale golubogo Dunaja. Moskau 1964.

Andrej Stepanow, Die Moskauer Österreich-Erklärung. Zum 25. Jahrestag der Außenministerkonferenz der UdSSR, der USA und Großbritanniens 1943, in: Sowjetunion heute. 20/1968, S. 6.

Silke Stern, „Ein Höflichkeitsbesuch rein protokollarischer Natur". Der Staatsbesuch Nikita Chruščevs in Österreich 1960, in: Stefan Karner - Barbara Stelzl-Marx - Natalja Tomilina - Alexander Tschubarjan - Günter Bischof - Viktor Iščenko - Michail Prozumenščikov - Peter Ruggenthaler - Gerhard Wettig - Manfred Wilke (Hg.), Der Wiener Gipfel 1961. Kennedy - Chruschtschow. Innsbruck - Wien - Bozen 2011, S. 735–758.

Dieter Stiefel, Coca-Cola kam nicht über die Enns: Die ökonomische Benachteiligung der sowjetischen Besatzungszone, in: Günter Bischof - Dieter Stiefel (Hg.), „80 Dollar". 50 Jahre ERP-Fonds und Marshall-Plan in Österreich 1948–1998. Wien - Frankfurt am Main 1999, S. 111–132.

Dieter Stiefel, Entnazifizierung in Österreich. Wien - München - Zürich 1981.

Ruth-Elena Stifter, Das politische Österreichbild in der sowjetischen Berichterstattung über Österreich vom Beginn der Zweiten Republik bis zum Verfall der UdSSR (1945–1991) anhand ausgewählter sowjetischer Printmedien: Pravda, Izvestija, Trud und Literaturnaja Gazeta. Eine inhaltsanalytische Untersuchung. Phil. DA. Wien 1998.

Stiftung Sächsische Gedenkstätten zur Erinnerung an die Opfer politischer Gewaltherrschaft - Volksbund Deutsche Kriegsgräberfürsorge e.V. (Hg.), Gedenkbuch. Grabstätten sowjetischer Bürger auf dem Gebiet des Freistaates Sachsen. Kniga pamjati. Zachoronenija sovetskich graždan na territorii Vol'noj zemli Sksonija. Dresden 2008.

Valerij Stignejew, Michail Sawin. Biographische Anmerkungen, in: Deutsch-Rus-

sisches Museum Berlin-Karlshorst (Hg.), Das mitfühlende Objektiv. Michail Sawin. Kriegsfotografie 1941-1945. Sopereživajuščij ob'ektiv. Michail Savin. Voennaja fotografija 1941-1945 gg. Berlin 1998, S. 13-31.
Frieder Stöckle, Zum praktischen Umgang mit Oral History, in: Herwart Vorländer (Hg.), Oral History. Mündlich erfragte Geschichte. Göttingen 1990, S. 131-158.
Gerald Stourzh, Die Regierung Renner, die Anfänge der Regierung Figl und die Alliierte Kommission für Österreich, September 1945 bis April 1946, in: Archiv für österreichische Geschichte. Bd. 125. 1996, S. 321-342.
Gerald Stourzh, Um Einheit und Freiheit. Staatsvertrag, Neutralität und das Ende der Ost-West-Besetzung Österreichs 1945-1955. Studien zu Politik und Verwaltung. Bd. 62. 5., durchgesehene Aufl. 2005 mit einem bibliographischen Nachwort. Wien - Köln - Graz 2005.
Strafgesetzbuch der Russischen Sozialistischen Föderativen Sowjet-Republik vom 22. November 1926 in der am 1. Januar 1952 gültigen Fassung mit Nebengesetzen und Materialien. Übersetzt von Dr. Wilhelm Gallas. Berlin 1953.
V. N. Šunkov, Krasnaja armija. Harvest 2003.
Arnold Suppan - Gerald Stourzh - Wolfgang Mueller (Hg.), Der österreichische Staatsvertrag. Internationale Strategie, rechtliche Relevanz, nationale Identität. Wien 2005.
Carl Szokoll, Die Rettung Wiens 1945. Mein Leben, mein Anteil an der Verschwörung gegen Hitler und an der Befreiung Österreichs. Wien 2001.
Tessa Szyszkowitz, „Ihr Hunde, lassts den Vater da!" Die Perspektive der Angehörigen, in: Stefan Karner - Barbara Stelzl-Marx (Hg.), Stalins letzte Opfer. Verschleppte und erschossene Österreicher in Moskau 1950-1953. Unter Mitarbeit von Daniela Almer, Dieter Bacher und Harald Knoll. Wien - München 2009, S. 225-254.

Florence Tamagne, Guerre et homosexualité, in: François Rouquet - Fabrice Virgili - Daniéle Voldman (Hg.), Amours, guerres et sexualité 1914-1945. Paris 2007, S. 124-131.
Fabien Theofilakis, Sexes captifs, la sexualité des prisonniers, in: François Rouquet - Fabrice Virgili - Daniéle Voldman (Hg.), Amours, guerres et sexualité 1914-1945. Paris 2007, S. 55-61.
Carola Tischler, Die Vereinfachungen des Genossen Ėrenburg. Eine Endkriegs- und eine Nachkriegskontroverse, in: Elke Scherstjanoi (Hg.), Rotarmisten schreiben aus Deutschland. Briefe von der Front (1945) und historische Analysen. Texte und Materialien zur Zeitgeschichte. Bd. 14. München 2004, S. 326-339.
Nikolaj Tolstoy, Die Verratenen von Jalta. Die Schuld der Alliierten vor der Geschichte. München 1981.
Pavel Toper, Blick aus Moskau: Verschiedene Bilder einer Stadt. Wien in der Sowjetliteratur im Zeichen des Zweiten Weltkriegs, in: Gertraud Marinelli-König - Nina Pavlova (Hg.), Wien als Magnet? Schriftsteller aus Ost-, Ostmittel- und Südosteuropa über die Stadt. Wien 1996, S. 69-109.
Othmar Tuider, Die Kämpfe im Vorgelände der Fischbacher Alpen 1945. Militärhistorische Schriftenreihe, H. 17. 3. Aufl. Wien 1984.

Ugolovnyj kodeks Rossijskoj Sovetskoj Federativnoj Socialističeskoj Respubliki. Prinjat vtoroj sessiej VCIK XII sozyva. Vveden v dejstvie s 1 janvarja 1927 g. po-

stanovleniem VCIK ot 22 nojabrja 1926 g. (SU Nr. 80, st. 600). Moskau o. J.
Heidemarie Uhl, Erinnern und Vergessen. Denkmäler zur Erinnerung an die Opfer der nationalsozialistischen Gewaltherrschaft und an die Gefallenen des Zweiten Weltkrieges in Graz und in der Steiermark, in: Stefan Riesenfellner - Heidemarie Uhl (Hg.), Todeszeichen. Zeitgeschichtliche Denkmalkultur. Wien - Köln - Weimar 1994, S. 111–195.
Heidemarie Uhl, Transformationen des österreichischen Gedächtnisses. Geschichtspolitik und Denkmalkultur in der Zweiten Republik, in: Ulf Brunnbauer (Hg.), Eiszeit der Erinnerung. Vom Vergessen der eigenen Schuld, Wien 1999, S. 49–64.
Krisztián Ungváry, Die Schlacht um Budapest 1944/45. Stalingrad an der Donau. 4. Aufl. München 2005.
United States Department of State (Hg.), Foreign Relations of the United States. Diplomatic Papers. 1944, Vol. I General. Washington, D. C. 1966.
United States Department of State (Hg.), Foreign Relations of the United States. Diplomatic Papers. 1945, Vol. III. European Advisory Commission - Austria - Germany. Washington, D. C. 1968.
Aleksandr Ustinov, Venskie priključenija odnogo russkogo, opisannye im samim za 1000 dnej svoego prebyvanija v Avstrii. Unveröffentlichtes Manuskript. O. O. o. J.
Anne-Ev Ustorf, Wir Kinder der Kriegskinder. Die Generation im Schatten des Zweiten Weltkrieges. Freiburg im Breisgau 2008.

Ingeborg Valla-Grom, Zdrastvyjte, tovarišč! Vospominanija žitel'nicy Veny o vojne, in: Novyj Venskij Žurnal. 2004/5, S. 18–21.
Valerij Vartanov, Die Aufgaben der Militärkommandanturen in der sowjetischen Besatzungszone Österreichs 1945–1955, in: Stefan Karner - Barbara Stelzl-Marx (Hg.), Die Rote Armee in Österreich. Sowjetische Besatzung 1945–1955. Beiträge. Graz - Wien - München 2005, S. 163–178.
Stephan Verosta (Hg.), Die internationale Stellung Österreichs 1938 bis 1947. Eine Sammlung von Erklärungen und Verträgen aus den Jahren 1938 bis 1947. Wien 1947.
Fabrice Virgili, Enfants de Boches: The War Children of France. Translated by Paula Schwartz, in: Kjersti Ericsson - Eva Simonsen (Hg.), Children of World War II. The Hidden Enemy Legacy. Oxford - New York 2005, S. 138–150.
Voennaja ėnciklopedija. Bd. 1. Moskau 1997.
Voennaja ėnciklopedija. Bd. 3. Moskau 1995.
Voennaja ėnciklopedija. Bd. 4. Moskau 1999.
Voennaja ėnciklopedija. Bd. 7. Moskau 2003.
Voennaja ėnciklopedija. Bd. 8. Moskau 2004.
Hans-Erich Volkmann (Hg.), Das Russlandbild im Dritten Reich. Köln - Weimar - Wien 1994.
Ernst Volland, Die Flagge des Sieges, in: Ernst Volland - Heinz Krimmer (Hg.), Jewgeni Chaldej. Der bedeutende Augenblick. Leipzig 2008, S. 110–123.
Ernst Volland - Heinz Krimmer, Biografie, in: Ernst Volland - Heinz Krimmer (Hg.), Jewgeni Chaldej. Der bedeutende Augenblick. Leipzig 2008, S. 14–23.
T. V. Volokitina (Hg.), Sovetskij faktor v Vostočnoj Evrope 1944–1953. Bd. 2. 1949–1953. Dokumenty. Moskau 1999.
Ėrik Voroncov, Reka vody žizny. Dokumental'noj roman XXI veka. St. Petersburg 2005.

T. F. Voroncov - N. I. Birjukov - A. F. Smekalov - I. I. Šinkarev, Ot volžskich stepej do avstrijskich al'p: Boevoj put' 4-j gvardejskoj armii. Moskau 1971.
T. F. Voroncov - N. I. Birjukov - A. F. Smekalov - I. I. Šinkarev, Ot Stalingrada do Veny. (Ot volžskich stepej do avstrijskich al'p.) Boevoj put' 4-j gvardejskoj armii. Moskau 2005.
S. I. Vorošilov, Roždenie vtoroj respubliki v Avstrii. Leningrad 1968.

Sonja Wagner, „Der Sowjetstern auf dem Schlossberg". Besatzungserfahrungen im Burgenland, in: Stefan Karner - Barbara Stelzl-Marx (Hg.), Die Rote Armee in Österreich. Sowjetische Besatzung 1945–1955. Beiträge. Graz - Wien - München 2005, S. 487–502.
Wolfgang Wagner, Die Besatzungszeit aus sowjetischer Sicht. Die Errichtung der sowjetischen Besatzungsmacht in Österreich von 1945 bis 1946 im Spiegel ihrer Lageberichte. Phil. DA. Wien 1998.
Gudula Walterskirchen, Bomben. Hamstern. Überleben. Österreich 1945. Mit einem Nachwort von Ludwig Steiner. Wien 2005.
Irina Simone Wanker, „Weder bin ich ein Heiliger noch ein Prophet - ein Verräter, haben manche gesagt, andere ein Held ...". Gedenkschrift für Carl Szokoll 1915–2004. Wien 2005.
Alex Ward, Die Rolle der britischen Streitkräfte bei der Besetzung Südösterreichs im Jahr 1945, in: Manfried Rauchensteiner - Wolfgang Etschmann (Hg.), Österreich 1945. Ein Ende und viele Anfänge. Forschungen zur Militärgeschichte 4. Graz - Wien - Köln 1997, S. 157–184.
Anton Weber, Erinnerungen an die Apriltage 1945, in: Wiener Geschichtsblätter. 30/1975, S. 70–73.
Markus Wehner, Gescheiterte Revolution. In Russlands Archiven gehen die Uhren rückwärts, in: Osteuropa. 2009/5, S. 45–58.
Alexander Werth, Russland im Krieg 1941–1945. Mit 21 Karten. München o. J.
Nicolas Werth - Marc Grosset, Die Ära Stalin. Leben in einer totalitären Gesellschaft. Aus dem Französischen übersetzt von Enrico Heinemann. Stuttgart 2008.
Lars Westerlund (Hg.), Saksailiasten ja neuvostosotilaiden lapset Suomessa, Norjassa, Tanskassa, Itävallassa, puolassa ja Itä-Karjalassa. Ulkomaalasten sotilaiden lapset Suomessa 1940–1948. Ossa II. The Children of Foreign Soldiers in Finland, Norway, Denmark, Austria, Poland and Occupied Soviet Karelia. Children of Foreign Soliders in Finland 1940–1948. Bd. 2. Helsinki 2011.
Wolfram Wette, Das Russlandbild in der NS-Propaganda. Ein Problemaufriß, in: Hans-Erich Volkmann (Hg.), Das Russlandbild im Dritten Reich. Köln - Weimar - Wien 1994, S. 55–78.
Ulrike Wetz, Geschichte der Wiener Polizeidirektion vom Jahre 1945 bis zum Jahre 1955 mit Berücksichtigung der Zeit vor 1945. Phil. Diss. Wien 1970.
Barbara Wurm, „Walzer der Freiheit". (In-)Offizielle Filmdiplomatie der Sowjetunion. Der Fall Österreich, in: Lars Karl (Hg.), Leinwand zwischen Tauwetter und Frost. Der osteuropäische Spiel- und Dokumentarfilm im Kalten Krieg. Berlin 2007, S. 224–251.

Denise J. Youngblood, Russian War Films. On the Cinema Front, 1914–2005. Lawrence 2007.

V. V. Zacharov, Voennye komendatury SVAG v Sovetskoj zone okkupacii Germanii. 1945–1949 gg., in: V. V. Zacharov (Hg.), Dejatel'nost' sovetskich voennych komendatur po likvidacii posledstvij vojny i organizacii mirnoj žizni v Sovetskoj zone okkupacii Germanii. 1945–1949 gg: Sbornik dokumentov. Moskau 2005, S. 17–66.

V. N. Želanov, Vzaimodejstvie sil avstrijskogo dviženija soprotivlenija s vojskami Krasnoj Armii v bojach za osvoboždenie Avstrii (aprel' 1945g.), in: A. M. Samsonov et al. (Hg.), Dviženie soprotivlenija v Evrope. Vtoraja mirovaja vojna. Materialy naučnoj konferencii posvjašennoj 20-j godovščine pobedy nad fašistskoj Germaniej v trech knigach. Bd. 3. Moskau 1966, S. 117–121.

A. S. Želtov, 3-j Ukrainskij – na Balkanach, in: Institut Voennoj Istorii Ministerstva Oborony SSSR (Hg.), Velikij osvoboditel'nyj pochod. Moskau 1970, S. 115–150.

Aleksej S. Želtov, Političeskaja rabota v Venskoj nastupatel'noj operacii, in: Voenno-istoričeskij žurnal. 1966/2, S. 17–28.

I. N. Zemskov et al. (Hg.), SSSR – Avstrija 1938–1979 gg. Dokumenty i materialy. Moskau 1980.

Gaby Zipfel, Ausnahmezustand Krieg? Anmerkungen zu soldatischer Männlichkeit, sexueller Gewalt und militärischer Einhegung, in: Insa Eschebach – Regina Mühlhäuser (Hg.), Krieg und Geschlecht. Sexuelle Gewalt im Krieg und Sex-Zwangsarbeit in NS-Konzentrationslagern. Berlin 2008, S. 55–74.

I. G. Žirjakov, Sovetskij Sojuz – Avstrija. Na puti k sozdaniju obščeevropejskogo doma. Moskau 1991.

Vladislav M. Zubok, A Failed Empire. The Soviet Union in the Cold War from Stalin to Gorbachev. Chapel Hill 2007.

Vladislav Zubok – Constantine Pleshakov, Inside the Kremlin's Cold War. From Stalin to Khrushchev. Cambridge – London 1996.

4.2 CD und Internetquellen

Memorial, Stalinskie rasstrel'nye spiski. CD-Disk. Moskau 2002.

Dmitrij Medvedev spasaet istoriju, in: http://news.ru.msn.com/local/article.aspx?cp-documentid=16961183&imageindex=1. 20.5.2009, 12.58 Uhr.

Französische „Kriegskinder" gehört. Deutschland erleichtert Betroffenen die Einbürgerung – historische Kommission soll Thema aufarbeiten, in: http://derstandard.at/Text/?id=1234507506077. 19.2.2009, 16.05 Uhr.

Geschichte des Palais Epstein, in: http://www.palaisepstein.at/PALAIS_EPSTEIN/GE/show.psp. 5.6.2009, 13.40 Uhr.

Julija Kantor, Istoriej upravljat' nel'zja, in: Vremja novostej Nr. 118, 7.7.2009, in: http://www.vremya.ru/print/232671.html. 21.7.2009, 14 Uhr.

Lars Karl, „Den Verteidigern der russischen Erde ..." Poklonnaja Gora: Erinnerungskultur im postkommunistischen Russland, in: Zeitgeschichte-online, Thema: Die russische Erinnerung an den „Großen Vaterländischen Krieg", in: http://www.zeitgeschichte-online.de/zol/_rainbow/documents/pdf/russerinn/polianski.pdf. 13.5.2005, 17.05 Uhr.

Sascha Lehnartz, Deutsche Staatsbürgerschaft für einen „Bastard", in: http://www.welt.de/politik/ausland/article4265894/Deutsche-Staatsbuergerschaft-fuer-einen-Bastard.html#reqNL. 6.8.2009, 18.05 Uhr.

Igor J. Polianski, Die kleineren Übel im großen Krieg. Der 60. Jahrestag des Sieges: Das Fest des historischen Friedens und der Krieg der Geschichtsbilder zwischen Baltikum und Russland, in: Zeitgeschichte-online, Thema: Die Russische Erinnerung an den „Großen Vaterländischen Krieg", in: http://www.zeitgeschichte-online.de/zol/_rainbow/documents/pdf/russerinn/polianski.pdf. 13.5.2005, 17.10 Uhr.

Ella Poljakova - Elena Vilenskaya, Soldatenmütter: Ausmusterung als Strategie, in: http://www.connection-ev.de/GUS-Staaten/sold_muett.html. 17.6.2008, 12 Uhr.

Simone Schlindwein, Tagungsbericht: Leinwand zwischen Tauwetter und Frost: Der osteuropäische Spiel- und Dokumentarfilm im Kalten Krieg, in: http://hsozkult.geschichte.hu-berlin.de/tagungsberichte/id=913, 14.11.2005, 18.16 Uhr.

Suchaufruf von Reinhard Heninger in „Ždi menja", Nr. 333. Ausgestrahlt am 7.5.2007, in: http://www.poisk.vid.ru/?p=11&airyear=2007&airsearch_morning=0&sstart=0.

Suchaufruf von Herbert Pils in „Ždi menja", Nr. 346. Ausgestrahlt am 13.8. 2008, in: http://www.poisk.vid.ru/?p=11&airyear=2007&airsearch_morning=0&sstart=0.

Treffen von Herbert Pils mit seiner Familie in „Ždi menja", Nr. 350. Ausgestrahlt am 10.9.2007, in: http://www.poisk.vid.ru/?p=11&airyear=2007&airsearch_morning=0&sstart=0.

Treffen von Gerhard Verosta mit seiner Familie in „Ždi menja", Nr. 264. Ausgestrahlt am 25.7.2005, in: http://www.poisk.vid.ru/?p=11&airyear=2005&airsearch_morning=0&sstart=45.

4.3 Zeitungsartikel

Arbeiter-Zeitung

Auf allgemeines Verlangen: Die russischen Straßenbezeichnungen abgeschafft. Der Stalinplatz heißt wieder Schwarzenbergplatz, in: Arbeiter-Zeitung, 19.7.1956, S. 1.

Das Verbrechen im Prater. Wir fordern Aufklärung!, in: Arbeiter-Zeitung, 7.11.1946, S. 3.

Der russische Deserteur gefangen, in: Arbeiter-Zeitung, 29.8.1950, S. 3.

Die Begnadigung der beiden Eisenbahner abgelehnt?, in: Arbeiter-Zeitung, 14.5.1945, S. 2.

Die Praterverbrecher zum Tod verurteilt. Vom sowjetischen Militärgericht, in: Arbeiter-Zeitung, 30.11.1946, S. 1.

Die Tragik eines Besatzungskindes, in: Arbeiter-Zeitung, 23.1.1953, S. 4.

Die verhängnisvollen Soldatenbekanntschaften, in: Arbeiter-Zeitung, 12.4.1951, S. 2.

Dreifacher Mord eines russischen Offiziers, in: Arbeiter-Zeitung, 17.8.1950, S. 3.

Fünf Zivilgefangene aus Rußland heimgekehrt. Aber achthundert noch dort - Nachricht von Frau Dr. Ottillinger, in: Arbeiter-Zeitung, 28.2.1953, S. 2.

Für die Aufhebung der alliierten Militärgerichte, in: Arbeiter-Zeitung, 23.5.1948, S. 1.

O. P., Die Unbekannten, in: Arbeiter-Zeitung, 3.4.1947, S. 1f. Abgedruckt in: Karner - Stelzl-Marx - Tschubarjan, Die Rote Armee in Österreich, Dok. Nr. 128.

O. P., Von der Befreiung zur Freiheit, in: Arbeiter-Zeitung, 12.4.1947, S. 1f.
J. S., Der unerbittliche Paragraph, in: Arbeiter-Zeitung, 12.9.1948, S. 4.
Gertrud Srncik, Besatzungskinder - ein Weltproblem, in: Arbeiter-Zeitung, 3.11.1955, S. 5.
Warum? Die Begnadigung der beiden Eisenbahner vom russischen Hochkommissar abgelehnt, in: Arbeiter-Zeitung, 15.5.1948, S. 2.

Boevoe znamja. Kransoarmejskaja gazeta

Lozungi k 1 maja 1942 goda, in: Boevoe znamja, 28.4.1942, S. 1.
Skol'ko fašistov ty ubil? Krušite smertnym boem nasil'nikov-zverej za dikie razboi, za gore materej! Ranulov: 4, in: Boevoe znamja, 26.4.1942, S. 1.
Skol'ko fašistov ty ubil? Metkij ogon kon'šakovcev. Orudijnyj rasčet Kon'šakova: 50, in: Boevoe znamja, 17.4.1942, S. 1.
Sol'ko fašistov ty ubil? Pervaja vstreča. Kulikov: 1, in: Boevoe znajmja, 19.4.1942, S. 1.
Skol'ko fašistov ty ubil? Predmajskoe boevoe sorevnovanie, in: Boevoe znamja, 1.5.1942, S. 1.
Skol'ko fašistov ty ubil? Razvedčiki istrebljaut vraga. Razvedčiki Loskutova: 5, in: Boevoe znamja, 3.5.1942, S. 2.
I. Stalin, Prikaz Narodonogo Komissara Oborony Nr. 130, 1.5.1942, in: Boevoe znamja, 3.5.1942, S. 1f.
Staršij politruk Ivanov, Političeskaja podgotovka ataki, in: Boevoe znamja, 21.4.1942, S. 2.

Der Spiegel

Irina Repke - Peter Wensierski, „Warte auf mich". Mehr als 60 Jahre nach Kriegsende suchen Kinder sowjetischer Besatzungssoldaten nach den Spuren ihrer Väter, in: Der Spiegel, 6.8.2007, S. 40–44.
Marc Widmann - Mary Wiltenburg, Kinder des Feindes, in: Der Spiegel. 2006/52, S. 39–41.

Die Presse

Burkhard Bischof, Frau Won, die koreanische Mata Hari. Spionage. Eine attraktive Nordkoreanerin ließ südkoreanische Offiziere in die „Venusfalle" tappen, in: Die Presse, 5.9.2008, S. 8.
Burkhard Bischof, Russlands Kreuz mit der Historie. Die staatlich verordnete Reinwaschung Stalins kann nur böse Erinnerungen wecken, in: Die Presse, 27.5.2009, S. 27.
Ein Schlag gegen die historische Forschung. Neue Kommission soll die „Verfälschung der Geschichte" bekämpfen, in: Die Presse, 27.5.2009, S. 5.
Kurt Palm, „Als Künstler getarnte Agenten", in: Die Presse, Spectrum, 24.6.2006, S. V.
Barbara Stelzl-Marx, Der letzte sowjetische Besatzungssoldat. Gastkommentar in: Die Presse, 19.9.2005, S. 30.
Wieder Siegesparade, in: Die Presse, 6.3.2008, S. 7.

Frankfurter Allgemeine Zeitung

Elise Cannuel, Verfluchte oder Kinder der Liebe? Dreiundsechzig Jahre nach dem

Zweiten Weltkrieg regt Frankreich an, die Geschichte deutsch-französischer Besatzungskinder aufzuarbeiten, in: Frankfurter Allgemeine Zeitung. Feuilleton, 21.5.2008, S. 46.

Kleine Zeitung

Johanna Birnbaum, Eisenerzer fand seine Schwestern in Russland. Nach vielen Jahren der Ungewissheit fand Herbert Pils seine Familie väterlicherseits in Russland. Mithilfe einer russischen Fernsehsendung, in: Kleine Zeitung, 21.12.2007, S. 28.

Krasnaja Zvezda

Progulki po Friclandija, in: Krasnaja Zvezda, 25.11.1944.

Kronen Zeitung

Dieter Kindermann, Geliebter Feind. 60 Jahre nach dem Zweiten Weltkrieg suchen noch Mütter und deren Kinder nach Besatzungssoldaten, mit denen sie eine tiefe Beziehung hatten. Manchmal entdecken sie den Vater ihrer Kinder, in: Kronen-Zeitung. Krone Bunt, 21.1.2007, S. 30–31.

Eva Schweighofer, „Ich suche meine Schwester. Zeitgeschichte", in: Kronen-Zeitung. Krone Bunt, 16.6.2009, S. 26.

Kurier

Markus Foschum, „Ich erbe eine russische Familie". „Besatzungskind" traf nach 58 Jahren erstmals Vater und Verwandtschaft, in: Kurier, 18.8.2006, S. 11.

Otto Klambauer, Die Kinder der Besatzung. Neue Forschungen bringen etwas Licht ins Dunkel eines Tabuthemas der Nachkriegszeit: Die Beziehungen von Österreicherinnen mit Besatzungssoldaten 1945 bis 1955, in: Kurier, 19.6.2005, S. 4.

Otto Klambauer, Mit 58 Jahren den Vater gefunden. Sohn eines ehemaligen sowjetischen Besatzungssoldaten: „Eine riesige Freude", in: Kurier, 6.7.2005, S. 11.

Moosbierbaumer Dorfblatt'l

Anton Müllner - Ferdinand Rieder, Auf der Suche nach dem Vater. Eine berührende Geschichte, erzählt von Anton Müllner und Ferdinand Rieder, in: Moosbierbaumer Dorfblatt'l. Unabhängige Moosbierbaumer Dorfzeitung. 2007/27, S. 7–12.

Österreichische Zeitung

Die Rote Armee im Frieden, in: Österreichische Zeitung, 23.2.1946, S. 12.

Erklärung der Sowjetregierung über Österreich, in: Österreichische Zeitung, 15.4.1945, S. 1.

F. Tolbuchin, An die Bevölkerung Österreichs, in: Österreichische Zeitung, 15.4.1945, S. 1.

Wien befreit!, in: Österreichische Zeitung, 15.4.1945, S. 2.

Parlamentskaja gazeta

Anna Dymkovec, Svjaz' vremen, in: Parlamentskaja gazeta, 20.8.2004.

Pravda

G. Aleksandrov, Tovarišč Ėrenburg uproščaet, in: Pravda, 14.4.1945, S. 2.

Leonid Pervomajskij, Osvoboždennaja Vena, in: Pravda, 14.4.1945.

Profil

Josef Barth, „Iwan war meine erste Liebe", in: Profil extra (1945–1955. Vom Kriegsende zum Staatsvertrag), 13.5.2008, S. 82–84.
Herbert Lackner, „Jetzt ist auch die Hoffnung gestorben". Zeitgeschichte. Nach dem Fall der Berliner Mauer und des Eisernen Vorhangs öffneten sich langsam auch die Geheimarchive. Viele Familien erfahren erst jetzt vom grausamen Tod ihrer in die Sowjetunion verschleppten Angehörigen", in: Profil 46, 9.11.2009, S. 18–23.

Sowjetunion heute

Moskauer Ausstellung: „Österreichische Widerstandsbewegung", in: Sowjetunion heute. 8/1968, S. 6.

Za čest' Rodiny

Agitator, pobesedyj na ėtu temu s voinami. Sovetskie voiny v Avstrii s čest'ju vypolnili svoj dolg, in: Za čest' Rodiny, 7.8.1955, S. 5.
P. Akimov, Sovetskie voiny v Avstrii opravdali doverie Rodiny. S čuvstvom vysokoj otvetstvennosti, in: Za čest' Rodiny, 3.8.1955, S. 3.
E. Aleksandrov, Janki v Avstrii. Podlinnoe lico amerikanskich vojak, in: Za čest' Rodiny, 26.4.1950, S. 8.
M. Alekseev – V. Malafeev, Svoimi glazami my vidim vsju lož' i nespravedlivost' buržuaznogo obščestva, in: Za čest' Rodiny, 7.9.1947, S. 5.
Amerikancy v Avstrii, in: Za čest' Rodiny, 23.3.1948, S. 6.
Amerikancy v Avstrii, in: Za čest' Rodiny, 27.5.1949, S. 8.
Amerikanskaja armija – armija imperializma, in: Za čest' Rodiny, 31.8.1949, S. 4f.
Amerikanskie imperialisty pytajutsja zakabalit' avstrijskij narod, in: Za čest' Rodiny, 18.8.1948, S. 6.
Amerikanskij raj dlja fašistov, in: Za čest' Rodiny, 28.2.1948, S. 7.
Amerikanskij sud opravdal ubijcu sovetskogo oficera, in: Za čest' Rodiny, 1.3.1946, S. 6.
I. Ančiškin, Puti zaveršenija stroitel'stva socializma i postepennogo perechoda k kommunizmu, in: Za čest' Rodiny, 15.12.1946, S. 4.
Avstrijskaja pečat' o čistke v Avstrii, in: Za čest' Rodiny, 5.3.1946, S. 7.
Avstrijskie vlasti osvoboždajut voennych prestupnikov, in: Za čest' Rodiny, 9.7.1947, S. 7.
Bditel'no nesti karaul'nuju službu, in: Za čest' Rodiny, 25.10.1946, S. 1.
Ju. Beljat, Novyj god – novye bedstvija. Avstrija na poroge Novogo goda, in: Za čest' Rodiny, 1.1.1949, S. 7.
Besčinstva amerikanskich soldat v Avstrii, in: Za čest' Rodiny, 9.2.1952, S. 7.
S. Borisovič, V pomošč agitatoram i propagandistam. Maršallizacija Avstrii – nastuplenie na žizennyj uroven' trudjaščichsja, in: Za čest' Rodiny, 13.12.1949, S. 7.
S. Borzunov, Spartakiada Central'noj Gruppy Vojsk. Molodost', sila, krasota, in: Za čest' Rodiny, 10.4.1946, S. 1.
S. Borzunov – M. Alekseev, Toržestvo v stolice Avstrii – Vene. Parad sojuznych vojsk na ploščadi Stalina, in: Za čest' Rodiny, 9.5.1946, S. 3.
V. Briskin, Čudesa denacifikacii, in: Za čest' Rodiny, 21.2.1947, S. 8.

V. Briskin, Papu nakazali, in: Za čest' Rodiny, 12.6.1947, S. 3.
V. Briskin, Ten' prošlogo ego usynovila, in: Za čest' Rodiny, 8.6.1947, S. 8.
R. Charisov, Ženy oficerov šefstvujut nad stolovoj, in: Za čest' Rodiny, 14.5.1946, S. 3.
M. Cheific, Chudožniki-frontoviki, in: Za čest' Rodiny, 19.5.1946, S. 5.
Delo česti soldata, in: Za čest' Rodiny, 26.3.1946, S. 1.
Delo česti soldata, in: Za čest' Rodiny, 5.10.1946, S. 1.
Den' otdycha, in: Za čest' Rodiny, 7.4.1946, S. 1.
Dom otdycha v Al'pach, in: Za čest' Rodiny, 28.3.1946, S. 6.
N. Efimov, Plačevnye itogi maršallizacii, in: Za čest' Rodiny, 28.4.1950, S. 7.
Ėkskursija škol'nikov, in: Za čest' Rodiny, 9.7.1946, S. 1.
O. Gavrilova, Novoe ograblenie trudjaščichsja Avstrii, in: Za čest' Rodiny, 10.8.1951, S. 7.
Godovščina slavnoj pobedy, in: Za čest' Rodiny, 13.4.1946, S. 1.
R. Grigor'janc, Takoj dolžna byt' každaha naša kazarma!, in: Za čest' Rodiny, 29.7.1955, S. 7.
A. Grigor'ev, Janki v Avstrii, in: Za čest' Rodiny, 10.9.1954, S. 7.
Š. Kasimov, Vsegda odnoobraznoe menju, in: Za čest' Rodiny, 27.7.1945, S. 3.
Kommunističeskoe vospitanie - glavnaja zadača, in: Za čest' Rodiny, 19.10.1946, S. 7.
Koncert ansamblja CGV, in: Za čest' Rodiny, 28.5.1946, S. 6.
Končilas razluka, in: Za čest' Rodiny, 20.2.1947, S. 6.
Konkurs redakcii gazety „Za čest' Rodiny" na malen'kij rasskaz, in: Za čest' Rodiny, 17.10.1945, S. 4.
M. Konstantinov, Amerikanskie gestapovcy v Avstrii, in: Za čest' Rodiny, 27.5.1950, S. 7.
M. Konstantinov, Budi kapitalističeskogo mira. Samoubijcy, in: Za čest' Rodiny, 10.6.1948, S. 8.
V. Kostrickij, Ėkskursija, in: Za čest' Rodiny, 4.7.1946, S. 8.
Ju. Larin, Amerikanskie gangstery v Avstrii, in: Za čest' Rodiny, 4.12.1952, S. 7.
Leninskaja komnata, in: Za čest' Rodiny, 12.4.1946, S. 1.
L. Leonidov, Sovetskij Sojuz - lučšij drug avstrijskogo naroda, in: Za čest' Rodiny, 21.6.1955, S. 7.
N. Lunev, Nam pišut, in: Za čest' Rodiny, 28.9.1946, S. 3.
B. Maksimov, Nam rukopleščut žiteli Veny, in: Za čest' Rodiny, 3.8.1955, S. 3.
Materialy k političeskim zanjatijam. Za rubežom rodnoj strany vysoko deržat' čest' i dostojnstvo sovetskogo voina i byt' osobenno bditel'nym, in: Za čest' Rodiny, 1.6.1955, S. 5.
S. Mel'nik, Tak li nužno organizovyvat' politzanjatija?, in: Za čest' Rodiny, 19.5.1946, S. 5.
Na mogily pigobščich sovetskich voinov vozloženy venki, in: Za čest' Rodiny, 13.4.1946, S. 3.
Ob ėtom molčat' nel'zja, in: Za čest' Rodiny, 21.6.1946, S. 6.
Ob'javlenie, in: Za čest' Rodiny, 18.8.1946, S. 8.
I. Ostapenko, Čtoby učit' drucgich, nado učit'sja, in: Za čest' Rodiny, 27.9.1946, S. 2.
Otkrytie Doma oficerov Krasnoj Armii g. Vena, in: Za čest' Rodiny, 10.11.1945, S. 7.
Otkrytie sorevnovnanija po slalomu, in: Za čest' Rodiny, 13.2.1947, S. 8.
Ot redakcii, in: Za čest' Rodiny, 16.8.1955, S. 4.

P. Pavlov, Gore i niščeta. „Išču ljubuju rabotu", in: Za čest' Rodiny, 25.6.1949, S. 5.
Pesni Velikoj Otečestvennoj vojny. Daleko il' nedalečko, in: Za čest' Rodiny, 30.6.1946, S. 5.
A. Pjalin, Janki - razbojniki v Evrope, in: Za čest' Rodiny, 6.5.1952, S. 7.
Plocho živetsja trudjaščimsja Avstrii, in: Za čest' Rodiny, 29.4.1949, S. 6.
Plody „maršallizacii" Avstrii, in: Za čest' Rodiny, 25.1.1949, S. 7.
Ploščad' imeni Stalina i most imeni Krasnoj Armii, in: Za čest' Rodiny, 13.4.1946, S. 1.
Podgotovka k leninskim dnjam, in: Za čest' Rodiny, 17.4.1955, S. 1.
Povsednevno zabotit'sja o bytovych nuždach oficerov, in: Za čest' Rodiny, 28.3.1946, S. 6.
Prezrenie i otvraščenie vyzvyvaet v našich serdcach kapitalističeskij stroj. Pis'ma sovetskich voinov o buržuaznoj dejstvitel'nosti, in: Za čest' Rodiny, 16.1.1948, S. 6.
Priznatel'nost sovetskim voinam, in: Za čest' Rodiny, 3.8.1955, S. 3.
Programma dal'nejščego ukrpelenija našej armii, in: Za čest' Rodiny, 24.2.1946, S. 1.
Prosmotr kinofil'ma „Syn polka", in: Za čest' Rodiny, 26.11.1946, S. 2.
A. Razgon, Lico buržuaznoj morali, in: Za čest' Rodiny, 18.9.1948, S. 7.
A. Razgon, Sovetskie nefjaniki na Dunae, in: Za čest' Rodiny, 14.12.1946, S. 8.
A. Razgon, V bojach za Venu, in: Za čest' Rodiny, 13.4.1949, S. 5.
V. Razumov, Politika golod i obmana. K prodovol'stvennomu položeniju Avstrii, in: Za čest' Rodiny, 25.3.1948, S. 6.
Redakcija gazety „Za čest' Rodiny" trebuetsja kvalificirovannye radisty, in: 5.3.1947, S. 8.
Ch. Rogov, Vot čto obchoditsja narodam ‚pomošč' amerikanskich imperialistov, in: Za čest' Rodiny, 28.9.1947, S. 4.
Šachmatnyj turnir, in: Za čest' Rodiny, 18.10.1945, S. 4.
A. Šarov, Pis'ma o Vene, in: Za čest' Rodiny, 16.6.1946, S. 6.
A. Šarov, Pis'ma o Vene, in: Za čest' Rodiny, 30.6.1946, S. 7.
A. Šarov, Pis'ma ob Avstrii. V Cistersdorfe, in: Za čest' Rodiny, 11.8.1946, S. 4.
A. Šarov, Pis'ma ob Avstrii. V Cistersdorfe, in: Za čest' Rodiny, 16.8.1946, S. 5.
A. Šarov, Pis'ma ob Avstrii. V Cistersdorfe, in: Za čest' Rodiny, 21.8.1946, S. 6.
Segodnja v Dome oficerov, in: Za čest' Rodiny, 22.12.1945, S. 8.
Segodnja v Dome oficerov, in: Za čest' Rodiny, 6.1.1946, S. 8.
Segodnja v Dome oficerov, in: Za čest' Rodiny, 27.4.1946, S. 8.
Segodnja v Dome oficerov, in: Za čest' Rodiny, 9.7.1946, S. 8.
Segodnja v Dome oficerov, in: Za čest' Rodiny, 14.12.1946, S. 8.
Segodnja v Dome oficerov, in: Za čest' Rodiny, 16.6.1955, S. 8.
Segodnja v Dome oficerov, in: Za čest' Rodiny, 5.7.1955, S. 8.
Segodnja v Dome oficerov, in: Za čest' Rodiny, 28.7.1955, S. 8.
D. Sergievič, Zavtra otkryvaetsja Dom oficerov Krasnoj Armii v Vene", in: Za čest' Rodiny, 7.11.1945, S. 8.
Slava osvoboditelej bessmertna!, in: Za čest' Rodiny, 16.4.1949, S. 3.
Slavnaja godovščina, in: Za čest' Rodiny, 22.2.1946, S. 1.
Sobranie žen oficerov Venskogo garnizona, in: Za čest' Rodiny, 25.10.1946, S. 1.
Sovetskaja srednaja škola g. Veny, in: Za čest' Rodiny, 7.12.1946, S. 8.
I. Stalin, Krasnaja Armija javljaetsja pervoknassnoj armiej, in: Za čest' Rodiny, 22.2.1946, S. 1.
I. Stalin, Neustanno svoeršenstvovat' boevuju vyučku, in: Za čest' Rodiny, 24.5.1945, S. 2.

Sudebnyj process po delu o zlodejanijach nemecko-fašistskich zachvatčikov na territorii Ukrainskoj SSR, in: Za čest' Rodiny, 29.1.1946, S. 5.
Sudebnyj process po delu o zlodejanijach nemecko-fašistskich zachvatčikov v Belorusskoj SSR, in: Za čest' Rodiny, 29.1.1946, S. 5.
Tematika Glavnogo političeskogo upravlenija Krasnoj Armii dlja besed, dokladov i politzanjatij s ličnym sostavom, in: Za čest' Rodiny, 25.5.1945, S. 3.
Tovariščeskaja vstreča futbolistov, in: Za čest' Rodiny, 28.5.1946, S. 6.
U nich i u nas, in: Za čest' Rodiny, 17.5.1946, S. 2.
V Avstrii prodolžajut potvorstvovat' gitlerovkim prestupnikam, in: Za čest' Rodiny, 7.6.1947, S. 7.
V Dome oficerov, in: Za čest' Rodiny, 21.3.1946, S. 3.
A. Vercholetov, Otkrytie pamjatnika pogibščim voinam Krasnoj Armii v gorode Vena, in: Za čest' Rodiny, 21.8.1945, S. 3.
I. Vladimirov, Raspad i razloženie buržuaznoj kul'tury, in: Za čest' Rodiny, 26.12.1948, S. 6.
Vnimaniju vsech rukovoditelej kollektivov voennych ochotnikov, in: Za čest' Rodiny, 30.1.1947, S. 8.
V odnom iz krasnoarmejskich klubov, in: Za čest' Rodiny, 29.3.1946, S. 7.
N. Vološin, Naši gimnasty, in: Za čest' Rodiny, 8.3.1946, S. 7.
Vstreča voinov s rukovoditeljami i artistami „Venfil'ma", in: Za čest' Rodiny, 7.6.1955, S. 6.
Vychodnoj den', in: Za čest' Rodiny, 31.5.1945, S. 3.
Zadači idejnogo vospitanija oficerskich kadrov, in: Za čest' Rodiny, 25.5.1945, S. 3.
Za massovuju fizkul'turu i sport!, in: Za čest' Rodiny, 29.7.1945, S. 1.
Za novye uspechi voinov - sportsmenov, in: Za čest' Rodiny, 10.4.1946, S. 1.
V. Zolotarev, V Venu na ėkskursiju, in: Za čest' Rodiny, 9.10.1945, S. 1.

5. Filmverzeichnis

5.1 Dokumentarfilme

Am Schauplatz: Verbotene Liebe. Eine ORF-Reportage von Doris Plank. 29.6.2007 (3sat, 4.7.2007).
Die Kinder der Besatzer. Teil 2. Eine NDR-Produktion von Reinhard Joksch. 2006.

Rossijskij gosudarstvennyj archiv kinofotodokumentov, Krasnogorsk (RGAKFD)

Nr. 5146, Vena (1945, Ton, schwarz-weiß, Regie: Jakov Posel'skij, 868 m).
Nr. 6492, Vozvraščenie avstrijskich voennoplennach v Avstriju (1947, CSDF, stumm, schwarz-weiß, Kamera: D. Kaspij, m: ohne Angabe).
Nr. 6521, Na rodinu (1946, CSDF, stumm, schwarz-weiß, Kamera und Regie: unbekannt, 355,4 m).

Nr. 6520, Provody demobilizovannych (1947, CSDF, stumm, schwarz-weiß, Kamera: D. Kaspij, 288,8 m).

Nr. 7345, Venskie budni (1949, CSDF, 2 Teile, stumm, schwarz-weiß, Kamera: D. Kaspij, 495 m).

Nr. 7480, Vybory v Verchovnyj Sovet SSSR (1950, CSDF, stumm, schwarz-weiß, Kamera: D. Kaspij, m: ohne Angabe).

Nr. 9213, Den' 1-go Maja v Vene (1945, CSDF, stumm, schwarz-weiß, Kamera: Mamedov, m: ohne Angabe).

Nr. 10274, Osvoboždenie Veny (1955, CSDF, vertont, schwarz-weiß, Regie und Kamera: unbekannt, 274 m).

Nr. 10701, Na ulicach Veny (1957, CSDF, 4 Teile, vertont, Farbe, Drehbuch: A. Kološina, Kamera: Anatolij Kološin, 1144,1 m).

Nr. 10927, Venskoe napravlenie (1945, CSDF, stumm, schwarz-weiß, Regie und Kamera: Frolov, 146,4 m).

Nr. 10940, Pochorony operatora Stojanovskogo (1945, CSDF, stumm, schwarz-weiß, Regie: Sokol'nikov, Kamera: Aslanov, Sokol'nikov, 139,8 m).

Nr. 11069, Zaslužennyj otdych (1945, CSDF, stumm, schwarz-weiß, Regie und Kamera: Aslanov, 218,8 m).

Nr. 11091, Parad na Dunae (1945, CSDF, stumm, schwarz-weiß, Kamera und Regie: Zaporožskij, 101,4 m).

Nr. 11115, Parad sojuznych vojsk v Vene po slučaju pribytija komandujuščich sojuznymi okkupacionnymi vojskami (1945, CSDF, stumm, schwarz-weiß, Kamera: Kun, Nebylickij, Pojčenko, 101,4 m).

Nr. 11126, V den' Pobedy (3-ij Ukrainskij front) (1945, CSDF, 2 Teile, stumm, schwarz-weiß, Regie und Kamera: Aslanov, 364,3 m).

Nr. 11181, Repatriacija sovetskich graždan v Avstrii (1945, CSDF, stumm, schwarz-weiß, Regie: Cholušakov, Monglovskij, Kamera: B. Nebylickij, 128,9 m).

Nr. 11198, Avstrija (1945, CSDF, 3 Teile, stumm, schwarz-weiß, Kamera: Nebylickij, 610,5 m).

Nr. 11199, Avstrija (1945, CSDF, 2 Teile, stumm, schwarz-weiß, Kamera: Nebylickij, Sokol'nikov, 382,5 m).

Nr. 11209, Vozloženie venkov na mogily sovetskich voinov, pavšich v bojach za osvoboždenie g. Veny ot nemecko-fašistskich okkupantov (1945, CSDF, stumm, schwarz-weiß, Kamera: Zaporožskij, 103,9 m).

Nr. 11211, Maršal I. S. Konev (1945, CSDF, stumm, schwarz-weiß, Regie: Petrov, m: ohne Angabe).

Nr. 11219, Priem u maršala I. S. Koneva v čest' 28-oj godovščiny Oktjabrja (1945, CSDF, stumm, schwarz-weiß, Regie und Kamera: Zaporožskij, 129,3 m).

Nr. 11241, Otrkytie pamjatnika voinam Sovetskoj Armii, pogibšim v bojach za osvoboždenie Veny (1945, CSDF, stumm, schwarz-weiß, Kamera: Šemakov, 113,5 m).

Nr. 11251, Sovetskie vojska vosstanovili most čerez Staryj Dunaj v Vene (1945, CSDF, stumm, schwarz-weiß, Regie und Kamera: Sokol'nikov, 88,7 m).

Nr. 15623, Podpisanie Gosudarstvennogo Dogovora o vosstanovlenii nezavisimoj i demokratičeskoj Avstrii (1955, CSDF, vertont, schwarz-weiß, Regie: I. Kopalin, Kamera: Anatolij Kološin, 228,4 m).

Nr. 15794, Avstrija vstrečaet poslanca mira (CSDF, 5 Teile, vertont, schwarz-weiß, Regie und Kamera: Karmen, 1405,1 m).

Nr. 16730, Deti v Avstrii (1952, CSDF, stumm, Farbe, Kamera: Anatolij Kološin, 46,6 m).
Nr. 17303, O položenii kresťjan v Avstrii (1949, CSDF, stumm, schwarz-weiß, Kamera: Kaspij, 82 m).
Nr. 17476, 1 Maja v Vene (1955, CSDF, stumm, schwarz-weiß, Kamera: Anatolij Kološin, 129,4 m).
Nr. 17594, S'ezd melkich kresťjan Avstrii (1952, CSDF, stumm, schwarz-weiß, Kamera: Anatolij Kološin, 291,8 m).
Nr. 17849, Protiv nastuplenija na žiznenyj uroven' (1951, CSDF, stumm, schwarz-weiß, Kamera: Anatolij Kološin, 189 m).
Nr. 17794, Protiv ugrozy fašizma (1954, CSDF, stumm, schwarz-weiß, Kamera: Anatolij Kološin, 726 m).
Nr. 18069, Podpisanie Gosudarstvennogo Dogovora (1955, CSDF, 5 Teile, stumm, schwarz-weiß, Regie: I. Kopalin, Kamera: Anatolij Kološin, 1011 m).
Nr. 18772, Leninskie dni v Vene (1955, CSDF, stumm, schwarz-weiß, Kamera: Anatolij Kološin, 45,5 m).
Nr. 18773, 10-letie vozroždenie respubliki (1955, CSDF, stumm, schwarz-weiß, Kamera: Anatolij Kološin, 176,9 m).
Nr. 18787, 1-oe maja v Vene (1955, CSDF, stumm, schwarz-weiß, Kamera: Anatolij Kološin, 77,9 m).
Nr. 18815, Demonstracija avstrijskich vračej (1955, CSDF, stumm, schwarz-weiß, Kamera: Anatolij Kološin, 149,7 m).
Nr. 18833, Za vsenarodnoe golosovanie, protiv militarizma (1955, CSDF, stumm, schwarz-weiß, Kamera: Anatolij Kološin, 239,7 m).
Nr. 19013, Dom kommunističeskoj pečati (v Vene) (1. Teil: 1954, 2. Teil: 1956, CSDF, stumm, schwarz-weiß, Kamera: Anatolij Kološin, 339,8 m).
Nr. 21211, Val's svobody (1965, CSDF, 5 Teile vertont, schwarz-weiß, Regie und Kamera: Anatolij Kološin, 1397 m).
Nr. 23123, Desjataja godovščina osvoboždenija Avstrii (1955, CSDF, stumm, schwarz-weiß, Kamera: Anatolij Kološin, 255,3 m).

5.2 Spielfilme

Stalag 17, USA 1952, Regie: Billy Wilder, Edwin Blum, Darsteller: William Holden, Don Taylor, Otto Preminger.
The Great Waltz, USA 1938, Regie: Julien Duvivier, Darsteller: Luise Rainer, Fernand Gravey, Miliza Korjus.
The Sound of Music, USA 1965, Regie: Robert Wise, Darsteller: Julie Andrews, Christopher Plummer, Eleanor Parker.

6. Personenregister

7. Ortsregister

8. Sachregister

Die Autorin

Doz. Dr. Barbara Stelzl-Marx, geb. 1971 in Graz, Zeithistorikerin, stv. Institutsleiterin des Ludwig Boltzmann-Instituts für Kriegsfolgen-Forschung, Graz - Wien - Klagenfurt, und Lektorin an der Karl-Franzens-Universität Graz. Studium von Geschichte, Anglistik/Amerikanistik und Slawistik an den Universitäten Graz, Oxford, Volgograd und an der Stanford University. Seit 1993 umfassende Forschungen in Moskauer Archiven. 2005–2008 APART-Stipendiatin der ÖAW. 2010 Habilitation für das Fach Zeitgeschichte an der Karl Franzens-Universität Graz. Schriftführerin der Österreichisch-Russischen Historikerkommission. Seit 2011 Vizepräsidentin der Österreichischen UNESCO-Kommission.

Zahlreiche Publikationen, u. a.: Zwischen Fiktion und Zeitzeugenschaft. Amerikanische und sowjetische Kriegsgefangene im Stalag XVII B Krems-Gneixendorf (2000); Unter den Verschollenen. Erinnerungen von Dmitrij Čirov an das Kriegsgefangenenlager Krems-Gneixendorf (Hg., 2003); Kriegsgefangene des Zweiten Weltkrieges. Gefangennahme - Lagerleben - Rückkehr (Hg. zus. m. Günter Bischof und Stefan Karner, 2005); Die Rote Armee in Österreich. Sowjetische Besatzung 1945–1955 (Hg. zus. m. Stefan Karner, 2005); People on the Move. Forced Population Movements in Europe (zus. m. Pertti Ahonen, Gustavo Corni u. a., 2008); Stalins letzte Opfer. Verschleppte und erschossene Österreicher in Moskau 1950–1953 (Hg. zus. m. Stefan Karner, 2009); New Perspectives on Austrians and World War II (Hg. zus. m. Günter Bischof und Fritz Plasser, 2009); Der Wiener Gipfel 1961. Kennedy - Chruschtschow (Hg. zus. m. Stefan Karner, Alexander Tschubarjan u. a., 2011).

Wiss. Koordinatorin von Großprojekten wie „Die Rote Armee in Österreich" (2000–2005), „Der Wiener Gipfel 1961" (2009–2011); Mitarbeiterin von Fernsehdokumentationen und Radiosendungen zur Zeitgeschichte sowie von Großausstellungen.

Hauptforschungsgebiete: Sowjetische Besatzung in Österreich 1945–1955; Besatzungskinder; Wiener Gipfel 1961; Kalter Krieg; Sozial- und Kulturgeschichte des Stalinismus; Kriegsgefangenschaft und Zwangsarbeit im „Dritten Reich" und in der Sowjetunion.

böhlau

ZEITHISTORISCHE STUDIEN

HERAUSGEGEBEN VOM
ZENTRUM FÜR ZEITHISTORISCHE FORSCHUNG POTSDAM

EINE AUSWAHL

BD. 41 | MARIO KESSLER
OSSIP K. FLECHTHEIM
POLITISCHER WISSENSCHAFTLER UND ZUKUNFTSDENKER (1909–1998)
2007. 295 S. 9 S/W-ABB. AUF 8 TAF. GB.
ISBN 978-3-412-14206-3

BD. 42 | ANNETTE SCHUHMANN (HG.)
VERNETZTE IMPROVISATIONEN
GESELLSCHAFTLICHE SUBSYSTEME IN OSTMITTELEUROPA UND IN DER DDR
2008. 255 S. GB. | ISBN 978-3-412-20027-5

BD. 43 | MELANIE ARNDT
GESUNDHEITSPOLITIK IM GETEILTEN BERLIN 1948 BIS 1961
2009. 281 S. GB.
ISBN 978-3-412-20308-5

BD. 44 | JOSÉ M. FARALDO, PAULINA GULIŃSKA-JURGIEL, CHRISTIAN DOMNITZ (HG.)
EUROPA IM OSTBLOCK
VORSTELLUNGEN UND DISKURSE (1945–1991). EUROPE IN THE EASTERN BLOC. IMAGINATIONS AND DISCOURSES (1945–1991)
2008. 407 S. GB. | ISBN 978-3-412-20029-9

BD. 45 | PETER HÜBNER, CHRISTA HÜBNER
SOZIALISMUS ALS SOZIALE FRAGE
SOZIALPOLITIK IN DER DDR UND POLEN 1968–1976
2008. 520 S. GB. | ISBN 978-3-412-20203-3

BD. 46 | JOCHEN LAUFER
PAX SOVIETICA
STALIN, DIE WESTMÄCHTE UND DIE DEUTSCHE FRAGE 1941–1945
2009. 639 S. MIT 5 S/W-KARTEN. GB.
ISBN 978-3-412-20416-7

BD. 47 | TOBIAS SCHULZ
„SOZIALISTISCHE WISSENSCHAFT"
DIE BERLINER HUMBOLDT-UNIVERSITÄT (1960–1975)
2010. 328 S. GB. | ISBN 978-3-412-20647-5

BD. 48 | MICHAEL LEMKE
VOR DER MAUER
BERLIN IN DER OST-WEST-KONKURRENZ 1948 BIS 1961
2011. 753 S. MIT 150 S/W-ABB. AUF TAF. GB. | ISBN 978-3-412-20672-7

BD. 49 | DOMINIK TRUTKOWSKI
DER GETEILTE OSTBLOCK
DIE GRENZEN DER SBZ/DDR ZU POLEN UND DER TSCHECHOSLOWAKEI
2011. 205 S. MIT 27 S/W-ABB. GB.
ISBN 978-3-412-20673-4

BÖHLAU VERLAG, URSULAPLATZ 1, D-50668 KÖLN, T:+49 221 913 90-0
INFO@BOEHLAU-VERLAG.COM, WWW.BOEHLAU-VERLAG.COM | WIEN

SZ733